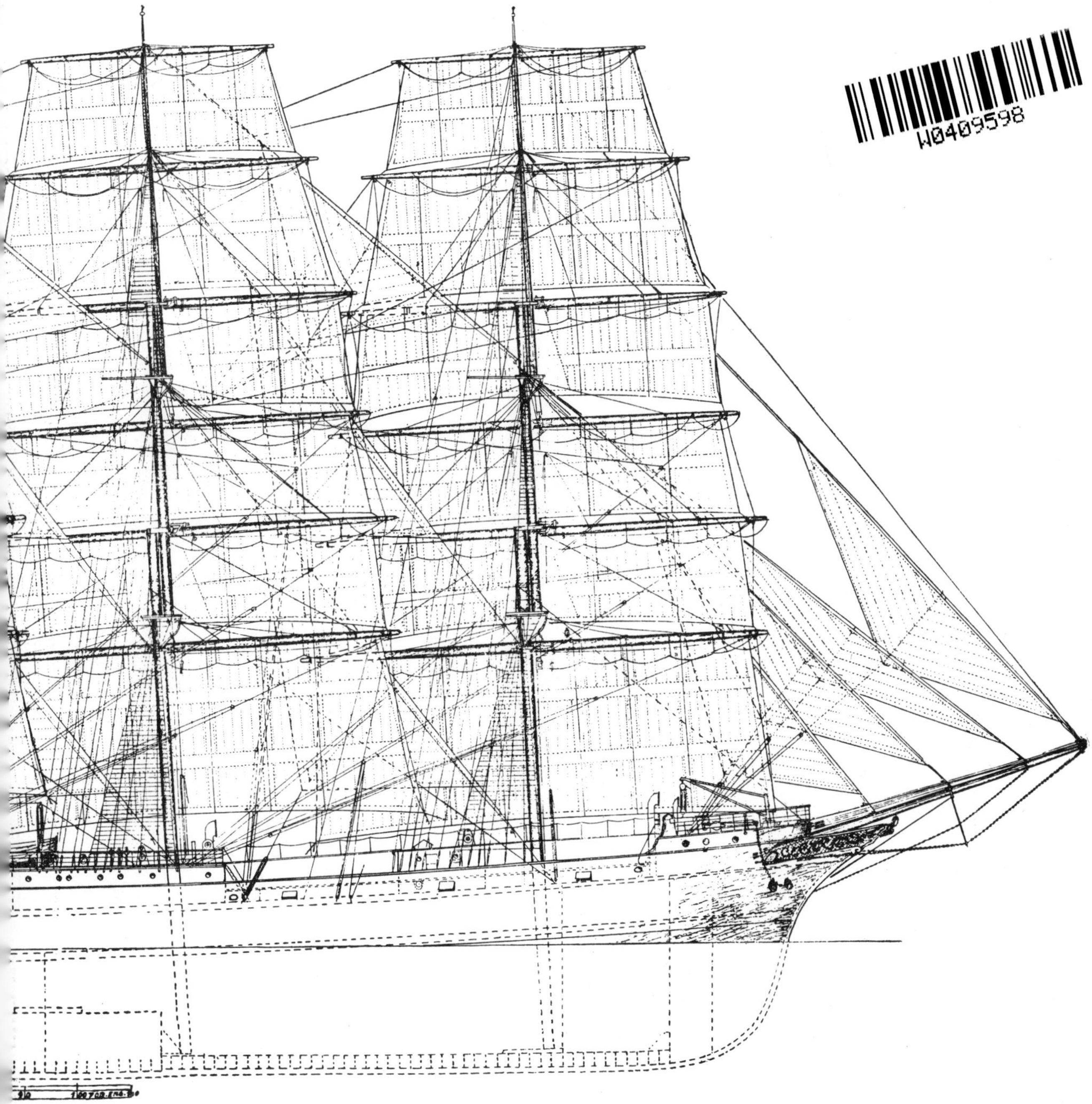

Jens Kusk Jensen

HANDBUCH DER PRAKTISCHEN SEEMANNSCHAFT AUF TRADITIONELLEN SEGELSCHIFFEN

HEEL
palstek

Jens Kusk Jensen

HANDBUCH DER PRAKTISCHEN SEEMANNSCHAFT AUF TRADITIONELLEN SEGELSCHIFFEN

HEEL
palstek

IMPRESSUM

Jens KUSK Jensen
Handbuch der praktischen Seemannschaft
auf traditionellen Segelschiffen
Genehmigte Lizenzausgabe für die HEEL Verlag GmbH,
Königswinter 1998

Titel der Originalausgabe von 1924
Handbog i praktisk Sømandskab

Übersetzt nach der dänischen Ausgabe von 1924 (Reprint von 1982)
durch Sabine Reese, Hamburg.

Umschlaggestaltung: ArtWork Schumacher, Königswinter
Druck: Fortuna Druck, Baden-Baden

ISBN 3-89365-722-3

Vorwort zur dänischen Neuausgabe 1971

Siebzig Jahre sind vergangen, seit die DANSK SEJLSKIBSREDERI - FORENING das von Kapitän Jens KUSK Jensen ausgearbeitete "Håndbog i praktisk Sømandsskab" im Jahre 1901 herausgab.

Elf Jahre arbeitete der Autor an diesem umfangreichen Werk, und der ersten Ausgabe folgten rasch neue; die letzte Ausgabe, die 1924 herauskam, umfaßte mit ihren zahlreichen Illustrationen und einer Beilage für Segelmacherarbeiten mehr als 400 Seiten. Ueber Dampfschiffe, geschweige denn über Motorschiffe aber wurde auch in der vierten Ausgabe kein Wort verloren - es war und bleibt ein Buch, geschrieben für die Seeleute an Bord der stolzen Schwäne in unseren Häfen.

Nach dem Ende des 2. Weltkrieges im Jahre 1947 taten sich die DANSK SEJLSKIBSREDERI - FORENING, die FORENING TIL SØFARTENSFREMME und SØFARTENS BIBLIOTEK zusammen, um eine neue zeitgemäße Ausgabe des Buches herauszubringen. Ausgearbeitet wurde sie von dem damaligen Navigationslehrer und späteren Navigationsdirektor Knud Hansen. Das Buch bekam den Titel "Lærebog i praktisk Sømandskab" und ist seitdem in der vierten Auflage erschienen. KUSK Jensens Buch wurde als Vorbild genommen, und seine Illustrationen in umfangreichem Maße genutzt, der Stoff wurde allerdings um einige Themen erweitert und modernisiert, unter anderem wurde jetzt auch den Stahlschiffkonstruktionen, Dieselmotoren, mechanischen Spills (Winden) und Spezialschiffen - wie Tank- und Kühlschiffen u.v.a. - ein zentraler Platz in seinem Werk eingeräumt.

Das Lehrbuch , sowohl das von KUSK Jensen als auch die revidierte Ausgabe von Knud Hansen, galt jahrzehntelang unter den jungen Seefahrern als "Bibel", als das wichtigste Lehrbuch der Schüler an Bord der Segelschulschiffe "Georg Stage", "Viking", "København" und "Danmark", auf den Schiffen der Aspiranten und in unseren Seemannsschulen.

Die letzte Ausgabe des "Lærebog i praktisk Sømandskab" von 1964 ist mittlerweile ausverkauft. Im Jahre 1969 gab das DIREKTORAT FOR SØFARTSUDDANNELSEN sein eigenes Lehrbuch mit dem Titel "Søfartens ABC " heraus, das den Schülern der Seemannschulen ausschließlich die Theorie des Bordlebens von heute und morgen nahebringen soll. Das segelführende Schiff ist aus den von der Schulbehörde selbst herausgegebenen Lehrbüchern völlig verschwunden.

Mit wachsendem Interesse an der Freizeitgestaltung auf See entstand bei den Segelsportlern, den Pfadfindern zur See und vielen anderen Ratsuchenden ein erneuter Bedarf an Aufklärung und Anleitung aus dem Lehrbuch der Zeiten des professionellen Segelns. Auch für die vielen maritim Interessierten wird dieses Buch ein unschätzbares Nachschlagewerk sein. In seinen praktischen und sachlichen Anleitungen wird der Tagesablauf auf den alten Segelschiffen so authentisch wiedergegeben, wie es nicht einmal die zahlreichen, über das abenteuerliche Seesegeln geschriebenen Romane vermögen.

Auch für den Uebersetzer maritimer Literatur wird das Buch von bleibendem Wert sein; unter anderem deshalb, weil die alten Kommandos, wie sie auf den Segelschiffen erschallten, auf dänisch und in den Hauptsprachen Deutsch und Englisch wiedergegeben werden.

Diese Ausgabe ist gleichzeitig mit einem Stichwortregister versehen, das die praktische Anwendbarkeit des Buches entscheidend verbessert.

Es gibt viele Gründe, das Thema Seemannschaft erschöpfend behandelnde und leicht lesbare "Håndbog i praktisk Sømandskab" von Jens KUSK Jensen erneut (und nun in deutsch) ans Tageslicht zu holen. Mit der Auflage der oben genannten vierten Ausgabe von 1924, die aus der Zeit stammt, zu der die großen Segelschiffe unter dänischer Flagge noch auf den Weltmeeren gesichtet wurden, hoffen die FORENING TIL SØFARTENS FREMME und der Verlag Høst & Søns eine altbekannte Neuheit präsentieren zu können, die sowohl zur Freude als auch zum Nutzen für die vielen Amateure sein möge, die das Wasser entlang unserer weiten Küsten dünnsegeln.

Bredo Munthe af Morgenstierne

Vorwort zur ersten dänischen Ausgabe

Die DANSK SEJLSKIBSREDERI - FORENING gibt hiermit das von dem Schiffsführer Jens KUSK Jensen ausgearbeitete "Håndbog i praktisk Sømandskab" heraus und erlaubt sich, dem Vorstand der Vereinigung, der Regierung und dem Reichstag für die Bewilligung der staatlichen Unterstützung zu danken, wodurch die Vereinigung in die Lage versetzt wurde, das Buch herauszugeben.

Die den Buchtext begleitenden Zeichnungen sind in einem gesonderten Umschlag gesammelt, damit der Leser den laufenden Text ohne Schwierigkeiten mit den Zeichnungen vergleichen kann.

Kopenhagen, im Juni 1901

Der Vorstand der
DANSK SEJLSKIBSREDERI - FORENING

Vorwort des Verfassers

Es ist sozusagen unmöglich, die Ausführung einer Seemannsarbeit so zu beschreiben, daß auch ein Anfänger in der Lage ist, sie zu verstehen. Ich habe mich deshalb bemüht, die den Buchtext begleitenden Zeichnungen so deutlich und ausführlich zu gestalten, daß sie nur geringer Zusatzerklärungen bedürfen. Es ist ja bekannt, daß die meisten lieber ein wenig über einer Zeichnung grübeln, als sich auf eine trockene Beschreibung einzulassen; meist jedoch ist zum Verständnis das Zusammenwirken beider Teile vonnöten. Obgleich die Anleitung zum Aufriggen eines Schiffes eigentlich den beabsichtigten Rahmen dieses Buches sprengt, hat mich doch der Umstand, daß es - soweit mir bekannt - keine neuere dänische Arbeit in dieser Richtung gibt, bewogen, das Buch um dieses Thema zu erweitern. Um das Verstehen zu vereinfachen, erkläre ich das Aufriggen anhand einer Bark und eines Schoners. Jedem, der die Technik mittels der beiden Beispiele verstanden hat, wird es nicht schwerfallen, alle Arten von Riggs aufzustellen, von einer Schute bis zu einem Fünfmaster, da die Methode immer die gleiche ist, ob nun für einen oder mehrere Masten.

Außerdem hielt ich es für wichtig, etwas über die Pflichten und Regeln, die die verschiedenen Dienstgrade, besonders auf einem großen Schiff, mit sich bringen und denen die Seeleute sich unterordnen müssen, zu schreiben. Auf kleineren Fahrzeugen ist es eine Selbstverständlichkeit, daß jeder der oft nur aus zwei, drei oder vier Mann bestehenden Mannschaft alle anfallenden Arbeiten übernimmt, ob sie seinem Stand gebühren oder nicht.

In den 11 Jahren, in denen ich an diesem Buch arbeitete, erlitt ich viermal Schiffbruch, und alle ursprünglichen Zeichnungen wurden zerstört oder gingen zum Teil verloren. Mehr als einmal ging meine Hoffnung, das Buch jemals zu vollenden, mitsamt meinem Eigentum unter, aber das außerordentliche Wohlwollen, welches meiner Arbeit sowohl von dänischen als auch fremden Seeleuten entgegengebracht wurde, gab mir ständig wieder den Mut weiterzumachen. Obgleich ich weder Zeit noch Geld gescheut habe, ist es mir doch nicht gelungen, dem Buch die gewünschte Form und Fassung zu geben, und zu meiner Entschuldigung läßt sich nur eines sagen, nämlich daß es mir immer noch leichter fällt, mit einem Marlspieker umzugehen, als mit einer Schreibfeder.

Die englischen und deutschen Bezeichnungen und Ausdrücke habe ich hauptsächlich übernommen, weil man sie vergeblich in einem Wörterbuch suchen würde und um den Seeleuten das Einüben der seglerischen Fachausdrücke in diesen beiden Sprachen zu erleichtern.

Ich hoffe, daß jeder, der Fehler oder Mängel an diesem Buch feststellt, so gut sein möge, sie mir mitzuteilen, damit es späteren Ausgaben zugute kommt. Mein Ziel ist, dieses Buch so praktisch und verständlich wie möglich zu machen und auf diese Weise alle Kenntnisse, die von praktischem Wert für die Seefahrt sind, zu sammeln und allen Interessierten leicht zugänglich zu machen.

Zum Schluß möchte ich meinen Dank an die vielen tüchtigen Seeleute richten, die mir im Laufe der Jahre mit Rat und Tat zur Seite gestanden haben; meinen Dank auch an die Behörden für ihre bereitwillige Unterstützung der Buchausgabe, ohne welche es zu teuer gewesen wäre, das Buch überhaupt zu veröffentlichen und es in den Kreisen, für die es bestimmt ist, zu verbreiten; danken möchte ich weiterhin der DANSK SEJLSKIBSREDERI - FORENING, die es übernommen hat, für die Herausgabe des Buches zu sorgen und ohne deren Einfluß und Unterstützung die Durchführung des Projektes kaum gelungen wäre; weiterhin danke ich der FORE-

NING TIL SØFARTENS FREMME und folgenden Herren: Kommandeur J.A.D Bilsøe, Konteradmiral C. Bruun und dem Redakteur der "Dansk Søfartsfedende" L. Drechsel für ihre gute Hilfe.

Nykjøbing, Mors, im Juni 1901 **Jens KUSK Jensen**

Vorwort zur zweiten Auflage

Das Vorwort zur zweiten Auflage möchte ich dazu benutzen, allen für ihr Wohlwollen, welches Sie der ersten Auflage entgegengebracht haben, zu danken.

Die Fehler und Mängel der ersten Ausgabe sind nach bestem Vermögen berichtigt worden, aber außerdem ist die vorliegende Ausgabe im Hinblick auf Texte und Zeichnungen umfangreicher geworden, da verschiedene Themen, die in der ersten Ausgabe nicht behandelt wurden, hinzugekommen sind. Das Buch beinhaltet sehr viel Stoff, nicht nur aufgrund der Themenerweiterung, und die jungen Seeleute werden den Inhalt sicher nur zum Teil verstehen und das meiste auch erst später im Leben anwenden können, aber ich glaubte, so viel mit hineinnehmen zu müssen, da auf dänisch keine Arbeit vorliegt, die als Wegweiser für Seeleute dienen könnte, und es ist nicht jedem gegeben, die ausländischen und oft recht kostbaren Fachbücher zu benutzen. Außerdem wird ein Teil des behandelten Stoffes im Laufe der Jahre hoffentlich dazu beitragen, das fachliche Wissen auch der älteren Seeleute zu vergrößern.

Von der "Georg Stage" sind durch Vermittlung von Admiral C. Bruun wertvolle Berichtigungen und Verbesserungsvorschläge, verschiedene Seemannsarbeiten betreffend, in die Arbeit eingeflossen. Bei der Ausarbeitung des Abschnittes über Eisenschiffbau kamen mir außerdem die Bauvorschriften der Klassifikationsgesellschaften zugute, unter anderem die "Skibsmaskinlære" von A.H.M Rasmussen, die zweite Ausgabe des Buches "Eisenschiffbau" von Otto Schlich, "Naval architecture", "Theoretical naval architecture" und "The modern practice of shipbuilding in iron and steel" von S.J.P. Tearly. Für die Ausarbeitung des Kapitels über Havarie benutzte ich unter anderem das "Handbuch der Seemannschaft" von Albrecht Mühleisen und "Befragtningsklausuler og Havarier" von Johs. Jantzen; außerdem gaben viele Kollegen wertvolle Ratschläge. Herr F.V. Fenger, der das Kapitel wohlwollend korrekturlas, erlaubte mir, seinen Artikel über "Journalføring i Havaritilfælde", der seinerzeit in der "Nationaltidende" erschienen war, in das Buch aufzunehmen. Für das Kapitel über Schiffsmanöver kam mir neben den Anweisungen, die die Rettungsgesellschaft herausgibt, das "Handbuch der Seemannschaft" von Dick zu Hilfe.

Die Aufzeichnungen zum Thema Stauen und Laden stützen sich zum einen auf eigene Erfahrungen, zum anderen auf freundliche Auskünfte von Kollegen und kurze Zusammenfassungen verschiedener, von offizieller Seite herausgegebener Anleitungen zum Stauen von Ladung. Die Liste der Namen der Ladungsgüter wurde hinzugefügt, weil diese Namen selbst in maritimen Wörterbüchern oft fehlen. Die Bezeichnungen sind nach dem englischen Alphabet geordnet, was einerseits an Chas. H. Hillcoats "Notes on the stowage of ships" liegt, andererseits daran, daß im Ausland die Ladung meist mit den englischen Namen gekennzeichnet wird. Dem Abschnitt sind Angaben über die ungefähren Raummaße, angegeben in Gewichtstonnen, beigefügt, wobei eine Gewichtstonne 100 englischen Kubikfuß entspricht, aber diese Angaben sind trotz der großen Arbeit, die das Zusammenstellen dieser Maße erforderte, nur annähernd, weil alle Waren in Qualität und Zustand zu sehr variieren; an diesem Abschnitt haben Kapitän S.P. Gøtzene, der Schiffbefrachter Paul Claaszen, Kapitän C. Trönsegaard, Inspektor A. Moyell, Kapitän H.L. Hansen und viele andere hilfreich mitgewirkt. Die Pläne für das Kapitel über die meistgenutzten Betonnungssysteme wurden seinerzeit von dem Kommandant Kofœd - Hansen für die "Tidsskrift for Søvæsen" ausgearbeitet. Das Kapitel über Segelmacherarbeiten wurde durchgesehen von dem Segelmacher H.P. Jacobsen, dem Hafenvogt Carl E. Møller und Kapitän C. Christiansen.

Außer den eben und in der ersten Ausgabe genannten Herren und Institutionen haben mir zahlreiche andere hilfreich mit Rat und Tat zur Seite gestanden, und es würde mich freuen, wenn diese und auch andere der vorliegenden Arbeit auch in Zukunft mit Interesse und Wohlwollen gegenüberstünden und dazu beitrügen, daß oft teuer bezahlte Erfahrungen nicht verlorengehen, sondern den Jüngeren zugute kommen.

Die Zunahme der Stoffmenge hat natürlich die vorher schon beträchtlichen Kosten für die Herausgabe der Buches noch steigen lassen und eine nicht unwesentliche Preiserhöhung wäre die Folge gewesen, hätten Regierung und Reichstag der Sache nicht wohlwollend gegenübergestanden und die Ausgabe finanziell unterstützt. Dank dieser Maßnahme kann das Buch zum gewohnten Preis verkauft werden.

Zum Schluß möchte ich all denen meinen herzlichsten Dank aussprechen, die durch ihre Hilfe und ihren Beistand wesentlich dazu beigetragen haben, daß das Buch in der vorliegenden Form erscheinen konnte.

Nykjøbing, Mors, im April 1907

Jens KUSK Jensen

Vorwort zur deutschen Erstausgabe

Fast 90 Jahre nach Erscheinen der dänischen Erstausgabe gibt es nun eine deutsche Ausgabe - eine sicher etwas ungewöhnliche Tatsache.

Wir haben dieses Buch ausgewählt, da es sich grundlegend von deutschen Publikationen dieses Zeitraumes über das Thema der Seemannschaft auf traditionellen Segelschiffen unterscheidet:

1. ist der Autor sehr einfach und dennoch klar in der Sprache, teilweise richtig symphatisch und manchmal witzig. Er unterscheidet sich damit wohltuend von den Autoren der damaligen Deutschen Kaiserlichen Marine.

2. bietet das Buch eine Fülle von Informationen, Tips und Hinweisen, die wir in keinen anderen Buch zu diesem Thema gefunden haben. Die Kapitel über das Aufriggen von Schiffen dürften heute einzigartig sein und lassen sich leicht in die Praxis umsetzen. Der Anhang über Segelmacherarbeiten ist, von antiquarischen Büchern abgesehen, schlichtweg die einzige Veröffentlichung für die Herstellung von Baum- und Rahsegeln.

3. findet Jens KUSK Jensen immer wieder zu seinem wichtigsten Punkt, der Sicherheit auf See und an Bord zurück. Der Autor hat in seinem Leben leider viermal Schiffbruch erlitten - diese praktischen Erlebnisse und Erfahrungen merkt man seinen Zeilen an. Heutzutage mag manches anders sein, doch die nützlichen Hinweise von Jens KUSK Jensen werden sicherlich leicht zu befolgen sein, und im Falle eines Falles viel Unglück verhindern helfen.

Einige Darstellungen sind heute nicht mehr aktuell, z.B. die Prüfverfahren für Metalle oder die Fahrwasserbeschreibungen verschiedener Länder etc. Dennoch haben wir sie im Buch belassen, um Ihnen einen vollständigen Überblick über die damaligen Verhältnisse geben zu können. Außerdem sind manche dieser "antiquierten" Darstellungen doch faszinierend, z.B. die Handhabung eines Schoners mit nur drei Mann Besatzung ...

Zum Schluß möchten wir uns den Worten der dänischen Vorredner anschließen und uns bei zahlreichen Personen für ihre Mithilfe bei dieser Übersetzung bedanken, insbesondere den Leuten der Druckerei WDA für ihr verständnisvolles Entgegenkommen bei Satz und Druck dieses Werkes.

der Verlag, im Januar 1989

Inhaltsverzeichnis

Materialien für Rigg und Trossen usw 1

Hanf und seine Behandlung - Verschiedene Arten von Tauwerk - Flachs - Manilahanf - Kokos - Baumwolle - Draht und Stahldraht - Vergleichstabelle für Tauwerksstärken von Hanf, Draht, Stahldraht und Ketten - Tabelle der kleins-ten notwendigen Scheiben und Kauschen.

Seemannsarbeiten 11

Knoten und Steke 11

Gewöhnliche Knoten - Verbinden zweier Enden - Stropps - Schrottau - Taulägel - Stopperknoten - Zierknoten

Takling und Hundspünt 31

Schweinerücken 33

Spleiße 34

Augspleiß - Flämisches Auge - Kurzspleiß - Segelmacherspleiß - Langspleiß - Kettenspleiß - Spleiß an Kabeltau - Spleiß an Drahttauwerk - Blindspleiß

Schmarting, Trensing und Kleidung 44

Schlagen von Knittel - Trensing - Schmarting - Kleidung - Stropps

Platting, Matten, Fender und Schamfilungslatten 49

Verschiedene Plattings - Matten aus Rosetten - Schamfilungsmatten - Fender - Bootsmannsstuhl - Schmafilungslatten

Bändsel 56

verschiedene Bändsel - Webeleinen - Zurrings - Laschen von Rundhölzern - Werkzeuge - Stopper auf Lieken

Blöcke 63

Verschiedene Blöcke - Reinigung

Spanische Winde, Taljen und Hebevorrichtungen 66

Spanische Winde - Steertblock - Taljen - Gien - Piekfall - Jolltau - Talje mit Mantel - Drehreep - Patenttalje

Das Schiff 73

Der Rumpf 73

Bezeichnung der festen Teile eines Schiffes

Raumaufteilung, festes Inventar u.v.a. 79

Schiffszeichnungen 83

Materialien für den Schiffbau 84

Holz - Eisen - Stahl - Festigkeitsprüfungen - Nieten - Verbindungen - Klassifikationsgesellschaften - Eisenschiffbau - Verstärkungen - Wasserballasttanks

Wasserverdrängung, Rauminhalt und Stabilität 105

Deplacement - Trimm - Tragfähigkeit - Freibord - Lademarken - Registertonnage - Stabilität - Krängen - Veränderung des Tiefgangs beim Krängen - Wirkung des Kimmkiels

Takelage 116

Verschiedene Takelmethoden 116

Alte Takelmethoden - Fünfmast-Bark - Vollschiff - Brigg - Schoner - Motorschiff - Galeaß - kleinere Segelschiffe

Bezeichnungen für das stehende Gut einer Bark 130

Bezeichnungen für das laufende Gut und Segel einer Bark 136

Bezeichnungen für das stehende Gut, laufende Gut und Segel eines Schoners 144

Vermessen eines Riggs bei stehendem Mast 145

Zuschneiden und Herstellung der Takelage 147

Vermessen des Riggs unter Anwendung des Takelrisses 152

Anfertigung des stehenden Gutes für eine Bark 152

Anfertigung des laufenden Gutes für eine Bark 170

Anfertigung des stehenden Gutes für einen Schoner 187

Anfertigung des laufenden Gutes für einen Schoner 194

Aufriggen eines Schiffes 200

Mastenkran - Einbringen von Untermasten und Bugspriet - Anbringen des Unterriggs - Aufbringen von Mars-, Bram- und Royalstengen - Auf- und Niederbringen von Rahen - Verschiedene Racks und Beschläge - Klüverbaum

Segel 222

Anschlagen der Segel 222

Vorsegel - Gaffelsegel - Gaffeltopsegel - Rahsegel - Auswechseln eines Marssegels bei Starkwind - Leesegel

Zusammenlegen der Segel 229

Wirkung des Windes auf die Segel 229

Richtige Segelstellung - Unterschied zwischen bauchig- und flachgeschnittenen Segeln - Segelschwerpunkt - Einfluß des Krängens auf die Fahrt

Anker 239

Ankertypen - Lage des Bugankers - Ankerlichten - vor Anker gehen

Krüppelwinde, Mars- und Bramfallspill, Ankerspill und verschiedene Ankermanöver 242

Krüppelwinde - Mars- und Bramfallspill - Gewöhnliches Ankerspill - Patentspill - Ankerspill mit Handkurbel - Ankern mit zwei Ankern - Ankerkette klarieren - Ausbringen eines Ankers mit dem Boot - Anker von einem Boot aus lichten - Kabeltau auf Ankerkette - Spring auf Ankerkette - Anker verloren - Mooring - Tips zum Klarhalten der Kette - Liegen vor Bug- und Heckanker - Manöver mit einem Anker in strömendem Gewässer

Manövrieren mit Schraube und Segeln 255

Schraubenwirkung - Einfluß der Steuerlastigkeit - Einfluß der Wassertiefe - Wirkung des Wassers auf das Ruder - Richtiges Segelsetzen - Setzen, Reffen und Bergen von Segeln unter verschiedenen Bedingungen - Wenden mit einer Bark - Halsen mit einer Bark - Wenden mit einem Topsegelschoner - Backliegen - Vor Anker gehen - Anker lichten

Bugsieren und Schleppen 274

Wriggen und Pullen, Landung mit dem Boot u.v.a 275

Wriggen und Pullen - Bootsmanöver auf offener See - Anlandung mit dem Boot bei Brandung

Die Schiffspflege 278

Allgemeine Instandhaltungsregeln für Schiff und Schiffsinventar - Rostbildung - Malen - Zementieren - Pflege von Holz- und Eisendeck, Rundhölzern und Tauwerk - Schamfilkontrolle und v.a.m.

Kielholen, Slippen und Docken 283

Kielholen an Bohlwerk und Leichter - Slip - Trockendock - Schwimmdock - Patentschrapper

Das Stauen von Ballast 291

Ladung 292

Bezeichnungen der verschiedensten Güter

Stauen der Ladung 300

Schiffsbewegung - Berechnung des Tiefgangs - Ladepläne - Kohle - Planken und Bretter - Balken - Rundhölzer - Deckslast - Kornladung - Früchte - Fässer - Stückgut - Zucker - Salpeter - Baumwolle - Granit - Häute - Schiefer - Erz

Vorsichtsmaßnahmen beim Laden 314

Explosionsgefahr - Selbstentzündung - Petroleum - Benzin - Salpeter - Schießpulver - Dynamit und andere Sprengstoffe - Säuren - Feuchtigkeit - Schwitzwasser und Geruch

Laden und Löschen 317

Dampfspill - Behandlung des Spills - Motorwinde - Löschen schwerer Lasten - Laden von Tieren

Havarie 326

Allgemeine Verhaltensregeln bei Havarie 326

Havarien des laufenden und stehenden Gutes - Havarien mit Rundhölzern - Kappen von Masten - Notmast - Leck - Leckstopper - Apparat zum Arbeiten unter der Wasserlinie außenbords - Schiffsrat - Grundberührung - Bergung - Kollision - Feuer an Bord

Das Führen des Journals und Mitteilungen an die Reederei 339

Ruder, Treibanker und Notruder 342

Ruder - Hilfssteuergerät - Kommandos - Steuern - Treibanker - Notruder

Oel als Wellendämpfer 350

Rettungswesen, Rettungswerkzeug und Boote 351

Anweisung für Schiffbrüchige zum Gebrauch des Raketenapparates 352

Rettungsringe und andere Schwimmkörper - Rettungsdrachen - Dønvigs Rettungsboje - The Engelhardt Collapsible Lifeboat - Rettungsboot

Unterbringen des Boots an Bord 359

Aussetzen eines Bootes 360

Mann über Bord 361

Wiederbelebung Ertrunkener 363

Navigation 364

Handlot - Tiefwasserlot - Log - Einteilung der Kompaßrose 364

Die Benutzung von Fahrwasserbeschreibungen 369

Befeuerungsbücher - Segelhandbücher - Fahrwasserbeschreibungen - Pilot Charts - Nachrichtensystem für Seefahrer - Nebelsignale - Hoch- und Niedrigwasser - Wetter- und Gefahrensignale - Sturmsignale u.a.m.

Signalisieren nach dem Morsesystem 374

Lichter und deren Anwendung beim Navigieren 379

Lichtstrahlen - Lichtquellen - Lichtmenge - Farbenblindheit - Fragen und Antworten zu Steuersignalen - Lautsignale - Lotsensignale - Notsignale - Nationalflagge - Quarantäneflagge

Dienstgrade und Gebräuche an Bord 382

Schiffsjunge - Leichtmatrose - Matrose - Bootsmann - Zimmermann - Schmied - Koch - Steward - III. Steuermann - II. Steuermann - I. Steuermann - Kapitän - Wachen - Ruderwache und Ausguck - Ankerwache - Gehorsam und Ordnung

Anhang:

1. Anleitung für Segelmacherarbeiten 395

Allgemeine Arbeiten 395

Stopfen - Nähen - Reparaturen - Hanf- und Baumwolltuch - Annähen eines Lieks - Mastkragen - Persenninge - Luftsegel

Segel 407

Rahsegel - Stagsegel - Baumsegel - Änderung von Segeln - Bootssegel

2. Umrechnungstabellen 427

3. Stichwortregister 429

Materialien für Rigg und Trossen

Der **Hanf** (Hampen, hemp) gehört zur Familie der Canuabinaceal (Maulbeergewächse), ist verwandt mit den Nesselgewächsen und wird im allgemeinen sechs Fuß hoch. Er wird fast überall in Europa und Mittelasien angebaut; der von uns verarbeitete Hanf kommt jedoch hauptsächlich aus Rußland. Aufgrund des hohen Pflanzenwuchses gewinnt man sehr lange Fasern, die sich ausgezeichnet zur Herstellung von Tauwerk und Segeltuch eignen, nicht zuletzt weil sie auch von beträchtlicher Stärke sind. Beim Hecheln entsteht **Werg** (Værk, oakum) das aus den kürzesten Fasern besteht und zu einfachstem Tauwerk verarbeitet wird; ein Teil wird geteert und zum Kalfaten, d.h. zum Dichten der Nähte zwischen den Planken der Außenhaut eines Holzschiffes benutzt, um es wasserdicht zu machen. Ein ausrangiertes Hanfrigg, vor allem der Teil, der bekleidet war, ist besonders zur Herstellung von Werg geeignet. Nachdem Webeleinen, Trensing, Bekleidung und Schmarting entfernt worden sind, kappt man das Tauwerk in kurze Stücke, trennt die einzelnen Kardeele und zupft sie zu Werg.

Hanf ist nicht nur eine sehr kräftige Faser, er hat zusätzlich eine Eigenschaft, die ihn besonders für den Gebrauch auf See auszeichnet: er läßt sich gut mit Teer tränken. Das Tauwerk verliert dann zwar etwas an Stärke, ist aber auf diese Weise besser vor dem Verrotten geschützt. Dieser Vorteil ist entscheidend, denn auf einem Schiff wird fast alles geteert. Das Tauwerk wird nach dem Teeren ca. 12 bis 20 pct. dünner, aber ein Hanfrigg, das aus gutem Material gefertigt wurde und gut gepflegt wird, hat bisweilen 18 - 20 Jahre gute Dienste geleistet, während ein Stahlrigg kaum länger als 12 - 15 Jahre hält.

Wenn der Hanf gereinigt ist, wird er zu **Garn** (Garn, yarn) verarbeitet. Das geht auf den Reeperbahnen folgendermaßen vor sich: am Ende der Bahn ist ein Spinnrad mit einer großen Kurbel aufgestellt, oder, wenn es mit Dampfkraft betrieben wird, mit einem Schwungrad. Vom Spinnrad wird eine Schnur über mehrere kleine Spindeln geleitet, die sich während eines Spinnradumlaufes drehen. Der Reepschläger legt sich ein Ende der Hanffasern um den Leib und dreht eine Schlinge, die er über einen von den Spindeln angetriebenen Haken hängt. Jetzt geht der Reepschläger rückwärts die Bahn entlang, weg vom Rad, muß jedoch darauf achten, nicht zu schnell zu gehen, damit das Garn gleichmäßig gedreht und nicht unregelmäßig wird. Der Reepschläger fährt außerdem während des Arbeitsvorganges mehrmals mit den Händen über das Garn, um es zu glätten.

Die Reepschläger sind so geübt, daß sie allein durch langsames oder schnelleres Gehen Garn in jeder gewünschten Stärke herstellen können. Die Reepschlägerbahnen müssen ziemlich lang sein, damit das Garn die Länge einer Trosse erreicht, also etwa 90 bis 100 Faden. Damit das Garn nicht auf dem Boden schleift, wird es nach und nach auf Böcke gehängt, die entlang der Bahnen stehen.

Nachdem das Garn gesponnen ist, muß es geteert werden. Dafür wird es durch ein Loch in einem Brett gezogen, welches ständig in einem Kessel mit warmen Teer steht; auf dieses Weise wird das Garn gleichmäßig geteert. Man muß allerdings darauf achten, daß der Teer nicht zu warm ist, damit das Tauwerk nicht verbrennt. In der Regel teert man das Garn aber nicht so zeitaufwendig, sondern hängt das fertiggeschlagene, in Buchten gelegte Tauwerk so lange in einen Kessel mit warmem Teer, bis es sich vollständig vollgesogen hat.

Neues Garn kann durch zu heißen Teer oder durch verrottete Fasern im Garn verdorben werden.

Durch das Zusammendrehen verlieren die Fasern zwar an natürlicher Stärke, es ist aber notwendig, sie fest zu schnüren, damit die Widerstandskraft so groß wird, daß die Fasern eher brechen, als daß sie sich voneinander lösen lassen. Durch das Teeren und das harte Drehen ist das Tauwerk steif geworden und hat viel von seiner Elastizität eingebüßt. Ist es aber zu lose geschlagen, lösen sich die Fasern voneinander.

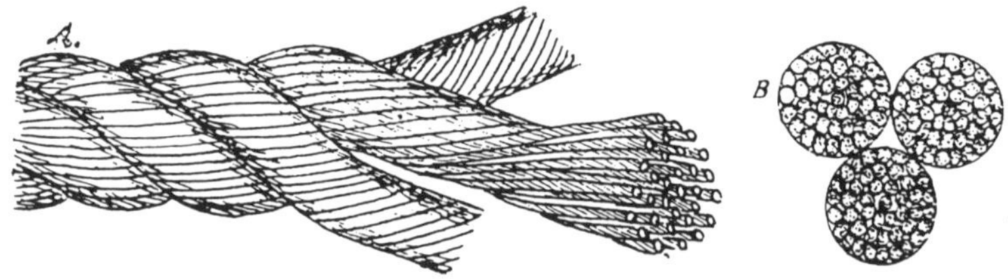

Fig. 1. Rechtsgeschlagenes Tauwerk

An Bord wird fast ausschließlich rundes Tauwerk benutzt. Die Erfahrung hat gezeigt, daß das flachgeschlagene, bandähnliche Tauwerk biegsamer ist. Solches wird oft in Fabriken und Minen als Seil für Winden und Aufzüge verwendet. Nachdem eine gewisse Anzahl Garn gesponnen ist, wird dieses zu Tau geschlagen. Wieviel Garn zu einem Tau oder einem **Kardeel** (Kordel, strand) geschlagen wird, hängt davon ab, wie stark das Kardeel werden soll. Es gibt Kardeele zwischen drei und 360 Garnen, man wird allerdings ein schlechtes Tau bekommen, wenn man zuviele Garne zu einem Kardeel schlägt. Das äußerste Garn wird beim Schlagen am kürzesten, weil es die größten Windungen drehen muß, es wird also brechen, lange bevor das innerste Garn überhaupt belastet wird. Es nützt auch nichts, die beiden Garne von Anfang an gleich lang zu lassen, weil - nachdem das Tau gestreckt wird - sich das äußerste Garn, das länger sein soll als das innere, ebenfalls stark reckt. Auf diese Weise aber wird das innere Garn im Laufe der Zeit zu lang werden.

Ein neues Schlepptau bester Qualität soll einer Zugkraft von 100 Pfund standhalten ohne zu brechen, und ein Tau aus 300 Garnen sollte 30000 Pfund Zugkraft aushalten, ohne zu brechen. Diese hohe Bruchlast ist allerdings kaum zu erreichen. Wenn ein Tau 60 Pfund an jedem Kabelgarn trägt, kann man das schon als gut bezeichnen, weil das für eine Trosse mit 300 Garnen schon eine Bruchlast von 18000 Pfund = 9 Tons bedeutet.

Das Garn muß etwas fester gesponnen werden, als es später tatsächlich in der Trosse ist, weil nämlich die Garne zu Kardeelen geschlagen werden. Das geschieht in der entgegengesetzten Richtung zum Garnschlag, das Garn wird also wieder ein wenig aufgedreht.

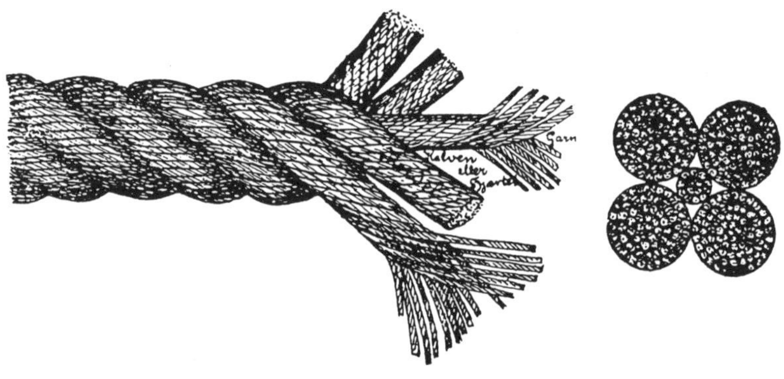

Fig. 2. Wantweise geschlagenes Tauwerk

Drei Kardeele zusammengeschlagen ergeben eine Trosse, ein **rechtsgeschlagenes** Tau (trosseslavet Tov, hawserlaid rope). Die Kardeele werden so stark zusammengeschlagen, daß das Tau massiv wird (Fig. 1B).

Wantweise geschlagenes Tau (Fig. 2) (wantslavet Tov, shroud-laid-rope) besteht aus vier Kardeelen. Der Zwischenraum, der zwischen den vier Kardeelen entsteht, muß durch eine

Seele oder ein Herz vollständig ausgefüllt werden, um ein Gegeneinanderreiben der einzelnen Kardeele zu verhindern.

Das vierkardeelige Tauwerk ist etwas stärker als das dreikardeelige, es wird daher für stehendes Gut, Wanten, Pardunen, Stage usw. verwendet, seltener aber für das laufende Gut, da es schneller verschleißt als das dreikardeelige.

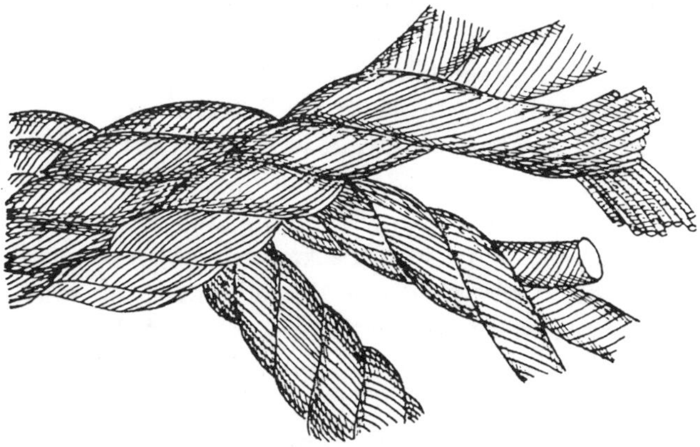

Fig. 3. Schlepptau

Fig. 5. Segelgarn

Fig. 7. Takelgarn

Fig. 8. Marlleine

Fig. 9. Hüsing

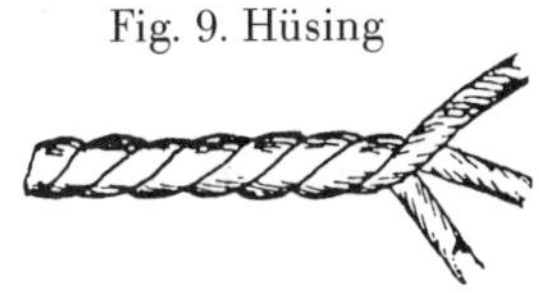

Fig. 10. Zwei- Fig. 11. Drei-
kardeeliges Schiemannsgarn kardeeliges

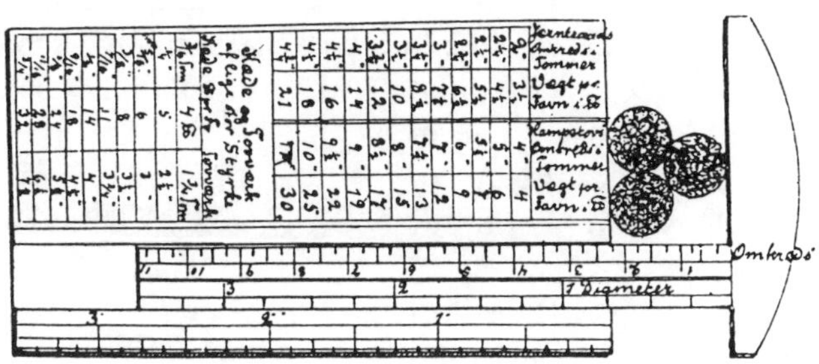

Fig. 4. Trossenmaß

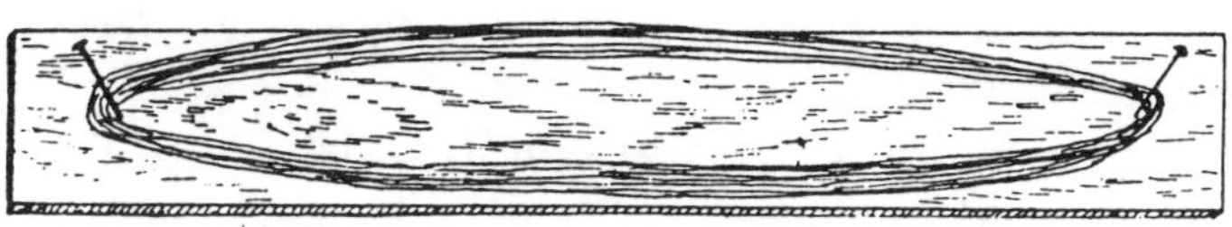

Fig. 6. Das Teeren von Segelgarn

Aus drei Kardeelen können ziemlich schwere Trossen geschlagen werden, trotzdem ist es oft nötig, drei Trossen zu einem **Schlepptau** (Fig. 3) (Kabeltov, towrope) zusammenzuschlagen.

Redet man von der Biegsamkeit und der Stärke eines Tauwerks, versteht man darunter den **Umfang** und nicht den Durchmesser. Ein einfaches Instrument zum Messen des Tauumfangs ist das in Fig. 4 gezeigte Meßwerkzeug für Trossen, worauf sich anhand einer Skala ablesen läßt, wieviel eine Trosse ungefähr wiegt. Um das korrekte Maß zu erhalten, drehe man das Trossenmaß rund um die Trosse.

Hanf wird außerdem zu Segelgarn oder Segeltuch verarbeitet. **Segelgarn** (Fig. 5) (Sejlgarn, twine) ist oft dreikardeelig und aus bestem Hanf gesponnen; es wird an Bord sehr vielseitig - besonders für Segelmacherarbeiten - eingesetzt. Vor dem Verarbeiten wird es geteert.

Um das Segelgarn zu teeren (Fig. 6), spannt man es auf einem Brett zwischen zwei Nägeln auf (s. Zeichnung). Der Teer wird gleichmäßig auf dem Garn verteilt und gut mit den Händen eingearbeitet. Man achte darauf, das Garn nicht unklar zu bekommen oder den Tampen zu verlieren. Wenn das Garn geteert ist, wird es zu einem Knäuel aufgewickelt. Man sollte dabei vermeiden, lose Buchten von den Nägeln zu ziehen und das Knäuel dort hindurchzuziehen.

Wenn das Garn ersteinmal unklar liegt, kostet es viel Zeit, es zu entwirren.

Takelgarn (Fig. 7) (Takkelgarn, ropingtwine) ist in der Regel vier- oder fünfkardeelig. Man näht damit das Liektau an das Segel, Gattchen im Segel werden damit umsäumt, und es wird für Taklinge und Hundspünt benutzt. Takelgarn wird genauso geteert und aufgewickelt wie Segelgarn.

Die **Marlleine** (Fig. 8) (Merling, marline) ist zweikardeelig und eignet sich gut für kleinere Arbeiten, die keine großen Anforderungen an die Garnstärke stellen, aber dennoch sauber aussehen sollen. Gebraucht wird sie zum Beispiel, wenn Webeleinen an die Wanten gezurrt werden sollen, Taklinge auf eine Trosse gesetzt werden oder für Schweinerücken.

Hüsing (Fig. 9) (Hyssing, houseline) ist dreikardeelig und wird meist für kleinere Bändsel benutzt.

Schiemannsgarn (Fig. 10 und 11) (Skibmandsgarn, spunyarn) braucht man sozusagen jeden Tag auf einem Segelschiff. Wegen der vielseitigen Verwendbarkeit gibt es die Leine in zwei Stärken: die aus zwei Kabelgarnen bestehende Leine wird zum Bekleiden von Wanttampen und der Spleiße benutzt, während die aus drei Kabelgarnen gedrehte Leine zum Bekleiden des stehenden Gutes am Topp verwendet wird. Schiemannsgarn wird zum Knäuel gewickelt; am besten wickelt man das Bund auf einmal auf, weil es zum Schluß oft unklar wird.

Bändselleine (Fig. 12) (Bændselline, seizingline) wird aus bestem Hanf gemacht und ist wie eine Trosse geschlagen (rechtsgeschlagen). Zuerst werden drei bis fünf Garne zu einem Kardeel geschlagen und später drei Kardeele zu einer Leine. Es gibt Bändselleinen in verschiedenen Stärken, je nach Bedarf um Jungfern, Herzen und Kauschen in Wanten, Pardunen oder Stage zu bändseln, als Blockstropp und für vieles mehr.

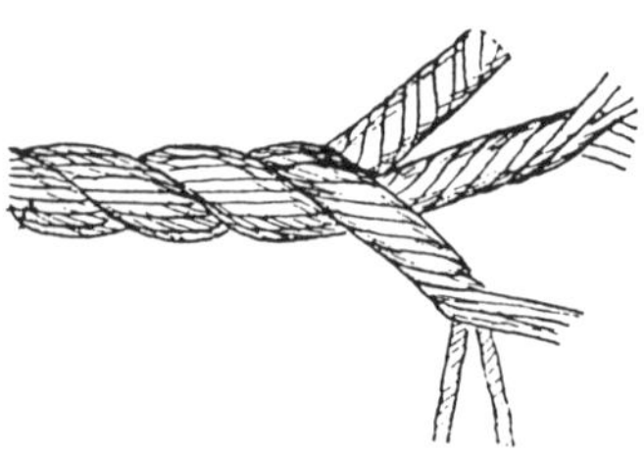

Fig. 12. Bändselleine

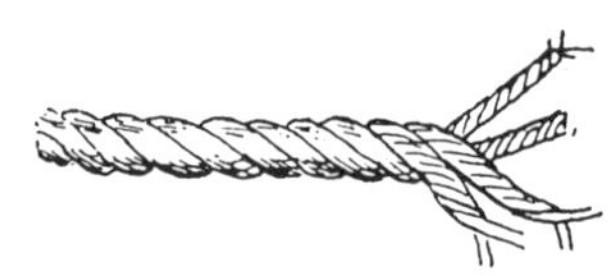

Fig. 13. Flaggenleine

Netzleine (Fig. 13) (Stikline, netline) ist aus vier Kardeelen geschlagen und wird außer für Netze auch als Flaggenleine benutzt.

Webeleine (Vælingsgods, ratline) besteht aus der größten Anzahl Garn pro Kardeel, im ganzen aus 21 Garnen; sie wird nicht nur für die Webeleinen benutzt, sondern auch für Nockbändsel, Segelgarn, für Zeisinge, Netze, als Wurfleine und für vieles mehr.

Außer den vorgenannten Arten findet man an Bord eines Schiffes noch anderes Tauwerk; das hängt aber ganz von der Größe des Schiffes ab. An dieser Stelle sollen nur einige der wichtigsten Namen genannt werden. Das schwerste Tau an Bord ist das **Schlepptau** (Slæberen). Es ist kabelweise geschlagen und heißt **Kabeltau** (Kabeltovet, cable). Es wird besonders zum Bugsieren und für längere Vertäuungen benutzt, wenn keine Ketten eingesetzt werden können. Es scheint mir wert zu erwähnen, daß Eisenketten, obgleich seit dem Altertum auf Schiffen verwendet, seit weniger als einhundert Jahren vom Kabeltau als Ankertrosse verdrängt wurden. Kabeltaue gibt es bis zu der ansehnlichen Stärke von 30 Zoll Umfang.

Das schwere, kabelgeschlagene Hanftau wird heute an Bord nicht mehr so häufig wie früher eingesetzt, teils weil es steif und kostbar ist, zum anderen weil es heute häufig durch Kokos-, Manila- oder Stahldrahttau ersetzt wird. Kokos- oder Manilahanftau kann entweder rechtsgeschlagen oder kabelweise (links-) geschlagen sein. Wenn Stahldrahttau zum Bugsieren eingesetzt wird, muß man einen Vorläufer aus Kokos - oder Manilahanf haben, damit der

Schlepper die notwendige Federkraft bekommt.

Warp (Pertliner) ist kabelgeschlagen, aber nicht so schwer wie Kabeltau. Es wird in der Regel zum Verholen oder Warpen eingesetzt, aber auch zum Vertäuen im Hafen.

Die dünnste Trosse wird **Jagertrosse** genannt und wird zum Verholen benutzt: sie ist meistens rechtsgeschlagen.

Flachs (Hør) wächst überall in Nord- und Mitteleuropa, wird aber besonders in Rußland angebaut. Er wird fast genauso wie Hanf behandelt, ist aber nicht so vielseitig verwendbar wie dieser. Die Faser ist nicht so kräftig und kann nicht gut geteert werden.

Manilahanf wird aus den Fasern der Blattscheide einer Bananenart hergestellt, die auf den Phillipinen wächst, von woher jährlich große Mengen nach Europa verschifft werden. Manilatau wird an Bord oft als laufendes Gut, als Verholtrosse und Schlepptau verwendet, da guter Manila genauso kräftig ist wie Hanf. Für das stehende Gut eignet er sich allerdings nicht, zum einen weil er das Teeren nicht verträgt, zum anderen weil er stark einläuft, wenn er naß wird, und sich wieder reckt, sobald er trocknet. Ungeteertem Manila kann Salzwasser nichts anhaben, er ist auch weicher und geschmeidiger als Hanf. Ist er aber alt und verschlissen, kann man ihn weder spleißen noch reparieren wie Hanftauwerk. Manilahanf ist ungefähr 28 pct. leichter als geteertes Hanftauwerk.

Kokostauwerk (Brøs, coir), auch **Grastauwerk** genannt, wird aus den bastähnlichen Fasern der fleischigen Kokosnußschale der Südseeinseln gewonnen. (Kokostauwerk wiegt nur halb soviel wie Hanftauwerk der gleichen Stärke). Es wurde schon seit Urzeiten von den Bewohnern der Südseeinseln als Material für Tauwerk benutzt, jetzt wird es auch auf europäischen Schiffen als Verholtrosse und Schlepptau verwendet. Kokostrossen werden nicht geteert, sind aber fast ebenso kräftig wie Hanftrossen und können dem Seewasser schadlos eine zeitlang ausgesetzt werden, allerdings vertragen sie keine Sonnenhitze, da das Garn davon steif und spröde wird. Sowohl Kokos- als auch Manilatrossen eignen sich zum Verholen und zum Warpen; sie schwimmen eine zeitlang auf dem Wasser und können daher leichter von einem Boot mitgeführt werden.

Baumwolle (Bomuld) wächst in warmen Gegenden wie Asien, Afrika und Amerika. Hauptsächlich kommt sie jedoch aus den Vereinigten Staaten. Die Knospen der Baumwollpflanze sind ungefähr so groß wie Walnüsse, und in diesen Knospen befindet sich die Wolle. Sie wird von den Samenkörnern befreit, versponnen und zu Baumwolltuch bzw. Segeltuch verarbeitet. Baumwollsegel sind schwer zu handhaben, wenn sie naß sind, weil sie dann recht steif werden, auch leiden sie mehr unter der Feuchtigkeit als Hanfsegel. Außerdem kann man alte Baumwollsegel kaum reparieren, sie sind dann mürbe. Dessenungeachtet sind sie auf See recht gebräuchlich, weil sie preiswert sind.

Draht und Stahldraht (Jærntraad, wire) sind heutzutage an Bord aller Schiffe zu finden, und es scheint mir wichtig, einiges darüber zu sagen. Das Eisen, welches zu Draht verarbeitet werden soll, muß so lange gewalzt und gehämmert werden, bis es drahtig und geschmeidig ist (auf keinen Fall darf es im Bruch körnig sein). Um einen guten Draht zu bekommen, muß man selbstverständlich bestes Material verarbeiten. Das Eisen wird zunächst zu einen Zoll starken Stangen geformt, diese werden erhitzt, bis sie glühen, und dann durch ein Schnellwalzwerk mit mehreren Walzenpaaren geführt, so daß der Draht mit jedem Walzvorgang dünner und länger wird. Wenn der Draht die gewünschte Stärke erreicht hat, wird er auf einer Winde zu einem Ring gewickelt. Dann wird er in einem geschlossenen Gefäß wiederum zum Glühen gebracht und danach langsam abgekühlt. Durch das Erhitzen und anschließende Abkühlen (Ausglühen) wird der Draht weich und geschmeidig. Um Glühspäne und Aschenreste zu entfernen, wird der Draht in stark verdünnte Schwefelsäure gelegt und zum Schluß mit warmem Wasser oder mit Kalkmilch gespült und dann getrocknet.

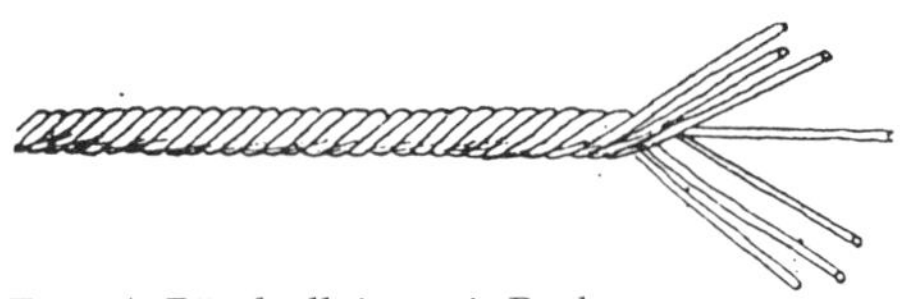

Fig. 14. Bändselleine mit Draht

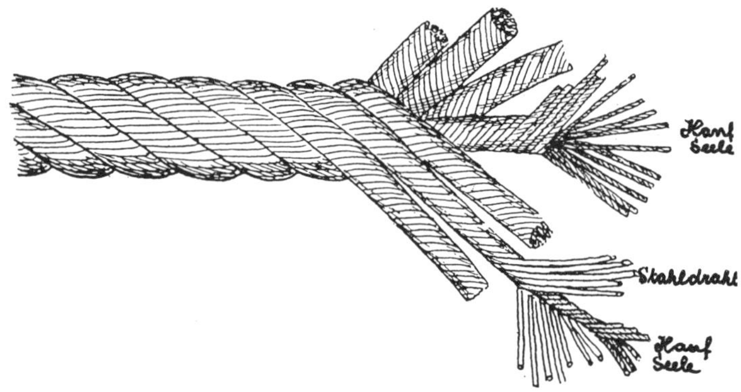

Fig. 15. Weicher Draht für laufendes Gut

Der Draht ist nun fertig und kann benutzt werden so wie er ist. Man zieht es jedoch vor, ihn mit Zink zu galvanisieren, um ihn gegen Rost zu schützen. Anfangs benutzte man Zinn, aber Erfahrungen zeigten, daß ein galvanischer Strom entsteht, der das Eisen schneller zerstört als den Rost, sobald der Zinnüberzug die kleinste Beschädigung aufweist. Heute wird Zink statt Zinn genommen, weil es härter ist. Wenn der Zinküberzug beschädigt wird, kann der Draht nur von Rost angegriffen werden. Da Draht normalerweise in Fabriken hergestellt wird, wo Maschinen für die verschiedenen Arbeitsgänge eingesetzt werden, würde es zu weit führen, an dieser Stelle über die wichtigsten Arbeitsvorgänge zu berichten.

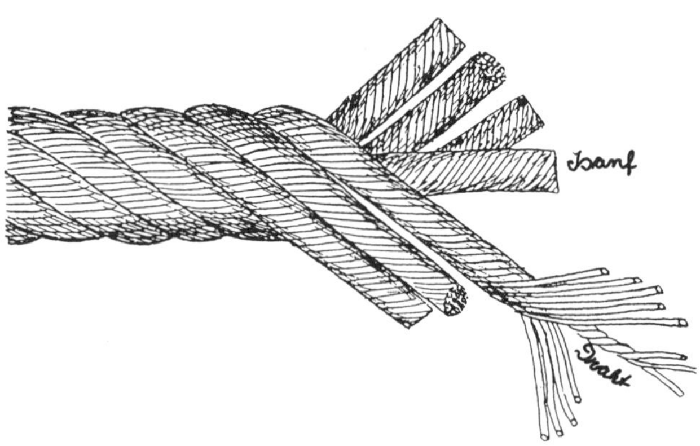

Fig. 16. Draht für stehendes Gut

Jeder Draht mit Ausnahme der **Bändselleine** (Fig. 14) hat eine Hanfseele. Zunächst werden die einzelnen Garne zu Kardeelen geschlagen; soll weicher Draht hergestellt werden, wird in jedes einzelne Kardeel eine Hanfseele aus feinem Hanfgarn geschlagen. Die fertigen Kardeele bekommen dann wiederum eine Hanfseele, wenn sie weiterverarbeitet werden (Fig. 15). Der Draht für das stehende Gut muß nicht so biegsam sein, die einzelnen Kardeele haben eine Seele aus Draht, zwischen den Kardeelen aber liegt eine Tauwerkseele (Fig. 16). Neuerdings gibt es Draht, der ausschließlich aus Stahl oder Eisen hergestellt wird. Das Garn im weichen Draht ist feiner als das im steifen Draht des stehenden Gutes.

Es ist klar, daß das dünnere Garn schneller vom Rost zerfressen wird als das dickere. Besonders schnell ist die Rostbildung dort, wo die Galvanisation abgenutzt ist. Man kann dem raschen Verschleiß nur entgegenwirken, wenn man die Trossen öfter mit fetten Oelen, also mit Tran, mit Maschinenöl oder teilweise mit Matsuöl einfettet. Petroleum und gleichartige Flüssigkeiten wirken rostlösend, bilden aber gleichzeitig eine neue zusätzliche Oberfläche, auf der sich - unter Einwirkung des Luftsauerstoffes - der Rost nur noch schneller bildet. Hat sich Rost auf einer Trosse gebildet, läßt er sich nur oberflächlich wieder entfernen. Um ein Weiterrosten zu verhindern, gibt es nur ein Mittel: die Rostschicht muß mit Oel getränkt werden, um zu verhindern, daß das Eisen mit Sauerstoff in Verbindung kommt.

TABELLE (I)

über die ungefähre Stärke und das Gewicht von geteertem Hanftau, Draht und Stahldraht samt Kette, angegeben in englischen Maß- und Gewichtseinheiten.
(Umrechnungstabellen im Anhang, Centw (Cnt) = Zentner).
Wird das entsprechende Gewicht für ungeteerten Hanf gewünscht, müssen ca. 16 pct von dem angegebenen Maß abgezogen werden.

Hanftau			Entsprechendes Drathtauwerk		Entsprechendes Stahldrahttau		Entsprechende Kette		Bruchbelastung	Arbeitsbelastung
Umfang in Zoll	Durchmesser in Zoll	Gewicht per Faden in Pfund	Umfang in Zoll	Gewicht per Faden in Pfund	Umfang in Zoll	Gewicht per Faden in Pfund	Durchmesser in Zoll	Gewicht per Faden in Pfund		
1	⅜	¼							11 Centw.	160 ℔.
1¼	⅜	⅜							17½ —	250 —
1½	½	½							1 Ton „ Cnt.	300 —
1¾	⅝	⅝							1 — 4 —	350 —
2	⅝	⅞					3/16	4	1 — 10 —	400 —
2¼	¾	1⅛							2 — „ —	450 —
2½	⅞	1¼					4/16	6	2 — 2 —	600 —
2¾	⅞	1½	1	¾					2 — 4 —	650 —
3	1	2					5/16	7½	2 — 8 —	700 —
3¼	1	2¼	1½	1	1	1			2 — 16 —	8 Cnt.
3½	1⅛	2½					6/16	10	3 — 10 —	10 —
3¾	1¼	3	1⅝	2					4 — „ —	12 —
4	1¼	3½	1¾	2½	1½	1½	7/16	12	4 — 12 —	14 —
4¼	1⅜	4							5 — 2 —	15 —
4½	1⅜	4½	1⅞	3			½	16	5 — 18 —	17 —
4¾	1½	5							6 — 8 —	18 —
5	1⅝	5½	2	3½	1⅝	2	9/16	20	7 — 2 —	1 Ton „ Cnt.
5½	1¾	6¼	2⅛	4	1¾	2½			8 — 14 —	1 — 4 —
6	1⅞	7½	2⅜	5	1⅞	3	10/16	25	10 — 6 —	1 — 9 —
6½	2	8¾	2⅝	6	2	3½	11/16	29	12 — „ —	1 — 15 —
7	2¼	10	2⅞	7	2¼	4½	12/16	36	13 — 15 —	2 — „ —
7½	2⅜	12	3⅛	8	2⅜	5	13/16	42	15 — 14 —	2 — 5 —
8	2½	14	3⅜	9	2½	5½	14/16	49	18 — „ —	2 — 10 —
8½	2¾	15½	3⅝	11	2¾	6½	15/16	56	20 — „ —	2 — 17 —
9	2⅞	17	3¾	12	3	7¼	1	62	22 — „ —	3 — 2 —
9½	3	19¼	3⅞	13	3¼	8	1 1/16	69	25 — „ —	3 — 12 —
10	3⅛	22	4	14			1⅛	75	28 — „ —	4 — „ —
10½	3¼	26	4¼	15	3⅜	9	1 3/16	84	30 — „ —	4 — 7 —
11	3½	30	4⅜	16	3½	10	1¼	93	33 — „ —	4 — 15 —
12	3¾	36	4⅝	20	3¾	12	1 5/16	103	36 — „ —	5 — 2 —
13	4⅛	43			4⅜	15	1⅜	113	40 — „ —	5 — 18 —
14	4½	49			4⅝	18	1 7/16	123	46 — „ —	6 — 10 —
15	4¾	55			5	22	1½	134	53 — „ —	8 — „ —
16	5⅛	63			5⅜	26	1⅝	146	62 — „ —	9 — „ —
17	5⅜	72			6¼	31	2 1/16	220	72 — „ —	10 — 5 —
18	5¾	80			6¾	36	2 3/16	280	87 — „ —	12 — „ —
19	6	84					2⅜	325	101 — „ —	
21	6¾	106			7⅛	41	2 9/16	380	177 — „ —	
23	7⅜	123					2¾	436	133 — „ —	
24	7⅝	134			7½	47	3	500	151 — „ —	
25					8	53			170 — „ —	
30	9½	209							300 — „ —	

TABELLE (II)

der kleinsten Scheiben, die benötigt werden.
Die in Klammern angegebene Zahl gibt die Größe an, die gewöhnlich benutzt wird. (Umrechnungstabellen im Anhang).

Hanftau			Hanftau			Drahttrossen			Drahttrossen		
Umfang in Zoll	Kleinster Scheiben-durch-messer in Zoll	Kleinster Kauschen-durch-messer in Zoll	Umfang in Zoll	Kleinster Scheiben-durch-messer in Zoll	Kleinster Kauschen-durch-messer in Zoll	Umfang in Zoll	Kleinster Scheiben-durch-messer in Zoll	Kleinster Kauschen-durch-messer in Zoll	Umfang in Zoll	Kleinster Scheiben-durch-messer in Zoll	Kleinster Kauschen-durch-messer in Zoll
1	4	1	7	21	4	1	8 (6)	1	3	27 (18)	3
1 1/2	5	1 1/4	8	24	4 1/2	1 1/4	10 (7 1/2)	1 1/2	3 1/2	30 (22 1/2)	3 1/2
2	6	1 1/2	9	27	5	1 1/2	12 (9)	1 1/2	4	34 (24)	4
2 1/2	7 1/2	2	10	30	5 1/2	1 3/4	14 (10 1/2)	1 3/4	4 1/2	40 (27)	4 1/2
3	9	2 1/4				2	17 (12)	2			
4	12	2 1/2				2 1/4	20 (13 1/2)	2 1/4			
5	15	3				2 1/2	22 (15)	2 1/2			
6	18	3 1/2				2 3/4	24 (16 1/2)	2 3/4			

Der Gebrauch von fettem Oel vermindert gleichzeitig den Verschleiß, den die Reibung der einzelne Garne gegeneinander verursacht.

Außer Eisen wird Stahl und Gußstahl zu Drahttrossen verarbeitet; die Herstellung verläuft genauso wie bei Eisendraht. Draht ist viel billiger als Tauwerk der gleichen Stärke, schamfilt nicht so schnell, hat nicht soviel Reck, ist schrumpfarm und ein geringerer Windfang. Um sich eine Vorstellung davon zu machen, wie sich Tauwerk, Draht und Ketten im Hinblick auf Umfang, Gewicht und Stärke zueinander verhalten, wurde Tabelle (I) hinzugefügt. Zum Beispiel ist Hanftau von vier Zoll genauso stark wie Draht von 1 3/4 Zoll Umfang oder Stahldraht von 1 1/2 Zoll oder eine Kette von 7/16 Zoll Umfang. Jedes dieser vier hat eine Bruchlast von vier Tonnen und 12 Zentnern, sie sollten aber nicht über 14 Zentner belastet werden. Die Höchstbelastung für ein Tau oder eine Kette geht bis zur doppelten Arbeitslast - bei einer sechsscheibigen Talje hat ein Hanfläufer von vier Zoll eine Bruchlast von 8 1/2 Tonnen. Ein 3 3/4 zölliger Draht kann durch einen Stahldraht von drei Zoll ersetzt werden, durch eine Kette von einem Zoll oder durch 9-zölliges Hanftau. Soll eine Last von 10 Tonnen mit Hilfe einer fünfscheibigen Talje gefiert werden, muß der Läufer 10:5=2 Tonnen Traglast haben, man benötigt also entweder eine Hanftrosse von sieben Zoll, einen Draht von 2 7/8 Zoll oder eine 2 1/4 zöllige Stahltrosse; in jedem Falle sollte man lieber einen stärkeren als einen schwächeren Läufer wählen. Braucht man ein Ende, das doppelt so stark ist wie eine Hanftrosse von drei Zoll Umfang (Arbeitsbelastung sieben Zentner x zwei = 14 Zentner), so kann man aus der Tabelle ersehen, daß eine vierzöllige Hanftrosse den Anforderungen entspricht.

In der Tabelle sind allerdings nur die ungefähren Mittelwerte angegeben. Sie sind zu hoch für das schlechteste und zu niedrig für das beste Material. In der Regel gibt jeder Fabrikant eine eigene Tabelle heraus, die nach den verschiedenen Qualitäten des verwendeten Materials variiert.

Taifuntrossen (taifunwire) werden aus sehr dünnem Draht hergestellt. Um jedes Kardeel ist Hanfgarn gewunden, so daß man den Eindruck bekommt, die ganze Trosse sei aus Hanf gefertigt.

Diese Trosse federt sehr stark, ist besonders biegsam und sehr kräftig; ein Nachteil ist, daß die Hanflage nach und nach schamfilt und die Hanffetzen sich auf dem Spillkopf bekneifen.

Soll beim Spleißen die Hanfdecke erhalten bleiben, muß mit ganzen Kardeelen gespleißt werden.

Sämtliches Tauwerk, Draht und Ketten, die über Blöcke oder Rollen laufen, verschleißen sehr schnell, wenn die Scheiben zu klein sind, denn das äußerste Garn, welches den größten Kreis laufen muß, trägt die meiste Last, die Folge davon ist oft, daß es bricht.

Will man das Tauwerk schonen, muß dafür gesorgt werden, daß es über möglichst große Scheiben läuft. Auch Heißen und Fieren wird durch Scheiben mit großem Duchmesser erleichtert.

In der Tabelle (II) findet man die kleinsten Scheibengrößen, die man braucht, um das Tau bis zum Aeußersten zu belasten, ohne daß es über der Scheibe bricht. Jeder weiß, daß Wanten, Pardunen und Stage, die zu knapp um Kauschen, Klotjes, Jungfern oder ähnliches gelegt werden, bruchanfällig sind. Daher die Angabe in der Tabelle über die kleinsten Buchten, in die stehendes Gut gelegt werden darf.

Zur Pflege von Hanftau läßt sich folgendes sagen: Es muß vor Feuchtigkeit geschützt und nach dem Gebrauch sorgfältig aufgeschossen und verwahrt werden. Nasses oder feuchtes Tauwerk muß vor dem Verstauen so schnell und gründlich wie möglich getrocknet werden. Normales **rechtsgeschlagenes (retslavet) Tauwerk wird mit der Sonne aufgeschossen** (Fig. 17). Man beginne von außen und achte darauf, daß die Buchten klar voneinander liegen. Will man die Buchten nicht verkleinern, wird mit einer neuen Lage Buchten angefangen (von außen). Schießt man rechtsgeschlagenes Tau gegen die Sonne auf, wird es ständig enttörnt werden müssen, auf Dauer lösen sich die Kardeele voneinander und das Tauwerk wird locker.

Wie bekommt man Törns aus neuem, rechtsgeschlagenen Tauwerk ? - Indem man es gegen die Sonne aufschießt. Ist es mit einem Male nicht getan, kann der oberste Tampen von oben

Fig. 17. Aufschießen von Tau mit der Sonne

Fig. 18. Aufschießen von Tau gegen die Sonne

durch alle Buchten gesteckt werden, unter der Trosse durch - dann dreht man die ganze Trosse um und schießt sie - beginnend mit dem Tampen, der durchgesteckt wurde - gegen die Sonne auf. Meistens reicht es, die Trossen auf diese Weise ein paarmal umzulegen, um die überflüssigen Törns aus der neuen Trosse zu bekommen.

Eine andere praktische Methode, eine neue Trosse aufzuschießen ist die, eine Spiere durch alle Buchten zu stecken, und sie so hoch zu hängen, daß alle Buchten klar vom Deck sind. Man beginnt dann mit dem Aufschießen beim äußeren Tampen, indem man die Trosse ständig auf der Spiere herumdreht.

Schlepptau, Pferdeleine, Lotleine und alles andere linksgeschlagene (venstreslavet) Tauwerk wurde früher in der Regel gegen die Sonne aufgeschossen (Fig.18). Wenn man linksgeschlagenes Tauwerk mit der Sonne aufschießt, dreht man ständig die Törns des Tauwerks auf, und es wird nach und nach locker; wird es aber gegen die Sonne aufgeschossen, wird

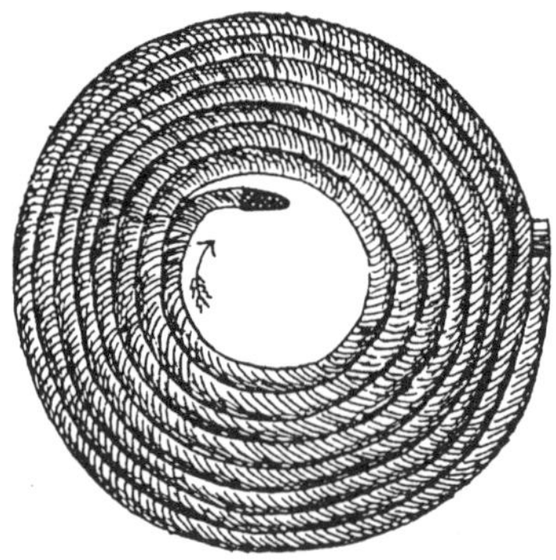

Fig. 19. und 20. Zu Scheiben aufgeschossenes Tauwerk

es mit der Zeit so krapp, daß man nur schwer damit arbeiten kann. Man muß immer daran denken, daß die Fasern, aus denen das Tau gemacht wird, nicht zusammengeknotet sind, sondern nur dank des Reibungswiderstandes, der durch das Zusammendrehen entstanden ist, zusammenhalten, und daß dieser Widerstand immer so stark sein muß, daß die Fasern brechen, bevor sie voneinander gezogen werden können.

Man ist aber nach und nach dazu übergegangen, Tauwerk und Trossen auf allen Schiffen **mit der Sonne** aufzuschießen.

Der Grund dafür ist, daß es eine einheitliche Regel geben muß, wie sämtliches Tauwerk an Bord eines Schiffes behandelt werden soll.

Ist das nicht der Fall, läuft man Gefahr, daß das Tauwerk einmal mit und das nächste Mal gegen die Sonne aufgeschossen wird, dadurch würde es schnell zerstört werden.

Fig. 19 und 20 zeigen, wie man Trossen flach auf dem Deck lagern kann, wenn man Zeit hat und möchte, daß das Schiff - zum Beispiel im Hafen - gut aussieht und man die Enden nicht von Deck entfernen will oder kann. Die laufenden Enden können auch aufgeschossen und von Nägeln und Klampen losgemacht werden. Man heißt sie dann in die Takelage und befestigt sie mit Kabelgarn oder schmalen bemalten Stropps aus Platting oder Segeltuch.

Seemannsarbeiten

Knoten und Steke

Steke werden an Bord sehr häufig gebraucht. Es ist daher notwendig, daß jeder Seemann die wichtigsten und meistgebrauchten lernt. Die meisten Steke beginnen damit, daß man eine Bucht um das Ende legt, welches man benutzen möchte (Fig.21 A,B). Da man nicht alle Steke und Arbeiten, über die im folgenden gespochen wird, gleichermaßen häufig anwendet, sind die selteneren Arbeiten mit einem (*) gekennzeichnet und können von Seeleuten, die noch nicht lange fahren, ausgelassen werden.

Fig. 21. Buchten Fig. 22. Gewöhnliche Knoten Fig. 26. Sandbeutel an einer Wurfleine

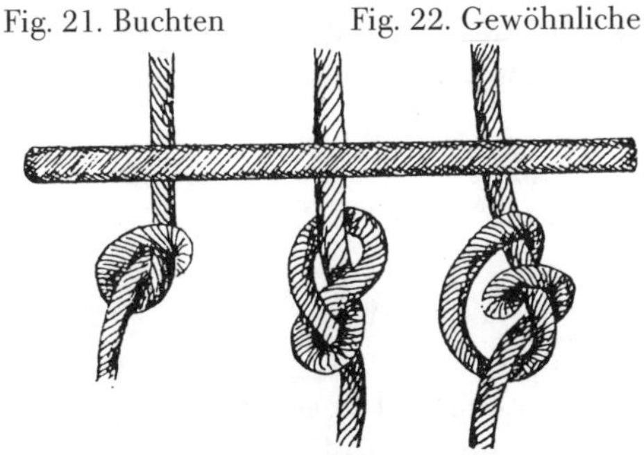

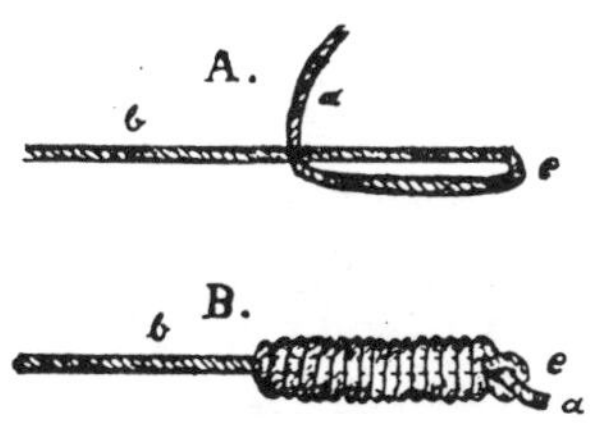

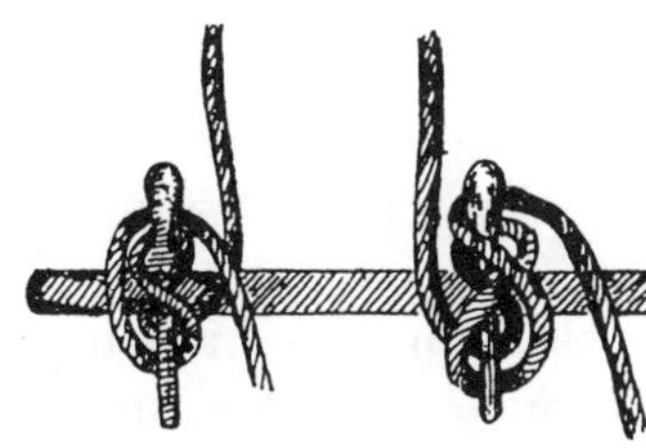

Fig. 23. Gewöhnlicher Knoten Fig. 24. Achtknoten Fig. 25. Doppelter Knoten Fig. 27. Wurfleinenknoten Fig. 28. und 29. Befestigen von Enden an Belegnägeln

Gewöhnlicher Knoten (Fig. 22 A,B) (Almindelig knob, common knob). Er wird oft benutzt, um das Ausscheren eines Endes aus Wegweisern oder Blöcken zu verhindern. Auch für Klüver- und Jagerpferde wird er verwendet, damit die Füße nicht abrutschen.

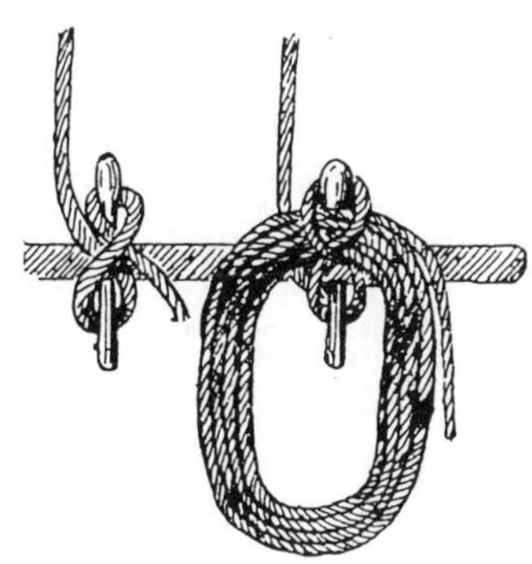

Fig. 30. Festmachen von Enden an einer Klampe A und einem Kreuzholz B Fig. 31. Kopfschlag Fig. 32. Aufhängen von Enden

Achtknoten (Fig. 24) (Judasknob, Flamsk knob, flemish-knot). Er wird genauso wie der gewöhnliche Knoten benutzt, um das Ausscheren von Enden zu verhindern. Der Achtknoten hat außerdem den Vorteil, daß er leicht wieder zu lösen ist.

Knoten mit Rundtörn (Fig. 25) (Burknob) wird hauptsächlich dann benutzt, wenn ein Knoten leicht wieder gelöst werden muß, wird aber sonst fast nur verwendet, um Niederholer und andere laufende Enden am Ausscheren zu hindern.

Wurfleinenknoten (Knob paa en Kasteline, knot on a heavingline). Wurfleinen werden an Bord häufig benutzt, besonders beim Verholen, um eine Verbindung zwischen Schiff und Land oder Schiff und Schiff herzustellen. Sie besteht meist aus Webeleine, die stark genug sein muß, um eine Trosse zu holen. Der Abstand indessen, den ein geübter Mann mit einer so dünnen Leine überwinden kann, ist recht gering, kann aber vergrößert werden, wenn man ein kleines Gewicht an das Ende knüpft. Einige benutzen einen kleinen Segeltuchbeutel, der mit Sand gefüllt wird (Fig. 26), während andere mit einem Knoten auskommen (Fig. 27 A und B). Zuerst wird der Tampen A cirka zwei Handbreit parallel zur Leine gelegt, dann wird er um beide Parten gewickelt (siehe Fig. 27 B) und zum Schluß durch das Auge c gesteckt. Danach wird b festgeholt, um Tampen a zu bekneifen, auf den man einen Takling setzen sollte.

Fig. 34. Kettenknoten

Fig. 33. Knoten mit Knebel

Festmachen eines Endes auf einem Belegnagel (Fig. 28 und 29) (Kofilnagle, belaying pin). Man beginne mit einem Törn, der gut unter den Nagel kommt, sorge aber dafür, daß der letzte Törn mit der Sonne liegt (s. Abbildungen).

Klampen (Klampe, cleats) werden dort benutzt, wo nur ein einziges Ende festgemacht werden muß. Wenn man auf einer Klampe festmacht, lege man erst einen Rundtörn um die Klampe und fahre dann fort, wie beim Belegen auf einem Belegnagel (Fig. 30 A). Sollen viele Enden nebeneinander festgemacht werden, nehme man dafür eine **Nagelbank** (Naglebænk, pin-rail), in der es für jeden Nagel ein Gat (Loch) gibt (Fig. 31 und 32).

Ein **Kreuzholz** oder Schere (Fig. 30 B) (Krydsholt, kevel) besteht aus einem oder mehreren Stücken starken Holzes, die am Schiff festgebolzt sind und zum Festmachen dienen. Besonders schwere Taljen, Fallen oder Vertäuungen werden auf dem Kreuzholz belegt; ferner gibt es zum Belegen von Trossen Poller an Bord, sie sind alle solide verbolzt und reichen meist bis unter das Deck.

Der **Kopfschlag** (Fig. 31) (Bidevindstik) wird in engem Fahrwasser, in dem oft laviert werden muß, benutzt, um nicht nach jeder Wende die Luvbrassen dichtholen und belegen zu müssen. Da der Kopfschlag nicht viel Platz auf dem Nagel einnimmt, kann man in der Regel ein Ende auf dem Nagel belegen, ohne daß man die Schläge lösen muß. Nachts und bei schlechtem Wetter müssen die Tampen der Falls immer mit einem Kreuzschlag belegt werden, um zu verhindern, daß das Fall ausrauscht oder unklar wird, wenn es losgeworfen wird.

Werden die Enden nicht gebraucht, **schießt man sie mit der Sonne auf**, hängt sie über den jeweiligen Belegnagel und sichert sie mit einem Stek (Fig. 32).

Laufknoten mit Knebel (Fig. 33) (Løbeknob med Ters, boatknot). Er ist praktisch, wenn ein Mann für kurze Zeit hochgeheißt werden soll und gerade kein Bootsmannstuhl zur Hand ist. Durch den Knoten wird ein Knebel gesteckt, auf dessen beide Enden sich der Mann setzt, so daß er ein Bein rechts und eines links vom Knoten hat. Es ist darauf zu achten, daß der Stek richtigherum gemacht wird, da der Mann sonst leicht herunterfallen kann.

Kettensteg (Fig. 34) (Kædeknob, chain-knot). Er dient dazu, ein zu langes Ende auf solide Weise zu verkürzen. Auch Zeisinge können auf diese Art aufgeklart werden.

Rundtörn und Kontratörn (Fig. 36) (Rundtørn og Kontratørn) werden gewöhnlich benutzt, um Trossen an einem Poller zu belegen.

Der **Rundtörn und halber Schlag mit Rundtörn** (Fig. 36) (Rundtørn og Halvstik med Rundtørn) eignet sich gut, um eine Verholtrosse an Land an einem Pfahl zu belegen, weil er nicht schliert (aufgeholt werden kann) und trotzdem leicht zu lösen ist, auch wenn starker Zug auf der Trosse gestanden hat.

Fig. 35. und Kontratörn

Fig. 36. Rundtörn und halber Schlag mit Rundtörn

Fig. 37. Rundtörn und halber Schlag

Ein **Rundtörn mit halbem Schlag** (Fig. 37) (Rundtø og Halvstik) wird ebenso zum Verholen genutzt, läßt sich aber nicht so leicht wieder lösen, wenn starker Zug auf der Trosse gestanden hat.

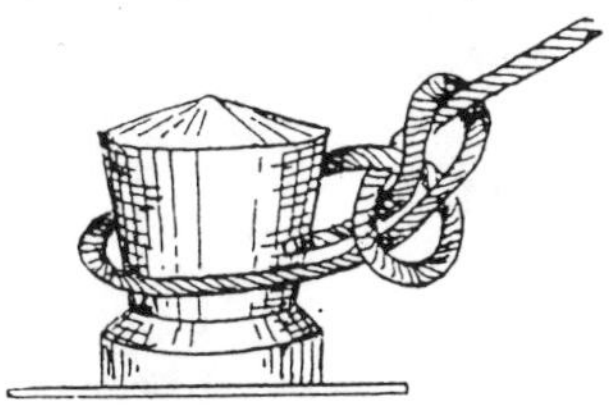

Fig. 38. Palstek

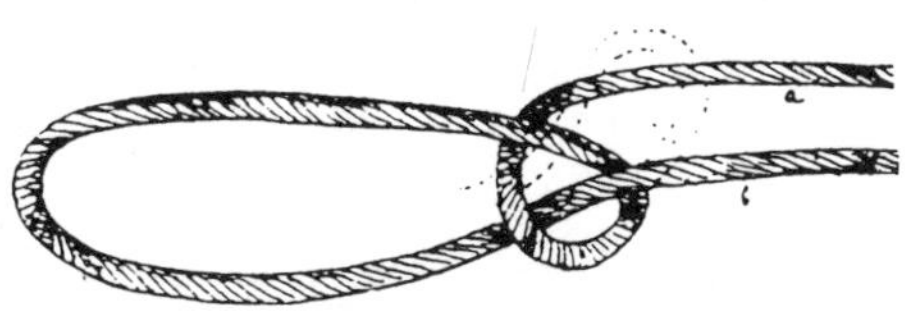

Fig. 39. Anfang des Palsteks

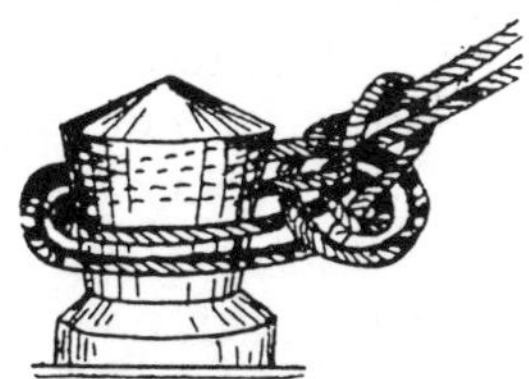

Fig. 40. Doppelter Palstek

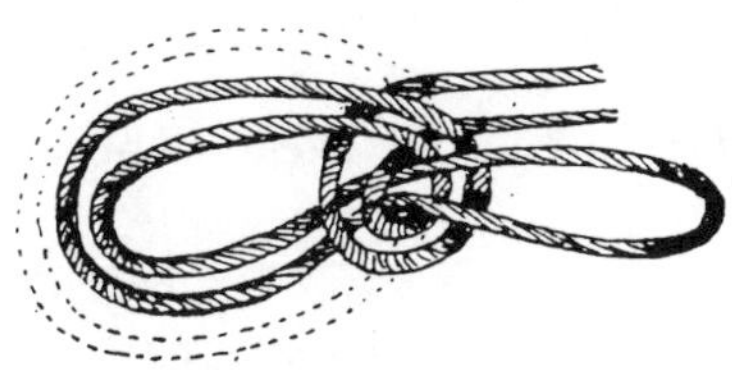

Fig. 41. Anfang des doppelten Palsteks

Fig. 43. Gekreuzter Laufknoten

Fig. 44. Slipstek

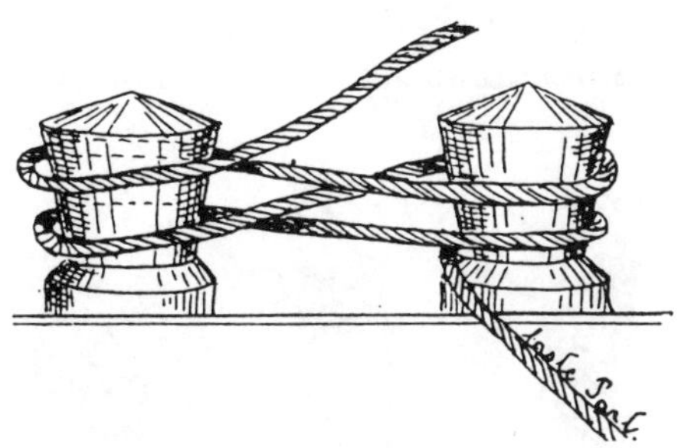

Fig. 42. Festmachen an zwei Pollern

Der **Pfahlstek, Palstek** (Fig. 38) (enkelt Pælestik, bowline-knot) wird oft beim Verholen der Schiffe eingesetzt. Ein Pfahlstek kann über einen Pfahl gelegt und das Tau kann dichtgeholt werden, ohne daß sich der Stek am Pfahl zusammenzieht. Das Tau kann daher von dem einen Pfahl abgenommen und auf einen anderen gelegt werden, ohne das der Stek gelöst werden müßte. Dennoch läßt sich der Pfahlstek leicht lösen, auch wenn starker Zug darauf gestanden hat. Zuerst lege man eine Bucht in die Trosse und stecke den Tampen der Trosse hindurch, wie in Fig. 39 gezeigt, als nächstes wird Tampen b unter Part a und dann wieder von oben in die Bucht gesteckt, wie die punktierte Linie zeigt.

Doppelter Pfahlstek (Fig. 40) (Doppelt Pælestik, bowline upon a bight). Er wird nicht häufig benutzt; man legt eine Bucht, steckt das Ende der Bucht hindurch, klappt diese Bucht nach unten, führt sie um das doppelte Auge herum und biegt sie an der Rückseite wieder nach oben (Fig. 41). Die Bucht wird dann um den festen Part über dem kleinen Auge zusammengezogen.

Festmachen an zwei Pollern (Fig.42) (Fastgøring til to Pullerter, poller) bedarf wohl kaum einer Erklärung, allerdings muß man daran denken, erst einen Rundtörn um den vorderen und danach um den hinteren Poller zu machen, wenn starker Zug darauf kommt; er wird dadurch besser verteilt.

Je tiefer unten man um einen Poller festmacht, desto stärkerem Zug hält er stand. Deshalb sollte man immer dafür sorgen, daß die Parten der Trossen so tief wie möglich sitzen.

Der * **Gekreuzte Laufknoten** (Fig. 43) (Krydset Løbeknob) und der **Laufknoten (Slipsteg)** (Fig. 44) (Løbeknob, running knob) werden nur selten benutzt.

Eine **Bucht mit Knebel** (Fig. 45 A) (Bugt med Ters, bight with a toggle) wird oft benutzt, indem man die Bucht einer Trosse durch den Ring auf einer Brücke oder Kaje steckt und durch die Bucht wiederum ein kräftiges Stück Holz oder Eisen (Knebel) und dann den Tampen der Trosse an Bord dichtholt. Der Knebel muß mindestens doppelt so lang sein wie der Durchmesser des Ringes.

Bucht mit Knebel (Fig. 45 B). Diese Art ist insofern besser, als es leichter wird, noch andere Trossen am selben Ring festzumachen.

Rundtörn mit halbem Schlag (Fig. 46) (Rundtørn med Halvstik). Macht man an einem Ring fest, sollte mit einem Rundtörn begonnen werden, damit keine Schwierigkeiten beim späteren Lösen entstehen.

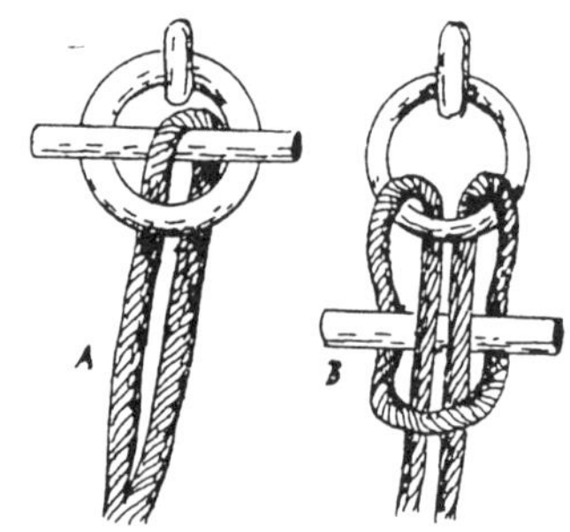

Fig. 45. Buchten mit Knebel

* **Seemannsknoten** (Fig. 47) (Sømandsknob, sailorsknot). Dieser Knoten wird nicht häufig gebraucht.

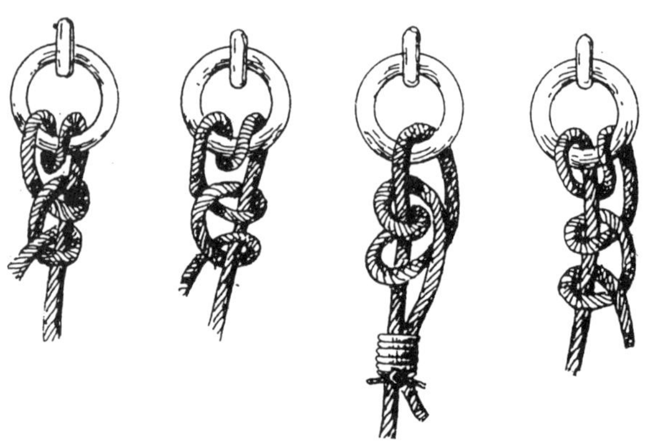
Fig. 46 Rundtörn und halber Schlag

Fig, 47 Seemannsknoten

Fig. 48. Fig. 49. Hinterhandknoten

In Fig. 48 wird die gängigste Methode gezeigt, ein schweres Tau an einem Ring festzumachen. Der Tampen muß an der stehenden Part fest beigezeist werden.

Hinterhandknoten (Fig. 49) (Baghaandsknob, reverse or backhandedknot). Dieser Knoten wird nicht so oft benutzt wie er sollte, denn er ist solide und jederzeit leicht zu lösen, selbst wenn die Trosse sehr fest steht. Er sollte zum Festmachen beim Verholen, an Bojen oder Ringen dienen. In so einem Fall werden die beiden halben Schläge nicht gemacht; ein Mann hält bloß den Tampen fest, solange Zug darauf steht.

* **Einfacher Laufknoten** (Fig. 50) (Simpel Løbeknob, simple running knot) ist leicht zu machen, aber schwer zu lösen.

Der **Lerchenkopf mit Zeising** (Fig. 51) (Lærkehoved med Opsejsing, larkshead-stoppered) wird nicht oft benutzt, obgleich er solide ist.

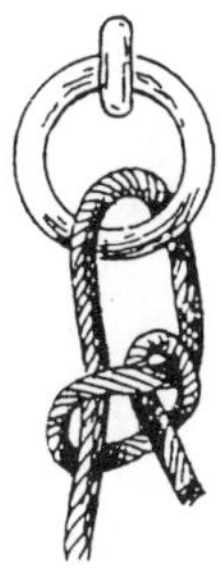

Fig. 50. Einfacher Laufknoten

Fig. 51. Lerchenkopf mit Zeising

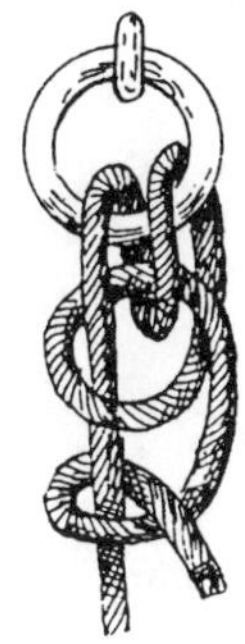

Fig. 52. Fischerstek

Fig.53.

Fig. 54. Bootsknoten

Fig. 55. Laufknoten an einer Stellage

Fischerstek (Fig. 52) (Slippeknob, slipknot). Zuerst wird der Tampen zweimal durch den oder um den Gegenstand, an dem er festgemacht werden soll, gelegt. Danach geht man mit dem Tampen über den holenden Part und durch die beiden Buchten, wodurch das Tau daran gehindert wird, sich so festzuziehen, daß es nicht wieder gelöst werden kann. Zum Schluß macht man mit dem Tampen einen halben Schlag um die holende Part, oder zeist sie zusammen.

Fig. 53 zeigt einen einfachen Knoten, bei dem der Tampen durch den Ring gesteckt wird und mit einigen halben Schlägen um den holenden Part belegt wird. Dieser Knoten ist für kleinere Trossen und Enden geeignet.

* **Bootsknoten** (Fig. 54) (Baadsknob, boat knot with one turn) wird selten benutzt

Laufknoten an einer Stellage (Fig. 55) (Løbeknob anvendt paa en Stilling). Häufig muß man eine Stellage außenbords hängen, auf der die Männer stehen, die dort eine Arbeit zu verrichten haben. Es ist aus diesem Grunde nicht nur wichtig, daß die Enden für das Stellingstau solide sind, sondern auch, daß sie so an der Stelling festgemacht werden, daß diese nicht herunterfallen oder herausgleiten kann. In der Regel spikert man einige Stücke Holz (sog. Hörner) quer unter die Planke oder Leiter, um sie ca. einen Fuß von der Schiffswand abstehen zu lassen, damit die Männer sich auf der Stelling besser bewegen können. Wie man den Laufknoten macht und ansteckt, ist auf der Zeichnung zu sehen. Einige legen die Buchten des Stellingtaus unter die Planke oder Leiter und legen einen halben Schlag um jedes Horn, und wieder andere machen bloß ein paar halbe Schläge um jedes Horn; aber von diesen Methoden muß abgeraten werden, denn wenn ein Horn abbricht, kann die ganze Stelling leicht herunterfallen. Im übrigen sollte sich nie jemand während der Fahrt oder vor Anker in strömendem Gewässer auf einer Stelling aufhalten, ohne daß er ein Ende um den Leib hat, welches wiederum binnenbords festgemacht ist.

Gewöhnlicher Knoten - halber Schlag (Fig. 56) (Enkelt Stik, simple knot)

Webeleinstek (Fig. 57) (Halvstik, half hitch, clowerhitch). Er wird sehr oft an Bord gebraucht, sowohl für leichte als auch für schwere Enden, ist allein nicht zuverlässig.

Bauchgordingstek (Fig. 58) (Forkert Halvstik, reverse halfhitch). Ein sehr oft an Bord benutzter Stek, um ein Ende festzumachen. Der Bauchgordingstek steht sehr gut, denn der Tampen wird von der holenden Part bekniffen.

Der **Leesegelstek** (Fig. 59) (Læsejlstik, studdingsail hitch) wird gebraucht, um ein Ende auf eine Spiere zu setzen, für Fallen, Halsen und Schoten ist er ebenso gebräuchlich. Der Leesegelstek löst sich von selbst nicht und kann doch leicht wieder gelöst werden.

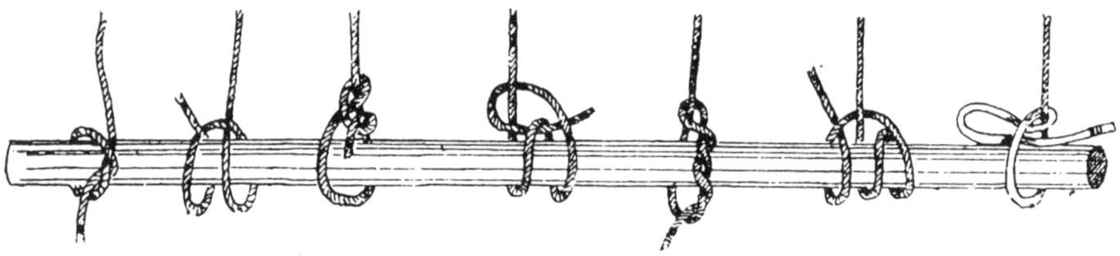

Fig. 56. Einfacher Knoten — Fig. 57. Webeleinstek — Fig. 58. Bauchgordingstek — Fig. 59. Leesegelstek — Fig. 60. Zimmermannsstek — Fig. 61. Halbstek mit Rundtörn — Fig. 62. Slipstek

Zimmermannsstek, Balkensteg (Fig. 60) (Tømmerstik, timber hitch). Dieser Stek kann nicht von selbst aufgehen; die Enden halten, wenn man mindestens drei Rundtörns mit dem Tampen um dessen eigenen Part macht und dafür sorgt, daß diese Törns zur Hälfte um den Gegenstand herumgehen. Der Stek zieht sich mehr und mehr zusammen, entsprechend der Kraft, die auf ihm steht. Er eignet sich deshalb am besten, um ein Ende auf einem nassen und glatten Stück Holz zu belegen.

Halbstek mit Rundtörn (Fig. 61) (Halvstik med Rundtøn, half hitch with round turns) - kann fast überall benutzt werden.

Slipsteg (Fig. 62) (Slippestik). Er ist nicht fest und wird deshalb nur dann benutzt, wenn kein Zug darauf steht und man das Ende mit einem Ruck lösen möchte. Beim Signalisieren macht man oft mit dem untersten Part der Flaggenleine um eine zusammengerollte Flagge einen Slipsteg; sie wird auf diese Weise ganz vorgeheißt, bevor man sie auswehen läßt.Hat man mehrere Flaggen auf einer Leine, ist es ratsam einen Slipstek um jede einzelne Flagge zu machen, aber immer mit dem untersten Part der Leine.

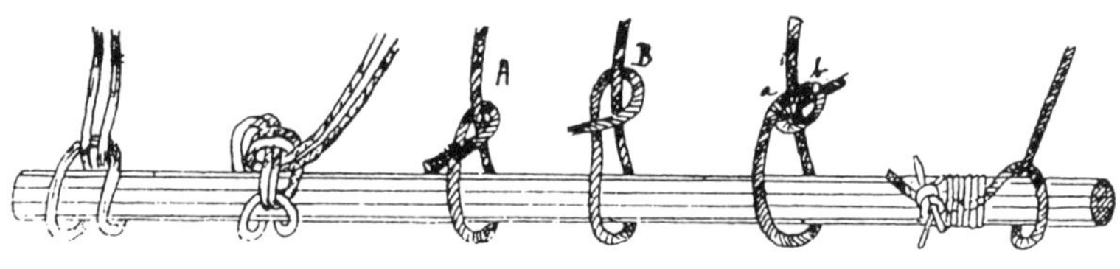

Fig. 63. Lerchenkopf — Fig. 64. Lerchenkopf mit Stopperknoten — Fig. 65. Gordingstek — Fig. 66. Gordingstek mit Zeising — Fig. 67. Einzelner Stek

Lerchenkopf (Fig. 63) (Lærkehoved, larkshead). Dieser Steg wird oft mit einem Stropp gemacht. Um ein Zusammenziehen um den Gegenstand zu verhindern, kann man einen Stopperstek davorsetzen, wie in Fig. 64.

Gordingstek (Fig. 65 A) (Gaardingstik, slip clinch to sailorsknot). Er wird wie ein gewöhnlicher Knoten gemacht, und der Tampen wird innen an seinem eigenen Part beigezeist, so daß ein Auge um den holenden Part entsteht. Der Tampen bekneift sich, sobald der Stek dichtgeholt wird. Es ist darauf zu achten, daß der Tampen nicht außen liegt, wie in Fig. 65 B, denn sollte sich das Bändsel lösen, löst der Tampen sich ebenfalls. Der Gordingstek wird benutzt für Gordinge, Niederholer, Fallen, Lieken der Baumsegel und in anderen Fällen. Um das Auge besser offen zu halten, kann man auch, wie in Fig. 66 gezeigt, den Tampen zweimal an seiner eigenen Bucht beibinden.

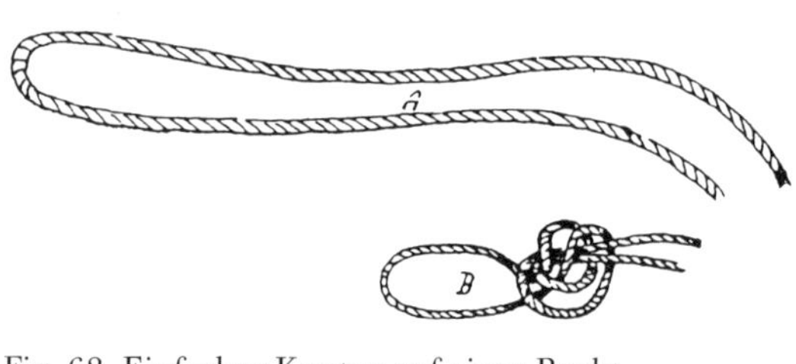

Fig. 68. Einfacher Knoten auf einer Bucht

Fig. 69. Achtknoten auf einer Bucht

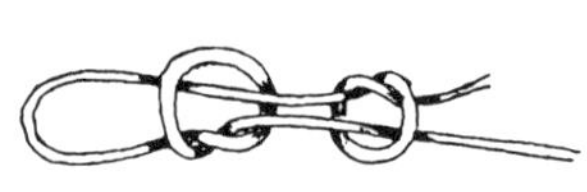

Fig. 70. Liebesknoten

Ein **Einzelner Stek (gestoppt)** (Fig. 67) (Mulestik) dient dazu, die Tampen des Strecktaus und einige Stagsegelfallen samt Brassen festzumachen. Bisweilen wird ein Auge in den Tampen gespleißt, wodurch das Bändsel genäht wird.

* **Einfacher Knoten auf einer Bucht** (Fig. 65 A, B) (Enkelt Knob paa en Bugt, loopknot)

* **Achtknoten auf einer Bucht** (Fig. 69 Flamsk Knob paa en Bugt, flemish knot)

Liebesknoten (Fig. 70) (Kærlinghedsknob, running knot).

Alle oben genannten Knoten und Steke können mit einem Ende oder einer Bucht gemacht werden. Hat man ein zu langes Ende, das man nicht abschneiden möchte, läßt es sich, wie in den folgenden sieben Abbildungen gezeigt, verkürzen.

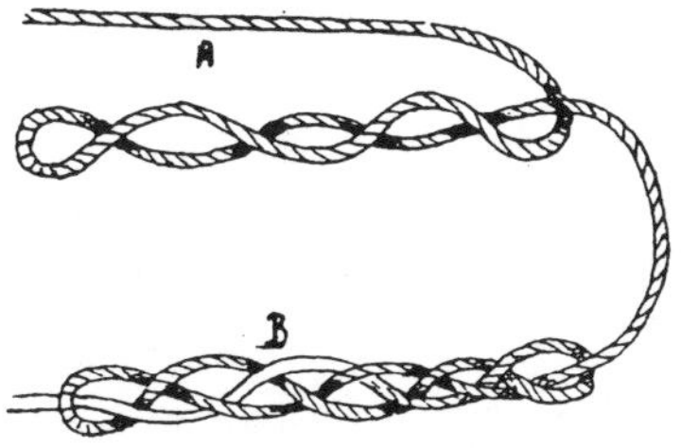

Fig. 71. Verkürzen eines Endes

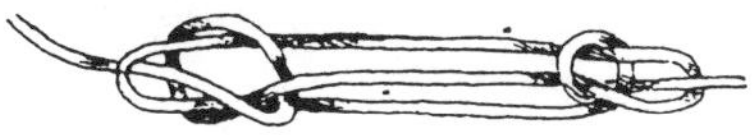
Fig. 72. Trompete mit Schotstek

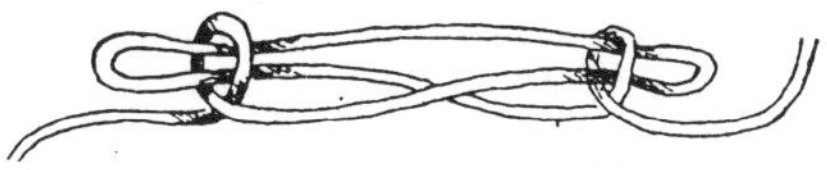
Fig. 73. Trompetenstek

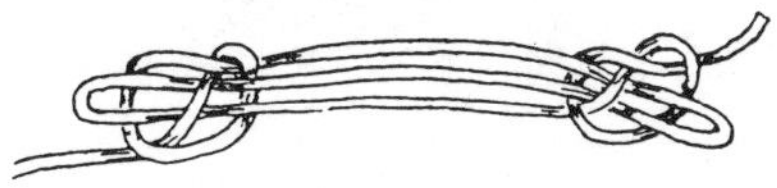
Fig. 75. Dogshank

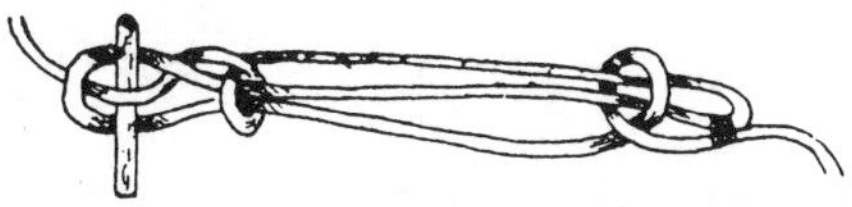
Fig. 74. Trompetenstek mit Knebel und Zeising

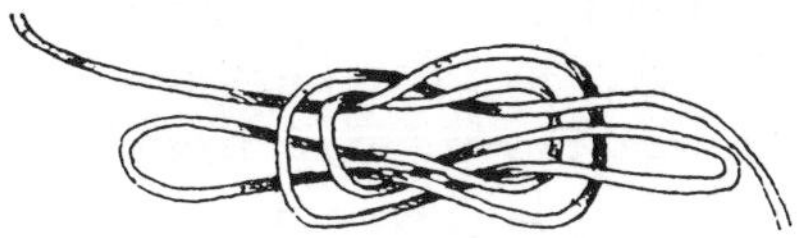
Fig. 76. Kreuzknoten auf einer Bucht

Fig. 77. Doppelter Kettenknoten

* **Verkürzungen eines Endes** (Fig. 71) (Opkortning af en Ende, twistknot). Zuerst wird eine Bucht A gelegt, dorthinein wird der Tampen wie in B geflochten. Diese Verkürzung sieht gut aus und ist sicher, man muß aber den einen Tampen freibekommen, während man ihn einflicht.

* **Trompete mit Weberknoten** (Fig. 72) (Trompet med Væverknob, shortening by toops and burns). Diese Methode ist sehr solide, aber beide Tampen müssen frei sein, wenn der Weberknoten gemacht wird.

Trompetenstek (Fig. 73) (Trompet med Halvstik, sheepshank). Dieser Stek kann gemacht werden, wenn kein Tampen frei ist. Die Buchten werden entweder mit einem Zeising oder mit einem Knebel gesichert, wie in Fig. 74 gezeigt.

Beim **Dogshank** (Fig. 75) werden die Buchten mit jedem Ende in einen Laufknoten gesteckt. Dadurch wird die Verkürzung haltbar, und man braucht weder Zeising noch Knebel.

Gewöhnlicher Kreuzknoten auf einer Bucht (Fig. 76) (Almindelig Raabandsknob paa en bugt).

Der * **Doppelte Kettenknoten** (Fig. 77) (Dobbelt Kædeknob, double chainknot) kann auch benutzt werden, wenn ein Ende zu lang ist.

Um ein Faß aufrecht zu transportieren, legt man eine Bucht aus hinreichend starkem Tauwerk mitten unter den Boden des Fasses und macht oben mit jedem Part einen halben Schlag, wie in Fig. 78. Das Faß wird dann an den zwei Parten hochgehievt. Diese Parten können aber auch so zusammengesteckt werden, daß der Haken einer Talje oder eines Jolltaus eingepikt werden kann. Es ist darauf zu achten, daß die Steke nicht nach oben abrutschen und daß das Faß gerade hängt.

Fig. 78. Ein Ende an ein Faß stecken

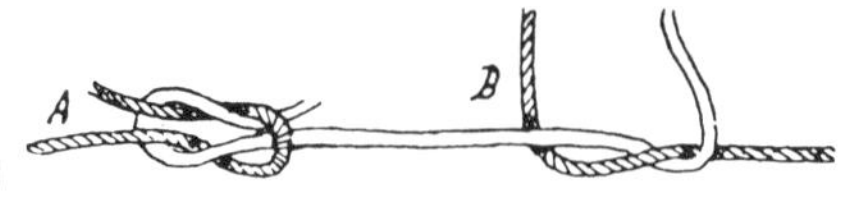

Fig. 79. Kreuzknoten

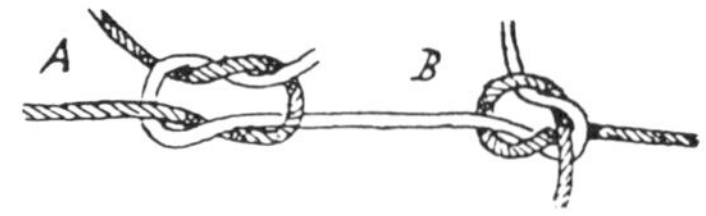

Fig. 80. Altweiberknoten

Fig. 81. Schotstek

Fig. 82. Doppelter Schotstek

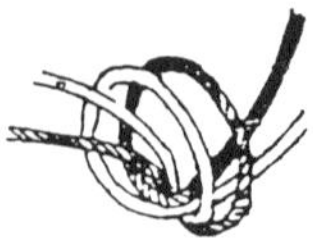

Fig. 83. Freihandknoten

Fig. 84. Englischer Knoten

Fig. 85. Wasserknoten

Kreuzknoten, Reffknoten (Fig. 79 A) (Raabaandsknob, Rebeknob, reefknot). Sie werden überall dort angewendet, wo man Reffverbindungen braucht, sei es für eine Rah oder für das Segel selbst. Kreuzknoten sind leicht wieder zu lösen, selbst wenn Zug darauf gestanden hat. An der Abbildung 79 B ist zu sehen, wie die beiden Enden umeinander geschlagen werden und den ersten Törn bilden. Beim letzten Törn muß darauf geachtet werden, daß jeder Tampen neben seinem eigenen Part zu liegen kommt, sonst wird daraus ein:

Altweiberknoten (Fig. 80) (Kællingeknob, granny knot), bei dem die Enden leicht auseinandergezogen werden können. Diese Art von Knoten verrät außerdem seines Meisters Ungeschicklichkeit.

Schotstek, Flaggleinenstek (Fig. 81) (Væverknob, Enkelt Skostik, sheetknot, weavers knot): Sie können sowohl für dünne als auch für schwere Enden angewendet werden, da sie kräftig und leicht zu machen sind. Wenn man befürchtet, den Knoten nicht wieder lösen zu können, weil er sich sehr hart bekniffen hat, sollte ein Rundtörn mit dem Tampen gemacht werden (Siehe Fig. 82), außerdem kann ein Knebel oder Belegnagel dazwischengesteckt werden, damit der Stek noch leichter gelöst werden kann (doppelter Schotstek).

Freihandknoten (Fig. 83) (Frihaandsknob, openhand knot). Er wird nicht für Trossen benutzt, oft aber für Flaggenleinen, besonders beim Signalisieren, wo es ja etwas schneller gehen muß. Er wird genauso gemacht wie in Fig. 22 gezeigt, und beide Enden werden auf einmal genommen.

Englischer Knoten (Fig. 84) (Engelsk Knob, English knot). Er bekneift sich sehr hart, wenn er stark beansprucht wird.

Ein **Wasserknoten** (Fig. 85) (Almindelig Knob, tie with an ordinary knot) ist kräftig und schwer wieder zu lösen. Zuerst wird mit dem einen Tampen ein gewöhnlicher Knoten gemacht (Fig. 22), dann steckt man den anderen Tampen hindurch und schlägt den gleichen Knoten. Er wird hauptsächlich bei Trossen zum Verholen angewendet.

Falscher Knoten (Fig. 86) (Falsk Helling, false tie) - sollte nie gemacht werden.

Trossenstek (Fig. 87) (Helling til Trosser, carrick bend). Zwei schwere Trossen müssen mit einem Helling zusammengesteckt werden, damit sie nicht brechen. Die Tampen müssen gut an ihrem eigenen Part beigezeist werden.

Scherleinenknoten (Fig. 88) (Helling til Trosser, bend hawsers). Diese Methode ist nicht so gut für Trossen geeignet wie die vorherige, denn die Buchten, womit die Trossen ineinanderliegen, sind recht knapp.

* **Achterstek mit zwei Parten** (Fig. 89) (Flamsk Knob med to Parter, Flemish knot with

two ends). Dieser Knoten ist solide; zuerst wird ein Achterstek mit dem einen Part gemacht, dann steckt man den zweiten Tampen am ersten entlang und macht einen Achterstek mit dem letzten Tampen (siehe Abbildung).

Fig. 86. Falscher Knoten Fig. 87. Trossenstek Fig. 88. Scherleinenknoten Fig. 89. Achtknoten mit 2 Parten

Es kommt oft vor, daß irgendwo an Bord eine Talje angeschlagen werden muß. Im folgenden werden die gebräuchlichsten Methoden beschrieben.

In Fig. 90 A wird gezeigt, wie ein Stropp um eine Trosse, ein Want, ein Stag oder eine Pardune gelegt wird, um dort den Block einhaken zu können. Der Haken muß in beide Buchten gepikt werden. Bei Draht und Wanten, die frisch geteert sind, kann es schwierig werden, den Stropp am Rutschen zu hindern, wenn man nicht vorher eine Schmarting um das Want gelegt hat. Dünne Kettenstropps eignen sich sehr gut für Draht, dürfen aber niemals für Tauwerk benutzt werden.

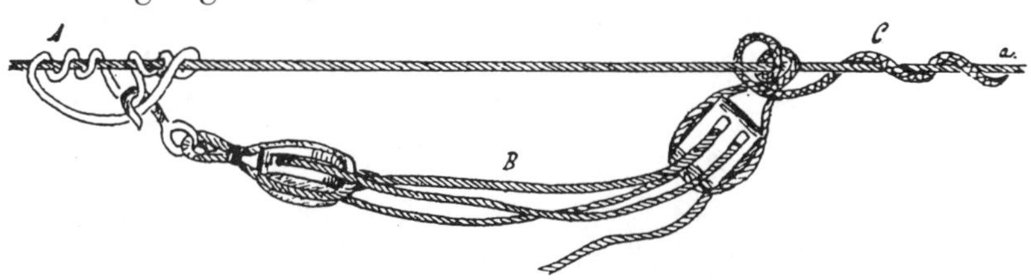

Fig. 90. Anschlagen von Kardeelstropps und Steertblöcken

In Fig. 90 B wird eine **einfache Arbeitstalje (Dritthand)** (Skræddertalje) gezeigt.

Der Läuferblock kleinerer Taljen ist oft mit einem Steert versehen, um die Talje überall befestigen zu können. In Fig. 90 C wird gezeigt, wie dieser Steert festgemacht wird. Ein Mann umfaßt mit den Händen sowohl den Steert als auch die Trosse, wie in a. Hat man aber niemanden für diese Arbeit zur Verfügung, oder ist diese Methode in einem Falle unpraktisch, kann der Steert auch mit einem Kabelgarn beigezeist oder mit einigen halben Schlägen festgemacht werden.

Der **Einfache Hakenschlag** (Fig. 91) (Nakkestik, enkelt Taljerebstik, black wall hitch) wird häufig beim Auftakeln benutzt. Mit dem Taljereep wird ein einfacher Hakenschlag auf den Haken des Läuferblocks gelegt. Der Stek sitzt erst richtig, wenn er gut über den Nacken des Hakens gelegt wird.

Fig. 91. Einfacher Hakenschlag

Fig. 92. Doppelter Hakenschlag

Fig. 93. Aeußerer Hakenschlag

Fig. 94. Doppelter äußerer Hakenschlag

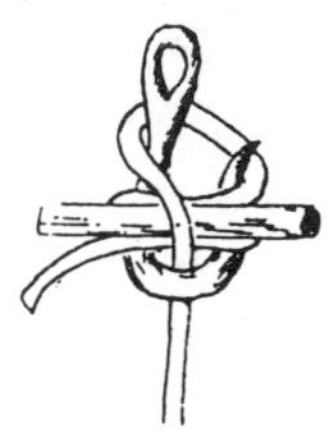

Fig. 95. Hakenschlag mit Knebel

Doppelter Hakenschlag (Fig. 92) (Nakkestik med Rundtørn, black wall hitch with round turn). Er ist haltbarer als der obengenannte Hakenschlag.

Ein **äußerer Hakenschlag** (Fig. 93) (Nakkestik, Dobbelt Taljerebstik) kann nicht angewendet werden, wenn das Ende nicht ungefähr den Haken ausfüllen kann. Ist der Haken zu groß, muß noch ein Rundtörn gemacht werden, oder auch ein Knebel hindurchgesteckt werden (Fig. 95).

Fig. 96 zeigt die gebräuchlichste Art, Taljen am Taljereep zu befestigen. Das Taljereep b wird um einen Knebel a gelegt; danach wird ein kräftiger Stropp c rund um die Parten gelegt. Ist das Taljereep

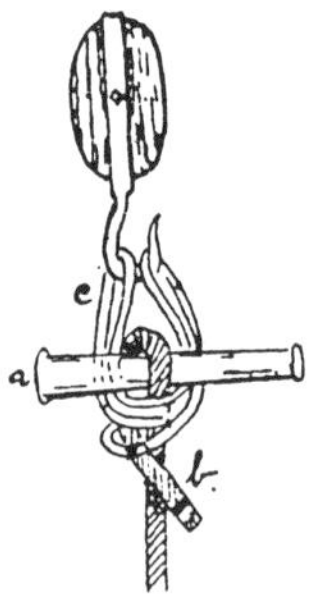

Fig. 96.

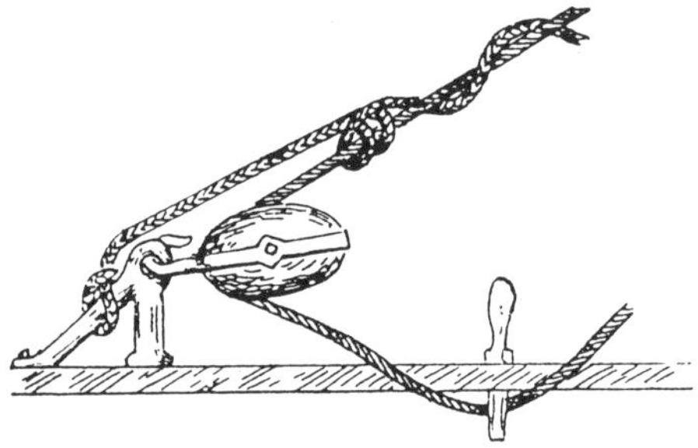

Fig. 97. Anstecken eines Stoppers

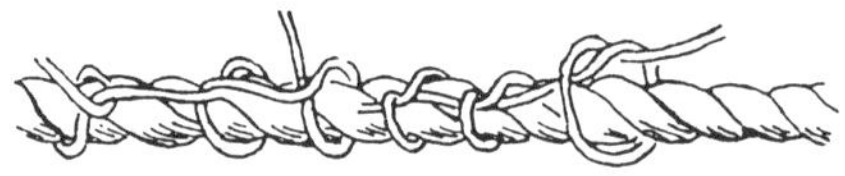

Fig. 98. Halbstek

Fig. 99. Marlleinenschlag

frisch geteert, kann es nötig sein, einen Rundtörn um den Knebel zu machen, bevor der Stropp herumgelegt wird.

Stopper. Auf größeren Schiffen hat man oft Stopper (kurze, kräftige Enden), um Fallen, Brassen, Schoten und Gien am Ausrauschen zu hindern, während sie belegt werden. Der Stopper ist ca. fünf Fuß lang und hat ein Auge in einem Ende. Die Kardeele, aus denen er gefertigt ist, liegen wie eine Platting und werden gleichmäßig zum Tampen hin ausgedünnt, indem man Garn herauszieht. Das Auge wird an einem Bolzen achter dem Block festgemacht, und damit während des Belegens so wenig wie möglich ausrauscht, muß der Stopper so eng wie möglich um das zu haltende Ende gelegt werden. Der Stopper wird gesetzt, wie in Fig. 97 gezeigt, und der zuständige Mann hält sowohl das Ende des Stoppers als auch das Tau fest.

Fig. 100 Anschlagen eines Kardeelstropps

Ein **Halbstek** (Fig. 98) (Halvstik, halfhitch) kann angewendet werden, um die Schmarting zu befestigen. Geht das Garn an einer Stelle los, löst sich alles ab. Bei einem **Marlleinenstek** oder **Marlleinenschlag** (Fig. 99) (Merlingstik, marline hitch) ist das nicht verwunderlich.

Es ist oft vonnöten, einen **Kardeelstropp anzuschlagen** (Fig. 100), um den Taljenblock von dem daran hängenden Gegenstand zu lösen.

Bojereepstek (Fig. 101) (Bøjerebstik, buoyrope hitch). Der Vorteil dieser Methode, das Bojereep festzustecken, liegt darin, daß der Anker ganz vorgeheißt werden kann, wenn er am Bojenreep gehoben wird, was bei Niedrigwasser von großem Nutzen sein kann. Man sollte immer eine Boje am Anker haben, um ihn jederzeit wiederfinden zu können, sei es, daß er verloren geht , oder daß

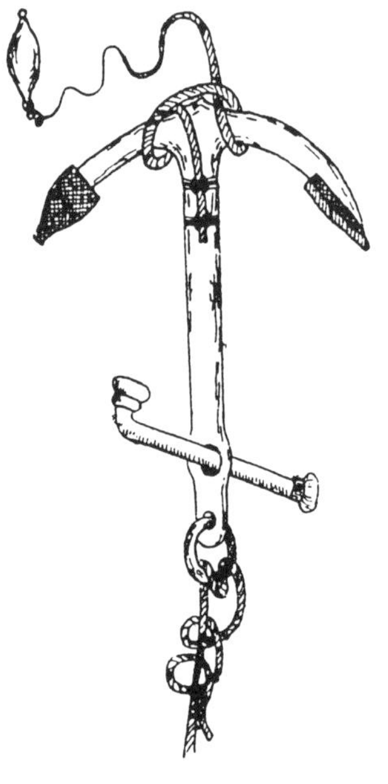

Fig. 101. Bojereepstek

man ihn aufgeben muß. Außerdem ist es von Vorteil, wenn man zwei Anker ausgebracht hat, um zu sehen, wo sie sich befinden. Außer bei Warpankern findet man allerdings selten Bojen. Das Bojereep muß mindestens die 1 1/2 fache Länge der Wassertiefe haben - bei acht Faden Wassertiefe braucht man also 12 Faden Bojenreep. Ist das Bojenreep zu kurz, zieht es die Boje unter Wasser; wenn die Boje zu klein ist, wird sie durch das Gewicht des Bojenreeps unter Wasser gezogen. Bei steinigem Grund ist es ratsam, die ersten Faden des Bojenreeps durch eine Kette zu ersetzen, um ein Schamfilen zu verhindern.

Außerdem ist es ratsam, das Bojenreep so kräftig zu wählen, daß damit der Anker gelichtet werden kann, da das Heben mit Hilfe des Bojenreeps sehr viel weniger Kraft erfordert als mit der Trosse.

Gewöhnliche Schlinge (Fig. 102) (Almindeligt Slæng, common sling).Legt man einen Stropp um mehrere Kisten oder andere Gegenstände, achte man darauf, daß die beiden Parten sich unten gut spreizen und daß der Stek oben genau in der Mitte liegt und gut festgezurrt oder festgeschlagen wird. Sitzt der Stek über der Kante der Kisten, muß damit gerechnet werden, daß sie herausfallen während sie hochgeheißt werden - viele Dinge sind schon beschädigt worden, weil nicht sorgfältig genug auf den Stek geachtet wurde.

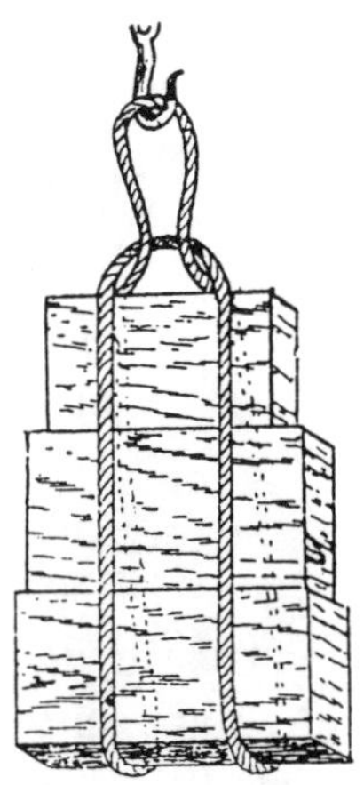

Fig. 102.
Gewöhnliche Schlinge

Fig. 103.
Verkürzen eines Endes

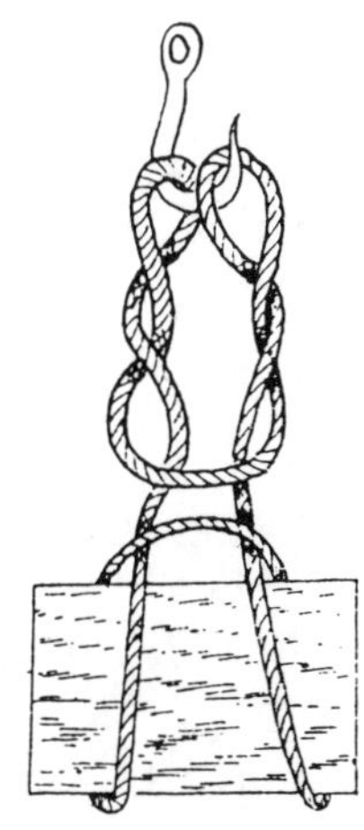

Fig. 104.
Katzenpfote

Verkürzung eines Stropps (Opkortning af en Strop, sling). Wie kürzt man einen Stropp, der zu lang ist? Indem man einen Stek macht, wie er in Fig. 103 zu sehen ist. Die entstandenen Buchten werden beide in den Haken gelegt. Dieser Stek hält so lange, wie der Stropp, aus dem er gemacht wurde.

Katzenpfote (Opkortning af en strop,cats paw). Man kann einen Stropp außerdem verkürzen, indem man die Bucht über ihren eigenen Part fallen läßt und die beiden entstehenden Buchten ein paarmal in entgegengesetzter Richtung zusammendreht, bevor sie auf den Haken gelegt werden. Die Stauer verwenden selten eine andere Methode, selbst wenn es sich um eine recht schwere Ladung handelt.

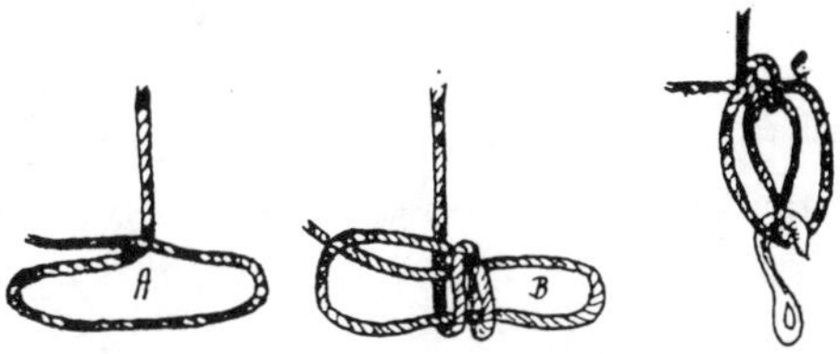

Fig. 105. Trompete

Trompete (Fig. 105) (Trompete, sheep shank). Für sie gibt es an Bord oft Verwendung. Soll eine Talje auf ein Taljereep oder eine andere Talje gesetzt werden, wird eine Trompete in das Taljereep gesteckt, nachdem dieses gut durchgeholt wurde, und man hakt die andere Talje dort ein. Zuerst wird eine Bucht gelegt (Fig. 105 A) und ein paarmal herumgedreht, so daß der Läufer sich um die Mitte der Bucht legt (Fig. 105 B). Schließlich werden beide Buchten auf den Haken des Taljenblocks gelegt (Fig. 105 C). Diese Methode ist solider als der einfache Hakenschlag.

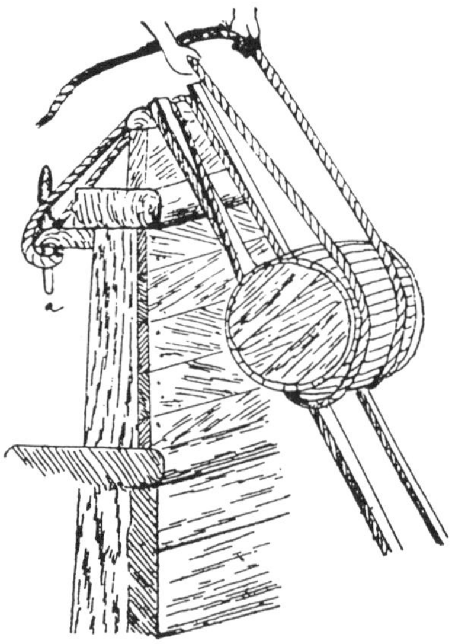

Schrottau (Fig. 106) (Skruetov, parbucle). Soll Proviant längsseits an Bord genommen werden, sind nicht immer Taljen zum Heissen zur Stelle; Ballen und Fässer können mittels eines Schrottaus folgendermaßen an Bord genommen werden: Man stelle ein paar gleichlange Planken angemessener Stärke schräg gegen die Reling (die oberste Kante der Schiffsseite),

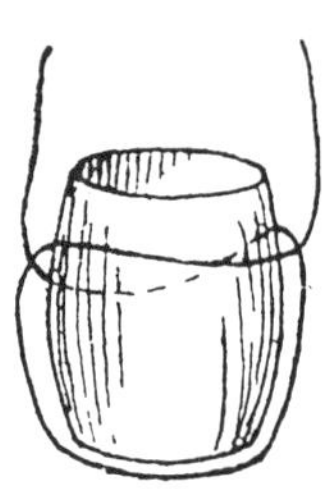

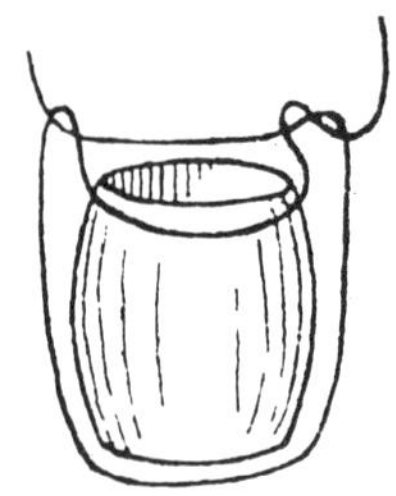

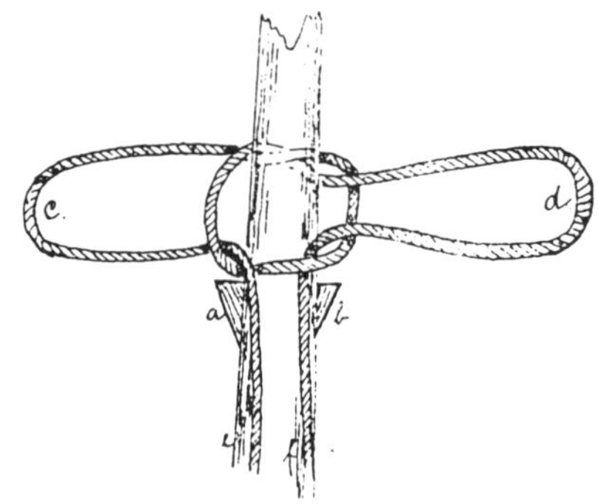

Fig. 106. Anwendung des Schrottaus Fig. 107. Fig. 108. Fig. 109. Einfacher Topstek für ein Notrigg

dort, wo der Proviant an Bord gehievt werden soll. Die Planken sollten die Reling nicht um allzuviele Zoll überragen. Dann wird die Bucht des Schrottaus an Bord belegt, beide Buchten werden ausgelegt und 1/2 Fuß von den Enden entfernt um das Faß herumgelegt, während die Tampen an Bord behalten werden.

Zwei oder mehr Männer ziehen dann das Faß die Planken hinauf, bis es über die Reling kommt. Es muß an beiden Enden gleichmäßig stark geholt werden; außerdem ist darauf zu achten, daß die Buchten weder zur Mitte noch über die Enden des Fasses rutschen, weil es dann hinunterfiele. Das Schrottau gibt doppelte Kraft; man benötigt also nur 300 Pfund Kraft, um ein Faß von 600 Pfund zu hieven.

Die schräggestellten Planken vermindern den Kraftaufwand ebenfalls. Diese Methode dient dazu, Rundhölzer für einen Mastkran an Bord zu hieven. Beispielsweise wurde einmal ein 16 Tons schwerer Dampfkessel auf diese Weise an Bord eines Leichters gehievt. Allerdings bestand das Schrottau aus einer Kette, die achtern mit einer Gien (Talje) verbunden war.

In Fig. 107 und 108 wird eine Methode gezeigt, wie ein Faß senkrecht an Bord zu bringen ist (siehe auch Fig. 78).

Einfacher Topstek (Fig. 109) (Enkelt Topstik). Wenn im Notfall für einen über Bord gegangenen Mast ein Reserverundholz aufgestellt werden muß, eignet sich eine Verholtrosse gut für Stage und Pardunen, ohne daß die Trosse dafür in Stücke gekappt werden muß. Findet sich im Rundholz kein passender Absatz, der als Auflage für das Gut dienen kann, werden ein paar solide Klampen (a und b) dort angespiekert, wo das Gut stehen soll. Aus der Abbildung geht hervor, wie der Stek gemacht wird. Bucht c und d werden überholt, bis sie ein Drittel länger sind als die Spiere, Tampen e und f müssen also 1 1/2 mal länger sein als die Spiere, wenn sie als Stage dienen sollen; die Buchten c und d bilden zwei Pardunen auf jeder Seite. Der Stek muß gut steifgeholt werden. Bevor die Spiere aufgestellt wird, befestigt man einen Block mit einem soliden Jolltau am Top.

Beim einfachen Topstek riskiert man, daß der einfache Part um das Top nicht so lange hält wie der für Pardunen und Stage. Diese Gefahr wird durch einen doppelten Topstek vermieden.

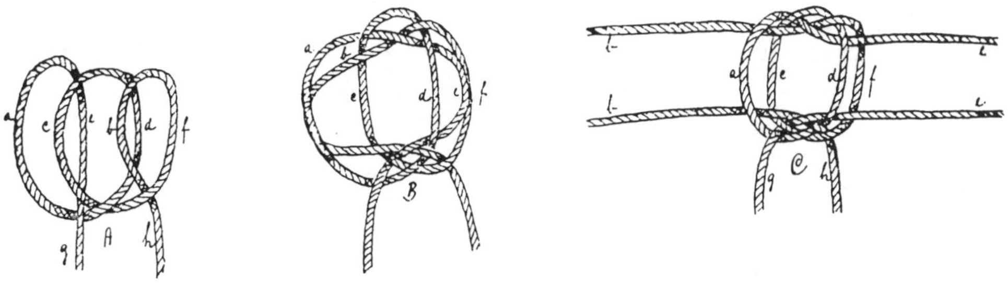

Fig. 110. Doppelter Topstek

Doppelter Topstek (Fig. 110) (Dobbelt Topstik,double topknot). Er wird genauso angewendet wie der einfache Topstek, wenn man nämlich eine Verholtrosse Pardunen und Stage bei einem Notrigg ersetzen muß. Man beginnt mit drei halben Schlägen (Fig. 110 A). Die Abbildung 110 B zeigt, wie Bucht e über Bucht b gezogen wird, unter Bucht d hindurch, und zwischen d und f wieder herauskommt. Danach wird Bucht b unter e und über c gezogen und kommt zwischen c und a wieder hervor. Die Buchten b und e dienen als Pardunen und die Tampen g und h als Stag und Leiter (Fig. 110 C).

* **Kannenschlinge** (Tyrkisk Sækkebaandsknob). Wenn die Trosse zu kurz ist, um als Stag und Pardune dienen zu können, kann man sich damit begnügen, die Pardunen aus einer, Stag und Leiter aus einer anderen Trosse zu machen. Fig. 111 A zeigt, wie man den Stek beginnt. In Fig. 111 B sieht man, wie die Buchten durchgezogen werden und Part T zur linken Seite gebogen wird, so daß er wie in Fig. 111 C herauskommt. Abbildung 112 zeigt, wie die Kannenschlinge auf eine andere Weise zu machen ist.

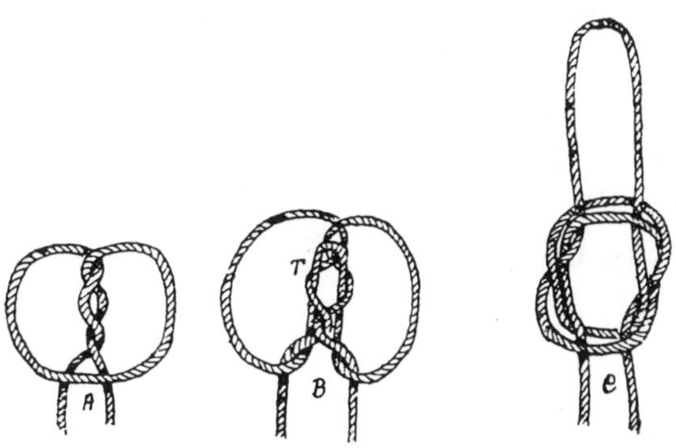

Fig. 111. Kannenschlinge

Fig. 112. Kannenschlinge

Taulägel (Fig. 113) (Maate, Mod, Mudte, cringle) werden für fast alle Segel gebraucht, oft werden sie für die Vor- und Bramsegelschoten auf die Schenkel gesetzt. Ein Lägel muß mindestens so kräftig sein wie das Tau, um das er gelegt wird. Die Länge der **Ducht** oder des Kardeels (Kordel, thimble) richtet sich nach der Machart des Legels und nach der Größe der Kausch (Kovs, thimble) oder der Klote, die dort hineinkommt. Manche rechnen, daß 20 bis 22 Törns eines Kardeels für einen gewöhnlichen Lägel ausreichen, in welchen eine Kausch mit einem Knebel gesetzt wird. Soll der Lägel eingedreht werden, ist es gut, einige Törns dazuzurechnen, um genügend Tampen zur Verfügung zu haben. Andere messen die Länge des benötigten Kardeels, indem sie es sechsmal um die Kausche legen. Mit einiger Uebung aber wird man bald das richtige Maß für einen Lägel treffen.

Das Kardeel wird fest an beiden Enden betakelt und fest zusammengedreht. Man beginnt mit zwei halben Steken (Fig. 113 A) und achte darauf, daß beide Tampen gleichlang sind. Jeden der beiden Tampen lege man einmal herum (wie in Fig. 113 B), daß beide Enden außerhalb der vorigen Törn zu liegen kommen. Danach werden sie einmal um das Liek gelegt und nach oben durchgesteckt, wie in Fig. 113 C.

Part k wird zweimal mit dem Kardeel unter l eingespleißt (also auf dem gleichen Wege, auf dem die einzelnen Garne laufen, aus denen das Kardeel geschlagen ist). Der Part i wird genauso zweimal unter Part m gesteckt (Fig. 113 D).

Statt die Tampen zu spleißen, kann man Part k und Kardeel l zurücklaufen lassen (Fig. 113 C) und sie dann unter l und m stecken. Auf die gleiche Weise läßt man i dem Kardeel vor m folgen und steckt es zwischen m und l nach unten, wo k herauskommt. Diese Art ist schneller auszuführen und läßt sich leicht wieder lösen, deswegen eignet sie sich besonders für Anfänger, die zu Beginn immer Schwierigkeiten haben, den Lägel in der richtigen Größe anzufertigen, besonders wenn eine Kausch hineinkommt.

Fig. 113. Tauläget

Ob der Lägel bekleidet wird oder nicht, er wird immer mit einem Fid geformt. Soll er bekleidet und mit einer Kausch versehen werden (Fig. 114 A), formt man ihn vor und nach dem Kleiden mit einem Fid: Der Lägel wird mit einer Holzkeule (trækølle) über ein konisch geformtes Stück harten Holzes (Fid) (Fig. 114 B) getrieben (mallet), bis die Oeffnung die gewünschte Größe erreicht hat. Der Fid wird daraufhin auf die Spitze gestellt, und sobald ein Mithelfer den Fid entfernt hat, schlägt der Segelmacher die Kausch mit einem kräftigem Hammerschlag in den Lägel. Die Arbeit muß geschwind ausgeführt werden, da der Lägel sich schnell wieder zusammenzieht. Die Schweißnaht auf der Kausch muß nach innen gegen das Liek weisen, um den Lägel nicht zu beschädigen, wenn er über den Fid getrieben wird. Man kann auch einige Lagen Schmarting dazwischenlegen; auch sollte unter den Fid ein Stück Holz gelegt werden, damit das Deck nicht beschädigt wird.

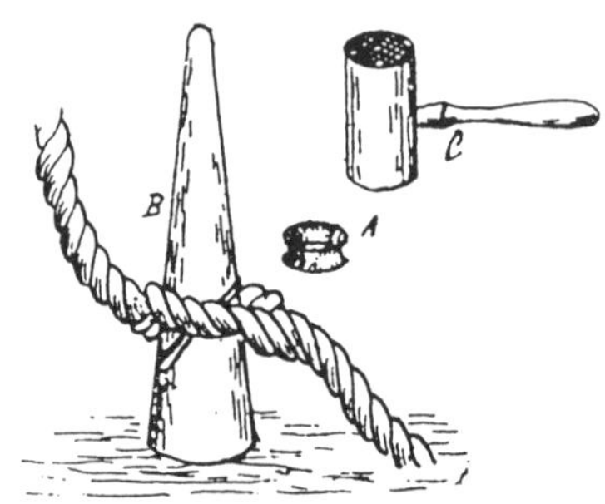

Fig. 114. Einsetzen einer Kausch

Auf die Mitte des Rahlieks eines Rahsegels und auf das Vorliek eines Baumsegels werden oft Lägel gesetzt, deren Tampen man in das Liek einspleißt (Fig. 115). Die Tampen werden dreimal mit dem ganzen Kardeel in das Liek gesteckt und nicht abgeschnitten, bevor der Lägel mit dem Fid geformt und

Fig. 115. Einspleißen eines Taulägels in ein Liek

die Kausch eingesetzt ist. In der Takelage ist es nicht möglich, mit dem Fid zu arbeiten, um eine Kausch einzusetzen. In so einem Fall setzt man sie schon dann ein, wenn die in Fig. 113 B gezeigten Törns gesteckt sind und setzt diese einzeln mit einem Marlspieker steif an, bevor die Tampen die letzten beiden Male eingesteckt werden. Der Lägel kann mit einem Marlspieker ebenfalls sehr fest eingesetzt werden, es braucht aber mehr Zeit als unter Verwendung eines Fids..

Soll ein Lägel bekleidet werden, kappt man ein passendes zwei-läufiges Stück Schiemannsgarn und beginnt auf der Mitte des Legels mit der Mitte des Schiemannsgarns. Die Kleidung wird mit Hilfe der Segelzange auf die gewohnte Art (gegen die Kardeele) gelegt und besetzt.

Knoten (Knobe, knots). Was wird bei einem Knoten zuerst gemacht? Man setzt einen Takling so weit auf das Ende, daß noch genügend Tampen für den Knoten übrigbleibt (Fig. 116). Unter Törn verstehe man hier und im folgenden die Schläge im Tauwerk. Um Oeffnungen für die Tampen zu bekommen, arbeitet man mit dem Marlspieker oder einem Pricker.

Fig. 117 A zeigt den Anfang zu einem **einfachen Schauermannsknoten** (Enkelt Stopperknob, single wall knot, pigtail).

Fig. 117 B zeigt den fertigen **einfachen Schauermannsknoten**.

Fig. 117 C zeigt die **Krone** eines einfachen Schauermannsknoten, von oben gesehen. Man braucht 2 1/2 Törns, um den Knoten zu fertigen. Er wird hauptsächlich für kleinere Enden benutzt.

Fig. 116.

Doppelter Schauermannsknoten (Fig. 118) (Enkelt Sjoverknob, double wall knot). Er ist größer und wird aus drei Törns gefertigt. Part a wird gegen die Sonne um das Tau herumge-

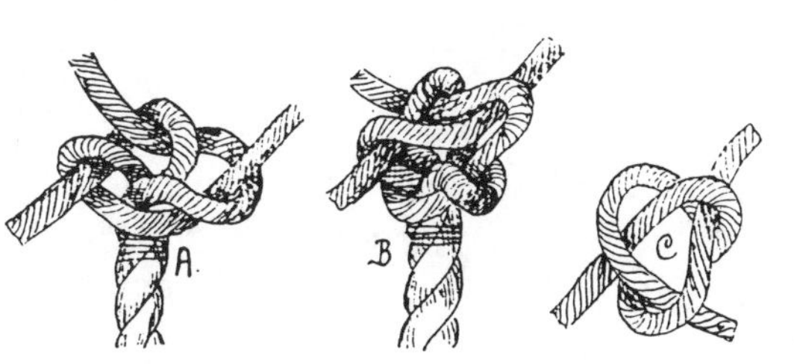

Fig. 117. Einfacher Schauermannsknoten

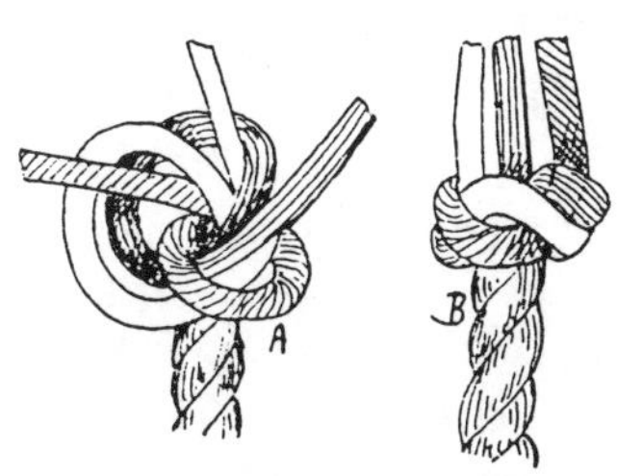

Fig. 118. Doppelter Schauermannsknoten

nommen und durch die eigene Bucht gesteckt, Part c wird genauso um das Tau herumgenommen, muß aber unter a hervor, um in die eigene Bucht gesteckt zu werden. Part c wird ebenfalls um das Tau herumgenommen, muß dann durch die vorhergehenden Buchten (a und b) und dann durch die eigene gesteckt werden. Jeder Tampen liegt unter drei Parten, wie in Fig. 119 B. Zum Schluß wird ein Takling aufgesetzt, bevor die Tampen gekappt werden. Die Parten sind leichter ineinander zu stecken, wenn sie vorher ein wenig mit Teer oder Fett eingerieben wurden.

Taljereepsknoten (Fig. 120) (Taljereebsknob, Matthew-Walker-knob).

Hierfür braucht man 2 1/2 Törns. Taljereepstrossen sind vierkardeelig,; ein Taljereepsknoten besteht aus vier Tampen (die Seele wird sofort abgeschnitten). Der erste Part a wird an b und c vorbeigelegt. Der zweite Part b wird um c, a und d herumgelegt. Der dritte Part c wird außen und unten um a, b und d gelegt und kommt von unten durch die Bucht von a. Der letzte Part

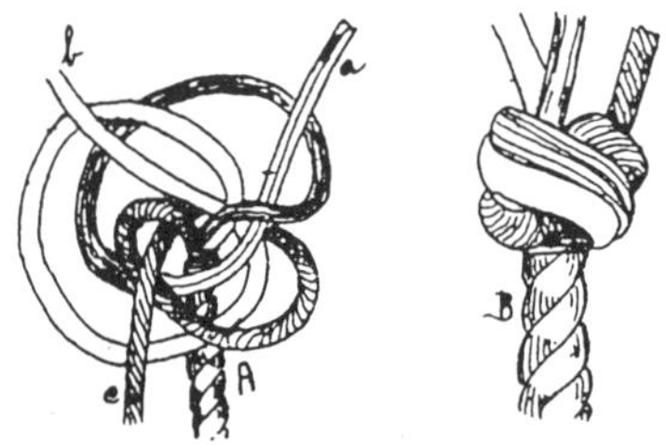

Fig. 119. Doppelter Schauermannsknoten

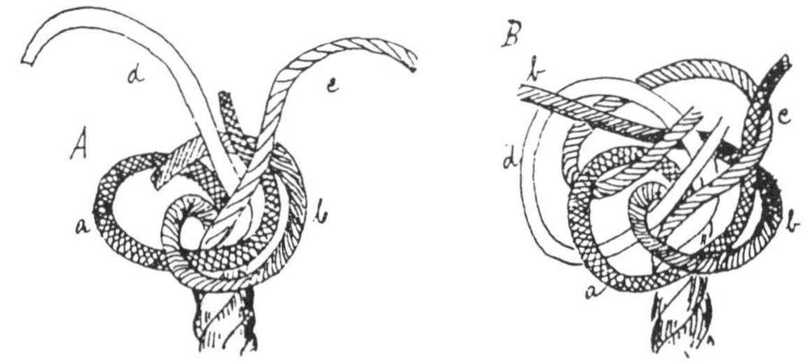

Fig. 120. Taljereepsknoten

d geht außen und unten um b, c und a herum und kommt in der Bucht von b wieder heraus. Jeder Tampen kommt also unter zwei Parten wieder heraus (Fig. 120 B). Der Knoten wird steifgeholt und mit einem Takling versehen, der am besten genäht wird, bevor die Tampen gekappt werden.

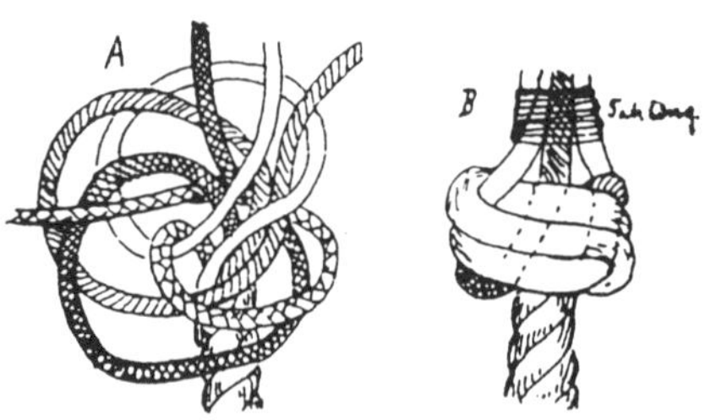

Fig. 121. Doppelter Taljereepsknoten

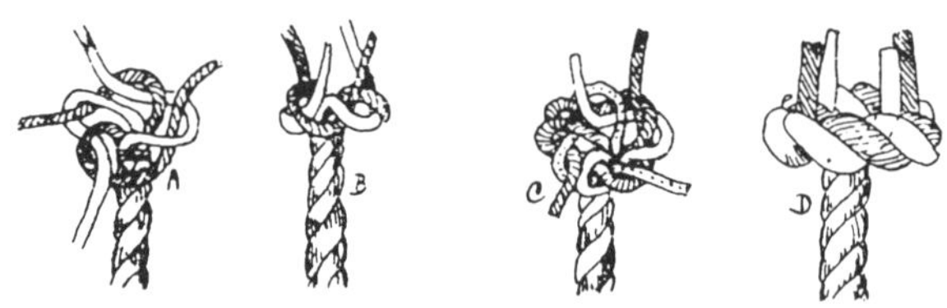

Fig. 122. Stopperknoten

* **Doppelter Taljereepsknoten** (Fig. 121) (Dobbelt Taljereebsknob, double Matthew-Walker-knot). Man dreht für diesen Knoten drei Törns auf und legt jeden Tampen zu einer Bucht, so daß er auf seiner eigenen Part liegt. Jeder Tampen liegt also unter drei Buchten, wenn der Knoten fertig ist (Fig. 121 B).

Ein **Stopperknoten** (Fig. 122) (Stopperknob, single wall and crown knot) kann auf folgende Weise sehr breit gefertigt werden:

Fig. 122 B zeigt den Knoten, wenn er fast steifgeholt ist.

Fig. 122 C zeigt, wie die Tampen zum zweiten Male durch die Buchten gesteckt werden, so daß jeder unter zwei Buchten liegt.

Fig. 122 D zeigt den Knoten, wenn er steifgeholt ist. Bevor er fertig ist, wird eine Krone aufgesetzt. Für diesen Knoten benötigt man drei Törns.

Fig. 123. Fallreepsknoten

Fig. 123 zeigt einen **Fallreepsknoten** (Falderebsknob, double-wall and crown knot), bei dem zuerst die Krone gemacht wird.

Die Tampen werden einmal so um das Tau gelegt, daß alle Parten doppelt liegen; die Tampen kommen unten wieder heraus und werden glatt abgeschnitten. Sollen die Tampen oben herauskommen, macht man die Krone erst zum Schluß. Wenn der Knoten besonders gut aussehen soll, kann man die Tampen erst in dünnes Baumwolltuch nähen und es danach bemalen.

Krone (Fig. 124 A) (Krone, crown). Sie kann auch allein gemacht werden, wird aber meist doch zu Anfang oder zum Abschluß eines Knotens gesetzt. Im folgenden wird der Beginn eines

Diamantknotens (Fig. 124 B) (Diamantknob) gezeigt. Die untersten Törns werden so gelegt wie in Fig. 118. Nachdem sie steifgeholt sind, legt man die Tampen noch einmal an jedem Part in der Krone entlang und läßt sie unten herauskommen, wie in Fig. 123 B.

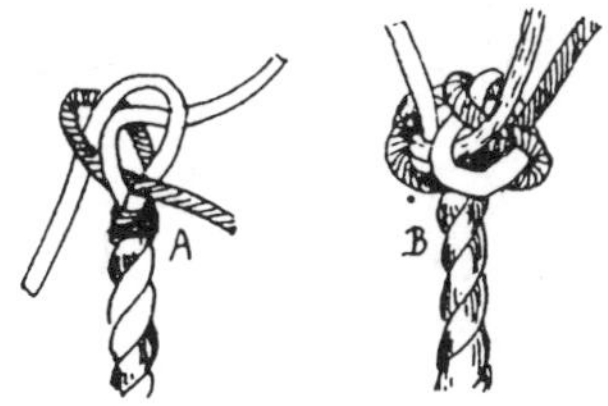

Fig. 124.
Krone - Diamantknoten

* **Rosenknoten** (Fig. 124 B) (Rosenknob, roseknot). Man beginnt damit, indem man fünf Schläge vom Ende her einen Takling aufsetzt und dann die vier Tampen zu Buchten legt, wie in Fig. 124 A. Jeder Tampen wird darauf über die erste Bucht in die folgende gesteckt (Fig. 125 B), so daß der Knoten einem Zopf aus drei Parten ähnelt. Nachdem die Parten steifgeholt sind, sieht der Knoten ungefähr aus wie in Fig. 125 C. Alle Parten werden verdoppelt (wie in Fig. 125 D), und zum Schluß wird eine Krone aufgesetzt, gleichzeitig werden die Tampen durch den Knoten gesteckt und kommen unten wieder heraus, genauso wie in Fig. 123 B. Da dieser Knoten besonders schmückend ist, wird er oft auf Fallreepstaue und ähnliches gesetzt.

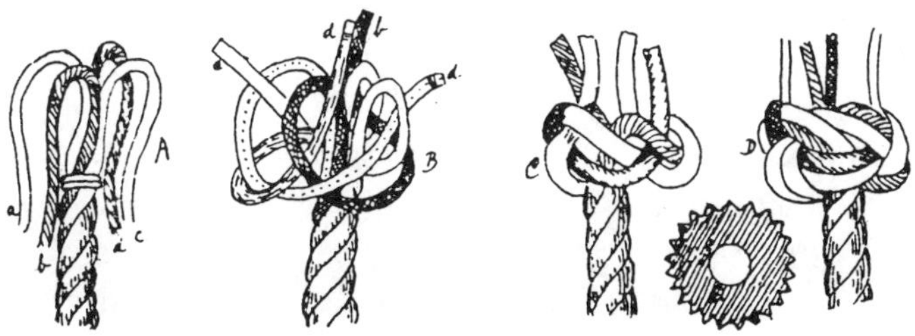

Fig. 125. Rosenknoten

Soll ein Knoten bemalt werden, näht man die Parten in dünnes Segel-, Baumwoll- oder Leinentuch, bevor man mit dem Knoten beginnt. Damit der Knoten in den Gattchen (Löchern), in denen er sitzen soll, nicht schamfilt, schneidet man Sterne aus Leder zu (Fig. 125 E), die unter den Knoten gelegt werden. Um das Tau selber näht man ein Stück Leder (wie z.B. bei einer Pütz) und schneidet es nach innen in schmale Streifen. Dieses Leder und der Stern können gut aus einem Stück geschnitten werden. Man male sie zusammen mit dem Knoten an.

Bricht ein Want oder eine Pardune, so werden die Enden wieder zusammengesetzt, indem die Bruchstelle zwischen zwei Eisenschienen gelegt wird, die mit Bolzen, die sowohl durch das Want als auch durch die zwei Schienen gehen, festgenietet werden. In so einem Falle schlage man drei Nieten oder Bolzen durch jeden Tampen; diese bekleide man zuerst mit Schiemannsgarn. Auf See hat man in der Regel keine Schienen zum Reparieren zur Verfügung und muß daher einen **Wantknoten** (Fig. 126) (Vantknob, schroudknot) machen. Zuerst setzt man einen Takling 2 1/2 Schläge von den Enden entfernt auf das Want, dann legt man die Parten ineinander, wie in Fig. 126 A. Mit den Parten a, b, c und d macht man einen einfachen Schauermannsknoten (Fig. 126 B), mit den Tampen e, f, g und h das gleiche, dann holt man beide gegeneinander steif (Fig. 126 C). Man dünnt alle Tampen leicht aus, bindet sie glatt zu beiden Seiten des Knotens und teert sie. Schließlich bekleidet man je einen Fuß auf jeder Seite des Knotens mit Schiemannsgarn.

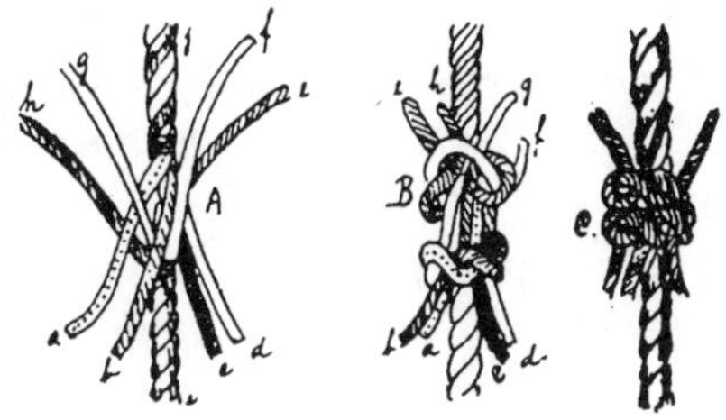

Fig. 126. Wantknoten

* Fig. 127 zeigt eine andere Möglichkeit, Wanten und Pardunen zusammenzuknoten. Sie sieht besser aus, ist aber nicht so haltbar. Auch hier werden die Tampen ausgedünnt, nachdem der Knoten gemacht wurde, zu beiden Seiten beigebändselt und mit Schiemannsgarn bekleidet.

Fig. 127. Wantknoten

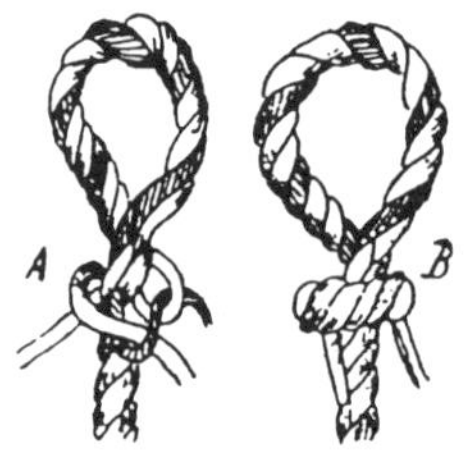

Fig. 128. Auge mit Schauermannsknoten

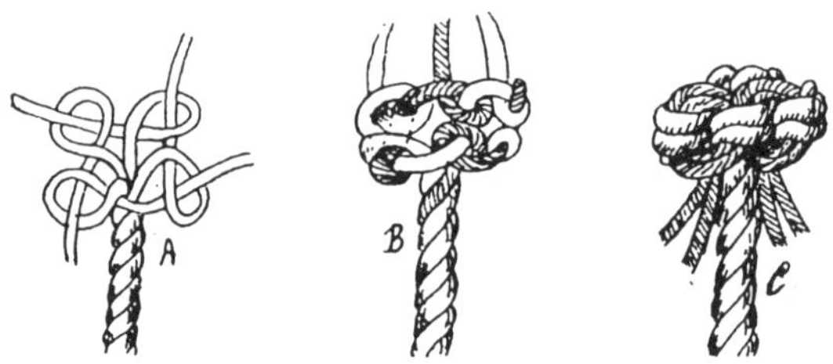

Fig. 129. Sternenknoten

* **Auge mit Schauermannsknoten** (Fig. 128) (Øje med Stopperknob, eye with double wall knot). Er wird besonders auf Klappläufern für Klüver und Stagsegelschoten, hauptsächlich auf kleineren Schiffen benutzt. Die Klappläufer werden von innen durch ein Gatt in einer Stütze oder der Reling geschoren und durch einen Klumpblock oder eine Klote nach außen geführt. Der Tampen wird dann wieder nach innen geholt und mit dem Auge befestigt, um zu verhindern, daß der Klappläufer außenbords geht oder ausschert, wenn die Schoten losgeworfen werden. Für das Auge wird zuerst jeder Tampen einmal eingespleißt, dann macht man einen Knoten, wie in Fig. 117. Dieser wird verdoppelt, indem man die Tampen nochmals hindurchsteckt (Fig. 128 B). Daraufhin können die Tampen gekappt werden, meist aber werden sie vorher ausgedünnt und am Ende beigebändselt, wonach das Stück, welches im Gatt liegen wird, mit Schiemannsgarn bekleidet wird. Die Tampen müssen 3 1/2 Schläge lang sein.

* **Sternenknoten** (Fig. 129) (Stjerneknob). Er wird auf Fallreepstaue, Yoketaue und andere feine Arbeiten gesetzt. Der Sternenknoten kann aus 4, 5, 6, 7 oder 8 Parten bestehen. Man steckt die Tampen gegeneinander in die Buchten des anderen, nachdem diese einen Halbtörn gemacht haben (Fig. 129 A), dann holt man alle Tampen steif, bevor man mit der obersten Lage beginnt.Für diese macht man mit jedem Part eine halben Schlag um den nächsten, aber so, daß alle Tampen zur Mitte weisen (Fig. 129 B). Der Knoten wird verdoppelt, indem man die Tampen einmal nach unten und danach wieder nach oben steckt, wonach sie alle in der Mitte wieder nach oben kommen. Zum Schluß wird mit sämtlichen Tampen eine Krone gebildet, dadurch kommen sie unten heraus, aber nur ein Tampen an jeder Stelle (Fig. 129 C). Damit ist der Knoten fertig, und die Tampen können gekappt werden.

Der Sternenknoten sieht besonders nett aus, wenn er entweder aus weißer Baumwoll- oder Hanfleine gemacht wird, oder wenn die Parten, bevor mit dem Knoten begonnen wird, in dünnes Baumwolltuch genäht und in verschiedenen Farben bemalt werden. Arbeitet man den übrigen Teil des Taus wie eine Platting und versieht man den Tampen mit einem schönen Hundspünt und näht gleichzeitig einige türkische Knoten auf, so hat man ein Beispiel für feine Seemannsarbeit. Auf einem schönen, gepflegten Schiff kommt es oft vor, daß die Fallreepstaue aus einigen Stücken Manila mit einem Schauermannsknoten auf dem einen und einigen Törns mit Takelgarn auf dem anderen Ende bestehen; leider zerstören diese Art Ausschmückungen den guten Eindruck, den Besucher, ob sie nun etwas von der Seefahrt verstehen oder nicht, von einem sonst wohlgepflegten Schiff haben. In der Regel wissen nur die wenigsten von denen, die ein Schiff besuchen, daß Segeln, Laden und Löschen samt der Pflege des Schiffes nur sehr wenig Zeit für feinere Arbeiten übriglassen, die doch letztlich nichts anderes sind als Schmuck, und die Besucher könnten leicht den Eindruck bekommen, daß derart aufwendige Dinge, wie sie oben beschrieben wurden, aus Untüchtigkeit, Faulheit oder Gleichgültigkeit gemacht werden.

Ein Sprichwort sagt: "Es ist keine Kunst, in der **Mitte** Sauberkeit walten zu lassen. Es geht darum, die **Ecken** rein zu halten, dann kommt der Rest von selbst." Aehnliches gilt auch für die Takelage. Es ist keine Kunst, die großen Teile in Ordnung zu halten, die Kunst besteht vielmehr darin, in Kleinigkeiten Ordnung und Akkuratesse walten zu lassen.

Dreischäftiger Türkischer Bund (Fig. 130) (3-slaaet tyrkisk Knob, turk's head). Dieser Knoten ähnelt einem Zopf mit drei Tampen, dennoch wird er nur mit einem Tampen gemacht, wie Fig. 130 A zeigt. Dieser eine Tampen muß, wenn er richtig gemacht wurde, an seinen Ausgangspunkt zurückkehren und dabei seinen eigenen Part wiedertreffen. Der Tampen folgt immer seinen Parten, bis der Knoten überall aus drei Parten besteht (Fig. 130 B). Die Leine für den Knoten muß gut 12 mal so lang sein wie der Gegenstand, um den der Knoten gelegt werden soll. Die ersten Törns dürfen nicht zu steif geholt werden, weil es sonst schwierig werden könnte, die letzten darunter zu schieben.

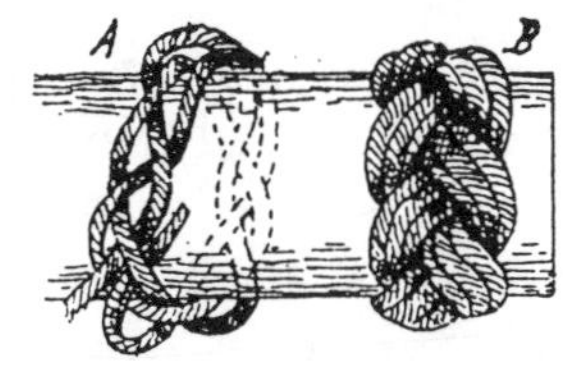

Fig. 130. Dreischäftiger Türkischer Bund

* **Vierschäftiger Türkischer Bund** (Fig. 131) (4-slaaet tyrkisk Knob, fourstranded turk's head). Er beginnt mit einem halben Schlag (Fig. 131 A). In Fig. 131 B werden die anderen Törns gezeigt; b geht unter d und über r, kommt bei f heraus und geht über c, kommt mit g heraus und trifft d - damit ist der Knoten fertig (Fig. 131 C). Der Rest besteht darin, den Parten auf diese Weise noch dreimal zu folgen, so daß überall vier Parten zusammenliegen (Fig. 131 D). Die Leine für diesen Knoten muß 20 mal so lang sein wie der Umfang des Gegenstandes, um den er gemacht werden soll.

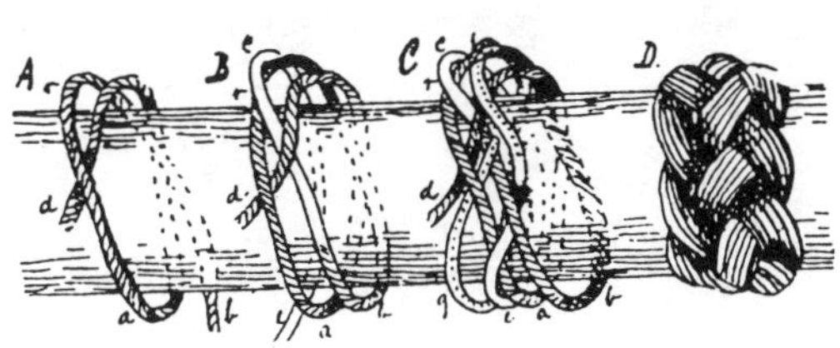

Fig. 131. Vierschäftiger Türkischer Bund

* **Fünfschäftiger Türkischer Bund** (Fig. 132) (5-slaaet tyrkisk Knob, five-stranded turk's knot). Man beginnt mit zwei Rundtörns (Fig. 132 A), dann geht es von Tampen a bis b-c, über a zu d, herum bis e, über c und unter b bei f (Fig. 132 B); f geht herum zu g und unter d, über f nach oben zu h, über c unter e, über g und kommt bei i heraus (Fig. 132 C), dort trifft er auf den Tampen a; damit ist der Knoten fertig. Man folgt jetzt bloß den Parten dreimal rund; der fertige Knoten sieht so aus wie in Fig. 132 D. Die verarbeitete Leine muß ca. 25 mal so lang sein wie der Umfang des Knotens. Derjenige, der in der Lage ist, einen vier-oder fünfschäftigen türkischen Knoten auf diese Weise herzustellen, kann auch alle Knoten, die aus 6, 8 und 10 Schäften bestehen, beginnen wie den vierschäftigen türkischen Bund - und alle 7-, 9- und 11-schäftigen wie den fünfschäftigen türkischen Bund.

Der **dreischäftige türkische Bund** (Fig. 133) wird oft für die Pferde benutzt, damit die Füße nicht abrutschen. Er wird aus Bändselleine gemacht, die zum Befestigen ein paarmal zwischen die Kardeele gesteckt wird. Auf diese Weise kommt

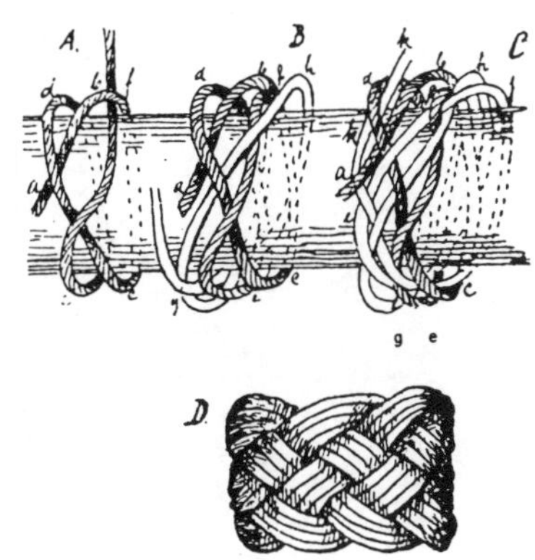

Fig. 132. Fünfschäftiger Türkischer Bund

an jeder Stelle einer der drei Tampen heraus (Fig. 133 A).

Fig. 133 B zeigt den ersten Umgang der Tampen.

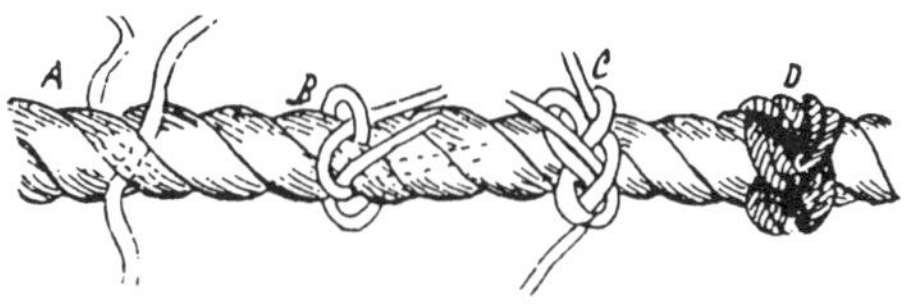

Fig. 133. Türkischer Bund mit drei Parten

Fig. 133 C zeigt den letzten Umgang und wie die Tampen in der Mitte wieder herauskommen.

Fig. 133 D zeigt den fertigen Knoten. Die Tampen können ruhig noch einmal herumgelegt werden, wenn man einen breiteren Knoten vorzieht.

Ein **Kabelgarnknoten** (Fig. 134) (Kablegarnsknob, knot on a rope yarn) wird an Bord oft gebraucht, um mehrere Garne zu einem längeren Stück zu verbinden. Jedes Garn wird dabei in zwei gleich schwere Parten von ca. drei Zoll Länge geteilt. Will man einen gleichmäßigen, schönen Knoten haben, schabt man die Parten mit einem Messer aus und dreht jeden für sich wieder zusammen. Die Tampen werden danach wieder zusammengesteckt und zwei gegenüberliegende Parten - wobei der eine über und der andere unter die anderen beiden Parten gelegt wird - werden mit dem ersten Törn des Kreuzknotens auf der Seite, von der sie kamen, vereint. Der Knoten wird steifgeholt (Fig. 134 B), und man vergewissert sich noch einmal, ob der Knoten hält, bevor man die Tampen abschneidet.

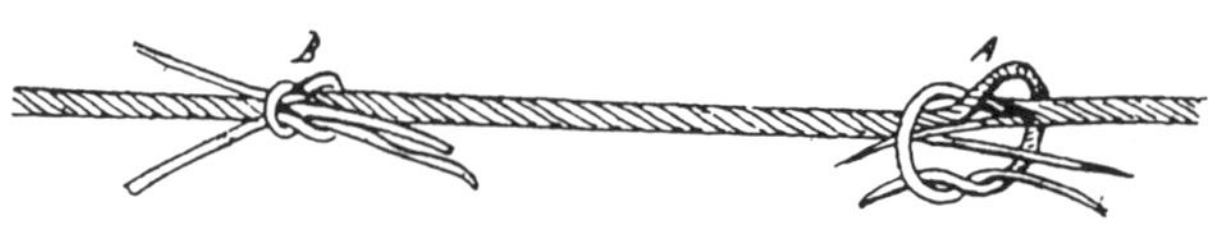

Fig. 134. Kabelgarnknoten

Sollen mehrere Kabelgarne geknotet werden, z. B. zum Bekleiden, schießt man das fertiggeknotete Garn auf der linken Seite seines Körpers in kleinen Buchten gegen die Sonne auf, danach wickelt man es zu einem Knäuel, ebenfalls gegen die Sonne, d.h. man wickelt es zu sich hin.

Segelgarn, Schiemannsgarn und Bändselleinen werden mit der Sonne aufgewickelt, d.h. man wickelt von sich weg.

Takling und Hundspünt

Ständig benutztes Tauwerk, das nicht betakelt wird, läuft mit der Zeit Gefahr aufzugehen.

Takling (Fig. 135) (Takling, whip). Er wird mit 3-, 4- oder 5-läufigem Garn ausgeführt. Das eine Ende des Takelgarns wird unter den ersten Törns bekniffen, das andere Ende kommt unter die drei letzten Buchten, wird steifgeholt, abgeschnitten, und damit ist der Takling fertig. Wieviele Törns braucht man für einen Takling? Er wird so breit wie der Durchmesser eines zu besetzenden Endes gemacht und immer **gegen** die Kardeele gelegt.

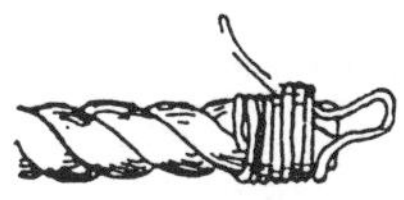

Fig. 135. Takling

Genähter Takling (Fig. 136) (Syet Takling, sewed whipping). Eine Takelnadel mit Garn wird einmal durch das Ende gestochen und steifgeholt. Man denke dabei an den Rat Eulenspiegels und mache einen Knoten in das Ende des Garns. Damit lassen sich viele Stiche ersparen. Dann lege man eine passende Anzahl Rundtörns gegen die Kardeele um das Ende (Fig. 136 A). Zum Schluß werden Kreuztörns aufgenäht, die längs der Keepen im Tau liegen (Fig. 136 B), damit ist dieser Takling fertig.

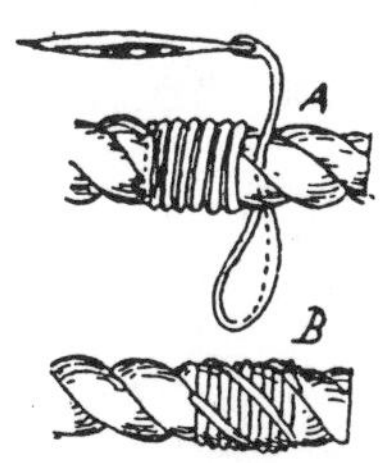

Fig. 136. Genähter Takling

* **Takling mit Kreuztörn** (Fig. 137) (Takling med Krydstørn, whip with cross turns). Er wird ebenfalls aufgenäht und sieht noch schöner aus.

Fig. 137. Takling mit Kreuztörn

Ein * **Takling auf Schlepptau** kann so gemacht werden, wie in Fig. 138 gezeigt, indem man ca. zwei Fuß der Trosse aufschlägt und dort einen Takling auf die Kardeele c setzt, auf jeden der drei Parten, aus denen die Trosse geschlagen ist. Die Kardeele a, a, a werden mit einem starken Takling vereint, während die Kardeele b, b, b unter a und in den Keepen zwischen den Parten als Trensing liegen und bei c mit Hüsing oder Marlleine festgebändselt werden. Die Tampen werden glatt abgeschnitten, und der Takling ist fertig. Pferde können auf die gleiche Weise betakelt werden. Fig. 139 zeigt die gewöhnliche Art, Trossen zu betakeln. Zum Takeln braucht man Marlleine oder Hüsing; der Takling hält besser, wenn er mit einem Kreuztörn versehen wird.

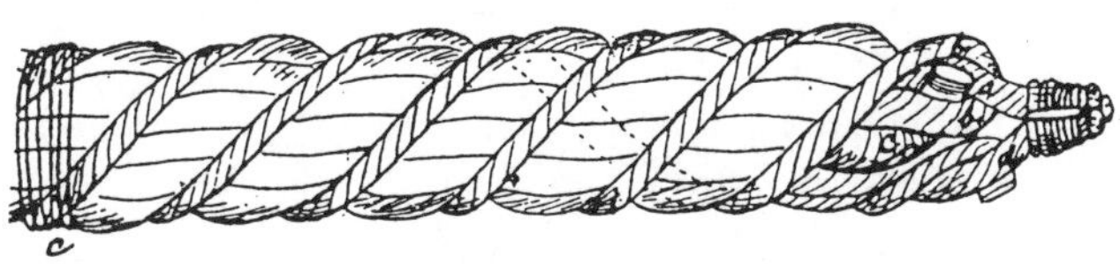

Fig. 138. Takling auf Kabeltau

Der **spanische Takling** (Fig. 140) (Spansk Takling, Spanish whip) wird nur im Notfall verwendet, wenn kein Garn zur Hand ist und ein Ende oder eine Trosse betakelt werden muß. Um die Trosse am Auftörnen zu hindern, macht man eine Krone (Fig. 140 A) und spleißt die Kardeele in das Tau mit ganzen, halben und viertel Kardeelen, damit ist der Takling fertig (Fig. 140 B).

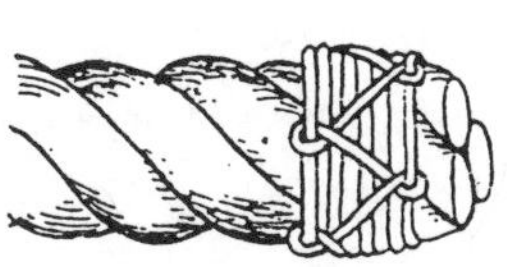

Fig. 139. Takling mit Kreuztörn (Wantkappe)

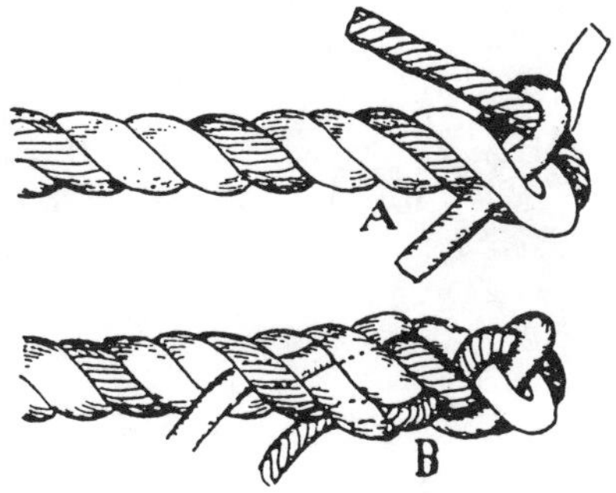

Fig. 140. Spanischer Takling

Kattning (Katninger, points). Sie sehen nicht nur besser aus und sind stärker als Taklinge, sie ermöglichen auch ein leichtes Scheren der Enden durch einen Block oder ähnliches. Windreep, Trossen, Gien und schwere Fallen werden außerdem mit einem Auge versehen, wodurch oft ein Teil der Arbeit gespart werden kann. Sollen die Trossen zum Beispiel für eine Gien, ein Jolltau oder Windreep benutzt werden, schert man ein dünnes Ende wie eine Gien ein und setzt das dünne Ende im Auge der Trosse fest, worauf sich die schwere Trosse mit Hilfe des dünnen Endes leichter durch die Blöcke holen läßt.

Soll ein Ende mit einem **Hundspünt** versehen werden, setzt man kurz hinter den Tampen einen kleinen Takling aus Takelgarn. Von diesem Punkt ab dünnt man den Tampen aus, indem man einen Teil des inneren Garns wegschneidet, die äußeren Garne mit einem Messer ausschabt, das Ganze glatt zusammenlegt und gut und fest mit Takelgarn marlt. Man achte darauf, daß der Tampen rund und fest wird und gleichmäßig spitz zum Ende hin ausläuft. Der Hundspünt soll in der Regel 1/3 kürzer sein als der Umfang des Endes. Ein Ende von drei Zoll Umfang bekommt also einen Hundspünt von zwei Zoll Länge.

Hundspünt mit Halbstichkattning (Fig. 141) (Syet Halvstikskatning, half hitch point). Er ist am leichtesten zu machen.

Hundspünt mit Rundtörnkattning (Fig. 142) (Syet Rundtørnskatning). Dieser Hundspünt nimmt etwas mehr Zeit in Anspruch.

Gewöhnlicher Hundspünt (Fig. 143) (Almindelig Katning, common point). Auf die dreifache Länge des Trossenumfangs legt man einen Stopper a auf das Ende. Das äußere Garn wird mit dem Messer ausgedünnt, und immer zwei werden zu Knittels (s. Seite 33) zusammengedreht. Die Knittels sollen den Tampen ungefähr bedecken, wenn sie Seite an Seite liegen, da der Hundspünt sonst zu offen bleibt. Sie sollen gut viermal so lang sein wie der Tampen, auf den der Hundspünt gesetzt wird.

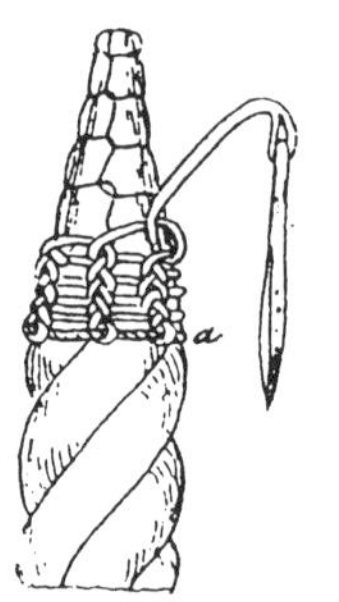

Fig. 141. Halbstek-Kattning (Rippstich)

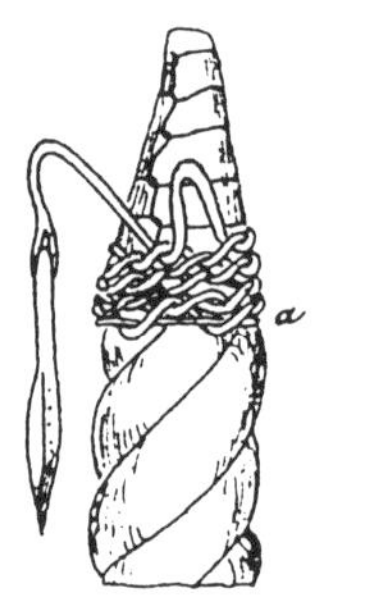

Fig. 142. Rundtörnkattning

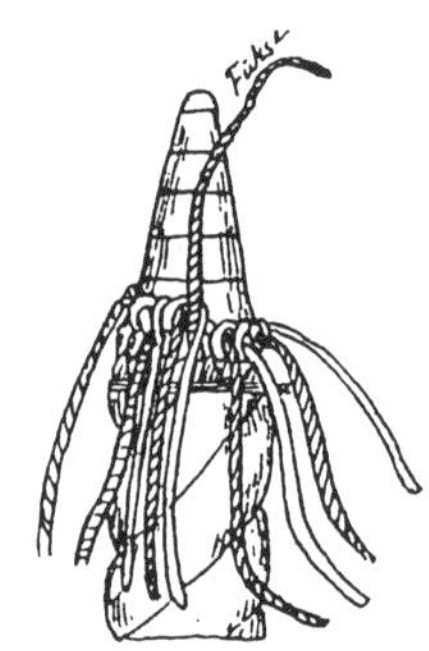
Fig. 143. Gewöhnlicher Hundspünt

Auf der Abbildung ist zu sehen, wie die Knittels gelegt werden müssen. Um sie auf dem Ende zu befestigen, wird ein Teil von ihnen immer zu zweit mit einem halben Schlag über dem Ende zusammengeknotet und durch zweimaliges Einstecken auf der gegenüberliegenden Seite eingespleißt. Der Rest der Knittels wird glatt abgeschnitten. Bei a wird ein kleiner Takling oder ein türkischer Bund gesetzt.

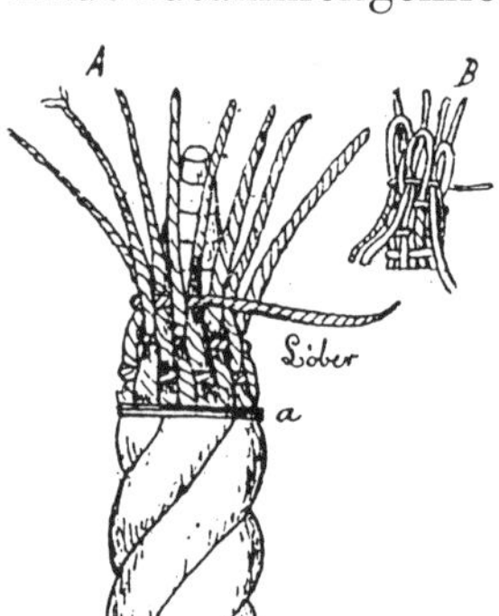

Fig. 144. Gewebter Kattning

* **Gewebter Kattning** (Fig. 144) (Vævet Katning, woven point). Hierfür müssen die Knittels nur gut doppelt so lang sein wie der Hundspünt. Bei a wird ein Läufer aus Takelgarn oder Marlleine mit einem Ende festgemacht, das andere Ende befestigt man an einem Nagel, um es einerseits gut festzuhalten und andererseits, um die Hände frei zu haben. Mit der rechten Hand wird das Tau festgehalten, mit der linken Hand legt man die Knittels abwechselnd über und unter den Läufer. Um sie festzumachen, legt man die obersten Tampen unter den letzten Gang des Läufers, man holt diesen aber erst nach

nochmals drei Rundtörns durch alle Buchten steif. Wenn dies geschehen ist, wird der überflüssige Tampen abgeschnitten, und der Hundspünt ist fertig. Ueber a wird ein Takling oder ein türkischer Bund gesetzt.

* **Ueberhand Rundtörn-Kattning** (Fig. 145) (Halvstikskatning). Aus dem innersten Garn wird ein Auge A gelegt, bevor die Enden ausgedünnt und festgemarlt werden. Die Knittels müssen gut viermal so lang sein wie der Tampen, auf den der Hundspünt gesetzt werden soll, außerdem müssen sie so dicht sein, daß sie gerade das Ende bedecken. Der Läufer wird bei a festgemacht und mit dem anderen Ende an einer Nadel. Mit jedem Knittel wird nun ein halber Schlag um den Läufer gelegt, wobei das Ende immer gedreht wird. Das kann man so lange fortsetzen, wie man möchte. Die Knittels werden befestigt, indem der Läufer beim letzten Umgang dreimal durch alle Buchten gesteckt wird. Dann wird er steifgeholt, und die Tampen werden abgeschnitten.

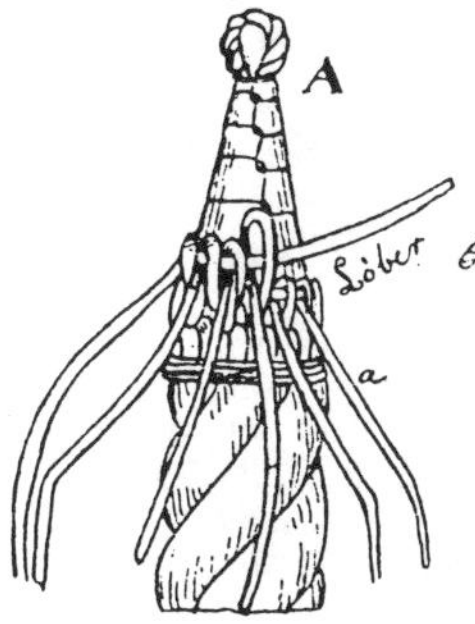

Fig. 145. Ueberhand-Rundtörn-Kattning

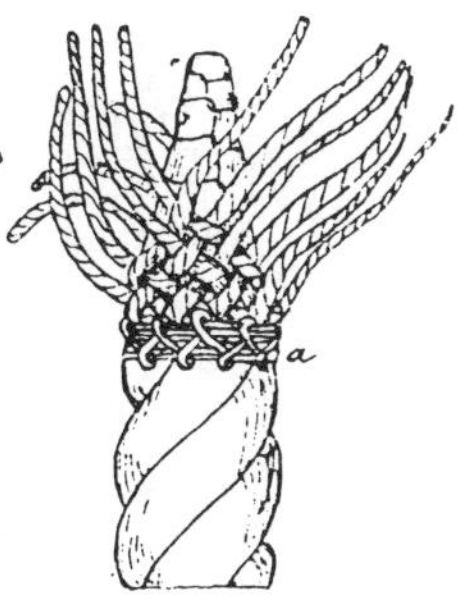

Fig. 146. Gekreuzter Kattning

Fig. 147. Kurzspleiß mit Auge

* **Gekreuzter Kattning** (Fig. 146) (Krydskatning). Die Knittels müssen mindestens zweimal so lang sein wie der Tampen und so dicht, daß sie eineinhalbmal um den Tampen herumgelegt werden können. Aus der Abbildung ist zu ersehen, wie der Hundspünt gemacht wird. Er wird befestigt, indem die Knittels zwei an zwei zusammengeknotet werden und der Tampen zweimal eingespleißt wird. Auf a setzt man wiederum einen sauberen Takling oder einen türkischen Bund.

* **Kurzspleiß mit Auge** (Fig. 147) (Snoet Katning). Er wird gemacht, indem man einen Teil der inneren Garne aus jedem Kardeel herausschneidet, so daß diese dünn zu den Enden hin auslaufen. Zum Schluß faßt man die drei Kardeele zu zweien zusammen; von dem Punkt an, an dem der Takling sitzt, werden die Kardeele herumgelegt und zum Schluß ein Auge geformt. Die Tampen werden eingespleißt, und ein Takling aufgesetzt.

Schweinerücken

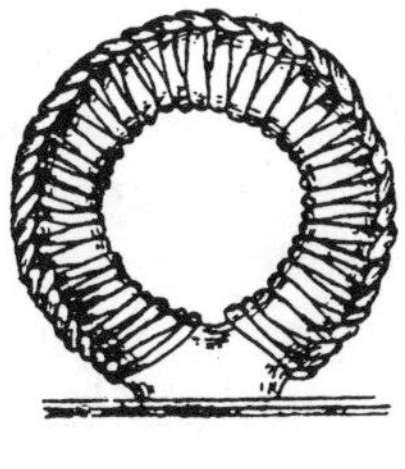
Fig. 148. Schweinerücken auf einem Augbolzen

Um das Schamfilen von Tau in einem Augbolzen zu verhindern, kann man diesen mit Marlleine, Hüsing oder Takelgarn bekleiden. Man kann einen Schweinerücken mit einem Part (Fig. 148) machen, indem man halbe Steke um den Bolzen schlägt, wobei darauf zu achten ist, das die Steke immer auf der Außenseite des Bolzens liegen.

Schweinerücken mit einem Part (Fig. 149) (Svineryg med 1 Part, Cock's comb with one strand). Es ist selbstverständlich, daß die Törns besser steifgeholt werden müssen, als auf der Abbildung gezeigt. Sollte der Part zu

(Knittels (Fuchsjes, Foksen) = bis auf die Garne "aufgedröseltes", altes Tauwerk, das danach zwischen den Fingern wieder zu Garnen zusammengedreht wurde - Anmerkung d.Uebers.).

kurz sein, kann ein Stück angeflochten werden.

* **Schweinerücken mit 2 Parten** (Fig. 150) (Svineryg med 2 parter, twostranded Cock's comb). Jeder Part wird zweimal nacheinander benutzt. Zuerst wird mit Part b ein halber Schlag in die eine Richtung geschlagen, dann das gleiche nochmals in die entgegengesetzte Richtung. Dieser Schweinerücken ist in Wirklichkeit schöner, als es von der Abbildung her scheinen mag.

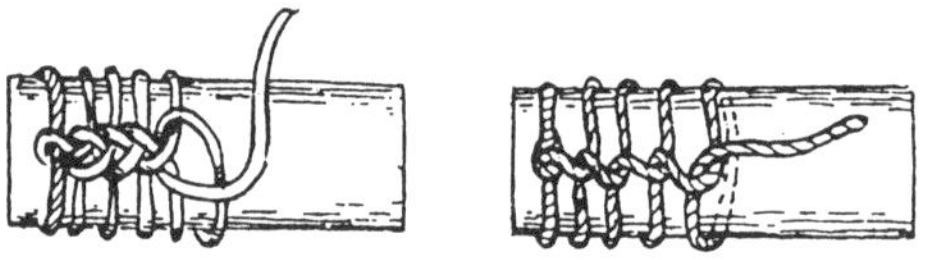

Fig. 149. Schweinerücken mit einem Part

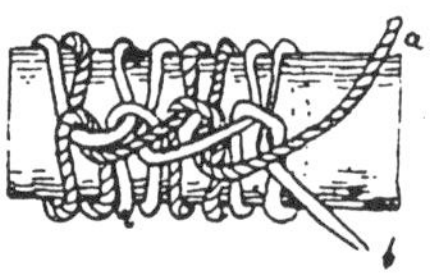

Fig. 150. Schweinerücken mit 2 Parten

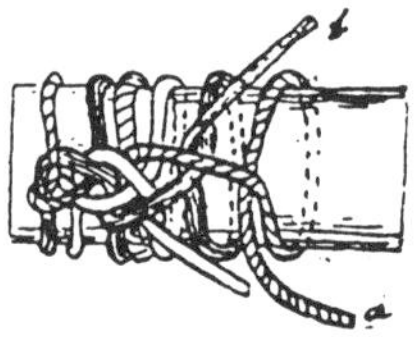

Fig. 151. Schweinerücken mit 3 Parten

* **Schweinrücken mit 3 Parten** (Fig. 151) (Svineryg med 3 Parter). Jeder Part wird abwechselnd nacheinander benutzt. Mit a wurde zuletzt gearbeitet; jetzt wird ein halber Schlag mit dem Tampen nach links auf die gleiche Weise wie b gemacht und mit b wiederum ein halber Schlag auf die gleiche Weise wie mit a; das Ganze besteht also darin, abwechselnd halbe Schläge zu machen.

Spleiße oder Splissungen

Wer kennt sie nicht, die Spleiße oder Splissungen? Ständig müssen Augen gemacht oder ein Stropp gespleißt werden. Ein Ende bricht und muß mit einem Langspleiß wieder zusammengesetzt werden, oder es muß ein Tau oder ein Draht mit einem Kettenspleiß auf eine Kette gesetzt werden. Vielleicht ist ein gutes Kabeltau gebrochen oder an einer Stelle so stark beschädigt, daß es gespleißt werden muß; das Tau ist nach dem Spleißen genauso stark wie vor der Beschädigung, nur ist es drei Faden kürzer geworden. Eisen- und Stahldraht lassen sich ebenso leicht spleißen wie Hanf oder Manila derselben Stärke. Manche sind der Ansicht, daß es leichter sei, einen vierzölligen Draht als ein zehnzölliges Hanf- oder Grastau zu spleißen. Ein Spleiß muß sauber und gleichmäßig ausgeführt werden; das Tau soll an der gespleißten Stelle ebenso dick sein wie daneben.

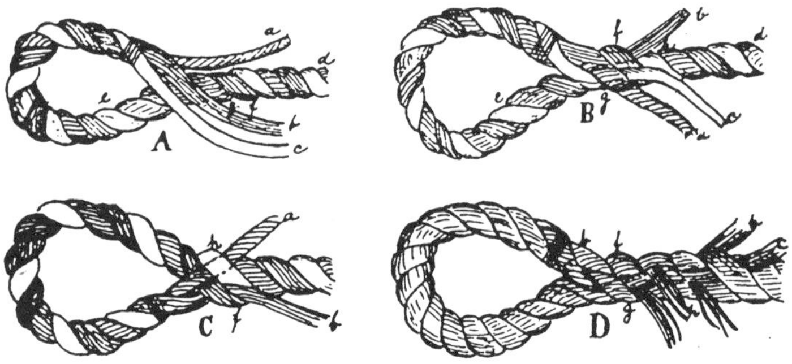

Fig. 152. Augspleiß

Es gehört einige Uebung dazu, einen ordentlichen Spleiß zu machen, und auch hier gilt das alte Sprichwort: "Lerne erst, es gut zu machen; die Schnelligkeit kommt dann von allein!"

Um die Kardeele leichter öffnen zu können, taucht man die Spitze des Marlspiekers in

Blankteer (Stockholmteer) oder Holzteer, bevor man sie zwischen die Kardeele sticht. "Pech und Teere sind des Bootsmanns Ehre".

Augspleiß (Fig. 152) (Øjespledsning, eyesplice). Zuerst setzt man zwei Schläge vom Ende entfernt einen Takling auf den Tampen, um eine weiteres Auftörnen zu verhindern - bei einem dicken Tampen rechnet man allerdings drei Schläge für einen Augspleiß - damit die Tampen noch lang genug sind, um sie mit dem Marlspieker steifholen zu können (Fig. 154). Nachdem der Takling gesetzt ist, wird der Tampen durch den Haken, die Kausch oder die Kette geschoren, in die das Auge kommen soll. Wird das Auge mit einer Kausch versehen, wird diese in das Auge gesetzt und mit Garn festgebunden, bevor mit dem Spleißen begonnen wird. Die Kardeele werden so zum Takling gelegt, daß das mittlere Kardeel b oben und a und c jeweils zur Seite liegen. Das Auge wird größer, wenn man bei e beginnt.

Fig. 152 B zeigt den ersten Durchstich; b wird zuerst eingespleißt. Mit einem Marlspieker sticht man unter f ein und macht eine so große Oeffnung, daß b hindurchgesteckt werden kann, sobald der Spieker herausgenommen wird. Die nächste Oeffnung wird unter g gemacht, um c hindurchzustecken. Auf die gleiche Weise wird a unter h geschoben (Fig. 152 C). Bevor nun aber a durchgesteckt wird, drehe man es einen halben Törn nach oben, dorthin, wo es über f zu liegen kommt.

Fig. 152 D zeigt den zweiten Einstich. Die Kardeele werden mit einem Marlspieker geöffnet. Bevor aber c über f und unter h gelegt wird, teilt man jedes Kardeel und arbeitet nur mit der Hälfte des Garns weiter, wie in der Abbildung gezeigt. Jedesmal, bevor diese Kardeele durchgesteckt werden, dreht man sie soweit auf, bis die Garne parallel zu den Garnen in dem Kardeel unter ihnen liegen. Auch werden die Kardeele so steif geholt, daß sie leicht in die darunterliegenden eindringen; nötigenfalls können sie auch mit einem Marlspieker steifgeholt werden. Alle Tampen werden auf die gleiche Weise eingespleißt.

Beim dritten Einstich wird das Garn wieder geteilt und nur die Hälfte eingespleißt. Die Splissung muß gut gestreckt werden, bevor man die Garne abschneidet und der Spleiß fertig ist.

REGEL: Beim ersten Gang spleißt man das ganze Kardeel ein, beim zweiten Gang die Hälfte und beim dritten ein Viertel des Kardeels; auf diese Weise dünnt man die Splissung zum Ende hin aus. Die Kardeele werden so eingespleißt, daß sie über dem ersten und unter dem zweiten Kardeel eingesteckt werden.

Segelmacheraugspleiß (Fig. 153) (Sejlmager Øjespledsning, sailmaker eyesplice). Der erste Einstich wird gegen die Kardeele gemacht, genauso wie beim gewöhnlichen Augspleiß. Um die Kardeele möglichst dicht anliegen zu lassen, dreht man sie entweder mit einer Zange fest, oder man legt eine kleine Bucht in das Kardeel und steckt dort den Marlspieker hinein, wie in Fig. 154. Mit der rechten Hand dreht man jetzt in Pfeilrichtung, während das Kardeel mit der linken Hand gut festgehalten wird. Da der Marlspieker wie ein einarmiger Hebel wirkt, kann man sehr viel Kraft damit entwikkeln. Auf der Abbildung dürfte sich die Kraft verfünffacht haben.

Fig. 153. Segelmacher Augspleiß

Fig. 154. Steifholen eines Kardeels

Der zweite Durchstich des Kardeels erfolgt derart, daß es eigentlich die ganze Zeit um ein und dasselbe Kardeel gedreht wird. Vor dem zweiten Einstich wird ca. 1/4 des innersten Garns weggeschnitten. Die Tampen müssen gut steifgeholt werden. Alle Tampen werden auf die gleiche Weise behandelt. Vor dem dritten Durchstich wird nochmals ca. 1/4 des Garnes von der Innenseite des Tampens weggeschnitten. Man achte darauf, daß dem fertigen Spleiß nicht anzusehen ist, wo das Garn gekappt wurde. Die übrigen Durchstiche werden ebenfalls mit dem Schlag ausgeführt; vor jedem Gang wird 1/4 des Garns herausgeschnitten. Mit jedem Tampen müssen ca. fünf bis sechs Durchstiche gemacht werden, bevor der Spleiß fertig ist. Zum Schluß werden die Tampen quer durch die Kardeele gesteckt. Für einen Segelmacheraugspleiß werden 3 1/2 Schläge benötigt.

Der Segelmacheraugspleiß wird überall dort angewandt, wo das Liek eines Segels um eine Kausch oder in eine Brille gespleißt werden soll. Bevor das Liek ganz angenäht ist und der letzte Tampen eingespleißt wird, **muß ein Rundtörn aus dem Liek gedreht werden**, erst dann kann man mit dem Spleißen beginnen. Das Liek dreht sich während des Spleißens sehr stark zurück, außerdem muß man daran denken, daß es dabei ungefähr um den Durchmesser seines eigenen Umfangs kürzer wird.

Augspleiß an einem vierschäftigen Tau (Fig. 155) (Øjespledsning paa en 4-slaaet Ende, eyesplice on a fourstranded rope). Hier wird genauso vorgegangen wie bei einem dreikardeeligen Tau, mit der Ausnahme, daß das vierte Kardeel das erste Mal unter zwei Parten gesteckt wird. Die Tampen c und d werden an derselben Stelle eingesteckt, c liegt dann aber nur unter einem Part, d unter zweien. Die Tampen werden in ganzem, halbem und viertel Kardeel eingespleißt. Die Splissung muß gereckt werden, bevor man die Tampen kappt. Für dünnere Enden sind zwei Schläge ausreichend, für dickere Enden sollten drei Schläge für diesen Spleiß berechnet werden.

Fig. 155. Augspleiß an vierschäftigem Tau

Flämisches Auge (Fig. 156) (Flamske Øje, Flemish eye). 2 1/2 Schläge vom Tampen entfernt wird ein Takling gesetzt. Die drei Kardeele werden in zwei Hälften geteilt, dann nimmt man ein Rundholz, das den Umfang des gewünschten Auges haben soll. Um dieses Holz werden die Garne zwei und zwei an verschiedenen Stellen mit einem Kreuzknoten verbunden (Fig. 156 A). Die Knoten müssen gleichmäßig über das Auge verteilt werden, die Tampen werden sofort abgeschnitten. Der letzte Teil des Garns wird nicht verknotet, sondern gleichmäßig und glatt über das Ganze gelegt. Das Auge wird dann fest mit Takelgarn gemarlt, geteert und mit Schiemannsgarn oder Marlleine bekleidet (Fig. 156 B). Das flämische Auge dient hauptsächlich so feinen Arbeiten wie Griffen für Kisten, Augen auf Kistenzurrings, auf Bootszurrings usw. Anstelle der Kleidung können auch Schweinerücken aufgesetzt werden.

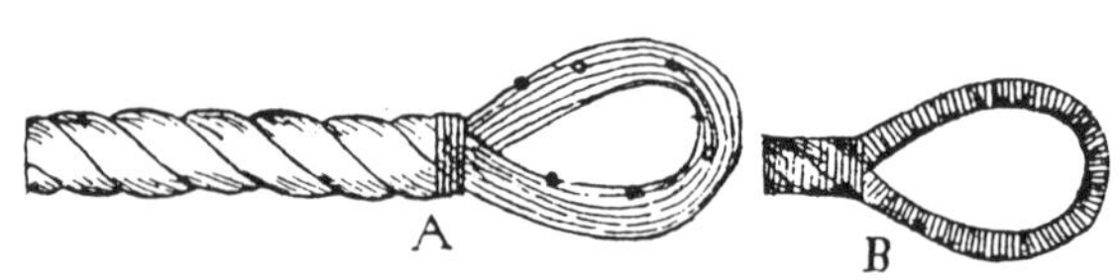

Fig. 156. Flämisches Auge

Kurzspleiß (Fig. 157) (Kortspledsning, shortsplice). Man dreht die Tampen um zwei Törns auf und legt sie wie zu einem Wantknoten zusammen. Tampen a wird über e und unter f gelegt, Tampen b über f und unter d, Tampen c über d und unter e; dann wendet man den Spleiß, und die Tampen d, e und f werden ebenfalls über den einen und unter den nächsten Tampen gelegt. Es darf nicht mehr als ein Tampen an jeder Stelle herauskommen.

Für den zweiten Einstich wird nur die Hälfte des Garns genommen, siehe auch Fig. 157 B.

Für den dritten Einstich wird wiederum nur die Hälfte des Garns genommen, es bleibt also nur 1/4 Kardeel übrig. Die Kardeele müssen gut steifgeholt sein, bevor sie wieder eingespleißt werden. Außerdem sollte man vorher jedesmal 1/4 Törn herausdrehen, damit sich das Garn dicht an das Tau legt. Vor dem Kappen muß gut gestreckt werden.

Segelmacherspleiß (Fig. 158) (Sejlmagerspledsning, sailmakersplice). Diese Splissung beginnt damit, daß zwei und zwei der Kardeele mit einem halben Schlag zusammengesteckt und alle Tampen danach steifgeholt werden. Tampen a, b und c werden anschließend ständig um das Kardeel gespleißt, mit dem sie verknotet sind (Fig. 158 B). Für jeden Durchstich werden ca. 1/4 der Garne **aus der Mitte** des Tampens geschnitten, damit die Enden nicht sichtbar werden. Zum Spleißen werden von jedem Tampen drei Törns aufgedreht. Die Tampen werden mindestens fünfmal durchgesteckt und jedesmal so steif geholt, daß sie leicht in das Kardeel schneiden, um welches sie gelegt werden. Der letzte Durchstich führt, ebenso wie beim Augspleiß, quer durch die Kardeele. Soll dünnes und dickes Tau zusammengespleißt werden, muß man erst einige Garne aus jedem Kardeel des dicken Endes herausnehmen. Es wird aus der Mitte der Kardeele geschnitten; an jeder Stelle nur so viel, daß das Kardeel zum Ende hin gleichmäßig ausgedünnt wird. Danach schnürt man es zusammen und legt es auf seinen Platz zurück, bevor mit dem nächsten begonnen wird. Da aus dem dicken Tau Garn herausgenommen wird, geht es gleichmäßig in das dünne Tau über, und der Spleiß sieht sauber aus.

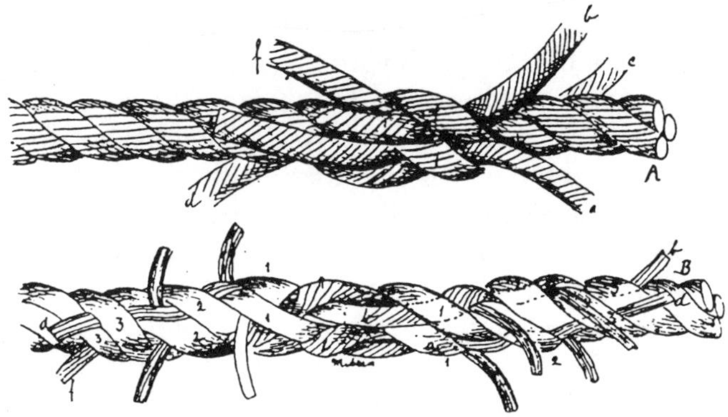

Fig. 157. Kurzspleiß

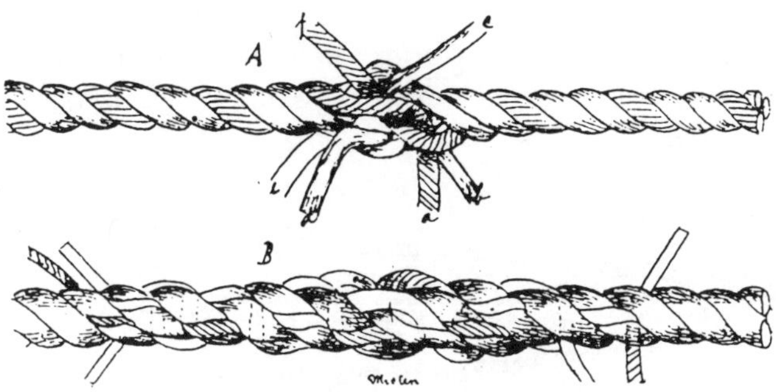

Fig. 158. Segelmacherspleiß

Schuhmacherspleiß (Fig. 159) (Skomagersledsning, shoemakersplice).

Es wird bisweilen für losgeschlagene Enden verwendet. Abwechselnd werden die Tampen einmal gegen die Kardeele und einmal mit ihnen durchgesteckt. Der Spleiß beansprucht ca. drei Törns von jedem Tampen. Ist der Spleiß fertig, kann man einen Takling von a bis a setzen, damit der Tampen sich nicht herauszieht. Bei Manila- und Hanftau wird immer ein Takling auf den Tampen gesetzt, im übrigen werden sie aber gespleißt wie Hanftau.

Fig. 159. Schuhmacherspleiß

Fig. 160. Hufeisenspleiß

* **Hufeisenspleiß** (Fig. 160) (Hesteskospledsning, Stilkøje, horseshoesplice). Werden die Pferde für Klüver, Jager, Besan oder den Großbaum aus einem Stück gemacht, wird jeweils dicht neben der Mitte ein kleines

Tauwerk b eingespleißt. Die entstandenen Augen sollen groß genug sein, daß sie über den Baum gezogen werden können. Meistens werden die Augen bekleidet - das geht am leichtesten von a nach a' bevor gespleißt wird. Der Rest wird danach bekleidet.

* **Buchtspleiß** (Fig. 161) (Kuntspledsning, cutsplice). Dieser Spleiß wird besonders dann eingesetzt, wenn man ein einzelnes Want hat, also von Dreien oder Fünfen steht das vorderste oft allein. Die Wanten werden wie die für ein Spannwant plus zwei Fuß berechnet, einen Fuß für jeden Spleiß. Das abgemessene Stück wird in der Mitte zusammengenommen, und beide Tampen werden ein wenig aneinander vorbei eingespleißt, so daß der Abstand zwischen b und c gleich dem halben Umfang des Tops ist und der Abstand zwischen a und d den anderen halben Umfang ausmacht. So entsteht ein Auge, das genau über den Top paßt und von dem zu jeder Seite ein Want abgeht. Man muß selbstverständlich darauf achten, daß beim Schmarten und Kleiden der Splissung kein Wasser daran kommt und es zu rotten oder rosten beginnt. Die gleiche Methode wird bei Stagsegelschoten und Vorschoten anstelle von Tauägeln oder Bändseln auf der Mitte angewendet. Man muß allerdings daran denken, eine passende Kausch oder Klotjes (Sjækkel) einzusetzen, bevor der letzte Tampen eingespleißt wird. Das Spleißen geht wie beim Augspleiß vor sich.

Fig. 161. Buchtspleiß

Langspleiß (Fig. 162) (Langspledsning, long splice). Dieser Spleiß wird für alle Taue angewandt, die durch Blöcke, Klotjes oder Wegweiser geschoren werden, und überall da, wo man nicht sehen soll, daß das Tau gespleißt ist.

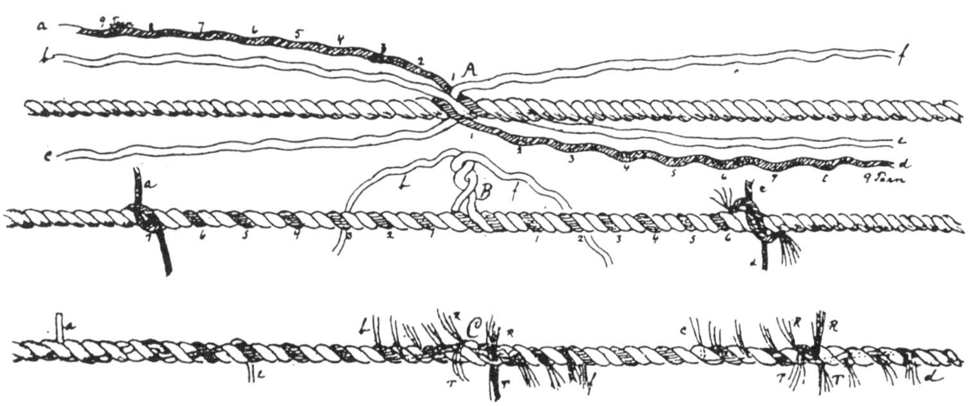

Fig. 162. Langspleiß

Zuerst werden jeweils neun Törns aus dem Tampen gedreht und ineinander gesteckt, wie auf Fig. 162 A zu erkennen ist. Danach legt man c nach oben und d so sorgfältig wie möglich bis zu sieben Schläge von der Mitte auf dessen Platz. Auf die gleiche Weise verfährt man mit e und a (Fig. 162 B). Tampen c wird auf die passende Länge gekappt, und knapp die Hälfte des Garns wird zur Seite gelegt; das Gleiche passiert mit d; beide Kardeele werden leicht geteert, bevor sie mit einem halben Schlag zusammengesteckt werden (Fig. 162 B, c und d). Sind die Garne sehr verschlissen, steckt man ganze Kardeele zusammen, wie bei a.

Wenn der Knoten gut steifgeholt ist, und die Kardeele gleichmäßig liegen (Fig. 162 c), werden die Garne geteilt, die bei RT ausgelassen wurden. Mit dem Tampen werden auf jeder

Seite des Knotens drei Durchstiche gemacht. Bei den letzten Gängen wird etwas Garn aus den Kardeelen herausgenommen, um dem Spleiß ein schönes, gleichmäßiges Aussehen zu geben. Bei einem Langspleiß werden die Kardeele also an drei Stellen geknotet, jeweils sieben Törns voneinander entfernt. Die sechs Tampen werden jeweils dreimal eingespleißt. Die Garne RT werden nicht eingespleißt, sondern gleichzeitig mit den anderen abgeschnitten, nachdem die Splissung gut gereckt wurde.

Bei einem vierkardeeligen Ende müssen 12 Schläge für einen Langspleiß aufgetörnt werden. Die beiden ersten Knoten werden jeweils drei Schläge von der Mitte gesetzt, die beiden äußersten zehn Schläge von der Mitte. Die Seele wird abgeschnitten, so daß beide Tampen in der Mitte zusammentreffen.

Spleißt man drei- mit vierkardeeligem Tau zusammen, wird das vierte Kardeel nahe der Mitte mit einem Kurzspleiß eingespleißt; die übrigen Kardeele werden wie bei einem gewöhnlichen Langspleiß verarbeitet. Man braucht dafür nur neun Schläge.

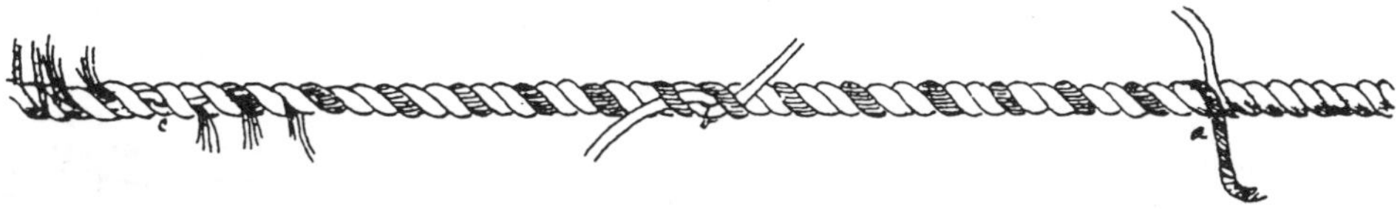

Fig. 163. Langspleiß ohne Knoten

Langspleiß ohne Knoten (Fig. 163) (Langspledsning uden Knobe). Er wird oft für Gras- und Manilatauwerk verwendet. Die Kardeele werden übereinandergelegt, wie bei b, und dreimal eingespleißt, mit ganzem, halbem und viertel Kardeel (siehe c).

* **Das Verlängern eines Endes mit einem Kardeel** kommt besonders bei Segelmacherarbeiten vor, wenn ein Liek zu kurz ist. Soll das Liek um einen Fuß verlängert werden, markiert man ca. vier Fuß voneinander entfernt die Stellen e und f auf dem Liek und mißt den Abstand

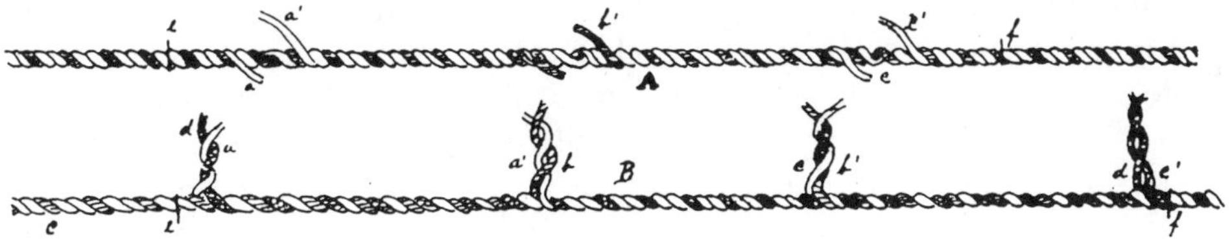

Fig. 164. Verlängern eines Endes

zwischen den Markierungen. Die Kardeele, die eingespleißt werden sollen, müssen von gleicher Stärke sein wie die Kardeele des Lieks. Sie müssen mindestens viereinhalbmal so lang sein wie das einzusetzende Stück und werden auch nicht abgeschnitten, bevor sie eingespleißt sind. Das Kardeel a wird drei Schläge von der Markierung entfernt gekappt und a' zurückgelegt. Gleichzeitig wird ein neues Kardeel, wie bei einem Langspleiß eingelegt (Fig. 164 B, d-a), d.h. man muß mit reichlich Tampen für Knoten und Spleiß rechnen. Einen Fuß und zwei Schläge von der ersten Stelle entfernt (die zwei Schläge sind für Knoten und Spleiß gedacht) wird Kardeel b abgeschnitten, und b' zurückgelegt. Kardeel c wird einen Fuß und zwei Schläge von der zweiten Stelle entfernt abgeschnitten.

An zwei Stellen des Lieks ist also ein Kardeel gekappt. Der Abstand zwischen diesen beiden Stellen entspricht der Länge des Stückes, um das das Liek verlängert werden soll, plus der zum Zusammenspleißen notwendigen Schläge für Knoten und Spleiß. Wenn das neue Kardeel eingelegt ist, kann das Ganze zusammengespleißt werden. Das neue Kardeel d trifft auf c'. Das mittlere Kardeel b' wird mit c zusammengeknotet, dann folgen a' und b und als letztes a und d. Bevor die Tampen zusammengeknotet werden, sollte man nochmals nachmessen, ob das Liek nun die richtige Länge hat. Die Tampen werden dann geknotet und gespleißt wie bei einem Langspleiß. Man braucht recht viel Uebung, um diese Arbeit gut zu verrichten - für denjenigen, der ein Liek mit einem Kardeel verlängern kann, ist es keine Schwierigkeit, **ein Liek zu verkürzen**.

Kettenspleiß (Fig. 165) (Kædespledsning, chain splice). Hat eine Schot oder ähnliches einen Kettenvorlauf, ist es oft vorteilhafter, einen Kettenspleiß anzuwenden, da der gewöhnliche Augspleiß zu dick ist, um durch Blöcke oder Scheibengatts geschoren zu werden. Zuerst werden sieben Schläge aufgedreht und zwei Kardeele unter das letzte Kettenglied gesteckt (Fig. 165 A). Kardeel a wird unter seinen eigenen Part gesteckt, Kardeel c wird fünf Schläge bis an b's Stelle gelegt und mit b wie bei einer gewöhnlichen Langsplissung, geknotet und gespleißt (Fig. 165 B). Danach wird a mit einem ganzen, einem halben und dann mit einem viertel Kardeel, wie bei einem Kurzspleiß eingespleißt. Das Ganze wird gestreckt, die Tampen abgeschnitten, und der Spleiß ist fertig.

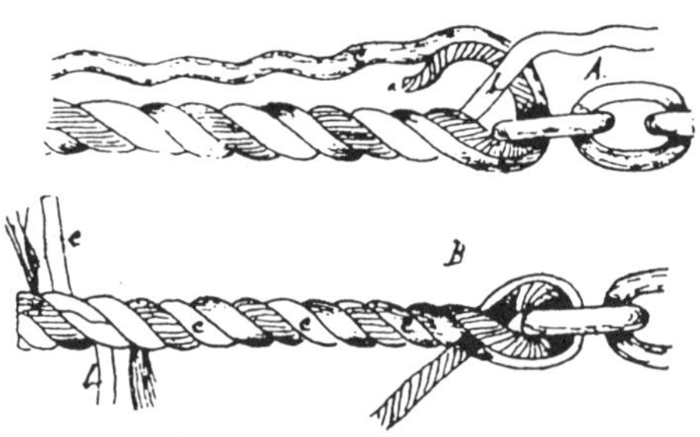

Fig. 165. Kettenspleiß

Wenn im Kettenglied genug Platz ist, sollte man die Kardeele mit ein wenig Schmarting oder Kabelgarn gegen das Schamfilen schützen, bevor sie eingespleißt werden. In der Regel wird der Spleiß mit Kabelgarn gekleidet, damit er besser aussieht. Oft werden die Kardeele auch nicht durch das Kettenglied gesteckt, sondern man macht stattdessen ein Auge, wie im vorangegangenen schon beschrieben, und bändselt Auge und Kettenglied mit Draht zusammen. Auf diese Weise umgeht man das Risiko, erst auf der Rah oder Gaffel sitzend feststellen zu müssen, daß das Ende sich nicht durch einen Block scheren läßt, aber leider schon eingespleißt ist.

Spleiß an Kabeltau (Fig. 166) (Kabelspledsning, splice on a cable). Dieser Spleiß zählt zu den schwierigsten Seemannsarbeiten. Das Spleißen von Schlepptau ist nicht nur schwer und mühsam, es erfordert außerdem eine beträchtliche Sorgfalt. Ein Matrose kann bei dieser Arbeit seine Geschicklichkeit unter Beweis stellen. Ist der Spleiß gut ausgeführt, braucht es schon ein geübtes Auge, um ihn zu entdecken, denn das Tau soll in der Splissung genauso dick sein wie an den anderen Stellen, und gerade darin liegt die Schwierigkeit. Damit das Tau nicht an Zugkraft einbüßt, müssen alle Kardeele und Garne gleichmäßig und dicht sein; auf diesen Punkt muß ebenfalls während des Spleißens geachtet werden.

Zum Spleißen werden mindestens 12 Schläge von jedem Tampen aufgedreht, das macht - oder sollte zumindest - 1 1/2 Faden bei jedem Tampen. Die drei Trossen (Kardeele) werden, wie bei einem Langspleiß, neun Schläge zu jeder Seite eingelegt, die Trossen werden auf einer Länge von neun Schlägen wieder in Kardeele geteilt. Bevor aber das Kardeel c an die Stelle von b gelegt wird, setzt man einen Zeising bei g, während c geknotet und gespleißt wird; danach verschiebt man den Zeising auf die andere Seite von der Mitte, legt b" an die Stelle von c" und spleißt und knotet das Kardeel bis auf sieben Schläge von der Mitte ein.

Die Kardeele b' und c' werden dort geknotet und gespleißt, wo sie liegen, das gleiche gilt für g und h und die beiden Tampen, die nicht auf der Abbildung zu sehen sind. Wenn sämtliche Kardeele gespleißt sind, sieht es so aus, als sei jede der drei Trossen, aus denen das Tau besteht, mit einem Langspleiß an drei verschiedenen Stellen gespleißt, obgleich an neun verschiedenen

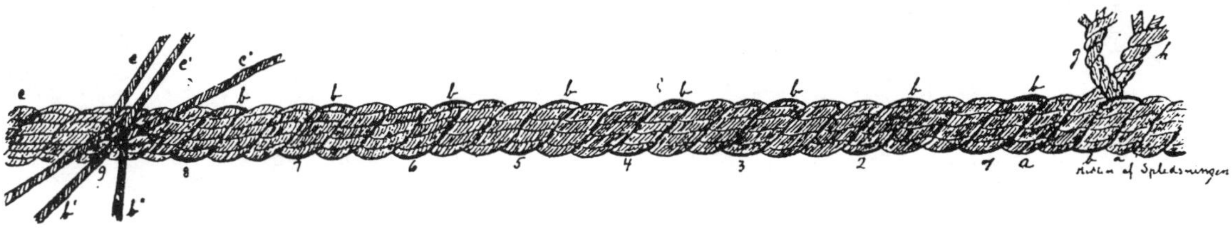

Fig. 166. Spleiß an Kabeltau

Stellen geknotet und gespleißt wurde. Um gut arbeiten zu können, werden die Trossen während des Spleißens vorsichtig mit einigen Fids auseinandergezogen. - Einige Seeleute spannen das Kabeltau mit Taljen, während sie daran spleißen, und holen die Kardeele damit vor jedem Durchstich ordentlich steif. Wenn das Tau nicht allzu schwer ist, läßt es sich wie jedes andere auch spleißen.

Im vorangegangenen wurden die entsprechenden Spleiße für unterschiedliches Tauwerk beschrieben, und trotz des alten Sprichwortes "Ein schlechter Spleißer muß viel klopfen" muß hinzugefügt werden, daß jeder Spleiß, bevor er gereckt wird, mit einer kleinen Keule oder dem dicken Ende eines Pfriems gleichmäßig geklopft wird. Denn selbst wenn eine Splissung an und für sich gut ausgeführt wurde, werden doch noch einige Stellen dicker sein als andere. Nach ein paar Schlägen mit der Keule werden alle Parten glatter und gleichmäßiger liegen.

Die Spleiße werden mittels einer Talje oder eines Spills gereckt - bei dünnen Enden reicht es aus, diese mit den Händen zu spannen oder den Fuß darauf zu setzen und sich mit seinem Körpergewicht in die Bucht zu stemmen. Nachdem der Spleiß gereckt und die Tampen gekappt sind, legt man die Splissung glatt auf das Deck und rollt sie unter dem Fuß; dadurch werden die Kardeele zusätzlich auf ihren Platz gepreßt, und der Spleiß bekommt ein schönes, gleichmäßiges Aussehen.

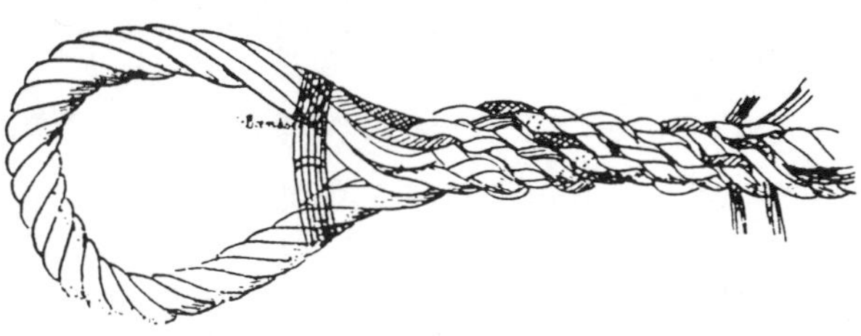

Fig. 167. Augspleiß mit Drahttauwerk

Splissungen am Liek dürfen jedoch nicht wie andere mit einer Talje oder Spill gereckt werden.

Augspleiß mit Drahttauwerk (Fig. 167) (Øjespledsning paa Jærntraad, eye splice in wire). 3 1/2 Schläge vom Tampen entfernt wird ein Takling gesetzt, damit die Kardeele sich nicht mehr als notwendig auftörnen. Dann werden die Klotjes, der Haken oder die Kausch eingezogen, die in das Auge sollen. Will man das Auge bekleiden, so geschehe das, bevor die Kardeele aufgeschlagen werden. Bei Stahldraht muß man außerdem sofort einen Takling auf das Ende jedes Kardeels setzen, weil die Garne sich schnell enttörnen. Gleichzeitig kann man die Seele aus den Kardeelen entfernen. Draht besteht meistens aus sechs Kardeelen, davon legt man drei zu jeder Seite. Das erste Kardeel a wird unter ein anderes gesteckt; mit den anderen Kardeelen verfährt man ebenso. Es ist darauf zu achten, daß nur ein Kardeel an jede Stelle kommt (Fig. 168). Vor dem nächsten

Einstich wird Garn entfernt und das Kardeel **mit** dem Schlage durchgesteckt (Fig. 169). Man spleißt die ganze Zeit **mit** dem Schlag und entfernt vor jedem Durchstich etwas Garn aus den

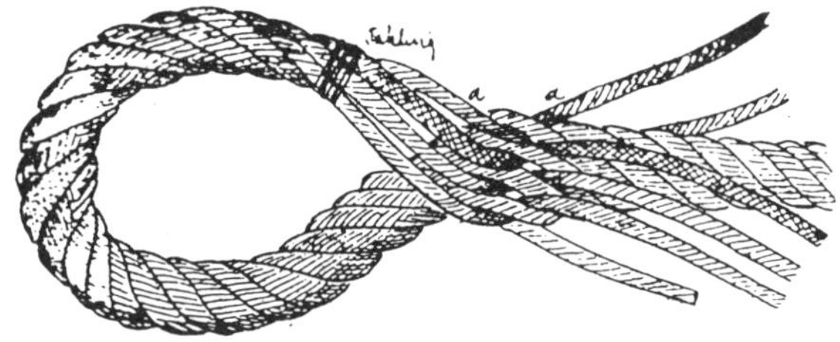

Fig. 168. Anfang eines Spleißes mit Drahttauwerk

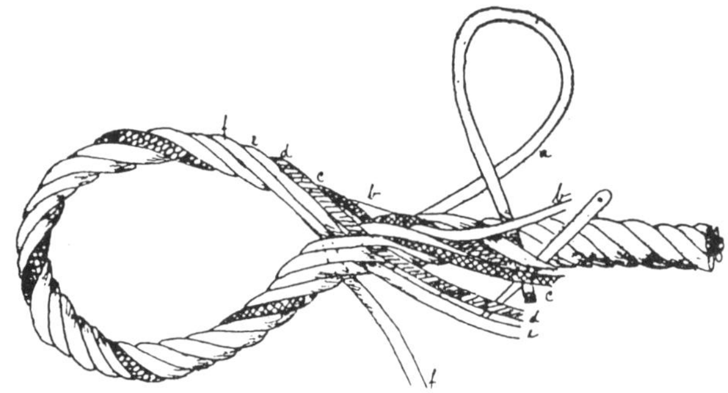

Fig. 169. Augspleiß mit Drahttauwerk

Kardeelen, bis jeder Tampen nach fünf bis sechs Durchstichen nur noch aus wenigen Garnen besteht. Ehe das überflüssige Garn abgekniffen wird, klopft man den Spleiß mit einer Holzkeule auf einer hölzernen Unterlage schön gleichmäßig und rund; man darf dabei nicht zu hart klopfen, um die Verzinkung (Galvanisierung) nicht zu beschädigen. Bevor der Spleiß fertig ist, wird er noch beschmartet und gekleidet. Drei Durchstiche wären eigentlich ausreichend, damit aber die Splissung möglichst sauber wird, macht man mehrere. Um das Auge während des Spleißens zusammenzuhalten, wird ein starkes Bändsel aufgesetzt (Fig. 167). Die alte Methode, den Draht zum Spleißen aufzuhängen, dürfte heute aus der Welt sein.

Für den weniger Geübten ist es oft recht schwer, den Draht richtig um eine Kausch herumzulegen, besonders wenn dieser sehr steif ist. Die Arbeit läßt sich dadurch vereinfachen, daß man den Draht vor dem Spleißen an zwei Stellen über einer scharfen Kante biegt (Fig. 170 A). Der Abstand zwischen diesen Stellen a und b muß ein wenig größer sein als der Umfang der Kausch oder aber dem Umfang des gewünschten Auges entsprechen.

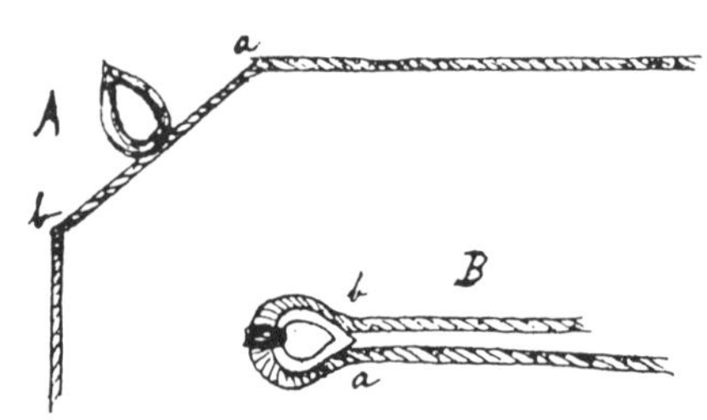

Fig. 170.

Danach biegt man den Draht (Fig. 170 B) und bändselt die Kausch im Nacken des Auges mit Garn fest. Der Tampen wird ebenfalls mit einem Bändsel festgehalten (Fig. 167). Auf diese Weise braucht man keine Bändselschraube, um auch schwere Drahttrossen um Kauschen zu pressen.

Nach der oben beschriebenen Methode wird das Auge allerdings ziemlich groß, und man wendet daher gern folgende Vorgehensweise an (Fig. 169): Das Kardeel f (das unterste) wird genau durch den Draht gesteckt, also unter drei Kardeele. Die Kardeele e und d werden ebenfalls dort hinduchgesteckt, allerdings kommt e nur unter zwei und d nur unter ein Kardeel. Jedes andere steckt man **mit** dem Schlag unter ein Kardeel. Um mit den Kardeelen arbeiten zu können, sollte man mit dem Marlspieker nicht zu nahe am Auge arbeiten (Fig. 169), und bevor die Kardeele durchgesteckt werden, sollte man sie einen halben Schlag zurückdrehen (gegen die Sonne) und so durchstecken, wie auf der Abbildung gezeigt wird. Die Innenseite der Kardeele wird dadurch geöffnet, und es legt sich platter auf die darunterliegenden Garne. Im übrigen wird jeder Tampen fünf- bis sechsmal **mit dem Schlage** eingespleißt, außerdem nimmt man jedesmal Garn heraus, um den Spleiß zu verjüngen.

Für einen Augspleiß mit biegsamem (Stahl-)Draht läßt sich auch folgende Methode vorteilhaft anwenden: Zu jeder Seite werden drei Kardeele gelegt. Die Kardeele, die dem Auge auf jeder Seite am nächsten liegen, werden unter zwei Kardeele gesteckt, danach werden die mittleren von jeder Seite unter ein Kardeel gesteckt, zum Schluß werden die beiden vordersten, jedes zu seiner Seite, unter die Part des Drahtes gesteckt, der ganz oben liegt. Auf diese Weise faßt das Auge fest um die Kausch, und die Kardeele liegen gut. Die Splissung wird dann wie auf Fig. 167 fortgesetzt. Das Garn wird gleichmäßig vor jedem Einstich verjüngt, damit der Spleiß glatt ausläuft.

Wenn es nicht notwendig ist, das Auge eng um die Kausch zu spleißen, macht man ein größeres Auge. Damit die Kausch dann nicht herausfällt, setzt man ein Drahtbändsel so steif wie möglich darauf.

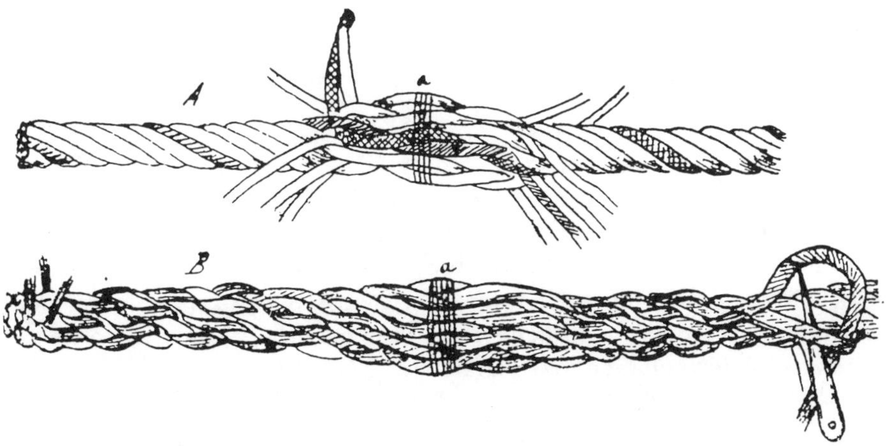

Fig. 171. Kurzspleiß mit Drahttauwerk

Kurzspleiß mit Drahttauwerk (Fig. 171) (Kortspledsning paa Jærntraad, shortsplice on wire). Jeder Tampen wird um 3 1/2 Rundschläge aufgetörnt, die Seele herausgeschnitten, und die Tampen werden wie bei einem Kurzspleiß für Tauwerk zusammengesteckt. Wenn die Tampen richtig zusammenliegen, setzt man ein Bändsel steif auf die Mitte, bevor man mit dem Spleißen beginnt. Sämtliche Einstiche werden mit dem Schlage ausgeführt (Fig. 171 B), und man macht mit jedem Kardeel mindestens vier Durchstiche zu jeder Seite der Mitte. Vor jedem Durchstich entfernt man außerdem einen Teil des Garns. Kurzspleiße werden geklopft und gekleidet wie andere Drahtsplissungen.

Langspleiße werden mit Stahldraht so gut wie nie gemacht, obgleich es durchaus möglich wäre.

Blindspleiß mit Drahttauwerk (Fig. 172, 173 und 174) (Blindspledsning paa Jærntraad, blindsplice). Dieser Spleiß wird vor allem dort angewendet, wo Draht oder Stahldraht über Scheiben, Spillköpfe oder ähnliches laufen muß, und ein Kurzspleiß verschleißen und kaputtgehen würde.

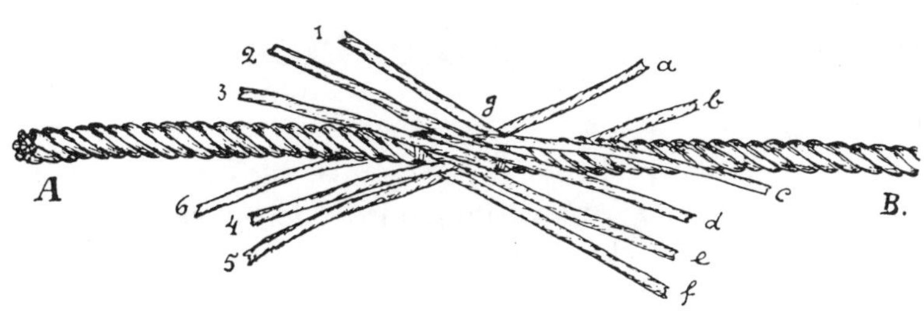

Fig. 172.

Um einen **Langspleiß** oder einen **Blindspleiß** (was auf das gleiche herauskommt, weil zu Anfang kein Unterschied besteht) zu machen, dreht man bei jedem Tampen 6 x 3 = 18 Rundschläge auf. Dann setzt man ein Bändsel auf jeden und zwar so weit, wie die Kardeele

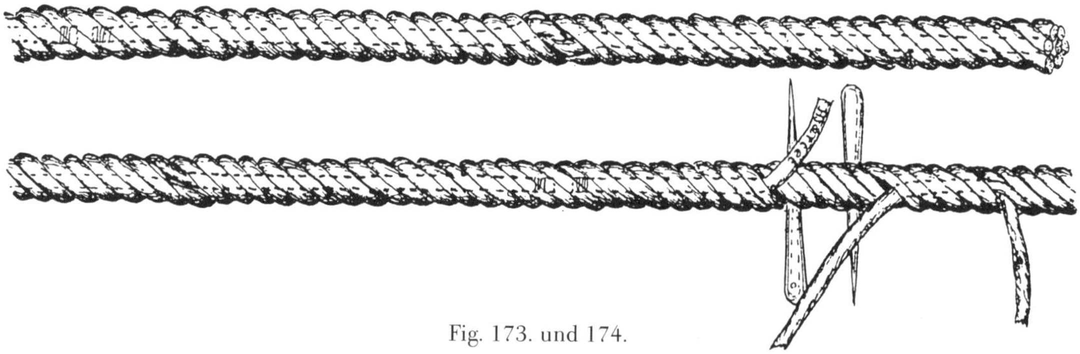

Fig. 173. und 174.

zusammengesteckt werden sollen (s. Fig. 172). Kardeel 2 wird drei Schläge zu B gelegt, und c kommt an dessen Stelle; beide werden bis auf weiteres mit einem Zeising festgehalten. Man muß sehr aufpassen, daß die Taklinge in der Mitte sofort wieder aufgesetzt werden, nachdem ein Kardeel herausgenommen oder eines hineingelegt wurde. Ehe man einen der Taklinge löst, legt man einen Zeising um alle Parten bei g mit Ausnahme derer, mit denen zuerst gearbeitet werden soll. Kardeel 4 wird neun Schläge zu B gelegt, e kommt an dessen Stelle und wird mit einem Zeising festgehalten. Kardeel 6 wird fünf Schläge aufgenommen und a an seinen Platz gelegt - man legt also die Kardeele von Tampen A in Tampen B und umgekehrt. Zwischen den äußersten Stellen, wo zwei und zwei Kardeele zusammentreffen, liegen 30 Schläge. Jeder Tampen, der eingelegt wird, sollte drei Schläge lang sein. Es geht folgendermaßen weiter: die zwei Kardeele, die sich an den sechs Stellen treffen, werden jetzt nicht zusammengeknotet, sondern überkreuzt, wie auf Fig. 173 zu sehen ist, und an die Stelle der Seele gelegt, die vorher herausgenommen wurde. Die äußeren Kardeele verhindern jetzt, daß die Tampen sich losziehen. Es ist besonders wichtig, daß die Tampen in der richtigen Länge abgeschnitten werden, sie dürfen sich gerade treffen. Gehen sie nämlich aneinander vorbei, entsteht eine dicke Stelle - treffen sie nicht aufeinander, entsteht eine leere Stelle, an der die Trosse unrund wird. Wenn die Splissung richtig ausgeführt wird, ist sie genauso haltbar wie die übrige Trosse.

Um die Seele aus der Trosse herausnehmen zu können, muß man diese mit zwei Marlspiekern öffnen (Fig. 174). Ist man erst ein wenig geübter, ist das Spleißen von Draht ein reines Vergnügen.

Schmarting , Trensing und Kleidung

Da altes Tauwerk keinen Wiederverkaufswert hat, ist es praktisch wertlos, und man muß sehen, ob man nicht an Bord dafür noch irgendeine Verwendung findet. Besonders wenn ein Teil des Hanfriggs erneuert wird, finden sich oft Stücke, deren Garn noch auf die eine oder andere Weise genutzt werden kann. Längere Stücke können gut zu Kabelgarn verarbeitet werden; zwei, drei oder vier werden zusammen zu Garnen oder **Knittels** (Fokse, Nettles) gesponnen. Die Garne werden mit einer Bucht über den Haken einer Handspindel gelegt (Fig. 175),und der

Tampen wird an einem Nagel oder ähnlichem befestigt. Die Handspindel wird jetzt so lange mit der Sonne herumgeschwungen, bis die Knittels zusammengedreht sind. Man muß darauf achten, die Knittels die ganze Zeit über gut strammzuhalten. Inzwischen legt ein Mithelfer

Fig. 175. Das Schlagen von Garnen mit einer Handspindel

das nächste Garn klar; wenn die Knittels ausreichend gedreht sind, nimmt er ein Stück steifes Segeltuch in die rechte Hand und beginnt am Nagel, die Knittels durch festes Reiben glatt und gleichmäßig zu machen. Sollte nicht mehr genügend Teer im Garn übrig sein, gibt man etwas Teer auf den Segeltuchlappen. Wenn die Knittels richtig glatt geworden sind, wickelt man sie auf, bis sie zum Beispiel zum Kleiden, für Plattings oder Legel weiterverarbeitet werden.

* Mit der **Schiemannsgarnmühle** (Fig. 176) (Skibmandsmølle, spunyarnwheel) geht die Arbeit schneller. Die Mühle besteht aus einem Ständer, der an irgendeiner Stelle an Bord - in

Fig. 176. Umgang mit Schiemannsgarnmühle

der Regel draußen - befestigt werden kann. In diesem Ständer ist ein Loch für die Achse, außerdem ein Schwungrad mit einem Durchmesser von zwei Fuß und eine Achse, die auf einem Rad befestigt ist. Die Achse ist ca. drei Fuß lang und hat, einige Zoll vom Rad entfernt, einen Ring, der das Schleifen des Rades am Ständer verhindert. Am Ende der Achse befindet sich ein Haken für das Garn. Das Rad wird mit Hilfe eines Zeisings schnell herumgedreht. Dieser Zeising wird zweimal um die Achse herumgelegt, und ein Mithelfer nimmt die Enden in die Hände. Mit einem Ruck am untersten Ende setzt man das Rad **mit** der Sonne in Bewegung, gleichzeitig hält man das obere Ende so fest, daß der Zeising nicht um die Achse schliert (Fig. 176). Sobald man das untere Ende losgelassen hat, läßt sich der Zeising zurückziehen, ohne daß das Rad stehen bleibt. Es wird fortlaufend auf die gleiche Art angetrieben.

Die Garne können nicht mit dem anderen Ende befestigt werden, weil sie beim Winden einlaufen, Foksen oder Schiemannsgarn müssen nach dem Winden gut geteert und glattgerieben werden.

Trensing (Fig. 177) (Trensing, worming). Insbesondere beim Taurigg wird es angewendet, um das Schamfilen zu verhindern, auch kann sich das Wasser so nicht mehr in den Rillen halten und dort zum Verrotten des Tauwerks führen. Trensen besteht darin, die Rillen zwischen den Kardeelen mit dünnerem Tau oder Garn auszufüllen, geeignetes Garn oder Tau muß so dick sein, daß das Tau rund wird, wenn alle Rillen ausgefüllt sind. Manchmal wird neben das erste noch ein zweites dünneres Garn gelegt, um die Rillen vollständig auszufüllen.

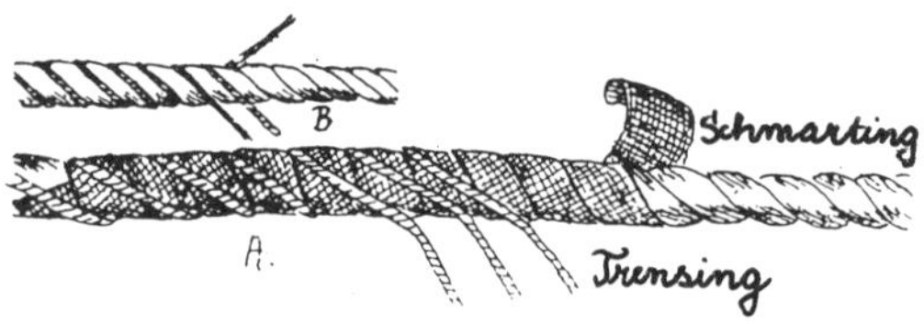

Fig. 177. Trensing und Schmarting

Vor dem Trensen wird das Garn sorgfältig geteert und gut gespannt. Das Garn zum Trensen wird mit Takelgarn festgemacht; entweder steckt man es zwischen die Kardeele oder bindet es mit Takelgarn fest. Das Garn wird rund um das Tau gelegt und gut steifgeholt, gleichzeitig muß darauf geachtet werden, daß es richtig in den Rillen liegt. Diese Arbeit wird am besten von zwei Männern ausgeführt; der eine legt das Garn herum, der andere holt es steif. Der Trensing kann auch steifgeholt werden, indem man ein weiches Kardeel in das Tau legt und festknotet, dann steckt man einen Belegnagel in das Kardeel und dreht ihn herum, wodurch der Trensing sich nach und nach fest in die Rillen presst (man kann auch so arbeiten, wie auf der Abbildung 181 B zu sehen ist). Wenn das Tau außer dem Trensen nicht beschmartet oder bekleidet werden soll, müssen auf den Trensing in kurzen Abständen Bändsel oder Taklinge gesetzt werden, da er sich im Ganzen löst, wenn er an einer Stelle beschädigt wird. Soll das Tau außen gekleidet werden, wird nochmals geteert und anschließend mit

Schmarting (Fig. 177) (Smerting, parcelling) umwickelt. Das sind Streifen aus geteertem Segeltuch, Baumwolltuch oder Sackleinwand von 1 1/2 bis 4 Zoll Breite. Man schneidet die Streifen immer am Faserlauf und legt sie **mit** dem Schlag so dicht, daß sie sich zu einem Drittel überlappen. Eine Schmarting wird bei einem Rigg von oben nach unten gelegt, damit das Wasser gut ablaufen kann. Die Schmarting wird hier und da mit Takelgarn festgebunden und geteert, bevor man das Tau bekleidet. Soll es nicht gekleidet werden, wird es mit Kabel- oder Takelgarn gemarlt, oder es wird ein kleines Bändsel oder ein guter Takling in Abständen von zwei oder drei Fuß auf das Tau gesetzt. Man läuft nämlich sonst Gefahr, daß die Schmarting sich ganz ablöst, wenn sie an einer Stelle beschädigt wird. Auf der Schmarting kann auch getrenst werden; dann ist es aber ratsam, die Schmarting gegen den Schlag zu legen (Fig. 177 A).

Fig. 178. Kleiden oder Kleeden

Kleidung, Kleedung (Fig. 178) (Klædning, serving). Tauwerk wird bekleidet (gekleedet), um es vor dem Schamfilen zu bewahren, vor Wasser zu schützen und um Splissungen ein besseres Aussehen zu geben. Drahtspleiße werden immer gekleidet. Draht wird in Augen und überall dort gekleidet, wo es Stößen und Abnutzungen ausgesetzt ist; dagegen ist es unnötig, ein ganzes Drahtrigg zu kleiden, denn Erfahrungen haben gelehrt, daß ein gekleidetes Rigg genauso lange hält wie ein ungekleidetes, es sei denn, es ist einer großen Beanspruchung ausgesetzt, die die Galvanisierung zerstört. Mitunter werden allerdings die Unterwanten bekleidet, was den Vorteil hat, daß die Webeleinen besser auf den Wanten stehen.

Soll ein Hanf- oder Manilatau bekleidet werden, muß man es vorher gut recken (um ca. einen Zoll per Fuß), sonst würde die Kleidung lose und offen sein, sobald sie sich spannt. Nach dem Recken wird das Tau geteert und mit Trensing und Schmarting, oder was man sonst vor dem Kleeden verrichtet haben möchte, versehen. Draht wird rechtzeitig mit Menninge oder Zinkweiß behandelt; heute nimmt man allerdings zumeist Oel, also Tran oder Leinöl, um die Garne gegen Reibung und vor der Zerstörung der Galvanisierung zu schützen. Ob das Oel allerdings der Schmarting und Kleidung nützlich ist, ist zweifelhaft.

In Fig. 179 A wird gezeigt, wie man am einfachsten beginnt. Man legt den Tampen unter die ersten drei Rundschläge, wo er sich bekneift, wenn diese gut steifgeholt werden. Danach werden noch mindestens zwei Rundtörns gemacht, sowohl um das Tau als auch um die **Kleidkeule** (Fig.178) (Klædkølle, servingmallet), und zum Schluß ein Törn um den Schaft. Derjenige, der mit der Keule kleidet, stellt sich hinter die Keule, mit der linken Körperseite zum gespannten Tau, damit er den zu kleidenden Weg vor sich sieht. Mit der einen Hand hält er jetzt das Garn und dreht gleichzeitig die Kleidkeule um das Tau **gegen** den Schlag herum, damit die Kleidung dicht sitzt. Ein Mithelfer stellt sich auf die gegenüberliegende Seite, ebenfalls mit seiner linken Körperseite zum Tau, damit er den Mitarbeiter sehen kann. Der Helfer legt das Knäuel in der Geschwindigkeit um das Tau, mit der gekleedet wird. Er darf lieber einen halben Umgang schneller sein als zu langsam.

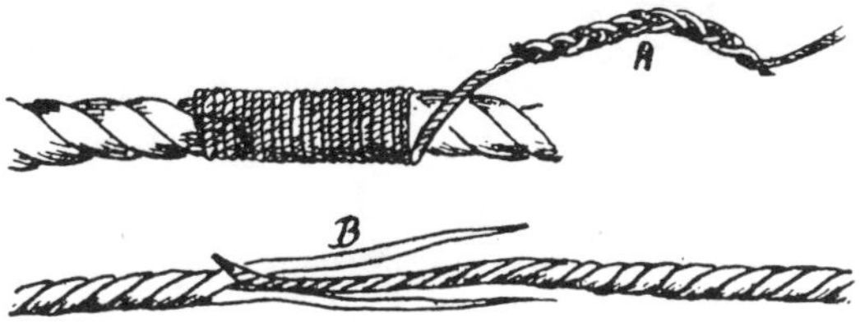

Fig. 179. Das Verlängen von Garn

Wie lang muß ein Stück Tau sein, damit es für eine Kausch, einen Block oder eine Jungfer zum Kleiden ausreicht? Man nimmt einen Tampen zum Spleißen, markiert ihn an einer Stelle, legt ihn von dieser Markierung an um den Block, markiert nochmals und kleidet zwischen diesen beiden Stellen. Es wird jedoch empfohlen, das Tau nicht ganz bis an die Marken heran zu kleiden, für den Fall, daß noch ein Stagauge oder ähnliches gekleidet werden muß; stattdessen läßt man an jeder Seite soviel übrig, daß die fehlenden Törns mit Hilfe eines Marlspiekers gelegt werden können, nachdem das Auge gespleißt und über einen Fid getrieben wurde.

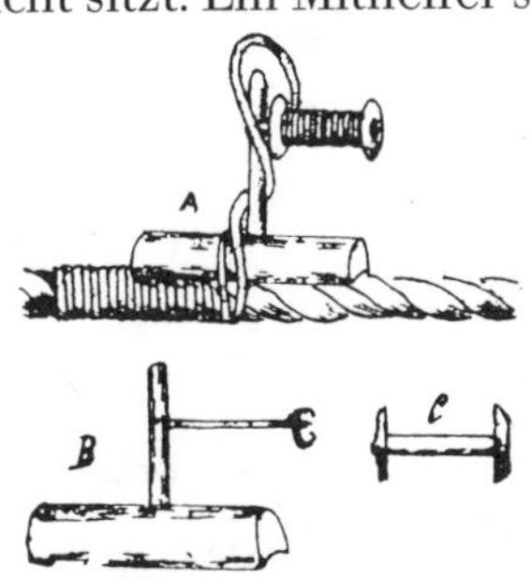

Fig. 180. Kleidkeule mit Spindel

Eine Kleidkeule mit Spindel (Fig. 180) erspart den Mann, der das Knäuel um das Tau legt. Stattdessen wickelt man das Schiemannsgarn um eine Spindel, setzt diese auf einen Schaft und windet das Garn damit um das Tau.

Fig. 180 B und C zeigt Spindel und Keule für sich.

Fig. 181 A zeigt eine oft angewendete Methode, ein Rigg neu zu kleiden. Zuerst wird die Spindel mit Schiemannsgarn umwickelt, dann steckt man den zu kleidenden Gegenstand durch die Gatts in der Spindel und spannt ihn auf. Danach macht man die gewöhnlichen Rundtörns mit dem Schiemannsgarn um die Kleidkeule. Während des Kleedens schiebt die Keule die Spindel vor sich her. Der Vorteil dieser Methode ist, daß man die Kleidkeule nicht mit der ganzen Spindel um das zu kleidende Tau legen muß. Fig. 182 zeigt eine sogenannte Pikkeronde (leichte Kleidkeule), die hauptsächlich für Reparaturen der Kleidung in der Takelage benutzt wird. Wie man mit ihr umgeht, ist auf der Abbildung zu sehen.

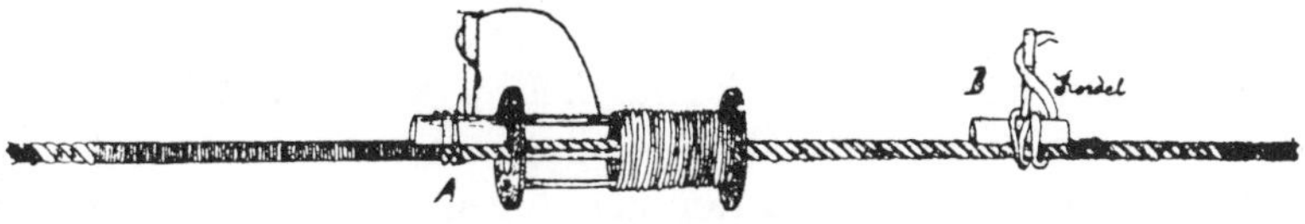

Fig. 181. Das Kleiden mit einer Spindel

Fig. 182. Pikkeronde

Fig. 183. Bekleiden eines Auges

In Fig. 183 wird gezeigt, wie man am besten in der Umgebung von Augen und Knoten kleidet. Das Garn wird in eine Kerbe am Ende der Keule und zweimal in entgegengesetzter Richtung um die Keule gelegt. Auch mit diesem Arbeitsgerät wird gegen den Schlag gekleidet.

Um das Schiemannsgarn zu befestigen, steckt man den Tampen unter die drei letzten Buchten (Fig. 184), die man danach einzeln gut steifholt, bevor der Tampen gekappt wird.

Fig. 184. Befestigen von Garn

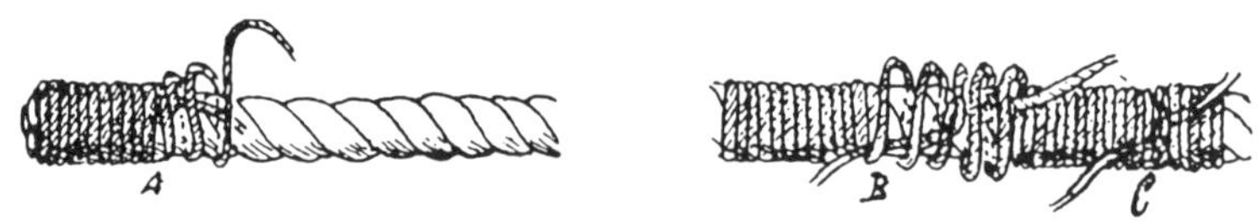

Fig. 185.

Beim Kleiden müssen oft zwei Tampen zusammengesetzt werden. Vor das Ende des einen legt man bereits den nächsten Tampen unter die drei letzten Törns, und das kurze Ende des vorigen unter die drei ersten Törns des neuen (Fig. 185 A).

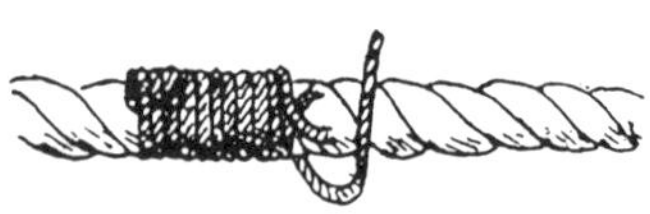

Fig. 186

Fig. 187

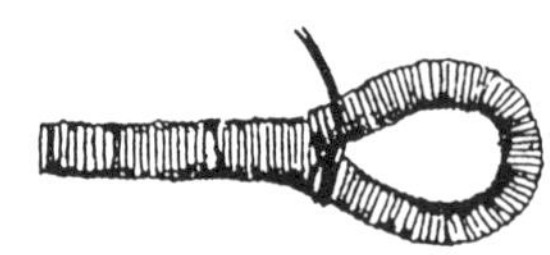

Fig. 188. Das Kleiden am Auge

In Fig. 185 B und C wird gezeigt, wie Tampen befestigt werden.

Fig. 186 zeigt, wie man auf einfache Weise mit der Reparatur alter Kleidung beginnt.

Fig. 187 zeigt die Befestigung bei älterer Kleidung. Davor wird das Steifholen mit der Kleidkeule gezeigt.

Sollte es notwendig sein, noch ein Stück Garn anzusetzen, dreht man beide Tampen ca. drei Zoll auf und schabt sie dünn. Der Tampen des neuen Garns wird wieder zusammengeschnürt und zwischen die beiden anderen geflochten (Fig. 179 B und A). Damit das Geflochtene über der Kleedkeule nicht wieder aufgeht, muß man beim ersten Flechtgang, zusammen mit der linken Hälfte des alten Garns, einen Part des neuen Garns mit einflechten. Ist dieser Arbeitsvorgang beendet, steckt man die beiden Parten von beiden Seiten durch das neue Garn - die Tampen werden erst gekappt, wenn die Kleidung umgelegt ist. Um eine dicke Stelle in der Kleidung zu vermeiden, schabt man das Garn aus.

Ein Auge kann ganz dicht gekleidet werden, siehe Fig. 188.

Taukranz, Grummetstropp (Fig. 189) (Stropp af en Kordel, grummet). Der Taukranz ist an Bord häufig zu finden. Die Kränze für Takelung, Stropps für Blöcke u.v.m. werden auf diese Weise hergestellt. Um das Kardeel in der benötigten Länge zu bekommen, legt man es dreimal in den Keepen um den Block, dreimal rund um die Kausch und rechnet noch zwei Schläge für den Spleiß hinzu. Das Kardeel wird gekappt, durch Haken oder Klotjes (Rundkauschen) gesteckt und zu einem Stropp geformt, indem das Kardeel wieder zum Tau zusammengelegt wird (Fig. 189 B). Die beiden Tampen treffen am Schluß aufeinander, werden geknotet und wie bei einer Langsplissung gespleißt. (Wie ein Bändsel aufgesetzt wird, kann man im Abschnitt über Bändsel und spanische Winden nachlesen).

Der **Stropp mit Kurzspleiß** (Strop med Kortspledsning) wird viel als Blockstropp verwendet. Die Länge ergibt sich durch den Blockumfang in der Keepe und den Umfang der Kausch. Dazu rechnet man noch Tampen für den Spleiß. In der Regel werden Blockstropps getrenst.

Fig. 189. Taukranz oder Grummet

Der **Garnstropp oder Kabelgarnstropp** (Fig. 190) (Kabelgarnstrop, selvage) wird aus Kabelgarn gemacht. Er wird zusammengeknotet und um zwei Spieker gelegt, die in der Länge des Stropps in ein Brett gesteckt werden. Hat der Stropp den gewünschten Umfang erreicht, wird er mit Kabelgarn gemarlt und ist fertig.

Fig. 190.

Platting oder Schladding, Matten, Fender und Schamfilungslatten

Platting oder Schladding kann gegen das Schamfilen und zum Nähen von Matten eingesetzt werden. Man kann Zeisinge und Netze für Stagsegel und Vorsegel daraus fertigen.

Platting (Schladding) (Fig. 191) (Platting, keckling) wird mit drei Parten geflochten, von denen jeder aus einem oder mehreren Garnen besteht, je nach der gewünschten Breite der Platting. Zuerst wird ein Garn um alle Tampen gelegt und befestigt, dann kann man eine kleine Bucht legen und ein kleines Stück Holz zum Festhalten der Platting hindurchstecken. Mit der linken Hand umfaßt man den Platting derart, daß der Daumen immer die mit der rechten Hand

Fig. 191. Platting oder

Fig. 192. Französische Platting 4 Garne

Fig. 193. Franz. Platting 5 Garne

Fig. 194. Franz. Platting 6 Garne

Fig. 195. Franz. Platting 7 Garne

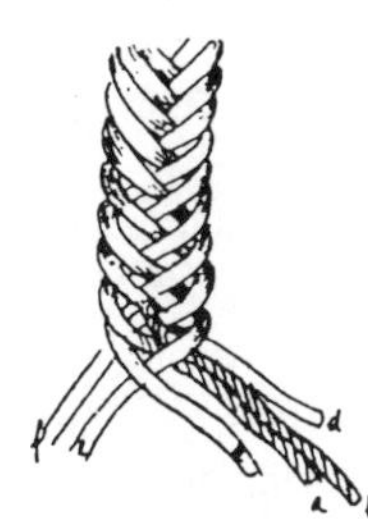

Fig. 196. 5 - Garn-Platting

Fig. 197. 7 - Garn-Platting

ausgeführte Flechtung festhält. Der Ungeübte wird gern beide Hände zum Flechten einsetzen und darüber das Festhalten vergessen; dadurch wird die Platting zu lose. Wenn ein Garn zu kurz wird, legt man ein neues ein (Fig. 196 B). Beide Tampen werden dazu einen halben Schlag umein-ander gedreht. Man muß darauf achten, daß immer nur ein Garn zur Zeit erneuert wird. Die Garne sollten nicht zu lang sein, 2 1/2 bis 3 Fuß sind ausreichend, und wenn die Platting fertig ist, wird sie gereckt, und die Garne werden mit einem scharfen Messer gekappt.

Bevor die Platting aufgewickelt wird (s. dazu Fig. 215 B), sollte sie leicht mit einer Holzkeule geklopft werden, um ein gleichmäßigeres und schöneres Aussehen zu bekommen. Die

Französische Platting aus vier Garnen (Fransk Platting, french sennit) wird selten angefertigt. Die Handgriffe sind die gleichen wie bei der einfachen Platting. Die

Französische Platting aus fünf Garnen (Fig. 193) wird öfter gebraucht. Die

* **Französische Platting** aus sechs Garnen (Fig. 194) kommt nicht oft vor. Und eine

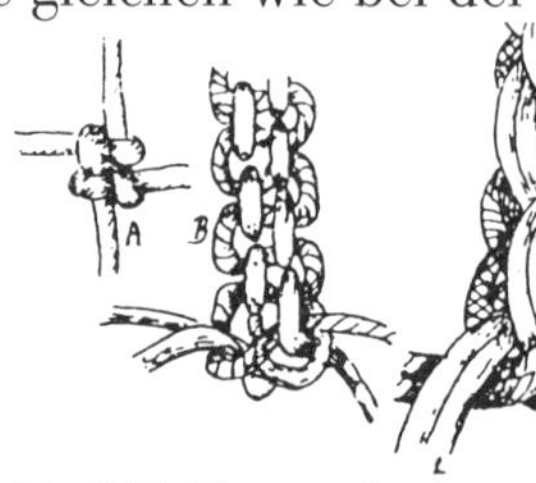

Fig. 198. Kronenplatting

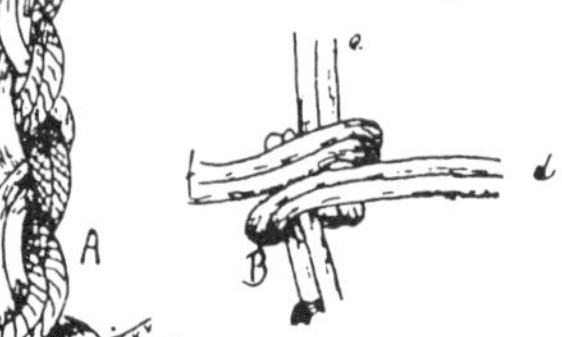

Fig. 199. Vierkantplatting

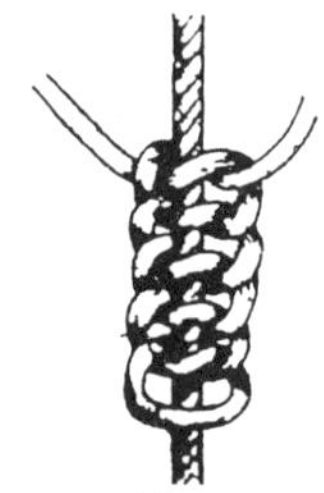

Fig. 200.

Französische Platting aus sieben Garnen (Fig. 195) benutzt man für zahlreiche Dinge. Hauptsächlich wird sie an Schlagpützen aus Segeltuch genäht oder an Segel, die durch Stage schamfilen würden.

Die **Fünf-Garn-Platting** (Fig. 196) (5 Garns Platting, five yarns keckling) wird oft zum Kleiden der Pferde benutzt, und zwar dort, wo sie an Stengen und Rigg anliegen. Auch Wanten und Pardunen werden an den Stellen, mit denen sie auf Rahen oder Brassen stoßen, damit gekleidet - kurz gesagt, überall dort also, wo ein Schamfilen möglich ist.

Die **Sieben-Garn-Platting** (Fig. 197) ist ein wenig schwerer. In Fig. 191 ist zu sehen, wie sie gemacht wird.

Die **Kronenplatting** (Fig. 198) (Kronplatting, crown-sennit) dauert lange in der Herstellung und wird meist nur zum Schmücken verwendet. Die Abbildung A zeigt sie vom Ende her.

* Die **vierkantige Platting** (Fig. 199) (Firkantet Platting) wird zumeist zum Dichten an Rohren oder sonstigen Dichtungsstücken verwendet. Man muß darauf achten, das Garn immer vor- und zurückzulegen (Fig. B), sonst wird keine Platting daraus.

* Fig. 200 stellt eine kleinere Arbeit dar, die aus drei Garnen (weiße Baumwollschnüre) gefertigt ist. Das mittlere Garn (die Seele) ist fest gespannt, die beiden anderen Garne werden, wie auf der Abbildung, darumherumgesteckt. Damit es sauber aussieht, liegt der Stich abwechselnd oben und unten.

Fig. 201. Tausendbein

Tausendbein (Fig. 201) (Tusindbensplatting, nippering-sennit). Es wird an Bord sehr häufig um Pardunen, Baumdirken, Stage und überall dort, wo Segel anliegen, gewickelt. Die fransige Seite wird natürlich nach außen gedreht. Man spannt zwei starke Kabelgarne, Knittels oder Schiemannsgarne dicht nebeneinander, mit einem Stück Holz kann der Abstand zwischen ihnen beliebig erweitert werden; das Stück Holz ist ca. fünf Zoll lang und hat eine Kerbe an beiden Enden. Das verarbeitete Garn ist meist Abfall von Spleißungen u.ä., es wird in vier bis fünf Zoll lange Stücke geschnitten. Ein oder zwei Garne werden auf einmal zwischen die gespannten Leinen gelegt und befestigt, mit der linken Hand werden die Garne fest gegen die vorherigen gedrückt. Näht man mehrere Reihen Platting Seite an Seite zusammen, bekommt man eine Matte.

* **Gespickte Platting** (Fig. 202) (Spækket Platting, thrummed-sennit). Sie wird auch aus Kabelgarn von vier bis fünf Zoll Länge hergestellt. Die Garne a und d werden zwischen c und b gelegt; c und d werden einmal in Pfeilrichtung fest umeinander gedreht und über und unter b und a gelegt. Das nächste Garn wird genauso verarbeitet und so weiter. Mit der linken Hand hält man fest und mit der rechten wird das Garn eingelegt. Diese Platting ist ziemlich haltbar und kann genauso verwendet werden wie das Tausendbein.

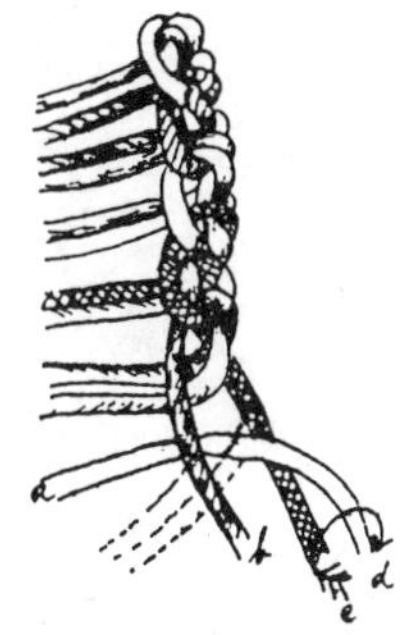
Fig. 202.
Gespickte Platting

Die **halbrunde Platting** (Fig. 204) (Firkantet Platting, halfround-sennit) wird aus sechs Garnen gemacht, von denen drei ständig auf jeder Seite liegen. Garn d wird unter f und e, über c zurück auf seine Seite gelegt; als nächstes wird a unter b und c über d und zurück gelegt. Die Regel lautet: unter 2, über 1 und zurück zum Ausgangspunkt.

Fig. 203.
Halbrunde Platting

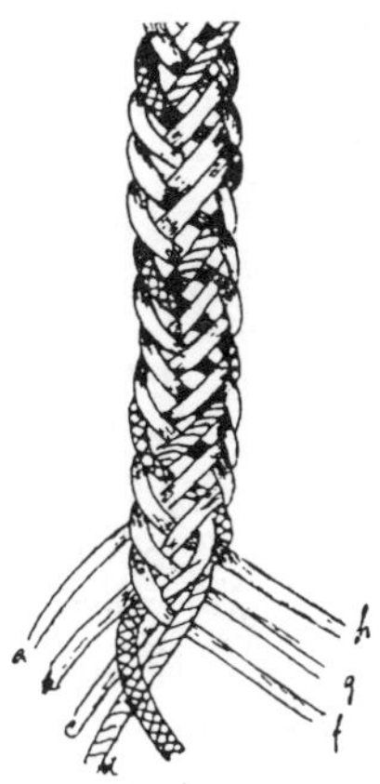
Fig. 204.
Viereckige Platting

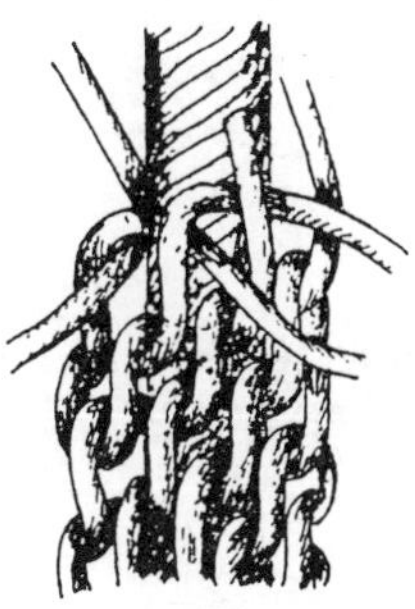
Fig. 205
Runde Platting

Eine **viereckige Platting** (Fig. 204) (Firkantet platting, square-sennit) wird mit acht Garnen geflochten, jeweils vier liegen auf einer Seite; e wird unter h, g, f und über c und d auf dieselbe Seite zurückgelegt. Hier ist die Regel: unter 3, über 2 und zurück zum Ausgangspunkt. Die viereckige Platting wird für Yoketau, Fallreepstau, zum Einfassen von Matten u.v.a. verwendet.

Die **runde Platting** (Fig. 205) (Rund Platting, round-sennit) wird um eine Seele oder ein Kalb gemacht, da sie sonst innen hohl bliebe und leicht flachzudrücken wäre. Je zahlreicher und dichter das verarbeitete Garn oder die Knittels sind, desto dicker muß auch die Seele sein, um den Innenraum auszufüllen. Die Knittels müssen 2 1/2 mal die Länge der fertigen Platting haben. Die Anfertigung dürfte auf der Abbildung gut zu erkennen sein. Diese Platting wird oft für Fallreepstaue, Yoketaue, Strecktaue, für Geländer usw. verwendet.

Fig. 206.

Rosetten für Matten. In Fig. 206 sind zwei Rosetten zu sehen, die oft in die Mitte von Matten gesetzt werden. Jede der Parten kann mehrfach verdoppelt werden, wie bei einem türkischen Knoten. Um die Matten kann man entweder eine gespickte oder eine gewöhnliche Platting legen. Dank verschiedener Kombinationsmöglichkeiten können richtige kleine Kunstwerke entstehen. Wenn die Matte die gewünschte Größe hat, faßt man sie mit viereckiger oder halbrunder Platting ein. Beim Annähen sollte man darauf achten,

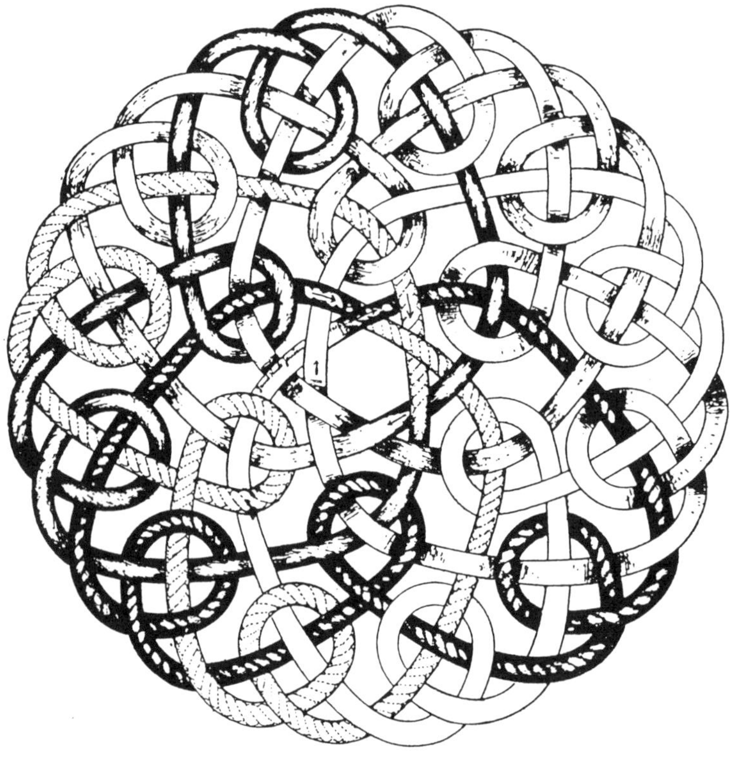
Fig. 207.

daß die Stiche nicht sichtbar werden, außerdem sollten sie so tief wie möglich liegen, damit sie nicht so schnell verschleißen. Diese Matten liegen entweder vor Türen oder Fallreeps, als Schamfilungsmatten eignen sie sich nicht und sind außerdem in der Herstellung zu teuer.

Fig. 207 zeigt eine recht kunstvolle Rosette, von der es wahrscheinlich kein zweites Exemplar gibt. Diese Rosette soll als Beweis dafür dienen, wie kunstfertig und geschmackvoll und zugleich das Denkvermögen schärfend diese Art Seemannsarbeit in Wirklichkeit ist.

Die Kenntnis über diese Art von Kunsthandwerk geht mehr und mehr verloren, wie auch nach und nach die großen Segelschiffe, auf denen diese Arbeiten hauptsächlich ausgeführt werden, verschwinden. Für viele, in deren Arbeitsgebiet diese Kunst fällt, ist sie schon so gut wie ausgestorben, obgleich ihre Tradition bis in die Wikingerzeit zurückreicht.

Früher kannte der Verfasser nur Rosetten, die aus sechs Leinen gefertigt wurden, nach einigen Jahren Arbeit gelang es ihm dann, die Rosette aus nur einer Leine zu flechten, die nach dem siebtem Umgang zum Anfang zurückkehrt. Um die Parten besser auseinanderhalten zu können, sind die Schraffuren für jeden Umgang anders. Man beginnt in der Mitte mit dem punktierten Takling und folgt dem Pfeil in der angegebenen Richtung. Hat man sich einmal herumgeflochten und kreuzt in der Mitte den ersten Part, ist der erste Umgang fertig. Beim nächsten folgt man der punktierten Linie und so weiter. Ist die Rosette fertig, können die Parten noch verdoppelt oder verdreifacht werden, indem man der ersten Part folgt. Legt man zuerst eine dunkle Part und flicht dieser später eine helle Part zu jeder Seite, so nimmt sich die Rosette noch schöner aus.

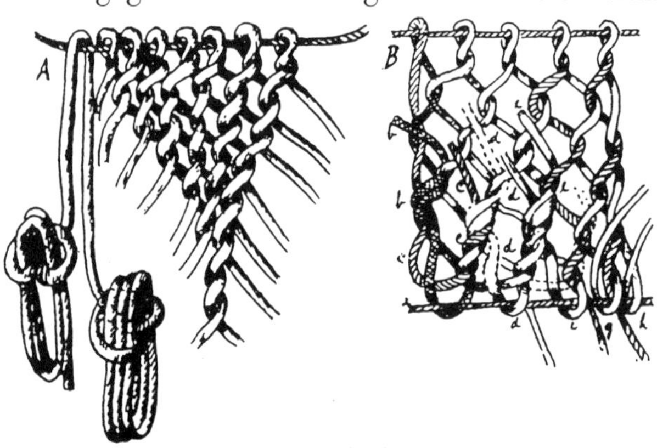

Fig. 208. Englische Matte

Englische Matte (Fig. 208) (Engelsk Matte, paunch mat, wrought mat). Diese Art Matte wird an Bord am häufigsten gebraucht - als Stoßmatte in der Takelage, wo Segel gegen Wanten oder Stage liegen, als Schamfilungsmatte, für Schoten und Hälse auf Gaffeln, wo Gaffeltoppsegel anliegen, selbst in den Gaffelklauen, um den Mast zu schonen - kurz gesagt: englische Matten werden fast überall verwendet, wo ein Schamfilen möglich ist.

Englische Matten werden aus Knittels oder Kardeelen gearbeitet, die, je nach gewünschter Stärke der Matte, in zwei, drei oder mehr Parten aufgeteilt werden. Diese Knittels, die aus alten Kardeelen hergestellt werden, sollen vor der Verarbeitung schön glatt und weich geklopft und leicht geteert werden. Die Knittels müssen viermal die Länge der gewünschten Matte haben. Jeder Knittel wird doppelt über ein dünnes Ende, welches waagerecht ca. fünf Fuß über Deck gespannt ist, gelegt. Alle Knittels werden aufgewickelt, wie auf Fig. 208 A zu sehen ist. Man beginnt in der Mitte, indem man zwei Knittels einen halben Schlag umeinander dreht; die nächsten zwei werden ebenso umeinander gelegt, dann wird die obere über die untere der beiden ersten Gänge gelegt, und wieder dreht man sie einen halben Schlag umeinander (am besten läßt sich das auf der Abbildung erkennen). Wenn die Matte die gewünschte Länge erreicht hat, wird jedes zweite Knittel wieder über ein dünnes Ende gelegt und eingespleißt, indem die Tampen zweimal mit dem ganzen Knittel durchgesteckt werden (Fig. 208 B, bb und dd) und auf der Oberseite wieder herauskommen. Da nur jeder zweite Knittel um das Ende gelegt wird, müssen die anderen durch zweimaliges Einspleißen in der Matte befestigt werden (siehe cc und ee). Danach kappt man die Tampen knapp über der Matte. Soll diese allerdings gespickt werden, so müssen die Tampen zwei Zoll über der Matte stehen bleiben, um einen Teil der Spickung auszumachen. Gespickte Matten dürfen nicht zu fest geflochten sein. Sie werden mit vier bis fünf Zoll langen Garnenden aus Hanf, Gras oder Manila gespickt, die man unter die Knittels der Mattenoberseite steckt, so daß beide Enden heraushängen und die Matte fransig wird. Die dünnen Enden, um die die Matte geflochten ist, werden an jedem Ende mit einem Auge versehen, damit die Matte befestigt werden kann. Sie läßt sich außerdem befestigen, wenn man die Hälfte eines jeden Knittels um die Enden legt und sie danach in den anderen Teil der geteilten Knittels einspleißt. Man kann auch einfach einen guten Takling auf das Ganze setzen, wie in Fig. 209 a-c gezeigt wird, und die Tampen abschneiden. Diese Methode ist leicht, sieht gut aus und ist solide, wenn der Takling genäht wird.

* Die **französiche Matte** (Fig. 209) (Fransk Matte, french mat) ist nicht so leicht herzustellen, wie es den Anschein haben mag. Die Knittels müssen viermal die Länge der gewünschten Matte haben, und jedes Knittel wird, wie bei der englischen Matte, mit der Mitte über ein dünnes Ende gelegt und genauso befestigt. Diese Matte wird nicht gespickt.

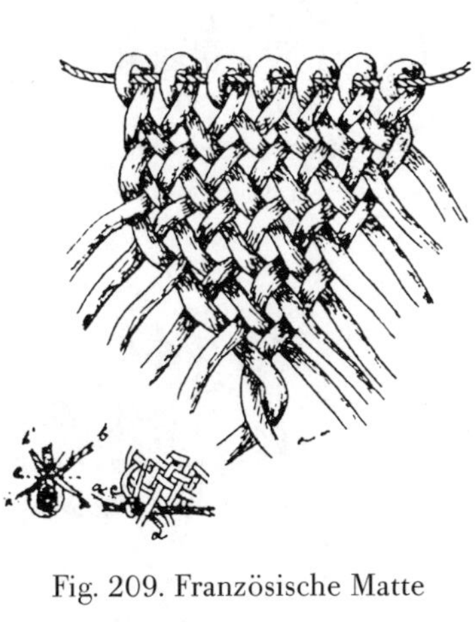

Fig. 209. Französische Matte

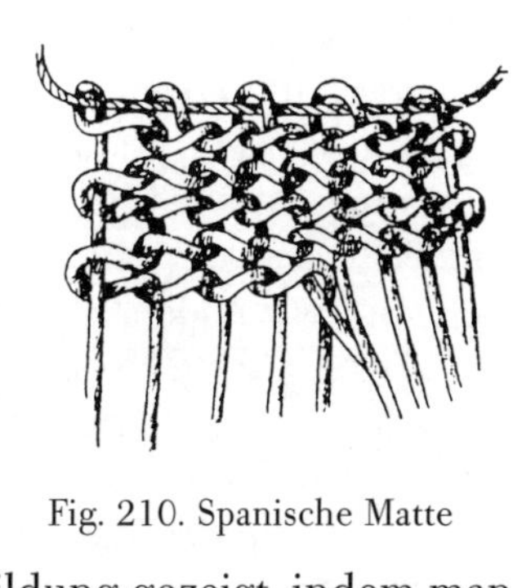

Fig. 210. Spanische Matte

* **Spanische Matte** (Fig. 210) (Spansk Matte, spanish mat). Die Knittels müssen achtmal länger sein als die fertige Matte. Jedes Knittel wird doppelt über ein dünnes Ende gelegt, und die Matte wird gefertigt, wie auf der Abbildung gezeigt, indem man ständig quer von der einen auf die andere Seite arbeitet. Sie wird wie die englische Matte befestigt; sollte sie gespickt werden, darf sie ebenfalls nicht zu fest gearbeitet sein.

* Die **Schwertmatte** (Fig. 211) (Væset Matte, weaved mat) wird in der Takelage nicht so

oft gebraucht wie die vorigen, aber für das Taljereep und als Fußmatte leistet sie gute Dienste, auch ist sie schnell hergestellt. Die Knittels sollen 2 1/2 mal der Mattenlänge entsprechen. Sie werden doppelt über ein dünnes Ende gelegt, mit dem Tampen um einen Stock oder eine Handspake geknotet und dann gespannt. Wenn man einen Kamm hat, wie auf der Abbildung gezeigt, werden die Knittels erst hierdurch gesteckt, bevor man sie um den Stock knotet. Jedes zweite Knittel kommt durch ein Gattchen und wieder jedes zweite durch einen Schlitz im Kamm.

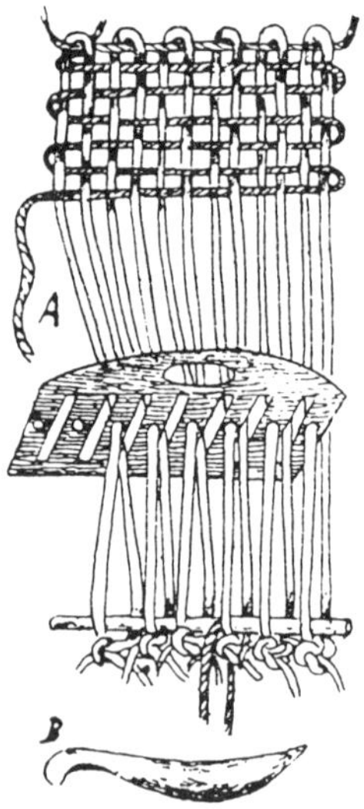

Fig. 211. Schwertmatte

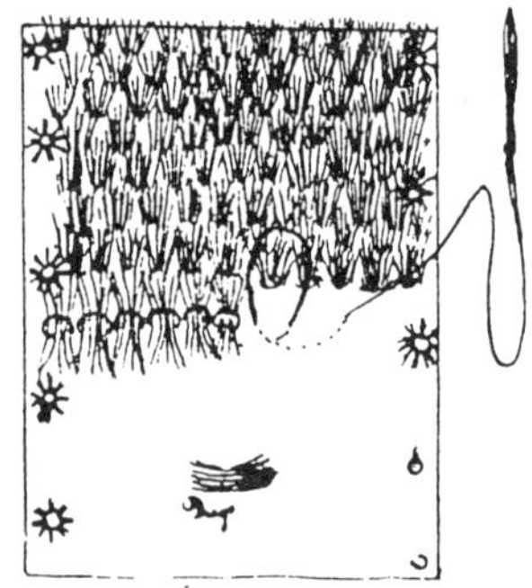

Fig. 212. Gespickte Matte aus Segeltuch

Indem man den Kamm abwechselnd auf und nieder drückt, läßt sich ein Läufer zwischen die Knittels stecken, der dann jedesmal gut mit dem Schwert (Fig. 211 B), dem diese Matte ihren Namen verdankt, festgeklopft werden muß. Hat man keinen Kamm zur Verfügung, kann man sich mit dem Schwert helfen, welches man zwischen die Knittels steckt, auf die Kante stellt und den Läufer hinduchsteckt. Diese Matte wird wie die vorigen befestigt; das dünne Ende wird hier allerdings vom Läufer ersetzt. Man kann aber auch einen Segeltuchstreifen um die Enden der Matten nähen. Die Knittels können aus Hanf, Gras oder Manila sein.

Gespickte Matte aus Segeltuch (Fig. 212) (Spækket matte af Sejldug, thrummed mat of canvas). Zuerst näht man ein paar Lagen Segeltuch in der gewünschten Größe zusammen und versieht die Matte, wenn sie genäht werden soll, an den Kanten in passenden Abständen mit Löchern. Wird sie festgespiekert, läßt man die Löcher weg. Zum Spiekern nimmt man vier bis fünf Zoll langes Garn aus Hanf, Manila oder Gras - 10 bis 15 Garne zusammen nennt man eine Ducht. Bevor mit dem Annähen der Duchten begonnen wird, markiert man das Segeltuch mit deutlichen Stichen in einem Abstand von ca. zwei Zoll (ist auf der Abbildung nicht gezeigt), um sich beim Nähen danach zu richten. Die eine Reihe Duchten sollte zur Hälfte über der vorigen liegen, auch legt man sie in den Reihen so dicht wie möglich zusammen.

Zum Annähen der Duchten braucht man Nadel und Takelgarn. Die Nadel wird ein wenig hinter dem Stich, aus dem sie gerade herauskommt, wieder eingestochen. In die so entstandene Schlinge werden die Duchten gelegt, die - falls nötig - etwas aufgedreht und auseinandergezogen werden. Danach holt man das Takelgarn steif. Auf diese Weise wird um jede Ducht nur ein Törn gelegt. Man kann die Nadel aber auch in die Mitte der vorigen Ducht stecken, woduch diese mit einem Extra-Törn befestigt wird. Man braucht dafür etwas mehr Takelgarn, das Gespickte liegt dann aber dichter und fester, und die Matte wird haltbarer. Wenn fertig gespickt ist, richtet man die Enden der Duchten auf und zupft jedes Garn auseinander, damit es weich und fransig wird.

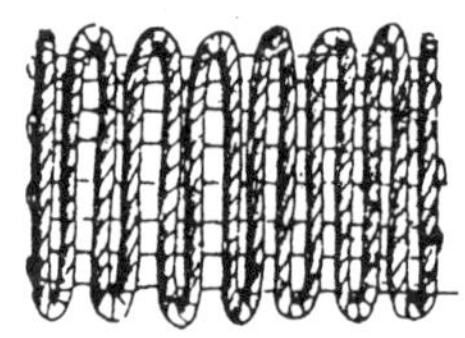

Fig. 213.

Wenn die Matte um irgendetwas, z.B. einen Baum gelegt werden soll, muß man auf ihre Strichrichtung achten, d.h., in diesem Fall sollte der Strich quer zum Baum liegen. Das Gespickte wird sich auch dann nicht öffnen, wenn die Matte sehr knapp um den Baum liegt.

Fig. 213 zeigt eine Matte, die sich besonders gut um Poller legen läßt, an denen vertäut wird. Die Matte wird aus Tauwerk gefertigt, das Bucht an Bucht liegt und mit Schiemannsgarn verbunden wird. Entweder wird sie so gemacht, daß man sie über den Poller ziehen kann, oder man versieht sie zusätzlich mit Bändseln und bindet sie fest.

Die **genähte Matte** (Fig. 214) (Syet Matte, sewed mat) wird aus Segeltuch hergestellt, das dicht mit grobem Zwirn genäht wird. Man sticht wieder ein wenig hinter der Stelle ein, aus der die Nadel herausgekommen ist. Durch dieses Nähen entstehen auf der einen Seite des Segeltuches größere Schlingen, die zum Schluß mit einem scharfen Messer aufgeschnitten werden. Die Matte hat das Aussehen von grobem Velour und wird meist als Fußmatte benutzt.

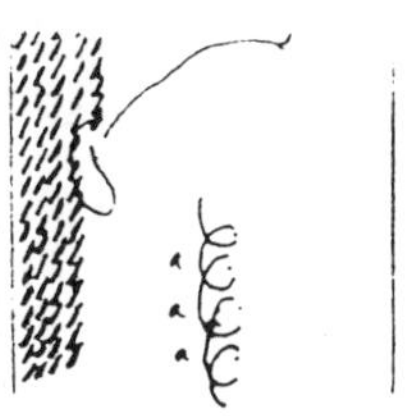

Fig. 214.
Genähte Matte

Viele ziehen es vor, die großen Buchten über ein passendes rundes Holz zu nähen, damit sie alle gleich groß werden. Auch das Schneiden wird vereinfacht: man fährt einfach mit einem Messer über das Holz, auf dem die Buchten liegen.

Altes Tauwerk, sei es Hanf oder Manila, wird oft zu Fendern verarbeitet (Fig. 215 A). Zuerst wird es in passende Buchten aufgeschossen, diese werden dann mit dünnerem Tau gekleidet, und wenn man einen Schweinerücken auf die Außenseite setzt, sieht das Ganze noch besser aus. Man spleißt außerdem einen starken Steert ein und hat einen Fender, der nicht so hart an der Bordwand scheuert wie die gewöhnlichen Holzfender oder Reibhölzer.

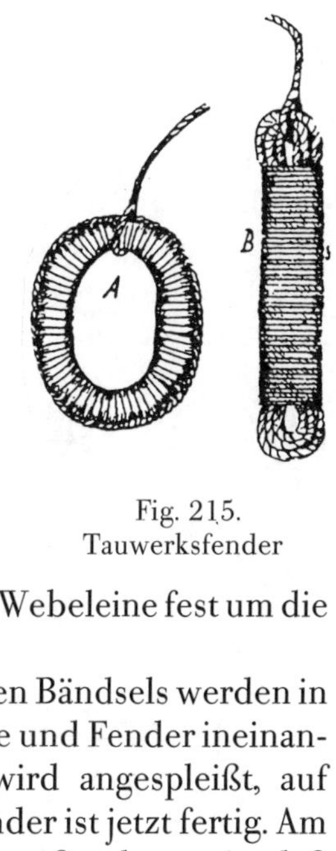

Fig. 215.
Tauwerksfender

Fig. 215 B zeigt einen Tauwerksfender aus altem Material - er ist zwar kein Kunstwerk, erfüllt aber seinen Zweck.

Fig. 216.
Korkfender

Korkfender (Fig. 216) (Korkfender, corkfender). Da es keine Seltenheit ist, daß Korkfender kaputtgehen, sollte man in der Lage sein, sie zu reparieren oder unter Umständen einen neuen anzufertigen. Zuerst näht man einen kugelrunden Segeltuchbeutel, in den man den Fender richtig fest hineinstopfen kann. Dann legt man ein Stück Webeleine fest um die Mitte und bedeckt die ganze Kugel mit einer Halbstekkattning.

Ist man damit fertig, legt man ein Auge; beide Enden eines dünnen Bändsels werden in die Kattning eingespleißt. Außerdem setzt man ein Bändsel dort, wo Auge und Fender ineinander übergehen. In das Auge kommt eine Kausch, und ein Steert wird angespleißt, auf dessen Tampen ein einfacher Schauermannsknoten gesetzt wird. Der Fender ist jetzt fertig. Am besten benutzt man Hanf- oder Grasknittels für die Kattning. Der Steert muß so lang sein, daß der Fender bei einem beladenen Schiff kurz über der Wasseroberfläche hängt, wenn er binnenbords festgemacht ist.

Bootsmannsstuhl (Fig. 217) (Baadsmandsstol, boatswain's chair). Man braucht ihn hauptsächlich in der Takelage. Er besteht aus einem kräftigen Brett von 3 1/2 bis 4 Fuß Länge mit einem Gatt in jeder Ecke. In diese vier Gatts steckt man Enden, die in der Mitte zu einem Auge gebändselt werden. In der Mitte oder in dem Auge setzt man das Fall oder das Jolltau mit einem doppelten Schotstek fest. Man muß darauf achten, daß sowohl die Enden des Bootsmannsstuhles als auch Fall oder Jolltau in gutem Zustand sind.

Fig. 217.
Bootsmannsstuhl

Schamfilungslatten (Skaalinger, battens) werden an Bord gegen das Schamfilen eingesetzt. In der Regel sind sie an der Unterseite ausgehöhlt und oben gerundet, um sich besser ihrer Unterlage anpassen zu können. Außerdem haben sie oft Kerben, in denen die Bändsel zum Festsetzen liegen. Zwischen Unterwanten und Püttingseisen werden meist Schamfilungslatten benutzt, und am Fockstag, wo das Untermarssegel schamfilt, sind die Schamfilungslatten aus Holz- oder Bambusrohr. Auf das Taljereep werden oft Schamfilungslatten mit Klampe gesetzt, damit die Luv-Untersegelschoten und die Hälse der Leesegel daran belegt werden können, wenn die Segel gesetzt sind. Auf die Lieken der Segel und an andere Stellen, die dem Schamfilen ausgesetzt sind, näht man Leder.

Bändsel

Für Bändsel gilt folgende Regel: jedes Hanf-, Gras- und Manilatau wird mit Hanf gebändselt, jeder Draht und Stahldraht mit Metalldraht (wire), es sei denn, es handelt sich um Zeisinge oder Stopper, dann werden immer Hanfbändsel genommen. Die Stärke des Bändsels richtet sich nach seiner Verwendung, sie muß aber auf jeden Fall der Stärke des Taues entsprechen, auf welche das Bändsel gesetzt wird. Leider passiert es allzu oft, daß ein Block herausfällt, ein Reiter bricht usw. und man sich nach dem Grund dafür fragen muß. Die Antwort darauf lautet oft: Das Bändsel war Schuld! Diese Antwort zählt fast schon zu den Sprichworten. Vor einiger Zeit war der Verfasser an Bord eines neuen Schiffes und bemerkte, daß die Wanten Lose hatten. Man sagte ihm, daß die Bändsel nicht richtig gesetzt worden seien, so daß die Tampen ausrauschen konnten. So etwas kann zur Ursache eines großen Unglücks werden. Fragen Sie einmal nach der Anzahl der Unfälle, die auf ein schlecht gesetztes Bändsel zurückzuführen sind. Sie werden danach allen Grund haben, dieser scheinbar unbedeutenden Arbeit größere Aufmerksamkeit zu widmen.

Fig. 218. Gewöhnlicher Stopper

Fig. 219. Achttörnbändsel

Fig. 220. Tausendbeinbändsel

Gewöhnliche Stopper (Fig. 218) (Opsejsing uden Krydstørn, simple seizing) werden meist aus gutem Kabelgarn gemacht. Sie dienen dazu, Taljereeps zu halten, während die Taljen angeschlagen oder die Tampen festgebändselt werden. Man macht einen Knoten auf den Tampen des Garns und steckt diesen zwischen die beiden Parten, die zusammengespleißt werden. Die Törns werden **gegen** den Schlag ausgeführt und nach jedem Umgang mit einem Pricker oder Marlspieker steifgeholt.

Auf Fig. 228 ist zu erkennen, daß mit Garn ein Laufknoten auf die Spitze des Marlspiekers gesetzt wurde. Damit hat man eine Art Hebel, mit dem das Garn gut steifgeholt werden kann, indem man die Spitze des Spiekers während des Steifholens gegen das Tau setzt. Es gehört keine große Kunst dazu, ein Bändsel zu brechen, welches gut 500 Pfund hätte heben können, dagegen kann es einem Ungeübten ziemlich schwer fallen, ein Bändsel steif aufzusetzen, ohne es in Stücke zu reißen. Hat man genügend Rundtörns gelegt, schlägt man ein paar halbe Schläge mit dem Tampen, und damit ist man fertig. Wenn das Taljereep frisch geteert ist, wird man kaum in der Lage sein, einen haltbaren Zeising zu setzen; man muß in diesem Fall ein

Achttörnbändsel oder Tausendbeinbändsel (Fig. 219) (Tusindbensbændsel, raching) setzen. Es wird mit dem Marlspieker gearbeitet, da jeder Törn gut steifgeholt werden muß. Die Schläge werden wie bei einer liegenden Acht ausgeführt, der Tampen kann mit einigen halben Schlägen besetzt werden, besser ist allerdings, wenn man zum Schluß einige Rundtörns und Kreuztörns macht (s. Fig. 222).

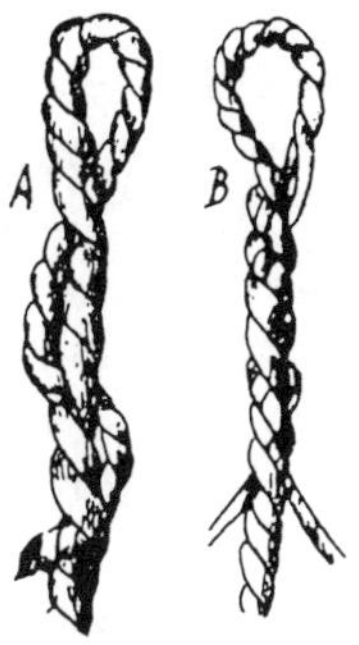

Fig. 221.
Bändsel mit Auge

Tausendbein mit einem Rundtörn (Fig. 220) (Tsindbensbændsel med Rundtørn, raching with round turn). Das Bändsel wird an einem Ende mit einem Auge versehen, wohinein man den anderen Tampen steckt, nachdem er um das Taljereep gelegt wurde. Wie die Abbildung zeigt, wird um jedes Taljereep ein Rundtörn gelegt. Wenn das Bändsel gut steifgeholt wird, ist diese Methode die solideste, die man auf glattem Tau anwenden kann. Der Tampen wird mit drei gewöhnlichen Rundtörns um beide Parten gelegt, bevor er befestigt wird. Kreuztörns sind nicht nötig. Die drei vorangegangenen Methoden werden meist als vorläufige Zeisinge betrachtet, bis man richtige Bändsel aufsetzt.

Gekreuztes Bändsel (Fig. 222) (Almindeligt Bændsel med Krydstørn, crossed seizing). Es wird fast überall gebraucht: für das Taljereep, als Nockbändsel, auf Blockstropps, bei Augen usw. Zuerst legt man ein Auge in das zweikardeelige Bändsel (Fig. 221 A), ist es drei- oder vierkardeelig, spleißt man das Auge (Fig. 221 B). Unter das Bändsel kommt eine Lage geteerte Schmarting, die reichlich unter dem Bändsel hervorgucken soll. Setzt man ein doppeltes Wantbändsel, muß die Schmarting auf der Seite, auf der die Tampen des Bändsels unter ihr liegen, nicht ganz zusammentreffen (s. Fig. 224 und 225). Die Tampen des Bändsels werden dort, wo sie liegen sollen, um beide Parten geführt und durch das Auge gesteckt, danach mit dem Marlspieker gut steifgeholt. Man muß darauf achten, daß das Auge immer zwischen den beiden Parten liegt, die zusammengebändselt werden und daß alle Bändsel **gegen den Schlag** liegen,

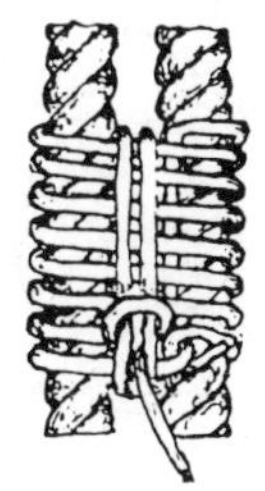
Fig. 222.
Gekreuztes
Bändsel

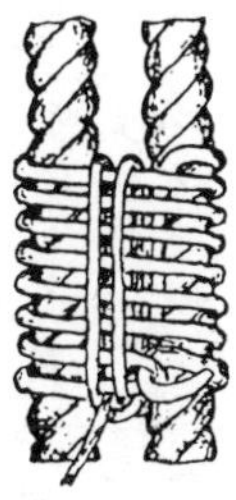
Fig. 223.
Wantbändsel
ohne Kreuztörn

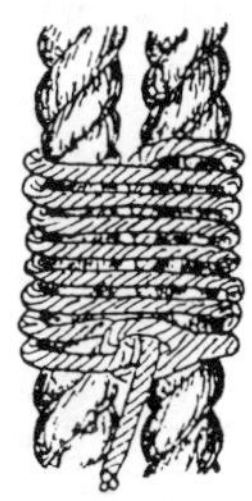
Fig. 224. Wantbändsel
Anfang

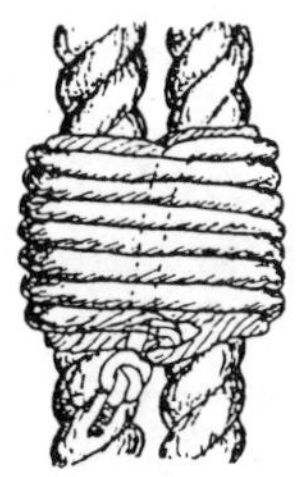
Fig. 225. Fertiges
Wantbändsel

Fig. 226.
Doppeltes
Wantbändsel

damit die Parten eng nebeneinander kommen. Außerdem sollten die Bändsel leicht geteert sein, damit sie gut steifgeholt werden können, ohne zu brechen. Fünf bis sieben Törns sind meist genug, wenn die Stärke des Bändsels im angemessenen Verhältnis zu den Tauen steht, die zusammengezeist werden. Zusätzlich werden noch zwei Kreuztörns gemacht, und der Tampen wird so befestigt, daß man ihn zwischen die beiden Kreuztörns legt, unter dem einen wieder hervorkommen läßt, dann über beide hinweg legt und von außen unter dem zweiten Kreuztörn hindurchsteckt, so daß er zwischen beiden wieder herauskommt. Dann holt man den Stek steif und setzt eventuell einen Knoten auf den Tampen, direkt bei dem Stek. Wie lang muß das Bändsel sein? Man mißt den Umfang um beide Parten, wo das Bändsel liegen soll, multipliziert diese Zahl mit der Anzahl der gewünschten Törns, plus zwei Törns für die beiden

Kreuztörns. Diese Länge reicht dann auch noch für das Auge und den Stek.

Das **Bändsel ohne Kreuztörn** (Fig. 223) (Bændsel uden Krydstørn) wird mit zwei halben Schlägen festgemacht, es sitzt nicht so gut wie die vorigen.

Fig. 227. Tausendbeinbändsel mit 2 Parten

Das **Wantbändsel** (Fig. 224) (Vantbændsel, dobbelt Bændsel, shroud seizing, double seizing) wird verwendet, wenn Jungfern in Wanten, Pardunen oder Stage gebunden werden sollen, oder als Herzbändsel für Wantaugen. Man rechnet mit 13 Törns für solch ein Bändsel, nämlich sieben für die unteren und sechs für die oberen Törns. Um ganz sicher zu sein, rechne man aber lieber mit 14 Törns. Dort, wo das Bändsel aufgesetzt werden soll, beginnt man mit der Schmarting. Nachdem der Tampen um die Parten und durch das gespleißte Auge des Bändsels gesteckt wurde (Fig. 221 B), legt man sieben Törns lose **gegen den Schlag**, und der Tampen wird durch die Törns und das Auge gesteckt. Einer nach dem anderen wird mit dem Marlspieker steifgeholt; man achte darauf, daß sie dicht beieinander liegen, dann holt man den Tampen durch das Auge. Für die obere Lage legt man sechs Törns auf die gleiche Weise wie für die untere, steckt den Tampen zwischen die Lagen und kommt durch das Auge wieder heraus (Fig. 225). Danach wird jeder Törn nicht zu steif geholt, damit sich die obere nicht in die untere Lage preßt. Zum Schluß wird der Tampen fest durchgeholt und mit einem Knoten dicht beim Auge versehen.

Man kann nicht sagen, daß diese Knoten die Takelage besonders schmücken - eher machen sie mit ihren meist ausgefransten Tampen einen liederlichen Eindruck. Deshalb sollte man sie bei Wanttampen umgehen. Stattdessen setzt man einen Takling um den Tampen, den man mit Takelgarn um das Want bindet, das sieht viel besser aus. Dieses Problem erübrigt sich allerdings bald von selbst, da die Geschichte des Hanfriggs bald zu Ende ist.

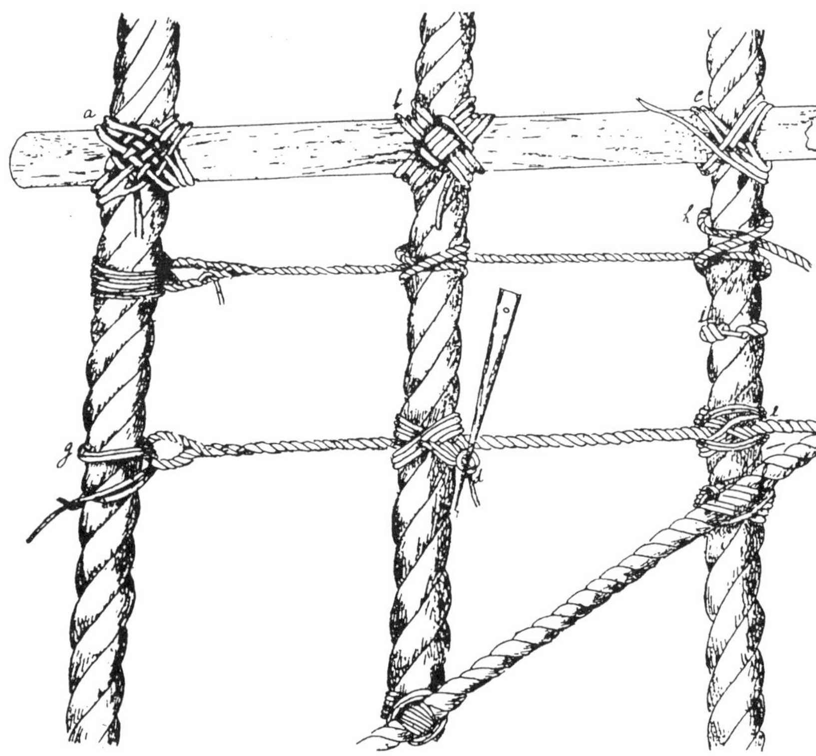

Fig. 228.

Im Notfall, wenn die Zeit kneift, kann ein **doppeltes Wantbändsel** (Fig. 226) (Dobbelt Vantbændsel) gesetzt werden:

Man nimmt wieder ein Bändsel von 14 Törns Länge, setzt ein Auge darauf und setzt das Bändsel gegen den Schlag auf. Wenn man sieben Törns von unten nach oben gelegt hat, werden anschließend sechs Törns in entgegengesetzter Richtung auf die ersten gelegt. Auf diese Weise kommt der Tampen zum Auge zurück, wird hindurchgesteckt, mit einem Knoten versehen, und damit ist die Sache fertig.

Es ist klar, daß das ganze Bändsel sich löst, sobald ein Part beschädigt wird - deshalb sollte man unbedingt die vorherige Methode anwenden. Müssen mehrere Wantbändsel gesetzt werden, ist es besser, mit der Länge für zwei oder drei Bändsel zu arbeiten und erst zu kappen, wenn ein Bändsel fertig ist. Auf diese Weise hat man immer ausreichend Tampen zur Verfügung.

Tausendbein mit zwei Parten (Fig. 227) (Tusindbensbændsel med 2 Parter). Da beide Bändsel auf einmal verarbeitet werden, setzt man diese Bändsel genauso auf wie jenes mit einem Part.

Kreuzbändsel (Fig. 228 a) (Krydsbændsel). Wegweiser, Nagelbänke, Spreizlatten usw. werden meist mit einem Kreuzbändsel befestigt. Auf der Seite, die nicht auf der Abbildung zu sehen ist, liegen die Parten Seite an Seite. Der Tampen ist befestigt. Man rechnet sieben Rundtörns für dieses Bändsel.

Kreuzbändsel (Fig. 228 b) (Krydsbændsel). Bei dieser Art kreuzen sich die Törns auf jeder Seite. Die Tampen auf der Abbildung sind fest. Neun Törns sind für dieses Bändsel ausreichend. In Fig. 228 c ist der Anfang für eine andere Art Kreuzbändsel zu sehen.

Der Gebrauch des Marlspiekers wird in Fig. 228 d gezeigt.

Fig. 228 e zeigt, wie ein Kreuzbändsel festgemacht und gekreuzt wird.

Fig. 228 f zeigt ein gekreuztes Bändsel.

In Fig. 228 g ist der Anfang eines Webeleinenbändsels zu sehen. Das Bändsel dafür muß sieben Rundtörns lang sein.

Das Auge des Bändsels wird durch das Auge der Webeleine gezogen und muß so groß sein, daß der erste Rundtörn mit doppelter Part ausgeführt werden kann. Man geht einmal um das Want herum, in das Auge und wieder zurück zur selben Seite. Die übrigen Törns kreuzen im Auge. Zum Schluß wird der Tampen befestigt, wie in Fig. 229.

Webeleine (Vævling, ratline). Bevor die Wanten mit Webeleinen versehen werden, spannt man Schiemannsgarn oder Bändselleine in einem Abstand von vier Fuß von Want zu Want und holt sie recht steif, damit die Webeleinen später nicht durchhängen. Danach zurrt man Latten oder Riemen, oder was einem ähnliches zur Verfügung stehen mag, in einem Abstand von drei Fuß quer über die Wanten, damit die Takler sich während der Arbeit darauf aufhalten können. Außerdem dienen die Latten als Spreizlatten, die das Zusammenfallen der Wanten verhindern, wenn die Webeleinen steifgeholt werden. Die unteren Webeleinen würden zu viel Lose bekommen, während die oberen steif stehen. Aus diesem Grund darf man die Webeleinen auch nicht betreten, bevor nicht alle fertig aufgesetzt sind. Wenn die Spreizlatten festgezurrt werden, können die Webeleinen ruhig unter Zug gesetzt werden. Man beginnt von unten, die Webeleinen auf die Wanten zu setzen. Auf der Backbordseite geht der Tampen der Webeleine zur Achterkante des Wantes und macht einen losen Webeleinenstek (Fig. 228 h) (Vævlingsstik, clove hitch) um das vorletzte Want. Der nächste Webeleinenstek wird um das drittletzte Want gemacht und so weiter, bis man zum vordersten Want gelangt, hier spleißt man ein Auge in die Webeleine und zurrt es mit einem Webeleinenbändsel 12 bis 13 Zoll über der **Spreizlatte** (Sprydtræt, sheer pole) fest. Die Webeleine wird vom Auge an steifgeholt, die Webeleinsteke werden mit dem Marlspieker festgezogen, das Webeleinengut wird so gekappt, daß man noch ein Auge legen kann, welches auf das achterste Want gezurrt wird; der Tampen wird befestigt.

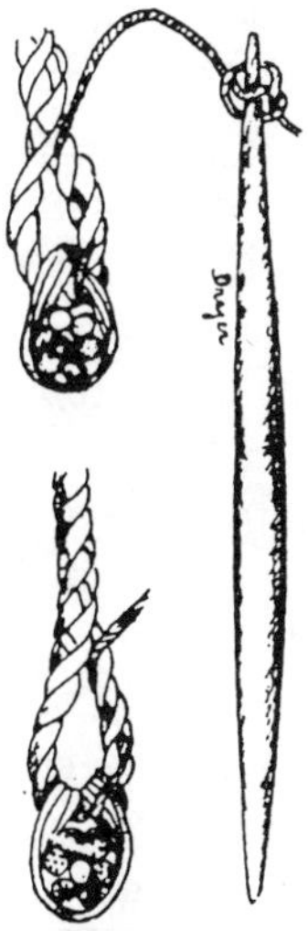

Fig. 229.
Setzen von
Webeleinen

Es kann passieren, daß das Auge nicht ganz bis zum achtersten Want reicht; ist der Tampen zu lang, dreht man einfach eine entsprechende Anzahl Schläge ein, ist die Webeleine zu kurz, dreht man einige heraus. Es ist nicht damit getan, daß Steke und Bändsel der Webeleine auf einer Linie liegen, sondern die Webeleinen müssen auch waagerecht sein und parallel zueinander stehen. Ist die Reling, und damit die Spreizlatte, waagerecht, ist sie das zugrundeliegende Maß für alle Webeleinen. Für die Unterwanten ist ein Abstand von 12 bis 13 Zoll zwischen den Webeleinen angemessen, in Stenge- und Bramwanten sollte er jedoch nicht mehr als 11 Zoll betragen. Am besten schneidet man ein Stück Holz in der entsprechenden Länge und benutzt es als Maß. Man darf allerdings nicht an den Wanten entlang messen, besonders nicht am achtersten, man muß richtig senkrecht messen. Sitzt die Spreizlatte nicht waagerecht (bei Schiffen mit großen Sprung zum Beispiel muß dies berücksichtigt werden), sollte man nach und nach von der Flucht der Spreizlatte zur Waagerechten übergehen. In der Regel ist der Unterschied zwischen der Flucht der Spreizlatte und der Waagerechten nicht so erheblich, daß er nicht durch einige Webeleinen ausgeglichen werden könnte. Auf der Steuerbordseite hat man die Webeleinen auf der Vorderkante des Riggs und zurrt das achterste Ende zuerst fest.

Fig. 230. Eisen für Drahtbändsel

Das achterste Auge wird zuerst auf das achterste Want gezurrt, und die Steke werden festgezogen, bis man sich zum vordersten Want vorarbeitet, wo das letzte Auge festgezurrt wird. Auf der Steuerbordseite nimmt man die Webeleine an der Achterkante des Wants auf. Welche Methode nun leichter ist, hängt sicher davon ab, wie man es gewohnt ist.

Drahtbändsel (Jærntraadsbændsler, wire seizing). Um ein Drahtbändsel richtig aufzusetzen, muß man ein Stück harten Holzes von 9 bis 12 Zoll Länge, 2 Zoll Breite, einem guten Zoll Dicke und einem Loch in 2 1/2 Zoll Entfernung vom breiten Ende haben. Besser ist jedoch ein solches Instrument aus Eisen oder Stahl (Fig. 230), besonders für denjenigen, der es oft gebraucht. Man kann allerdings auch eine gewöhnliche Kleidkeule oder eine Pikkeronde benutzen. Unter sämtliche Drahtbändsel wird zuerst eine Lage Schmarting gelegt, die mit Segelgarn festgebändselt wird.

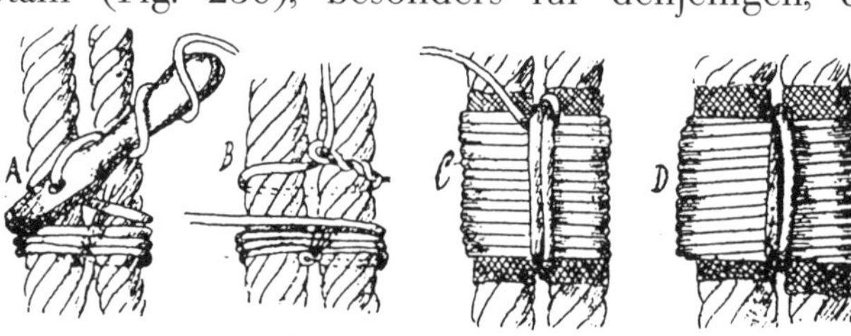

Fig. 231. Drahtbändsel

Den Tampen des Drahtbändsels steckt man zuerst (Fig. 231 A) durch das Loch im Holz und zwischen die beiden Parten, die gebändselt werden sollen, und legt es gut lang, so daß es unter die ersten Törns des Bändsels kommt. Ein Mithelfer legt das Drahtbändsel herum, während der erste Mann, nachdem er ein paar Törns um das Holz gelegt hat, das Bändsel mit diesem steif um die Parten holt, ähnlich wie beim Kleiden; man achte sehr darauf, daß die Törns dicht beieinander liegen. Für dieses Bändsel rechne man 13 mal den Umfang. Bevor die Kreuztörns angesetzt werden, schlägt man mit dem Hammer eine Rille, wo sie hineingelegt werden. Zwei Kreuztörns sind ausreichend. Danach steckt man den Tampen von der einen Seite unter beiden Kreuztörns hindurch und holt ihn gut steif, bevor er abgezwickt wird (Fig. 231).

In Fig. 231 B wird gezeigt, auf welche Weise man den Tampen noch befestigen kann, entweder mit einem Kinken oder mit einem Auge, das wie ein Zimmermannsstek gesteckt wird.

Doppeltes Drahtbändsel (Fig. 231 D) (Doppelt Wirebændsel). Man benötigt, wie im vorangegangenen, 13 Rundtörns; 12 Törns werden außenherum gelegt, bevor das Bändsel gekreuzt wird. Es ist wichtig, daß die unterste Lage sehr ordentlich liegt, damit die äußere Lage gut aufgelegt werden kann. Es verursacht - wie immer - viel Arbeit, die Kreuztörns aufzulegen, deshalb benutzen die Takler einen Durchschlag (Fig. 232), den sie mit einem Hammer zwischen die Parten treiben und mit dem Marlspieker wieder herausholen, indem sie mit der Spitze in ein kleines Loch im Durchschlag greifen. Das Bändsel wird durch das so entstandene Loch gesteckt.

Fig. 232. Durchschlag

Der **Marlspieker** (Merlespiker, marlinespike) ist auf der Abbildung zu sehen.

Fig. 233 A zeigt, wie man Garn an einem **Eisenlegel** befestigt.

Fig. 233 B zeigt das Festmachen von Garn an einem Holzlegel (Træløjert, wooden hank).

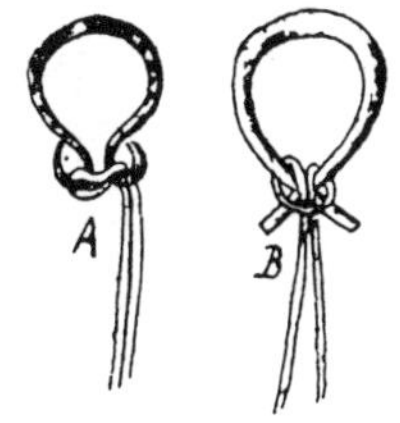

Fig. 233. Ansetzen von Garn an Lägeln

Taukranz (Krans for Skamfiling, chafing grummets). Bei Sturm und schlechtem Wetter schlagen die laufenden Enden gegen die Leewanten und beschädigen die Webeleinenbändsel, so daß sie eines nach dem anderen brechen können. Um das zu verhindern, kann man einen Kranz mit angemessenem Zwischenraum herumlegen (Fig. 228 i). In Fig. 234 wird gezeigt, wie man diese Kränze macht, sie werden mit Garn zusammengezurrt.

Fig. 234.

Die Fig. 235, 236 und 237 A und B zeigen verschiedene Methoden, Bändsel zu befestigen.

Bock, Kran (Fig. 238) (Benene til en Kran, sheerlegs). Die Spieren werden in der Mitte des Kreuzes wie eine Schere gezurrt, zuerst mit Rundtörns. Oben und unten aber werden die Törns wie eine Acht gelegt und gut gekreuzt. Unterhalb der Zurring werden auf jedem Bein ein paar Klampen angebracht, damit die Zurring nicht herunterschliert.

Kettenzurring (Fig. 239 A) (Kædesurring, chainlash-

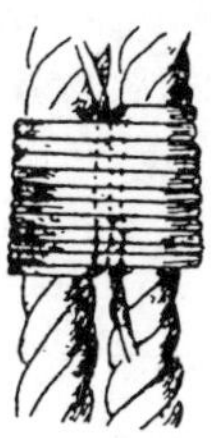

Fig. 235

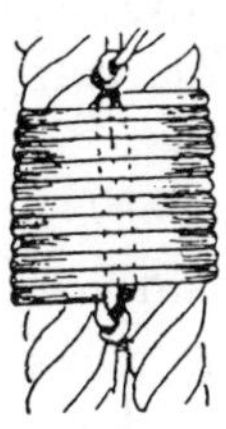

Fig. 236.

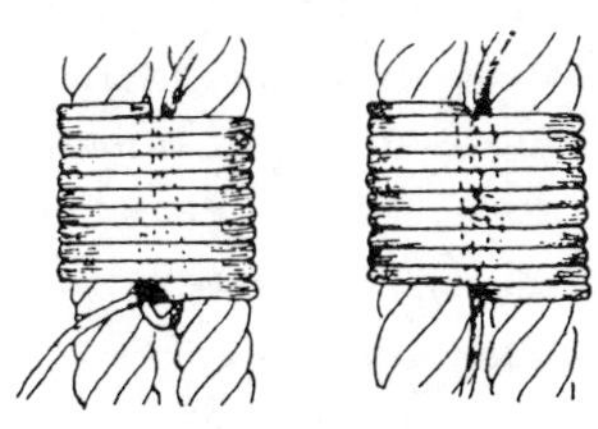

A Fig. 237. B

Verschiedene Arten, Bändsel zu befestigen

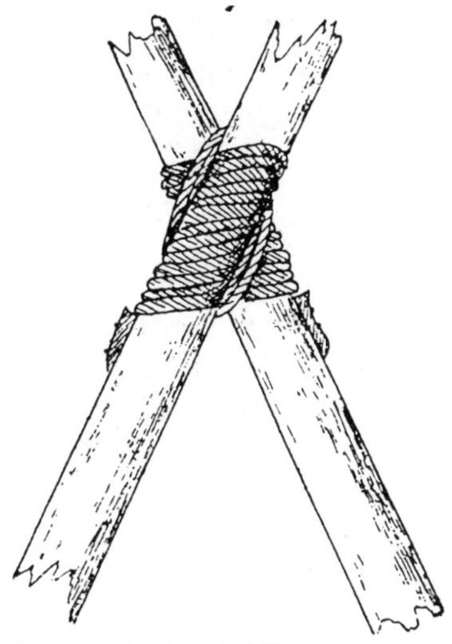

Fig. 238. Bock- oder Kranzurring

ing). Die Enden der Kette werden mit einigen kräftigen Spiekern oder Krampen befestigt, und mit einer Handspake oder einem Dreher wird die Kette gut dicht gehalten, während man sie mit einem Hammer festschlägt. Nach jedem halben oder viertel Törn wird ein Spieker in eines der Glieder getrieben. Die Enden werden ebenfalls mit Spiekern befestigt. Darüber hinaus kann man zur Sicherheit noch hier und da Garn aufsetzen.

Fig. 239 B zeigt eine **Tauzurring** (Tovsurring, rope lashing). Sie wird genauso gesetzt wie die Kettenzurring, nur achte man darauf, daß das Tauwerk nicht mit dem Hammer beschädigt wird. Um die Törns besser steifholen zu können, benutzt man ein wenig Fett.

Der **Dreher oder Drehknüppel** (Drejer, heaver) ist ein ungefähr drei Fuß langes, kräftiges Stück Holz, welches dazu benutzt wird, Zurrings und Nockbändsel aufzusetzen. In der Mitte hat der Dreher ein Gatt (Loch), wodurch ein Bändsel gesteckt wird, wenn in der Takelage gearbeitet werden muß.

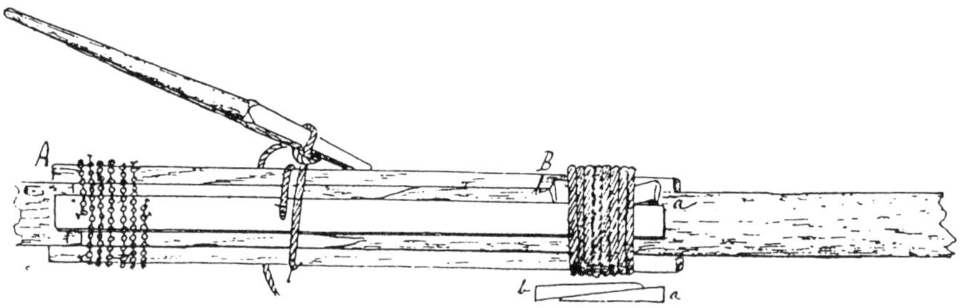

Fig. 239. Laschen eines angebrochenen Rundholzes

Die **Laschung eines gebrochenen Rundholzes** (Fig. 239) (Lasking af et knækket Rundholt, lashing of a broken spar) geht immer auf die gleiche Weise vor sich, handelt es sich um Mast, Rah, Gaffel, Baum oder Spiere. Man legt - soweit möglich - Schalhölzer (zurechtgeschnitte Holzstücke) über die Bruchstelle, und zwar so, daß sie auf beiden Seiten gleichmäßig über die Bruchstelle hinausragen. Die Länge der Schalhölzer, ihre Stärke und Anzahl, hängt von der Schwere des Rundholzes ab und nicht zuletzt davon, was einem an Material zur Verfügung steht. Im übrigen sollte es selbstverständlich sein, immer einen Satz Schalhölzer in Reserve zu haben; man erspart sich damit viel Arbeit und kostbare Zeit, wenn mal ein Rundholz in aller Hast gelascht werden muß.

Um die Zurrings, die die Schalhölzer um das Rundholz zusammenhalten, richtig steif zu setzen, treibt man die Laschung durch Keile auf. Da die Keile zwischen die Schalhölzer getrieben werden, halten sie diese außerdem am Platz fest. Damit die Keile später nicht herausfallen, werden sie mit Nägeln am Rundholz oder der Zurring befestigt. Man muß ständig kontrollieren, ob die Zurring sich nicht gelockert hat, sonst müssen die Keile tiefer darunter getrieben werden (s. a und b auf der Abbildung). Eisenrahen werden auf die gleiche Weise gezurrt; anstelle des abgebrochenen Teiles läßt sich aber auch eine Holznock setzen, die mit dem einen Ende in die hohle Rah gesteckt und mit Keilen gut befestigt wird.

Eine Holzrah, bei der eine Nock gebrochen ist, wird repariert, indem man die Rah durchsägt, eine Hälfte umdreht, die beiden Bruchstellen mit Schalhölzern bedeckt und das Ganze wieder zusammenzurrt.

Der **Fid** (Fig. 240 A) (Ters, fid) wird aus Pockholz oder anderen harten Hölzern gefertigt. Man braucht ihn für schwere Spleiße, wenn der Marlspieker zu dünn ist, um ausreichend große Oeffnungen zu machen. Er wird auch für Segelmacherarbeiten benutzt.

Marlspieker mit Hammerkopf (Fig. 240 B)

Die **Ahle** (Fig. 240 C) (Syl) hat eine Stahlspitze mit Holzgriff und wird benutzt, um Löcher in Leder oder ähnliches zu stechen, bevor es benäht wird.

Der **Marlpfriem oder Pricker** (Fig. 240 D) (Pren, Bodkin, pricker) ist ein wenig schwerer als eine Ahle, besteht aber ebenfalls aus

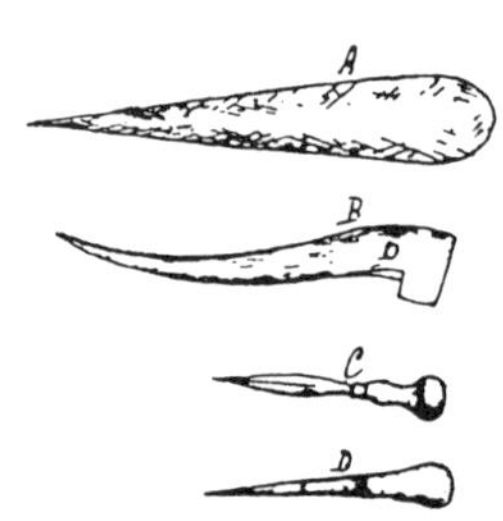

Fig. 240. Werkzeuge für Seemannsarbeiten

einer Stahlspitze mit Holzgriff. Man benutzt ihn bei kleineren Arbeiten anstelle des Marlspiekers.

Die **Bändselschraube** (Fig. 241 A) (Vantskrue, Rigningskrue, riggingscrew) wird dazu benutzt, um zwei Parten eines Wantes, eines Stages oder Stropps zusammenzupressen, während man ein Bändsel aufsetzt. Die beiden Parten, die zusammengepreßt werden sollen, werden zwischen die beiden Backen, von denen c abgenommen werden kann, geklemmt. Ist das Tau hineingelegt, c wieder aufgesetzt und die beiden Spieker a' und b' in die Löcher gesteckt worden, kann man mit Leichtigkeit die Schraube anziehen und die Parten zusammenpressen. Damit das Tau nicht von den Backen beschädigt wird, wurden diese mit einer Schmarting versehen. Soll das Bändsel an der Stelle sitzen, an der die Schraube ist, setzt man kleine Zeisings zu beiden Seiten der Schrauben auf die Parten; sie werden so zusammengehalten, wenn die Schraube entfernt wird.

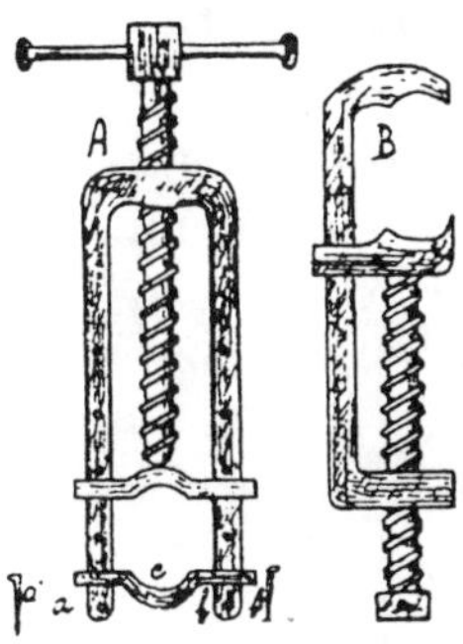

Fig. 241. Bändselschraube

Fig. 241 B zeigt eine andere Bändselschraube. Wenn man keine Bändselschraube hat, muß man stattdessen eine spanische Winde nehmen (Fig. 257).

Die **Handspake** (Haandspage, handspike, capstan bar) wird in Fig. 239 gezeigt.

Stopper auf den Lieken eines Segels (Fig. 242) (Stopper paa Liget af et Sejl, stopper on the boltrope of a sail). Man nimmt ein Stück Tauwerk, ungefähr von der Stärke des Liektaus in der Länge von 1/2 bis 2 oder 3 Faden, macht einen Schauermannsknoten auf jedes Ende und bändselt den Stopper gut auf dem Liek fest, so daß die Mitte des Stoppers über der beschädigten Stelle liegt. Der Stopper muß recht steif aufgesetzt werden, so daß die Enden des Lieks drei bis vier Zoll aneinander vorbeigehen, da sowohl Stopper als auch das Bändsel noch Reck haben. Ist das Segel gerissen, wird eine Segelmacherstopfung ausgeführt und ein Lappen darauf genäht. Muß der Stopper dicht an ein Legel gesetzt werden, wird das eine Ende oft mit einem Augspleiß in das Legel gespleißt.

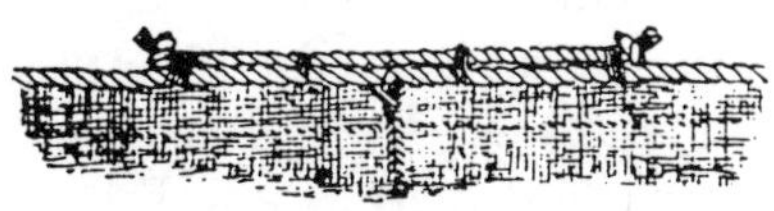
Fig. 242. Stopper auf einem Liek

Blöcke

Blöcke haben viele Namen, teils wegen ihres Aussehens, teils bedingt durch ihre Anwendung. Es wäre daher zwecklos, sie an dieser Stelle alle aufzählen zu wollen.

Ein Block setzt sich aus drei Hauptteilen zusammen:
dem Gehäuse (Blokhus, shell of a block)
der Scheibe (Skive, sheave) und
dem Bolzen (Bolt, pin).

Das Gehäuse kann aus einem Stück Holz bestehen, in dem sich eine Aussparung für die Scheibe und Löcher für den Bolzen befinden. Besser ist es jedoch, wenn das Gehäuse aus mehreren zusammengefügten Stücken besteht. Jede der Backen ist aus einem Stück Holz gefertigt, ebenso das Futter an den Enden. Die einzelnen Teile werden miteinander vernietet. Sollen mehrere Scheiben in das Gehäuse gesetzt werden, fügt man ein Stück Holz als Dämmung zwischen jedes Paar; es werden selten mehr als vier Scheiben in einen Block gesetzt. Die Gehäuse werden meist aus Eschen- oder Eichenholz, die Scheiben aus Pockholz gefertigt. Blöcke für Drahttau haben Eisenscheiben, und Blöcke für Ketten sind ganz aus Eisen - sowohl das Gehäuse, als auch die Scheiben.

Einscheibiger Block (Fig. 243) (Enkeltskivet Blok, single block). Rund um den Block ist eine Kerbe oder Keepe (Rille, Kippe, score) für den Stropp eingearbeitet.

Gehäuse mit doppelter Keepe (Fig. 244). Der Stropp wird doppelt genommen und wie in Fig. 266 herumgelegt.

Eisenbeschlagener Block (Fig. 245). Der Block ist außen am Gehäuse mit Eisen beschlagen, der Bolzen sitzt mit einem Kopf fest an der einen Seite des Blocks. Auf der anderen Seite hält eine Mutter oder ein Splint den Bolzen vom Herausgleiten ab. Sitzt der Beschlag außen am Block, bringt das einige Nachteile mit sich: zum einen verzieht sich der Bolzen leicht, weil der Abstand zwischen den Punkten, wo er aufliegt, recht groß ist, zum anderen rostet der Beschlag leicht auf der Innenseite, wodurch sich das Gehäuse um die Scheiben zusammenzieht. Das läßt sich richten, indem man den Block ein wenig mit einem Stemmeisen aufsticht. Schlimmer ist es, wenn das ganze Gehäuse rissig wird, weil der Rost es auseinandertreibt. Diese Nachteile haben dazu geführt, daß man den **Beschlag** nach innen in das **Gehäuse** gelegt hat, wie eine Art Gabel. Auf diese Weise kann der Bolzen dünner gehalten werden, ohne daß er bricht oder krumm wird. Das ist vorteilhaft, weil die Scheibe leichter läuft, je dünner der Bolzen ist; außerdem kann der Beschlag herausgenommen und gleichzeitig mit Scheibe und Bolzen gereinigt werden. Auf diese Weise kann man verhindern, daß der Rost das Gehäuse sprengt.

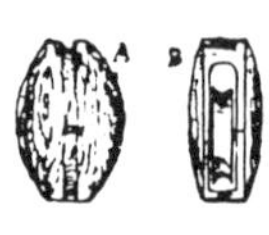
Fig. 243.
Einscheibiger Block

Fig. 244.
Gehäuse mit doppelter Keepe

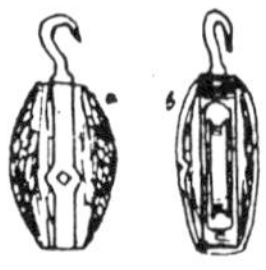
Fig. 245.
Eisenbeschlagener Block
Beschlag außen

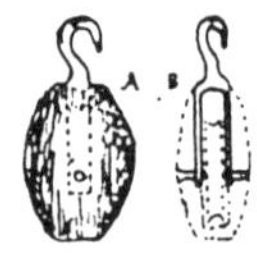
Fig. 246.
Beschlag innen

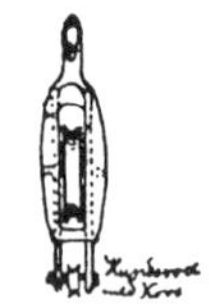
Fig. 247.

Wenn der Beschlag innen liegt, und die Möglichkeit bestehen soll, ihn aus dem Gehäuse herausnehmen zu können, baut man ein Hundsfott, indem man beide Beschlagteile nach unten verlängert, so daß sie ein wenig über das Gehäuse hinausragen. Daran bringt man einen Bolzen mit einer Kausch an (Fig. 247). Hat der Block mehrere Scheiben, findet sich zwischen jeweils zweien eine Verlängerung der Beschlagteile (Fig. 248).

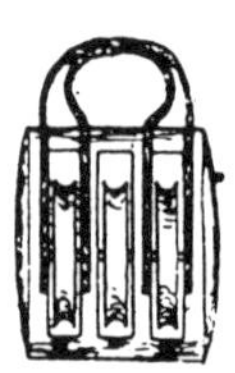
Fig. 248.

Der **Stengewant- oder Puppenblock** (Fig. 249) (Søsterblok, sister block) hat an jedem Ende eine Scheibe. Sie stehen winkelrecht zueinander und werden in entgegengesetzter Richtung geholt.

Der **Violinblock** (Fig. 250) hat zwei verschieden große Scheiben, die sich übereinander befinden. Die Parten liegen frei voneinander und werden in **eine Richtung** geholt. Diese Blöcke sind oft auf deutschen oder niederländischen Schiffen zu finden. Sie sind den zweischeibigen Blöcken sehr ähnlich (Fig. 265 und 266).

Fußblock oder Kinnbackenblock (Fig. 251) (Kasteblock, Fodblock, snatch block). Diese Blöcke werden hauptsächlich dazu benutzt, um Jollen, Läufern, Trossen usw. eine andere Zugrichtung zu geben, z.B. zu einem Spill hin. Es gibt verschiedene Arten von Fußblöcken.

Taljen- oder Gienblock (Fig. 252) (3-skivet Blok, Gieblok, purchaseblock). Diese Blöcke sind meist recht groß und werden nur für schwere Arbeiten benutzt. Der Stropp muß daher besonders kräftig und solide sein, meist liegt er doppelt (Fig. 266). Es gibt ihn auch mit Eisenbeschlag (Fig. 248).

Der **Klumpblock** ist annähernd kugelrund und mit einer kleinen, dicken Scheibe und einem schweren Bolzen versehen. Man setzt ihn für Vorschoten, Stagsegelschoten, Groß-und Fockschoten bei Rahsegeln und überall da ein, wo der Block zeitweise einer größerer Belastung standhalten muß, ohne zu brechen.

Fig. 249. Puppenblock

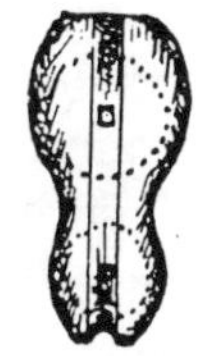
Fig. 250. Violinblock

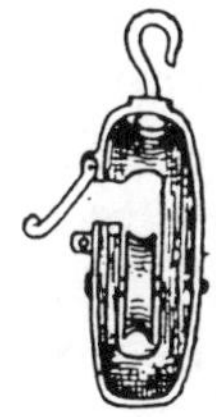
Fig. 251. Fußblock

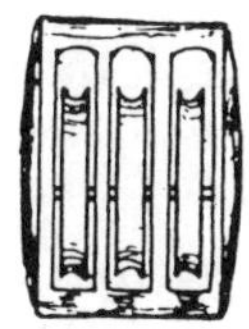
Fig. 252. Gienblock

Der **Kattblock** (Katblok, cat block) ist zwei- oder dreischeibig, eisenbeschlagen (außen) und hat einen sehr großen Haken, der in den Ankerring gehakt wird (Fig. 421).

Die Scheiben sind aus Pockholz, das quer zur Faser durchgesägt und dann in der gewünschten Stärke gedreht wurde. In der Scheibenkante ist eine halbrunde Vertiefung für den Läufer. In der Mitte der Scheibe sitzt eine Eisen- oder Metallbuchse (Fig. 253), damit der Bolzen sich nicht in das Holz hineinfrißt. Die Buchse ist außen meist dreieckig, damit sie fest im Holz sitzt, außerdem wird sie mit einem Bolzen an der Scheibe befestigt.

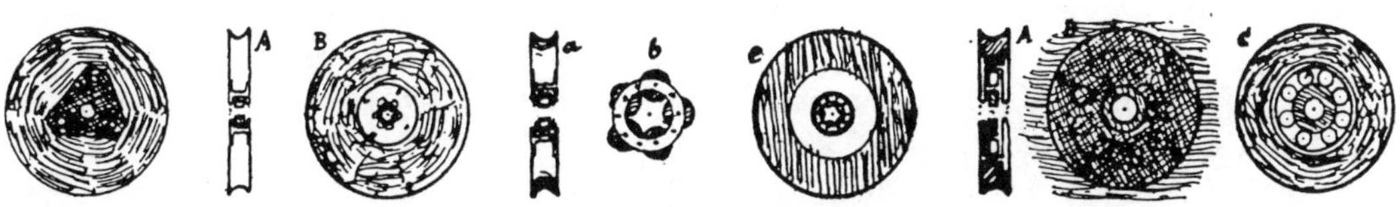

Fig. 253. Gewöhliche Blockscheibe

Fig. 254. Fig. 255. Fig. 256.

Patentscheiben

In den Fig. 254 A und b wird eine Patentscheibe gezeigt. Im Beschlag stehen sechs Walzen (aus gedrehten Metallzylindern) kranzförmig um das Bolzenlager. Sobald die Scheibe gedreht wird, laufen die Walzen im Beschlag rund um den Bolzen. Dadurch wird die Reibung beträchtlich herabgesetzt. Man spart mit derart ausgerüsteten Blöcken viel Kraft an Fallen, Brassen oder Jollen usw., allerdings nur solange das Patent in Ordnung ist.

Nutzen sich Walzen und Bolzen ab, arbeitet der Bolzen sich zwischen die Walzen, die sich daraufhin verkanten oder auch herausfallen können. Sobald das passiert, müssen Walzen oder Rollen ersetzt werden. Um dies zu verhindern, hat man **alle Walzen zwischen zwei Ringe** auf Zapfen gesetzt (Fig. 255 B). Die Ringe halten die Walzen immer in einem bestimmten Abstand voneinander, ob sie nun abgenutzt sind oder nicht. Die Ringe mit den Walzen laufen wiederum in dem Beschlag (Fig. 255 a-c). Steht allerdings zu große Karft auf der Scheibe, gehen die Zapfen entzwei, und nach kurzer Zeit zerstört der Bolzen den Beschlag. Das führte zu einem dritten Patent (Fig. 256), bei dem um den Bolzen herum ein Metallring liegt, zwischen diesem Ring und dem Beschlag laufen einige Walzen. Auf diese Weise können die Walzen nicht vom Bolzen zerstört werden, egal welcher Belastung die Scheibe ausgesetzt wird. Diese Scheiben laufen allerdings nicht so leicht wie die oben genannten, sind aber strapazierfähiger. Bei diesem Patent nutzt das Ringinnere zuerst ab.

Reinigung der Blöcke. Gewöhnliche Scheiben: Handelt es sich um einen bestroppten Block, löst man zuerst das Nackenbändsel. Mit ein paar flachen Keilen (nicht mit dem Marlspieker) hebt man den Stropp aus der Keepe, so daß man ihn vom Block abstreifen kann. Der Stropp wird nachgesehen und geteert. Mit einem Durchschlag (Dyknagle) (nicht mit der

Spitze des Marlspiekers) treibt man den Bolzen aus dem Gehäuse, dann wird er saubergekratzt und mit Talg oder Oel geschmiert.

Das Gehäuse wird ebenfalls, wenigstens von innen, gesäubert. Ebenso Holz und Buchse der Scheibe. Es wird - z.B. mit etwas Spucke - angefeuchtet und gut mit

Bleiweiß (Blyant, Potlod, black lead) eingerieben. Die Buchse wird gut mit Talg geschmiert, die Löcher an den Enden der Nieten (Nietnägel) werden ebenfalls eingetalgt. Das Metall darf nicht mit Bleiweiß und das Holz nicht mit Talg behandelt werden. Auch ist davon abzuraten, beides über Feuer zusammenrühren, da die Scheibe nach kurzer Zeit von einem Teig bedeckt sein würde. Man schmiert sie deshalb mit einer Mischung aus Talg und Bleiweiß ein.

In der kalten Jahreszeit kann man den Talg über Feuer schmelzen und ein wenig Petroleum oder Lampenöl hinzufügen, auf diese Weise bleibt er weich und leicht bearbeitbar.

Die **Patentscheiben** werden aus dem Block herausgenommen und saubergeschabt. Das Patent wird gut mit Petroleum gewaschen, am besten nimmt man dafür ein kleines Stück Holz und wickelt ein wenig Werg oder Putzwolle herum. Dann steckt man das Holz in die Scheibe, gießt ein wenig Petroleum darüber und dreht die Scheibe schnell um den Pint. Das Werg muß ein paarmal erneuert werden, bis das Lager sauber und blank ist. Danach wird es gut trockengerieben und mit Lampenöl oder Maschinenöl eingerieben, keinesfalls mit Leinöl oder Firnis. Das Holz wird nicht mit Oel, sondern mit Bleiweiß behandelt. Der Bolzen wird gesäubert und ebenfalls gut mit Oel eingeschmiert.

Sitzen auf dem Bolzen weder Mutter noch Splint, kann es nötig sein, über den Bolzen ein Schamfilungsleder mit Pumpsaum (Pumpesøm) zu spiekern.

Ist der Block geschmiert, wird er wieder in den Stropp gesetzt. Das Bändsel wird aufgesetzt und die Arbeit ist beendet, es sei denn, das Gehäuse soll noch gemalt oder geölt werden.

Spanische Winden, Taljen und Hebevorrichtingen

Zum Manövrieren mit Segel, Anker, schweren Gewichten, Booten usw. werden Taljen und Hebevorrichtungen benötigt, und es ist wichtig, daß Seeleute wissen, welche Kraft mit den verschiedenen Taljen und Hebewerkzeugen entwickelt werden kann. Im folgenden soll über die gängigsten Arten gesprochen werden. Auf das Laden und Löschen schwerer Gewichte wird dann später nochmals ausführlicher eingegangen.

Für alle Taljen und Hebewerkzeuge gilt folgende Regel: „Was an Kraft gewonnen wird, verliert man an Zeit". - Auf der anderen Seite aber ist es von unschätzbarem Vorteil, daß nur wenige Männer eine Arbeit ausführen können, für die man ohne Zuhilfenahme von Taljen sonst hunderte gebraucht hätte. Besonders die verbesserten Taljen, Spills usw. tragen heute dazu bei, daß sich ein Schiff genauso leicht von einigen Mann Besatzung bedienen läßt, wie früher von der doppelten Anzahl.

Spanische Winde (Fig. 257) (Spansk Vindse, spanish windlass). Auf größeren Schiffen gibt es oft Schwierigkeiten, das Binnenende des Klüverbaumes auf seinen Platz niederzudrücken, nachdem er ausgebracht wurde. In so einem Falle helfen drei kräftige Handspaken, von denen eine quer über den Baum gelegt wird. Dann legt man ein starkes Tau um den Bugspriet und um die Spake, macht an den Enden jeweils ein Auge und steckt die beiden anderen

Fig. 257. Spanische Winde, mit deren Hilfe ein Klüverbaum an seinen Platz gedrückt wird.

Spaken dort hindurch. Diese werden jetzt gedreht und spannen das Tau um die quer auf dem Bau liegende Handspake, wodurch diese mit außerordentlicher Kraft auf den Baum gedrückt wird. Wenn die Spaken es aushalten, kann man mit dieser Methode das zehnfache an Kraft entwickeln, was man ohne Spanische Winde erreichen kann. Die gleiche Methode läßt sich anwenden, um Taljereeps auf die Bramwanten zu setzen, für Bootszurrings usw.

Spanische Winde auf Taljereep (Fig. 258) (Spansk Vindser paa Taljereep, spanish windlasses on lanyards). Ist das Ende des Taljereeps mit einem Knoten an der obersten Jungfer befestigt, wird mit dem anderen Ende ein Törn um das Want gelegt, oder, wenn es eine eisenbeschlagene Jungfer ist, um den Beschlag, bevor es wieder nach unten auf der anderen Seite beigezeist wird. Nachdem die beiden Bändsel a und b aufgesetzt sind, wird bei e und e ein kräftiges Nackenbändsel gelegt (s. Fig. 222). Wenn das Taljereep hart durchgesetzt ist, ist es fast unmöglich, die Parten zusammenzupressen, selbst für zwei Männer mit Marlspiekern. Eine einfache Methode ist nun folgende: Man legt einen starken, runden Eisenbolzen von einem Fuß Länge quer über das Taljereep von außen um das Want, worauf eine gute Schmarting liegen sollte. Dann legt man ein kräftiges Kardeel um beide Parten des Taljereeps (s. Abbildung). In beide Enden legt man ein Auge, steckt die Marlspieker hinein (d, d) und dreht sie solange herum, bis die beiden Enden des Taljereeps zusammengekniffen sind. Das Bändsel wird unterhalb des Kardeels aufgesetzt.

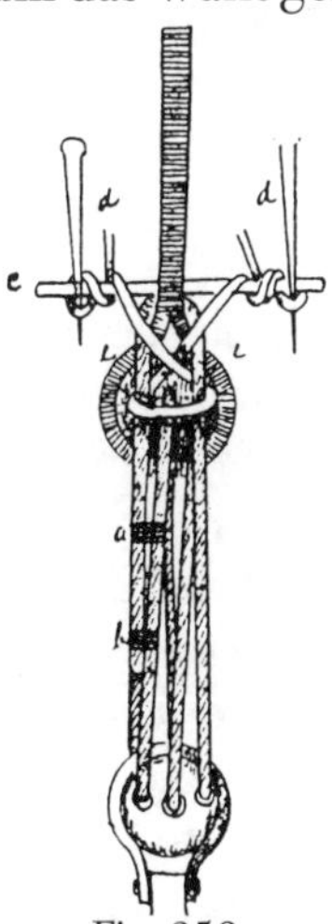

Fig. 258. Spanische Winde auf Taljereep

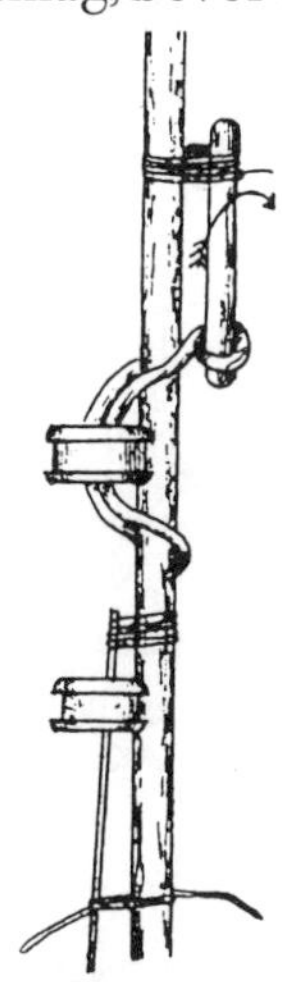

Fig. 259. Anbringen von Klotjes (Kloten)

Viele setzen allerdings nicht dieses Bändsel, sondern legen einen Tampen über die Jungfer. Dieser führt hinter den einen Part des Wants, der auf der Abbildung auf der rechten Seite liegt, danach um die linke Part des Wants und wieder zurück über die Jungfer. Auf diese Weise liegen beide Seiten unter ihrer eigenen Bucht. Die Enden werden gut steifgeholt und an die nächste Part gebändselt.

Klote (Rundkauschen) (Fig. 259) (Klaader, bull's eye) lassen sich nur schwer so befestigen, daß sie sich nicht von allein wieder lösen. Zuerst wird das Want beschmartet; danach wird ein gutes Kardeel gelegt - wie auf der Abbildung - und mit Hilfe eines Belegnagels oder eines anderen Wergzeuges werden die Klote festgedreht, während man die Bändsel aufsetzt.

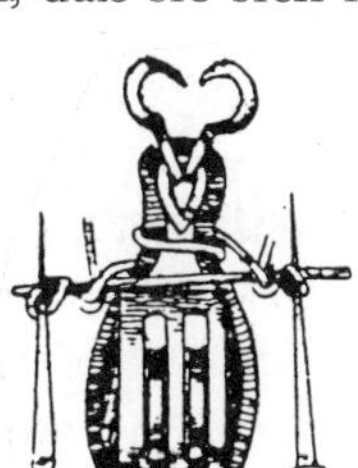

Fig. 260. Anlegen von Blockstropps mit einer spanischen Winde

Spanische Winde (Fig. 260) (Spansk Vindse). Wenn man keine Wantschrauben zur Verfügung hat, lassen sich zwei Parten auch mit einer Spanischen Winde zusammenpressen.

Mit dem **Steertblock** (Fig. 261 A) (Stjertblok, tail blok) kann man, wie die Abbildung zeigt, eine größere Kraft erzeugen, um zum Beispiel während einer Wache ein Tau besser durchzusetzen. In der abgebildeten Stellung liefert er die doppelte Kraft. Man geht mit dem

Fig. 261

Fall zuerst unter dem Belegnagel hindurch und dann zurück zum Block, damit von dort aus geholt werden kann. Stagsegel und Vorsegel, die nicht gut durchgesetzt sind, zerreissen schnell am Vorliek.

Fig. 261 B zeigt die Anwendung eines Steertblocks, um die Richtung zu verändern; die Zugkraft verändert sich dabei nicht.

Jolltau (Fig. 262 B) (Enkelt Blok). Das eine Ende des Läufers ist belegt, das andere wird durch den Block geschoren, an dem die Last hängt. Dadurch wird nur die halbe Kraft benötigt.

Jolle mit Klappläufer (Fig. 263) (Klapløber, double whip). Das Fall (der Verholer) wird durch einen festen Block a (Wegweiser) geschoren und ist am Klappläuferblock b fest. Der Klappläufer ist unten mit dem einen Ende fest und wird mit dem anderen durch den Block b geschoren. Holt man die holende Part des Klappläufers, erreicht man doppelte Kraft. Der feste Block a ist nur dazu da, dem Fall eine andere Richtung zu geben, auf die Kraft wirkt er nicht ein.

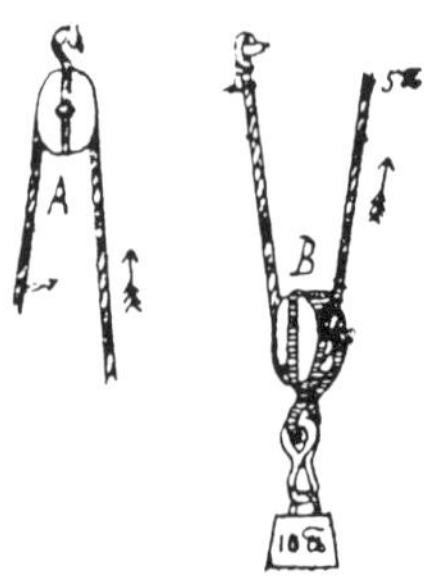

Fig. 262.
Jolltau

Die **3-fach geschorene Talje** (Fig. 264) (3-kaaren Talje) besteht aus einem einscheibigen und einem zweischeibigen Block mit Läufer, der fest an dem einscheibigen Block sitzt. Hängt man das Gewicht oder die Last an den zweischeibigen Block und setzt den einscheibigen Block fest, so erreicht man die vierfache Kraft. Vertauscht man beide Blöcke gegeneinander, so bekommt man nur die dreifache Kraft.

Die **4-fach geschorene Talje** (Fig. 265) (4-skaaren Talje, two foulded purchase) besteht aus zwei zweischeibigen Blöcken mit Läufer. **Der Läufer wird mit der Sonne eingeschoren** und am Hundsfott des Läuferblocks befestigt (auf der Abbildung ist der Läufer gegen die Sonne eingeschoren, also verkehrt herum). Ist der Läuferblock fest, und die Last hängt am unteren Block, erreicht man die vierfache Kraft. Hängt man die Last an den Läuferblock und holt von der Last her, so ergibt sich die fünffache Kraft. Es ist also nicht gleichgültig, welcher Block an der Last befestigt wird, oder welchen Weg man holt. Pickt man den Läuferblock in die Last, so daß man den gleichen Weg holt den die Last geht, erzielt man die größte Kraft.

Als **Gien oder Gienblock** (Fig. 266 A) (5-skaaren Gie, gien) bezeichnet man einen Block mit mehr als zwei Scheiben, die hindurchgeschorenen Taljen heißen Gienläufer. Das Ganze wird hauptsächlich für schwere Arbeiten eingesetzt, man muß deshalb darauf achten, daß Gehäuse, Scheiben, Bolzen, Blockstropps und Bändsel samt Hundsfott, falls ein solcher vorhanden ist, in einem guten Zustand und nicht etwa vergammelt, verrostet oder verschlissen sind. Gienblöcke können so groß sein, daß ein Mann sie gerade tragen kann, selbstverständlich sind die Läufer entsprechend kräftig. Hat man weder Blöcke noch Läufer für eine Gien in der gewünschten Stärke, kann man zwei kleinere nehmen, die gut der Hälfte des Gewichtes entsprechen sollten, welches die größeren Blöcke hätten. Beide Gienblöcke werden dann an der Last festgemacht. Es ist darauf zu achten, daß die Last immer so gleichmäßig wie möglich verteilt ist. **Die Gienläufer werden ebenfalls mit der Sonne eingeschoren** (s. Abbildung). Wenn der zweischeibige Block an der Last befestigt ist, entwickelt die Talje nur die fünffache Kraft, setzt man den dreischeibigen Block daran fest, erzielt man die sechsfache Leistung.

Wird eine fünfscheibige Gien als Kielholungstalje eingesetzt, muß der dreischeibige Block immer oben sitzen. Den Läufer schert man folgendermaßen: Von oben durch das mittlere Scheibengatt, links von unten, links von oben, rechts von unten und rechts von oben;

dann setzt man ihn auf oder nahe des unteren Blocks fest. Wird die holende Part durch eines der äußeren Scheibengatts geschoren, neigt der Block dazu, sich zu verkanten, wodurch der Läufer nicht mehr so leicht auf den Scheiben läuft. Wird er dagegen durch das mittlere Scheibengatt geschoren, hängt der Block im Gleichgewicht. Der Nachteil ist aber der, daß die zwei Parten des Läufers sich kreuzen und dadurch leicht schamfilen.

Für die **sechsscheibige Gien** (Fig. 266 B) (6-skaaren Gie) werden die Läufer zwischen zwei dreischeibigen Blöcken geschoren. Wenn der untere Block an der Last fest ist, ergibt sich die sechsfache Kraft, befestigt man allerdings den Läuferblock daran, erzielt man die siebenfache Kraft.

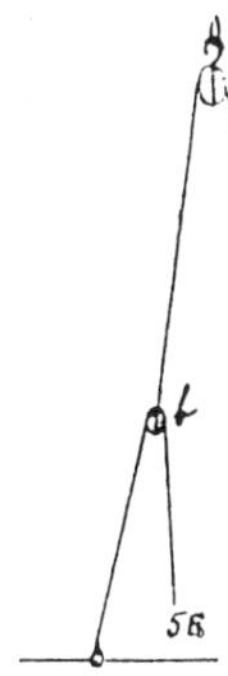

Fig. 263.
Klappläufer

Fig. 264.
3-fach

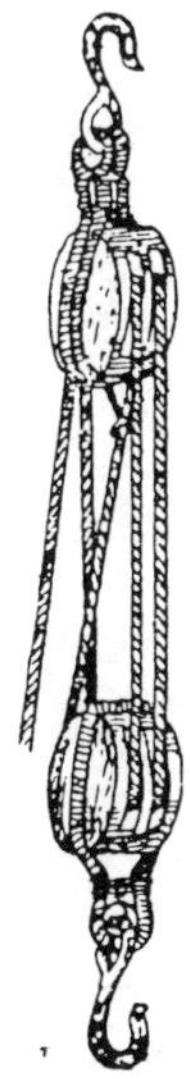

Fig. 265.
4-fach
geschorene Taljen

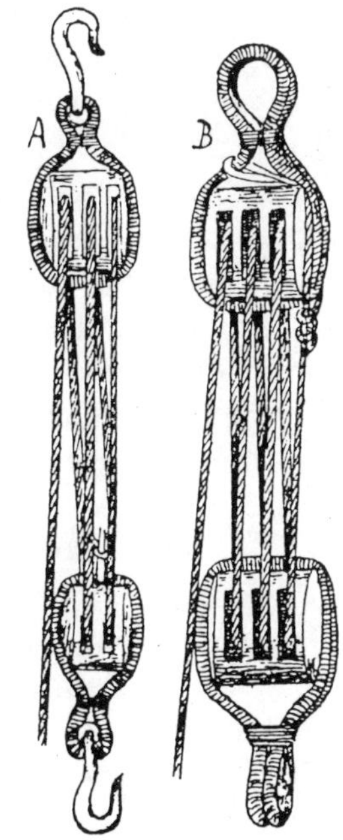

Fig. 266.
Gien

Das richtige Scheren einer Talje fällt den jungen Seeleuten meist schwer, hier also folgender Rat: Die Blöcke werden so auf Deck gelegt (mit den Scheibengatts in der Waagerechten), wie es auf der Abbildung gezeigt wird. Der Läufer wird in die rechte Hand genommen und (von rechts) durch das oberste Scheibengat geschoren, wonach der Rest sich von selbst ergibt. Ist der Läufer eingeschoren, setzt man den Tampen mit einem Schotstek (Fig. 81) im Hundsfott fest. Ist man Linkshänder, schert man zuerst durch das untere Scheibengat (von links).

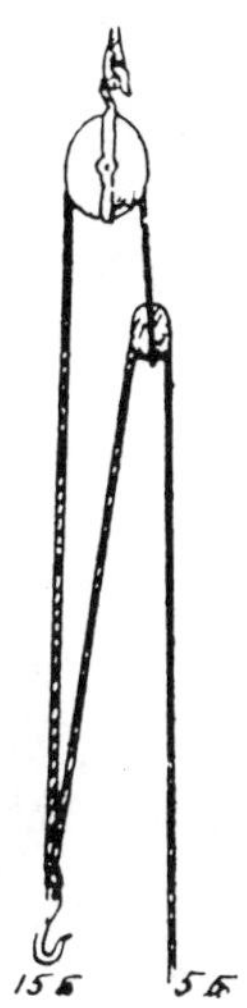

Fig. 267.
Ladetakel

Den **Spanischen Ladetakel** (Fig. 267) (stagnak, spanish burton) benutzt man auf kleineren Schiffen zum Löschen und Laden. Er verdreifacht die Kraft.

Das **Piekfall** (Fig. 268) (Pikfald, pick holliard) besteht meist aus einem Läufer und fünf einscheibigen Blöcken, wovon drei übereinander in Augbolzen an der Achterkante des Masttopps und die beiden anderen in Augbolzen auf der Oberkante der Gaffel eingehakt sind. Das Piekfall läßt sich auf zwei verschiedene Arten einscheren: entweder befestigt man eine Part an der Gaffel und hat dann, wenn man die holende Part bedient, die fünffache Kraft, oder die Tampen gehen beide auf das Deck, jeder auf eine Seite, wie auf der Abbildung zu sehen ist. Einen Tampen benutzt man dann als heißenden Part, die Kraft hat sich nur vervierfacht. Setzt man einen Klappläuferblock auf den anderen Tampen, erzielt man mit dem Klappläufer die achtfache Kraft, hat also einen Piekstrecker mit der doppelten Kraft des Piekfalls. Wenn das nicht ausreicht, kann anstelle des Klappläufers eine 3-fach geschorene Talje mit dem zweischeibigen Block oben gesetzt werden, welche dann 4 x 4 = 16fache Kraft verleiht. Der Piekstrecker hat also viermal soviel Kraft wie das Piekfall.

Eine **Jolle mit Klappläufer** (Fig. 269 A) verdoppelt die Kraft. Der Klappläufer kann ein Spill ersetzen, man hat dann eine gute Jolle zum Löschen von Kohle usw. Der Ladebaum ist am unteren Ende an einem Schwanenhals drehbar und wird oben entweder mit einer Kette oder mit einer Talje vom Masttopp aus gehalten. Um den Baum über der Luke zu halten, ihn aber gleichzeitig am Hin- und Herschwingen zu hindern, setzt man auf das obere Ende des Baumes ein paar Geerden (Niederholer), die an jede Seite des Schiffes führen.

Eine **einfache Jolle** gibt einfache Kraft (Fig. 269 B).

Der **Pentertakel (Vorhandblock)** (Fig. 270 A) (Pennertblokken i forhanden) besteht aus einem einscheibigen Block, der die doppelte Kraft gibt und sich besonders für Stückgut eignet.

Eine **Wippe** (Fig. 270 B) gibt nur halbe Kraft, man verwendet sie meist zum Löschen von Korn, Kohle in Körben usw. Eine einfache Jolle mit mehreren Männern an der holenden Part wird auch Wippe genannt.

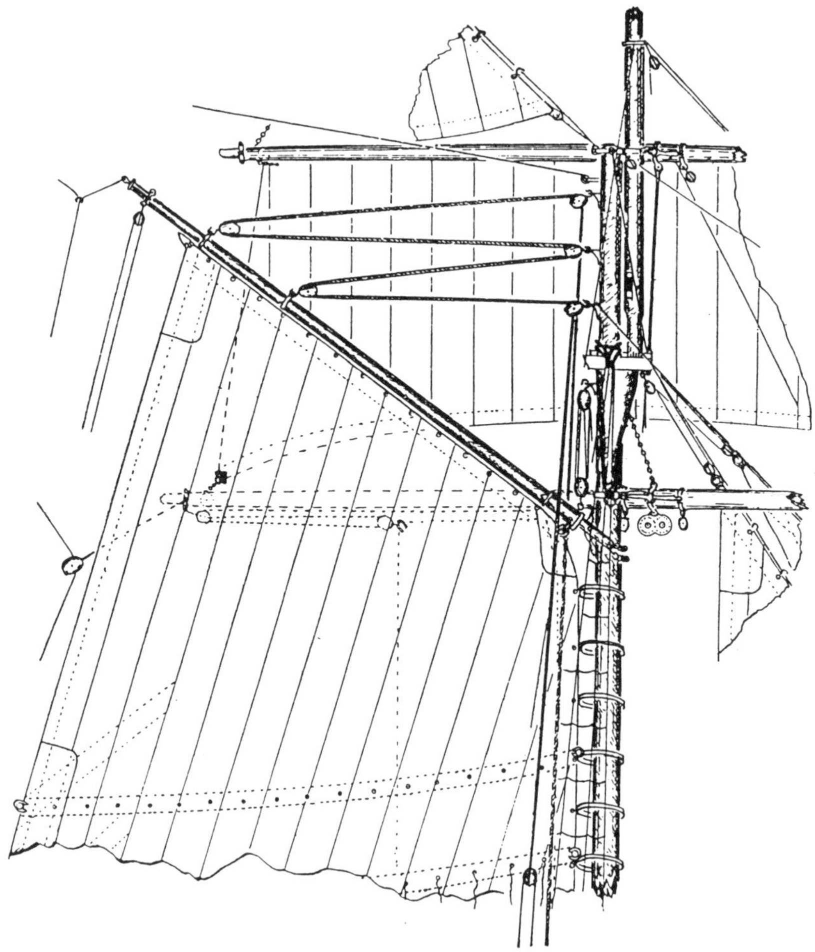

Fig. 268. Piekfall

In Fig. 268 ist ein Fall für ein Stagsegel mit zwei einfachen Blöcken und einer Jolle abgebildet. Ein fester und ein loser Block verdoppeln die Kraft.

Eine **Talje mit Mantel** (Fig. 271) wird für Mars-, Bram- oder Royalfallen eingesetzt. Eine solide Kette, ein **Drehreep**, sitzt an einem Ring an der Rah, fährt durch ein Scheibengat in der Stenge gleich unter der Wantauflage und ist an der Achterkante der Stenge in einem Eisenblock (Mantelblock) fest. Ein Läufer aus Kette, Draht oder Tauwerk ist durch den Block geschoren und geht mit je

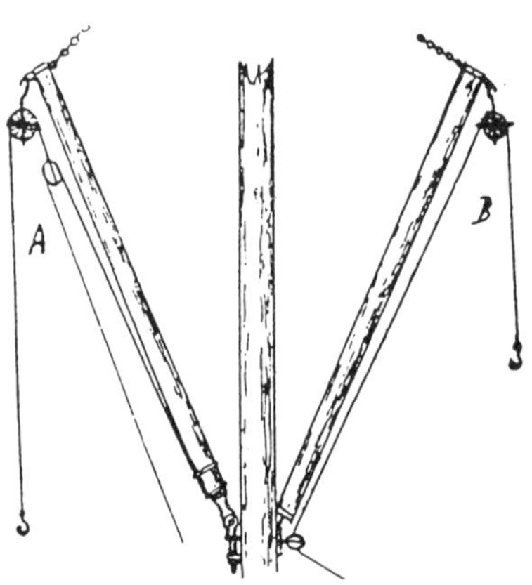

Fig. 269. Löschbäume mit Taljen

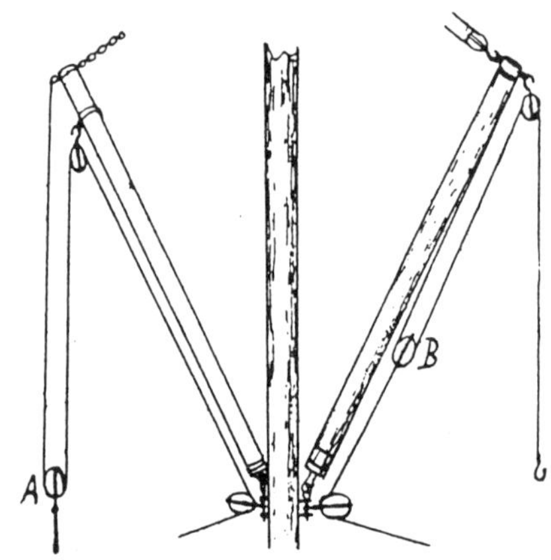

Fig. 270. Löschbäume mit Taljen

einem Tampen hinunter zu jeder Schiffsseite. Einer der Tampen ist fest und wird Stander genannt; auf dem anderen Tampen sitzt eine Talje, deren unterster Block an der Reling befestigt ist. Der Läuferblock ist immer oben (s. Abbildung). Der Läufer im Mantelblock übt also doppelte Kraft aus, und setzt man dort eine 3-fach geschorene Talje an, hat man die achtfache Kraft, mit einer 4-fach geschorenen Talje die zehnfache und mit einer Gien die zwölffache Kraft. Das kann durchaus vonnöten sein, da die Obermarsrahen eines Schiffes von mehreren Tausend Tonnen ca. 4000 Pfund wiegen, ohne Segel, Blöcke und Tauwerk. Um so eine Rah besser aufbringen zu können, schert man die holende Part des Falls durch einen Fußblock und gibt es zum Gangspill. Nicht auf allen Schiffen ist der Stander an Deck fest. Der Stander des Royalfalls z. B. ist oft an der Stengesaling fest, der des Bramfalls auch dort oder am Mars. Der Stander des Marsfalls führt allerdings meist auf das Deck und dient auf diese Weise gleichzeitig als Pardune, solange die Rah geheißt ist. Auf großen Schiffen findet man oft einen einscheibigen Eisenblock auf der Oberkante der Marsrahen; das eine Ende des Drehreeps ist dann fest an der Vorderkante der Stengesaling, das andere Ende wird von vorn durch den einscheibigen Block geschoren, nach oben durch das Scheibengatt der Stenge, hinunter zur Achterkante derselben und endet in einem großen Schäkel, in dem das Fall angeschlagen wird. Der Vorteil dieser Methode ist der, daß die Rah an doppelter Kette hängt, die daher nicht so schwer zu sein braucht, wodurch wieder das Scheibengat in der Stenge nicht so groß sein muß.

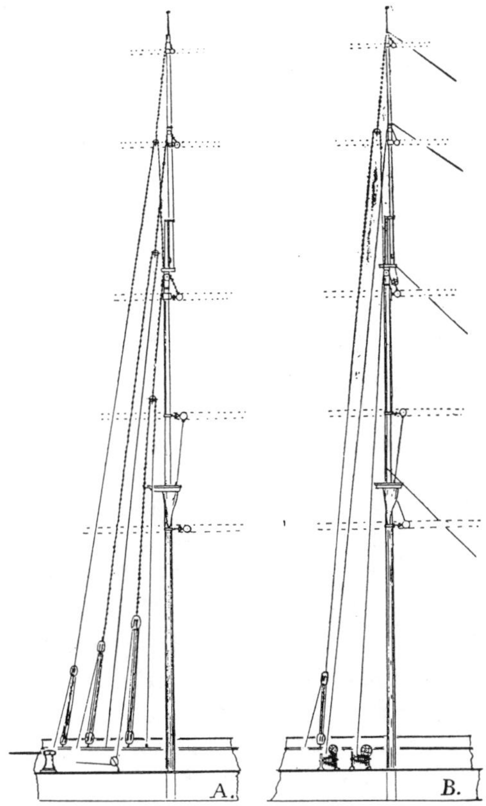

Fig. 271. Spill und Drehreep für Rahsegelfallen

Außerdem wird verhindert, daß der Mantel am Bramstag oder Bramstagsegel schamfilt, weil das Fall in der Regel mit Hilfe einer Leitkausch an einer Pardune entlanggelegt wird. Will man gänzlich auf ein Scheibengat verzichten, weil es die Bruchlast einer Stenge doch beträchtlich herabsetzt, kann man stattdessen einen Eisenblock anbringen. Das Drehreep kann ebenso hinunter zum dicken Ende der konischen Trommel eines Spills geführt werden; dieses ist entweder auf Deck oder auf dem Deckshaus hinter dem Mast angebracht (Fig. 271 B). Mit Hilfe eines Schneckenrades wird die Rah geheißt oder gefiert (siehe Spill). Es ist keine Kunst, soviel Taljen wie möglich anzusetzen, um das Heißen zu erleichtern, man sollte aber nicht mehr anbringen, als man tatsächlich bequem heißen kann. Was an Kraft gewonnen wird, kann sich jeder selbst errechnen, indem er die Anzahl der freien Scheiben mit zwei multipliziert - oder indem er nachmißt, wieviele Fuß Läufer man holen muß, um die Last einen Fuß zu versetzen. Last und Weglänge stehen nämlich in umgekehrtem Verhältnis zueinander. Im vorangegangenen wird keine Rücksicht auf die Kraft genommen, die durch Reibung oder den Ueberschuß an Kraft, der dazu dient, die Last in Bewegung zu setzen, entsteht. Wir können jedoch damit rechnen, daß mindestens 1/3 mehr Kraft erfordert wird, als ausgerechnet wurde. Was den Reibungswiderstand angeht, so heißt es auf See: „Große Scheiben und dünne Enden holen leicht".

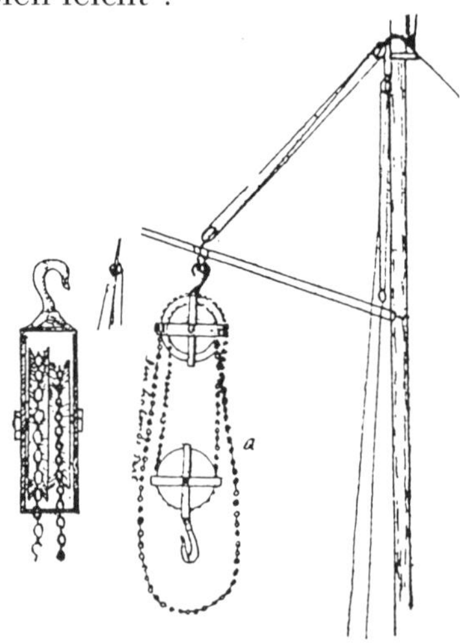

Fig. 272. Patenttalje

Patenttaljen (Fig. 272) (Patent Taljer, Weston puchases). Endlich soll noch von einer Art von Taljen die Rede sein, die häufig auf Dampfschiffen benutzt werden oder für das Löschen einer schweren Ladung. Die Talje besteht aus einer Kette mit zwei Eisenblöcken, von denen der untere ein gewöhnlicher Block mit Eisenscheibe und Gehäuse ist. Der obere ist ebenfalls aus Eisen oder Stahl; die beiden Scheiben sind aus einem Stück gegossen und laufen um einen gemeinsamen Bolzen - außerdem haben die Scheiben eine Rille (Nest), die so beschaffen ist, daß jedes Kettenglied dort hineinpaßt und auf diese Weise daran gehindert wird, um die Scheibe zu rutschen. Das ganze Geheimnis besteht darin, daß ungeachtet dessen, daß die Scheiben nicht gleichgroß sind, sie trotzdem die gleiche Anzahl an Umdrehungen machen, und je mehr die Scheiben sich in der Größe angleichen, desto größer wird die Kraft der Talje, allerdings heißt sie dann auch um so langsamer. Hat beispielsweise die große Scheibe 33 Zoll und die kleine 29 Zoll Umfang, und man holt die holende Part der Kette, bis die Scheibe eine Umdrehung gemacht hat, so hat man 33 Zoll Kette geholt, gleichzeitig hat aber die kleine Scheibe 29 Zoll aufgefiert, so daß nur vier Zoll übrigbleiben. Verteilt man das auf zwei Parten, so bleiben nur zwei Zoll für jede Part. Die Last wird also nur zwei Zoll angehoben, obwohl der Läufer 33 Zoll geholt wurde. 33:2 gleich 16 1/2fache Kraft. Die Kette ist endlos und die Talje kann bei a geholt werden. In der Regel haben die Taljen eine Höchstbelastungsgrenze, die nicht überschritten werden sollte.

DAS SCHIFF

Die Bezeichnungen für die festen Teile eines Schiffes

Mit freundlicher Genehmigung nach dem Manuskript von Herrn Kapitän Schütz.

Allgemeine Bezeichnungen

Schiffe werden zur Zeit aus Holz, Eisen oder Stahl gebaut. Man unternahm auch Versuche mit armiertem Eisenbeton. Schiffe werden nach ihrer Bauweise benannt. Sie werden eingeteilt in **Dampfschiffe (Raddampfer und Schraubendampfer), Motorschiffe, Segelschiffe und Segelschiffe mit Hilfsmaschine (Dampfmaschine oder Motor).** Außerdem richtet sich die Benennung nach ihrer Bestimmung: **Kriegsschiffe** oder **Seekriegsschiffe, Kauffahrteischiffe** oder **Handelsschiffe** und **Lustfahrzeuge** oder **Yachten**. Und endlich werden sie nach ihrer Takelung benannt.

Der Rumpf (Fig. 273)

Der fertige Rumpf eines Segelschiffes macht ca 2/3 der Anschaffungssumme für ein segelfertiges Schiff aus, Rundhölzer, Rigg, Segel, Anker und Ketten ca. 1/3 dieser Summe.

Im folgenden werden die wichtigsten Bestandteile des Rumpfes eines Holzschiffes aufgeführt und jeweils mit kurzen Erklärungen versehen.

Der **Kiel** (Køl, keel) ist der Teil des Schiffes, der zuerst auf Stapel gelegt wird. Er besteht aus einem oder mehreren Balken, deren Enden miteinander verlascht und verbolzt sind. An den Seiten sind Kerben, die **Sponung** (Spunding, rabbat) genannt werden. Sie bieten den untersten Planken außen eine feste Anlage am Kiel. Man nennt diesen Teil des Kiels auch festen Kiel, im Unterschied zum **Loskiel** (Straakøl, falsekeel), der aus Planken besteht, die **unter** den festen Kiel gespiekert werden, teils um den festen Kiel vor dem Schamfilen zu bewahren, teils um die Segeleigenschaften zu verbessern.

Der **Vorsteven** (Forstæven, stem), der normalerweise aus einem Stück Holz gefertigt ist, wird am Slempholz, das aus einem gebogenen Balken oder einem stumpfen Knie besteht, mit Hilfe einer Laschung und Bolzen am Kiel befestigt. An den Seiten befindet sich wieder die Sponung, die einen festen Halt für die außenbords liegenden Außenhautsplanken bietet. Um den Vorsteven unten vor Beschädigungen, z.B. bei Grundberührungen, zu schützen, bolzt man gegen die Vorderseiten den **Außensteven** (Yderkrigen, gripe), der oft bis zum Galion emporführt und dort in ein Knie, das **Galionsschegg** (Vulingsknæt, lace piece), mündet. Auf großen Schiffen führt er nicht ganz bis nach oben, sondern steht in Verbindung mit dem **Schegg** (Skægget, filling choks), der aus mehreren Teilen zusammengefügt ist und durch Bolzen und Schienen mit dem Vorsteven verbunden ist.

Der **Binnenvorsteven** (Inderstæven paa Forstævnen, apron) wird an der Binnenkante des Vorstevens befestigt, sein Unterende wird an die vorderste Aufklotzung gelascht.

Der **Hinter- oder Achtersteven** (Agterstænen, sternpost), der aus einem Balken besteht, steht mit seinem unteren Ende auf der Oberseite des Kiels und ist durch Zapfen mit diesem verbunden. An den Seiten hat auch er eine Sponung. An die vordere Seite des

Achterstevens wird der **Zwischensteven** (Mellemstævnen) gestellt, der auch auf dem Kiel verzapft wird und mit dem Achtertseven zusätzlich durch das **Achterstevenknie** (Agterstævnsknæ) verbunden ist, welches Achtersteven und Kiel zusammenhält. Gegen die Vorderfläche des Zwischenstevens kommt der **Binnensteven** (Inderstævnen paa Agterstævnen, inner sternpost), dessen unteres Ende entweder an das Achterstevenknie (auf großen Schiffen) oder an das Kielschwein gelascht ist.

Die **Spanten** (Spanterne, frames) setzen sich aus mehreren Teilen zusammen. Jedes Teil ist verschieden benannt. Spanten geben dem Schiff seine Ausdehnung und Form in Höhe und Breite. Ein **Richtspant** ist der Spant, der waagerecht und rechtwicklig auf dem Längsschiff steht, ein **Kantspant** indessen steht schräg zum Längsschiff. Beide Arten sind entweder „Festpanten" oder „Füllspanten".

Festspanten haben ihren Namen daher, daß das Holz für jeden Spant so miteinander verbolzt wird, daß es ein Ganzes bildet. Zwischen ihnen befindet sich der **Haupt- oder Nullspant**, der auf der Schiffszeichnung mit Null und Kreuz gekennzeichnet wird, und bei gleichem Abstand von der Wasserlinie eine größere Breite hat als die übrigen Spanten.

Füllspanten sitzen zwischen den Spanten. Sie können aus **halben** oder **ganzen** Spanten bestehen und sind auf der Schiffszeichnung nicht zu sehen. Das **Ohrholz oder Judas-ohr** (Judasørerne, knight heads) sitzt zu beiden Seiten des Vorstevens und ist mit ihm verbolzt. Zwischen den Judasohren liegt das Bugspriet.

Den untersten Teil der Spanten machen die **Bodenwrangen** (Bundstokken, floor timber) aus. Die Bodenwrangen laufen quer über den Kiel und sind mit dem nachfolgenden Teil der Spanten, den **Auflangern** (Oplægerne, futtocks), verbunden. Ein Spant setzt sich aus zwei Lagen zusammen, deren einzelne Hölzer einander überlappen und verbolzt sind. Quer über dem Kiel liegt die Bodenwrange. Auf diese stoßen zu jeder Seite der erste und dann der dritte Auflanger, die mit der Bodenwrange zusammen die eine Lage des Spantes ausmachen. Die beiden Sitzer liegen an den Seiten der Bodenwrange, ihre Enden stoßen mitten auf dem Kiel zusammen. An das freie Ende des Sitzers stößt zu jeder Seite der zweite Auflanger. Diese Stücke machen zusammen die zweite Spantenschicht aus.

Früher bolzte man diese beiden Lagen fest zusammen, um aber soviel Luftzirkulation wie möglich zwischen die Spanten zu lassen, legt man heute gewöhnlich Klötze dazwischen. Wenn die Planken gelegt sind, entfernt man die Klötze nach und nach. Um zusätzlich für Frischluftzufuhr zwischen den Spanten zu sorgen, werden Luftventile im Schandeck angebracht, die wasserdicht verschlossen werden können.

Die Verbindungsstelle zwischen den beiden Stücken der einen Lage liegt mitten auf dem Holz der anderen.

Bodenwrangen und Sitzer überschneiden sich unten über dem Kiel bis an die Oberkante der Sponung, sie liegen auf den Hölzern, die oben auf den Kiel gebolzt sind und **Slemphölzer oder Aufklotzung** heißen. Diese haben achtern und vorn ihre höchste Höhe und sind bei scharf gebauten höher als bei plattbodigen Schiffen. Die oberen Enden der Spanten (Köpfe) werden vom **Schandeck** (Skanddækket, gunwale) bedeckt, welches aus Planken besteht, die die Oeffnungen zwischen den Spanten von oben schließen. Einige der Spanten verlaufen durch das Schandeck und dienen als **Relings-oder Schanzkleidstützen** (Lønningstøtter,bulwark stanchions) (s. unten).

Unter dem **Spiegel** (Heck, Agterspejl, stern) eines Schiffes versteht man in der Umgangssprache die Fläche, die das Schiff nach achtern abschließt. Zum Spiegel gehören alle nachfolgenden Hölzer, durch die der Spiegel Form und Stärke erhält: Der **Heckbalken** (Hækbjælken, main transom) gehört mit zum Spantsystem und liegt mit seiner Mitte auf dem Oberende des Achterstevens und ist mit Schwalbenschwänzen so befestigt, daß er sich nicht verschieben kann. **Füllstücke** (Vorpene, filling transoms) werden eines über dem anderen auf Zapfen in den Achtersteven oder Mittelsteven gesetzt. Zur Stütze werden Klötze in die Zwischenräume gelegt. Als **Ransomhölzer** (Ransomholter, fashion pieces) bezeichnet man die achtersten Kantspanten. Sie werden über die Enden der Heckbalken und der Füllstücke gelegt, und man befestigt sie auf ersteren mit Bolzen und auf letzteren mit Holznägeln. Außer den obengenannten gehören zum Spiegel noch mehrere andere Hölzer, die unter dem Begriff **Heckspanten** (Hækstøtter, sterntimber) zusammengefaßt sind. Das mittlere Spant wird **Heckmittelspant** (Middel Kækspant, horntimber) genannt, seine Unterenden gehen schräg nach innen zu, und die oberen Enden werden von einer **Heckreling** (Hakkebrættet, taff rail) abgedeckt, an deren Enden **Eckstücke** (Sidebuerne, quarter pieces) gelascht sind, die wiederum die Begrenzung des Spiegels in Querschiffrichtung ausmachen. Das Holz, in welches das Gatt für den Ruderkoker gebohrt wird, ist das Mittelheckspant. Das **Kielschwein** oder Kohlschwein, Kolswin (Kølsvinet, keelson) setzt sich aus einer Reihe gerader und gekrümmter Hölzer zusammen, die zusammengelascht und -gebolzt sind und auf die Bodenwrangen, senkrecht über den Kiel, gelegt werden. Dort wird es mit dem Kiel mittels Bolzen verbunden, die von innen ansetzen, die also durch das Kielschwein, die Bodenwrangen, die Aufklotzungen und den Kiel gehen. Diese Bolzen werden auf dem festen Kiel verklinkt, manchmal durch Löcher, die in den losen Kiel geschlagen werden, in der Regel aber, bevor dieser angebracht wird. Der achterste Teil des Kielschweins ist meist an ein Knie gelascht, welches man **Achterstevenknie** nennt, und das außerdem den Binnensteven des Achterstevens bildet. Ist der Binnensteven aus einem eigenen Stück Holz, wird das Achterstevenknie durch ein Eisenknie ersetzt. Durch das Achterstevenknie, den Mittelsteven und den Achtersteven führen durchgehende Bolzen. Das vordere Ende des Kielschweins ist mit einem Holz zusammengelascht, das **Vorderstevenknie** (Opløberen paa Kølsvinet, stemson) genannt wird. Dieses, der Binnensteven, der Vorsteven und der Außensteven werden wieder mittels durchgehender Bolzen vereint. Das Kielschwein wird mit den Mastspuren versehen.

Unter der Außenbeplankung versteht man alle Planken und gekrümmten Hölzer, die ein Schiff vom Kiel bis zum Schandeck einkleiden. Man teilt es in mehrere **Gänge oder Strake** (Range, Gange). Der unterste Gang heißt **Kielgang** (Kølrang, gard board strake). Diese unterste Planke greift mit ihrer Unterkante in die Sponungen im Kiel und wird an ihm festgebolzt. Die folgenden drei, vier, fünf oder mehr Gänge werden **Schergänge** (Barkholt, sheerstrake) genannt. Vorn und achtern, wo die Rundungen so groß sind, daß man keine Planken mehr biegen kann, werden Krummhölzer verwendet. Die Enden der Planken passen in die Sponungen des Vorder- und Achterstevens und werden an diesen festgebolzt und gespiekert. Im übrigen bolzt und spiekert man die Außenhaut an die Spanten; es ist üblich, dafür zusätzlich Nägel aus kräftigem Holz zu verwenden. Den Zwischenraum zwischen den Kanten zweier Planken nennt man **Naht** (naad, seam) und den zwischen zwei Plankenenden **Stoß** (Stød, butt). Nähte und Stöße werden kalfatet und mit Pech gefüllt. Ueber Spieker und Bolzen setzt man in der Regel oberhalb der Wasserlinie Holzpfropfen und unterhalb der Wasserlinie füllt man sie mit Zement aus.

Die **Beplankung binnenbords** besteht aus all den Planken, die an die Innenflächen der Spanten gebolzt und gespikert werden. Auf den Boden werden Gänge aus dickeren

Planken gelegt, um die Spanten zu verstärken, man nennt sie **Flurweger** (Bundstoksvægere, dead rising). Die dickeren Gänge an den Schiffsseiten nennt man **Balkweger** (Dæksvægere, beamshelves), die dünneren **Baumwegerung** (Gaarnering, ceiling). Ein Teil der Bodenbeplankung am Kielschwein läßt sich herausnehmen, um die **Bilge** (Landsporer) reinigen zu können. Die Stellen, an denen sich das Bilgenwasser sammelt, nennt man Wasserlauf. Das Wasser sammelt sich und läuft duch schmale Kanäle, die in die Unterseiten der Spanten geschlagen sind und die man **Nüstergatts** (Vandløb, limberholes) nennt. Sie leiten das Wasser zu den Pumpen - diesen Teil der Kleidung, der normalerweise als Nüster eingerichtet ist, nennt man **Wasserlauf** oder **Wasserlaufloch**. Deren Nähte und Stöße werden kalfatet. Ein Teil der Seitenbekleidung - **Luftgänge** (Luftrange, luftborde) - läßt sich ebenfalls entfernen, um für entsprechende Belüftung zwischen den Spanten zu sorgen. In der Regel kalfatet und pecht man die Nähte und Stöße genauso wie die übrige Beplankung. Die Seiten des Schiffes werden ferner mit **Bändern** (Baand) zusammengehalten, welche normalerweise aus Eisen sind und nach der Stelle benannt werden, wo sie angebracht sind. Ein solches Band wird quer über das Kielschwein gelegt, die Enden sind auf beiden Seiten gleichlang und werden mit durchgehenden Bolzen festgehalten. Wird ein Band über die Bilge gelegt, z.B. an einem der Masten, nennt man das ein Mastband; liegt es im Bug, heißt es Bugband, liegt es in der Nähe der Klüsen, nennt man es Klüsenband.

Die **Decksbalken** (Dæksbjælkerne, deckbeams) sind in die Oberkante der Balkweger mit Schwalbenschwänzen eingelassen. Manchmal sind sie aus mehreren Hölzern zusammengelascht und reichen von der einen Schiffsseite zur anderen, stoßen gegen die Innenflächen der Spanten und werden dort an der Schiffsseite mit **Hängeknien** (Dæksknæer) verbunden. Von diesen sind die horizontalen Knie, die zwischen den Decksbalken angebracht werden, in der Regel aus Holz, die vertikalen aus Eisen. Sie werden an die Decksbalken und die Schiffsseiten gebolzt. Die Decksbalken sind in der Mitte nach oben gebogen (Decksbalkenbucht) und werden von **Decksstützen** (Dækstøtter, hold-pillars stanchions) gestützt, auf neueren Schiffen sind diese aus Eisen. Ueber das Ende der Decksbalken, mit der Außenfläche gegen die Spanten, werden zusammengelaschte Hölzer mit Schwalbenschwänzen aufgesetzt; sie sind der **Wassergang** (Vaterbord, waterway). Durch diese und durch die Schiffswand hindurch werden Oeffnungen gebohrt, in welche Metallrohre gesetzt werden. Sie dienen dem Wasserablauf von Deck und werden **Speigatten** (Spygatter, scupperholes) genannt.

Das **Deck** (Dækket, deck) wird auf den Decksbalken verlegt. Es bekommt dadurch in Längsschiffrichtung einen Sprung, der achtern und vorn nach oben führt, während in Querschiffrichtung die Mitte des Decksbalkens der höchste Punkt ist, der zu beiden Seiten hin abfällt. Das Deck besteht aus Planken, die an die Decksbalken gespiekert wurden, der äußerste und dickste Gang, das **Leibholz**, (livholt) liegt mit der Kante dicht am Wassergang, ist mittschiffs breiter als vorn und achtern und wird in die Decksbalken gelegt, und zwar so, daß seine Oberfläche in Flucht mit dem übrigen Deck ist. Die **Decksplanken** (Dækskraveller) sind viereckige Holzstücke, die längsschiff gegen das Leibholz gelegt werden. Ihre Enden werden in die Decksbalken eingelassen, damit ihre Oberfläche in einer Flucht mit den Decksbalken liegt. Die Stöße und Nähte werden kalfatet und mit Pech gefüllt. Ueber die Spieker (Nägel) schlägt man Holzpfrofen ein. Der vorderste Teil des Decks heißt **Vordeck** (Fordæk, fore deck), der Teil mitschiffs heißt **Großdeck** (Dækket midtskibs, main deck) und der achtere Teil **Achterdeck** (Agterdeck, quarter deck). Auf Deck voraus und achteraus ist oft ein kleiner Aufbau zu finden: der vordere heißt **Back** (Bak, forecastle), der achtere **Halbdeck, Poop** (Halvdeck).

Werden zwei Decks gelegt, nennt man das untere **Zwischendeck** (Mellemdeck, Batteriedæk, between deck). Die Namen der einzelnen Elemente sind denen des Oberdecks gleich. Einige Zwischendeckenbalken können herausgenommen werden, um beim Laden und Löschen nicht hinderlich zu sein. Zwischendecks werden vielfach nur vorn und achtern gelegt, um Mannschaftslogis und Kajüte einzurichten.

Hat ein Schiff drei Decks, heißt das unterste **Unterdeck** (Banjerdeck). Wird das oberste Deck eines Schiffes höher gelegt als gewöhnlich, spricht man davon, daß das Schiff **gedeckt** (overbygget) ist. Unter dem obersten Deck liegt das Hauptdeck, das kann entweder ein **Spardeck** (Spardæk) oder, sofern der Ueberbau nur von schwächerer Konstruktion ist, ein **Sonnendeck** (Awning Dæk) sein. Spardeckschiffe sind voll überdeckte Schiffe, Sonnendeckschiffe dagegen nur an einzelnen Stellen überdeckte Schiffe. Die Decksöffnungen, die zu den Räumen führen, werden **Luken** (Luger, hatchways) genannt. Sie sind mit **Lukensülls** (Lugekarme, hatchway coamings) versehen und mit **Lukendeckeln** (Luger, hatches) abgedeckt. Sie lagern auf **Längsträgern** (Skærstokke, fore-and-afters), die in den Lukensülls angebracht sind. Einige der Luken - in der Regel nur die, welche zur Kajüte oder ins Logis führen - sind mit **Kappen** (Nedgangskapper, companions) versehen. In den Decksbalken, der an der Achterkante der Großluke sitzt, werden die Nettotonnage und die Registerdaten eingeschnitzt.

An den Stellen auf Deck, wo die Durchführungen für Masten, Pumpen, Spills und andere schwere Gegenstände eingearbeitet werden, ersetzt man die gewöhnlichen Föhren-Decksplanken durch breite Eichenplanken, die mindestens um einen Zoll dicker sind als die Decksplanken. Auf diese Weise erhält man eine solide und kräftige Einfassung für diese Gatts, die man **Fischungen** (Fisken, partners) nennt. An solchen Stellen werden zur Verstärkung außerdem längsschiff unter Deck sogenannte **Schlingen** (Unterzüge) (Traækraveller, carlings) zwischen die Decksbalken gelegt.

Relingsstützen (Lønningsstøtter, bulwark stanchions), die Teile der Spanten sind, verlaufen - wie schon gesagt - durch das Schandeck. Diese Spantköpfe werden durch eine Planke, die **Reling oder Schanzkleidreling** heißt (Lønning, main rail), abgedeckt. Darunter werden in der Regel an der Innenseite der Relingsstützen waagerechte Planken festgebolzt, die man als **Nagelbänke** (Naglebænke, rack for belaying pins) einrichtet. Durch die Reling verlaufen kleinere Stützen, die, wenn sie aus Holz sind, Finknetzstützen genannt werden, wenn sie aus Eisen sind, Zepter. Die oberen Enden der Finknetzstützen werden von der Reling bedeckt. Die Krümmung des Schandecks und der Reling in Längsschiffrichtung nennt man Sprung (Skibets Spring, sheer of the vessel).

Die Beplankung über dem Schandeck zur Reling heißt **Schanzkleid** (Skanseklædning, bulwark), über dieser Reling sitzt die **Finknetzreling**. Diese, zusammen mit den Stützen, der Reling und der Schanzkleidreling nennt man **Verschanzung**. Auf der Höhe der Luken läßt sich ein Teil davon herausnehmen, es sind die **Ladepforten** (Ladeporte, cargoports). Die Oeffnungen, durch die man an und von Bord geht, heißen **Fallreeps** (Faldereb, gangway); das herausgenommene Stück der Verschanzung heißt **Fallreepspforte** (Falderebsporte). Die Oeffnungen, die dem Ablaufen von übergenommenem Wasser dienen, heißen **Pforten oder Wasserpforten** (Lænseporte, washports, waterports).

Unter **Schiffsboden** versteht man den Teil des Rumpfes, der im Wasser ist, unter dem Boden des Schiffes versteht man unterdessen auch den mittleren und flachsten Teil des Rumpfes. Die Stelle, an der der Schiffsboden vom Flach des Bodens in die nahezu vertikalen

Schiffsseiten übergeht, nennt man **Kimm** (Kimming, bilge) oder Schlag. Um das Schiff zu verstärken und dem Schlingern entgegenzuwirken, bringt man zu beiden Seiten der Kimm kleine Kiele an, die man **Kimmkiele oder Schlingerkiele** (Slingrekøle, bilgekeel) nennt. Um den Schiffsboden zu schützen, wird er oft bis zu einer gewissen Höhe bekleidet, bzw. beschlagen. Diese **Haut** (Forhudning) kann aus Kupferplatten, Zinkplatten oder Holzplatten bestehen und wird angenagelt, nachdem der Schiffsboden geteert wurde. Danach legt man zwischen Boden und Haut eine Schicht Spezialpapier oder Teerfilz. Auf die Seiten des Vor- und Achterstevens setzt man **Tiefgangsmarken** (Amningsmærker, draughtmarks), die den Tiefgang des Schiffes markieren. Bei dänischen Schiffen muß er auf der einen Seite in englischen Fuß und auf der anderen Seite in Dezimetern angegeben werden. Der untere Teil der Markierungen gibt den Tiefgang an.

Mittschiffs werden auf beiden Seiten Freibordmarken angezeichnet, die den größten Tiefgang angeben, bis zu denen ein Schiff unter verschiedenen Verhältnissen beladen werden darf (s. unter Freibord).

Name und Heimathafen des Schiffes werden gut sichtbar auf den Heckspiegel gemalt, helle Farbe auf dunklem Grund, dunkle Farbe auf hellem Grund.

Fährt das Schiff in ausländischen Gewässern, muß der Name außerdem an den beiden Bugseiten des Schiffes angebracht werden.

Unter dem **Bug** (Bov, bow) eines Schiffes versteht man den gekrümmten Teil zu beiden Seiten des Vorstevens, unter der **Bille** (Laaring, buttock) den Teil der Schiffsseiten, der in der Nähe des Spiegels sitzt, unter **Gillung** (Gilling, counter) die Neigung des Heckspiegels am Heckbalken und unter **Heck** (Hæk, stern) den Teil des Querschiffes, der achter dem Ruderkoker liegt.

Den Ausbau des Vorstevens bis zum Bug nennt man **Galion** (Gallion), den Ausbau des Spiegels zu den Billen **Galerie** (Galleri). Die Auslagen an den Mastseiten nennt man **Rüsten** (Røst, channels). Sie bestehen aus Balken oder Planken, die an die Schiffsseiten gebolzt werden und durch die die **Püttings** (Røstjærnene, chainplates) führen, die gleichfalls an den Schiffsseiten verbolzt werden. Diese Auslagen, die hauptsächlich angebracht werden, um den Wanten und Pardunen mehr Spannung zu geben, sind nicht auf allen Schiffen zu finden. Die Stelle aber, an der die Püttings befestigt werden, nennt man trotzdem Rüsten (Røst). Man benennt sie nach den Masten: Fockrüsten, Großrüsten, Besanrüsten usw.

Außenbords werden folgende Leisten oder Eisenbänder geführt: **Schandecksleiste, Püttingsleiste und Heckrelingsleiste**.

Ornamente werden hauptsächlich am Bug, an der Vierung und am Heckspiegel angebracht. Die Galionsfigur (Gallionsfigur, Gallionskrølle, figure head) wird am obersten Teil des Vorstevens befestigt.

Die Oeffnungen zu den Laderäumen in den Schiffsseiten über dem Wassergang, die zum Laden und Löschen gebraucht werden, heißen Pforten.

Ballastpforten und Bugpforten werden fest mit ausgeschnittenen Planken verschlossen, meist mit schweren Bolzen, die in den Pforten angebracht sind und durch Fids geschoben werden können. Die Pforten werden mit Hilfe von Schraubenmuttern gesichert, oder werden festgezurrt und dann kalfatet und mit Pech abgedichtet. Kleine Oeffnungen, um Licht oder Luft hineinzulassen, nennt man **Seitenfenster oder Bulleyes** (Koøjer, bulleyes). Sie können mit Glas- oder Sturmklappen wasserdicht verschlossen werden. **Klüsen, Ankerklüsen und Vertäuungsklüsen** (Klyds, mooringpipes, hawseholes) sind eisengefütterte Oeffnungen, durch welche Ankerketten und Vertäuungen nach außenbords geholt werden, man schließt sie mit **Klüsenpfropfen oder Klüsendeckeln**.

Oeffnungen unterhalb des Wassergangs findet man hauptsächlich auf Dampf- und Motorschiffen, sie sind dort wegen der Maschine und der Pumpen angebracht. Sie werden mit sogenannten **Ventilen** verschlossen. Schraubenschiffe mit einer einzigen Schraube haben außerdem im Achtersteven eine Oeffnung, durch die das Stevenrohr verläuft. Sie läßt sich mit einer **Stopfbuchse** (Pakdaase, stuffing box) wasserdicht verschließen.

Raumaufteilung, festes Inventar und dergleichen mehr

Die Innenausrüstung eines Schiffes richtet sich nach den Aufgaben und Ansprüchen desselben. Im folgenden werden die gebräuchlichsten Ausrüstungen samt der festen Gegenstände sowohl eines Holz- als auch eines Eisenschiffes aufgeführt.

Der **Laderaum** ist der Raum unter Deck, in dem die Ladung verstaut wird. Der vordere Teil ist die **Vorpiek** (Forpeak, forepeak), der achtere die **Achterpiek** (Agterpeak, afterpeak). Beide sind normalerweise von dem übrigen Laderaum durch Querschiffsschotten, das **Vorschott** und das **Achterschott**, abgetrennt. Bei Eisenschiffen reicht das Vorschott in der Regel bis zum obersten Deck hinauf, ist wasserdicht und wird **Kollisionsschott** (Kollisionsskod) genannt. Der Laderaum wird in **Großlast, Vorlast** und **Achterlast** eingeteilt. Weiterhin nennt man den Raum über den Mittschiffsdecksbalken **Oberlast** (Overlast) und den darunter **Unterlast**. Die Luken, die an Deck führen, werden der Last entsprechend benannt. An Bord von Eisenschiffen sind die Ladungen normalerweise durch wasserdichte Querschotten, von denen einige bis an das oberste Deck reichen, getrennt. Diese wasserdichten Schotten geben dem Schiff mehr Stabilität und verhindern, daß Wasser, das in einen Raum eingedrungen ist, auch in andere läuft (s. wasserdichte Schotten im Abschnitt über den Bau von Eisenschiffen). Auf Dampfschiffen beansprucht die Maschine einen Raum für sich und ist durch Schotten von der Ladung getrennt. Für gewöhnlich befinden sich die **Kohlebunker** (Kulkasserne) ebenfalls in diesem Raum.

Fast alle Dampfschiffe haben einen doppelten Boden, der nur für den Wasserballast genutzt wird. Andere haben einen oder mehrere **Ballasttanks**, die im Schiff sehr hoch hinaufreichen, mit einem **Tankdeckel** versehen sind und sowohl für Wasserballast als auch für Ladung verwendet werden. In der Vorpiek befindet sich der **Kettenkasten** (Kædekasser, chain locker), in dem die Ankerketten aufgeschossen werden. Die Oeffnungen im Deck, die zum Kettenkasten führen, heißen **Brunnen** (Brønde) oder Decksklüse (Kædepipe). Die Bekleidung um die Schraubenachsen bei Dampfschiffen werden **Tunnel** genannt. **Längsschotten** bestehen aus Planken, die mindestens zwei Zoll dick sind und bis zu einer Tiefe von sechs Fuß von Deck untereinander angebracht sind. Seitlich werden sie von den Decksstützen gehalten. Sie reichen über die ganze Länge des Laderaumes. Ist das Schiff mit einem Zwischendeck ausgestattet, werden sie auch in der Unterlast angebracht, man entfernt sie nur bei Ladung, die nicht verrutschen kann. Süßwassertanks (Ferskvandsbeholdere), die normalerweise aus Eisen gefertigt und innen mit Zement bestrichen sind, stehen gewöhnlich unter Deck. Der Kabelraum oder das **Kabelgatt**, worin Tauwerk, Blöcke und ähnliches Bootsinventar aufbewahrt wird, ist meist unter Deck ganz voraus untergebracht, manchmal findet sich hier zusätzlich ein **Malerschapp** (Malerskab).

Kajüte und **Logis** können sich sowohl unter als auch auf dem Deck befinden. Die erforderlichen Einrichtungen im **Deckshaus** oder **Roof** werden zum Schluß erwähnt. Die **Kombüse** ist gewöhnlich in demselben Deckshaus untergebracht wie auch das Logis und von diesem durch ein Schott getrennt. Im Deckshaus richtet man außerdem **Besteckkammer, Proviantkammer, Laternenschrank, Segelkoje** und ähnliches ein.

Oberlichter sind Lichtluken, die ihren Namen von dem Raum bekommen, über dem sie angebracht sind. **Luftventile** (Luftventiler, mushroom ventilator) führen in die verschiedensten Räume. Ueber dem Deckshaus befindet sich an Bord von Dampfschiffen die **Kommandobrücke**. Hier befinden sich **Steuerrad, Nachthaus mit Steuerkompaß, Telegraph** und Kontrollapparate. Das Nachthaus ist mit einer Kappe versehen, in der die Nachthauslampen stehen.

Große Schiffe, die als Segeldampfschiffe gebaut werden, sind meist mit einem **Schraubenbrunnen** ausgestattet; die Schrauben sind so eingerichtet, daß sie während des Segelns in diesen Brunnen geheißt werden können. Auf diesen Schiffen stehen gewöhnlich **Teleskopschornsteine**, die gefiert und geheißt werden können. Bei Segelschiffen mit Hilfsmotor kann die Schraube von der Maschine gelöst werden, wenn das Schiff sich allein unter Segeln fortbewegt. Wenn der Propeller allerdings nur zwei Flügel hat, ziehen es einige vor, sie senkrecht zu stellen, statt sie vom Motor abzukoppeln.

Davits (Davider, Jollebomme, davits) sind eiserne Halterungen, in denen die Boote hängen. Davits werden aber auch für Anker und Fallreepstreppen benutzt.

Kranbalken (Kranbjælkerne, catheads) werden für Anker benutzt. Ihr eines Ende ragt über die Schiffsseite hinaus und ist mit Scheibengatts und drei Scheiben versehen, einem Augbolzen und einem Sliphaken.

Die **Verholklampen** (Kæber, warping chocks) sind eisenbeschlagen und dienen als Wegweiser für Vertäuungen sowie beim Warpen.

Poller, Beting und Kreuzholz werden zum Festmachen von Trossen und Ketten, **Belegnägel, Klampen und Koffinägel**, die in einer Nagelbank sitzen, werden für das laufende Gut benutzt.

Pumpen: die Rohre der Ballastpumpe reichen vom Deck hinunter zu dem Wassergang am Boden des Schiffes; ihre unteren Enden werden mit einem Sieb versehen. Zur Pumpe gehören: Pumpeneimer, Pumpenschuh, Pumpenstange, Pumpenhaken und normalerweise eine Pumpenschlange. Um die Wassertiefe in der Bilge zu loten, nimmt man einen Peilstock zu Hilfe, ist ein solcher nicht vorhanden, peilt man durch das Pumpenrohr.

Ballastpumpen sind auf einigen Schiffen als **Patentpumpen** eingerichtet. Sie sind mit einem Schwungrad ausgestattet und dienen manchmal gleichzeitig als

Salzwasserpumpe. Die Verbindung zu dem Rohr binnenschiffs kann mittels eines Schwanenhalses unterbrochen, und eine Verbindung mit einem zur See hinausreichenden Rohr hergestellt werden.

Die Pumpen auf Segelschiffen werden unterdessen durch eine Windmühle betrieben. Auf Dampfschiffen, Motorschiffen und großen Segelschiffen mit Hilfsmotor findet man außer Ballast- und Lenzpumpen auf Deck, Maschinenpumpen im Maschinenraum, die Wasser aus dem Schiff pumpen können.

Eine **Frischwasserpumpe** und eine Salzwasserpumpe (Galionspumpe) findet man an Bord fast aller größeren Schiffe.

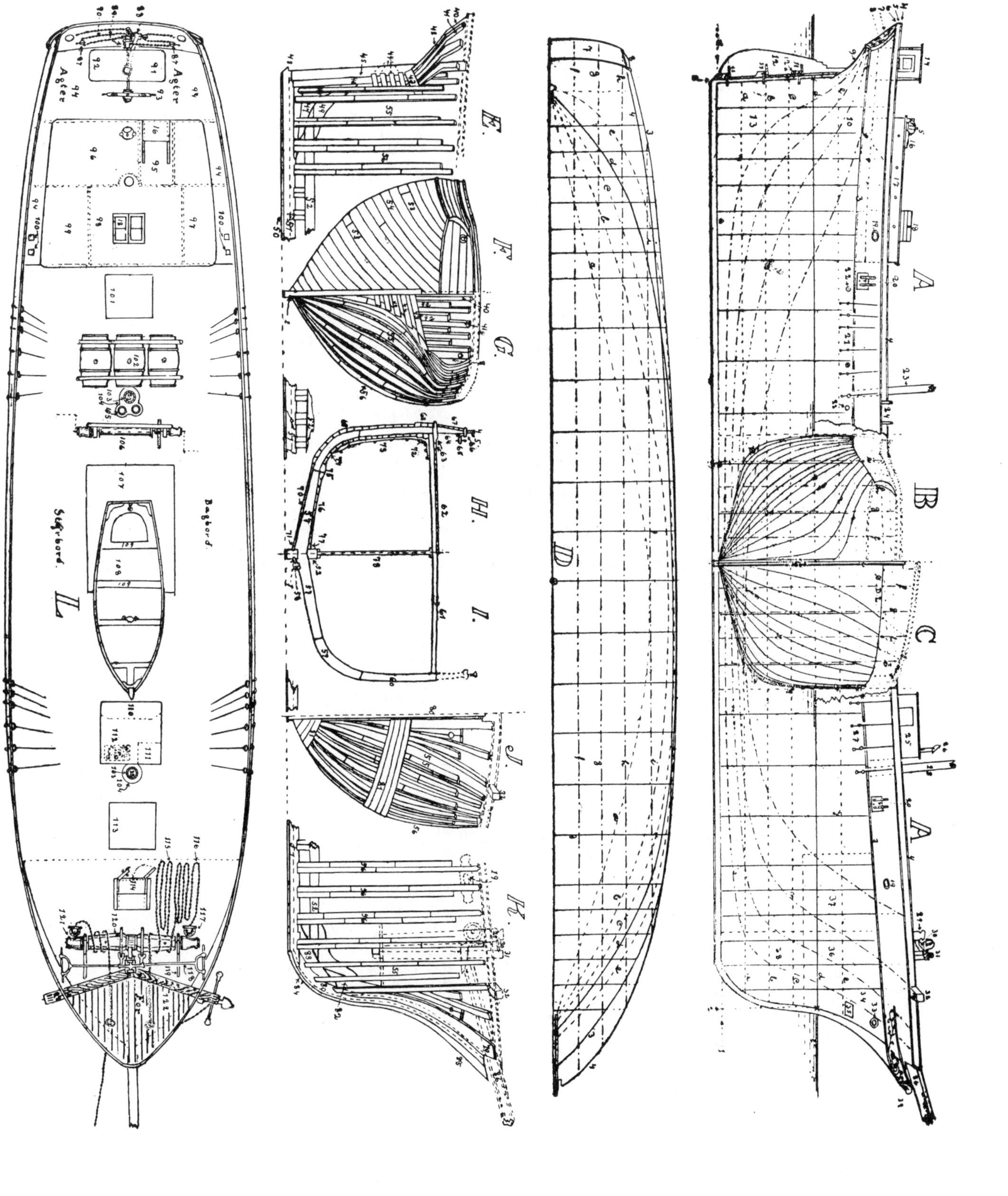

Fig. 273. A - D Schiffszeichnungen E - L Holzschiff in Spanten, Decksplan

A. Seitenansicht eines Holzschiffes

1. Sponungslinie
2. Lot
3. Obere Deckslinie
4. Finknetzreling
5. Finknetz
6. Heckreling
7. Spiegel
8. Heckstützen, Heckpfeiler
9. Gillung
10. Bille
11. Ruderhaken mit Ruderösen
12. Ruder
12a. Ruderschloß
13. Achterpiek
14. Ruderhaus
15. Nachthaus mit Kompaß
16. Kajütkappe
17. Hütte
18. Oberlicht
19. Klüsen
20. Lenzpforten
21. Großrüsten und Rüsteisen
22. Speigatten
23. Großmast
24. Fallreepspforte
25. Kombüse
26. Schornstein
27. Fockrüsten mit Rüsteisen
28. Fockmast
29. Beting
30. Betingbalken mit Schiffsglocke
31. Pallpfosten des Ankerspills
32. Kranbalken
33. Kettenklüse
34. Bug
35. Bugpforte
36. Kabelgat
37. Logis
38. Vorpiek
39. Galion

B. Spantenriß des Achterschiffes (Anmerkung: Der Deutlichkeit wegen wurden viele Spanten ausgelassen)

C. Spantenriß des Vorschiffes

D. Schiff vom Boden aus gesehen - mit Wasserlinien und Senten samt einiger Spanten

E. Achterschiff in Spanten, von der Seite gesehen

G. Achterschiff in Spanten, von hinten gesehen

40. Heckspant
41. Heckstützen
42. Gillingshölzer
43. Heckbalken
44. Füllungsworpen
45. Achtersteven
46. Binnensteven des Achterstevens
47. Achterstevenknie
48. Kielhacke
49. Binnenstevenknie
50. Loskiel
51. Kiel
52. Kielschwein
53. Stoß
54. Naht
55. Halbspant
56. Spant

H. Hauptspant des Schiffes (Mittelspant, Null- und Kreuzspant sind mit X gekennzeichnet), beplankt

57. Bodenwrange
58. Wasserlauf (Lemmergat)
59. Erster Auflanger
60. Dritter Auflanger mit Relingsstützen
61. Decksbalken
62. Deck
63. Schandeck und Wassergang
64. Relingsstütze
65. Nagelbank
66. Reling
67. Schanzkleid
68. Barkholz
69. Kimmgang
70. Bodengang
71. Kielgang
72. Balkweger
73. Eisenknie
74. Kimmweger
75. Bodenwrangenweger
76. Garnierung
77. Füllung des Wasserlaufes
78. Decksstütze

J. Vorschiff in Spanten, von vorn gesehen

K. Vorschiff in Spanten, von der Seite gesehen

79. Judasohren
80. Vorsteven
81. Beplankung
82. Binnensteven des Vorstevens
83. Vorsteven
84. Stevenanlauf
85. Galionsschegg
86. Bugspriet

L. Das Schiff von oben gesehen, Decksplan

87. Ruderblöcke
88. Ruderpinne
89. Ruderachse und Baum
90. Ruderkette
91. Malerschapp
92. Klosett
93. Steuerrad
94. Quarterdeck
95. Kajütniedergang
96. Kammer des Steuermanns
97. Proviantkammer
98. Kajüte
99. Kapitänskajüte
100. Poller
101. Achterluke
102. Wasserfässer
103. Mastkiele
104. Mastfischung
105. Pumpen
106. Krüppelwinde
107. Großluke
108. Großboot
109. Duchten
110. Kohlenbank (Kombüse)
111. Tisch (Kombüse)
112. Herd (Kombüse)
113. Vorluk
114. Niedergang
115. Ankerkette
116. Ankerkette, aufgeschossen
117. Deckklüse (zum Kettenkasten)
118. Pumphebel
119. Betingknie
120. Spillstamm
121. Spillkopf
122. Back

Schiffszeichnungen und dergleichen mehr

Schiffe werden nach Schiffszeichnungen (Rissen) gebaut. Die Aufgabe des Schiffskonstrukteurs besteht darin, eine Zeichnung anzufertigen, die ein stabiles, seetüchtiges und kräftiges Schiff zeigt, welches die Eigenschaft besitzt, mit Hilfe von Wind, Dampf oder einer sonstigen Kraft leicht durch das Wasser getrieben zu werden, und dessen Ausrüstung außerdem ganz auf den Zweck seiner Aufgaben zugeschnitten ist.

Die **Schiffszeichnung** besteht aus dem Längsriß oder Wasserlinienriß (Sidetegning, sheerdrawing) und dem Spantenriß (Spanterids, body plan), den Plänen von Ober- und Unterschiff, samt den Plänen der auf dem Spantenriß gezeigten schrägen Spanten, d.h. der Kantenspanten. Nach diesen Plänen wird das Schiff auf dem sogenannten **Schnürboden** (Afslagnings- eller Spanteloft, mould loft) in voller Größe gezeichnet. Dabei werden Form und Dimension eines jeden Teils des Schiffes bestimmt. Weiterhin wird eine Zeichnung des Hauptspantes angefertigt, die einen Querschnitt durch das Schiff zeigt, so, wie es an dieser Stelle gebaut werden soll. Diese Zeichnung gibt für Holzschiffe die Dimensionen von Spantholz, Planken, Decksbalken, Bolzen, Knie und ähnlichem mehr an. Für Eisenschiffe sind es die Dimensionen für Platten, Spantwinkel usw.

Außerdem wird ein Diametralschnitt des Schiffes angefertigt, und eine Planzeichnung der Decks und Laderäume, zur Herstellung der verschiedenen Räume, Luken, Niedergänge etc., ferner eine **Segelzeichnung**, die die Stellung der Takelung, die Dimension der Rundhölzer, Form und Flächeninhalt der Segel und vieles mehr angibt. Für Dampfschiffe fertigt man weiterhin eine Uebersichtszeichnung des Maschinen- und Kesselraumes, der Rohrleitungen, der wasserdichten Schotten, der Ventile usw an. Die Zeichnung für Eisenschiffe wird nach den gleichen Grundregeln wie die für Holzschiffe angefertigt. Siehe auch Fig. 313 - 316, samt 323 und 324.

Der **Diametralriß** des Schiffes (Fig. 273 A) ist der senkrechte Plan, der längsschiff durch die Mitte des Kiels und des Stevens geht und das Schiff in zwei symmetrische Teile teilt.

Der **Mittelspantriß** (Fig. 273 B, C) ist der senkrechte Plan, der durch den Mittelspant geht und das Schiff in **Vorschiff** (C) und **Achterschiff** (B) teilt.

Der oberste Wasserlinienriß ist ein waagerechter Plan, dessen Schnittlinie sich mit den Schiffsseiten überschneidet und der **Ladewasserlinie** genannt wird. Er bezeichnet den Teil des Rumpfes, der bei einem voll ausgerüsteten und beladenen Schiff unter Wasser ist. Der Wasserlinienriß teilt das Schiff in **Ueberwasserschiff** und **Unterwasserschiff**.

Das vordere Lot (Forreste Perpendikulær) ist die Linie, die senkrecht auf der obersten Wasserline steht und durch den Punkt geht, wo diese die Achterkante der Sponung des Vorstevens schneidet.

Das **hintere Lot** (Agterste Perpendikulær) ist die Linie, die senkrecht auf der obersten Wasserlinie steht und durch den Punkt geht, wo diese die Vorkante der Sponung im Achtersteven schneidet.

Die **Richtline für die Decksbalken** ist die waagerechte Linie, die zwischen der Oberfläche der Decksbalken verläuft, wo diese die Innenflächen der Spanten schneiden.

Die **Länge zwischen den Loten** gibt den Abstand zwischen dem Scheitelpunkt der obersten Wasserlinie mit den Sponungslinien des Vor- und Achterstevens an. Da es auf Eisenschiffen keine Sponung auf Kiel oder Steven gibt, rechnet man hier bis zu den Binnenkanten.Die Länge über Deck mißt man von der Achterkante des Vorstevens bis zur Vorderkante des

Achterstevens, in einer Linie mit dem obersten Decksbalken.

Die **Konstruktionsbreite** (Bredden, breadth moulded) mißt man auf dem Hauptspant von Außenseite zu Außenseite an der breitesten Stelle, die oft dicht an der obersten Wasserlinie liegt. Die größte Breite wird von der Außenseite der Außenhaut gemessen.

Die **Tiefe** eines Ein- und Zweideckschiffes mißt man von der Oberkante des Kiels oder der Kielplatten bis zur Unterkante des Decksbalkens, mittschiffs auf halber Länge des Schiffes. Für die Rundung der Decksbalkenbucht rechnet man mit 1/2 Zoll pro 1 Fuß der Balkenlänge mittschiffs.

Der **Tiefgang** (Ahming) eines Schiffes wird am vorderen und achteren Lot von der Unterkante des Kiels oder dessen Verlängerung bis zur obersten Wasserlinie gemessen.

Die **Steuerlastigkeit** ist der Unterschied zwischen dem Tiefgang vorn und achtern. Der **mittlere Tiefgang** ist die halbe Summe des Tiefgangs von vorn und achtern.

Material für den Schiffbau

Eiche ist eine kräftige und haltbare Holzsorte. Da sie Feuchtigkeit gut verträgt, wird sie oft zum Bau von Holzschiffen eingesetzt, so für Außenbordsplanken, Garnierung, Spanten und besonders für Krummhölzer (Knie). Eiche ist sehr gerbsäurehaltig und greift Eisen an, wenn es nicht galvanisiert ist. Aber selbst galvanisierte Bolzen werden an den Enden geteert, dort, wo die Galvanisierung durch das Einschlagen beschädigt wird. Eiche wird daher nur selten auf Eisen- und Stahlschiffen verbaut. Das Eichenholz ist außen von einer Schicht helleren Holzes umgeben, dem sogenannten Splint, welches weder die Stärke noch die Haltbarkeit des Kernes hat und daher entfernt werden muß, bevor das Holz zum Bauen für wenig zugängliche Teile im Innern des Schiffes verwendet werden kann.

Buche ist glatter und gleichmäßiger an der Oberfläche als Eiche, von beträchtlicher Festigkeit und läßt sich polieren. Beim Schiffsbau wird sie nahezu ausschließlich für Teile verarbeitet, die ständig unter Wasser sind, da sie Feuchtigkeit ebenfalls gut verträgt. Im Gegensatz zu Eiche verträgt Buche den ständigen Wechsel zwischen feucht und trocken nicht.

Esche ist ein sehr zähes Holz, kräftig und elastisch. Es wird daher meist zu Handspaken, Belegnägeln, Riemen, Werkzeugstielen etc. verarbeitet.

Ulme ist eine kurzfaserige und grobe Holzart, ziemlich zäh und bruchfest. Man verwendet sie viel im Bootsbau und für Eselshäupter.

Fichte ist eine weiche Holzsorte, die vielfach zu Rundhölzern verarbeitet wird.

Kiefer ist ebenfalls ein weiches Holz, das viel im Schiffbau, speziell für Rundhölzer zum Einsatz kommt. Wählt man Fichte für die Rundhölzer, sollte man darauf achten, daß die Stärke des Stammes mit der gewünschten Stärke der Spiere übereinstimmt, damit man nur wenig Holz entfernen muß. **Fichte hat nämlich kein Splintholz**, und die äußerste Lage ist die stärkste. Verarbeitet man dagegen Kiefer zu Rundhölzern, wählt man möglichst dickes Holz, damit der Splint vollständig entfernt werden kann. Bei der Verarbeitung von Kiefernplanken für das Deck ist ebenfalls darauf zu achten, daß diese splintfrei sind.

Weiß- oder Hainbuche ist sehr dicht und zäh, wird aber nur wenig für den Schiffbau benutzt.

Mahagoniholz hat eine schöne und feste Faser, läßt sich gut polieren, und da es weder schrumpft noch reißt, gebraucht man es viel für Paneele, Möbel, Ruder und ähnliches.

Teak ist sehr haltbar, sehr wetterbeständig und schrumpft nur wenig. Es ist wurmbeständig, splittert aber verhältnismäßig leicht und ist nicht so kräftig wie Eiche. Es kann dagegen aber zusammen mit Eisen verarbeitet werden, da die Holzsäure das Metall nicht angreift. Auf Eisenschiffen wird daher gern für die äußerste Planke entlang des Wasserlaufes und die innerste Planke der Luken und eisernen Deckshäuser Teakholz genommen. Außerdem verarbeitet man es zu Kappen, Deckslichtern, Deckshäusern, Treppen, ja sogar zu Decksplanken, besonders auf Passagierschiffen.

Pokholz ist sehr dicht und sehr hart. Es wird an Bord hauptsächlich zu Blockscheiben, Kloten, Jungfern und als Stevenrohr für einige Schraubenschiffe verarbeitet.

Pitchpine ist eine amerikanische Kiefer, die es in verschiedenen Qualitäten gibt. Sie zeichnet sich dadurch aus, daß sie sehr harzhaltig ist und mit Ausnahme der Spitze keine Knäste hat. Ihr Holz wird oft für den Schiffbau verwendet, selbst für Masten und Rundhölzer, obgleich es ziemlich schwer ist. Pitchpine, besonders die fetten Sorten, sind sehr dem Angriff von Bohrmuscheln ausgesetzt, und es kommt oft vor, daß Balken, die eine Zeit im Wasser gelegen haben, von innen fast ganz zerfressen sind, obgleich keine Bohrlöcher von der Außenseite zu erkennen sind. Es kommt oft vor, daß künstliche Knäste dort eingesetzt werden, wo die natürlichen verrottet sind. Man bohrt sie aus und ersetzt sie durch ein zugeschnittenes Aststück, welches in warmes Harz getaucht wurde. Das kann so täuschend ähnlich gemacht werden, daß selbst Kenner es nicht ohne weitere Untersuchungen erkennen können. Diese Holzsorte ist wegen ihres starken Harzgehaltes dem Verrotten sehr ausgesetzt, denn das Harz wird bei Wärme ausgeschwitzt, und die dabei entstehenden Hohlstellen (-räume) ziehen Feuchtigkeit, die das Holz zerstört. Meistens rottet es innen vom Mark her oder zwischen Splint und Kern. An Bord verbaute Pitchpine darf nicht zu harzhaltig sein.

Die oben genannten Holzsorten werden hauptsächlich in Nordamerika und Nordeuropa für den Schiffbau verwendet, in südlicheren Ländern benutzt auch andere Holzsorten.

Eisen und **Stahl** haben heute fast überall das Holz zum Schiffbau verdrängt, besonders bei Dampfschiffen, denn Holz wird in kurzer Zeit von der Wärme und Feuchtigkeit aus Maschine und Kessel zerstört, und das von der Maschine hervorgerufene Rütteln läßt das Holz aus den Fugen geraten. Außerdem ist es schwierig, Holz in den benötigten großen Dimensionen zu bekommen, und noch schwieriger ist es, eine unter allen Umständen haltbare, solide Verbindung herzustellen.

Eisen wird in Hochöfen durch Schmelzen von Eisenerz hergestellt. Durch Phosphor wird Eisen kaltbrüchig, auch Schwefel macht es nicht besser. Daher müssen diese Stoffe reduziert werden.

Gußeisen (Støbejærn, cast iron) enthält zwei bis sechs Prozent Kohlenstoff, - **Schmiedeeisen** (Smedejærn, wrought iron) 1/20 bis 1/4 Prozent und weicher **Stahl** für den Schiffbau 0,1 bis 0,25 Prozent, richtiger **Werkzeugstahl** etc. 0,9 bis 1,6 oder 1,8 Prozent Kohlenstoff.

Gußeisen wird besonders für Maschinenteile, Zylinder, Fundamente unter Maschinen und Spills, Kammräder, Lager, Stative und dergleichen mehr verarbeitet. Es ist nicht besonders fest und spröde. An der Oberfläche ist Gußeisen aber ziemlich hart, was seinen Grund in einer Art Härten beim Abkühlen hat. Es ist auch nicht sehr widerstandsfähig gegen Abnutzung; Kammräder werden daher heute meist aus weichem, gegossenem Stahl angefertigt, der gegen Abnutzung und Stöße widerstandsfähiger ist, da er härtbar ist.

Schmiedeeisen wird aus Stahl hergestellt und gehämmert und gepresst, bis der Bruch faserig (drahtig) ist. Durch Erhitzen auf Weißgluthitze kann das Schmiedeeisen geschweißt werden, indem die reine, fließende Oberfläche des Eisens durch Hammerschläge oder Druck eine feste Verbindung mit einer anderen, ähnlichen Oberfläche eingeht, wenn diese in direkte Berührung miteinander gebracht werden. Gußeisen würde bei so einer Berührung ganz flüssig werden und verlaufen. Bei der Eisenherstellung fällt die Richtung der Fasern zusammen mit der des Walzvorganges - Eisen ist stärker in der Faserrichtung als quer dazu, daher muß beim Benutzen darauf geachtet werden, es immer in Faserrichtung zu belasten. Setzt man das Eisen Stoß oder Vibration aus, kann es genauso kristallisch (körnig) werden wie Gußeisen, das läßt sich an frischen Bruchstellen leicht nachweisen. Dadurch verliert es beträchtlich an Stärke, aber selbst wenn es Stößen nicht so sehr ausgesetzt wäre, wird es doch mit der Zeit körnig. Aeltere Eisenkonstruktionen können also allein aus diesem Grund nicht ewig halten. Bei warmem Wetter ist Eisen nicht so spröde wie bei kaltem. Ketten, Achsen, Kranketten und dergleichen werden zwischendurch (in Schottland dreimal im Monat) immer mal wieder gleichmäßig bis zum Rotglühen erhitzt und danach mit warmer Asche zugedeckt, um langsam abzukühlen. Durch ein solches Ausglühen behält das Material seine ursprüngliche Stärke.

Aus **Stahl** wird vor allem Werkzeug hergestellt. Zum Schiffbau wird eine Art nicht weicher Stahl benutzt, der ca. 25 % stärker als Schmiedeeisen ist und mehr Kohlenstoff enthält. Die hierbei meist angwandten Herstellungsmethoden haben dem so hergestellten Material den Namen gegeben: **Bessemerstahl** oder **Siemens-Martinstahl**, der allerdings nicht so geschweißt werden kann, wie der eigentliche Stahl.

Stahl hat die Eigenschaft, daß man ihn härten kann, bei höchsten Härtungsgraden allerdings wird er glashart und spröde. Die Härtung erfolgt dadurch, daß der Stahl rotglühend gemacht und hinterher schnell abgekühlt wird, und mit einiger Uebung können Fachleute dem Stahl einen größeren oder geringeren Härtungsgrad geben, je nach Bedarf. Während des Glühens verliert sich die Härtung allerdings, ja sogar Werkzeug, welches auf einem trockenen Stein geschliffen wird, kann sich dabei so erwärmen, daß sich die Härtung verliert. Die Neigung von Stahl bei schnellem Abkühlen zu härten, hat für den Schiffbau auch ungünstige Auswirkungen wenn es darum geht, daß Stahlplatten und Winkel Elastizität und Zähigkeit behalten müssen. Wenn Platte oder Winkeleisen während der Anfertigung geglüht wurden, müssen sie langsam abkühlen, um nicht an Qualität zu verlieren.

Stahl und Eisen können, wenn auch in sehr unterschiedlichem Grade, durch die Einwirkung des Erdmagnetismus oder auch durch die Einwirkung elektrischer Ströme magnetisch werden. Endet die Einwirkung, verliert das Eisen schnell seine Magnetkraft, wohingegen Stahl sie längere Zeit bewahren kann, es sei denn, man bringt ihn zum Glühen.

Rohre auf Dampfschiffen werden meist aus **Kupfer** gefertigt. Zum Beschlagen von Holzrümpfen nimmt man selten reines Kupfer; sehr oft hingegen eine Mischung aus Kupfer und Zink in einem bestimmten Verhältnis (Messing). Das Ganze wird dann zu dünnen Platten gewalzt.

Platten und Winkeleisen sind die am häufigsten verarbeiteten Formen des Schiffbaus. Winkeleisen (angle iron)  wird oft durch Profileisen ersetzt, davon sollen hier folgende benannt werden: T-Eisen (T-Jærn, tee iron)  , T- und Wulsteisen (T-og Bulbjærn)  , Wulsteisen (Bulbjærn, bulbiron)  , Z-Eisen (Z-Jærn, zediron) 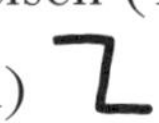 , H-Eisen 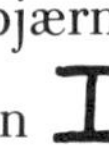 oder doppeltes T-Eisen (H-Jærn, double tee-bulbiron) , halbrundes Eisen (Halvrundjærn, moulding iron) , Wulstwinkeleisen (Lugejærn, hatchway moulding) , Relingeisen (Lønningsjærn, rail moulding) und Kanaleisen [Kanaljærn, channel iron)

Die **Materialstärke**. Werden die Materialien über einen gewissen Grad belastet (Bruchgrenze), zerbrechen sie. Für einen Stahlreifen von 1 □" (Quadratzoll) im Querschnitt liegt die Bruchgrenze bei einer Belastung von 28 Tons pro □". Darüberhinaus gibt es noch einen anderen Grad, den Spannungsgrad, der für Stahl ca. bei 14 Tons pro □" liegt. Innerhalb dieser Grenze ist das Material belastbar und geht auch wieder in seine Ausgangsposition zurück. Wenn die Belastung über der oberen Grenze liegt, wird das Material sich dauerhaft verändern, weil es überanstrengt wird und im Laufe der Zeit nachgibt. Es ist also wichtig, das Material bei Gebrauch nicht bis an seine Spannungsgrenze zu belasten. In der Regel wird das Material vor dem Einsatz für den Schiffbau geprüft, um festzustellen, welcher Belastung die Materialqualität standhält, und wie groß die einzelnen aus diesem Material zu fertigenden Teile sein dürfen. Die Belastung, der man das Material mit Sicherheit aussetzen darf, ist die Arbeitsbelastung, das Verhältnis zwischen Bruchgrenze und Arbeitsbelastung nennt man Sicherheitskoeffizient.

Zum **Prüfen des Materials***) setzt man Maschinen ein. Es soll hier nur kurz darauf eingegangen werden, welchen Prüfungen **weicher Stahl** unterworfen wird. Die Prüfungen, die die einzelnen Gesellschaften, so der Germanische Lloyd, der Englische Lloyd, das Bureau Veritas und andere vornehmen, weichen voneinander ab. Aus Platten und Winkeleisen schneidet man parallele Stücke von 8" Länge heraus, spannt sie in eine Maschine und streckt sie. In kaltem Zustand muß ein solcher Streifen eine Belastung von mindestens 28 Tons, aber nicht über 32 Tons, per Quadratzoll tragen können und sich um mindestens 20 % recken, wenn die Belastung **über** 8/20" liegt, und um 16 %, wenn die Belastung **unter** 8/20" liegt.

Parallele Stücke, die man kirschrotglühend gemacht und in Wasser auf 82 Grad Fahrenheit (ca. 28 Grad Celsius) abgekühlt hat, lassen sich, ohne Risse zu bekommen, zweimal zu einer Kurve von nicht über dreimal der Stärke des Durchmessers des Stückes biegen. Bei Winkelstahl müssen sich in kaltem Zustand die inwendigen Flansche zu einer rechten Linie (Fig. 274 A) gerade ziehen und wieder zusammenbiegen lassen, bis die Kanten sich berühren (Fig. 274 B).

Fig. 274.
Prüfversuch

Oder man zieht die Flansche gerade und biegt den Stahl anschließend um 180 Grad zu einem Radius, der die 1 1/2-fache Stärke des Probestückes hat. Nieten müssen in kaltem Zustand zu einem Radius von 1/10 des Nietendurchmessers gebogen werden können; in glühendem Zustand muß der Nietkopf bis zur Hälfte seiner eigentlichen Größe gestaucht werden können. Bei all diesen Proben darf das Material keine Risse aufweisen. Achtersteven und Schraubensteven, die aus **weichem Stahl gegossen** sind, werden einer Fallprobe auf harter Unterlage ausgesetzt, werden danach aufgehängt und überall mit einem Hammer von sechs bis sieben Pfund bearbeitet, um eventuelle Fehler zu entdecken. Außerdem schneidet man einen 30 mm dicken Streifen des gegossenen Materials heraus und biegt diesen in einem Radius von 90 Grad des 1 1/2-fachen der eigenen Stärke. Für die verschiedenen Materialien gibt es verschiedene Prüfungen, an dieser Stelle sollen nur noch **Anker** und **Ankerkette** erwähnt werden. Letztgenannte wird auf Streckmaschinen geprüft. Je 15 Faden werden für sich geprüft, und nach jeder Prüfung untersucht man die einzelnen Glieder. Stellt sich ein Kettenglied als fehlerhaft heraus, oder hat sich die Kette während der Probe um mehr als einen gewissen Prozentsatz gereckt, wird der ent-

*) Die hier dargestellten Verfahren sind heute (1989) völlig veraltet. (Der Verlag)

sprechende Teil aussortiert. Im entgegengesetzten Fall kappt man drei Glieder eines Endes und unterwirft sie einer Bruchprobe, und erst wenn die Kette auch diese Prüfung bestanden hat, wird sie für gut befunden, und man schlägt ihr die Marken ein. Den Anker unterzieht man zuerst einer Fallprobe auf einem harten Untergrund und danach der Zugprobe. Unten ist eine Tabelle abgedruckt mit den Dimensionen, Streckproben und Bruchproben für Ankerketten samt Gewichten für einfache Anker (das Gewicht des Stockes ist nicht berücksichtigt), sowie Zugproben für diese.

Kettenstärke	Streckbelastung	Bruchbelastung	Gewicht des Ankers	Zugbelastung.
$^{12}/_{16}$"	$10^{1}/_{8}$ Tons	$15^{1}/_{8}$ Tons	$4^{1}/_{2}$ Cwt.	$6^{3}/_{4}$ Tons
1"	18 „	27 „	$7^{1}/_{4}$ „	$9^{9}/_{20}$ „
$1^{1}/_{4}$"	$28^{1}/_{8}$ „	$42^{1}/_{8}$ „	$13^{1}/_{2}$ „	$15^{3}/_{20}$ „
$1^{1}/_{2}$"	$40^{1}/_{2}$ „	$58^{7}/_{10}$ „	21 „	$21^{12}/_{20}$ „
$1^{3}/_{4}$"	$55^{1}/_{8}$ „	$77^{1}/_{8}$ „	34 „	$31^{12}/_{20}$ „
2"	72 „	$100^{8}/_{10}$ „	38 „	$34^{10}/_{20}$ „
$2^{1}/_{4}$"	$91^{1}/_{8}$ „	$127^{1}/_{2}$ „	51 „	43 „
$2^{1}/_{2}$"	$112^{5}/_{10}$ „	$157^{1}/_{2}$ „	66 „	$51^{10}/_{20}$ „
$2^{3}/_{4}$"	$129^{3}/_{10}$ „	181 „	80 „	$58^{10}/_{20}$ „
3"	$145^{8}/_{10}$ „	$204^{1}/_{2}$ „	94 „	65 „

Nieten (Nitter, rivets). Alle Teile von Eisen- und Stahlschiffen werden mit Nieten und Bolzen miteinander verbunden. Ein sorgfältiges Nieten kann die Stärke eines Schiffes wesentlich erhöhen, wohingegen das Brechen oder Herausfallen nur weniger Nieten oder Bolzen unter der Wasserlinie so große Leckagen zur Folge haben kann, daß das Schiff sinkt oder die Ladung zerstört wird. Im Schiffbau werden hauptsächlich die folgen Nieten verwendet (Fig. 275): Nieten mit Köpfen (A), Nieten mit versenkbaren Köpfen (B) sowie Topschrauben (C). Besonders am Schraubensteven, wo man nicht nieten kann, werden Toppschrauben benutzt, die man, nachdem sie eingesetzt wurden, glatt meißelt. Nieten werden in glühendem, beinahe weißglühendem Zustand eingeschlagen, dürfen jedoch nicht verbrannt sein, d.h. über Schweißhitze erwärmt werden. Denn dann entsteht Feuer im Eisen, und selbst wenn die Niete einer solchen Hitze nur einen Augenblick ausgesetzt wurde, ist das Metall kristallisch geworden und sehr spröde. Länge und Durchmesser der Nieten richten sich nach dem stärksten Material, was sie zu verbinden haben.

Fig. 275. Nieten

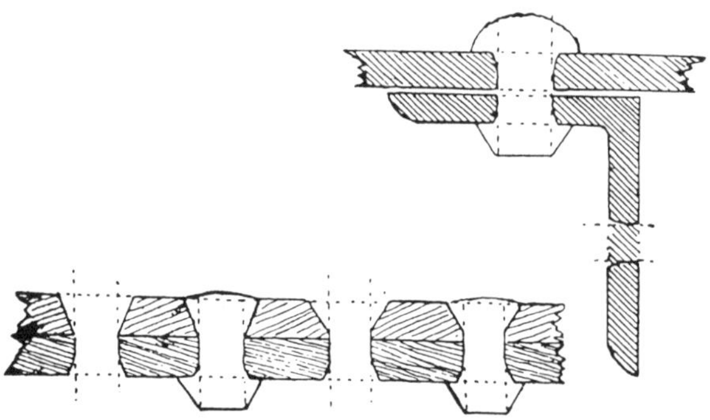
Fig. 276. Nieten

Fig. 277.

Die Löcher werden mit einer Lochmaschine gestanzt und verjüngen sich zu der Stelle, wo der Stempel hineinkommt. Die äußeren Spantenwinkel werden daher von der Außenseite gelocht. Bei zwei Flächen, die gegeneinander liegen sollen, locht man jede von der Innenseite (von der Seite, die mit der anderen in Berührung kommt). Der Grund dafür läßt sich leichter verstehen, wenn man Fig. 277 sieht, die zeigt, wie die Löcher aussehen, nachdem sie gestanzt wurden. Beim Vernieten von Spant und Bodenwrange, Gegenspant und Bodenwrange und Stringer, werden die Nieten nur in die gestanzten Löcher getrieben und bilden außen auf den gegenüberliegenden Seiten einen Kopf (Fig. 277). Außenbords, auf Deck, bei Tankdeckeln etc benutzt man Nieten mit versenkbarem Kopf (Fig. 276). Früher war der kegelförmige Ausschnitt (Konus) flacher, ca. 45 Grad, und ging nur durch 2/3 der Dicke. Der Kopf wurde auf der Oberfläche glatt geschlagen. Wenn man in einem spitzen Winkel ganz durch das Material hindurchbohrt, liegt der Vorteil darin, daß der Teil des Materials, der durch das Lochen strapaziert, gehärtet und spröde wurde, weggebohrt wird. Der Kopf der Niete füllt den Konus besser aus und ist nicht so bruchanfällig. Die Gefahr, daß die Niete bei zu schnellem Abkühlen herausfällt, ist auch nicht so groß. Wird bei Frost oder Regen genietet, können die Nieten abkühlen, bevor das Vernieten abgeschlossen ist; auf diese Weise wird die Verbindung mangelhaft. Kommt die Niete mit Wasser in Berührung wenn sie noch warm ist, verhärtet sie, wird spröde und zieht sich schnell zusammen, was zur Folge haben kann, daß der Kopf abreißt.

Verbindungen. Die Platten auf den früheren Schiffen wurden mit den Kanten gegeneinander gelegt und mit Verbindungsstreifen an den Längs- und Quernähten verbunden. Die Nietlöcher wurden im Zickzack angebracht, genauso, wie man es heute noch bei Dampfkesseln macht. Die Schiffsseiten blieben auf diese Weise außen glatt (Fig. 278). Seit einiger Zeit ist man jedoch dazu übergegangen, die Kanten der Längsnähte übereinander zu legen und wendet Verbindungsstreifen nur noch für die Quernähte an (Fig. 279). Dadurch spart man den Materialstreifen für die Längsnaht und die Hälfte der sonst gebrauchten Nieten. In neuerer Zeit ist man so weit gegangen, auch die Hälfte der Quernähte ohne Verbindungsstücke zu vernieten (Fig. 280). Alle nach außen weisenden Plankenkanten der Quernähte müssen daher nach achtern weisen, da sie sonst einen zu großen Wasserwiderstand bieten. Es waren allerdings nicht so sehr die Einsparung an Nieten und die halbe Breite der Verbindung, die dazu führten, daß man die Verbindungen für die Quernähte wegließ. Der Teil, der genau passend dafür eingesetzt werden muß (Fig. 280 A - B), braucht das eingesparte Material fast wieder auf.

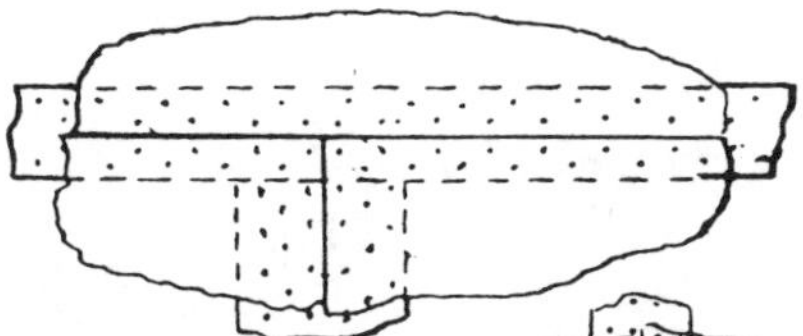

Fig. 278.

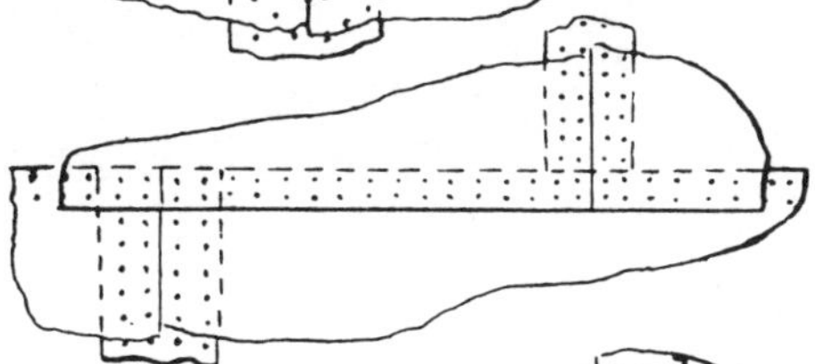

Fig. 279.

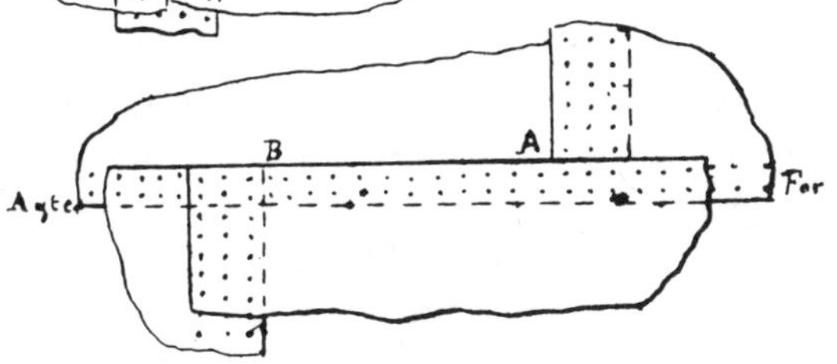

Fig. 280.

Es hat sich gezeigt, daß sich bei einem Schiff, wenn es Grundberührung hat oder anderen starken Belastungen ausgesetzt ist, die Quernähte öffnen, Feuchtigkeit eindringt und die Verbindung in kurzer Zeit verrostet. Gleichzeitig trägt der entstehende Rost dazu bei, die Platten voneinander abzuheben. Fig. 281 zeigt eine Verbindung vor und nach großer Krafteinwirkung. Um einer Verbiegung der Verbindung nach starkem Zug entgegenzuwirken, stellt man die Verbindungen aus schwererem Material her als die Platten, die sie verbinden. Bei dicken Platten reicht das allerdings nicht aus, hier muß man ei-

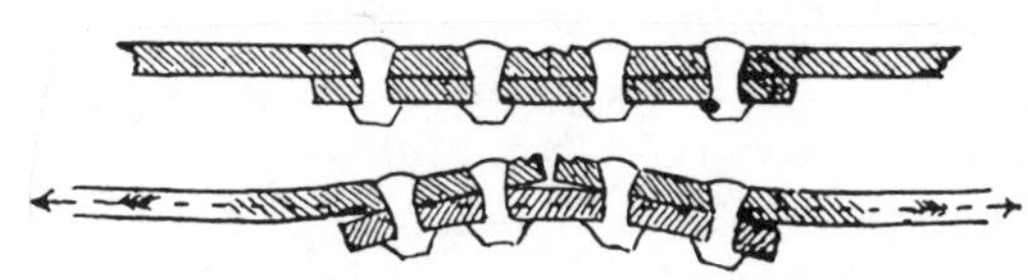

Fig. 281. Verbindung - Quernaht

ne Verbindung auf jede Seite der Platten setzen (Fig. 282), was man hauptsächlich bei Kielplatten und im Schergang macht. Die Verbindungen werden dann, jede für sich, etwas dünner als die Platten gewählt, die sie verbinden sollen. Es gilt die Regel: Kein Nietloch darf näher als sein eigener Durchmesser an einer Kante sein. Der gegenseitige Abstand - gerechnet von Zentrum zu Zentrum - richtet sich ebenfalls nach dem Durchmesser der Nieten. Die Anzahl der Reihen an jeder Naht wird von der Schiffsgröße und der Stärke der Platten bestimmt.

Fig. 282. Doppelte Verbindung

Der Abstand zwischen den Eisennieten in den Außenbordplatten und Spanten, Bodenwrangen und Spanten samt Kontraspanten beträgt sieben Nietendurchmesser.

Der Abstand zwischen den Eisennieten in den Längsreihen (einfache Reihe) außenbords, an Deck, an den Ballasttanks und wasserdichten Schotten beträgt nicht über vier Nietendurchmesser in Eisen- und 3 1/2 in Stahlplatten.

Der Abstand einer doppelten Reihe beträgt bei den gleichen Teilen nicht mehr als 4 1/2 Nietendurchmesser Abstand in Eisen- und vier in Stahlplatten.

Der Abstand zwischen den Eisennieten in Verbindungen, Außenbordplatten, an Deck, Ballasttanks und Schotten beträgt vier Nietendurchmesser in Eisen- und 3 1/2 in Stahlplatten, sowie fünf in Kiel und Steven, wo immer zwei Reihen angebracht werden.

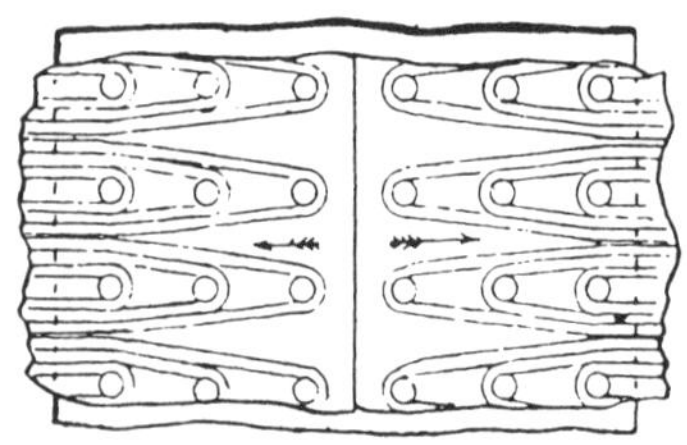

Fig. 283. Zugkräfte an Nieten

Die Regeln gelten jedoch nicht überall und werden abgewandelt, wenn mehr als zwei Reihen Nieten erforderlich sind. Wichtig ist nicht nur, daß die Nähte wasserdicht sind, die Nieten müssen zusammen auch eine so große Fläche bilden, daß sie den Zug auf die Teile, die sie verbinden, übertragen können, ohne selbst zu brechen. Auf der anderen Seite dürfen sie nicht so dicht beieinander oder an der Kante sitzen, daß die Gefahr besteht, daß die Löcher ausreißen. Die Wirkung der Zugkraft ist am besten anhand der Fig. 283 zu ersehen.

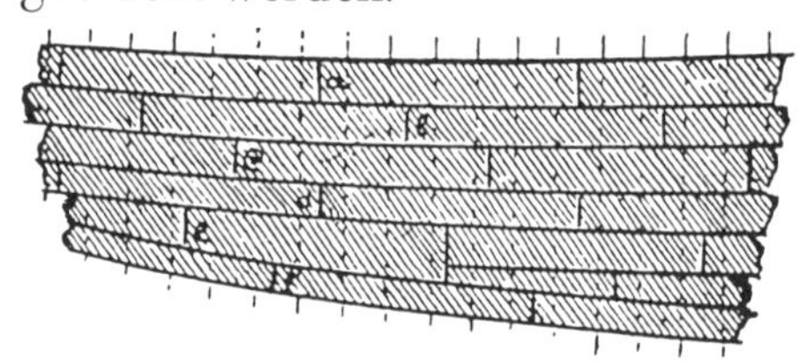

Fig. 284. Verteilung von Nähten und Stößen

Bevor man mit dem Bau eines Schiffes beginnt, fertigt man ein Modell mit den dazugehörigen Zeichnungen an (siehe Abschnitt über Schiffszeichnungen, Fig. 273). Auf dem Modell werden die Linien für jeden Spant und jede Plattenreihe abgesetzt, so daß die Quernähte gleichmäßig über das Schiff verteilt werden. Dabei sollen mindestens zwei Spant Abstand zwischen zwei Quernähten in der Plattenreihe berücksichtigt werden (Fig. 284 a, b), sowie ein Spant Abstand zum Stoß im dritten Plattengang (Fig. 284 c, d, e, f). Bei Kielschweinen, Stringern, Plattenspanten, Deck, Längsträgern etc. gilt die gleiche Regel: Es muß ein Abstand von mindestens zwei Spanten zwischen den Stößen der einzelnen Teile bestehen, aus denen sie zusammengesetzt sind. In den Decksplanken dürfen die Stöße auf demselben Decksbalken nicht dichter als auf jeder vierten Planke sitzen. Diese Regel gründet sich darauf, daß die Verbindungen nicht die ganze Stärke der verbundenen Teile übertragen können. Die Konstruktion wird an diesen Stellen also geschwächt, und das umso stärker, je dichter die Nähte zusammenliegen.

Kalfaten und Stemmen. Selbst nach sorgfältigem Vernieten sind nicht alle Teile überall wasserdicht. Die Kanten der Platten und Winkeleisen werden deshalb kalfatet und mit einer Art Meißel von der Seite, die dem Wasserdruck ausgesetzt ist, gegeneinander gestemmt.

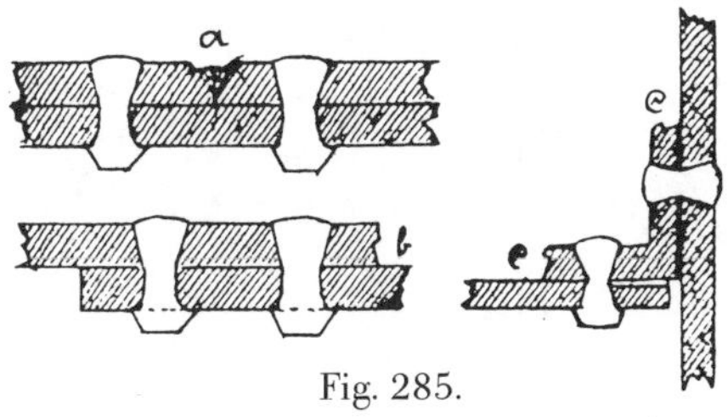

Fig. 285.

Das benötigte Material wird nach den im Modell angegebenen Maßen bestellt. Wird das Schiff für eine bestimmte Klasse einer Klassifikationsgesellschaft gebaut (Bureau Veritas, Englischer - oder Germanischer Lloyd u.a.), so wird die Zeichnung mit den Angaben zu Schiffsgröße, Art und Dimension des Materials erst der betreffenden Gesellschaft vorgelegt, um eventuell nötige Veränderungen vornehmen zu können.

Diese **Klassifikationsgesellschaften** wurden ursprünglich gegründet, um Schiffe und Schiffbau zu kontrollieren. Jedes Schiff wird von ihnen auf Verlangen untersucht oder während des Baues beaufsichtigt. Nach der Untersuchung oder dem Bau weisen sie jedem Schiff eine bestimmte Klasse zu, die im Verhältnis zur Qualität von Material und Schiff steht, bei älteren Schiffen außerdem im Verhältnis zu ihrem Alter, ihrem Zustand und ihrer Ausrüstung. Sie stellen ein Zertifikat für das Schiff aus und tragen es in ihre Register ein (Lloyds Register, Bureau Veritas Register, Norsk Register u.a), wo jeder, der es wünscht, die nötigen Auskünfte über das Schiff erhalten kann. Um die höchste Klasse zu erreichen, muß ein Schiff solide und aus bestem Material in den Dimensionen gebaut sein, die in Uebereinstimmung mit den Regeln der Gesellschaft hinsichtlich des Baus aufgestellt sind. Ferner muß es komplett mit allem Inventar und Reserveteilen, die für die Fahrt des Schiffes erforderlich sind, ausgerüstet sein. Die Klasse spielt eine große Rolle, da sie für das Vertrauen steht, weches man dem Schiff entgegenbringt. Ein Schiff der ersten Klasse hat einen großen Kauf- und Wiederverkaufswert, bekommt günstige Versicherungsbedingungen und hat es leichter, gute Frachten zu bekommen. Durch die periodische, sachkundige Aufsicht, der die Schiffe durch die sie klassifizierenden Gesellschaften unterworfen sind, wird sowohl dem Befrachter, als auch dem Reeder eine Garantie für den seetüchtigen Zustand des Schiffes gegeben.

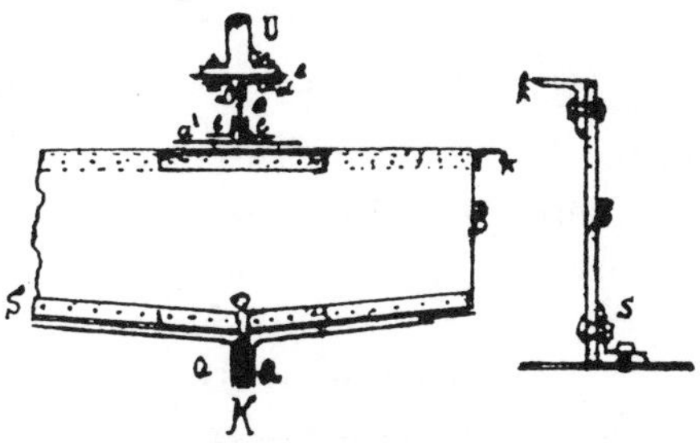

Fig. 286. Kiel
e Topplatte, C Kielschwein, a' Fundamentplatte, k Gegenspant, S Spant, a Kielplatten, K Kiel

Wenn das Material zur Stelle ist, beginnt man mit der Formung von **Kiel** (Køl) und **Steven** (Stævne). Der Kiel besteht aus Eisenplatten, die auf die Kante gestellt werden. Reicht die gesamte Länge für das Schiff nicht aus, werden sie mit Schäftungen, die mindestens neunmal so lang sein müssen, wie der Kiel stark ist, miteinander verbunden. Dann bohrt man in den Kiel zwei Reihen Löcher parallel zueinander. Der Vorsteven besteht ebenfalls aus Eisenplatten, die in die endgültige Form gebogen und dann mit dem Kiel verbunden werden. Er wird wie der Kiel mit zwei Reihen Löchern im Zickzack versehen. Der Achtersteven bei Segelschiffen, Raddampfern und Doppelschraubendampfern (Fig. 288) wird durch angeschweißte Ruderösen a und unten an der Hacke mit einer schweren Hacköse b versehen, worin das Gewicht des Ruders liegt (auf Holzschiffen bringt man die Hacköse am Achtersteven unter einer der obersten Ruderösen an). Der Achtersteven und das achterste Ende des Kiels werden aus einem Stück gefertigt. Für gewöhnlich wird gleichzeitig das hinterste Ende des Kiels leicht nach oben zu c hin gebogen, um Beschädigungen, z.B. bei Grundberührungen, möglichst zu vermeiden. Der Achtersteven wird genauso gebohrt, genietet, gelascht und befestigt wie der Vorsteven.

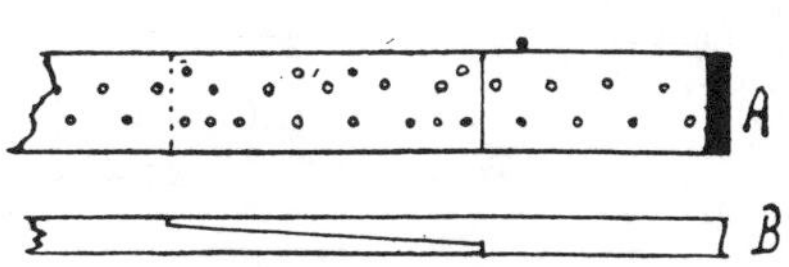

Fig. 287. Kielschäftung

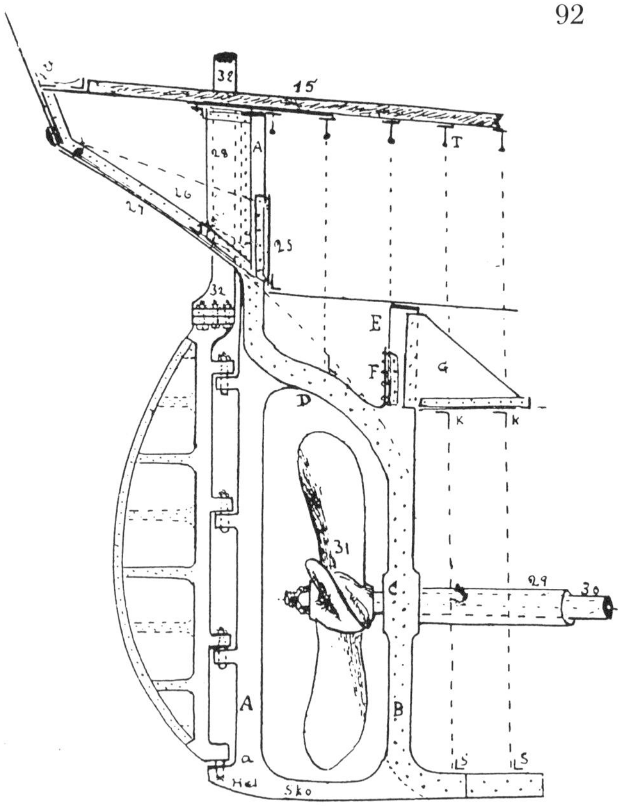

Fig. 289. Achterpartie eines Einschrauben-Schiffes

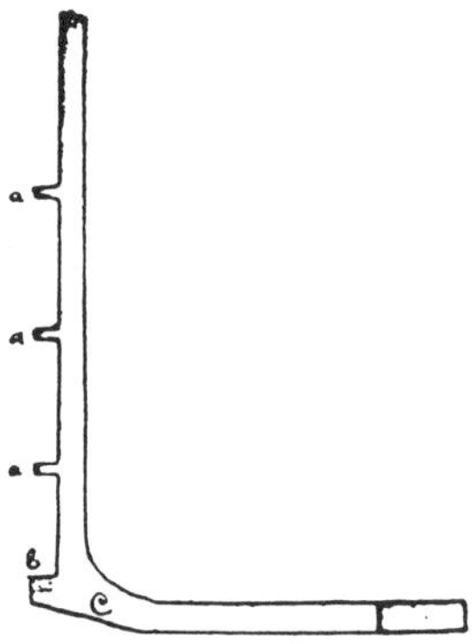

Fig. 288. Achtersteven

Der Achtersteven bei einfachen Schraubendampfern (Fig. 289) wird wie bei Segelschiffen an das untere achtere Ende des Kiels geschweißt. Um aber der Schraube Platz zu lassen, ist in einem passenden Abstand vor dem Achtersteven ein zweiter Steven, der Schraubensteven B, angebracht. Er ist mit einer Aussparung für die Schraubenachse C versehen. Der Schraubensteven ist unten mit dem Kiel und oben mit einem Bogen verbunden, dem Bogenstück des Schraubenrahmens D mit dem Achtersteven (der Achtersteven heißt auch Rudersteven). Auf großen Schiffen kommt man allerdings nicht allein damit aus. Der Schraubensteven wird dort bis zu E verlängert und mit einem schweren Balken F, der quer über das Schiff führt, und einem Knie G verbunden.

Sowohl Achter- als auch Schraubensteven bei Schiffen mit einer Schraube sind schwerer als der Achtersteven eines Raddampfers der gleichen Größe. Nicht selten sind solche Schrauben- und Achtersteven so groß, daß sie aus mehreren Stücken zusammengelascht und befestigt werden müssen. Sie können sowohl geschmiedet als auch aus weichem, gegossenem Stahl gefertigt werden.

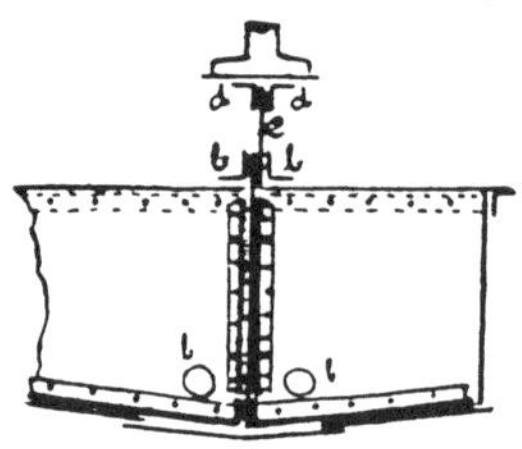

Fig. 290.

Der **flache Kiel** (Fig. 290) besteht aus einer schweren Platte, die auf der Mittellinie des Schiffes liegt. Diese wird von einer waagerechten Platte gestützt, die längsschiff zwischen den Bodenwrangen angebracht und an den Kielplatten mit Winkeleisen befestigt ist. Die Steven müssen an den Enden flachgehämmert werden, um mit dem flachen Kiel verbunden werden zu können.

Die **Spanten** (Fig. 286 und 290) sind so angebracht, daß sie winkelrecht zur Kielrichtung stehen. Sie sollten vom Kiel bis zum Wasserlauf des obersten Decks aus einem Stück bestehen. Sie dienen, zusammen mit den Bodenwrangen, Kontraspanten und Decksbalken, der Verstärkung des Querschiffs und müssen dem Druck der Ladung von innen und dem des Wasser von außen standhalten. Darüber hinaus bilden sie in Verbindung mit Kiel und Steven das Skelett, auf das das Schiff gebaut ist und woran die Außenhaut befestigt wird. Der Kiel läßt sich mit dem Rückgrat des Schiffes, die Spanten mit den Rippen ei-

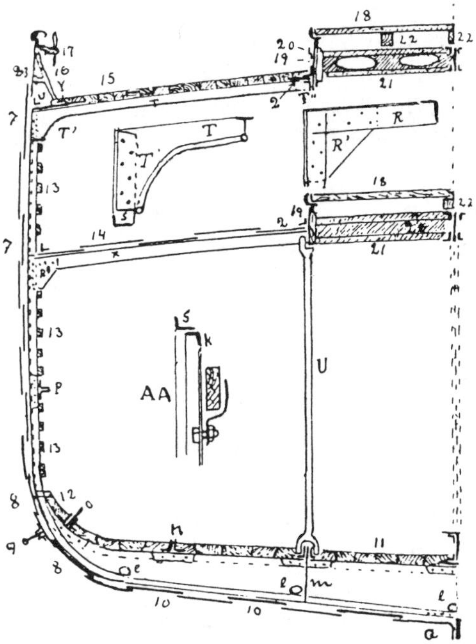

Fig. 291. Mittelspant eines Schiffes *)

nes Menschen vergleichen. Seit alter Zeit machen die querschiffs verlaufenden Spanten eine der Hauptverbindungen eines Schiffes aus. Seit aber heutzutage die großen, langen und schnellsegelnden Schiffe gebaut werden, die mit mehreren wasserdichten Schotten quer zum Schiff versehen sind, zeigt es sich, daß der Schwachpunkt des Schiffes in der Länge liegt, und daher Längsschiffspanten die Hauptverbindung eines Schiffes bilden. Selbst auf kleinen Eisenschiffen gibt es Längsschiffverbindungen in Form von Stringern. Diese werden auf großen Schiffen noch verstärkt und machen das Längsschiff-Spantensystem aus.

Für Spanten werden meist Winkeleisen oder Z-Eisen verarbeitet, die in warmem Zustand nach Holzmodellen gebogen werden. Die Spanten für das Vor- und Achterende des Schiffes müssen außerdem gedreht oder mit Flanschen versehen werden, damit ihre Außenseite eine ebene Auflagefläche für die Außenplatten bildet.

Bodenwrangen (Fig. 286, 290 und 291) sind Platten, die hochkant quer zur Schiffslängsachse gestellt werden. Da der Schiffsboden selten ganz flach ist, sind die Bodenwrangen an den Seiten nicht so hoch wie mittschiffs. Die Bodenwrangen dienen zum Versteifen der Spanten und zum Verteilen des Ladungsgewichtes und bilden zudem unter der Garnierung einen ausreichenden Raum für Ballastwasser.

Aus diesen Gründen müssen die Enden der Bodenwrangen an den Seiten an den Spanten entlang nach oben laufen, bis zu einer Höhe, die das doppelte der Mittschiffshöhe erreicht.

An den Schiffsenden laufen die Bodenwrangen sogar noch höher, und in Schraubendampfern führt die letzte Bodenwrange über das Ruder nach oben zur Schraubenachse. In die Bodenwrangen wird mittschiffs, dicht über den Spantwinkeln, ein Nüstergat eingelassen (Fig. 291e), damit der Wasserballast zu den Pumpen fließen kann. An jeder Seite befindet sich vor der Schlingerplatte m ebenfalls ein Nüstergat. Seine Kanten müssen gut abgerundet sein, um den Durchlauf nicht zu behindern.

Die Gegenspanten dienen zur Verstärkung der obersten Kante der Bodenwrangen und bilden eine Auflagefläche für die Garnierung. Sie verstärken außerdem die Seiten der Spanten und bieten eine Auflage für die Wegerung. Diese Spanten beginnen mittschiffs unten, reichen aber nicht immer so hoch wie die Spanten. Die Spanten sitzen an der Achterkante der Bodenwrangen und werden im Vorschiff schräg nach achtern, hinter dem Mittelspant schräg nach vorn ausgerichtet.Das wird hauptsächlich wegen der Vernietung so eingerichtet. Die Gegenspanten sitzen auf der gegenüberliegenden Seite der Bodenwrangen und weisen also mit dem offenen Winkel nach vorn ins Vorschiff und nach achtern ins Achterschiff.

Die Spanten werden an die Unterkanten der Bodenwrangen genietet und dort, wo die Spantenden mittschiffs zusammenstoßen, setzt man den Bodenwrangen gegenüber ein Stück Winkeleisen, welches zusätzlich der Verbindung mit den Kielplatten dient. Der Gegenspant wird entlang der oberen Kante der Bodenwrangen festgenietet, bis er auf das Spant trifft, mit

*) In Fig. 291 fehlt das Winkeleisen, daß die Schlingerplatte mit der Bodenplatte verbindet.

dem er zusammengenietet wird. Mittschiffs werden die Enden der Gegenspanten mit einem Winkeleisen verbunden, welches außerdem als Auflage und Verbindung mit dem Kielschwein dient (Fig. 286, 290 und 291), und auf der Höhe der Stellen des Spantes, wo die Stringer beginnen, etwa in der Kimmung, werden kleine Stücke Winkeleisen Rücken an Rücken mit dem Gegenspant n, o, p vernietet.

Die **Kielplatten** werden bei den Kielschienen entlang der Seiten nach unten gebogen (Fig. 286 und 291a). Sowie der Kiel gelegt und die Steven gesetzt sind, können die Spanten auf den Kielplatten errichtet werden. Im übrigen werden alle Eisenteile erst verschraubt, bevor sie vernietet werden.

Um Rost zu vermeiden, werden schon während des Baus alle Flächen gestrichen, an die man später nicht mehr herankommen kann, so die Außenseiten der Spanten, die Oberseite der Balken und alle Platten, wo diese an Spanten, Decksbalken oder Winkeleisen anliegen, wohingegen alle Nähte - Längs- und Quernähte -, die eine wasserdichte Verbindung herstellen, nicht gestrichen werden dürfen.

Wenn die Spanten stehen, eingerichtet und abgestützt sind, wird das **Kielschwein** gelegt (Fig. 286, 290 und 291). Dies besteht auf kleinen Schiffen nur aus einem T-Träger oder zwei Winkeleisen, die Rücken an Rücken stehen und an allen Gegenspanten festgenietet werden. Bei größeren Schiffen legt man zuerst eine Fundamentplatte (Fig. 286 a'), die man an das Gegenspant nietet. Darauf nietet man zwei Winkeleisen b, b, und zwischen diese eine senkrechte Platte c, an deren Oberkante zu beiden Seiten ein Winkeleisen d, d, und obenauf eine Platte e, auf welcher später die Raumstützen (Laststøtter) und die Mastspur befestigt werden.

Es ist wichtig, daß das Kielschwein, welches den Druck der Masten und Stützen auf die Bodenwrangen verteilt, so lang wie möglich nach vorn und achtern reicht.

Die **Decksbalken** (Fig. 289 und 291 T, R) reichen von einer Schiffseite zur anderen, tragen das Deck und sind mit den Spanten mit Hilfe von Balkenknien verbunden. Entweder verwendet man lose Balkenknie R' oder schweißt diese an die Balkenenden und nietet sie dann an die Spanten T'. Die Balken sind in der Mitte nach oben gewölbt, um dem Druck von oben besser standzuhalten und damit das Wasser von Deck besser ablaufen kann.Die Rundung (die Bucht) macht ca. 1/2 Zoll per Fuß der Balkenlänge aus. Bei Luken, Niedergängen, Maschinenoberlichtern oder ähnlichem kappt man die Decksbalken und verbindet die Enden längsschiffs mit einem starken T-Eisen. Um das erhöhte Gewicht tragen zu können, verstärkt man sie unmittelbar vor und hinter der Oeffnung durch U-Träger.

Stringer werden längsschiffs mit einem Zwischenraum von nicht mehr als acht Fuß angebracht, es sei denn, es ist genügend Platz vorhanden. Sie gehören zu den Längsschiffspanten, gehen vom Vor-zum Achtersteven **durch die**

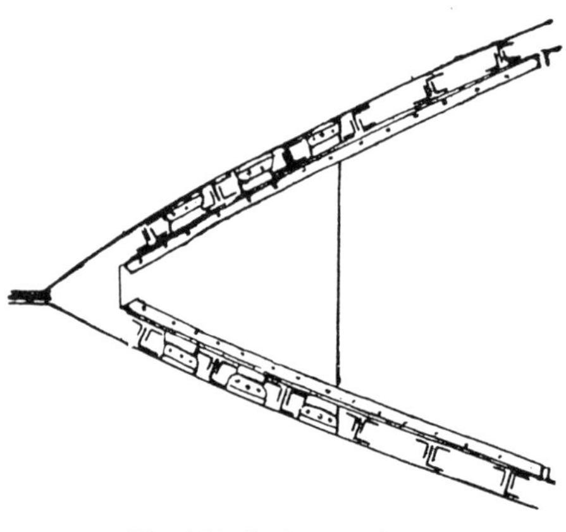

Fig. 292. Stringerverbindung

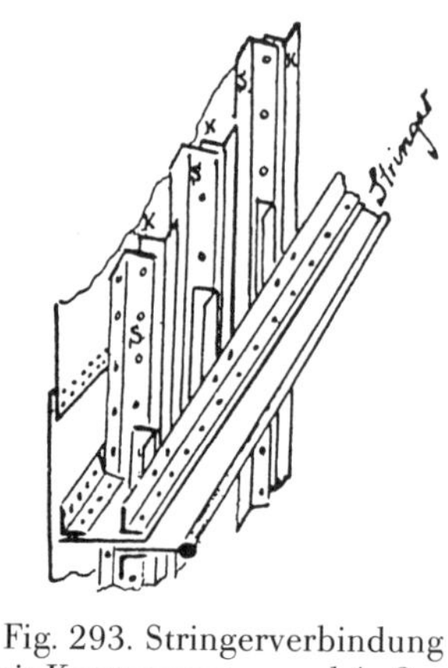

Fig. 293. Stringerverbindung mit Kontraspanten und Außenplatten.
S Spantwinkel, K Kontraspant

wasserdichten Schotte und werden an den Steven durch ein Bugband miteinander verbunden (Fig. 292). Die oberen Stringer werden achtern mit Knien an den Heckbalken und an allen Gegenspanten und Winkeln mit mindestens vier Nieten pro Spant befestigt. Dadurch dienen sie gleichzeitig den Spanten als Stütze und tragen dazu bei, den lokalen Druck auf ein größeres Gebiet auszudehnen. Bei kleinen Schiffen bestehen die Stringer nur aus zwei Winkeleisen, die gegenseitig und mit allen Gegenspanten vernietet sind (Fig. 291 p, n). Auf größeren Schiffen wird ein Wulsteisen eingeschoben (Fig. 291 o) und bei noch größeren eine Platte, deren Kante wieder mit Winkeleisen an den Außenplatten befestigt wird (Fig. 293).

Auf dem Boden werden **Schlingerplatten** (Fig. 291 m) zwischen die Bodenwrangen gesteckt. Ihre obersten Kanten sind zwischen den Stringern vernietet, die unteren mit Winkeleisen an den Bodenplatten befestigt. Die Schlingerplatten haben die Aufgabe, die Bodenwrangen nach den Seiten hin abzustützen, so daß sie nicht umkippen können und bei Grundberührung nicht die Nieten aus den Bodenplatten reißen. Außerdem dämpfen sie die Bewegung des Ballastwassers, wenn das Schiff schlingert. Sie sind mit einem Nüstergat versehen und bilden eine feste Verbindung auf, entlang und zwischen den Bodenplatten und Stringern. Die Schlingerplatten sollten sich mindestens durch die halbe Länge mittschiffs erstrecken.

Decksstringer und Wassergänge (Dækstringer, Vaterbord og Livplade, deck stringer, gutter waterway) führen um das ganze Schiff herum und verbinden alle Balkenenden mit den Barkholzplatten (Scherplatten) mit Hilfe von Winkeleisen (Fig. 291 und 294 v). Dicke und Breite der Decksstringer richtet sich, genau wie die der anderen Teile, nach der Schiffsgröße. Aber selbst wenn das ganze Deck aus Eisen oder Stahl besteht, sind die Decksstringer doch einen Teil stärker als die übrigen, da sie einen Teil des Druckes aufnehmen müssen, der von den Schergängen und vom Schanzkleid ausgeht - außerdem sind sie stark der Korrosion ausgesetzt.

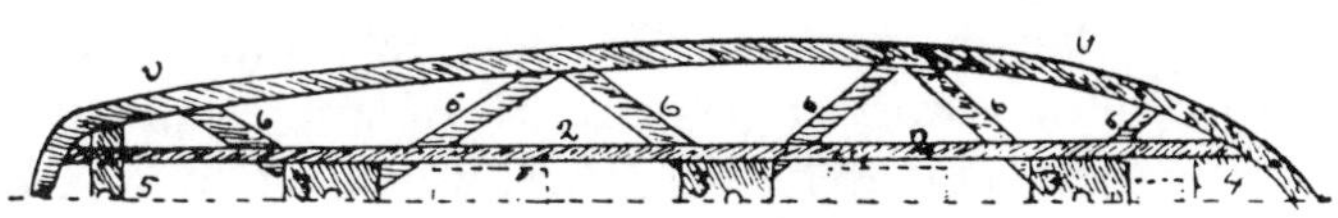

Fig. 294. Decksstringer

Ist das Deck aus Eisen, wird es an die Decksstringer genietet. Es bildet dann keinen Wasserlauf. Soll allerdings ein Holzdeck oder erst ein Eisendeck und danach Holz obenauf gelegt werden, nietet man ein Winkeleisen (waterway angle bar) auf, das als Anlage für die äußerste Decksplatte dient (Fig. 291 Y). Legt man kein Eisendeck, werden alle Decksbalken mit einer Stringerplatte (Fig. 291 und 294 2) an jeder Seite verbunden. Diese sind so eingepaßt, daß sie entlang der Lukenrahmen und Decksöffnungen laufen. Wo die Masten stehen, wird eine Platte auf die Decksbalken gelegt (Fig. 294 3); das Ganze wird mit einem Diagonalband verbunden (Fig. 294).

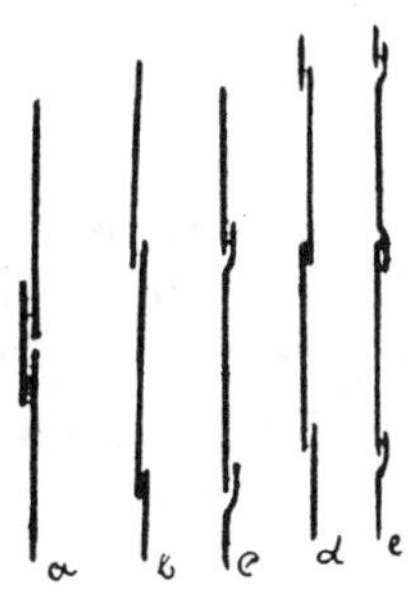

Fig. 295.

Die **Außenhaut** (Außenbordkleidung) besteht aus Platten - am besten in größtmöglichen Dimensionen - , denn selbst wenn eine Naht steifer ist als eine einfache Platte, so steht sie der Platte doch einiges nach im Hinblick auf Stärke und Wasserdurchlässigkeit. Das Schiff kann mit einer Brücke verglichen werden, wo die größte Kraft von oben und von unten kommt. Die dicksten Platten (Fig. 291) sind daher die Kielplatten a und die Barkholzplatten 7 (Schergang). Auf dem Kimmgang 8 steht von Zeit zu Zeit auch große Kraft, daher sind die Kimmplatten oft ein wenig schwerer als Boden- und Seitenplatten, besonders bei Dampfschiffen, die Bodentanks oder einen Kimmkiel 9 haben. Benutzt man verschiedene Stärken für Seiten- und Bodenplatten 10, kommt die dickere Platte nach außen, wo die Platten nach Außen-und Innenbordplatten geordnet sind (Fig. 291).

Die Platten können, wie schon gesagt, Seite an Seite gelegt (Karweelbau) (Fig. 278 und 295 a) und mit Verbindungen versehen werden, oder man legt eine Platte auf das Spant und die nächsten außendrauf (Fig. 295 e). Im letztgenannten Fall benötigt man keine Füllstücke, das kostet nur Arbeit, würde aber die Platten und somit das ganze Schiff steifer machen. Die Platten können auch wie Dachziegel auf einem Haus gelegt werden, mit der einen Kante über die andere (Klinkerbauweise) (Fig. 295 b, c). Zwischen alle Spanten und Platten kommen dann keilförmige Füllstücke, dadurch läßt sich jede Platte einzeln herausnehmen, ohne daß andere Platten gelöst werden müssen. Die Platten werden gut verschraubt, bevor mit dem Vernieten begonnen wird, sonst kann die Niete zwischen Platte und Spant steckenbleiben, und die Platte kommt nie an das Spant heran.

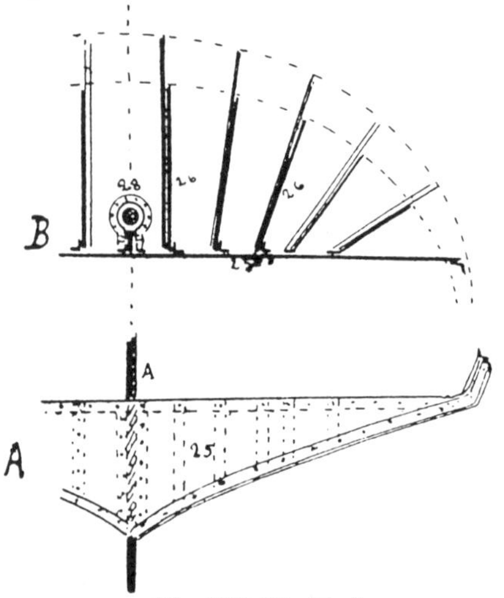

Fig. 296. Heckbalken

Der **Heckbalken** trägt das ganze Heck und besteht aus einer senkrechten Platte, die 1 1/2 mal so hoch ist wie die Bodenwrangen mittschiffs. Er ist mit einem Winkeleisen an die Vorderkante des Achterstevens genietet und geht quer über das Schiff (Fig. 296 A, B und 289). Vom Heckbalken 25 führen die Heckspanten 26 strahlenförmig nach achtern, an diese sind die Gillungsplatten 27 genietet.

Der **Ruderkoker** (Fig. 289 und 296 B) (Rorbrønden, Rorkisten) ist rohrförmig und hat auf einer Seite zwei Flansche, die gerade um den Achtersteven A greifen und daran festgenietet werden.

Unten ist der Ruderkoker mit einem Winkeleisen wasserdicht an die Außenplatten genietet und oben mit einem Winkeleisen wasserdicht an die Decksstringer und Decksbalken. In so einem Fall gibt es keine Buchse in dem Ruderstamm (Ruderschaft), sondern ein Lager oben an Deck, das an den Ruderstamm gekeilt oder fester geschraubt wird, wenn es nach und nach rutschen sollte. Unten wird der Ruderkoker mit einer Eisenplatte verschlossen. Auf großen Schiffen geht der Ruderkoker nicht bis an Deck, sondern endet binnenbords mit einer Buchse. Der Ruderstamm wird trotzdem in ein Holzgehäuse gekleidet, und unter der Ruderpinne befindet sich an Deck ein Lager für den Ruderstamm.

Das **Ruder** besteht auf Eisenschiffen aus einem massiven Eisenschaft 32, woran ein Rahmen von der Form des Ruders samt Ruderhaken geschweißt wird. Der Ruderrahmen wird von beiden Seiten mit Platten bekleidet, die vernietet werden. Da es tiefen Wassers bedarf, um das Ruder aus dem Koker zu nehmen, wenn das Schiff beladen ist, schraubt man den Ruderschaft oft aus zwei Teilen mittels einer Kupplung zusammen (Fig. 289). Das Ruder muß dann nur soweit angehoben werden, daß die Haken aus den Ruderösen freikommen, bevor man es herausnimmt. Die Haken verschleißen schnell, daher fertigt man oft lose abnehmbare **Ruderfingerlinge**, konisch gedreht, die mit einer Schraubenmutter an den Ruderhaken festgeschraubt werden können. Anstelle einer Platte zu jeder Seite kann das Ruderblatt auch aus einer einzigen Platte bestehen. Sie wird an Armen, die abwechselnd, einer zu jeder Seite, vom Ruderstamm abgehen, festgenietet.

Wasserdichte Schotten. Auf jedem Eisenschiff muß sich mindestens ein wasserdichtes Kollisionsschott befinden . Nach den Bestimmungen des Lloyd muß sich dieses Schott auf Dampfschiffen in einem Abstand von nicht weniger als 1/20 der Schiffslänge vom Vorsteven entfernt befinden. Auf Segelschiffen sollte es mindestens eine halbe Schiffsbreite vom Vordersteven entfernt sein und ohne Unterbrechung vom Boden zur Decke reichen. In diesem Schott darf es weder Türen noch andere Oeffnungen geben, es wird jedoch erlaubt (vgl. die dänischen Ueberwachungsbestimmungen), daß Segelschiffe und Segelschiffe mit Hilfsmotor im Hinblick auf Laden und Löschen von besonderer Ladung eine Oeffnung im Schott haben dürfen, wenn sich diese mit einer angebolzten oder aufschraubbaren Platte wieder sorgsam wasserdicht verschließen läßt.

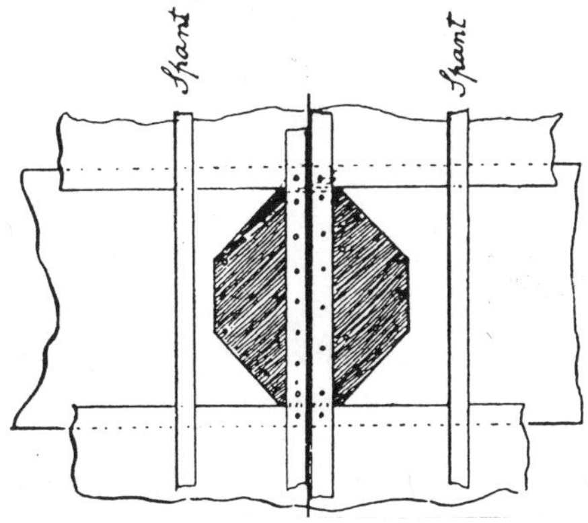

Fig. 297. Verstärkungen

Auf allen Schiffen ist es erlaubt, Rohrleitungen zum Auspumpen der vordersten Räume durch dieses Schott laufen zu lassen. Sie müssen allerdings besonders stark und gut geschützt sein, auch müssen sie über eine Absperrvorrichtung direkt auf dem Schott verfügen.
Oeffnungen der übrigen Schotten müssen leicht und schnell mit Hähnen, Ventilen oder Türen verschlossen werden können. Sie müssen von einem über der tiefsten Wasserlinie aus zugängigen Deck oder einem wasserdichten Trichter von Deck aus verschlossen werden können. Rohrleitungen, die durch die genannten Schotts laufen, benötigen keine Absperrvorrichtung. Das Schott kann mit einfachem oder doppeltem Spant an die Außenhaut genietet werden und ist oben wasserdicht mit dem Decksbalken verbunden.

Um wasserdicht zu sein, muß dieses Spant viel dichter als sonst an die Außenplatten genietet werden. Da diese aber durch zu viele Löcher geschwächt werden, verstärkt man sie durch eine Doppelungsplatte, die zwischen Spanten und Außenplatten angebracht wird. Sie reicht entweder zum nächsten Spant auf jeder Seite des Schotts oder sieht aus wie auf der Abbildung 297. An der Vorderkante wird das Schott durch waagerechte Winkeleisen verstärkt, die mit nicht mehr als vier Fuß Zwischenraum angebracht werden. An der Achterkante sind es waagerechte Winkeleisen, die mit nicht mehr als 2 1/2 Fuß Zwischenraum angebracht und durch Knie zu Kielschwein und Stringern verstärkt werden. Auf großen Schiffen werden außerdem Wulsteisen verwendet, ja sogar zwei Decksbalken mit dazwischenliegendem Deck samt Knien, um das Schott zu verstärken.

Auf dem Schottspant werden die Bodenwrangen gern ein wenig höher gebaut als die übrigen. Auf diese Weise wird der unterste Teil des Schotts gebildet. Auf vielen Schiffen befinden sich zwei Kollisionsschotts im Vorschiff. Wo Stringer, Kielschwein und Längsschiffträger durch wasserdichte Schotten gehen, setzt man zu beiden Seiten Dichtungskragen (Kraver), die aus Winkeleisen oder Platten bestehen.

Im Achterschiff vor dem Achtersteven befindet sich das Achterschott (es wird auch Buchsenschott genannt), welches hauptsächlich dazu dient, eine Leckage des Stevenrohres zu verhindern. Vom achtersten Maschinenschott führt auf dem Boden ein Tunnel zum achtersten wasserdichten Schott. In diesem Tunnel liegt die Schraubenwelle und deren Lager. Im achtersten Schott befindet sich eine Buchse (daher Buchsenschott), durch welche die Schraubenwelle 30 wasserdicht in das Stevenrohr 29 führt (Fig. 289). Der Tunnel läßt sich mit Hilfe einer Luke auf dem Maschinenschott wasserdicht verschließen. Diese Luke muß von Deck aus, oder von einer anderen Stelle, über der obersten Wasserlinie aus geschlossen werden können.

Nach den dänischen Ueberwachungsbestimmungen ist außerdem folgendes über Schotten zu sagen: **„Segelschiffe"** und **„Segelschiffe mit Hilfsmaschinenkraft"** sowie **„Fischermotorfahrzeuge, die außerhalb der eingeschränkten Fahrt fahren"** müssen mit Schotten ausgerüstet sein, deren Anzahl, Höhe und Stärke den Regeln der vom Handelsministerium anerkannten Klassifikationsgesellschaften entsprechen.

„Andere Schiffe und Fahrzeuge" und **„Passagierschiffe"** müssen sich, was Stärke und Höhe der Schotten betrifft, ebenfalls an die Regeln von anerkannten Gesellschaften halten. Sie müssen außer dem Kollisionsschott noch über ein Schott vor und hinter der Hauptmaschine verfügen. Handelt es sich um ein Schiff von über 50 Tons, muß es ein Achterschott haben, das bei Schraubenschiffen mit dem Stevenrohr der Schraubenwelle abschließen soll. Bei Schiffen, die außerhalb der eingeschränkten Fahrt fahren, müssen entweder wasserdichte Wellengänge zwischen dem Achterschott und dem Schott hinter der Hauptmaschine oder ein Schott kurz vor dem Achterschott liegen. Diese Bestimmungen gelten jedoch nicht für Schiffe, deren Hauptmaschine unmittelbar vor dem Achterschott aufgestellt ist. Bei Schiffen für die eingeschränkte Fahrt, wo das Achterschiff nicht ohne große Mühen zum obersten Deck geführt werden kann, ist es unter diesem durch ein wasserdichtes Schott abschließbar.

Für **Passagierschiffe** gelten noch weitere Bestimmungen:

Ist das Schiff über 85 Meter lang, muß es mindestens über fünf Schotten verfügen, ist es über 100 Meter lang, müssen es mindestens sechs Schotten sein, die in angemessenen Abständen voneinander liegen sollen.

Ein **schnelles Passagierschiff** (Dampfer mit einer Fahrtgeschwindigkeit von über 16 Knoten), das außerhalb der eingeschränkten Fahrt fährt, muß so viele Schotten haben, daß es auch dann schwimmfähig bleibt, wenn irgendein Raum zur See hin offen ist. Befindet sich das Schiff in ausländischen Gewässern, muß es über so viele Schotten verfügen, daß es seine Schwimmfähigkeit behält, selbst wenn zwei willkürliche, Seite an Seite liegende Räume voller Seewasser sind. In beiden Fällen können beim Berechnen der Schwimmfähigkeit 10% des Rauminhaltes für alle Räume unter dem Hauptdeck abgezogen werden.

Lukensülle 19 (Fig. 291) werden aus Platten gefertigt und am Eisendeck oder, wenn es ein solches nicht gibt, an Stringern und Decksbalken angenietet. Lukensülle müssen an die Unterkanten der Decksbalken nach unten reichen und mindestens 18" über das oberste Deck (bei Welldeckschiffen mindestens 30")ragen. Oben werden sie mit Lukeneisen, Schalkklampen und Schalkhaken 20 versehen. Innen wird die Einrichtung für die Lukenbalken eingebaut. Für einen, wenn die Luke über 12" lang ist, und für mehrere, wenn die Luke größer ist. Außerdem wird zusätzlich ein Längsträger eingebaut, wenn die Luke nicht über 10" breit ist, sonst baut man drei davon ein. Die **Lukenbalken** (Schiebbalken, Stützbalken) (Lugebjælkerne, Løsbjælkerne, shifting beams) werden aus Platten hergestellt und sowohl oben als auch unten mit doppelten Winkeleisen verstärkt. Um jede Lukenecke wird das Deck mit einer Platte versteift, ebenso entlang der Seiten, um die durch die Oeffnung entstandene Schwächung auszugleichen.

Die **Luken** 18 werden meist aus Holz gefertigt (2 1/2" Platten). Die Lukensülle in den Zwischendecks müssen - mit Ausnahme von Spardeckschiffen - nicht so hoch sein wie auf dem Oberdeck.

Niedergänge und der Fuß von Decksaufbauten werden wie Lukensülle befestigt, bevor das **Holzdeck** gelegt wird. Entlang der Winkeleisen und Platten werden zuerst Teakholzplanken gelegt, nachdem Balken und Stringer gut gereinigt und mit einer Lage dicker Menninge bestrichen wurden. Die Planken werden an jedem Ende mit ein bis zwei galvanisierten Schraubbolzen befestigt. Ueber die Bolzenköpfe setzt man Pfropfen (Dübel), die in Zinkweiß getaucht wurden. Damit die Bolzen festsitzen, wickelt man ein wenig Werg unter dem Kopf um den Bolzen herum. Nachdem er durch Planke und Balken gesteckt wurde, wird das untere Ende mit Werg umwickelt, welches man vorher ebenfalls in Menninge oder Zinkweiß getaucht hat. Dann werden die Muttern aufgeschraubt. Gibt es mehr als ein festes Deck auf dem Schiff, werden diese im wesentlichen genauso angebracht. Das gilt allerdings nicht für offene Brücken- und Promenadendecks auf Passagierschiffen.

Um Tageslicht in das Innere eines Schiffes zu bekommen, werden **Bullaugen** und **Oberlichter** über der obersten Wasserlinie angebracht. Der feste Rahmen an der Schiffsseite, worin die Bullaugen sitzen, und der Rahmen um die Oberlichter besteht in der Regel aus Messing, das allerdings leichte galvanische (elektrische) Ströme auslöst, die wiederum an den Platten Korrosion hervorrufen. Deshalb werden Rahmen und Sturmklappen oft aus galvanisiertem Eisen und nur die Einfassungen des Glases aus Messing gefertigt. Die Bullaugen selbst sind aus dickem Glas. Besteht die Gefahr, daß ein Raum sich mit Wasser füllt, wenn das Glas zerbirst, muß das Bullauge mit wasserdichten Sturmklappen ausgerüstet sein. Um darüber hinaus für Licht unter Deck zu sorgen, setzt man Decksgläser in dafür vorgesehene Oeffnung an Deck.

Der Kompaß. Es muß auf allen Schiffen soweit wie möglich dafür gesorgt werden, daß der Kompaß nicht in der Nähe großer Eisenteile aufgestellt wird, besonders dann nicht, wenn diese beweglich sind. Löschbäume, Davits, Schornsteine, sogar Radachsen können auf den Kompaß Einfluß ausüben, und es nützt nichts, die Eisengegenstände mit Holz oder Metall zu bekleiden, da die Magnetkraft hindurchgeht.

Schotten auf Deck. Befindet sich mittschiffs ein Halbdeck oder Deckshäuser, werden diese zum Deck hin mit Schotten abgegrenzt. Sie bestehen aus Platten, die genauso schwer sind wie die Außenbekleidung. Darüber hinaus werden sie von innen mit senkrechten Winkeleisen verstärkt, um sowohl dem Druck des Wassers als auch dem der Deckslasten zu widerstehen.

Das **Schanzkleid** 23 (Fig. 291) besteht aus Platten, die unten an den Schergang genietet und oben mit einer Holzreling mit halbrundem Eisen oder Relingseisen versehen werden. Außerdem bringt man in bestimmten Abständen Relingsstützen 16 an, die unten an den Decksbalken und oben am Schanzkleid befestigt werden. Man verdoppelt sie dort, wo die Relingsstützen sitzen, mit einer Platte. Können die Stützen nicht an den Decksbalken befestigt werden, verdoppelt man das Deck darunter ebenfalls. Fig. 298 zeigt die häufigste Art, Relingsstützen anzubringen. Schiffe, die Deckslasten führen, müssen kräftigere Relingsstützen haben; auf neueren Dampfern werden oft Einrichtungen entlang der Reling angebracht, die es ermöglichen, 3" starke Planken an das Ende von Deckslasten zu stellen sowie starke Ringbolzen zum Zurren der Lasten.

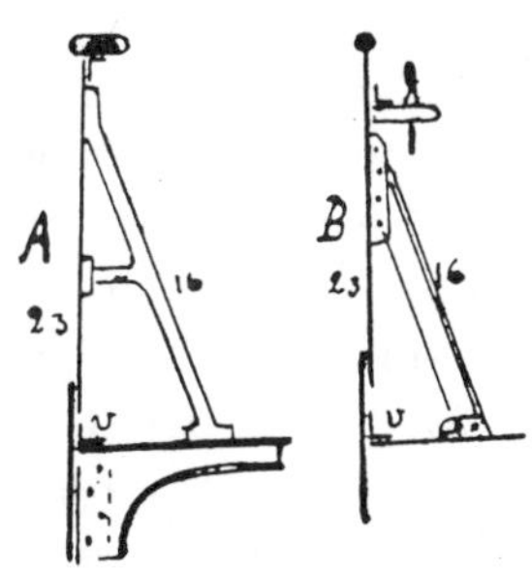

Fig. 298. Schanzkleid mit Relingsstützen

In das Schanzkleid sind Lenzpforten eingelassen, durch die das Wasser ablaufen kann. Im Schergang, so dicht an Deck wie möglich, befinden sich für denselben Zweck Speigatten. Für jede dieser Oeffnungen muß unter Deck ein Stützwinkel angebracht werden.

Stützen im Laderaum (Fig. 291 u) sind entweder massiv oder bestehen aus Rohren mit angeschweißten Enden. Sie werden mittschiffs in einer Reihe aufgestellt und sind mit den oberen Enden an die Decksbalken oder an ein unter diesen angebrachtes T-Eisen angeschraubt. Unten sind sie an das Kielschwein oder an ein oben am Tank angenietetes Winkeleisen geschraubt. An den Lukensülls werden an jedem Ende Stützen angebracht. Die großen Luken werden zudem unter den Seiten abgestützt. Die Stützen tragen das Deck mit, besonders wenn Deckslast gefahren wird oder Wasser an Deck ist. Außerdem tragen Sie zur Verstärkung des Bodens bei, wenn das Schiff auf Grund sitzt oder im Trockendock steht. Wenn das Schiff über mehr als ein Deck verfügt, werden zwischen den Decks zusätzliche Stützen, soweit möglich genau über den Stützen des Laderaums, aufgestellt. Decksbalken, die über 44' lang sind, benötigen zu jeder Seite des Schiffes eine Reihe Stützen.

Garnierung 11 und 12 (Fig. 291). Auf den Boden aller Schiffe - mit Ausnahme der Bodentanks - legt man eine Holzgarnierung von 2 1/2" bis 3" Stärke, vom Kielschwein bis zum obersten Teil der Kimm an beiden Seiten, damit die Ladung darauf liegen kann, und um das Ballastwasser daran zu hindern, in den Laderaum einzudringen. Die Planken, die in unmittelbarer Nähe zum Kielschwein, den Stringern und der Kimm sitzen, sind mit galvanisierten Schraubbolzen an die Kontraspanten geschraubt, während der Rest als Luken eingerichtet ist, um bequemen Zugang zu Boden, Spanten und Bodenwrangen zu haben. Wenn das Schiff mit Bodentanks ausgerüstet ist (Fig. 301), legt man die Garnierung, die auf Holzplatten liegt, über den ganzen Tank. Auch hohe Tanks werden mit einer Garnierung ausgelegt. Wenn der Tank mit Wasser gefüllt wird, muß die Garnierung aber entweder festgebolzt oder entfernt werden. Im Achterschiff legt man eine ca. 3"starke Holzkleidung unten auf den Tunnel vor jede Luke. Allerdings begnügt man sich meistens damit, die Tunneldecke aus dickeren Platten zu fertigen, wovon die achterste mitunter geschraubt ist, so daß man auf diese Art leicht die Schraubenwelle ein- und ausbauen kann.

Wegerungslatten 13 (Lastribberne, woodsparring) (Fig. 291) können aus Holz oder Eisen sein und werden auf die Kontraspanten, ab der Garnierung aufwärts, in einem Abstand von einem Fuß gelegt. Verwendet man Eisenstangen, werden diese auf die Kontraspanten gebolzt; meistens werden jedoch Holzlatten bevorzugt, die entweder auf die Kontraspanten gebolzt werden, oder, was noch praktischer ist, in eine Eisenklampe AA gelegt und nur mit je einem Bolzen am Kontraspant befestigt werden, damit sich die Klampe drehen läßt für den Fall, daß unter den Latten gestrichen oder gesäubert werden soll.

Kimmkiele (Fig. 291 und 301 A). Die meisten Eisenschiffe werden mit Kimmkielen versehen, um das Schlingern zu vermindern. Je tiefer sie ins Wasser ragen, desto wirksamer sind sie. Um den Wasserwiderstand möglichst gering zu halten, ist es wichtig, daß die Kimmkiele parallel zur gewöhnlichen Lage des Schiffes im Wasser angebracht werden. Die Konstruktionen können unterschiedlich sein, sind aber meist sehr einfach. Zuerst werden außenbords entlang der Kimm ein oder zwei Winkeleisen angenietet, und daran wird dann ein Wulsteisen befestigt (siehe auch Seite 115).

Verstärkungen. Dieses Thema ist sehr kompliziert, und es würde den Rahmen dieses Buches sprengen, wenn ich näher darauf einginge, an dieser Stelle soll also nur folgendes erwähnt werden:

Wenn das **Deck eines Schiffes nicht auf einer Ebene liegt** (Fig. 299), wie z.B. bei einem Halbdeck oder Welldeck oder dort, wo das Deck plötzlich aufhört - wie im Maschinen- oder Kesselraum - müssen Verstärkungen angebracht werden. Teils werden die Platten außenbords verstärkt, teils laufen Deckstringer und mehrere Spanten in den nachfolgenden Raum.

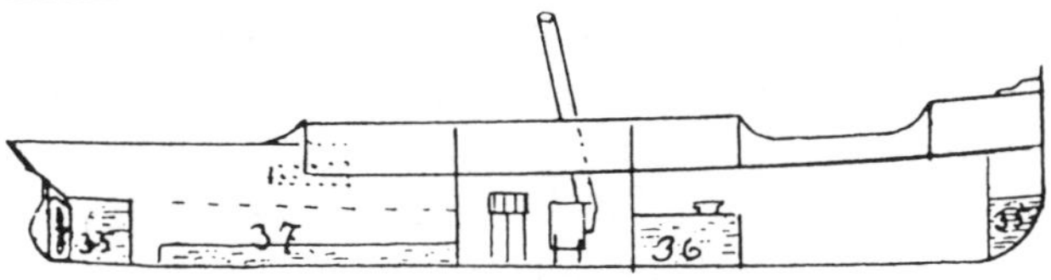

Fig. 299. Welldeck Dampfer

Die **Platten** sind in der mittleren Hälfte des Schiffes immer am dicksten, zu den Enden hin werden sie dünner (bei Schraubenschiffen allerdings nicht nach unten zum Stevenrohr).

Wo die **Back oder Deckshäuser**, die bis zu den Schiffsseiten reichen, aufhören, müssen die Außenplatten abgerundet werden und ein Stück auf dem Schanzkleid entlang laufen.

Sollen die **Luken** lang sein, müssen die Balken verstärkt werden. Wenn das Maschinenoberlicht sich über sieben Spantenräume erstreckt, müssen sowhl das nächstliegende als auch das darüberliegende Deck verstärkt werden.

Zwischendecksbalken oder Zwischendecks können durch Plattenspanten oder Seitenstringer oder einfache, verstärkte Balken ersetzt werden.

Plattenspanten, Rahmenspanten (Fig. 300) bestehen aus einer aufrecht stehenden Platte, die entlang der Spanten, von der Kimm bis zu den Decksbalken festgenietet ist. Die inwendige Kante der Platte wird mit zwei Winkeleisen verstärkt.

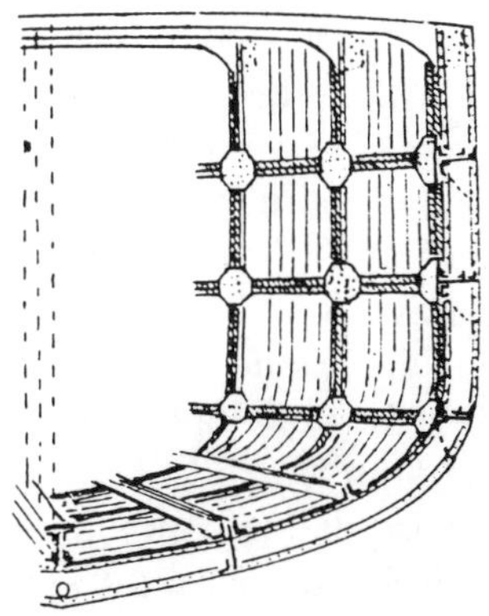

Fig. 300. Plattenspanten

Verstärkte Seitenstringer (Fig. 300) sind fortlaufende Platten, die Einschnitte für Spanten und Kontraspanten haben, so daß sie bis an die Schiffsseiten heranreichen und an diesen mit Winkeleisen befestigt sind. Ein zweites Winkeleisen wird oben auf der Stringerplatte, entlang der Innenseite der Kontraspanten angebracht und an diese und die Stringerplatten genietet. Deren Innenkanten werden mit zwei Winkeleisen verstärkt und dort, wo sich Seitenstringer und Plattenspanten kreuzen, werden Sie mit Winkeleisen und einer Diamantplatte verbunden.

Eine **Eisverstärkung** besteht darin, daß das Material der Bugplatten dicker als gewöhnlich ist oder sogar verdoppelt wird. Der Abstand der Spanten untereinander wird verringert, und teilweise werden Verstärkungsbalken, sogenannte Piek-Versteifungsbalken (panting beams) angebracht. Diese sind auch im Bug großer Schiffe ohne Eisverstärkung zu finden, damit der Bug nicht federt, wenn das Schiff in schwerer See stampft.

Ankerklüsen sind in der Regel aus Gußeisen. Die Platten rund um die Klüsen sind verdoppelt.

Unter dem Kessel- und Maschinenraum sind die Bodenwrangen schwerer als gewöhnlich und mit doppelten Kontraspanten versehen.

Wasserballast fand trotz zahlreicher Versuche keine große Verbreitung auf gewöhnlichen Segelschiffen. Dampfer hingegen sind fast alle mit Wasserballasttanks ausgerüstet. Es scheint so, daß Bodentanks sowohl für Ballast als auch für Oel in Zukunft auf allen Eisenschiffen mit Hilfsmotor zu finden scin werden. Bei Ballasttanks haben besonders drei Systeme weite Verbreitung gefunden, und oft genug ist ein und dasselbe Schiff mit allen drei Systemen ausgerüstet (Fig. 299).

Man unterscheidet zwischen **Piektanks** oder **Trimmtanks** 35, **hohen Tanks** und **Bal-**

lasttanks im doppelten Boden 37, besonders die letztgenannten können sehr verschiedenartig gebaut sein und werden zum Schluß besprochen. Es ist nur natürlich, den vordersten Raum vor dem wasserdichten Schott in der Vorpiek als Wasserballasttank einzusetzen, denn er ist an einem wasserdichten Deck befestigt, welches mit einem Mannloch und den notwendigen Rohren und Pumpen zum Füllen und Lenzen versehen werden kann. Normalerweise reichen sowohl Vor- als auch Achterpiek bis zum obersten Deck hinauf, schließen aber mit einem wasserdichten Deck kurz vor der obersten Wasserlinie ab. Hohe Tanks machen einen Teil des Laderaumes aus; sie sind mit schweren Eisenschotten quer über das Schiff vom übrigen Laderaum abgetrennt und oben durch ein wasserdichtes Eisendeck abgeschlossen. Auf hohen Tanks befinden sich zwei Luken, die groß genug zum Be- und Entladen sind. Diese Luken sind aus Eisen und lassen sich wasserdicht verschrauben, wenn der Tank mit Wasser gefüllt wird. Ist dies nicht der Fall, wird nur ein Belüftungsrohr offen gehalten bis der Tank ganz gefüllt ist, danach wird auch dieses fest verschraubt.

Wenn der Tank nicht ganz gefüllt wird, kann das Wasser anfangen zu schlagen, es besteht dann die Gefahr, daß der Tank gesprengt wird. Das Füllen des Tanks muß beaufsichtigt werden und die Pumpen sind rechtzeitig zu stoppen. Ein gewisses Wassergewicht beeinflußt das Schiff stärker als das gleiche Gewicht irgendeines Feststoffes. Das Wasser belastet jede einzelne Stelle, und der Druck verändert sich mit jeder Bewegung, die das Schiff macht. Man überprüft die Ballasttanks mit Hilfe von aufgeschraubten Rohren, deren obere Enden bis zur obersten Wasserlinie reichen. Der Tank wird gefüllt, bis das Wasser oben aus den Rohren steigt. Er wird dadurch einem beträchtlichen Druck ausgesetzt, selbst wenn sich in dem Rohr nur ein Liter Wasser befindet, kann das ausreichen, den ganzen Tank zu sprengen, wenn er nicht stabil genug ist. Die Stärke des Druckes beruht nämlich nicht auf der Wassermenge, sondern auf der Höhe der Wassersäule und dieser Druck verteilt sich gleichmäßig auf den ganzen Wassertank. Wasser läßt sich nämlich nicht zusammendrücken.

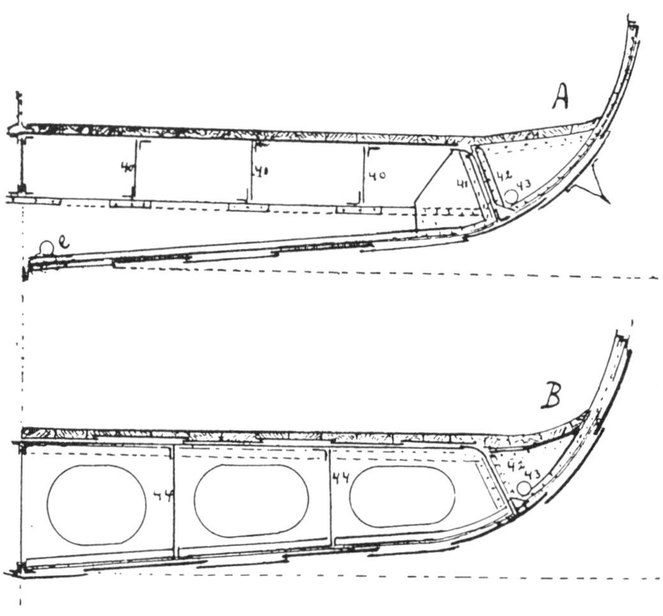

Fig. 301. Ballastanks

Ballastanks im doppelten Boden. Wenn Schiffe mit einem doppelten Boden für Ballasttanks ausgerüstet werden, unterscheidet sich ihre Bauart von der oben beschriebenen. Diese Tanks werden zuerst gebaut und ausprobiert, bevor der Rest der Spanten hochgezogen wird. Ballasttanks im doppelten Boden können auf zahlreiche Weisen gebaut werden, aber besonders zwei Methoden sind typisch: 1) Doppelboden mit Längsträgern und 2) Doppelboden mit hohen Bodenwrangen, Fig. 301 A zeigt das erste System.

Auf den Bodenwrangen werden die Längsträger 40 festgenietet, darauf wiederum wird die Tankdecke genietet. Eine große

Schwierigkeit besteht darin, die Seiten dicht zu bekommen. Nachdem man lange Zeit versucht hat, das Winkeleisen , welches die Randplatte mit den Außenplatten verbindet, um Bodenwrangen und Spanten zu biegen, waren die Schwierigkeiten, eine dauerhafte Abdichtung zu bekommen so groß, daß Spanten, Bodenwrangen und Kontraspanten nun normalerweise gekappt werden, wo die **Tankseitenplatten** oder Randplatten (Sidepladen, marginplate) stehen sollen. Unten läuft ein starkes Winkeleisen, womit die Randplatte und die verstärkte Kimmplatte wasserdicht miteinander verbunden werden können.

Die durch die Randplatten unterbrochene Verbindung zwischen dem Spant im Tank und dem außen davor liegenden Spant wird durch ein Winkeleisen, das an die Randplatte genietet wird und ein schweres Eisenknie 42, das mit Spant und Kontraspant verbunden ist, wieder hergestellt. Unten in das Eisenknie werden Nüstergatts 43 für das Ballastwasser geschnitten, damit es sich an den Seiten des Tanks sammeln und zum einem Pumpenschacht am Ende des Tanks laufen kann.

Fig. 301 B zeigt das andere System: den Ballasttank mit hohen Bodenwrangen. Um ein Schiff nicht unnötig schwer werden zu lassen, schneidet man große Löcher in die Bodenwrangen, oder baut sie aus kleineren Platten. Zwischen die Bodenwrangen stellt man längsschiffs Seitenträger 44, um ein Umfallen zu verhindern. Die Seiten der Tanks werden von Randplatten begrenzt, die Spanten haben auch hier zwei verschiedene Längen.

Wenn nötig, macht man an allen Tanks Mannlöcher in die Bodenwrangen oder in den Längsschiffträger, so daß jede Stelle des Tanks leicht zugänglich ist, zwecks Untersuchungen und Pflege. Beim Bau der Tanks ist darauf zu achten, daß die Luft ungehindert zwischen den einzelnen Teilen unter der Tankdecke zirkulieren kann, und es ist wichtig, daß sie entweichen kann, wenn der Tank gefüllt wird. Die Luft entweicht durch Luftrohre, die bis über das Hauptdeck reichen und wie ein Schwanenhals gebogen sind, um das Eindringen von Salzwasser zu verhindern.

Lenzmittel. Zu jedem Tank führen Rohre zum Füllen und Saugleitungen zu den Pumpen. Gleichfalls führen Saugleitungen der Maschinenpumpe zu jedem Laderaum, und endlich gibt es für jeden Raum Peilrohre und Handpumpen. Damit die Pumpen nicht durch Schmutz im Wasser verstopfen, endet das Saugrohr in einem Saugkorb, der wie ein Sieb mit Löchern versehen ist.

Masten, Bugspriet und Rahen werden oft aus gebogenen, aneinandergenieteten Stahlplatten gefertigt. Die Masten werden an Deck und Saling verdoppelt, der Bugspriet dort, wo er zwischen den Judasohren zu liegen kommt und die Rahen in der Mitte. Kleinere Masten und Rahen bestehen nur aus Rohren, die innen hohl sind. Die größeren werden inwendig mit Winkeleisen abgestützt (Fig. 381 und 349), die größten werden mit Platten, die über Kreuz am Winkeleisen befestigt werden, verstärkt. Die einzelnen Teile sind an den Innenseiten abgemessen, bevor sie zusammengenietet werden. Die Rahen werden an den Enden mit Holzdübeln verschlossen, die Masten oben mit einer Eisenplatte. Es war früher üblich, Eisenmasten als Luftventile zu nutzen, heute macht man das nicht mehr, da Luft die Rostbildung und Selbstentzündung begünstigt.

Fast jedes Dampfschiff läßt sich auf einen bestimmten Typ zurückführen. Es gibt davon aber derart viele, daß es zu weit führen würde, darüber ausführlich zu schreiben. Unter denen auf Frachtfahrten hauptsächlich vorkommenden Schiffstypen möchte ich hier folgende anführen: Spardeckschiffe, Sturmdeckschiffe, Welldeckschiffe und Schiffe mit erhöhtem Quarterdeck.

Zu den spezielleren Schiffen, die kurz beschrieben werden sollen, gehören die Turret-Dampfer (Turmdeck-Dampfer) und die Whaleback-Dampfer.

Die **Turmdeck-Dampfer** (Fig. 302) werden besonders für die Getreidefracht eingesetzt, da der hohe Turm genug Korn aufnehmen kann, um den Laderaum kontinuierlich zu füllen, wenn die Ladung nach und nach zusammensinkt. Dadurch wird verhindert, daß die Ladung verrutscht. Auf der Abbildung sieht man auf der linken Seite den Schnitt eines gewöhnlichen Schiffes, auf der rechten Seite den eines Turret-deck-Schiffes. Es fällt sofort ins Auge, daß die Schiffsseiten oberhalb der Ladelinie bis zur halben Schiffsseite nach innen gebogen sind, dann aber zu der beträchtlichen Höhe von sieben bis neun Fuß ansteigen. Darauf steht das eigentliche Deck, wo Luken, Spills, Masten, Luftventile, Niedergänge etc. zusammengedrängt sind. Zwar findet die See keine sehr große Angriffsfläche an den abgerundeten Schiffsseiten, andererseits aber kann man sich trotz des Geländers darauf nur schwer bewegen, und noch schwieriger ist das Stauen von Decksladung auf solchen Schiffen.

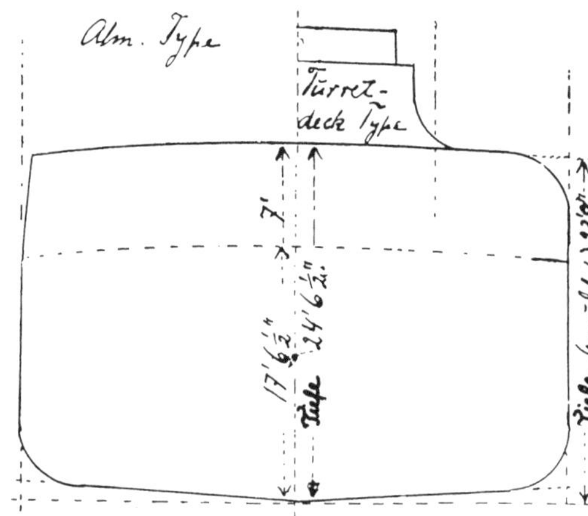

Fig. 302. Schnitt durch einen Turmdeck-Dampfer

Whaledeck-Dampfer. Anstelle des Decks ist das ganze Schiff von starken, gewölbten Platten bedeckt, trotzdem müssen auf diesem Deck Spills, Luken etc. angebracht werden.

Wie viele Schiffstypen auch erprobt worden sind, unter Wasser hat man die alten Schiffsformen im großen und ganzen doch beibehalten, nur daß die neuen Schiffe in der Regel langgestreckter sind. Bei alten Schiffen kam es gar nicht so selten vor, daß das Verhältnis von **Breite und Länge** 1:2 oder 1:2 1/2 betrug. Heutzutage baut man Schiffe, die 10 bis 12mal so lang wie breit sind. Normalerweise liegt das Verhältnis zwischen 1:4 und 1:7. Segelschiffe sind in der Regel verhältnismäßig breiter als Dampfschiffe, um unter Segeln ausreichend steif zu sein.

Wasserverdrängung, Tragfähigkeit, Rauminhalt und Stabilität

Unter der **Wasserverdrängung** (Deplacement; Displacement) eines Schiffes versteht man das Gewicht der Menge Wasser, welches das Schiff zu verdrängen imstande ist. Diese Wassermenge ist genauso schwer wie das Schiff mit aller auf ihm befindlichen Ausrüstung. Wenn man weiß, wie viele Kubikfuß Wasser das Schiff verdrängt hat, erhält man die Wasserverdrängung in lbs. (engl. Pfund), indem man diese Zahl mit dem Gewicht von einem Kubikfuß Wasser multipliziert. Das liegt für Süßwasser bei ungefähr 62 1/2 lbs., für Salzwasser bei 64 lbs (errechnet nach englischen Maßen und Gewichten). Meistens drückt man die Wasserverdrängung jedoch in Tons a 2240 lbs. aus. Um herauszufinden, wie groß die Wasserverdrängung in Tons ist, müssen wir also die Kubikfuß Wasser durch 2240 dividieren.

Die Wasserverdrängung läßt sich leicht errechnen, wenn man die Völligkeit des Deplacements kennt, der das Verhältnis zwischen dem Rauminhalt des Schiffes und dem Rauminhalt des umschriebenen Parallelepipeden (eine gewöhnliche, viereckige Kiste) ist. Multipliziert man die Länge des Schiffes zwischen den Loten mit der größten Breite auf der Wasserlinie und dem mittleren Tiefgang des Schiffes, der von der Oberkante des Kiels aus gemessen wird, so ergibt sich der Kubikinhalt eines Raumes derselben Länge, Breite und Tiefe von dem Teil des Schiffes, der sich unter der Wasseroberfläche befindet. Dieser ist natürlich größer als der Rauminhalt, den das Schiff verdrängt, da das Schiff dort, wo Seiten und Boden aufeinandertreffen und besonders an den Enden, den Kasten nicht ausfüllt. Wieviel aber von dem eigentlichen Parallelepipedum übrigbleibt, gibt die Völligkeit an, die je nach Schiffstyp unterschiedlich ist. Die folgenden Werte für die Völligkeit der Wasserverdrängung sind der Maschinenlehre von A.H.M. Rasmussen entnommen:

Bei Lustfahrzeugen .... 0,27 bis 0,42
- ranken und schnellen Dampfschiffen .... 0,43 bis 0,45
- gewöhnlichen neueren Segelschiffen .... 0,55 bis 0,60
- Lastenträgern mit geringer Geschwindigkeit .... 0,70 bis 0,80

Das Produkt von Schiffslänge, Breite und Tiefgang, ausgedrückt in Fuß, multipliziert mit der Völligkeit gibt den Rauminhalt der Menge Wasser in Kubikfuß an, die das Schiff verdrängt und die oft als Wasserverdrängung des Rauminhalts bezeichnet wird.

Erstes Beispiel: Ein Segelschiff ist 106' lang, 27' breit, der Tiefgang (ohne Kiel) beträgt 10'. Wie hoch ist die ungefähre Wasserverdrängung in Tons, wenn die Völligkeit 0,60 ist?

Die Wasserverdrängung beträgt

$$106 \times 27 \times 10 \times 0{,}60 \times (64/2240) = \text{ca. } 491 \text{ Tons.}$$

Zweites Beispiel: Ein Schiff soll auf eine Aufschlepphelling. Die Helling hat eine Tragfähigkeit von 650 Tons. Das Dampfschiff ist 200' lang, 27' breit, der Tiefgang ohne Ballast beträgt 6 1/2'. Die Völligkeit des leeren Schiffes beträgt 0,60, die des beladenen um 0,70. Die Wasserverdrängung beträgt also

$$200 \times 27 \times 6{,}5 \times (64/2240) = \text{ca. } 602 \text{ Tons.}$$

Die **Völligkeit der Wasserlinienfläche** (Vandlineararealets Fyldighedsgrad) wird häufiger gebraucht. Sie ist das Verhältnis zwischen dem von Wasserlinienareal und Wasserlinie umschriebenen Winkel (ein Viereck von Schiffslänge und -breite). Die Völligkeit der Wasserlinienfläche ist folgende:

Bei ranken Schiffen.. 0,70
- gewöhnlichen Schiffen.. 0,78
- bauchigen Schiffen.. 0,84

Es ist klar, daß die Völligkeit der Wasserlinienfläche größer sein muß als die der Wasserverdrängung, da fast alle Schiffe nach oben zur Wasserlinie hin bauchiger werden.

Drittes Beispiel: Ein Dampfschiff ist teilweise beladen. Der Tiefgang beträgt 14', das Schiff soll aber bis 16' beladen werden. Wie viele Tonnen können hinzugeladen werden? Die Länge des Schiffes beträgt 200', die Breite 27' und die Völligkeit der Wasserlinienfläche 0,78. Das benötigte Gewicht, um den Tiefgang zu vergrößern beträgt also

2 X 200 X 27 X 0,78 X (64/2240) = ca. 241 Tons.

Da zwei Fuß 241 Tons entsprechen, wird das Ladegewicht pro Zoll circa 10 Tons betragen.

Ist die Völligkeit unbekannt, kann man, wenn das Schiff still und gerade auf dem Kiel liegt, folgende Methode anwenden: Man mißt die Länge zwischen den Loten und teilt diese Länge in eine Anzahl gleich großer Teile. Wir nehmen an, daß das Schiff 235'9" lang ist. Diese Länge teilen wir in 23 Teile a 10'3", die quer über das Deck jedes für sich markiert werden. Auf der einen Seite wird ein Lot bis ans Wasser gelassen, und von dort mißt man die Abstände bis an die Schiffsseiten. Wenn man diesen Wert zweimal in der Rechnung berücksichtigt, vermeidet man das Messen auf der anderen Seite, weil man davon ausgeht, daß beide Schiffsseiten gleich sind (Fig. 303 und 304).

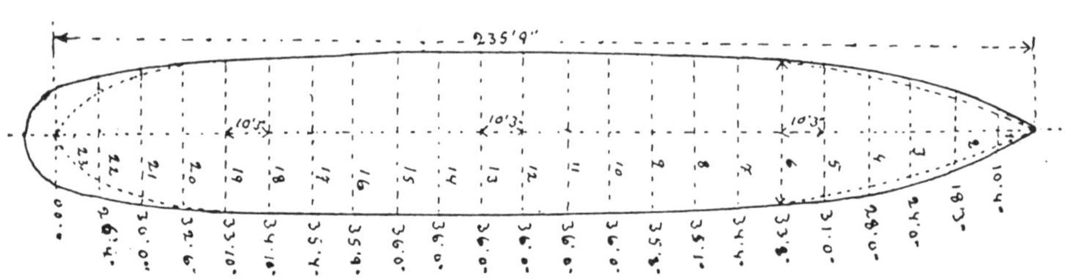

Fig. 303. Völligkeit

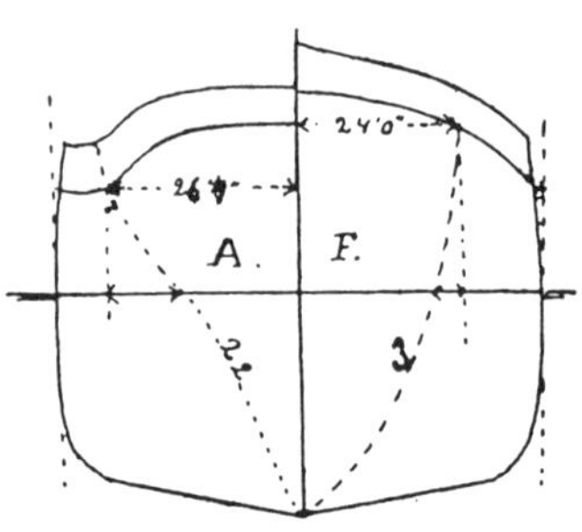

Fig. 304. Querschnitt
A. Achterschiff, F. Vorschiff

	Vom vordersten Lot		Wirkliche Breite
1ste	Querschnitt über Deck	10' 4" ÷ 1' 10" . 2	6' 8"
2det	— — —	18' 3" ÷ 1' 8" . 2	14' 11"
3die	— — —	24' 0" ÷ 1' 5" . 2	21' 2"
4de	— — —	28' 0" ÷ 0' 10" . 2	26' 4"
5te	— — —	31' 0" ÷ 0' 6" . 2	30' 0"
6te	— — —	33' 8" ÷ 0' 3" . 2	33' 2"
7de	— — —	34' 4" ÷ 0' 0" . 2	34' 4"
8de	— — —	35' 1" + 0' 1" . 2	35' 3"
9de	— — —	35' 8" + 0' 2" . 2	36' 0"
10de	— — —	36' 0" + 0' 3" . 2	36' 6"
11te	— — —	36' 0" + 0' 3" . 2	36' 6"
12te	— — —	36' 0" + 0' 3" . 2	36' 6"
13de	— — —	36' 0" + 0' 3" . 2	36' 6"
14de	— — —	36' 0" + 0' 3" . 2	36' 6"
15de	— — —	36' 0" + 0' 3" . 2	36' 6"
16de	— — —	35' 9" + 0' 2" . 2	36' 1"
17de	— — —	35' 4" + 0' 1" . 2	35' 6"
18de	— — —	34' 11" ÷ 0' 2" . 2	34' 7"
19de	— — —	33' 10" ÷ 0' 7" . 2	32' 8"
20de	— — —	32' 6" ÷ 1' 3" . 2	30' 0"
21de	— — —	30' 0" ÷ 3' 0" . 2	24' 0"
22de	— — —	26' 4" ÷ 6' 0" . 2	14' 4"
23de	— Achtersteven ...	23' 4" ÷ 11' 8" . 2	0' 0"
			23) 664' 0"
		Durchschnittl. Breite:	28,87'

$$28{,}87 \times 235{,}75 \times \frac{64}{2240} = \text{ca. } 192 \text{ Tons},$$

das also ist das zum Niederdrücken benötigte Gewicht für den ersten Fuß.

Das Decksmaß zeigt, daß das Schiff bei den ersten sechs Abschnitten an der Wasseroberfläche schmaler ist als am Deck. Die folgenden 10 Abschnitte sind unten am Wasser am breitesten, also muß der Abstand von den Schiffsseiten bis zur Lotlinie als doppelter Betrag hinzugerechnet werden.

Die übrigen Querschnitte verringern sich stetig zum Achtersteven, wo sie praktisch 0 sind. Man nimmt von der Summe den Mittelwert, der mit der Länge des Schiffes multipliziert wird. Das Ergebnis ist gleich der Fläche des Wasserlinienumfangs.

Unter der **Tragfähigkeit** *) (Ladefähigkeit für schwere Güter) (Bæreevne; dead weight measurement, carrying capacity) versteht man die Anzahl Tons – 2240 lbs (engl. Tons) oder 1000 kg (Metrische Tonne)– die nötig sind, um ein Schiff mit leeren Laderäumen und Ballasttanks bis zur Tiefwasserlinie zu belasten, ohne daß es überlastet würde. Die Tragfähigkeit kann also als der Unterschied zwischen der Wasserverdrängung eines Schiffes bezeichnet werden, wenn es bis zur Tiefwasserlinie beladen ist, und der Wasserverdrängung, wenn das Schiff unbeladen ist. Diese letzte Größe wird als Eigengewicht des Schiffes bezeichnet.

*) Dieses letzte Thema wird ausführlich behandelt von den Schiffsführern H.C. Lagesen und John Kruse in: „Kend dit Skib", ein Buch, welches jenem empfohlen werden kann, der sein Wissen über Schiffe und deren Eigenschaften erweitern möchte.

Freibord (Fribord, freeboard). Der Teil des Schiffes, der über der Wasseroberfläche liegt, wird als Freibord bezeichnet und macht die Reserve-Tragfähigkeit eines Schiffes aus. Wie hoch dieses Freibord sein muß, war vor der Einführung der Ladelinienregeln mit gewissen Ausnahmen dem Gutdünken des Schiffsführers überlassen. Die Ausnahmen verlangten nur, daß auf jeden Fuß Tiefgang 2 1/2 bis 3 Zoll Freibord mittschiffs kommen müßten.

Solche Regeln waren selbstverständlich ganz willkürlich, da sie den Sprung des Schiffes, die Rundung des Decks, den Rauminhalt der Aufbauten Back, Poop, Quarterdeck etc., die Stärke des Schiffes usw. unberücksichtigt ließen. Alle diese Verhältniswerte sind für die Berechnung des Freibords von Bedeutung. Beispielsweise kann ein Schiff mit großem Sprung, von dem ständig ein großer Teil aus dem Wasser ragt und das somit über eine große Reserve-Tragfähigkeit verfügt, nach den Ladelinienregeln mit einem geringeren Freibord auskommen als das gleiche Schiff ohne Sprung.

Die Einführung der Lademarken haben wir dem großen Menschenfreund **Samuel Plimsoll** zu verdanken, der dem englischen Parlament schon im Jahre 1871 einen Gesetzesvorschlag über verbindliche Ladelinien vorlegte, welcher jedoch nicht angenommen wurde. Erst durch das Erscheinen seines bekannten Buches „Our Seamen" im darauffolgenden Jahre wurde die Aufmerksamkeit der Oeffentlichkeit derart groß, daß die englische Regierung sich gezwungen sah, die Frage nach allgemein verbindlichen Lademarken wieder aufzugreifen. Und nach einer zunächst freiwilligen Einführung von Lademarken wurde 1890 das Gesetz über rechtsverbindliche Lademarken im Parlament verabschiedet. Diesem Vorbild folgten bald andere seefahrende Nationen. In Dänemark wurden Lademarken am 1. Oktober 1909 verbindlich.

Die Tabellen und Regeln, die damals in England für die Berechnung des Freibords zugrunde gelegt wurden, sind im großen und ganzen noch heute gültig. Zweck des Freibords ist es, dem Schiff eine gewisse Reserve an Tragfähigkeit einzuräumen (20 bis 36 Prozent), genügend, um selbst unter schwierigen Bedingungen die Seetüchtigkeit aufrechtzuerhalten.

Es würde zu weit führen, an dieser Stelle eine Aufstellung der Größen vorzunehmen, die für die Berechnung des Feibords erforderlich sind. Es soll genügen, über das einzig Wichtige, welches hierbei von Interesse ist, zu reden: Ueber den Einfluß nämlich, den die unterschiedliche Tragfähigkeit von Süßwasser und Salzwasser auf die Ladefähigkeit von Schiffen hat. Belädt man das Schiff an einem Ort, wo es nur reines Salzwasser oder reines Süßwasser gibt, muß man auf die entsprechenden Lademarken achten. Belädt man es im Brackwasser, muß das Freibord für Salzwasser im Verhältnis zum spezifischen Gewicht (Salzgehalt) des Wassers vermindert werden. Ist das spezifische Gewicht nicht bekannt, läßt es sich mit Hilfe des Hygrometers, welches so eingeteilt ist, daß reines Süßwasser das spezifische Gewicht 1.0 hat, ermitteln. Auf der Rückseite des dänischen Freibordbriefes ist in Millimeter angegeben, um wieviel ein Freibord vermindert werden muß, wenn das betreffende Schiff in reinem Süßwasser beladen wird. Gleichzeitig ist eine Formel zur Errechnung der Reduzierung des Freibords für den Fall wiedergegeben, wenn das spezifische Gewicht zwischen Süß- und Salzwasser liegt.

Die Formel läßt sich folgendermaßen ausdrücken:

Die auf dem Freibordbrief angegebene Reduktion multipliziert man mit $\frac{1{,}03 \div D}{0{,}03}$

D steht für das spezifische Gewicht des Wassers, 1,03 ist das spezifische Gewicht von Salzwasser.

Wenn man sich ein Schiff denkt, dessen Freibordbrief eine Reduktion von 75 Millimeter angibt bei einem spezifischen Gewicht des Wassers von 1,0021, so rechnet man folgendermaßen:

$$\frac{75 \times (103 \div 1{,}0021)}{0{,}03} = \frac{75 \times (1030 \div 1002)}{30} = 70 \text{ mm.}$$

Das Schiff darf also bis zu 70 Millimeter unter der Oberkante der Salzwassermarke beladen werden.

Wie schon vorher bemerkt, läßt sich das spezifische Gewicht oder der Salzgehalt des Wassers mit Hilfe eines Hygrometers feststellen. Die gewöhnlichen englischen, die an Bord benutzt werden, sind **umgekehrt zum Salzgehalt des Wassers eingeteilt**. Süßwasser hat also das spezifische Gewicht von 1,000, wobei das Hygrometer 0,25 anzeigt. Salzwasser hat das spezifische Gewicht von 1,025, hier zeigt das Hygrometer 0,000 an.

Zu diesen Hygrometern gehört eine Tabelle wie die folgende. Man braucht dazu den Tiefgang des Schiffes und die angezeigte Größe auf dem Hygrometer. Die gefundene Größe gibt an, um wieviel ein Schiff mehr belastet werden darf.

Wert auf dem Hygrometer	**0,25**	**0,20**	**0,15**	**0,10**	**0,5**
Schiffstiefgang in engl. Fuß	engl. Zoll	engl. Zoll	engl. Zoll	engl. Zoll	engl. Zoll
10	2,5	2,0	1,5	1,0	0,5
12	3,0	2,4	1,8	1,2	0,6
14	3,5	2,8	2,1	1,4	0,7
16	4,0	3,2	2,4	1,6	0,8
18	4,5	3,6	2,7	1,8	0,9
20	5,0	4,0	3,0	2,0	1,0
22	5,5	4,4	3,3	2,2	1,1
24	6,0	4,8	3,6	2,4	1,2
26	6,5	5,2	3,9	2,6	1,3
28	7,0	5,6	4,2	2,8	1,4

Die Wassertemperatur ist von geringem Einfluß. So macht eine Veränderung von 30 Grad Celsius nur 1 Millimeter aus bei einem Schiff von 16 Fuß Tiefgang.

Lademarken (Fig. 305 A und B) (Lasteliniemæker), die den größten Tiefgang angeben bis zu dem ein Schiff unter verschiedenen Bedingungen beladen werden darf, werden mittschiffs auf beide Seiten farblich aufgetragen.

Auf der Schnittlinie zwischen Decksfläche und Schiffsseiten wird eine waagerechte Li-

Lademarken

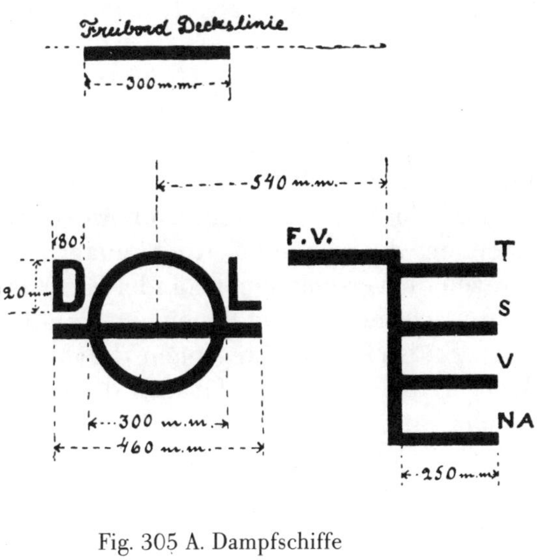

Fig. 305 A. Dampfschiffe

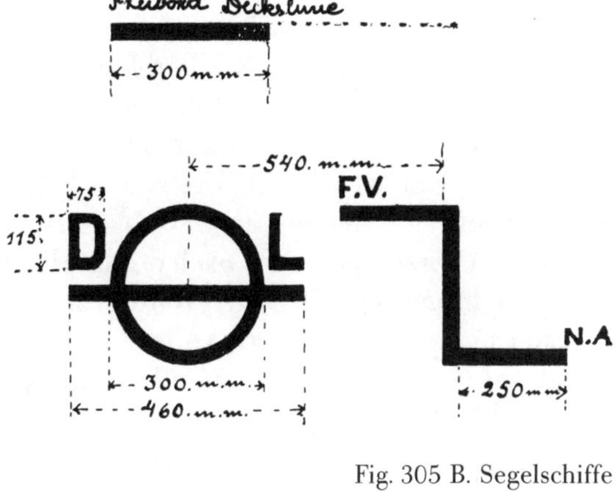

Fig. 305 B. Segelschiffe

nie (Freiborddeckslinie) angebracht, unter welcher ein Kreis von 300 Millimeter Durchmesser abgesetzt wird. Durch sein Zentrum führt die Oberkante einer waagerechten Linie, die über den Kreis hinausgeht und mit D.L. (Dänische Lademarke) markiert ist. Die Oberkante dieser Linie gibt den größten zulässigen Tiefgang in Salzwasser an.

Bei Segelschiffen wird vor den Kreis eine mit N.A. (Winterfreibord des nördlichen Atlantik) markierte Linie gesetzt. Sie ist verbindlich für die Fahrt zwischen europäischen Häfen oder Mittelmeerhäfen und amerikanischen Häfen, nördlich von Kap Hatteras, zur Winterzeit von Oktober bis inklusive März.

Weiterhin setzt man - ebenfalls vor den Kreis - eine dritte Linie, markiert mit F.V. (Sommerfreibord in Süßwasser).

Auf Dampfschiffen, die in betreffenden Fahrwassern fahren, setzt man außer den vorher genannten noch einige andere Linien, die folgende Bezeichnungen haben: V. (Winterfreibordmarke), S. (Sommerfreibordmarke), T. (Sommerfreibord in tropischen Fahrwassern).

Diesen Marken werden vermutlich mit der Zeit noch Holzlademarken hinzugefügt werden, die eine tiefere Beladung als die markierte zulassen.

Unter dem Freibord eines Schiffes verstehen wir den senkrechten Abstand von der Ladewasserlinie bis zur Oberkante der Freiborddeckslinie. Er wird im Freibordbrief in Millimetern angegeben. Das Zentrum des Kreises und die Stelle, an der sich die Freibordmarken befinden, muß auf Eisen- und Stahlschiffen durch Körnermarkierungen eingeschlagen und auf Holzschiffen in einer Tiefe von 4 Millimetern in die Beplankung eingekerbt werden. Alle Linien müssen 25 Millimeter breit sein.

Holzladungsfreibord bei Dampf- und Motorschiffen. In bezug auf die Bekanntmachung vom 22. Oktober 1922 ist es dänischen Schiffen, die den gesetzlichen Vorschriften im Hinblick auf Klasse und Stärke entsprechen, erlaubt, das Schiff tiefer, also bis zum Holzladefreibord zu belasten, wenn das Schiff mit leichter Holzlast beladen ist. In Norwegen und Schweden wurde eine entsprechende Regel eingeführt; in Deutschland gab es vor dem Krieg ebensolche Bestrebungen, während zum Beispiel England das Holzladungsfreibord nicht anerkennt.

Die Brutto-**register-Tonnage** gibt den Rauminhalt an Bord eines Schiffes vom Vorsteven bis zum Achtersteven an, sowie den Raum der Hütten, Brückenhäuser, der Back und anderer geschlossener Aufbauten, die Platz für Besatzung, Passagiere oder Ladung abgeben. Eine Registertonne entspricht 100 englischen Kubikfuß.

Man unterscheidet zwischen Brutto-Registertonne (Groß-Tonne) und Netto-Registertonne. Erstere gibt den Kubikinhalt so gut wie aller geschlossenen Räume im Schiff an, während die Netto-Tonnage sich auf den Teil der Räume beschränkt, die für Passagiere oder Ladung vorgesehen sind. Außerdem liegt sie der Berechnung für die Schiffsabgaben zugrunde. Die Brutto-Tonnage wird durch bestimmte Messungen an Bord nach besonderen Formeln errechnet. Daraus ergibt sich dann auch nach verschiedenen Abzügen die **Netto-Tonnage**.

Für die Berechnung der Netto Tonnage benutzen die verschiedenen Länder verschiedene Regeln, die, besonders was Dampfschiffe betrifft, sich nicht wenig voneinander unterscheiden. Hierzulande wird nach der **englischen Regel** (British Rule) vorgegangen, die von anderen wichtigen seefahrenden Nationen Europas, den Vereinigten Staaten, Japan und anderen gleichermaßen befolgt wird. Andere Vermessungsregeln von Bedeutung sind die **Donauregel** (Danuberule) und die **deutsche Regel** (German Rule).

Wird die Größe eines Schiffes nur mit einer Anzahl Tons angegeben, muß man in Erfahrung bringen, um welche Art von Tonnage es sich im gegebenen Falle handelt. Unterlassungen können zu ärgerlichen Mißverständnissen führen, denn, wie aus dem o. a. hervorgeht, läßt sich Tonnage auf alle möglichen Begriffe anwenden: auf Tragfähigkeit, Eigengewicht, Brutto-Tonnage und Netto-Tonnage. Bei Dampfschiffen werden die Vermessungen meist sowohl für Tragfähigkeit als auch für Eigengewicht oder Register Tonnage angeführt, während man bei Segelschiffen in der Regel nur über die Register-Tonnage spricht.

Kriegsschiffe werden meist durch ihr Eigengewicht gekennzeichnet.

Stabilität

Unter **Stabilität** eines Schiffes verstehen wir die Eigenschaft, die es einem Schiff ermöglicht, in seine natürliche senkrechte Lage zurückzukehren, nachdem es durch die eine oder andere Ursache aus dieser Stellung gebracht wurde.

Wasser übt einen ständigen Druck gegen den Teil des Schiffes aus, der unter Wasser ist. Dieser Druck wirkt bei jedem einzelnen Punkt der Oberfläche des Schiffskörpers winkelrecht auf die entsprechende Fläche. Die überwiegende Mehrheit dieses Drucks muß als Folge davon mehr oder weniger schräg gerichtet sein. Da sich aber jede Kraft immer in zwei andere auflösen läßt, von denen die eine waagerecht, die andere senkrecht wirkt, muß man diesen einige Aufmerksamkeit widmen. Der waagerecht wirkende Druck wird natürlich versuchen, das Schiff zusammenzudrücken. Mit anderen Worten, der Druck, der von der einen Seite auf den Schiffsrumpf einwirkt, versucht sich mit dem Druck auf der gegenüberliegenden Seite im Gleichgewicht zu halten. Gleichzeitig versuchen alle senkrechten Kräfte das Schiff emporzuheben und es in eine bestimmte Stellung zu bringen, in der die Summe aller nach oben wirkenden Druckkräfte genau gleich ist mit dem Gewicht des Schiffes und allem, was sich an Bord befindet.

Dieser gesammelte, senkrechte Druck nach oben, den das Wasser auf das Schiff ausübt, wird Auftrieb genannt und muß als wirksame Auftriebskraft in A gedacht werden (Fig. 306 und 307). Das Gewicht des Schiffes und dessen Ladung drücken senkrecht nach unten. Diese Kräfte muß man sich gesammelt vorstellen. Auftrieb und Gewicht sind gleich groß und wirken auf derselben senkrechten Linie gegeneinander.

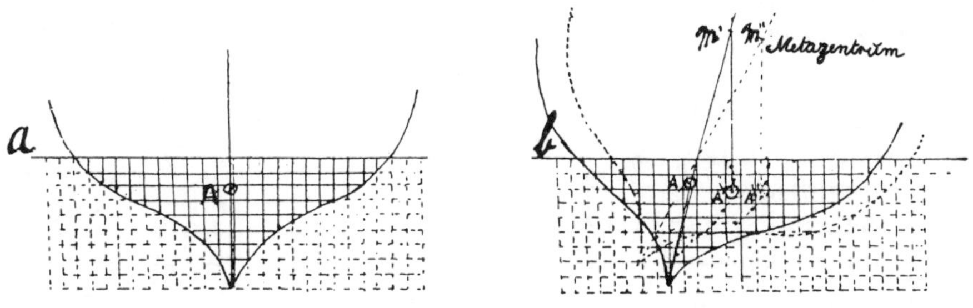

Fig. 306. Querschnitt eines Schiffes mit Auftriebspunkt und Metacentrum

Ein Schiff wird als **steif** bezeichnet, wenn sein Schwerpunkt verhältnismäßig tief unten liegt und als **rank**, wenn der Schwerpunkt im Verhältnis hoch im Schiff liegt.

Die Lage des Auftriebspunktes hängt vom Tiefgang und der Form des Unterwasserschiffes ab (normalerweise bezieht sich dies auf das beladene Schiff). Es steht daher teilweise in der Macht des Konstrukteurs, ob ein Schiff rank oder steif wird, ganz wie er es wünscht. Um sich einen Begriff davon machen zu können, auf welche Weise die Form eines Schiffes die Steifheit begünstigen kann, wird auf die Fig. 306 a hingewiesen, wo A der Auftriebspunkt ist (um den Auftriebspunkt des ganzen Schiffes angeben zu können, müssen verschiedene Querschnitte des Schiffes - gleichmäßig über seine ganze Länge verteilt - untersucht werden. Durch die Einteilung in Quadrate, wie auf Fig. 306, werden Vermessungen und Berechnungen vereinfacht). Errichtet man eine Linie senkrecht auf dem Auftriebspunkt, fällt diese mit der Mittellinie des Schiffes zusammen, solange es auf dem rechten Kiel liegt. Krängt das Schiff 15 Grad zu einer Seite (Fig. 306 b), verlagert sich der Autriebspunkt zu A', da sich auf der rechten Seite des Schiffes jetzt mehr Quadrate im Wasser befinden, als auf der linken Seite.

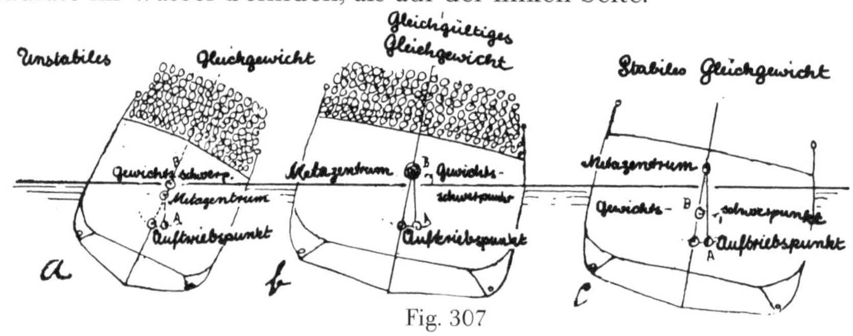

Fig. 307

Da der Auftrieb ständig senkrecht nach oben wirkt, wird eine erreichte Linie die Mittellinie des Schiffes bei M' schneiden. Dies nennt man das **Metacentrum**. Krängt das Schiff stärker, zum Beispiel 39 Grad, dann verlagert sich A' zu A" und die Auftriebslinie trifft die Mittellinie bei M', die für diese Krängung das Metacentrum bildet. Bei gewöhnlich konstruierten Schiffen verändert sich die Höhe des Metacentrums bis 30 Grad Krängung nicht entscheidend. Die Steifheit eines Schiffes beruht auf dem Unterschied zwischen der unter Wasser liegenden Fläche in Lee zu der in der Luft. Mit zunehmender Krängung wird der Unterschied größer. Wenn das Deck das Wasser erreicht, nimmt die Steifheit schnell ab.

Die Höhe des Decks über dem Wasser spielt daher im Hinblick auf die Steifheit des Schiffes, besonders mitschiffs, eine wichtige Rolle. Außerdem läuft das Wasser schneller wieder ab, je höher das Deck ist. Daher werden alle Schiffe so gebaut, daß das Deck noch ein wenig über der Wasseroberfläche liegt, wenn ein Schiff bis zur höchsten Grenze beladen ist. Der Teil des Schiffes, der dann über dem Wasser liegt, repräsentiert also eine Reserve-Tragfähigkeit und wird **Freibord** genannt. Darüber wurde im vorangegangenen schon berichtet.

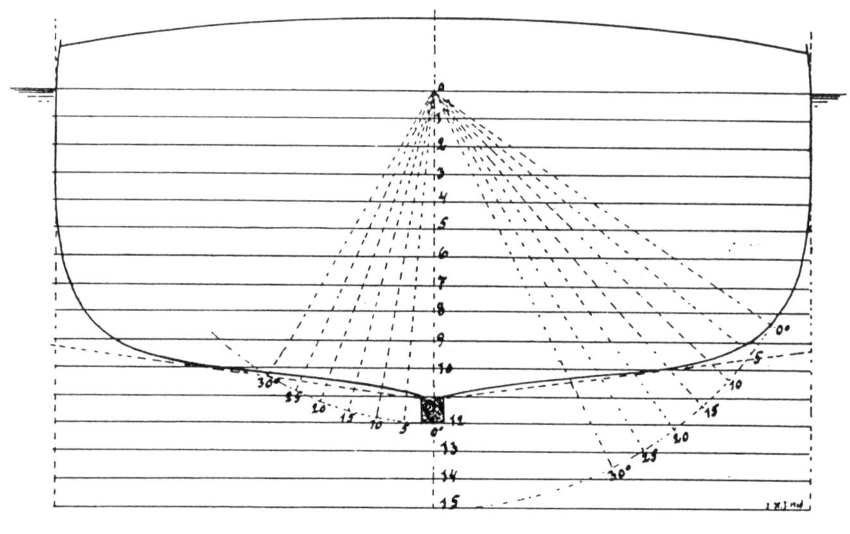
Fig.308

Daß ein Fahrzeug ohne Ballast segeln kann - ungeachtet dessen, daß sein Schwerpunkt über der Wasseroberfläche liegt und es obendrein dem Druck des Windes über die Segel leewärts sowie dem Widerstand, den das Wasser auf Kiel und Boden luvwärts ausübt, widersteht -

liegt daran, daß der Auftriebspunkt sich beim **Krängen** nach Lee verlagert. Nicht ohne Grund reden die Schiffbauer davon, ein Schiff „steif unter den Schoten zu machen". Die Form des Schiffes muß so beschaffen sein, daß während des Krängens ein großer Teil der leewärtigen Schiffsseite ins Wasser taucht, während der entsprechende Teil in Luv aus dem Wasser gehoben wird. Wenn scharfgeschnittene Schiffe krängen (Fig. 306 b), verringert sich ihr Tiefgang. Diesem Umstand verdankt man es, daß man das Schiff bei leichten Grundberührungen schnell wieder flott bekommt. Bei sehr bauchigen und flachgeschnittenen Schiffen hingegen nimmt der Tiefgang beim Krängen zu.

Die **Veränderung des Tiefganges beim Krängen** spielt im täglichen Leben eine so große Rolle, daß darüber einiges gesagt werden sollte. Daß sich der Tiefgang scharfgeschnittener Schiffe beim Krängen verringert, wurde schon erwähnt. Die Ursachen dafür sind am besten auf Fig. 308 zu erkennen. Nehmen wir an, der Tiefgang eines geradeliegenden Schiffes beträgt 12 Fuß. Bei 15 Grad Krängung liegt er nur bei 11 Fuß 6 Zoll, gleichzeitig ist die Kimm tiefer ins Wasser getaucht und ein weiteres Krängen würde den Kiel ganz gewiß noch weiter anheben, gleichzeitig aber die Kimm noch tiefer eintauchen lassen. Fig. 308 läßt erkennen, wie sich der Tiefgang 5 gradweise verändert. Nicht alle scharfgebauten Schiffe haben jedoch die auf der Abb. gezeigte Form.

Auf Fig. 309 ist ein sehr bauchiger Lastdampfer zu sehen, die richtige Form für Schiffe auf Trampfahrt.

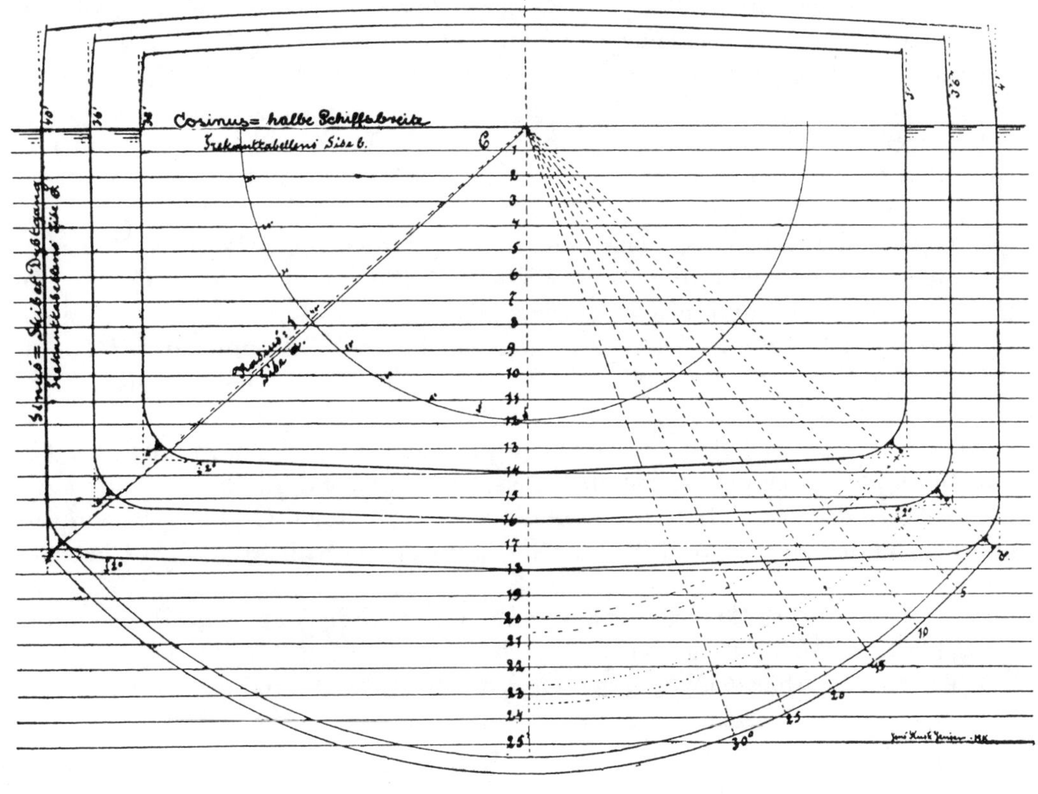

Fig. 309

Er gleicht einem Kasten; Breite und Tiefe des mittleren Spantes sind so stark ausgenutzt, wie die praktische Erfahrung es nur zuläßt. Anstelle eines Kiels, der nur den Tiefgang erhöhen würde, hat das Schiff eine **Kielplatte**, von wo der **Schiffsboden** um circa 2 Grad zu den Seiten hin nach oben geneigt ist. Diese Neigung vermindert die Tragfähigkeit um so und so viele Tons, ist aber notwendig, damit das Wasser sich an den Nüstergatts in den Bodentanks sammeln kann und diese sich bestmöglich lenzen lassen. Je besser die Bodentanks gelenzt werden können, desto mehr Tragfähigkeit hat ein Schiff, und wenn nur 2 Zoll Wasser auf einem großen Teil des Schiffbodens stehen, macht das bei einem großen Schiff viele Tonnen an Gewicht aus. Trotzdem können die Tanks selten oder nie vollständig gelenzt werden.

Auf Fig. 309 sind drei Schiffe verschiedener Größe ineinander gezeichnet. Wenn man der gepunkteten Linie zur Kimm und zur Außenkante des Kimmkiels folgt, kann man leicht erkennen, wie stark sich der Tiefgang beim Krängen vergrößert. Ein Schiff mit 14 Fuß Tiefgang wird bei einer Krängung von 20 Grad fast 18 Fuß Tiefgang erreichen, ein anderes mit 18 Fuß Tiefgang wird bei einer 11 Grad Krängung bereits einen Tiefgang von 20 Fuß erreichen. **Eine Krängung, die geringer ist als der Grad, um den sich der Boden aufrichtet** (sich nach oben neigt), **vermindert den Tiefgang**. Da die Neigung bei modernen Schiffen - wie schon gesagt - nur 2 Grad beträgt, hat eine so geringe Krängung praktisch keine Bedeutung für diese Schiffe.

Diese Achse, um die sich das Schiff dreht, kann ohne weiteres auf der Wasserlinie vom Vor- zum Achtersteven vermutet werden, solange der Kiel des Schiffes, der aus dem Wasser gehoben wird, die gleiche Form und Bauchigkeit hat, wie der Teil, der unter Wasser gedrückt wird.

Den Radius muß man sich ausgehend von der Umdrehungslinie bis zu dem Punkt, wo die senkrechte Seitenlinie die verlängerte Bodenlinie schneidet, denken. Er kann auf dem Mittelspant des Schiffes vermessen werden, nachdem der Tiefgang abgesetzt wurde.

Bei der Schiffskonstruktion muß man darauf achten, daß das Metacentrum eine optimale Höhe erhält. Wenn es zu hoch liegt, wird das Schiff steif und arbeitet hart in der See. Liegt es zu tief, wird das Schiff rank.

Liegt der Schwerpunkt des Schiffes über dem Metacentrum (Fig. 307 a), ist das Gleichgewicht unstetig und es besteht Kentergefahr. Fällt der Schwerpunkt mit dem Metacentrum zusammen (Fig. 307 b), ist es für das Gleichgewicht gleichgültig und das Schiff wird in jeder Lage liegenbleiben, ob kieloben oder kielunten. Liegt der Schwerpunkt unter dem Metacentrum (307 c), ist das Gleichgewicht beständig und das Schiff wird immer wieder versuchen, auf den rechten Kiel zu kommen, wenn es aus dieser Stellung herausgebracht wurde.

Es ist also wichtig, daß das Metacentrum über dem Schwerpunkt des Schiffes liegt und daß das Schiff genügend Stabilität bekommt, um Wind und See zu widerstehen.

Dampfer mit einer Holzladung haben aus verschiedenen Gründen oft ein unstetes Gleichgewicht auf dem rechten Kiel. Sie krägen daher weit über, bis ein stetiges Gleichgewicht eintritt.

Ein steifes Schiff schlingert zwar heftig, kann aber große Deckslast vertragen und unter großer Segelfläche segeln und liegt, was seine Stabilität angeht, bei schlechtem Wetter ruhig. Im Gegensatz dazu ist es bei hartem Wetter of unverhältnismäßigen Krafteinwirkungen ausgesetzt. Ein rankes Schiff eignet sich nicht für leichte Waren oder eine große Segelfläche, aber aufgrund seiner „Gleichgültigkeit" schlingert es nicht so heftig wie ein steifes Schiff, obgleich es eventuell weiter überholt. Wenn ein Schiff steif ist, liegt es zum Teil an seiner Form; daran, wie hoch der Laderaum liegt und in hohem Maße an der Ladung. Ein Schiff kann steif gemacht werden, wenn man schwere Ladung auf dem Boden staut, wofür Dampfer mit Ballast in ihren Bodentanks ein gutes Beispiel sind. Umgekehrt können Schiffe ranker gemacht werden, wenn man viel schwere Ladung möglichst oben staut, oder durch hohe Decksladung oder leere Bodentanks. Man muß daher beim Laden soweit wie möglich auf die speziellen Eigenschaften des Schiffes eingehen und die ungleichen schweren Güter so stauen, daß das Schiff angemessen steif wird. Dampfer mit Holzladung gehen bei schlechtem Wetter ein großes Risiko ein, wenn ihre Bodentanks leer sind.

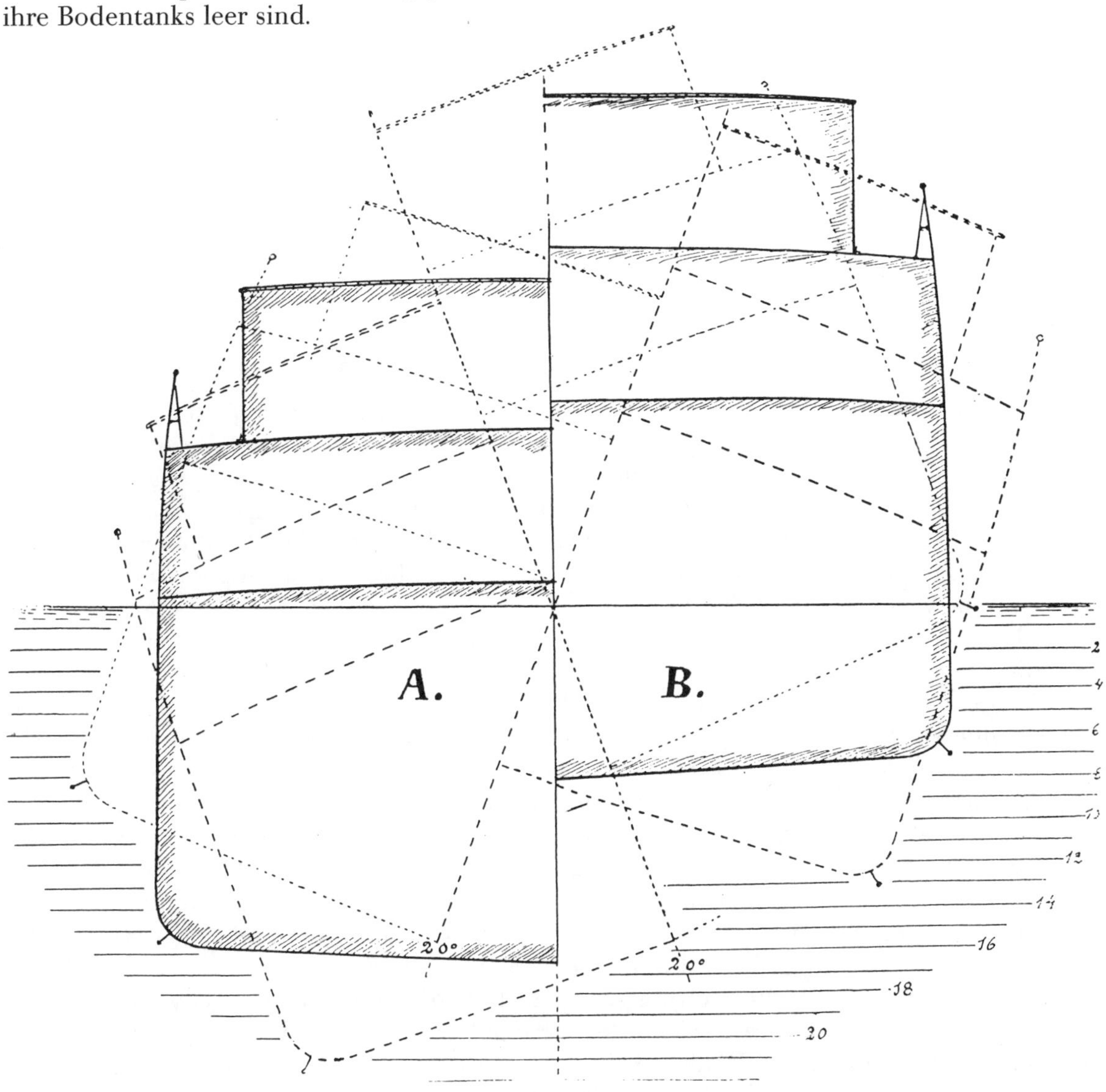

Fig. 310 A und B

Kimmkiele wurden oben schon erwähnt. Es sollen daher nur über ihre **Wirkung** einige Worte verloren werden. Ihre Fähigkeit, dem Schlingern entgegenzuwirken, beruht auf dem Widerstand, den sie im Wasser gegen die seitlichen Bewegungen ausüben. Aus praktischen Erwägungen werden sie so tief und weit entfernt wie möglich von der Mittschiffslinie gesetzt, damit sie so wirksam wie möglich sind. Bei Handelsschiffen sind sie verhältnismäßig schmal (circa 9 Zoll), damit sie nicht mit Boden oder Bollwerk in Berührung kommen. Bei Kriegsschiffen sind sie meist bis zu mehreren Fuß breit.

Fig. 310 A zeigt ein beladenes und B ein belastetes Schiff, die 20 Grad zu jeder Seite krängen.

Die unter kleineren Segelschiffen angebrachten Kimmkiele (Fig. 311) sind sehr nützlich, wenn sie so weit seitwärts sitzen, wie die Rundung der Kimm es nur zuläßt. Sie widersetzen sich sowohl dem Schlingern als auch der Abdrift.

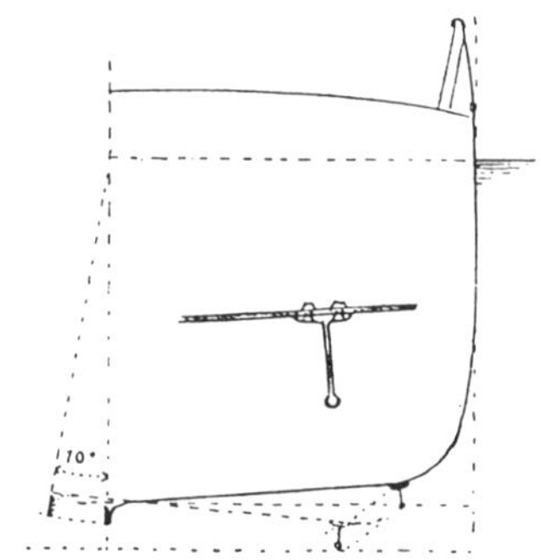

Fig. 311.

Takelage

Verschiedene Takelmethoden

Schon im Altertum gab es Schiffe mit mehreren Masten und den beiden typischen Segeln: dem Rahsegel, das quer zur Längsachse des Schiffes steht und dem Lateinersegel, das längs zur Achse steht. Schon vor 2000 Jahren kannten die Aegypter die Kunst, gegen den Wind aufzukreuzen und zu wenden. Die Schiffe des Altertums waren durchweg lang und schmal und eine ihrer wesentlichen Antriebskräfte bei Flaute und Gegenwind war das Ruder.

Im Mittelalter verschwanden diese langen, schmalen und niedrigen Fahrzeuge aus Nordeuropa. Man baute die Schiffe stattdessen kurz, breit und hoch. Sie bewegten sich allerdings nur mühsam durch das Wasser, viele von ihnen waren daher mit mehreren Masten und einem Bugspriet ausgerüstet.

Der vordere Mast stand weit vorn am Vorsteven, der achterste am Heck, dennoch blieb für die anderen Masten nur so wenig Platz, daß die Rahen sehr kurz sein mußten, um sich nicht gegenseitig den Wind aus den Segeln zu nehmen.

Das Stagsegel zwischen den Masten nützte also nur wenig oder gar nichts, allerhöchstens diente es als Sturmsegel. Auf dem Bugspriet stand ein Mast mit einem oder mehreren Rahsegeln. Um die Segelfläche zu vergrößern, hatte es also keinen Sinn, die Rahen zu verbreitern oder zu verlängern. Man mußte die Masten erhöhen. Der Tragfähigkeit war allerdings eine Grenze gesetzt, denn die Schiffe waren in der Regel mit Kanonen ausgerüstet und hatten recht hohe Aufbauten (Kastelle), außerdem führten sie eine Menge Reserveausrüstung aller Art mit sich. Nachdem die Zahl der Kanonen verringert und die hohen Aufbauten niedriger wurden, wuchs die Takelage in die Höhe. Trotzdem wurden aus den kurzen, breiten Schiffen mit dem hohen, schmalen Rigg nie gute Segler. Dadurch aber, daß die Masten dicht an Bug oder Heck standen, waren die Schiffe so manövrierfähig, wie sie es heute kaum noch sind.

Bei gutem Wetter verlängerte man die Rahen durch Leesegelspieren, unter die man Leesegel schlug, um die Geschwindigkeit zu erhöhen. Es gab eine Anzahl guter Segler, bei denen man besonderes Gewicht auf die Geschwindigkeit legte, wie zum Beispiel bei Kriegsschiffen, Sklavenhändler-, Kaper-, Seeräuber- und Schmugglerschiffen. Aber erst als man immer schnellere Kauffahrteischiffe forderte, wurden die berühmten „Teeklipper" gebaut; sehr schnelle Segelschiffe, bei denen die hohe Geschwindigkeit allerdings zu Lasten der Ladefähigkeit ging. Sie waren lang und schmal im Verhältnis zu den älteren Schiffstypen, und die Masten standen so weit auseinander, daß die Segel sehr gute Zugkraft hatten.

Nach und nach wurde die Takelage jedoch wieder niedriger und die Rahen breiter: das ganze Segelsystem wurde flacher (niedriger). Die verhältnismäßig niedrigen und breiten Segel sind heute das besondere Kennzeichen der wichtigen großen Rahsegler.

Im Vergleich zu den älteren Eisensegelschiffen sind die neueren breiter im Verhältnis zur Länge, dadurch haben sie eine größere Stabilität. Sie können bei nahezu jedem Wetter Segel führen, und sie sind überraschend schnell.

Die heutigen Schiffe sind sehr unterschiedlich getakelt. Im folgenden möchte ich auf die in Nordeuropa und Nordamerika am häufigsten vorkommenden Typen eingehen, die allerdings unter den Kauffahrteischiffen überall auf der Welt zu finden sind.

Ungeachtet dessen, daß die ausgewählten Takelmethoden international sind, hat doch fast jede Nation ihren Seglern und der Takelage eine besondere Note gegeben. Ein geübtes Seemannsauge kann daran erkennen, woher die Schiffe kommen. In aller Kürze soll hier etwas über das Charakteristische der ausgewählten Typen gesagt werden. Wir beginnen mit dem Fünfmastschiff - obgleich es davon nur wenige gibt. Die Tendenz zu immer größeren Schiffen wird aber eher noch zunehmen, um die Segelschiffe gegenüber den Dampfschiffen konkurrenzfähig zu halten. Dampfschiffe können selbstverständlich genauso getakelt werden wie Segelschiffe. In ihrer Anfangszeit war es auch ganz normal, daß sie Segel führten; wenn ihre Takelage auch leichter war als die der reinen Segelschiffe. Nach und nach aber verzichtete man darauf, ein Dampfschiff mit einer starken Maschine mit Segeln auszurüsten. Ihre Masten dienten fast nur noch als Stütze für die Löschvorrichtungen und um Toplaternen und drahtlose Telegraphen darauf anzubringen.

Um den Lesern einen Eindruck von der Einrichtung eines großen Schiffes zu vermitteln, haben wir mit wohlwollender Genehmigung Zeichnungen des Motorschiffes „København" (Fig. 312 s. Vorsatz) der Ostasiatischen Kompanie abgedruckt. Sie zeigen die stehende Takelage, die Brassen, die Segel und einen Teil des laufenden Gutes.

Die Länge zwischen den Loten beträgt 354' 2", die Breite 49' 0", die Seitenhöhe 28' 7". Die Länge vom Heck bis zum Nock des Jagerbaumes beträgt 432' 6", die Segelfläche beträgt 49992 engl. Quadratfuß; davon Rahsegel 35410 Quadratfuß, Vorsegel, Stagsegel etc. 14582 Quadratfuß; die Höhe des Mittelmastes vom Kiel zum Flaggenknopf beträgt 188 Fuß.

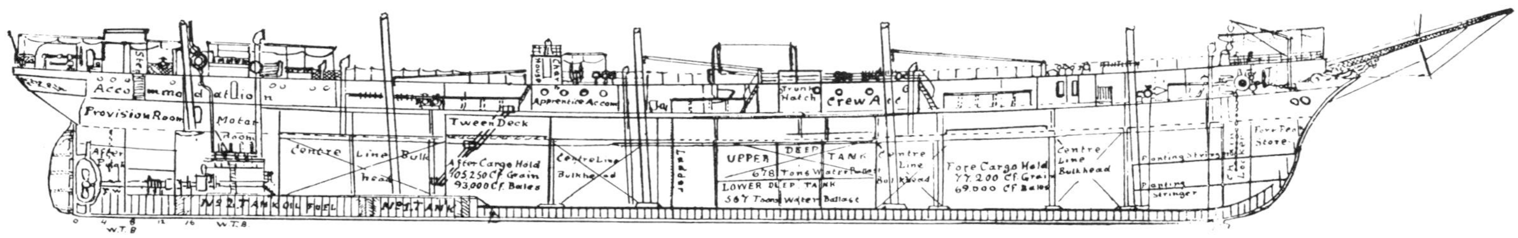

Fig. 313. zeigt die KØBENHAVN mit Laderäumen von der Seite

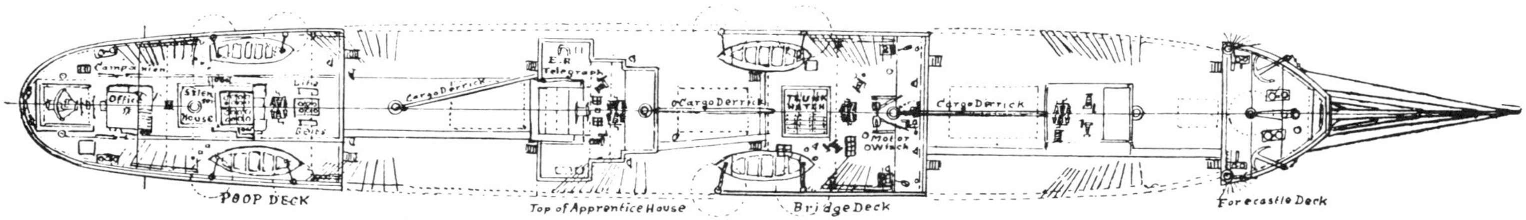

Fig. 314. Oberdeck der KØBENHAVN mit Luken, Booten und Spills

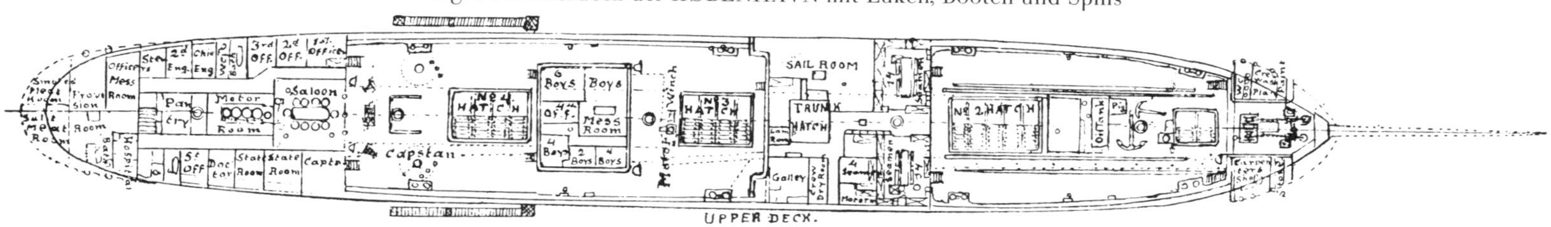

Fig. 315. Oberdeck der KØBENHAVN mit Kammern und Kajüten usw.

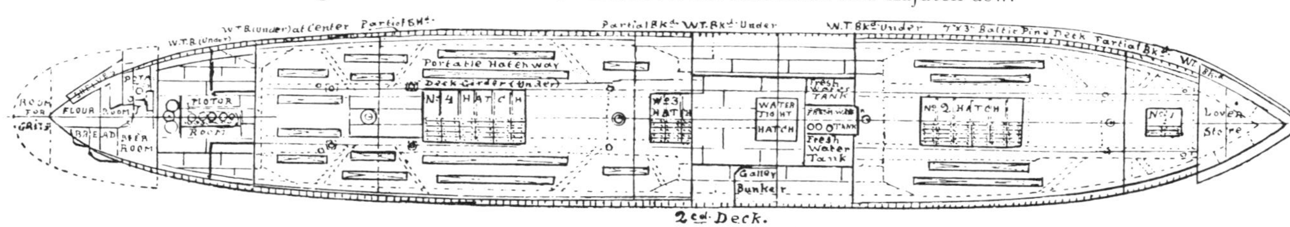

Fig. 316. Zwischendeck der KØBENHAVN

Die **Fünfmast-Bark** (5–mastet Bark; Five mast Bark) hat Rahen und Rahsegel an den ersten vier Masten. Jeder dieser Masten hat Mars- und Stengesaling, manchmal auch eine Bramsaling. Der Mast besteht aus Untermast, Marsstenge, Bramstenge und Royalstenge. Manchmal findet sich außerdem eine Skysegelstenge mit einer Skysegelrahe darüber; früher gab es über der Skysegelstenge noch eine Rah mit einem Segel, das man „Mondgucker" nannte.

Der Besanmast hat einen Mars und eine lange Stenge. Bugspriet, Klüver- und Jagerbaum sind in einem Stück aus Stahlplatten gefertigt. Auch die Masten sind aus Stahlplatten. Sie bestehen vom Kiel bis zum Stengeeselshaupt oft aus einem Stück. Die drei oder vier unteren Rahen an jedem Mast sind ebenfalls aus Stahlplatten gefertigt. Selbst der Schiffsrumpf hat oft die auf der Fig. gezeigte Konstruktion. Die Brassen und Enden sind jeweils nach den dazugehörigen Segeln und Rahen benannt. In der folgenden Liste werden daher nur die Bezeichnungen für die Segel aufgeführt.

Dän Abkürzung	Dänisch	Englisch	Deutsch
	Bovspryd	Bowsprit	Bugspriet
	Fokkemast	Fore mast	Fockmast
	Stormast	Main mast	Grossmast
	Midtermast (Middelmast)	Middle mast	Mittelmast
	Krydsmast	Mizen mast	Kreuzmast
	Mesanmast	Jigger mast	Besanmast
J.	Jager	Flying jib	Aussenklüver, Flieger
Y. Kl.	Yderklyver	Jib, Outer jib	Klüver, Grossklüver
I. Kl.	Inderklyver	Inner jib	Binnenklüver
F. St. St. S.	Fore Stængestagsejl	Fore topmast staysail	Vor-Stengestagsegel
F. R.	Fore Røjl	Fore royal	Vor-Royal, Röjl
F. O. Br. S.	Fore Overbramsejl	Fore upper topgallant sail	Vor-Oberbramsegel
F. U. Br. S.	Fore Underbramsejl	Fore lower topgallant sail	Vor-Unterbramsegel
F. O. M. S.	Fore Overmærssejl	Fore upper topsail	Vor-Obermarssegel
F. U. M. S.	Fore Undermærssejl	Fore lower topsail	Vor-Untermarssegel
Fok	Fok	Fore sail	Fock
St. R.	Store Røjl	Main royal	Gross-Royal
St. O. Br. S.	Store Overbramsejl	Main upper topgallant sail	Gross-Oberbramsegel
St. U. Br. S.	Store Underbramsejl	Main lower topgallant sail	Gross-Unterbramsegel
St O. M. S.	Store Overmærssejl	Main upper topsail	Gros-Obermarssegel
St. U. M. S.	Store Undermærssejl	Main lower topsail	Gross-Untermarssegel
St. S.	Storsejl	Main sail	Grosssegel
M. R.	Midter Røjl	Middle royal	Mittel-Royal
M. O. Br. S.	Midter Overbramsejl	Middle upper topgallant sail	Mittel-Oberbramsegel
M. U. Br. S.	Midter Underbramsejl	Middle lower topgallant sail	Mittel-Unterbramsegel
M. O. M. S.	Midter Overmærssejl	Middle upper topsail	Mittel-Obermarssegel
M. U. M. S.	Midter Undermærssejl	Middle lower topsail	Mittel-Untermarssegel
M. S.	Midtersejl	Middle sail	Mittel-Grosssegel
Kr. R.	Kryds Røjl	Mizen Royal	Kreuz-Royal
K. O. Br. S.	Kryds Overbramsejl	Mizen upper topgallant sail	Kreuz-Oberbramsegel
Kr. U. Br. S.	Kryds Underbramsejl	Mizen lower topgallant sail	Kreuz-Unterbramsegel
Kr. O. M. S.	Kryds Overmærssejl	Mizen upper topsail	Kreuz-Obermarssegel
Kr. U. M. S.	Kryds Undermærssejl	Mizen lower topsail	Kreuz-Untermarssegel

Dän. Abkürzung	Dänisch	Englisch	Deutsch
Bg. S.	Berginersejl, Berginen	Cross jack	Bagiensegel
M. G. T. S.	Mesangaffeltopsejl	Gafftopsail	Gaffeltopsegel
Mesan	Mesan	Jigger	Besan, Besahn
M. Br. St. S.	Mesanbramstagsejl	Jigger topgallant staysail	Besan-Bramstagsegel
M. St. St. S.	Mesanstængestagsejl	Jigger topmast staysail	Besan-Stengestagsegel
M. St. S.	Mesanstagsejl	Jigger staysail	Besan-Stagsegel
Kr. Br. St. S.	Kryds Bramstagsejl	Mizen topgallant staysail	Kreuz-Bramstagsegel
Kr. M. St. S.	Kryds Mellemstagsejl	Mizen middle staysail	Kreuz-Mittelstagsegel
Kr. St. St. S.	Kryds Stængestagsejl	Mizen topmast staysail	Kreuz-Stengestagsegel
M. Br. St. S.	Midter Bramstagsejl	Middle topgallant staysail	Mittel-Bramstagsegel
M. M. St. S.	Midter Mellemstagsejl	Middle middle staysail	Mittel-Mittelstagsegel
M. St. St. S.	Midter Stængestagsejl	Middle topmast staysail	Mittel-Stengestagsegel
St. Br. St. S.	Store Bramstagsejl	Main topgallant staysail	Gross-Bramstagsegel
St. M. St. S.	Store Mellemstagsejl	Main middle staysail	Gross-Mittelstagsegel
St. St. St. S.	Store Stængestagsejl	Main topmast staysail	Gross-Stengestagsegel

Das **Viermast-Vollschiff** (4-mastet skib; Fourmast ship) hat, genauso wie die vier vorderen Masten einer Fünfmast-Bark, vier vollgetakelte Masten *):

Dänisch	Englisch	Deutsch
Fokkemast	Fore mast	Fockmast
Stormast	Main mast	Grossmast
Krydsmast	Mizen mast	Kreuzmast
Jiggermast	Jigger mast	Jiggermast

Alle Stengen, Rahen, Segel, stehendes und laufendes Gut des vierten Mastes haben also die zusätzliche Bezeichnung „Kreuz", zum Beispiel Kreuzbrassen an den Unterrahen (Kreuzrahen), Kreuz-Royalfall, Kreuz-Obermars-Buggording, Kreuz-Bramrah, Kreuz-Bramstagsegelschot und so weiter.

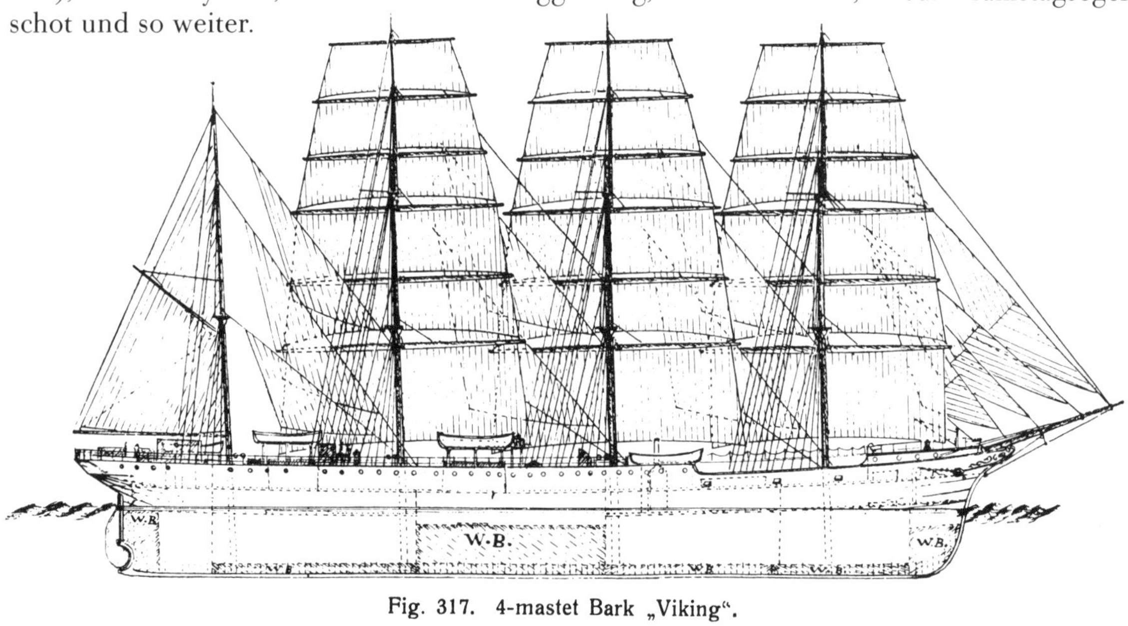

Fig. 317. 4-mastet Bark „Viking".

Die **Viermast-Bark** (Fig. 317) (4-mastet Bark; Fourmast Bark). Die ersten drei Masten sind vollgetakelt, der achterste hat nur Besan- und Gaffeltopsegel samt Mittelstagsegel.

*) Ein vollgetakelter Mast bedeutet, daß dieser Mast sowohl einen Mars als auch eine Saling hat. Der Mast besteht also aus Untermast, Marsstenge, Bramstenge, Royalstenge und manchmal einer Skysegelstenge mit dazugehörigen Rahen und Segeln.

Dän. Abkürzung	Dänisch	Englisch	Deutsch
	Fokkemast	Fore mast	Fockmast
	Stormast	Main mast	Grossmast
	Krydsmast, Krydstop	Mizen mast	Kreuzmast
	Mesanmast	Jigger mast	Besanmast
	Bovspryd	Bowsprit	Bugspriet
J.	Jager	Flying jib	Flieger, Aussenklüver
Y. Kl.	Yderklyver	Jib, Outer jib	Grossklüver, Klüver
I. Kl.	Inderklyver	Inner jib	Binnenklüver
F. St. St. S.	Fore Stængestagsejl	Fore topmast staysail	Vor-Stengestagsegel
F. R.	Fore Røjl	Fore royal	Vor-Royal
F. O. Br. S.	Fore Overbramsejl	Fore upper topgallant sail	Vor-Oberbramsegel
F. U. Br. S.	Fore Underbramsejl	Fore lower topgallant sail	Vor-Unterbramsegel
F. O. M. S.	Fore Overmærssejl	Fore upper topsail	Vor-Obermarssegel
F. U. M. S.	Fore Undermærssejl	Fore lower topsail	Vor-Untermarssegel
Fok	Fok	Fore sail	Fock
St. R.	Store Røjl	Main royal	Gross-Royal
St. O. Br. S.	Store Overbramsejl	Main upper topgallant sail	Gross-Oberbramsegel
St. U. Br. S.	Store Underbramsejl	Main lower topgallant sail	Gross-Unterbramsegel
St. O. M. S.	Store Overmærssejl	Main upper topsail	Gross-Obermarssegel
St. U. M. S.	Store Undermærssejl	Main lower topsail	Gross-Untermarssegel
St. S.	Storsejl	Main sail	Grosssegel
Kr. R.	Kryds Røjl	Mizen royal	Kreuz-Royal
Kr. O. Br. S.	Kryds Overbramsejl	Mizen upper topgallant sail	Kreuz-Oberbramsegel
Kr. U. Br. S.	Kryds Underbramsejl	Mizen lower topgallant sail	Kreuz-Unterbramsegel
Kr. O. M. S.	Kryds Overmærssejl	Mizen upper topsail	Kreuz-Obermarssegel
Kr. U. M. S.	Kryds Undermærssejl	Mizen lower topsail	Kreuz-Untermarssegel
Bg. S.	Berginsejl	Crossjack	Kreuzsegel, Bagiensegel
Mesan	Mesan	Jigger	Besan, Besahn
M. G. T. S.	Mesangaffeltopsejl	Gafftopsail	Gaffeltopsegel
M. Br. St. S.	Mesanbramstagsejl	Jigger topgallant staysail	Besan-Bramstagsegel
M. St. St. S.	Mesanstængestagsejl	Jigger topmast staysail	Besan-Stengestagsegel
M. St. S.	Mesanstagsejl	Jigger staysail	Besan-Stagsegel
Kr. Br. St. S.	Kryds Bramstagsejl	Mizen topgallant staysail	Kreuz-Bramstagsegel
Kr. M. St. S.	Kryds Mellemstagsejl	Mizen middle staysail	Kreuz-Mittelstagsegel
Kr. St. St. S.	Kryds Stængestagsejl	Mizen topmast staysail	Kreuz-Stengestagsegel
St. Br. St. S.	Store Bramstagsejl	Main topgallant staysail	Gross-Bramstagsegel
St. M. St. S.	Store Mellemstagsejl	Main middle staysail	Gross-Mittelstagsegel
St. St. St. S.	Store Stængestagsejl	Main topmast staysail	Gross-Stengestagsegel
	Rat	Helm, Steering-wheel	Rad, Steurrad
	Baad	Boat	Boot
	Maskinhus	Enginehouse	Maschinenhaus
	Lukaf	Forecastle	Volkslogis, Logis
	Bak	Fore head, Forecastle	Back

Damit die Zeichnung nicht unübersichtlich wird, wurden einige der Benennungen ausgelassen.

Vollschiff (Fig. 318) (Fuldskib; Fullship). Alle drei Masten sind vollgetakelt. Am achtersten Mast wird in der Regel kein Segel an der Unterrah (Bagienrah) gefahren. Dagegen fährt man Besan, aber kein Gaffeltopsegel. Früher war es üblich, anstelle des untersten Stagsegels ein Gaffelsegel (ohne Baum) zu fahren. Dieses Gaffelsegel nannte man Treibersegel. Es war mit einem Aufholer in der Schot versehen, womit das Schothorn über das unterste Stag geholt werden konnte, wenn das Segel auf die andere Seite genommen werden sollte. Klüver- und Jagerbaum sind in der Regel lose und können ausgebracht und eingeholt werden.

Fig. 318. Vollschiff

Dänisch	Englisch	Deutsch
Fokkemast	Fore mast	Fockmast
Stormast	Main mast	Grossmast
Krydsmast	Mizen mast	Kreuzmast

Brigg (Fig. 319) (Brig; Brig). Eine Brigg hat zwei vollgetakelte Masten. Bugspriet und Klüverbaum sind selten aus einem Stück. Die Fockbrassen gehen wie gewöhnlich nach achtern, die Großbrassen samt den Unter-und Oberbrassen weisen zur Achterkante des Fockmastes direkt unterhalb des Marses, wo sie durch Blöcke geschoren nach unten auf Deck gehen. Die Groß-, Bram- und Royalbrassen laufen zur Vor-Stegestagsaling, werden durch Blöcke geschoren und gehen an der Achterkante des Fockmastes nach unten. Außerdem gibt es an den Großrahen und den Marsrahen sogenannte Konterbrassen, die nach achtern geführt und belegt werden. Bei Starkwind holt man die Luv-Konterbrassen gut steif, um die Rahen zu stützen.

Fig. 319. Brigg

Dän. Abkürzung	Dänisch	Englisch	Deutsch
	Fokkemast	Fore mast	Fockmast
	Stormast	Main mast	Grossmast
J.	Jager	Flying Jib	Aussenklüver
Kl.	Klyver	Jib	Klüver
F. St. St. S.	Fore Stængestagsejl	Fore topmast staysail	Vor-Stengestagsegel
F. R.	Fore Røjl	Fore royal	Vor-Royal
F. Br. S.	Fore Bramsejl	Fore topgallant sail	Vor-Bramsegel
F. O. M. S.	Fore Overmærssejl	Fore upper topsail	Vor-Obermarssegel
F. U. M. S.	Fore Undermærssejl	Fore lower topsail	Vor-Untermarssegel
Fok	Fok	Fore sail	Fock
St. Br. St. S.	Store Bramstagsejl	Main topgallant staysail	Gross-Bramstagsegel
St. Kn. St. S.	Store Knækstagsejl	Main middle staysail	Gross-Knickstagsegel
St. St. St. S.	Store Stængestagsejl	Main topmast staysail	Gross-Stengestagsegel
St. R.	Store Røjl	Main royal	Gross-Royal
St. Br. S.	Store Bramsejl	Main topgallant sail	Gross-Bramsegel
St. O. M. S.	Store Overmærssejl	Main upper topsail	Gross-Obermarssegel
St. U. M. S.	Store Undermærssejl	Main lower topsail	Gross-Untermarssegel
St. S.	Storsejl	Main sail	Grosssegel
Brig S.	Brigsejl	Main trysail	Briggsegel

Fig. 320. Schonerbark

Eine **Schonerbark** (Fig. 320) hat einen vollgetakelten Schonermast (Fockmast) und Baumsegel an den achteren Masten.

Am Schonermast:
Jager (Außenklüver)
Klüver
Vorstengestagsegel
Vorroyalsegel
Vorbramsegel
Vorobermarssegel
Voruntermarssegel
Breitfock

Am Großmast:
Großsegel
Großgaffeltopsegel
Großroyalstagsegel
Großbramstagsegel
Großstengestagsegel
Großstagsegel (Deckschwabber)

Am Besanmast:
Besan
Besangaffeltopsegel

Eine **Schonerbrigg oder Briggschoner oder Brigantine** (Fig. 321) (Skonertbrig; Brigantine) hat ein vollgetakeltes Vortop, der achterliche Mast hat Baumsegel und Gaffeltopsegel. Der Klüverbaum ist lose. Die Schothörner sind oft an einem Baum festgenäht, der im Segel hängt. In so einem Fall sind die Geitaue an den Baumenden befestigt. Wenn die Segel geheißt werden, holt man den ganzen Baum unter die Fockrah. Auf der Mitte des Baumes sitzt eine Talje, die durch einen zweiten Block in einem Bolzen an Deck fest ist. Wenn das Segel geheißt wird, holt man die Talje und die Baumnocken werden mit ein paar kurzen Enden nach vorn und achtern geholt.

Beim Wenden muß man dann nur auf die beiden Bugleinen achten; Baum und Fock wenden sich von selbst.

Fig. 321. Schonerbrigg, Brigantine

Dän. Abkürzungen	Dänisch	Englisch	Deutsch
	Fokkemast (har Mærs og Stængesaling)	Fore mast	Fockmast
	Stormast (har blot Saling)	Main mast	Grossmast
J.	Jager	Flying jib	Aussenklüver
Kl.	Klyver	Jib	Klüver
F. St. St. S.	Fore Stængestagsejl	Fore topmast staysail	Vor-Stengestagsegel
F. R.	Fore Røjl	Fore royal	Vor-Royal
F. Br. S.	Fore Bramsejl	Fore topgallant sail	Vor-Bramsegel
F. O. M. S.	Fore Overmærssejl	Fore upper topsail	Vor-Obermarssegel
F. U. M. S.	Fore Undermærssejl	Fore lover topsail	Vor-Untermarssegel
Fok	Fok, Bomfok	Foresail, Boom foresail	Fock, Baumfock
R. St. S.	Røjlstagsejl	Royal staysail	Royalstagsegel
St. Br. St. S.	Store Bramstagsejl	Main topgallant staysail	Gross-Bramstagsegel
St. St. St. S.	Store Stængestagsejl	Main topmast staysail	Gross-Stengestagsegel
St. St. S.	Store Stagsejl	Main staysail	Gross-Stagsegel
St. S.	Storsejl	Main sail	Grosssegel
G. T. S.	Gaffeltopsejl	Gafftopsail	Gaffeltopsegel

Fig. 322. Gaffelschoner

Dreimast-Gaffelschoner (Fig. 322) (3–mast Fore-and-aft-Skonnert; 3-mast schooner). Diese Takelart wird oft von Russen und Amerikanern eingesetzt. Die Amerikaner haben Gaffelschoner von mehreren tausend Tons mit bis zu sieben Masten: Fore, Main, Mizen, Spanker, Kreuz, Driver und Pusher. Diese Takelung kommt allerdings fast ausschließlich für Schiffe auf großer Küstenfahrt in Frage. Die recht hohen Untermasten sind jeweils mit einer langen Stenge ausgerüstet, an der ein Gaffeltopsegel gefahren wird. Zwischen jeweils zwei Masten befinden sich Mittelstagsegel.

Am Fockmast werden folgende Segel gefahren: Jager, Klüver, Vor-Stagsegel, Stagfock, Schonersegel und Vor-Gaffeltopsegel. Der Großmast ist mit Großmastsegel und Groß-Gaffeltopsegel ausgerüstet. Der Besanmast mit Besan und Besangaffeltopsegel.

Ein **Viermast-Gaffelschoner** ist wie ein Dreimast-Gaffelschoner getakelt, hat aber, wie der Name schon sagt, vier Masten. Hier in Dänemark gibt es mittlerweile eine ganze Reihe dieses Schiffstyps, der in der Regel mit einem Hilfsmotor ausgerüstet ist. Für den achtersten Mast gibt es, soweit ich weiß, keine dänische Bezeichnung; wenn wir von der deutschen ausgehen, lauten die Namen der Masten: Fock, Groß, Haupt und Besan.

Fig. 323 zeigt die **M/S „Caroline"**, ein moderner Schiffstyp, bei dem Segel- und Motorkraft kombiniert sind.

Fig. 323 A ist die Segelzeichnung, auf der außer der Takelage und der Segel der Motor- und Laderaum, die Ballasttanks und die Vor- und Achter-Piektanks abgebildet sind.

Fig. 323 B zeigt den Decksplan des Schiffes.

Fig. 323 C. Schiffseinrichtung unter Deck, vorn und achtern.

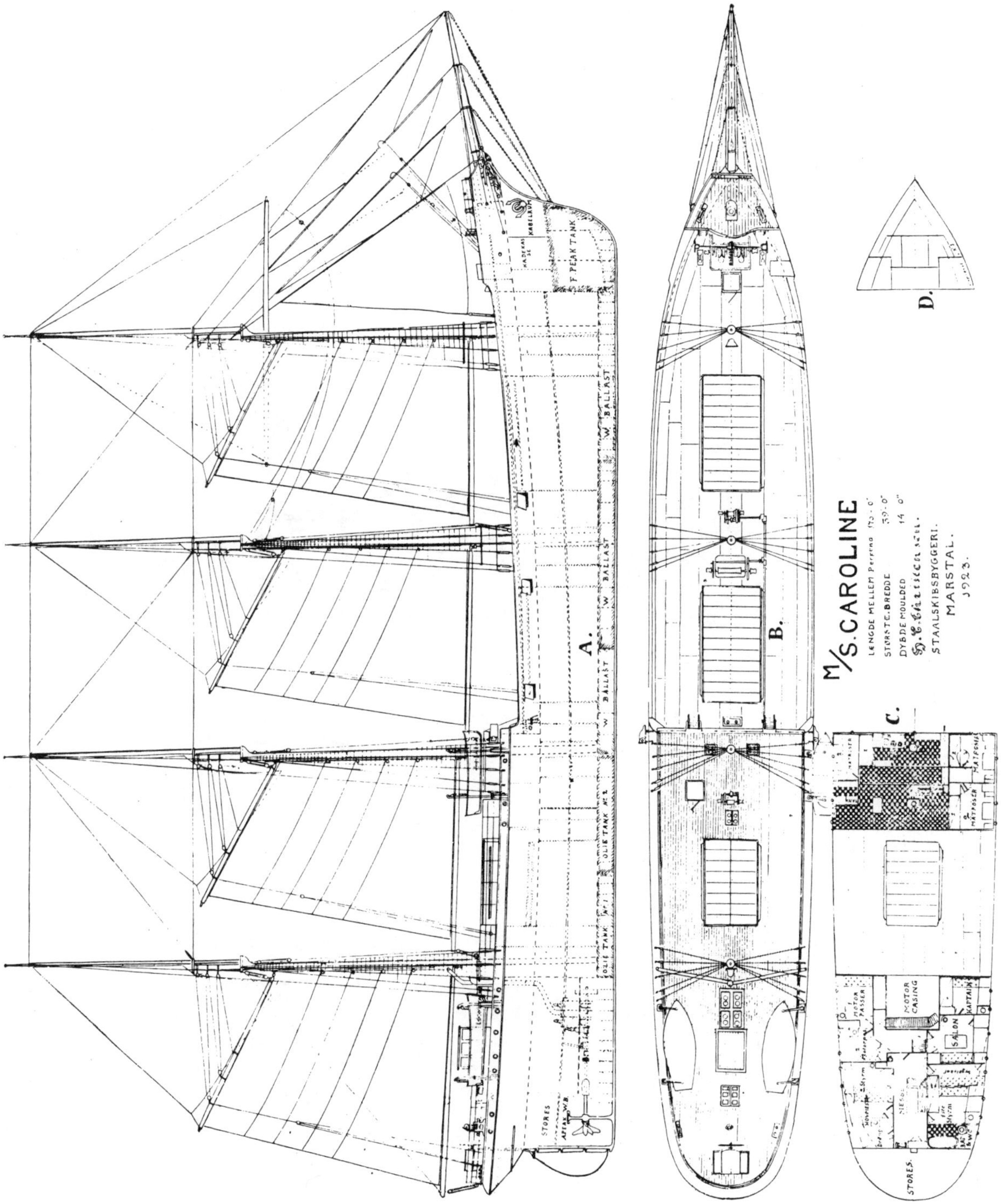

Fig. 323.

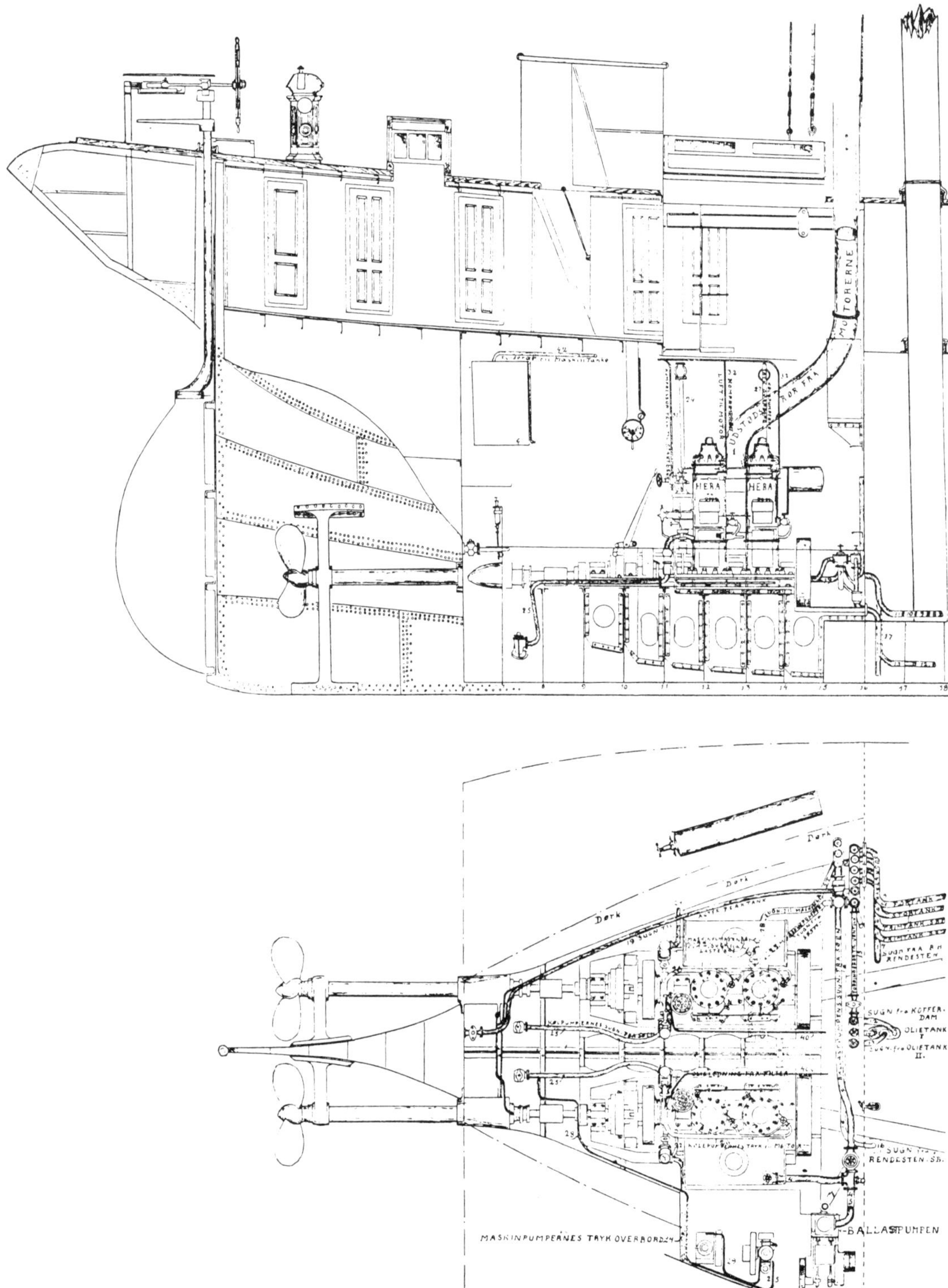
MOTORERNE
HERA
HERA
BALLASTPUMPEN
MASKINPUMPERNES TRYK OVERBORD 24
Dørk
Dørk
Dørk
OLIETANK

A

B

Fig. 324.

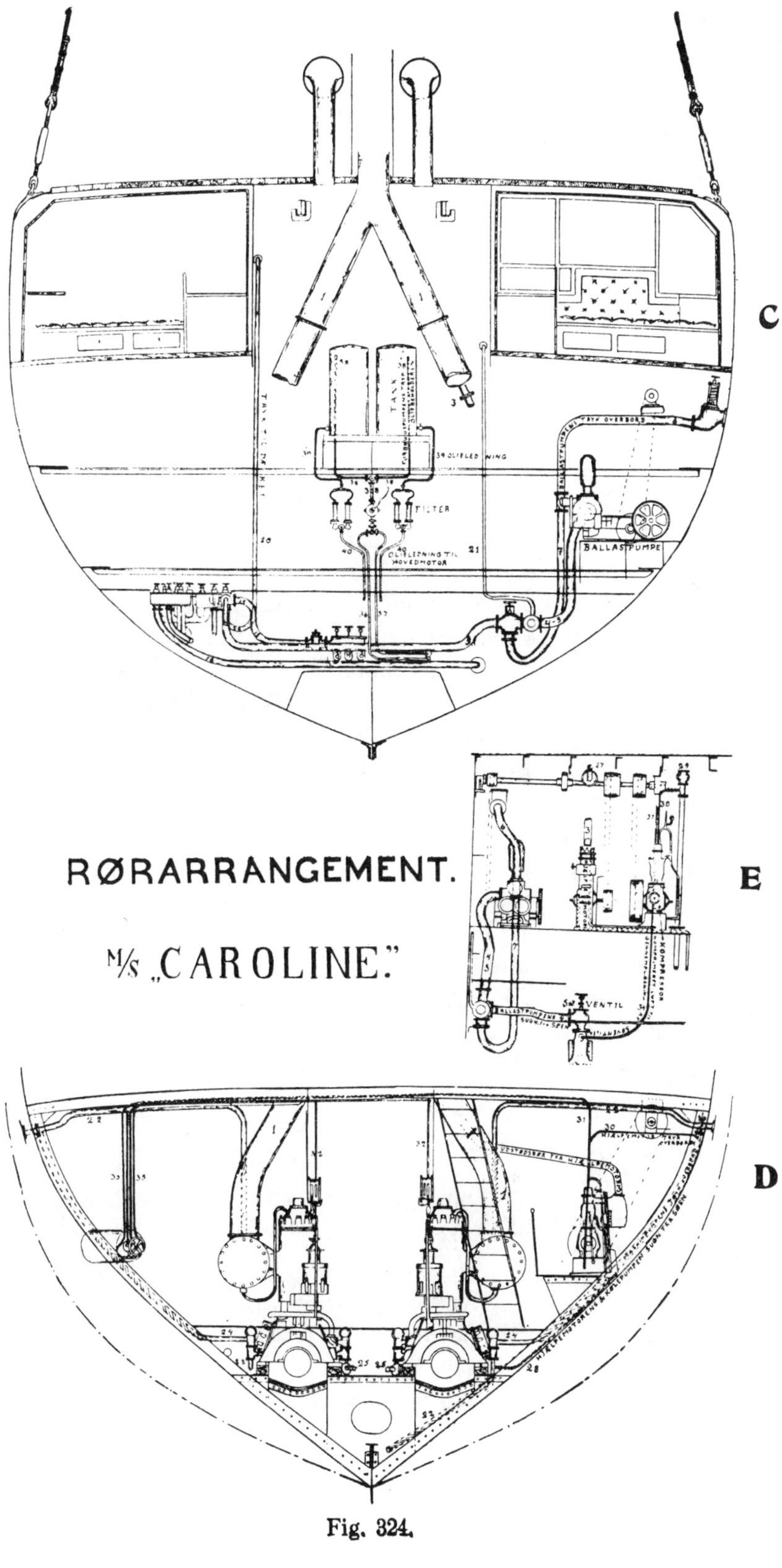
C
RØRARRANGEMENT.
M/S „CAROLINE."
E
D
BALLASTPUMPE
FILTER
TANK
VENTIL

Fig. 324.

Fig. 324 A. Seitenansicht des Achterschiffes, unter besonderer Berücksichtigung von Motorraum und Ruderanlage. - Soweit der Platz es zuließ, wurden die zahlreichen Bezeichnungen der Ruderanlage jeweils an die betreffenden Stellen geschrieben oder mit Zahlen versehen, die im folgenden wiederholt werden und sich immer auf die gleichen Zahlen beziehen. Es wurde nicht zwischen Eisen-, Kupfer- oder Bleirohren unterschieden.

Fig. 324 B. Motorraum von oben gesehen.

Fig. 324 C. Querschnitt durch den Motorraum in der Nähe des vorderen Maschinenschottes, von achtern gesehen.

Fig. 324 D. Querschnitt des Motorraumes, quer durch die achteren Motoren.

Fig. 324 E. Steuerbordseite des Motorraumes mit Pumpen.

Ein **Dreimast-Schoner** ist ausgerüstet mit Groß- und Besanrigg, wie auf Fig. 320, und einem Fockrigg, wie auf Fig. 340.

Fig. 325. Gaffelschoner

Der **Gaffelschoner** (Fig. 325) (Fore-and-aft-Skonnert; Sletskonnert, Kæpskonnert) hat zwei Masten und keine Rahen. Der hintere Mast ist höher als der vordere. Am Fockmast werden Jager, Klüver, Vorstagsegel, Stagfock, Schonersegel und Vorgaffeltopsegel gefahren. Am Großmast das Großsegel und das Großgaffeltopsegel. Zwischen den Masten das Stagsegel. Außerdem befindet sich am Fockmast eine lose Breitfockrah, unter die bei einem Kurs mit achterlichem Wind eine Breitfock geheißt werden kann.

Galeassen (Fig. 326) (Galeasen; Ketch) werden meist in der Küstenfahrt eingesetzt. Die Takelung unterscheidet sich von der eines Schoners nur dadurch, daß der vordere Mast der höhere ist. An jedem Mast befindet sich eine Stenge für das Gaffeltopsegel. Sowohl Galeassen als auch Jachten haben hin und wieder ein Topsegel, das entweder unter oder über dem Fockstag gefahren wird. Die unterste Rah ist fest, die oberste kann geheißt werden. Das Topsegel hat keine losen Schoten, da die Schothörner an der unteren Rah fest sind. Oft ist zusätzlich ein Jagerbaum mit den dazugehörigen Segeln vorhanden.

Fig. 326. Galeaß

Die meisten kleinen Schiffe haben am Fockmast eine leichte Rah für eine lose gefahrene Breitfock, die geheißt wird, wenn der Wind nicht zu stark ist. Außerdem wird zeitweise ein dreieckiges Leesegel nach Luv über die Breitfock gesetzt.

Dänisch	Englisch	Deutsch
Stormast } har kun Saling	Main mast	Grossmast
Mesanmast }	Mizen mast	Besanmast
Klyver	Jib	Klüver
Stagsejl	Staysail	Stagsegel
Stagfok	Stayforesail	Stagfock
Storsejl	Main sail	Grosssegel
Store Gaffeltopsejl	Main gafftopsail	Gross-Gaffeltopsegel
Mesan	Mizen	Besan
Mesangaffeltopsejl	Mizen gafftopsail	Besan-Gaffeltopsegel

Fig. 327. Yawl

Eine **Yawl** (Fig. 327) hat zwei Masten. Am ersten Mast, dem Großmast, werden Klüver (zum Einholen auf Deck), Stagfock und Großsegel und Gaffeltopsegel gefahren. Das Fahrzeug hat achtern einen zweiten, kleinen Mast (Treibermast) mit einem kleinen Baumsegel. Das Heck ist flach und ziemlich ausladend, der Vorsteven ist gerade.

Fig. 328. Kuff

Die **Kuff** (Fig. 328) (Kuf; Kuff) ist ein holländischer Schiffstyp, vorn und achtern sehr voll gebaut, mit flachem Boden und zum Trockenfallen geeignet. Sie läßt sich verhältnismäßig gut beladen. Um die Abdrift zu vermindern, hat sie an jeder Seite ein **Schwert** (svært), das - wenn es gefiert wird - mehrere Fuß tiefer ins Wasser ragt als der Schiffsboden. Kommt das Schiff in flaches Gewässer, werden die Schwerter einfach an den Seiten hochgehievt. Zwar hat man versucht, Kiel und Schwerter durch ein Mittelschwert zu ersetzen, ist damit aber auf keinen großen Widerhall gestoßen, denn, obgleich ein Mittelschwert die Segeleigenschaften eines Schiffes beträchtlich verbessert, sobald der Wind dwars oder mehr von vorn als dwars kommt, ist der große Schwertkasten mitten im Schiff beim Laden und Löschen ein Hindernis und nimmt außerdem den besten Raum im Schiff ein. Auch wird der Rumpf geschwächt, weil alle Bodenwrangen gekappt werden müssen, um das Mittelschwert unter das Schiff fieren zu können. Bei Grundberührung kann es leicht beschädigt werden und läßt sich dann nicht mehr nach oben hieven. Bei Arbeiten verursacht es außerdem oft Leckagen.

Fig. 329. Jagt

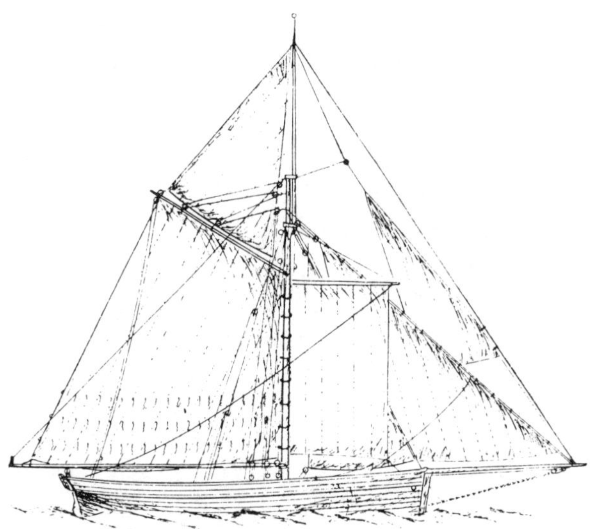

Fig. 330. Slup

Die **Jagt** (Fig. 329) hat nur einen Mast, der sich über dem Hommer zum Flaggenkopf verjüngt, da eine Jagt in der Regel keine lose Stenge führt. Das Merkmal einer Jagt ist aber hauptsächlich das gerade und breite Heck über dem Wasser.

Man spricht deshalb auch häufig von der Jagt-Bauweise, egal, ob das Schiff einen oder mehrere Masten hat. An beiden Seiten des hinteren Endes hat die Jagt Ausleger (Kranbalken) mit Taljen für die Jolle. Die Jagt stammt ursprünglich aus Dänemark.

Die **Schlup** (Fig. 330) ist ein eher norwegischer oder schwedischer Schiffstyp. Sie hat einen fast geraden Vorsteven mit einem geraden, waagerechten Klüverbaum (keinen Bugspriet), um den ein großer, loser Ring hängt, in den der Klüverhals eingehakt wird. Soll der Klüver niedergeholt werden, wirft man den Ausholer los, so daß der Ring zum Steven eingeholt werden kann. Dann holt man das Segel auf das Vordeck herunter. - Das Heck der Schlup ist sehr ausladend und ziemlich flach.

Die **Schute** (Skøjte) (Fig. 331) ist ein typisch nordisches Schiff. Es wird als Frachtschiff, als Fischerboot und als Lotsenboot eingesetzt. Die Steven ragen fast senkrecht aus dem Wasser, und der Schiffsrumpf ist zu beiden Seiten hin abgerundet. Das Schiff führt nur Klüver, Stagfock, Großsegel und Gaffeltopsegel.

Fig. 331. Schute

Fig. 332. Schottischer Lugger

Der **schottische Lugger** (Fig. 332) ist ein meist offenes Boot, das zur Fischerei, besonders zum Heringsfang eingesetzt wird. Er hat einen bis zwei Masten mit je einem Luggersegel. Die Masten sind haben Wanten noch Stage. Oben ist das Segel an eine Rah genäht, die sich immer in Lee des Mastes befinden muß. Bei jeder Wende wird das Segel gefiert und nach Lee genommen, gleichzeitig wird das Fall in Luv belegt, es ersetzt so das Want.

Das stehende Gut einer Bark (Fig. 333)

Dänisch	Englisch	Deutsch
1. Fore Røjlstag	Fore-royal stay	Vor-Royalstag
2. Fore Bramstag, Jagerlejder	Flying-jib stay	VorBramstag,Aussen-Klüverleiter
3. Yderklyverlejder	Outer-jib stay	Grossklüverleiter, Bütenklüver-leiter
4. Inderklyverlejder	Inner-jib stay	Binnenklüverleiter
5. Fore Stængestag	Fore-topmast stay	Vorstengestag
Fore Stængestagsejlslejder		
6. Fokkestag	Fore-stay	Fockstag
6'. Klyverstag	Jib-boom stay, Martingale stay	Klüverwasserstag
7. Vaterstag	Bobstay	Wasserstag
8. Agterhalere	Martingale guys, Martingale back ropes	Stampfstockgeien
9. Pyntenetstok	Martingale boom, Martingale	Stampfstock
10. Klyverforhaler	Flying martingale stay	Klüverstampfstag
	Flying jib boom stay	Klüverdomper
11. Klyverpert	Jib foot rope	Klüverpferde
12. Sprydbardun	Bowsprit shroud	Bugsprietpardune
13. Jagerbardun	Flying-jib guy	Aussenklüverpardune
14. Bovspryd	Bowsprit	Bugspriet
15. Yderklyverbom	Outer-jib boom	Gross Klüverbaum
16. Jagerbom	Flying-jib boom	Aussen Klüverbaum
17. Ankerkran	Crane for the anchors	Ankerkrahn
18. Gangspil	Capstan	Gangspill
19. Fyrtaarn til Sidelanternerne	Lighthouse for the sidelights	Feuerturm für die Laternen

Dänisch	Englisch	Deutsch
20. Ankergie	Anchor purchase	Ankerkatt
21. Gerder paa Kran	Vangs for the crane	Geer des Krahnes
22. Klyds	Hawse holes, Hawse pipes	Klüse
23. Forstævn	Stem	Vorsteven
24. Boven	The bow	Der Bug
25. Jolle	Boat	Boot
26. Lukaf*)	Forecastle	Logis, Back
27. Dæmper paa Brasbommene	Damper on the brace-booms	Dompfer der Brassbäume
28. Agterhalere paa Brasbommene	Guys on the brace-booms	Achterholer der Brassbäume
29. Fokkemast	Fore-mast	Fockmast
30. Fokkevant	Fore-rigging, Fore lower rigging	Fockwant
31. Vantskruer	Rigging screws	Wantschrauben
32. Topbardun	Top backstay, Backstay for the Masthead	Pardun am Eselshaupt
33. Pyttingsvant	Futtockshroud	Püttingswant
34. Fore Mærs	Fore-top	Vor Mars
35. Hanger til Fokkeraaen	Sling-chain for the Fore-yard	Hanger der Fockraa
36. Rakke til Fokkeraaen	Parral on Fore-yard	Rack der Fockraa
37. Fokkeraa	Fore-yard	Fockraa
38. Perter, Trædetov, Fodperter	Horses	Pferde
39. Springperter eller Heste	Stirrups	Springpferde
40. Nokperter	Yard-arm horses	Nockpferde
41. Fokketoplenter	Fore-lifts	Foktoppenanten
42. Mærsestang	Topmast	Marsstenge
43. Stængespyttingsvant	Topmast futtockshroud	Stengepüttingswant
44. Svittingsring	Truss-hoop Futtockring	Püttingsband
45. Fore Stængesaling	Fore-topmast crosstrees	Vor-Bramsahling
46. Udrækker	Outrigger	Ausleger
47. Æselshoved	Mast Cap	Eselshaupt
48. Stængevant	Topmast shroud	Stengewant
49. Fore Bramstang	Fore-top gallantmast	Vor-Bramstenge
50. { Fore Bramgods **)	Fore-top gallantmast rigging	Vor-Bramgut
Fore Bramafsats ***)	Head funel, Stop	Hummer, Sattlung
51. Fore Røjlstang.	Fore-royal mast	Vor-Oberbramstenge
52. { Fore Røjlgods **)	Fore-royal mast rigging	Vor-Oberbramgut
Fore Røjlafsats***)	Head, Funnel, Stop	Hummer, Sattlung

*) Der vordere, überbaute Teil eines Schiffes, der entweder als Logis genutzt wird oder an der Achterkante offen ist, heißt Back. Wenn der achtere Teil des Schiffes überdacht ist, wie auf Fig. 333, so bezeichnet man ihn mit dem englischen Ausdruck Poop.

**) In diesem Fall versteht man unter Gut den Teil des Riggs, der auf der Sattlung der Stenge desselben Namens liegt.

***) Unter Sattlung (eigenlich Wantauflage) versteht man die Stelle auf der Stenge, wo das Gut liegt. Die Sattlung, auf den Untermasten und Marsstengen, auf denen der Mars und die Stengesaling liegen, bezeichnet man mit dem englischen Ausdruck „hounds". Der Teil des Untermastes, der über dem Mars ist, heißt Top und der Teil der Marsstenge, der über der Stengesaling ist, heißt Marstop oder wird als Stumpen der Marsstenge bezeichnet.

Dänisch	Englisch	Deutsch
53. Toppen	Pole	Topp
54. Fløjknappen	Truck	Flaggenknopf
55. Fore Undermærseraa	Fore lower topsail yard	Vor-Untermarsraa
56. Fore Overmærseraa	Fore upper topsail yard	Vor-Obermarsraa
57. Fore Mærsetoplenter	Fore topsail lifts	Vor-Marstoppenanten
58. Fore Bramraa	Fore topgallant yard	Vor-Bramraa
59. Fore Bramtoplenter	Fore topgallant lifts	Vor-Bramtoppenanten
60. Fore Røjlraa	Fore-royal yard	Vor-Oberbramraa
61. Fore Røjltoplenter	Fore-royal lifts	Vor Oberbramtoppenanten
62. Bærestang til Fore Undermærseraa	Spur or Standard for Fore lower topsail yard	Träger vor Vor Untermarsraa
63. Fore Røjlbraser	Fore royal braces	Vor-Oberbrambrassen
64. Fore Brambrasskinkler	Fore topgallant brace pendants	Vor-Brambrassenschenklen
65. Fore Brambraser	Fore topgallant braces	Vor-Brambrassen
66. Forhaleren paa Fore Overmærsebraser	Fore runner on Fore upper topsail braces	Vorholer der Vor-Obermarsbrassen
67. Fore Overmærsebrasskinkler	Fore upper topsail brace pendants	Vor Obermarsbrassenschenklen
68. Klaploberen paa Fore Overmærsebraser	Burton on Fore upper topsail braces	Klapläufer der Vor-Obermarsbrassen
69. Forhaleren paa Fore Undermærsebraser	Fore runner on Fore lower topsail braces	Vorholer der Vor-Untermarsbrassen
70. Fore Undermærsebrasskinkler	Fore lower topsail brace pendants	Vor-Untermarsbrassenschenklen
71. Klapløbere paa Fore Undermærsebraser	Burtons on Fore lower topsail braces	Klapläufer der Vor-Untermarsbrassen
72. Fokkebrasskinkler	Fore brace pendants	Fockbrassenschenklen
73. Underste Fokkebrasskinkler	Lower Fore brace pendants	Unterste Fockbrassenschenklen
74. Fokkebraser	Fore-braces	Fockbrassen
75. Fore Stængebarduner	Fore top mast backstays	Vor-Stengepardunen
76. Fore Brambarduner	Fore topgallant backstays	Vor-Brampardunen
77. Fore Røjlbarduner	Fore royal backstays	Vor-Oberbrampardunen
78. Sprydtræ	Sheerpole, Sheer batten	Spreizlatte, Sprelatte
79. Storvant	Main-shroud	Grosswant
80. Stormast	Main-mast	Grossmast
81. Storrakken	Main-parral	Grossrack
82. Hanger til Storraaen	Sling-chain for the Main yard	Hanger für die Grossraa
83. Store Pyttingsvant	Main-futtock shroud	Gross Püttingswant
84. Store Mærs	Main-top	Grossmars
85. Skruer paa Stængevant	Rigging screws on the topmast shroud	Schrauben am Stengewant
86. Bærestang til Store Undermærseraa	Standard for Main lower topsail yard	Träger vor Gross Untermarsraa
87. Toppen af Stormasten	Head of the Main-mast	Topp von Grossmast

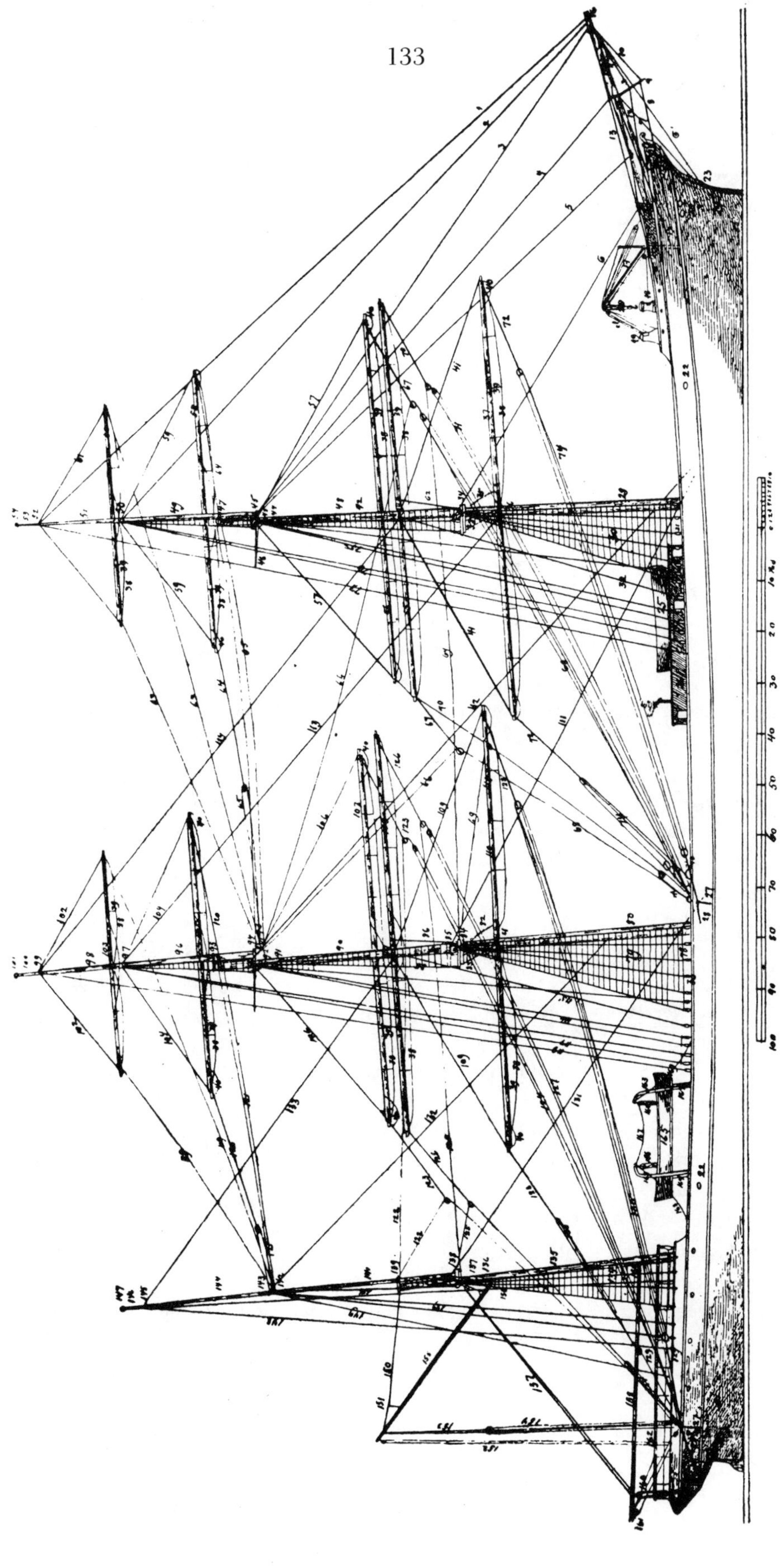

Fig. 333

Dänisch	Englisch	Deutsch
88. Store Stængevant	Main-topmast shroud	Gross-Stengewant
89. Store Undermærserakke	Main lower topsail parral	Gross-Untermarsrack
90. Store Mærsestang	Main topmast	Gross-Marsstenge
91. Svittingsringen, Svittringsringen	Neclace, Trusshoop, Futtock-ring	Püttingsband
92. Stængepyttingsvant	Topmast futtock shroud	Stenge-Püttingswant
93. Brasblokke	Brace bloks	Brassblöcken
94. Store Stængesaling.	Main topmast crosstrees	Gross-Bramsahling
95. Stænge Æselshoved.	Topmast cap	Stenge-Eselshaupt
96. Store Bramstang	Main topgallant mast	Gross-Bramstenge
97. Store Bramgods	Main-topgallant mast rigging	Gross-Bramgut
Store Bramafsats	Head, Funnel, Stop	Hummer, Sattlung
98. Store Røjlstang	Main-royal mast	Gross-Oberbramstenge
99. Store Røjlgods	Main-royal mast rigging	Gross-Oberbramgut
Store Røjlafsats	Head, Funnel, Stop	Hummer, Sattlung
100. Toppen af Røjlstangen	Royal mast pole	Topp der Oberbramstenge
101. Store Fløjknap	Main truck	Gross-Flaggenknopf
102. Store Røjltoplenter	Main-royal lifts	Gross-Oberbramtoppenanten
103. Store Røjlraa	Main-royal yard	Gross-Oberbramraa
104. Store Bramtoplenter	Main-topgallant lifts	Gross-Bramtoppenanten
105. Store Bramraa	Main-topgallant yard	Gross-Bramraa
106. Store Overmærsetoplenter	Main upper topsail lifts	Gross-Obermarstoppenanten
107. Store Overmærseraa	Main upper topsail yard	Gross-Obermarsraa
108. Store Undermærseraa	Main lower topsail yard	Gross-Untermarsraa
109. Store Toplenter	Main-lifts	Gross-Toppenanten
110. Storraaen	Main-yard	Grossraa
111. Storstag	Main-stay	Grossstag
112. Store Stængestag	Main topmast stay	Gross-Stengestag
113. Store Bramstag eller Bramstagsejlslejder	Main topgallant mast stay	Gross-Bramstag
114. Store Røjlstag	Main-royal mast stay	Gross-Oberbramstag
115. Store Topbardun	Main-top backstay	Gross-Toppardun
116. Store Stængebarduner	Main-topmast backstays	Gross-Stengepardunen
117. Store Brambarduner	Main-topgallant backstays	Gross-Brampardunen
118. Store Røjlbarduner	Main-royal backstays	Gross-Oberbrampardunen
119. Store Røjlbraser	Main-royal braces	Gross-Oberbrambrassen
120. Store Brambrasskinkler	Main-royal brace pendants	Gross-Brambrassenschenklen
121. Store Brambraser	Main topgallant braces	Gross-Brambrassen
122. Store Overmærsebrasforhaler	Fore runner on main upper topsail braces	Vorholer an Gross Obermarsbrassen
123. Store Overmærsebrasskinkler	Main upper topsail brace pendants	Gross-Obermarsbrassenschenklen
124. Store Overmærsebraser **(Klapløber)**	Main upper topsail braces	Gross-Obermarsbrassen

Dänisch	Englisch	Deutsch
125. Forhalere til Store Undermærsebraser	Fore runner on main lower topsail braces	Vorholer der Gross-Untermarsbrassen
126. Store Undermærsebrasskinkler	Main lower topsail brace pendants	Gross-Untermarsbrassenschenklen
127. Store Undermærsebraser	Main lower topsail braces	Gross-Untermarsbrassen
128. Storbrasskinkler	Main brace pendants	Gross-Brassenschenklen
129. Underste Storbrasskinkler	Lower Main brace pendants	Unterste Gross-Brassenschenklen
130. Storbraser	Main-braces	Gross-Brassen
131. Mesanstag	Mizzen stay	Besanstag
132. Mesanstængestag	Mizzen-topmast stay	Besan-Stengestag
133. Mesanbramstag	Mizzen topgallant stay	Besan-Bramstag
134. Mesanvant	Mizzen-shroud	Besanwant
135. Mesanmast	Mizzen-mast	Besanmast
136. Svittingsringen, Svittringsringen	Necklace, Trusshoop	Püttingsband
137. Mesanpyttingsvant	Mizzen futtock shroud	Besan Püttingswant
138. Mesanmærs ell. Mesansaling	Mizzen top, Mizzen crosstrees	Besan-Mars, Besan-Sahling
139. Mesanæselshoved	Mizzen cap	Besan-Eselshaupt
140. Mesanmærsestang	Mizzen topmast	Besan-Marsstenge
141. Mesanstængevant	Mizzen topmast shroud	Besan-Stengewant
142. Brasblokke	Brace blocks	Brassblocke
143. { Stængegods	Topmast rigging	Stengegut
Stængeafsats	Head, Funnel	Hummer, Sattlung
144. Mesanbramstang	Mizzen topgallant mast	Besan-Bramstenge
145. { Bramgods	Topgallant mast rigging	Bramgut
Bramafsats	Head, Funnel	Hummer, Sattlung
146. Toppen	Mast pole	Flaggentopp
147. Mesanfløjknap	Mizzen truck	Besan-Flaggenknopf
148. Mesanbrambardun	Mizzen topgallant backstay	Besan-Brampardune
149. Mesanstængebarduner	Mizzen topmast backstays	Besan-Stengepardunen
150. Pikfald	Peak halliard	Piekfall
151. Hanefod paa Pikfald	Crowfoot on peak halliard	Hahnepoot des Piekfall
152. Flagline	Ensign halliard	Flaggenleine
153. Skinkler til Gaffelgerder	Vang pendants	Geeren-Schenklen
154. Gaffelgerder	Vangs	Geeren
155. Mesangaffel	Mizzen gaff	Besangaffel
156. Mesanklo	Mizzen throat	Besanklau
157. Mesanbomdirker	Mizzen-boom lifts, Spanker-boom lifts	Besan Baumdirk
158. Mesanbom	Mizen-boom; Spanker-boom	Besanbaum
159. Svanehals paa Mesanbom	Goose neck on Mizzen-boom	Schwanenhals des Besanbaums
160. Mesanskøde	Mizzen-sheet, Spanker-sheet	Besanschot
161. Mesanstøttaljer	Spanker-boom guys	Besanstosstaljen
162. Gelænder	Rails	Geländer

Dänisch	Englisch	Deutsch
163. Jolledåvider	Boat davits	Bootdavits
164. Baadsklampe	Boat cleats	Bootklampen
165. Redningsbaade	Life boats	Rettungsboot
166. Baadtaljer	Boat tackles	Bootstaljen
167. Mellemhaler	Guy between the davits	Davits-Zwischenholer
168. Agterhaler	Davit guy (aft)	Davits-Achterholer
169. Forhaler	Davit guy (fore)	Davits-Vorholer

Das laufende Gut einer Bark von den Achterseiten der Segel aus gesehen (Fig. 334). Die vorangegangene, diese und die nachfolgenden Abb. zeigen dasselbe Schiff unter verschiedenen Gesichtspunkten. Auf Fig. 334 ist so viel vom stehenden Gut wie möglich weggelassen worden, um die laufenden Enden hervorzuheben. Die laufenden Enden sind nicht ganz bis zum Deck eingezeichnet, um die Zeichnung nicht unübersichtlich werden zu lassen, außerdem werden die Enden nicht auf allen Schiffen an gleicher Stelle belegt.

Nach einer Regel richten sich jedoch fast alle. Beginnt man nämlich an der **Vorderkante des Wantes, laufen die Enden fast immer in der folgenden Anordnung nach achtern:** Refftaljen und Geitau, innere Buggording, äußere Buggording, innere Nockgording, äußere Nockgording der Untersegel; dann folgt das Untermarsgeitau, die Gordings, der Obermarsniederholer. Obermarsgording, Bramgeitau, Bramgordings, Oberbramgeitau, Oberbramgordings. Stengestagsegelfall (oder Binnenklüverfall). Marsfall, Bramstagsegelfall oder Außenklüverfall, Bramfall, Oberbramfall, Jager- und Oberbramstagsegelfall.

Bemerkung: Mars-, Bram- oder Oberbramfall samt Vorsegel- und Stagsegelfall werden gleichmäßig zu beiden Seiten des Schiffes in der genannten Reihenfolge verteilt.

Beginnt man **vorn bei den Masten**, lautet die Reihenfolge: Marsschoten, Topnanten, Mittelgordings, Bramschoten, Oberbramschoten, Stagsegelniederholer und meist einige Brassen.

Fig. 334. Die Bezeichnungen, die schon vorher genannt wurden, werden hier nicht wiederholt.

Dänisch	Englisch	Deutsch
1. Jagerfald	Flying-jib halliard	Aussenklüverfall
2. Jagernedhaler	Flying-jib downhauler	Aussenklüverniederholer
3. Jagerskøder	Flying-jib sheets	Aussenklüverschoten
4. Yderklyverfald	Outer-jib halliard	Gross-Klüverfall
5. Yderklyvernedhaler	Outer-jib downhauler	Gross-Klüverniederholer
6. Yderklyverskøder	Outer-jib sheets	Gross-Klüverschoten
7. Inderklyverfald	Inner-jib halliard	Binnenklüverfall
8. Inderklyvernedhaler	Inner-jib downhauler	Binnenklüverniederholer
9. Inderklyverskinkler	Inner-jib sheet pendants	Schenklen für die Binnenklüverschoten
10. Inderklyverskøder	Inner-jib sheets	Binnen-Klüverschoten
11. Stagsejlsfald	Staysail halliard	Stagsegelfall
12. Stagsejlsnedhaler	Staysail downhauler	Stagsegelniederholer
13. Stagsejlsskøder	Staysail sheets	Stagsegelschoten
14. Fokkerebtaljer	Fore-sail reeftackles	Fockrefftaljen

Dänisch	Englisch	Deutsch
15. Fokkegivtov	Fore-sail clewline, clew-garnet	Fockgeitau
16. Fokkeskøder	Fore-sheets	Fockschoten
17. Fokkehalse	Fore-tack	Fockhalsen
18. Buglinspryd	Bowline bridle	Bulinsprüte
19. Bugline	Bowline	Bulin
20. Fore Undermærsegivtov	Fore lower topsail clewline	Vor-Untermarsgeitau
21. Fore Undermærseskøder	Fore lower topsail sheets	Vor-Untermarsschoten
22. Fore Overmærsenedhalere	Fore upper topsail downhaulers	Vor-Obermarsdomper Vor-Obermarsniederholer
23. Fore Overmærseskøder	Fore upper topsail sheets	Vor-Obermarsschoten
24. Drejereb paa Mærsefald	Topsail tye	Drehreep des Marsfall
25. Mærsefald	Topsail halliard	Marsfall
26. Fore Bramgivtov	Fore topgallant clewline	Vor-Bramgeitau
27. Fore Bramskøder	Fore topgallant sheets	Vor-Bramschoten
28. Fore Bramfald	Fore topgallant halliard	Vor-Bramfall
29. Fore Røjlgivtov	Fore-royal clewline	Vor-Oberbramgeitau
30. Fore Røjlskøder	Fore-royal sheets	Vor-Oberbramschoten
31. Drejereb paa Røjlfald	Royal halliard tye	Oberbramfall-Drehreep
32. Røjlfald	Royal halliard	Oberbramfall
33. Store Røjlstagsejlsfald	Main-royal staysail halliard	Gross-Oberbramstagsegelfall
34. Klaade paa Røjlstagsejls-nedhaler	Bulls eye on royal staysail downhauler	Klote des Oberbramstagsegel-niederholer
35. Store Røjlstagsejlsnedhaler	Main-royal staysail downhauler	Gross-Oberbramstagsegelnieder-holer
36. Store Røjlstagsejlsskøde	Main-royal staysail sheet	Gross-Oberbramstagsegelschote
37. Store Bramstagsejlsfald	Main topgallant staysail halliard	Gross-Bramstagsegelfall
38. Store Bramstagsejlsnedhaler	Main topgallant staysail down-hauler	Gross-Bramstagsegelniederholer
39. Store Bramstagsejlsskøde	Main topgallant staysail sheet	Gross-Bramstagsegelschot
40. Store Stængestagsejlsfald	Main topmast staysail halliard	Gross-Stengestagsegelfall
41. Store Stængestagsejlsned-haler	Main topmast staysail down-hauler	Gross-Stengestagsegelniederholer
42. Store Stængestagsejlsskøder	Main topmast staysail sheets	Gross-Stengestagsegelschoten
43. Store Givtov	Main-sail clewline	Gross-Geitau
44. Store Rebtaljer	Main reeftackles	Gross-Refftaljen
45. Storhalse	Main-tack	Gross-Halsen
46. Storskøder	Main-sheets	Grosschoten
47. Store Undermærsegivtov	Main lower topsail clewline	Gross-Untermarsgeitau
48. Store Undermærseskøder	Main lower topsail sheets	Gross-Untermarsschoten
49. Store Overmærsenedhaler	Main upper topsail downhauler	Gross-Obermarsniederholer
50. Store Overmærseskøder	Main upper topsail sheets	Gross-Obertopsegelschoten
51. Store Mærsefaldsdrejereb	Main topsail halliard tye	Gross-Marsfalls-Drehreep
52. Store Mærsefald	Main topsail halliard	Gross-Marsfall

Fig. 334. Das laufende Gut einer Bark, von den Achterkanten der Segel aus gesehen

Dänisch	Englisch	Deutsch
53. Store Bramgivtov	Main topgallant clewline	Gross-Bramgeitau
54. Store Bramskøder	Main topgallant sheets	Gross-Bramschoten
55. Store Bramfaldsdrejereb	Main topgallant halliard tye	Gross-Bramfalls-Drehreep
56. Store Bramfald	Main topgallant halliard	Gross-Bramfall
57. Store Røjlgivtov	Main-royal clewline	Gross-Oberbramgeitau
58. Store Røjlskøder	Main-royal sheets	Gross-Oberbramschoten
59. Røjlfaldsdrejereb	Royal halliard tye	Oberbramfalls-Drehreep
60. Røjlfald	Royal halliard	Oberbramfall
61. Mesanbramstagsejlsfald	Mizzen topgallant staysail halliard	Besan-Bramstagsegelfall
62. Mesanbramstagsejlsnedhaler	Mizzen topgallant staysail downhauler	Besan-Bramstagsegelniederholer
63. Mesanbramstagsejlsskøder	Mizzen topgallant staysail sheets	Besan Bramstagsegelschoten
64. Mesanstængestagsejlsfald	Mizzen topmast staysail halliard	Besan-Stengestagsegelfall
65. Mesanstængestagsejlsnedhaler	Mizzen topmast staysail downhauler	Besan-Stengestagsegelniederholer
66. Mesanstængestagsejlsskøder	Mizzen topmast staysail sheets	Besan-Stengestagsegelschoten
67. Mesanstagsejlsfald	Mizzen staysail halliard	Besan-Stagsegelfall
68. Mesanstagsejlsnedhaler	Mizzen staysail downhauler	Besan-Stagsegelniederholer
69. Mesanstagsejlsskøder	Mizzen staysail sheets	Besan-Stagsegelschoten
70. Gaffeltopsejlsfald	Gafftopsail halliard	Gaffeltoppsegelfall
71. Gaffeltopsejlsnedhaler	Gafftopsail downhauler	Gaffeltoppsegelniederholer
72. Gaffeltopsejlsskøde	Gafftopsail sheet	Gaffeltoppsegelschote
73. Gaffeltopsejlshals	Gafftopsail tack	Gaffeltoppsegelhalse
74. Mesanudhaler	Spanker outhauler	Besanausholer
75. Mesanindhaler	Spanker throat brail	Besaneinholer
76. Mesangivtov	Spanker brails	Besangeitauen
77. Mesanskøde	Spanker sheet	Besanschote
78. Mesanspringskøde	Spanker sheet outhauler	Besanspringschote
79. Mesanhals	Spanker tack	Besanhalse
80. Nationalflag	Ensign	Nationalflagge
81. Signalflag (Skibets Kendingssignal)	Signal Flag (Distinguishing signal)	Signalflaggen (Unterscheidungssignal)
82. Stander med Skibets Navn	Stander	Stander
83. Kontorflag	Burgee, House-flag	Rhedereiflagge, Kontorflagge
A. Jager	Flying-jib	Aussenklüver
B. Yderklyver	Outer-jib	Grossklüver, Klüver
C. Inderklyver	Inner-jib	Binnenklüver
D. Fore Stagsejl eller Fore Stængestagsejl	Fore topmast staysail	Vor-Stengestagsegel
E. Fok	Fore-sail	Fock
F. Fore Undermærssejl	Fore lower topsail	Vor-Untermarssegel
G. Fore Overmærssejl	Fore upper topsail	Vor-Obermarssegel
H. Fore Bramsejl	Fore topgallant sail	Vor-Bramsegel
I. Fore Røjl	Fore-royal	Vor-Oberbramsegel

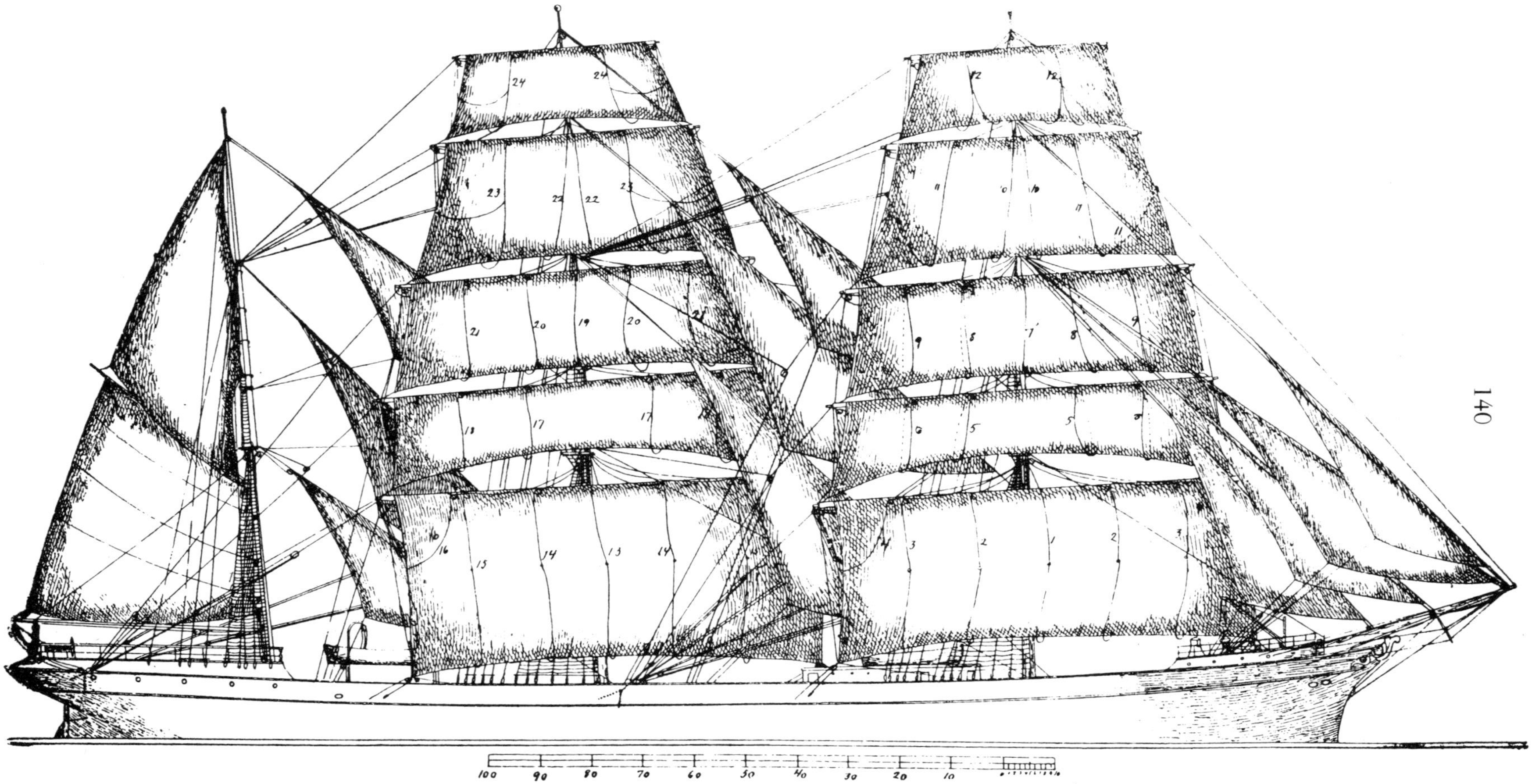

Fig. 335. Das stehende und laufende Gut einer Bark, von den Vorderkanten der Segel aus gesehen

Dänisch	Englisch	Deutsch
J. Store Røjlstagsejl	Main royal staysail	Gross-Oberbramstagsegel
K. Store Bramstagsejl	Main topgallant staysail	Gross-Bramstagsegel
L. Store Stængestagsejl	Main topmast staysail	Gross-Stengestagsegel
M. Storsejl	Main-sail	Grosssegel
N. Store Undermærssejl	Main lower topsail	Gross-Untermarssegel
O. Store Overmærssejl	Main upper topsail	Gross-Obermarssegel
P. Store Bramsejl	Main topgallant sail	Gross-Bramsegel
Q. Store Røjl	Main-royal	Gross-Oberbramsegel
R. Mesan Bramstagsejl	Mizzen topgallant staysail	Besan-Bramstagsegel
S. Mesanstængestagsejl	Mizzen topmast staysail	Besan-Stengestagsegel
T. Mesanstagsejl	Mizzen staysail	Besan-Stagsegel
U. Gaffeltopsejl	Gafftopsail	Gaffeltoppsegel
V. Mesan	Spanker	Besan

Das stehende und das laufende Gut einer Bark von der Vorderkante der Segel aus gesehen (Fig. 335). Auf dieser Abb. sind auch die Enden zu finden, die im Text zu den vorangegangenen Abb. nicht erwähnt wurden.

Dänisch	Englisch	Deutsch
1. Fokkemidtergaarding	Fore middle bunt-line	Fock-Mittelbauchgording*)
2. Fokkebuggaardinger	Fore bunt-lines	Fock-Bauchgordinge
3. Inderste Fokkenokgaardinger	Inner Fore leech-lines	Inner-Fock-Nockgordinge
4. Yderste Fokkenokgaardinger	Outer Fore leech-lines	Aussen-Fock-Nockgordinge
5. Undermærsebuggaardinger	Lower topsail bunt-lines	Untermarsbauchgordinge
6. Fore Undermærsenokgaardinger	Fore lower topsail leech-lines	Vor Untermarsnockgordinge
7. Fore Overmærsemidtergaarding	Fore upper topsail middle-bunt-line	Vor-Obermarsmittelgording
8. Inderste Overmærsenokgaardinger	Inner Fore upper topsail leech-lines	Innen-Vor-Obermarsnockgordinge
9. Yderste Overmærsenokgaardinger	Outer Fore upper topsail leech-lines	Aussen-Vor-Obermarsnockgordinge
10. Fore Brambuggaardinger	Fore topgallant bunt-lines	Vor-Brambauchgordinge
11. Fore Bramnokgaardinger	Fore topgallant leech-lines	Vor-Bramnockgordinge
12. Fore Røjlgaardinger	Fore royal bunt-lines	Vor-Oberbramgordinge
13. Store Midtergaarding	Main middle bunt-line	Gross-Mittelgording
14. Store Buggaardinger	Main bunt-lines	Gross Bauchgordinge
15. Inderste Store Nokgaardinger	Inner Main leech-lines	Innen-Gross-Nockgordinge
16. Yderste Store Nokgaardinger	Outer Main leech-lines	Ausserste Gross Nockgordinge
17. Store Undermærsebuggaardinger	Main lower topsail bunt-lines	Gross-Untermarsbauchgordinge
18. Store Undermærsenokgaardinger	Main lower topsail leech-lines	Gross-Untermarsnockgordinge

*) Anstelle von Gordinge kann man auch Gordings sagen.

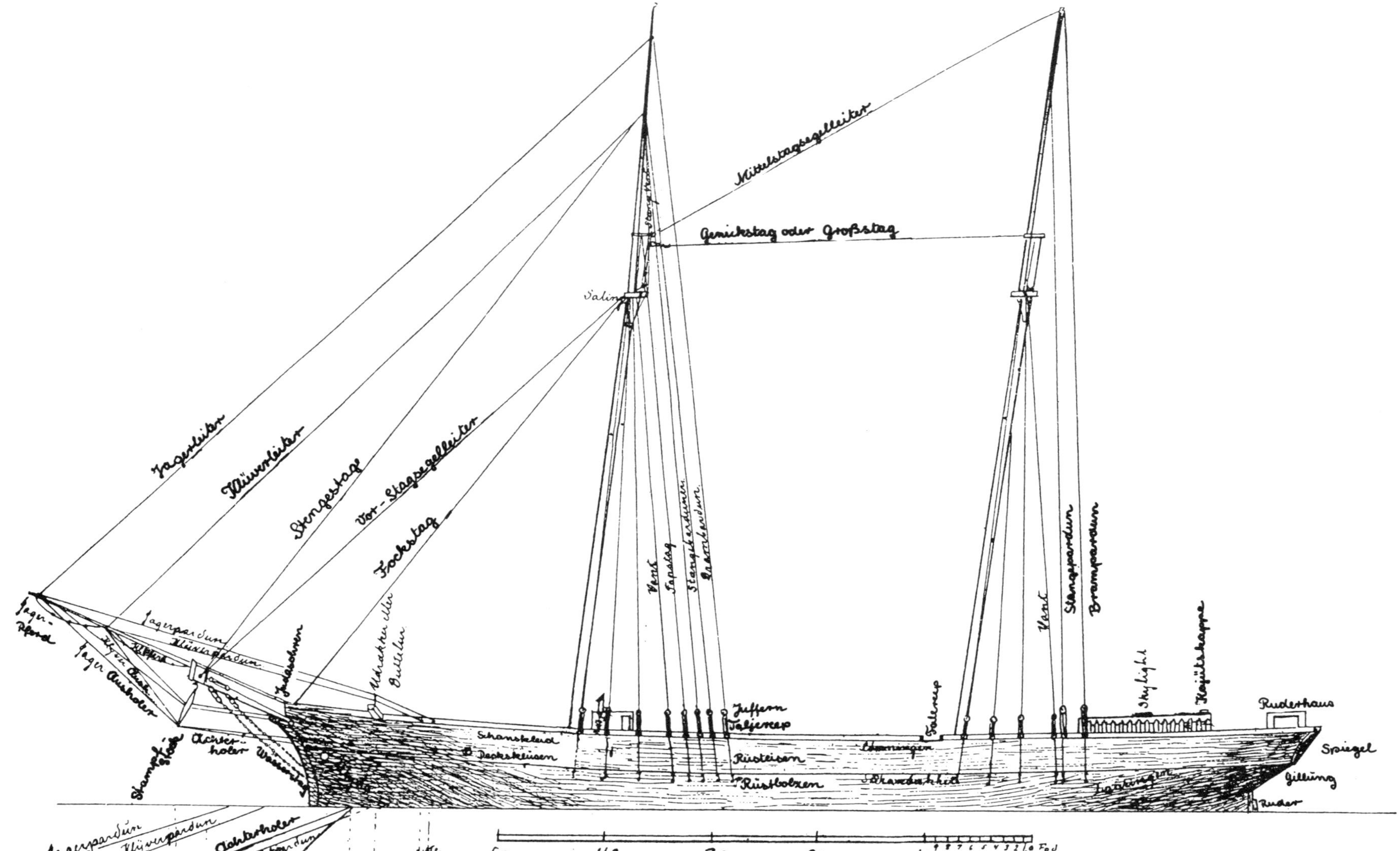

Fig. 336. Das stehende Gut eines Schoners

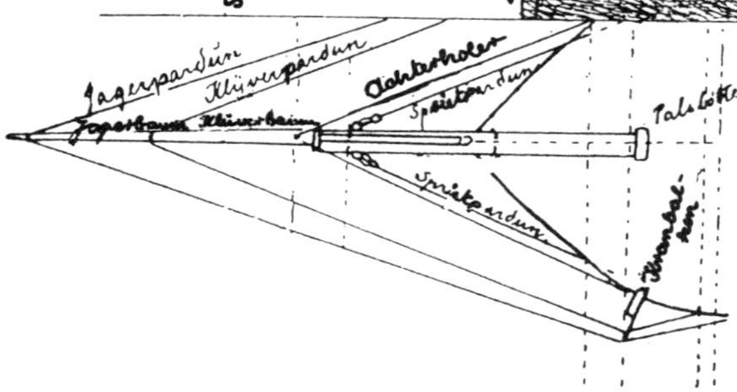

Fig. 337. Vorgeschirr eines Schoners

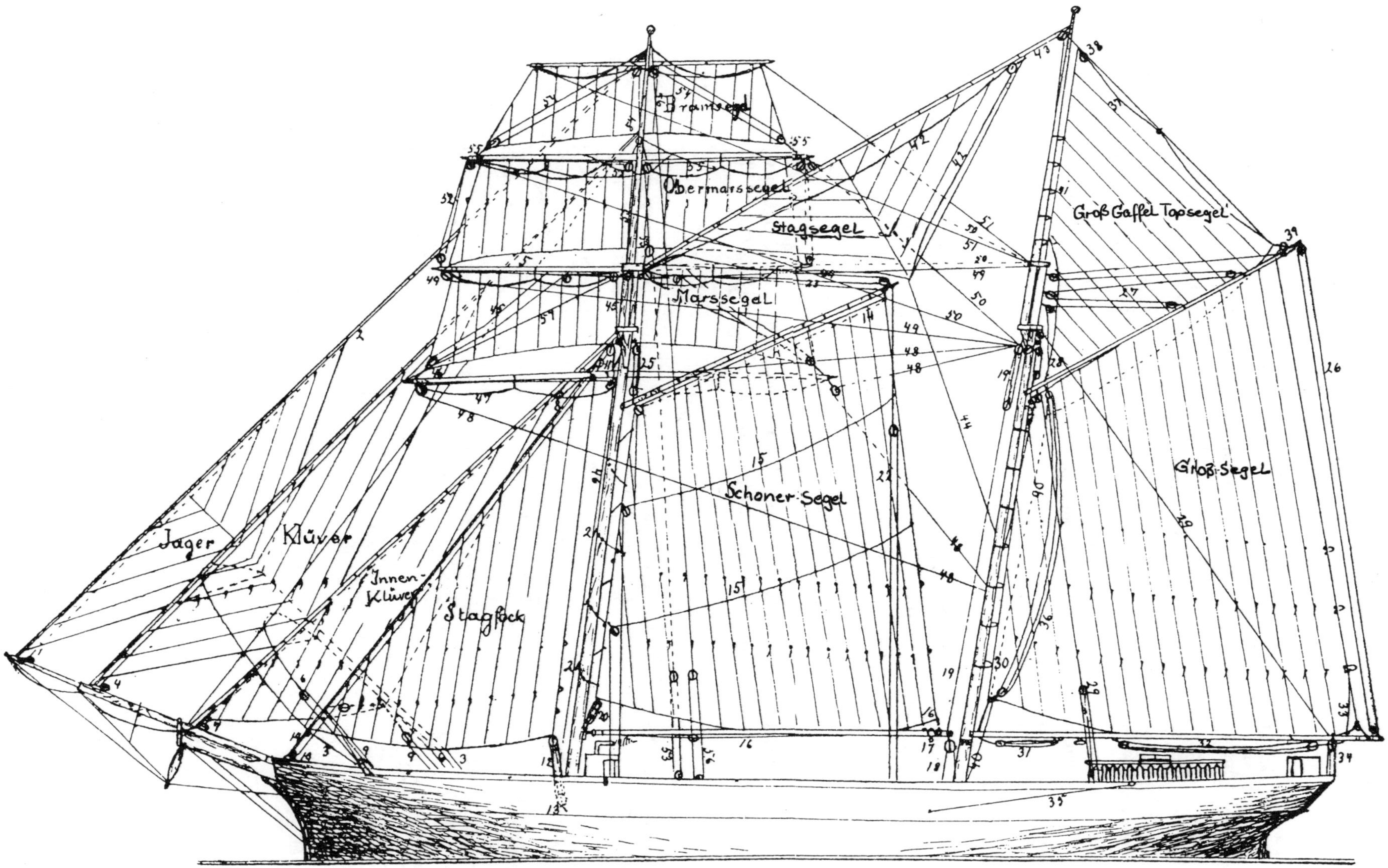

Fig. 340. Segel und das laufende Gut eines Topsegel-Schoners

Dänisch	Englisch	Deutsch
19. Store Overmærsemidtergaarding	Main upper topsail middle-bunt-line	Gross-Obermarsmittelgording
20. Inderste Store Overmærsenokgaardinger	Inner Main upper topsail leech-lines	Innen-Gross-Obermarsnockgordinge
21. Yderste Store Overmærsenokgaardinger	Outer Main upper topsail lech-lines	Aussen-Gross-Obermarsnockgordinge
22. Store Brambuggaardinger	Main topgallant bunt-lines	Gross-Brambauchgordinge
23. Store Bramnokgaardinger	Main topgallant leech-lines	Gross-Bramnockgordinge
24. Store Røjlgaardinger	Main royal bunt-lines	Gross-Oberbramgordinge

Über das **stehende Gut eines Schoners** (Fig. 336) wird später noch gesprochen werden.
Der Klüverbaum eines Schoners (Fig. 337).
Das Fockrigg eines Schoners (Fig. 338) Die Ausdrücke sind auf der Abbildung zu finden.
Das Großrigg eines Schoners (Fig. 339)

Segel und laufendes Gut eines Topsegelschoners (Fig. 340) und **die laufenden Enden im Vortop**, von achtern gesehen (Fig. 341).

1. Jagerniederholer
2. Jagerfall
3. Jagerschoten
4. Klüverniederholer
5. Klüverfall
6. Klüverschoten
7. Stagsegelniederholer
8. Stagsegelfall
9. Stagsegelschoten
10. Stagfockniederholer
11. Stagfockfall
12. Stagfockschoten
13. Leuwagen (liegt über dem Deck)
14. Stagfockhals und Schonereinholer
15. Schonergeitau
16. Schonerspring
17. Stropp- und Schonerbaumstoppertalje
18. Schonersegelschot
19. Schonerbaumdirk
20. Schonerhalstalje
21. Reileine
22. Gaffelgerden
23. Schonerausholer
24. Schonerpiekfall
25. Schonerklaufall
26. Groß - Piekniederholer
27. Groß - Piekfall
28. Groß - Klaufall
29. Groß Baumdirk
30. Mastringe
31. Großhalsstrecker
32. Groß - Refftalje
33. Schmeerreep
34. Großschot
35. Broßbaumstopper
36. Großhals - Aufholer
37. Gaffeltopsegelniederholer
38. Gaffeltopsegelfall
39. Gaffeltopsegelschot
40. Gaffeltopsegelhals
41. Stagsegelhals
42. Stagsegelniederholer
43. Stagsegelfall
44. Stagsegelschot
45. Topsegelgeitau
46. Topsegelschoten
47. Fockfußpferde
48. Fockbrassen
49. Untertopsegelbrassen
50. Obertopsegelbrassen
51. Brambrassen
52. Obertopsegelniederholer
53. Obertopsegelfall
54. Bramgeitau
55. Bramschoten
56. Bramfall
57. Focktoppanten
58. Breitfockrahfall
59. Breitfockschoten und Hälse
60. Breitfockfall
61. Bramfallblöcke

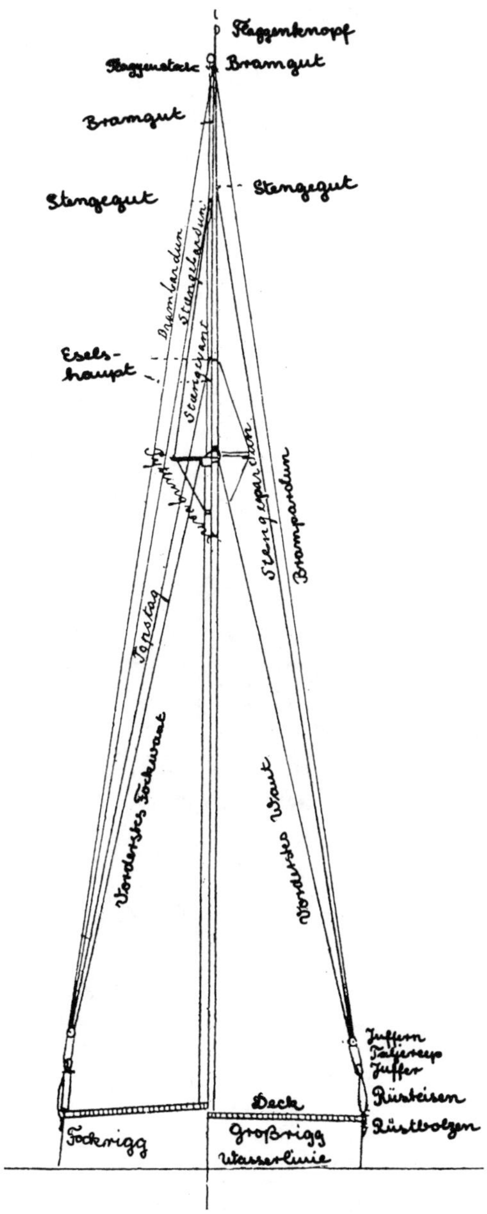

Fig. 338. Fig. 339.

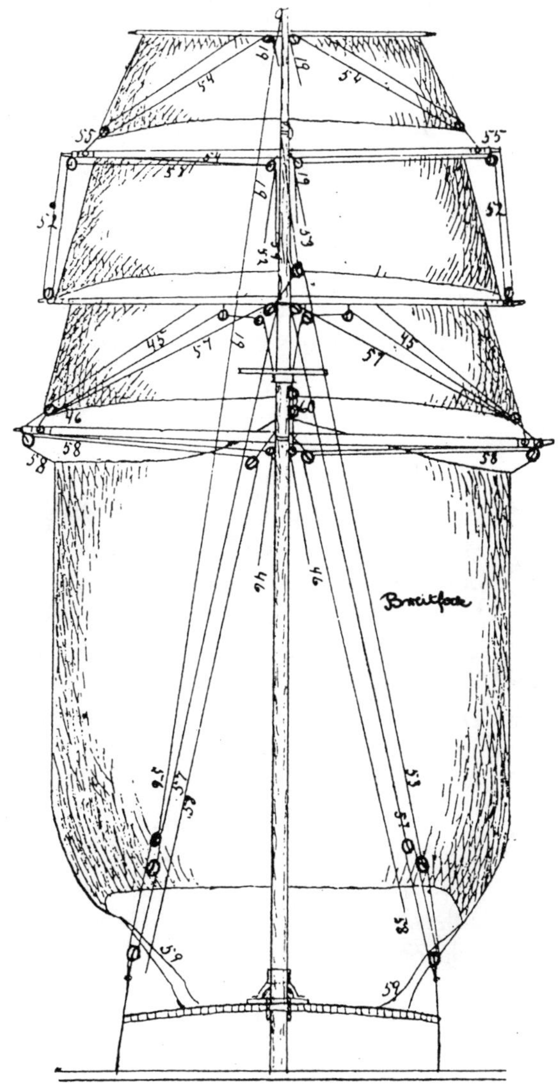

Fig. 341. Die laufenden Enden im Vortop, von achtern gesehen

Vermessen des Riggs bei stehendem Mast

Im vorangegangenen wurde ganz allgemein über Seemannsarbeiten gesprochen. Sicher gibt es noch verschiedene andere Arbeiten und ebenso viele verschiedene Möglichkeiten der Ausführung, die genauso gut und einfach sind, wie die besprochenen.

Im folgenden soll das Vermessen und Aufstellen des Riggs von Anfang an erklärt werden. Dabei soll auf Kleinigkeiten verzichtet werden, denn ich will die Seeleute nicht dazu anhalten, die Takler (Takelmeister) zu ersetzen und selbst ein Schiff aufzuriggen. Das besorgt ohnehin meistens die Werft, die das Schiff baut. Es kann aber von Vorteil sein, wenn der Seemann im Falle einer Havarie doch so viel über das Rigg weiß, daß er wenigstens Teile davon reparieren oder ersetzen kann. Der Wunsch, für so einen Fall einige Ratschläge und Erklärungen zu geben, hat dieses Kapitel dann doch recht umfangreich werden lassen.

Die Vermessungen der Unterwanten bei stehendem Mast

Der Mast wird mit einigen Taljen in seine Position gebracht. Es muß dabei berücksichtigt werden, daß fast alle Masten ein wenig nach achtern geneigt sind. Der Fockmast neigt sich 1/2 bis 3/4 Zoll pro Fuß, der Großmast 3/4 bis 1 Zoll pro Fuß und der Besan 7/8 bis 1 1/4 Zoll nach achtern. Der Neigungsgrad läßt sich leicht feststellen, wenn man 8 Fuß über Deck einen kleinen Nagel in die Achterkante des Mastes schlägt, ein kleines spitzes Lot mit einer Schnur so daran befestigt, daß das Lot gerade klar von Deck ist. Um sich 3/4 Zoll pro Fuß zu neigen, muß die Spitze des Lots 3/4 x 8 = 6 Zoll hinter den Mast weisen. Diese Methode läßt sich aber nur anwenden, wenn das Schiff vorn und achtern den gleichen Tiefgang hat. Man neigt die Masten ein wenig nach achtern, damit das Schiff nicht zu hart in die Seen taucht. Um einen gleichmäßigen Seiten-abstand zu bekommen, hängt man zwei gleichlange Latten so an die Seiten des Mastes, daß sie gleich hoch sind. Wenn der Mast gerade steht, müssen die unteren Enden von der Mittschiffslinie gleich lang auf Deck weisen. Steht der Mast richtig, schickt man einen Mann mit Garn (am besten mit Draht oder einem Bandmaß, das seine Länge auch bei Feuchtigkeit nicht verändert) nach oben auf den Mars oder die Saling. Das Garn wird steuerbords über die Wantauflage und um die Vorderkante des Mastes gelegt. Der Tampen wird mitten auf der Backbordseite des Tops, direkt über den Wantauflagen festgehalten. Das untere Ende des Garnes wird steif zur Oberkante der untersten Jungfer auf der Steuerbordseite gehalten und an der Stelle mit einem Knoten markiert. Dann mißt man bis zur Oberkante der folgenden Jungfer und markiert die Stelle mit 2 Knoten - auf diese Weise trägt man die Länge zu allen Jungfern der Unterwanten auf der Steuerbordseite an. Der Mann im Top markiert das Garn auf der Mitte des Mastes. Nachdem die Steuerbordseite vermessen ist, kann man überprüfen, ob der Mast gerade steht, indem man jetzt die Entfernung zu den Backbordjungfern mißt. Das Garn am Top muß währenddessen aber solange auf die Steuerbordseite genommen werden. Bevor der Mann wieder herunterkommt, muß er noch mit einem Stück Garn den Umfang des Mastes direkt über den Wantauflagen messen.

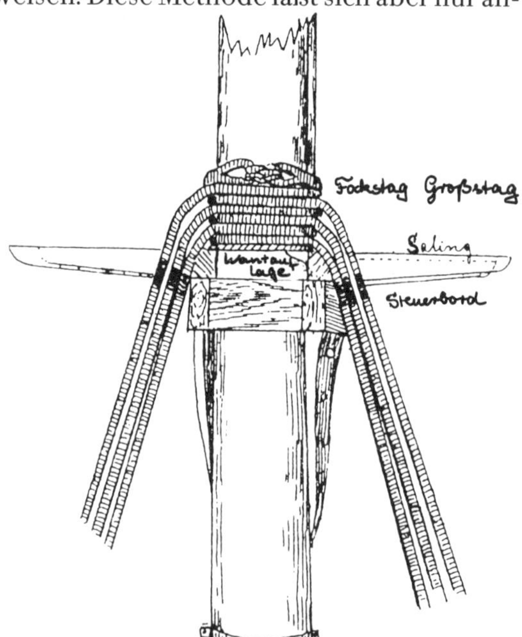

Fig. 342. Wanten und Stage für Untermast, von achtern gesehen

Bei den Wantauflagen handelt es sich um halbrunde Holzklötze, von denen je einer zu jeder Seite des Mastes direkt auf der Längssaling angebracht ist, damit die Wanten nicht zu knapp über deren Kanten gespannt (geknickt) werden. Um die Wanten soweit wie möglich zu schützen, legt man außerdem ein paar Lagen geteerte Schmarting auf die Wantauflagen, bevor die Wanten daraufkommen (Fig. 342), zusätzlich fertigt man einen dicken Kranz aus Hanftau, der gerade über den Top paßt und drückt ihn auf die Wantauflagen, damit das unterste Wantauge direkt auf dem Kranz zu liegen kommt.

Das Kappen des Riggs

Man legt einen Stahldraht (Wire) längs auf das Deck und zieht ihn mit Hilfe von Taljen ein wenig aus, dann trägt man die Länge des Wantes ab. Tauwerk muß fest zwischen Taljen gestreckt werden, circa 1 Zoll pro Fuß, bevor man die Länge markiert. Das eigentliche Bezeichnen ist aber bei beiden gleich. Man markiert den Tampen der Trosse mit einem Knoten, mißt mit dem Garn von da ab bis zum vordersten Want auf der Steuerbordseite und **markiert die Stelle auf der Mitte mit einem Knoten**. Von da ab mißt man bis zum folgenden Want auf der Steuerbordseite und markiert die Stelle auf dem Tampen mit zwei Knoten. Anschließend setzt man einen Takling zu beiden Seiten der Markierungen, bevor man die Stücke zwischen den Taklingen kappt. Stahldraht wird mit einem scharfen Meißel und Tauwerk mit einer Axt (oder einem Beil) gekappt, nachdem man es auf ein Stück Holz gelegt hat. Draht und Tau lassen sich aber auch mit einer zu diesem Zweck ausgerüsteten Säge kappen. Das vorderste Paar Wanten auf der Backbordseite soll über dem Steuerbordpaar liegen und muß daher um zweimal den Durchmesser des Wantes länger sein als das Steuerbordwant. Es wird in der Mitte mit zwei Knoten markiert. Das vorderste Wantpaar hingegen wird unten am Tampen mit einem Knoten und das folgende mit zwei Knoten markiert.

Das dritte Want auf der Steuerbordseite wird markiert wie die vorangegangenen plus zweimal Tauumfang, und auf die Mitte setzt man ein Garn mit drei Knoten. Von da ab mißt man das vierte Want auf der Steuerbordseite plus zweimal Tauumfang. Das dritte Want markiert man vom Tampen mit drei Knoten, das vierte mit vier Knoten. Man hat ein **entsprechendes Paar auf der Steuerbordseite**. Ein Paar Wanten besteht aus **zwei Wanten**.

Das zweite Paar Wanten auf der Backbordseite wird um den doppelten Wantenumfang länger gemacht als das entsprechende Paar auf der Steuerbordseite und wird auf der Mitte (des Wantauges) mit einem Garn mit vier Knoten markiert. Unten am Tampen wird das dritte Want mit drei Knoten und das vierte Want mit vier Knoten gekennzeichnet.

Das fünfte Want an Steuerbord wird vom Tampen

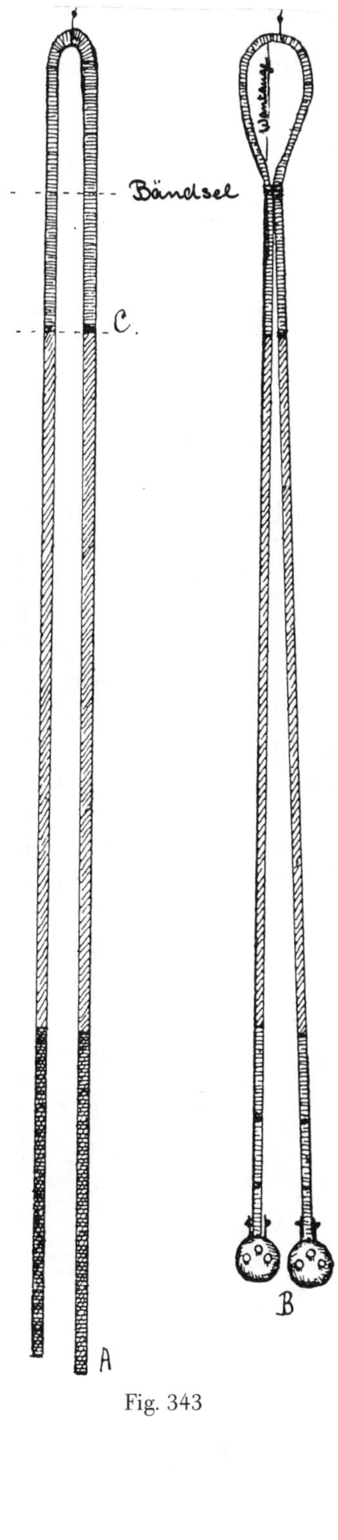

Fig. 343

zur Mitte hin gemessen plus vier mal den Umfang des Wantes; die Mitte wird mit 5 Knoten markiert. Von dort wird das sechste Want plus vier mal den Umfang des Wantes gemessen, das ergibt das dritte Paar auf der Steuerbordseite. Dieses plus zweimal den Umfang des Wantes ergibt das dritte Paar auf der Backbordseite, das in der Mitte durch 6 Knoten gekennzeichnet wird. Zu jedem Paar muß man also zweimal den Wantumfang hinzurechnen, weil die Wantaugen am Top übereinanderliegen - das achterste liegt also zuoberst. Berücksichtigt man das beim Vermessen nicht, wird das achterste Want zu kurz, und je mehr Paare man hat, desto gravierender wird der Fehler!

Jedes Want wird zwischen Taljen gestreckt und 8 Fuß von der Mittelmarkierung zu beiden Seiten hin beschmartet. Um die Schmarting wasserundurchlässig zu machen, beginnt man am Ende und arbeite von jeder Seite zur Mitte hin. Auch um die Tampen legt man eine Schmarting, bis 8 Fuß nach oben. Dann teert und kleidet man das Want. Viele legen auf die Kleidung noch eine zusätzliche Lage Schmarting - auch wieder von unten nach oben *) - und marlen diese fest, während wieder andere das Want zweimal kleiden. Bei dieser Art Arbeit darf nicht am Teer gespart werden! Außerdem muß darauf geachtet werden, daß die Markierungen nicht unter der Kleidung verschwinden oder sich veschieben. Auf Fig. 343 sind die bekleideten Wanten zu sehen.

Wie entsteht das Wantauge? (Fig. 343B) Das Want wird um die mittlere Markierung gebogen, so daß beide Wanten nebeneinander liegen. Dann mißt man mit dem Garn von der Mitte aus, um zu sehen, ob beide Wanten die richtige Länge haben, danach legt man bei C mit einem Garn einige Törns um beide Wanten, um sie in der richtigen Länge zu fixieren, bis das Herzbändsel aufgesetzt wird. Das Garn, welches zum Vermessen des Gutes am Masttop benutzt wird, sollte doppelt genommen und um 1/4 verlängert werden, um von der Mitte des Auges aus an beiden Wanten entlang messen zu können. Die Stelle wird markiert, und ein gutes Wantbändsel wird doppelt um beide Parten, direkt unter der Markierung aufgesetzt. Vorher legt man allerdings eine Schmarting auf die Wanten. Damit ist das Wantauge, das 1/4mal dem Umfang des Tops entspricht, fertiggestellt.

Wie werden die Jungfern eingesetzt? (Fig. 344). Jedes Want wird 2 1/2 Fuß vom Tampen entfernt markiert. Dann legt man die Jungfer in den Tampen und bindet sie mit Garn an beiden Löchern fest,

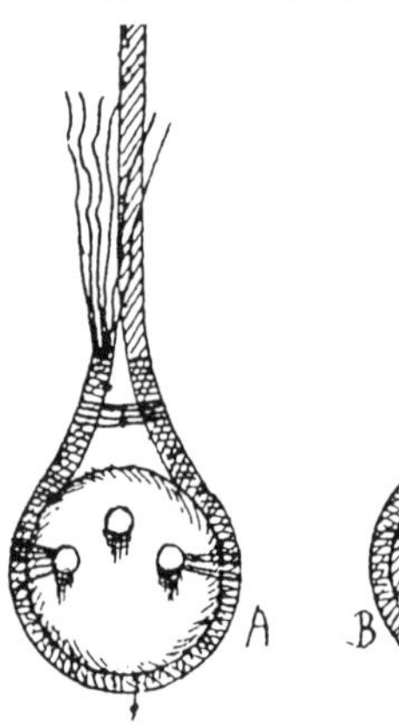

Fig. 344. Einsetzen der Jungfern

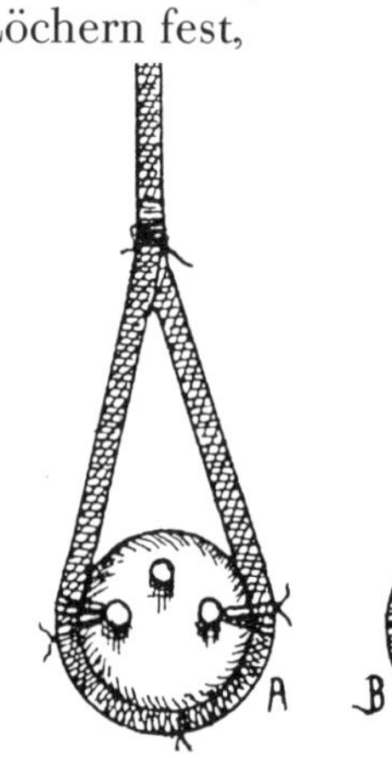

Fig. 345. Einbändseln der Jungfern

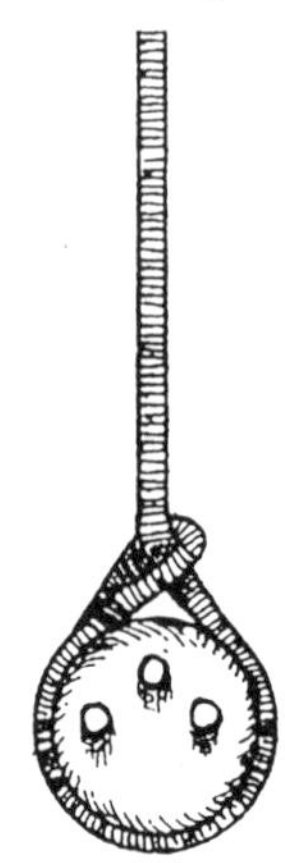
Fig. 346. Kutterstagbindung

Fig.347

*) Das ist aus folgendem Grunde so wichtig: Wenn man das Want nämlich von oben nach unten beschmartet, kann es passieren, daß Wasser unter die Schmarting läuft und mit der Zeit dann das Want vom Wasser angegriffen wird.

so daß das Garn auf der Mitte liegt (Fig. 344 A); dann entfernt man für den Spleiß circa 18 - 21 Zoll der Kleidung und der Schmarting vom Tampen. Jeder Tampen wird zweimal eingespleißt, der Rest wird ausgedünnt, am Want entlang gelegt und mit Takelgarn befestigt. Dann legt man eine gute Schmarting herum und bekleidet sie mit Schiemannsgarn. Damit der Tampen während des Spleißens nicht verrutscht, setzt man direkt über die Jungfer einen Zeising auf den Tampen, der wieder entfernt wird, sobald der Spleiß gekleidet ist. Bevor das Bändsel aufgesetzt wird (Fig. 344 B), preßt man das Auge mit einer Bändselschraube zusammen. Die Jungfer läßt sich zu jeder Zeit herausnehmen, ohne daß der Spleiß geöffnet werden müßte - man muß nur das Bändsel lösen. Diese Möglichkeit ist solide und sieht gut aus.

Das Einbändseln der Jungern (Fig. 345). Zuerst wird die Jungfer mit einigen Törns durch die Löcher provisorisch an ihrem Platz befestigt. Der Tampen wird zum Want gebogen und mit einem Zeising festgenäht, bis das untere Bändsel aufgesetzt wird (Fig. 345 A). Das untere Bändsel wird doppelt genommen und so dicht wie möglich an die Jungfer gelegt, das nächste Bändsel wird - ebenfalls doppelt - in einem Abstand von 6 Zoll darübergesetzt, das dritte Bändsel setzt man circa zwei Zoll vom Tampen entfernt, es ist in der Regel einfach.

Die Bändsel sollten soweit wie möglich gleich und in regelmäßigen Abständen voneinander auf alle Tampen gesetzt werden. Die Tampen selber liegen immer an der Innenseite der Wanten und werden auf beiden Seiten des Schiffes um die Achterkante der Jungfern nach oben gelegt. Die Tampen der Backbordseite werden also **mit der Sonne gelegt** (Fig. 345 B), die auf der Steuerbordseite **gegen die Sonne**.

Manchmal legt man die Tampen auch neben das Want. Hat man zum Beispiel 4 Wanten, werden die Tampen der beiden vorderen nach achtern, die der beiden achteren nach vorn gelegt. Die Tampen der Pardunen werden nach vorn gelegt.

Die Kutterstagbindung der Jungfern (Fig. 346) wird nur angewendet, wenn kein Platz zum Beibändseln der Tampen ist. Der Tampen wird mit zwei Bändseln zu einem Auge gebändselt, das bei Bedarf geöffnet werden kann. Die Jungfer kann also herausgenommen werden, ohne daß etwas gelöst werden muß.

Eisenbeschlagene Jungfern und Wantschrauben werden eingebändselt, wie aus Fig. 347 zu ersehen ist.

Alle Wanten werden so gekappt, daß die Tampen bereits bis an die Oberkante der untersten Jungfern reichen. Zum Einbändseln der Jungfern benötigt man allerdings 2 1/2 Fuß zwi-

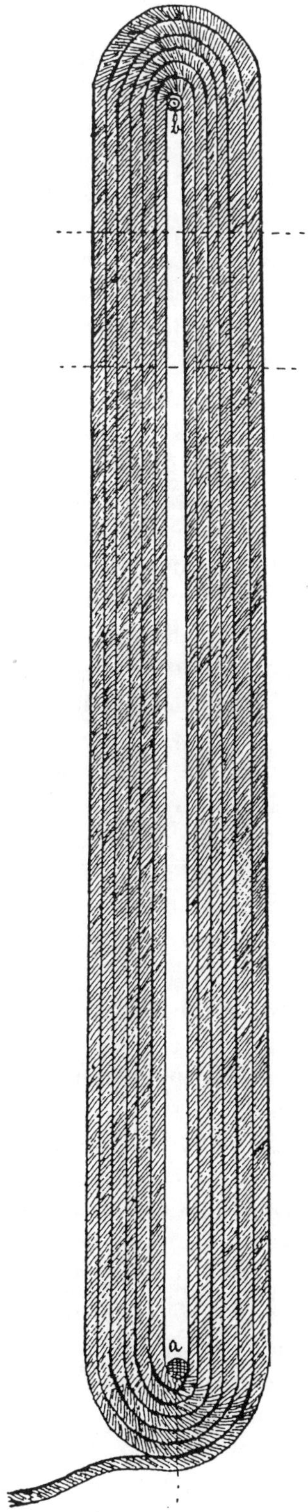

Fig. 348.

schen der Unterkante der oberen Jungfer und der Oberkante der unteren Jungfer. Die Taljereeps werden 3 Fuß länger an jedem Part, was bei 6 Parten 18 Fuß plus Tampen zum Festsetzen ausmacht. Benutzt man eisenbeschlagene Jungfern oder Wantschrauben, kann man alle Wanten 1/2 Fuß kürzer machen, weil man höchstens 2 bis 2 1/2 Fuß Tampen zum Einbinden des Tampens um das Herz benötigt.

NB. Wenn man während der ganzen Zeit darauf achtet, daß die Markierungen in den Wantaugen oder am Tampen nicht verschwinden, läßt sich beim Aufhängen des Riggs an den Mast leicht wieder herausfinden, was nach vorn und was nach achtern gehört.

Zu der Zeit, als das ganze Rigg aus Tauwerk bestand, gab es eine einfachere Methode, das Rigg auf die richtige Länge zu schneiden. Wenn man das erste Want vermessen hatte, rammte man einen kräftigen Pfahl a in die Erde (Sampson post). Von a (Fig. 348) wurde die Länge des vordersten Wantes gespannt. An dessen Ende wurde gleichfalls ein kräftiger Pfahl b in die Erde geschlagen. Die Wanttrossen mußten vorher gut gestreckt werden. Der eine Tampen wurde bei a befestigt und die Trosse in Buchten um die beiden Pfähle gelegt. Die Anzahl der Buchten richtete sich nach der Anzahl der benötigten Want-Paare. Daß die Buchten bei a größer wurden, entsprach der Notwendigkeit, daß die achteren Wanten länger sein müssen als die vorderen. Bei b wurden die Buchten länger, was deshalb erforderlich war, weil die Wanten am Masttop übereinanderliegen. Bevor die Buchten aufgeschnitten wurden, markierte man die Stelle für das Herzbändsel, indem man ein Garn, welches 1 1/4mal die Länge des Umfanges des Masttops hatte, um den Pfahl b legte, so daß beide Tampen gleichlang wurden; auf die Tampen wurde am Ende querüber eine Markierung für das Herzbändsel gesetzt. 4 bis 6 Fuß weiter unten wurde außerdem die Stelle markiert, bis wohin gekleidet werden sollte. Zum Schluß wurden alle Buchten auf einer Linie, die von a gezogen wurde, gekappt. Die innerste Bucht bildete das Paar auf der Steuerbordseite (ein Knoten), die folgende Bucht bildete das vordere Paar auf der Backbordseite (Markierung: zwei Knoten), die dritte Bucht wurde zum zweiten Paar an Steuerbord (Markierung: drei Knoten) und so weiter.

Diese Methode ist leider recht unzuverlässig.

Außerdem kommt es den professionellen Taklern auf 1/2 Zoll mehr oder weniger nicht an. Wenn das Want zu lang ist, drehen sie einige Törns ein, ist es zu kurz, drehen sie einige heraus. Auf diese Weise sieht ihre Arbeit präziser aus, als sie in Wirklichkeit ist.

- Wenn man fürchten muß, daß die Jungfern beim Bändseln nicht auf die gleiche Höhe kommen, kann man auch die Wanten fertig kleiden, das Herzbändsel umlegen und die Wanten aufhängen. Dann streckt man die Taljereepstrossen, kappt die Taljereeps auf gleiche Länge und schert sie ein, so daß der Abstand zwischen jedem Paar Jungfern gleich ist. Dann setzt man eine kräftige Talje mit Läuferblöcken zu jeder Seite auf den Masttop, schert das Want oder das Herz um die Jungfern und setzt die Talje auf den Tampen. Dann holt man die beiden Seiten steif, achtet aber darauf, daß der Mast gerade steht, das Fockstag angesetzt ist und die Wantaugen so um den Masttop liegen, wie sie wollen, bevor die Bändsel auf die Tampen gesetzt werden. Auf diese Weise lassen sich Irrtümer vermeiden. Will man ganz sichergehen und scheut das Vergeuden von Material nicht, kann man alle Wanten ein wenig länger zuschneiden und den überflüssigen Tampen kappen, wenn die Jungfern eingebändselt sind.

Die Länge des Fockstags mißt man folgendermaßen: Das Ende eines Garnes wird auf der Mitte der Achterkante des Mastes, oben über den Wanten, festgehalten oder, wenn sich auf der Achterkante eine Klappe für das Fockstag befindet, wird das Ende um diese gelegt. Dann wird das Garn über die vordere Quersaling (unter der Vorderkante des Marses) nach unten zu

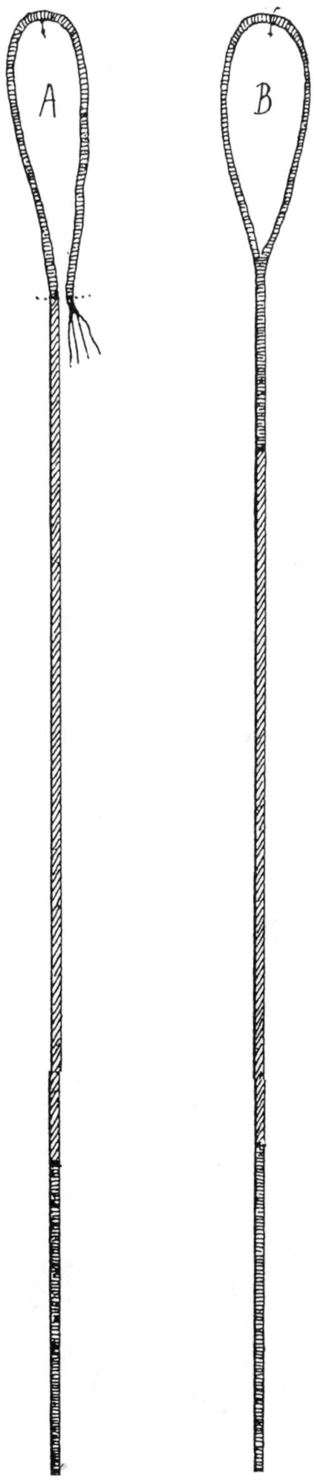

Fig. 349.

der Stelle am Steven oder an der Sprietzurring genommen, wo das Stag befestigt werden soll, und setzt dort eine Markierung auf das Garn. Soll das Stag mit einem Auge versehen werden, um es über den Masttop zu streifen, addiert man die Höhe des Masttops von der Längssaling bis zum Eselshaupt plus des Tampen für einen Augspleiß zur Länge hinzu und verlängert das untere Ende man um 3 Fuß, um genügend Tampen zum Ansetzen und Einbändseln des Stags zu haben.

Man kappt das Stag, indem man zuerst drei Fuß für den Tampen nimmt und von da ab bis zur Mitte des Auges im Stag mißt. Diese Stelle wird mit einem Knoten markiert (Fig. 349 A); dann mißt man ein Stück ab, das ungefähr der Höhe des Tops entspricht, circa 9 Fuß plus 1 1/2 Fuß Tampen zum Spleißen, und kappt das Stag an dieser Stelle.

Das Fockstag wird folgendermaßen bearbeitet: Zuerst spannt man das Stag, schmartet und kleidet ein Stück zu beiden Seiten der Mitte des Stagauges (ungefähr der Länge des Masttops entsprechend). Man legt die Schmarting von beiden Seiten zur Mitte des Stagauges. Das untere Ende wird mindestens ein paar Faden das Stag hinauf geschmartet und gekleidet. Wenn das Auge gekleidet ist, wird es mit einem gewöhnlichen Augspleiß gespleißt. Danach kleidet man das Stag ein paar Faden unter dem Auge bis nach oben über den Spleiß. Fig. 349 B zeigt das fertige Stag.

Der Nachteil eines Stagauges ist der, daß das ganze Rigg bis hin zu Mars und Unterwanten heruntergenommen werden muß, damit man das Auge über das Top legen kann.

Man fertigt das Stag daher öfter auf die Art, wie sie auf Fig. 350 zu sehen ist. Diese Methode erlaubt, das Stag zu jeder Zeit herunterzunehmen und wieder aufzusetzen, ohne daß man das übrige Rigg bewegen muß. Das Stag wird folgendermaßen vermessen: Für den unteren Tampen rechnet man drei Fuß und mißt von dort aus bis zur Mitte des Auges, markiert die Stelle, rechnet 1 1/2 Fuß Tampen für den Augspleiß hinzu und kappt das Stück. Dann mißt man ein zweites Stück ab; so lang wie die Höhe des Masttops plus circa drei Fuß Tam-

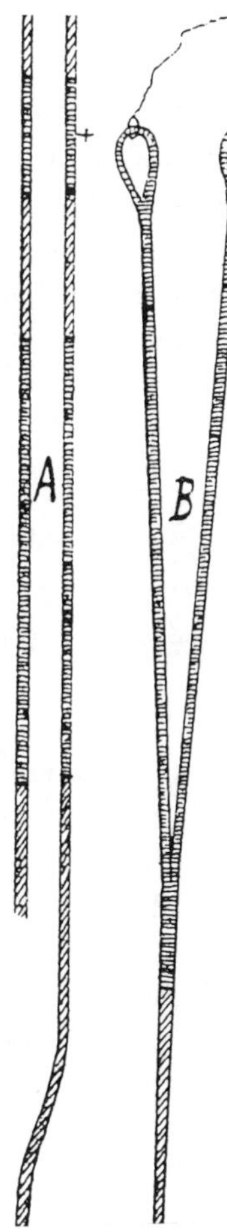

Fig. 350.

pen für zwei Augsplissungen. Beide oberen Tampen werden auf einem Fuß Länge bekleidet, so daß ein Fuß vom Tampen zum Spleißen übrigbleibt. Wenn man mit dem Kleiden fertig ist, werden die beiden Augen gespleißt, von denen jedes 6 Zoll lang wird (Fig. 350 B). Danach werden, bei den Augen beginnend, sowohl das Stag als auch die beiden Schenkel auf der Länge von der Höhe des Masttops gekleidet. Der zweite Tampen des Schenkels wird unten mit 1 1/2 Fuß Tampen eingespleißt. Dabei muß darauf geachtet werden, daß beide Augen auf gleicher Höhe sind, damit sie auf der Achterkante des Mastes zusammentreffen, wo sie mit einem guten Tampen zusammengezurrt werden. Das Stag wird mindestens ein paar Faden vom Schenkel des Stagauges an abwärts und der Tampen des Stages mindestens ein paar Faden nach oben gekleidet.

Hanfstage werden meistens gänzlich getrenst. Stahldraht hingegen nicht.

Auf größeren Schiffen fährt man ein doppeltes Fockstag. Es muß zweimal so lang plus drei Fuß für jeden der zwei Tampen gekappt werden. Das Stag wird 4 bis 5 Faden auf jedem Tampen beschmartet und gekleidet und genausoviel zu jeder Seite von der Mitte des Stages. Wenn das Stag nach oben genommen werden soll, legt man den einen Tampen um den Masttop, dort, wo das Stag stehen soll, und wenn beide Tampen gleich lang sind, setzt man ein gutes doppeltes Herzbändsel um beide Parten, 3 bis 4 Fuß vor die Mars - das Stag ist fertig zum Ansetzen.

Ist das Fockstag an Jungfern und Taljereep oder Wantschrauben fest, muß es beim Kappen berücksichtigt werden. Es ist auf jeden Fall einfacher, wenn das Stag zu lang als wenn es zu kurz ist.

Um das vorher Beschriebene besser verstehen zu können, wurden zwei Beispiele ausgesucht: einmal das Kappen und Herstellen des Riggs für eine Bark und zum anderen für einen Schoner.

Das Vermessen des Riggs unter Anwendung des Takelrisses

Das stehende Gut einer Bark

Der Takelriß einer Bark auf den Abb. 333 und 351 ist so komplett wiedergegeben, daß man danach ein vollständiges Rigg erstellen kann. Je größer die Zeichnung ist, desto leichter lassen sich Fehler vermeiden. Takelrisse für große Schiffe werden daher oft so groß gezeichnet, daß 1/8 Zoll auf der Zeichnung einem Fuß des Originals entspricht. Die Zeichnungen für kleinere Schiffe werden im Maßstab 1/4 Zoll zu einem Fuß gefertigt.

Da die Wiedergabe einer großen Zeichnung sehr teuer ist, werden alle Zeichnungen in der Größe reduziert und in einem Maßstab wiedergegeben, der der Einheit Fuß entspricht. Man braucht daher zum Ausmessen nur einen Zirkel.

Auf fast allen Schiffen findet man eine Segelzeichnung. Darauf kann man die Position der Jungfern bestimmen und Linien für alle Wanten und Pardunen bis hinunter zu den Jungfern ziehen.

Wie läßt sich die Länge des **Fockwantes** nach einem Takelriß errechnen? (Fig. 351 A). Man mißt die Länge des vorderen Wantes von der Oberkante Mars bei C nach unten bis

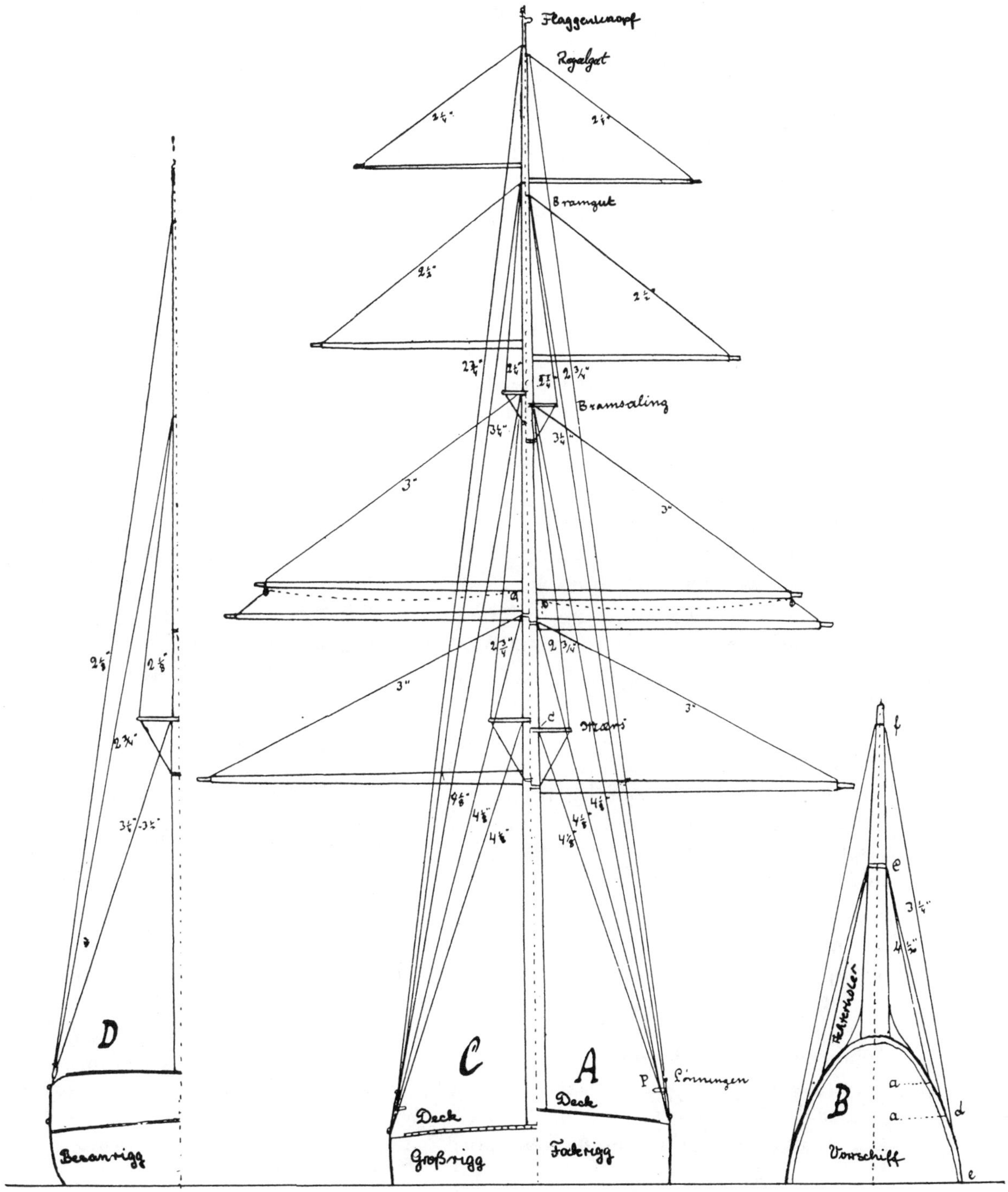

Fig. 351. Takelriß einer Bark

zur unteren Jungfer oder bis zum untersten Zapfen der Wantschrauben bei P. Das macht 46 Fuß aus. Nun mißt man die Länge des vordersten Wantes auf der Zeichnung (Fig. 333 wird in diesem Fall als Segelzeichnung betrachtet): 44 Fuß. Jedes Want muß also zwei Fuß länger sein als auf der Segelzeichnung, weil sie bis zur Reling herausgenommen werden. Es wird von der Oberkante des Mars gemessen, da die Oberkanten der Wantauflagen normalerweise mit der Oberkante des Mars auf gleicher Höhe sind. Dann wird die Länge der Wanten auf Fig. 333 gemessen.

Das vorderste Want an Steuerbord			44 Fuß	– Zoll	und	2 Fuß =	46 Fuß	2 Zoll.		
Nr. 2	—	-	—	44 -	2	- +	2 -	46	- 2	-
Nr. 3	—	-	—	44 -	$5^{1}/_{2}$	- +	2 -	46	- $5^{1}/_{2}$	-
Nr. 4	—	-	—	44 -	$10^{1}/_{2}$	- +	2 -	46	- $10^{1}/_{2}$	-
Nr. 5	—	-	—	45 -	4	- +	2 -	47	- 4	-
das Achterste	—	-	—	46 -	»	- +	2 -	48	- »	-

Zum Schluß mißt man den Umfang des Masttops über den Wantauflagen: 4 Fuß 6 Zoll. Jetzt sind alle Maße beisammen und man kann ausrechnen, wie lang man jedes einzelne Paar kappen muß.

Vorderstes Want an Steuerbord .... 46 Fuß – Zoll
Zweites Want an Steuerbord .... 46 Fuß 2 Zoll
Mastumfang über den Wantauflagen .... 4 Fuß 6 Zoll
Kappe für das vorderste Wantpaar an Steuerbord .... 96 Fuß 8 Zoll
und markiere es mit einem Knoten

Plus zweimal den Wantdurchmesser 1 1/4" .... – Fuß 2 1/2 Zoll
Das gibt an, wieviel für das vorderste Wantpaar an Backbord gekappt werden muß
.... 96 Fuß 10 1/2 Zoll
Markiere mit 2 Knoten.

Drittes Want an Steuerbord .... 46 Fuß 5 1/2 Zoll
Viertes Want an Steuerbord .... 46 Fuß 10 1/2 Zoll
Mastumfang an den Wantauflagen .... 4 Fuß 6 Zoll
4 mal die Wantstärke, Umfang 4", Durchm. 1 1/4" = ... - Fuß 5 Zoll
Kappe für das zweite Paar an Steuerbord .... 98 Fuß 3 Zoll
und markiere es mit 3 Knoten.

Zweites Paar an Steuerbord .... 98 Fuß 3 Zoll
+ noch zweimal Wantdurchmesser 2 1/2 Zoll ergibt die Länge, die bis zum zweiten Wantpaar an Backbord gekappt werden soll .... 98 Fuß 5 1/2 Zoll
Markiere es mit 4 Knoten.
Fünftes Want an Steuerbord .... 47 Fuß 4 Zoll
Achterstes Want an Steuerbord .... 48 Fuß - Zoll
Mastumfang an den Wantauflagen .... 4 Fuß 6 Zoll
achtmal Wantdurchmesser .... – Fuß 10 Zoll
Länge des achtersten Paares an Steuerbord .... 100 Fuß 8 Zoll
Markiere es mit 5 Knoten.

Plus zweimal den Wantdurchmesser .... 2 1/2 Zoll
Für das achterste Paar an backbord muß gekappt werden ...... 100 Fuß 10 1/2 Zoll
Markiere es mit 6 Knoten.

Die Wanten werden gekleidet, die Wantaugen gefertigt und der Tampen wie auf Fig. 343 gezeigt, eingebändselt.

Das vorderste Want wird auf jeder Seite ganz gekleidet, da die Fock bei Windstille an das Lee-Want schlagen kann.

Toppardunen am Fockmast. Miß das Fockwant auf Fig. 333 von der
Reling bis zum Eselshaupt, wo die Pardune fest ist .... 56 Fuß 2 Zoll
Miß dann vom Eselshaupt an der Pardune entlang bis zur Reling... .... 58 Fuß 7 Zoll
Der Abstand nach achtern beträgt.................. 2 Fuß 5 Zoll
Miß auf dem Takelriß, wie lang die Pardune dort ist.......... 58 Fuß 6 Zoll
Den Abstand nach achtern rechnet man hinzu............ 2 Fuß 5 Zoll
Jede der beiden Toppardunen wird gekappt auf die Länge von.... .... 60 Fuß 11 Zoll

Die Pardune wird oben auf der Länge eines halben Fadens gekleidet, dann setzt man eine Klemme darauf (siehe Fig. 352 C) und schäkelt sie in einem Augbolzen fest, der an der Seite des Eselshauptes sitzt.

Die Klemmen werden erst aufgesetzt, nachdem die Tampen gekleidet sind. Die Klemmen selbst sind geschmiedet und haben auf jeder Seite drei - vier Löcher, die gleichmäßig zwei und zwei angeordnet sind. Die Tampen der Pardunen werden zwischen die Klemmen gesteckt. Dann schlägt man einen spitzen Nietnagel in jedes Loch. Sowohl durch die Pardune als auch durch die Löcher. Der Nietnagel wird durchgeschlagen, so daß das Ende 1/4 Zoll aus dem Loch herausragt. Dann vernietet man die Köpfe auf beiden Seiten. In der Regel ist es notwendig, erst eine Oeffnung mit einem Durchschlag zu machen, um den Nietnagel überhaupt einsetzen zu können.

Hat man keinen Durchschlag zur Verfügung, kann man mit einem Bohrer (Nagelbohrer) ein Loch für den Nagel bohren. Um dem Ungeübten das Nieten zu erleichtern, kann man die Klemmen mit einer Bändselschraube fest um die Pardune schrauben. Besonders bei Stahldraht müssen sowohl der Durchschlag als auch der Nietnagel sehr spitz sein, um sich einen Weg durch die Garne bahnen zu können. Die Klemmen sehen gut aus und sind solide. Es gehört allerdings ein Teil Uebung dazu, sie ordentlich aufzusetzen, besonders wenn man es mit Stahldraht zu tun hat. Daher ziehen viele es vor, oben eine Kausche einzusetzen, um die Pardune darin festzuschäkeln. In diesem Fall muß jede der Pardunen für den Spleiß 1 1/2 Fuß länger sein. Unten werden die Pardunen gekleidet und genauso behandelt wie die Wanten.

Vordere Stengepardunen (Fig. 333). Miß von der Oberkante der Stengesaling am Mast entlang hinunter bis zur Reling:
Das Meßergebnis lautet .... 84 Fuß 4 Zoll
Miß dann auf Fig. 351 A die Länge von der Oberkante der Längssaling bis hinunter zur Reling .... 85 Fuß 3 Zoll
Jede Pardune muß also .... 11 Zoll
länger sein, als auf der Segelzeichnung.
Die vorderste Pardune nach der Segelzeichnung
86 Fuß 3 Zoll + 11 Zoll = ... 87 Fuß 2 Zoll

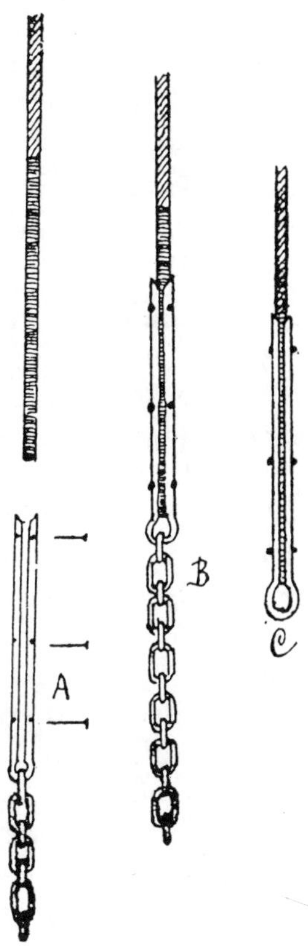

Fig. 352.

Die zweite Pardune 87 Fuß 9 Zoll + 11 Zoll = ... 88 Fuß 8 Zoll
Die achterste Pardune 88 Fuß 3 Zoll + 11 Zoll = ... 89 Fuß 2 Zoll

Das Top der Marsstenge hat direkt über der Stengesaling einen Umfang von drei Fuß und die Pardunen sind genauso stark wie Wanten. Da es drei Stück davon gibt, muß einer von ihnen einfach sein, und das ist meistens das vordere. Man kann am Top einen Kunstspleiß auf die vorderen Pardunen an Backbord und Steuerbord setzen. Man begnügt sich allerdings meist mit einem Augspleiß, der gerade groß genug ist, um über das Top der Stenge und herunter auf seinen Platz gestreift zu werden. Beim Kappen wurde an die letzte Methode gedacht.

Die vordere Stengepardune an Steuerbord ist lang .... 87 Fuß 2 Zoll
Der Umfang der Stenge an der Wantauflage .... 3 Fuß – Zoll
Vom Tampen bis zum Augspleiß sind es .... 1 Fuß 6 Zoll
Insgesamt muß für die vordere Stengepardune an Steuerbord folgende Länge gekappt werden: .... 91 Fuß 8 Zoll
Markiere mit einem Knoten.

Plus zweimal den Umfang der Pardune .... 2 1/2 Zoll
Die Länge der vorderen Stengepardune an Backbord .... 91 Fuß 10 1/2 Zoll
Markierung: 2 Knoten

Zweite Stengepardune an Steuerbord .... 88 Fuß 8 Zoll
Achtere Stengepardune .... 89 Fuß 2 Zoll
Umfang des Stengegutes .... 3 Fuß - Zoll
viermal den Durchmesser der Pardunen 1 1/4" = ... 5 Zoll
Gesamtlänge der achteren Pardunen an Steuerbord .... 181 Fuß 3 Zoll
Markierung: 3 Knoten

Plus zweimal den Pardunendurchmesser 1/2 Zoll ergibt
die Länge des achteren Paar Pardunen an backbord .... 181 Fuß 5 1/2 Zoll
Markierung: 4 Knoten

Die vorderen Pardunen werden gut drei Fuß im Auge gekleidet, bevor es mit den 1 1/2 Fuß Tampen gespleißt wird. Der Spleiß wird zwei bis drei Fuß unterhalb des Auges gekleidet. Außerdem kleidet man die unteren Tampen der Pardunen genausoweit wie die Wanten und bändselt entweder eine Wantschraube oder eine Jungfer ein.

Das achterste Paar wird circa 8 Fuß zu beiden Seiten der Mitte gekleidet. Genauso wie in die Unterwanten werden auch in die Pardunen Wantaugen gearbeitet. Bevor allerdings das Herzbändsel aufgesetzt wird, muß man dafür sorgen, daß die achterste Pardune 4 Zoll länger ist als die folgende. Die Jungfern werden genauso wie beim Want eingebändselt, und das Stück, um welches die Pardune kürzer wird, wird durch eine Wantschraube oder ein Taljereep ausgeglichen.

Stengewant im Vortop. Miß von der Oberkante der Stengesaling hinunter zur Außenkante des Mars (Fig. 351 A). Auch hier gibt es drei, daher sind die vorderen auf jeder Seite einzeln und mit einem Auge versehen, das um das Top gelegt wird.

Vorderes Stengewant an Steuerbord .... 40 Fuß 6 Zoll
Umfang des Stengegutes .... 3 Fuß – Zoll
Tampen für den Augspleiß .... 1 Fuß – Zoll

*) Bei den Tampenlängen zum Spleißen handelt es sich um Mindestmaße - das Spleißen wird leichter, wenn man die Tampen um einen Fuß verlängert.

Länge für das vordere Stengewant an Steuerbord .... 44 Fuß 6 Zoll
Markierung: 1 Knoten

Plus zweimal die Wantdicke, Umfang 2 3/4", Durchm. 1" .... 2 Zoll
Länge für das vordere Stengewant an Backbord .... 44 Fuß 8 Zoll
Markierung: 2 Knoten

Zweites Stengewant an Steuerbord .... 40 Fuß 6 Zoll
Drittes Stengewant an Steuerbord .... 40 Fuß 6 Zoll
Umfang des Stengegutes .... 3 Fuß – Zoll
Viermal Wantdicke, Durchm.1" .... 4 Zoll
Länge für das achtere Paar Stengewanten an Steuerbord .... 84 Fuß 4 Zoll
Markierung 3 Knoten

Plus zweimal die Wantdicke .... 2 Zoll
Länge für das achtere Spann-Stengewant an Backbord .... 84 Fuß 6 Zoll
Markierung 4 Knoten

Die beiden vorderen Wanten werden oben drei Fuß gekleidet, bevor man ein Auge einspleißt, das um den Top gelegt wird. Dieses Auge sollte nicht größer werden als unbedingt nötig. Alle Stengewanten werden ganz und gar gekleidet, und an allen Tampen werden Jungfern oder Wantschrauben gebändselt. Das achterste Paar jeder Seite wird oben mit einem Wantauge gebändselt.

Vor - Bramwant. Auf jeder Seite mißt man vom Bramgut nach unten zu den Außenenden der Püttingswanten, wo sie an die Brampüttingeisen gesetzt werden.

Aus diesem Grund sind die unteren Enden der Bramwanten um eine Kausche oder Jungfer gespleißt. Am oberen Ende der Püttingeisen findet sich eine gleiche Kausche oder Jungfer. An Bramwanten findet man nur selten Wantschrauben. Meist sind sie ganz gekleidet und liegen mit einem Wantauge um die Bramstenge, wo eine Verdickung sie am Herunterrutschen hindert. Das Auge muß trotzdem genau passend gemacht werden. Wenn es zu groß ist, kann es über den ganzen Kranz und die Stenge rutschen.

Püttingschienen oder -eisen sind Eisenstangen, die am Püttingsband befestigt sind und nach oben zu den Salinghörnern oder den Außenkanten des Mars laufen.

Das Maß des vorderen Bramwantes war (Fig. 351 A) .... 26 Fuß - Zoll
dto. des achteren .... 26 Fuß – Zoll
Umfang der Stenge über der Wantauflage .... 2 Fuß 6 Zoll
Zuschnitt für das Paar Bramwanten an Steuerbord .... 54 Fuß 6 Zoll
Markierung: 1 Knoten

Plus zweimal die Wantdicke .... 2 Zoll
Zuschnitt für das Paar Bramwanten an Backbord .... 54 Fuß – Zoll
Markierung: 2 Knoten

Früher machten Stenge- und Bramwant die wesentlichen Stützen der Stenge aus. Beim Einsetzen ging man daher besonders sorgsam vor. Seit man aber dazu übergegangen ist, Masten und Stenge niedriger, dafür Rahsegel breiter und Rahen länger zu machen, muß man in der Regel meistens das vordere Stenge-oder Bramwant auf jeder Seite leicht fieren, um die Rahen auf Am-Wind-Kurs brassen zu können.

Heutzutage dienen die Stenge- und Bramwanten auf den meisten Schiffen der Mannschaft fast ausschließlich als Leiter.

Vor-Brampardunen

Die Länge am Mast entlang zum Bramgut (Fig. 333) .... 111 Fuß – Zoll
Vom Bramgut hinunter zur Reling (auf dem Takelriß) .... 111 Fuß 2 Zoll

Der Abstand zu den Seiten macht also nur .... 2 Zoll
mehr aus, als auf der Segelzeichnung angegeben (Fig. 333)

Vordere Brampardune 114 Fuß 6 Zoll + 2 Zoll= .... 114 Fuß 8 Zoll
Achtere Brampardune 115 Fuß + 2 Zoll = ... 115 Fuß 2 Zoll
Umfang der Stenge .... 2 Fuß 6 Zoll
Für das Paar Pardunen an Steuerbord kappt man .... 232 Fuß 4 Zoll
Markierung: 1 Knoten

plus zweimal den Durchmesser der Pardunen .... 2 Zoll
Für die backbord Brampardunen muß gekappt werden .... 232 Fuß 6 Zoll
Markierung: 2 Knoten

Die Pardunen werden circa 3 Fuß an jeder Seite des Auges gekleidet. Das muß so gemacht werden, damit es gerade um die Stage paßt. Bevor das Herzbändsel aufgesetzt wird, ist es ratsam, zu prüfen, ob die achtere Pardune auch wirklich 6 Fuß länger ist als die vordere. Die Tampen werden auch einige Faden gekleidet, bevor die Jungfern oder Wantschrauben eingebändselt werden. Der benutzte Tampen gibt Reck für das Taljereep oder die Wantschraube. Die Pardunen werden in Kerben auf den Auslegern der Stengesaling gelegt. Es ist daher am besten, die Pardunen an den Stellen, an denen sie in den Kerben liegen, zu beiden Seiten ein paar Fuß zu kleiden. Das kann unmittelbar dann gemacht werden, wenn man die Bramstenge vom Bramgut aus nach unten zum Gat am Fuß der Stenge bis zum Schloßholz mißt, dann dieses Maß von der Unterkante des Auges an auf den Pardunen absetzt und diese von da ab 4 Fuß nach unten kleidet. Man kann ebensogut die zu kleidende Länge auf der Segelzeichnung nachmessen.

Vor-Oberbrampardunen

Die Entfernung von der Reling, den Mast
entlang zur Oberbramstenge (Fig. 333) .... 127 Fuß 10 Zoll
Auf Fig. 351 A beträgt die Entfernung der
Oberbramstenge zur Reling .... 127 Fuß 11 Zoll
Für das Spreizen rechnet man .... 1 Zoll
Die Pardune ist auf der Segelzeichnung 131 Fuß 10 Zoll
+ 1 Zoll lang = ... 131 Fuß 11 Zoll
Umfang der Stenge an der Auflage .... 1 Fuß 10 Zoll
Tampen für den Augspleiß .... 1 Fuß -- Zoll
Länge der Vor-Oberbrampardune an Steuerbord .... 134 Fuß 9 Zoll
Markierung: 1 Knoten

Die Vor-Oberbrampardune an Backbord ist 2 Zoll länger = ... 134 Fuß 11 Zoll
Markiere mit 2 Knoten

Die Vor-Oberbrampardunen werden gefertigt und gekleidet wie die Brampardunen.
Das **Fockstag** wird doppelt genommen. Miß auf Fig. 333 von der Achterkante des Mastes am Stag entlang bis zu der Stelle,
wo es an der Back fest ist = 70 Fuß 4 Zoll x 2 = ... 140 Fuß 8 Zoll
2 Tampen a 3 Fuß zum Einbinden .... 6 Zoll
Zuschnitt für das ganze Stag .... 146 Fuß 8 Zoll

Das Fockstag wird so hergestellt, wie es in dem Abschnitt **„Das Kappen des Riggs"** beschrieben wird. Markierung: 1 Knoten.

Das **Vor-Stengestag** ist ebenfalls doppelt. Die Tampen laufen jeder für sich um den Bugspriet und werden oberhalb des Bugspriets an ihren Gegenpart gebändselt. Beide Parten des Stags sind wieder mit einem doppelten Bändsel ein paar Fuß über dem Bugspriet und mit einem Herzbändsel einige Fuß vor der Stengesaling zusammengezeist. Die Länge des Stages wird von der Unterkante des Spriets am Stag entlang nach oben bis zur Achterkante der Stenge über der vorderen Quersaling gemessen = 108 Fuß 6 Zoll x 2 = ... 217 Fuß
2 Tampen zum Ansetzen am Spriet a 6 Fuß = ... 12 Fuß
Das Stag wird auf beiden Tampen und um das Top gekleidet,
es ist insgesamt .... 229 Fuß lang.
Markierung: 2 Knoten

Das **Binnenklüverstag** ist einfach und läuft durch einen Eisenblock an der Oberkante des Klüverbaumes nach innen und wird mit einer Zurring an den Judasohren befestigt (Fig. 333). Um das Top liegt ein Stagauge. Die Länge mißt man von der Achterkante der Stenge oberhalb des Stagsegelleiters hinunter zum Eisenblock und von diesem am Baum entlang zu den
Judasohren, das entspricht .... 131 Fuß.
Die Höhe der Marsstenge vom Eselshaupt hinunter zur Stengesaling .... 4 Fuß
Tampen zum Spleißen des Stagauges .... 1 Fuß
Für das Binnenklüverstag benötigt man eine Länge von .... 136 Fuß

Das 4 Fuß lange Stagauge wird gekleidet, außerdem der Spleiß circa 3 Fuß nach unten. Weiterhin kleidet man die Stelle, wo das Stag am Eisenblock stehen wird, samt einer Fadenlänge des Tampens. In den Stagtampen wird nicht hineingebändselt, bevor dieses nicht durch den Eisenblock geschoren und angesetzt wurde. Markierung: 3 Knoten.

Das **Außenklüverstag** führt ebenfalls durch einen Block am Baum an die Judasohren, wo es mit einer Zurring festgesetzt wird.
Miß vom Achterende der Stenge über den Binnenklüverleiter
hinunter zum Block .... 118 Fuß 6 Zoll
Von da aus am Baum entlang .... 36 Fuß 6 Zoll
Tampen für das halbe Stagauge .... 4 Fuß – Zoll
Für den Augspleiß .... 1 Fuß – Zoll
Das Stag wird in folgender Länge gekappt .... 160 Fuß – Zoll
Es wird mit 4 Knoten markiert und wie oben beschrieben gefertigt.

Das **Vor-Bramstag** oder das Jagerstag führt durch ein blindes Scheibengatt im Jagerbaum, hinunter durch eine Lippklampe auf dem Stampfstock und an die Judasohren, wo es mit einem Taljereep angesetzt wird.
Miß von der Vorderkante des Bramgutes am Stag entlang hinunter zur Unterkante
des Scheibengatts .... 135 Fuß 5 Zoll
Dann von der Scheibenunterkante zu der Lippklampe am Stampfstock 15 Fuß – Zoll
Danach vom Stampfstock bis zu den Judasohren .... 26 Fuß – Zoll
Der Umfang der Stenge .... 2 Fuß 6 Zoll
Der Tampen für das Stagauge .... 1 Fuß – Zoll
Insgesamt .... 179 Fuß 11 Zoll

Das Stagauge wird gekleidet, bevor man es spleißt. Es muß darauf geachtet werden, das

Auge nur so groß zu machen, daß es gerade über die Stenge paßt. Die Markierung im Auge besteht aus einem Garn mit 5 Knoten.

Das **Vor-Oberbramstag** führt ebenfalls durch ein blindes Scheibengatt im Baum und verläuft dann genauso wie das Bramstag, allerdings auf der anderen Seite von Stampfstag und Wasserstag.

Von der Vorkante der Oberbramstenge bis zur Unterkante der Scheibe	148 Fuß 6 Zoll
Von der Unterkante der Scheibe bis in die Lippklampe auf dem Stampfstock	16 Fuß -- Zoll
Vom Stampfstock bis an die Judasohren	26 Fuß -- Zoll
Stengeumfang der Oberbramstenge	1 Fuß 10 Zoll
Tampen zum Spleißen	1 Fuß -- Zoll
Insgesamt:	193 Fuß 4 Zoll

Markierung: 6 Knoten

Die **Wasserstagen** sind aus Ketten und stützen den Bugspriet nach unten ab. Große Schiffe haben in der Regel 2 Stück. Der innere von beiden besteht häufig aus einer einzigen Eisenstange, die mit dem einen Ende am Steven und mit dem anderen an einem starken Band am Bugspriet fest ist. Das äußere Wasserstag ist ebenfalls mit einem Bolzen am Steven, ein wenig unterhalb des ersten, befestigt und läuft dann unter dem Bugspriet nach oben, wo es mit einem Taljereep an einem starken Band um den Bugspriet befestigt ist. Hier beträgt die Länge 22 Fuß, um aber ein wenig Reck zu haben, ist es besser, wenn man das Wasserstag nur 21 Fuß lang macht.

Das **Klüverstag** oder Klüverwasserstag wird nur auf Schiffen gefahren, bei denen Klüverbaum und Bugspriet aus einem Stück sind und wo das Klüverstag sowohl den Vor- als auch den Achterholer ersetzt. Das Klüverstag ist am Steven befestigt und mit einem Taljereep, mit einer Zurring oder Wantschraube an einem starken Band am Klüverbaum angesetzt. Die Länge beträgt hier 37 1/2 Fuß; 36 Fuß sind aber ausreichend, da sonst zu viel zum Durchsetzen bleibt. Das Klüverstag ist aus einer Kette hergestellt.

Der **Vorholer** ist aus einer Kette und verläuft von einem Band am Ende des Stampfstocks nach oben zur Unterkante des Klüverbaumes, wo er in ein Auge am Band geschäkelt wird. Er ist 14 Fuß 7 Zoll lang.

Die **Achterholer** sind an der Achterkante des Stampfstocks fest und führen je zu einer Seite wo sie entweder mit Schrauben oder mit einer Zurring am Bug befestigt sind (Fig. 351 B), meist aber durch ein Gatt geschoren und innenbords mit einem Schloß befestigt werden. In jedem Fall müssen die Tampen 3 bis 4 Fuß länger sein, damit man Taljen an die Ketten schlagen kann. Hier müssen die Tampen 33 Fuß lang sein, da sie nach der Abb. 29 Fuß messen.

Die **Sprietpardunen** stützen den Bugspriet nach den Seiten ab und sind - eine zu jeder Seite - an dem Band befestigt, an dem auch das äußere Wasserstag sitzt. Sie gehen zum Bug, wo sie mit einem starken Bolzen festsitzen. Draußen am Band sind sie mit einer Zurring oder mit Wantschrauben fest. Ihre Länge vom Bolzen bis zum Band beträgt 31 Fuß 8 Zoll (Fig. 333). Danach trägt man die 31 Fuß 8 Zoll auf Fig. 351 B von c (Band) bis a ab, dann zieht man von dort eine gerade Linie d quer hinüber zu a. Bei d sind die Sprietpardunen befestigt und laufen dann in einer Länge von 33 Fuß zum Band. Beide Pardunen werden gleich lang gekappt.

Die **Klüverpardunen** stützen den Klüver zu den Seiten hin ab und gehen vom Band aus zum Bug bei e (Fig. 351 B), wo sie mit einer Zurring oder Kette mit Schloß angesetzt sind. Jede Pardune ist 58 Fuß 2 Zoll lang. Sie werden meist aus Draht gefertigt, und in die Außenenden werden Kauschen gespleißt, womit sie an das Band am Baum geschäkelt werden. An den inneren Enden bändselt man eine Kausch, wenn eine Zurring benutzt wird, oder man setzt eine Kette mit Klemmen auf die Tampen (Fig. 352 A, B).

Das **Großwant** wird genauso behandelt wie das Fockwant. Zuerst mißt man das vordere Want auf Fig. 333 und 351 C; die Differenz **zählt man bei allen Wanten hinzu**, nachdem man das Maß von Fig. 333 zugrunde gelegt hat.

Groß-Toppardunen. Die Länge wird auf Fig. 351 C gemessen. Dann miß man die Länge der Mastlinie vom Eselshaupt hinunter zur Reling. Die Differenz wird zu der Länge, die die Pardune nach der Zeichnung haben soll (Fig. 333), hinzugezählt.

Das **Groß-Stengewant** wird auf Fig. 351 C und 333 gemessen

	- auf die gleiche Weise wie das	**Vor-Stengewant**.
Die Großstengepardunen	wie die	**Vor-Stengepardunen**.
Die Groß-Bramwanten	wie die	**Vor-Bramwanten**.
Die Groß-Brampardunen	wie die	**Vor-Brampardunen**.
Die Groß-Oberbrampardunen	wie die	**Vor-Oberbrampardunen**.

Das **Großstag** ist doppelt. Es liegt auf dem Großrigg über der vordersten Quersaling, führt mit einer Part an jeder Seite des Fockmastes vorbei und ist mit einem Taljereep oder mit Wantschrauben an einem schweren Bolzen an Deck, circa 5 Fuß vor dem Fockmast angesetzt. Man mißt die Achterkante des Großmastes hinunter bis zu dem Bolzen, an den das Stag gesetzt werden soll. Es ist 105 Fuß 6 Zoll lang. Das ganze Stag ist also 211 Fuß lang. Dadurch, daß die Tampen durch das Einbändseln von Jungfern oder Wantschrauben kürzer werden, entsteht Spannung beim Ansetzen. (Siehe auch Fockstag).

Das **Groß-Stengestag** ist ebenfalls doppelt und an einem Bolzen an Deck circa 1 1/2 Fuß vor dem Großstag befestigt. Man mißt von der Achterkante der Marsstenge oberhalb der Stengepardunen über die vordere Quersaling bis hinunter an die Bolzen an Deck vor dem Fockmast 132 Fuß 9 Zoll. Multipliziert mit 2 erhält man 265 Fuß 6 Zoll. Soviel muß mindestens für das ganze Stag gekappt werden.

Sowohl das Großstag als auch das Groß-Stengestag werden kurz hinter dem Fockmast zusammengezeist, weil sich sonst keine Lägel um beide Parten legen lassen.[153]

Das **Groß-Bramstag** führt vom Groß-Bramgut (Wantauflage) hinunter zu einer Rolle an der Achterkante des Püttingbandes vom Fockmast und von dort an der Achterkante des Mastes weiter an Deck, wo es mit einem Taljereep an einer Jungfer angesetzt wird.

Mißt man die genannte Länge, ergibt sich	153 Fuß 9 Zoll
Dazu zählt man den Umfang der Bramstenge an der Auflage	2 Fuß 6 Zoll
Tampen für den Augspleiß	1 Fuß – Zoll
Für das Bramstag werden gekappt	157 Fuß 3 Zoll

Oben spleißt man ein Auge hinein, welches um die Bramstenge paßt. Dann kleidet man das Auge bis 2 Fuß darunter. Ist das Stag an seinem Platz und über die Rolle geschoren, wird es außerdem zu beiden Seiten der Rolle eine Fadenlänge am Tampen hinunter gekleidet, wo dann ebenfalls eine Jungfer eingebändselt wird.

Das **Groß-Oberbramstag** führt von der Groß-Oberbramstenge über eine Rolle am Fock-Eselshaupt hinunter und ist mit einem Taljereep an einer Jungfer am Mars angesetzt.

Das Maß von der Vorderkante der Oberbramstenge
hinunter zu den Rollen .... 113 Fuß 4 Zoll
Von dort hinunter zu der Jungfer am Mars .... 11 Fuß 4 Zoll
Der Umfang der Oberbramstenge an der Auflage .... 1 Fuß 10 Zoll
Tampen für den Augspleiß .... 1 Fuß – Zoll
Für das Oberbramstag werden gekappt .... 127 Fuß 6 Zoll

Oben wird ein Auge gespleißt, das um die Oberbramstenge paßt, und unten wird das Stag bis circa 2 Fuß oberhalb der Rollen gekleidet. Die Jungfern werden erst in das Stag gebändselt, wenn es aufgelegt und über die Rolle geschoren wurde.

Besanwant. Die Länge des vorderen Wantes findet man auf Fig. 351 D .... 47 Fuß.
Die Länge des vorderen Wantes in Fig. 333 .... 45 Fuß.
Um dem Spreizen Rechnung zu tragen, rechnet man für jedes Want .... 2 Fuß hinzu.

Das vordere Want an Steuerbord 45 Fuß + 2 Fuß ergibt .... 47 Fuß – Zoll
Das zweite Want an Steuerbord 45 Fuß + 2 Fuß ergibt .... 47 Fuß – Zoll
Umfang des Mastes über der Auflage .... 4 Fuß – Zoll
Für das vordere Paar Wanten kappt man .... 98 Fuß – Zoll
Markiere mit einem Knoten.

Plus zweimal die Wantdicke .... 2 Zoll
Für das vordere Paar an Backbord kappt man .... 98 Fuß 2 Zoll
Markiere mit 2 Knoten.

Drittes Want an Steuerbord: 44 Fuß 10 Zoll + 2 Fuß ergibt .... 46 Fuß 10 Zoll
Achteres Want an Steuerbord: 44 Fuß 11 Zoll + 2 Fuß = ... 46 Fuß 11 Zoll
Umfang des Mastes an der Wantauflage .... 4 Fuß – Zoll
Viermal die Wantdicke .... 4 Zoll
Für das achtere Paar an Steuerbord kappt man .... 98 Fuß 1 Zoll
Markiere mit 3 Knoten.

Plus zweimal die Wantdicke .... 2 Zoll
ergibt die Länge für achtere Paar an Backbord .... 98 Fuß 3 Zoll
Markierung: 4 Knoten.

Vielleicht hat der Leser bemerkt, daß alle Besanwanten etwa gleich lang sind. Das ist auch bei Gaffelschonern häufig der Fall, weil sie recht hohe Untermasten haben. Man muß sich beim Riggen langsam voranmessen, um keinen Fehler zu machen.

Wenn man ein Bandmaß benutzt, muß man darauf achten, immer die gleiche Seite abzulesen, sonst kann es einem so ergehen wie vor einigen Jahren einem Segelmacher auf einem Vollschiff, der nach oben geschickt wurde, um für ein neues Großsegel Maß zu nehmen. Als das Segel fertig war, zeigte sich, daß es über die Nocken der Großrah hinausragte und bis zur Reling hinunterhing - es war zu groß geworden. Der Fehler wurde schnell herausgefunden. Der Segelmacher hatte die Seite des Bandmaßes benutzt, auf der das Hamburger-Fuß-Maß eingezeichnet war. Das Segel wurde dann aber nach dem gebräuchlichen englischen Maß zugeschnitten, das viel größer ist als das Hamburger.

Besan-Stengepardunen, 6 Stück, 3 auf jeder Seite, Abmessung und Fertigung wie bei der Vor-Stengepardune.

Besan-Brampardunen	2 auf jeder Seite	wie Vor-Brampardune
Besan-Stagwant	2 auf jeder Seite	wie Vor-Stagwant

Die **Focktopnanten** sind Taue, die die Rahen in ihrer waagerechten Stellung halten. Wenn sie dichtgeholt werden, tragen sie außerdem einen Teil des Gewichtes der Rahen. Sie werden folgendermaßen geschoren: an den Seiten des Mastes entlang, durch den Mars auf der Vorderseite der Längssaling, durch starke eisenbeschlagene Blöcke, die an Bolzen auf dem Eselshaupt oder an den Kälbern sitzen, von dort nach außen zu den Nocken der Fockrahen, wo sie entweder mit Schäkeln oder Teufelsklauen (doppelten Haken) an Nockband befestigt sind. Am unteren Ende befindet sich eine Dritthand. Ein doppelter Block (Topnantblock) ist in die Topnanten gespleißt, der einscheibige in einen Augbolzen auf Deck nahe dem Mast. Wie lang ist die Strecke von der Nock der Fockrah zum Eselshaupt und weiter hinunter auf das Deck (Fig. 351 A)? 104 Fuß 2 Zoll. Spleiße eine Kausch oder ein paar Klauen in den einen Tampen der Trosse, aus der der Topnant gemacht wird. Die Dritthand soll circa 12 Fuß lang sein. Um diese Zahl verringert man die 104 Fuß 2 Zoll. Bleiben also 92 Fuß 2 Zoll, vom Ende der Klauen an gemessen. Das Ende wird markiert. Nachdem man einmal den Umfang des doppelten Blocks hinzugerechnet hat, kappt man die Trosse. Beide Topnanten werden gleichlang gekappt, sie werden einmal ganz gekleidet. Von der Unterkante des Mars bis einen Faden hinter den Block am Eselshaupt wird ein zweites Mal gekleidet. Bevor der doppelte Block eingespleißt wird, wird der Tampen durch den Block geschoren, der am Eselshaupt sitzt. Man sollte darauf achten, das Auge um den Block nicht zu klein zu machen, um ihn zur Pflege leichter herausnehmen zu können. Sollte der Block dann nicht richtig festsitzen, kann man oben ein Bändsel aufsetzen. Der untere Block ist meist eisenbeschlagen und hat oben im Beschlag eine Kausch, um den festen Part des Läufers herumzuspleißen. Der Läufer sollte mindestens 4mal so lang sein wie die Talje: 12 x 4 = 48 Fuß. Der Läufer wird um die Kausch gespleißt und **mit** der Sonne geschoren. Wenn der untere Block nicht eisenbeschlagen ist, muß man aus einem Kardeel einen Stropp machen und Kausch mit Klauen oder Haken dort hineinsetzen. Bevor das Nackenbändsel umgelegt wird, spleißt man den festen Part des Läufers mit einem Augenspleiß um den Stropp, da man sonst einen Hundsfott an das Nackenbändsel stecken muß.

Die Maße für die **Groß-Topnanten** findet man auf Fig. 351 C. Die Anfertigung ist genauso wie bei den Focktopnanten.

Die **Vor-Obermarsniederholer** (Fig. 334) stützen die Untermarsrahen und halten sie in der waagerechten Stellung. Sie sind mit Klauen oder Schäkeln in den Nockbändern der Untermarsrahen fest, führen von dort durch eisenbeschlagene Blöcke unter die Nocken der Obermarsrah und an der Unterkante dieser Rahen entlang, durch die vordere der zwei Scheiben des Quarterblocks in der Mitte der Rah (Fig. 334 und Fig. 385). Von hier aus laufen sie weiter durch das vordere Soldatengat im Mars und enden einen Fuß unterhalb des Püttingbandes in einem Klappkläufer, wenn die Obermarsrah geheißt ist.

Miß auf Fig. 334 die Länge von der Nock der Untermarsrah zum Block unter der Nock der Obermarsrah. Weiter an deren Unterkante entlang bis zum Fußblock, von dort nach unten bis einen Fuß unter das Püttingband. Das sind 97 Fuß 6 Zoll. Dazu kommt noch einmal der Umfang des Klappläufers und Tampens für einen Augspleiß auf jedem Ende. In das obere Ende wird eine Kausch mit Klauen oder Schäkel gespleißt. Bevor der Klappläufer eingespleißt wird, schert man den Niederholer durch die zwei Blöcke, die zur Obermarsrah gehören. Beide Spleiße werden mit Schiemannsgarn gekleidet - sonst kleidet man den Niederholer nicht, sei er nun aus Draht oder Tauwerk.

Der Klappläufer ist doppelt so lang wie die Höhe vom Deck hinauf zum Püttingsband, 40 x 2 = 80 Fuß für jeden. In den einen Tampen wird ein Auge zum Festsetzen mit einem Bändsel oder zum Belegen unter einem Koffienagel gespleißt, der andere Tampen wird betakelt. Beide Niederholer sind gleich.

Die **Groß-Marsniederholer** werden genauso vermessen und gefertigt.

Die **Vor-Obermarstopnanten** tragen das Gewicht der Rahen, wenn sie gefiert sind. Außerdem stellen sie die Rahen waagerecht und halten dem starken Zug stand, wenn die Marsniederholer hart gespannt werden. Sie sollen bei schlechtem Wetter die Untermarsrahen entlasten. Es ist daher sehr wichtig, daß die Topnanten kräftig sind und gut passen.

Sind sie zu lang, hängen die Obermarsrahen zu tief. Es könnte schwierig, ja unmöglich für die Mannschaft werden, zwischen die Rahen zu kommen, wenn sie auf den Untermarsrahen arbeiten sollen (Segel an- oder abschlagen, das Untermarssegel los- und festmachen). Sind die Topnanten zu kurz, hängen die Rahen zu hoch und man wird das Unterliek des Obermarssegels nicht an die Rahen bekommen, um das Segel festzumachen. Meist sind die Topnanten daher zum Einschäkeln an den Rahnocken eingerichtet. Oben werden sie an einem Stropp mit einer Zurring angesetzt. Die Zurring kann je nach Wunsch verkürzt oder verlängert werden, so daß man den Abstand zwischen den beiden Marsrahen selbst bestimmen kann. - Auf großen Schiffen findet sich manchmal noch ein Topnant, der ungefähr auf der Mitte der Rah fest ist. Er dient zum Stützen langer Rahen bei schlechtem Wetter. Auf einigen Schiffen gibt es **Topnanten an Untermarsrahen**. Sie sitzen mit dem unteren Ende auf 2/3 der Rah fest und sind mit dem oberen Ende an das vordere Stengewant genäht, so daß die Topnanten unter normalen Umständen locker hängen und erst wirksam werden, wenn die Obermarsniederholer oder Obermarstopnanten brechen. Solche Topnanten geben auch Sicherheit, falls das Rack bricht und verhindern das Fieren der Rah, wenn der Obermarsniederholer einmal aus Unachtsamkeit losgeworfen wurde. Man sollte diese Topnanten daher auf allen Untermars- und Unterbramrahen finden.

Der Stropp um den Top. Man kappt dafür zweimal den Umfang der Marsstenge direkt über der Stengesaling samt zweier Tampen für den Kurzspleiß. Dann dreht man einige Törns heraus und spleißt, schmartet, kleidet und schmartet den Stropp ein zweites Mal. Danach bändselt man ziemlich große, runde Kauschen ohne scharfe Kanten in jedes Ende des Stropps (Fig. 378 und 379).

Die Länge der Topnanten mißt man vom Nockband der Obermarsrah bis hinauf zur Stengesaling (Fig. 351 A) = 40 Fuß. In jedes Ende wird eine Kausch gespleißt; die circa 1 1/2 Fuß, die für das Spleißen gebraucht werden, geben oben Reck für den Spleißtampen. Dieser wird so lang genommen, daß man mindestens 4 Törns durch jede der Kauschen machen kann; einen der Tampen spleißt man in die obere Kausch des Topnanten. Beide Topnanten sind gleich lang; die Spleiße werden auf jeden Fall gekleidet, oft kleidet man die Topnanten auch ganz und gar.

Die **Groß-Obermarstopnanten** werden genauso gefertigt.

Die **Vor-Bramtopnanten** tragen die Bramrah und halten sie waagerecht, wenn die Rah gefiert ist. Sie muß circa 1 1/2 Fuß über dem Eselshaupt hängen.

Man dem Maßnehmen beginnt man an der Oberkante des Bandes draußen auf der Rahnock und geht dann nach oben zur Bramstenge (Fig. 351 A): 32 Fuß 6 Zoll. In jedes Ende wird eine Kausch gespleißt und gekleidet. In die untere Kausch wird ein Schäkel, in die obere eine Zurring gesetzt. Der eine Topnant ist fertig - der andere wird genauso hergestellt. Das Stück, das zum Spleißen benötigt wurde, gibt der Zurring ein Reck von 15 Zoll. Die Maße für den Stropp bekommt man, wenn man den Umfang mit dem Stück Draht oder Tauwerk mißt, mit dem der Stropp gefertigt werden soll. Mißt man nämlich mit einem Garn, muß man dreimal die Tauwerkstärke hinzuzählen, sonst wird der Stropp zu klein. Der Stropp muß mindestens so stark werden wie beide Topnanten. Er wird beschmartet, gekleidet und wieder beschmartet, bevor er fertig ist.

Die Zurring muß mindestens so lang sein, daß durch jede Kausch einige Törns kommen.

Die **Groß-Bramtopnanten** werden genauso gemacht.

Den **Vor-Oberbramtopnanten** mißt man von den Bändern der Oberbramnocken aus bis zur Oberbramstenge (Fig. 351 A): 25 Fuß 8 Zoll. Man muß noch etwas für einen Augspleiß hinzulegen, da sonst der Spleißtampen zu lang wird. Die Oberbramrahen sollen 1 1/2 Fuß über der Auflage der Bramwanten hängen, wenn die Oberbramrahen gefiert sind. Sowohl beide Stropps als auch beide Topnanten werden wie Bramtopnanten gefertigt.

Die **Groß-Oberbramtopnanten** werden gekappt und gefertigt, wie oben angegeben.

Pferde oder Peerde (Fußpferde) werden von der Mannschaft gebraucht, wenn sie auf Rahen oder Bäumen arbeiten.

Es ist sehr wichtig, daß die Pferde die richtige Länge haben. Ein Mann kann doppelt soviel Kraft für seine Arbeit aufwenden, wenn er gut steht. Wenn die Pferde zu lang (tief) sind, kann man das Segel nicht richtig fassen und hat keine Kraft, es auf die Rah zu ziehen. Sind die Pferde zu kurz, ist man der Gefahr ausgesetzt, hinunterzufallen oder vornüber zu gehen. Will man von Pferden herunter, die zu kurz sind, kann es leicht passieren, daß man von dem gesetzten Segel niedergeschlagen wird. Weiterhin sollte nicht an guten und soliden Pferden gespart werden, an guten Bändseln und häufigem Nachsehen. Es sind schon genug Menschenleben verlorengegangen, weil die Pferde nicht in Ordnung gehalten wurde. Derjenige, der schon einmal heruntergefallen ist, wird sicher mit mir der Meinung sein, daß man gar nicht genug tun kann, um dieser Gefahr entgegenzuwirken. Es geschehen schon allein genügend Unglücke, auch ohne daß man aktiv dazu beitragen müßte.

Pferde aus Draht müssen ganz gekleidet werden, da sie sonst zum Stehen zu glatt sind. Taupferde werden über den Spleißen und an den Stellen gekleidet, wo die Springpferde festgemacht werden. An den Stellen, wo die Pferde an Stenge oder Rigg anliegen, werden sie zweimal gekleidet. Nicht alle Pferde werden auf die gleiche Art angesetzt, daher sollen sie hier alle für sich genannt werden.

Fockpferde werden mit einem Auge über den Bolzen draußen an der Nock gestreift, wo die Topnanten fest sind. Der andere Tampen, der ebenfalls mit einem Auge versehen ist, wird mit einer Zurring an dem Bügel befestigt, der am Rack sitzt und den Schwanenhals hält.

Die Länge zwischen den beiden Stellen	40 Fuß 6 Zoll
Plus Tampen für die Bucht unter der Achterkante der Rah	3 Fuß – Zoll
Die ganze Länge des fertigen Pferdes	43 Fuß 6 Zoll
Plus Tampen für zwei Augspleiße	2 Fuß 8 Zoll
Das insgesamt zu kappende Gut	46 Fuß 2 Zoll.

Die Augen werden innen gekleidet und sind circa 4 Zoll lang, so daß das eine über den Bolzen geht und im anderen Auge Platz für die Zurring ist. Damit die Pferde in der Mitte nicht zu tief hängen, setzt man kurze Taue von den Pferden in einem gewissen Zwischenraum oben an das Jackstag. Die Taue, Springpferde, sind mit einem Auge um die Pferde gespleißt und haben oben ein ähnliches Auge, womit sie fest um das Jackstag gebändselt werden - sie verlaufen an der Achterkante der Rahen. An der Fockrah gibt es drei Springpferde an jeder Seite. Die Pferde sind 46 Fuß lang. Die Springpferde verteilen sich folgendermaßen:

1. Springpferd 12 Fuß 1 Zoll	vom Auge an der Nock gemessen.
2. Springpferd 11 Fuß - Zoll	vom ersten an gemessen
3. Springpferd 11 Fuß - Zoll	vom zweiten an gemessen
bis zum Auge 12 Fuß 2 Zoll.	

Der Abstand des äußeren und inneren Springpferdes zu den Augen ist also etwas größer als der Abstand der anderen Pferde zueinander. Die Länge des äußersten und innersten Springpferdes entspricht einmal dem Umfang der Rah am Rack:

Inneres	3 Fuß 6 Zoll,	Mittleres 3 Fuß 8 Zoll,	Äußeres 3 Fuß 6 Zoll
Tampen für zwei Augen	2 Fuß - Zoll	2 Fuß - Zoll	2 Fuß – Zoll
Zu kappende Länge	5 Fuß 6 Zoll	5 Fuß 8 Zoll	5 Fuß 6 Zoll.

Von jedem Tampen wird einer an die vorher markierte und gekleidete Stelle gespleißt, dann bändselt man das Auge im Nacken mit einem Kreuzbändsel an das Pferd, damit es nicht zur Seite rutschen kann. In das obere Ende wird ein Auge gespleißt, das an das Jackstag gebändselt wird. Springpferde werden ganz und gar gekleidet.

Pferde an Groß- und Unter-Marsrahen sollen besonders dem Mann als Stütze dienen, der Nockbändsel oder ähnliches aufsetzen muß. Die Nockpferde müssen weder so schwer noch so tief sein wie die Fockpferde. Sie sind mit einem Auge an der Rahnock fest, werden unter den Fockbrassen nach oben zur Achterkante der Rah geführt und am Jackstag, eine Fadenlänge vom Nockband entfernt, befestigt.

Miß von der Nock bis einen Faden innerhalb des Bandes	7 Fuß 6 Zoll
Plus der Länge für die Bucht unter der Rah	2 Fuß 6 Zoll
Tampen für ein Auge a 1 Fuß an jedem Ende	2 Fuß – Zoll
Die zu kappende Länge für ein Nockpferd	12 Fuß – Zoll

Die fertigen Pferde sollen also 10 Fuß lang sein. In beide Enden werden Augen gespleißt. Die Spleiße werden gekleidet, und in die Augen werden gute Schmartings gelegt, dann versieht man das Innere mit einem circa 3 Fuß langen Bändsel und fertig sind die Nockpferde.

Die **Nockpferde für die Großrah** werden genauso hergestellt.

Die Vor-Obermarspferde sind mit einem Auge am Topnantsbolzen befestigt. Mit dem anderen Tampen laufen sie an der Marsstenge vorbei bis zur anderen Seite der Mitte, wo sie in einem Abstand von der Mitte, der 1/8 der Rahlänge entspricht, an das Jackstag gebändselt sind. Um das Maß für die Pferde zu bekommen, muß man die Länge der Rah zwischen den Nockbändern messen:

	70 Fuß – Zoll	Die Hälfte der Rah	35 Fuß - Zoll
plus 1/3 der Rahlänge	23 Fuß 4 Zoll	1/8 von 70:	8 Fuß 9 Zoll
plus Tampen für 4 Augspleiße	5 Fuß – Zoll	Abstand der Augen voneinander auf der Rah	43 Fuß 9 Zoll
Für beide Pferde insgesamt	98 Fuß 4 Zoll		

Kappt man das Stück in der Mitte bleiben	49 Fuß 2 Zoll für jedes Pferd.
Davon gehen ab	2 Fuß 6 Zoll für ein Auge an jedem Ende.
Der fertigen Pferde sind	46 Fuß 8 Zoll lang und der Abstand
zwischen den Augen beträgt	43 Zoll 9 Zoll.

In jeden Tampen wird ein Auge gespleißt. Das äußere Auge wird über den Bolzen gelegt, wo die Topnanten sitzen; das andere bändselt man an das Jackstag. Das äußere Ende des Pferdes wird mindestens 3 Fuß gekleidet. Dann legt man es an der Rah entlang und markiert es auf der Mitte der Rah. Von dort aus kleidet man circa 8 Fuß zu jeder Seite. Die Kleidung reicht also ganz bis zu dem einen Auge. Gegen das Schamfilen an der Stenge, am Lee-Stengewant und an den Stellen, wo die Pferde sich kreuzen, kleidet man noch einmal 4 Fuß zu jeder Seite der Markierung mit dickem Schiemannsgarn oder Platting, und schließlich wird noch da gekleidet, wo die Springpferde sitzen sollen. Beide Pferde werden auf die gleiche Art gekleidet.

Die eine Rahhälfte ist 35 Fuß lang und hat drei Springpferde, die von der Nock folgendermaßen nach innen verteilt werden:

Von der Nock zum 1. Springpferd	10 Fuß – Zoll
Zwischen dem 1. und 2.	8 Fuß – Zoll
Zwischen dem 2. und dem inneren	8 Fuß – Zoll
Zwischen dem inneren und der Stenge	9 Fuß – Zoll
Insgesamt	35 Fuß – Zoll
Umfang der Rah in der Mitte	3 Fuß 2 Zoll
Tampen für 2 Augspleiße	2 Fuß – Zoll
Zu kappende Länge für äußeres und inneres Springpferd	5 Fuß 2 Zoll
- in fertigem Zustand beträgt ihre Länge	3 Fuß 2 Zoll
Das mittlere Springpferd ist 2 Zoll länger	5 Fuß 4 Zoll
in fertigem Zustand ist es also lang	3 Fuß 4 Zoll

Sie werden und ganz und gar gekleidet (siehe Fockspringpferde).

Die **Groß-Obermarspferde** werden genauso gemacht.

Obermarsrückenpferde. Damit die Mannschaft nicht von den Pferden geschlagen werden kann, wenn das Segel über die Rahen zurückschlägt, macht man oft Rückenpferde. Sie sind mit dem einen Auge am Topnanten, einen Fuß über der Rah festgenäht, gehen dann über der Rah entlang und sind mit einem Webeleinenstek am Marsdrehreep, einen Fuß über der Rah fest; werden zu der anderen Nock geleitet, wo sie mit einem Auge einen Fuß höher am Topnanten angebändselt sind. Wenn die Obermarsrahen nach unten gefiert sind und in den Topnanten hängen, müssen die Rückenpferde dicht sein. Mit dem Oberkörper zwischen Rah und Rückenpferden bekommt die Mannschaft genügen Halt zum Arbeiten.

Handpferde sind Stropps, die aus Webeleinengut gemacht sind und mit einem Lerchenkopfstek um das Jackstag befestigt werden. Die Handpferde dienen der Mannschaft als Haltegriffe, während sie entert oder auf den Rahen arbeitet. Jedes Handpferd ist 2 1/2 Fuß lang. Davon gehen circa 8 Zoll für einen Kurzspleiß oder Rosenknoten ab; 6 Zoll werden für den Lerchenkopfstek um das Jackstag benötigt. Es bleibt also eine 8 Zoll lange Bucht übrig, durch die man den Arm stecken und trotzdem mit beiden Händen arbeiten kann. An allen Rahen müssen gute Handpferde mit einem gegenseitigen Abstand von nicht mehr als 4 Fuß angebracht sein. Das erleichtert das Entern und Arbeiten auf den Rahen, besonders bei Nacht. Wenn es naß und kalt, ja vielleicht sogar noch eisig ist, kann man mit wunden Händen nicht so einfach zugreifen, wenn auf der Oberkante der Rah keine Pferde liegen.

Die **Obermarsnockpferde** werden genauso angefertigt wie die Focknockpferde.

Vor-Brampferde. Die Länge zwischen den Bändern an der Nock beträgt:

	53 Fuß 2 Zoll	Die Hälfte der Rahlänge	26 Fuß 7 Zoll
+ 1/3 der Rahlänge	17 Fuß 8 2/3 Zoll	1/8 von 53 Fuß 2 Zoll:	6 Fuß 8 Zoll
Tampen zum Spleißen von 4 Augen	5 Fuß – Zoll	Länge zwischen den Augen	33 Fuß 3 Zoll

Für beide Pferde kappt man 75 Fuß 11 Zoll

Für jedes Pferd bleiben .... 37 Fuß 11 1/2 Zoll
Für zwei Augen gehen davon ab .... 2 Fuß 6 Zoll
Die fertigen Pferde haben ein Länge von .... 35 Fuß 5 1/2 Zoll

Abstand zwischen den Augen .... 33 Fuß 3 Zoll
Die Bucht unter der Rah .... 2 Fuß 2 1/2 Zoll.

Vom Auge der Nock an wurden 3 Fuß gekleidet, und von der Mitte der Stenge werden zu jeder Seite beim ersten Mal 5 Fuß, beim zweiten Mal 4 Fuß gekleidet. Vom inneren Auge an werden 3 Fuß gekleidet, ferner kleidet man beide Springpferde.

Die beiden Springpferde können folgendermaßen angesetzt werden:
Von der Nock zum äußersten Springpferd .... 9 Fuß 4 Zoll
Zwischen dem äußersten und innersten liegen .... 8 Fuß – Zoll
Bis zur Stenge .... 9 Fuß 3 Zoll
Insgesamt 26 Fuß 7 Zoll
Umfang der Rah auf der Mitte 2 Fuß 10 Zoll
Zwei Augspleiße 2 Fuß - Zoll
Zu kappende Länge für jedes Springpferd 4 Fuß 10 Zoll.
Sie werden gekleidet und gefertigt wie Fockspringpferde.

Die **Groß-Brampferde** werden genauso hergestellt.

Vor-Oberbrampferde. Die Länge zwischen den Bändern an den Nocken beträgt:

	41 Fuß – Zoll	Die Hälfte der Rah	20 Fuß 6 Zoll
1/3 der Rahlänge	13 Fuß 8 Zoll	1/8 von 41 Fuß	5 Fuß 1 1/2 Zoll
4 Tampen für Augspleiße	4 Fuß - Zoll	Zwischen den Augen	25 Fuß 7 1/2 Zoll

Länge beider Pferde .... 58 Fuß 8 Zoll
Länge für jedes Pferd .... 29 Fuß 4 Zoll
Minus der Längen für die Augen .... 2 Fuß – Zoll
Jedes Pferd ist also lang .... 27 Fuß 4 Zoll

Abstand zwischen den Augen .... 25 Fuß 7 1/2 Zoll
Bucht unter der Rah .... 1 Fuß 8 1/2 Zoll.

Sollen die Pferde etwas tiefer hängen, versetzt man das Auge ein wenig mehr zur Mitte der Rah oder macht das Bändsel etwas länger. Oberbrampferde werden meist nur von einem Mann zur Zeit benutzt. Sie dürfen daher auch nicht zu tief hängen. Man kleidet sie genauso wie die anderen Pferde an den Stengen und an den Augen. An jeder Hälfte ist nur ein Springpferd, und das sitzt mitten drauf. Die Rah ist in der Mitte 2 Fuß 10 Zoll dick. Bevor der Tampen gekappt wird, legt man Tampen für ein Auge an jedem Ende dazu. Sie werden wie alle anderen Springpferde gemacht.

Bram- und Oberbrampferde werden in der Regel mit dem inneren Ende achtern um die Stenge genommen, bevor sie an das Jackstag gebändselt werden.

Für die **Groß-Oberbrampferde** gilt das gleiche.

Die beiden **Klüverpferde** sind an dem gleichen Bolzen befestigt wie die Klüverpardunen oder werden in das Auge der Pardunen oder mit dem inneren Ende an das Vor-Stengestag gebändselt.

Die Länge zwischen den Pferden beträgt	14 Fuß 9 Zoll
Bucht unter dem Baum	1 Fuß – Zoll
Tampen für zwei Augen	2 Fuß 6 Zoll
Zu kappende Länge für jedes Pferd	18 Fuß 3 Zoll.

Die fertigen Pferde sind 15 Fuß 9 Zoll lang und werden mit 3 Zoll großen Augen versehen. Die Spleiße werden gekleidet, und jedes Auge wird mit einem guten Bändsel versehen, womit das äußere Auge angenäht wird, während das innere länger oder kürzer gemacht werden kann, je nachdem, wie tief man die Pferde haben möchte. An den Klüverpferden gibt es nur selten Springpferde. Man macht stattdessen Knoten auf jeden zweiten Fuß (Fig. 130 - 133), weil die Füße doch sehr leicht abrutschen, wenn mehrere Mann auf einmal auf den Pferden stehen.

Die **Jagerpferde** werden genauso gemacht.

An verschiedenen Stellen werden **Reiter** angebracht, um die Pardunen zu stützen, wenn das Schiff schlingert, und um der Mannschaft Halt zu geben.

Die **Reiter am Bramgut** sind aus dem gleichen Material und ebenso stark wie das laufende Gut und werden mit 2 halben Steken direkt über dem Bramgut an die Oberbramstenge und mit einem Auge an jede der Oberbrampardunen gebändselt. Der Reiter muß gut steif und waagerecht sein, wenn die Augen fest sind.

Auf den **Reitern am Oberbramstag** steht die Mannschaft, um die Segel festzumachen. Sie sitzen circa 5 Fuß über der Achterkante des Mars. Mit dem einen Auge sind sie am achteren Stengewant fest, gehen bis zum Oberbramwant und sind daran mit einem Webeleinenstek befestigt, bevor sie zur anderen Seite des Mars gehen, wo sie - auf gleicher Höhe - an das achtere Stengewant gebändselt werden. Damit sie von den laufenden Enden nicht schamfilt werden, müssen sie gekleidet werden.

Die **Reiter an den Pardunen** vor dem Mars. Diese Reiter sind an den achteren Püttingschienen direkt über dem Mars befestigt, laufen waagerecht und werden mit einem Webeleinenstek um jede der Stengepardunen und Brampardunen gesetzt. An die Oberbrampardunen werden sie mit einem Auge genäht, das man zum Schutz gegen Schamfilen vorher kleidet oder schmartet. Der Reiter muß dichtgeholt werden, ohne daß er jedoch die Pardunen in Buchten zieht.

Ein wenig oberhalb dieses Reiters - so hoch, daß er klar von der Bramstenge sitzt - setzt man einen zweiten Reiter zwischen die Steuerbord- und Backbordpardunen. Man versieht ihn oft mit einem dreiläufigen Hahnepoot, wovon je ein Arm an den drei Stengepardunen festgebändselt ist. Die Arme werden um eine Kausch vereint. Zwischen die Kauschen an den Steuerbord- und Backbordpardunen spannt man eine Zurring, welche einfach durchgezogen wird, und nur bei Schlechtwetter, wenn die Pardunen gefiert sind, holt man die Zurring ganz dicht. Sie dient als eine Art elastische Sicherung für das Rigg. Zwischen Bram- und Oberbrampardunen kann man ein gleiches Tau spannen.

Reiter am Bramstagsegel, zwei bis drei Stück. Den obersten setzt man 6 Fuß unter das Püttingsband, geht dann quer hinüber vom folgenden Want an Steuerbord bis zum nächstvorderen an Backbord und befestigt an jedem ein Auge. Auf der Mitte wird er mit einem Webeleinenstek am Bramstag befestigt. Den zweiten setzt man 5 Fuß tiefer, und falls nötig, setzt man noch einen dritten, ebenfalls 5 Fuß tiefer. Die Reiter werden an den Stellen gekleidet, an denen sie schamfilen können. In der Regel werden sie erst angebracht, wenn das Rigg gesetzt wird.

Reiter am Klüverbaum dienen hauptsächlich dazu, den Klüver aufzufangen, damit er nicht ins Wasser fällt oder an den Stagen unklar kommt, wenn er eingeholt wird. Jedes Ende wird mit einem Auge versehen und an die Klüverpardunen gebändselt. Von Zeit zu Zeit spannt man auch ein Netz zwischen den Klüverpardunen (Fig. 403), damit der Klüver beim Niederholen nicht ins Wasser fällt. Die Maschen des Netzes werden entweder mit einem Schotstek verbunden, oder man bändselt die Parten zusammen. Die Seitenlänge einer Masche beträgt 7 Zoll, hinzu kommt das Stück, das man für den Stek benötigt.

Das laufende Gut einer Bark

Die Enden, mit denen man die Rahen in verschiedene Winkel zur Kiellinie bringt, heißen **Brassen**. Wie sie gefahren werden, läßt sich am besten auf Fig. 333 erkennen. Um nicht mehr Tauwerk als nötig zu verschleißen und um die Brassen leichter holen zu können, wenn sie losgeworfen werden, benutzt man **Brassenschenkel**. Sie sind mit Klauen oder Schäkeln an der Achterkante der Rahnockbänder befestigt. Das andere Ende ist mit einem Auge an einem einscheibigen Block fest, durch den die Brassen geschoren werden. Dieses Auge wird bekleidet und recht groß gemacht, damit man den Block herausnehmen und wieder einsetzen kann. Um ein Herausfallen zu verhindern, sollte man ein Bändsel um das Auge legen. An den Groß- und Fockbrassen befindet sich unten außerdem ein Schäkel mit einem Block in dem einen Ende und einer Kausch in dem anderen.

Der Leser wird vielleicht bemerken, daß unten, wo die Längen für die verschiedenen Brassen angegeben werden, nichts darüber gesagt wird, daß die Brassen auch kürzer sein können als auf der Zeichnung (Fig. 333) angegeben. Das liegt daran, daß die Luv-Rahnock in der Am-Wind-Stellung nicht - wie die Zeichnung ausweist - auf dem Mittschiffsplan liegt, sondern ein wenig mehr achteraus. Da dieser Unterschied verhältnismäßig klein ist, hat der Verfasser, um nicht zu weitschweifig zu werden, Hinweise an den in Frage kommenden Stellen ausgelassen.

Im folgenden wird kurz angegeben, um wieviel die Brassen kürzer sein dürfen. Unterbrassen 3 x 4 = 12 Fuß. Untermarsbrassen 2 Fuß 9 Zoll + Klappläufer 2 x 4 Fuß = 8 Fuß; Obermarsbrassen 2 Fuß 9 Zoll und Klappläufer 2 x 3 Fuß 6 Zoll = 7 Zoll; Brambrassen 2 x 2 Fuß = 4 Fuß und Oberbrambrassen 1 Fuß 6 Zoll.

Fockbrassen

Oberer Schenkel	18 Fuß – Zoll
Umfang des einfachen Blocks	2 Fuß 6 Zoll
Tampen für zwei Augspleiße	2 Fuß 6 Zoll
Taulänge für einen Schenkel	23 Fuß – Zoll
Unterster Brassenschenkel ..	9 Fuß – Zoll
Umfang des einscheibigen Blocks	2 Fuß 6 Zoll
Tampen zum Spleißen	2 Fuß 6 Zoll
Taulänge für jeden der unteren Brassenschenkel	14 Fuß - Zoll.

Brassenschenkel werden meist aus Draht gemacht. Verwendet man Kette, sind die Brassblöcke mit Eisenbeschlägen versehen.

Die Schenkel können gut 25 Fuß lang gekappt werden.

Die Brassen sind dreimal so lang wie der Abstand zwischen den Luv-Brassblöcken und einmal die Länge des unteren Brassenschenkels plus 4 bis 5 Faden Tampen zum Befestigen.

Der Abstand zwischen den Blöcken: 100 Fuß x 3 = ... 300 Fuß
Der unterste Brassenschenkel .... 9 Fuß
Tampen in Reserve .... 30 Fuß
Für eine Fockbrasse braucht man .... 339 Fuß
= 56 1/2 Faden.

Einen der Tampen spleißt man um den obersten Brassenschenkel, den anderen betakelt man.

Vor-Untermarsbrassen. Die Schenkel sind genauso lang wie bei den Fockbrassen. Die Vorläufer der Untermarsbrassen sind mit Klauen an einem Bolzen direkt unter dem Groß-Mars fest, gehen dann durch den einfachen Block an den Brassenschenkeln und enden direkt unter dem Luv-Brassenschenkel mit einem Klappläuferblock, wenn die Rah am Winde steht.

Länge der Vorläufer an der Luvseite .... 116 Fuß - Zoll
Umfang des Klappläuferblocks .... 2 Fuß 6 Zoll
Zum Einspleißen der Klauen oben und des Klappläuferblocks .... 2 Fuß 6 Zoll
Die Taulänge für einen Vorläufer beträgt also .... 121 Fuß - Zoll.

Häufig nimmt man hierfür weiches Drahtseil, man muß nur darauf achten, sie nicht länger als nötig zu machen, da der Klappläuferblock sonst zum Lee-Block wird, wenn am Winde gebrasst wird.

Der Klappläufer braucht zweimal die Länge vom Brassbaum hinauf zum
Klappläuferblock in Luv: 111 Fuß x 2 = ... 226 Fuß
Plus Tampen zum Befestigen ca. .... 30 Fuß
Taulänge für jeden Klappläufer ca. .... 256 Fuß

Auf den einen Tampen wird ein Takling gesetzt, in den anderen eine Kausch gespleißt. Der eine Part des Klappläufers ist nämlich am Brassbaum befestigt.

Vor-Obermarsbrassen. Die Brassenschenkel haben die gleiche Länge wie die Fockbrassenschenkel.

Der Vorläufer der Obermarsbrassen (in der Regel ist er aus Draht) ist mit dem einen Tampen am Groß-Stengestagauge direkt oben, wo sich die Arme treffen, festgebändselt, damit er klar von der Groß-Obermarsrah steht, wenn sie geheißt ist, und vom Unterliek des Bramsegels, wenn dieses gesetzt ist. Von hier aus geht er durch den Schenkelblock und endet mit einem Klappläuferblock direkt unter dem Schenkelblock, **wenn die Rah gefiert ist und am Winde steht**. Die unterschiedliche Länge des Vorläufers bei geheißter und gefierter Rah macht in diesem Fall 5 Fuß aus.

Länge des Vorläufers auf der Luvseite gemessen .... 113 Fuß 8 Zoll
Umfang des Klappläuferblocks .... 2 Fuß 6 Zoll
Tampen zum Einspleißen des Klappläuferblocks und für ein Auge .... 2 Fuß 5 Zoll
Länge jedes Vorläufers .... 118 Fuß 7 Zoll.

Der Klappläufer entspricht zweimal der Länge vom Brassbaum bis zum Luv-Klappläuferblock, **wenn die Rahen geheißt sind und am Winde stehen:**
122 Fuß x 2 = ... 244 Fuß
Plus Tampen zum Festsetzen ca. .... 30 Fuß
Länge für jeden Klappläufer .... 274 Fuß.

Mißt man den Klappläufer bei gefierter Rah, wird er 2 x 10 Fuß zu kurz, wenn die Rah geheißt wird.

Vor-Brambrassen.

Die Brassenschenkel sind jeweils lang .... 28 Fuß
Umfang des einscheibigen Blocks in der Keepe .... 2 Fuß
2 Tampen für das Einspleißen von Klauen und Block .... 2 Fuß
Zu kappende Länge für einen Schenkel .... 32 Fuß

Der eine Tampen der Brambrassen ist am Stengestagauge fest, geht von dort durch den Block in den Brassenschenkel und über die äußerste Scheibe des Wegweiserblocks am Stengestagauge (Fig. 333 Nr. 93). Von dort aus über die äußere Scheibe eines der zwei zweischeibigen Brassblöcke, von denen je einer zu beiden Seiten unter der Achterkante der Stengesaling hängt, und weiter aufs Deck. Die Länge beläuft sich auf zweimal den Abstand der Luv-Brassenschenkel zum Stagauge (84 Fuß x 2 = 168 Fuß) plus den Abstand von der Stengesaling zum Deck (92 Fuß) plus Tampen für Augen und Enden zum Festsetzen (circa 6 Fuß). Das macht insgesamt 266 Fuß = 44 2/3 Faden für jede Brambrasse aus.

Die **Vor-Oberbrambrassen** sind einzeln und mit Klauen auf den Nocken der Obermarsrahen fest. Die Länge ist gleich dem Abstand von der Luv-Nock der Oberbramrah, durch das innere Scheibengat des Wegweiserblocks am Stengestagauge, bis zum zweischeibigen Brassblock unter der Stengesaling (104 Fuß), plus Abstand zum Deck (92 Fuß), plus Tampen zum Einspleißen der Klauen und zum Befestigen der Brassen (circa 5 Fuß). Jede Oberbrambrasse ist also 201 Fuß lang.

Groß-Brassen. Die oberen Brassenschenkel entsprechen den oberen Fockbrassenschenkeln. Die untersten Brassenschenkel sind mit Klauen oder Schäkeln an den Nocken der Brassenbäume fest und sind lang .... 17 Fuß – Zoll
Umfang des einscheibigen Blocks .... 2 Fuß 6 Zoll
2 Tampen zum Spleißen .... 2 Fuß 6 Zoll
Das zu kappende Tau für jeden Schenkel .... 22 Fuß – Zoll

An die Brassenschenkel wird oft ein Aufholer gesetzt. Dieser Aufholer geht durch einen Block an der achteren Pardune nach oben und hindert den Brassblock daran, ins Wasser zu fallen, wenn die Groß-Brassen losgeworfen werden. In den Aufholer ist außerdem ein Klotje eingespleißt, durch das die holende Part der Groß-Brasse geschoren ist. Die Länge der Groß-Brasse beträgt dreimal die Länge zwischen den Blöcken an den Luv-Brassenschenkeln:

197 Fuß x 3 = ... 591 Fuß
Plus die Länge des untersten Brassenschenkels bis zum
Wegweiserblock am Brassbaum .... 17 Fuß
Plus die Länge bis zum Belegnagel, an dem die Brasse festgesetzt wird,
samt einem Stück Tampen .... 30 Fuß
Für jede Großbrasse benötigt man .... 636 Fuß
= 106 1/3 Faden.

Der oberste Tampen ist um den obersten Brassenschenkel gespleißt, der andere wird betakelt.

Groß-Untermarsbrassen. Die Schenkel entsprechen den Vor-Untermarsbrassenschenkeln. Der Vorläufer ist mit Klauen an einem Bolzen auf den Kinnbacken unter der Besansaling fest, geht von dort aus durch den Block der Brassenschenkel und ist direkt darunter mit einem Klappläuferblock versehen.

Länge des Vorläufers .... 90 Fuß – Zoll
Umfang des Klappläuferblocks .... 2 Fuß 6 Zoll
Tampen zum Einspleißen von Klauen und Block .... 2 Fuß 6 Zoll
Gesamte Länge .... 95 Fuß – Zoll.

Die Vorläufer sollten nicht unnötig lang gemacht werden, da sie sonst zu Lee-Blöcken werden.

Die Brasse (der Klappläufer) entspricht zweimal der Länge vom Brassbaum zum Klappläuferblock auf der Luvseite 126 Fuß x 2 = ... 252 Fuß
Tampen zum Festsetzen .... 30 Fuß
Jeder Klappläufer ist .... 282 Fuß
= 47 Faden lang.

Die feste Part des Klappläufers sitzt mit Klauen am Brassbaum fest, die lose wird betakelt.

Groß-Obermarsbrassen. Die Schenkel werden genauso gemacht wie die der Vor-Obermarsbrassen. Der Vorläufer ist mit Klauen in den Besaneselsohren fest und endet, nachdem er durch den Schenkelblock geschoren wurde, direkt darunter mit einem Klappläuferblock, Länge .... 85 Fuß
Umfang des Klappläuferblocks sowie Tampen zum Einspleißen
von Klauen und Block .... 5 Fuß
Zu kappende Länge für jeden Vorläufer 90 Fuß.

Der Klappläuferblock ist doppelt so lang wie der Abstand zwischen dem Brassbaum und dem Luv-Klappläuferblock = 124 Fuß x 2 = 248 Fuß. Um ein wenig Reserve zu haben, legt man 30 Fuß dazu. In den festen Part werden Klauen gespleißt, die am Brassbaum festgezurrt werden können.

Groß-Brambrassen. Die Schenkel entsprechen den Vor-Brambrassenschenkeln. Der feste Part der Brasse ist an das Besanstengestagauge gebändselt, geht durch den Block an den Brassenschenkeln nach oben, wieder zurück über die äußerste Scheibe in einem der zweischei-

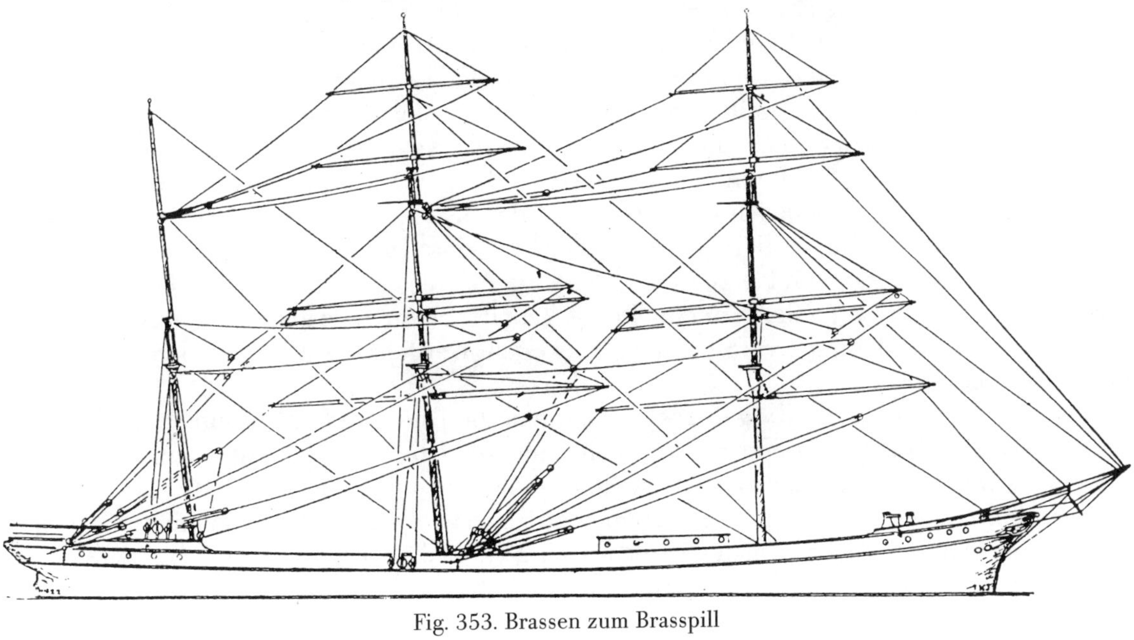

Fig. 353. Brassen zum Brasspill

bigen Brassblöcke, die zu jeder Seite der Stenge direkt unter der Wantauflage hängen, und weiter hinunter aufs Deck. Jede Brambrasse ist 214 Fuß lang.

Die **Groß-Oberbrambrassen** sind einzeln, werden mit Klauen auf den Nocken der Oberbramrahen oder mit einem Auge, das über die Nocken der Rahen innerhalb der Topnanten gelegt wird, befestigt und werden über die innere Scheibe des Blocks geschoren, in dem sich auch die Brambrassen befinden, und führen dann aufs Deck hinunter. Jede Brasse ist 194 Fuß lang.

Und nochmals soll daran erinnert werden, daß die Brassen luvwärts gemessen werden müssen, während die Rahen am Winde stehen. Wenn nur eine einzelne Brasse erneuert werden soll, schert man das Ende einfach ein und setzt es fest. Vor dem Kappen müssen die Rahen am Winde gebrasst sein.

Brasswinden (Fig. 353) sind eine neuere Einrichtung auf größeren Schiffen. An die Brassen der drei unteren Rahen werden Vorläufer gesetzt, die dann bis zu der Brasswinde verlängert werden. Jeder Vorläufer ist an seiner Trommel fest. Bei einer Fockbrasse nimmt man zuerst einen Vorläufer aus Draht, der durch einen Block auf der Fockrah und durch einen Fußblock an Bord, draußen vor dem Großmast, geschoren wird. Von dort führt er nach oben durch einen Block unter dem Groß-Mars und wieder hinunter zu den Trommeln **5** und **6** (Fig. 354) der Winde, die in der Regel in der Nähe des Großmastes aufgestellt ist.

Die Vorläufer an den Obermarsbrassen werden durch Blöcke unter der Stengesaling geschoren und führen hinunter zu den Trommeln 3 und 4 der Brasswinde, wo man sie festsetzt.

Die Vorläufer an den Obermarsbrassen werden nicht wie gewöhnlich mit Tampen unter dem Großmast festgesetzt, sondern durch Blöcke unter dem Mars geschoren und nach unten zu den Trommeln **3** und **4** der Winde verlängert, wo sie festgesetzt werden.

Die Brasswinde (Fig. 354) besteht aus einem Eisengestell mit Lagern für 5 Achsen. An jeder der 3 unteren befinden sich konische Trommeln mit Rillen für die Vorläufer der Brassen, die auf das dünne Ende der Trommel gesetzt werden. Die Steuerbord-Vorläufer auf das eine und die Backbord-Vorläufer auf das andere Ende. Durch die Kammräder, die ineinandergreifen, werden alle Trommeln gleichzeitig in Bewegung gesetzt. Ein Pall 7, das man hineinstecken kann, verhindert, daß die Trommeln sich ungewollt drehen. Außerdem läßt sich die Geschwindigkeit durch eine Bremse **8** regulieren. Achsen und Bäume können gleichzeitig von einer vierten Achse **9** mit einer Handkurbel angetrieben werden. Um die Lose durchzuholen, braucht es nur einfache Kraft. Reicht diese aber nicht aus, verbindet man das Kammrad der vierten Achse mit dem der fünften Achse **10**, wodurch eine größere Uebersetzung entsteht und höhere Kraft erreicht wird. Damit das Rad sich nicht löst, wird der Stopper **11** über die Achse **10** gelegt.

Eine Brasswinde wird folgendermaßen bedient: Die Brassen werden auf beiden Seiten am Winde gebrasst und festgesetzt. Wenn die Rahen gebrasst werden sollen, dreht man die Brassenwinde an der Stelle, an der die Brassen auf der einen Seite um den Brassbaum laufen, um gleichzeitig auf der anderen Seite aufgewickelt zu werden. Die 3 Unterrahen werden also gleichzeitig gebrasst.

Für Bram- und Oberbrambrassen setzt man die Brasswinde nicht ein.

Das **Piekfall** auf größeren Schiffen sollte eigentlich besser Piekhanger heißen, da es nur aus einem Stück Drahttau oder Kette besteht, das mit dem einen Tampen am Besaneselshaupt und mit dem anderen Tampen am Hahnepoot fest ist, der am Band an der Gaffel sitzt. Bevor man das Piekfall kappen kann, muß man wissen, wie lang der Hahnepoot ist. Wenn man den Hahnepoot 7 Fuß 6 Zoll lang macht, ist das fertige Piekfall 23 Fuß lang. Meist sind die beiden Teile aus Kette.

Fig. 354. Brasspill

Benutzt man aber Drahttau, muß man etwas für die Spleiße hinzurechnen. Die Gaffel zeigt circa 35 Grad über der Waagerechten nach oben. Der Klauhanger geht von einem Hahnepoot auf der Klau der Gaffel nach oben zu einem Bolzen an der Unterkante der achteren Quersaling: die Länge beträgt 4 Fuß 6 Zoll, der Hahnepoot ist 2 Fuß 6 Zoll lang. So kann die Gaffel weder geheißt noch gefiert werden.

Die **Gaffelgeerden** stützen die Gaffel zu den Seiten und gehen von einem Band um die Nock der Gaffel nach unten zu einem Bolzen an Deck. Die Schenkel haben oben Klauen, mit denen sie in die Augen der Bänder an der Gaffel gehakt werden können.

Unten ist ein zweischeibiger Taljeblock eingespleißt. Sie sind lang	20 Fuß
Plus der Umfang des Taljeblocks	2 Fuß
Tampen zum Einspleißen von Klauen und Block	2 Fuß
Man kappt für jeden Schenkel	24 Fuß.

Man verwendet Draht oder Tauwerk, und die Schenkel werden nur an beiden Enden gekleidet.

Unten an Deck sitzt ein einscheibiger Block mit Hundsfott in dem festen Part des Läufers. Der Läufer selbst kann fünfmal so lang sein wie der Abstand zwischen dem oberen und dem unteren Block: 36 Fuß x 5 = 180 Fuß für jeden Läufer.

Der Besanbaum ruht mit seinem inneren Ende mit einem **Schwanenhals** am Besanmast und hängt mit dem Außenende in 2 **Baumdirken**, die mit Haken an Bolzen auf dem Baum, direkt über der Besanschot, fest sind. Durch einscheibige Eisenblöcke - einen auf jeder Seite der Längssaling - laufen sie hinunter bis 10 Fuß über Deck, wo sie in einer dreifach geschorene Talje enden, deren unterster Block in einem Bolzen an Deck oder auf der Reling fest sitzt.

Für jede Baumdirk braucht man nach der Abmessung (Fig. 333)	85 Fuß – Zoll
plus den Umfang des zweischeibigen Blocks	2 Fuß 4 Zoll
Tampen zum Einspleißen von Haken ud Block	2 Fuß 4 Zoll
Man kappt für jede Baumdirk	89 Fuß 8 Zoll.

Baumdirken werden ganz und gar gekleidet.

Die Länge des Taljenläufers muß viermal dem Abstand zwischen dem obersten Block und dem Deck = 40 Fuß entsprechen. Die feste Part des Taljenläufers wird in den unteren Block gespleißt.

Die **Besanschot** ist meist vierfach, mit der festen Part im oberen Block. Schere die Schot **mit** der Sonne und spleiße die feste Part ein, die Schot wird ausgeholt und der Baum ganz nach außen geschwungen, bevor die Schot gekappt wird.

Die **Bullentalje** (Besanstütztalje) (Fig. 333 Nr. 161) besteht aus zwei einscheibigen Blöcken, von denen der eine an der Nock des Baumes und der andere unten am Brassbaum fest ist. Wenn die Besanschot weit gefiert wird, nimmt man den unteren Block in Lee zur Besanrüste und hakt ihn dort in einen Stropp. Der feste Part des Läufers wird in den oberen Block gespleißt. Der Läufer wird aber besser erst gekappt, nachdem man geprüft hat, ob er lang genug ist, so daß man den Baum mittschiffs holen kann, bevor man die Talje gehen lassen muß.

Um den Baum richtig abstützen zu können, wenn das Schiff schlingert, hat man eine Stütztalje (Bullentalje) auf jeder Seite.

Die **Taljen für die Rettungsboote** sind vierfach geschoren, und der Läufer muß so lang sein, daß das Boot ins Wasser gefiert werden kann, selbst wenn das Schiff nicht beladen ist, ohne daß man die Läufer ausscheren muß.

Die Davits-Zwischenholer, -Vorläufer und -Achterholer dienen dazu, die Davits zu stützen und in der richtigen Stellung zu halten. Vor- und Achterholer haben eine lange Zurring an den Tampen.

Die **Fischtalje am Anker** ist eine 5- oder 6-läufige Gien, deren fester Part des Läufers an einem Block befestigt ist. Der obere Block ist am Kran befestigt, und der untere, der sogenannte Kattblock, hat einen großen Haken mit einem langen Steert, womit der Block geholt werden kann, während der Haken in den Anker gehakt wird. Die Fischtalje (Fischtakel) muß so lang sein, daß man sie überholen kann, bis der Kattblock einige Fuß unterhalb der Klüse hängt, und trotzdem muß der Läufer noch lang genug sein, um durch einen Block (Kasteblok) zum Gangspill zu gelangen. Der Kran wird gebrasst und von zwei Dritthänden (Gerden) gestützt. Beide Läuferblöcke sind am Kran und die einzelnen Blöcke am Bolzen auf der Back fest. Die Läufer dürfen nicht zu kurz sein, sie sollten ungefähr viermal die doppelte Höhe des Kranes über der Back haben: 10 x 2 x 4 = 80 Fuß.

Stagsegel

Alle Fallen werden gekappt, wenn die Segel niedergeholt sind.
Alle Niederholer, wenn die Segel gesetzt sind.
Alle Schoten werden nach Luv-Schoten gemessen, wenn die Segel gesetzt sind.
Alle Schotschenkel werden in Lee gemessen, wenn die Segel gesetzt sind.

Rahsegel

Alle Fallen werden gekappt, wenn die Rahen gefiert in den Topnanten hängen.
Alle Niederholer werden gekappt, wenn die Rahen geheißt sind.
Alle Geitaue werden gekappt, wenn die Segel gesetzt sind.
Alle Gordings werden gekappt, wenn die Segel gesetzt sind.
Alle Refftaljen werden gekappt, wenn die Segel gesetzt sind.
Alle Schoten der Unter- und Obermarssegel, Bramsegel und Oberbramsegel werden gekappt, wenn die Segel aufgegeit sind.
Alle Hälse der Untersegel werden Lee gemessen, wenn die Segel gesetzt sind.
Alle Besangeitaue und Einholer werden gemessen und gekappt, wenn die Segel gesetzt sind.
Besanausholer und Springschoten werden gemessen, wenn die Segel aufgegeit sind.

Das **Jagerfall** ist einzeln und dient zum Heißen des Jagers. Es ist am Fallhorn des Segels mit Klauen oder mit einem halben Schlag und Bändseln fest, geht nach oben durch einen einscheibigen Block, der unter dem Bramgut hängt, und dann aufs Deck. Seine Länge mißt man vom Jagerbaum bis hinauf zum Block: 133 Fuß, von dort aufs Deck 117 Fuß, insgesamt 250 Fuß. Das Fall ist fertig, wenn es betakelt ist.

Mit **Jagerniederholern** (Fig. 334) werden die Segel niedergeholt. Sie sind mit einem Gordingstek im Fallhorn fest, führen durch den Niederholerblock nach unten auf die Back. Insgesamt sind sie 108 Fuß lang. Damit der Niederholer nicht am Segel unklar kommt, wenn das Fall losgeworfen wird, steckt man den Niederholer durch ein Pockholzklotje, das mit einem Steert im mittleren Lägel fest ist. An den übrigen Vorsegeln und Mittelstagsegeln findet man in der Regel ähnliche Klotjes.

Die **Jagerschenkel** sind aus einem Stück, mit einem einfachen Klumpblock an jedem Ende und einer starken Matte in der Mitte, in der eine Kausch sitzt. Die Matte läßt sich in das Schothorn des Segels schäkeln. Damit sie nicht schamfilt, wenn die Schenkel über das Stag geholt werden, wird Leder darübergenäht. Wenn möglich, sollten die Schenkel von Vor- und Stagsegel so lang gemacht werden, daß der Block im Luv-Schenkel nicht in Lee des Stags kommen muß, wenn die Schoten geholt werden. Miß die Lee-Schenkel (Fig. 334) vom Schothorn hinunter bis zum Klumpblock: .... 22 x 2 = 44 Fuß für beide Schenkel

Umfang des Klumpblocks 2 x 2 =	4 Fuß
Tampen zum Einspleißen von zwei Blöcken	2 Fuß
Insgesamt zu kappen	50 Fuß.

Die Schenkel werden ganz und gar mit Schiemannsgarn gekleidet, und nachdem die Matte umgelegt wurde, kleidet man noch ein circa 6 Fuß langes Stück zu jeder Seite der Matte, bevor man das Leder aufnäht. Die Länge der Jagerschot entspricht zweimal dem Abstand vom Luv-Klumpblock bis zur Back, wo die Schoten fest sind. Sie sind 49 Fuß x 2 = 98 Fuß lang. In den festen Part jeder Schot spleißt man Klauen, die in einen Bolzen auf der Back gehakt werden können. Die holende Part wird durch ein Klotje gewiesen, das an der Back befestigt ist. Dann wird es zu dem Nagel geführt, an dem es belegt werden soll.

Im folgenden wird vorausgesetzt, daß alle Schenkel so angefertigt werden, wie oben erklärt wurde. Man kann sie jedoch auch anders herstellen: Anstelle der Matte auf der Mitte werden die Schenkel voneinander gekappt und **einzeln um eine Kausch gespleißt**. Beide Kauschen sitzen aber an einem Schäkel am Segel. Die Kauschen können auch in einem **gemeinsamen Ring** sitzen, der wiederum ins Segel gespleißt wird, - oder man kann auch die Schenkel voneinander kappen und danach mit einem **Kunstspleiß** um eine gemeisame Kausch spleißen. In diesem Fall müssen die Schenkel um sovieles länger gekappt werden, wie man zum Spleißen benötigt. Außerdem kann die Kausch wie bei einem Hufeisenspleiß (Hesteskospleds) eingesetzt werden. Endlich kann man eine Bucht machen (Fig. 21 A), in die die Kausch gesetzt wird, indem man beide Parten der **Schenkel zusammenbändselt**.

Das **Außenklüverfall** hat **einen Vorläufer**, der vom Klüverbaum durch einen Block unter der Längssaling nach oben geführt wird und direkt achtern mit einem Klappläufer endet.

Vom Vorläufer bis zur Saling	118 Fuß
Umfang des Klappläuferblocks	2 Fuß
Tampen zum Einspleißen von Klauen und Block	2 Fuß
Man kappt für den Vorläufer	122 Fuß.

In den vorderen Part werden Klauen gespleißt. Der Klappläufer ist doppelt so lang wie die Höhe zwischen Deck und Stengesaling: 86 x 2 = 172 Fuß.

Der **Außenklüverniederholer** hat eine Länge von Vorliek und Hals (75 Fuß) plus die Länge vom Niederholerblock bis zur Back (41 Fuß) plus Tampen (6 Fuß) macht insgesamt 122 Fuß.

Lee-Außenklüverschenkel messen 16 Fuß x 2 = 32 Fuß plus Umfang beider Fußblöcke und Tampen zum Spleißen. Die Schoten zweimal die Länge vom Luv-
Fußblock bis zur Back, für jeden 38 x 2 = 76 Fuß (siehe Jager).

Binnenklüver. Fall, Niederholer, Schenkel und Schoten werden genauso gemessen und gekappt wie der Außenklüver.

Vor-Stengestagsegelfall. Den Vorläufer mißt man vom Bugspriet aus bis 4 Fuß hinter den Block unter der Stengesaling .... 104 Fuß

Umfang des Klappläuferblocks .... 2 Fuß
Tampen zum Einspleißen von Klauen und Block .... 2 Fuß
Insgesamt muß man kappen .... 108 Fuß

Der Klappläufer sitzt genauso wie beim Außenklüver.

Der **Niederholer** ist gleich der Länge des Vorlieks, plus der Länge des Halses, plus der Länge vom Block bis zur Back, plus 6 Fuß Tampen, insgesamt also 70 Fuß. Auf jedes Ende kommt ein Takling.

Lee-Stagsegelschenkel 7 Fuß für zwei: .... 14 Fuß
Umfang von zwei Klumpblöcken, 4 Fuß + 2 Tampen a 1 Fuß: .... 6 Fuß
Kappe für beide Schenkel .... 20 Fuß

Die Luv-Schot ist 27 x 2 = 54 Fuß lang.

Das **Groß-Oberbramstagsegelfall** ist einfach und wird vom Eselshaupt des Fockmastes zum Block unter dem Groß-Oberbramgut hinauf und von dort aus auf das Deck gemessen; insgesamt 245 1/2 Fuß. Der vordere Part des Falls hat Klauen. Der Niederholer ist im Schothorn fest, geht nach oben durch einen Block im Fallhorn, weiter durch den Niederholerblock und schließlich aufs Deck. Die Länge ist gleich der des Achterlieks (40 Fuß), plus dem Vorliek und dem Hals (74 Fuß), plus dem Abstand zum Deck (60 Fuß); insgesamt 174 Fuß. Die Schoten bestehen aus einem einzigen Ende auf jeder Seite. Sie sind mit einem Schäkel am Segel befestigt. Das Schothorn ist 77 Fuß über Deck plus 18 Fuß Tampen, ergibt 95 Fuß für jede Schot.

Das **Groß-Bramstagsegelfall** ist mit einem Klappläufer ausgerüstet. Miß vom Püttingsband am Fockmast zum Groß-Bramgut: 114 Fuß, von dort bis zur Unterkante des Auslegers: 25 Fuß, plus den Umfang des Klappläufers: 2 Fuß, plus Tampen zum Einspleißen von Klauen und Block: 2 Fuß; insgesamt 143 Fuß. Der Klappläufer entspricht zweimal der Länge vom Deck bis zum Ausleger: 91 x 2 = 182 Fuß.

Der Niederholer ist in der Schot des Segels befestigt, geht nach oben durch einen Block im Fallhorn - 53 Fuß, von dort zum Niederholerblock am Püttingsband - 83 Fuß, und schließlich auf Deck - 61 Fuß; insgesamt 197 Fuß.

Die Bramstagsegelschoten sind mit Klappläufern versehen. Jeder Schenkel ist 38 Fuß lang plus den Umfang des Blocks (2 Fuß) plus Tampen zum Einspleißen von Kausch und Block (2 Fuß); insgesamt 42 Fuß für jeden. Man kleidet die Schenkel nur über den Spleißen. Die Schoten (Klappläufer) haben zweimal den Abstand der Blöcke vom Deck: 14 x 2 = 28 Fuß plus 6 bis 8 Faden Tampen, also über 70 Fuß für jede.

Das **Groß-Stengestagsegelfall** hat Klappläufer. Es wird vom Fallhorn des Segels an gemessen, wenn es nicht gesetzt ist, bis 4 Fuß hinter den Fallblock
unter der Stengesaling .... 115 Fuß
plus den Umfang des Klappläufers .... 2 Fuß
plus 2 Tampen zum Einspleißen .... 4 Fuß
Man kappt für das Fall .... 119 Fuß

Der Klappläufer entspricht der doppelten Höhe zwischen Deck und Block.

Der **Schenkel** ist in Lee 11 Fuß lang bis hinauf zum Segel, multipliziert mit 2 gibt 22 Fuß, plus den Umfang der Klappläuferblöcke (4 Fuß), plus Tampen für Spleiße (2 Fuß); insgesamt 28 Fuß.

Die Länge des Klappläufers beträgt luvwärts 40 x 2 = 80 Fuß für jeden. In einen Tampen des Klappläufers werden kräftige Klauen gespleißt.

Oft braucht man auf jedem Schenkel nur einen Steert, um das Segel über Stag zu holen. Anstelle von Blöcken setzt man nur eine Kausch in den Schenkel und hakt dann eine dreifach geschorene Talje oder eine vierfach geschorene Talje in die Kausch, um die Schot zu holen.

Das **Besan-Oberbramstagsegelfall** ist einfach und wird vom Groß-Eselshaupt hinüber zum Besanoberbramgut gemessen, wo der Block sitzt, der das Fall auf Deck leitet; insgesamt 197 Fuß. Der Niederholer ist im Schothorn fest und geht am Achterliek entlang nach oben zum Fallhorn (38 Fuß), weiter am Vorliek entlang nach unten zum Niederholerblock (65 Fuß) und auf Deck (63 Fuß); insgesamt 166 Fuß. Die Schot ist ein einfaches Ende, das beim Wenden gewöhnlich über das Bramstag geht. Bis auf das Deck sind es 70 Fuß plus 3 bis 4 Fuß Tampen.

Das **Besan-Bramstagsegelfall** ist mit einem Klappläufer versehen. Den **Vorläufer** mißt man vom Fallhorn im Segel aus nach oben bis einen Fuß hinter den Block unter dem Besanstengegut (90 Fuß), plus 4 Fuß zum Einspleißen von Block und Klauen. Der Klappläufer entspricht zweimal der Höhe vom Deck zum Besanstengegut 79 x 2 = 158 Fuß.

Es ist jedoch besser, einen einfachen Block in das Fallhorn des Segels zu setzen und das Fall genauso zu scheren wie das Besanstagsegelfall.

Die Schot hat einen Schenkel mit Klappläuferblock. Der Schenkel ist 21 Fuß lang plus 4 Fuß zum Einspleißen von Klauen und Block.

Der Niederholer ist im Fallhorn fest. Er ist gleich der Länge des Vorlieks plus dem Hals und dem Abstand zum Deck: insgesamt 105 Fuß.

Das **Besan-Stagsegelfall** ist mit einem Schäkel im Besanstagauge fest, führt durch einen einfachen Block im Fallhorn des Segels nach oben durch einen Fallblock unter der Längssaling und von dort aufs Deck. Es ist 186 Fuß lang.

Der Niederholer ist im Fallhorn fest und entspricht der Länge des Vorlieks (Staglieks), plus der Länge des Halses, plus dem Abstand zum Deck; insgesamt 75 Fuß.

Die Schot ist mit einem Klappläufer bestückt. Der Schenkel ist 7 Fuß lang, plus den Umfang des Blocks, plus 2 Tampen. Die Schot ist zwischen 6 und 7 Faden lang und hat in einem Tampen kräftige Klauen.

Das **Gaffeltopsegelfall** wird vom Scheibengatt in der Stenge beim Oberbramgut bis 9 Fuß über Deck gemessen: 95 Fuß, plus 2 1/2 Fuß Tampen, um durch das Scheibengatt an das Segel zu kommen plus den Umfang des Klappläuferblocks (2 Fuß), plus Tampen (1 Fuß); insgesamt 100 1/2 Fuß.

Der Klappläufer muß 9 mal 2 = (18 Fuß) plus zweimal den Abstand vom Eselshaupt nach oben zum Scheibengatt (50 Fuß) betragen = 100 Fuß; insgesamt 118 Fuß.

Der **Niederholer** sitzt an der Schot des Segels, geht durch ein Klotje zum Achterliek und durch einen Block im Fallhorn nach unten durch den Niederholerblock am Eselshaupt und von dort aufs Deck. Das macht 154 Fuß. Manchmal führt der Niederholer durch einen Block in der Schot des Segels und wird am Hals festgesetzt, dadurch können Hals, Schot, Achterliek und Fallhorn mit dem Niederholer zusammengeholt werden.

Oben besteht die Schot aus ein paar Faden Kette. Diese ist ans Schothorn geschäkelt, geht durch ein Seibengatt auf der Gaffelnock, an deren Unterkante entlang nach unten durch einen Block unter der Gaffelklau und schließlich aufs Deck.

Um die Abmessungen für den Vorläufer zu bekommen, mißt man vom Eselshaupt bis hinaus zu den Seibengatts und weiter bis zum Block unter der Klau, plus dem Umfang des Klappläufers und Tampen für einen Spleiß; insgesamt 65 Fuß. Die Kette wird vor dem Abmessen in den Vorläufer gespleißt. Der Klappläufer entspricht zweimal der Höhe vom Deck bis hinauf zu der Klau, 34 x 2 = 68 Fuß.

Die **Gaffeltopsegelhälse** bestehen aus einem einzigen, einfachen Ende, das mit einem Auge in der Halskausch des Segels fest ist. Es ist einige Faden länger als die Höhe des Halses über Deck.

Beim Groß-Gaffeltopsegel kann es notwendig werden, einen Klappläufer an den Hals zu setzen, um ihn richtig steifholen zu können. Man kann auch ein Klotje 6 bis 7 Fuß über die Stelle in den Hals spleißen, wo er befestigt ist. Erst wird der Läufer unter die Klampe oder den Belegnagel genommen, dann geht der Tampen durch das Klotje hindurch und wieder nach unten. Dadurch entsteht ein Art Talje mit doppelter Kraft. Der Vorteil eines Klotjes gegenüber dem Klappläufer mit Block besteht darin, daß der Hals nicht so viel schlägt, wenn er losgeworfen wird. Auch läßt er sich leichter aufholen, wenn das Segel festgemacht wird.

Der **Besanausholer** ist in der Piek des Segels fest, dort, wo der Einholer sitzt. Er geht nach oben durch ein Scheibengatt in der Gaffel, durch einen eisenbeschlagenen Block am Eselshaupt und endet unten in einem einscheibigen Block mit Hundsfott. Die Länge von den Gaffelklauen bis hinaus zum Scheibengatt beträgt 32 Fuß. Zum Eisenblock hinauf 26 Fuß, weiter zur Unterkante der Saling 11 Fuß; insgesamt 69 Fuß. Der gesamte Vorläufer besteht aus Kette. Zwischen dem Block des Vorläufers und einem einfachen Block an Deck ist ein Läufer so geschoren, daß der feste Part am oberen Block fest ist, das gibt doppelte Kraft. Der Läufer ist dreimal so lang wie der Abstand des obersten Blocks zum Deck, oder er entspricht dreimal der Höhe der Saling über Deck: 42 x 3 = 126.

Der Besaneinholer ist in der Piek des Segels befestigt, dort, wo der Ausholer fest ist. Er geht nach innen und aufs Deck (69 Fuß) durch den Block an den Klauen.

Die **Besangeitaue** sind mit Buchten an das Achterliek des Besans genäht. Sie entsprechen also zweimal der Breite des Segels bis zu den Blöcken am Mast plus zweimal der Höhe des Blocks über Deck. Das oberste ist (37 x 2) plus (28 x 2) = 130 Fuß lang, das unterste (40 x 2) plus (18 x 2) = 116 Fuß lang. Die Geitaue liegen also mit einem Part auf jeder Seite des Segels. Um ihre Kraft richtig auszunutzen, müssen sie in dem Abstand von der Gaffel auf das Achterliek genäht werden, wie die Geitaublöcke unter den Klauen sitzen.

Die **Besanspringschot** ist mit dem einen Tampen draußen am Ende des Besanbaumes fest, geht dann durch einen Block in der Schot des Segels zurück durch ein Scheibengatt im Baum, an dessen Unterkante bis circa 12 Fuß vom Mast entfernt nach innen, wo ein Klappläuferblock eingespleißt ist. Meistens kann man die Schot genauso lang kappen wie den Besanbaum, spleißt eine Kausch in das eine Ende und schert sie ein, bevor man den Klappläufer einspleißt. Wenn man das letzte Ende spleißt, müssen alle Vorläufer geschoren sein.

Der Klappläufer wird 1 1/2 mal so lang genommen wie der Besanbaum, also circa 72 Fuß.

Der Besanhals wird wie eine kleine dreifach geschorene Talje geschoren, der doppelte Block sitzt dabei im Segel fest.

Die Hälse von Stag- und Vorsegel werden meist wie Stropps gefertigt, mit Klauen im oberen Ende, um sie in die Halskauschen im Segel zu haken. Das untere Ende ist entweder am Baum oder am Stag fest. In der Länge unterscheiden sie sich nicht erheblich.

Die **Fockgeitaue** dienen dazu, die Schothörner der Fock nach oben unter die Nock der Rah zu holen. An der Vorhand sitzt ein Draht, in der Achterhand ein Läufer, der zwischen zwei einscheibigen Blöcken geschoren wird. Der Vorläufer wird mit Klauen in der Brille des Schothornes befestigt, geht durch einen einscheibigen Block unter der Rah, dann über die hintere Scheibe eines zweischeibigen Blocks nach innen und endet circa 2 Fuß unter diesem mit einem einscheibigen Block (Fig. 334 E 15).

Der Vorläufer ist gleich der Länge des Seitenlieks (31 Fuß), plus der Länge bis zum Quarterblock, plus 2 Tampen zum Spleißen; insgesamt 76 Fuß für jeden Vorläufer. Der Läufer, der dreimal der Höhe vom Deck bis zum Quarterblock entspricht (38 x 3 ≐ 114 Fuß), wird in den oberen der zwei einscheibigen Blöcke gespleißt, der untere Block ist an einem Bolzen am Fockmast fest. Beide Geitaue werden gleich abgemessen und gekappt.

Die **Fockrefftaljen** sind mit einem einscheibigen Block im Seitenliek des Segels und - unter der Nock der Fockrah - in einem zweischeibigen Block befestigt. Von dort geht der Läufer über die vordere Scheibe des Quarterblocks auf das Deck.

Die Länge entspricht dreimal dem Abstand zwischen dem Block im Segel und dem Block unter der Nock: 11 Fuß x 3 = 33 Fuß plus dem Abstand zum Quarterblock (40 Fuß), plus dem Abstand zum Deck (38 Fuß); insgesamt 111 Fuß für eine Refftalje.

Die **Fockschoten** werden durch einen Block im Schothorn des Segels geschoren. Beide Parten werden außenbords nach achtern genommen bis kurz hinter die Fockwanten. Hier wird einer der Tampen durch ein Scheibengatt in der Schanz nach innen gewiesen, der andere wird außenbords ein wenig achteraus und tiefer als das Scheibengatt an einen Bolzen geschäkelt. Die Länge der Schoten entspricht zweimal dem Abstand vom Scheibengatt zum Kranbalken oder Halsblock, 94 Fuß x 2 = 188 Fuß. In den festen Part der Schot wird eine Kausch gespleißt. Oft setzt man ein paar Faden Drahtseil in den festen Part am Bolzen. Die Schot kann dann etwas kürzer gemacht werden. An den holenden Part spleißt man gern ein Stück Tauwerk, das etwas dünner ist als die Schot. Beide Schoten sind gleich.

Die **Fockhälse** sind einfache, aber schwere Enden, die in der Brille des Schothornes, direkt unter dem Schotblock fest sind. Die Hälse sind halb so lang wie die Schoten, und die letzten 4 bis 5 Faden des Tampens sind gern etwas dünner als der übrige Teil. In das vordere Ende spleißt man eine Kausch, die ersten paar Faden werden gekleidet. Der Hals wird durch einen Block auf der Back oder am Kranbalken geschoren und mit dem Gangspill dichtgeholt. Wenn der Hals dicht ist, kann man eine Kette in die Brille des Segels und dann nach unten an einen Ring auf der Back setzen und von dort um einen Poller oder eine Klampe legen. Der Hals wird ebenfalls gut gespannt, denn es ist sehr schwer, ein großes Segel am Wind voll stehen zu haben, es sei denn, daß man **Bulins** einsetzt (Fig. 334, 19). Am Seitenliek der Fock sind 3 Matten eingespleißt. Das obere Stück der Bulins ist 1 1/3mal so lang wie der Abstand zwischen der obersten Matte plus Tampen für 2 Gordingsteks. Der oberste Tampen wird mit einem Gordingstek in die oberste Matte gesetzt, während der andere Tampen durch ein Klotje gesteckt wird, bevor man ihn an der mittleren Matte befestigt. Den unteren Arm der Bulinstränge spleißt man um das Klotje, den anderen Tampen steckt man durch ein doppeltes Klotje (mit einem Loch an jedem Ende), bevor man ihn mit einem Gordingstek auf der unteren Matte festsetzt. Draußen am Stengestagsegelleiter setzt man das eine Ende der Bulins fest, das andere schert man durch das doppelte Klotje, holt es vorn steif und setzt es fest. Mit zwei Augen und einem Fid läßt sich auf der Bulin ein Slipstek herstellen. Man muß das Tau also nicht ausscheren, um die Bulins loszuwerfen. Die Bulins werden heutzutage ausschließlich für die Untersegel eingesetzt. Früher, als man noch hohe, schmale Rahsegel hatte, gab es die Bulins sowohl am Mars- als auch am Bramsegel.

Mit den **Fockgordings** holt man die Segel unter die Rahen. Um das Ganze zu erleichtern, werden die Fockgordings meistens durch Klotjes auf der Vorderseite der Segel geschoren (Fig. 335,1,2,3,4).

Die **Mittel-Buggording** ist mit einem Gordingstek oder einem falschen Stek in der Mitte des Unterlieks befestigt, geht nach oben durch einen einscheibigen Block unter der Vorkante des Mars und endet circa 4 Fuß unter diesem mit einem Klappläuferblock. Sie ist 4 Fuß länger als der Abstand vom Unterliek zum Mars hinauf, plus Tampen für den Gordingstek und Tampen zum Einspleißen des Klappläuferblocks: circa 43 Fuß. Der Klappläufer entspricht der doppelten Höhe des Klappläuferblocks über Deck: circa 87 Fuß.

Die **Außen-Buggording** ist einfach, eine zu jeder Seite. Sie geht vom Deck aus über die innere Scheibe im doppelten Gordingblock unter dem Mars, weiter durch einen Block an der Fockrah nach unten bis zum Unterliek - circa 92 Fuß.

Die **Innen-Nockgording** - eine zu jeder Seite - hat einen Klappläufer an der Achterhand. Der Vorläufer ist am Unterliek der Fock befestigt, geht nach oben durch einen Block an der Rah über die äußere Scheibe im doppelten Gordingsblock bis zum Mars und endet circa 4 Fuß unterhalb diesem in einem Klappläuferblock. Sie ist insgesamt 65 Fuß lang.

Der Klappläufer ist genauso wie bei der Mittel-Gording.

Die **Außen-Nockgording** - eine zu jeder Seite - sitzt auf der Mitte des Seitenlieks in einer Matte, führt von dort durch einen Block auf der Rah nach innen durch einen einscheibigen Gordingsblock unter dem Mars und weiter aufs Deck.

Das **Vor-Untermarssegel** wird ebenfalls auf die Nock aufgeholt. Das **Geitau** ist mit einem Tampen an der Unter-Marsrah fest, geht nach unten durch einen Block in der Schot des Segels, wieder nach oben durch einen einscheibigen Block unter der Rah, über die vordere der zwei Scheiben des Quarterblocks und weiter aufs Deck. Wenn man nachmißt, erhält man : 18 x 2 = 36 + 36 + 60 + ein wenig Tampen zum Festsetzen - insgesamt circa 138 Fuß. Das Unter-Marsgeitau kann genauso gemacht werden wie das Fockgeitau.

Die **Unter-Marsschoten** sind einfach und bestehen aus einer Kette. Jede geht von der Nock der Unter-Marsrah nach unten durch ein Scheibengatt in der Fockrah, daran entlang nach innen bis zum Puppenblock und hinunter aufs Deck - circa 100 Fuß.

Von den **Untermars-Buggordings** gibt es einen auf jeder Seite. Es sind Schnürgordings, weil sie rund um das Segel führen. Vom Deck gehen sie nach oben, werden durch einen Block am vorderen Stengewant, einige Fuß über der Unter-Marsrah geschoren, gehen durch einen einscheibigen Block an der Rah nach unten an der Vorderseite des Segels, durch ein Klotje am Unterliek an der Achterseite des Segels nach oben und werden mit einem Tampen um die Rah gelegt. Jede ist circa 106 Fuß lang.

Die **Nockgordings** werden ebenso geschoren.

Das **Vor-Obermarsfall** dient zum Heißen von Rah und Segel. Auf die Mitte der Rah wird eine Kette geschäkelt (Drehreep), die durch ein Scheibengatt in der Marsstenge führt und 2 Fuß darunter mit einem Block endet. Die ganze Länge beträgt 23 Fuß. Durch den Block wird ein Klappläufer geschoren, der auf der einen Seite des Schiffes an einem Bolzen in der Reling fest sitzt und am anderen Ende ein 5-läufige Gien hat, deren Gienblock (dreischeibiger Block) oben und der zweischeibige Block an der Reling befestigt ist.

Bevor man den Klappläufer kappt, muß man wissen, wie lang das Fall sein muß. Die erste Frage lautet also: Wie groß ist das Fall der Marsstenge? Wir können damit rechnen, daß das Fall von 1 1/2 Fuß über dem Eselshaupt bis 1 1/2 Fuß unter dem Scheibengatt, also 23 x 2 = 46 Fuß entspricht. Das wäre eine Mindestlänge für das Fall, man lege aber lieber noch 6 Fuß dazu - das Fall hat also eine Länge von 52 Fuß über der Reling. Es ist 5-läufig, und der feste Part ist am

Unterblock befestigt. Der Läufer muß daher sechsmal so lang sein, oder genausoviel Faden haben, wie das Fall Fuß mißt. Der Läufer wird durch einen Fußblock an Deck gewiesen.

Der Klappläufer ist zweimal so lang wie der Abstand von der Reling hinauf zum Mantelblock: 84 x 2 = 168 Fuß; davon zieht man die Länge des Falls ab, 52 Fuß. Der fertige Klappläufer ist 116 Fuß lang, davon besteht der Teil, der durch den Mantelblock fährt, aus Kette, der Rest ist Draht. Der feste Part wird **Stander** genannt.

Die **Obermarsschoten** (lose Schoten). Der erste Faden der Schot vom Schothorn des Obermarssegels hinunter durch das Seibengatt auf der Untermarsrah ist aus Kette, von dort an ist die Schot, die nach innen durch den Quarterblock um den halben Weg zum Mars hinunter führt, aus Draht. Am Mars ist der Vorläufer um den doppelten Block gespleißt. An der Vorkante des Mars, soweit zur Mitte wie möglich, sitzt ein einscheibiger Block; zwischen diesen beiden Blöcken ist eine dreifache Talje geschoren, deren Läufer hinunter ans Deck weist. Für den Vorläufer kappt man insgesamt circa 47 Fuß, davon gehen 3 Fuß zum Spleißen ab. Der Taljenläufer läßt sich am besten abmessen, wenn die Schot eingeschoren ist.

Die **Obermarsmittelgording** ist am Unterliek des Segels fest und geht durch ein Klotje, das mit einem Steert an der Rah oder am Drehreep fest ist, hinauf zur Stengesaling, wo sie so befestigt wird, daß bei gesetztem Segel circa 1 Fuß Lose ist. Wenn die Rahen gefiert werden, holen die Gordings selbst das Segel an die Rah.

Die **Innen-Obermarsnockgording** ist wieder eine Schnürgording. Man schert sie nach oben vom Deck über die innere Scheibe im zweischeibigen Gordingsblock unter der Stengesaling, nach unten durch einen Block an der Rah, an der Vorderseite des Segels entlang weiter nach unten, durch ein Klotje im Unterliek an der Achterseite des Segels nach oben, wo sie um die Rah befestigt wird. Die Innen-Obermarsnockgording ist circa 25 Faden lang.

Die **Außen-Obermarsnockgording** wird genauso abgemessen und geschoren wie die Innen-Obermarsnockgording.

Das **Vor-Bramfall** dient zum Heißen und Fieren der Bramrahen. Es besteht aus einem Drehreep, einem Mantelblock und Klappläufer (Stander und Kette) samt Fall (4-fach geschorene Talje).

Das Drehreep ist mit einem Schäkel auf der Mitte der Bramrah fest, geht nach oben durch ein Scheibengatt und ist am Mantelblock befestigt. Es ist circa 19 Fuß lang.

Die Bramrahen hängen 1 1/2 Fuß über dem Eselshaupt. Der Abstand von dort bis einen Fuß unter das Scheibengatt beträgt 15 Fuß, multipliziert mit der doppelten Länge des Falls, ergibt das 30 Fuß. Man legt noch einmal 6 Fuß dazu und hat die ganze Länge des Falls: 36 Fuß. Der feste Part des Läufers ist am oberen Block befestigt. Der Läufer muß daher mindestens fünfmal die Länge des Falls haben, also 180 Fuß oder 30 Faden; er wird durch einen Fußblock an Deck gewiesen. Die Länge des Klappläufers entspricht zweimal dem Abstand des Bramscheibengats über der Reling: 110 1/2 Fuß x 2 = 221 Fuß, minus 4 Fuß, minus 36 Fuß für das Fall. Der fertige Klappläufer ist also 181 Fuß lang. Der Stander wird auf der Reling befestigt, der andere Part am Fall. Fall und Stander stehen jeweils auf einer Schiffsseite. Der Teil, der durch den Mantelblock fährt, ist aus Kette, der Rest ist Draht.

Das **Vor-Bramgeitau** (Das Segel wird zu den Nocken aufgezogen.) ist an der Nock der Bramrah fest, geht nach unten durch einen Block am Schothorn, wieder nach oben durch einen einscheibigen Block an der Nock, über die vordere Scheibe im Quarterblock und führt nach unten aufs Deck. Seine Länge entspricht zweimal der Länge des Seitenlieks: 26 x 2 (52 Fuß), plus dem Abstand bis zum Quarterblock (25 Fuß), plus der Höhe des Bramgutes über

Deck (114 Fuß): insgesamt also 191 Fuß für jedes Geitau.

Die **Vor-Bramschot** hat einen Kettenvorlauf, der so lang sein sollte, daß die Kette nicht über das Scheibengatt schert, wenn das Segel aufgegeit wird. Sie darf aber auch nicht so lang sein, daß sie in den Quarterblock kommt, wenn das Segel gesetzt ist. Sie muß daher sehr genau gekappt werden. Als passendes Maß kann der Abstand vom Scheibengatt bis zum Quarterblock auf der Untermarsrah gelten (circa 33 Fuß). Vom Geitaublock unter der Bramrah zum Scheibengatt auf der Obermarsrah sind es nur 26 Fuß. Die Kette schert daher nicht aus, wenn das Bramsegel hochgenommen wird; da es außerdem in der Brille des Segels fest ist, kann es auch nicht bis an den Quarterblock kommen, wenn das Bramsegel gesetzt wird. In den Achterlauf der Kette spleißt man Draht oder Tauwerk. Unten, in Höhe des Püttingbandes, befindet sich ein Klappläuferblock. Um die Länge des Vorläufers richtig abmessen zu können, müssen sowohl die Obermarsrah als auch die Bramrah auf ihre Plätze geheißt werden, als wären die Segel gesetzt. Die Strecke von der Nock der Bramrah bis zum Scheibengatt auf der Obermarsrah, auf dieser entlang bis zum Quarterblock und hinunter bis zum Püttingsband muß 101 Fuß lang sein, plus den Umfang des Klappläuferblocks (1 Fuß 10 Zoll), samt Tampen zum Spleißen. Ohne die Rahen heißen zu müssen, mißt man den Abstand vom Bramscheibengatt zum Püttingsband (74 Fuß) plus den Abstand zwischen Scheibengatt und Quarterblock auf der Obermarsrah (33 Fuß); insgesamt 107 Fuß - zum Spleißen muß nichts hinzugelegt werden.

Der Klappläufer entspricht zweimal der Höhe vom Deck zum Püttingsband.

Die **Vor-Brambuggordings** sind auf dem Unterliek des Segels fest, führen an der Vorderseite des Segels nach oben, durch Klotjes, die in der Mitte der Rah sitzen, durch die zweischeibigen Gordingsblöcke am Bramgut und von dort aufs Deck. Die Höhe vom Unterliek zum Bramgut hinauf beträgt 28 Fuß, aufs Deck hinunter 116 Fuß - insgesamt also 144 Fuß; um sie aber hinunter zur Vorderseite des Segels überholen zu können, sollte man ein paar Faden dazugeben.

Die **Vor-Bramnockgordings** werden vom Deck aus nach oben durch die Gordingsblöcke unter dem Bramgut geschoren, gehen durch einen Block auf der Bramrah, an der Vorderseite des Segels hinunter durch ein Klotje am Unterliek, an der Achterseite des Segels wieder nach oben und werden im Seitenliek befestigt - jede ist 180 Fuß lang.

Das Seitenliek wird von der Nockgording unten um das Unterliek herum und an der Vorderseite der Rah wieder heraufgeholt. Dadurch geht fast der ganze Wind aus dem Segel, selbst vor dem Winde. Beim Winde kann das Segel stundenlang in einer Brise hängen, ohne auch nur einmal zu schlagen.

Diese Methode hat nur einen Nachteil: Die Gordings schamfilen in den Klotjes auf dem Unterliek und müssen daher regelmäßig überprüft werden.

Eine andere, nicht so gute Methode besteht darin, ein Klotje mit einem kurzen Steert auf dem Unterliek zu befestigen. Die Gording geht an der Vorderseite des Segels hinunter, durch das Klotje, an der Vorderseite des Segel wieder hinauf und wird in der Mitte auf den Seitenlieks festgesetzt.

Das **Vor-Oberbramfall/Royalfall** ist ebenfalls mit einem Drehreep versehen (Fig. 334, 31). Das Drehreep kann 2 Fuß länger gekappt werden als die Oberbramstenge, circa 19 Fuß. Der feste Part des Klappläufers ist an der Saling befestigt, der andere geht durch den Mantelblock zum Oberbramfall hinunter; ein vierfach geschorene Talje mit Läuferblock sitzt zuoberst. Das Fall der Oberbramrah/Royalrah entspricht der Entfernung vom Bramgut bis zum Oberbram-/Royalscheibengatt: 2 Fuß = 14 Fuß. Das Fall ist zweimal so lang, also 28 Fuß; legt man noch

6 Fuß dazu, wird das ganze Fall 34 Fuß lang, multipliziert mit 5 ergibt die Mindestlänge eines Läufers: 170 Fuß. Der Klappläufer führt von der Stengesaling zum Mantelblock hinauf, circa 2 Fuß unter dem Oberbram-/Royalscheibengatt (42 Fuß), plus der Entfernung von der Reling, wo das Oberbram-/Royalfall fest ist, bis hinauf zum Mantelblock (130 Fuß) - insgesamt 172 Fuß. Davon wird die Länge des Oberbram-/Royalfalls abgezogen: 34 Fuß. Der fertige Klappläufer soll 138 Fuß lang sein.

Die **Royal-/Oberbramgeitaue** (das Segel wird zu den Nocks aufgezogen) werden genauso geschoren wie das Bramgeitau. Ihre Länge entspricht zweimal der Höhe der Oberbram-/Royalstenge 17 x 2 = 34 Fuß, plus der halben Länge der Royalrah (21 Fuß), plus der Höhe vom Deck bis zum Oberbram-/Royalgut (132 Fuß), insgesamt also 187 Fuß für jedes Geitau.

Von den **Vor-Oberbram/Royalgordings** gibt es auf jeder Seite eine (Fig. 335, 12), sie sind mit einem Arm des Hahnepoots am Unterliek befestigt, mit dem anderen mitten auf dem Seitenliek. Sie laufen an der Vorderseite des Lieks nach oben, durch eine große Kausch oder ein Klotje auf der Rah, und über eine der Scheiben des zweischeibigen Gordingblocks unter dem Oberbram-/Royalgut hinunter aufs Deck; insgesamt 16 Fuß; außerdem 10 Fuß für den einen Arm des Hahnepoots.

Großgeitaue **Groß-Refftaljen** **Groß-Gordings** **Großschoten**	werden gefertigt und geschoren wie für die Fock

Die Großsegel-Hälse sind halb so lang wie die Großschoten, wenn sie fertig sind. Der Hals wird in die Brille des Großsegels geschäkelt. Ganz oben ist eine Kausch in den Hals gebändselt, kurz darunter wird ein einscheibiger Block gespleißt. Unten auf Deck oder an einer der Relingsstützen sitzt ein kräftiger, zweischeibiger Block (circa 1 bis 2 Faden vor dem Scheibengatt der Fockschoten). Der Hals wird durch das innere Scheibengatt (das dem Mittschiff am nächsten liegende) geschoren, von der Achterkante des zweischeibigen Blocks nach oben und von vorn nach achtern durch den Block im Hals, wieder zurück durch den unteren Block. Den Tampen langt man der Mannschaft nach vorn. Der Groß-Hals wird also wie eine 3-fach geschorene Talje mit dem Läuferblock zuunterst geschoren. Der Hals wird bei jeder Wende ein- und ausgeschoren. Damit der Hals lang genug wird, muß man zum Einspleißen von Block und Kausch noch 3 Fuß mehr nehmen - durch ein gutes Bändsel werden beide voneinander getrennt.

Groß-Untermarsgeitau **Groß-Untermarsschoten** **Groß-Obermarsfallen** **Groß-Obermarsschoten**	werden angefertigt und geschoren wie im Vortop

Die Gordings werden genauso gekappt und gemessen wie für den Vortop, es sei denn, daß man sie auf dem Unterliek der Segel befestigen will, also auf Schnürgordings um das Segel verzichten möchte. Die Gordings von Groß- und Vortop werden gleich geschoren; sie wurden nur unterschiedlich eingezeichnet, um die verschiedenen Methoden zu zeigen. Unter- und Obermarsgordings sind nur bei Passatwinden an den Unterlieks der Segel fest, um das

Schamfilen zu vermindern. Nähert sich das Schiff dann aber unruhigeren Gewässern, legt man die Gordings als Schnürgordings rund um die Segel.

Groß-Bramfall **Groß-Bramgeitau** **Groß-Bramgordings** **Groß-Bramschoten** **Groß-Royalfall** **Groß-Royalgeitau** **Groß-Royalgordings** **Groß-Royalschoten**	entsprechen denen im Vortop

Bramnockgordings können auch mit einem Hahnepoot gemacht werden. Der eine Arm ist dabei am Seitenliek, der andere am Unterliek befestigt.

An jedem Mast ist eine **Flaggenleine**, die über eine Scheibe an der Achterkante des Flaggenknopfes geschoren wird und mit einem Tampen zu jeder Seite an den Royal-/Oberbrampardunen entlang nach unten läuft. Die Flaggleine ist 3 bis 4 Faden länger als die doppelte Höhe des Flaggenknopfes über Deck. Auf längeren Reisen werden die Leinen ausgeschoren, sobald man auf hoher See ist, und erst wieder eingeschoren, kurz bevor man sie wieder braucht. Auf der Nock der Besangaffel sitzt ein kleiner Block mit einer Flaggenleine, die immer eingeschoren klar ist.

Zeisinge sind kräftige Enden von mehreren Faden Länge, mit einem Auge in einem und einem bis zwei Taklingen auf dem anderen Ende. Sie sind überall dort angebracht, wo Segel befestigt werden sollen. Das Auge ist an der Stelle befestigt, wo der Zeising gebraucht wird. Meistens sind Zeisinge aus Manilatau. Früher wurden sie aus Platting gemacht. Es ist immer dafür zu sorgen, daß die Zeisinge gut sind und eine ausreichende Länge haben.

Es gibt noch verschiedene andere Enden auf einer Bark, von denen später noch gesprochen werden soll.

Das stehende Gut eines Schoners

Als zweites Beispiel, wie man ein Schiff aufriggt, wurde ein gewöhnlicher Schoner ausgewählt. Im folgenden soll sowohl über das stehende als auch über das laufende Gut gesprochen werden. Der Grund, warum den beschriebenen Teilen des Riggs immer ein ungefähres Maß beigefügt wird, ist der, daß sogar ältere Seeleute oft nicht einmal annähernd wissen, wieviel Tauwerk für die einzelnen Teile des Riggs benötigt werden.

Beim Kauf des Tauwerks ist es gut, wenn man ungefähr weiß, wie lang die einzelnen Fallen, Niederholer, Schoten, Gordings, Brassen usw. werden sollen. Man hört

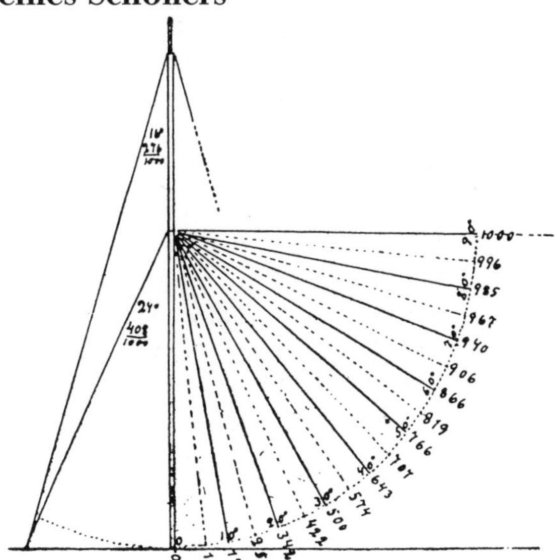

Fig.355.

sehr oft die erstaunte Feststellung: Wo ist nur all unser Tauwerk geblieben? Wir hatten soviel von **dem** und soviel von **dem** und jetzt ist so gut wie gar nichts zurückgeblieben. Wir hatten doch nicht mehr eingeschoren als ...

Nicht nur Kapitän und Steuermann reden so, auch der Reeder mag sich erstaunt fragen: „Da ist doch nicht etwa verschwendet worden?"

Im vorangegangenen behandelten wir eine Bark von 1500 Registertonnen, jetzt wollen wir über einen Schoner von ca. 140 Registertonnen reden.

Das Gewicht der einzelnen Teile des Riggs wird nicht erwähnt, da es in hohem Maße davon abhängt, welches Material benutzt wird. Der Leser wird daher auf die Tabelle I (Seite 7) und Fig. 355 verwiesen.

Die Frage nach Gewicht und Anzahl der auf den verschiedenen Schiffen benötigten Wanten ist nicht so leicht zu beantworten, denn es kommt sehr darauf an, wie stark jedes einzelne Want beim Mastabstützen beansprucht wird. Ein Want, das gerade am Mast steht, stützt gar nicht und eines, das wie das Großstag eines Schoners geradeaus steht, wird den Mast mit seiner ganzen Karft stützen. Zwischen diesen beiden Extremen finden sich eine ganze Reihe Abstufungen und in Fig. 355 kann man erkennen, in welchem Verhältnis die geleistete Stützarbeit von 100 bis 0 abnimmt. Anhand dieser Abbildung läßt sich vielleicht auch beweisen, warum ein oder zwei Stage ausreichen, um einen Mast nach vorn abzustützen, warum man aber zahlreiche Wanten und Pardunen braucht, um ihn zur Seite hin abzustützen. Es liegen eine Reihe von Tabellen vor, die über die benötigte Anzahl von Wanten und Pardunen für die verschiedenen Schiffe Auskunft geben. Sie sind allerdings recht unterschiedlich, und selbst, wenn zwei Schiffe gleich groß sind, heißt das noch lange nicht, daß ihr Rigg gleich schwer sein muß.

Auf den Tabellen der Klassifikationsgesellschaften sind Mindestmaße und Mindestzahlen für die von den Gesellschaften zugelassenen Rundhölzer und das stehende Rigg angegeben. Sie beziehen sich dabei auf geprüftes Schiffbaumaterial, das unter der Aufsicht der Gesellschaften verarbeitet wird.

Die **Fockwanten** stützen den Fockmast zu den Seiten und nach achtern. Hanftau muß vor dem Markieren ca. 1 Zoll pro Fuß gereckt werden, Draht nicht.

Von der Oberkante der untersten Jungfer zur Oberkante der Wantauflage (Fig. 338)	45 Fuß 3 Zoll
Von der Oberkante der untersten Jungfer bis zur Oberkante der Wantauflage (Fig. 336)	43 Fuß – Zoll
Für die Spreize zu beiden Seiten berechnet man	2 Fuß 3 Zoll
Das vorderste Want auf Fig. 336 von der Reling hinauf zur Oberkante der Wantauflage	43'+ 2' 3" = 45' 3"
Das zweite dto.	42' 11"+ 2' 3" = 45' 2"
Das dritte dto.	43' + 2' 3" = 45' 3"
Das achterste dto.	43' 1" + 2' 3" = 45' 4"
Das vorderste Want an Steuerbord	45 Fuß 3 Zoll
Das zweite	45 Fuß 2 Zoll
Umfang des Mastes am Top	2 Fuß 6 Zoll
Kappe für das vorderste Wantpaar an Steuerbord:	92 Fuß 11 Zoll

Markierung: 1 Knoten.

Plus zweimal die Wantdicke .... 2 Zoll
Kappe für das vordere Wantpaar an Backbord: .... 93 Fuß 1 Zoll
Markierung: 2 Knoten
Drittes Want an Steuerbord .... 45 Fuß 3 Zoll
Zweimal die Wantdicke (Durchmesser Draht) .... 2 Zoll
Umfang des Mastes am Top 2 .... Fuß 6 Zoll
Zweimal die Wantdicke .... 2 Zoll
Kappe für das achtere Paar an Steuerbord .... 93 Fuß 5 Zoll
Markierung: 3 Knoten
Zweimal die Wantdicke .... 2 Zoll
Kappe für das achtere Paar an Backbord: .... 93 Fuß 7 Zoll
Markierung: 4 Knoten

Das achterste Want an jeder Seite wird ganz und gar gekleidet oder so behandelt, wie vorher erklärt wurde.

Das **Großwant**:

Die Länge von der Oberkante der untersten Jungfer bis zur Oberkante der Wantauflage (Fig. 339) .... 46 Fuß 2 Zoll
Die Länge von der Oberkante der untersten Jungfer bis zur Oberkante der Wantauflage (Fig. 336) .... 44 Fuß 2 Zoll.

Das, was auf Fig. 336 gemessen wird, nämlich 2 Fuß 2 Zoll, muß zu jedem Want hinzugezählt werden.

Vorderstes Want auf Fig. 336 von der Reling zur Oberkante der Wantauflage	44' + 2' 2" = 46' 2"
Zweites Want	43' 6" + 2' 2" = 45' 8"
Drittes Want	43' 3" + 2' 2" = 45' 5"
Achterstes Want	43' 4' + 2' 2" = 45' 6"

Das vorderste Want an Steuerbord .... 46 Fuß 2 Zoll
Das zweite dto. .... 45 Fuß 8 Zoll
Umfang des Mastes am Top .... 2 Fuß 6 Zoll
Vorderes Paar an Steuerbord .... 94 Fuß 4 Zoll
Markierung: 1 Knoten.
Zweimal die Wantdicke (Draht) .... 2 Zoll
Vorderes Paar an Backbord .... 94 Fuß 6 Zoll
Markierung: 2 Knoten.
Drittes Want an Steuerbord .... 45 Fuß 5 Zoll
Achteres Want dto. .... 45 Fuß 6 Zoll
Umfang des Mastes am Top .... 2 Fuß 6 Zoll
Achteres Paar an Steuerbord .... 93 Fuß 9 Zoll
Markierung: 3 Knoten.
Zweimal die Wantdicke .... 2 Zoll
Achteres Paar an Backbord: .... 93 Fuß 11 Zoll
Markierung: 4 Knoten.

Die achtersten Wanten werden ganz und gar gekleidet.

Die Pardunen am Fockmast stützen seinen Masttop nach achtern und zu den Seiten. Auf jeder Seite gibt es eine Pardune.

In Fig. 338 sind es von der Reling bis hinauf zum Eselshaupt .... 52 Fuß – Zoll
In Fig. 336 dto. (an der Mastlinie entlang) .... 49 Fuß 2 Zoll
Für die Spreize zu beiden Seiten berechnet man .... 2 Fuß 10 Zoll

Für die Länge der Pardunen nach Fig. 336: 49 Fuß + 2 Fuß 10 Zoll ergibt: 52 Fuß.

Wenn man Klammern benutzt, wird nichts hinzugelegt, braucht man aber Kauschen, muß zusätzlich Tampen zum Spleißen berechnet werden. Wanten und Pardunen werden unten gekleidet. Dadurch, daß die Tampen durch das Einbändseln der Jungfern kürzer werden, steht Spannung auf dem Taljereep.

Die **Vor-Stengepardunen**.

Von der Reling bis zum Gut (Fig. 338) .... 62 Fuß 8 Zoll
Von der Mastlinie bis zum Stengegut (Fig. 336) .... 61 Fuß 4 Zoll
Zzgl. für den Spreiz jeder Pardune .... 1 Fuß 4 Zoll
Vorderste Stengepardune auf Fig. 336= 61' 4" + 1' 4" für
die Spreize .... 62 Fuß 8 Zoll
Achterste dto. 61' 6" + 1' 4" .... 62 Fuß 10 Zoll
Umfang der Stenge an der Pardunenauflage .... 2 Fuß – Zoll
Kappe für das Steuerbordpaar der Stengepardunen .... 127 Fuß 6 Zoll
Markierung: 1 Knoten.
Plus zweimal der Pardunendurchmesser .... 2 Fuß
Kappe für das Backbordpaar Stengepardunen .... 127 Fuß 8 Zoll
Markierung 2 Knoten

Unten werden die Pardunen genauso gearbeitet wie die Wanten. Oben werden 4 Fuß zu jeder Seite gekleidet. Das Wantauge für den Top wird nur so groß gemacht, daß es gerade über die Stenge paßt.

Die **Vor-Brampardunen**.

Vom Bramgut hinunter zur Reling (Fig. 338) .... 70 Fuß 1 Zoll
In Mastlinie bis zum Bramgut (Fig. 336) .... 69 Fuß 6 Zoll
Für das Spreizen zu den Seiten .... 7 Zoll
Die Länge der Pardune in Fig. 336 von der Reling
bis zum Bramgut .... 69 Fuß 6 Zoll
Für das Spreizen zu den Seiten .... 7 Zoll

Umfang der Bramstenge an der Auflage .... 1 Fuß 6 Zoll
Tampen zum Spleißen eines Auges um den Top .... 1 Fuß
Kappe für jede Brampardune .... 72 Fuß 7 Zoll

Das Auge wird so groß gespleißt und gekleidet, daß es um die Bramstenge paßt.

Das **Vor-Stengewant** ist mit einem Taljereep am Püttingsband befestigt und liegt in den Ausschnitten am Ende der Saling, 4 Fuß 8 Zoll, von dort zum Stengewant hinauf, 18 Fuß 5 Zoll, plus dem Umfang der Stenge am Gut, 2 Fuß.

Länge des einen Stengewantes .... 18 Fuß 5 Zoll
Plus .... 4 Fuß 8 Zoll
23 Fuß 1 Zoll

Beide Stengewanten .... 46 Fuß 2 Zoll
Umfang der Stenge .... 2 Fuß
Kappe für das Steuerbordpaar der Stengewanten .... 48 Fuß 2 Zoll

Für das Paar an Backbord rechnet man zweimal die Wantdicke hinzu. Man kleidet sie 3 bis 4 Fuß von oben auf jeder Seite, bevor man ein Auge bändselt, das genau um die Stenge paßt. Die Tampen werden 6 Fuß gekleidet und um eine Kausch gebändselt, indem man zwei Fuß vom Tampen entfernt eine Markierung setzt, den Tampen bis zur Markierung biegt und gut festzeist, während das untere Bändsel umgelegt wird. Auf jeden Tampen setzt man zwei Bändsel; die Tampen werden auf die Innenseite gelegt. Bis zum Püttingsband bleibt dem Taljereep gut 1 Fuß Rock.

Groß-Stengepardunen
Groß-Brampardunen — siehe Vor-Stenge- und Brampardunen.

In der Regel ist die Saling nicht so lang, daß sie bis zu den Stengepardunen hinausreicht. Die Mannschaft vermißt daher oft etwas zum Festhalten, während sie das Gaffeltopsegel anschlägt. Es ist also praktisch, zwei Pardunen an jeder Seite des Masttops zu spannen, so daß diese am Eselshaupt befestigt sind und durch ein Loch am Ende der Salingsausleger führen. Sie werden mit einem Stopperstek oder mit einem Auge mit Bändsel auf den Wanten, drei Fuß unterhalb der Saling festgesetzt (Fig. 339).

Besonders nachts und bei schlechtem Wetter wird die Mannschaft diese Art als Erleichterung zu schätzen wissen, ganz zu schweigen davon, daß die Gefahr dadurch auf ein Minimum reduziert wird.

Die **Focktopnanten** sind an den Nocken der Fockrah befestigt, gehen durch eisenbeschlagene Blöcke, von denen jeweils einer an jeder Seite des Eselshauptes sitzt, und enden ca. 14 Fuß über dem Deck in einem Klappläuferblock. Sie werden wie für eine Bark hergestellt.

Topnanten und Stropps um den Top
Bramtopnanten
Brampferde (keine Springpferde)
Obertopsegelpferd — Siehe Topnanten und Pferde an den Royalrahen einer Bark. Die Pferde werden von hinten um die Stenge genommen.

Die **Untertopsegelpferde** und die **Fockpferde** (1 Springpferd) werden genauso wie für eine Bark gefertigt. Sie werden auf dem Bügel am Schwanenhals befestigt.

Das **Fockstag** wird oben mit einem Auge um den Top über die Wanten gelegt und unten um eine Rolle geführt, die auf dem Klüverbaum sitzt. Die Länge von der Mitte der Achterkante des Fockmastes über der Auflage hinunter zur Zurring beträgt: .... 54 Fuß – Zoll

Zulage für das halbe Stagauge	4 Fuß 6 Zoll
Zulage für den Augspleiß	1 Fuß 6 Zoll
Zulage für den Tampen unten	3 Fuß – Zoll
Kappe für das Fockstag	63 Fuß – Zoll

Das Stück wird aufgespannt, dann beginnt man 1 1/2 Fuß von dem einen Tampen und kleidet ein- oder zweimal 9 Fuß bis zum Stagauge. Das Auge wird gespleißt und gekleidet. Der unterste Tampen wird ebenfalls ca. 8 Fuß nach oben gekleidet.

Das **Vorstag** liegt mit einem ähnlichen Auge um den Top, direkt auf dem Fockstag, geht zum Bugspriet hinunter, auf der einen Seite des Bugsprietes (gewöhnlich an Backbord) durch ein Gat in einer kräftigen Klampe und am Bugspriet entlang nach innen. Es wird auf einem Poller oder einem Ring an den Judasohren belegt. Die Länge von der Mitte der Achterkante des Fockmastes hinunter bis zur Klampe auf der Seite des Bugsprietes beträgt: 58 Fuß 4 Zoll

Bis zu Judasohren	9 Fuß 4 Zoll
Bis zum Stagauge	4 Fuß 6 Zoll
Bis zum Spleiß des Stagauges	1 Fuß 6 Zoll
Tampen zum Belegen	4 Fuß – Zoll
Das ganze Stag	77 Fuß 6 Zoll

Das Stagauge wird gekleidet und gespleißt - das fertige Auge ist 4 Fuß 6 Zoll lang. Ein Hanfstag wird manchmal ganz und gar getrenst, Draht nicht.

Das **Vor-Stengestag** führt vom Stengegut durch eine ähnliche Klampe auf der anderen Seite des Bugsprietes (gewöhnlich an Steuerbord) nach unten und wird über eine Rolle auf der Vorderkante der Judasohren belegt.

Vom Stengegut bis zur Unterkante der Klampe	71 Fuß 2 Zoll
Bis zur Rolle auf dem Judasohr	9 Fuß 2 Zoll
Umfang der Stenge an der Auflage	2 Fuß – Zoll
Tampen für den Augspleiß	1 Fuß 3 Zoll
Tampen zum Belegen	4 Fuß – Zoll
Für das ganze Stag benötigt man	87 Fuß 7 Zoll

Das Auge wird so angefertigt und gekleidet, daß es um die Stenge paßt. Der Spleiß wird einige Fuß nach unten gekleidet. Der Tampen wird am Ende ca. 8 Fuß und vor der Klampe so hoch gekleidet, wie die Klüverschoten schamfilen können. Meist führen das Vorstag und das Vor-Stengestag durch ein Loch in den Judasohren und werden an einem Augbolzen im Spriet oder an den Pallstützen angesetzt. In so einem Fall kann der Abstand von den Rollen außen vor den Judasohren bis zu den Augbolzen der vorher gemessenen Länge hinzugerechnet werden. Der Tampen wird bis einen Fuß außen vor den Judasohren gekleidet.

Sowohl das Vorstag als auch das Stengestag können auch mit Taljereeps belegt werden.

Das **Klüverstag** (Draht) dient als Laufsteg des Klüvers und führt vom Stengegut durch ein blindes Scheibengatt am Klüverbaum, über eine Lippe mitten auf dem Stampfstock, durch ein Gat in den Judasohren nach innen, wo es mit einem Schloß fest ist.

Vom Stengegut bis zur Unterkante des blinden Scheibengatts	72 Fuß 8 Zoll
Vom Scheibengatt hinunter bis zur den Lippen am Stampfstock	10 Fuß 10 Zoll
Von dort bis zu den Judasohren	10 Fuß 3 Zoll
Umfang der Stenge plus Tampen für den Augspleiß	3 Fuß 3 Zoll
	97 Fuß - Zoll.

Das Stag macht man einen Fuß kürzer als angegeben und setzt eine Klammer mit einem Faden Kette auf den Tampen (Fig. 352). Das Auge muß um die Stenge passen und wird gekleidet. Außerdem kleidet man die Stelle, wo der Leiter im Scheibengatt und in der Lippe auf dem Stampfstock stehen wird.

Das **Jagerstag** fertigt und fährt man auf die gleiche Weise, nur auf der entgegengesetzten Seite.

Die **Wasserstage** stützen den Bugspriet nach unten ab. Sie sind fast immer aus Kette, die mit dem einen Ende am Vorsteven befestigt sind, und mit dem anderen Ende mit Zurring an der Unterkante des Bugspriets fest sind. Man macht die Kette einen Fuß kürzer als der Abstand zwischen den Bolzen im Steven und den Ringbolzen unter dem Bugspriet beträgt. Das äußere Wasserstag auf Fig. 336 ist 12 Fuß 6 Zoll lang, das innere 10 Fuß 3 Zoll. Die Zurring wird mit einem Auge in das obere Ende der Wasserstage gespleißt.

Der **Jagerstampfstag** stützt den Baum nach unten ab. Er ist fast immer aus Kette, die mit dem einen Ende in einem Band um den Jagerbaum und mit dem anderen in einem Band am Ende des Stampfstocks fest ist. Die Länge der Kette: 19 Fuß 9 Zoll, abzüglich der Länge von beiden Schäkeln. Die Kette hat an jedem Ende ein großes Glied.

Das **Klüverstampfstag** stützt den Klüverbaum nach unten ab und ist ebenfalls aus Kette. Das eine Ende ist in das Band um den Klüverbaum geschäkelt, das andere in das Band des Stampfstocks. Das Stag ist 12 Fuß 1 Zoll lang, abzüglich der Länge beider Schäkel.

Die **Stampfstockgeien** stützen den Stampfstock nach achtern und zu den Seiten hin ab. Zu jeder Seite des Bugs führt eine Gei durch eine Klüse kurz vor und ein wenig unterhalb des Kranbalkens. Sie wird mit einem Schieber hinter der Klüse festgesetzt. Die Mindestlänge für jede Gei beträgt 18 Fuß, sie sollten aber mindestens einen Faden länger gekappt werden. Die beiden äußeren Tampen werden in das Band am Stampfstock geschäkelt.

Die **Bugstagen** stützen den Bugspriet zu den Seiten hin ab. Sie werden mit dem einen Ende an Bolzen unterhalb des Schandecks, fast direkt unter dem Kranbalken, geschäkelt. Das andere Ende wird mit einer Zurring am Band (Eselshaupt) des Bugspriets befestigt. Vor dem Kappen muß man daran denken, den Spreiz hinzuzurechnen. Die Länge auf Fig. 337 mißt 17 Fuß. Auf das innere Ende wird eine Klammer (Feder) gesetzt, in das äußere spleißt man eine Kausch oder ein Klotje. Nachdem die Kauschen eingespleißt wurden, sind die Bugstage um das Stück kürzer, welches beim Ansetzen Spannung gibt. Die Zurring wird in die Kausch gesetzt. Das Stag wird einmal ganz gekleidet. Das letzt Stück (circa 1 Faden) auf der Back kleidet man doppelt, weil es durch die Ankerkette leicht schamfilt. Beide Stagen sind identisch. Sind sie aus Kette, müssen sie an den achteren Enden mit Schäkeln versehen werden.

Die **Klüvergeien** stützen den Klüver zu den Seiten hin ab. Um eine größere Spreize zu erhalten, werden sie oft in die Ausleger des Kranbalkens gelegt. Draußen auf dem Klüverbaum werden sie in das Band geschäkelt, gehen durch die innere Lippe auf dem Ausleger nach innen, von dort durch ein Gat im Finkennetz und sind hinter dem Gat mit einem Schloß befestigt.

Vom Band bis einen Fuß vor den Ausleger (Hanf oder Draht)	28 Fuß 4 Zoll
Von dort bis zum Gat im Finknetz, plus 5 Fuß Tampen (Kette)	10 Fuß 3 Zoll
Insgesamt für jede Klüvergei	38 Fuß 7 Zoll

In das äußere Ende wird eine Kausch gespleißt, auf das innere setzt man eine Kette mit einer Klammer. Ueberall, wo sonst noch Klammern und Halterungen benutzt werden, kleidet man das Hanftau oder den Draht an der Stelle mit Schiemannsgarn.

Die **Jagergeien** werden auf die gleiche Weise gefahren und angefertigt.

Die **Pferde** dienen der Mannschaft draußen auf dem Baum als Fußhalt und werden in der Regel aus Hanftauwerk hergestellt.

Die **Jagerpferde** haben an jedem Ende ein Auge. Die äußeren Augen werden an das Band des Jagerbaums, die inneren an das Band des Klüverbaums gebändselt.

Wie lang müssen die Jagerpferde sein?

Abstand zwischen den Bändern	7 Fuß 3 Zoll
Für die Bucht im Pferd	1 Fuß – Zoll
Tampen für zwei Augspleiße	2 Fuß – Zoll
	10 Fuß 3 Zoll

Das **Großstag** stützt den Mast nach vorn ab und geht vom Top des Großmastes zum Top des Fockmastes hinüber, wo es an einer großen Kausch belegt wird. Seine Länge beträgt von der Vorderkante des Groß-Eselshauptes bis zur Achterkante

des Fockmastes hinüber	36 Fuß 10 Zoll
Tampen zum Ansetzen	4 Fuß – Zoll
Für das Großstag kappt man folgende Länge:	40 Fuß 10 Zoll

Die hinteren 3 Faden des Stages werden beschmartet und gekleidet, damit es nicht durch die Stengestagsegelschoten schamfilt. Auf die Tampen werden Klammern genietet, womit man das Stag in einen Augbolzen auf dem Eselshaupt schäkeln kann. Den vorderen Tampen kleidet man ein bis zwei Faden - damit ist das Stag fertig.

Anstelle von Klammern kann man auch ein Stagauge fertigen, welches über den Top des Großmastes gelegt wird, dann muß das Stag allerdings um ca. 8 Fuß länger gekappt werden.

Das **Groß-Bramstag** (Zwischenstagsegelleiter) liegt mit einem Auge um die Großstenge, geht über eine Rolle an der Achterkante des Fockmastes nach unten und wird unten an der Saling festgezurrt.

Vom Bramgut bis zur Rolle	45 Fuß 9 Zoll
Von dort bis zur Saling	6 Fuß – Zoll
Umfang der Stenge	1 Fuß 6 Zoll
Zu kappende Länge des Stages	53 Fuß 3 Zoll

Da weder zum Spleißen von Augen noch zum Einbinden von Kauschen Tampen berechnet wurde, ist das Stag einige Fuß kürzer, als das Maß angibt. Das Auge wird gekleidet, der Tampen ebenfalls bis einige Fuß vor der Rolle.

Das laufende Gut eines Schoners (Fig. 340).

Das **Jagerfall** ist einfach geschoren. Man mißt von der Nock des Jagerbaumes hinauf zu dem einfachen Block unter dem Bramgut und weiter auf das Deck. Der Jagerniederholer ist im Fallhorn befestigt. Seine Länge setzt sich folgendermaßen zusammen: einmal das Vorliek des Jagers + die Länge vom Niederholerblock bis in die Judasohren hinein + 3 Faden Tampen.

Die **Jagerschoten** werden aus einem einzigen Ende mit einer Matte auf der Mitte zum Festsetzen im Segel gemacht. Die Schoten müssen zusammen zweimal so lang wie die Luvschot sein oder ca. zweimal die Länge vom Kranbalken bis hinaus zum Jagerniederholerblock haben. Sie werden ca. 1 1/2 Faden zu jeder Seite der Matte gekleidet.

Der **Jagerhals** ist ein Stropp, der um einen Baum festsitzt und Klauen im obersten Ende hat, die in die Halskausch gehakt werden. Man nimmt für den Hals zweimal die Länge rund um den Baum + 2 Fuß + 2 Tampen für einen Kurzspleiß. Bevor man die Tampen zusammenspleißt, werden die Klauen eingesetzt. Damit der Hals nicht auf dem Baum entlanggleitet, zeist man ihn am Jagerleiter, direkt oberhalb des Baumes fest.

Das **Klüverfall** ist mit einem Klappläufer in der Achterhand versehen. Der Vorholer wird 2 Faden länger gekappt, als die Länge des Klüverleiters vom Baum zum Gut hinauf beträgt. In den einen Tampen werden die Klauen gespleißt, den anderen schert man durch den Block unter dem Stengegut, bevor der Klappläuferblock eingespleißt wird. Die Länge des Klappläufers entspricht ungefähr zweimal der Höhe des Stengegutes über Deck.

Klüverhals, siehe unter Jagerhals.

Die **Klüverschoten** sind mit Schenkeln und Klappläufern ausgerüstet. Die Schenkel werden so lang wie möglich gemacht, es nützt jedoch nichts, wenn der Block dichter als eine Fadenlänge an der Stelle sitzt, wo der Klappläufer an der Leeschot befestigt ist. Wenn die Schenkel zu kurz sind, fällt der Luvblock nach Lee des Stengestages und man bekommt eventuell Schwierigkeiten beim Zurückholen.

Lee-Schenkel	13 Fuß
Umfang des Blockes 2' + Tampen zum Spleißen 1'	3 Fuß
	16 Fuß
Zu kappende Länge für beide Schenkel	**32 Fuß**

In jedes Ende wird ein Block gespleißt, und auf die Mitte wird eine Matte mit einer Kausch gesetzt. Der ganze Schenkel wird einmal und in der Mitte zweimal gekleidet.

Die Klappläufer müssen zweimal so lang sein wie die Luvschoten, wenn diese geholt sind. Der feste Part des Klappläufers wird oft von innen durch ein Gatt im Schanzkleid nach außen gesteckt; damit er mit dem innersten Tampen nicht durch das Gatt rauscht, setzt man ein Auge mit Stopperknoten (Fig. 128) darauf. In das Auge setzt man den holenden Part, damit dieser nicht außenbords geht oder ausschert, wenn die Schoten losgeworfen werden.

Das **Vor-Stagsegelfall** ist mit einem Palstek im Auge des Vor-Stagsegelleiters fest, geht durch einen einfachen Block im Fallhorn des Segels, durch einen einfachen Fallblock unter der Längssaling nach oben und schließlich hinunter aufs Deck. Die Länge entspricht zweimal dem Abstand vom Fallblock bis zum Bugspriet, wo der Niederholer fest ist, plus einmal der Höhe vom Deck bis zum Fallblock.

Die Länge des **Vor-Stagsegelniederholer**s entspricht einmal dem Vorliek des Vor-Stagsegels + der Länge des Bugspriets bis zu den Judasohren + 3 Faden Tampen.

Der **Vor-Stagsegelhals** ist ein ca. 3 Fuß langer Stropp mit Klauen in dem einen Ende, die man in die Halskausch des Segels hakt. Das unterste Ende ist auf dem Stagsegelleiter, direkt oberhalb der Klampe, festgebändselt, oder es ist am Klüverbaum befestigt.

Die **Vor-Stagsegelschoten**. Im Schothorn des Segels sind einscheibige Blöcke festgeschäkelt, durch die die Schoten geschoren werden; sie werden am besten gemessen, wenn die Segel geheißt sind. Sie werden genauso gemacht wie die Klappläufer der Klüverschoten. Das **Stagfockfall** wird genauso gemacht und geschoren wie das Stagsegelfall. Der **Stagfockniederholer** wird genauso gemacht und geschoren wie der Stagsegelniederholer. Die **Stagfockschot** besteht aus einer drei- oder vierfach geschorenen Talje, der Läuferblock ist im Schothorn des Segels fest. Im untersten Blockstropp ist kein Haken, sondern eine große Kausch, die an einem Laufstag (Leuwagen) entlanglaufen kann, welches quer über Deck von der einen Schiffsseite zur andern gespannt ist und in schweren Bolzen auf dem Schandeck feststeht. Für das Laufstag benutzt man Draht oder Kette, die man so in die Bolzen schäkelt, daß das Laufstag fast strammsitzt. Statt Draht wird auch manchmal eine Eisenstange benutzt. Das Drahtlaufstag wird an jedem Ende mit einer Kausch oder einer Klammer versehen und ganz gekleidet.

Wenn das Schiff Deckslast geladen hat, oder auch bei anderen Gelegenheiten, wird das Laufstag entfernt und durch einscheibige Blöcke, die an beiden Schiffsseiten gut festgemacht werden, ersetzt.

Wenn die Stagfockschot zu kurz ist, wird sie ausgeschoren, und ein anderes gutes Ende wird mit dem einen Tampen über die eine Scheibe im obersten Block bis zur Stagfockschot geschoren, dann nimmt man ihn an eine Schiffsseite, schert ihn durch den einscheibigen Block an Steuerbord und setzt ihn auf dem doppelscheibigen Schotblock fest. Den anderen Tampen schert man durch den einscheibigen Block an Backbord und zurück zum Schotblock, wo er festgesetzt wird, nachdem man ihn entsprechend dichtgeholt hat.

Wenn man einen dreischeibigen Block in die Schotkausch setzt, wird die Schot folgendermaßen geschoren: Den einen Tampen des Endes schert man über die mittlere Scheibe, von Backbord aus gesehen, durch den Block an Steuerbord, zurück durch das vorderste Scheibengatt im Schotblock und hinaus zum Block an Backbord, wo er festgesetzt wird. Den anderen Tampen schert man durch den Block an Backbord, zurück durch das achterste Scheibengatt im Schotblock und hinaus zum Block an Steuerbord, wo er entsprechend dichtgeholt und festgesetzt wird.

Die **Stagfockohrfeigen** sind in einer Matte im Achterliek des Segels fest und werden durch ein Klotje geschoren, sind dann auf dem vordersten oder dem nachfolgenden Fockwant fest, dann wieder in einer Matte kurz über der Schot; man holt sie dicht und legt sie um einen Belegnagel an Bord. Die Segel werden mit den Ohrfeigen flachgeholt, außerdem halten sie die Stagfock fest, damit diese beim Wenden das Backhalten des Schiffes unterstützen kann. Wenn das Schiff durch den Wind ist und die Segel sich wieder füllen, heißt es "Laß gehen Stagfock". Die Ohrfeigen werden losgeworfen und scheren sogleich aus, wenn die Stagfock übergeht, es kann also sein, daß jemand, der zu dicht dabei steht, eine Ohrfeige von dem Tampen bekommt - daher der Name. Das Stück, das durch Klotje und Kausch geht, wird gekleidet und gleichmäßig eingefettet. Der **Stagfockhals** besteht aus einer kleinen Dritthand, deren einscheibiger Block im Segel befestigt ist; der Läuferblock ist an einem Stropp um das Fockstag fest. Kleinere Schiffe haben nur eine Reihleine als Hals.

Der **Obertopsegelniederholer** ist auf der Nock der Obertopsegelrah fest, geht durch einen Block auf der Nock der Untertopsegelrah nach unten, durch einen Block auf der Nock der Obertopsegelrah wieder nach oben, auf dieser entlang, über die vordere Scheibe im Fußblock und hinunter aufs Deck. Die Länge beträgt ungefähr: die Höhe des Stengegutes über Deck + zweimal die Topsegelstenge vom Eselshaupt hinauf zum Gut + die halbe Länge der Topsegelrah. Auf kleineren Schonern steht der Niederholer auf der Unterrah, auf der sich kein Block befindet. Auf jeder Seite ist ein Niederholer.

Obertopsegelfall, siehe Bramfall einer Bark.

Die **Bramgeitaue** sind auf der Nock der Bramrah fest, gehen durch einen Block im Schothorn nach unten, durch einen Block hinauf und aufs Deck hinunter. Die Länge vom Block bis zum Scheibengatt der Obertopsegelrah (zweimal) + die Höhe des Bramgutes über Deck, ergibt die Länge des Geitaus.

Die **Bramschoten** sind einzeln und haben einige Faden Kette im Vorlauf. Sie sind im Schothorn des Bramsegels befestigt, gehen durch das Scheibengatt der Obertopsegelrah, über die achterste Scheibe im Quarterblock nach innen und hinunter aufs Deck. Die Kette wird mit einem Kettenspleiß angespleißt, bevor die Schot markiert wird. Die Länge entspricht der Entfernung vom Quarterblock auf der Bramrah zum Scheibengatt hinunter, weiter nach innen zum Quarterblock + der Höhe des Stengegutes über Deck.

Das **Bramfall** hat keinen Mantelblock; ein Drehreep geht von der Mitte der Rah durch ein Scheibengatt in der Bramstenge nach unten zur Achterkante und ist auf dem Läuferblock einer drei- oder vierfach geschorenen Talje befestigt, die als Fall dient und mit dem unteren Block an der Reling befestigt ist. Die Länge des Drehreeps entspricht der Höhe von der gefierten Bramrah bis zum Scheibengatt + dem Abstand von dort bis zur Reling minus der Länge der Talje, die mindestens 1 1/2 Faden länger sein soll als das Heiß der Bramstenge. Das

Drehreep aus Kette geht von der (gefierten) Rah bis einige Fuß hinter das Scheibengatt.

Die **Brambrassen** sind einzelne Enden, die mit Klauen auf den Nocken der Bramrah feststehen, über das Groß-Eselshaupt gehen, durch einscheibige Blöcke und hinunter aufs Deck. Für die Länge mißt man die Luvbrassen, wenn die Rah beim Winde steht. Die **Obertopsegelbrassen** sind an den Nocken der Rah fest und gehen zu einem zweischeibigen Brassblock auf den Kinnbacken des Großmastes. Die Brassen gehen über die innere Scheibe und enden mit einem Klappläuferblock, der wegen der Luv-Brassen ca. 2 Fuß unter dem Brassblock sitzt. Der Klappläufer ist natürlich zweimal so lang wie der Abstand vom Klappläuferblock hinunter auf Deck. Die **Untertopsegelbrassen** sind auf dem Großtop fest, gehen von dort durch einen Block auf der Nock der Untertopsegelrah, weiter bis zum Großtop, über die äußere Scheibe im Brassblock auf der Kinnbacke und hinunter aufs Deck. Die **Fockbrassen** werden genauso geschoren, es sei denn, daß der feste Part im Großwant unterhalb der Saling fest ist, und der holende Part durch einen Brassblock auf dem Großwant, ca. 3 Faden über Deck, geschoren wird. Sowohl Topsegel als auch Fockbrassen haben Schenkel aus Kette oder Draht im Vorlauf, weil die Brassen sich damit leichter selbst holen, wenn sie losgeworfen werden.

In der Regel braucht ein Schoner keine **Gordings** an den Rahsegeln, wenn man dennoch welche haben möchte, fertige und schere man sie so wie auf einer Bark.

Der **Schonerbaum** ist mit einem Schwanenhals an der Achterkante des Fockmastes fest, der Baum kann frei zu den Seiten schwingen und hoch- oder niedergestellt werden. Das achtere Ende des Baumes wird von einer **Baumdirk** gehalten, die mit einem Schäkel am Ende des Baumes fest ist. Oben hängen die Baumdirken in einer Dritthand mit Läuferblock, der an der Vorderkante des Großmastes, direkt unter der Saling, befestigt ist. Die Talje ist nur einige Faden lang, und der Taljenläufer weist auf das Deck.

Die **Schonerschot** hält den Baum nach unten und zu den Seiten hin. Sie besteht aus einer drei- oder vierfachen Talje mit Läuferblock, die an der Nock des Schonerbaumes fest ist; der untere Block ist entweder in einem Bolzen an Deck oder an der Vorderkante des Großmastes fest. Einige haben auch einen kurzen Leuwagen für die Schonerschot. Der Läufer geht meistens durch ein Klotje auf dem unteren Block, bevor er befestigt wird. Die Schonerschot allein kann den Baum aber nicht stützen, wenn das Schiff schlingert, daher setzt man einen kräftigen Stropp mit einer Kausch im Ende um den Schonerbaum. Eine starke Klampe auf dem Baum hindert den Stropp am Vorgleiten. Wenn nötig, hakt man den Läuferblock einer drei- oder vierfach geschorenen Talje in den Stropp, den zweiten Block in einen Bolzen oder einen Stropp an der Brampardune und holt die Talje dicht. Wenn sowohl Baumdirk, als auch Schot und Stoppertalje dichtgeholt sind, steht der Baum total fest (Fig. 340, 17).

Die **Schonerspringschot** hat einen bis zwei Faden Kette im Vorlauf, ist im Schothorn des Segels fest, geht durch das Scheibengatt im Ende des Baumes nach unten und dann nach vorn. Im vorderen Ende sitzt ein Klappläufer. Die Kette wird 3 Fuß kürzer als der Baum gemacht. Der Klappläufer ist mit dem festen Part innen beim Schwanenhals fest, der andere wird um den Baum auf eine Klampe gesetzt; er ist 1 1/2mal so lang wie der Baum.

Der **Schonerhals** besteht aus zwei einscheibigen Blöcken mit einem kleinen, drei Faden langen Läufer. Das **Schonerklaufall** besteht aus einer vierfach geschorenen Talje mit Läuferblock, der an einem "Stuhl" (schwerer Bolzen mit Stützen), dicht unter dem Gut auf der Achterkante des Fockmastes, befestigt ist; der zweite Block ist auf der Gaffel bei der Klau fest. Das Klaufall wird fünfmal so lang gekappt, wie der Abstand vom Schwanenhals zum Stuhl beträgt. Das **Schonerpiekfall** hat seinen Vorholer am Masttop fest, geht von dort durch einen Block auf der

Gaffelnock nach außen, über eine Scheibe in einem starken, eisenbeschlagenen Block nach oben, ist kurz unter dem Großstag auf dem Top des Untermastes fest und geht hinunter aufs Deck. Das ganze Piekfall hat gut dreimal die Länge vom Deck hinauf zum Masttop. Das Piekfall kann man auch so fertigen, daß man ein Drehreep außen auf die Gaffelnocken setzt. Das Drehreep geht durch den eisenbeschlagenen Block am Mast nach oben, dann nach unten, wo es an einer vierfach geschorenen Talje, die auf der Reling oder an einem Bolzen auf Deck sitzt, endet.

Der **Schonerausholer** ist in der Piek des Segels fest, geht durch ein Scheibengatt in der Gaffel nach oben, über die zweite Scheibe im eisenbeschlagenen Block am Top und endet mit einem Klappläufer.

Der Vorholer wird so lang gemacht, daß der Klappläuferblock bei gesetztem Segel nicht zu dicht an die Reling kommt. Der Klappläufer hat zweimal die Höhe der Saling über Deck.

Der **Schonereinholer** ist einzeln und draußen in der Piek des Segels fest, geht durch einen Block an der Gaffel, unter die Klau und hinunter aufs Deck. Seine Länge entspricht einmal dem Oberliek des Schonersegels + einmal der Höhe der Klau über Deck. Das **Schonergeitau**. Es gibt zwei auf jeder Seite. Es wird gemessen und gefertigt wie das Besangeitau auf einer Bark.

Die **Schonergaffelgerden** haben oben ein Paar Schenkel, das mit Klauen auf der Gaffel fest ist, unten sind sie mit einem einscheibigen Block versehen, durch den die Gaffelgerden geschoren werden. Die Schenkel werden einige Faden lang gemacht und ganz und gar gekleidet. Die Gaffelgerden haben Klauen in dem einen Ende und sind auf der Reling fest. Den holenden Part setzt man an einem Koffienagel oder einer Klampe fest.

Anstelle von Gaffelgerden kann man auch folgendes anwenden: Der Ring um die Gaffelnock wird so gedreht, daß ein Augbolzen nach unten und einer nach oben weist. In den untersten setzt man einen Block, durch den man ein Ende schert, dessen Tampen auf der Nock des Schonerbaumes fest sind. Dieses Ende wird als Niederholer für die Gaffel benutzt oder als Gaffelgerde nach Lee genommen. In den oberen Block schäkelt man einen kräftigen, ca. 3 Fuß langen Stropp, der am anderen Ende mit einem Pockholzklotje versehen ist. Auf die Vorderkante des Groß-Eselshauptes setzt man ein gutes Ende, schert es durch das Klotje und setzt es entweder unten am Mast oder in Luv an der Schiffsseite fest - diese Enden sind von gleichem Nutzen wie die Gaffelgerden, ohne daß sie so hart nach unten holen und in so hohem Grad zum Brechen der Gaffeln beitragen wie die Gerden. Auf Dreimast-Schonern kann man das gleiche auch beim Großsegel anwenden.

Das **Zwischenstagsegelfall** ist einfach geschoren. Seine Länge entspricht der Entfernung vom Eselshaupt des Fockmastes hinauf zu einem Block unter dem Bramgut und an den Brampardunen entlang nach unten aufs Deck.

Der **Niederholer** ist in der Schotkausch fest, geht am Achterliek entlang nach oben, durch einen Block im Fallhorn, am Vorliek entlang, zum Niederholerblock auf dem Eselshaupt nach unten und aufs Deck. Die **Zwischenstagsegelschoten** haben, genauso wie die Jagerschoten, Klauen oder Schäkel auf der Mitte. Meistens werden sie durch Wegweiserklotjes auf dem Großwant geschoren; sie sind recht lang, damit man das Segel niederholen kann, ohne die Schoten ausscheren zu müssen. Die Wegweiserklotjes können auch mit Steerten auf dem Großstag befestigt werden, so daß die Zwischenstagsegelschoten zu jeder Zeit klar über die Schonergaffel gehen.

Das **Großsegel**. Der Großbaum greift 5 bis 7 Fuß über Deck mit einer Klau um den Großmast. Die Klau wird mit dem Klaufall nach oben geholt. Das achtere Ende des Großbaumes hängt in einer **Baumdirk** (siehe Besanbaumdirken). Um zu verhindern, daß der Großbaum anfängt zu schlagen, wenn das Schiff schlingert, setzt man eine Stoppertalje, deren Läuferblock in einen kräftigen Stropp um den Großbaum gehakt wird, während der andere Block in eine Kausch im Baumstopper oder in einem Stropp oder einen Bolzen innenbords gehakt wird. Der Baumstopper ist aus Draht und hat eine Kausch in jedem Ende; das vordere Ende ist außenbords an der Vorderkante des Großriggs, in einen starken Bolzen geschäkelt.

In den **Großhals** ist oben ein Haken gespleißt, der Hals geht durch ein Loch im Baum, direkt bei der Klau, und hat unten, unter dem Baum, eine Dritthand in der Achterhand. Der zweischeibige Block ist in den Hals gespleißt, der einfache Block ist in einem Bolzen unter dem Baum fest.

Die **Groß-Refftalje** braucht man, um das Segel niederzuholen, wenn es gerefft werden soll. Die Refftalje wird nicht am Segel selbst befestigt, sondern mit einem Palstek am Reffschenkel. Die Refftalje ist entweder eine dreifach oder eine vierfach geschorene Talje mit einem Läuferblock. Sie reicht ungefähr bis zur Großschot, wenn diese geholt ist.

Die **Reffbändsel** sind 3 bis 4 Faden lange, dicke, starke Tauenden, die einen großen Knoten auf dem einen und einen Katning oder einen Takling auf dem anderen Tampen haben. Vom Knoten an sind die ersten 1 1/2 Faden mit Schiemannsgarn gekleidet. Zu beiden Seiten des Großbaumes sitzen schwere Eichenklampen mit Löchern, durch die die Reffbändsel geschoren werden.

Das **Groß-Klaufall** ist genauso wie das Schonerklaufall. Wenn man ein Eisenrad in den Bolzen an der Achterkante des Mastes setzt und eine Talje hindurchschert, deren einer Tampen an der Klau der Gaffel fest ist und der andere an einer vierfachen Talje, deren unterer Block an einem Bolzen an Deck befestigt ist, kann man recht beachtliche Zugkraft erzeugen. Man gewinnt einen fünften Teil Kraft, außerdem erleichtert das Gewicht der Talje das Aufheißen.

Auch das **Groß-Piekfall** kann mit einem Drehreep versehen werden. Es ist mit einem Hahnepoot an der Gaffel befestigt. Auf Fig. 340 ist die gebräuchlichste Art des Scherens zu sehen. Auf der Gaffel sitzen zwei einscheibige Blöcke, am Masttop sitzen drei einscheibige Blöcke übereinander. Zwischen diesen Blöcken wird das Piekfall geschoren (siehe Taljen, Seite 66).

Der **Groß-Piekniederholer** ist mit dem einen Tampen auf der Nock des Großbaumes fest, geht durch einen Block an der Gaffelnock nach oben, durch einen Block auf dem Großbaum nach unten und auf diesem entlang nach innen.

Der **Groß-Halsaufholer** ist mit einem einscheibigen Block an der Gaffel unter der Groß-Klau fest, unten im Hals des Segels ist ein ähnlicher Block mit einem Steert fest. Auf Fig. 340 sieht man, wie der Läufer geschoren wird. Mit dem Halsaufholer kann das Segel am Mast aufgeholt werden.

Das **Gaffeltopsegelfall** ist einfach, geht vom Deck an der Vorderkante der Stenge nach oben, durch das Scheibengatt und an der Achterkante hinunter bis zum Eselshaupt, wo es im Fallhorn des Segels fest ist. Bei losem Gaffeltopsegel ist das Fall zweimal so lang wie der Abstand vom Deck bis hinauf zum Scheibengatt.

Der **Niederholer** ist in der Schotkausch fest und geht durch ein Wegweiserklotje, das ungefähr auf die Mitte des Achterlieks genäht ist, an diesem entlang nach oben, durch einen Block im Fallhorn, durch ein Klotje, das mit einem Steert an einem Mastband ungefähr auf der Mitte des Vorlieks fest ist, und endlich durch ein Klotje oder einen Wegweiserblock, der am Masttop befestigt ist. Die Länge setzt sich aus der Höhe des Scheibengatts über Deck + der Länge des Achterlieks zusammen.

Die **Gaffeltopsegelschot** ist meist einfach und hat ein Stückchen Kette im Vorlauf, die im Scheibengatt steht, wenn das Segel gesetzt ist. Die Länge der Schot entspricht der Länge der Gaffel bis zum Scheibengatt hinaus x zwei + der Höhe vom Deck bis zu der Klau, wenn die Gaffel geheißt ist.

Der **Gaffeltopsegelhals** ist ein einzelnes Ende, das in der Halskausch des Segels fest ist. Es ist so lang wie die Höhe des Gutes über Deck.

Das Aufriggen eines Schiffes

Das Wichtigste beim Aufriggen sind Vorsicht und ständige Kontrolle. Auf keinen Fall darf man mit der Einstellung "Das wird schon gehen" darangehen. Man sollte keine Vorsichtsmaßnahmen außer acht lassen. Wenn erst etwas schiefgegangen ist, bekommt kein Mann seine Gesundheit durch eine Entschuldigung zurück, und sie ist auch kein Ersatz für den entstandenen Schaden, sowenig wie sie ein zerbrochenes Rundholz wieder ganz macht.

Wie bekommt man die Spiere für einen Kran an Bord? Dafür gibt es zwei Methoden: Die eine besteht darin, daß man einige Balken an Bord bringt und einen kleinen Kran herstellt, den man quer über das Schiff stellt, so dicht ans Heck wie möglich (Fig. 356). Dann versieht man den Kran mit zwei guten Taljen und vier Pardunen, die ihn besonders nach achtern hin abstützen. Die Beine werden unten festgemacht. Quer über das Hackbrett wird ein Baum zum Schutz gegen das Schamfilen gezurrt. Die Spieren für den Kran werden zum Heck bugsiert, die eine Talje wird zum Wasser hinunter übergeholt und gut auf dem dicken Ende der Spiere befestigt, so daß sie nicht wegrutschen kann. Auch die andere Talje wird nach unten geholt und gut an der Spiere, mehr zur Mitte hin, festgelascht. Es wird kontrolliert, ob die Pardunen gut fest sind, dann hievt man die erste Talje auf und steckt eine Planke zwischen Spiere und Schiff, um das Ende freizuhalten. Sobald das Ende über dem Hackbrett ist, wird eine Talje angeschlagen, und die achtere Talje auf der Spiere wird geholt, so daß diese hochgehoben wird und danach an Deck geholt werden kann. Das achtere Ende der Spiere kann auf dem Baum liegenbleiben, während man die nächste Spiere an Deck holt.

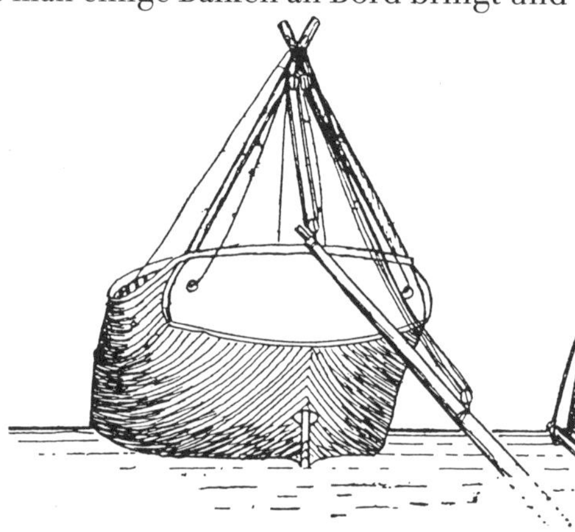

Fig. 356 Das Aufbringen von Spieren für einen Mastkran über das Heck

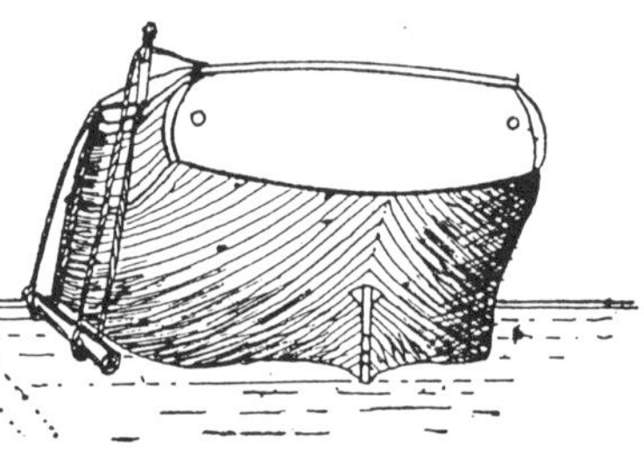

Fig. 357. Das Aufbringen von Spieren über die Seite

Wie lang müssen die Spieren für einen Mastkran sein? Mindestens 12 Fuß länger als die halbe Höhe des Mastes vom Fuß zum Eselshaupt.

1. Beispiel: Vom Mastfuß bis zum Eselshaupt 74 Fuß : 2 + 12 Fuß, insgesamt 49 Fuß
2. Beispiel: Vom Mastfuß bis zum Eselshaupt 56 Fuß : 2 + 12 Fuß, insgesamt 40 Fuß muß jede Spiere lang sein.

Das Uebernehmen der Spiere mit einem Schrottau (Fig. 357). Ein paar starke Verholtrossen werden in einem kürzeren Abstand voneinander, als die Spieren lang sind, solide mit dem einen Ende innenbords festgemacht. Die Spieren werden mit den dünnen Enden nach achtern an der Schiffsseite entlangbugsiert. Die Buchten der Trossen werden so um die Enden der Spieren gelegt, daß die holenden Parten außen sind. Einige lange Auf- und Nieder- Fender werden außenbords zwischen Schiff und Spiere gehängt, um sie klar von der Bordwand zu halten. Den holenden Part jeder Trosse legt man in einen Fußblock und nimmt sie zu den Spills. Dort, wo die Trossen auf der Reling liegen, legt man eine Matte unter. Beide Trossen werden gleichzeitig geholt, die Spiere rollt an der Bordwand nach oben. Man kann die Taljen auch an die Trossen schlagen und quer über Deck holen. Damit die Trossen nicht über der Reling schamfilen, kann man Stützen an der Bordwand anbringen, die oben mit einem Fußblock versehen sind, in den man die Trossen legt (siehe achtern auf Fig. 357). Wenn man befürchtet, daß die Spiere das Finknetz beschädigen könnte, setzt man Stützen bis zu den Luken oder den Mastfischungen an. Bevor die Spiere ganz bis zur Reling heraufgeholt ist, nimmt man die Bucht einer starken Trosse durch die Seitenklüsen oder die Lenzpforten nach außen um jedes Ende der Spiere, um sie auf das Deck herunterzufieren, da sie sonst herunterfallen wird, sobald sie über die Reling kommt.

Wie macht man einen Kran, um Masten damit an Bord zu hieven ?

Wenn der Mast an Backbord eingenommen werden soll, legt man die Backbord-Spieren zuoberst. Quer über das hintere Ende des Schiffes legt man einen Baum, auf dessen Enden legt man die Steuerbord-Spiere und oben auf diese Enden die Backbord-Spiere. Sie müssen sich ca. 4 Fuß vom Ende entfernt kreuzen; wenn sie nicht gleich lang sind, muß man darauf achten, daß die vorderen Enden nach vornheraus gleich lang sind und nach draußen zu jeder Seite des Schiffes, direkt innerhalb des Schandecks, anliegen. Sie kreuzen sich also 4 Fuß vor dem Ende der kürzeren Spier und sie müssen innenbords mittschiffs über Kreuz liegen. Man legt eine starke Zurring (Fig. 238) herum.

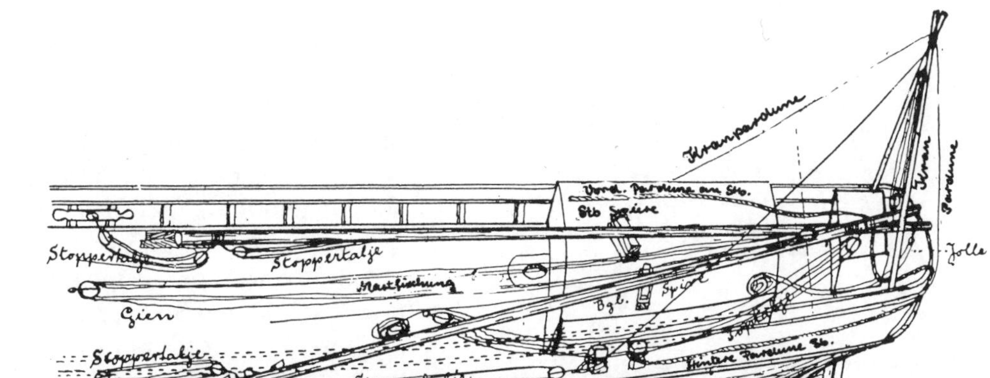

Fig.358. Das Aufriggen eines Mastkranes

Das Aufriggen eines Mastkranes (Fig. 358). Man schere eine 6-läufige Gien, lasche den Läuferblock auf der Oberseite des Kreuzes mit einer starken Zurring fest und befestige den festen Part des Gienläufers an den Hörnern. Dann schert man eine kleinere Gien und befestigt den Läuferblock auf dem Kreuz, direkt unter dem großen Gienblock. Danach setzt man die Mitte einer guten Trosse mit zwei halben Steken um das eine Horn, direkt über dem Kreuz, die Mitte einer zweiten Trosse setzt man ebenfalls um das Horn, auf dem anderen Bein des Kranes. Diese beiden Trossen dienen als Pardunen nach vorn und achtern. An das obere Ende des einen Hornes schlägt man einen guten Block mit einer soliden Jolle an, beide Tampen der Jolle werden zusammengeknotet, damit sie nicht ausscheren können. Die Jolle dient dazu, einen Mann hochzuheißen, falls etwas unklar kommen sollte. Unter die unteren Enden des Kranes werden Planken gelegt, die am besten miteinander verbunden sein sollen, um eine Art Schuh für die Beine zu sein. Die achtersten Taljen kann man eventuell an einem Poller befestigen oder mit einem Stropp oder einem Knebel in eine Seitenklüse setzen. Besonders auf die achtersten Taljen kommt Zug, wenn der Kran aufgerichtet wird, sie müssen deshalb solide und gut befestigt sein. Wenn alles gut fest ist, kommen wir zu der Frage:

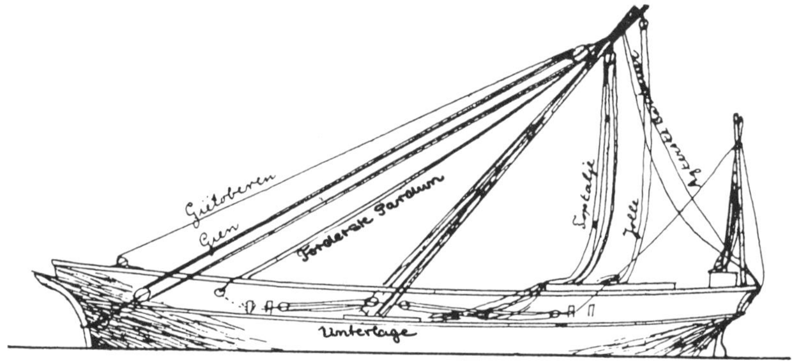

Fig. 359. Aufrichten eines Mastkranes

Wie richtet man einen Mastkran auf? Die beiden achteren Taljen, die an den Beinen befestigt sind, werden dichtgeholt und festgesetzt. Die große Gien wird nach vorn geholt, und wenn sie lang genug ist, wird sie bis hin zu den Ankerklüsen geholt, wo sie sorgfältig festgezurrt wird. Ist sie nicht lang genug, macht man einen Stropp, indem man eine starke Trosse durch die eine Klüse nach draußen und durch die andere wieder hineinsteckt, so daß die Bucht den Gienblock erreicht. Die Trossen werden gut miteinander verknotet, der Gienblock wird auf der Bucht festgesetzt. Die Trossen müssen besonders in den Klüsen gut vor dem Schamfilen gesichert werden.

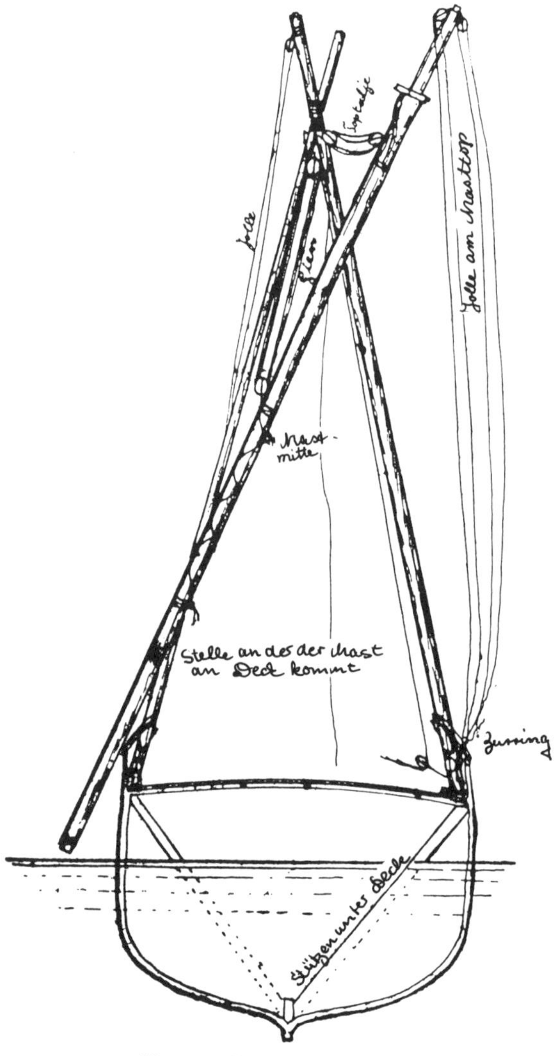

Fig. 360. Das Einsetzen der Masten

Den Gienläufer legt man in einen Fußblock und nimmt ihn zum Ankerspill. Man hievt ihn dicht, damit er aber nicht bricht, setzt man einen kleinen Kran nach hinten, direkt über das Kreuz des großen, und hebt diesen mit einer Talje so hoch wie möglich (Fig. 359), bis die große Gien mehr Kraft zum Heben hat. Der kleine Kran wird heruntergenommen und der große aufgerichtet, indem die Gien geholt wird. Bevor aber der Kran aufrecht steht, müssen die achteren Pardunen durch die Achterklüse hereingenommen und festgesetzt werden, damit der Kran nicht vornüber fällt. Die vorderen Fußtaljen müssen ebenfalls durchgeholt und festgesetzt werden, bevor der Kran senkrecht steht. Damit die Beine des Kranes auf dem Schandeck nicht wegrutschen, sollte man etwas darunterlegen. Da der achtere Mast zuerst an Bord genommen werden soll, muß der Kran nach achtern über die Mastfischung gestellt werden. Der Kran läßt sich verschieben, wenn man die eine Talje losläßt und gleichzeitig die andere dichtholt; man muß darauf achten, daß die Pardunen den Kran abstützen, damit er aufrecht steht. Wenn der Kran auf seinem Platz steht, holt man die beiden Pardunen gut gegeneinander steif und die Fußtaljen ebenfalls. Damit er nicht zur Seite kippt, während der Mast aus dem Wasser gehievt und an Bord geholt wird, setzt man auf die Innenseite jedes Kranbeines eine oder zwei kräftige Klampen (ca. 3 Fuß über der Reling) und zurrt jedes Bein an der nächsten Jungfer fest (Fig. 360). Wenn die Masten, die man an Bord holen möchte, sehr schwer sind, muß man unter Deck Stützen an den Stellen anbringen, an denen der Kran steht. Es kann außerdem nichts schaden, wenn man auf die Mitte der Kranbeine Pardunen setzt.

Wie bekommt man den Mast innenbords? Der Mast wird - mit dem Top nach achtern - an der Backbordseite des Schiffes entlanggelegt. Die Mitte wird markiert. Die große Gien wird achtern um den Kran zum Mast hinunter geholt, der untere Block wird gut festgezurrt und mit Kreuztörns belegt. Damit die Zurring nicht abgleitet, wenn der Mast auf- und niederkommt, setzt man die Bucht eines kräftigen Endes um die Kreuztörns, direkt über die Zurrings, die Tampen werden jeweils um den Mast geschlungen und über Deck (oder an der Stelle, an der der Mast stehen soll) gut zusammengeknotet. Die kleine Gien wird um den Masttop auf die Vorderkante, direkt unter dem Gut, befestigt. Dann wird sie zum Spill gelegt, um den Top gut vom Schiff freizuhalten, während der Mast über die Reling gehievt wird. Wenn der Top über die Reling gekommen ist, wird die große Gien dichtgeholt, und man setzt die Längssalings ein, wenn man das noch nicht vorher gemacht haben sollte. Dann setzt man einen Block mit Jolle auf jede Seite des Top. Diese Jollen werden zum Abstützen des Mastes oben gebraucht, während er in das Mastloch gestellt wird, außerdem braucht man sie, um Leute und Teile des Riggs daran hochzuhieven. Der Mast wird mit beiden Gien gehievt, bevor er jedoch über die Reling kommt, muß ein gutes Ende auf das untere Mastende gesetzt, über die Reling geholt und durch eine Klüse genommen werden. Das Ende muß gut herumgetörnt werden, damit der Mastfuß keinen Schaden auf Deck anrichtet, sobald er über die Reling kommt. Wenn der Mast hoch genug über Deck ist und der Mastfuß über der Fischung zum Mastkragen kommen kann, weist man ihn über das Loch und fiert ihn vorsichtig herunter. Bei großen Masten ist es ratsam, einige Taljen auf das untere Ende zu setzen, während der Fuß in das Loch gewiesen wird. Wenn man den Mast drehen muß, bevor man ihn in die Mastspur setzen kann, macht man mit einem Ende einige Rundtörns um den Mast, legt ein Auge und steckt eine Handspake hindurch. Wenn der Mast an seinem Platz steht, werden die Mastkeile umgesetzt, der Mast wird mit einigen Taljen gestützt, bis das Rigg aufgebracht ist.

Der Kran wird jetzt für den nächsten Mast nach vorn geschafft. Dieser Mast wird genauso an Bord gehievt wie der Mast vorher. Wenn die Masten eingesetzt sind, setzt man einige kräftige Taljen auf den Fockmast nach hinten, die kleine Gien vom Kran setzt man auf den Top des Fockmastes. Die vorderen Taljen werden gut befestigt, damit die Kranbeine nicht nach achtern rutschen können, wenn nach vorn gefiert wird. Die kleine Gien und die achteren Pardunen werden vorsichtig gefiert, bis der Kran so weit vornüber ragt, daß die große Gien klar vom Vorsteven hängt, um das **Bugspriet** einzusetzen (Fig. 361).

Das Bugspriet wird voraus gebracht und mit der oberen Seite nach oben gelegt. Die Gien wird ein wenig vor der Stelle festgemacht, wo der Spriet zwischen den Judasohren liegen wird. Der Tampen der Topjolle wird an das Eselshaupt des Bugsprietes gesteckt. Außerdem setzt man einige gute Enden in den Bolzen für die Sprietpardunen fest und befestigt sie vorläufig drinnen bei der Gien. Der Gienläufer wird um das Spill gelegt, und das Bugspriet wird hochgehievt und mit Hilfe der Topjolle und der beiden Enden an seinen Platz gebracht.

Nötigenfalls kann man auf diese beiden Enden noch Taljen schlagen. Wenn der Kran zu weit vornüber steht, kann die Toptalje (die kleine Gien) ein wenig gehievt werden. Bei einem Schiff mit sehr langer Back kann es notwendig werden, daß der Kran darauf gestellt wird, um das Bugspriet einzuholen.

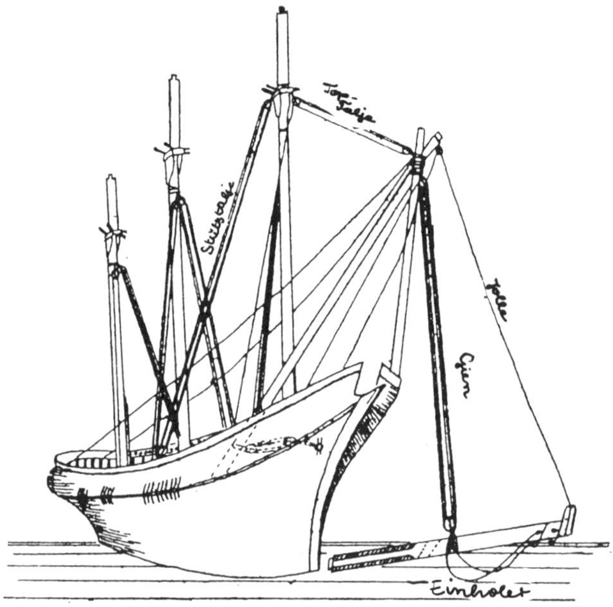

Fig. 361. Das Einsetzen des Bugsprietes

Wenn Bugspriet und Klüverbaum aus einem Stück sind, muß die Gien ein wenig weiter draußen angebracht werden, damit das Bugspriet ungefähr im Gleichgewicht hängt. Wenn das Spriet auf seinem Platz liegt, setzt man die Sprietzurring an. Früher zurrte man das Bugspriet mit einer Kette auf den Vorsteven; heutzutage benutzt man einen schweren Eisenbügel, der festgeschraubt wird. Oft wird die Sprietzurring auch folgendermaßen gemacht: das Spriet wird in den Vorsteven geschoben, und die Zurring wird mit einem Schraubenbolzen oben zusammengeklemmt. Die Wasserstagen werden am Vorsteven festgebolzt.

Mit Hilfe einer Talje, deren Läuferblock j (Fig. 364) mit einem Trompetenstek auf das Taljereep i gesetzt wird, wird dieses unter dem Baum befestigt; den zweiten Block setzt man einige Faden tiefer, unten auf das Wasserstag an einen Stropp. Eine zweite Talje k setzt man unter die erste auf das Wasserstag, mit dem Läuferblock nach unten, und den obersten Block auf den ersten Taljenläufer, nachdem dieser gut steifgeholt und das Taljereep geteert wurde, damit sie leichter geht. Den Läufer der zweiten Talje weist man durch einen Block draußen auf dem Spriet und wieder nach innen auf die Back, von wo er geholt wird. Wenn Wasserstag und Taljereep hart angesetzt sind, werden einige gute Aufzeisungen gemacht (am besten Tausendfüßler), während die Talje aufkommt und das Taljereep nochmals durchgeholt wird. Jedesmal, wenn das Taljereep geholt wird, setzt man die Taljen an und zeist auf, zum

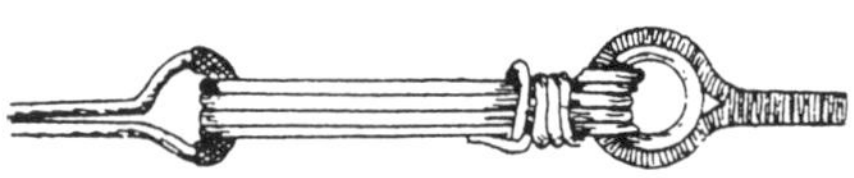
Fig. 362. Belegen des Taljereeps

Schluß belegt man das Taljereep (siehe Fig. 362). Bei mehreren Wasserstagen wird das innere zuerst angebracht. In einigen Fällen ist es besser, eine Stelling anzubringen, um die Arbeit zu erleichtern. Sobald das Bugspriet eingesetzt ist, fiert man den Kran und baut ihn ab.

Um die Wasserstagen möglichst hart anzusetzen, kann man eine Talje auf die Nock des Bugspriets setzen und einen schweren Gegenstand aufheißen, während man das Wasserstag durchsetzt.

Wie wird das Unterrigg aufgebracht? (Fig. 363). Die beiden Blöcke mit Jolle, die am Masttop angebracht wurden, werden einer nach dem anderen heruntergelassen und auf der Längssaling festgemacht. Masttop und Wantauflage werden gut geteert und mit einigen Lagen geteerter Schmarting versehen, die mit kleinen Nägeln befestigt wird. Der Kranz wird umgelegt und fest nach unten gegen die Auflage geschlagen. Der Kranz wird aus einem Kardeel gefertigt und darf nur so groß sein, daß er gerade um den Top paßt.

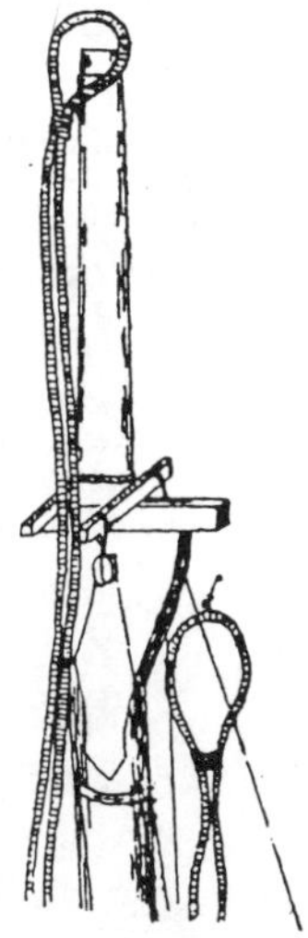

Fig. 363. Das Aufbringen des Unterriggs

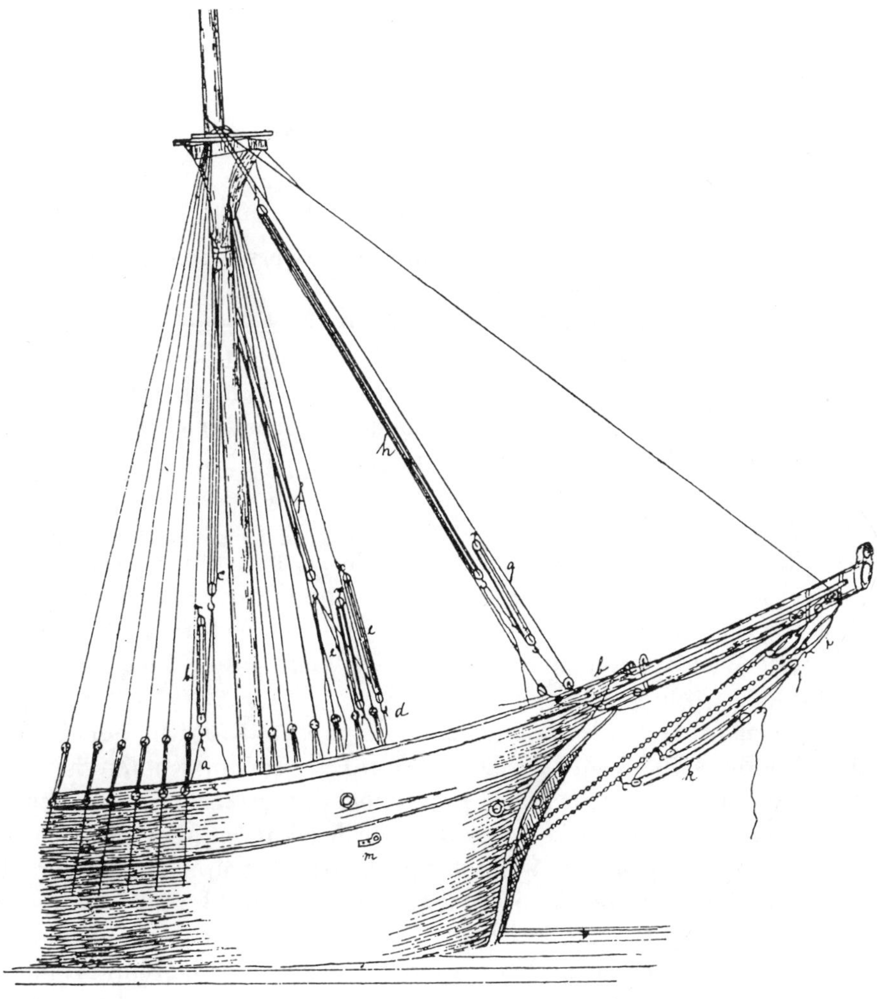

Fig. 364. Das Ansetzen von Wanten und Stagen

Die Steuerbord-Jolle wird aufs Deck geholt. Die Wanten werden nebeneinander auf Deck entlanggelegt; die Steuerbord-Wanten an Steuerbord, die Backbord-Wanten an Backbord. Sie werden unten mit Kreide oder Garn markiert, so daß das erste Want die Nr. 1 erhält, das folgende die Nr. 2 usw. Die Wantaugen werden wie schon vorher erwähnt, mit einem Knoten auf dem vordersten Want an Steuerbord und mit 2 Knoten auf dem vordersten Want an Backbord usw. markiert. Die ungeraden Zahlen kommen also auf die Steuerbord-, die geraden auf die Backbordseite. Die Jolle wird 1/2 Faden tiefer auf die Wanten gesetzt, als die Entfernung vom Top zum Wantauge beträgt; das Wantauge wird mit Garn an die Jolle genäht. Das Want wird geheißt, und sobald das Garn am Block angekommen ist, wird es gekappt; dann wird es wieder geheißt, so daß ein Mann das Auge über den Masttop legen kann, während ein Mann unten auf Deck kontrolliert, ob das Auge richtigherum liegt, bevor das Want auf den Mast hinuntergefiert wird. Das Auge wird sorgfältig auf den Kranz niedergedrückt; man kann es auch mit einem Stück Garn runterbinden, bis das Rigg angesetzt ist. Das Rigg wird in der folgenden Reihenfolge aufgebracht – zuunterst liegt:

Der Kranz (Wantauflage)		
Vorderes Wantpaar an Steuerbord		Einzelne Wanten werden nach unten gelegt.
dto	an Backbord	
Zweites	Steuerbord (Fig. 342)	
Zweites	Backbord	
Drittes	Steuerbord	
Drittes	backbord	

Fockstag, Großstag, Besanstag, Kreuzstag jeweils auf die verschiedenen Masten; bei kleineren Schiffen zuoberst: Vor-Stagsegelleiter.

Wie werden Want und Stag angesetzt? (Fig. 364). Das Fockstag wird zuerst gesetzt. Den Tampen des Stags steckt man von vorn um die Rolle am Vorsteven (die Sprietzurring). Das Stag wird um die Rolle herum gut geteert. Dann schlägt man eine kräftige Talje g mit dem Läuferblock auf den Tampen des Stages, das selbstverständlich nicht geteert wird, da der Stropp sonst nicht stehen kann, sondern über die Enden gleitet.

Den zweiten Block schlägt man zwei oder drei Faden höher auf das Stag. Die Gien h wird in einen Stropp um den Masttop gehakt, mit dem Läuferblock zuoberst. Der untere Block wird auf die Talje geschlagen, die vorher gut durchgeholt wird. Das Trimmen des Fockmastes ist unterschiedlich; meistens jedoch holt man ihn für jeden Fuß Höhe 1/2 Zoll nach hinten. Wenn das Stag ausreichend gesetzt ist, setzt man die Wantschrauben auf, um die Parten zusammenzuklemmen, während drei gute Wantbändsel aufgesetzt werden. Wenn das Fockstag doppelt ist, setzt man zwei Taljen auf jeden Tampen.

Während das Fockstag festgebändselt wird, beginnen einige Männer mit dem Scheren des Taljereeps. Auf der Abbildung 365 A wird gezeigt, wie ein Taljereep mit Knoten richtig geschoren wird. Dadurch muß man zwar jedes Taljereep zweimal durchsetzen, das ist aber notwendig, da die Parten am Knoten sonst nicht so dicht sitzen wie die anderen. Man kann sich auch damit zufrieden geben, jedes Taljereep nur einmal zu setzen, dann muß man aber die untere Talje nach oben bringen, so daß der Läuferblock zuoberst sitzt. Der untere Block wird wie schon vorher, an den holenden Part des Taljereeps geschlagen, gleichzeitig setzt man jedoch einen kräftigen Stropp (am besten dünne Kette) auf den mittleren Part des Taljereeps und bringt einen einscheibigen Block im Stropp an. Der Taljenläufer wird durch den Block geschoren, bevor er an die Gien geschlagen wird. Fig. 365 B zeigt ein Taljereep, das auf beide Tampen gesetzt wird. Das Taljereep wird leicht geteert. Man schlägt den Läuferblock einer guten Talje auf das Taljereep a (Fig. 364), den zweiten Block b setzt man ca. 3 Faden höher mit einem Stropp auf das Want. Eine Gien c wird in das Püttingsband oder in einen Bolzen in den Kinnbacken, mit dem Läuferblock zuoberst, eingehakt; den unteren Block hakt man in den unteren Taljenläufer. Auf der Backbordseite wird gezeigt, wie man verfährt, wenn das Taljereep d auf beide Tampen gesetzt wird. Darunter müssen zwei Taljen e und e' eingesetzt werden, deren Läufer dichtgeholt und auf die Gien f gesetzt werden. Man kann sich aber genausogut mit einer Talje behelfen, wenn man sie mit dem Läuferblock nach oben anbringt. Den zweiten Block schlägt man dann auf den einen Tampen des Taljereeps und schert den Läufer durch einen Block auf dem anderen Tampen.

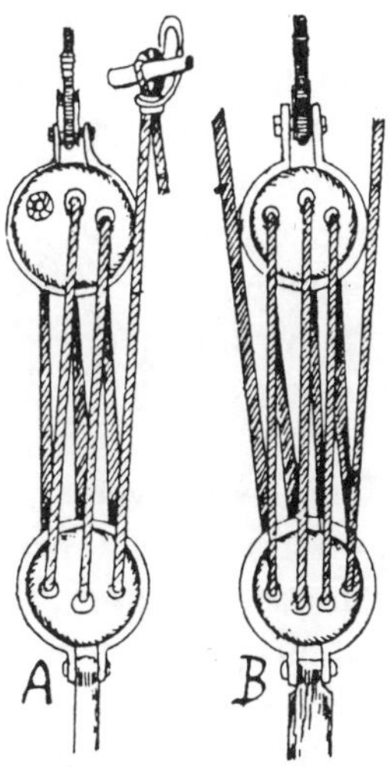

Fig. 365. Scheren eines Taljereeps

Fig. 366. Wantschraube, klar zum Ansetzen

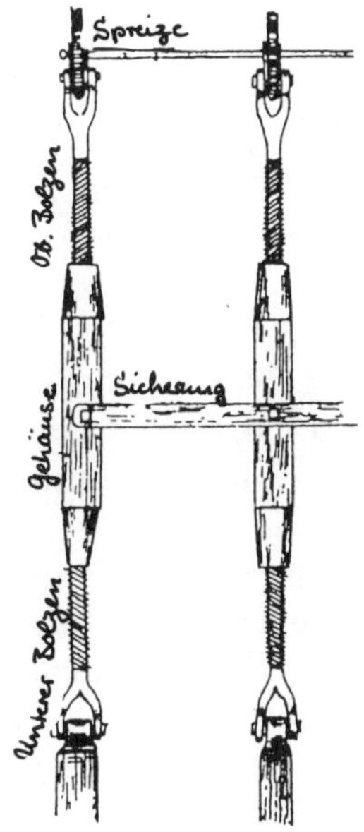

Fig. 367. Angesetzte Wantschraube

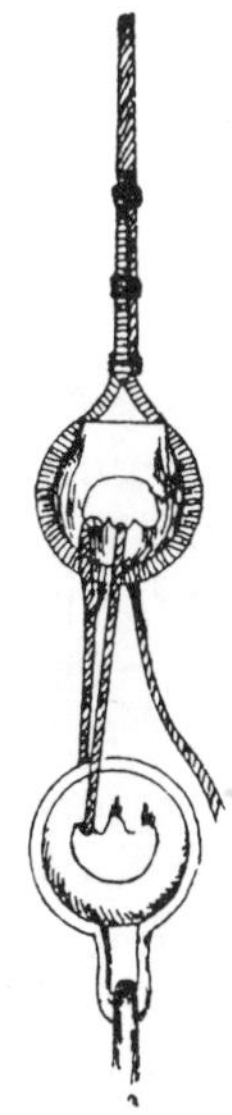

Fig. 368. Scheren eines Taljereeps

Das vorderste Want wird immer zuerst und das Fockwant vor dem Großwant gesetzt. Beide Gien werden gleichzeitig geholt, und man muß darauf achten, daß der Mast gerade steht. Während des Wantensetzens wird ein Mann nach oben geschickt, um zu kontrollieren, ob die Want-augen richtig liegen und um sie mit Hilfe einer Keule auf das Gut zu schlagen. Auf die Taljereeps werden nur Aufzeisungen gelegt, da ein neues Rigg mindestens zweimal gesetzt werden muß, bevor es richtig steht. Wanten, Stage, Wasserstag, Pardunen, Leiter, Stengewanten und Achterholer werden immer Talje auf Talje gesetzt (Fig. 364).

Wenn das Rigg mit Wantschrauben ausgerüstet ist (Fig. 366), wird ebenfalls, wie mit dem Taljereep, vorn begonnen, das Ansetzen geht aber ohne Taljen vor sich; man braucht bloß einen Nagel oder einen Bolzen, um die Hülse um die Zapfen zu drehen, bis Wanten und Stage gut steifstehen. Damit die Hülse sich nicht wieder aufdrehen kann, wenn das Schiff heftig in den Seen arbeitet, legt man eine Schiene quer über alle Hülsen und befestigt sie an jedem Wantenspanner mit einem Schraubbolzen (Fig. 367).

Wantschrauben rosten leicht und gehen daher schnell kaputt, besonders die Enden der

Zapfen, die in die Hülse hineinragen, rosten schnell. Das kann auf folgende Weise verhindert werden. Man schraubt die Hülse auf und befreit sowohl diese als auch die Zapfen von Rost. Dann schraubt man die Hülse wieder ein paar Umdrehungen auf den unteren Zapfen, verstopft beide Löcher in der Hülse und füllt sie bis zum Rand mit warmem Talg. Wenn dieser erstarrt ist, wird die Wantschraube wieder zugeschraubt wie gewöhnlich. Den Teil der Zapfen, der außerhalb der Hülse sitzt, schmiert man dick mit Zinkweiß und Talg ein und bewickelt ihn locker mit Kabelgarn, damit er genauso dick wird, wie die Hülse. Dann näht man ein Stück Segeltuch über die Schrauben bis zur Hülse und malt das Ganze. Die Schrauben können gut gesetzt werden, ohne daß man Garn oder Segeltuch entfernen muß, nur die Schiene muß abgenommen werden.

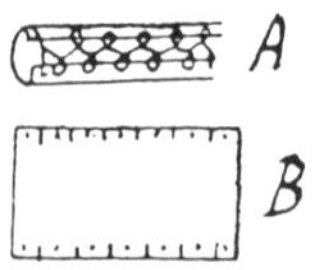

Fig. 370.

Um zu verhindern, daß die Wanten sich herumdrehen, steckt man eine Eisenstange durch das oberste Loch in den Jungfern oder legt sie direkt über die obersten Jungfern.

Fig. 368 zeigt, wie ein Taljereep eingeschoren wird.

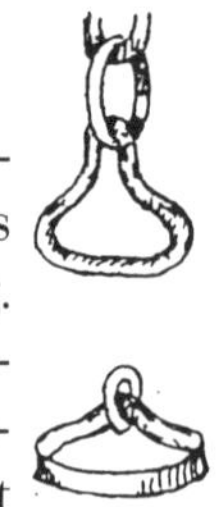
Fig. 369.

Fig. 369 zeigt die Art Kettenglied, durch welches man das Taljereep an Wasserstag oder Sprietpardune schert. Um zu verhindern, daß das Taljereep am Kettenglied schamfilt, legt man eine Schmarting um (Fig. 362) oder näht Leder herum (Fig. 370), das man zuerst in Wasser gelegt hat, um es geschmeidiger zu machen. Es wird mit einer großen Nadel und mehrfachem Segelgarn genäht; man muß darauf achten, keine Zungen in den Rand zu schneiden. Kommt man mit der Segelnadel nicht durch das Leder hindurch, bohrt man zuerst Löcher mit einem Marlspieker oder einer Ahle. Den besten Stich sieht man auf Fig. 370 A.

Nachdem alle Wanten und Stage angesetzt sind, können sie mit Webeleinen versehen werden, und man bringt den **Mars** auf (Fig. 371). Am besten nimmt man den Mars an der Achterkante des Mastes auf. Man stellt ihn quer über das Deck, hinter den Mast, mit der Achterkante nach unten und der Unterseite nach vorn. Die beiden Jollblöcke, die schon beim Aufstellen des Riggs eine Rolle gespielt haben, werden so hoch und so kurz wie möglich auf jeder Seite des Mastes angeschlagen. Den achtersten Part jeder Jolle überholt man aufs Deck und steckt ihn auf der Unterseite des Mars, auf der achtersten Quersaling, an der Außenseite des Soldatenloches, fest. Die Jollen werden auf den Wegweiser, kurz hinter der Mitte, genäht; diese beiden Zeisinge müssen das ganze Gewicht des Mars tragen können.

Auf der Vorderkante des Mars werden sie ebenfalls festgenäht. Außerdem steckt man einige dünne Enden an Vorder- und Achterkantes des Mars. Diese Enden braucht man, um den Mars während des Aufheißens freizuhalten und um ihn über den Masttop zu bugsieren.

Der Mars wird geheißt, und ein Mann wird ins Top gesendet, um die beiden vordersten Aufzeisungen zu kappen, sobald sie bei den Blöcken anlangen. Man heißt langsam weiter, bis die Vorderkante des Mars über den Masttop geholt werden kann, auf den der Mars dann vorsichtig niedergefiert wird. Da die Jollen ungefähr auf der Mitte der Wegweiser fest sind, wird der Mars beim Niederfieren ungefähr waagerecht hängen; sobald er auf seinem Platz liegt, wird er an der Längssaling festgebolzt.

Bevor die Jollen abgenommen werden, heißt man das Eselshaupt zum Mars hinauf und befestigt es dort; den Block für das Stengewindreep heißt man ebenfalls zum Mars.

Fig. 372 zeigt die Oberkante des Mars.

Das Eselshaupt (Fig. 373). Das vierkantige Loch paßt auf den Masttop; das runde Loch ist vorn und wird Stengegatt genannt, weil die Stenge dort hindurch nach oben gesteckt werden.

Die **Stengesaling** (Fig. 374). Das Marsstengegatt ist das hintere Loch auf der Saling und paßt auf den Top der Marsstenge. Die Ausleger werden an die Salingshörner gebolzt, nachdem die Saling an ihrem Platz ist. Sie dienen zum Spreizen und Stützen der Bram- und Royalpardunen. Auf der Achterkante der achtersten Quersaling sitzen ein paar Wegweiser für die laufenden Enden. Kleinere Schiffe haben eine Saling, aber keinen Mars.

Wie bringt man die Marsstenge auf? (Fig. 375). Man legt die Stenge auf Deck, mit der Achterkante nach oben und dem Top zu dem Mast, auf den sie gesetzt werden soll.

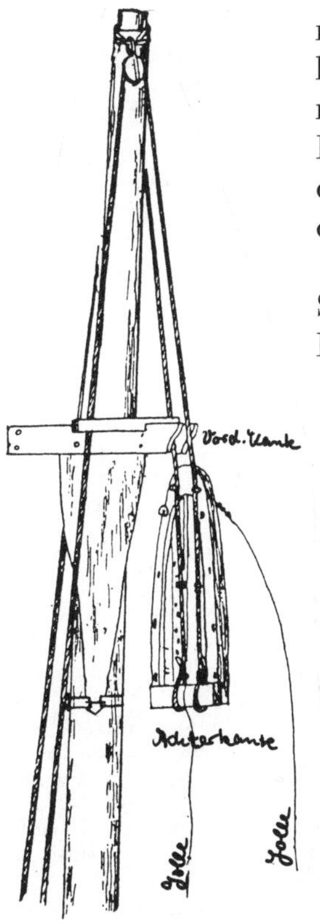

Fig. 371. Aufnehmen des Mars

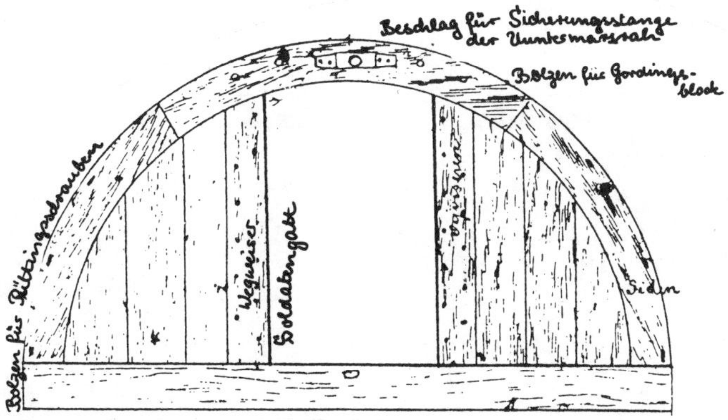

Fig. 372. Oberseite eines Mars

Auf den Top des Untermastes lascht man einen großen, einscheibigen Block auf die eine Seite, direkt unter die Stelle, an der das Eselshaupt sitzen soll. Das Stengewindereep wird von der Achterkante des Blocks über die Scheibe geschoren, durch das Stengegatt nach unten gewiesen und von backbord durch das Scheibengatt in der Stenge geschoren, wenn der Block auf der Backbordseite des Mastes sitzt, oder von steuerbord, wenn der Block auf der Steuerbordseite sitzt.

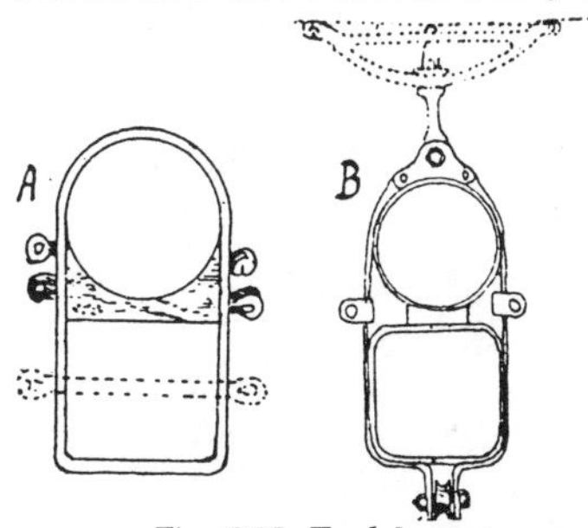

Fig. 373. Eselshaupt

Das Windereep wird durch das Scheibengatt geholt und der Tampen bis auf weiteres mit einigen halben Schlägen am Top festgesetzt. Den heißenden Part des Windereeps legt man an der Stenge entlang und zeist ihn gut am Top fest. Außerdem zeist man beide Parten des Windereeps gut zusammen auf die Achterkante der Stenge, ca. 3 bis 4 Fuß über das Scheibengatt. Auf die Stenge darunter setzt man eine Steuerjolle, nimmt das Windereep zum Spill und hebt die Stenge langsam mit dem einfachen Windereep. Man muß darauf achten, daß der Top der Stenge richtig wendet, bevor er in das Stengegatt kommt. Sobald der Top der Stenge auf gleicher Höhe mit dem Mars ist, legt man das Eselshaupt über die Stenge, so daß der Top der Stenge in das Stengegatt kommt; danach hievt man die Stenge ein wenig, so daß der Top ca. 3 Fuß durch das Eselshaupt geht.

Man befestigt es mit einigen guten Enden am Top der Stenge, so daß es horizontal hängt. Dann hievt man die Stenge ein wenig höher, bis das Eselshaupt gerade über den Masttop kommt, wenn man es ein wenig dreht. Die Stenge wird ein wenig gefiert und das Eselshaupt gut festgesetzt. Dann setzt man eine Talje vom Fuß der Stenge bis zum Mars, holt sie dicht und befestigt sie, während der Tampen des Windereeps von der Stenge gelöst und in dem Eselshaupt befestigt wird, welches gegenüber jenem sitzt, in dem der Block für das Windereep sitzt; das Windereep wird vorsichtig aufgegeben, so daß die Stenge in der Talje hängt, der Block wechselt hinauf zum Eselshaupt. Wenn sowohl Tampen als auch Block fest sind, werden die Zeisinge gelöst, und das Windereep wird wieder dichtgeholt; bevor es jedoch ganz dicht ist, setzt man eine Jolle mit Block auf den Top der Stenge und hievt sie auf, bis der Top einige Faden über dem Eselshaupt sitzt.

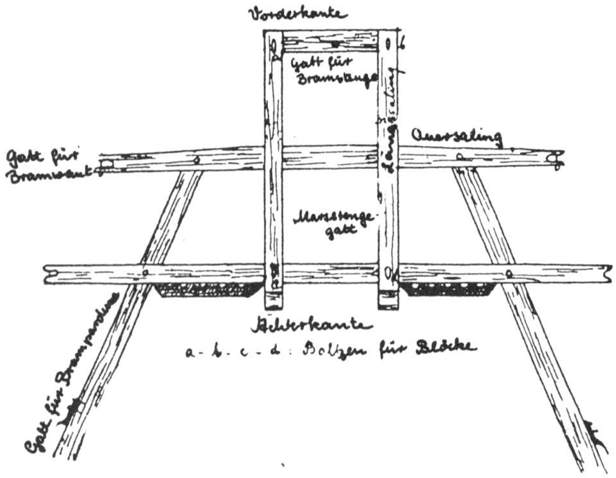

Fig. 374. Unterseite der Bramsaling

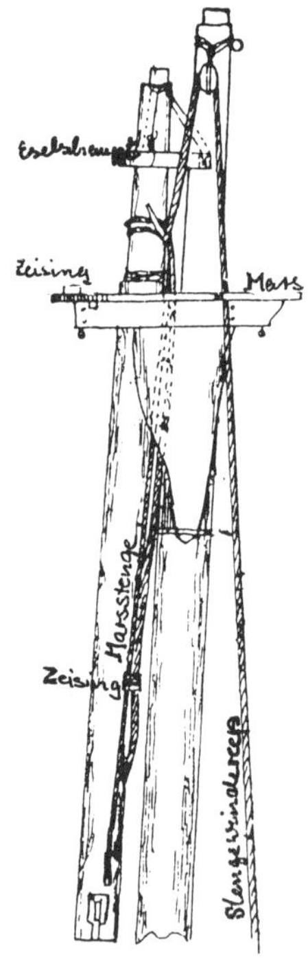

Fig. 375 Das Aufbringen von Marsstenge und Eselshaupt

Die **Stengesaling** (Fig. 376) wird mit der Jolle auf den Top der Stenge aufgeheißt, auf seine Achterkante gestellt, mit der Unterseite nach vorn an der Stenge empor; damit sie nicht herunterfällt, zurrt man die Achterkante an den Eselsohren fest. Danach fiert man die Stenge vorsichtig herunter und nimmt den Block ab. Während die Stenge gefiert wird, kann die Stengesaling allmählich nach vorn fallen, bis sie horizontal auf dem Eselshaupt liegt. Man schiebt sie vorsichtig so weit vor, daß der Stengetop durch das achtere Loch nach oben gehen kann; die Stenge wird gehievt, bis die Saling auf ihrem Platz liegt. Das Windereep wird festgesetzt, während das Stengerigg aufgeholt (Fig. 377) und in folgender Anordnung (Fig. 378) verteilt wird:

Zuerst legt man einige Lagen geteerte Schmarting auf die Wantauflagen,
darauf den Kranz,
vorderes Steuerbord-Stengewant,
vorderes Backbord-Stengewant,
achteres Steuerbord-Stengewant,
achteres Backbord-Stengewant,
vordere Steuerbord-Stengepardune,
vordere Backbord-Stengepardune,
achtere Steuerbord-Stengepardune,
achtere Backbord-Stengepardune,
Stengestag,
Binnen-und Außenklüverleiter in den Vortop oder

Zwischenstagsegelleiter in den Großtop oder
Zwischenstagsegelleiter in den Kreuztop,
Stropp für Marstopnanten.

Wenn das Gut aufgelegt ist, wird die Stenge so hoch geheißt, daß das Schloßholz durch das Loch in der Stenge, direkt über der Längssaling, gesteckt werden kann. Das Schloßholz ist - außer auf kleinen Schiffen - aus Eisen. Zum Schluß steht in der Regel großer Zug auf dem Windereep, bis die Stenge ganz aufgekommen ist; man kann daher einen Kuhfuß in das Loch für das Schloßholz setzen, um das Heben zu unterstützen. Die Stenge wird selbst auch dann nicht herunterfallen, wenn etwas brechen sollte. Wenn das Schloßholz eingesetzt ist, trägt es die Stenge, das Windereep kann weggefiert und der Block heruntergenommen werden. Die Marsstengen werden auf die bereits beschriebene Art auf alle Masten genommen, und das Stengerigg wird in der gleichen Ordnung wie auch der Top gelegt, mit der Ausnahme, daß die Stage zuerst kommen.

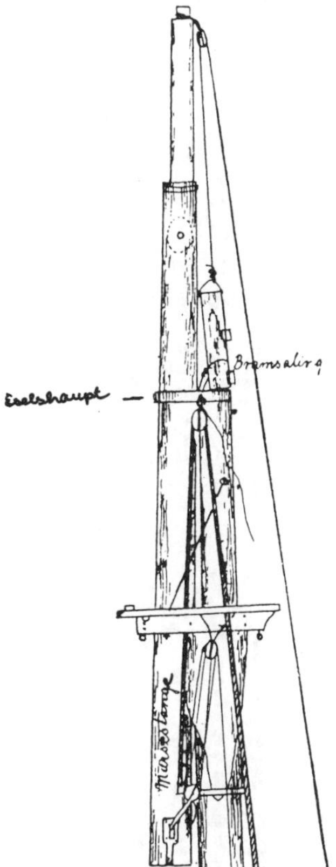

Fig. 376. Das Aufbringen der Bramsaling

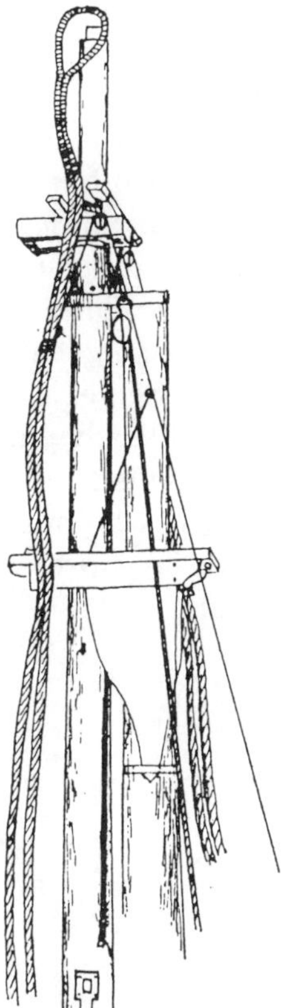

Fig. 377. Das Aufhängen des Stengegutes

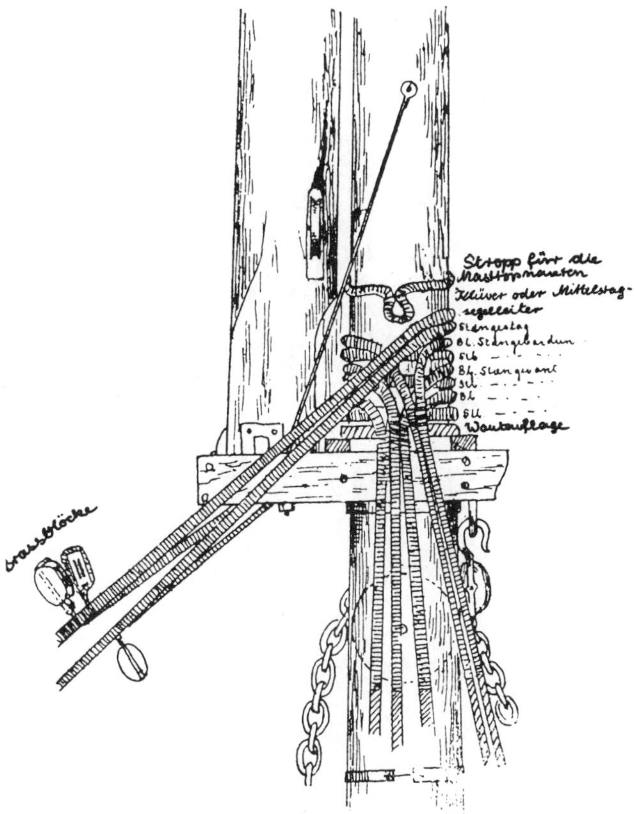

Fig. 378. Das Stengegut – von der Backbordseite aus gesehen

Das **Stengeeselshaupt** kann in der Regel von Hand aufgesetzt werden.

Die **Bram- und Royalstengen** werden genauso wie die Marsstengen mit einer einfachen Jolle aufgenommen, bis der Top der Stenge kurz über dem Stengeeselshaupt ist, dann setzt man den Tampen der Jolle ganz fest auf das Eselsohr und nimmt vorsichtig die Zeisinge ab. Wenn der Top der Stenge ca. 3 Fuß über dem Eselshaupt ist, legt man Royal- und Bramgut in fol-

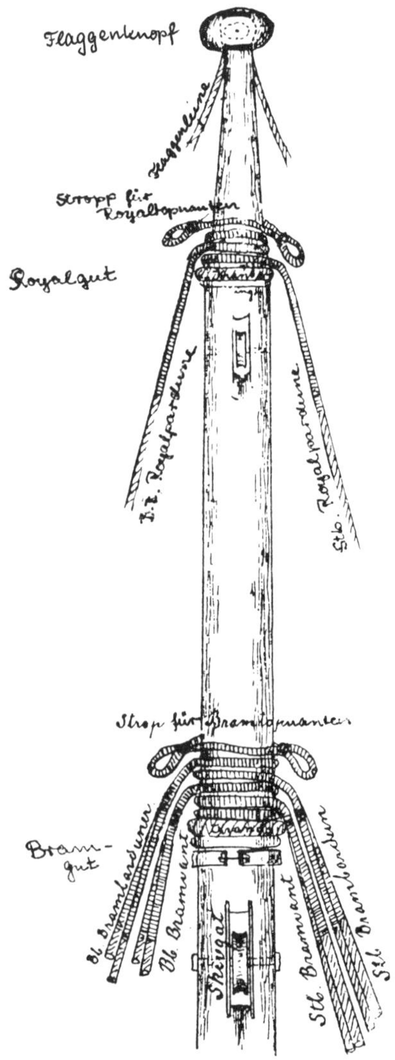

Fig. 379. Bram- und Royalgut
von der Seite gesehen

gender Reihenfolge über den Top der Stenge (Fig. 379):

Einen Kranz für das Bramgut,
Bramstag oder den Jagerleiter,
Steuerbord-Bramwant,
Backbord-Bramwant,
Steuerbord-Brampardunen,
Backbord-Brambardunen,
Stropp für die Bramtopnanten,
Kranz für das Royalgut,
Steuerbord-Royalpardune,
Backbord-Royalpardune,
Royalstag.

Bemerkung: Das Bramstag liegt unter dem Gut, das Royalstag auf dem Backbord-Gut, dadurch verhindert man das Schamfilen der Stage auf den Royals.

Zum Schluß setzt man den Flaggenknopf gut fest, schert die Flaggenleine ein und schraubt die Spitze des Blitzableiters auf. Die Stenge wird aufgebracht und das Gut nach und nach zurechtgelegt. Wenn die Stenge oben ist, setzt man das Schloßholz ein. Die Stagen werden zuerst angesetzt.

Bei Dampfschiffen werden meistens sowohl Want als auch Stag an Bolzen auf dem Mast festgeschäkelt, so daß das vorderste Want das unterste ist (Fig. 380). Manchmal werden Ringe, die aus zwei Hälften zusammengesetzt und von kräftigen Schraubenbolzen gehalten werden, um den Mast gelegt. In jedes Want ist oben eine Kausch eingespleißt, die über die Bolzen gestreift wird. Stag und Ladebaumhanger werden in die Ohren am Ring geschäkelt (Fig. 381). Die Toppardunen des Untermastes werden aufgenommen, sobald die Stenge auf ihrem Platz sind, das ganze Rigg wird angesetzt, bevor man die Rahen aufbringt.

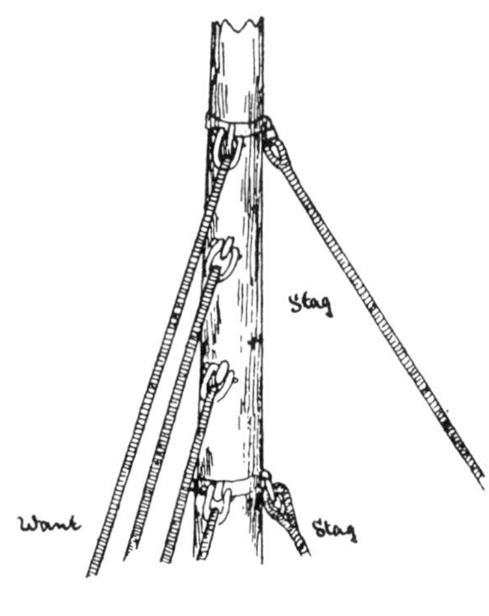

Fig. 380.

Das Aufbringen der Rahen

Am einfachsten geht es, wenn man eine kräftige, lange Talje an der Vorderkante der Stengesaling anbringt. Die Talje muß so lang sein, daß sie bis auf das Deck hinunterreicht. Mit dieser Talje kann man sowohl die Mars- als auch die Unterrahen aufbringen. Im folgenden werden vier Methoden beschrieben, die sich nur durch die verschiedene Stärke ihres Werkzeugs unterscheiden. Es wird davon ausgegangen, daß die Rahen an Backbord liegen und von dort aus geheißt werden.

Das Aufbringen einer Obermarsrah (Fig. 382). Pferde, Springpferde, Nockpferde und Topnanten werden schon festgenäht, während die Rahen noch auf Deck liegen. Die Brassen werden geschoren, die Brassenschenkel der Backbord-Brasse werden außen um das Rigg herumgenommen und auf dem Backbord-Want festgesetzt. Die Steuerbord-Brasse wird außen um das Rigg herum zum Steuerbord-Stengewant hinaufgenommen. Man nimmt einen guten Block mit Stropp zur Stengesaling hinauf und legt den Stropp um das Gut, so daß der Block in beide Buchten direkt unter der Stengesaling auf der Backbord-Seite und innen unter das Stengewant gehakt werden kann. Eine passende Jolle wird nach oben gebracht und folgendermaßen geschoren: von hinten durch den unteren Block auf der Vorderkante des Mars, auf der Backbord-Seite des Stages, von der Achterkante eines Blockes, der auf der Oberkante der Rah fest ist, und durch eine Kausch. Den Tampen der Jolle nimmt man auf der Backbord-Seite des Stages nach oben und setzt ihn gut auf der Steuerbord-Seite der Stengesaling fest. Die Kausch wird mit einem Steert von ca. einem Faden Länge versehen, der in das Steuerbord-Scheibengatt der Marsrah gesetzt wird. Ein Fall (Jager- oder Bramstagsegel), dessen vorderer Part an der Steuerbord-Seite des Stengestages, aber an der Backbord-Seite von Fock-oder Großstag, hinunterweist, wird auf der Steuerbord-Nock der Rah festgesetzt. Während die Rah geheißt wird, steckt man ein Ende auf die Backbord-Nock als Steuerjolle.

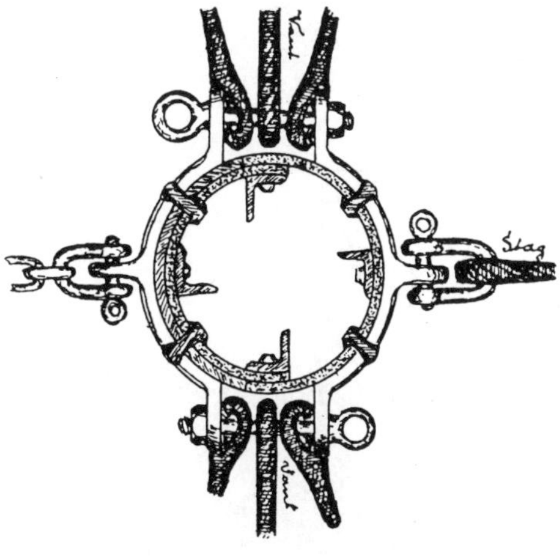

Fig. 381.

Die Jolle wird zum Spill genommen und hochgehievt, wenn alles klar ist. Die Steuerbord-Nock wird langsam gehoben, indem man sie zwingt, dem festen Part der Jolle zu folgen, während man doch gleichzeitig das Fall holt. Mit der Steuerjolle wird die Rah festgehalten, damit sie nicht irgendwo gegenstößt; wenn alles gut gegangen ist und die oberste Nock schon fast oben an der Stengesaling ist, ruft der Steuermann: "Gut geholt". Einige Mann schäkeln die Brassen an die Rahen, während der Steuerbord-Topnant an den Stropp um das Stengegut genäht wird, ein zweiter Mann hat den Backbord-Topnanten losgemacht und das Taljereep so hoch wie möglich im Stengewant angebracht.

Die Kausch im Steuerbord-Scheibengatt wird losgemacht, und der Steert wird auf der Jolle festgesetzt, so daß sie nicht zum Block niederrauschen kann. Das Fall bekommt Lose während die Jolle wieder gehievt wird, bis die Rah ca. 4 Fuß über dem Eselshaupt ist. Dadurch, daß die Kausch losgemacht wurde und Fall samt Steuerjolle sich lockern, kommt die Rah in eine fast waagerechte Stellung; der Backbord-Topnant wird aufgenäht, und das Rack wird um die

Stenge gesetzt. Die Brassen werden dichtgeholt und die Jollen gefiert, bis die Rahen in den Topnanten hängen. Der Block wird von der Rah losgemacht, und die Jolle wird an der Vorderkante der Obermarsrah wieder zum Deck geholt. Währenddessen schäkeln einige das Marsdrehreep an die Rah und scheren das Fall ein; andere nehmen die Innenenden der Pferde um die Stenge und nähen sie auf der gegenüberliegenden Nock fest, so daß die Pferde die passende Tiefe bekommen. Die Steuerjolle wird entfernt und das Fall überholt, wie vorher. Die Untermarsrah wird auf die gleiche Weise aufgebracht. Die Obermarsrah muß währenddessen aber halb geheißt und an Backbord (ein)gebrasst werden.

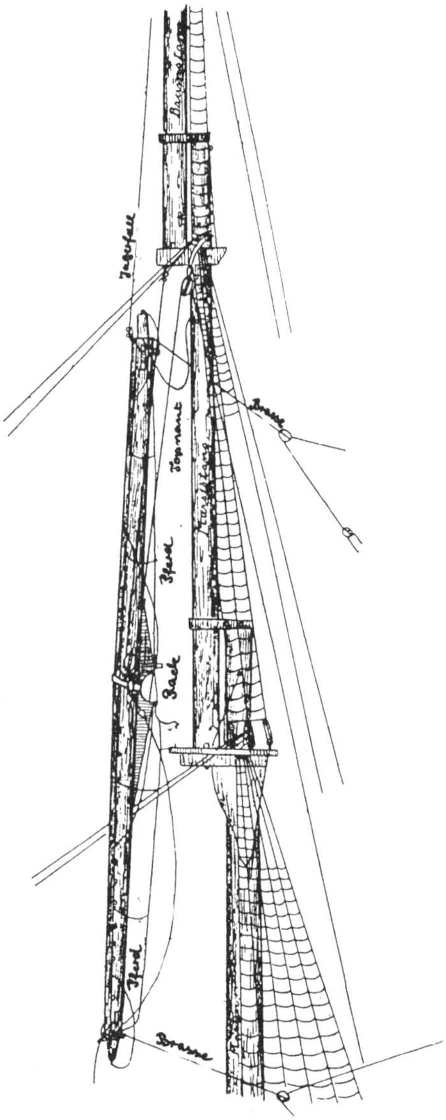

Fig. 382. Aufbringen einer Obermarsrah

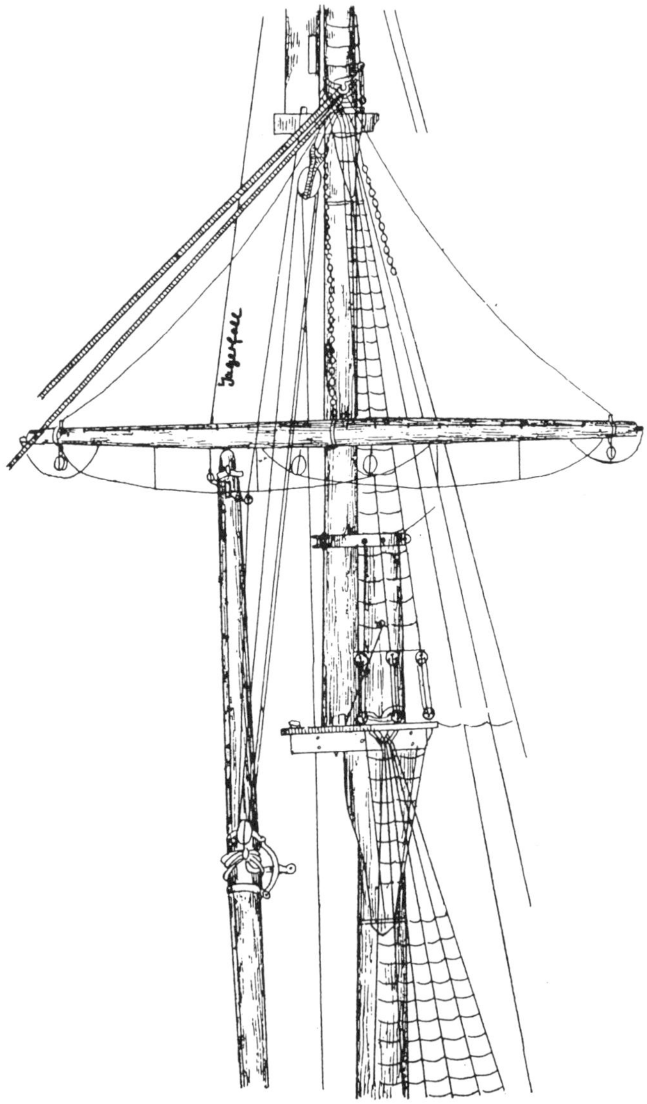

Fig. 383. Aufbringen einer Untermarsrah

Die **Untermarsrahen** (Fig. 383) werden längs auf Deck gelegt und mit Pferden versehen; da sie nicht um die Stenge genommen werden müssen, können sie ganz fertiggemacht werden. In der Zwischenzeit wurden die Brassen geschoren. Die Backbord-Brasse wird bloß um das Rigg herum, die Steuerbord-Brasse wird zum Steuerbord-Stengewant, kurz über dem Mars, aufgebracht. Der Marsniederholer wird zur Obermarsrah aufgebracht und eingeschoren; den Steuerbord-Marsniederholer überholt man wieder zur Stenge. Eine lange, kräftige Talje wird mit dem Läuferblock direkt unter der Stengesaling angebracht; der untere Block wird an der Vorderkante der Obermarsrah und an der Backbord-Seite des Stages auf das Deck geholt.

Um die Mitte der Rah wird ein kräftiger Stropp gelegt, so daß die Talje mitten auf die Oberseite gehakt werden kann. Auf den festen Part der Talje setzt man eine Kausch mit Steert, bevor man ihn auf der Saling befestigt. Die Kausch wird auf die Steuerbord-Nock der Rah gesetzt, das Fall wird, wie vorhin, geholt und auf die selbe Nock wie die Kausch gesetzt; auf der Backbord-Nock wird eine Steuerjolle befestigt. Der Taljenläufer wird zum Spill gegeben, die Steuerbord-Nock wird an dem festen Part der Talje entlang dicht nach oben geholt, während gleichzeitig das Fall dichtgeholt wird. Die obere Nock ist ein Stück über dem Mars, die untere unten an Deck. Ein paar Mann bekommen vom Steuermann die Order, die Brassen einzusetzen, die Steuerbord-Niederholer auf die Rahen zu setzen und die Kauschen loszumachen, sie aber nicht nach unten rauschen zu lassen. Es wird wieder gehievt, ohne daß man jedoch das Fall bedienen muß.

Wenn die Rah hoch genug ist, setzt man den Schwanenhals an und bringt die Tragestenge unter der Rah an. Die Talje kann jetzt gefiert werden, und die Obermarsrah wird in die Topnanten herabgelassen. Wenn die Rah sich nicht in die Waagerechte bringen läßt, holt man die Brassen und den Steuerbord-Niederholer. Ein Mann setzt sich auf die Steuerbord-Nock der Untermarsrah (der Niederholer muß gut fest sein), und ein zweiter Mann hakt, von der Backbord-Nock der Obermarsrah aus, den Backbord-Marsniederholer ein.

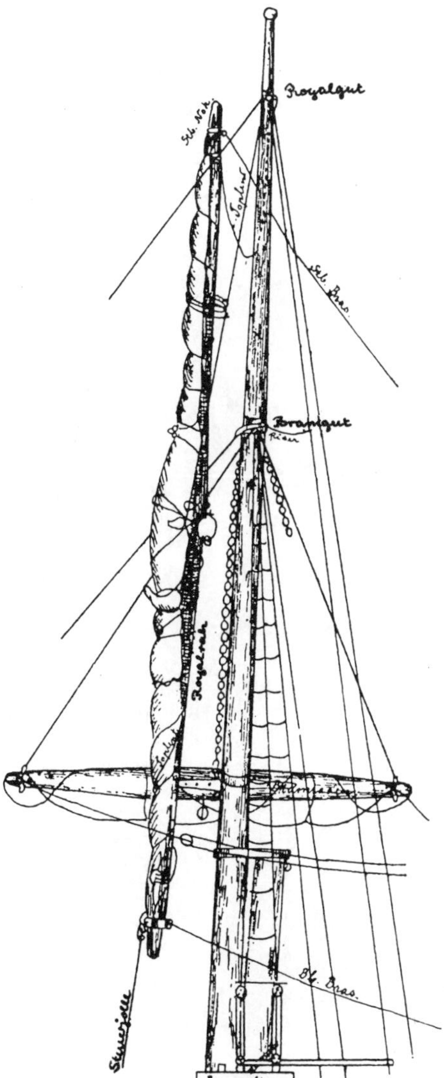

Fig. 384. Aufbringen von Royal- oder Bramrahen

Bram- und Royalrahen (Fig. 384) werden mit einer einfachen Jolle aufgebracht; sie werden daher zusammen besprochen. Eine Jolle wird von der Achterkante durch das Scheibengatt in der Royalstenge geschoren, zur Vorderkante der Stenge in **Luv nach unten** und **hinter allen Rahen** , die vorher beim Winde gebrasst wurden, überholt. Pferde, Springpferde und Topnanten werden - bis auf die inneren Enden, die vorläufig auf der Mitte der Rah befestigt werden - auf die Rahen gesetzt. Manchmal werden die Segel gleich angeschlagen, auch die Quarterblöcke können eingesetzt und gemaust werden. Die Brassen werden geschoren und zur Saling aufgebracht. Die Rahen werden mit der Steuerbord-Nock zum Mast hin gelegt, wenn sie an Backbord aufgebracht werden sollen. Die Jollen werden mit zwei halben Steken auf die Rah gesetzt (eine zu jeder Seite des Racks) und mit einem Zeising auf den Tampen befestigt. Auf das Rack selbst darf nichts gesetzt werden.

Die Jolle wird zur Steuerbord-Nock der Rah hin geholt und dort so festgesetzt, daß man sie leicht wieder lösen kann. Auf das untere Ende der Rah wird eine Steuerjolle gesetzt. Die Jolle wird zum Spill gegeben; während des Hievens wird die Rah von einem Mann begleitet, um sie freizuhalten. Sobald die obere Nock am letzten Stag vorbei ist, über dem sie sitzen soll, hält man mit dem Hieven inne. Die Brassen werden aufgesetzt, und um die Rahen leichter zum Stag hinüberziehen zu können, näht man vorher oft einige Reiter auf (dafür eignen sich gute Zeisinge), die wieder entfernt werden, sobald man sie nicht mehr braucht. Die Zeisinge auf der Nock werden losgemacht und die Steuerjolle wird abgeworfen.

Die Rah wird wieder aufgeheißt, und wenn sie mit der Mitte gut 3 Fuß über der Stenge ist, wird sie eingerackt. Die Rah wird weitergeheißt, bis sie so hoch ist, daß man auf ihr stehen und die Topnanten gut festnähen kann. Sobald eingerackt ist, werden die Brassen durchgeholt. Wenn die Topnanten fest sind, fiert man die Rahen, bis sie darin hängen. Die Pferde werden gut festgenäht und das Fall eingeschoren, sobald die Jolle ausgeschoren wurde. Die Brassen werden dichtgeholt. Geitau, Schoten und Gordings werden geschoren und ans Segel gesteckt, das ordentlich festgemacht wird.

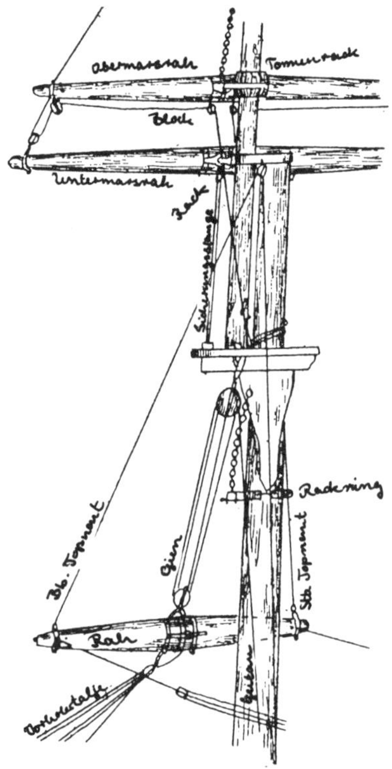
Fig. 385. Aufbringen einer Unterrah

Die **Unterrahen** werden mit einer Talje oder einer Gien (Fig. 385) aufgebracht, die wie vorher schon erwähnt, auf die Saling gesetzt werden kann. In diesem Fall steht sie mit dem Läuferblock unter der Vorderkante des Mars; festgenäht ist sie am Masttop. Die Talje wird zum Deck geholt, ein kräftiger Stropp oder eine Kette wird mitten auf die Rah gesetzt, und dort hinein setzt man den untersten Block. Dann wird die Rah mit Pferden, Handpferden, Nockpferden, Springpferden, Gordingsblöcken, Fußblöcken, Puppblöken usw. versehen. Die Topnanten werden aufgebracht und mit dem Tampen zur Reling hinunter verholt. Die Rah wird gehievt und quer über das Schiff, vor die Wanten auf die Reling gelegt, während Topnanten und Brassen eingehakt werden. Außerdem setzt man einen Vierläufer mit dem Läuferblock mitten auf die Vorderkante der Rah, der untere Block wird

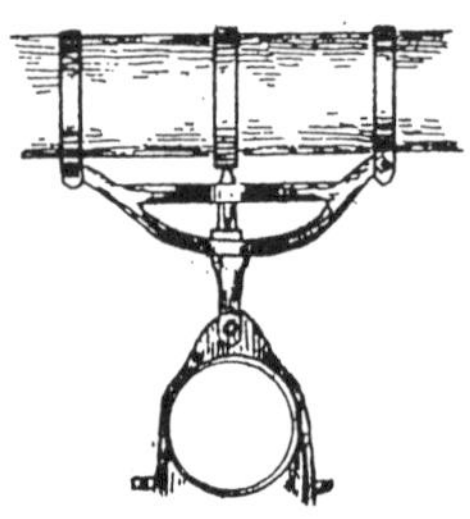
Fig. 386. Rack für eine Untermars- oder Bramrah

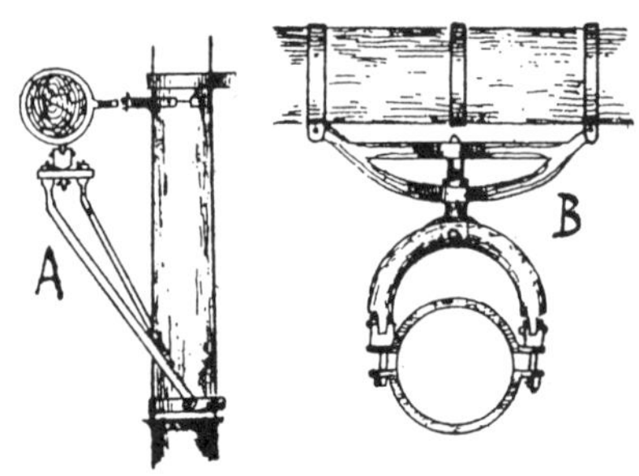

Fig. 387. Untermarsracks

außen gut befestigt. Die Rah wird gehievt; mit der Vorholertalje wird sie vom Rigg freigehalten, mit den Brassen wird sie gesteuert und mit den Topnanten waagerecht gehalten. Wenn sie hoch genug gehievt wurde, schäkelt man die Hangerketten ein und setzt als nächstes die Bolzen in den Schwanenhals. Brassen und Topnanten können dichtgeholt werden. Gien und Vorholertalje werden niedergeholt.

Die **Rahen werden in umgekehrter Ordnung niedergeholt** ; die ganze Arbeit wird in entgegengesetzter Reihenfolge ausgeführt. Zuerst wird das Geitau, dann werden Gordings und Fallen abgeschlagen. Die Jolle wird eingeschoren und auf die Mitte der Rah gesetzt; dann schlägt man an die Nock, die zuerst nieder soll, eine Steuerjolle. Die Pferde werden von der Stenge abgenommen. Die Rah wird mit der Jolle leicht angehoben, der Topnant von der Nock, die nieder soll, wird losgemacht. Das Rack wird geöffnet und die Rah mit einem Stoß von der Stenge freigesetzt, indem ein Mann den einen Topnanten holt, während die obere Nock mit einem Zeising an die Jolle gezeist und der Topnant losgemacht wird. Die Rah wird zur Luvseite hinuntergenommen; ist sie ausreichend gefiert worden, schäkelt man die Brassen aus und fiert die Rah aufs Deck. Wenn die Arbeit auf See bei schlingerndem Schiff ausgeführt wird, bindet man die obere Nock mit einem Zeising an eine der Pardunen. Die Rah wird oft aufrecht an ein Want oder einen Mast gestellt und mit Zurrings befestigt.

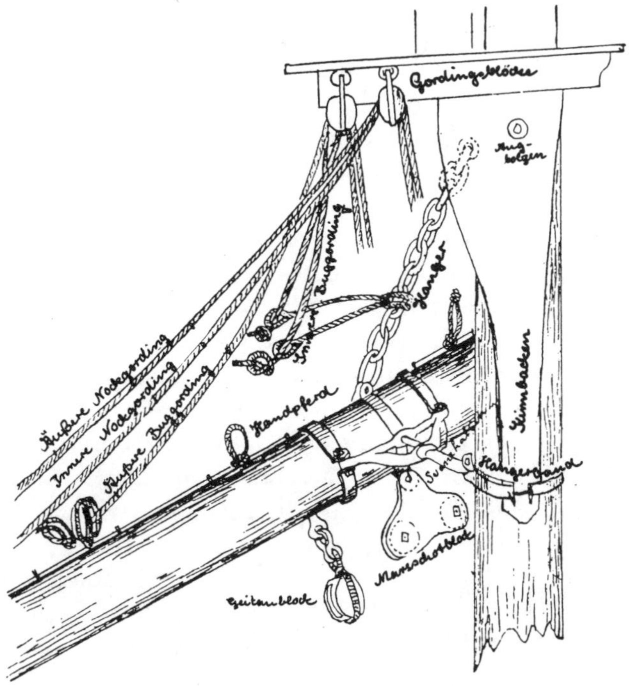

Fig. 388. Die Mitte einer Unterrah

Verschiedene Racks und Beschläge. Nicht selten verursachen die Racks einen guten Teil der Scherereien an Bord. Sie werden daher eingehender besprochen.

Racks an Untermars- oder Unterbramrah (Fig. 386). An die Vorderkante des Eselshauptes sind zwei Lippen mit einem Loch an den Bolzen des Schwanenhalses geschweißt. Dieser geht durch zwei Bügel an der Achterkante der Rah und ist dort wieder in zwei Ringen befestigt, von denen je einer zu jeder Seite auf der Mitte der Rah sitzt. Die Rah selbst ist recht solide; das Eselshaupt arbeitet sich

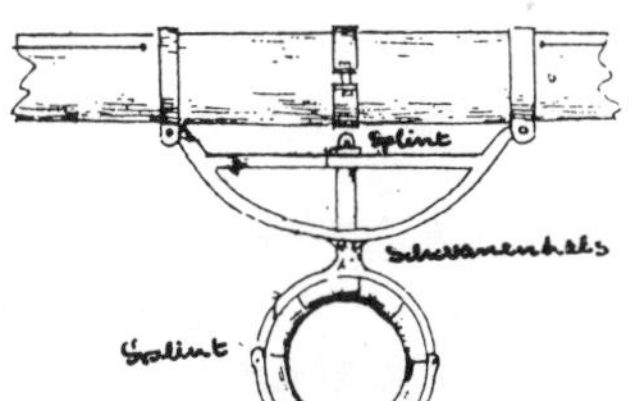

Fig. 389. Tonnenrack

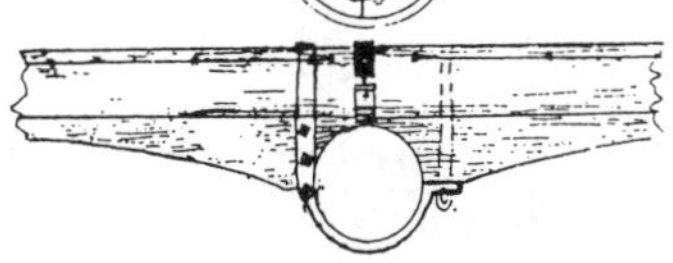
Fig. 390. Bügelrack

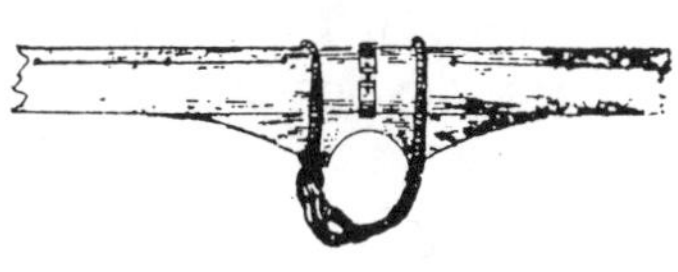
Fig. 391. Taurack

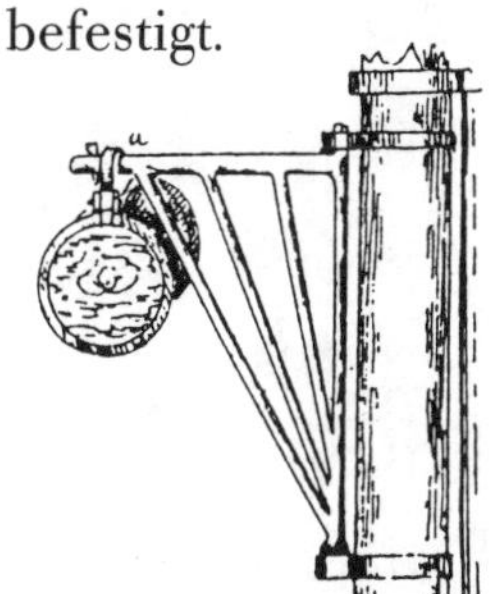
Fig. 392. Kranrack

leicht los. Es ist daher besser, wenn der Schwanenhals in einem Extraring fest ist, der an der Stenge über oder unter dem Eselshaupt befestigt wurde. Vom mittleren Ring auf der Rah geht eine Tragestange zum Mars oder zur Stengesaling hinunter; sie trägt das ganze Gewicht der Rah (Fig. 385).

Fig. 387 zeigt ein **Untermarsrack** von der Seite gesehen. Anstelle einer Tragestenge, die zum Mars hinunterreicht, gibt es einen Ring um den Masttop, an dem zwei kräftige Stangen befestigt sind. Sie werden unter der Rah in einem Kreuzkopf vereint, in dem ein Bolzen sitzt, der auf dem Mittelring der Rah fest ist und sich nicht im Kreuzkopf drehen darf.

Fig. 387 B zeigt dasselbe Rack von oben. Der Schwanenhals ist kurz und in einem Bügel fest, der wiederum sitzt in zwei Bolzen, von denen jeder auf einer Seite der Stenge sitzt. Obgleich das Rack sehr solide aussieht, geht es doch leicht kaputt, da die einzelnen Teile, aus denen es zusammengesetzt ist, sich schnell lösen.

Auf Fig. 388 sind das **Rack und die mittlere Partie** einer Unterrah zu sehen. Der Hanger besteht aus einem schweren Stück Kette, das mit dem einen Ende in einem Augbolzen an der Vorderkante des Mastes und mit dem anderen auf dem mittleren Ring oben auf der Rah sitzt. Der Schwanenhals ist am Hangerband fest und hält die Rah in einem bestimmten Abstand vom Mast.

Das **Tonnenrack** (Fig. 389) wird bei Obermars- und Bramrahen eingesetzt. Dieses Rack hält die Rah nicht nur in einem bestimmten Abstand von der Stenge, sie gleitet auch leicht an der Stenge auf und nieder, und die inwendige Holzbekleidung schamfilt nicht halb so leicht wie bei einem Rack mit Bügel.

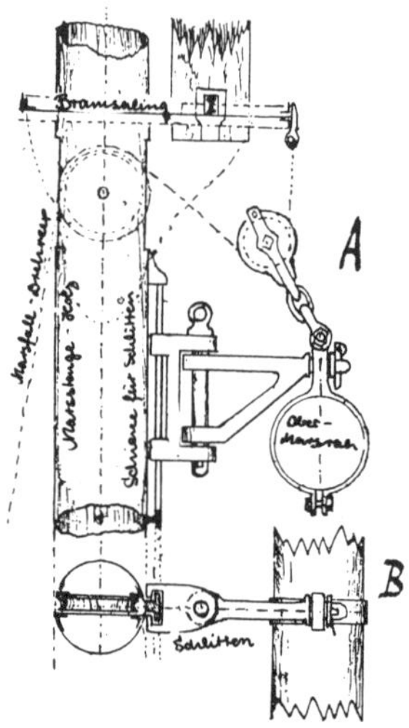

Fig. 393. Obermarsrack eines großen Schiffes

Ein **Rack mit Bügel** (Fig. 390) ist das übliche. Um das Schamfilen zu vermindern, kleidet man das Rack mit Leder aus, welches man immer gut gefettet hält.

Tauracks (Fig. 391) werden nur für kleine Rahen verwendet, können aber gut an jeder Rah angebracht werden, wenn das eigentliche Rack kaputt sein sollte. Man spiekert ein paar kräftige Holzstücke oder eine breite Klampe mit einem passenden Ausschnitt für die Stenge auf die Rah oder zurrt sie darauf fest. Dann legt man einen langen und einen kurzen Stropp um die Rah und näht sie zusammen, wie auf Fig. 391 gezeigt wird.

Kranracks (Fig. 392) wurden früher für Untermars- und Unterbramrahen verwendet. Der Kran bricht jedoch oft an der Stelle, die mit a bezeichnet ist.

Die Abbildung 393 A und B zeigt **das Rack einer Obermarsrah auf einem großen Schiff**. Die Marsstenge ist aus Eisen und auf der Vorderkante mit einer Schiene versehen. Um diese Schiene greift ein Schlitten, an dem der Schwanenhals fest ist. Damit der Schlitten nicht von der Schiene rutscht, wird er oben mit einem Schloß befestigt. Der Schwanenhals greift mit der Oberkante in einen Ring, der auf der Mitte der Rah sitzt; an derselben Stelle ist auch ein Eisenblock angebracht. Das Marsdrehreep ist mit dem einen Tampen auf der Vorderkante der Stengesaling fest, verläuft dann durch einen Block auf der Rah, weiter durch das Scheibengatt in der Stenge und hinunter zum Marsfall. (Auf der Achterkante befindet sich weder ein Stander noch ein Mantelblock).

Auf der Abbildung 394 A und B ist ein **Eisenmast** mit einer Schiene auf der Achterkante für die Gaffel zu sehen, die mit einem Schlitten an der Schiene fest ist. Anstelle von Mastbändern oder -ringen sitzen Lägel auf der Schiene, womit das Vorliek des Segels am Mast gehalten wird.

Auf der Abbildung 395 wird gezeigt, wie Bäume am Mast befestigt werden.

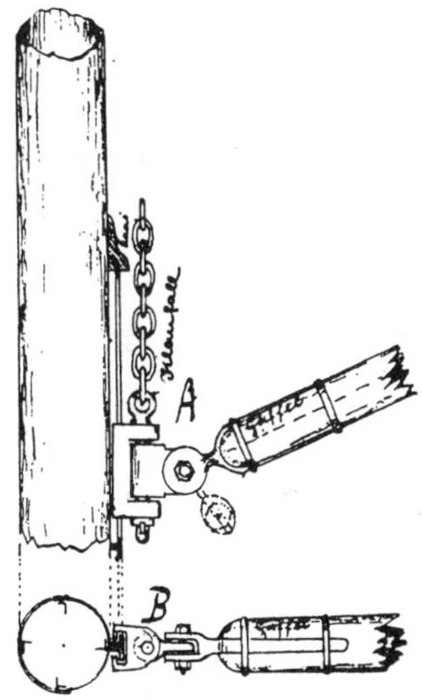

Fig. 394. Eisenmast mit Schiene für Klau und Gaffel

Die Abbildung 396 A und B zeigt zwei Methoden, wie Bäume an Holzmasten befestigt werden können, B läßt sich auch für Gaffeln einsetzen.

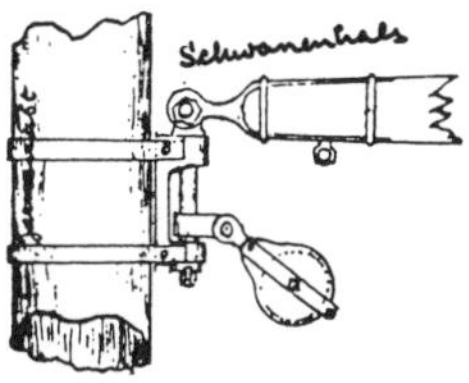

Fig. 395.

Abbildung 397 A zeigt das hintere Ende eines Baumes, von der Seite aus gesehen, und B zeigt ihn von oben. **Scheibengatt** und **Schmierreep** dienen nur dazu, das Segel (beim Reffen) ganz gereckt zu halten. Das sogenannte **Patentreff** besteht darin, daß das Segel um den Baum gerollt wird, Schot und Baumdirk sind dabei in einem Ring um den Baum fest, der hinter dem Schothorn angebracht ist; die Unterkante des Segels ist an ein Holzjackstag, an der Oberseite des Baumes, genäht. Ring und Schwanenhals sind so eingerichtet, daß der Baum gedreht werden kann, weil auf dem Baum, dicht am Schwanenhals, eine Rolle angebracht ist, um die eine dünne Kette gewickelt ist, deren Tampen auf der Rolle befestigt wurde. Der andere Tampen ist entweder auf der Rolle an einem Krüppelspill oder an einer Toptalje befestigt. Hievt man das Spill oder holt die Toptalje, dreht sich der Baum, wodurch das Segel sich um ihn herumwikkelt.

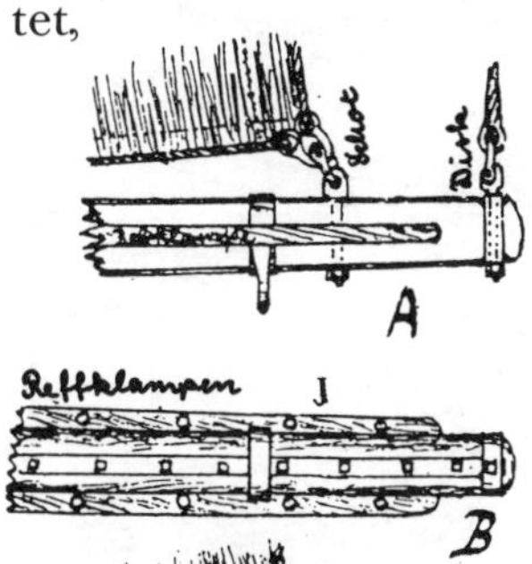

Fig. 397.

Fig. 398.

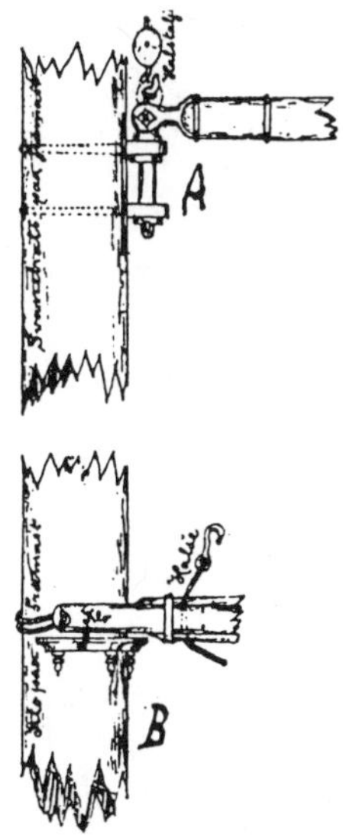

Fig. 396.

Der Klüverbaum ist eine Verlängerung des Bugspriets nach vorn. Er geht durch ein Eselshaupt am Außenende des Bugspriets. Innen, bei den Judasohren, paßt der Fuß des Baumes in eine Klampe. Das Baumende wird mit einem starken Eisenbügel niedergehalten, wenn es erst an seinem Platz liegt. Der Bügel liegt direkt außen vor der Klampe über dem Baum.

Was ist zu tun, wenn die Order zum Ausbringen des Klüverbaumes gegeben wurde? Der Baum wird vorausgelegt, dann hebt man ihn über den Bug nach oben, mittels einer Talje, die an das Fockstag geschlagen wurde, setzt ihn draußen in das Eselshaupt, steckt das Ende des Jagerbaumes einige Fuß aus ihm heraus und dreht den Baum richtig herum. Dann setzt man den Ring für das Klüvergut auf den Baum, dann den Ring für das Jagergut, der sofort auf dem Baum festgetrieben wird. Auf dem Ring sind drei Augbolzen, von denen einer nach unten zeigt, die anderen beiden nach außen, jeder zu einer Seite. Die Lägel für den Jager werden auf den

Jagerleiter gesteckt, bevor dieser von oben nach unten über die beiden Halbscheiben (blindes Scheibengatt) geschoren und in die Judasohren gewiesen wird. Das Royalstag wird von oben in das äußere, blinde Scheibengatt geschoren und in die Judasohren gewiesen, aber auf der anderen Seite von Wasserstag und Steven. Die Jagerpardunen und -vorholer werden in den

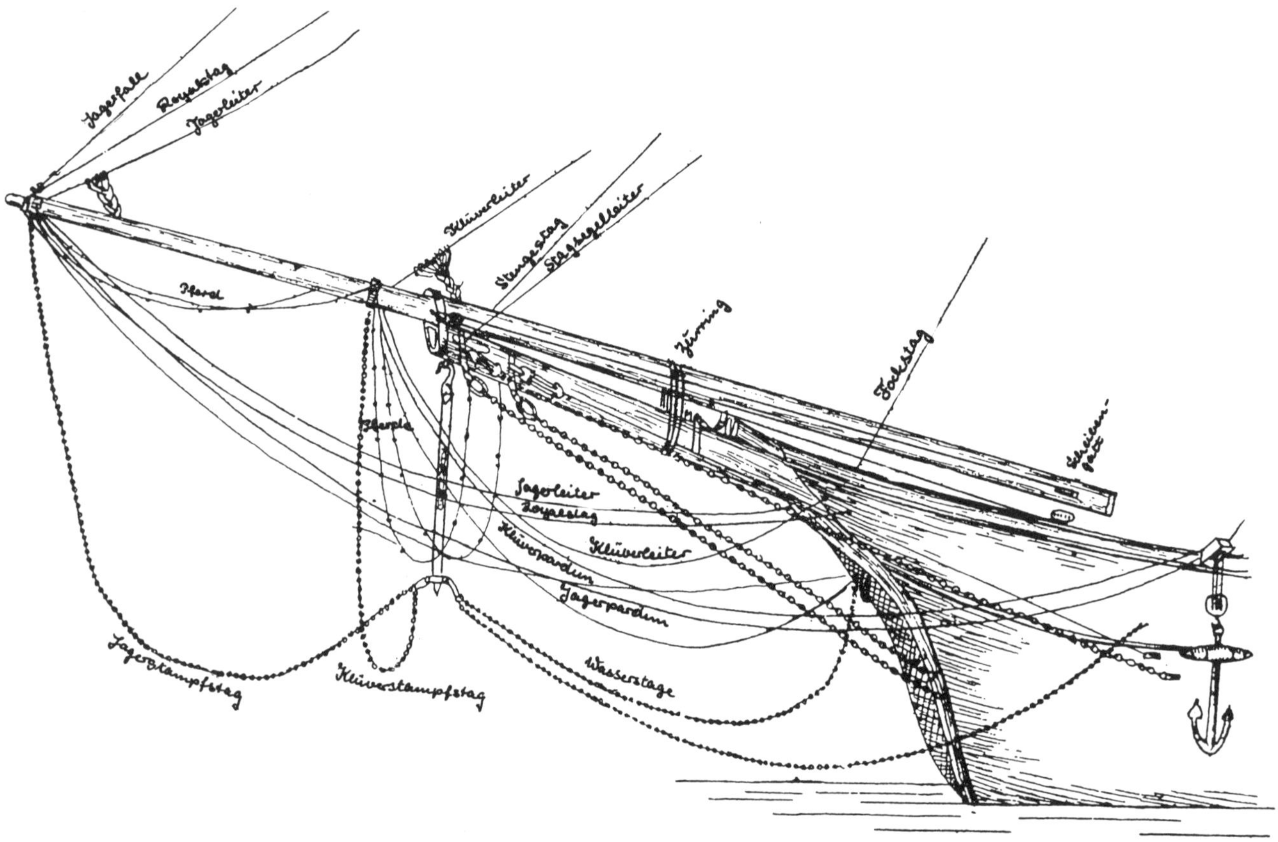

Fig. 399. Ausbringen eines Klüverbaumes

Ring geschäkelt, die Pferde werden unten in die Schäkel genäht. Währenddessen wird draußen auf das Eselshaupt ein kräftiger Block gesetzt, und eine Jolle wird hindurchgeschoren: von unten nach oben, am Baum entlang, durch das Scheibengatt am Ende des Baumes, wieder nach draußen, an der anderen Seite des Baumes entlang, um dann am Eselshaupt festgesetzt zu werden. Bevor man die Jolle holt, setzt man das Jagerfall gut um die Nock des Baumes fest, holt dicht und setzt fest. Jetzt ist der Baum klar und kann ein Stück ausgeholt werden, während ein Mann auf Jagerpferde und Vorholer achtet. Man hievt so lange, bis das Klüvergut einige Fuß vor dem Eselshaupt ist, dort hält man inne, während der Ring für das Klüvergut aufgesetzt wird. Die Jagerpferde werden an den Ring genäht, und die Lägel werden auf den Klüverleiter gesetzt, bevor dieser durch den Baum über die Halbscheibe geschoren und auf derselben Seite wie das Royalstag in die Judasohren gewiesen wird. Die Klüverpardunen werden eingeschäkelt, der Stampfstock wird von der Achterkante unter den Bugspriet gehakt, die Vorholer werden unten in die Vorderkante des Ringes geschäkelt, die Achterholer in die Achterkante des Ringes, dann werden sie nach innen gewiesen, einer zu jeder Seite des Bugs, und locker mit Verschlüssen festgesetzt. Mit einem guten Ende werden einige Törns sowohl um den Bugspriet als auch um den Klüverbaum, direkt außen vor dem Steven, gelegt damit der Klüverbaum kein Uebergewicht bekommt, falls das Jagerfall bricht. Der Baum ist jetzt eingeriggt, und die Jolle kann dichtgeholt werden, während ein Mann das Jagerfall so weit fiert, daß der Baum nicht gegen die Oberkante des Eselshauptes kommt. Auf das Ende des Baumes muß ebenfalls gut geachtet werden, genauso, wie man aufpassen muß, daß nichts dicht steht, zum Beispiel Leiter, Pferde, Achterholer usw. Sobald der Baum so weit draußen ist, daß der Fuß in die Klampe kommt, werden das Jagerfall und das Ende um den Baum gut dichtgeholt.

Wenn es nicht ausreicht, den Baum niederzudrücken, setzt man eine Spanische Winde an (Fig. 257). Ist der Baum unten, legt man den Bügel darüber, zusätzlich wird oft eine Zurring über das Ende des Baumes gelegt.

Der Achterholer wird zuerst angesetzt, man muß aber darauf achten, daß der Stampfstock nicht zu einer Seite weist. Als nächstes werden Klüverpardunen, Jagerpardunen, Klüverleiter, Jagerleiter und Royalstag gesetzt. Es ist daran zu denken, daß die drei Letztgenannten in die Lippen unten auf dem Stampfstock gelegt werden müssen, bevor man sie ansetzen kann. Pferde und Niederholerblöcke werden festgenäht. In vielen Häfen muß der Klüverbaum eingeholt werden; meist reicht es jedoch aus, wenn der Baum so weit eingeholt wird, daß das Klüvergut bis zum Eselshaupt kommt (Fig. 399), trotzdem geht auch das natürlich nicht ganz ohne Arbeit vonstatten. Bei einem Teil der Schiffe ist daher der Baumfuß mit einem Bolzen befestigt, um den der Baum sich nach oben klappen läßt, und das Eselshaupt hat einen Bügel, der sich

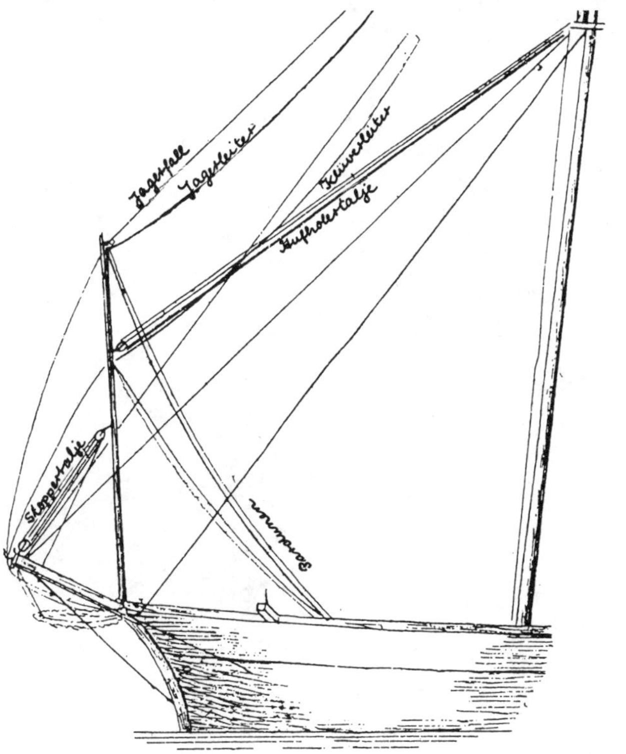

Fig. 400. Klappbarer Klüverbaum

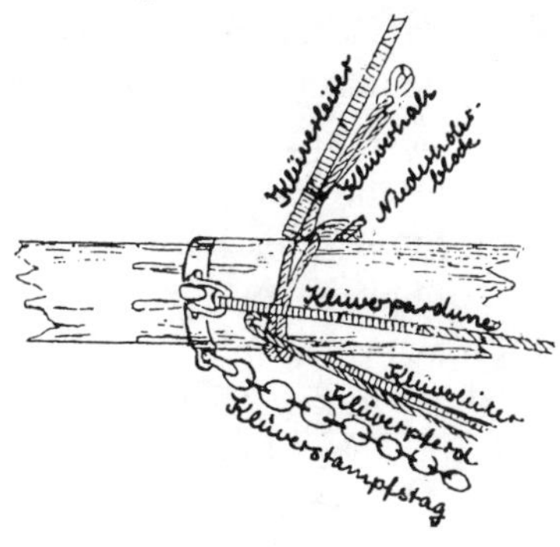

Fig. 401. Klüvergut

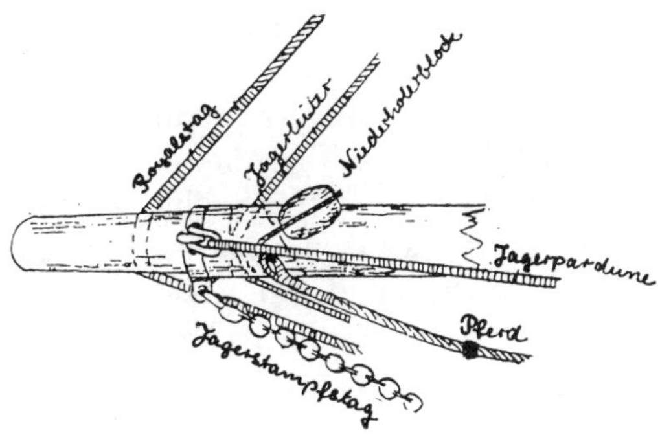

Fig. 402. Jagergut

öffnen läßt. Statt den Baum einzuriggen, wird er am Ende mit einer Talje von der Stengesaling, die draußen am Klüvergut fest ist, oder dem Masttop, aufgerichtet. Damit der Baum nicht achterüber geht, wird eine kräftige Talje vom Eselshaupt zum Baum hinauf gesetzt (Fig. 400); zu den Seiten wird der Baum mit Pardunen abgestützt, die dichtgeholt werden.

Bevor der Baum angehoben werden kann, müssen Jager- und Klüvervorholer ausgeschäkelt und Leiter und Stag losgemacht werden. Der Leiter wird wieder durchgeholt, sobald der Baum aufgerichtet ist. Er darf nicht ganz aufrecht stehen, da man sonst Schwierigkeiten mit dem Niederlegen bekommen könnte.

Die Abbildungen 401 und 402 zeigen, wie Jager- und Klüvergut aussehen, wenn alles an seinem Platz ist. Der Jagerhals, der auf der Zeichnung ausgelassen wurde, wird auf den Baum gesetzt und an den Leiter genäht (s. Klüverhals).

SEGEL

Das Anschlagen der Segel

Man könnte meinen, daß das Anschlagen der Segel eine so leichte Sache wäre, daß dafür weder Zeit noch Platz geopfert werden müßten. Es scheint mir aber doch nicht ganz so einfach zu sein, große Segel zu bedienen, besonders, wenn eine steife Brise weht.

Bevor mit dem Anschlagen begonnen werden kann, werden alle laufenden Enden geschoren.

Vorsegel. Das Segel wird auf die Back gelegt, der Hals mit Garn markiert und dann so hingelegt, wie man es auf Fig. 403 erkennen kann. Das Fallhorn kommt oben zu liegen. Dem weniger Geübten mag es schwerfallen, den Kopf (Fallhorn) vom Hals zu unterscheiden. Bei gewöhnlichen Segeln verlaufen die Kleider (Bahnen) allesamt parallel zum Achterliek. Das ist ein guter Anhaltspunkt, um den Hals zu finden. Ist das Segel sternenförmig genäht, verlaufen die Kleider sowohl zum Achterliek als auch - im unteren Teil - zum Unterliek parallel. Die unterste Bahn ist allerdings in der Regel so gerundet, daß sie in der Mitte des Unterlieks breiter ist als zum Hals oder zur Schot hin. Außerdem kann man in den meisten Fällen davon ausgehen, daß das Liek auf der Backbordseite des Segels liegt.

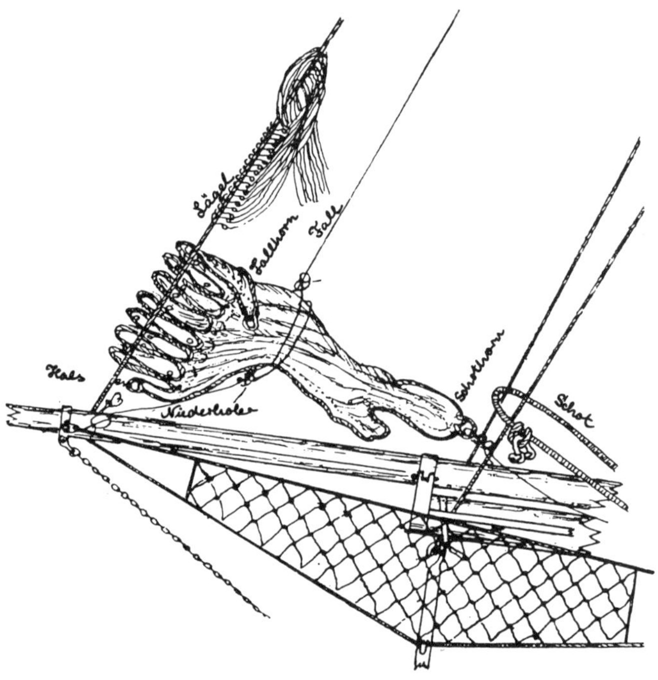

Fig. 403. Anschlagen der Vorsegel

Die Halskausch ist meist eingespleißt und die Kausch mit einem Schäkel am Fall befestigt. Regeln für alle Möglichkeiten gibt es nicht.

Das Fall wird um das Segel gelegt und oben an seinem eigenen Part befestigt.

Der Niederholer wird oben über die Pardunen, auf derselben Seite wie das Fall, eingeholt, und der Tampen wird gleich achter dem Fall um das Segel gesteckt und unten unter dem Segel um seinen eigenen Part geknotet, außerdem schert man ein Ende durch die Schotkausch. Dann wird das Segel so gut steifgeholt, daß es über die Reling geht. Der Niederholer wird um das Spill geworfen. Das Segel wird nach außen gehievt, das Fall gleichmäßig gefiert, bis das Segel ungefähr die Stellung innehat, die Fig. 403 zeigt, dann werden Fall und Niederholer festgemacht. Ein Mann wird nach oben geschickt, um das Segel anzuschlagen. Er setzt sich rittlings auf den Baum, vor den Leiter, und beginnt damit, den Hals einzuhaken und Mausings aufzusetzen (alle Blöcke und Haken werden eingemaust, damit sie nicht wieder aushaken). Das Einmausen besteht darin, Bändsel um die Lägel zu setzen.

Zum Mausen nimmt man entweder Kabelgarn oder Draht. Das beste ist jedoch, wenn man zuerst Kabelgarn umbändselt und darüber Draht gegen das Schamfilen - eines allein reicht nicht aus. Sind mehr Lägel vorhanden als benötigt werden, so läßt man die überflüssigen nach unten rutschen, sind aber weniger vorhanden, überspringt man von unten so viele Gattchen, daß ein Lägel in jedes der oberen Gattchen kommt. Denn selbst bei gesetztem Segel kann man leicht noch ein paar Lägel nachträglich einsetzen. Mit dem Festnähen fängt man unten an, ein Lägel in jedes Gatt. Damit die anderen Lägel beim Arbeiten nicht im Wege sind, setzt man sie ein wenig höher am Stag fest (siehe Fig. 403). In die Kausch des Fallhorns kommt ebenfalls ein Lägel, welches besonders gut festgenäht werden muß. Fall und Niederholer werden gelöst und im Fallhorn festgesteckt. Das Fall wird über dem Lägel, der Niederholer unter dem Lägel in der Vorderkante der Kausch festgesetzt. Wenn fast auf der Mitte des Vorsegels ein Klotje sitzt, muß der Niederholer zuerst dadurch. Das Klotje hindert den Niederholer daran, unklar vom Segel zu laufen, wenn das Fall losgeworfen wird. Die Schot wird in das Schothorn geschäkelt. Man muß darauf achten, daß weder in die Schot noch in das Segel Törns kommen. Wenn das Segel angeschlagen ist, wird es kurz vorgeheißt um zu prüfen, ob es klar ist und richtig wendet. Das sollte man sich zur Regel machen.

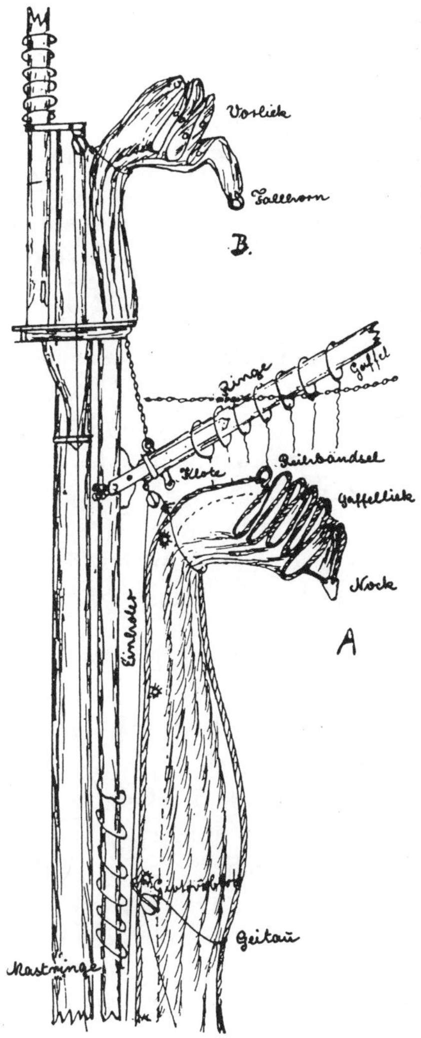

Fig. 404. Anschlagen von Gaffel- und Gaffeltopsegel

Gaffelsegel an stehenden, festen Gaffeln (Fig. 404 A). Nachdem man die Piek auf das Deck gelegt hat, legt man darüber das Oberliek nach oben zur Klau. Der Einholer wird nach unten geholt und circa 3 Fuß unter der Klau um das Segel gesteckt. Das Segel wird ein wenig aufgeheißt, und die Geitaue werden an ihre Plätze am Achterliek genäht. Das Segel wird bis zu den Blöcken aufgeheißt. Man beginnt mit dem Festsetzen der Klau unter der Gaffel. Lägel und Gattchen im Segel werden gezählt; gibt es zuviele Lägel, überspringt man die überzähligen. Wenn die Lägel fest sind, wirft man den Einholer los und schert ihn zusammen mit dem Ausholer durch die Piek des Segels. Die Geitaublöcke, wodurch die Geitaue geschoren werden, näht man an einem Lägel oder am Vorliek fest.

Mittelstagsegel und **Gaffeltopsegel** (Fig. 404 B) werden genauso geheißt wie Gaffelsegel. Anstelle des Einholers wird der Niederholer bedient. Er wird nachher an der Schot befestigt.

Baumsegel mit losen Gaffeln werden unten auf Deck angeschlagen. Nachdem die Klau eingesetzt wurde, holt man das Oberliek an der Gaffel mit einem Nockbändsel an der Piek des Segels, das um die Gaffel gelegt wird, gut durch, genauso wie das Nockbändsel am Rahsegel (Fig. 406). Das Nockbändsel muß geholt werden, bevor man die Gattchen annäht. Wenn die Bändsel um die Gaffel gelegt werden sollen, macht man - wenn es sich um Schiemannsgarn handelt -jedesmal vier Törns. Viele Gaffeln haben eine Schiene an der Unterkante, an die das Liek genäht werden kann. In so einem Fall können die Bändsel vom Gaffeltopsegel nicht schamfilen. Wenn das Segel geheißt ist, werden die Mastbänder o. ä. angenäht. Ist es halb oben, läßt sich die Schot am leichtesten herausziehen.

Rahsegel (Fig. 405). Wenn das Schiff im Hafen liegt und man bei dieser Gelegenheit alle Rahsegel anschlagen möchte, setzt man einen Block mit einem guten Stropp am Bramgut fest, schert ein kräftiges Jolltau ein und leitet es zu den Vorkanten der Rahen. Man legt das Bramsegel klar auf Deck und setzt ein oder zwei Garne in jedes der Gattchen am Rahliek. Die Nockbändsel werden in die Nockkauschen gespleißt und leicht eingefettet.

Nockbändsel (Nokbændslerne; Head-earings) müssen so lang sein, daß man damit einen Ausholschlag und sieben Rundtörns um die Nock der Rahen legen kann. Die Stärke der Nockbändsel richtet sich nach der Größe des Segels. Auf der Mitte des Rahlieks sitzt ein kleines Taulägel, durch das ein langes Bändsel geschoren wird.

Nachdem das Segel klargemacht wurde, legt man das Jolltau um die Mitte des Segels, von der Achter- bis zur Vorkante, und setzt es an seinem eigenen Part mit einem Palstek von ca. 3 Fuß Länge fest. Man steckt beide Nockbändsel durch die Brillen in den Schoten und setzt sie auf das Jolltau über dem Palstek. Ein Mann wird in die Takelage gesandt, um das Segel während des Heißens gut freizuhalten. Sobald das Segel über der Bramrah ist, wird es mit einem soliden Zeising am Drehreep befestigt. Die Jolle wird gelöst und zur Vorderkante der Rah geholt. Inzwischen wurde das Untermarssegel klargelegt. Es wird genauso geheißt und festgesetzt wie das Bramsegel. Wieder wird die Jolle nach unten geschickt. Das Obermarssegel wird bis zur Mitte der Marsstenge geheißt.

Untersegel, Großsegel, Fock oder Bagien werden quer über das Schiff auf Deck gelegt. Man muß darauf achten, daß das Segel richtig liegt.

Alle Rahsegel haben das Liek an der Achterkante. Das Segel wird an Deck so hingelegt, wie es auch nachher unter der Rah stehen soll. Geitau, Gordings, Schoten und Hälse werden geschoren. Die Refftaljen werden nach unten geholt und mit zwei Faden langen Tampen durch den Refftaljenblock von unten in das Segel gesteckt und über dem Block gut beigezeist. Die Nockbändsel werden eingeschoren und die Tampen auf der Refftalje beigezeist. Wenn an der Vorkante des Segels Klotjes sitzen, steckt man die Gordings erst dort hindurch, bevor sie im Liek befestigt werden. Das Oberliek wird an die Buggordings genäht. Sind alle Enden geschoren, ist das Segel klar. Es wird an Gordings und Refftaljen aufgeheißt, bis es unter der Rah steht. Die Geitaue werden dicht, aber nicht zu steif geholt. Die Mannschaft wird jetzt auf die Rahen geschickt.

Während einige die Nockbändsel klarmachen, nähen andere die Mitte des Segels

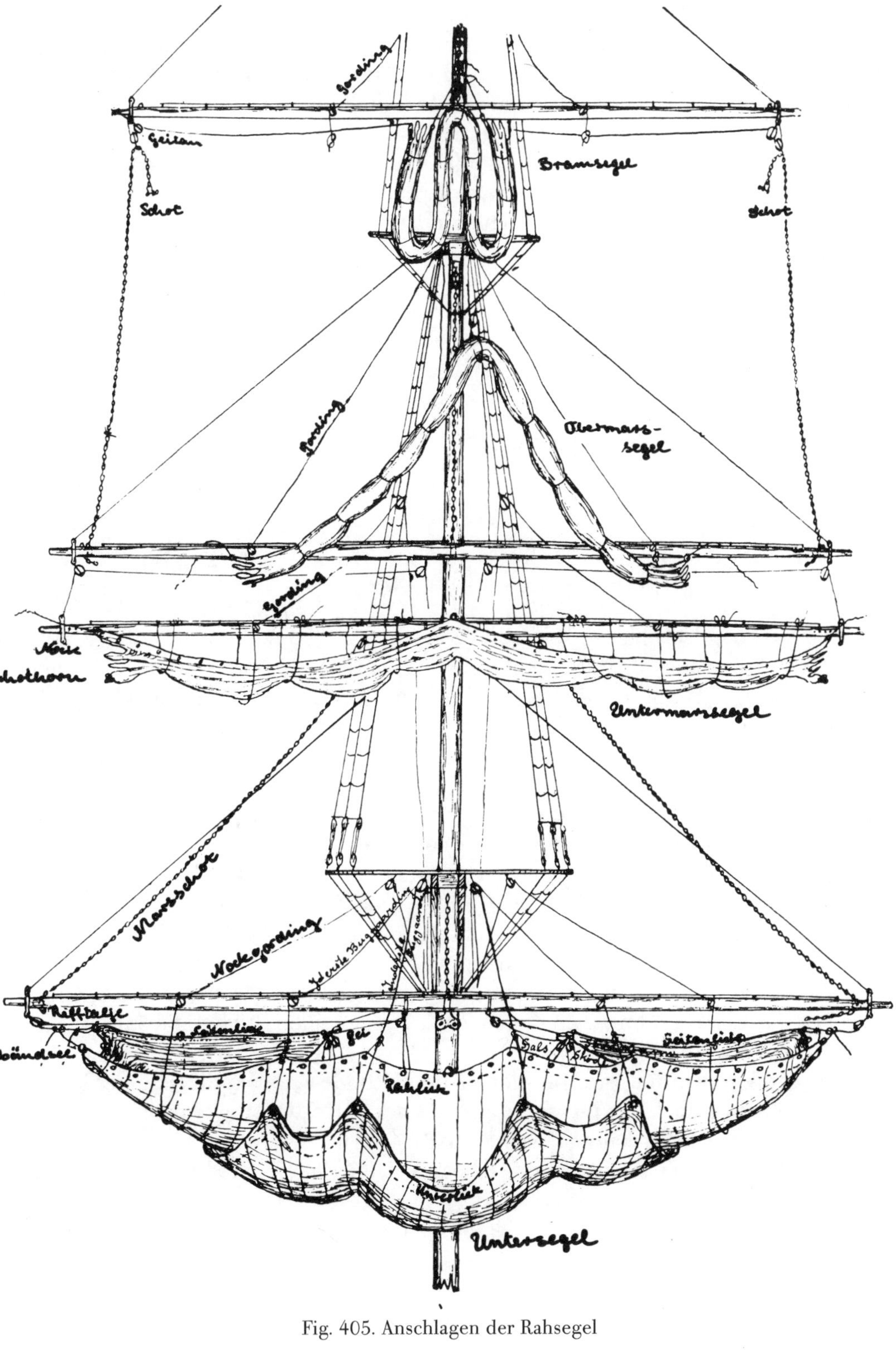

Fig. 405. Anschlagen der Rahsegel

auf die Mitte der Rah, der übrige Teil der Mannschaft verteilt sich auf den Nocken. Das Oberliek wird von den Gordings losgemacht und an die Rah am Jackstag (Strecktau) entlang gelegt. Das Oberliek wird gut zu jeder Seite gestreckt, während die Nockbändsel aufgesetzt. Man muß darauf achten, daß die Mitte des Segels immer in der Mitte der Rah steht. Sobald die Nockbändsel genügend steifgeholt sind, geht ein Teil der Mannschaft dazu über, die Gattchen des Rahlieks mit Garn am Jackstag festzunähen. Alle Handpferde, Matten und Blöcke kommen oben auf das Segel, alle Zeisinge an die Unterkante. Bevor die Zeisinge jedoch gelöst werden, schert man die Refftaljen und befestigt die Tampen. Nachdem das Segel untergeschlagen ist, heißt man es für kurze Zeit vor, um zu sehen, ob es klar ist.

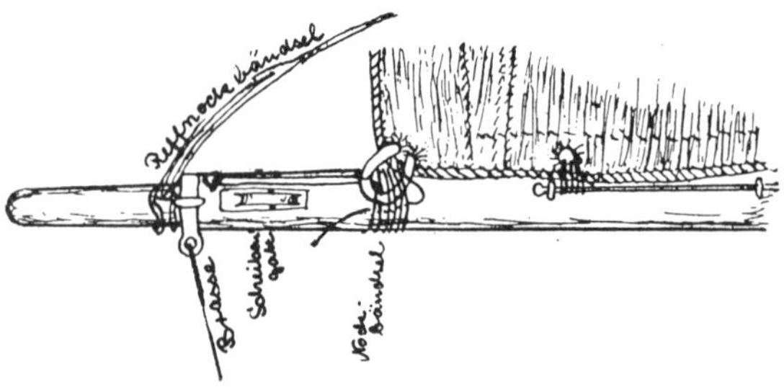

Fig. 406. Scheren des Nockbändsels

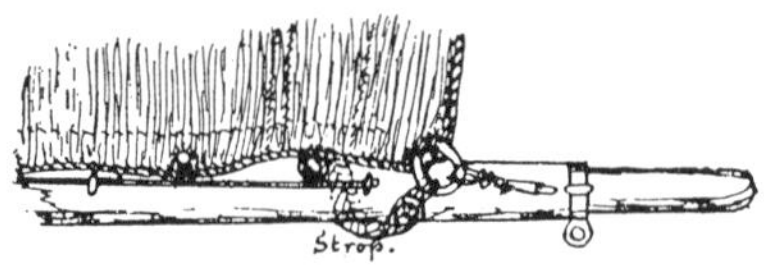

Fig. 407.

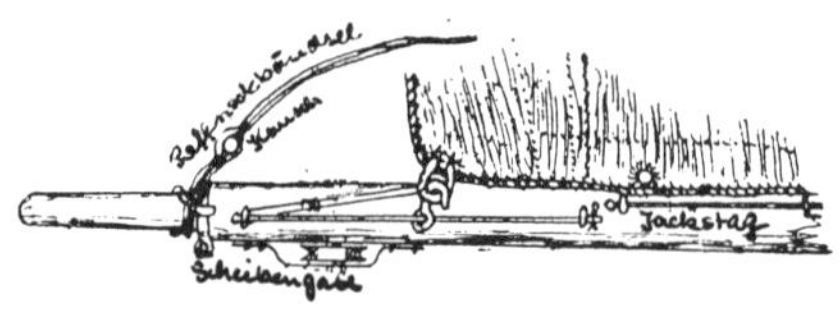

Fig. 408.

Die Nockbändsel (Fig. 406) werden von vorn durch einen Bolzen auf der Rah und wieder zurück nach oben und von unten durch ein Lägel geschoren. Zuerst werden sie mit den Händen, danach mit einem Spieker dichtgeholt. Anschließend werden die Nockbändsel über die Rah nach unten zur Achterkante und nach oben unter das Lägel, das vom Jackstag oben gehalten wird, gesteckt. Dann macht man wieder einen Rundtörn um die Rah, aber dieses und die folgende Male durch die Kausch. Jeder Törn wird mit dem Spieker festgeholt. Der Tampen wird zum Schluß unter die 6 Törns (siehe Fig.) gesteckt und an den Ausholertörns festgemacht. Wozu der erste (blinde) Törn gelegt wird, der nicht durch das Lägel führt? Er verhindert, daß das Lägel unter die Rah rutscht.

Auf vielen Schiffen benutzt man eine Art Stropp (Fig. 407), der an jedem Ende ein Auge hat. Das eine bändselt man gut auf das Strecktau außen auf der Rahnock. Dann holt man den Stropp von unten nach oben zur Achterkante. Bevor das Nockbändsel festgesetzt wird, macht man mit dem Tampen einige Törns zwischen Lägel und Stropp, um zu verhindern, daß das Segel an der Rah nach unten abgleitet. Benutzt man einen solchen Stropp, fällt der blinde Törn mit dem Nockbändsel fort.

Auf großen Schiffen wird oft eine dritte Methode angewandt. An einer kurzen Eisenstange, die auf der Rah befestigt ist, sitzt ein starker Haken oder ein Schäkel, der auf der ganzen Stangenlänge laufen kann (Fig. 408). In diesen Haken wird das Lägel des Segels gehakt, und mit einigen Ausholertörns wird das Oberliek samt Haken gut geholt und der Ausholer befestigt.

Damit das Lägel nicht vom Haken rutschen kann, setzt man eine gute Mausing darauf, damit ist das Nockbändsel fertig. Anstelle des Hakens kann man auch einen Schäkel verwenden.

Das **Untermarssegel** wird richtig gewendet, bevor die Nockbändsel herausgenommen werden. Um das Dirigieren zu erleichtern, hängt das Segel in Buchten in den Zeisingen. Diese Methode ist besonders für Rahsegel empfehlenswert. Das Gewicht des Segels spielt beim Anschlagen keine Rolle, und außerdem bietet es so dem Wind keine Angriffsfläche. Geitaue und Gordings werden vor den Schoten geschoren, und im übrigen verfährt man wie beim Großsegel.

Das **Obermarssegel** wird - wie oben schon erwähnt - ein wenig zu hoch geheißt, damit die Mannschaft besser auf der Untermarsrah arbeiten kann. Sobald alles klar ist, beginnt man damit, die Nocken der Segel nach außen zu holen, gleichzeitig werden die Jollen gefiert, damit das Segel an der Rah entlangläuft.

Das **Wechseln eines Marssegels bei Starkwind**. Man setzt ein paar Faden über den Marsrahen einen Block mit einer guten Jolle entweder auf das Marsdrehreep oder auf das vorderste Stengewant in Luv, steckt die Jolle um die Mitte des Segels, holt dicht und befestigt sie. Dann zeist man das Segel entlang der Rah bei, setzt danach ein Ende auf die Schoten, um sie unter den Rahen zu halten und loszuschäkeln, macht Geitaue und Gordings los und schlägt das Segel von der Rah ab. Die Nockbändsel werden eingeholt und an der Jolle befestigt. Das mittlere Bändsel wird beim Anschlagen des Segels als erstes befestigt; beim Abschlagen wird es als letztes gelöst.

Wenn das Segel klar ist, setzt man eine Steuerjolle auf und fiert das Segel an der Achterkante der Rah nach Lee. Auch das neue Segel wird an Deck mit Zeisingen zusammengebunden, bevor es auf der Luvseite hinter den Rahen geheißt wird. Man darf nicht vergessen, eine Steuerjolle anzuschlagen. Sobald das Segel hoch genug ist, näht man das mittlere Bändsel fest und hängt das ganze Segel an die Rah (siehe Fig. 405), bevor man es von der Jolle löst. Auf diese Weise läßt sich ein Segel selbst während eines Sturmes auswechseln.

Leesegel (Fig. 409) werden heutzutage nur noch auf einzelnen Schiffen gefahren. Sie spielten früher eine große Rolle - bis der Suezkanal eröffnet wurde und die Dampfschiffe den bekannten Teeklippern den Rang im Kampf um Tee und andere kostbare Ladungen abliefen.

Solange das Segel die Hauptantriebskraft sowohl für Seekriegsschiffe, Kauffahrteischiffe als auch für Kaperschiffe, Seeräuber und Sklavenhändler war, kam es oft vor, daß ein Schiff jeden freien Quadratfuß mit Segeln bespannte, um ein anderes einzuholen oder vor ihm zu fliehen. Die Sklavenhändler gingen sogar so weit, die Zwischendecksbalken durchzusägen, um das Schiff auf der Flucht "lebendiger" werden zu lassen.

Das Leesegel ist heute höchstens noch von historischem Interesse. Wir können uns daher eine Aufzählung der Rundhölzer, Blöcke und des laufenden Gutes ersparen. Ihre Namen sind sicher längst vergessen, und wir begnügen uns an dieser Stelle damit, die Segel aufzuzählen und auf Fig. 409 hinzuweisen. Es waren allerdings nur wenige Schiffe mit allen hier genannten Segeln ausgerüstet.

An den Unter- und Obermarsrahen wurden Leesegelspieren angebracht, die an den Rahnocken in Bügeln lagen. Das innere Ende wurde festgezurrt. Meist saß auf der Unterrah kurz vor dem inneren Ende noch ein aufklappbarer Bügel.

Das **Unterleesegel** wurde auf der Höhe der Nock des Großsegels gefahren, das **Marsleesegel** außen an Vor- und Groß-Marssegel. Das **Bramleesegel** am Bramsegel, und einige hatten sogar **Royalleesegel**.

Die genannten Leesegel bildeten alle zusammen eine bedeutende Segelfläche. Der Teeklipper "Sir Lancelot" beispielsweise hatte für diese Segel 1023 Yards laufendes Tuch von 2 Fuß Breite an Bord - genügend, um einen Dreimast-Schoner von circa 350 Tons mit Segeln zu versorgen. Außerdem befanden sich auf der "Sir Lancelot" noch 4 zusätzliche Leesegel, worin über 500 Yards Tuch verarbeitet waren.

Weitere Leesegel aus dieser Zeit waren das **Jib-o-Jib** oder **Jibtopsail**, das am Royalstag gefahren wurde. Das **Jamie-Green**, das die Form des Bramleesegels hatte und auf einem Laufsteg vom Lee-Kranbalken zu den Ringen des Klüverbaumes lief. Das Fall ging bis zur Nock des Klüverbaumes, der Hals zum unteren Ende des Stampstocks und die Schot zum Fockrigg.

Das **Save-all** wurde an das Unterliek der Marssegel genäht und das **Bonet'er** an das Unterliek der Untersegel. Das **Ringtail** wurde hinter dem Besan und das **Watersail** unter dem Besanbaum gefahren. Manchmal wurde unter dem Besan noch ein weiteres Segel gesetzt, welches ebenfalls **Save-all** hieß.

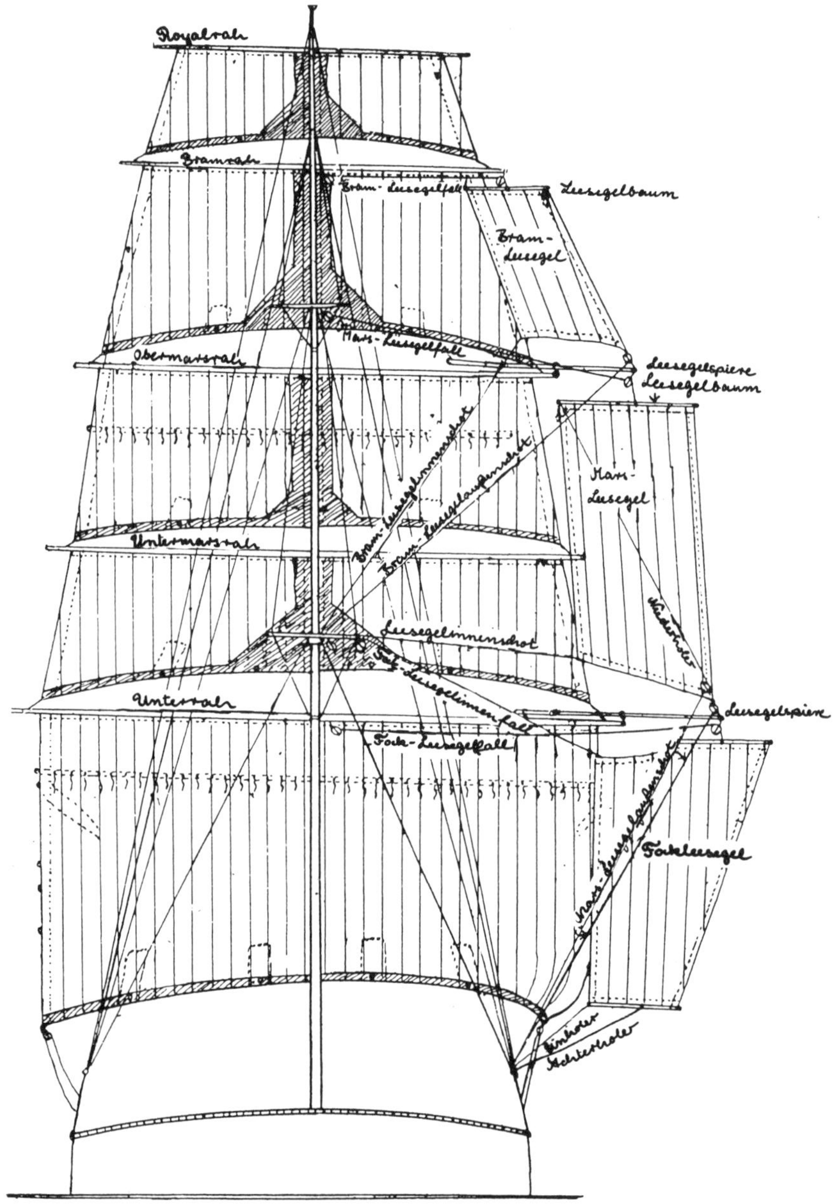

Fig. 409. Leesegel

Nach und nach verschwanden diese Segel eines nach dem anderen. Heute sieht man Unter- oder Obermarsleesegel nur noch selten. Bei gutem Wetter sieht man auf kleinen Schiffen das eine oder andere Reservesegel oder auch ein dreieckiges Segel, das von der obersten Rah zum Flaggenknopf reicht. Ihren Namen haben sie von den Segeln, für die sie die Ersatzdienste leisten, zum Beispiel "spitzes Bramsegel", "spitzes Royal" - über einer losen Fockrah werden sie "Leesegel" genannt.

Das Zusammenlegen der Segel

Stagsegel, Vorsegel, Gaffeltopsegel und Baumsegel legt man mit der Backbordseite flach nach unten auf das Deck, das Achterliek wird strammgezogen. Seitenliek, Oberliek, Unterliek und Vorliek werden gleichmäßig verteilt. Um zu verhindern, daß nicht galvanisierte Kauschen und Brillen im Segel rosten, beschmartet man sie. Das Segel wird fest in Richtung Achterliek aufgerollt. Danach bindet man im Abstand von 2 Fuß Garn um das Segel. Regel: "Achterliek und Backbordseite müssen außen liegen." Kleine Segel können kurz und dick zusammengerollt werden, mit großen Segeln läßt es sich am besten arbeiten und sie lassen sich am leichtesten stauen, wenn sie möglichst lang und dünn aufgerollt werden.

Segel sind oft mit Buchstaben und Zahlen gekennzeichnet. Man malt diese Markierungen auf die Backbordseite, direkt über der Schot auf die achterste Bahn. V.St.St.S.II bedeutet: Vor-Stengestagsegel Nr. 2, Sch.S.97 bedeutet: Schonersegel, genäht 1897 und so weiter. Diese Kennzeichnungen sind unter "Takelung" aufgeführt.

Rahsegel markiert man an der Achterkante des Segels, oben unterhalb der Steuerbordnock.

Rahsegel legt man mit dem Rahliek und der Achterkante nach außen zusammen und bändselt es auf jeder Naht.

Fock, Großsegel und Obermarssegel werden meist mit der Achterkante nach unten zusammengelegt, dann holt man die Reffleine gut dicht und rollt das Segel vom Oberliek in die Reffleine ein. Die Reffbändsel werden mit einem halben Schlag um das Segel befestigt, dann werden Unterliek und Schothorn an der Reffleine entlang nach innen gelegt. Darauf wird der unterste Teil des Segels zusammengerollt und durch einen Kreuzknoten mit den Reffbändseln befestigt.

Die Wirkung des Windes auf die Segel

Obgleich Segelschiffe in zunehmendem Maße von Dampfschiffen verdrängt werden, hat es doch in früheren Zeiten nie so gute Segelschiffe gegeben wie heutzutage. Nicht einmal die berühmten Teeklipper, von denen einer bewiesenermaßen ein Etmal von 18 Knoten (433 km von Mittag zu Mittag) lief, könnten mit den heutigen Schiffen konkurrieren, teils weil sie eine große Mannschaft benötigen, teils weil ihre unglaubliche Segelleistung auf Kosten der Ladefähigkeit ging. Wie lange die Segelschiffe allerdings noch mit den Dampfschiffen konkurrieren können, hängt davon ab, wie geschickt man die Antriebskraft auszunutzen versteht.

Wir wollen uns ein Schiff mit drei Segeln vorstellen, eines vorn, eines in der Mitte und eines achtern. Das Schiff segelt mit halbem Wind, das vordere Segel ist gesetzt. Was wird passieren? Das Schiff geht vornüber, fällt aber gleichzeitig ab; **das vordere Segel dreht das Schiff also vom Winde weg**.

Setzt man nur das mittlere Segel, wird das Schiff vorn über schießen, **sich aber nur wenig zur Seite drehen**, weil das Segel über der Drehachse des Schiffes steht. Wird nur das achtere Segel gesetzt, schießt das Schiff nur wenig vornüber, während es achtern fällt. **Das Schiff luvt also an**. Hält man das achtere Segel back, wird das Schiff ein wenig achterüber treiben, bevor das Achterschiff abfällt. Wenn das Segel back steht, fällt das Schiff schneller ab, als wenn es voll steht. Diese Regel gilt auch für die Vorsegel, die das Vorschiff am schnellsten abfallen lassen, weil sie am weitesten vom Drehpunkt entfernt sind. Der Besan als das am weitesten achtern stehende Segel, läßt das Schiff am schnellsten anluven. Ein Schiff wird also luvgierig, wenn es achtern zu viele Segel hat, man muß Gegenruder legen.

Durch die schräge Stellung des Ruders im Wasser entsteht ein zusätzlicher Widerstand, und ein Teil der Kraft geht verloren. Wenn achtern zu wenig Segel gesetzt sind, muß das Ruder entsprechend nach Lee gelegt werden. Auch dabei geht Kraft verloren. Es müßten daher entweder achtern mehr Segel gesetzt oder Vorsegel geborgen werden.

Wenn das Schiff achtern sehr viel tiefer liegt, bietet es eine großen Wasserwiderstand, während das leichtere Vorschiff leichter nach Lee getrieben wird. Das Schiff fällt willig ab, wenn es achterüber liegt.

Schiffe, die auf der Nase liegen, können sehr luvgierig werden, weil das leichtere Achterschiff ständig nach Lee gedrückt wird. Ein Schiff, das bei Starkwind zu lange unter Vor-Royal, Bramsegel oder Topsegel läuft, wird vom Wind auf den Lee-Bug gedrückt und dadurch luvgierig. Um Höchstgeschwindigkeit zu erreichen, ist es nicht damit getan, alle Segel zu setzen. Entscheidend ist, daß die Segelführung so abgestimmt ist, daß nur **wenig Luv-Ruder gelegt werden muß**, um das Schiff auf Kurs zu halten. Dadurch wird das Schiff auch leichter in der See arbeiten. Wenn man bei Starkwind so lange wie möglich Segel führen möchte, sollten viele gereffte statt einzelne volle Segel gesetzt werden, selbst wenn das Rigg es aushielte. Je gleichmäßiger der Segeldruck über das ganze Schiff verteilt werden kann, desto weniger werden Rigg, Schiff und Segel belastet, - desto geringer ist die Gefahr, daß etwas bricht, - desto leichter arbeitet das Schiff und desto länger können die Segel geführt werden. Es ist immer einfacher, zwei kleinere Segel als ein großes zu bergen. Die Windwirkung ist an der Achterkante des Segels und in größerer Höhe über Deck am wirksamsten. Daher wird das Schiff, sobald die Segel voll gesetzt sind, leicht vornüber gedrückt, und je kürzer das Schiff ist und je höher die Segel über Deck stehen, desto stärker wird es vornüber gedrückt. Die meisten Schiffe indessen entwickeln ihre besten Segeleigenschaften, wenn sie ungefähr auf dem geraden Kiel segeln. Man muß das Schiff also achtern um so vieles stärker belasten, wie es während des Segels erfahrungsgemäß vornüber gedrückt wird. Wenn das Vorschiff unter vollen Segeln beispielsweise um 2 Zoll hinuntergedrückt wird, wird das Achterschiff gleichzeitig um 2 Zoll angehoben. Unter dem Druck der Segel hat sich die Lage des Schiffes um 4 Zoll verändert. Es legt sich daher mindestens 4 Zoll achterüber, wenn es in die Seen geht, um wieder auf den gleichlastigen (geraden) Kiel zu kommen. Den unterschiedlichen Tiefgang vorn und achtern bezeichnet man als **Steuerlastigkeit**. Sie hat einen großen Einfluß auf die Segeleigenschaften, die Steuerung, die Seetüchtigkeit und - bei Dampfschiffen - auf die Wirkung der Schraube. Die meisten Schiffe liegen ein wenig achterüber, es läßt sich aber nur durch praktische Erfahrung ausmachen, bis zu welchem Grad es für das einzelne Schiff am besten ist, da es davon abhängt, ob ein Schiff leer, mit Ballast, leicht oder schwer beladen ist.

Die Wirkung des Windes auf ein Segel ist am größten, wenn das **Segel quer zur Windrichtung und Längsachse des Schiffes steht** (Fig. 410 A). Die ganze Kraft treibt nach vorn, da die Vorsegel sich aber im Windschatten der hinteren Segel befinden, läßt sich nicht der volle Nutzen aus der gesammelten Segelfläche ziehen. Den Windfang der Segelfläche kann mit 42 % (von 1 bis 2 auf der Abb.) angesetzt werden, auch wenn der Wind von dwars kommt (1 bis 5).

Der Wind ist 4 Strich acherlicher als dwars (Fig. 410 B). Richtung und Druck sind genauso wie vorher, die Segel stehen aber nicht mehr **im rechten Winkel zur Windrichtung**, die Kraft wird daher aufgelöst in einen Teil, der dwars auf das Segel trifft (Aa-CB) und den

Teil, der an der Segelfläche entlang gleitet (AC-aB). Nur CB wirkt auf das Schiff ein, sie läßt sich unterteilen in CD, welche quer auf das Schiff trifft und **Abdrift** genannt wird und DB, welche **voran** treibt. Setzt man die Kraft des Windes AB=100, macht die vorwärtstreibende Kraft DB 80 % aus und CD: 36 %. Der Windfang beträgt 80 % (von 1 bis 3) von dem, was er wäre, wenn der Wind dwars käme.

Dwarswind (Fig. 410 C). Der Windfang ist gleich 100 %. Von der Kraft des Windes treiben CD oder 52 % nach Lee und bewirken die Abdrift. DB treibt voran und macht 48 % der Windkraft aus.

Das Schiff liegt 6 Strich am Wind (Fig. 410 D). Der Windfang macht 94 % von dem aus, was er bei Dwarswind ausmachte. Von der Kraft des Windes wirken CD oder 36 % als Abdrift, und nur 30 %, DB, treiben vorwärts. Bevor dieses Resultat erläutert wird, soll über das Thema **Abdrift** gesprochen werden. Abdrift entsteht, wenn das Schiff durch den Windwiderstand von Segel und Rumpf ein wenig nach Lee gedrückt wird. Die Abdrift hängt aber nicht nur von deren Größe, sondern auch von der See, der Fahrt des Schiffes, dessen Konstruktion und Tiefgang ab. Der Hauptspant ist der größte Spant auf dem Schiff. Seine Größe wird in Quadratfuß gemessen. Es geht hier jedoch nur um einen kleinen Teil des Hauptspantes, nämlich den, der unter Wasser liegt (Fig. 311). Nehmen wir zum Beispiel an, daß die größte Breite des Schiffes 28 Fuß beträgt, von der Wasserlinie bis zur Kielsponung sind es 10 Fuß, die Völligkeit des Spantes kann bei 85 % angesetzt werden. Die Fläche ist also folgende: 28 x 10 x (85:100) oder 238 Quadratfuß. Der Querschnitt des Kiels macht 1 Quadratfuß aus, da der Kiel 13 Zoll hoch und 11 Zoll breit ist, der ganze Haupt-

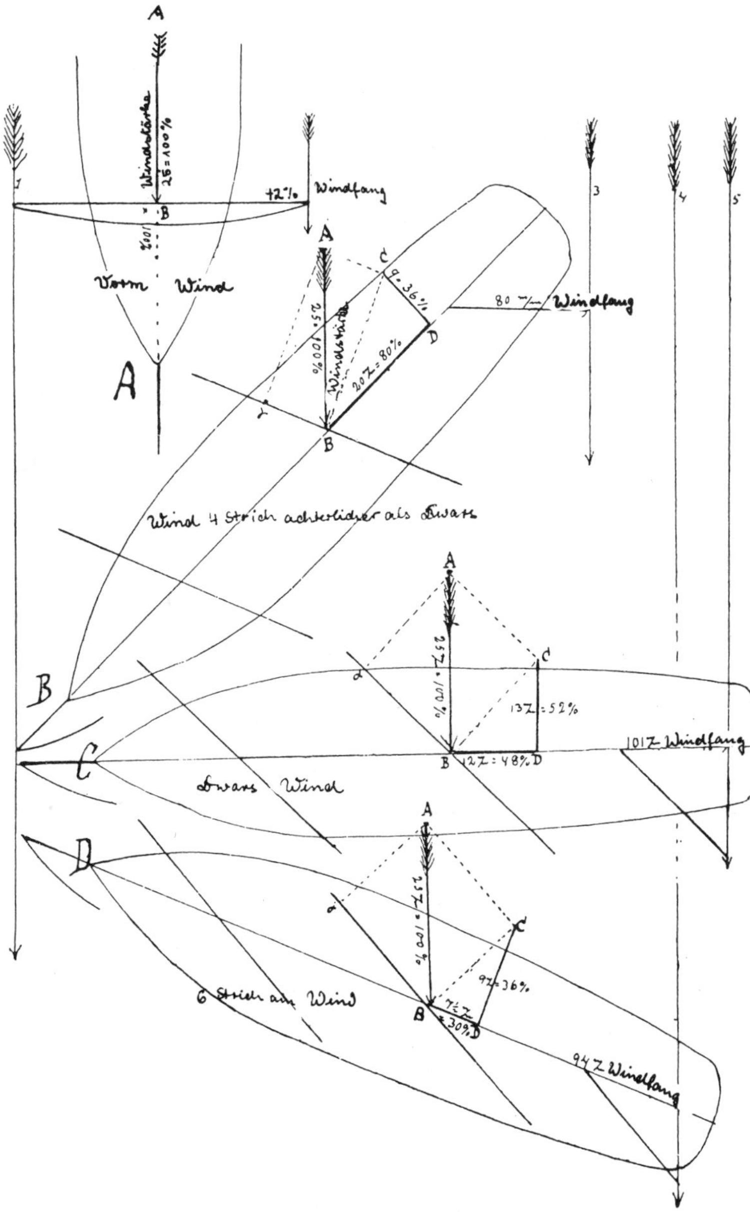

Fig. 410. Wirkung des Windes auf die Segel

spant - das heißt die Fläche, die die wesentliche Rolle beim Antrieb spielt - hat also 239 Quadratfuß. Wenn die Zahl um den Widerstand, den das Schiff gegen die Abdrift quer zum Kiel leistet, vermehrt wird, kommt dabei natürlich der Längsriß des Schiffes heraus, auf den es im wesentlichen ja auch ankommt. An der Wasserlinie ist das Schiff 126 Fuß lang und 10 Fuß tief, das gibt eine Fläche von 1260 Quadratfuß, oder nach Abzug von 10 Quadratfuß für die Rundung des Stevens 1250 Quadratfuß, hinzu kommt der Flächeninhalt des Kiels. Dieser ist 121 Fuß lang und 13 Zoll hoch, sein Flächeninhalt beträgt also circa 131 Quadratfuß. Alles in allem beträgt der Diametralplan 1381 Quadratfuß, dividiert durch die Fläche des Hauptspantes ergibt sich 5,78.

Es zeigt sich also, daß sich das Schiff 5,8 mal leichter vorwärts bewegt, als es abgetrieben werden kann. Es zeigt außerdem, von welch großer Bedeutung der Kiel ist. Außer dem Kiel bleiben nur 1250, dividiert durch 238. Die Verhältniszahl beträgt also 5,25. Selbst der Kiel bewegt sich 131mal leichter voran, als er zur Seite treibt, und dieselbe Fläche, der er der Abdrift entgegenbringt, mindert auch die Heftigkeit der Schlingerbewegungen. Das Schlingern rührt daher, daß das Freibord ständig versucht, das Schiff anzuheben. Sobald die Schiffsseite von einer See oder der Dünung getroffen wird, macht das Freibord diese Tragfähigkeit geltend. Ballastet man das Schiff so, daß es kein Freibord mehr hat, liegt das Schiff wie "tot" und wird vom Wasser überspült. Das gleiche gilt für ein Schiff mit Decksladung. Freibord und Schlingerbewegungen sind also notwendig, damit das Schiff nicht zuviel Wasser übernimmt. Was über den Kiel gesagt wurde, gilt im wesentlichen auch für Kimmkiel, Mittelschiff und Schwert. Was deren Wirkung angeht, so ist sie am größten, je tiefer sie sich unter der Wasseroberfläche befinden.

Es folgt eine kleine Uebersicht über die Wirkung des Windes in den obengenannten Fällen.

Stellung des Schiffes zum Wind	Windstärke	Windfang aller Segel	Der Teil des Windes, der vorantreibt		Der Teil des Windes, der Abdrift verursacht		Gemessene Fahrt
			in %	im Verhältnis	in %	im Verhältnis	Knoten
Vorm Wind	100	42 %	100	42	0	0	9,0
4 Strich achterlicher als dwars	100	80 %	80	64	36	26 6/7	10,4
Dwars	100	100 %	48	48	52	52	9,4
6 Strich am Wind	100	94 %	30	28,2	36	33,8	7,9

Der Kurs am Wind dürfte in Wirklichkeit kaum so günstig sein, wie es nach den Berechnungen aussehen mag. Es wird hier nämlich keine Rücksicht auf den Windfang des Schiffsrumpfes genommen. Am vorteilhaftesten ist der Kurs von 2 Strich achterlicher als querab.

Bevor wir dieses Thema abschließen, soll noch über das Verhältnis von Fahrt und Antriebskraft gesprochen werden. *)

*) Es hängt von verschiedenen Faktoren ab, wieviel Kraft ein Schiff benötigt, um sich vorwärts zu bewegen. So spielt zum Beispiel die Konstruktion von Maschine und Schiff eine Rolle, außerdem der Reibungswiderstand und der Windwiderstand. Die Tabelle kann daher nicht für sich in Anspruch nehmen, eine genaue Kurve für Pferdestärke aufzustellen, sie soll nur einen ungefähren Begriff des Kräfteverschleißes geben.

Definiert man Kraft als die Einheit, die ein Schiff benötigt, um einen Knoten Fahrt zu machen, so braucht man für:

Geschwindigkeit	Kraft	Geschwindigkeit	Kraft	Geschwindigkeit	Kraft
1 Knoten	$1^3 = 1$	8 Knoten	$8^3 = 512$	15 Knoten	$15^3 = 3375$
2 —	$2^3 = 8$	9 —	$9^3 = 729$	16 —	$16^3 = 4096$
3 —	$3^3 = 27$	10 —	$10^3 = 1000$	17 —	$17^3 = 4913$
4 —	$4^3 = 64$	11 —	$11^3 = 1331$	18 —	$18^3 = 5832$
5 —	$5^3 = 125$	12 —	$12^3 = 1728$	19 —	$19^3 = 6859$
6 —	$6^3 = 216$	13 —	$13^3 = 2197$	20 —	$20^3 = 8000$
7 —	$7^3 = 343$	14 —	$14^3 = 2744$		

Benötigt man für eine Geschwindigkeit von 2 Knoten 16 Pferdestärken, so werden für eine Geschwindigkeit von 20 Knoten 16000 Pferdestärken benötigt, oder braucht man für eine Geschwindigkeit von 2 Knoten 100 Quadratfuß Segel, so wären es 6400 Quadratfuß für 8 Knoten bei gleichem Wind. - Um die Geschwindigkeit eines Schiffes von 12 auf 13 Knoten zu erhöhen, ist ebensoviel Antriebskraft nötig, wie um sie von 0 auf 7,7 zu erhöhen. Um die Fahrt um 2 Knoten von 18 auf 20 zu steigern, wird ebensoviel Energie benötigt, wie für eine Geschwindigkeit von fast 13 Meilen. Drehen wir das Verhältnis um und sagen, daß ein Schiff 12 Knoten mit voller Kraft läuft, wieviel wird es bei halber Kraft laufen? Antwort: 9,5 Knoten. Bei nur kleinen Kohlevorräten kann man also die Kraft vermindern, da der Brennstoffverbrauch im selben Verhältnis abnimmt, wie der Kraftverschleiß. Das wiederum besagt, daß die herabgesetzte Geschwindigkeit bei weitem das billigste ist. Es werden daher immer häufiger Frachtdampfer gebaut, die eine Fahrtgeschwindigkeit von 8 bis 12 Knoten haben. Bei Post- und Passagierschiffen ist das eine andere Sache. Bedingt durch die Konkurrenz, müssen die Schiffe so schnell wie möglich sein, ungeachtet dessen, was es an Energie kostet. Um die Hälfte der Zeit einzusparen, braucht man fast die 10fache Kraft, oder wenn man rechnet, daß die Zeit um die Hälfte verringert wurde, kostet es 5mal soviel Brennstoff, um die Reise in der halben Zeit zu machen. Der Brennstoffverbrauch läßt sich aber ein wenig dadurch ausgleichen, daß auch Heuern, Kost, Miete und Kapitalversicherung nur für die halbe Zeit zu zahlen sind.

Dieses Thema ist aber derart umfassend, daß ich es nicht wagen möchte, es in diesem Buch erschöpfend zu behandeln. In einer Zeit, in der es heißt "Zeit ist Geld", sollte man sich allerdings einige Gedanken darüber machen.

Im vorangegangenen haben wir über die Wirkung gesprochen, die der Wind auf das Segel ausübt; wir gingen von der Voraussetzung aus, daß die Segelstellung optimal ist, um den größtmöglichen Nutzen zu erzielen.

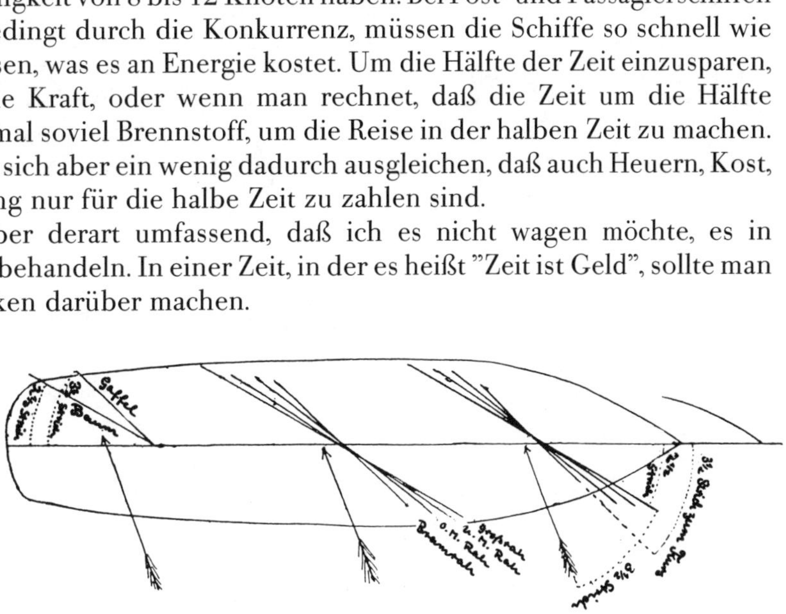

Fig. 411. Die beste Stellung der Rahen und Bäume am Wind

"Wie stellt man die Segel richtig ein?" Wenn das Schiff, wie auf Fig. 411, am Wind liegt, müssen die Unterrahen mit dem Kiel einen Winkel von 2 1/2 Strich bilden. Der Wind weht 6 Strich vom Kurs und bildet mit den Segeln einen Winkel von 3 1/2 Strich, das ist der kleinste Winkel, den Wind und Rahsegel bilden können, wenn das Segel voll stehen soll. Die Untermarsrahen werden circa 1/4 Strich angebrasst, sie bilden mit dem Kiel einen Winkel von 2 3/4 Strich. (siehe nächste Tabelle).

Die oberen Rahen werden weiter angebrasst als die unteren, weil die Segel schmaler, kleiner und aus leichterem Tuch sind. Sie stehen daher auch bei spitzerem Einfallwinkel voll. Dadurch erreicht man außerdem, daß sie besseren Antrieb liefern und daß das Schiff weniger krängt. Für jeden Strich, den der Wind raumt (achterlicher kommt), brasst man 1/2 Strich auf. Die Stellung der Segel zueinander bleibt unverändert, bis sie vierkant kommen. Raumt der Wind um 10 Strich, müssen die Brassen 5 + 2 1/2 Strich, also 7 1/2 Strich gebrasst werden. Zum Schluß brasst man ein wenig mehr als einen halben Strich für jeden Strich, den der Wind raumt. Die Regel lautet, daß die Stellung der Rahen am wirkungsvollsten ist, wenn sie den Winkel von Kurs und Wind halbieren. Bei Dwarswind, 8 Strich vom Kurs, müssen die Unterrahen ungefähr 4 Strich vom Kurs stehen.

6 Strich am Wind	Winkel mit dem Kiel	Einfallswinkel des Windes
Unterrahen	2 1/2 Strich	3 1/2 Strich
Untermarsrahen	2 3/4 —	3 1/4 —
Obermarsrahen	3 1/4 —	2 3/4 —
Bramrahen	3 1/2 —	2 1/2 —
Royalrahen	3 3/4 —	2 1/4 —
Besanbaum, Großbaum, Schonerbaum	2 1/2 —	3 1/2 —
Besangaffel, Großgaffel, Schonergaffel	3 1/2 —	2 1/2 —
Stagsegel, Vorsegel	3 —	3 —

Unterschied zwischen bauchigen und flachen Segeln (Fig. 412). Es besteht kein Zweifel darüber, daß flache Segel für den Kurs am Wind am vorteilhaftesten sind. Betrachten wir die Abb., die ein Schiff auf Am-Wind-Kurs zeigt. Wir stellen fest, daß der achtere Teil des Besans von a bis b ungefähr parallel zur Kiellinie liegt. Dieser Teil wird also nur Abdrift und Krängung hervorgerufen. Auch der vordere Teil des Segels ist von nur geringem Nutzen, da der Einfallswinkel des Windes zu spitz ist. Ein so geblähtes Segel trägt also nur sehr wenig zum Vortrieb bei, weil es nicht so steht, wie es sollte.

Das Großsegel ist ebenfalls sehr stark gebläht. Die Leeschot von c zu d verläuft fast parallel zum Kiel und treibt nach

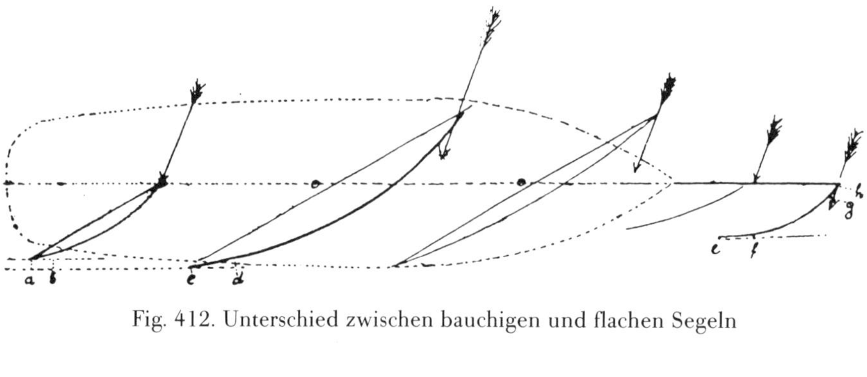

Fig. 412. Unterschied zwischen bauchigen und flachen Segeln

Lee. Luvwärts killt das Segel, weil der Einfallswinkel zu spitz ist. Dieses Segel leistet nicht das, was es könnte.

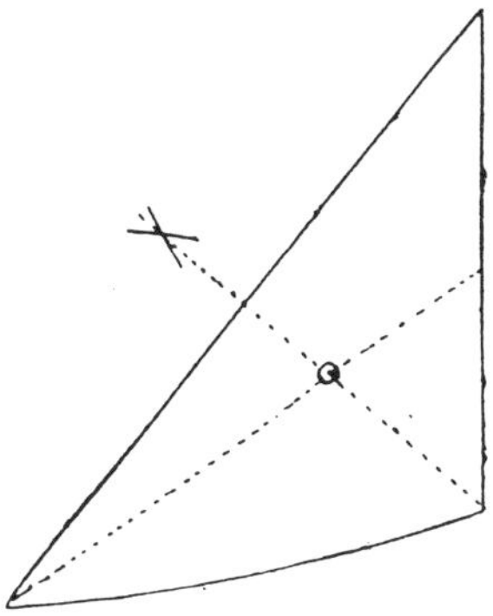

Fig. 413. Bestimmung eines Stagsegel-Schwerpunktes

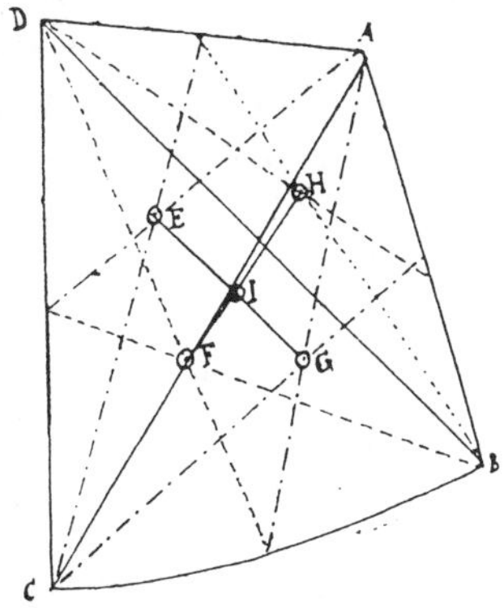

Fig. 414. Bestimmung eines Baumsegel-Schwerpunktes

Die Fock hingegen steht ausgezeichnet. Durch den leichten Bauch im Segel wird der Wind sowohl in Lee als auch luvwärts gesammelt, dadurch hat das Segel eine ausgezeichnete Vortriebskraft. Das Stagsegel steht ebenfalls gut, der Klüver hingegen ist zu stark gebläht. Von e bis f zieht das Segel nach Lee, und von g bis h killt es. Es ist natürlich wichtig, daß die Segel gut stehen, und da nützt es nur wenig, wenn man versucht, ein bauchiges Segel mit Hilfe von Fallen und Schoten flach zu zwingen. Es ist unbedingt zu empfehlen, daß der Segelmacher die Segel so flach wie möglich näht, da die Kraft des Windes imstande ist, es ausreichend zu blähen. Besonders auf dem Kurs am Wind ist es sehr wichtig, daß das Segel flach steht. Wenn der Wind raumt, ist ein kleiner Bauch im Segel nicht hinderlich.

Man hat verschiedene Versuche unternommen, um das Segel flach zu halten. Einige setzen Bäume ein, an denen das Segel befestigt wird. Es wurden Spreizlatten (Segellatten) quer über das Segel genäht; um nicht zu brechen, müssen diese Latten aber sehr kräftig sein, dadurch wiederum wird das Segel sehr schwer; außerdem schamfilt es leicht. Andere setzen die Segel mit Taljen fest wie eine Harfe. Dadurch allerdings werden Segel und Rigg zu stark beansprucht.

Denn genauso leicht, wie man einem Schiff durch ein zu hartes Rigg die guten Segeleigenschaften nimmt, vermindert man diese, wenn die Segel zu sehr durchgesetzt werden. Bei ruhiger See mag das noch angehen, bei stärkerem Seegang macht man das Schiff dadurch tot.

Der **Segelschwerpunkt**. Bei einem Stagsegel (Fig. 413) findet man den Segelschwerpunkt, auf dem man sich die ganze Kraft gesammelt vorstellen kann, folgendermaßen: Man zieht eine Linie von der Schot zur Mitte des Vorlieks und eine Linie vom Hals auf die Mitte des Achterlieks. Dort, wo die beiden Linien sich schneiden, liegt der Schwerpunkt des Segels. Um die Segelfläche zu errechnen, mißt man die Länge des Vorlieks, 60 Fuß, und das Lot vom Schothorn zum Vorliek, circa 14 Fuß; 14 x 60 = 840; 840 Quadratfuß : 2 = 420 Quadratfuß. Dieses Ergebnis teilt man durch 2, weil die Fläche eines Dreiecks die halbe Höhe mal Grundlinie ist. (Die Rundungen des Stagsegels an Vor- und Unterliek wurden nicht berücksichtigt.)

Den Segelschwerpunkt eines Baumsegels (Fig. 414) zu finden, ist schon schwieriger. Zuerst zieht man eine Linie vom Hals zur Piek, dabei erhält man 2 Dreiecke. Danach wird eine Linie vom Hals bis zur Mitte des Gaffellieks gezogen und eine dritte von der Piek zur Mitte des Vorlieks. Es entsteht ein H. Jetzt zieht man eine Gerade von der Piek zur Mitte des Unterlieks. Eine zweite von der Schot zur Mitte der Linie DB. Der Schnittpunkt der beiden letzten Linien ist bei F. Auf einer Linie zwischen F und H liegt der Schwerpunkt. Um ihn genau zu bestimmen, teilt man das Segel durch eine Linie von der Schot zur Klau in 2 Dreiecke CBA und CDA. Den Schwerpunkt dieser Dreiecke findet man, wie oben besprochen. Man bekommt die Punkte G und E, und eine Gerade zwischen diesen Punkten trifft die Linie I, wo sich der Schwerpunkt befindet.

Die Fläche eines Baumsegels ist leicht zu berechnen. Wenn die Gerade von der Schot zur Klau 54 Fuß lang ist und vom Hals senkrecht auf den nächstliegenden Punkt der Linie 26 Fuß, bekommt man 26 x 54 = 1404 Fuß. Der Abstand von der Piek zur selben Linie beträgt 27 Fuß, also 27 x 54 = 1458. 1458 + 1404 ergibt 2862 Quadratfuß : 2 = 1431 Quadratfuß = die Segelfläche.

Der Schwerpunkt eines Rahsegels (Fig. 415). Man verlängert dafür das Rahliek nach einer Seite, dann den Abstand zwischen den Schothörnern bis K. Man zieht eine Gerade von den Schothörnern nach außen bis zur anderen Seite, und von da aus verlängert man das Oberliek bis L. Eine Gerade von K zu L trifft die Mitte des Segels bei M, dem Segelschwerpunkt. Die Fläche eines Rahsegels beträgt die halbe Summe von Oberliek plus Unterliek, multipliziert mit der Höhe zwischen der Nock und der Mitte, zum Beispiel:

Oberliek 47 1/2 Fuß, plus Unterliek 60 1/2 Fuß, ergibt 108 Fuß, geteilt duch 2 = 54 Fuß. 54 X 20 (die Höhe auf der Mitte der Nock) ergibt die Fläche des Segels: 1080 Quadratfuß.

Warum ist es notwendig, den Schwerpunkt der Segel zu kennen? Man kann damit die Wirkung eines jeden Segels auf das Schiff berechnen. Miß die Länge des Schiffes auf der Zeichnung an der Wasserlinie (Fig. 416) und errichte auf der Mitte eine senkrechte Gerade. Alle Segel vor der Geraden drehen das Vorschiff nach Lee, während die Segel achtern das Achterschiff von Lee wegdrücken und als Achtersegel bezeichnet werden. Miß als folgendes, wie weit jeder Schwerpunkt von der oben angegebenen Linie entfernt ist und multipliziere diesen Abstand in Fuß mit den Fuß der Segelfläche - auf diese Weise bekommt man das Drehmoment. Untenstehende Tabelle zeigt die Ergebnisse von Fig. 416:

	Segelfläche in Quadratfuß	Abstand von der Mittellinie	Drehmoment	Abstand von der Mittellinie	Drehmoment achtern	Höhe über dem Wasser	Krängungsmoment
Vor-Bramsegel	748	44'	32,912			102'	76,296
Vor-Obermarssegel	836	44'	36,784			80'	66,880
Vor-Untermarssegel	816	44'	35,904			60'	48,960
Fock	1,870	45'	84,150			32'	59,840
Klüver	722	79'	57,038			45'	32,490
Stagsegel	495	74'	36,630			35'	17,325
Besan	1,295			67'	86,765	35'	45,325
Kreuz-Bramsegel	405			50'	20,250	88'	35,640
Kreuz-Obermarssegel	528			50'	26,400	72'	38,016
Kreuz-Untermarssegel	518			49'	25,382	56'	29,008
Groß-Bramsegel	759			12'	9,108	102'	77,418
Groß-Untermarssegel	816			11'	8,976	61'	49.776
Großsegel	2,090			10'	20,900	32'	66,880
Segelfläche	12,801		283,418		208,617		715,191

Vorderes Drehmoment	283,418
Hinteres Drehmoment minus	208,617
Unterschied	74,801 : 12,801 (Segelfläche) ergibt 5,8

Um den Schwerpunkt für die gesammte Segelfläche zu bekommen, subtrahiert man das achtere Drehmoment vom vorderen und dividiert die Differenz durch die Segelfläche. In diesem

Fall liegt der Schwerpunkt also 5,8 Fuß vor der Mittellinie. Um den Punkt genauer zu bestimmen, muß das Krängungsmoment durch die Segelfläche dividiert werden: 715,191 : 12,801 - der Schwerpunkt liegt also 55,9 Fuß über der Wasserlinie. Je niedriger das Rigg ist, desto kleiner wird das Krängungsmoment und desto tiefer liegt der Schwerpunkt.

Das Verhältnis zwischen der vorderen und der hinteren Segelfläche eines Schiffes läßt sich folgendermaßen ermitteln: Man dividiert die zweite Größe durch die erste: 208,617 : 283,418 = 0,736. Setzt man die vordere Segelfläche gleich 100, so macht die hintere Segelfläche 73,6 % aus. Die Lage der Schwerpunkte ist von großem Einfluß auf Steuerung, Segeleigenschaften und Manövrierfähigkeiten. Es hat sich herausgestellt, daß der Schwerpunkt für alle Arten von Schiffen mehr oder weniger vor der Mittellinie liegt. Durch Erfahrung ist man zu folgenden Resultaten gelangt, die als Grenz-wert für gute Segler angesehen werden können:

	Vordere Segelfläche	Hintere Segelfläche
Barken	100 %	72 - 77 %
Briggs		
Schonerbriggs	100 %	75 - 87 %
3-Mast-Schoner		
Gaffelschoner		
Topsegel-Schoner	100 %	79 - 91 %

Aus dieser Tabelle geht hervor, daß kleinere Schiffe mehr Achtersegel benötigen als große und daß das Segelmoment für das Vorschiff am höchsten ist (das gilt für alle Klassen).

Wie kommt es, daß das Vorschiff mehr Segel benötigt? Der Hauptspant sitzt nicht in der Mitte des Schiffes, sondern einige Fuß davor. Das Schiff hat seine größte Breite und seine höchste Tragfähigkeit also vor der Schiffsmitte. Dort wird der größte Teil der Ladung gestaut. Auf diese Weise bleibt das Drehmoment nicht auf der Schiffsmitte, sondern liegt kurz davor. Die Drehachse der Segel muß aber so weit wie möglich mit der des Schiffes zusammenfallen, so daß beide auf derselben senkrechten Linie liegen.

Beim Berechnen des Schwerpunktes sind wir davon ausgegangen, daß alle Segel plane Flächen sind, was jedoch nicht der Fall ist, da alle Segel anschwellen, sobald Wind darauf steht. Der tatsächliche Schwerpunkt verlagert sich dadurch und liegt jetzt hinter dem geometrischen.

Während der Fahrt drückt das Wasser hart gegen den **Lee-Bug**. Durch die Kielform begünstigt, neigt das Schiff dazu, anzuluven. Dem läßt sich mit dem Ruder entgegenwirken. Dabei geht Kraft verloren, die man besser nützen könnte. Man tut also besser daran, die vordere Segelfläche zu erhöhen oder die hintere zu vermindern, bis die Segelführung im Gleichgewicht ist, oder das Schiff leicht im Ruder liegt.

Von älteren Schiffsführern wird häufig erzählt, daß man ein Schiff so stark durch Segel pressen kann, daß es wie tot liegt. Man versteht darunter, daß ein Schiff durch den zu großen Segeldruck weniger Fahrt macht als gewöhnlich, anstatt wie ein Pferd vorwärts zu schießen. Das Schiff arbeitet zwar noch, das Wasser schäumt vor dem Bug, und doch weist das Log nur wenig Fahrt aus. Wie kann es möglich sein, daß ein Schiff trotz doppelter Segelkraft nicht einmal normale Fahrt macht? Wenn man Fig. 417 A betrachtet, wird einem klar, **welchen Einfluß das Krängen auf die Segeleigenschaften hat**. Das Schiff auf der Abb. krängt 15 Grad über, also nicht gerade viel. Setzen wir nun Kraft und Wirkung gleich 100, läßt sie sich in eine niederdrückende Kraft von 25 und eine von 96, die winkelrecht zu den Segeln steht und den Vortrieb bewirkt, aufteilen.

Während des Krängens vermindert sich also die Vortriebskraft ein wenig. Eine andere

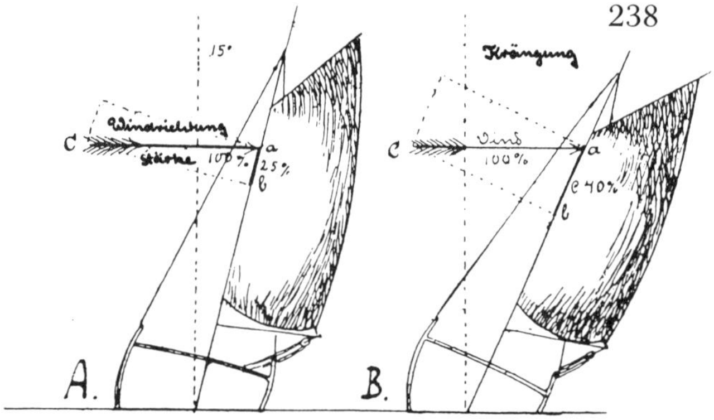

Fig. 417. Wirkung des Windes auf krängende Schiffe

Kraft entsteht; sie wirkt wie eine zusätzliche Last, die das Schiff nach unten drückt. Wie groß muß ein Teil der Windkraft sein, um diesen Druck zu überwinden?

Oder, um ein anschaulicheres Beispiel zu wählen (Fig. 417 B): Die Krängung beträgt 25 Grad, das heißt, man kann auf Deck noch stehen, ohne sich festhalten zu müssen. Die Windstärke setzen wir gleich 100, davon drücken 40 % das Schiff tiefer ins Wasser, das heißt, sie wirken wie eine Extralast. Wieviel an Windkraft benötigt würde, um diese Extralast zu schleppen, kann nur ein Versuch zeigen. Dank zahlreicher Erfahrungen weiß man aber, daß es dazu einer Menge Druckes bedarf, nachdem das Schiff ja vorher nicht einmal normale Geschwindigkeit erreichte. Bei leicht beladenen Schiffen scheint es keinen großen Unterschied zu geben. Sie laufen auch mit gepreßten Segeln fast so gut wie vorher, es scheint ihnen nichts auszumachen, einige Zoll tiefer im Wasser zu liegen. Mit stark beladenen Schiffen sollte man das gar nicht erst ausprobieren. Das vorangegangene sollte daran erinnern, daß sich der Segeldruck - um die Geschwindigkeit zu steigern - nur bis zu einer gewissen Grenze erhöhen läßt, denn selbst wenn Schiff und Rigg eine Menge vertragen, verliert das Schiff an Fahrt, sobald seine Bewegungen zu heftig werden. Die Kunst des Segelns besteht nicht darin, soviel Segelfläche wie möglich stehen zu lassen, wie stark es auch immer bläst - das kann jeder! Es geht vielmehr darum, sie mit Vernunft einzusetzen und nur so lange stehen zu lassen, wie sich ohne großes Risiko ein Vorteil daraus ziehen läßt. Auf diese Weise wird man immer gut fahren.

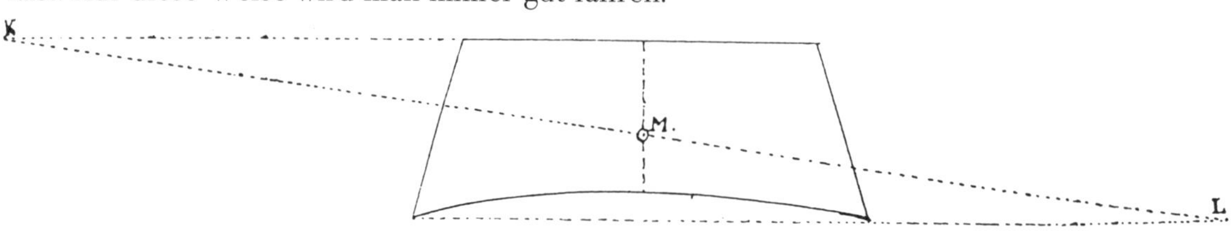

Fig. 415. Bestimmung eines Rahsegel-Schwerpunktes

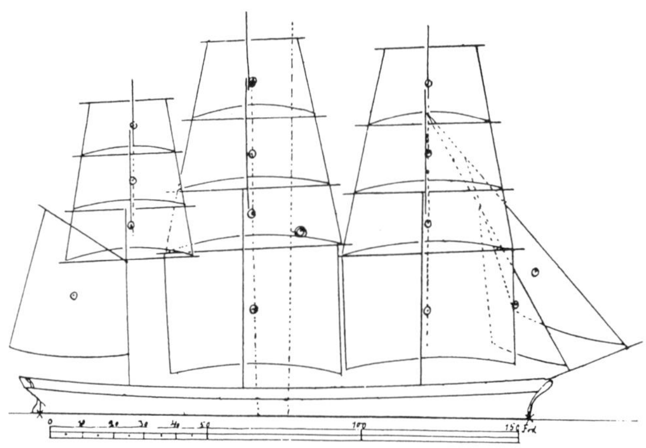

Fig. 416. Schwerpunkte der einzelnen Segel und gesammter Schwerpunkt der Segelfläche.

ANKER

Anker (Ankere; Anchors) werden gebraucht, um das Schiff zu stoppen, zu wenden oder um es festzuhalten, wenn man keine Leine an Land ausbringen kann.

Man unterscheidet folgende Anker:

Deutsch	Englisch	Dänisch
Buganker	Bov anchors	Bovankere
Reserveanker	Spare anchors	Reserve-Ankere
Warpanker	Kedge-anchors	Varpankere
Stromanker	Stream-anchors	Strømankere
Dregganker, Draggen	Grapnels	Dræg

Es gibt unterschiedliche Buganker. Fig. 422 zeigt (oben) einen **gewöhnlichen Anker** mit Eisenstock, der aus folgenden Einzelteilen besteht:

Ankerschaft	Shank of the anchor Shaft of the anchor	Skaft (Læg)
Ankerkreuz	Crown of the anchor	Kryds
Ankerarme	Arms of the anchor	Arme, Fly
Ankerflügel, Ankerhände	Anchor-flakes	Ankerflig, Haand, Spade
Ankerspitzen	Anchor-bills, Peaks of the anchor	Anker-Spids
Ankerring	Anchor-ring	Røring
Ankerstok	Anchor-stock	Ankerstok
Schäkel	Shackle	Sjækkel

Damit der gewöhnliche Anker seine Arme und Flunken in den Grund bohren kann, versieht man den Schaft mit einem Stock, der winkelrecht zu den Armen sitzt. Dieser Stock ist etwas länger als die beiden Arme und kann auch aus Holz sein, welches mit schweren Eisenringen zusammengehalten wird. Die Ankerarme bilden einen Winkel mit dem Stock, um sich besser in den Grund graben zu können.

Patentanker unterscheiden sich von gewöhnlichen Ankern dadurch, daß die Ankerarme mit Flunken sich so um ein Gelenk im Ankerkreuz drehen lassen, daß der obere Ankerarm sich an den Schaft legt, sobald der Anker im Grund sitzt. Dadurch wird verhindert, daß das Schiff beim Schwojen den Ankerarm mit seiner eigenen Kette aus dem Grund herausbricht. Der Patentanker, von dem hier die Rede ist, hat einen Stock.

Tyzack's Patentanker dagegen hat keinen Stock, dafür aber 4 festsitzende Arme, die sich um das Ankerkreuz drehen lassen. Sobald der Anker Grund hat, bohren sich drei der Arme hinein und der vierte legt sich an den Schaft. Die beiden kleineren Arme haben die Aufgabe, die beiden äußeren Arme nach unten zu zwingen und sie am Zurückdrehen zu hindern.

Martins Patentanker hat einen kurzen, dicken Stock. Beide Arme sind so eingerichtet, daß sie sich gleichzeitig in den Grund bohren. Um zu verhindern, daß sie sich zu stark drehen, ist ein Klotz an den Armen befestigt, der an den Schaft prallt, sobald der Anker die richtige Stellung hat.

Wasteneys Smith's Patentanker (Klappanker) hat keinen Stock. Beide Arme graben sich gleichzeitig in den Grund.

Der stocklose Anker eignet sich gut zum Einhieven in die Klüsen (Fig. 422). Aus diesem Grund bringt man die Klüsen weiter unten an und läßt sie schräger nach oben ansteigen als gewöhnlich. Der Anker wird so weit eingehievt, bis die Arme am Bug anliegen. Zum Schluß muß natürlich sehr vorsichtig und langsam vorgegangen werden. Wenn der Anker ganz vorgehievt ist, guckt der Ankerring oben aus der Klüse. Um zu verhindern, daß er unbeabsichtigt ausrauscht, steckt man einen Bolzen durch den Ring oder setzt eine Kette mit Slip darauf, die am Spill oder an einem Bolzen auf der Back festgesetzt wird. Bevor man den Anker benutzen will, muß der Slip gelöst und abgenommen werden.

Ein **Draggen** (Fig. 418) hat vier Arme, zu jeder Seite einen, aber keinen Stock. Er wird meistens für Boote benutzt.

Fig. 418. Draggen

Katten des Ankers (Fig. 419). Der Anker wird bis vor die Klüse gehievt. Die Kette muß klar vom Anker sein. Nun setzt man einen Stopper auf die Ankerkette. Das eine Ende der Sicherungsleine wird mit einem Slip festgesetzt (Fig. 420 und 421). Dann schert ein Mann das andere Ende von hinten durch den Ankerring, geht damit wieder nach oben und legt sie über die Lippe an der Seite des Kranbalkens oder über eine Scheibe im Kranbalken.

Nun werden die Ankergien angeschlagen und dichtgeholt. Während der Stopper aus der Ankerkette genommen und nach und nach gesteckt wird, wird gleichzeitig die Gien mit dem Anker geheißt. Sobald dieser oben unter dem Kranbalken ist, stoppt man die Gien mit dem Anker, macht ein paar Törns mit einem kräftigen Ende um den Kranbalken sowie durch den Ankerring, während die Gien überholt und die Sicherungsleine befestigt wird.

Besteht die Sicherungsleine aus einer Kette, was gewöhnlich der Fall ist, und schert man die holende Part durch ein Gatt oder über eine Scheibe im Kranbalken, kann man ein Schloß von der

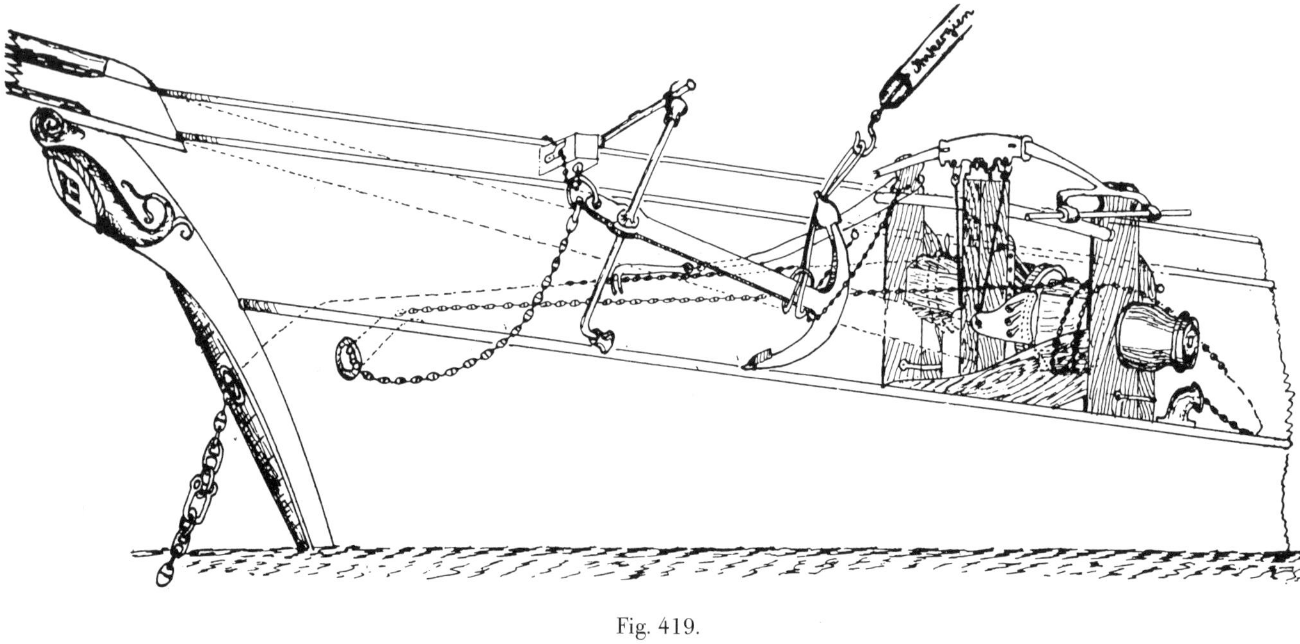

Fig. 419.

Sorte, wie man sie für Achterholer gebraucht, als vorläufigen Stopper benutzen, bis die Sicherungsleine fest ist. Zeit und Arbeit kann man sparen, wenn man den Anker einfach unter dem Kranbalken beizeist (kattet).

In den nach innen weisenden Ankerarm hakt man einen Fischhaken ein. Das ist ein großer Haken mit einer 2 bis 3 Faden langen Kette oder einem Draht. Dann setzt man die Gien auf die Kette des Fischhakens und heißt den Anker so hoch, daß er das Schanzkleid berührt. Man wirft die Bucht unten über den Ankerarm, dicht beim Kreuz, und befestigt sie (Fig. 419 und 422). Die Gien kommt hoch, der Fischhaken wird abgenommen, ein Stropp um den Schaft, dicht beim Kreuz gelegt, und unter die obere Ankerhand geschoben und die Gien in den Stropp gehakt. Sobald die Ankerhand über die Bug-Aufklotzung ragt, wird die Rüstleine geholt und befestigt. Gien und Stropp werden entfernt.

Auf **großen Schiffen** verwendet man zum Heißen des Ankers unter den Kranbalken eine Kattgien, und erst wenn sie oben ist, setzt man die Sicherungsleine in den Ankerring.

Die Kattgien schert man folgendermaßen (Fig. 421): Den Kattläufer auf der Steuerbordseite über die vordere Scheibe im Kranbalken scheren. Auf der Backbordseite über die achtere Scheibe. Halte die Kattgien derart unter dem Kranbalken, daß der Haken, mit der Spitze zum Schiff gewendet, nach unten geht. Der Kattläufer wird zwischen die Scheiben des Kranbalkens und die der Kattblöcke geschoren, wie bei jeder anderen Talje auch. Zum Schluß wird der Tampen am Kranbalken belegt. Es ist wichtig, daß er klar läuft und sich oder die Sicherungsleine nirgendwo bekneift.

Am Haken des Kattblocks sitzt ein 3 bis 4 Faden langer Stert, mit dem sich der Haken verholen läßt, wenn er in den Ankerring gehakt werden soll. Der Kattläufer wird zum Gangspill verholt.

Auf den neueren Schiffen findet man häufig

Fig. 420.

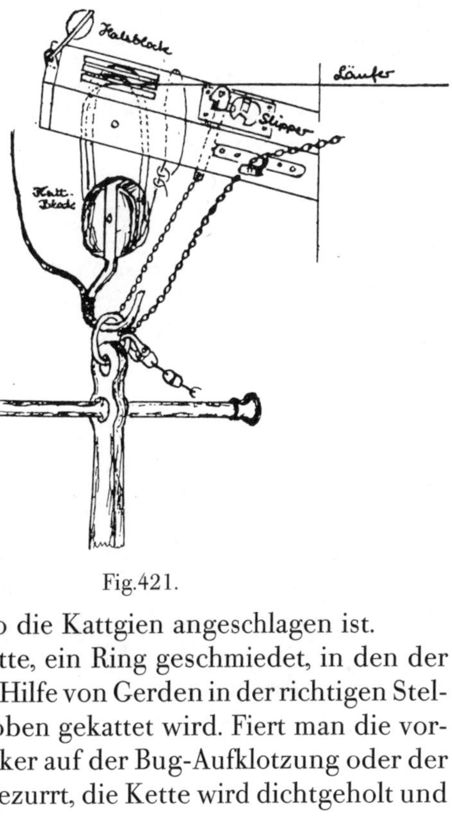

Fig.421.

einen schweren Davit oder Kran (Fig. 422 und 333), wo die Kattgien angeschlagen ist.

Auf den Ankerschaft ist, kurz unterhalb der Mitte, ein Ring geschmiedet, in den der Katthaken gehakt werden kann. Der Kran wird daher mit Hilfe von Gerden in der richtigen Stellung gehalten, während der Anker über die Back nach oben gekattet wird. Fiert man die vordere Gerde etwas, schwingt der Kran soweit, daß der Anker auf der Bug-Aufklotzung oder der Back zu liegen kommt. Der Anker wird auf seinen Platz gezurrt, die Kette wird dichtgeholt und der Kran abgestützt.

Um den Anker klar zum Fallen zu bekommen, wann immer es nötig ist, haben die meisten Schiffe sogenannte Slipphaken an den Sicherungsleinen. Auf Fig. 420 und 421 sind Beispiele zu sehen; es gibt aber noch zahlreiche andere Konstruktionen. Um sie einzusetzen, fiert man den Anker außenbords, so daß er an der Sicherungsleine unter dem Kranbalken zu hängen kommt. Die Kette wird klar gemacht und um die Spilltrommel gelegt. Wenn es heißt "Fallen Anker" ("Lad falde Anker"; "Let go anchor"), wird der feste Part der Sicherungsleine losgeworfen, indem man den Slipper löst. Der Anker ist los und fällt von selbst. Da ein Hin- und Herschwingen des Ankers unter dem Kranbalken nicht ganz ungefährlich ist, sind einige Schiffe mit der auf Fig. 422 gezeigten Einrichtung ausgestattet. Der Ankerflügel liegt außen vor der Bugaufklotzung, und wenn das Kommando "Fallen Anker" ertönt, wird der Splint von h gelöst; Rüstleine und Sicherungsleine werden so auf einmal losgeworfen.

Krüppelwinde, Mars- und Bramfallspill, Ankerspill und verschiedene Ankermanöver

Die Krüppelwinde (Fig. 423) wird zum Löschen und Laden, Verholen, Warpen beim Heißen von Segeln und so weiter eingesetzt. Sie setzt sich aus folgenden Hauptteilen zusammen:

Dänisch	Englisch	Deutsch	
a. Stativ,	Framing of the winch,	**Windengestell,**	ist mittels Bolzen am Deck befestigt
b. Kamhjul,	Spur-wheel,	**Sternrad,**	an der untersten Achse befestigt
c. Spilkopper,	Warping-ends,	**Spillköpfe,**	sitzen an den Enden jeder Achse
d. Drev,	Pinion,	**Drehling, Treibrad,**	ist verschiebbar auf der obersten Achse, so daß es bei Bedarf mit dem Sternrad verbunden werden kann
e. Spilbomme,	Barrels,	**Trommeln,**	(sitzen fest auf den Achsen)
f. Sving,	Handles,	**Schwengel, Dreher,**	können in die Enden der oberen Achse gesteckt werden
g. Pal,	Pawl,	**Pall,**	kann Spill bei Bedarf stoppen
h. Palhjul,	Ratchet-wheel,	**Sperrad.**	(sitzt fest auf der Achse)

Außerdem sind sie häufig mit Bremsen, mehreren Pallen und so weiter ausgerüstet.

Wieviel Kraft kann ein solches Spill entwickeln? Wenn der Hebel der Kurbel viermal länger ist als der Radius des obersten Spillkopfes, verleiht er einem einfachen Spill 4-fache Kraft.

Ist die Kurbel 5mal länger als der Radius des Treibrades, ist das Verhältnis 5 : 1. Der Radius des Sternrades ist 4 mal so groß, wie der der untersten Trommel oder der des Spillkopfes; das Verhältnis ist 4 : 1. Multipliziert man diese Verhältnisse miteinander, erhält man 20 : 1. Legt man das Ende um die unterste Trommel oder um den Spillkopf, wird mit 20-facher Kraft gezogen. In Wirklichkeit geht jedoch ein Drittel der Kraft durch den Reibungswiderstand verloren,

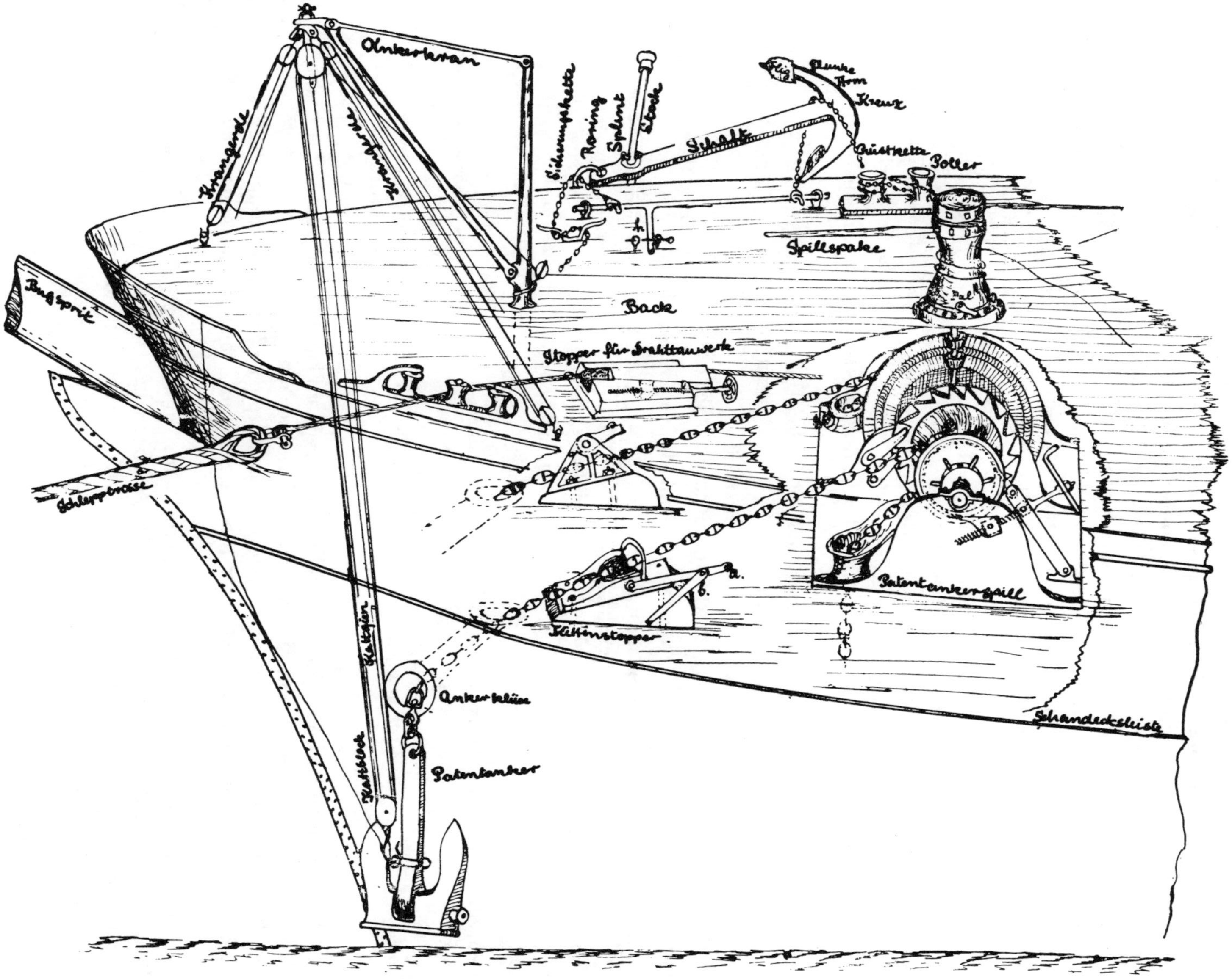
Ankerkran
Sicherungskette
Splint
Stock
Schaft
Flunke
Horn
Kreuz
Poller
Spillspake
Back
Stopper für Drahttauwerk
Bugspriet
Schlepptrosse
Patentankerspill
Kettenstopper
Ankerklüse
Patentanker
Kattblock
Schandeckleiste

Fig. 422.

aber es ist ja immerhin etwas, wenn ein Mann es schafft, ein Ende so gut steifzuholen, wie es sonst nur 13 oder 14 Männer konnten.

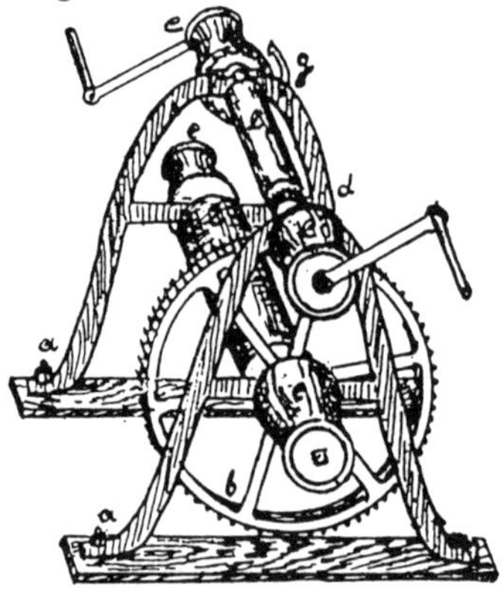

Fig. 423. Krüppelspill

Das **Mars- und Bramfallspill** (Fig. 424) besteht aus 2 schweren Böcken **1**, in der eine Achse mit einer konisch geformten, gußeisernen, gerillten Trommel **2** lagert. Um das dickere Ende der Trommel wird das Marsfall gelegt, weil das Marssegel am leichtesten von Anfang an geheißt wird.

An der Trommel und der Hauptachse sitzt ein Schneckenrad **3**, das durch die Schnecke **4** mit Hilfe einer Kurbel **5** gedreht wird.

Die Radkurbel **6** erleichtert das gleichmäßige Holen.

Das Marssegel läßt sich mit Hilfe der Kurbel sowohl heißen als auch fieren. Wenn das Spill nicht benutzt wird, kann es mit einer Schraubenbremse (7) festgestellt werden.

Das **Ankerspill** ist eine Vorrichtung, um die die Ankerkette gelegt ist und mit deren Hilfe sie eingeholt wird.

Ein gewöhnliches Ankerspill besteht aus folgenden Hauptteilen (Fig. 419):

Dänisch	Englisch	Deutsch	
Pumpespil,	Windlass,	Bratspill,	daran sind die Pallen befestigt, die verhindern, daß das Spill sich zurückdreht, wenn die Kette fest ist.
Palstøtte,	Pawl bills, Pawl-bitt,	Pallbeting, Pallstütze,	
Palkiste med Palerne.	Pawlbore with pawls,	Pallkisten mit Pallen	
Spilbomme,	Whelps on main piece of the windlass,	Klampen,	Lager für die Ankerketten
Spilkopper,	Warping-ends,	Spillköpfe,	zum Hieven von Trossen
Beding,	Bitts,	Beting, Spillbeting,	(Achsenlager)
Bjørne,	Cheeks,	Betingsklampen,	hindern die Kette daran, über die Enden der Klampe zu rutschen
Fangebjælke,	Strong-back,	Fangebalken,	stützen das Spill
Tasker,	Purchases,	Taschen	enthalten jede drei Pallen
Balance,	Crosshead,	Kreuzkopf, Balance,	zum Einsetzen von Pumpenhebeln stehen durch Zugstangen in Verbindung mit den Taschen

Man legt mit der Kette 3 Törns um die Trommel, wie auf Fig. 419. Die ganze Einrichtung ist so einfach zu verstehen, daß die Fig. für sich selbst sprechen.

Kettenstopper (Kædestopper, Bowstopper, Blakstopper, Chain cable compressor) sind in Fig. 222 zu sehen. Die Ankerkette wird dort hineingelegt und kann vom Spill genommen werden.

Drahtstopper (Stopper til Jærntraad; Steel Wire Nippers) (Fig. 422). Der Stopper ist an die Back gebolzt. Wird eine Schlepptrosse benötigt, legt man diese in den Stopper, nachdem der Keil mit einer Klemmschraube zurückgeschraubt wurde. Es wird ausreichend Schlepptrosse gesteckt, dann zieht man den Keil an, um den Schlepper zu bremsen, während er um den Poller gelegt wird.

Das **Patent-Ankerspill** (Fig. 422 und 425) (Patenspil; Patent windlass) setzt sich aus folgenden Teilen zusammen:

Fig.424 Mars- oder Bramfallspill

Lejer,	Side bill keeps,	Wellenlager,	sind mit den Endstücken verbunden und tragen die Achse
Aksel,	Barrel-shaft.	Trommelwelle,	
Tandhjul,	Driving-wheel,	Treibrad,	sitzen auf der Achse
Palring,	Pawl-ring,	Pallring,	sitzen auf der Achse
Paler,	Pawls,	Pallen,	sitzen auf einer niedrigen Pallstütze aus Eisen
Kædeskiver, Kædeholdere,	Cable-holders, Gipsy-wheels,	Spillkranz , Kettenscheiben,	laufen um die Achse
Bremse,	Brake.	Bremse,	läßt sich per Hand festschrauben
Laase,	Screw-brake-nuts,	Bremsmuttern,	können an den Spillkranz geschraubt werden, damit der zusammen mit dem Treibrad läuft
Drev,	Pinion,	Drehling,	sitzen auf der Achse des Spillkopfes
Kædepiber,	Chain pipes,	Deckklüsen,	leiten die Ketten nach unten in den Kettenkasten
Frabrækker,	Cable-reliever,	Kettenausrucker,	
Ankerspilkop,	Windlass-drumhead,	Ankerspillkopf,	läßt sich mit Handspaken drehen - wenn Bremsmuttern aufgeschraubt sind, drehen sich Treibrad und Spillkranz
Spilspager,	Capstan-bars,	Gangspillspake,	
Gangspil,	Capstan,	Gangspil.	

Die Ankerketten liegen um die Spillkränze in Vertiefungen, die die Form eines Kettengliedes haben (Nest). Dadurch wird die Kette abgebremst und rutscht nicht um den Spillkranz herum. Sie bewegt sich nur, wenn auch der Spillkranz sich dreht, und umgekehrt. Lautet das Kommando "Klar bei Anker", wird der Anker außen vor die Bug-aufklotzung gelegt, und ein Mann kontrolliert, ob die Kette im Kettenkasten klar ist. Bremsen und Bremsmuttern werden gelöst, und man überzeugt sich, daß der Spillkranz los ist. Reicht eine Feder nicht aus, um ihn vom Treibrad zu lösen, treibt man einen Holzkeil dazwischen.

Ein Mann steht am Slip, einer an der Bremse. Sobald der Anker fällt, dreht sich der Spillkranz, während die Kette ausläuft. Wenn genügend Kette gesteckt worden ist, wird die Bremse leicht angezogen, so daß der Spillkranz nach und nach zum Halten kommt, bis es heißt "Setz fest". Bremse und Bremsmutter werden hart angezogen und die konischen Enden der Kettenscheibe in das Treibrad gepreßt, welches dafür eine entsprechende Vertiefung hat. Der Spillkranz wird durch den Reibungswiderstand festgehalten.

Hängt der Anker vor der Klüse, werden bloß die Bremsmuttern losgeschraubt, die Bremse bleibt aber fest, bis der Anker fallen soll.

Ankerspill mit Handkurbel (Fig. 426 A, B). Auf kleineren Schiffen wird das Ankerspill

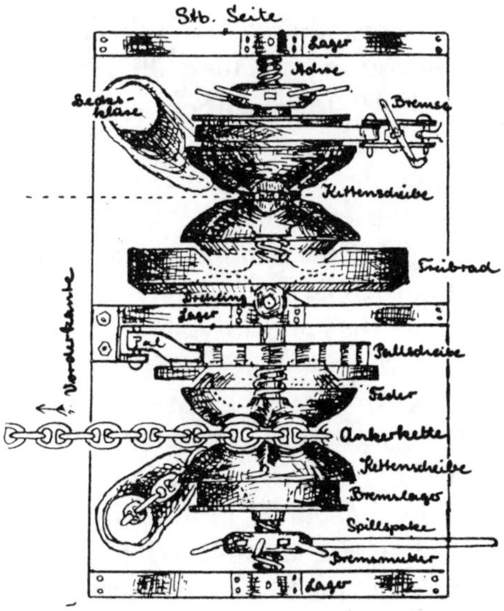

Fig. 425. Patentankerspill von oben gesehen

oft mit einer Handkurbel bedient, die durch Achsen und Zahnräder mit dem Ankerspill verbunden ist. Durch das Auswechseln von Ritzel und Sternrad läßt sich die Kraftentwicklung stark verändern. Und setzt man eine Kupplung auf eine der Achsen, läßt sich diese leicht an einen Motor anschließen. Das Spill ist auf der Abb. gut zu erkennen. Außer den normalen Pallen auf der Hauptachse sind zusätzliche Pallen auf der Achse erforderlich, an der die Handkurbel sitzt, um sie am Zurückschlagen zu hindern, wenn das Ankerspill bei Seegang benutzt wird.

Dampfankerspills behandelt man wie oben angegeben, und die Antriebsmaschine ist vom gleichen Typ wie auf Fig. 465.

Soll die Kette eingehievt werden, schraubt man die **Bremsen** los und hievt mit dem Ankerspill auf der Back ein. Bei den meisten Patentspills läßt

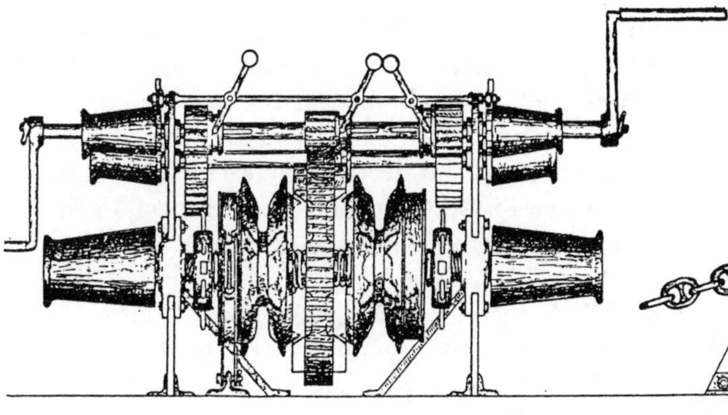

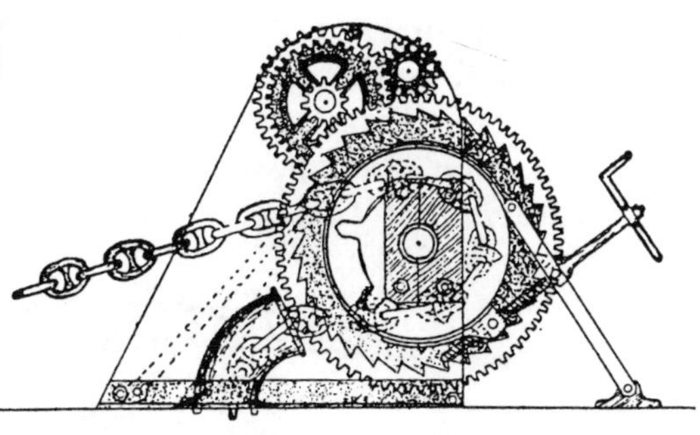

Fig. 426 A. Ankerspill mit Handkurbel Fig. 426 B.

sich das Getriebe verstellen, so daß man je nach Bedarf mit einfacher oder doppelter Kraft hieven kann.

Liegt das Schiff vor beiden Ankern, setzt man die eine Kette in den Kettenstopper und wirft den Spillkranz los, während man mit dem anderen einhievt.

Die Stärke des Ankerspills wird genauso berechnet wie die der schon besprochenen Krüppelwinde. Im großen und ganzen unterliegen Taljen und Spills den Hebelgesetzen, wie kompliziert das Spill auch immer sein mag. Wenn die Klüsen zu hoch sitzen oder die vordere Kante zu scharf ist, kann viel von der Stärke eines Ankerspills verloren gehen. Es gibt Schiffe, bei denen der Anker doppelt so leicht eingehievt werden könnte, wenn die Klüsen richtig angebracht und eingerichtet wären.

Auf einigen Schiffen hat man Rollen an die Klüsen gebaut. Das vermindert den Reibungswiderstand und läßt die Kette nicht so schnell abnutzen.

Während der kalten Jahreszeit kann das Ankerspill vereisen, und Ankerklüsen und Deckklüsen frieren zu. Das Eis läßt sich entfernen, wenn man Salz streut. Es dauert allerdings eine Weile, bis das Salz wirkt. Auf die gleiche Art läßt sich auch das Deck schnee- und eisfrei halten.

Ankern mit zwei Ankern. Das Wetter sieht drohend aus, der Ankergrund ist unsicher, es steht eine See, und der Ankerplatz ist schwierig - kurz gesagt, man legt sich besser vor zwei Anker. Der Steuermann prüft, ob Ketten, Spill und Anker klar sind, bevor sie benutzt werden. Es ist nicht ratsam, beide Anker auf einmal fallenzulassen. Es besteht die Gefahr, daß Anker oder Ketten unklar kommen. Das erste, wofür der Kapitän zu sorgen hat, ist, die Fahrt so weit wie möglich zu verringern, um das Schiff entsprechend der bestehenden Verhältnisse gegen Wind, Strom oder See zu steuern. Man sollte vermeiden, das Schiff über die Anker laufen zu lassen, während sie fallen, man riskiert sonst, daß die Ketten unklar kommen.

Entsprechend den herrschenden Verhältnissen wird also die Fahrt soweit wie möglich verringert. Das Kommando "Fallen Anker" wird gegeben. Der Luv-Anker fällt, und es wird genügend Kette gesteckt. Das Ruder wird gelegt und wenn das Schiff genügend ausgeschert ist, legt man es wieder mittschiffs, während der Lee-Anker fällt. Man steckt beide Ketten reichlich, damit die Anker richtig greifen, bevor die Ketten sich vertörnen können.

Es kann gut sein, daß man mit den Segeln arbeiten muß, damit das Schiff besser ausschert, während der zweite Anker fällt. Es ist aber darauf zu achten, daß beim ersten Anker nicht zuviel Kette gesteckt wird.

Ist man der Meinung, daß genügend Kette gesteckt wurde, hievt man sie vorsichtig nach und nach ein, bis das Schiff fest liegt. Hievt man sie zu schnell ein, kann entweder die Kette brechen, oder der Anker reißt sich los. Beide Ketten müssen gleich dichtgeholt werden.

Wieviel Kette gesteckt werden muß, hängt von den Umständen ab. Wenn der Boden hart ist und man genügend Platz hat, steckt man am besten eine recht lange Kette. Je mehr Kette draußen ist, desto besser hält der Anker. Eine alte Regel lautet: Mindestens dreimal soviel Kette, wie das Wasser tief ist. Heutzutage benötigt man in der Regel jedoch mehr Ankerkette.

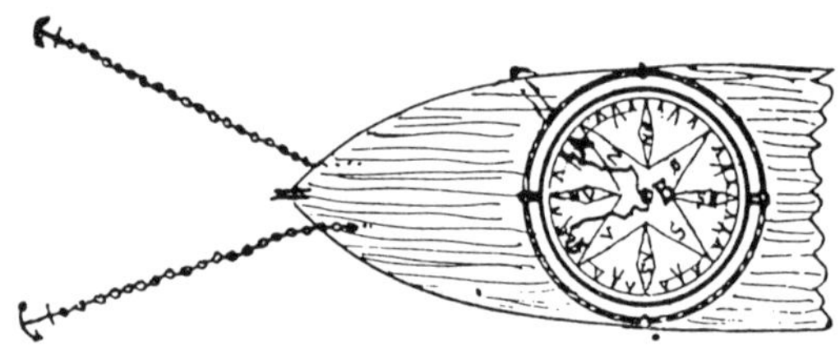
Fig. 427.

Liegt das Schiff vor zwei Ankern, kann es leicht passieren, daß die Ketten beim Schwoien des Schiffes vertörnen. Bei Strömung gelingt es vielleicht, das Schiff mit Hilfe des Ruders (eventuell der Segel) auf dem gleichen Weg zurückschwingen zu lassen, um so die Ketten klar zu halten. Auf jeden Fall ist es immer gut zu wissen, ob die Ketten klar sind oder nicht, und wenn sie unklar sind, wie die Törns verlaufen.

Das läßt sich auf leichte Weise feststellen (Fig. 427). Wir nehmen an, daß der Steuerbord-Anker NNW liegt und der Backbordanker WNW.

Man nimmt 2 Stück Garndraht, ein schwarzes und ein weißes Stück, circa 4 Zoll lang. Den schwarzen klebt man auf die Kante der Kompaßrose, auf den Strich WNW. - G -. Den weißen - A - klebt man auf NNW. Beide Drähte klebt man dann locker mitten unter den Glasdeckel - B -. Die Enden G - A bleiben unbeweglich wie die Anker, der Deckel wird sich aber mit dem Schiff zusammen drehen. Auf diese Weise kommen genau die gleichen Törns in die Drähte (Garne), wie in die Kette. - Diese Methode wird jedoch selten angewandt.

Die Ketten sind unklar. Eine der Ketten wird soweit eingehievt, daß einer der Schäkel ein paar Faden aus der Klüse kommt; dann wird die andere Kette steifgeholt. Nun steckt man ein Kabeltau durch die Lippe und setzt es unterhalb der Törns außenbords steif auf die Kette. Ist die Trosse gut fest, setzt man auf beide Ketten (Fig. 219 und 222) unterhalb der Törns, aber oberhalb des Kabeltaus, eine Zurring.

Jetzt schlägt man den Schäkel auf, nimmt die Kette aus der Klüse und das Ende der losgeschäkelten Kette um die andere herum, bis die Ketten klar sind. Die Kette wird wieder durch die Klüse eingeholt und der Schäkel wieder eingesetzt. Denke aber daran, daß das runde Ende des Schäkels von der Klüse wegweisen muß (Fig. 419) und vergiß nicht, den Bolzen wieder zu sichern. Die Kette wird dichtgehievt, bevor Zurring und Kabeltau gelöst werden. Bei halbwegs gutem Wetter mag es ausreichen, wenn man beide Ketten zusammenzeist, bevor die Ketten enttörnt werden.

Meist kostet es sehr viel Zeit, einen verrosteten Bolzen aus einem Schäkel herauszuschlagen. Am besten macht man es folgendermaßen: Nachdem der Splint herausgebohrt oder getrieben, der Rost von Bolzen und Schäkel geschlagen und diese gut mit Petroleum befeuchtet wurden, stellt man den Schäkel auf einer festen Unterlage auf die Kante und schlägt ein paarmal hart auf den Kopf des Bolzens. Wenn man merkt, daß der Bolzen sich bewegt, dreht man den Schäkel um und schlägt mit einem großen Hammer auf diese Seite. Bewegt der Bolzen sich auch nach diesen Schlägen immer noch nicht, entfacht man ein Feuer auf einer Eisenplatte und legt den Schäkel hinein. - Schlägt man sofort auf das Ende des Bolzens, bevor dieser sich bewegt hat, riskiert man, ihn zu vernieten und nicht mehr herauszubekommen.

Einer Krankheit vorzubeugen ist besser, als sie kurieren zu müssen. Um also von vornherein vorzubeugen, daß der Bolzen im Schäkel festrostet, sollte man ihn und die Stellen des Schäkels, in denen er sitzt, reichlich mit Talg einschmieren. Ein Schäkel, der so behandelt wird, läßt sich auch nach Jahren noch genausoleicht herausdrehen wie am ersten Tag.

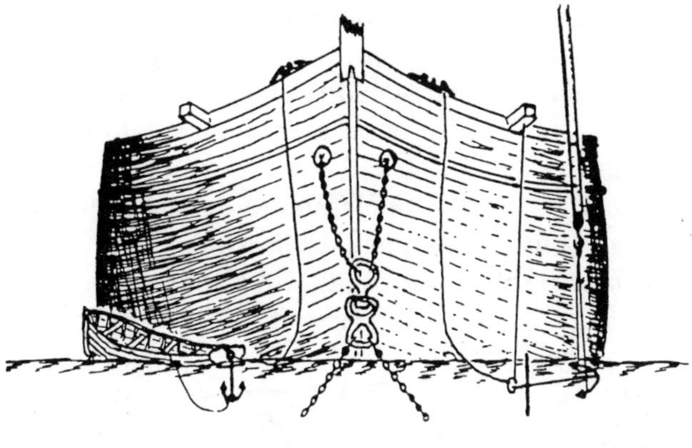
Fig. 428. Mooring

Da das Enttörnen unklarer Ketten unbequem und zeitraubend ist, benutzt man heute bisweilen **Mooringschäkel**, in die beide Ketten geschäkelt werden. Man braucht für jede Kette einen Schäkel, der in der Klüse sitzt, um einen Mooringschäkel benutzen zu können. Einen der Schäkel hievt man bis hinter das Spill, schlägt ihn heraus und setzt den Mooringschäkel auf beide Enden. Dann steckt man die Kette, bis der Schäkel vor der Klüse ist, und hievt die andere Kette ein, bis der Schäkel hinter dem Spill ist. Während man den Schäkel herausschlägt, setzt man das Kabeltau auf die Kette außenbords. Beide Enden der zweiten Kette werden ebenfalls in den Mooringschäkel gesetzt. Das Kabeltau kann jetzt entfernt werden, und die beiden hinteren Parten der Kette werden entweder eingehievt oder gefiert, bis der Schäkel voraus vor dem Schiff ist (Fig. 428).

Das Schiff sitzt auf Grund und es wird daher beschlossen, **Anker und Kette auszubringen**, um das Schiff möglicherweise wieder flott zu hieven.

Der Warpanker wird klargelegt, das heißt: Der Stock wird eingesetzt und befestigt, und ein kräftiges Ende wird mit einem Bojereepstek auf das Ankerkreuz gesetzt. Das andere Ende des Bojereeps, dessen Länge mindestens 1 1/2mal die Wassertiefe betragen muß, wird an einer Ankerboje befestigt. Wenn man keine Ankerboje hat, nimmt man stattdessen einen Holzfender.

Dann steckt man eine gute Verholtrosse auf den Ankerring (Fig. 101). Der Anker wird gefiert und hängt mit einem Ende über das Heck des Bootes. Einer der Tampen sitzt in einem Ring am Boot, der andere wurde durch den Ankerring geschoren und an der achteren Ruderbank befestigt (Fig. 428 l.). Die Trosse wird im Boot in klare Buchten aufgeschossen, und zusammen mit der Länge, die man noch an Bord hat, sollte ausreichend Trosse zur Verfügung stehen, um dorthin zu gelangen, wo der Anker fallen soll. Boje und Bojereep werden im Boot mitgeführt. Das Boot wird in die gewünschte Richtung gerudert, gleichzeitig steckt man Trosse von Bord aus, und erst wenn der Ruf "Steck aus" ertönt, steckt man die Trosse im Boot - aber nicht zu schnell. Die ganze Länge wird so stramm wie möglich gerudert, und erst dann werden Boje und Bojereep - klar von Boot und Anker - nach Lee geworfen. Mit den Jahren entwickelt man den richtigen Griff, um die Enden zu lösen, damit der Anker fallen kann. Kleinere Anker können mit dem Stock über das achtere Ende und dem Kreuz auf einem Brett, welches quer über dem Boot liegt, in das Boot gelegt werden. Wenn der Anker größer ist, ist diese Methode allerdings gefährlich - der Anker kann das Boot beim Fallen leicht beschädigen oder sogar zum Kentern bringen.

Ist die Tragfähigkeit des Bootes groß genug, kann der Buganker auf die vorher beschriebene Weise unter dem Heck des Bootes hängen. Auf das Dollbord des Bootes wird eine Handspake oder ein kleineres Rundholz gezurrt, damit das Bord nicht von der Kette schamfilt. Es wird so viel Kette ins Boot geschossen, wie man für den Ankerplatz benötigt. Die Kette wird in mehreren Abständen im Boot befestigt, damit sie nicht auf einmal ins Wasser rauscht. Mit Hilfe der Warptrosse wird das Boot mit Anker und Kette verholt, während Kette gesteckt wird - aber nicht zu hastig. Setzt man dicht am Anker Block und Holle auf die Warptrosse und nimmt beide Tampen zum Schiff, kann man das eine Ende am Boot befestigen und das andere um das Spill an Deck legen, so daß das Boot vom Schiff aus verholt werden kann. Auf diese Weise werden auch nicht so viele Männer in dem sowieso schwer beladenen Boot benötigt. Um das Gewicht möglichst gleichmäßig zu verteilen, schießt man die Kette am besten vorn im Boot auf. Auf den Buganker wird ebenfalls eine Boje gesteckt.

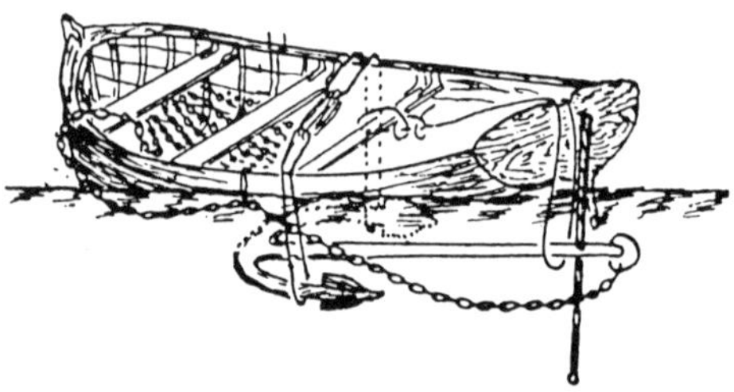

Fig. 429. Ausbringen eines Ankers

Was macht man, wenn der Anker so schwer ist, daß man ihn nicht unter dem Heck des Bootes festmachen kann? Man hängt ihn an zwei gleichlangen kräftigen Stropps (jeder von ihnen sollte so lang sein, wie das Boot breit ist), unter das Boot. Außerdem legt man ein kräftiges Ende klar. Um jeden Ankerarm bindet man den Tampen eines Hahnepoots (Fig. 428 re.). Die Ankertalje wird in den Hahnepoot gehakt, ein anderes kräftiges Ende in den Ankerring. Dann fiert man den Anker vom Schiff einige Fuß unter Wasser, so daß er waagerecht hängt. Das Heck des Bootes wird zwischen beide Enden des Hahnepoots manövriert, der Ankerschaft wird mit einem starken Ende, das jederzeit gelöst werden kann, dort aufgefangen. Jeden der beiden Stropps, die unter das Boot führen, steckt man um einen der Ankerarme, direkt bei den Flunken. Die oberen Stroppenden reiht man quer über dem Boot mit dem kräftigen Ende zusammen. Jetzt hängt der Anker unter dem Boden des Bootes. Die Ankertalje wird vorsichtig gefiert. Der Hahnepoot wird abgeschlagen, die Kette aufgeschossen und der Anker ausgebracht - entweder indem man das Boot mit einer Jolle vom Schiff aushievt oder mit einer Warpleine längsholt.

Ist der Anker weit genug draußen, wird das achtere Ende ein wenig gefiert und zum Loswerfen bereitgehalten. Ein zweiter Mann steht klar bei Enden und wirft bei dem Kommando "Laß fallen" beide Enden los. Für alle Fälle sollte immer ein Messer bereitgehalten werden.

Ist ein Boot zuwenig, um den Anker auszubringen, hängt man ihn unter zwei Bäume, die quer über zwei Boote gezurrt werden (Fig. 430 und 431). - Es gibt aber noch mehr Möglichkeiten, einen Anker auszubringen.

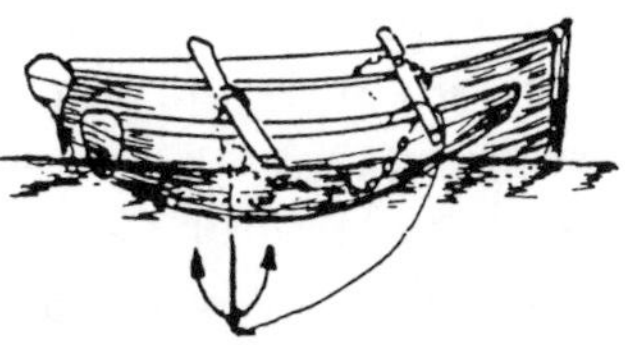

Fig.430. Fig.431.
Ausbringen eines Ankers

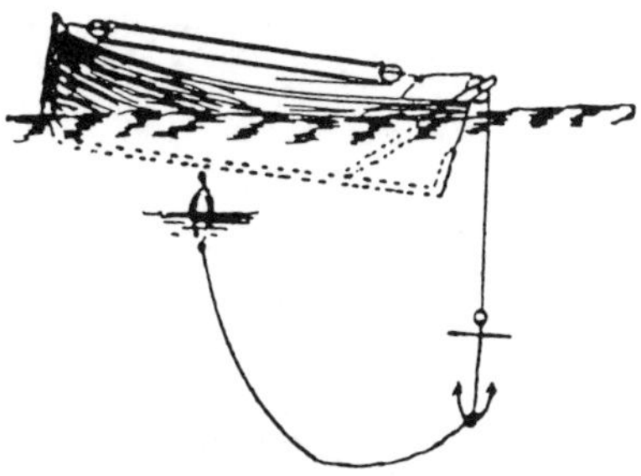

Fig.432. Einen Anker vom Boot aus lichten

Wie lichtet man einen Anker vom Boot aus? (Fig. 432). Man legt eine Planke mit einer Rolle am Ende über den achteren Teil des Bootes. Das andere Ende der Planke befestigt man innen am Boot auf dem Boden. Kette oder Trosse werden über die Rolle gelegt und das Boot so dicht wie möglich an den Anker geholt. Zuerst wird von Hand, dann mit einer Talje geholt. Nach jedem Holen der Talje werden Stopper aufgesetzt, während die Talje vorgehalten wird. Ist der Anker so hart festgesetzt, daß er sich mit der Talje nicht mehr lösen läßt, gehen alle Mann an das achtere Ende des Bootes und holen alle zugleich die Talje dicht. Danach macht man einen Törn mit dem Taljenläufer, während alle Mann an das Vorderende zum Bug klettern. Auf diese Weise läßt der Anker sich in der Regel losbrechen. Wenn der Anker für das achtere Ende des Bootes zu schwer ist, nimmt man das Bojereep über den Vorsteven und holt es so gut wie möglich dicht. Dadurch verteilt sich das Ankergewicht. Wenn das Bojereep kräftig genug ist, läßt der Anker sich daran am besten lichten.

Liegt das Schiff auf einer Reede (Red; Road), wo die Wassertiefe nur 4 bis 5 Faden beträgt und wo leicht eine See stehen kann, so ist das ein nicht ungefährlicher Ankerplatz, denn je flacher das Wasser ist, desto größer ist die Gefahr, daß die Ankerkette bricht, wie kräftig sie auch immer sein mag. Man muß also immer reichlich Kette stecken.

Ankert das Schiff in tieferem Wasser bei starkem Wind und hoher See, muß die Ankerkette in einer großen Bucht vom Schiff zum Anker liegen, denn das Gewicht dieser Bucht läßt das Schiff besser in den Seen liegen. Sobald eine See gegen das Schiff rollt und es zurückwirft, zieht es die Bucht aus der Kette, bevor das Schiff die Kette zu stramm ziehen kann und dadurch den Anker aus dem Grund brechen könnte. Ein Schiff liegt deshalb sicherer vor Anker, je tiefer das Wasser ist. Draußen in der Nordsee läßt sich deshalb gut ankern. Bei flachem Wasser liegt fast die ganze Kette flach am Grund, und diese kleine Bucht reicht nicht aus, um das Schiff bei Wind und See sicher liegen zu lassen. Die Folge ist, daß die Kette brechen kann, sobald das

Schiff von einer See getroffen wird und der Kette einen gewaltigen Ruck versetzt - vorausgesetzt, der Anker hält.

Dieser gefährliche Ruck an der Kette läßt sich vermindern, wenn man eine **Schlepptrosse auf die Ankerkette steckt** (Fig. 433).

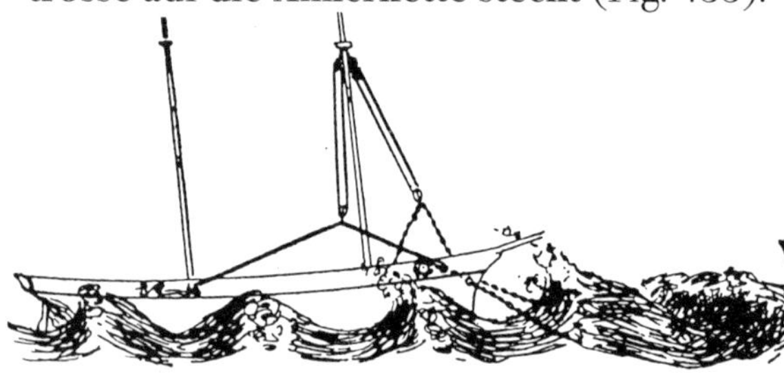

Fig. 433. Schlepptrosse auf der Ankerkette

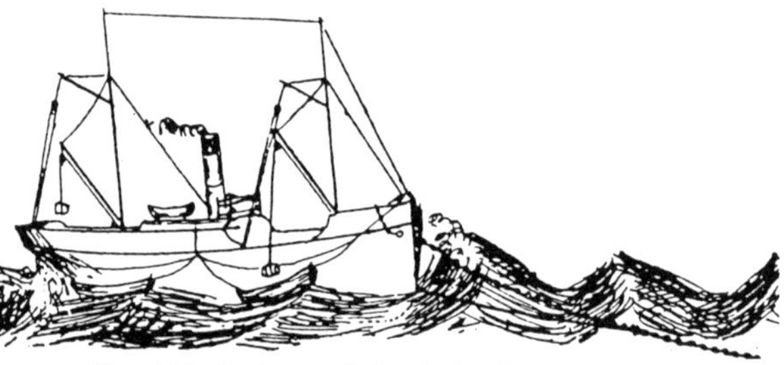

Fig. 434. Spring auf der Ankerkette

Der Tampen der Schlepptrosse wird über den Spillbaum genommen und gut auf der Kette, direkt vor dem Spill befestigt. Danach legt man die Trosse um den achtersten Mast oder um einen soliden Poller, holt gut dicht und setzt fest. Quer vor dem Fockmast legt man einen Stropp um das Tau und setzt die Ankergien um den Top des Untermastes. Dann heißt man die Trosse mit Hilfe der Gien auf, bis sie klar über dem Ankerspill hängt. Die Gien wird festgesetzt, und man legt ein paar Faden Kette um das Spill, aber nicht so viel, daß der Stek die Klüse erreicht. Schlepptrossen - besonders wenn sie aus Kokostau sind - geben immer ein wenig nach, wenn das Schiff sich an der Kette bewegt. Dadurch läßt sich ein gewaltiger Ruck an der Kette vermindern. Die Schlepptrosse kann auch über das Spill genommen werden, dann ist die Gien vom Fockmast überflüssig. Die oben genannte Methode ist aber die beste.

Wenn das Ankerspill aus irgendwelchen Gründen nicht benutzt werden kann, läßt sich der Anker auch mittels einer Gien heben (Fig. 433).

Statt die Schlepptrosse auf die Kette zu stecken, kann man sie auch an einer Handspake oder einem anderen steifen, langen Gegenstand befestigen, der vom Spill zur Klüse verläuft. Auf diese Weise vermeidet man, daß die Kette binnenbords in Buchten fällt und sich ständig in der Klüse verkantet, sobald das Schiff von einer See getroffen wird. So kann sich die Kette nicht so schnell abnutzen und bricht nicht in der Klüse.

Eine Spring auf der Kette (Fig. 434). Schiffe, die an einer offenen Küste löschen oder laden, sind Wind, Wetter und See so ausgesetzt, daß Prähme und Leichter oft nicht längsseits kommen können. Wenn der Wind nicht zu stark ist, kann man durch das Aufsetzen einer Spring auf die Ankerkette etwas Lee auf der einen Seite schaffen.

Der Backbordanker ist ausgebracht, auf der Steuerbordseite wird gelöscht. Eine kräftige Trosse wird durch die achterste Seitenklüse oder die Achterklüse nach außen zur Backbordseite gelegt und direkt draußen vor der Klüse auf die Kette gesteckt. Man steckt ein halbes Dutzend Faden Trosse und schützt sie vor dem Schamfilen in der Klüse. Dann werden Trosse und Ankerkette wieder gesteckt, bis sie wie ein Hahnepoot stehen, wie auf der Abb. zu sehen ist. Das Schiff liegt jetzt quer vor Anker als eine Art Wellenbrecher, an den die Leichter in Lee anlegen können.

Bei längsseits liegenden Leichtern **brechen oft die Vertäuungen, wenn das Schiff schlingert**. Man macht daher oft folgendes: Ein gutes Tau wird aus der vordersten Verhollippe außenbords nach achtern gelegt, durch die achterste Klüse wieder hereingenommen und belegt.

Man legt eine Schmarting herum und holt die Trosse so dicht, daß die Buchten mittschiffs ein Stück über Wasser hängen. Die Leichter vertäuen sich mit einem kleineren Ende an der Trosse, die im übrigen auch besser nachgibt als eine kürzere Vertäuung. Wird die Trosse nicht gebraucht, holt man sie an der Schiffseite ein.

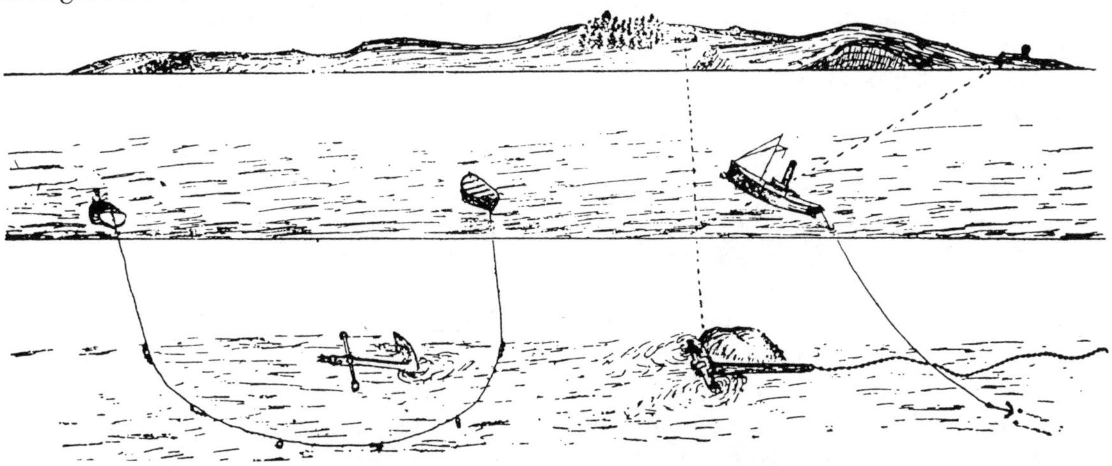

Fig. 435. Fig. 436.

Hat man einen **Anker verloren**, an dem nur noch wenig Kette hängt, so daß man ihn nicht mit einem Draggen fischen kann, macht man folgendes (Fig. 435): Man nimmt zwei Boote, ein gutes Stück Draht (Wire) oder ein gutes, kräftiges, nicht zu dünnes Tau von circa 50 Faden Länge, bindet hier und dort Eisengewichte daran, damit das Tau sich auf dem Grund hinterherziehen läßt, nimmt je einen der Tampen ins Boot und rudert zu der Stelle, wo der Anker vermutlich verloren ging. Sobald die Bucht sich dann auf Grund an etwas festhakt, rudern beide Boote einige Male drumherum, um ein paar Rundtörns um den vermutlichen Anker zu legen. Nun gibt man beide Parten in das größere Boot, um von dort den Anker zu heben. Damit die Törns sich nicht wieder vom Anker lösen, setzt man einen schweren, kräftigen Schäkel über beide Enden und läßt ihn so weit wie möglich nach unten gleiten, damit er beide Parten zusammenhält. Drahttrossen benötigen keine Eisengewichte, um auf Grund gehalten zu werden.

Anker verloren, an dem noch ein Teil Kette hängt (Fig. 436). - Leider war keine Boje am Anker, man war aber vorsichtig und hat durch Peilen den Ankerplatz vorher bestimmt und weiß, wo gesucht werden muß. Man steckt also ein gutes, nicht zu starkes Tau an einen kleinen Draggen, diesen zieht man mit einem Boot an der Stelle über den Grund, wo man den Anker vermutet. Wenn möglich, sollte man quer zur Ankerkette rudern. Sobald der Draggen sich festhakt, wird er eingeholt, und der Anker wird vom Boot aus gelichtet. Läßt sich das nicht machen, setzt man eine Boje auf die Kette, bis der Anker vom Schiff aus gelichtet werden kann.

Mooring. Man sagt, daß ein Schiff vermoort ist, wenn es vor zwei Ankern liegt; einer voraus, der andere achteraus. Das Schiff liegt also während der Flut vor dem einen und während der Ebbe vor dem anderen Anker. Diese Ankermethode wird hauptsächlich in strömendem Gewässer praktiziert, wenn viele Schiffe auf einem Ankerplatz liegen, oder einfach zu wenig Platz zum Schwoien ist.

Wie vermoort man ein Schiff? Nachdem man den Ankerplatz gewählt hat, läuft das Schiff noch circa 30 Faden höher gegen den Wind. Beide Anker sind klar zum Fallen. Der Luv-Anker fällt und es werden circa 60 Faden Kette gesteckt, während das Schiff zurücktreibt. Man läßt Segel oder Maschine backen, damit die Kette gut steifkommt. Dann läßt man das Schiff ein wenig zu der Seite scheren, wo der zweite Anker fallen soll. Wenn es soweit ist, werden 40 Faden Kette gesteckt, während die erste Kette um gut ein Dutzend Faden wieder eingehievt wird. Das Schiff liegt also vor zwei Ankern, einen zu jeder Richtung.

Ist der Ankerplatz sehr offen, benutzt man am besten sämtliche Kette, die sich an Bord befindet. Oder wenn zum Beispiel die Ebbe stärker ist als die Flut, steckt man die Kette an den Anker, der das Schiff bei Ebbe halten soll, denn wenn der Anker einmal fest ist, läßt sich nur schwer mehr Kette stecken.

Man kann sich leicht vorstellen, daß - selbst wenn ein Schiff vermoort ist - die Kette sich vertörnt. Da wir wissen, wie schwer es ist, diese Törns wieder aus der Kette zu bekommen, sollten wir folgende Regel beachten:

Bei Niedrigwasser müssen die Ketten so steif wie möglich sein, direkt hinter dem Spill sollte der Kettenschäkel sitzen, damit man nicht mit einer zu langen Kette arbeiten muß. Sobald man merkt, daß das Schiff "verkehrt" herum schwingt und die Ketten übereinanderliegen, zeist man die Ketten mit einem kräftigen Ende so hoch wie möglich unter dem Wasserstag bei, dann steckt man die eine Kette so weit, daß sie in einer kleinen Bucht unter dem Zeising hängt.

Während das Schiff schwoit, sammeln sich die Törns über dem Zeising und lassen sich leicht wieder herausdrehen. Ketten dürfen nur bei ruhigem Wasser aufgeklart werden, nie in strömendem Gewässer.

Ein Schiff schweinebinden. Man sagt, daß ein Schiff schweinegebunden ist, wenn es vor zwei Ankern liegt, vorn und achtern.

Eine der Ankerketten wird ausgeschäkelt. Das Ende wird durch die Klüse eingeholt, die Törns werden vom Spill genommen, und die Kette wird nach achtern über das Deck verholt, durch die Achterklüse geschoren und in den Anker geschäkelt. Dann legt man mit der Kette einige Törns um einen kräftigen Poller oder Baum, und zwar so, daß mehr Lose bleibt, als das Wasser tief ist. Der Anker wird mit einem Kran gefiert und die Kette außenbords an der Schiffsseite mit Garn gehalten - aber nicht mehr als nötig, um die Kette zu tragen.

Das Schiff hat seinen Ankerplatz erreicht. Der zweite Buganker, der ebenfalls vom Kran gefiert wurde, fällt. Es wird Kette gesteckt wie das Schiff achteraus treibt. Bei 10 Faden Wassertiefe steckt man circa 80 Faden von der ersten Kette, bevor der Anker mit der Achterkette fällt. Ist der Heckanker auf Grund, holt man die vordere Kette ein und steckt die achtere so lange, bis beide Ketten gleich lang sind und dicht gegeneinanderstehen. Um den achteren Anker wieder zu lichten, setzt man eine gute Trosse auf die Kette, während man sie an Deck abschäkelt. Den einen Tampen nimmt man aus der Ankerklüse und legt ihn um das Ankerspill, den anderen Tampen nimmt man ebenfalls aus der Ankerklüse und schäkelt ihn mit dem vorigen zusammen. Die Lose wird eingehievt, die Trosse wird losgemacht und auf die Vorkette gesteckt, bis der achtere Anker gelichtet ist.

Das Manövrieren mit einem Anker (Fig. 437) in engem Fahrwasser mit starkem Strom bei wenig oder gar keinem Wind. Die Ankerkette wird eingehievt, sobald der Anker Grund hat. Das Schiff liegt auf der Backbordseite des Fahrwassers (siehe Fig.), und das Ruder wird nach backbord gelegt. Dadurch schert der Bug nach steuerbord aus und schleppt den Anker mit. Sobald das Schiff in der Mitte des Fahrwassers ist, legt man Ruder mittschiffs, und wenn das Schiff richtig fährt, hebt es den Anker klar vom Grund; damit das Schiff etwas schneller treiben kann und für den Fall, daß es sich einem der Ufer zu sehr nähert, steckt man ein wenig mehr Kette, damit der Anker wieder Grund hat, während man den Bug wieder ins Fahrwasser

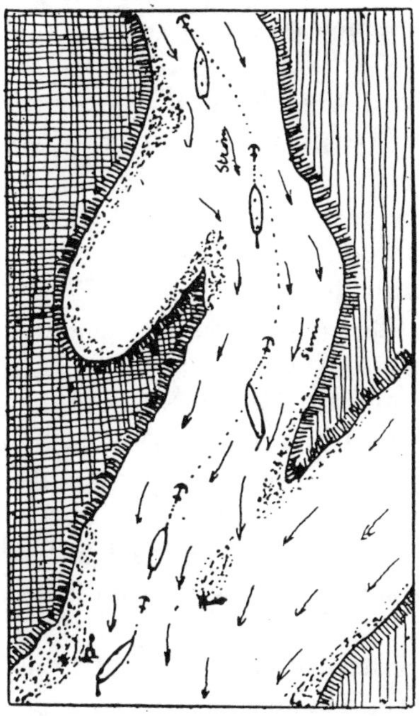

dreht. Je stärker man das Schiff ausscheren läßt, desto mehr Halt muß der Anker haben. Es ist klar, daß das Schiff nach achtern treiben will. Der Mann am Ruder muß daher sehr zuverlässig sein, ein zweiter muß an der Kette stehen, um sie zu stecken, damit der Anker Grund bekommt. Der Rest der Mannschaft steht am Spill, um die Kette einzuhieven, sobald das notwendig wird. **Bei Strom mit und Wind gegenan** ist es oft leichter, das Schiff im Fahrwasser zu halten, als mit dem Wind gegen den Strom zu segeln. Man setzt so viel Segel, daß das Schiff fährt, je weniger Fahrt das Schiff braucht, desto schneller treibt es. Während der ganzen Zeit muß ein Anker klar sein.

Das Treiben vor back gestellten Segeln wird später besprochen werden.

Fig. 437. Manövrieren eines Schiffes nur mit Anker

Manövrieren mit Schraube und Segeln

Die Manöver, die mit einem Schiff ausgeführt werden, unterscheiden sich natürlich voneinander, je nachdem, ob sie mit einem Segelschiff oder mit einem Dampfschiff gefahren werden. Was das Manövrieren mit Dampfschiffen angeht, so liegen bis zu dieser Zeit bereits Bücher vor, die sich eingehend mit diesem Thema auseinandersetzen, so daß ich an dieser Stelle nur ganz kurz etwas zur

Schraubenwirkung sagen möchte. Die Wirkung der Schraube ist unterschiedlich, je nachdem, ob die Schraube vorwärts oder rückwärts läuft oder sich zur einen oder anderen Seite dreht. Zu welcher Seite das Schiff sich wendet, hängt davon ab, wie herum die Schraube sich dreht, wenn sie vorwärts läuft. Im folgenden wird angenommen, daß es sich um einen Dampfer mit einer einzigen Schraube handelt. Man teilt Schrauben in zwei Kategorien ein, nämlich in links- und rechtsdrehende. Unter einer rechtsdrehenden Schraube versteht man eine, deren oberes Blatt nach steuerbord dreht, wenn sie vorwärts läuft - **fast alle Schrauben sind rechtsdrehend**. Bewegt sich das obere Blatt der Schraube nach links, so handelt es sich um eine linksdrehende Schraube.

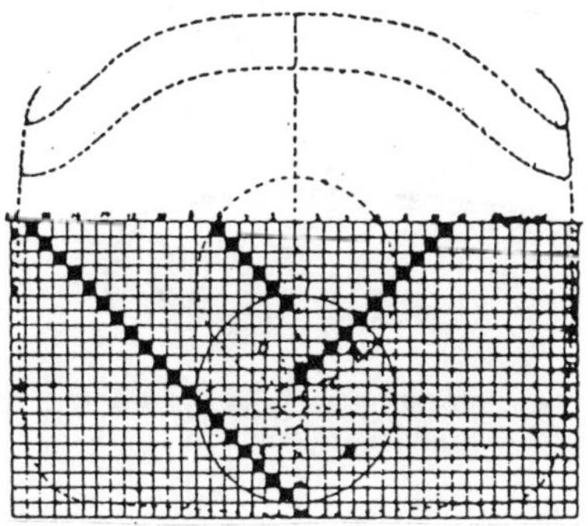

Fig. 438.

Um mit einem Schiff richtig manövrieren zu können, muß man wissen, wie herum sich die Schraube dreht: oberer und unterer Teil der Schraube haben nämlich einen unterschiedlichen Wasserwiderstand.

Oben kann die Schraube das Wasser leichter zurückschlagen, weil der Druck geringer ist; die Schraube trifft also auf geringeren Widerstand und erzielt dementsprechend eine geringere Wirkung.

Teilt man das Areal, das von der Schraube umspannt wird, in gleich große Quadrate (Fig. 438), zum Beispiel in Quadratfuß, und nimmt man an, daß der Tiefgang des Schiffes 20 Fuß beträgt und der Durchmesser der Schraube 14 Fuß, so steht ihr ein Areal von 14 x 3, 14 x 7 : 2 = 153,9 Quadratfuß zur Verfügung. Die punktierte Linie gibt das Schraubenareal des geballasteten Schiffes an. Tiefer unten ist der Wasserdruck stärker, das untere Blatt hat also einen größeren Widerstand zu überwinden. Eine linksdrehende Schraube wird also das Achterschiff beim Vorwärtsfahren etwas nach steuerbord drehen. Wenn das Ruder mittschiffs gelegt wird, dreht sich das Schiff bei Vorwärtsfahrt langsam nach backbord; das läßt sich leicht ausgleichen, wenn man das Ruder ca. 5 Grad oder 1/2 Strich nach backbord legt. Je größer die Schraube ist, desto stärker wird das Achterschiff zu einer Seite driften, weil die Differenz des Drucks, der auf das obere und das untere Blatt ausgeübt wird, immer größer wird, je höher und je tiefer die Schraube arbeitet. Je höher die Schraube bei demselben Schiff ins Wasser kommt, desto stärker wird es mit seinem Heck zu einer Seite gedrängt werden, besonders bei geballasteten Schiffen, wo das obere Blatt meist sogar auf die Wasseroberfläche schlägt (siehe gepunkteter Kreis oben auf der Abb. 438), kann das ein großes Hindernis sein.

Als Folge davon, daß das Heck eines Schiffes nach steuerbord driftet, wenn die Schraube rechtsdrehend ist, dreht das Schiff schneller nach backbord, wenn Steuerbord-Ruder gegeben wird, als es mit Backbord-Ruder nach steuerbord dreht. Das gilt es zu bedenken, wenn das Schiff möglichst schnell zu einer Seite gedreht werden soll. Ein geballastetes Dampfschiff mit rechtsdrehender Schraube wird am leichtesten an den Wind gebracht, wenn er von backbord kommt. Die Verteilung der Ladung wird ebenfalls einen gewissen Einfluß auf Steuer- und Manövriereigenschaften eines Dampfschiffes haben. Liegt der Ladungsschwerpunkt vorlicher im Schiff, wie zum Beispiel bei a auf der Abb. 439, wirkt das Ruder b auf einen langen Hebel ein und hat große Kraft zum Drehen des Schiffes. Die Ruderwirkung beruht nämlich darauf, daß das Wasser auf das Ruderblatt drückt, sobald dieses aus der Mittschiffsposition gebracht wird; dadurch dreht sich das Heck zur einen, das Vorschiff zur anderen Seite. Hier ist es das Heck, das im Gegensatz zum Vorschiff am stärksten ausschwingt, weil dieses tiefer im Wasser liegt und größeren Widerstand bietet.

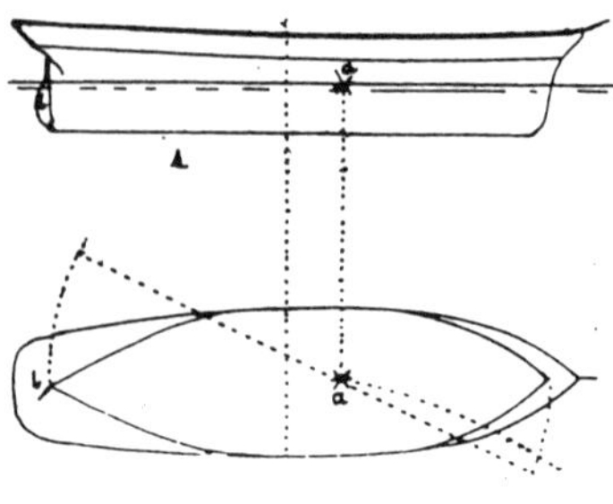

Fig. 439. Ruderwirkung bei einem toplastigen Schiff

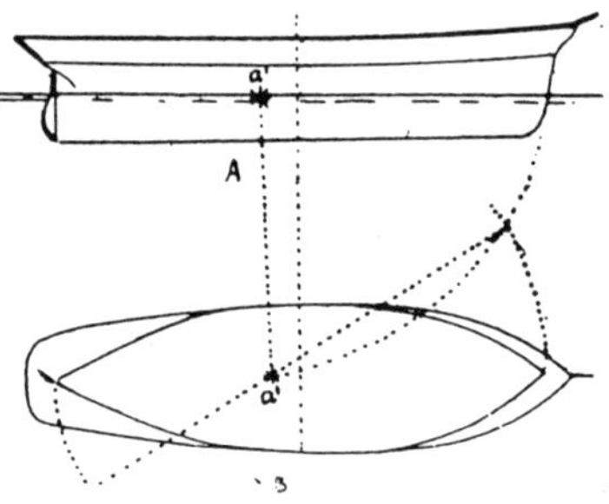

Fig. 440. Ruderwirkung bei einem achterlastigen Schiff

Wenn der **gemeinsame Lastschwerpunkt achterlicher liegt**, so wie bei a auf der Abb. 440, wirkt das Ruder nur auf einen kurzen Hebel ein und hat es schwerer, daß Schiff zu drehen; das leichtere Vorschiff wird am weitesten ausschwingen. Das Schiff wird unter Fahrt gleichsam ständig eine schiefe Ebene emporlaufen, was einen unnötigen Extraverbrauch an Energie zur Folge hat. Wenn das Schiff hingegen auf der Nase liegt, ist der Bug, der durch das Wasser getrieben werden muß, unnötig groß und schwer, und außerdem wird die Antriebskraft der Schraube geringer, je höher sie im Wasser liegt.

Ueber die Ruderwirkung wird später gesprochen werden.

Wenn das Schiff stilliegt, kann es zu einer Seite drehen, sobald die Schraube arbeitet, ungeachtet dessen, ob das Schiff Fahrt aufgenommen hat oder nicht. Es ist eine Freude zu beobachten, wie Kapitäne es verstehen, sich diese Tatsache beim Manövrieren zunutze zu machen.

Daß ein Schiff sich drehen kann, bevor es noch Fahrt aufgenommen hat, liegt daran, daß das durch die Schraube in Bewegung geratene Wasser auf das Ruder einwirkt. Wenn die Schraube rückwärts dreht, wird das Wasser von vorn unter das Schiff gespült, und das Ruder wird nur von dem Wasser bewegt, was die Schraube von achtern ansaugt, so daß das Ruder nur einen geringen Einfluß auf einen Schraubendampfer hat, der rückwärts fährt. Wenn ein Schraubendampfer mit rechtsdrehender Schraube rückwärts fährt, schlägt der Bug in der Regel nach steuerbord aus. Bei einem geballasteten Schiff geht das schneller als bei einem beladenen, aber auch nur solange es weder durch Wind noch See beeinflußt wird. Läuft die Schraube eines geballasteten Schiffes recht lange rückwärts, und steht es unter Windeinwirkung, treibt der Bug in der Regel sehr schnell ab, und das Schiff dreht mit dem Achterende in den Wind.

Da die Schrauben der Dampfschiffe meist rechtsdrehend sind, passieren sich die Schiffe wenn möglich auf der Backbordseite. Droht die Gefahr eines Zusammenstoßes, werden die Schiffe beim Zurücksetzen mit den Steven auseinanderlaufen, indem die Bugs nach steuerbord driften.

Fig. 441.

In flachen Gewässern, schmalen Fahrrinnen und in der Nähe von Bollwerken oder anderen Schiffen, kann man sich nicht darauf verlassen, daß das Schiff genauso manövrierbar ist wie in tiefem Wasser. Die Abb. 441 versucht, diesen Umstand darzustellen. Wenn die Schraube arbeitet, saugt sie die nahen Wassermassen an. Befindet nun sich auf einer Seite ein Hindernis, das den Zufluß verhindert, wird das Wasser dort am flachsten, und das Achterschiff wird trotz Ruderwirkung in dieses flache Wasser gleiten. Um das zu verhindern, darf die Schraube nicht stärker arbeiten, als das Wasser nachfließen kann.

Wenn es um das Drehen des Schiffes geht, stellt sich die Frage: " Wieviel Platz braucht ein Schiff, um sich einmal ganz herumzudrehen, wenn das Ruder hart zu einer Seite gelegt wird?" Es benötigt dazu in der Regel fünf- bis sechsmal seine eigene Länge; im übrigen kommt es bei dieser Frage ebenfalls auf die Geschwindigkeit des Schiffes an. Ein Einschrauben-Schiff benötigt den geringsten Raum bei kleiner Fahrt, dreht aber am schnellsten bei großer Fahrt.

Doppelschrauben-Schiffe benötigen wenig Platz bei großer Fahrt, solange beide Schrauben vorwärts drehen. Arbeiten die Schrauben aber gegeneinander, kann das Schiff sich ungefähr um seine eigene Länge drehen, braucht also kaum Platz. Sobald das Ruder hart zu einer Seite gelegt wird und das Schiff beginnt, sich zu drehen, verliert es einen Teil seiner Fahrt, weil es sich nicht länger in Kielrichtung bewegt, sondern mehr schräg zur Seite geht; selbst das Ruderblatt übt einen Teil Widerstand aus. Selbstverständlich beeinflussen Wind und See die Manövrierfähigkeit eines Schiffes ebenfalls erheblich.

Auf den meisten Schiffen sind Vorrichtungen eingebaut worden, die verhindern, daß

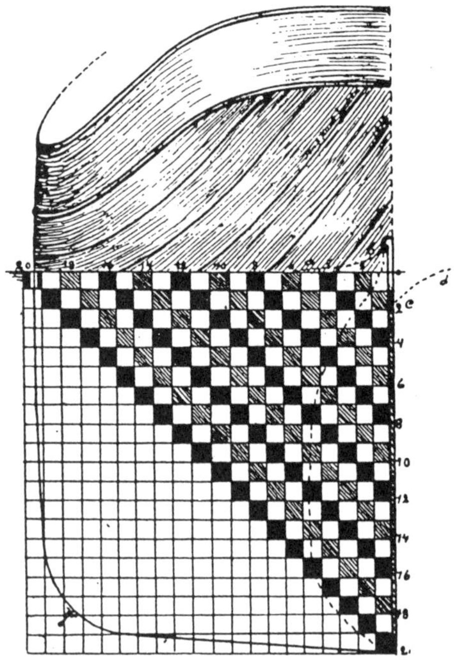

Fig. 442.

das Ruder zu weit nach einer Seite gelegt werden kann, denn Erfahrungen haben gezeigt, daß das Ruder die größte Wirkung ausübt, wenn der Winkel zwischen Ruder und Kiel 35 Grad beträgt. Steht das Ruder mittschiffs, also in Verlängerung des Kiels, hat es keine Wirkung auf das Schiff, sobald es aber zu einer der Seiten gelegt wird, übt das Wasser einen Druck auf das Ruderblatt aus, wobei das Achterschiff zur einen, das Vorschiff zur anderen Seite dreht. Dieser Druck ist am größten, wenn er 35 Grad beträgt, ob das Schiff sich nun vorwärts oder rückwärts bewegt. Könnte das Ruder ganz quer gestellt werden, wäre der Widerstand im Wasser sehr groß, ohne aber einen entsprechend großen Einfluß auf die Drehung zu haben. Es ist klar, daß der Widerstand, den das Ruder im Wasser ausübt, die Fahrt verlangsamt; man darf daher das Ruder nicht mehr als nötig legen. Versuche, die man in England und Deutschland gemacht hat beweisen, daß der unterste Teil des Ruders eine größere Wirkung ausübt als der obere (Fig. 442).

Wie man ein Segel richtig in Gebrauch nimmt

Damit ein neues, wohlkonstruiertes Segel seine gute Form behält und sich nur an den richtigen Stellen spannt, ist es von größter Wichtigkeit, daß man es stellt und holt, wie es sich gehört.

Dabei sollten folgende, allgemeine Regeln berücksichtig werden: Rahsegel müssen an beiden Schoten gleichzeitig zu beiden Seiten ordentlich ausgeholt und vom Fall gut gestreckt werden. Bei hartem Sturm, recht vor dem Wind, fiert man die Untermarsschoten ein wenig und nimmt die Fockschoten so lang wie möglich nach vorn. Dadurch wird der harte Druck von den Segeln genommen, und das Schiff kommt ein wenig mehr aus dem Wasser.

Baumsegel. Man muß bei diesen Segeln sehr darauf achten, daß die Klauen in der richtigen Höhe sitzen und ob die Segel feucht oder trocken sind. Es ist ebenfalls darauf zu achten, wie hoch der Baum angedirkt werden darf. Die Nocken werden gut gestreckt, die Halstaljen müssen bei vollen Segeln immer gut niedergesetzt sein. Die Schot hingegen darf zu Anfang nicht zu dicht geholt werden. Viele Schiffsführer waren der Meinung (jedenfalls früher), daß ein neues Baumsegel sich verzöge, sobald man es recke, weshalb sie das Reffen so lange wie möglich hinauszögerten. Natürlich ist etwas Wahres an dieser Behauptung, daß ein neues Segel beim Reffen verzogen werden kann, es ist jedoch besser, das Segel rechtzeitig zu reffen, als es zerreißen zu lassen. Die Erfahrung zeigt außerdem, daß, selbst wenn ein neues Segel durch das Reffen leicht verzogen wird, es sich wieder richtet, wenn es eine Zeitlang voll gestanden hat.

Gaffeltopsegel. Bei festen Gaffeltopsegeln wird beim Wind der Hals nach Luv der Gaffel genommen. Viele nehmen den Hals außerdem durch das zweite oder dritte Mastband von oben, so daß sowohl Tuch als auch Vorliek gestreckt werden. Bei losen Gaffeltopsegeln wird der Hals immer auf derselben Seite wie das Gaffelsegel gefahren und darf nicht durch die Mastbänder geschoren werden.

Alle Schratsegel und besonders Vorsegel müssen immer gut durch das Fall gestreckt werden. Besonders bei neuen Segeln dürfen die Schoten nicht stärker geholt werden, als das Segel braucht, um gerade voll zustehen. Raumt der Wind oder werden die Segel naß, müssen die Schoten der Schratsegel gefiert werden.

"**Klüver los**!" Ein Mann geht auf der Luv-Seite auf den Klüverbaum und beginnt an der Schot mit dem Lösen der Zeisinge. Sie werden in der Reihenfolge aufgeschossen, wie man sie abnimmt; es ist darauf zu achten, daß sie weder mit Niederholern noch Jagerschoten unklar kommen. Nachdem alle Törns entfernt wurden, schlägt man einen Tampen um die Buchten und setzt ihn auf der Luv-Klüverpardune fest. Die Lee-Klüverschot wird ausgelegt, und das Segel wird über die Lee-Klüverpardune ausgeworfen, wenn es weder Reiter noch Netz für den Klüver gibt.

"**Heiß Klüver**!" Der Mann, der die Niederholer losmacht, springt schnell in Lee herunter, holt die Klüverschot ungefähr an und macht einen Törn mit der Schot, während das Segel geheißt wird. Bei starkem Wind muß die Schot geholt werden, bevor man mit dem Heißen des Segels beginnt, da der Klüver sonst leicht sich selbst und das Stagsegel (wenn es gesetzt ist) kaputt schlagen kann. Das Fall wird gut durchgesetzt, so daß das Vorliek steif wird und - falls notwendig - an der Schot locker sitzt. Es ist sehr wichtig, daß das Segel gut gestreckt ist, weil es sonst am Vorliek entlang zerreißen kann, besonders vor jedem Lägel. Nachdem das Fall durchgesetzt ist, wird die Schot dichtgeholt, dann holt man den Niederholer durch und setzt ihn fest.

"**Hol nieder Klüver!**" Ein Mann (in der Regel der Steuermann) geht an das Fall, der Rest zum Niederholer. Wenn die Leute klar sind, heißt es: "Warschau am Ruder, laß gehen Fall", und der Klüver rauscht nieder. Derjenige, der das Fall bedient hat, geht dann an die Schot, und wenn das Segel ungefähr bis zur Hälfte herunter ist, fiert er die Schot erst leicht und wirft sie erst ganz los, wenn das Segel fast ganz unten ist. Bei gutem Wetter mag es angehen, die Schot sofort loszuwerfen, wenn gleichzeitig willig am Niederholer geholt wird.

"**Mach fest Klüver**!" Man beginnt draußen am Leiter damit, den Bauch auf den Baum zu holen (unter Bauch versteht man den mittleren Teil des Segels, von der Schot quer hinüber zum Stag). Nach und nach, wenn man den Bauch über den Baum zieht, kommt die Schot von selbst ein, und man wirft einen Schenkel an jede Seite des Baumes. Wenn man erst soweit ist, muß man nur dafür sorgen, daß Segel und Liek vom Leiter bis zum Schothorn verteilt werden, so daß das Segel nach innen immer dünner wird.

Der Hals muß gut mit in das Segel genommen werden, dann rollt man es von der Lee-Seite fest auf dem Baum zusammen, legt den Bauch darüber, so daß das ganze Segel gleichmäßig damit abgedeckt wird. Das sieht gut aus und schützt das Segel vor Regen. Die Zeisinge werden von Lee um das Segel geschlagen. Man muß darauf achten, daß der erste Törn gut um den Kopf, direkt beim Leiter liegt, sonst kann das Segel leicht wieder losgeblasen werden. Die Törns werden immer sowohl um das Segel als auch um den Baum gelegt, nicht aber um den Niederholer oder die Jagerschoten. Die Zeisinge werden direkt auf dem Stengestag oder an einer anderen passenden Stelle festgesetzt. Befestigt man die Zeisinge an sich selbst, arbeiten sie sich leicht wieder los. Nachdem die Zeisinge ganz herumgelegt wurden, beginnt man wieder draußen beim Klüverleiter und holt jeden Törn gut nach innen fest, gleichzeitig schlägt man das Segel gut mit den Händen fest, weil es sonst nach kurzer Zeit wieder vom Baum herunterhängt. Zwei Dinge darf man nie tun, wenn der Klüver bei Starkwind festgemacht werden soll:

1) Hole die Schoten nicht, bevor das Segel fest ist.

2) Beginne mit dem Einsammeln des Segels nie an der Schot, selbst wenn mehrere Mann auf dem Baum sitzen.

Was hier über den Klüver gesagt wurde, gilt ebensogut für alle Stagsegel und alle Vorsegel.

"**Refft Klüver**!" Der Klüver wird niedergeholt wie vorher, der Niederholer kann aber hinterher ca. einen halben Faden gefiert werden. Wenn es im Segel keine Reffbändsel gibt, nimmt man lose Bändsel samt einem Marlspieker und Kabelgarn mit. Es beginnt damit, daß man den Hals oben in die Reffkausch schlägt und mit Kabelgarn befestigt. Dann wird das Segel gleichmäßig vom Unterliek zu den Reffbändseln hinaufgerollt, wo es mit den Reffbändseln und Kreuzknoten befestigt wird. Es wird immer vom Hals zur Schot hinunter gearbeitet. Zum Schluß schäkelt man die Schot oben in die Reffkausch und rollt das Schothorn gut in das Segel ein, so daß es unter die beiden letzten Reffbändsel kommt. Alle Stag- und Vorsegel werden vom Vorliek nach hinten gerefft. Oft werden auch bloß Reffkausch und Schothorn mit einem Zeising zusammengezogen, um das Ausschäkeln zu umgehen.

"**Klüver ausreffen**!" Das Segel wird niedergeholt, und man beginnt damit, die Schotschenkel wieder nach unten in das Schothorn zu setzen; alle Reffbändsel werden bis hin zum Hals gelöst, dann wird dieser unten in die Halskausch gesetzt. Wenn die Reffbändsel gelöst sind, werden sie mit aufs Deck genommen und bis zum nächsten Mal zusammengebunden.

"**Großsegel los**!" (Ein Baumsegel). Man beginnt an der Klau, legt Halstalje, Halsaufholer und Gaffeltopsegelschot klar, löst die Zeisinge und nimmt sie draußen an der Piek ab. Dann kontrolliert man, ob Piekniederholer und eventuell die Gaffelgerden klar sind, bevor die Piek ganz losgeworfen wird.

"**Heiß Großsegel**!" Es wird eine gleich große Zahl Männer an Piek- und Klaufall gestellt, während ein Mann darauf zu achten hat, daß die Gaffel zwischen den Baumdirken aufkommt, und dafür zu sorgen hat, daß die Großschot gefiert wird. Wenn das Segel fast oben ist, setzt man das Fall fest, während der Baum in passender Höhe angedirkt wird. Erst wird die Klau, dann die Piek durchgesetzt. Die Lee-Baumdirk wird gefiert oder aus dem Baum gehakt, um das Segel nicht zu schamfilen. Die Halstalje wird durchgesetzt; bei hoher See und kräftigen Schlingerbewegungen setzt man Stütztaljen an den Baum. Die Zeisinge werden aufgeschossen und beiseite gelegt.

"**Ein Reff ins Großsegel**!" Bei diesem Manöver müssen Rudergänger und Ausguck besonders zuverläßig sein. Man lege Refftalje, Reffschenkel, Schmarting und einen Dreher bereit. Piek- und Klaufall werden niedergelegt (wenn man Piekstrecker hat, fiert man diese, bevor man das Piekfall fiert). Wenn alles klar ist, werden Piek- und Klaufall gefiert, so daß das Reff auf dem Baum zu liegen kommt. Dann gibt man dem Piekfall zusätzlich ein wenig Lose und setzt die Fallen fest. Man fiert Baumdirken und Backstagen ein wenig und holt die Großschot ein, bis der Baum innerhalb der Lee-Reling ist. Jetzt werden Backstagen, Gaffelgerden und die Lee-Baumdirk dichtgeholt.

Die Reffschenkel werden von unten durch das achtere Loch in der Klampe auf der Leeseite des Baumes nach oben geschoren, weiter hinauf in Lee des Segels, durch die erste Reffkausche im Achterliek des Segels, hinunter zur Luvseite des Segels, durch das hintere Loch der Luv-Klampe, dann wird der Tampen nach innen gelangt. Die Reffschenkel werden mit einem Palstek auf dem Läuferblock der Refftalje festgesetzt, den zweiten Block hakt man in einen Bolzen unter dem Großbaum. Während die Refftalje angeschlagen wird, legt man ein Stück Schmarting an die Stelle des Segels, wo die Refftaljen anliegen werden. Die Refftaljen werden geholt und die Reffkausch mit dem Dreher oben auf dem Baum gehalten. Wenn das Segel geholt ist, setzt man die

Refftalje auf dem Baum fest, rollt das Segel bis zu den Bändseln ein und knotet diese zusammen. Der Hals wird mit einem Zeising oben an der Reffkausch gehalten, außerdem legt man meist einen zusätzlichen Zeising in die Reffkausch, rund um den Baum. Wenn das Reff klar ist, gibt man Lose an der Großschot, dirkt den Baum an und heißt das Segel wieder.

Zweites Reff. Es wird genauso gemacht, bevor man jedoch die Refftaljen löst, zeist man die Reffschenkel mit einem Zeising um den Baum.

Diese Methode, den Reffschenkel um das Segel zu scheren, wird jedoch nicht von allen vorgezogen. Viele scheren ihn nach Luv, klar vom Segel, besonders vom zweiten und dritten Reff, weil er dann leichter zu holen ist.

Das Patentreff von Groß- und Schonersegel ist erst in den letzten Jahren auf einigen der neugebauten dänischen Schoner eingeführt worden. Das Reffen geht folgendermaßen vor sich: Piek- und Klaufall werden sehr leicht gefiert, während man den Baum mit Hilfe einer Toptalje dreht, auf diese Weise legt sich das Segel um den Baum; man muß allerdings darauf achten, daß das Segel voll steht und auf dem Baum gut nach hinten gestreckt wird. Wenn man je nach Wunsch ein oder zwei Reffs gerollt hat, wird das Segel wieder gut durchgesetzt. Ein Pall unter dem Schwanenhals hindert den Baum daran, sich wieder zu entrollen, die Toptalje kann also entfernt werden.

"**Großsegel ausreffen**!" Man beginnt damit, Piek- und Klaufall leicht zu fieren; sollte der Baum sehr weit gefiert sein, holt man ihn ein wenig an, muß aber dafür sorgen, daß sowohl die Schot als auch die Bullentalje dicht sind und daß man sie gut wieder festsetzt. Zuerst werden alle Reffbändsel gelöst, dann die Halskausch und die Extra-Zeisinge. Zum Schluß werden die Refftaljen losgeworfen, die Reffschenkel ausgeschoren und das Segel ganz vorgeheißt. Beim Patentreff muß nur das Stoppall herausgezogen werden, und das Segel kann geheißt werden.

"**Nieder Großsegel**!" Wenn möglich holt man den Baum erst mittschiffs und fiert dann willig beide Fallen, bis das Segel ganz unten ist.

"**Großsegel fest**!" Die einfachste und sicherste Methode ist die, erst einmal das Achterliek in Lee des Segels gut nach vorn zu holen und dann das ganze Segel von der Lee-Seite aus aufzurollen; man muß darauf achten, daß man auf der Gaffel einen glatten Bauch bekommt. Auf die Gaffelnock wird ein Zeising gesetzt und um Gaffel und Segel geschlungen, bis hin zur Klau, wo er festgesetzt wird. Großhalsaufholer, Gaffeltopsegelschot und Halstalje werden an der Gaffel aufgeschossen, oder man rollt die beiden Erstgenannten mit ins Segel. Hinter der Gaffel wird das Segel schön zusammengelegt und mit einem Zeising an sich selbst befestigt. Der Piek-Niederholer wird aufgeschossen, und die Gaffel wird so weit angehoben, daß das Segel klar vom Baum kommt. Auf See sollte man jedoch besser die Gaffelnock am Baum festzeisen, sobald das Segel weggefiert wurde; bei Sturm und Kurs bei dem Winde beginnt man mit dem Festmachen des Segels vorn, bei achterlichem Wind fängt man hinten an - man arbeitet den Wind aus dem Segel.

Das im vorangegangenen Beschriebene gilt für alle Baumsegel, die weggefiert oder geheißt werden.

"**Besan los**!" (bei stehender Gaffel, das Segel ist von oben nach unten am Mast befestigt). Man beginnt damit, die Zeisinge unten abzunehmen und das Schothorn niederzufieren; die Zeisinge werden aufgeschossen und am Mastband oder an den Lägeln, klar von Geitau und Einholer, befestigt.

"**Setzt Besan**!" Die Lose des Besanschot-Ausholers wird gut dichtgeholt, das Luv-Geitau und das untere Lee-Geitau werden gelöst, Einholer und oberes Geitau werden erst gelöst, wenn der Schotausholer geholt wurde. Bei gutem Wetter kann man alles auf einmal loswerfen, bei Starkwind jedoch sollte man immer nur so viel lösen, wie man gleichzeitig mit dem Schotausholer holen kann. Dann gibt man Lose auf die Luv-Gaffelgerden und die Besanschot und holt den Besan-Ausholer ein wenig dichter, dadurch kommt Lose in das Segel, so daß der Besanschot-Ausholer durch- und festgesetzt werden kann. Danach stellt man das Segel richtig in den Wind.

"**Holt Besan ein**!" Der Ausholer wird gelöst, das Segel wird ganz unter die Gaffel geholt und die Luv-Gaffelgerde wird dichtgeholt. Die Lose von Luv- und Lee-Geitau wird geholt und das Luv-Geitau wird befestigt. Dann holen alle Mann das Lee-Geitau, hauptsächlich das obere. Sobald der Schotausholer gefiert wird, werden die Geitaue in Lee von oben dichtgeholt; zum Schluß werden dann die Luv-Geitaue gut dichtgeholt.

"**Besan fest**!" Man beginnt damit, Zeisinge von oben rund um das Segel zu schlingen, dann setzt man die Zeisinge an den Mastbändern fest. Den untersten Zeising steckt man durch die Brille in das Schothorn, holt dieses nach oben und setzt es innen im Segel fest, bevor der untere Teil des Segels befestigt wird. Wenn das Segel mit einem Reff versehen ist, läßt es sich genauso reffen wie das Großsegel. Nicht nur Besan, sondern auch Schonersegel, Briggsegel, Groß- und Vor-Gaffelsegel sind oft so eingerichtet, daß man sie unter die Gaffel holen kann.

"**Rahsegel los**!" Dafür gilt überall die gleiche Regel: Man beginnt draußen an der Lee-Nock, und wenn der Zeising gelöst ist, nimmt man ihn unter der Rah hindurch nach oben auf die Achterkante, schießt ihn auf setzt den Tampen auf einem Handpferd fest und wirft die Buchten zur Vorderkante des Segels, damit der Zeising keine Törns um irgendein Ende schlägt oder in einen der Blöcke kommt. Wenn die Lee-Nock des Segels los ist, fährt man draußen auf der Luv-Nock fort, bis zur Mitte; der Bugzeising wird zum Schluß losgeworfen. Wenn das Segel sofort gesetzt werden soll, löst man die Gordings und holt sie über.

"**Setzt Untermarssegel**!" Alle Gordings und die Lee-Geitaue werden gelöst, die Schot wird in Lee vorgeholt. Wenn man die Marsschot nur schwer holen kann, werfe man am besten die Lee-Groß- oder Fockbrasse los. Das Luv-Geitau wird erst gelöst, wenn die Lee-Schot vorgeschotet ist und die Luv-Schot durchgeholt und klar zum Vorschoten ist. Bei Starkwind kann es vorkommen, daß man eine Talje auf die Schoten setzen muß. Wenn das Segel gesetzt ist, werden die Rahen nach dem Wind gestellt.

"**Setzt Obermarssegel**!" Zuerst werden alle losen Schoten geholt. Dann löst man die Bramschoten, Obermarsgordings, Marsniederholer und Lee-Obermarsbrasse, heißt am Marsfall und gibt ein wenig Lose auf die Luv-Obermarsbrasse, wenn die Rah geheißt wird; das Segel wird durchgesetzt, bis beide Seitenlieks stramm sind. Wenn das Segel durchgesetzt ist, wird die Rah eingestellt.

"**Setzt Bramsegel** !" Royalschoten, Bramgordings, Lee-Brambrasse und Lee-Geitau werden gelöst, die Lee-Schot wird vorgeholt. (Wenn es heißt: "Hol Lee-Schot vor!", ist damit nicht gemeint, daß das Schothorn im Segel dicht vor das Scheibengatt geholt werden soll, sondern nur, daß die Schot so stark geholt werden soll, daß sowohl Lee- als auch Luv-Schothorn jeweils gleiche Entfernung von ihren Scheibengatts haben, wenn das Segel vierkant steht.) Wenn die Lee-Schot klar ist, wird die Luv-Schot ausgeholt und gut gestreckt, bevor sie festgesetzt wird. Während am Fall geholt wird, gibt man Lose auf die Luv-Brasse, sie sollte jedoch nicht zu stark aufgefiert werden. Wenn das Segel gut oben ist, wird die Rah eingestellt. Das Royal wird genauso gesetzt.

"**Untersegel nieder**!" (Großsegel, Fock, Bagiensegel). Schoten und Hälse werden klar gemacht und die Lose wird durchgeholt. Der Luv-Topnant wird leicht gefiert, alle Buggordings, Lee- Nockgordings und beide Refftaljen werden gelöst. Das Lee-Geitau wird weggefiert, während die Schot so weit gefiert wird, daß das Segel nicht schlagen kann, wenn der Hals runtergesetzt wird. Luv- Nockgordings und Geitau werden gelöst, der Hals wird niedergehievt und festgesetzt. Dann holt man den Luv-Topnanten und die Lee-Schot gut an. Auf einem Kurs beim Winde holt man die Luv-Bulins gut nach vorn.

Bemerkung. Die meisten Seeleute werden bei Marssegel, Bramsegel und Royal immer zuerst die Luv-Schot holen. Bei gutem Wetter mag das ja auch gut angehen, bei Starkwind ist die obengenannte Methode jedoch leichter und sicherer. Wenn man bei Sturm ein Untermarssegel setzen soll, wäre es total verrückt, wenn man versuchte, die Luv- Schot zuerst zu holen. Man wird sie niederbekommen, das Segel aber wird mit ziemlicher Sicherheit "Reißaus" nehmen, bevor die Lee-Schot vorgeschotet wird. Bei so einem Wetter darf auf die Luv-Gording keine Lose kommen, bevor die Lee-Schot nicht vorgeschotet ist. Es ist selbstverständlich leichter, die Schoten und die Hälse zu holen, wenn ein wenig angeluvt wird, so lange, bis die Segel ein wenig zu leben anfangen.

"**Royal nieder**!" Das Fall wird gefiert, die Geitaue niedergeholt, bis die Rah in den Topnanten hängt; ein Mann holt die Luv-Brassen gut dicht. Die Gordings werden gut durchgeholt, dann verteilt man die Mannschaft an den Luv-Geitauen und den Gordings, dann werden die Schoten losgeworfen und das Geitau vorgeholt. Sowohl Luv- als auch Lee-Gordings werden so weit wie möglich geholt, bevor die Lee-Schot losgeworfen wird. Dadurch bekommt man den Wind am besten aus dem Segel, und die Arbeit geht leichter. Wenn das Segel ganz aufgegeit ist, werden Fall und Schoten wieder dichtgeholt.

"**Royal fest**!" Meist müssen die Schiffsjungen diese Arbeit besorgen, und damit sie möglichst leicht und willig von der Hand geht, erledigt man sie am besten auf folgende Weise:

1. Das Segel wird an den Nocken aufgegeit. Die Zeisinge werden klargelegt, und man beginnt außen an der Luv-Nock damit, das Seitenliek unten unter das Schothorn und auf die Vorderkante des Segels zu holen, dann rollt man das Segel fest zusammen und legt es oben auf die Rah. Die Zeisinge werden an der Vorderkante der Rah nach oben genommen, um diese und um das Segel herum; jeder Törn wird gut dicht geholt und befestigt. Nachdem die Luv-Nock fest ist, nimmt man den Bauch auf und befestigt die Bauchzeisinge. Danach werden die Lee-Zeisinge klargemacht, mit denen man zur Lee-Nock geht. Man beginnt außen auf der Nock damit, das Seitenliek unten unter das Unterliek zu stecken, bevor das Segel zusammengerollt und auf die Rah gelegt wird. Der Zeising wird herumgenommen und am Drehreep befestigt, wenn sie lang genug ist, sonst befestigt man sie an sich selbst.

2. Das Royal wird in der Mitte der Rah aufgegeit. Man beginnt innen an der Stenge damit, den Bauch des Segels aufzunehmen; alle Lose des Segels und die Lieken beider Nocken werden zur Rahmitte genommen und mit dem einen Knie festgehalten. Zum Schluß nimmt man den Bauch von der Mitte des Segels, steckt die Lose des Segels dort hinein und rollt den Bauch mit einem guten Ruck auf die Rah, so daß er schön glatt ist. Die Bauchzeisinge werden herumgelegt und entweder am Drehreep oder an der Stenge befestigt. Die Nocken werden jede für sich befestigt, zuerst die Luv-Nock, indem das Segel glatt aufgerollt wird; das Schothorn darf nicht zu fest gemacht werden, sonst bekommt man das Segel nur schwer auf die Rah. Die Zeisinge werden um Segel und Rah gelegt und, wenn sie lang genug sind, am Drehreep befestigt.

Bei Starkwind und wenn das Segel feucht ist, sollte man zuerst die Nocken ein wenig befestigen, bevor man mit dem Bauch beginnt, er könnte sonst zu schwer werden und dann läßt sich das Segel nicht so leicht befestigen; man stopfe das Segel also nicht in den Bauch, nachdem es auf die Rah genommen wurde, sondern hole den Bauch so gut wie möglich über das Segel auf und setze die Bauchzeisinge gut fest, denn auf See geht es vor allem darum, daß die Segel so befestigt sind, daß der Wind sie nicht wieder losblasen kann. Wenn der Bauch fest ist, befestigt man die Nocken. Das Segel soll zwar auf die Rah, es darf aber nicht unten an der Achterkante liegen, um nicht zwischen die Rah und Wanten oder Pardunen zu gelangen. Bramsegel, Untermarssegel, Großsegel und Fock werden genauso festgemacht wie das Royal.

Wenn das Segel an den Nocken aufgegeit wird, beginnt man an der Luv-Nock; wenn es zur Mitte aufgegeit wird, beginnt man mit dem Bauch. Bei Sturm und Regen ist es natürlich nicht so einfach, ein Großsegel oder eine Fock festzumachen. Bei diesem Wetter geht es hauptsächlich darum, das Segel so zu befestigen, daß es vom Wind nicht wieder losgerissen werden kann. Wenn ein Schiff nicht sehr zahlreich bemannt ist, geht man am besten folgendermaßen vor:

Alle Zeisinge werden klargemacht, und die Mannschaft wird gleichmäßig auf der Rah verteilt. Jeder sorgt ca. 2 Fuß unter der Rah für Halt im Segel; der Mann, der auf der Mitte der Rah steht, singt aus, und mit einem "Zugleich" wird das Segel ganz auf die Rah gehoben und mit Brust oder Knie festgehalten, während man noch einmal - einige Fuß tiefer - ins Segel greift und anholt. Jedesmal, wenn alle Mann das Segel gepackt haben, wird es nach einem kräftigen "Zugleich" auf die Rah gehievt. Auf diese Weise bekommt man immer einen Streifen mehr auf die Rah. Wenn das ganze Segel oben ist, werden die Zeisinge fest umgelegt. Der Vorteil besteht darin, daß man sowohl Wind als auch Wasser aus dem Segel bekommt.

"**Obermarssegel fest**!" Ob bei Sturm, Windstille, vorm Wind oder beim Wind, man beginnt immer an der Luv-Nock mit dem Unterstecken des Seitenlieks unter das Unterliek auf die Vorderkante. Dann rollt man das Segel bis zur Mitte auf die Rah. Man muß darauf achten, daß die Zeisinge außen auf der Nock gut herumgelegt werden, man macht ebenfalls einen Törn um das Schothorn, weil es am schlimmsten ist, wenn dieses losgeblasen wird. Wenn am Obermarssegel lose Schoten sind, fiert man diese erst ein wenig, bevor man das Segel befestigt; dadurch wird die Arbeit erheblich einfacher. Wenn das Segel back, steht kann man in der Mitte beginnen, sonst nicht.

"**Gei auf Bramsegel**!" Es ist gar nicht so einfach, ein großes Bramsegel während der Wache aufzugeien, besonders nicht bei Starkwind und vor dem Winde. In so einer Situation verfährt man am besten folgendermaßen: Das Fall wird gefiert, bis die Rahen in den Topnanten hängen, die Geitaue werden durchgeholt und die Luv-Brassen gut dichtgesetzt. Alle Gordings werden dichtgeholt und gut festgesetzt. Danach macht man die Luv-Schoten los und holt das Geitau vor, die Luv-Gordings werden so weit wie möglich geholt, die Lee-Gordings geholt und belegt. Dadurch, daß das Unterliek an die Vorderkante aufgeholt wird, geht fast der ganze Wind aus dem Segel, und die Lee-Schot kann ganz einfach losgeworfen werden. Dann holt man das Lee-Geitau vor und danach alle Gordings. Wenn man hingegen die Geitaue zuerst aufholt, kann es sein, daß das Segel kaputtschlägt, bevor man die Gordings geholt hat, denn es wird wie ein Trommelfell stehen, bevor es zerreißt.

Das Aufgeien von Großsegel und Fock bei Starkwind. Diese Arbeit ist auch nicht so einfach, und ihre Ausführung ist eine Art Bewährungsprobe für den zukünftigen Seemann. Die Hauptarbeit besteht immer darin, den Wind aus den Segeln zu bekommen - je früher, desto besser. Das läßt sich bei den meisten Segeln am besten erreichen, wenn man zunächst einmal die Gordings gut holt, so daß das Unterliek zur Vorderkante herum kommt. Die Gordings werden gern geholt und mit einem Törn aus Segelgarn gestoppt, der an der Vorderkante der Gordingsblöcke rund um die Gordings gelegt wird; man muß also dafür sorgen, daß alle Gordings klar sind und durchgeholt wurden. Weiterhin muß nachgesehen werden, ob die Geitaue klar sind; dann verteile man ein Drittel der Mannschaft am Luv-Geitau und die anderen beiden Drittel an den Luv-Gordings. Die Lee-Schot wird daraufhin vorsichtig gefiert, aber nicht mehr, bis das Segel gerade voll stehen kann; die Schot wird wieder belegt. Dadurch geht ein großer Teil des Windes aus dem Segel. Der Hals wird ganz vorsichtig losgelassen, bis die Kraft so weit reduziert ist, daß er ganz losgelassen werden kann; das Luv-Geitau wird dichtgeholt.

Alle Luv-Gordings werden so hoch wie möglich geholt und belegt. Als nächstes werden die Lee-Gordings gut geholt, und es wird sich zeigen, daß das Segel fast ganz nach oben unter die Rah gekommen ist, bevor man die Schot loswerfen muß. Schließlich wird sie losgeworfen, dann werden überall die Gordings an die Blöcke geholt.

"**Großsegel oder Fock zum Reffen aufgeien**!" Das ist eine "Alle-Mann-Arbeit". Man beginnt - wie vorher - damit, ein wenig Lose auf die Schoten zu geben. An die Gordings gehen allerdings weniger Leute. Ca. ein Drittel schickt man ans Geitau, ein Drittel an die Gordings und der Rest an die Luv-Refftalje. Sobald der Hals aufgefiert ist, wird überall geholt, das Geitau wird allerdings nur halb geholt und belegt. Alle Mann holen die Refftalje zum Block, dann können das Luv-Geitau und die Gordings dichtgeholt und belegt werden. Sobald Lose auf die Schot kommt, werden sowohl Geitau, Gordings als auch die Lee-Refftalje geholt; dann werden Geitau und Gordings dichtgeholt.

"**Refft ein**!" Jede Wache geht auf ihre Nock, die Steuermänner (wenn es sowohl einen 1. als auch einen 2. Steuermann gibt) bleiben auf der Rahmitte. Um die Reff-Nockbändsel (Fig. 443, 406, 408) klarzumachen, sendet man jeweils einen tüchtigen Mann auf jede Nock; er schert sie von der Achterkante der Reffkausch nach vorn.

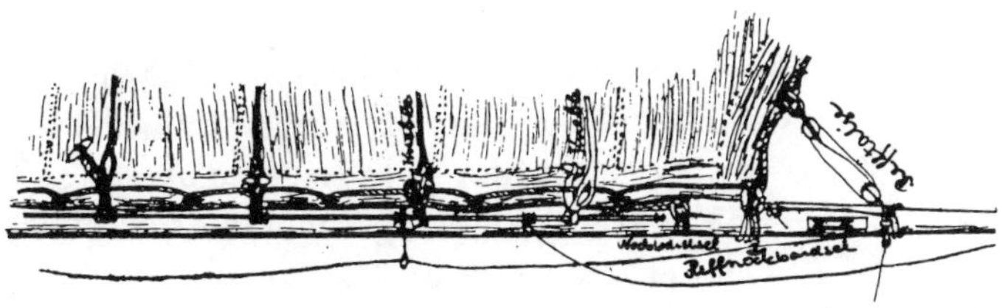

Fig. 443.

Währenddessen hat jeder Mann auf der Rah die Reffbändsel des Segels gut in den Griff bekommen, und wenn es heißt "Hol aus nach Luv", holen alle Mann das Segel gut nach Luv hinauf, während das Reff-Nockbändsel vorgeholt wird. Wenn es genügend ausgeholt wurde, macht man ein paar Rundtörns durch die Reffkausch um die Rah (auf die gleiche Weise wie mit einem Nockbändsel). Wenn gewarschaut wird "Holt aus in Lee", holen alle Mann gemeinsam die Reffbändsel an die Rah dicht, während das Reff-Nockbändsel dichtgeholt wird. Wenn das Segel an der Rah entlang dicht ist, heißt es : "Belegt in Lee, refft überall ein". Die Reff-Nockbändsel werden ganz herumgelegt. Man muß darauf achten, daß die Reffkausch gut auf der Rah liegt und daß alle Törns mit dem Reff-Nockbändsel gut dichtgeholt und weder von der Marsschot noch der Refftalje unklar gemacht werden können. Bevor der Tampen besetzt wird, nimmt man einen Rundtörn in der Reffkausch und belegt den Tampen mit zwei halben Stichen um den Ausholertörn.

Wenn das Segel Bändsel hat, sind diese meist festgenäht, so daß der vordere Tampen 2/5 und der achtere 3/5 der ganzen Bändsellänge hat. Die vorderen Enden sind am kürzesten, damit die Knoten oben auf der Rah liegen können. Zuerst wird die ganze Lose des Segels auf die Rah geholt. Das achterste Bändsel wird unter der Rah an der Achterkante, klar von allen Enden nach oben genommen und über der Rah mit dem vordersten Tampen zu einem Kreuzknoten zusammengeknotet, so daß das Reff an der Unterkante der Rah entlangliegt, wenn das Segel gerefft ist. Bevor man die Rah verläßt, wird nachgesehen, ob alle Bändsel, Zeisinge und Enden klar sind und die Lose des Segels gut auf der Vorderkante der Rah liegt. Einige Mann bleiben oben auf der Rah, um die Refftaljen und Gordings überzuholen, während das Segel gesetzt wird. Das Obermarssegel wird genauso gerefft.

An den Stellen, an denen Knebel eingesetzt werden, um das Reff an der Rah zu befestigen, werden sie am Jackstag angebracht (Fig. 443). Und anstelle der Bändsel läuft ein Ende an jeder Seite des Refffs entlang; diese Enden werden durch Löcher im Segel aneinander befestigt. Die Knebel werden mit dem kurzen Tampen und dem Ende, das am Reff entlangläuft, befestigt, und der Pint wird in ein Auge an dem langen Ende des Knebels gesteckt. Die Lose des Segels wird jedoch unter der Rah entlang hängen und schlagen, es ist daher notwendig, drei oder vier kleine Enden auf jeder Nock zu haben, die mit dem einen Tampen an der Achterkante des Segels am Reff fest sind und mit dem anderen Ende am Jackstag. Solange das Segel gerefft ist, können diese kleinen Enden dichtgeholt werden, so daß die Lose des Segels unter die Rah kommt, man darf aber nicht vergessen, diese Enden wieder zu lösen, wenn das Reff ausgeschüttet wird.

"**Untersegel ausreffen**!" Schoten und Hals werden leicht gefiert, die Refftaljen gut durchgeholt, so daß Liek und Reff-Nockbändsel lose kommen. Dann beginnt man in der Mitte mit dem Lösen der Bändsel bis zu den Nocken. Man darf kein Bändsel vergessen, da das Segel sonst leicht ausreißt. Die Reff-Nockbändsel werden klar gemacht, der letzte Törn wird aber erst herausgelassen, wenn beide Seiten klar sind; das Luv-Reff-Nockbändsel darf nie vor dem Lee-Nock-Reffbändsel gehen. - Während Refftaljen, Geitau und Gordings losgemacht werden, werden die Reff-Nockbändsel an der Rah entlang nach innen gelegt und in einem Handpferd oder um das Jackstag befestigt. Dann werden die Refftaljen und Gordings übergeholt. Bevor man die Rah verläßt, kontrolliert man noch einmal, ob die Zeisinge klar sind. - Dann wird das Segel wie immer gesetzt.

"**Obermarssegel nieder**!" Das Fall wird gefiert und die Niederholer geholt, bis die Rah in den Topnanten hängt. Kommt die Rah nicht nieder, muß man die Luv-Brassen holen, oder das Segel muß lebendig gehalten werden. Alle Rahen, die gegen das Rigg gebrasst sind, lassen sich nur schwer fieren, solange die Luv-Brassen nicht geholt werden. Wenn die Rah niedergeholt ist, holt man zuerst den Lee- und dann den Luv-Niederholer gut dicht, danach holt man Gordings, Fall, Bramschoten und Lee-Brasse dicht.

"**Untermarssegel auf**!" Zuerst werden Luv-Geitau und Gordings aufgegeit. Bei Sturm sendet man die bessere Hälfte der Mannschaft nach oben, um die Luv-Nock festzumachen, bevor die Lee-Nock aufgegeit wird. Die Regel, zuerst die Lee-Marsniederholer und dann die in Luv gut dichtzuholen, bevor die Luv-Marsschoten losgemacht werden, ist unbedingt zu befolgen, da sonst niemand auf der Luv-Nock der Rah arbeiten kann. Einige Seeleute strecken das Obermarsfall gut, bevor sie mit dem Untermarssegel beginnen - ein sehr guter Brauch, wie ich finde. Wenn die Luv-Nock fest ist, wird die Lee-Nock aufgegeit.

"**Verkleinern des Untermarssegels**!" (Goose-wing topsail). Bei hartem Wetter passiert es nicht selten, daß das Untermarssegel verkleinert wird, um das Arbeiten des Schiffes zu erleichtern und den Druck auf das Rigg zu vermindern. Der Grund dafür, daß man nicht das ganze Segel festmacht und Stagsegel oder Besan benutzt, um beizudrehen, ist der, daß diese Segel allein das Schiff in der See nicht ausreichend zu stützen vermögen, da sie fast keine Wirkung zeigen, wenn sich das Schiff zwischen zwei Seen befindet. Der Wind wird nämlich aus den

Segeln genommen, und das Schiff macht gerade dann die größte Fahrt, wenn es unten zwischen den Seen nach Luv zieht; dadurch kann ein einziger Brecher das ganze Deck unter Wasser setzen. Das Untermarssegel hingegen ist so hoch oben, daß es ununterbrochen im Winde steht und dazu beiträgt, der heranrollenden See eine hohe Luv-Seite zu bieten.

Soll das Marssegel eine Verkleinerung aushalten können, muß sie so sorgfältig gemacht werden, wie die Umstände es nur zulassen. Zuerst werden die Obermarsniederholer dichtgeholt, außerdem Marsfall und Brassen, dann sendet man die bessere Hälfte der Mannschaft auf die Rah, um die Luv- Nock des Segels festzumachen, sobald es aufgegeit wird. Auf die Marsschot wird soviel Lose gegeben, daß die Mitte des Segels gut befestigt werden kann. Dann legt man mehrere Lagen Schmarting um die Mitte von Segel und Rah und ein gutes Bändsel um die Schmarting. Wenn Luv-Nock und Mitte gut fest sind, werden die Lee-Schoten wieder angeholt.

Damit die Untermarsrahen in hartem Wetter nicht brechen, setzt man auf vielen Schiffen starke Enden ein, mit denen man die Nocken von Unter- und Obermarsrahen zusammenzurrt. Die Enden werden direkt innerhalb der Ringe auf die Nocken gesetzt, danach holt man das Marsfall gut dicht.

Die Nocken der Unterrahen lassen sich ebenfalls stützen, wenn man Hals und Schoten dicht niederholt, wenn man die Untersegel an den Nocken aufgeit. Sonst muß man an jede Nock ein starkes Ende setzen, welches dann steif nach unten geholt wird. Es muß daran erinnert werden, daß Marsschoten nach oben ziehen und leicht die ganze Rah heben können, wenn der Zug stärker ist als das Gewicht der Rah, dadurch können die Racks leicht beschädigt werden, oder die Rahen können brechen.

Es geschieht nicht sehr oft, daß man in einem Bogen von Hafen zu Hafen steuern kann, und die alte Methode, den Anker zu werfen und auf besseren Wind zu warten, ist heute bei der großen Konkurrenz nicht mehr möglich. Man kann damalige und heutige Schiffe in dieser Hinsicht auch nicht mehr vergleichen; die heutigen Schiffe können auch bei nur moderaten Winden aufkreuzen, während die alten Schiffe überhaupt nicht vorwärts kamen, wenn der Wind nicht quer oder achterlicher als querab blies. Es ist oft verblüffend, was ein guter Segler im Hinblick auf das Kreuzen zu leisten im stande ist, denn man sollte ja im Grunde meinen, daß es unmöglich ist, nur mit Windkraft und einigen Segeln gegen See und Wind anzukommen, die einfach nur aufgespannt sind und sich nicht einmal bewegen, um eine Arbeit zu verrichten, für die man normalerweise einige tausend Pferdestärken einsetzen müßte. Es ist also gar kein Wunder, daß die Menschen mehrere tausend Jahre brauchten, um die Segelkunst zu dem zu machen, was sie heute ist. Noch verwunderlicher aber ist, daß eine Kunst, eine Arbeit, die so viel Zeit, so viele Menschenleben und so großen Einsatz gefordert hat, anscheinend zum Aussterben verurteilt ist, und das nur, weil ein Genie herausgefunden hat, wie man Wärme in Kraft umsetzen kann und wie man diese Kraft in Form von Brennstoff mit sich herumführen kann, um sie sich zu jeder Zeit mit der Hilfe von Wasserdampf nutzbar machen zu können, ohne von den Launen des Windes abhängig zu sein. Es geschieht oft, daß ein Schiff den Wind von der entgegengesetzten Seite bekommt und daraufhin einen anderen Kurs steuern muß. Diese Kursänderung geht entweder durch Wenden oder Halsen vor sich. Das Wenden ist vorteilhafter und wird so lange ausgeführt wie es nur irgend geht.

Die Voraussetzung dafür ist unter anderem, daß alle Enden immer klar zum Laufen sind.

"**Klar zur Wende**!" (Mit einer Bark, alle Mann an Deck, und alle Segel gesetzt). Die Backbord-Wache vor an die Vorsegel und die Mittschiffsstagsegel. Die Steuerbord-Wache achteraus an die Großbrassen und den Besan. Man steuere mit gut vollen Segeln und setze alle Luv- und Leebrassen mit einem Kopfschlag fest, falls die Aussicht besteht, daß in Kürze wieder gewendet werden muß. Die Lee-Bram- und Royalbrassen werden an einem Nagel belegt, die Groß-Ober- und Untermarsbrassen außen auf den Großbrassen. Das gleiche geschieht mit den Vorbrassen. Außerdem werden Groß- und Focktopnanten in Luv leicht gefiert. Am Ruder muß ein vertrauenswürdiger Mann stehen. Wenn alles klar ist, warschaut der Steuermann "Klar vorn", und der 2. Steuermann warschaut "Klar achtern". Langsam wird Ruder gelegt, während gleichzeitig "Ree" gerufen wird, welches von überall - besonders von vorn - mit dem gleichen Wort beantwortet wird. Sobald "Ree" gerufen wurde, werden alle Vorschoten, die Fockschot und die Großschot aufgefiert, und die Besanschot wird mittschiffs geholt. Während das Schiff anluvt, fiert man die Lee-Gaffelgerde um einige Faden, holt die Großschot ganz durch und holt das Lee-Groß-Geitau einige Züge. Die Fockschot wird ebenfalls durchgesetzt. Der Kettenhals an der Fock wird ausgehakt - falls an der Fock Bulins sind, kann der Tauhals ebenfalls losgemacht und übergeholt werden. Der Mann, der die Großschot übergeholt hat, geht nach oben und macht klar zum Loswerfen des Großhalses. Der 2. Steuermann steht klar an den Lee-Großbrassen. Wenn das Schiff so weit angeluvt ist, daß nur noch ein Strich fehlt, bis es im Wind steht, heißt es "Hol Großhals rund achtern". Der Großhals wird losgeworfen, man ruckt ein wenig am Luv-Groß-Geitau, der 2. Steuermann wirft die Bram- und Royalbrassen los, die Rahen werden willig rundgeholt, und die Besanschot wird gefiert. Während die Großbrassen rundgeholt werden, holt man die Vorsegel und die Groß-Stagsegel auf die andere Seite, die Backbord-Wache ist klar, um Fockhals und Bulins gehen zu lassen und die Vorderrahen rundzuholen.

Das Schiff ist inzwischen durch den Wind gegangen, und die Großbrassen wurden rundgeholt. Die Steuerbord-Wache geht daran, den Gaffeltopsegelhals nach Luv zu nehmen und die Besanstagsegel überzunehmen, während sie noch in Lee des Großtops sind, außerdem setzen sie das Großsegel wieder nach unten auf den anderen Bug; zuerst muß jedoch der Luv-Groß-Topnant ein wenig geholt und belegt werden. Wenn das Schiff schnell abfällt, wird Stützruder gegeben. Wenn das Schiff 4 Strich abgefallen ist, werden die Bulins losgeworfen.

Der Fockhals wird zusammen mit den Fockbrassen losgeworfen, und während die Rahen rundgeholt werden, wird der Fockhals auf die Back niedergeholt, und Fock- und Großschot werden durchgesetzt. Wenn die Brassen rund und die Hälse nieder sind, werden Groß- und Fockschot angeholt, jede Wache stellt ihre Brassen richtig und holt nach Luv dicht. Alle Lee-Vor- und Stagsegelschoten sind beim Winde geholt und die in Luv übergeholt worden, die Topnanten werden steifgeholt, die Bulins geschoren, und dann wird aufgeklart.

Das Wenden bei steifer Brise oder während einer Wache. Die Groß-Zwischenstagsegel werden niedergeholt und das Großsegel aufgegeit. Lee-Geitau und Gordings werden nicht ganz vorgeholt, damit sie nicht zu dicht werden, wenn rundgebrasst wird. Man kann außerdem die Fockschot aufholen, wenn zu wenig Mann an Bord sein sollten. Man sendet einen oder zwei Mann zu den Fockschoten, den Rest an die Brassen, ansonsten ist diese Arbeit genauso wie die schon vorher beschriebene, und wenn die Brassen eingestellt sind, wechselt man die Stagsegel über und setzt sie wieder.

Wenden bei flauer Brise. Große Schiffe wenden in der Regel nicht sehr gut, das gilt insbesondere bei leichten Winden. Sobald es heißt "Ree", werden Jager und Klüver nieder- und der Besanbaum mittschiffs geholt. außerdem können die Lee- Vorbrassen leicht gefiert werden, damit die Segel leicht vorbacken können. Großsegel und Fock müssen aber so lange wie möglich stehen. Der Mann am Ruder muß gut aufpassen, und sobald die Segel anfangen zu killen, muß das Ruder herumgelegt werden. Wenn das Schiff durch den Wind ist, werden Klüver und Jager wieder geheißt. Wenn nötig, können sie backgeholt werden, damit das Schiff leichter abfallen kann - ansonsten wird alles so gemacht wie oben beschrieben. Wenn das Schiff nicht abfallen will, müssen die Großrahen lebend gebrasst werden, das Gaffeltopsegel wird niedergeholt und der Besan wird ganz weggefiert oder eingeholt. Die Großrahen werden erst angebrasst, wenn das ganze Vortop gut voll steht und das Schiff dem Ruder gehorcht. Besan und Gaffeltopsegel werden wieder gesetzt.

Wenn das Schiff zu stark abfällt, können Jager und Klüver niedergeholt werden und das Vortop wird lebend gebrasst, bis das Schiff in den Wind kommt. Man muß jedoch darauf achten, daß das Vortop nicht back bleibt.

Mit einem Vollschiff kann man genauso wenden wie mit einer Bark; nur müssen Kreuz- und Großbrassen auf einmal rundgeholt werden, wenn das Schiff ca. 1 Strich aus der Windrichtung ist. Das Wenden mit einer Brigg geht genauso wie mit einer Bark, wobei Besanstagsegel und Gaffeltopsegel wegfallen.

Das Wenden mit einem Topsegelschoner. Alle Enden werden klargemacht, die Taljen werden von den Bäumen genommen, und die Lee- Gaffelgerden werden gefiert. Besteht die Mannschaft beispielsweise aus 5 Mann, einer davon an das Ruder, zwei an die Vorschoten und der Koch an die Stagfockohrfeigen (der fünfte Mann, von dem wir annehmen wollen, daß es sich um den Steuermann handelt, wird gleich zum Einsatz kommen). Man fällt ordentlich ab, so daß das Schiff gute Fahrt macht; im rechten Augenblick wird das Ruder dann langsam nach Lee gelegt. Sobald das Schiff beim Winde ist, wird "Ree" gerufen. Die zwei Mann fieren die Vorschoten gleichmäßig weg, der Rudergänger belegt das Ruder und holt die Großschot dicht. Der Steuermann holt die Schonerschot durch, macht das Zwischenstagsegel los und holt das Segel über; und wenn noch Zeit ist, holt er die Lee-Baumdirk, sobald das Segel mittschiffs ist, und sieht nach, ob die Schonerschot klar ist. Wenn das Schiff gut durch den Wind ist, holt einer der Männer die Jagerschot über und belegt sie, worauf er dann an die Lee-Brassen geht, während der zweite Mann die Klüver- und Stagsegelschoten überholt. Der Steuermann ist klar an den Brassen, um sie gehen zu lassen, die Großschot ist klar, und wenn das Schiff so weit abgefallen ist, daß Schoner- und Großsegel sich zu füllen beginnen, heißt es: "Laß gehen Stagfock".

Der Koch wirft die Ohrfeigen und der Steuermann die Brassen los, und beide laufen nach Lee, um beim Herumholen und Einstellen der Rahen zu helfen. Der Rudergänger achtet währenddessen auf das Ruder und legt Gegenruder, sobald der Koch die Stagfockohrfeigen durchsetzt. Der Steuermann macht die Lee-Baumdirk los, der zweite Mann holt die Luv-Fockbrassen dicht, und das Schiff ist wieder klar zum Wenden. Auf längeren Bugs wird jedesmal der Gaffeltopsegelhals gewechselt, auf kürzeren darf er stehen bleiben. Auf See sind die Brassen eincs Schoners in der Regel mit Kopfschlag belegt. Während aufgeklart wird, überzeugt sich der Steuermann davon, daß alle Schoten geholt oder übergenommen sind, wie es sich gehört.

Bei schwachen Winden oder hoher See ist es oft besser, Jager und Klüver während des Wendens niederzuholen; man kann das Schiff auch williger zum Wenden bringen, wenn man Lose auf die Fockschoten gibt. Wenn das Schiff willig abfallen soll, wird das Gaffeltopsegel geborgen, die Großpiek gefiert und außerdem die Rahen backgebrasst. Drei- oder Viermast-Schiffe werden genauso manövriert, wie Topsegelschoner, egal, ob sie mit Rahsegeln ausgerüstet sind, oder nicht. Bei den Gaffelschonern sind Rahsegelmanöver sowieso ausgeschlossen.

Auf Schonern mit drei oder mehr Masten kann die Schoner-Bullentalje solange fest bleiben, bis das Schiff gut durch den Wind ist - wodurch das Schonersegel back steht und die gleiche Wirkung hat wie eine Stagfock. Dadurch wird das Wendemanöver sowohl bei starken als auch schwachen Winden erheblich erleichtert.

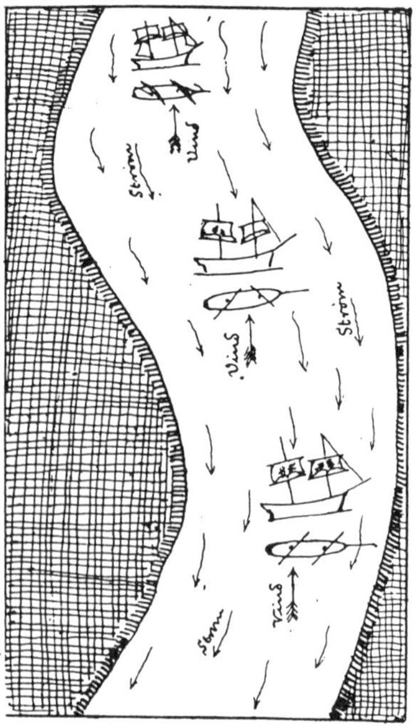

Fig. 444. Das Treiben mit gesetzten Segeln

Das Halsen mit einem Topsegelschoner bei hoher See. Das Gaffeltopsegel wird niedergeholt, der Großhals wird gut aufgegeit, die Großpiek wird aufgefiert, die Lee-Baumdirk geholt, das Ruder wird gelegt und alles ist klar bei Brassen. Ein Mann wirft sofort die Stagfockohrfeigen los und holt die Vorsegel über, sobald das Schiff abfällt, so daß die Vorsegel nach Lee kommen; ein anderer gibt Lose auf die Lee-Gaffelgerde, nimmt die Bullentaljen vom Schonerbaum und ist klar zum Einholen der Schonerschot, wenn der Baum übergeht. Während das Schiff abfällt, brassen die anderen beiden Männer die Rahen leicht auf, und sobald sie können, brassen sie die Rahen vierkant und belegen die Brassen. Einer der Männer geht an die Großschot und der andere an die Groß-Bullentalje, die Lose bekommt, während die Großschot mittschiffs geholt wird. Die Schot wird mit einem Törn gehalten, während das Großsegel übergeht; die Bullentalje wechselt auf die andere Seite. Wenn die Talje eingehakt ist, wird die Großschot wieder gefiert, die Bullentalje wird dichtgeholt. Die beiden Männer und zusätzlich der Mann, der die Schonerschot versorgte, holen die Rahen beim Winde, während der Mann vorn die Stagfockohrfeigen durchsetzt. Dann strecken alle Mann die Großpiek, setzen den Großhals nieder, heißen das Gaffeltopsegel, geben Lose auf die Lee-Baumdirk und klaren auf.

Wenn man mit einem Schoner wenden und halsen kann, geht der Rest von selbst; alle anderen Manöver liegen nämlich dazwischen, allerdings mit der Ausnahme des

Backliegens. Wenn man auf den Lotsen, einen Dampfer, Hochwasser, Tagesanbruch, Zoll usw. wartet, muß das Schiff fast ganz stilliegen, auch wenn einige Segel geführt werden. Bei Führung aller Segel werden Jager, Zwischenstagsegel und Gaffeltopsegel niedergeholt, die Rahsegel werden backgebrasst. Es wird Gegenruder gelegt, und alle Schoten werden scharf geholt. Wenn das Schiff zu stark abfällt, kann das Bramsegel gefiert und aufgegeit werden. Sobald man wieder Fahrt aufnehmen will, legt man das Ruder mittschiffs, heißt den Jager und brasst die Rahsegel voll.

Gaffelschoner haben keine Rahsegel, die man backbrassen könnte; bei ihnen wird die Stagfock mit den Ohrfeigen nach Luv geholt, die dann back steht. Die gleiche Methode wird oft auf Topsegelschonern bei Starkwind angewendet - je stärker die Stagfock nach Luv geholt wird, desto mehr wirkt sie. Das Backhalten kann auch gut bei anderen Gelegenheiten eingesetzt werden; Fig. 444 zeigt eine Brigg, die mit dem Strom und gegen den Wind aus gefährlichem Fahrwasser gebracht werden muß. Sowohl Marssegel als auch Klüver und Briggsegel sind gesetzt. Das Schiff liegt quer zum Strom, um dessen Kraft auszunutzen, das Schiff gegen den Wind anzuführen. Wenn das Schiff abfällt, wird die Klüverschot aufgefiert oder auch das Segel niedergeholt, will es anluven, fiert man die Briggschot auf oder holt das Segel ein. Soll das Schiff anluven, werden beide Marssegel vollgebrasst, soll es abfallen, werden beide back gebrasst.

Wenn das Schiff mitten im Fahrwasser ist, brasst man das Groß-Marssegel back und das Vor-Marssegel voll.

Man muß daran denken, daß ein back stehendes Segel das Schiff stärker dreht als ein Segel, welches voll steht. - Der Strom führt das Schiff gegen den Wind, daher braucht man nicht mehr Segel zu führen als unbedingt notwendig, um das Schiff im Fahrwasser zu halten.

Läuft ein Schoner unter Segeln in den Wind, muß die Stagfock schnell back geholt werden. Wenn das nicht ausreicht, werden die Rahen rundgeholt, man muß sich aber beeilen, weil meist nur sehr wenig Zeit zur Verfügung steht.

Wenn die Fahrt vermindert werden soll, wird das Ruder nach Luv gelegt. Gaffeltopsegel und Großpiek werden niedergeholt, die Großschot wird gefiert, der Großhals geht nach oben, und wenn das Schiff beim Winde liegt, werden die Rahen backgebrasst, sonst holt man den Klüver back. Es hilft auch, die Schonerpiek zu fieren.

Das Halsen mit einer Bark. Gaffeltopsegel, Großstagsegel und Besanstagsegel werden nieder-, der Besan ein- und der Baum mittschiffs geholt. Es wird Luv-Ruder gelegt und das Großsegel aufgegeit. Nach und nach, wenn das Schiff fällt, werden die Luv- Großbrassen geholt, so daß die Segel ständig lebhaft nach Luv stehen. In dieser Stellung werden die Großrahen gehalten, bis der Wind ca. 4 Strich achterlicher als querab ist, dann werden die Großbrassen belegt. Alle Mann werden nach vorn geschickt, Fockhals und Fockschoten werden losgemacht, und einige holen die Vorsegel über, während der Rest die Vorrahen so weit herumholt, daß sie auf dem anderen Bug beim Winde stehen, dann wird der Fockhals niedergesetzt und die Schot angeholt. Man gibt Stützruder, und dann werden Besan und die übrigen Segel wieder gesetzt. Wenn das Schiff nicht anluvt, läßt man die Klüverschot und die Vorbrassen leicht gehen, bis das Schiff an den Wind kommt.

Wenn das Schiff in den Wind läuft, läßt man die Großbrassen ein wenig gehen und fiert die Besanschot auf oder holt den Besan ein.

Will man mit einer Bark möglichst schnell abfallen, wird Ruder gelegt, nieder mit dem Gaffeltopsegel, ein mit dem Besan, nieder mit den Besanstagsegeln und auf mit der Großschot. Wenn das noch nicht ausreicht und das Schiff ungefähr beim Winde liegt, werden der Vortop back gebrasst.

Wenn das Schiff im Winde steht, muß man besonders am Ruder aufpassen; weg mit Besan und Gaffeltopsegel und rund mit den Vorrahen, bis das Schiff etwas abfällt.

Wenn die Fahrt schnell gestoppt werden soll, schießt man in den Wind und brasst die Großrahen back. Wenn der Kurs nicht geändert werden kann, müssen die Vorrahen back gebrasst werden.

Mit einer Bark back liegen. Die kleinen Segel werden niedergeholt, das Ruder wird nach luv gelegt und dic Croßrahen werden back gebrasst.

Ein Vollschiff wird ungefähr genauso manövriert. Die Kreuzrahen und Großrahen werden auf einmal gebrasst, die Kreuzrahen werden allerdings lebendig gehalten, und das Großtop muß gerade voll stehen.

Mit einer Brigg wird genauso manövriert wie mit einer Bark.

Das Manövrieren bei böigem Wetter. Segelt das Schiff **raumschots** bei genügend Seeraum und wird so plötzlich von einer Bö oder einem Windstoß erfaßt, daß keine Zeit zum Segelbergen bleibt, muß man abfallen, bis der Wind ungefähr von achtern kommt, solange die Bö andauert, oder bis die Segel geborgen sind.

Liegt das Schiff **am Wind** oder **ungefähr am Wind**, ist es nicht ratsam abzufallen, da der

Wind die Segel nur um so stärker füllen wird, wodurch das Schiff sehr krängen wird, ohne jedoch mehr abzufallen, als bis der Wind achterlicher als querab kommt. Die Folge davon ist, daß das Deck unter Wasser kommt, die Rundhölzer brechen, die Segel weggeblasen werden und das Schiff - im schlimmsten Fall - kentert. **Das sicherste in so einer Situation ist, so dicht wie möglich an den Wind zu gehen**; dadurch vermindert sich der Druck des Windes, und die Segel lassen sich leichter bergen. Man muß selbstverständlich gut aufpassen, daß die Segel nicht killen oder backschlagen, außerdem muß man damit rechnen, daß der Wind in einer Bö seine Richtung verändern kann.

Bei böigen Winden sollte man mit dem Segelbergen nicht erst anfangen, wenn das Wetter direkt über dem Schiff ist. In den meisten Fällen kündigt sich böiges Wetter schon vorher durch leichtes Flauen an - dann schon sollte man die Segel bergen, von denen man meint, sie während der Böen nicht führen zu können, denn es ist leichter, Segel zu heißen wenn die Bö vorüber ist, als den durch eine Bö entstandenen Schaden zu reparieren.

Vor Anker gehen. Dieses Manöver fällt bei allen Fahrzeuge an; es wird bei den verschiedenen Schiffen allerdings auf so unterschiedliche Weise ausgeführt, daß an dieser Stelle nur die Rede von den Abläufen sein soll, die überall gleich sind.

Beide Anker werden klargemacht, die Reserve-Zurrings werden abgenommen, und dann wird kontrolliert, ob Slipper, Rüstleinen, Sicherungsleinen und Ankerketten klar sind. An jedem Slipper hält man einen Hammer oder einen Schlüssel bereit, dann holt man die Kette an jedem der Anker um mindestens einen oder zwei Faden mehr, als der Ankergrund tief ist. Die Kette wird auf Deck geholt und in klare Buchten gelegt; es muß mindestens dreimal soviel Kette geholt werden, wie der Ankergrund tief ist. Danach entfernt man die Stopper aus den Ankerklüsen. Damit die eine Part der Kette nicht unklar von der anderen auf dem Spillbaum kommt, wenn der Anker fällt, setzt man einen schweren, zweiarmigen Eisenbügel (Nordmann) in zwei Löcher im Spillbaum, und zwar so, daß der mittlere Teil der Kette im Bügel liegt. Die drei Parten der Kette sind auf diese Weise voneinander getrennt und können auf dem Spillbaum nicht unklar laufen.

Die beiden Löcher müssen sich oben auf dem Spillbaum zeigen; man spricht dann davon, daß das Spill "vierkant steht".

Bei Patentspills wird die Kette vorher nicht auf das Deck geholt oder überholt, stattdessen schraubt man Schlösser und Bremsen los. Die Kettenstopper müssen offen sein, damit sie die Kette nicht fischen, während die Anker fallen. Man muß darauf achten, daß die Kettenscheiben des Kammloches los sind; wenn sie sich nicht allein durch die Feder wegspannen lassen, nachdem das Schloß gelöst wurde, muß man einen Holzkeil dazwischentreiben. Dann muß kontrolliert werden, ob die Kette im Kettenkasten klar zum Laufen liegt. Während diese Arbeiten ausgeführt wurden, hat man sich dem Ankerplatz so weit genähert, daß die Anker an den Kranbalken vorgefiert werden können und man mit dem Segelbergen beginnen kann, um die Fahrt zu vermindern - sollte noch Zeit bleiben, werden sie auch gleich festgemacht. Soweit sich das machen läßt, sollte ein Schiff, ehe der Anker fällt, gegen den Wind oder gegen den Strom laufen, wenn dieser stark ist, um die Fahrt aufzustoppen.

Am besten ist es allerdings, wenn man mit dem Ankerwerfen warten kann, bis das Schiff abfällt. Nachdem der Anker gefallen ist, wird willig Kette gesteckt, sobald das Schiff abtreibt, so daß der Anker Halt finden kann, bevor das Schiff an der Kette zieht.

Je weniger Fahrt das Schiff macht, während der Anker fällt, desto besser. Bei niedrigem Wasser muß darauf geachtet werden, daß das Schiff nicht über den Anker läuft.

Den Anker lichten. Zuerst wird so viel Kette eingeholt, wie Wetter und Verhältnisse zulassen. Dann macht man die Segel los und setzt so viel Fläche, daß das Schiff manövrierfähig wird. Möchte man das Schiff zuerst auf der Backbord-Halse haben, und es liegt vor Backbord-Kette, holt man die Vorbrassen an Backbord ein, außerdem kann man das achterste Baumsegel nach Steuerbord austaljen. Das Ruder wird nach Steuerbord gelegt, der Klüver wird geheißt und die Schot nach Backbord genommen. Die Kette wird gehievt, bis sie ungefähr auf und nieder ist.

Dann wartet man, bis das Schiff nach Steuerbord giert; wenn es gut durch den Wind ist und der Klüver gut back steht, hebt man den Anker. Es wird willig gehievt, so daß er gut klar vom Grund kommt. Es wird Stützruder gelegt, die Schoten werden nach Steuerbord übergenommen und sobald die Achtersegel vollstehen, wird voll vorgebrasst. Der Anker wird vor die Klüse gehievt, und wenn man genügend Zeit hat, wird er gleich gekattet, wenn nicht die Segel gesetzt und nach dem Winde gestellt werden müssen.

Die Segel einer Bark werden bei ständig zunehmendem Wind auf Kursen am Wind in ungefähr folgender Reihenfolge geborgen:

Vor-Royal
Groß-Royal
Gaffeltopsegel
Jager
Besan-Royalstagsegel
Groß-Royalstagsegel
Außenklüver
Besan
Groß-Bramstagsegel
Besan-Bramstagsegel
Vor-Bramsegel
Groß-Bramsegel
Reff im Vor-Obermarssegel
Reff im Groß-Obermarssegel
Reff im Großsegel
Leichtes Fieren der Brassen
Binnenklüver fest
Reff in der Fock
Großsegel fest
Vor-Obermarssegel fest
Groß-Obermarssegel fest
Groß-Stengestagsegel
Fock fest
Beidrehen – und wenn es noch härter wird, dann birgt man
Besanstagsegel
Vor-Stengestagsegel
Vor-Untermarssegel
Groß-Untermarssegel

Die Rahen werden ein wenig aufgebrasst, an das Luv-Besanwant wird eine Persenning genäht, um das Schiff im Wind zu halten.

Bei zunehmender Windstärke werden die Segel eines Topsegelschoners, der am Wind liegt in ungefähr folgender Reihenfolge geborgen:

Groß-Gaffeltopsegel
Jager
Bramsegel
Zwischenstagsegel
Reff im Großsegel, eins oder zwei
Reff im Obertopsegel
Klüver
Reff im Schonersegel
Obertopsegel
Die Brassen und Schoten werden ein wenig gefiert
Drittes Reff in Großsegel
Zweites Reff im Schonersegel
Reff in der Stagfock
Reff im Stagsegel
Stagfock fest
Beidrehen
Untertopsegel fest
Vor-Stagsegel
Schonersegel
Großsegel

An das Luv-Großwant wird eine Persenning genäht, um das Fahrzeug im Wind zu halten.

Bugsieren und Schleppen

Bei gutem Wetter und unter normalen Verhältnissen kann man Schleppen mit folgenden Worten charakterisieren: Bringe eine gute Trosse auf ein anderes Schiff, dann geht der Rest von selbst, wenn man nur dem Dampfer hinterhersteuert (Fig. 490).

Bei Sturm und schlechtem Wetter handelt es sich allerdings nicht mehr um ein einfaches Spiel - bei keinem der Partner; ungeachtet dessen, daß jeder seinen Teil dazu beitragen kann, die Gefahr zu meistern. An dieser Stelle soll über eine der besten Schleppmethoden gesprochen werden: Ein Dampschiff mit Maschinenschaden braucht Hilfe - wir wollen dieses Schiff "Marie" nennen.

Ein zweiter Dampfer, den wir "Carl" nennen wollen, kommt dazu und versucht, "Marie" ins Schlepp zu nehmen. "Carl" nähert sich "Marie" vorsichtig in Lee, wo man die Raketen schon klargemacht und eine Fischerleine oder ein Schiemannsgarn an den Stock gesteckt hat. Die Rakete, die die Leine schleppen kann (ca. 20 Faden mit dem Wind), wenn diese gut klar ist, wird zum rechten Zeitpunkt schön hoch abgeschossen. Für den Fall, daß die erste Rakete nicht trifft, hält man zusätzlich eine oder zwei Ersatzraketen klar. Sobald man die Leine an Bord des "Carl" hat *), wird eine Lotleine angesteckt, bis die Schlepptrosse übergeholt und in "Marie"s Luv-Ankerkette geschäkelt wird. Bei "Carl" wird die Trosse am hinteren Mast oder an einer anderen soliden Stelle befestigt, dann steckt man auf der "Marie" mindestens 45 Faden der Luv-Kette. Will man eine zusätzliche Trosse an Bord haben, so kann man diese auf die gleiche Weise in die Lee-Kette schäkeln.

Wenn eine Drahttrosse benutzt wird, müssen auch mindestens 45 Faden gesteckt werden. Es stimmt, daß weder Draht noch Kette sich recken oder nachgeben, das große Gewicht der Kette hält die Schlepptrosse aber ständig in einer größeren oder kleineren Bucht und verhindert dadurch die stoßweisen Rucke, die die Seen hervorrufen. Diese Rucke sind in der Lage, selbst die stärkste Trosse zu sprengen. Auf jeden Fall muß so viel Kette ausgebracht werden, daß die Trosse selbst dann nicht aus dem Wasser gezogen werden kann, wenn große Kraft daraufsteht. Man kann auch gut nur mit der Kette schleppen, wenn nur genügend davon gesteckt wurde.

Solange Raketen an Bord sind, braucht bei schlechtem Wetter kein Boot ausgesetzt zu werden, um eine Verbindung zwischen den Schiffen herzustellen. Ein Schiff, welches sein Ruder verloren hat, ist nur sehr schwer zu schleppen, da es leicht zu den Seiten hin ausschert. Man hat in so einem Fall herausgefunden, daß es am besten ist, wenn der Havarist den Helfer schleppt; dieser muß sich dann hinter dem Havaristen befinden und dient als Ruder.

---

*) Man hat mit gutem Erfolg versucht, von einem leicht beladenen Schiff, mit verhältnismäßig starker Drift nach Lee, eine Leine auf eine halbvolle Petroleumtonne zu stecken, die als eine Art Seeanker diente, um den Tampen der Leine in Luv festzuhalten. In passendem Abstand wurden Rettungsringe an die Leine genäht damit sie nicht untergeht, bis ein anderes Schiff über die Leine segeln und sie auffischen kann.

Wriggen und Pullen, Landung mit einem Boot und vieles mehr.

Wriggen (sculling) und **Pullen** (rowing, pulling, rudern) lernt man nur durch Uebung. Um jedoch den Anfängern einen Eindruck zu vermitteln, wie man es richtig und wie man es verkehrt machen kann, möchte ich auf die Abbildungen 445 A, B und C hinweisen. Fig. 445 A zeigt die gewöhnlich angewendete Methode, nämlich das Riemenblatt am Anfang und in beiden Außenstellungen quer zur Längsachse des Bootes zu halten; dadurch kommen die Kanten des Riemenblattes wechselweise nach vorn.

Man sollte meinen, daß die Fahrt des Bootes jedesmal aufgestoppt würde, wenn das Riemenblatt in der Außenstellung quer zur Längsachse gedreht wird, bevor man es wie ein Pendel zur anderen Seite hinüberzieht (Fig. 445 C), das geschieht auch oft bei Anfängern; der Riemen wird dadurch aus der Dolle geworfen oder auf das Achterende des Bootes, wodurch der Anfänger versucht ist, die auf Fig. 445 B gezeigte Methode anzuwenden, nämlich das Riemenblatt zu wenden, während der Riemen im Wasser gedreht wird. Theoretisch ist diese Methode richtig, sie läßt sich aber in der Praxis nicht ausführen, weil die Hände und die Armmuskeln sehr leicht durch die verkehrte Bewegung ermüden.

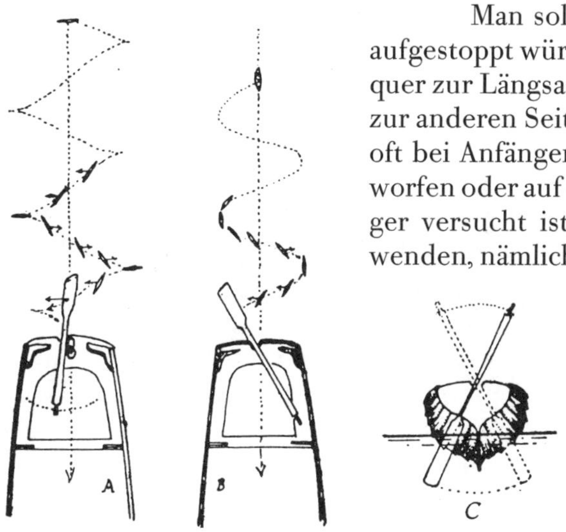

Fig. 445.

Man kann beim Wriggen nicht so große Kraft einsetzen wie beim Pullen, auch ermüdet man dabei leichter. Dessenungeachtet wird diese Fortbewegungsmethode recht häufig eingesetzt, besonders dann, wenn beim Verholen Trossen ausgebracht werden müssen.

Bei dieser Arbeit muß man immer daran denken, die Trosse mit zwei oder drei Faden Lose ins Boot zu legen, sonst riskiert man, daß das Boot wieder zurückläuft, während man den Tampen holt, oder daß der Tampen ausrauscht, während man das Boot festmacht.

Jeder Seemann sollte pullen können, denn es macht einen schlechten Eindruck, wenn zwei Männer am Ruder sind, von denen man sagen kann "der eine hackt Kohl, der andre sticht Aal". Aber hier, wie auch überall, macht die Uebung den Meister. Auf Fig. 446 A ist die Ausgangsstellung zu sehen. Der Riemen zeigt waagerecht quer nach außen, das Riemenblatt mit den Flächen nach unten. Wenn es heißt "**Hol weg**", wird das Riemenblatt waagerecht nach vorn bewegt, und indem man das Ruderblatt ins Wasser taucht, dreht man es auf die Kante, wie auf Fig. 446 B zu sehen ist. Am schnellsten läßt sich das Boot vorwärts bewegen, wenn man die Ruderblätter nicht zu tief in das Wasser taucht - am besten sollte der oberste Teil über der Wasseroberfläche sein oder mit ihr abschließen. Sobald das Ruderblatt im Wasser ist, zieht man den Riemen gleichmäßig durch (Fig. 446 C), bis er die Stellung auf Fig. 446 D inne hat, dann hebt man die Ruderblätter aus dem Wasser, dreht sie gleichzeitig in die Waagerechte und geht wieder in die Ausgangsstellung in Fig. A zurück. Die ganze Bewegung wird Ruderschlag genannt.

Warum muß das Riemenblatt in die Waagerechte gedreht werden, sobald es aus dem

Wasser kommt? - Damit das Blatt die Fahrt nicht aufstoppt, indem es Wind oder Wasser Widerstand bietet.

Es heißt "**Hol**" oder "**Hol weg**", wenn das Boot sich in Bewegung setzen soll. "**Streich überall**" heißt es, wenn das Boot rückwärts laufen soll, oder die Riemen sich in einer vorwärts entgegengesetzten Richtung bewegen sollen.

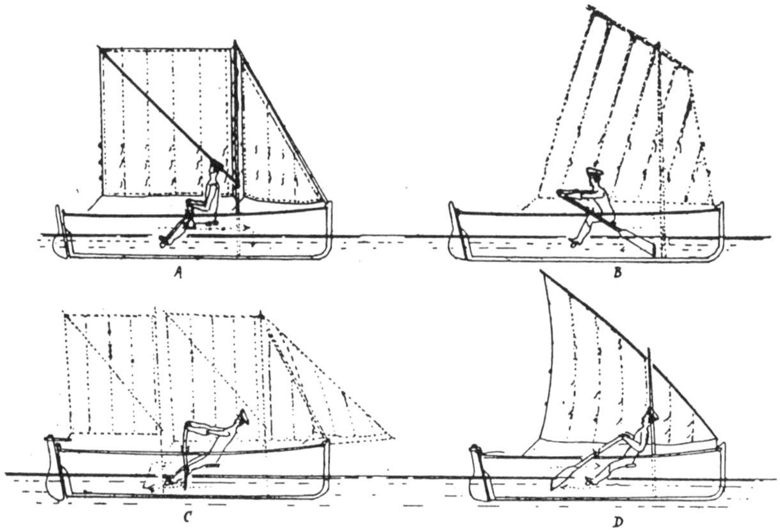

Fig. 446.

Im Ruderboot wird wenn möglich gesessen, man sollte immer ein Reserveruder oder eine Gaffel und eine Pütz dabeihaben. Wenn die Gefahr besteht, daß man von Dunkelheit oder Nebel überrascht werden kann, sollte man Kompaß und Laternen mitnehmen.

Das Manövrieren mit Boot erfordert sowohl Uebung als auch Umsicht; das läßt sich aber nur im praktischen Leben erlernen. An dieser Stelle soll denn auch nur die Rede von einigen Ausnahmefällen sein, die jede für sich lebensgefährlich werden können. Zum großen Teil wird der gute Ausgang einer schwierigen Situation durch die Tüchtigkeit und die Nervenstärke des Bootsführers und die pünktliche und genaue Ausführung seiner Befehle durch die Mannschaft bestimmt.

In allen unten genannten Fällen, soll das Boot mit einem Ruder gesteuert werden, da dieses selbst dann noch wirkt, wenn das Boot keine Fahrt macht.

Wenn man sich mit einem Boot **einem in der See treibenden Wrack nähert**, sollte das immer von Lee geschehen. Wenn sich Leute an Bord eines Wracks befinden, sollten sie Oel ausgießen, um ruhigeres Wasser zu bekommen. Wenn man das Wrack erreicht hat, muß ständig ein Mann vorn im Boot stehen, der die Fangleine in der Hand hält; sowohl er als auch der Bootsführer sollten nur auf das Boot achten müssen, weil man ständig damit rechnen sollte, daß das Wrack sinkt. Es kann nicht die Rede davon sein, irgendwelches Zeug zu bergen, solange sich noch Menschen an Bord befinden; und auch wenn diese gerettet sind, sollte man es nur bergen, wenn das ohne Gefahr für Leib und Leben möglich ist.

Wenn irgendwelches Gut vom Wrack, zum Beispiel Masten, Rundhölzer, Bäume oder anderes in Lee vom Wrack treibt, kann es gefährlich werden, an die Leeseite des Wracks zu fahren, und man muß sehen, daß man sich von einem der Enden nähern kann.

Einem **Wrack, das auf dem Grund festsitzt**, kann man sich meistens nicht von der Leeseite nähern. Unter Umständen kann es ratsam sein, das Boot mit einem Draggen, Ballasteisen oder etwas anderem zu versehen, was dem Boot als solider Anker dienen kann, außerdem nimmt man eine Ankerleine von ca. 100 Faden Länge, eine dünne, starke Leine (Lotleine, Raketenschnur) und ein paar Rettungsringe oder andere schwimmbare Gegenstände mit in das Boot.

Dann rudert man es vorsichtig in die Nähe des Wracks, wirft den Anker in Luv in einer Entfernung von ca. 60 Fuß vom Wrack und fiert sich von dort so nahe heran, wie man nur wagt. Den Tampen der dünnen Leine hievt man über das Wrack und holt einen Teil der Leine darüber.

Die Rettungsgürtel werden angelegt und einer der Schiffbrüchigen steckt die Leine gut am Gürtel fest, und nachdem er dem Boot signalisiert hat, daß er fertig ist, fiert er sich vom Wrack herunter und wird zum Boot hinübergeholt. Die Leine wird wieder zurückgeholt und der Nächste legt sie sich um den Körper. Auf diese Weise gelingt einem oft die Bergung einer ganzen Schiffsbesatzung.

Im offenen Boot auf dem Meer! Was diese Worte zu bedeuten haben, können eigentlich nur diejenigen verstehen, die das selbst erlebt haben. Wenn man genötigt wird, sein Schiff auf hoher See zu verlassen, gibt es einige Dinge, die vor allen anderen Dingen mitgenommen werden müssen, und das sind:

Wasser - für Wasser ist unbedingt zu sorgen! - Brot, konservierte Lebensmittel, Kompaß, Ruder, Gaffeln, Pützen, Mast, Segel, einen Rettungsring für jeden, eine Laterne (am besten die Ankerlaternen), einen Feuerapparat oder Raketen, Nebelhorn, einen Kanister Petroleum, ein Paket Zündhölzer, Oel als Wellendämpfer, eine Trosse, 2 bis 3 Zoll dick und ca. 30 Faden lang. Seekarte, Tabellen, Sextant (Oktant) und Schiffspapiere. Wenn das Boot noch mehr tragen kann, ohne zu hart belastet zu werden, so sollte jeder Mann noch einige Stücke Zeug (besonders Oelzeug) und ein wenig Tabak mitnehmen. Man darf aber nicht die Begehrlichkeit Oberhand gewinnen lassen, denn in den meisten Fällen beruht die Rettung darauf, daß das Boot nicht überlastet wird.

Natürlich sollte man sofort daran denken, Land zu erreichen oder auf eine häufig befahrene Route zu gelangen, wo man hoffen kann, von einem anderen Schiff aufgenommen zu werden.

Bei Sturm oder schlechtem Wetter wird das Schiff vor einen **Treibanker** (Fig. 482) gelegt; die mitgeführte Trosse wird in den Hahnepoot und die dünne Leine an die Spitze gesteckt. Solange das breite Ende des Treibankers zum Boot hin weist, wird es im Wasser Widerstand leisten und den Steven des Bootes gegen die See halten. Wenn der Treibanker umgedreht wird, beispielsweise indem man an dem dünnen Ende holt, übt er keinen Widerstand mehr aus. Außerdem kann man Oel einsetzen, damit das Boot nicht von den Wellen begraben wird. Wenn man keinen Treibanker hat, muß man aus Mast und Segel einen Treibanker bauen (Fig. 480). Bei Tag und Nacht muß Ausguck nach anderen Schiffen gegangen werden, oder man versucht, deren Aufmerksamkeit auf sich zu lenken. Am besten teilt man sofort Wachen ein, damit die ganze Zeit über konzentriert ausgeguckt wird. Das Boot kann teilweise unsinkbar gemacht werden, wenn man verspundete Fässer und Kanister unter die Ruderbänke bindet.*)

Das **Landen mit einem Boot bei Brandung** ist immer gefährlich. Wenn die Küste recht steil ist, so daß die Brandung nur ein kurzes Stück auslaufen kann, ist es am besten, wenn man eine dünne, starke Trosse samt Anker im Boot hat. Sobald man so dicht an die Brandung herangekommen ist, daß man sicher sein kann, daß die Trosse bis zum Land reicht, dreht man der See den Steven zu und wirft Anker mit Trosse aus. Jetzt fiert man das Boot an der Trosse in Richtung Land, gleichzeitig hält ein Mann das Boot mit einem Riemen aufrecht gegen die See. Jedesmal, wenn eine große See kommt, holt man die Leine um einiges ein, so daß das Boot gegen die See Fahrt aufnehmen kann. Es zeigt sich nämlich, daß ein Boot leichter über die Seen kommt,

*) Was die Ausrüstung dänischer Schiffe mit Rettungmaterial, sowie der Boote und deren Ausrüstung, Rettungsringe und Rettungsgürtel usw. angeht, so wird auf die hierüber auskunftgebenden Bekanntmachungen verwiesen.

wenn es Fahrt drauf hat - die Leine zu fieren wenn eine See kommt, ist das schlechteste was man machen kann. Die See kann das Boot querschlagen und es kentern oder schneller mit Wasser vollschlagen lassen als man es sagen kann. Wenn das Boot oben auf einer See ist, fiert man die Leine, so daß man ein langes Stück mit der See in Richtung Land laufen kann, wenn der Bootsführer gut steuern kann. Bevor die nächste See kommt, nimmt man mit dem Boot wieder Fahrt nach See hin auf, bis das Boot obenauf ist und mitlaufen kann. Sobald das Boot Grundberührung hat, springen alle Mann aus und holen das Boot an Land.

Wenn man mit dem Boot wieder auf See möchte, benutzt man wieder den Anker mit der Trosse, an der man sich verholen kann. Es ist nicht so gefährlich, gegen die Brandung hinauszufahren, als mit der Brandung zu landen.

Wie landet man mit einem Boot an einer steilen Küste? Wenn das Boot Segel gesetzt hat, werden Mast und Segel niedergeholt, bevor das Boot in die Brandung kommt. Dann wendet man den Bug gegen die See und steuert es achtern mit einem Riemen. Die anderen Riemen werden aufgelegt, und das Boot wird über das Achterende auf das Land zuschießen. Immer wenn eine See kommt, rudert man einige Schläge, um dem Boot genügend Fahrt zu geben, so daß es über die See geht. Sobald es über die See hinweg ist, rudert man rückwärts, bis die nächste See kommt, dann rudert man wieder einige Schläge, bis das Boot über die See ist usw. Wenn das Boot Grund hat, springen alle Mann heraus - gleich viele zu jeder Seite - packen das Boot und halten es fest, bis eine See kommt, mit deren Hilfe sie es an Land ziehen können. Einige ziehen es vor, das Achterende des Bootes der See zuzuwenden und an Land zu rudern. Jedesmal, wenn eine See kommt, rudert man über das Achterende kräftig vor, damit das Boot gute Fahrt gegen die See macht. Außerdem kann man einen Treibanker hinter dem Boot herziehen; es kann dann nicht ausscheren und herumgeworfen werden. Um das Boot seetüchtiger zu machen, darf man, soweit möglich, keine Lasten an den Enden verstauen.

An flachen Küsten kann die See lang ausbrechen, und man sollte möglichst vermeiden, ohne große Notwendigkeit mit einem Boot an so einer Küste zu landen. Wenn es sich nicht vermeiden läßt, sollte man sowohl Oel als auch Treibanker verwenden, im übrigen geht man genauso vor wie oben beschrieben. - Erfahrene Bootsführer schaffen es meistens, eine See zu umfahren, indem sie entweder darüberfahren, bevor sie bricht, oder vielleicht zu einer der Seiten ausscheren. Diese Art Manöver kann aber nur der Geübte ausführen, und der bedarf keiner Anweisungen.

DIE SCHIFFSPFLEGE

Allgemeine Regeln zur Plege von Schiffen und Schiffsinventar.

Eine eingehende Kenntnis darüber, wie man ein Schiff und dessen Inventar zu pflegen hat, kann man sich, wie fast alles Praktische, nur durch Uebung und unter kundiger Leitung aneignen; an dieser Stelle sollen daher nur wenige Hauptpunkte genannt werden.

Rost ist der Hauptfeind von Eisen- und Stahlschiffen. Ihre Haltbarkeit beruht hauptsächlich darauf, daß der Rost kontinuierlich bekämpft wird, solange das Schiff existiert. Stahl rostet leichter als Eisen. Rost ist das Resultat einer chemischen Verbindung zwischen Eisen, dem Luftsauerstoff und Wasser und bildet eine poröse Masse. Der Prozess ist folglich durch Feuchtigkeit bedingt, wie zum Beispiel durch das Vorhandensein von feuchter Luft; beschleunigt wird er noch durch dessen Gehalt an Kohlensäure. Unter Wasser rostet Eisen auch, da das Wasser lufthaltig ist und dessen Sauerstoff eine chemische Verbindung mit Eisen eingeht. Im

Süßwasser oxydiert Eisen nicht so schnell wie in salzigem Wasser, außerdem schreitet der Prozeß unter Wärmeeinwirkung schneller voran als bei Kälte. Der Salzgehalt des Wassers hat noch einen anderen Nachteil: Wenn es trocknet, bleiben immer einige Salzkristalle zurück, die wiederum Feuchtigkeit anziehen und die Rostbildung begünstigen.

Ein anderer wesentlicher Faktor sind die elektrischen Ströme, die zwischen zwei verschiedenen Metallen entstehen, die einander berühren. Zum Beispiel besonders zwischen Eisen und Kupfer, wobei das Eisen dann sehr schnell zerfressen wird. Das gleiche gilt für Eisen und Messing, Eisen und Zink, und selbst eine Bronzeschraube (Metallschraube) verursacht elektrische Ströme, wenn sie mit Eisen in Berührung kommt.

Es ist daher verständlich, daß es hauptsächlich darum geht, das Eisen gegen die Einwirkungen von Luft und Wasser zu schützen.

Neue Platten und Winkeleisen sind vom Walzwerk mit einer Rostschutzschicht überzogen worden, die glatt und hart ist wie Glas und, solange sie nicht beschädigt ist, gut vor Rost schützt. Wenn diese Schicht aber Kratzer bekommt, was sich bei der Bearbeitung auf der Werft nicht vermeiden läßt, bildet sich Rost, und eines schönen Tages fällt dann die ganze Schicht ab. Bei neuen Schiffen geschieht es nicht selten, daß die gemalte Schicht, die über den Rostschutz gestrichen wurde, auf einmal abplatzt und die Eisenplatten mit einer dünnen, losen Lage Rost bedeckt sind, die sich aber leicht mit einer Stahlbürste entfernen läßt. Wenn es in so einem Fall gelingt, dieses Teil in kurzer Zeit zu reinigen und wieder zu malen, wird die Farbe sehr gut binden und weitere Rostbildung verhindern; geschieht das aber zu einer Zeit, in der das Schiff beladen ist und sich auf einer längeren Reise befindet, bildet sich überall Rost. Man hat daher versucht, das neue Material so lange in verdünnte Säure zu legen, bis sich die Rostschutzschicht löst, dann wird die Säure mit warmem Wasser gut abgespült. Normalerweise wird jedoch gar nichts gemacht; das Material wird eingebaut, und wenn das Schiff fast fertig ist, hat sich der Rostschutz wie immer gelöst und muß mit Schabern und Stahlbürste entfernt werden. Der British Lloyd empfiehlt daher das Malen eines Schiffes so lange hinauszuzögern, bis die Rostschutzschicht sich gelöst hat.

Das Malen des Schiffes von außen. Normalerweise wird zuerst einmal eine Schicht Bleimennige aufgetragen. Sie wird dünn angerührt, damit möglicherweise zurückgebliebener Rost mit Oel gesättigt werden kann, außerdem muß man dafür sorgen, daß selbst die kleinsten Oeffnungen gut gefüllt und abgedeckt werden. Zweimal muß Bleimennige mindestens aufgetragen werden. Man sollte unmittelbar nach dem Reinigen anstreichen, da die Feuchtigkeit sonst wieder angreift und das Eisen unter der Farbschicht rostet. Die Farbe darf nicht zu dick sein und auch nicht in einer dicken Lage aufgestrichen werden, da sich sonst außen eine Haut bildet und das Innere am Trocknen hindert. Man kann genausogut einmal öfter eine dünne Schicht auftragen; das bindet besser und trocknet schneller.

Bleimennige sinkt leicht auf den Grund der Dose und muß daher sehr gut umgerührt werden, bevor man es benutzen kann. Wenn man ein wenig Bleiweiß hineinmischt, sinkt die Bleimennige nicht mehr so leicht und läuft auch nicht so stark auf der gestrichenen Fläche - soweit möglich, sollte man nicht mehr anrühren, als man an dem Tage verbrauchen möchte. Die kleinste Oeffnung, durch die Luft an das Eisen kommen kann, Tst der Anfang einer Roststelle.

Der **Boden unter der Wasserlinie** (siehe im folgenden Abschnitt: Kielholen und Trokkendock) wird zuerst mit Bleimennige oder einer anderen rosthindernden Farbe gemalt. Zum Schluß mit einer wachstumshindernden Farbe, zum Beispiel Zinkweiß und Talg, Kohlenteer oder Teerfirnis. Den Boden streicht man mit einer Patentfarbe, die es in vielen verschiedenen

Qualitäten gibt, wobei jedoch so gut wie alle Farben, die nach dem Auftragen besonders schnell trocknen und sehr haltbar sind, Spritfarben sind. Sowohl Kohlenteer wie auch Teerfirnis und Patentfarbe werden unmittelbar auf das Eisen gestrichen.

Die **Patentfarbenschicht** besteht meist aus verschiedenen Komponenten, von denen die erste der Rostbildung entgegenwirken und die letzte den Bewuchs verhindern soll. Diese wachstumshindernde Schicht kann auf zwei verschiedene Weisen wirken, einmal läßt das in ihr enthaltene Gift Tiere und Pflanzen, die sich an die Bordwand setzen wollen, absterben, zum anderen wird die Farbschicht langsam abgespült und nimmt alles, was sich inzwischen vielleicht doch daran festgesetzt haben sollte, mit. Auch Zinkweiß oder Talg wirken auf diese Weise.

Die **Bodenfarbe** wird in der Regel nicht höher als bis kurz über die Ballastmarken aufgetragen; darüber wird die Bordwand mit Bleimennige und einer oder zwei Deckfarben, schwarz, grau etc., bis hoch zur Reling gestrichen.

Innenbords werden alle Eisenteile, sowohl an Deck als auch im Laderaum bis hinunter zur Kimm, mit Bleimennige gestrichen. Anstelle von Bleimennige kann auch Eisenmennige, welches nicht so giftig ist, verwendet werden. Welche Farbe man für das Deck wählt, ist eine reine Geschmackssache.

In den letzten Jahren sind eine Reihe Patentfarben herausgekommen, die besonders gut für Bunker- und Laderaum geeignet sind. Sie bilden eine lackartige, harte Oberfläche, die leichter zu reinigen ist als die herkömmlichen Oelfarben.

Holz sollte immer nur mit dünner Farbe gestrichen werden und auch erst dann, wenn es richtig durchgetrocknet ist. Wenn die Farbschicht auf dem Holz zu dick ist, kann die Feuchtigkeit nicht entweichen und das Holz fängt an zu verrotten. Die Farbschicht sollte daher von Zeit zu Zeit abgeschabt oder abgebrannt und erneut aufgetragen werden.

Im Laderaum benutzt man zum Malen am besten gekrümmte Pinsel, mit denen man leichter hinter Spanten und Stringer kommt. Eisengeländer ist meistens galvanisiert. Um ihm aber ein besseres Aussehen zu verleihen und esein wenig haltbarer zu machen, kann es mit einer Tinktur, worin sich ein Zusatz von Aluminiumpulver befindet, gestrichen werden.

Zementieren. Auf den Boden, unter der Garnierung und bis hinauf zur Kimm, in Boden- und Hochtanks wird eine gleichmäßige Zementschicht, die mit Sand vermischt wurde (ca. 1/3 Zement und 2/3 Sand), so dick aufgetragen, daß alle Nietenköpfe und Plattenkanten bedeckt werden. In der Vor- und Achterpiek wird in der Regel der Raum zwischen Bodenwrangen und deren Oberkante mit einer Mischung aus Zement und Sand gefüllt, damit sich diese Löcher nicht mit Schmutz und Dreck anfüllen. Um für diese Zwischenräume nicht zuviel Zement zu verbrauchen, füllt man sie auch mit einigen Teilen Kokos oder ähnlich leichtem Material und gießt dann den Zement darüber. Bodenwrangen, Kontraspanten, Stringer, Längsschiffsträger, Seitenplatten, Schotten, kurz gesagt alles, was unter der Garnierung aus Eisen ist, außerdem Boden-, Hoch- und Piektanks werden mit **Zementwasser** bestrichen.

Zum Streichen werden jeder Gruppe mindestens zwei, lieber drei Mann zugeteilt. Der Zement wird - ohne Sand - ungefähr so dick mit Süßwasser angerührt wie Farbe. Ein Mann muß ständig rühren, während die beiden anderen mit gewöhnlichen Besen oder großen Pinseln malen. Das Eisen sollte mindestens zweimal nacheinander damit bestrichen werden. Bevor man jedoch damit beginnt muß das Eisen gut gereinigt werden, es sollte frei von Farbe, Oel und Salz sein. Die Wasserläufe an Deck, die Süßwassertanks, sowie die Seiten der Bodentanks werden ebenfalls mit Zement bestrichen. Wenn die Zementierung gründlich ausgeführt wurde, hält sie das Eisen selbst an feuchten Stellen vollständig rostfrei, aber nur solange der Zement hält und nicht beschädigt wird. Man sollte den Zement mindestens alle vier Jahre - bei neuen Schiffen öfter - überprüfen und erneut mit Zementwasser bestreichen.

In Räumen, in denen das Eisen ständig mit Schwitzwasser bedeckt ist, wird das Zementwasser ablaufen, bevor es trocknen kann. Man kann in diesem Fall - wenn das Eisen sauber ist - trockenen Zement in einer dünnen Lage aufstreuen und später, wenn er hart ist, wie gewöhnlich mit Zementwasser bestreichen.

Holzdecks werden in der Regel, wenn sie sauber und trocken sind, mit rohem Leinoel oder Maleroel eingerieben; beim ersten Mal muß man es so dick einschmieren, daß das Holz gesättigt wird. In warmem Klima trocknet ein Holzdeck oft aus und wird leck; das läßt sich ein wenig dadurch mildern, daß man das Deck - am besten abends - mit Wasser übergießt. Ein geoeltes Deck wird in so einem Fall natürlich weniger Wasser ziehen als ein bloßes und leichter undicht werden, selbst wenn es gleichmäßig benetzt wird. Es hilft jedoch, alte Segel, Matten, Säcke etc. auf Deck auszubreiten, besonders, wenn sie feucht gehalten werden.

Ältere Holzdecks werden meist nur mit finnischem Teer (Stockholmteer) oder Kohlenteer eingerieben. Man muß aber darauf achten, daß sich keine Haut bildet, weil der Teer in so einem Fall daunter mürbe würde. Die Haut muß abgekratzt werden (das geht natürlich am besten bei warmen Temperaturen) oder mit Petroleum eingerieben und stückweise abgebrannt werden, man muß das Deck dann allerdings sofort abkratzen, während es noch warm ist, außerdem muß man darauf achten, daß die Nähte nicht brennen.

Eisendecks, Tankdecks und ähnliches können ebenfalls mit Bleimennige angemalt werden, das hält aber nicht so gut, wenn man darauf geht. Ein gleichmäßiger Anstrich mit Tran oder Kohleteer, Teerfirnis oder Braunteer mit Zement wird genauso zweckmäßig sein. In der Anwendung unterscheiden die Mittel sich nicht. Ein bis zwei Mann schmieren den Teer in einer ziemlich dicken Lage auf, ein anderer streut sofort, bevor der Teer eine Haut bilden kann, Zement darauf und fegt ihn mit Hilfe eines Besens aus, bis das geteerte Deck wieder zum Vorschein kommt. Nach kurzer Zeit wird das Ganze zu einer festen Masse erstarrt sein, die sich gut mit dem Eisen verbindet, wenn das Deck sauber und salzfrei ist; neue Decks sollten umgehend zweimal nacheinander und später, sooft es eben nötig ist, mit Teer eingerieben werden.

Jedes Jahr sollte man einen Teil des Decks abschaben, so daß das ganze Deck im Laufe von drei Jahren einmal ganz gemalt wird. Wenn der Teer zu dick ist, kann man ihn erwärmen, es ist jedoch leichter, ihn mit Petroleum zu verdünnen. Fügt man nur wenig Petroleum hinzu, wird der Teer dicker, wenn man mehr dazurührt, wird er dünnflüssig.

Auf vielen Schiffen wird das Eisendeck mit Masutoel, einem Nebenprodukt des Rohoels, eingerieben. Masutoel wirkt rostlösend, trocknet aber nur langsam und wird vom Wasser abgewaschen, weshalb man es öfter auftragen muß.

Rostkuchen werden mit dem Hammer abgeschlagen; man muß jedoch aufpassen, daß man keine Unebenheiten in die Platten schlägt, denn je rauher und unebener die Platten werden, desto größer wird die Oberfläche, und es wird immer schwieriger, sie gleichmäßig mit Farbe zu bedecken. Nach dem Hämmern geht man mit einem scharfen Schaber über die Stellen, die dann mit einer Stahlbürste gut abgefegt werden. Sobald das Eisen frei von Rost ist, wird es gestrichen, bevor es noch Zeit hat, erneut zu rosten. Den Rosthammer sollte man nur einsetzen, wenn es unbedingt notwendig ist. Kohlenbunker rosten sehr schnell; teils durch die feuchte Kohle, teils durch die Wärme, die vom Kessel ausgeht und durch die Wände dringt. Lloyd empfielt die Bunker innen mit Braunteer zu malen und mit trockenem Zement zu bestreuen.

Die **Luken** werden in der Regel geteert, die Sprossen im Laderaum werden gemalt oder geoelt. **Masten und Rundhölzer aus Holz** werden mit rohem Leinoel oder Maleroel geoelt, müssen allerdings jedes Jahr saubergeschabt und erneut geoelt werden; dadurch kann man sie gleichzeitig auf ihren Zustand überprüfen. Auf Dampfschiffen werden Masten, Bäume und Gaffeln in der Regel gemalt, ob sie nun aus Eisen oder aus Holz sind. Rahen und Toppen der Masten und Stengen werden auf Segelschiffen meistens angemalt, ungeachtet dessen, daß die Farbe das Holz nicht so gut konserviert wie Oel. Das stehende Taurigg (bei Drahtrigg nur die Kleidung) samt der Pferde, den Topnanten usw. werden jeden Sommer geflickt.

Alle Pferde und Topnanten **müssen** (nach den dänischen Ueberwachungsvorschriften) mindestens einmal im Jahr an Deck gründlich untersucht werden.

Scheibengatts, Mantelblöcke, Racks und Laufschienen werden ab und zu mit Oel bestrichen, im übrigen werden alle Blöcke und Scheiben in der Regel im Frühjahr oder Herbst an Deck nachgesehen.

Die **Schamfilkontrolle** u. a. Unter dem Ausdruck „schamfilen" versteht man auf See nicht nur die Abnutzung, die an vielen Stellen stattfindet, sondern auch die Mittel, die dagegen angewendet werden. Ein Schiff und sein Rigg sind dem Schamfilen ständig ausgesetzt; das kann Gefahr für die Mannschaft, das Schiff und die Geräte bedeuten. Man bringt daher weniger Wertvolles (altes Segeltuch, Matten, Schiemannsgarn, usw.) an den Stellen an, die der Abnutzung besonders ausgesetzt sind. Auf Segelschiffen wird, solange sie auf See sind, jeden Tag das Tauwerk im Rigg untersucht und wenn nötig ausgebessert. Außerdem werden die Vorsegel- und Zwischenstagsegelschenkel, die Kleidung unten auf den Leitern und Stagen, die Pferde um die Stengen, die Wanten und Pardunen beim Anbrassen - kurz gesagt, all die Stellen eingefettet, die schamfilen können. **Man muß aber aufpassen, daß nicht die Stellen eingefettet werden, an denen die Mannschaft sich festhält**.

Um die Rahsegel leichter heißen und fieren zu können und damit die Stenge nicht vom Rack schamfilt wird, werden diese innen ganz und gar eingefettet. Die Stenge wird an der Stelle gefettet, wo das Rack sitzt, außerdem an der Hinterkante, nicht aber vorn, um das Segel nicht zu beschmutzen. Gaffelklau und Mastband werden ebenfalls eingefettet.

Der Steuermann geht selbst das ganze Rigg gleichmäßig ab. Bei Sturm muß man besonders aufpassen und mindestens einmal pro Wache einen Rundgang machen, um zu kontrollieren, ob alles so ist, wie es sein soll. Segel, Persenninge, Flaggen und Tauwerk müssen an einer trockenen Stelle aufbewahrt werden und sollten zwischendurch immer mal zum Auslüften herausgeholt werden, selbst wenn sie nicht benutzt wurden.

Wenn es an Bord Ratten gibt, sollte man reichlich Papier in Kabelraum und Segelkoje ausstreuen, um zu verhindern, daß die Segel den Ratten als Nestbaumaterial dienen und in Stükke gebissen werden. Um zu verhindern, daß Ratten über die Festmacher an Bord kommen, versieht man sie mit Blechschirmen. Die Festmacher werden an den Stellen, wo sie in den Klüsen liegen oder einander kreuzen, mit altem Segeltuch oder ähnlichem umwickelt, über der Kaimauer und über Brückenpollern werden sie mit alten Enden umwickelt.

Drahttrossen können länger halten, wenn sie von Zeit zu Zeit mit Tran oder anderen fetten Oelen eingerieben werden. Das vermindert die Reibung zwischen den einzelnen Garnen. Das gleiche gilt für Ketten.

Das Spill muß ständig mit Schmierfett oder Oel eingerieben und von Zeit zu Zeit gereinigt werden. Mit Petroleum werden Fett und Oel abgewaschen und Rost gelöst, es muß aber gut wieder abgetrocknet werden, da Eisen durch Petroleum leicht rostet.

Boote müssen in der Regel sowohl außen als auch innen gut gemalt werden, stehen sie aber eine Zeitlang, ohne zu Wasser gelassen zu werden, werden sie leicht undicht. Das läßt sich teilweise verhindern, wenn man sie zudeckt; streicht man außerdem den Boden von innen mit Braunteer anstelle von Farbe ein, bleibt das Boot besser dicht.

Was den Schiffsboden angeht, so verweise ich auf das folgende Kapitel.

Kielholen, Slippen und Docken

Das **Kielholen** besteht darin, daß man ein Schiff mit Hilfe von Taljen so weit krängt, daß man in die Lage versetzt wird, alle gewünschten Arbeiten am Schiffsboden auszuführen. Natürlich kann man bei dieser Methode, im Gegensatz zum Slippen oder Docken, nur eine Schiffsseite zur Zeit untersuchen.

Das **Kielholen eines großen Schiffes** ist selbst unter normalen Umständen eine Arbeit, die einen hohen Grad an Aufmerksamkeit und Umsicht erfordert. Sie wird aber erst richtig schwer, wenn das Schiff sehr steif oder besonders rank ist, und derjenige, der die Arbeit leitet, muß sich zuallererst von dem vertrauenswürdigen Zustand der Arbeitsgeräte überzeugen: Trossen, Blöcke, Zurrings usw. müssen in einem einwandfreien Zustand sein und der Größe des Schiffes entsprechen. Wenn das Schiff mit einem soliden Rigg ausgerüstet ist, können unter Umständen einige der im folgenden genannten Sicherheitsmaßnahmen außer acht gelassen werden.

Alle an Bord befindlichen losen Gegenstände werden verstaut oder festgezurrt, und zwar so, daß sie weder umstürzen noch nach Lee rollen können. Wenn Wasserfässer oder Wassertanks nicht gut festgezurrt sind, müssen Extrazurrings oder -stützen angebracht werden. Kleinere Gegenstände, wie Maltöpfe, Oelkanister, Laternen, Teertöpfe, Besen, Pützen usw., werden vielleicht am leichtesten an Land gestellt und mit einer Persenning abgedeckt. Wenn das Schiff rank ist, staut man ein wenig Ballast unten auf dem Boden. Die Rahen und Stengen werden abgenommen, und in der Großluke wird eine Pumpe angebracht, um eventuell eintretendes Wasser abzupumpen. Die Bordpumpen können nicht benutzt werden, solange das Schiff gekrängt ist. Man muß sicher sein, daß das Schiff kein Leck in der Bordwand hat, die unter Wasser kommt, weder außenbords noch an Deck.

Unten im Laderaum stellt man am Kielschwein eine Stütze an den Mastfuß. Dann schert man eine sechsscheibige Talje passender Stärke ein, und nachdem der Mast gut gegen Schamfilen geschützt wurde, zurrt man den obersten Block (Läuferblock) direkt oben auf dem Gut (Fig. 447 b) am Untermast fest, jedoch so, daß der Gienblock ca. 3 Fuß unter dem Gut hängt; direkt über den Block, aber unter das Gut setzt man eine zweite Zurring c. Den festen Part der Gien kann man - statt auf dem oberen Block - am Top befestigen, aber sowohl dieser als auch der Läufer müssen klar laufen.

Als nächstes nimmt man eine Kette (Vertäuungskette) auf der anderen Seite der Gien auf und setzt den Tampen richtig gut um den Top, direkt über der Gien, fest. Die Kette wird unter dem Schiffsboden hindurchgereicht, durch eine Lenzpforte quer zum Mast wieder nach innen und am Mast befestigt. Sowohl Mast als auch Schandeck müssen vor dem Schamfilen geschützt werden. Man keilt die Kette richtig steif, indem man Keile zwischen Bordwand und Kette treibt, Fig. 447 a. Einige Kapitäne setzen die Kette am Ende eines Baumes (Schwingbaum) fest, der ca. 5 Fuß über das Schiff ragt, und zurren diesen solide am Mast, in Höhe der Reling, fest. Das äußere Ende wird mit Kette an Ringbolzen befestigt, die in die Spanten geschraubt werden. Nimmt man die Kette um den Mast doppelt und dreht Törns in beide Parten, kann man sie hinlänglich dicht bekommen.

Wenn das Schiff sehr steif ist, kann ein **Abstützen des Mastes von außen** nötig werden: Man stellt eine Spiere mit dem einen Ende auf die Planken des Lee-Wasserganges, das andere Ende zurrt man am Mast, dicht unter den Kinnbacken, fest. Die Zurring muß gut festgekeilt werden. Wenn das Schiff mehrere Masten hat, wird jeder für sich auf diese Weise geriggt.

Um den obersten Gienblock an niedrigen Untermasten ein wenig höher setzen zu können, errichtet man auf dem Wassergang eine starke Spiere, die am Mars anliegt und oben über den Stumpen ragt.

Um Spiere und Stumpen legt man zwei solide Zurrings; eine über das Gut und eine unter das Eselshaupt. Der Gienblock wird direkt über der obersten Zurring angebracht.

In vielen Häfen gibt es Kielholklampen, an denen man den untersten Gienblock befestigen kann. Steht jedoch keine zur Verfügung, kann man einen der Buganker tief in den Boden eingraben (siehe Abbildung), oder auch eine Kette rund um einen Pram oder Leichter legen, so daß der unterste Gienblock an die Kette gezurrt werden kann (Fig. 448). Damit das Schiff nicht ganz überfällt, sollte man einen kleinen Bock mit einer Talje am Kreuz aufrichten, den setzt man dann auf den Mast, bevor dieser ganz unten ist.

An den untersten Gienblock setzt man einen Fußblock, durch den der Gienläufer zu einem Spill an Land oder auf den Leichter führt. Dann überzeugt man sich davon, daß das Schiff gut gelenzt ist und daß alles verantwortungsbewußt befestigt wurde. Anschließend führt man die Bucht einer schweren Trosse von der Leeseite des Schiffes zur entgegengesetzten Seite des Hafens hinüber oder befestigt sie an einer Boje oder einem Anker. Die Vertäuungen werden gefiert, und der Tampen der Trosse wird durch die vordere und achtere Seitenklüse genommen und das Schiff mit Hilfe der Trossen 5 bis 8 Faden von der Stelle aus weggezogen, wo der untere Gienblock fest ist, dann wird die Bodentrosse gut belegt *).

Die Vorder- und Achtervertäuungen werden bloß so weit geholt, daß das Schiff entlang der Stelle liegt, an der der untere Gienblock befestigt wurde; damit ist alles klar zum Niederholen. Durch ein gutes Aufsingen wird die Arbeit des Niederholens erheblich erleichtert, man muß aber aufpassen, daß die Gien zugleich geholt werden. Es wird so lange gehievt, bis der Kiel über Wasser ist. Die Gien werden belegt, die Toptaljen angeholt und ebenso Vorder- und Achtervertäuungen.

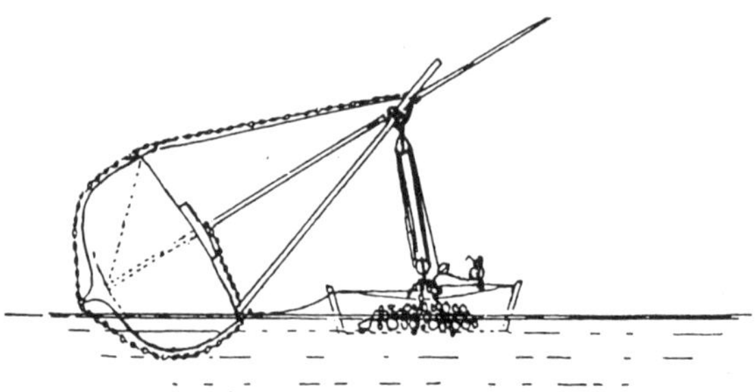

Fig. 448.

*) Man muß das Schiff vom Bohlwerk wegholen, teils weil die Gien sonst zuviel auf und nieder holt, was unnötig große Kraft beansprucht, und teils, damit das Schiff keinen Schaden nimmt oder Widerstand ausübt, wenn es am Bollwerk anliegt.

Wenn das Schiff auf der einen Seite fertig bearbeitet ist, müssen die Gangspills langsam auffieren. Das muß gleichzeitig und mit gleichmäßig verteilter Kraft an jeder Gien vonstatten gehen. Das Schiff schwingt herum, und das Werkzeug wird an die entgegengesetzte Seite gesetzt.

Auf Fig. 449 wird gezeigt, wie man an einem Bollwerk entlang kielholen kann, indem man eine Kette von Land unter den Schiffsboden führt und sie dann am Außendende eines Baumes, der quer über das Schiffsdeck gelegt und gut festgezurrt wurde, belegt. Zur Sicherheit kann man den Baum mit einer Gien vom Masttop aus versteifen. Die Kette wird dann zu einem Spill an Land genommen. Das Spill wird bedient, bis das Schiff krängt. Nicht alle benutzen den quer über das Deck gelegten Baum, manchmal nimmt man bloß die Kette durch die Klüse oder die Lenzpforte nach innen und belegt sie dort gut.

Wenn es an Land mehrere Spills gibt, sollte man, um das Schiff zu schonen, es mit mehreren Ketten gleichzeitig hieven. Wenn es an Land keine Spills gibt, kann man kräftige Gien an die Ketten setzen. Damit das Schiff nicht weiter überfällt als nötig, setzt man starke Ketten mit Gien in der Achterhand auf (siehe Fig. 449); selbstverständlich müssen die Gien an Land gut befestigt sein, entweder an Pfählen oder eingegrabenen Ankern. Es zeigt sich, daß es auf diese Weise möglich ist, ein Schiff kielzuholen, selbst wenn es keinerlei Rigg an Bord hat; diesem Umstand kann man besonders im Havariefall große Bedeutung zumessen.

Ein **Slip** oder eine **Aufholungsbeting** (Fig. 450) besteht aus einer schrägen Fläche, die bis ins Wasser reicht. Quer über diese Fläche liegen 2 bis 3 Reihen Schienen passender Stärke, auf der mittleren Reihe entlang liegt ein schwerer Balken mit einer Rille entlang der Oberseite. Diese Rille wird gut mit grüner Seife oder Fett eingeschmiert, bevor man den **Schuh** dort hineinlegt. Unter Schuh versteht man den Balken, auf dem der Schiffskiel während des Aufholens steht. Die benutzte Seife sollte eine Art Schmiere sein, da eine außerordentlich starke Reibung durch das Gewicht des Schiffes entsteht. Damit das Schiff nicht von dem Schuh herunterfällt, legt man einen schweren Balken auf die zweite und dritte Reihe Schienen, und auf diesen wiederum legt man einen kurzen, aber hohen Schuh, der gut mit Matten und Korkfendern belegt wurde, damit die Kimm des Schiffes nicht leidet, wenn sie daraufliegt. Einen solchen Schuh kann man unter jede Schiffsseite setzen, bei kleineren Schiffen braucht man jedoch nur einen.

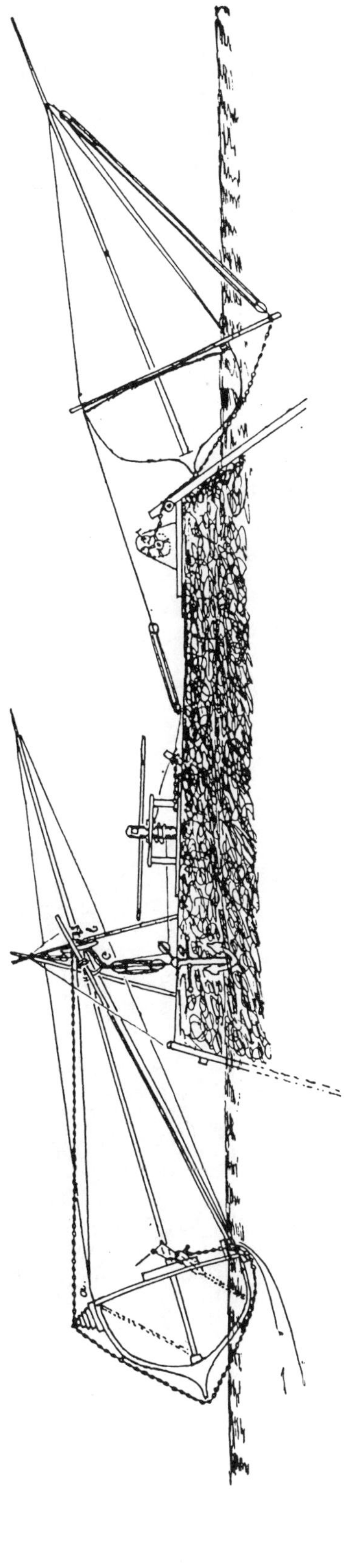

Fig. 449.

Fig. 447.

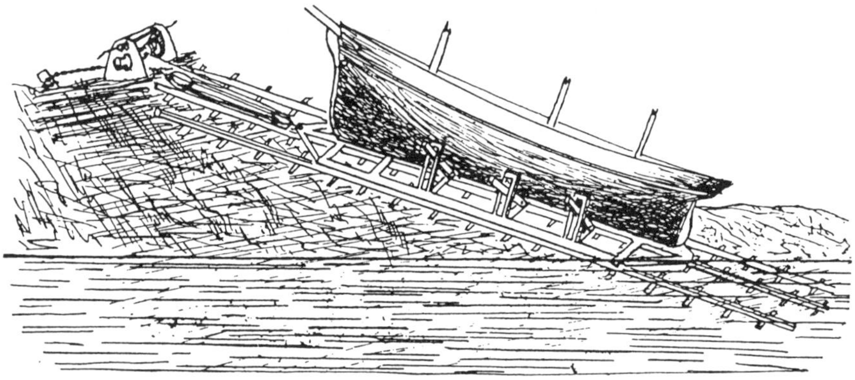

Fig. 450.

Damit das Schiff an die richtige Seite kommt, setzt man eine Jolle an den Masttop und holt sie dicht, damit das Schiff über dem Schuh ein wenig Schlagseite bekommen kann. Dann legt man eine starke Trosse oder Kette direkt über das Ruder und ca. 3 Fuß unter das Schandeck mittschiffs um das Schiff herum und hält sie hier und dort mit Aufholern in der richtigen Höhe. Wenn die Kette allerdings nicht klar vom Ruder liegen kann, muß man dieses herausnehmen. Die Trossen oder Ketten werden vor dem Schiff zusammengeknotet, eine schwere Gien wird mit einem Läuferblock in der Bucht befestigt, während der zweite Block an

Fig. 451. Trockendock

einem Anker fest gemacht wird. In diesem Fall wird das Schiff über das vordere Ende nach oben geholt.

Möchte man es mit dem Achterende aufholen, wird die Kette aus den Ankerklüsen genommen und vor dem Steven gekreuzt. Die Gien muß vom Schuh aus recht nach oben weisen; sie wird mit einem Spill geholt. Solange das Schiff noch nicht ganz aus dem Wasser ist, läßt es sich ohne Mühe vorwärtsbewegen, besonders dann, wenn der Slip nicht zu steil ist. Man setzt noch eine zweite, gleichschwere Gien an den Schuh und holt diese und die erste gleichmäßig an. Kleine Schiffe lassen sich mit einer einzigen schweren Gien, die man an den Schuh setzt, über das Spill holen.

Das Schiff kann auf beiden Seiten gleichzeitig fertiggemacht werden, und um besser unter den Schiffsboden zu gelangen, macht man die Schienen (Strøer) möglichst hoch.

Auch wenn keine feste Beting zur Verfügung steht, lassen sich kleine Schiffe ohne Schwierigkeiten an Land holen, wenn man eine Stelle findet, die sich in einer gleichmäßigen Schrägen aus dem Wasser erhebt. Das Schiff wird auf kurze Schuhe, gestellt und man benutzt Toptaljen, um es auf dem rechten Kiel zu halten. Auf jeder Seite müssen mindestens zwei Toptaljen angebracht werden, und für den Fall, daß das Schiff zu einer Seite hängt, holt man die Taljen an die Toppen.

Früher, als die Schiffe noch verhältnismäßig schmal waren, behalf man sich mit noch einfacheren Mitteln. Das Schiff wurde auf Rollen (schwere, runde Baumstämme) gesetzt, in deren Enden Löcher für Handspaken geschlagen wurden. Diese Rollen, die auf einer festen Plankenunterlage lagen, wurden jetzt im Takt eines Aufgesanges gerollt; auf diese Weise bewegte sich das Schiff "langsam aber sicher" vorwärts. Wenn das Schiff wieder zu Wasser gelassen werden sollte, bediente man sich ebenfalls der Baumstämme.

Wenn Schiffe sehr lange auf einer Beting gestanden haben, sind sie oft nur mühsam wie-

Fig. 452. Schwimmdock – geflutet

der ins Wasser zu bringen. In so einem Fall bringt man achteraus Taljen an und setzt Hebezeug gegen den Steven, um das Schiff bewegen zu können. Es sollten aber Trossen bereitgelegt werden, um das Schiff notfalls aufstoppen zu können, wenn es zuviel Fahrt bekommt und nicht ausreichend Platz zur Verfügung steht.

Große Werften schieben einen Wagen, der auf drei Schienen läuft, unter das Schiff und ziehen diesen Wagen mit Maschinenkraft an Land. [273]

Trockendock (Fig. 451). Normalerweise wird die Arbeit im Trockendock oder Schwimmdock von Dockarbeitern geleitet, und man braucht nichts anderes zu tun, als ihren Anordnungen Folge zu leisten und darauf zu achten, daß das Schiff nach den Seiten hin gut abgestützt wird und nicht von den Pallklötzen fällt.

Schwimmdocks (Fig. 452 und 453) bestehen aus großen Pontons, deren Seiten und Boden aus Behältern bestehen, die mit Wasser gefüllt werden können. Wenn man sie anfüllt, sinkt das Dock ins Wasser und das Schiff kann hineinbugsiert werden. Man stellt es auf die Pallklötze (Stapelblöcke), pumpt die Behälter wieder leer und hebt das Schiff auf diese Weise aus dem Wasser.

Auf Fig. 452 ist ein geflutetes Dock zu sehen und ein Dampfer, der aufgedockt oder aus dem Dock herausbugsiert werden soll. Fig. 453 zeigt ein leergepumptes Schwimmdock, auf dessen Pallklötzen ein Dampfer steht.

Während längerer Fahrten setzen sich in der Regel **Tiere und Pflanzen am Boden eines Schiffes** fest, hauptsächlich Schnecken und Gras. Man hat - mehr oder weniger erfolglos - mit den unterschiedlichsten Methoden versucht, sich dieser "blinden Passagiere" zu entledigen. Am besten wirkt immer noch ein **Kupferüberzug**: Kupfer und Wassersauerstoff verbinden sich zu einem gefährlichen Gift, Grünspan nämlich, gleichzeitig wird das Kupfer langsam aufgezehrt. Eisen- und Stahlschiffe können erst mit der kostbaren Kupferhaut versehen

Fig. 453. Schwimmdock – gehoben

werden, wenn man sie vorher mit einer Schicht Holz verschalt. Kupfer und Eisen erzeugen im Wasser galvanische Ströme, die das Eisen langsam zerfressen. Man hat auch Versuche mit Zink oder ähnlichem gemacht, der Schiffsboden wird aber dann nur gegen Bohrmuscheln geschützt, während Gras und Langhälse genausogut wachsen wie auf Eisen oder Holz.

Heute benutzt man meist Patentfarbe für die Schiffe, die auf längere Fahrt gehen und nicht mit einer Kupferhaut versehen sind. Die Patentfarbe wird auf mannigfaltige Weise und nach zahlreichen Rezepten hergestellt, der Hauptbestandteil ist jedoch eine Kupferlösung, und je kupferhaltiger die Farbe ist, desto wirksamer ist sie. Außerdem werden oft noch andere Giftstoffe hinzugesetzt. Im Laufe der Zeit verlieren die Giftstoffe im Wasser jedoch ihre Wirkung, und das Schiff setzt wieder Bewuchs an.

Ob man die Patentfarbe nun auf Holz- oder Eisenschiffe malt, der Schiffsboden muß in jedem Fall vorher gründlich mit Farbe oder Teer gestrichen werden, denn die Patentfarbe greift das Eisen genauso an wie der Kupferüberzug. Während die Farbe aufgetragen wird, muß ein Mann die Masse im Topf ständig umrühren.

Durch den Bewuchs am Boden werden die Fahreigenschaften eines Schiffes - sei es Dampfschiff oder Segler - empfindlich beeinträchtigt. Viele Versuche sind unternommen worden, einen Apparat zu erfinden, mit dessen Hilfe man den Schiffsboden während der Reise von Bewuchs und Muscheln befreien wollte. Diese Apparate haben sich nie durchsetzen können, wohl zum Teil, weil zu ihrer Handhabung doch eine Menge an Sachkenntnis vorausgesetzt wird. Am einfachsten sind immer noch

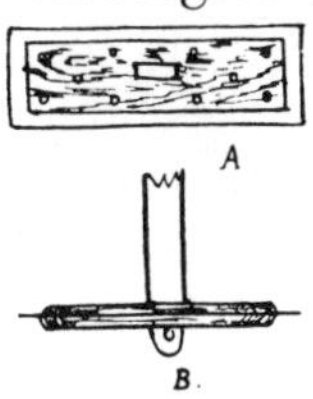

Fig. 454. Schrapper

Schrapper (Schaber, Kratzer) (Fig. 454) anzuwenden. Sie bestehen aus dünnen Eisenplatten, von denen circa 10 Zoll lange und 6 Zoll breite, längliche Stücke abgeschnitten werden; in der Mitte befindet sich ein Loch für den Schaft. Die Platten werden auf beiden Seiten mit Holz belegt, so daß 1/2 Zoll der Kante frei bleibt. Der Schaft sollte lang und leicht sein, zum Beispiel aus Bambusrohr. Von einem Floß oder einer Stelling aus reichen diese Schrapper ziemlich weit unter den Schiffsboden, um den Bewuchs abzukratzen. Bricht eine Kante ab, nimmt man so viel von dem Holz weg, bis eine neue Kante entsteht. Bei Holzschiffen, die nicht mit einer Schicht überzogen sind, dürfen Eisenschaber nicht eingesetzt werden, um Nähte und Stöße nicht zu beschädigen. Anstelle von Eisenplatten legt man eine Schicht Piassave (verschiedene Plamblattfasern) zwischen die Holzplatten.

Patentschrapper sind jedoch besser. Fig. 455 zeigt ein englisches Patent. Zum größten Teil ist der Apparat aus Holz (Esche) gefertigt, er läuft auf vier kleinen Rädern, dadurch wird verhindert, daß er an den Schiffsboden gedrückt wird. Zwischen den quer laufenden Rädern sitzen längs zwei Eisenschrapper, die auf einen Gummistreifen geschraubt wurden, um an den Plattenkanten nachgeben zu können. An den Außenseiten jedes Schrappers sitzt eine Reihe Borsten. Durch eine schiefe Ebene, die dem Druck des Wassers ausgesetzt ist, wird der Schrapper dicht an die Schiffswand gedrückt. Außerdem befinden sich zu jeder Seite der schiefen Ebene Bretter, die um einen Zapfen (bei c) ein wenig zu jeder Seite gedreht werden können. Mittels zweier Stangen (d, d) lassen beide Bretter sich auf einmal zur sel-

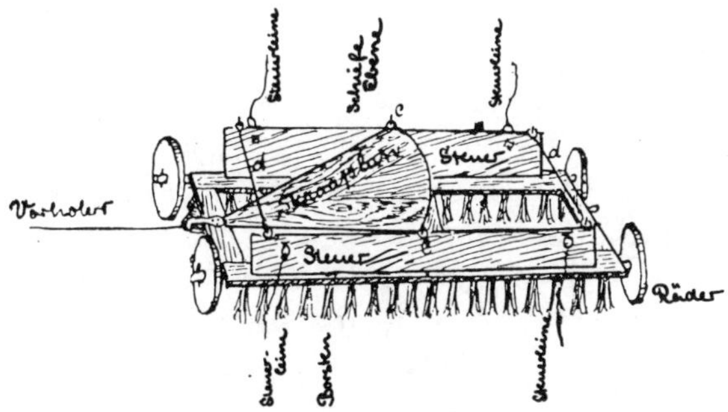

Fig. 455. Patentschrapper

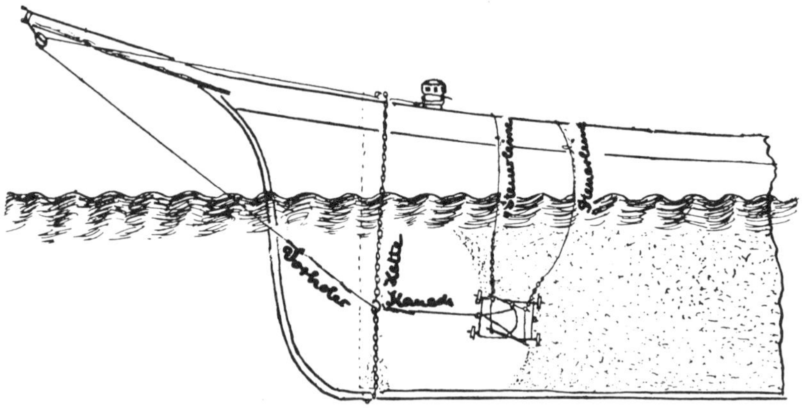

Fig. 456. Anwendung des Patentschrappers

ben Seite drehen, dadurch läßt sich der Apparat steuern.

Wenn der Apparat eingesetzt werden soll, darf das Schiff nicht mehr als 2 bis 4 Knoten Fahrt durch das Wasser machen. Draußen, auf das Ende des Bugspriets oder des Stampfstockes, wird ein Block gesetzt, durch den der Vorholer, der in der Regel aus Draht ist, geschoren wird. Der Vorholer wird unten um die Klüverpardune herumgereicht und wird auf der Seite achter der Back wieder hereingenommen, auf der zuerst geschrappt werden soll. Der Vorholer wird durch eine Kausch in einer Kette gesteckt, die man dann mit dem einen Tampen so um den Schiffsboden herumlegt, daß die Kausch auf Höhe des halben Tiefgangs unter der Wasseroberfläche sitzt (Fig. 456).

Die Kette wird dichtgeholt, und beide Tampen werden gut befestigt. Die Bucht der Kette sollte nicht weiter als bis kurz hinter der Stevenkrümmung hängen. Dann nimmt man ein Ende vom Achterende des Schiffes nach außen und befestigt es am Achterende des Schrappers (mit diesem Ende wird der Schrapper nach oben geholt), der Vorholer wird vorn in einen Bügel am Schrapper geschäkelt. Dann steckt man zwei dünne Steuerleinen an die nach oben weisende Seite des Steuers. Der Schrapper ist klar; der Vorholer wird durchgeholt, während der Schrapper über die Seite gehoben wird. Bevor er aber ins Wasser kommt, nimmt man einen Törn mit dem Vorholer, holt die achtere Steuerleine ein wenig und fiert gleichzeitig willig die vordere. Auf diese Weise wird der Schrapper sich von selbst an die Schiffswand drücken, gleichzeitig schert er zum Kiel hinunter; währenddessen müssen natürlich die Steuerleinen ständig gefiert werden.

Ist der Schrapper am Kiel angekommen, fiert man die achtere Steuerleine und dreht das Steuer mit einem kurzen, kräftigen Ruck an der vorderen. Auf diese Weise kommt der Schrapper von selbst an die Wasseroberfläche, wo man das Steuer wieder herumlegt. Im großen und ganzen hat man nichts anderes zu tun, als jedesmal, wenn der Schrapper am Kiel oder an der Wasseroberfläche angekommen ist, das Steuer herumzulegen und den Vorholer ein wenig zu fieren. Besonders wenn der Schrapper auf der Leeseite ist, muß man darauf achten, daß er nicht unter den Kiel kommt. Wenn es doch einmal passiert ist, sollte nicht versucht werden, ihn hochzuholen und dadurch zu beschädigen, sondern ihn sofort achteraus klar vom Ruder zu fieren und ihn dann über das Achterende zu holen. Man kann immer nur eine Seite zur Zeit schrappen, mit einiger Uebung wird das allerdings rasch von der Hand gehen.

Schiffe mit Kimmkiel können zuerst nur bis zum Kiel und anschließend am Boden geschrappt werden, also bis an den Kimmkiel hinauf. Schiffe, die nach einer längeren Reise zum Löschen in einen Hafen kommen, nutzen meist die Zeit, um das Schiff so weit unter der Wasserlinie wie möglich zu reinigen. Wenn es trocken ist, wird der Teil des Schiffes, der unter Wasser ist, mit Zinkweiß, Leinöl und Talg beschmiert. Zuerst rührt man Zinkweiß in Leinöl oder Firnis wie zum einfachen Malen aus, danach gießt man das Ganze in einen Kessel, in dem noch einmal soviel Talg ist wie vorher. Das Ganze wird erwärmt, über einem Feuer zusammengerührt und warm gehalten, bis man mit dem Auftragen fertig ist. Manche empfehlen das Beimengen von Arsen oder anderen Giftstoffen, damit die warme, giftige Masse den Rest der Lebewesen und Pflanzen tötet, die möglicherweise an der Schiffswand sitzen.

Das Stauen von Ballast

So mancher tüchtige Seemann kam ums Leben und große Summen gingen verloren, weil sich der Ballast verschoben hat. Wie oft hat man nicht schon in den Zeitungen folgende Meldung gelesen: "Das Schiff soundso aus soundso verließ Dänemark am sechsten des vorigen Monats mit einer Ladung, die für einen englischen Hafen bestimmt war. Da man in der letzten Zeit nichts von dem Schiff gehört hat, muß angenommen werden, daß es in dem schweren Sturm des letzten Monats mit Mann und Maus gesunken ist. "So ein Unglück läßt sich zwar nicht immer darauf zurückführen, daß nicht richtig geballastet wurde, es lassen sich viele dieser Unfälle aber vermeiden, wenn sorgfältiger darauf geachtet würde, daß der Ballast sich verschieben kann. Man darf sich nicht darauf verlassen, daß Sommer ist oder das Schiff sich den Ballast noch immer richtig zurechtgerückt hat ... Solche Hoffnungen wurden schon oft zunichte gemacht, wenn es erst einmal zu einem Sturm aufbriste.

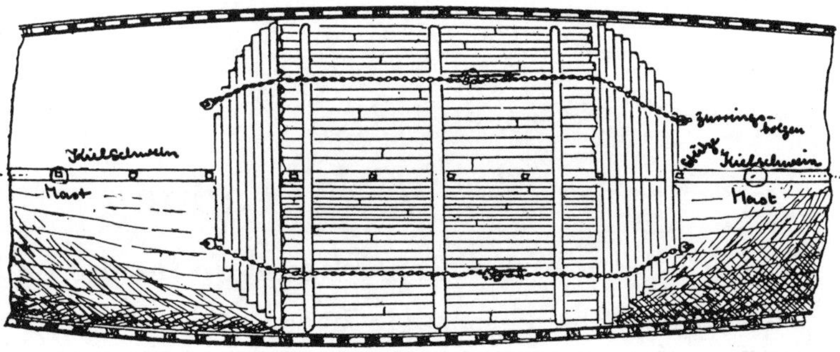

Fig. 457. Stauen von Ballast

Am besten ist es, zuerst **ein solides Längsschott** mittschiffs einzusetzen, es an den Deckstützen zu befestigen und zwischen diesen und den Schiffsseiten solide Querstützen anzubringen, deren Enden von Klampen festgehalten werden. Das Schott muß so hoch sein, daß es vom Kielschwein bis über den Ballast reicht. Dieser wird gleichmäßig verteilt und oben mit Brettern oder ähnlichem abgedeckt. Die Bretter werden in Längsschiffrichtung gelegt (Fig. 457 und 458). Vor den Enden des Ballastes, der quer steht, werden die Bretter quer zum Schiff gelegt; zum Schluß werden mindestens drei kräftige Kanthölzer gelegt, eines quer über jedes Ende der Bretter und eines mitten über die Bretter. Am Boden des Schiffes befinden sich in der Regel auf jeder Seite zwei schwere Ringbolzen, zwei vor und zwei hinter dem Ballast. Man befestigt eine Vertäuungskette mit einem Tampen in einem der Ringe und legt sie über die Kanthölzer zum anderen Ring hinunter, schert die Kette hindurch und befestigt sie.

Dann steckt man einen Kuhfuß oder eine kleinere Spiere in ein Kettenglied und dreht diese solange herum, bis die Kette richtig dicht ist, danach wird die Spiere an der Kette entlang befestigt. Auf die andere Seite des Ballastes wird ebenfalls eine Zurring gesetzt. Wenn keine Ringbolzen zur Befestigung der Kette vorhanden sind, setzt man Stützen (a, b, c, Fig. 458), womit die Bäume oben fest gegen die Decksbalken gekeilt werden. Damit die Stützen nicht abfallen, wenn das Schiff arbeitet, nagelt man oben und unten Latten daran (siehe punktierte Linie). Vorn und achtern werden ebenfalls Latten angebracht.

Diese Methode hat dem Verfasser dieses Buches einmal das Leben gerettet: Unten bei Kap Horn überraschte uns ein ungewöhnlich harter Sturm. Das Schiff war mit Kohle beladen und wurde fast auf die Seite gelegt; zum Glück aber kam die Groß-Untermarsschot los. Das neue Segel flog aus dem Liek, und das Schiff richtete sich langsam wieder auf. Das war höchste Zeit, denn im vorderen Teil des Schiffes, wo die Kohle nicht abgedeckt war, wurde sie über das Längsschott geworfen, glücklicherweise war sie aber im Groß-Laderaum so gut abgedeckt und festgekeilt worden, daß sie sich nicht bewegen konnte.

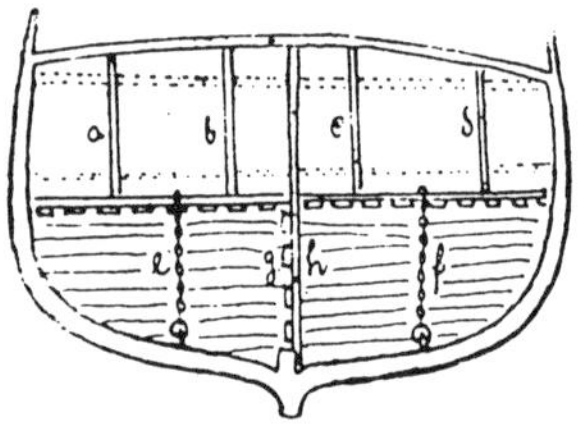

Fig. 458.

Ladung

Bezeichnungen für die Ladung

sowie die ungefähren Raummaße für eine Gewichtstonne werden in englischem Maß wiedergegeben. Das Raummaß hängt sehr stark von Qualität und Zustand sowie von dem sorgfältigen Stauen der Ladung ab. Die englischen Benennungen werden zuerst in alphabetischer Reihenfolge genannt, da eher englische Worte ins Deutsche übersetzt werden müssen, als umgekehrt.

NB. Wenn nicht mit einer Gewichtstonne gerechnet wurde, so wird das entsprechende Maß angegeben.

Englisch	Deutsch	Dänisch	1 Tonne = Kubikfuß
Acids:	Säuren	Syrer	
Spirit of salt	Salzsäure	Saltsyre	
Sulphuric acid	Schwefelsäure	Svovlsyre, Vitriololie	
Ale and beer	Ale und Bier	Ale og Øl	100
Aniseed	Anissamen	Anisfrø	90—120
Antimony ore	Antimon-Erz, Speissglanz	Antimon-Erts	20
Appels	Apfel	Æbler	90
Apothecary ware	Apotheker-Waren	Apothekervarer	
Apricots	Aprikosen	Aprikoser	
Areca nuts (Betel nuts)	Areka, Betel-Nüsse	Betelnødder	60
Arrack	Arrak	Arrak	
Arrowroot		Arrowrod	i Kasser 50
Ashes, Bone ash	Asche, Knochenkohle	Aske, Benaske	45—60

Englisch	Deutsch	Dänisch	1 Tonne = Kubikfuß
Asphalte	Asphalt	Asfalt	løst 17
Bacon and hams	Speck, Schinken	Flæsk, Skinker	ca. 75
Bale-goods	Ballengüter	Vareballer	
Ballast: Water ballast	Wasserballast	Vandballast	35
Earth ballast	Erdballast	Jordballast	ca. 24
Sand ballast	Sandballast	Sandballast	19 á 20
Gravel ballast	Kiesballast	Grusballast (Groft Sand)	19
Shingle ballast	Ballast von kleinen Steinen	Ballast af Smaasten (Ral)	20—22
Clay ballast	Thon-(Lehm)ballast	Lerballast	24
Bamboos and rattans (cane)	Spanisches Rohr	Spanskrør, Rotting	
Bark, Oak-bark	Borke, Eichen-Loh-rinde	Bark, Egebark	140
Battens, Boards	Bretter	Bræder	under $2^1/_2$" Tykkelse, 1 Petrograd Std., 165 eng. Kbf., bestuver 220—250
Beans, Haricot beans	Bohnen, welsche Bohnen	Bønner	
Beer	Bier	Øl	i Kasser 100
Bee's-wax	Bienenwachs	Bivoks	
Benzine	Benzin	Benzin	i Fade 80
Bleaching powder (Cloride of lime)	Bleichpulver, Chlorkalk	Blegepulver, Kalkpulver, Klorkalk	i Fustager 52
Bone	Knochen	Ben	løse, hele 85 knuste og Benmel 60
Books, Papers	Bücher, Papier	Bøger, Papir	
Borax, Tincal	Borax, Tinkal	Boraks	i Sække 42
Bottles in crates	Flaschen	Flasker	tomme i Tremmekurve 85
Boxwood	Buchsbaumholz	Buksbom	
Bran	Kleie	Klid	løst 80 i Sække 90
Brandy	Branntwein	Brændevin	i Fade 70
Bread, Biscuits	Brot, Hartbrot	Brød, Beskøjter	i Sække 140 i Fade 160 1 Kasser 156
Brogen stowage	Stowage	Stuverage	mindst som lange Længder
Bricks	Mauersteine	Mursten	20
Bristle	Schweinsborsten	Svinebørster	i Fust. 120—130
Butter	Butter	Smør	i Fust. 80—100
Camphor	Campher	Kamfer	i Kasser 68
Canary seed	Kanariensamen	Kanariefrø	58
Candles	Lichte	Lys	i Kasser 56
Canvas	Segeltuch	Sejldug	42
Casks, Barrels, Kegs and Puncheon	Tonnen, Fässer Weinfass (84 Gallon)	Tønder, Fade, Ankere Vinfad (84 Gallon)	

Zur rechten Spalte: i Sække = in Säcken, løst = lose, i Fade = in Fässern, i Tonder = in Tonnen, Kister = Kisten, mer end = mehr als, i Tavler = in Tafeln/Stücken, i Blokke = in Blöcken, i Baller = in Ballen, upresset = ungepreßt, presset = gepreßt, Favn = Faden

Englisch	Deutsch	Dänisch	1 Tonne = Kubikfuß
Cattle	Vieh	Kreaturer	
Cement	Cement	Cement	40
Chalk	Kreide, u. Kalk	Kridt	i Fade 38, løst 35
Cheese	Käse	Ost	i Kasser 70
Chicory	Zichorie	Cikorie	i Sække 100, løst 85
Cigars	Cigarren	Cigarer	i Kasser 180
Cinnamon	Caneel, Zimt	Kanel	i Baller 140
Chloride of lime	Klorkalk	Klorkalk	i Fust. 52.
Cinchona, Peruvian bark	Chinarinde-Fieberrinde	Peruviansk Bark	140
Clay	Lehm	Ler	24
Cloves	Nelliker	Nelliker	i Sække 50—55
Coal	Kohlen	Kul	40—47
Coffee	Kaffee	Kaffe	i Sække 60 i Fade 75
Cognac	Cognac	Kognak	i Kasser 66
Coir, Cocoanut fibre	Kokusfaser	Kokusbast	190
Coke	Koks	Koks	70—90
Copra	Copra	Kopra, tørrede Kokosnødkærne	75, i Sække 90
Copper ore	Kupfererz	Kobbererts	10—20
Cork	Kork	Kork	1 Balle = 70 kg. = 28 Kbf. 400 — 440
Cotton	Baumwolle	Bomuld (amerikansk)	$4^1/_2$ Balle = 1 Ton = 125 Kbf.
Cotton seed	Baumwollensamen	Bomuldsfrø	løst 70 i Sække 85
Creosote	Kreosot	Creosot	i Fade 60
Currant	Korinthen	Korender	i Kasser 50
Dates	Datteln	Dadler	i Kasser 45
Deals, Planks	Planken	Planker	(over $2^1/_2$" tyk.) 1 Petrograd Std., 165 eng. Kbf., bestuver 210—220
Delftware	Thongeschirr, Steingut	Fajance	i Tremmekurve 125
Divi-divi	Divi-divi	Divi-Divi	ca. 110
Dynamite	Dynamit	Dynamit	i Kasser
Earthenware	Steingut	Stentøj	i Tremmekurve 125
— retorts	— Retorten	— Retorter	løse 58
Ebony	Ebenholz	Ibenholt	
Eggs	Eier	Æg	i Kasser 150
Esparto grass	Espartogras	Esparto Græs	120
Explosives	Sprengstoff	Sprængstoffer	
Feathers	Federn	Fjer	i Baller 4 á 500

siehe Seite 293

Englisch	Deutsch	Dänisch	1 Tonne = Kubikfuß
Felt	Filz	Filt	
Fibre, Cocoanut fibre	Faser, Kokosnussfaser	Fibrer (Kokosfibrer)	120
Figs	Feigen	Figener	48
Fireclay	Feuerfester Lehm, Thon	Ildfast Ler	i Sække á 25
Firearms	Schiess Gewehre, Feuergewehr, Geschütz	Skydevaaben	
Fish	Fische	Fisk, tørret	95
Fish oil	Tran	Tran	i Fade 80
Flax (unscrewed)	Flachs (ungeschraubt)	Hør (ikke skruet)	160
Flaxhards	Flachsheede	Hørblaar	160—270
Flour of rye, wheat etc.	Mehl von Roggen, Weisen etc.	Mel af Rug, Hvede eller andre tunge Kornsorter	i Sække 44—55
Fruit: Oranges	Frücht: (Obst) Apfelsinen	Frugt: Appelsiner	i Kasser 90
Melons	Melonen	Melon	i Kasser 80
Onions	Schwibelen, Lauch	Løg	i Kasser 78
Raisins	Rosinen	Rosiner	i Kasser 1 Ton Brutto 60 1 — Netto 45
Lemons	Citronen	Citroner	i Kasser 85
Almonds	Mandeln	Mandler	afskallede 52—60 med Skal 108—120
Fuel (Patent)	Briketts	Briketter	45
Ginger	Ingwer	Ingefær	
Glass	Glass	Glas	i Tremmekurve 130
Glass bottles	Glasflaschen	Glasflasker	i Tremmekurve 85
Glass plates	Glasplaten, Glasscheiben, Spiegelglass	Glasplader, Spejlglasruder	i Kasser 41
Glass ware (in casks)	Glaswaren (in Fustagen)	Glasvarer	i Fust. 300—350
Grain: Wheat	Getreide: Weizen	Korn: Hvede	løst 45—48
Rye	Roggen	Rug	i Sække 53 løst 47—50
Barley	Gerste	Byg	i Sække 60 løst 50—55
Oats	Hafer	Havre	i Sække 75—80 løst 70
Buckwheat	Buchweizen	Boghvede	i Sække 65
Beans or peas	Bohnen oder Erbsen	Bønner eller Ærter	i Sække 47 løst 44
Vetch	Wicken	Vikker	50
Maize, Indian corn	Mais	Mais	løst 50
Linseed	Leinsaat	Hørfrø	i Sække 57 løst 55
Rape-seed	Rapssamen	Rapsfrø	løst 53

siehe Seite 293

Englisch	Deutsch	Dänisch	1 Tonne = Kubikfuß
Grain: Sunflower-seed	Getreide: Sonnenblumensamen	Korn: Solsikkefrø	løst 100
Granite	Granit (Blocksteine)	Granit	16—19
Ground nuts	Erdnüsse	Jordnødder fra Gambia	58
Grass seeds, Timothy	Gras-samen	Græsfrø, Thimote	
Grindstones	Schleifstein	Slibesten	ca. 57
Guano	Vogeldünger, Guano	Guano	42
Gunpowder	Pulver	Krudt	
Gutta percha	Gummi	Guttaperka, Gummi	65—70
Gypsum	Gips	Gibs	i Sække 43
Hair, Horse-hair	Haare, Rosshaare	Haar, Hestehaar	i Baller 280
Hay	Heu	Hø	upresset 350 presset i Baller 117—125
Hemp	Hanf	Hamp	uskruet 180 skruet 120
Hemp seed	Hanfsamen	Hampefrø	i Sække 70
Manilla hemp	Manila Hanf	Manila Hamp	
Herrings	Heringe	Sild	i Tønder 78
Hides (salted)	Häute, gesalzene	Huder, saltede	45
— (dried)	— getrocknete	— tørrede	i Baller 120
Hops	Hopfen	Humle	260
Horns, Shavings, Hoof tips	Horn, Abschabsel, Klaue	Horn, Affaldshaar, Klove	løst 90—100
Ice	Eis	Is	ca. 50
Indian rubber	Kautschuk, Gummi elastikum	Gummi	65—70
Indigo	Indigo	Indigo	i Kasser 62
Iron, Bar iron	Eisen, Barren-Eisen	Jærn, Stangjærn	15
— Pig iron	Gusseisen	Støbejærn	10
Ivory, The tusks of elephants	Elfenbein	Elfenben, Elefanttænder	
Jaggery (damp sugar)	Rohzucker	Raasukker	i Sække 45
Jute	Jute	Jute	58—59
Kola (nuts)	Kolanüsse	Kolanødder	
Lamp-black	Kienruss	Kønrøg	
Lard	Schmalz	Ister (usmeltet Fedt)	70
Lathwood	Spalt- oder Splitt-Holz	Splitved	1 Favn, 216 eng. Kbf., bestuv. 350
Lead	Blei	Bly	8
Leather	Leder	Læder	90 til 225 Kbf. pr. Ton, eftersom det er indpakket
Leaves	Blätter	Blade	
Lime (Borate of)	Kalk	Kalk	
Linseed	Flachssamen (Leinsaat)	Hørfrø	i Sække 57

siehe Seite 293

Englisch	Deutsch	Dänisch	1 Tonne = Kubikfuß
Locust beans	Johannsbrot	Johannesbrød	85
Logwood	Farbholz	Farvetræ	92
Macaroni	Maccaroni	Makaroni	i Kasser 110
Magnesia	Magnesia	Magnesia	60—70
Malt	Malz	Malt	250
Manures	Dünger	Gødning	40
Marble	Marmor	Marmor	i Blokke 14 i Plader 17—20
Meat	Fleisch	Kød	i Tierces 52
Molasses	Sirup	Melasse (Sirup), Sukkersaft	70
Musical instruments	Musikinstrumente	Musikinstrumenter	
Mustard	Senf	Sennop	60
Naphta	Naphtha	Nafta	i Fade 63
Nuts	Nüsse	Nødder	
Oats, Oatmeal	Hafer, Hafermehl	Havre, Havremel	i Sække 80—85
Oil	Oel	Olie	i Fade 80
Oil cake and Poonac	Oelkuchen	Oliekager	i Sække 60, løst 50
Cotton cakes	Baumwollensamen-Kuchen	Bomuldsfrokager	54
Linseed cakes	Flachssamen-Kuchen	Hørfrøkager	54
Palmist seed cake	Palmkuchen	Palmekager	56
Olives	Oliven	Oliven	i Kasser 68
Opium	Opium	Opium	
Ore	Erz	Erts	
Oysters	Austern	Østers	i Fust. 60 (maa stuves paa Dækket)
Paints	Farben	Maling i Olie	16—20
Paper	Papier	Papir	100
Pepper	Pfeffer	Peber	
Petroleum	Petroleum (sv., fotogen)	Petroleum	i Fade 70, løst i Tanke 37
Phosphate of lime	Phosphorsaurer Kalk	Fosforsur Kalk	30
Phosphorus	Phosphor	Fosfor	1 Kbf. vejer 50 kg.
Pitprops	Pitprops	Pitprops	1 Petrograd Std. 165 eng. Kbf., be- stuver 200—220
Pitch	Pech	Beg i Fade	68
Pork	Speck, Schweinefleisch	Flæsk	i Baller 66
Potatoes	Kartoffeln	Kartofler	i Sække 55
Railway material	Eisenbahnmaterialien	Jernbane Materiale	
Rags	Lumpen	Klude	i Baller 140
Rape seed	Rapssamen	Rapsfrø	løst 53
Rattan or Rattan canes	Spanisches Rohr	Spanskrør, Rotting	
Redwood	Andaman, Sandelholz	Rødtræ, Sandeltræ	siehe Seite 293

Englisch	Deutsch	Dänisch	1 Tonne = Kubikfuß
Rice	Reis	Ris	i Sække 45
Rosin, Resin	Harz	Harpiks	
Rope: Hemp	Tauwerk, Hanf	Tovværk: Hamp	
— Manilla	— Manila	— Manila	
Rum	Rum	Rom	i Fade 66—70
Rye	Roggen	Rug	i Sække 53 løst 50
Sago	Sago	Sago	55
Salt	Salz	Salt	løst 37
Salpeter, Nitrate of Potash	Salpeter, Salpetersaures Kali, Indischer Salpeter, Kaliumnitrat	Salpeter, Kali Salpeter	i Sække 36
Salpeter, Nitrate of Soda	Salpeter, Salpetersaures Natron, Natriumnitrat, Chilisalpeter	Salpeter, Natron Salpeter	i Sække 36
Sadel and Japan Wood		Sandeltræ	
Slates, School-slates	Schiefer, Schultafel	Skifer, Skoletavler	i Tavler 15—18
Seeds	Samen	Frø	i Sække 50—60
Shellack, Sticklack, Seed lack	Schellack, (Samen-Körner-lack)	Shellak	60—80
Lac dye, Lac lace	Lackfarben	Lakfarve	
Silk	Seide	Silke	
Sleepers: Fir	Schwellen: Fichten, Føhren	Sveller: Fyr	1 Load, 50 eng. Kbf., bestuv. 75
„ Steel	Schwellen: Stahl	„ Staal	22
„ Cast iron	„ Gusseisen	„ Støbejærn	37
Soap	Seife	Sæbe	i Kasser 46
Soda	Soda	Soda	i Fust. 54
Spars	Spieker, Rundholz, Kappbalken	Spir, Rundholter, Kapbjælker	1 Tylvt bestuver 250
Spelter, Tin	Zinn	Tin	10
Spices	Gewürze	Kryderi	
Sponge	Schwämme	Svampe	
Standard (Petrograd)	Standard (Petrograd)	Standard (Petrograd)	1 Std. (165 eng. Kbf.) best. 200—220 Kbf., men vejer: Gran $2^1/_4$ Tons, Fyr $2^1/_2$ á $2^3/_4$ T., Lærketræ 3 á $3^3/_4$ T.
— (Gøteborg)	— (Gøteborg)	— (Gøteborg)	1 Std. 180 eng. Kbf.
Starch	Stärke	Stivelse	i Kasser 80
Staves (Oak)	Stäbe (Eichen)	Staver (til Tønder, Eg)	1 Mille, 1200 Stk., á 6' × 6" × 3" = 900 Kbf., bestuver 1300—1500

siehe Seite 293

Englisch	Deutsch	Dänisch	1 Tonne = Kubikfuß
Stearine	Stearin	Stearin	i. Sække ca. 100
Steel	Stahl	Staal	
Stores, Provisions	Ausrüstung, Proviant	Udrustning, Proviant	
Sugar	Zucker	Sukker	i Sække 50
Superphosphat	Superphosfate	Superfosfat	løst ca. 40
Sulphur, Brimstone	Schwefel	Svovl	løst 30
Syrup, Treacle	Sirup	Sirup	i Fade 65—75
Talc	Talkstein	Talk (mineral)	
Tallow and Grease	Talg und Fett	Talg og Fedt	ca. 70
Tar	Teer	Tjære	i Tønder 54
Tea	Thee, Tee	Te	i $^1/_1$ Kister 100 i $^1/_2$ Kister 110
Tiles, roofing	Dachsteine	Tagsten	25—35
Timber: Oak	Holz: Eichenholz	Tømmer: Eg	39
Oak battens	Eichenbretter	Egebræder	60
Oak battens	Eichenplanken	Egeblanchetter	65—85
Oak sleepers	Eichen-Schwellen	Egesveller	60
Oak staves	Eichen-Stäbe	Egestaver	56—72
Oak wainscoting	Eichen-Wagenschotte	Egevogntømmer Ege Vognskudblade	40 Load 3200
Ash	Eschenholz	Asketræ	ca. 60
Cedar	Cedernholz	Ceder	100—110
Spruce, white wood	Gran, Tannenholz	Gran	100
Lark	Lärckenholz	Lærketræ	58
Mahogany	Mahagoniholz	Mahognitræ	se Eg
Pine	Fichtenholz, Keifernholz	Fyrretræ	84
Pitch Pine	Pitch-Pine; Pechtannenholz	Pitch Pine	40—65
Walnut	Wallnussholz, Nussbaumholz	Valnøddetræ	10 $^0/_0$ mere end Eg
Tobacco	Tabak	Tobak	100—150
Tinplates	Eisenblecke	Blikplader	i Kasser 20
Tow	Heede	Blaar	270
Toys	Spielsachen	Legetøj	200
Turpentine	Terpentin	Terpentin	
Vanilla beans	Vanilleschoten	Vanille Bønner	
Varnish	Lack, Ferniss	Lak	
Vaseline	Vaseline	Vaselin	
Vinegar	Essig	Eddike	
Vitriol	Vitriolsäure	Vitrol (Syre)	
Waste	Twist	Tvist	
Water	Wasser	Vand	35
Wine	Wein	Vin	i Fade 75—80 i Kasser 66
Wool	Wolle	Uld	200
Zinc	Zink	Zink	5—10

siehe Seite 293

Das Stauen der Ladung

Bevor man Ladung an Bord nimmt, über deren Eigenschaften man noch nichts weiß, sollte man sich soweit wie möglich über die im jeweiligen Hafen geltenden Regeln über Laden, Löschen und Transport der Güter informieren.

Gleichfalls sollte man vermeiden, Konnossemente bezüglich Qualität und - wenn möglich - Quantität der Ladung zu unterzeichnen.

Das Stauen der Ladung spielt eine große Rolle; wenn man vernünftig staut, kann man mehr von einer leichten Ware an Bord nehmen als sonst. Bei schwerer Ladung kann man durch richtiges Stauen die Segeleigenschaften eines Schiffes entscheidend beeinflussen. Durch schlechtes Stauen kann man Mannschaft und Schiff in Gefahr bringen, wenn beispielsweise die Ladung übergeht und sich auf eine Seite verlagert.

Im folgenden wird der Versuch unternommen, zu veranschaulichen, auf welche Weise **das Stauen der Ladung auf die Bewegungen des Schiffes einwirkt.**

Das Schiff ist 32 Fuß lang, die Ladung wiegt 1000 Tons. Stellen wir uns vor, daß diese 1000 Tons Ladung zu jeweils 500 Tons in der Mitte und am Drehpunkt angebracht werden; ihr Moment wird dann 1000 x 0, also Null betragen. Die Ladung wird das Schiff nicht daran hindern, die Wellenbewegungen mitzumachen. Bewegt man die Gewichte um 5 Fuß von der Drehachse fort, wird ihr Moment (500 + 500) x 5 = 5000 Fußtons betragen; es bedarf in diesem Falle also einer beträchtlichen Energie, um die Ladung in Bewegung zu setzen. Auf der anderen Seite braucht es eine gewisse Zeit, um den Energiemoment aufzubrauchen, das heißt, bis das Schiff zur Ruhe kommt. Könnte die ganze Ladung an den Schiffsseiten gestaut werden, also jeweils 500 Tons 16 Fuß zu jeder Seite der Mitte, wird der Moment (500 + 500) x 16 = 1 600 Fußtons betragen. Um dieses Gewicht in Bewegung zu setzen, braucht man also noch mehr Energie als im vorhergehenden Fall. Oder mit anderen Worten: Wenn das Schiff von einer Welle getroffen wird, ist diese nicht in der Lage, den Moment auf einmal zu überwinden und bricht daher über das Schiff herein, bevor es Zeit hat, sich zu erheben; wenn es dann aber in Bewegung kommt, wird es noch lange weiterrollen, auch wenn die Welle längst vorbei ist. Ein Schiff, dessen schwere Ladung nahe zu den Seiten gestaut wurde, ist also tot und schwerfällig und kann sich nicht besonders gut gegen die Seen zur Wehr setzen. Wenn das Gewicht mehr zur Mitte hin verlagert wird, geht es besser.

Aus diesem Grund nehmen Eisenschiffe, bei denen man die Ladung mehr zu den Schiffsseiten staut, mehr Wasser über als Holzschiffe, bei denen die Materialdicke verhindert, daß die Ladung zu weit zu den Seiten gestaut wird.

Was die Krafteinwirkung in Schiffslängsrichtung angeht, so wird das Schiff schwerfälliger, je weiter die Ladung zu den Enden hin gestaut wird; es wird womöglich mit den Enden tief in die Seen tauchen. Wenn die Länge des Schiffes 200 Fuß beträgt und die Ladung, wie vorhin schon, in der Mitte angebracht wird, ist das Schiff in der Lage, die Wellenbewegungen mitzumachen. Bringt man das Gewicht allerdings bis zu 50 Fuß an jedem Ende an, wird der Moment in Fußtons (500 + 500) x 50 =50000 Fußtons ausmachen; man braucht daher bedeutende Wassermassen, um diesen Moment zu überwinden, oder, mit anderen Worten, das Schiff wird große Schwierigkeiten haben, Bug und Heck aus den Seen zu heben. Schlimmer kann es nur noch werden, wenn man das ganze Gewicht zu den Schiffsenden verlagert, nämlich (500 + 500) x 100 = 100000 Fußtons.

An den aufgeführten Beispielen läßt sich erkennen, daß selbst geringe Verlagerungen der Ladung von bedeutender Wirkung auf die Seetüchtigkeit des Schiffes sind, da das Gewicht mit der Länge des Hebelarmes multipliziert werden muß. Um ein ideal seetüchtiges Schiff zu bekommen, müßte also das ganze Gewicht in der Schiffsmitte gestaut werden. Ein derart beladenes Schiff würde allerdings - abgesehen von seinem Eigengewicht - so lebendig sein, daß es der geringsten Wellenbewegung nachgäbe, was ebenfalls nicht wünschenswert ist. Hier wie überall ist der Mittelweg die beste Lösung, die Ladung auf einem Schiff sollte unter allen Umständen so verteilt werden, daß es einigermaßen ruhig und doch nicht zu tot in der See liegt (wobei letzteres am schlimmsten ist), außerdem **darf es nicht überladen werden**.

In gleichem Maße, wie ein schlechtes Stauen die Schiffsbewegungen verstärkt, werden auch Material und dessen Verbindungen überbeansprucht. Durch das im vorangegangenen Besprochene ist sicherlich deutlich geworden, warum der Laderaum eines Schiffes niemals bis dicht an die Enden heran beladen werden darf. Schon beim Bau eines Schiffes muß dafür Sorge getragen werden, daß an den Enden genügend freier Raum bleibt, worin nur wenige oder leichte Waren gestaut werden dürfen. Solche Räume lassen sich zum Beispiel als Kabelraum, Proviantraum, Niedergang, Kajüte oder ähnliches nutzen.

Längere Schiffe beugen sich ein wenig in Längsrichtung, wenn man zuviel Ladung an einer Stelle anbringt. Daher werden Schiffe, die mit Erz, Kohle oder einer anderen schweren Last hauptsächlich in der Mitte beladen sind, ihre Lademarke bei weniger Gewicht erreichen, als wenn die Ladung gleichmäßig über das ganze Schiff verteilt wäre. Wird die Ladung an den Enden verteilt, macht das Schiff einen Buckel und die Lademarke wird über der Wasseroberfläche bleiben, auch nachdem das zulässige Gewicht an Bord ist. Dieser Unterschied kann bei einem größeren Schiff mehrere Tons ausmachen.

Berechnung des Tiefgangs

Hierzu soll ein Beispiel genannt werden, welches man bei einem praktischen Versuch ausführen kann.

Ein Segelschiff, das 105 Fuß lang, 25 Fuß breit, 10 Fuß tief ist (ohne Kiel) und einen Völligkeitsgrad von 75 pCt. hat, wird ein Deplacement von

(105 x 25 x 10 x 0,75) : 35 = 562,5 Tons haben.

Davon zieht man das Eigengewicht des Schiffes ab, circa 140 Tons, und übrig bleibt die Ladekapazität von 422,5 Tons.

(105 x 25 x 0,75) : (35 x 12) = 4,7 - das Schiff wird also durchschnittlich 4,7 Tons pro Zoll tragen können - am Anfang etwas weniger und wenn es beinahe beladen ist, etwas mehr. Wenn man davon ausgeht, daß das Schiff drei Luken hat (das Vorluk 33 Fuß, das Großluk 15 Fuß von vorn und das Achterluk 23 Fuß achtern von der Schiffsmitte entfernt), kann man durch einen Versuch herausfinden, wie viele Fußtons man benötigt, um die Steuerlastigkeit um einen Zoll zu verändern. Wenn man weiß, daß 10 Tons im Vorluk die Steuerlastigkeit um 6 1/2 Zoll verändern, wird man herausfinden, daß ungefähr 51 Fußtons die Steuerlastigkeit um 1 Zoll verändern (10 x 33 = 330 Fußtons. 330 : 6 1/2 = 51 Fußtons). Durch die Veränderung wird das Vorschiff heruntergedrückt und das Achterschiff angehoben.

	Vorn:	**Achtern:**
Der angenommene Tiefgang vor dem Versuch	9 Fuß 6 Zoll	9 Fuß 6 Zoll
Die Veränderung des Tiefgangs beträgt6 1/2 Zoll +	3 1/4 Zoll	3 1/4 Zoll
Eine Erhöhung des Gewichtes um 10 Tons ergibt	2 Zoll	2 Zoll
Der Tiefgang beträgt nun	9 Fuß 11 1/2 Zoll	9 Fuß 4 3/4 Zoll

Wenn man also 10 Tons im Vorluk unterbringt, wird das Vorschiff um 5 1/4 Zoll niedergedrückt und das Achterschiff um 1 1/4 Zoll angehoben.

Das Großluk desselben Schiffes wird mit 150 Tons beladen. 150 x 15 ergibt 2250 Fußtons, diese durch 15 dividiert, verändern die Steuerlastigkeit um 44 Zoll nach vorn und drücken 150 : 4,7 = ungefähr 32 Zoll nieder.

	Vorn	Achtern
Tiefgang vor der Beladung	6 Fuß - Zoll	6 Fuß - Zoll
Die Veränderung der Steuerlastigkeit beträgt:		
44 Zoll : 2 = 1 Fuß 10 Zoll	+ 1 Fuß 10 Zoll	- 1 Fuß 10 Zoll
Erhöhung des Tiefgangs um 32 Zoll	+ 2 Fuß 8 Zoll	- 2 Fuß 8 Zoll
Tiefgang mit 150 Tons in der Großlast	10 Fuß 6 Zoll	6 Fuß 10 Zoll

Wenn das Schiff in gutem Trimm liegt - das heißt, daß es die gewünschte Steuerlastigkeit hat - zusätzlich aber noch 50 Tons auf Vorder- und Achterschiff verteilt werden sollen, muß man so lange probieren, bis die Momente in Fußtons gleich groß werden. In diesem Fall wird man herausfinden, daß es für die Achterlast 23 Fuß x 30 Tons = 690 Fußtons und für das Vorluk 33 Fuß x 20 Tons = 660 Fußtons werden.

30 Tons im achteren Laderaum drücken das Achterschiff fast so stark herunter, wie 20 Tons im Vorluk das Vorschiff niederdrücken.

Die obenstehende Berechnung erhebt nicht den Anspruch großer Genauigkeit, außerdem muß daran erinnert werden, daß das Resultat sich entsprechend verändert, je nachdem, ob das Gewicht in die Mitte der Luken kommt oder mehr zu einem Ende hin verteilt wird.

Demjenigen, der sich eingehender mit diesem Thema beschäftigen möchte, sei das Buch "Kend Dit Skib" (in etwa: Lerne Dein Schiff kennen) empfohlen.

Um spätere Wiederholungen zu vermeiden, sei gleich an dieser Stelle betont, daß **beim Laden genau aufgeschrieben werden muß**, was Stückzahl, Markierung, Nummer und auch Verpackung angeht. Bei Ladungen, die gewogen und gemessen werden, markiert man gleichzeitig Gewicht und Maß. Alle Kollies, bei denen entweder die Planken gebrochen sind oder die verdorbene Waren enthalten, werden genauso zurückgewiesen wie Kisten, die Spuren gewaltsamer Oeffnungen aufweisen, oder Fässer, die halbvoll sind. Der Verlader wird diese Waren in der Regel nicht so gern zurücknehmen, weil sie für ihn Verlust bedeuten, aber noch ungereimter ist es, dem Schiff die Erstattungspflicht für die Fehler, die andere verursacht haben, aufzuerlegen.

Sollten die Waren nicht zurückgenommen werden, stellt man sie auf die Seite, quittiert ihren Empfang, aber nur mit ausdrücklicher Genehmigung des Kapitäns, im Löschhafen wird der Empfänger der Waren nämlich mit Sicherheit vom Schiff Erstattung für alle beschädigte oder fehlende Ware fordern. Es wird nichts nützen, wenn man im Löschhafen beteuert, daß das der Zustand sei, in dem man die Ware beim Verladen an Bord genommen habe; in jedem Falle aber müssen die Konnossemente oder andere Ladungspapiere mit einer entsprechenden Bemerkung versehen worden sein. Sollte die Ware während der Reise beschädigt werden, benachrichtigt man den Empfänger und setzt die Schadenshöhe fest, bevor die Waren gelöscht werden. Derjenige, der mit der Aufgabe des Anschreibens betraut ist, sollte jeden Tag mindestens einmal seinen Notizen mit denen des Kaufmannes vergleichen, um mögliche Abweichungen unverzüglich aufklären und in Ordnung bringen zu können. Vor dem Löschen der Waren wird dem Empfänger schriftlich Mitteilung gemacht, einen Talliemann zu stellen, der zusammen mit dem Talliemann des Schiffes die Ware noch einmal durchzählt, während sie das

Schiff verläßt und dann den Empfang der Ware quittiert. Kommt der Empfänger dieser Aufforderung nicht nach, muß - was das Schiff angeht - dennoch genau aufgeschrieben werden, was da jeden Tag an Land geht, allerdings darf der Talliemann dann keine weiteren Arbeiten ausführen. Bei einer Ladung Grubenhölzer beispielsweise darf der Talliemann nicht mitarbeiten, wenn man nicht riskieren will, daß die Auflistung im Falle von Rechtsstreitigkeiten für ungültig erklärt

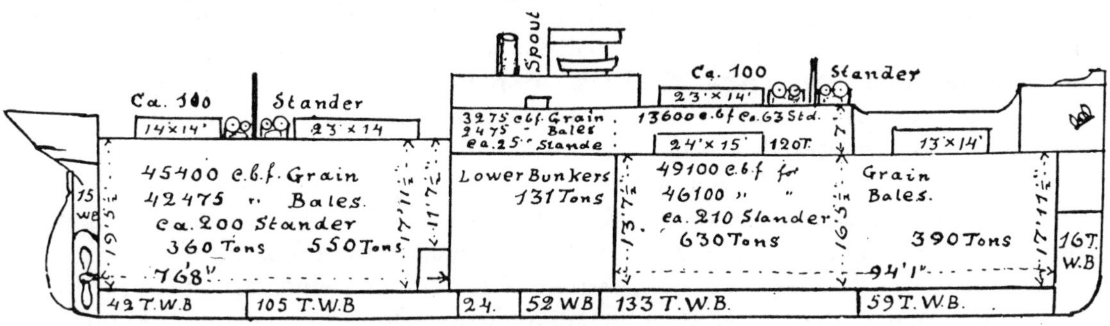

Fig. 459.

wird. Man zählt die Ladung aber nicht nur, um sich vor etwaigen Schadensersatzforderungen des Empfängers zu schützen, sondern auch, um die Zollauflagen zu erfüllen; hat man nämlich zu wenig, behaupten die Zöllner, man habe geschmuggelt, hat man zuviel, glauben sie, man wolle noch schmuggeln. Wenn es sich nur irgendwie einrichten läßt, sollte man das Laden und Zählen von Waren, die am Abend längsseits kommen, vermeiden, da die Ladung in so einem Fall die Nacht über auf Schiffsrisiko liegt. Sollte es sich einmal nicht vermeiden lassen, muß man in jedem Fall für eine zuverlässige Bewachung sorgen, sonst kann es passieren, daß ein undichter Leichter am Morgen gesunken ist, und die Ladung ist verloren oder beschädigt, oder ein Teil wurde einfach gestohlen.

Ladepläne. Man erspart sich einen Teil der Arbeit, wenn man sich einen Plan anfertigt, wie auf Fig. 459 zu sehen ist; auf diesem Plan sind die Größe von Laderaum, Luken und Bunker in Kubikmaß angegeben, außerdem Länge, Breite und Tiefe, die Größe der Luken, die Anzahl der Tons, die in den Ballastraum gehen, samt der Anzahl der Tons, die in jede der Luken kommen, um das Schiff im Trimm zu halten. Diese Auskünfte können noch durch andere ergänzt werden, zum Beispiel durch die Angabe der Schiffslänge, Breite und Tiefe und die Masthöhe über dem Wasserspiegel.

Heutzutage werden für jedes größere Schiff Ladepläne gemacht, sobald die Ladung an Bord genommen wird, um sie gleich richtig zu verstauen, die bestmögliche Raumausnutzung zu

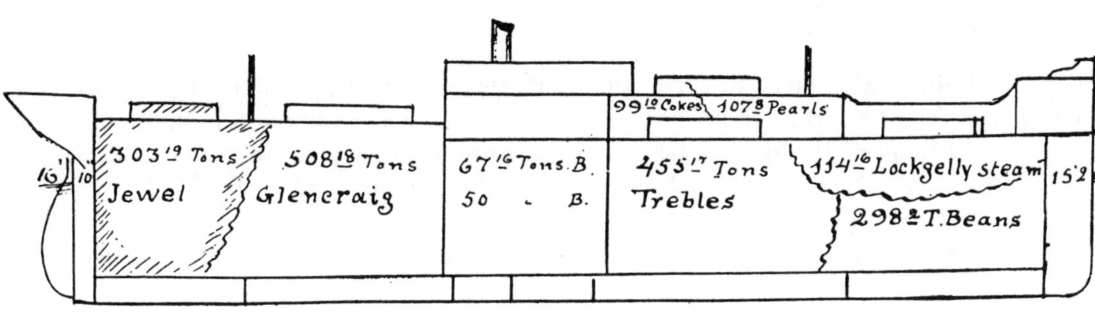

Fig. 460.

gewährleisten und um jede Partie zügig löschen zu können, ohne daß sie sich mit anderen vermischt.

Um einen Ladeplan aufstellen zu können, muß man wissen, wie viele Tons normalerweise in jedem Raum gestaut werden können und wie viele Kubikfuß jeder Raum hat, um sicher zu sein, daß diese Anzahl Tons auch tatsächlich hineinpaßt. Die Größe des Laderaumes wird in der Regel in Kubikfuß für **Getreide** angegeben, weil es den ganzen Raum ausfüllt, von den Schiffsseiten hinauf bis zwischen die Decksbalken, also das Fassungsvermögen des Schiffes voll ausnutzt. Das zweite angegebene Maß ist das für **Ballen** und Ladung, die nur bis hinaus zu den Wegerungslatten und hinauf bis zu den Unterkanten der Decksbalken gestaut werden kann, das Fassungsvermögen also nicht ganz ausnutzen.

Koks zum Beispiel füllt beträchtlich mehr Raum pro Tons als Kohle, und auch hier sind die Unterschiede je nach Sorte groß, ob sie nun schwer oder leicht, groß oder klein ist. Nußkohle nimmt zum Beispiel einen größeren Raum ein als **Schmiedekohle.**

Der Ladeplan darf nicht zu klein werden. Fig. 460 zeigt einen Ladeplan für Kohle und Koksladung. Man muß den Vorrat an Bunkerkohle oder Brennstoff bei der Ankunft angeben und nach dem Laden, wieviel man aufgenommen hat.

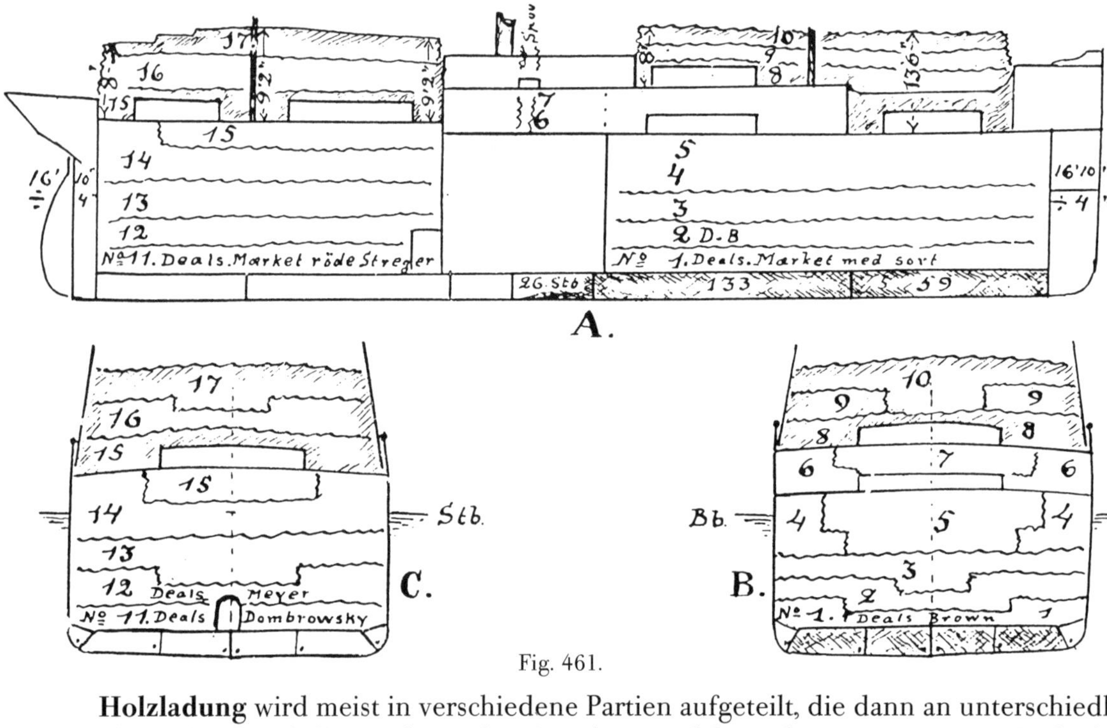

Fig. 461.

Holzladung wird meist in verschiedene Partien aufgeteilt, die dann an unterschiedlichen Stellen auf dem Schiff verteilt werden. Man kommt daher selten mit nur einem Ladeplan aus, wie zum Beispiel bei Kohle. Am besten fertigt man den Ladeplan ungefähr so an wie auf Fig. 461, mit einem Längsschiffsplan A, mindestens einem Querschiffsplan des Vorschiffes B und dem des Achterschiffes C. - Jede Partie im Laderaum wird deutlich gekennzeichnet mit Namen oder Nummer, meistens jedoch mit quer darübergezogenen Strichen, die während des Ladens und Löschens nicht so leicht verwischen; um der Deutlichkeit willen, sollte man für die verschiedenen Partien jeweils verschiedene Farben wählen.

Auf dem Ladeplan wird festgehalten, wie die jeweilige Partie markiert wird. Außerdem können Name des Eigentümers, Art und Dimensionen der Ware, Standardzahl etc..

Stückgut, Oelkuchen und so weiter, die an verschiedenen Plätzen geladen und gelöscht werden, machen die Verteilung schwieriger, da die Ladung während des Segelns einzeln gesichert werden muß, um die Seetüchtigkeit des Schiffes zu gewährleisten. Die Ladung muß so verteilt werden, daß die Waren, die zuerst gelöscht werden sollen, leicht zugängig sind und daß man ständig aus allen Luken an jeder Stelle laden und löschen kann.

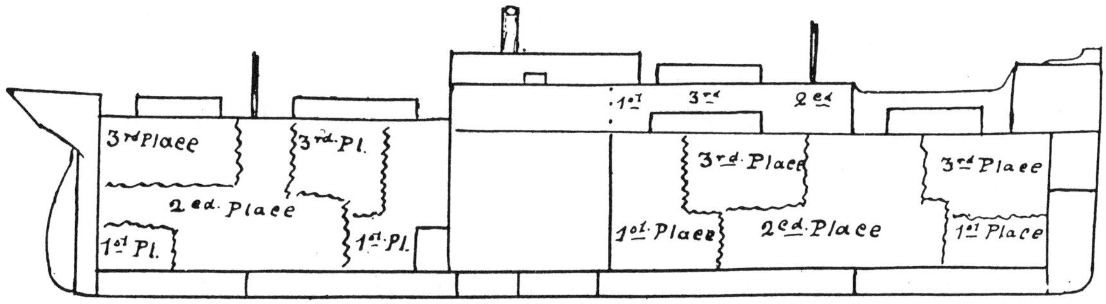

Fig. 462.

Fig. 462 zeigt einen solchen Ladeplan, auf dem die Waren auf die verschiedenen Plätze verteilt sind, zusätzlich kann man die Warenart eintragen. An dritter Stelle kommen also die Waren, die zuletzt gelöscht werden sollen, dann folgt der zweite und zum Schluß der dritte Platz.

Kohlen sind als Ladung so allgemein bekannt, daß man darauf nicht näher eingehen muß, um so mehr, als die Mannschaft nur selten etwas mit dem Stauen zu tun hat, da die Kohlen im Schiff fast immer von Kohlentrimmern gestaut werden. Die Kohle, die direkt aus den Minen kommt, ist immer sehr viel gashaltiger als die abgelagerte. (Siehe auch Abschnitt über Vorsichtsmaßnahmen beim Laden). Man muß darauf achten, daß die Kräne, mit denen die Eisenbahnwaggons entladen werden, so tief wie möglich in das Schiff hineinverladen, damit die Kohle aus möglichst geringer Höhe fällt. Die Kohle bleibt dann ganz und stellt für den Empfänger einen höheren Wert dar; außerdem entstehen nicht so viele neue Bruchstellen, aus denen wieder Gas entweichen kann. Es ist darauf zu achten, daß das Schiff gut vollgetrimmt wird. Wenn das nicht möglich sein sollte, läßt man die Schiffsenden als Leerräume frei. Man muß dafür sorgen, daß das Schiff geradeliegt und vorn und achtern den richtigen Tiefgang hat, bevor die Trimmer fertig sind. Außerdem dürfen diese die Lichter nicht zu hoch unter die Decke hängen, damit keine Löcher hineingebrannt werden, auch müssen sie alle Stumpen nach dem Laden abliefern, um sicher zu sein, daß im Laderaum kein brennendes Licht zurückgelassen wurde.

Heutzutage müssen alle Schiffe, die in England Kohle laden mit, **zwei Luftventilen** mit dem Mindestdurchmesser von 9" **in jedem Laderaum** versehen sein - angebracht wenn möglich an jedem Ende. Wenn das Schiff ein Zwischendeck hat, legt man ein Rohr vom Luftventil durch das Zwischendeck nach unten, um die Unterlast zu belüften. Das Rohr muß oben einen geringeren Durchmesser haben als das Luftventil, damit ein Zwischenraum bleibt, durch den die Gase vom Zwischendeck entweichen können. Diese Ventile sind für Oberflächenventilation berechnet und sollen eine Gasexplosion verhindern. Unter Deck muß Platz über den Kohlen bleiben, damit die Luft ungehindert zirkulieren und durch die Ventile entweichen kann. Aber selbst wenn der Laderaum gut vollgetrimmt wurde, bleibt in der Regel noch genügend Platz für die Luftzirkulation. Eines der Ventile wird in den Wind, das andere vom Wind weg gedreht. Der Zug im Laderaum geht gegen den Wind, und danach stellt man die Ventile ein. Nur bei Schlechtwetter werden sie abgenommen, und die auf Deck festsitzenden Rohre werden mit den entsprechenden Deckeln und einem Segeltuchhut abgedeckt.

Wenn Schiffe nicht ausreichend steif sind, muß man dafür sorgen, daß sie vor dem Beladen mit leichter Ware Ballast an Bord nehmen. Hierfür eignen sich am besten Steine. Das Stauen einer Ladung läßt sich eigentlich nur anhand praktischer Erfahrungen und durch das Beobachten professioneller Stauer lernen.

Planken und **Bretter** werden in Bodenlage über das ganze Schiff verteilt gestaut. Wenn das Schiff einen sehr starken Sprung hat, muß man die Bodenlage vorn und achtern erhöhen, so daß die Stapel so gut wie möglich durch den ganzen Laderaum unter die Balken passen. Die Bodenlage wird 4 bis 5 Fuß an die Balken herangelegt, und der Rest wird "aufgekistet", d.h. mit Kisten ausgefüllt.

Das heißt, daß man an beiden Seiten mit Stapeln beginnt, die parallel zur Mittschiffslinie verlaufen, und jeden einzelnen Stapel unter den Decksbalken festkeilt. Den Raum quer unter den Decksbalken füllt man ebenfalls aus, und schon beim Beginn des Einladens muß man solche Planken an die Seite stecken, die für Luken und andere Räume passen oder wo nur eine Lage hinunterpaßt.

Planken werden manchmal an den Kanten der Bodenlage und auf Deck gestaut, wenn man eine größere Partie derselben Breite hat. Wenn die Lage voll ist, drückt man einige Planken mit Hilfe eines Kuhfußes oder einer Holzkeule an verschiedenen Stellen, so daß sie dicht und fest sitzen. Wenn die Decksladung beim Beladen trocken ist, braucht man die Lagen jedoch nicht so fest zu keilen, da die Planken durch Regen- und Seewasser sowieso etwas aufquellen und gegen die aufrecht stehenden Planken drücken.

Balken werden genauso gestaut. Wenn es keine Bugpforten gibt, muß mittschiffs eine Staukiste geöffnet werden, die ausreichend tief ist für die großen Längen. Die Staukisten werden zum Schluß beladen; man baut mit den längsten Balken von beiden Seiten Stapel auf und hält die kürzeren zurück, um die Kiste zum Abschluß damit gut vollzuladen.

Pfähle (schwere runde Stämme) werden ebenfalls in Lagen vom Boden aus gestapelt, doch muß man die dünnen Enden der Pfähle immer nach achtern wenden und so weit ins Vorschiff ziehen, daß die ganze Lage gleichmäßig wird. Sie können nicht aufgekistet werden, sondern werden, wenn die Bodenlage so dicht unter das Deck gebracht wurde, daß man noch aufrecht stehen kann, entweder mit einem Stapel von den Enden an quer darübergestaut oder in einer schrägen Lage gegen die Schiffsseiten nach oben. Den Abschluß muß noch ein Stapel bilden.

Grubenhölzer (Pitprops)werden manchmal unsortiert angeliefert und müssen vor dem Stauen nach Länge sortiert werden. Beim Stauen beginnt man schon an den Schiffsenden vom Boden an mit Stapeln quer über das Schiff. Die Stapel werden so hoch über das ganze Schiff gebaut, daß obendrauf 4 bis 5 Fuß Freiraum bis zur Decke bleiben. Wenn alle unteren Stapel fertig sind, fängt man oben wieder an den Enden an und baut die Stapel bis unter die Decke.

Wenn ein Sortieren nach Längen nicht möglich sein sollte, muß man, wie bei Pfählen, in Längsrichtung stauen.

Eichenstäbe werden vom Mittschiff an im Schiff entlang auf die Kante gestellt, Lage auf Lage über das ganze Schiff verteilt, bis auf 4 bis 5 Fuß Höhe unter das Deck. Den Rest baut man von den Enden an zu Stapeln auf. Es ist darauf zu achten, daß die Enden nicht beschädigt werden oder daß die Stäbe selbst einen Riß bekommen, denn Eichenstäbe sind eine kostbare Ladung.

Decksladung. Bevor man Decksladung an Bord nimmt, müssen alle Luken gut verschalkt werden. Zusätzlich legt man auf die eigentlichen Persenninge alte Matten oder alte Segel, um ein Schamfilen zu verhindern. Die Lenzpforten werden geöffnet und alle Luftventile, die der Decksladung im Wege sind, werden wasserdicht abgeschlossen. An Ringbolzen oder

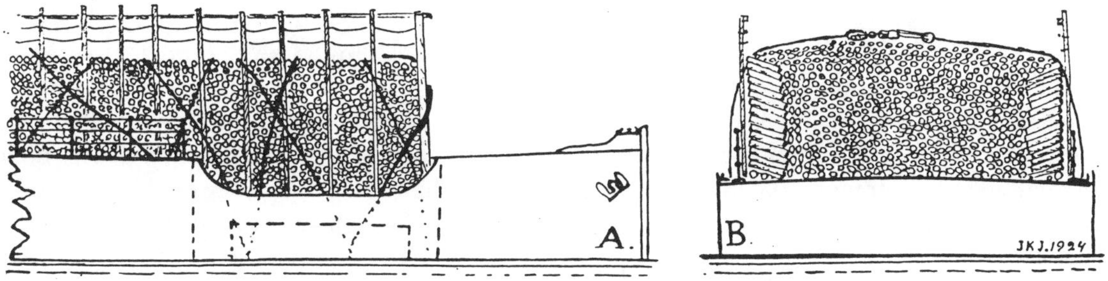

Fig. 463.

Stützen werden Zurrings angebracht. Auf Segelschiffen werden Nagelbänke im Rigg angebracht, woran dann alle Enden aufgefangen werden. Unter Balken, Brettern, Planken, Leichtern, Stäben und allen Arten von Hölzern werden Holzrippen quer über das Deck gelegt, damit das Wasser frei zu den Lenzpforten und Speigatten laufen kann. Diese müssen immer klar von der Decksladung gehalten werden. Wenn die Decksladung über die Reling kommt, müssen Stützen angebracht werden, damit die Ladung nicht über Bord geht. Wenn die Decksladung an das Rigg kommt, muß für Schamfilungsschutz gesorgt werden. Die Spills, die während der Reise benutzt werden müssen, hält man ebenfalls klar, genauso wie die ganze Ruderanlage und die Boote.

Wenn die Decksladung die gewünschte Höhe erreicht hat, wird sie querüber gut festgezurrt. Wenn die Ladung sehr hoch wird, zurrt man sie zum ersten Mal auf halber Höhe und dann später obenauf noch einmal fest.

Diese Mehrarbeit lohnt sich, da man auf diese Weise die Reling und eventuelle Stützen entlastet. Außerdem verringert sich die Gefahr, während der Reise etwas von der Decksladung zu verlieren oder daß das Schiff gar gewaltsam auf die gegenüberliegende Seite geworfen wird, wenn von der Ladung etwas über Bord geht. Es geschieht nicht gerade selten, daß Eisendecksstützen aus der Verankerung gerissen werden, wodurch eine Leckage entsteht, die vielleicht erst auf der folgenden Reise entdeckt wird. Man muß daher darauf achten, daß alle Decksstützen und Zurringbolzen genau untersucht werden, wenn das Schiff eine Decksladung gefahren hat. Mit Hilfe eines Hammers kann man sich schnell davon überzeugen, ob ein Bolzen lose oder gebrochen ist.

Leere Tonnen, Flaschen und ähnliches wird oft als Decklast geführt. In so einem Fall müssen alle gut zugepropft oder wasserdicht verschlossen werden, damit sie sich während der Reise nicht mit Wasser füllen und dann eine lebensgefährliche Schlagseite hervorrufen oder den Tiefgang gefahrdrohend erhöhen können. Koks wird ebenfalls als Decksladung gefahren. Wenn er über die Reling kommt, braucht man starke Stützen mit aufgenagelten Brettern oder Planken, die jedoch nicht ganz dicht zusammensitzen müssen, sondern einige Zoll Zwischenraum haben dürfen. Koks selbst kann nicht gezurrt werden; sobald Wasser übergenommen wird, werden die Stützen sehr stark belastet, dem kann entgegengewirkt werden, wenn man die

Stützen quer über der Decksladung zusammenzurrt.

Decksladung aus Rundhölzern preßt noch viel stärker auf die Deckslaststützen und die Aufbauten als die lose Ladung. Kurzes, rundes Holz (Papirtræ, Pulpwood) und kurze Props werden auf Dampfschiffen vorteilhaft querschiffs an beiden Seiten gestaut, und zwar so, daß die Enden zu den Schiffsseiten zeigen und nicht wie vorher, als das Holz immer längsschiffs liegen sollte. Wenn kurzes, rundes Holz querschiffs an den Bordwänden gestaut wird, kommt kaum Kraft auf die Bordstützen, besonders wenn die Stapel ein wenig Halt nach innen haben, wodurch sie sich gegenseitig stützen (Fig. 463 A, B).

Damit die Mannschaft sich sicher auf der Decksladung bewegen kann, wird ein zweckmäßiges Gitter angebracht. In England und einigen anderen Ländern gelten hierfür folgende Regeln: Die Gitterstützen müssen auf Deck ausreichend abgestützt werden, sollen mindestens 4 Fuß über die Decksladung hinausragen, und ihr gegenseitiger Abstand darf nicht mehr als 4 Fuß betragen. Die Stützen müssen untereinander durch Bretter, Stangen oder ähnliches verbunden werden, der Abstand zwischen diesen Verbindungen darf nicht breiter als 12 Zoll sein.

Getreideladungen. Bevor man Getreide an Bord nimmt, muß der Laderaum sauber, trocken und frei von der Gerüchen der vorherigen Ladungen sein. Die Staubspuren müssen gründlich entfernt und die Pumpen klargemacht werden. Wenn nicht gewährleistet werden kann, daß man jederzeit von Deck an die Pumpen herankommen kann, muß eine Pumpenkiste (4'x 5') gebaut werden. Die Garnierung muß überall "korndicht" sein, wenn das nicht der Fall sein sollte, stopfte man Werg in die Zwischenräume *).

Mittschiffs setzt man ein Schott aus 2"-Planken längsschiffs vom Kielschwein bis zu den Decksplanken, und selbst zwischen die Decksbalken muß man abdichtende Füllungen setzen, um das Uebergehen der Ladung zu verhindern, nachdem das Korn zusammengesunken ist. Es könnte notwendig werden, Versteifungen von den Schiffsseiten an das Schott zu setzen, um nicht Gefahr zu laufen, daß die Mittschiffsstützen brechen oder verbiegen, falls die Ladung anfängt zu verrutschen. Solche Versteifungen müssen solide an beiden Enden befestigt werden (Fig. 464).

Loses Korn fängt an Land bei einem Winkel von 30 Grad an zu rutschen, an Bord eines sich bewegenden Schiffes reicht ein Winkel von 15 Grad aus, um das Korn in Bewegung zu bringen. Es bedarf also nur einer ganz normalen Krängung. Wenn das Schiff nicht voll beladen werden kann, muß der überflüssige Raum durch solide Querschotten an den Enden abgeteilt werden, damit der übrige Raum ganz angefüllt werden kann. Es nützt nichts, anstelle von Schotten die Enden mit vollen Säcken oder einem anderen Gewicht abzudecken. Lose Kornladungen in Schiffen haben immer die Tendenz, nach vorn zu rutschen - aufgrund der Bewegungen des Schiffes in den Seen.

Es gibt verschiedene Vorschriften dafür, wie hoch die Garnierung bei Kornladung und anderer trockener Ladung zu sein hat. Bei Holzschiffen ist aber so gut wie immer solide garniert mit 9" (englisch) am Kielschwein, 15" an der Kimm und 2" an den Seiten. Man berechnet die Höhe von der festen Garnierung bis zur Oberkante der losen Garnierung.

Im Zwischendeck wird eine 2"-Garnierung gelegt.

Nachfolgend werden Beispiele für Bestimmungen in einigen Häfen angeführt:

---

*) Da der Boden eines mit Korn beladenen Schiffes sich senken kann, müssen alle Leisten sowohl oben als auch unten um das Pumpensüll und den Kettenkasten nicht an diese, sondern an Deck und Garnierungen genagelt werden. Die Leisten bilden dann eine ständige korndichte Verbindung.

Montreal: Garnierung bei Holzschiffen unter 1200 Tons: 9" am Kielschwein und 12" an der Kimm.

Garnierung bei Holzschiffen über 1200 Tons: 9" am Kielschwein und 15" an der Kimm.

Wenn es kein Schott gibt, dürfen höchstens 12000 Säcke in einen Raum geladen werden. Es soll mindestens eine zweizöllige Garnierung zwischen dem Korn und einer anderen Ladung vorhanden sein.

San Franzisco: Garnierung bei Holzschiffen: 10" am Kielschwein, 15" an der Kimm und 2" an den Seiten.

Garnierung für Eisenschiffe: 6" am Kielschwein, 10" an der Kimm und 2" an den Seiten.

Dampfschiffe, die mit Bodentanks ausgerüstet sind, brauchen keine Garnierung, wenn ihre feste Garnierung korndicht ist. Das Zwischendeck wird 2" garniert.

Die Balken (Strøer) unter der Garnierung werden in Längsschiffsrichtung unten an das Kielschwein und querschiffs in die Kimm gelegt, damit Wasser und Schwitzwasser ungehindert zu den Pumpen laufen können. Im Zwischendeck werden die Balken querschiffs gelegt, damit das Wasser an den Seiten aus den Speigatten laufen kann. An den Seiten werden auf und ab 1"-Leisten gesetzt. Außen werden sie von der Kimm bis zum Deck mit 1"-Brettern bekleidet, die so angeordnet werden, daß die Kanten des einen über die Kante des folgenden reicht. Ueber die ganze Garnierung legt man eine Lage Matten oder Segel.

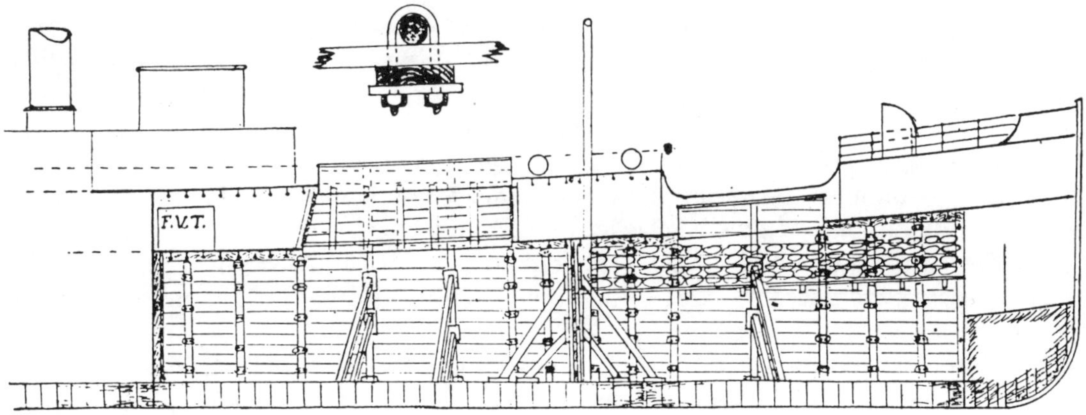

Fig. 464. Längs- und Querschotten

Masten, Pumpenkiste, Kettenkasten, Stützen und so weiter werden ebenfalls mit Matten bekleidet. Kleinere Schiffe können ganz mit Korn beladen werden, man muß nur dafür sorgen, daß der ganze Raum gut angefüllt wird, besonders zwischen den Balken. Auf größeren Schiffen werden nur die unteren Laderäume mit losem Korn bis zu einer Höhe von 4 bis 6 Fuß vom Deck aus beladen; obendrauf kommt eine Lage Bretter. Der Rest des Raumes wird mit Korn in Säcken in 4 bis 6 Lagen oder mit einer anderen Ladung gefüllt. Die Säcke müssen gut zugebunden oder -genäht sein, und man darf nicht zulassen, daß sie von den Stauern losgeschnitten werden. Diese Sackschicht soll die Ladung daran hindern, sich zu verschieben. Zusätzlich wird vielerorts der Bau von sogenannten **Feeders** (Fødere; Feeders) (Fig. 464), deren Rauminhalt circa 2 pCt. des entsprechenden Rauminhalts ausmacht, gefordert.

Diese Feeder bestehen aus soliden Holzrahmen, die um die Luken gebaut werden, die zu dem Raum hinunterführen, der mit Getreide gefüllt ist. Sie werden ebenfalls mit Korn gefüllt, welches nach und nach in den Laderaum sinkt und diesen immer voll hält. Feeder kann man selbstverständlich nicht auf dem Oberdeck bauen. Im Zwischendeck darf kein loses Getreide gefahren werden; hat das Schiff mehr als zwei Decks, darf kein loses Getreide in dem Raum zwischen oberem Deck und Hauptdeck gelagert werden.

Fast alle Getreidearten schwitzen sehr stark, man muß daher für gute Ventilation sorgen und darauf achten, daß weder Regen noch Seewasser in die Laderäume gelangen können.

Wärmeempfindliche Waren dürfen nicht unmittelbar an einem Schott gelagert werden, das an den Maschinen - oder Kesselraum grenzt.

Getrocknete Zichorienwurzeln, Eichenrinde, Oelkuchen und so weiter. Ein Schiff, das mit den beiden erstgenannten Gütern beladen ist, wird in der Regel zusätzlich Ballast an Bord nehmen müssen. All diese Waren gehören zu den leichtverderblichen Gütern, sind besonders empfindlich gegen Feuchtigkeit und verlieren - wenn sie schimmeln - an Wert.

Früchte. Apfelsinen, Zitronen, Tomaten, Zwiebeln und ähnliches wird in Kisten verpackt; Aepfel und Weintrauben in Fässern und Bananen entweder in Körben oder Gitterwerk. Alle Arten von Früchten sondern Wärme und Feuchtigkeit ab, sobald sie in den Laderaum eines Schiffes kommen, es muß daher für gute Ventilation gesorgt werden. Die Luftventile werden dafür in der Regel nicht ausreichen, und es ist anzuraten, die Luken während der ganzen Fahrt offenstehen zu lassen, sofern die Schiffssicherheit das zuläßt. Die Früchte werden durch Salzwasser nicht ernsthaft beschädigt; durch ihr eigenes Schwitzwasser und durch Regenwasser fangen sie aber schnell an zu verderben. Auch geschlossene Luken während einiger Sturmtage können ausreichen, um einen Teil der Ladung zu verderben. Es muß also zuallererst dafür gesorgt werden, daß ein kräftiger Luftzug im Laderaum die feuchte Wärme herausweht, bevor sie sich zu Tropfen verdichtet, die unter der Decke sitzen, herabfallen, die Verpackungen aufweichen und die Früchte vergammeln lassen. Die Luftkanäle, die am Boden entlanglaufen, nützen nicht besonders viel, besser sind waagerechte Oeffnungen, die vom Boden zu den Luken verlaufen und mit einer guten Oberflächenventilation in Verbindung stehen. Wenn man den Lukenrahmen mit Ladung füllen muß, sollte man zumindest dafür sorgen, daß an jedem Ende der Luke und querherüber eine circa 1 Fuß breite Oeffnung ist, die für Luftzufuhr in den unteren Räumen sorgt.

Unreife Früchte können Wärme besser vertragen als fast reife Früchte, die sehr schnell verderben können. Wenn die Früchte beim Pflücken Stoßstellen bekommen, werden sie nach kurzer Zeit verfaulen.

Als Regenschutz kann man Zelte über die Luken spannen. Um aber die Luftzufuhr nicht zu lange zu unterbrechen, sollten die Seiten des Zeltes sooft wie möglich angehoben werden. Tiefe Laderäume eignen sich nicht besonders gut zum Transport von Früchten, da die Verpackungen dem Druck, der sich aus dem Hochstapeln ergibt, nicht standhalten können, außerdem wird die Ventilation unzulänglich. Staut man die Waren, die keine Feuchtigkeit abkönnen, mit Früchten zusammen, müssen sie gut gegen die von der Decke tropfende Kondensfeuchtigkeit geschützt werden; am besten mit Persenningen. Feuchtigkeit ist am schlimmsten bei Frost, wenn Schnee auf Deck liegt oder wenn Wasser über das Schiff läuft.

Fässer. Hering, Teer, Petroleum, Wein und so weiter in Fässern. Bei Ladung dieser Waren bedarf es untendrunter keiner Garnierung. Es ist aber gut darauf zu achten, daß alle Tonnen längsschiffs gestaut und gut mit Holzklötzen (quoins) abgestoppt werden. Man beginnt mit einer Reihe Fässer, die man am Kielschwein entlang aufstellt. Genau in einer Linie und mit dem Spund nach oben. Unter jedem Faß liegt weiches Holz, so daß der Bauch des Fasses sowohl von Garnierung als auch vom Kielschwein frei ist. Außerdem darf die Kante an den Enden des einen Fasses nicht gegen den Boden des nächsten stoßen - wenn sie nicht genau Kante an Kante stehen können, muß Holz dazwischen gesteckt werden. Die folgende Faßreihe wird davorgelegt, die Fässer dürfen sich nicht berühren, außerdem dürfen sie die Garnierung nicht mit dem Bauch berühren. Wenn die erste Lage liegt, legt man die nächste um eine halbe Länge verschoben darauf. Dadurch kommt jedes Faß der zweiten Lage auf vieren der ersten zu liegen. Damit die Fässer sich nicht berühren, legt man Holz dazwischen; keines der Fässer darf mit dem Bauch irgendwo anliegen, weil sie sonst während der Reise leicht leckschlagen können. Beim Stauen sollte der Kuhfuß möglichst gar nicht oder nur sehr sparsam und vorsichtig benutzt werden; mit Stauholz darf nicht gespart werden.

Röhren werden nur drei Lagen hoch gestapelt.

Puncheons (Fässer mit 324 Litern und mehr Inhalt) nur vier Lagen hoch.

Petroleum, Teer, Hering etc. dürfen nur 6 Lagen übereinander gestapelt werden. Mehlfässer und ähnlich leichte Fässer können bis zu 8 Lagen übereinander gestapelt werden.

Stückgüter. Unter dieser Bezeichnung faßt man alle möglichen Arten von Ladung zusammen: Kisten, Tonnen, Säcke, Körbe (Gitterwerk) mit Steinen, Eisenstangen, Korbflaschen und so weiter. Es ist klar, daß diese verschiedenen Stoffe sich gegenseitig beeinflussen und beschädigen können - die ganze Ladung kann bei unsachgemäßer Lagerung verderben. Es ist dafür zu sorgen, daß die schwersten Waren auf dem Schiffsboden gestaut werden, jedoch nicht zu dicht an den Enden. Auch ist zu beachten, daß man mit schweren Waren nicht über Rosten mit Steinzeug, Korbflaschen, dünnen Kisten oder Ballen mit Manufakturwaren hantiert. Säcke mit Salz, Salpeter, Soda oder ähnlichem sollten nicht auf Eisengegenständen gelagert werden, weil diese rosten könnten. Ebensowenig sollten sie auf trockenen Waren, Zimt, Papier, Manufakturwaren oder ähnlichem gestaut werden. Petroleum, Terpentin oder andere stark riechende Stoffe dürfen nicht in der Nähe von Lebensmitteln, Wein, Früchten, Fisch oder anderen geruchsempfindlichen Waren gelagert werden.

Fässer mit flüssigem Inhalt dürfen nicht auf trockenen Waren gestaut werden, Säure oder andere ätzende Waren dürfen nicht in der Nähe von Waren gelagert werden, die bei Auslaufen dieser Flüssigkeiten Schaden nehmen könnten. Glas, Instrumente oder ähnliches muß mit Vorsicht behandelt und gegen Stoß gesichert werden. Maschinenteile müssen vor Bruch, Stoß und Rost geschützt werden. Sie sind so zu stauen, daß Markierungen und Nummern sichtbar sind.

Glaskisten werden quer zur Längsrichtung gestaut, da sie bei den Schlingerbewegungen des Schiffes leicht zu Bruch gehen - Säuren werden im folgenden Abschnitt noch näher besprochen.

Zucker wird teils in Matten oder Säcken, teils in Kisten oder Fässern gestaut. Beim Stauen ist darauf zu achten, daß der Zucker während der Reise als Sirup auslaufen kann. Raffinierter Zucker leckt nicht.

Salpeter wird in Säcken verschifft. Zum Einladen werden Segeltuchstropps oder Netze genommen. Laut Forderung deutscher Besichtiger (Besigtigelsesmændæ) muß die Garnierung am Kielschwein mindestens 6 Zoll, 9 Zoll an der Kimm und 2 bis 3 Zoll am Zwischendeck betragen, außerdem müssen alle Eisenteile gut abgedeckt werden. Die Säcke werden längsschiffs in gleichmäßigen Lagen gestaut. An die Schiffsenden kommt keine Ladung und sobald die Ladung über die Kimm ist, wird sie pyramidenförmig zur Schiffsmitte aufgebaut. Die Seiten der Stapel werden hier und da bis an die Schiffsseiten ausgebaut, um für eine Stütze zu sorgen, bis die Ladung zusammengesunken ist. Wenn das Schiff über ein Zwischendeck verfügt, wird dieses ebenfalls garniert und die Ladung wird pyramidenförmig aufgebaut. An den Schiffsenden wird keine Ware gestaut, da das Schiff nur zu circa 2/3 beladen wird. Wenn nach und nach die Ladung sinkt, verlagert sich der Schwerpunkt nach unten, es ist daher oft nicht zu vermeiden, die Ladung während der Reise von unten nach oben zu verlagern, um wieder ein leichteres Schiff zu bekommen. Im Laufe einer kurzen Zeit wird die Ladung so fest, als bestünde sie nur aus einem Stück. Salpeter ist **sehr brandgefährlich**. Bevor die Salpeterladung an Bord genommen wird, müssen alle Eisenteile sorgfältig zementiert oder gemalt werden, da sie sonst von der starken Lake, die noch lange nach Beendigung der Reise im Schiff Feuchtigkeit hinterläßt, aufgezehrt werden.

Baumwolle wird von Facharbeitern gestaut. Sie ist sehr feuergefährlich. Es darf daher weder Feuer noch Glut oder ähnliches in ihre Nähe kommen. Die Ballen werden in Stapeln gestaut, und erst wenn von Hand nichts mehr gepreßt werden kann, schiebt man starke Planken zwischen die Ballen und preßt sie mit Hebezeug so weit auseinander, bis noch ein Ballen dazwischen paßt. Das wiederholt sich so lange, bis die Stapel gut gefüllt sind. Sollte ein mit Baumwolle beladenes Schiff Leck schlagen, kann es gesprengt werden, sobald die Baumwolle durch das Wasser aufquellt.

Das gleiche passiert bei Getreideladungen. Jute, Wolle und ähnliche Waren werden auf die gleiche Weise gestaut.

Granit in Blöcken ist eine schwere Ladung, kann aber ohne Gefahr von jedem starken Schiff gefahren werden, wenn die Ladung sorgfältig gestaut und gut aufgebaut wird. Zum Stauen von jeweils 100 Tons Granit braucht man circa 3 Faden Brenn- und Stauholz. Die Ladung wird über circa 3/5 der Schiffslänge gestaut - auf einem Dreimast-Schoner wird zwischen Fockmast und Besan gestaut. Es ist darauf zu achten, daß jeder einzelne Granitblock eben liegt und nicht auf der Garnierung ruht. Bei scharfgeschnittenen Schiffen geht es am besten, wenn man bis zur Oberkante des Kielschweines Holz auffüllt. Seiten füllt man mit Stauholz auf, alle Blöcke werden sorgfältig verkeilt. Jede Lage wird ein wenig kürzer gelegt, als die vorangegangene, dadurch werden die Enden treppenförmig. Säulensteine (lange, schmale Steinblöcke) werden an Bord entweder an den Enden oder anderen Stellen gelagert, wo sie einem nicht zu starken Druck ausgesetzt sind, weil sie sonst leicht brechen. Hauptsächlich an den Luken werden die Steine so gelagert, daß man noch arbeiten kann.

Kantsteine. Steine für Bürgersteige sind ein großer Exportartikel. Diese Ladung füllt noch weniger als Granitblöcke; alle Steine werden längsschiffs auf die Kante gestellt, und zwischen jede Lage werden querschiffs Bretter gelegt.

Ein tüchtiger Stauer kann allerdings auch diese Ladung recht hoch aufbauen, wenn er die Steine nicht "Ende gegen Ende" setzt, sondern eine Oeffnung von circa 1/8 der Steinlänge läßt.

Straßensteine werden lose in den Laderaum geschüttet, aber nicht zu hart, da sonst die Kanten beschädigt werden. Mauersteine werden auf der Kante gestaut, füllen aber nicht den ganzen Laderaum des Schiffes, wenn die Reise über die offene See gehen soll. Wenn Mauersteine mit Wasser in Berührung kommen, quellen sie auf. Auf längeren Reisen über das offene Meer ist es zu empfehlen, die Mauersteine lose in den Laderaum zu schütten, dadurch werden sie über das ganze Schiff verteilt.

Eis erfordert einen vollständig sauberen Laderaum und wird Lage auf Lage über das ganze Schiff gestaut. Die Luken werden während der Reise geschlossen gehalten, Schmelzwasser muß so schnell wie möglich ausgepumpt werden. Schlimmer als Schmelzwasser ist jedoch noch Salzwasser, da Salz bekannterweise Eis und Schnee zum Schmelzen bringt.

Salz wird meist lose im Schiff gefahren. Es ist eine ziemlich schwere Last, die nicht mit Eisen in Berührung kommen darf, weil es dann rostet und das Salz braun färbt

Gesalzene Häute. Zum Garnieren unter der Ladung auf dem Boden und an den Seiten muß ein Stoff gewählt werden, der während der Reise nicht schimmelt, weil das schnell auf die Häute übergreifen würde. Die Ladung wird an Bord von Fachleuten gestaut, denn jede einzelne Haut wird mit den Haaren nach oben ausgebreitet und mit soviel Salz bestreut, wie man in beiden Händen halten kann und soviel Lake, wie sich in ein großes Kuhhorn füllen läßt. Auf längeren Reisen führt das Schiff außerdem Salz zur Herstellung von weiterer Lake mit sich, die über die Ladung gegossen wird. Das darf auf keinen Fall vergessen werden. Wenn gesalzene Häute mit Eisen in Berührung kommen, verderben sie, und das gleiche tritt ein, wenn sie mit Wasser durch ein Leck oder Schwitzwasser in Berührung kommen und die Lake fortgespült wird. Nach und nach sickert ein Teil der Lake aus den Häuten, sie wird abgepumpt und das Schiff wird auf diese Weise ein wenig leichter. Es kann daher im Ausgangshafen etwas tiefer als gewöhnlich beladen werden.

Schiefer ist noch schwerer als Granit und eignet sich als Ladung nur für starke Schiffe. Die Ladung wird nur über circa 3/5 der Schiffslänge verteilt. Die Schiefertafeln werden auf die Kante in Stapeln quer über das Schiff gestellt. Am Kielschwein, den Stützen, an den Seiten wird Heu oder Stroh zwischengestopft. Zwischen die Lagen werden sowohl unten als auch an den Enden dünne Holzleisten gelegt, so daß weder die Lagen noch die Stapel miteinander in Berührung kommen. Die Ladung wird an den Enden schrittweise verkürzt, damit sie möglichst hoch gestapelt werden kann und trotzdem nur kaum die Hälfte des Laderaumes füllt.

Wenn man den Schiefer auf die oben beschriebene Weise staut, nämlich quer zum Schiff, besteht die Gefahr, daß die eine Lage Schiefer sich in die darunterliegende arbeitet, wenn das Schiff hart in den Seen arbeitet. Dadurch übt der Schiefer einen gewaltigen Druck auf die Schiffsseiten aus, was auf Dauer zu einem Sicherheitsrisiko werden kann. Wenn nämlich die Lagen während des Segelns anfangen zu wackeln und sich öffnen, wozu sie an Bord besonders stark neigen, werden die Holzleisten zerschnitten, und die eine Lage wird sich in die darunterliegende pressen; den deutlichen Beweis dafür wird man dann beim Löschen sehen. Trotz allem gibt es immer noch Ladeplätze, wo es nicht zugelassen wird, den Schiefer auf eine andere Weise zu stauen.

Es ist unterdessen viel besser, die Ladung **längs** im Schiff zu stauen. Man beginnt am Kielschwein und setzt den Schiefer auf die Kante, quer mit der größten Länge überall dort, wo es sich machen läßt. Nur an den Enden setzt man Stapel quer über das Schiff, um die Längsschiffslagen abzustützen. Zwischen die Lagen legt man - genauso wie bei der anderen Staumethode - Heu oder Stroh oder Holzleisten. Wenn der Schiefer auf diese Weise gestaut wird, verteilt sich der Druck der Ladung in **Längsschiffsrichtung** und nicht querschiffs, wenn die Lagen sich ineinanderpressen sollten, dieser Druck schadet dem Schiff nicht.

Diese Methode, die vor allem in den Häfen von Wales praktiziert wird, hat außerdem den großen Vorteil, daß die Ladung besser im Schiff aufgebracht werden kann, weil man wie bei den Kantsteinen Oeffnungen lassen kann.

Erz eignet sich zum Transport ebenfalls nur für starke und nicht zu steife Schiffe, da eine volle Ladung Erz, die lose in den Laderaum geschüttet wird, nicht sehr viel mehr als ein Drittel des Laderaumes füllt. Die Ladung muß vorzugsweise mitten im Schiff und so hoch wie möglich gestaut werden. Alle Schiffe, die für diese Ladung besonders geeignet sind, haben hierfür die entsprechende Ausrüstung. Andere Schiffe können zu diesem Zweck entweder eine sehr starke Plattform auf dem Boden bauen oder sehr kräftige Kisten für diese Ladung anfertigen.

Eisenbahnschienen werden nicht oft in ganzen Ladungen an Bord genommen. Zuerst werden Balken quer über die Garnierung gelegt und die Eisenbahnschienen, dicht an dicht und gut verkeilt, längsschiffs, nicht zu dicht an die Schiffsenden heran, gestaut. Quer über jede Lage Eisenbahnschienen legt man eine Lage kräftige Balken aus Holz oder Eisenbahnschienen und dann wieder eine Lage längs, auf diese Weise fährt man fort, bis man die ganze Ladung aufgebaut hat. Die Balken dürfen nicht auf die Kante gestellt werden, auch müssen sie gut verkeilt werden, damit die Schienen auf See nicht zur Seite rutschen können, wodurch sie das Schiff schnell in Gefahr bringen könnten.

Waren, die weniger als 40 englische Kubikfuß pro Tonne (von 2240 lbs.) füllen, nennt man schwer. Bei solchen Waren berechnet man die Fracht nach dem Gewicht, wenn es sich um Stückgutladung handelt. Waren, die mehr als 40 Kubikfuß pro Tonne füllen, werden als leichte Ware bezeichnet und vermessen. Jeweils 40 Kubikfuß rechnen als Tonne, weil die Fracht hier nach Rauminhalt berechnet wird. Das gilt jedoch nicht überall, da Kohle zum Beispiel 42 bis 48 Kubikfuß Raum pro Tonne beansprucht.

Markierungen. Sollte es nötig sein, die verschiedenen Partien zu markieren, um sie beim Löschen leicht auseinanderhalten zu können, darf man dazu nicht zu haftende Farben verwenden; am besten ist Kreide. Manchmal reicht auch ein Kreidestrich an der Garnierung aus, um zu zeigen, wie lang eine Partie der Ladung ist.

Das gleiche gilt für Säcke, die Lebensmittel enthalten, gerade hier dürfen keine giftigen Stoffe oder solche, die nicht geruchsneutral sind oder durch die Verpackung ziehen, angewendet werden. Wenn ein Ladungsempfänger beweisen kann, daß durch die Markierung an Bord die Waren zu Schaden gekommen sind, wird er das Schiff zur Verantwortung ziehen. Stroh und Matten eignen sich unter gewissen Bedingungen gut zum Trennen der verschiedenen Partien.

Vorsichtsmaßnahmen beim Laden

Abgesehen davon, daß **Kohleladung** sich verschieben kann, ist sie zwei weiteren Gefahren ausgesetzt, nämlich Explosion und Selbstanzündung. Die **Explosionsgefahr** ist besonders in den ersten Tagen nach Anbordnahme der Ladung sehr groß, sie entsteht dadurch, daß die Kohle zu diesem Zeitpunkt Gasarten entwickelt, die - vermischt mit der Luft aus der Atmosphäre - gewaltige Explosionen hervorrufen können, sobald der kleinste Funke dazukommt. Man sollte also möglichst keine Kohle verladen, die gerade aus einer Mine kommt, weil sie sofort einen Teil Gas ausschwitzt, sobald der Druck, der unter Tage geherrscht hat, auf der Erdoberfläche nachläßt; dieses Gas kann sich dann im Laderaum eines Schiffes anhäufen und stellt eine große Explosionsgefahr dar. Weiterhin ist darauf zu achten, daß die Kohle beim Einladen und Trimmen nicht zu sehr beschädigt wird, weil dann durch die neu entstandenen Bruchflächen wieder Gas entweichen kann, der - mit dem Staub zusammen - leicht zu einer Selbstentzündung führen kann.

Kohle, die eine Zeitlang an der frischen Luft gelegen hat, ist nicht mehr so gashaltig wie frische Kohle. Feuchte oder nasse Kohle sollte auf längeren Reisen nicht an Bord genommen werden, obgleich hier die Meinungen über die Gefahr der Selbstanzündung recht geteilt sind. Nachdem die Kohle eingeladen ist, müssen die Luken so lange wie möglich offenstehen, die Lüfter werden aufgesetzt, und es ist für eine gute Oberflächenventilation zu sorgen. Es ist streng darauf zu achten, daß keiner den Laderaum oder angrenzende Räume mit Licht, Laternen, brennenden Pfeifen, Zigarren oder ähnlichem betritt. Wenn man doch einmal hinein muß, so geschieht das nur mit einer **Sicherheitslampe**; wenn diese Lampe das geringste Vorkommen von Gas anzeigt, muß sofort alles Licht und Feuer an Bord gelöscht und die Luken geöffnet werden, damit das Gas entweichen kann.

Selbstentzündung wird erst einige Zeit nach Reisebeginn zur Gefahr, wenn sich nämlich durch die verschiedenen Stoffe, die in der Kohle enthalten sind, Gas und Wärme entwickeln. Diese Wärme kann so intensiv werden, daß sich das Gemisch selbst anzündet. Man hat versucht, diese Wärme mit einem Rohrsystem abzuleiten, bevor sie zu stark wird, dieses Rohrsystem diente aber dann eher dazu, dem entstandenen Feuer die benötigte Nahrung in Form von frischer Luft zuzuführen. Jetzt benutzt man auf längeren Reisen nur noch Gasrohre, die am unteren Ende verschlossen werden. Diese Rohre werden im ganzen Laderaum angebracht und in regelmäßigen Abständen wird ein Thermometer hinuntergelassen, um die Temperatur zu messen. Sollte sie steigen, kann man eventuell die Selbstanzündung verhindern und seine Maßnahmen treffen oder gar einen Nothafen anlaufen, um Schiff und Ladung zu retten.

Karbit wird zu einer gefährlichen Ladung, wenn es mit Wasser in Berührung kommt, weil sich dann eine giftige und feuergefährliche Gasart entwickelt. Auch ungelöschter Kalk entzündet sich bei Berührung mit Wasser.

Baumwolle gehört ebenfalls zu den feuergefährlichen Ladungen, und selbst bevor die Baumwollballen an Bord kommen, reicht ein Funke aus, einen Ballen zum Glimmen zu bringen, was dann oft lange unbemerkt bleibt, bis das Feuer ausbricht.

Wenn man Baumwolle geladen hat, muß darauf geachtet werden, daß kein offenes Feuer oder Licht in die Nähe von Laderaum oder Ladung gelangt.

Petroleum, Benzin, Naphta und ähnliche Stoffe entwickeln Gasarten, die sehr leicht entzündlich sind; alles, was da Feuer oder Licht heißt, darf unter keinen Umständen in den Laderaum kommen, und solange eine solche Ladung an Bord ist, muß jede Form von Tabakrauchen untersagt werden. Da diese Ladung leicht leckt, muß man vorsichtig mit dem Abpumpen sein, und noch lange nachdem die Ladung gelöscht wurde, befindet sich genügend Gas an Bord, um bei der kleinsten Unvorsichtigkeit der Mannschaft das Schiff in die Luft zu sprengen oder einen Brand zu verursachen.

Salpeter brennt sehr heftig, sobald es angezündet wird. Reines Salpeter brennt allerdings nur, wenn gleichzeitig andere organische Stoffe zur Stelle sind, die als Docht dienen können, dazu reichen manchmal schon wenige Fasern von Säcken, Holzsplitter oder ähnliches.

Ein Leser der "Norsk Handels - og Søfartstidende" (Norwegische Handels - und Seefahrtszeitung) machte den Vorschlag, einige Tonnen mit Salpeterlake (1/3 Salpeter, 2/3 Wasser) und einige Pützen, besonders während des Ladens und Löschens, stehen zu haben, um Feuer im Laderaum sofort bekämpfen zu können, da diese Salpeterlake Gas oder Dampf entwickelt, welche besser löschen als Wasser.

Es gibt noch sehr viel mehr Ladungen, die leicht selbstanzündlich sind, zum Beispiel ölige Putzwolle, ja selbst gepreßtes Heu kann nach einiger Zeit so viel Hitze entwickeln, daß es sich selbst entzündet. Man muß daher ständig für gute Belüftung sorgen und dafür, daß niemand die Laderäume mit anderer Beleuchtung als einer Sicherheitslampe betritt, auch wenn man erst vor kurzem brennbare Ladung an Bord hatte oder solche, die Gase entwickelt.

Schießpulver, Dynamit, Granaten und andere Sprengstoffe werden oft als Teilladung befördert. Unglücke passieren mit diesen Stoffen allerdings nur aus Unvorsichtigkeit, sie entzünden sich in der Regel nicht selbst. Vor dem Anbordnehmen solcher Stoffe muß der Laderaum oder sonst eine mit Bedacht gewählte Stelle mit Matten oder Segeltuch ausgelegt werden. Der Raum sollte unter oder dicht bei einer Luke liegen, um im Falle von Brand, Blitzschlag oder ähnlichem sofort Zutritt zu haben und die Sprengstoffe zu entfernen. Kein Unbefugter darf den Raum betreten. Die Hafenbehörde wird dem Schiff den Platz zuweisen, wo die Ladung an Bord genommen werden kann; in der Regel dürfen sich keine anderen Schiffe in unmittelbarer Nähe befinden, auch muß die andere Ladung sich bereits an Bord befinden, ebenfalls Proviant und alles, was das Schiff für die Reise benötigt, denn sobald der Sprengstoff oder andere Stoffe sich an Bord befinden, wird der Anker gelichtet. Vor dem Beladen werden Feuer und Licht an Bord gelöscht, und am Masttop wird die rote Pulverflagge vorgeheißt, als Zeichen dafür, daß die anderen Schiffe sich in gebührendem Abstand halten müssen.

Beim Einladen muß gut darauf geachtet werden, daß die Sprengstoffe oder die Verpakkungen vor Stoß, Reibung und starken Erschütterungen bewahrt werden; besonders Dynamit entzündet sich und explodiert mit fürchterlicher Gewalt bei schon geringen Erschütterungen. Die Stoffe werden im Laderaum besonders sorgfältig gestaut, damit sie nicht hin - und herrutschen, wenn das Schiff sich in den Seen bewegt. Zum Schluß werden sie mit Segeln oder Matten abgedeckt, bevor die Luken geschlossen und verschalkt werden. Ein Schiff mit dieser Ladung an Bord muß auf jedem Mast einen Blitzableiter haben. Beim Löschen gelten die gleichen Vorsichtsmaßnahmen.

Säure wird oft in großen Mengen über das Meer transportiert. Sie darf allerdings nicht im Laderaum verstaut werden und auf keinen Fall in der Nähe von Waren, die beschädigt werden könnten, wenn ein Behälter platzen sollte. Normalerweise werden Säuren, Schwefelsäure, Salzsäure, Salpetersäure und ähnliches auf Deck verstaut, damit die Säure ins Meer fließen kann, wenn einmal ein Behälter kaputtgehen sollte. Wenn dieser Fall eintritt, muß man sehr vorsichtig sein, um keine Verätzungen oder Verbrennungen davonzutragen. Meist sind die Säurebehälter in Holzkisten untergebracht, diese Kisten sind mit Kalk, Kreide, Gips oder anderen Stoffen gefüllt, die die Säure teilweise neutralisieren können, falls der Behälter zerstört wird. Dadurch werden die zerstörerischen Eigenschaften der Säure teilweise aufgehoben, bevor sie auf das Deck fließt. Die Ladung kleinerer Schiffe besteht manchmal nur aus Schwefelsäure, die im Laderaum gefahren wird. Bevor eine solche Ladung an Bord genommen wird, pflegen die Holländer eine Lage Ton auf die Garnierung zu legen und diese gut und fest zusammenzustampfen, so daß der ganze Schiffsboden bis zur Kimm bedeckt ist. Anschließend wird die Ladung auf diese feste und dichte Lage gestaut.

Eine der wichtigsten Sicherheitsregeln bei Säure lautet, daß man die Behälter vor Stoß und Druck bewahren muß, damit sie nicht kaputtgehen; wenn das allerdings mal geschehen ist, müssen sie sofort über Bord geworfen werden. Ferner muß man dafür sorgen, daß alle Eisen - und Holzteile mit einer isolierenden oder neutralisierenden Masse abgedeckt werden, damit sie nicht von auslaufender Säure beschädigt werden können.

Andere Ladungen, die an Eisenschiffen zehren, sind Kupfererz, Superphosphat, Kreide und Salpeter. Guano - oder Knochenladung bringen Holzschiffe zum Verfaulen. Guano wird zu einem Brei, wenn Wasser dazukommt.

Leichtverderbliche Waren. Zu diesen gehören besonders die normalen Getreidesorten, außerdem Reis, Mais, Früchte, Oelkuchen, Zichorienwurzeln, Kartoffeln, Kopra und so weiter. Alle diese Waren benötigen eine gute Ventilation der Laderäume, um sie **vor Feuchtigkeit und Schwitzwasser zu bewahren**, auch muß die **entstandene Wärme** so schnell wie möglich abgeleitet werden, weil die Waren sonst schimmeln, rotten oder verderben. Zu den leichtverderblichen Waren gehören auch Tee, Butter, Tabak und vieles andere; solche Ladungen dürfen weder warm noch feucht gelagert werden, weil sie dann verderben - schon **durch den Geruch anderer Stoffe können sie an Wert verlieren**.

Selbst kleinere Mengen Oel können Marmor verderben, weil man die Oelflecken nicht wieder entfernen kann.

Es wird gesagt, daß ein Hauch Essig oder Petroleum eine große Partie Getreide ungenießbar machen kann.

Getreideladungen können gesundheitsgefährliche Gase entwickeln, wenn sie verrotten, auch blähen sie sich auf, wenn sie feucht werden.

Zu den leichtverderblichen Waren gehören auch Gips und Zement, weil diese Stoffe die Eigenschaft haben, Feuchtigkeit aufzusaugen, dadurch versteinern sie nach einiger Zeit und werden wertlos. Hauptsächlich bei Schiffen, die ein Leck haben oder vorher Salz, Salpeter oder ähnliche Stoffe geladen hatten, die Feuchtigkeit im Schiff hinterlassen, muß besonders gut aufgarniert werden, sonst besteht die Gefahr, daß die untere Lage der Ladung beschädigt wird.

Im allgemeinen können aber diejenigen, die an Bord arbeiten, am besten abschätzen, was in den jeweiligen Situationen zu tun ist, um die Ladung vor Beschädigung zu schützen. Geruch kann in der Regel durch Ventilation, brennende Kaffeebohnen oder durch Bestreichen mit Kalkwasser beseitigt werden. Fettstoffe lassen sich durch Bestreuen oder Bestreichen mit geschlemmter Kreide oder Pfeifenton entfernen. Feuchtigkeit läßt sich am besten mit Sägemehl in Verbindung mit Ventilation entfernen.

Löschspill, Laden und Löschen

Es mag ein wenig überflüssig scheinen, in einem Buch über Seemannschaft auch etwas über Dampf - und Motorspills zu schreiben; bei der heutigen Mannschaftsordnung gehört jedoch das Warten von Löschspills zu den Arbeiten, mit denen ein Seemann vertraut sein muß. Außerdem hat sich dieses Buch zum Ziel gesetzt, für alle anfallenden Arbeiten an Bord ein Wegweiser zu sein. Natürlich können sie nicht alle aus einem Buch gelernt werden, der Verfasser hofft jedoch, mit der Behandlung dieses Themas ein wenig zur praktischen Arbeit mit und an den Dampf - und Motorspills beizutragen und zu einer sorgfältigeren Behandlung dieser Hilfsmittel aufrufen zu können.

An die Stelle der Krüppelwinde (näheres in den vorangegangenen Kapiteln, Fig. 423) trat nach der Einführung von Dampf das Dampfspill, welches mit einer Handkurbel bedient werden kann, falls der Dampf versiegt. Mit dem Dampfspill bekamen die Dampfschiffe ein ausgezeichnetes Werkzeug zum Ankerlichten, Löschen, Laden und Verholen.

Viele große Segelschiffe wurden ebenfalls mit Dampfspills ausgerüstet, die ihren Dampf von kleineren Kesseln (Donkeykesseln) bekommen. Aus Platzmangel und anderen praktischen

Erwägungen bekamen die kleineren Schiffe keine Dampfspills.

In den letzten Jahren haben sich viele Segelschiffe einen kleinen Motor angeschafft, der Anker - und Löschspill, Pumpen und Feuerspritze antreibt.

Elektrische Spills *) wurden ebenfalls auf vielen Schiffen, besonders Motorschiffen, eingeführt.

Man kann also sehen, daß Maschinenspills auf allen möglichen Arten von Schiffen etwas ganz normales sind, und man kann nicht ausschließen, daß ein junger Mensch, der zum ersten Mal zur See fährt, ein Dampf - oder Motorspill betreiben muß. Aus diesem Grunde dürfte eine kurze Beschreibung dieses Spills von Nutzen sein.

Dampfspill. Ein Dampfspill besteht aus folgenden Hauptteilen (Fig. 465): einer **Fundament- oder Grundplatte** (Fundamentplade; Base-plate, Bed-plate), die in der Regel aus Eisen gegossen ist und Löcher hat, in die die verschiedenen Teile solide festgebolzt werden können. Die Fundamentplatte selber ist auf Deck oder, was noch besser ist, in circa einem Fuß Höhe an den Längsträgern festgebolzt. Das Spill ist dadurch leichter zugängig und dem Seewasser nicht so stark ausgesetzt. Auf der Fundamentplatte stehen die **Seitenlagerböcke 2** (Spillbukke, Sidebitts), einer zu jeder Seite, sie tragen die zwei **Zylinder 3** (Dampcylinder, Cylinders), in denen der Dampf arbeitet, wenn er durch den **Schieber 4** **) (Glider; Valve) vom **Schieberkasten 5**

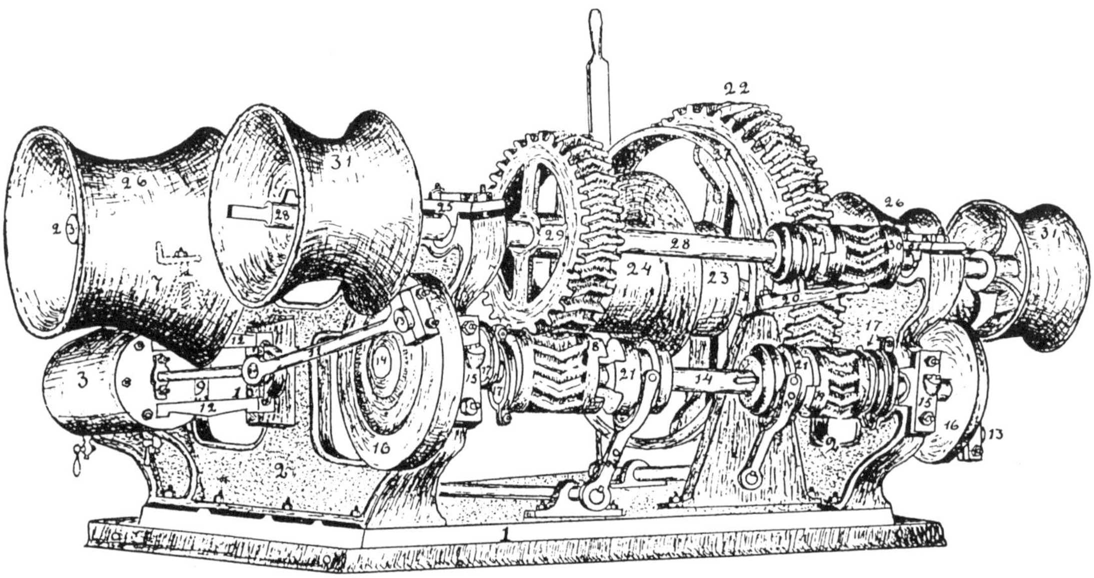

Fig. 465. Dampfspill

*) Diese befinden sich noch in einer ausgeprägten Entwicklungsphase, daher sollen sie an dieser Stelle nicht besprochen werden.

**) Die Nummern 4 bis 8 sind auf Fig. 465 nicht angegeben, da sie nicht sichtbar sind.

(Gliderkasse; Valve-casing, Steam-chest, Valve-chest, Valve-box) eingelassen wird. Der Dampf kommt aus dem Kessel durch das **Dampfrohr 6** (Dampræer; Steam-pipe), geht durch das **Absperrventil 7** (Stopventil; Stop -valve) in den Schieberkasten und weiter in den Zylinder, wo er auf den **Stempel 8** (Stempel; Piston) einwirkt, indem er diesen abwechselnd vom einen Ende des Zylinders zum anderen drückt. Diese Bewegung wird durch die **Stempelstange 9** (Stempelstang; Piston-rod), deren eines Ende am Stempel und das andere an einem **Kreuzkopf 10** (Krydshoved; Cross-head) befestigt ist, wo das eine Ende der **Pleuelstange 11** (Plejelstang; Connecting-rod) mit einem Bolzen fest ist, während das andere um einen **Kurbelzapfen 13** (Krumtap; Crank) greift. Damit die Stempelstange nicht verbiegt, wenn die Pleuelstange die Vorwärts- und Rückwärtsbewegungen des Stempels im Zylinder zu einer kreisenden Bewegung am Kurbelzapfen umsetzt, wird der Kreuzkopf von **Kreuzkopfführungen** oder **Kreuzkopf-Gleitplatten 12** (Kulisser; Crosshead-guide) gesteuert. Die **Kurbelwellen 14** (Maskinakselen; Crank-shaft) liegen in **Lagern 15** (Læjer; Bearings), worin sie herumgedreht werden können. Um die Bewegungen gleichmäßiger zu machen, sitzt am Kurbelzapfen ein kleines **Schwungrad 16** (Svinghjul; Fly-wheel). Außerdem sitzen auf der Welle vier **Exzenterscheiben 17** (Eksentrikskiver; Eccentrik-Sheaves), samt zweier **Getriebe** oder Drehlings **18 und 19** (Drev; Pinions), die auf der Welle frei rundlaufen, bis sie durch eine **Kupplungsklaue** oder **Zahnkupplung 21** (Udrykkermuffe, Glidermuffe; Clutch)durch einen **Ein- und Ausruckhebel** 20 (Udrykkertæj; Clutch-lever) mit ihr in Verbindung gesetzt werden.

Kupplungsklauen haben einen Nutgang und können auf der Welle verschoben werden. Eine Nut, die fest auf der Welle sitzt, zwingt die Kupplung mit herum. Die Klauen haben Nocken, die in die entsprechenden Einschnitte auf der Getriebenabe greifen können und sie dadurch zwingen, sich mit herumzudrehen. Die Muffen werden von Hebeln in ihrer Stellung gehalten. Eines der Getriebe greift in das **große Stirnrad 22** (Kamhjul; Main-spur-wheel) und treibt es herum. Das große Stirnrad sitzt auf der **Hauptwelle 23** (Hovedaksel; Main-shaft), die mit einer schweren **Trommel 24** (Tromle; Barrel) für die Löschkette oder die Löschtaue versehen ist. Die Welle wird von so starken **Lagerdeckeln 25** (Dæksler; Bearing-keep) in ihren Lagern gehalten, daß sie das Gewicht aushalten, was durch das Spill geschoben wird. Auf der Achse sitzen an jedem Ende **Windenköpfe 26** (Spilkop; Warping-ends), und meist hat das große Stirnrad eine Vertiefung für ein **Bremsband 27** (Bremsebaand; Strape-brake). Das Bremsband ist aus Stahl und an einem Hebel befestigt, der mit dem Fuß bedient werden kann.

Dieses gerade beschriebene **einfache Spill** ist allerdings nicht immer kräftig genug, weshalb es noch eine zweite Welle, die **Vorlegewelle 28** (Forlagsakselen; Transmitting - shaft) gibt, mit einem kleineren **großen Stirnrad 29**, einem **Getriebe 30** und einer **Kupplungsklaue 21** samt einem **Windenkopf 31** an jedem Ende. Diese werden in Verbindung mit den vorher genannten meist zum Löschen von Getreide oder anderen Waren benutzt.- Wenn es um das Anheben großer Gewichte geht, setzt man die Maschine zuerst mit einem Getriebe 30 in Verbindung mit dem kleinen großen Stirnrad. Ein anderes Getriebe 30 auf der Vorlegewelle wird mit dem großen Stirnrad verbunden, auf diese Weise hat man ein **doppeltes Spill**. Damit kann man die Lasten nicht so schnell heben wie mit einem einfachen, es geht aber sehr viel gleichmäßiger, und die Winde wird nicht so stark beansprucht.

Zwei Dampfventile (Dampporte) führen vom Schieberkasten zu den entsprechenden Enden der Zylinder; es nützt allerdings nichts, wenn der Dampf gleichzeitig durch beide Dampfventile nach innen strömt, da der Dampfdruck auf beiden Seiten des Stempels gleich groß sein wird und dieser sich einfach nicht bewegen wird. Es fehlt also ein Pförtner, der den Dampf auf der richtigen Seite des Stempels einschließt und den verbrauchten Dampf auf der anderen Seite wieder herausläßt. Das ist die Arbeit des Ventils. Da der Dampf aber in den Zylinder hinein muß, bevor er auf den Stempel und dieser wiederum auf den Kurbelzapfen einwirken kann, muß der Exzenter, der das Ventil bewegt, vor dem Kurbelzapfen sein.

Mit einem Exzenter an jedem Schieber kann das Spill sich nur zu einer Seite herumdrehen. Möchte man erreichen, daß das Spill sich zu beiden Seiten dreht, braucht man noch einen Exzenter, der den Schieber zieht, wenn das Spill den entgegengesetzten Weg (oder zurück -) laufen soll. Um den Vorwärts - und Rückwärtsgang des Spills möglichst schnell umstellen zu können, sind die beiden Exzenterstangen mit einem Bogen verbunden, der mit einem Ausschnitt für den Klotz auf der Schieberstange versehen ist. Der Bogen läßt sich mit dem Umschalter bewegen.

Wenn man den Dampf in die Spills läßt, wird der sich zum Teil in den Dampfrohren abkühlen, und das Wasser, das sich dabei ansammelt, muß mit Hilfe von Entwässerungshähnen abgelassen werden, damit es nicht in die Maschine gelangt. Bevor man diese in Gang setzt, ist nachzusehen, daß die Zahnräder aller Maschinen - und Spillteile frei von Kohle oder ähnlichem sind und nichts zwischen den Kurbelzapfen klemmt, dann koppelt man das Spill von der Maschine. An jedem Ende der Zylinder befindet sich ein Entwässerungshahn, der geöffnet wird, damit das Wasser aus dem Zylinder entweichen kann, gleichzeitig wird das Absperrventil ein wenig geöffnet, so daß der Dampf entströmen kann. Damit der Dampf zu beiden Seiten des Stempels entströmen kann, bewegt man den Exzenterbogen - und damit den Schieber - mit dem Umschalter einige Male auf und nieder.

Um die Maschine nicht in Bewegung zu setzen bis sie vollständig aufgewärmt ist und von selbst anspringt, darf man nicht zuviel Dampf einlassen. Wenn kein Wasser mehr aus den Entwässerungshähnen tropft, werden sie wieder geschlossen. Falls man die Absperrventile zu stark öffnet oder vergißt, die Entwässerungshähne aufzudrehen, ist die Gefahr sehr groß, daß der Dampf, der sich zu Wasser verdichtet, Schaden anrichtet, da Wasser sich nicht zusammendrücken läßt, und der Raum zwischen dem Stempel und dem Ende des Zylinders ist nur klein, wenn der Stempel am Totpunkt ist. Die Enden der Zylinder können in Stücke geschlagen werden, und der Stempel arbeitet sich los; im besten Fall wird das Wasser durch die Buchse an der Stempelstange gedrückt und macht die Dichtung kaputt. Wenn jemand im Umgang mit Spills unerfahren oder gleichgültig ist, kann man das daran hören, daß er das Spill in Gang setzt, noch bevor die Maschine richtig angewärmt ist - der gewaltige Schlag im Zylinder verrät es deutlich.

Während die Maschine aufwärmt, werden gleichzeitig mit dem Spill die Lager, Stempelstangen, Kreuzkopfführungsplatten, Kreuzkopf, Kurbelzapfen und die Zähe des Groß-Stirnrades sorgfältig geschmiert. Außerdem gleiten die Kupplungen ein und aus, während die Wellen geschmiert werden. Gleichzeitig sieht man nach, ob sich auch kein Sand oder Staub in den Schmierlöchern befindet; kommt dieser nämlich in die Lager, verursacht er großen Verschleiß. Sobald die Maschine aufgewärmt und geschmiert ist, wird das Spill angekuppelt, danach rührt man sie ein wenig, das heißt, man läßt Maschine und Spill ein wenig laufen, danach sind sie gebrauchsfertig.

Wenn gehoben werden soll, läßt man zuerst ganz wenig Dampf einströmen, um die Lose dichtzuholen, dann öffnet man ganz, weniger oder mehr, ganz wie es die Umstände erfordern; derjenige, der in der Bedienung eines Spills nicht so geübt ist, muß ganz vorsichtig arbeiten, und wenn ausreichend hoch gehievt wurde, stoppt man die Dampfzufuhr mittels Absperrventil. (Sollte das Absperrventil aus dem einen oder anderen Grund nicht funktionieren, kann man das Spill notfalls dadurch stoppen, daß man den Bogen des Exzenters mit dem Umschalter einfach zwischendrin vorwärts und rückwärts stellt, wodurch die Dampfzufuhr zu den Zylindern unterbrochen wird und das Spill sich überhaupt nicht mehr bewegt.) Soll gefiert werden, stellt man den Schieber rückwärts und öffnet die Dampfzufuhr ein ganz klein wenig - öffnet man zu weit, geht das Niederfieren zu schnell - und muß gleichzeitig parat sein zum Aufstoppen, wenn es verlangt wird. Geschieht das Niederfieren mit Bremse, wird diese festgehalten und die Maschine mit dem Ein - und Ausrückerhebel abgekoppelt, bevor gefiert wird.

Wenn es während der Arbeit Unterbrechungen geben sollte, während derer das Spill nicht gebraucht wird, sollte der Moment genutzt werden, um das Gerät zu schmieren und nachzusehen, um das Oel, das aus den Lagern austritt, zu entfernen und um das Spill insgesamt sauber und in Ordnung zu halten.

Wenn man mit den Spills fertig ist, werden sie ganz normal angefahren, was dadurch geschieht, daß man sie langsam in Gang setzt, während die Entwässerungshähne an Rohr und Spill offengehalten werden. Danach stoppt man die Dampfzufuhr vom Kessel und läßt das Spill selbst zum Stillstand kommen, wonach alle Absperrventile und Hähne geschlossen werden. Auf diese Weise bleibt so gut wie kein Dampf zurück, der sich zu Wasser verdichten kann, und wenn die Hähne geschlossen sind, können sich die Rohre bei schlechtem Wetter nicht mit Seewasser füllen.

Gleichzeitig muß man die Hähne schließen, um keine Luft ins Innere zu lassen, weil der Sauerstoff die Rostbildung auf den feuchten Flächen beschleunigt.

Bei Frost ist besonders darauf zu achten, daß kein Wasser in Rohren und Spill zurückbleibt, weil es friert und den Dampf daran hindert, zu den Spills zu gelangen, so daß die Arbeit des Löschens oder Ladens erst fortgesetzt werden kann, wenn die Rohre aufgetaut sind.

Schlimmstenfalls können die Rohre durch den Frost sogar platzen.

Wenn zwei Metallteile, zum Beispiel eine Welle in einem Lager, sich aneinander reiben, ohne ausreichend geschmiert zu sein, verursacht das nicht nur ungeheure Abnutzung, es entwickelt sich außerdem Wärme - die Welle läuft heiß - die so stark werden kann, daß das Metall schmilzt. Um sich diese Art Scherereien zu ersparen und außerdem den Reibungswiderstand so weit wie möglich herunterzusetzen, muß man gut und **oft schmieren**, besonders die Kurbelzapfen.

Ein gutes Schmieröl muß so stark tragen, daß die einzelnen Metallteile, die gegeneinander reiben, sich so gut wie gar nicht berühren.

Petroleum und ähnliches, welches schnell aus den Lagern läuft und die einzelnen Teile nicht klar voneinander trennen kann, taugt nicht als Schmieröl.

Die Schmierköpfe über der Hauptwelle haben oft eine mit einem Deckel versehene Schüssel, in die einer oder eine Reihe Dochte hineinhängen. Das andere Ende der Dochte geht durch das Schmierloch in der Welle, wodurch das Oel ganz langsam durch das Schmierloch hineinläuft. Wenn man diesen Docht in Ordnung hält, braucht man nur noch dafür zu sorgen, daß in der Schale immer Oel ist. Wenn das Spill zeitweilig nicht gebraucht wird, zum Beispiel über Nacht, nimmt man den Docht aus dem Schmierloch.

Das **Motorspill**. Hiervon gibt es so viele Arten, daß man nur über die allen gemeinsamen Grundzüge sprechen kann.

Was das Schmieren angeht, so sei hier auf das Kapitel über das Schmieren des Dampfspills hingewiesen.

Im vorangegangenen war es Dampf, der den Stempel bewegte, im Motor ist es Oel, gemischt mit Luft, welches im Zylinder zum Explodieren gebracht wird und dadurch den Stempel nach außen treibt. Während aber das Dampfspill doppelt wirksam ist, das heißt der Dampf drückt abwechselnd auf beide Seiten des Stempels, sind fast alle Motoren einfach wirksam und bekommen ihre Antriebskraft von nur einer Seite.

Motorspills (Fig. 466) laufen in der Regel nur in einer Richtung herum, können also nicht rückwärts laufen wie ein Dampfspill. Der Motor ist in einem Gehäuse aufgestellt und läuft während des ganzen Arbeitsvorganges (Löschen, Laden, Verholen oder Ankerhieven). Die Hauptwelle B geht aufs Deck hinaus und endet in einer Muffe C, die konisch abgedreht ist. Das Spill D hat eine entsprechende Verjüngung E, die durch einen Hebel F mit der Muffe C verbunden werden kann, wodurch das Spill angetrieben wird. Sobald hoch genug gehievt wurde, wird das Spill mit einem Bremsband G gestoppt, und die Verjüngung rückt vom Motor ab, der weiterläuft, während das Gewicht mit der Bremse gefiert wird.

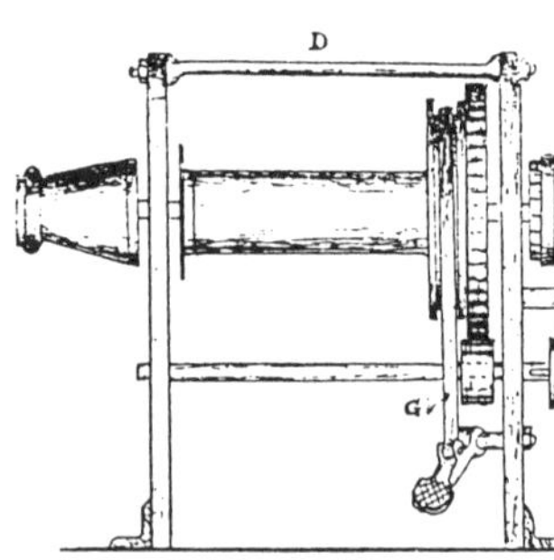

Fig. 466 A. Motorspill

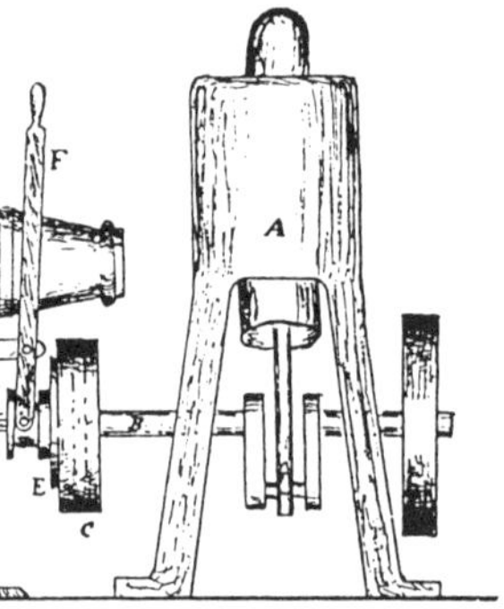

Fig. 466 B. Motor

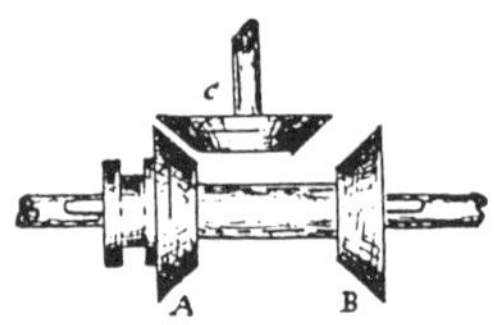

Fig. 467. Friktionsscheiben

Es gibt allerdings auch Systeme mit konischen Groß - Stirnrädern oder Friktionsscheiben, wodurch das Spill in der Lage ist, in beiden Richtungen zu heben, ohne daß der Motor den Gang wechselt. Auf der Motorachse (Fig. 467) sitzt eine Muffe mit zwei gleich großen konischen Friktionsscheiben oder Groß - Stirnrädern A und B. Diese Muffe kann auf der Motorwelle verschoben werden. Auf der Spillwelle sitzt eine entsprechende Friktionsscheibe oder ein Stirnrad C, und wenn C mit A verbunden ist, dreht es sich in die Richtung, die durch den Pfeil angegeben wird, und verbindet es mit B, welches sich in die gleiche Richtung dreht wie A, während das Spill sich in die entgegengesetzte Richtung dreht. Werden A und B von C getrennt, stehen Motor und Spill nicht in Verbindung.

Sowohl für Dampf- als auch für Motorspill gilt, daß das Spill mit aller Vorsicht an die Maschine gekoppelt werden muß. Plötzliche Rucks oder Stöße schaden jeder Maschine.

Es heißt, daß ein Spill mit einfacher Kraft arbeitet, wenn die Antriebskraft die Hauptwelle antreibt, und mit doppelter Kraft, wenn es die Vorlegewelle und die wiederum die Hauptwelle antreibt.

Das Löschen schwerer Lasten bringt keine so großen Schwierigkeiten mit sich, wenn ein Dampfspill oder andere mechanische Antriebskräfte zur Verfügung stehen.

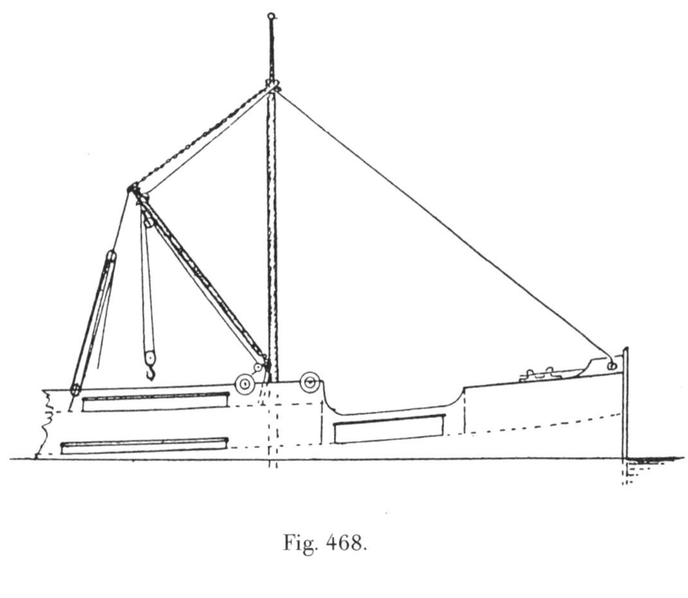
Fig. 468.

Beim Löschen schwerer Lasten gilt es nicht nur zu beachten, daß die notwendigen Hebevorrichtungen zur Verfügung stehen, sondern auch, ob die Ladebäume stark genug sind.

Auf folgende Weise lassen sich bis zu 7 Tons ohne Schwierigkeiten heben (Fig. 468). Mit einer neuen, 2 1/4-zölligen Stahltrosse legt man einen Rundtörn um den Mast über dem Gut. Der Mast muß mit Segeltuch oder ähnlichem gut vor dem Schamfilen geschützt werden. Von dort geht die Trosse durch einen kräftigen Block, der am Gewicht befestigt wurde, nach oben durch das Scheibengatt auf dem Baum und nieder zum doppelten Spill, wo der Tampen auf der Trommel festgesetzt wird. Den anderen Part der Trosse setzt man, so weit wie möglich vom Mast entfernt, auf der dem Baum entgegengesetzten Seite fest.

Der Baum bleibt in der gewöhnlichen Hängerkette hängen, der Schwanenhals wird mit einer Stütze von Deck aus versteift.

Die Stahltrosse macht also sowohl Pardune als auch Hanger und Ladeläufer aus, selbstverständlich müssen alle Geräte sorgfältig untersucht werden, bevor man mit der Arbeit beginnt. Wenn große Gewichte gehoben werden müssen, müssen noch kräftigere Werkzeuge aufgeriggt werden.

Es ist nämlich gar nicht so selten, daß Schiffe Dampfkessel an Bord nehmen müssen, die bis zu 30 Tons (60000 Pfund) schwer sind. Die Häfen, in denen diese Art Waren verschifft werden, verfügen in der Regel über Kräne, mit denen diese Arbeit bewältigt werden kann. In fremden Häfen bleibt es aber nicht selten doch der Schiffsbesatzung überlassen, die Gegenstände aus dem Schiff heraus und auf die Leichter zu schaffen.

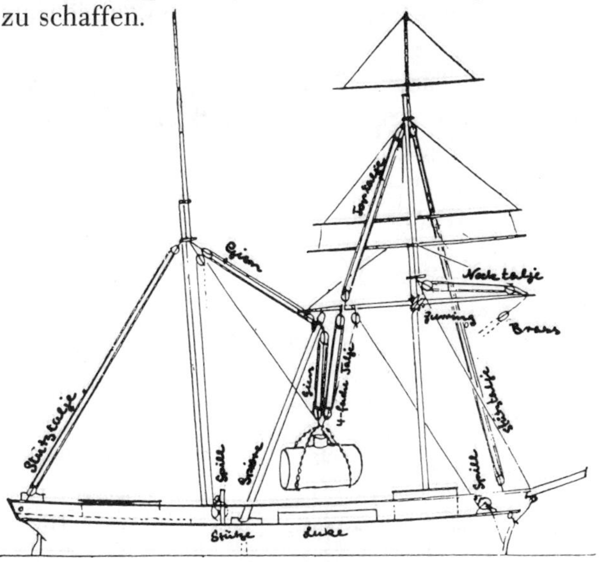

Fig. 469

Nehmen wir an, daß ein Gewicht von 20 Tons über die Steuerbordseite gehievt werden soll (Fig. 469). Die Fockrahen werden an Steuerbord eingebrasst, so daß die Nocken quer zur Großluke stehen, eine Toptalje wird an Steuerbord auf die Fockrah gesetzt, außerdem eine Nocktalje auf die Backbord-Nock bis zum Mast. Eine fünf- oder sechsfach-geschorene Talje wird auf die Fockrah gesetzt, direkt bei der Toptalje, und zwar so, daß sie über die Schiffsseite hinausragt. Wenn man sich nicht auf das Rack verlassen möchte, hakt man die Rah aus und zurrt sie an den Mast.

Dann braucht man eine Spiere, zum Beispiel eine Reserve-Marsstenge, oder, wenn man keine einzelne Spiere zur Verfügung hat, die kräftig genug wäre, zurrt man zwei zusammen und keilt die Zurrings gut steif. Unten fertigt man einen Schuh aus Planken für die Unterenden der Spieren, und oben nagelt man für die Gien kräftige Klampen an. Unter den Decksbalken vor dem Großmast, wo die Spiere stehen soll, setzt man schwere Versteifungen. Um den Top des Großmastes setzt man eine sechsfache Gien mit einem Läuferblock, während man den unteren Block circa 2 Fuß unter den Top der Spiere lascht. Als nächstes schert man eine sechs-, sieben- oder achtfache Gien derart, daß der Läufer in die mittlere Scheibe des Blockes kommt, sonst kann es leicht passieren, daß der Block sich um den Stropp verdreht, weil die größte Kraft auf den Läufer kommt. Ein paar der Parten werden sich ganz bestimmt überkreuzen, das ist aber nicht so schlimm wie das Drehen des Blockes (Näheres darüber, siehe unter Kielholen). Die Gien wird am Baum festgelascht, direkt oberhalb der Gien des Großtops, mit dem Läuferblock nach unten. Außerdem setzt man zwei schwere Taljen als Gerde auf den Top der Spiere, eine zu jeder Seite.

Der Schuh wird mit schweren Leisten versehen, damit die Spiere nicht abrutschen kann, der Schuh selbst wird auf Deck befestigt, um die Spiere werden unten nach vorn und zu den Seiten Zurrings gemacht. Vom Backbordbug wird als Stütze für die Stenge eine Talje auf die Vorstenge gesetzt, dort, wo die Toptalje ansetzt.

Wenn man befürchtet, daß der Großmast nicht stark genug ist, kann man ihn nach hinten mit Taljen abstützen. Die Spiere wird so weit mit der Topgien aufgerichtet, daß die große Gien mitten über der Luke hängt. Die Gerden werden dichtgeholt, eine zu jeder Seite, und festgesetzt. Es ist nicht zuverlässig genug, die Gerden in Bolzen an Deck oder Reling zu haken, und läßt sich kein solider Bolzen finden, nimmt man eine Kette unter den Schiffsboden, läßt sie durch eine Lenzpforte wieder hinein und befestigt die Gerde daran. Das andere Ende der Kette macht man um den Großmast fest.

Den unteren Gienblock lascht man mit Kette oder Tau mitten um den Kessel, den Gienläufer legt man in einen schweren, einscheibigen Block auf dem Großtop, bevor man ihn zum Spill gibt. Dadurch stützt der Gienläufer die Topgien auf dem Großmast, und es steht weniger Kraft auf der Spiere. Die vierfache Talje wird auf den Kessel an der Steuerbordseite der großen Gien gesetzt, der Läufer wird zum Spill gelangt. Auf die Steuerbordseite des Decks legt man Balken mit Planken darüber, bis sie in einer Höhe mit dem Lukensüll sind. Die äußeren Schiffsseiten werden gut mit Planken bekleidet, damit sie nicht vom Kessel beschädigt werden können. Derjenige, der die Arbeiten leitet, sollte sich so hinstellen, daß er alles überblicken kann und selbst gut gesehen wird. Nachdem er sich nochmal davon überzeugt hat, daß alles in Ordnung ist, gibt er den Befehl, an der großen Gien zu hieven, die Lose durchzuholen und die vierfache Talje mit einem Törn zu halten.

Langsam aber sicher wird das schwere Gewicht angehoben, und wenn es so hoch ist, daß es über Lukensüll und Planken streicht, hält man es an der großen Gien und hievt an der vierfachen Talje, bis die Gien über den Balken ist; dann wird die große Gien gefiert, bis der Kessel ein wenig ruhiger hängt, während an der Backbord-Gerde Lose gegeben wird und die Spiere so gedreht wird, bis der Top ungefähr über der Backbordreling ist. Die Gerden werden steifgeholt und der Kessel mit beiden Gien aufgeholt, bis er über die Reling kommt. Auf die große Gien wird ein wenig Lose gegeben, damit der Kessel ausschwingen kann; jetzt kommt das schwierigste Stück Arbeit, nämlich sowohl Gien als auch Nottakel gleichmäßig und ohne Rucken zu fieren. Am besten ist es natürlich, die Spills rückwärts laufen zu lassen, dadurch kann gleichmäßig gefiert werden. Besonders das stoßweise Fieren strengt sowohl das Tauwerk als auch die Rundhölzer sehr an.

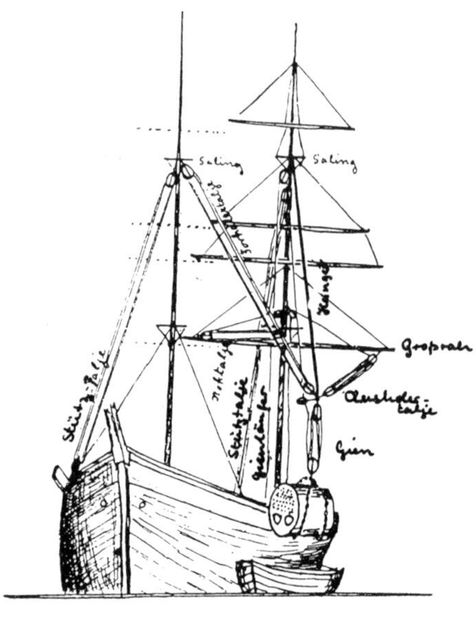

Fig. 470.

Wenn das Schiff an einem Kai liegt, und der Kessel soll an Land, setzt man nichts an die Fockrah, weil man den Kessel mit Hilfe einer schweren Gien, die an Land fest ist, auf den Kai hieven kann. Das schwere Gewicht wird eine starke Schlagseite verursachen, sobald es über der Bordwand hängt.

Auf Fig. 470 wird eine Methode gezeigt, bei der fast kein Gewicht an der Rah hängt. Zwei schwere Hanger - einer vom Großtop, ein anderer vom Vortop der Stengesaling - tragen die Gien, deren Läufer nach oben durch einen Block unter der Stengesaling weist, bevor er zum Spill gelegt wird. Die Stenge werden mit Taljen gestützt, die Großrah mit einer Nocktalje von der einen Nock bis zum Mast, da sehr großer Zug auf das Rack kommt, während die Ausholertalje dichtgeholt wird. Die Brassen müssen ebenfalls gut durchgesetzt werden. Der Läuferblock der Ausholertalje ist an der Großrah draußen beim Scheibengatt fest, der Läufer geht nach oben durch einen Block auf dem Groß-Eselshaupt und nach unten zum Spill. Der zweite Block sitzt direkt über dem oberen Gienblock fest und wird nicht geholt, bevor der Kessel nicht hoch genug hängt, um über die Reling zu kommen.

Wie kräftig muß das Werkzeug sein, um 20 Tons zu heben? Die Gien ist 7-fach, es sind also 7 Parten im unteren Block zum Tragen; 20 Tons = 40000 Pfund ergibt 5714 Pfund für jeden Part. Durch Reibung an den verschiedenen Stellen sollte man allerdings besser mit 1/3 mehr, also 7619 Pfund für jeden Part, rechnen. Das entspricht am ehesten einer Arbeitsbelastung für eine 9 1/2 Zoll Hanftrosse oder eine 3 1/4-Zoll Stahltrosse. Die Stropps um den Gienblock sind doppelt, das heißt 4 Parten um 40000 Pfund zu tragen, das sind 10000 Pfund für jeden, oder die Arbeitsbelastung für eine 3 3/4-zöllige Stahltrosse, sie ist also kräftig genug für die Stropps. Die übrigen Gien, nämlich Topgien im Großtop, die vierfache Talje und Toptaljen im Vortop sind solide, wenn sie die Hälfte der Arbeitsbelastung der großen Gien heben können, weil die Spiere einen großen Teil des Gewichtes tragen wird, wenn man sie nicht zu schräg stellt.

Es artet oft in Tierquälerei aus, wenn **Tiere an oder von Bord gehoben werden**. Ich habe zum Beispiel beobachtet, daß man einem armen Tier einen Stropp um die Hörner legte, um es von Bord zu hieven. Der Läufer wurde um das Dampfspill gelegt und eins - zwei - drei war das Tier hoch genug gehievt, um über die Reling zu gehen, wobei ihm einige Mann mit einigen Stößen "behilflich" waren, da das Schiff aber stark rollte, mußte das Tier einige Zeit in der Luft hängen, bis das Schiff wieder ruhiger lag. Man fierte das arme Tier, was dabei oft genug an die Schiffswand geschlagen wurde, in den Leichter hinunter. Als der Augenblick günstig war, hieß es "Laßt gehen!" und mit rasendem Tempo wurde das Tier auf die anderen Tiere oder zwischen sie herabgefiert. Viele brachen sich dabei die Beine, wenn sie auf den Boden des Leichters donnerten. "Die werden ja sowieso geschlachtet!" werden einige sagen. Das ist aber keine Entschuldigung, wir haben nicht das Recht, Tiere zu quälen, selbst wenn sie geschlachtet werden sollen.

Fig. 471. Ladeschlinge für Tiere

Fig. 471 zeigt eine Schlinge, die gut für das Tier ist und sich leicht anwenden läßt. Hoffentlich ist die Machart auf der Abb. auch ohne Zusatzerklärungen deutlich genug zu erkennen. Es soll nur noch bemerkt werden, daß eine normale Stute über 1000 Pfund und ein Pferd etwas weniger wiegt.

Havarie

Allgemeine Verhaltensregeln bei Havarie von Rigg und Schiff

Da so gut wie nie zwei Havarien unter denselben Umständen auftreten oder auf die gleiche Weise passieren, soll an dieser Stelle nur von einzelnen, typischen Fällen berichtet werden. Da auf der anderen Seite Havarien zu einem Gebiet gehören, auf dem die meisten unter uns glücklicherweise nicht allzuviel Erfahrungen sammeln können, dürften meiner Ansicht nach einige Worte darüber für den einen oder anderen von Nutzen sein. Zuallererst muß aber selbstverständlich alles zur Vermeidung einer Havarie getan werden.

Sowohl Schiff als auch Rigg und Ausrüstung müssen regelmäßig und gründlich nachgesehen werden und entstandene Mängel sofort ausgebessert werden, weil sie sonst leicht zu größeren Havarien führen können. Eine defekte Pardune kann unter Umständen zum Verlust sowohl von Stenge als auch Rahen und Segeln führen - von der unnötigen Verzögerung der Reise ganz zu schweigen. Eine schlechte Trosse kann beim Verholen brechen und Schaden anrichten - sowohl am eigenen als auch an fremden Schiffen. Ein beschädigtes Kettenglied kann zum Verlust der ganzen Ankerkette, des Ankers -ja, zu dem des ganzen Schiffes führen - von der Mannschaft gar nicht zu reden!

Wenn die nachfolgenden Aufzeichnungen auch nur einem Seemann von Nutzen sein können, haben sich die Schwierigkeiten, die mit dem Sammeln und Niederschreiben der Erfahrungen verbunden sind, schon gelohnt.

Hat sich eine Havarie ereignet, müssen alle zur Verfügung stehenden Mittel und Wege eingesetzt werden, um den Schaden so klein wie möglich zu halten, um zu verhindern, daß aus einer verhältnismäßig kleinen Havarie ein großes Unglück wird und unter Umständen zum Verlust des Schiffes führt.

Der Einfachheit halber beginnen wir mit den kleineren Havarien und gehen dann zu den größeren über. Die hier gegebenen Ratschläge lassen sich nicht immer in die Praxis umsetzen - es ist aber die Pflicht eines jeden an Bord, alles in seiner Macht Stehende zu tun, um Menschenleben, Schiff und Ladung zu retten.

Vorsegel- oder Stagsegelniederholer gebrochen. Bricht ein Niederholer, während das Segel niedergeholt wird, muß die Schot schnell wieder dichtgeholt und das Segel aufgeheißt werden, während man ein kräftiges Ende nach oben bringt. Man setzt einen Palstek um den Leiter und läßt ihn zum Fall hinunterlaufen, bringt den anderen Tampen aufs Deck und benutzt das Ende als Niederholer. Wenn man genügend Platz hat, kann man in den Wind gehen, so daß der Wind aus dem Segel kommt, während einige Mann es am Vorliek niederholen.

Luv-Marsschot oder Geitau gebrochen. Auf die Lee-Marsschot wird ein wenig Lose gegeben, und das Segel wird backgebrasst, so daß die Luvnock an Topnanten und Pardunen anliegt und dort festgezurrt werden kann, während ein Geitau eingeschoren und die Schot festgesetzt wird. Wenn Bramgeitau und Schoten brechen, kann genauso vorgegangen werden.

Luv-Obermarsbrasse gebrochen. Bramsegel und Untersegel werden geborgen, das Obermarssegel gefiert, Niederholer und Lee-Brassen werden gut dichtgeholt, während die Brasse neu geschoren wird. Schlägt die Rah danach zu stark, brasse man das Segel so weit back, bis die Luvnock der Rah anliegt und an die Pardunen gezurrt werden kann, während die Brasse geschoren wird. Luv-, Untermarsbrassen und Unterbrassen werden genauso geschoren.

Stag oder Leiter gebrochen. Man birgt alle Segel, die an dem Rundholz sitzen, welches von dem betreffenden Stag oder Leiter gestützt wurde, während eine kräftige Trosse - am besten Draht - an die Stelle des gebrochenen Stags oder Leiters gesetzt und gut dichtgeholt wird. Wenn man eine gewöhnliche Trosse benutzt, dürfen die Taljen nicht entfernt werden, damit das Stag schnell wieder durchgesetzt werden kann, nachdem das Tau sich gereckt hat.

Pardunen gebrochen. Die entsprechenden Segel müssen so schnell wie möglich geborgen werden, damit die Rundhölzer, an denen sie sitzen, nicht brechen. Wenn die Umstände es zulassen, sollte man so schnell wie möglich über Stag gehen oder halsen, so lange bis der Schaden behoben ist.

Luv-Wanten gebrochen. Entweder wird gewendet oder gehalst, bis der Schaden behoben ist.

Lose auf den Wanten bei Sturm oder hoher See. In der Regel sollten weder Taljereep dichtgeholt noch Wantschrauben angezogen werden, um nicht zu riskieren, daß Rigg oder gar Schiffsrumpf Schaden nehmen. Auch darf das Rigg nicht zu hart durchgesetzt werden, daß das Schiff seine Segeleigenschaften verliert, es sei denn, man gäbe wieder ein wenig Lose, sobald sich das Wetter bessert. Wenn das Schiff mit Eisenmasten ausgerüstet ist, muß man darauf achten, daß keine Lose auf das Rigg kommt, denn selbst die kleinste Krümmung im Mast verringert schnell seine Stärke.

Wenn man einige kräftige Spieren in 1/3 Höhe Abstand über Deck außen auf die Wanten setzt und zwischen Taljereeps von Seite zu Seite spannt, kann das Rigg entsprechend geholt und bei Wetterbesserung wieder gefiert werden.

Auf Schiffen, wo die Wanten gleichmäßig gefiert werden müssen, ist es am besten, wenn man vier zu diesem Zwecke bemessene Enden, jedes in der Mitte mit einer Kausch versehen, zu Hilfe nimmt. Das eine Ende wird mit einem Tampen auf das vordere und mit dem anderen auf das dritte Want gesetzt. Das zweite Ende setzt man auf das zweite und vierte Want, und die übrigen Enden werden genauso auf die Wanten der anderen Seite gesetzt. Dann schert man ein Taljereep durch die Kauschen und kann jetzt ganz leicht holen oder fieren, ganz nach den jeweiligen Verhältnissen. Auf Schonern muß man die Enden in der Regel nicht höher auf die Wanten setzen, als das Taljereep unter dem Baum liegen kann und somit klar vom Segel ist. Wenn nicht mehr gefiert werden muß, nimmt man das Taljereep ganz weg.

Man kann auch das vorderste und das folgende Want zusammen fieren, ebenso wie das letzte und vorletzte zusammen; damit aber die Webeleinen zwischen dem zweiten und vorletzten Want nicht springen, müssen auch diese beiden Wanten leicht zusammengezurrt werden. Wenn man auf diese Weise fiert, vermindert man die Stützfunktion nicht, die das Rigg für die Rundhölzer hat.

Gebrochene Gaffeln und Bäume werden mit Hilfe von Verschalungshölzern gelascht (Fig. 239).

Gebrochene Obermarsrahen. Die Rahen werden niedergefiert, bis sie in Topnanten und Fall hängen, die Niederholer werden dichtgeholt und die Topnanten auf die Untermarsrahen gesetzt, falls dort noch keine sind. Danach kann man die Obermarsrahen in Luv und an der Achterkante der anderen Rahen aufs Deck nehmen. Sollte man keine Reserverah zur Verfügung haben, muß die abgebrochene mit Hölzern zu den drei Seiten wieder zusammengelascht werden; mit Rücksicht auf das Segel aber nicht an der Vorderkante. Zwischen die Hölzer werden Keile unter die Zurrings getrieben, um sie fester zu machen. Dann wird die Rah wieder aufgebracht.

Gebrochene Obermarsracks. Die Rahen werden niedergefiert, bis sie in den Topnanten hängen, die Segel werden backgebrasst und die Schoten bleiben fest, um die Rahen zu stützen, während sie an die Stenge gezurrt werden, bis der Schaden ausgebessert werden kann. Zuerst wird eine gut mit Fett eingeschmierte Matte um die Stenge gelegt, darauf wird die Zurring gelegt, jedoch nicht zu fest, damit die Rah rundgebrasst werden kann. (Siehe Racks).

Rack einer Unterrah gebrochen. Das Untersegel wird geborgen, und die Rah wird mit den Brassen gut an den Mast geholt. Zwei gute Taljen werden nach oben gegeben, der Läuferblock wird auf gleicher Höhe mit der Rah an der Vorderkante des Mastes festgesetzt, der zweite Block wird an der Achterkante der Rah, einige Faden von der Mitte, festgesetzt, der Läufer wird aufs Deck gewiesen. Die beiden Taljen werden genauso angebracht: eine zu jeder Seite der Rah, sie werden gegeneinander gut dichtgeholt, so daß die Mitte der Rah an der Mitte des Mastes sitzt. Bis das Rack ausgebessert ist, hindern die Taljen die Rah am Schlingern. Wenn man mit den Ausbesserungsarbeiten warten muß, werden Törns um Rah und Mast geschlagen, damit sie sich nicht mehr als vorher voneinander losmachen können. Ein dicker Holzklotz, der auf die Achterkante der Rah gesteckt wird, hält diese in einem Abstand vom Mast.

Klüverbaum ganz abgebrochen. Normalerweise bricht der Baum am Eselshaupt und hängt dann mit Segel und Takelage in Lee. Die Fahrt sollte so schnell wie möglich vermindert werden, damit der Baum keinen Schaden am Bug anrichten kann. Die Stümpfe werden mit einer Talje an Bord gehievt, damit man eventuell das Stück noch wieder aufriggen kann, selbst wenn der Baum einen ganzen Absatz kürzer sein sollte, so daß der Jager nicht mehr angebracht werden kann. Wenn die Bramstenge nicht genügend abgestützt werden kann, nimmt man sie herunter - man kann sie in so einem Fall als Klüverbaum ausriggen, falls sich kein passenderes Rundholz finden läßt. Das Bugspriet bricht in der Regel nur dann, wenn das Schiff gegen hohe Seen anstampft. Bei dieser Havarie verliert man meist auch sofort den Fockmast, weil er nicht mehr von den Stagen gestützt wird. Es wird sofort Ruder gelegt, die Achtersegel werden weggenommen, und das Schiff wird platt vor den Wind gelegt. Es wird vor kleinen Segeln so lange gehalten, bis das Bugspriet entfernt und der Fockmast nach vorn wieder abgestützt ist. Wenn es nicht gelingt, das Bugspriet zu bergen, läßt man die Tampen von Leiter und Stag ausrauschen, um sie aus dem Bugspriet zu scheren, wenn dieser allerdings kurz vor dem Steven gebrochen ist, kann der Leiter unter den Stumpf genommen und durch die Klüsen auf der anderen Seite wieder eingeholt werden, dadurch läßt der Mast sich am schnellsten wieder abstützen.

Im entgegengesetzten Fall werden Leiter und Stag durch die Ankerklüse von vorn eingeholt und mit recht viel Schamfiling darunter wieder angesetzt. Danach reiht man sie von beiden Seiten zusammen. Man sollte so schnell wie möglich anstelle des Bugspriets ein Rundholz ausriggen, dazu läßt sich gut eine Reservespiere verwenden, die zwischen den Leitern über den Bug ausgebracht wird, falls es nicht möglich sein sollte, sie am Platz des Bugspriets anzubringen. Wenn man keine Spiere in Reserve hat, holt man ein Stenge nieder und setzt diese als Spriet ein. Sollte kein anderes Wasserstag zur Verfügung stehen, nimmt man die Ankerkette, die durch die Ankerklüse ausgebracht wird. Auf jeden Fall sollte so schnell wie möglich irgend etwas Brauchbares geriggt werden!

Marsstenge gebrochen, direkt über dem Eselshaupt. Die Stenge wird so weit heruntergefiert, daß die beschädigte Stelle kurz unter dem Eselshaupt hängt, dann bringt man Schalungshölzer an, lascht sie gut fest, schlägt Klampen in die Stenge oder bohrt ein neues Loch für das Schloßholz und kürzt alle Pardunen und Stage.

Längssaling beschädigt. In so einem Fall muß die Marsstenge mit einer starken Zurring - durch das Loch des Scheibengatts über dem Eselshaupt - getragen werden. Sollte das Loch zu klein sein für die Zurring, kann man einen Kuhfuß hindurchstecken. Für die Zurring nimmt man am besten Draht oder Kette; die Törns müssen gekreuzt werden, damit die Zurring gut dicht kommt.

Untermast gebrochen. Alle am Mast sitzenden Rahsegel samt Stag- und Vorsegel, die eine Verbindung zum Mast haben, werden geborgen. Royal- und Bramrahen samt Bramstenge werden niedergeholt. Wenn der Mast kurz unterhalb des Mars beschädigt ist, legt man kräftige Verschalungen an, die reichlich über beide Seiten der Bruchstelle hinausragen. Die Verschalung wird gut dichtgezurrt, und es werden so viele Keile daruntergetrieben, bis das Ganze dicht ist. Wenn der Schaden im Gut auftritt, kann man keine Verschalung anbringen; Marsrahen und Untermarsrahen müssen daher aufs Deck gefiert werden. Die Marsstenge wird mit dem Fuß ein wenig unter den Mars gefiert, dann zurrt man die Marsstenge sowohl oberhalb als auch unterhalb des Mars gut am Mast fest, nachdem der Zwischenraum reichlich mit Holz ausgefüllt wurde. Ueber dem Mars kann man ein neues Loch für das Schloßholz bohren. Um die Stenge nicht zu schwächen, sollte man aber lieber eine kräftige Klampe an die Vorderkantes des Mastes unter den Fuß der Stenge bolzen, damit diese die Stenge trägt. Marspardunen und Leiter werden verkürzt und wieder angesetzt, die Marsrahen werden aufgeholt, und nötigenfalls wird ein großes Reff ins Obermarssegel gesteckt. Das Rack an der Unterrah wird entfernt und durch ein Taurack ersetzt (siehe Fig. 391), als Hanger dient eine Kette, die um den Masttop und über die Vorderkante des Mars nach unten gelegt wird. Die Unterrah wird auf der Mitte vor dem Schamfilen geschützt und wieder aufgegeben.

Mast über Bord. Ob die Havarie nun durch den Wind oder durch heftiges Schlingern hervorgerufen wurde - auf jeden Fall sollte man die Wrackteile so schnell wie möglich vom Schiff entfernen, bevor noch größerer Schaden am Schiff entsteht. Wenn möglich sollte sofort gewendet oder gehalst werden, um die Wrackteile auf die Luvseite zu bringen. Das Kappen von Masten kann unter Umständen die einzige Möglichkeit sein, um Schiff und Ladung zu retten. Wenn die Ladung sich während des Segelns verschieben sollte, muß man durch Wenden oder Halsen dafür sorgen, auf den anderen Bug zu kommen. Wenn sich weder das eine noch das andere machen läßt, weil das Schiff zu stark krängt und das Ruder fast ganz aus dem Wasser ragt und wirkungslos ist und das Schiff sich auch auf andere Weise nicht rechtzeitig auf den rechten Kiel bringen läßt, muß man die Masten kappen.

Zuerst wird der achterste Mast gekappt. Dann birgt man soviel wie möglich vom laufenden Gut, kappt Lee-Pardunen und Wanten von achtern und schlägt auf der Leeseite so hoch über Deck wie möglich tiefe Kerben in den Mast. Dann kappt man die Stage, nachdem die Brassen niedergeholt oder ausgeschoren wurden; Luv-Pardunen und Wanten zum Schluß, ebenfalls von achtern beginnend. Das letzte Taljereep bleibt aber so lange stehen, bis das Schiff sich nach Lee neigt. Wenn der Mast fällt, ist darauf zu achten, daß er gut frei vom Schiff kommt und nicht doch noch irgendwo festhängt. Sollte das Kappen eines Mastes nicht ausreichen, um das Schiff leichter zu machen, geht man zum nächstachteren Mast vor; man sollte jedoch - wenn es sich irgendwie machen läßt - das Fockrigg schonen. In jedem Fall sollten wenigstens die Untermasten gerettet werden. Bei einem Drahtrigg mit Wantschrauben kappt man die Bändsel; ist der Mast aus Eisen, bekommt er oberhalb der Verdopplungsplatte des Decks einige kräftige Schläge.

Wenn das Schiff vor Anker liegt und das Rigg gekappt werden muß, damit es nicht auf Land zutreibt, sollte man möglichst den achteren Mast stehen lassen und die vorderen kappen. Durch den achteren Mast bleibt das Schiff gut im Wind, außerdem können die Rettungsgeräte daran befestigt werden, wenn das Schiff trotz allem auf Land treiben sollte. Zuerst werden Wanten und Pardunen des Fockmastes von achtern gekappt, dann schlägt man zwei Kerben so hoch wie möglich in beide Seiten des Mastes, läßt aber das erste Want zu jeder Seite stehen, bis das Schiff zu einer der Seiten ausschert.

Dann kappt man gleichzeitig Stag und Luv-Want und - sobald der Mast fällt - auch das Lee-Want. Beim nächsten Mast geht man genauso vor.

Notmast. Wenn man Schiff und Besatzung durch das Kappen der Masten einer drohenden Gefahr entzogen hat, muß man von dem geopferten Rigg soviel wie möglich retten, um einen Hafen erreichen zu können. Zuerst werden die Masten durch Spieren ersetzt, die man aufstellt und an die Maststümpfe zurrt. Es ist gar nicht so leicht, auf einem schlingernden Schiff eine einzelne Spiere aufzurichten, oft ist es geboten, einen Bock als Mast aufzustellen, bis eine andere Spiere mit dessen Hilfe aufgerichtet werden kann. Als Pardunen und Stage dienen Verholtrossen. (Fig. 109 bis 111).

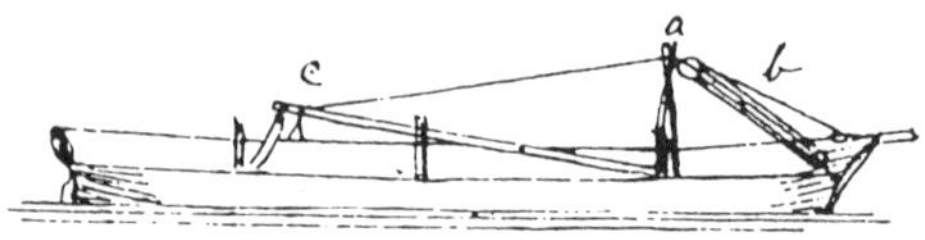

Fig. 472. Aufriggen einer Spiere als Notmast

In vielen Fällen läßt sich eine Spiere auch folgendermaßen aufstellen (Fig. 472). Das untere Ende der Spiere wird gegen die Achterkante des Mastes gestellt, wo sie aufgerichtet werden soll und zu beiden Seiten gut mit Zurrings abgestützt. (Zum Aufriggen des Spierentops, siehe unter "Topstek"). Zwei schmale Bäume - zu einem Kran geriggt - werden quer über das Schiff an das Unterende der Spiere gestellt. Der Kran wird aufgerichtet und unten so gestützt, daß die Beine nicht nach achtern rutschen können. Das eine Stag der Spiere legt man auf den Kran und setzt es gut am Kreuz fest. Dann zurrt man den Läuferblock einer Gien ans Kreuz und den vorderen Block außen vor. Den Gienläufer legt man um das Spill, und während man an der Gien hievt, muß das Top der Spiere zu den Seiten hin abgestützt werden; sobald Kran und Gien niedergehievt sind, kann man direkt an das Stag eine Talje schlagen und die Spiere ganz aufrichten. Dann zurrt man sie mit dem unteren Ende am Maststumpf fest.

Vorsteven geborsten. Beide Ankerketten werden außen vor dem Steven mit einem Schäkel verbunden, dichtgeholt, und der Steven wird wieder eingeholt.

Ankerklüse gesprungen. Man nimmt den Stock aus einem Warpanker, hängt ihn vor der Klüse über den Bug und holt ihn bei gefierter Ankerkette so hoch, daß diese über einem der Arme zu liegen kommt. Der Anker wird gut festgezurrt.

Ruderkette gebrochen. Dieses Unglück ereilt das Schiff in der Regel bei hoher See. Wenn man genügend Platz hat und sich keine anderen Schiffe in der Nähe aufhalten, muß man schnelle Fahrt voraus machen, um zu verhindern, daß das Ruder heftig an die Bordwände schlägt und dadurch unter Umständen verlorengeht, bevor die Steuerung wieder in Ordnung gebracht oder Taljen angesetzt werden. Man setzt Signal, daß das Schiff manövrierunfähig ist. Für kurze Zeit kann man die Kette mit Draht oder Hanfbändsel zusammenzurren. Bei Schiffen mit Ruderquadranten gibt es bisweilen eine Schraube, die man am Quadranten festschrauben kann und die dann wie eine Bremse wirkt.

Lecks. Es gibt verschiedene Ursachen für ein Leck. Zuerst muß aber nachgeforscht werden, wo sich das Leck befindet und wie groß es ist. Um das herauszufinden, muß man meist alle Fahrt aus dem Schiff nehmen. Vor- und Achterschiff sind in der Regel leicht zugängig. Holzschiffe springen häufig an den Stößen leck. Man setzt dann die Pumpen in Gang, um das Wasser so schnell wie möglich aus dem Schiff zu bekommen, außerdem peilt man die Pumpen. Wenn das Leck sich an einer Stelle befindet, die von innen zugängig ist, kann man bei einem Holzschiff die Zwischenräume zwischen den Balken um das Leck herum mit Holz, Werg und Talg ausstopfen; man muß aber darauf achten, es nicht zu kräftig hineinzutreiben, damit die Planken nicht auseinandergehen. Hat man keinen Zugang von innen, muß versucht werden, ein Segel unter den Schiffsrumpf zu bringen (Fig. 473).

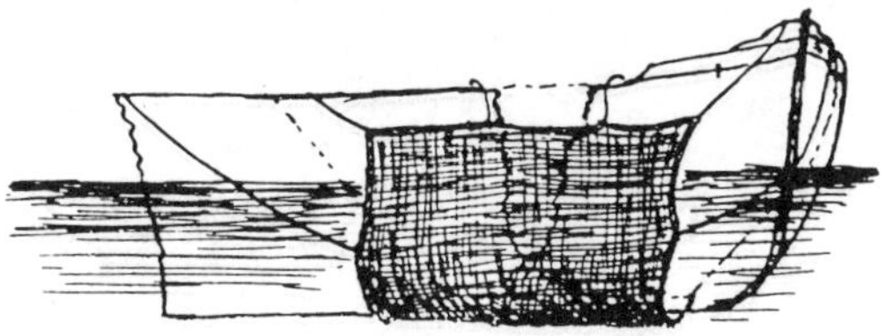

Fig. 473. Segel über einer Leckage

Ein kleines Leck über der Wasserlinie kann mit Holz verkeilt werden, dann übergießt man es mit Kohlenteer oder Braunteer und streut trockenen Zement hinein. Das Ganze bildet eine zähe Masse, die sowohl dichthält als auch stärkeren Belastungen standhält, ohne aufzubrechen.

Wenn größere, unregelmäßige Löcher entstanden sind, die sich über die Wasserlinie bringen lassen, können sie von innen mit einem Holzschott abgedichtet werden. Den Zwischenraum bis zur Schiffswand mauert man mit Zement und Steinen dicht. Auf Eisen bindet Zement besonders fest, wenn er erst getrocknet ist. Zement darf nicht mit Salzwasser vermengt werden, und die Flächen, auf die er aufgetragen wird, müssen salzfrei sein, weil er sonst nicht abbindet.

Unter besonderen Bedingungen können die Folgen eines Lecks dadurch verringert werden, daß im Wasser gelöste Kleinteile in die undichten Nähte geschwemmt werden, sich dort festsetzen und dadurch das Eindringen des Wassers verhindern. Solch ein kleines Leck läßt sich manchmal dichten, wenn man Sägemehl oder ähnliches auf dem Schiffsboden und an den Seiten verteilt.

Normalerweise stopft man ein Leck am leichtesten von außen, weil das benutzte Material durch den Wasserdruck an den Schiffsrumpf gedrückt wird.

Ein Eisenschiff hatte in einer von innen nicht zugängigen Platte ein Leck. Das Loch war nicht so groß, daß man es nicht mit einer kleineren Platte hätte abdecken können, wenn man sie nur irgendwo hätte festschrauben können.... Der Kapitän ließ einen Bolzen anfertigen, in den eine lange und tiefe Einkerbung gearbeitet wurde (siehe Fig. 474). Dorthinein steckte man ein Stück Eisen, das sich um einen dünnen Bolzen A drehen ließ. Das Ende dieses Bolzens B wurde durch das Lock gesteckt, das Eisenstück quer zur Bolzenrichtung angebracht. Die Deckplatte, die inwendig gut abgedichtet war, wurde auf den Bolzen gesteckt und festgeschraubt, dabei brach der dünne Bolzen, und das Eisenstück ruhte - wie vorausberechnet - am Boden der Kerbe (Fig. 475).

Fig. 474.

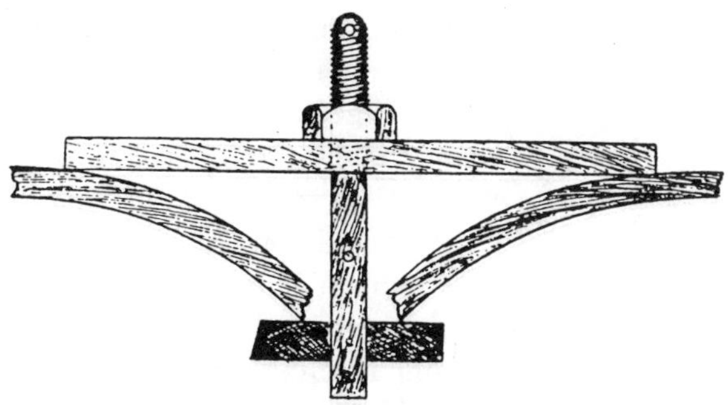

Fig. 475.

Leckstopper (Fig. 476) werden genauso wie Segel von außen auf große Lecks gesetzt. Eigentlich gehören diese Geräte in die Abteilung Bergungsmittel, dennoch möchte ich an dieser Stelle kurz erläutern, wie diese Geräte hergestellt werden. Die erste Bedingung, die an die praktische Anwendbarkeit eines Leckstoppers gestellt wird, ist die, daß er überall abschließt und fest anliegt, wo immer er angebracht wird; folglich darf ein Leckstopper nicht zu steif sein. Wenn ein Leckstopper beispielsweise 7 Fuß lang und 6 Fuß breit sein soll, sägt man so viele Bretter von ca. 1 Zoll Stärke in einer Länge von 7 Fuß zurecht, bis sie nebeneinandergelegt 6 Fuß breit sind. Auf diese Bretter legt man eine Persenning aus starkem, dichtem Segeltuch. Sie muß so groß sein, daß sie an allen Seiten einige Fuß über die Bretter hinausragt. Darauf wiederum legt man eine neue Lage Bretter von 6 Fuß Länge quer zu den darunterliegenden. Das Ganze wird zusammengenagelt. Dann biegt man die Kanten des Segeltuches über die Bretter nach innen und stopft den so entstandenen Rand gut mit Werg, Tang, Putzwolle o. ä. aus. Nachdem man den Saum des Segeltuchs einige Male umgeschlagen hat, damit er nicht ausfranst, nagelt man ihn innen an die Bretter. Auf die Rückseite setzt man Klampen oder Augbolzen zum Anbringen des Tauendes oder der Kette zum Niederholen und Festhalten des Leckstoppers auf die Ecken. Die ausgestopfte Segeltuchwurst trägt dazu bei, die Verbindung zwischen Leckstopper und Bordwand wasserdicht zu halten, wenn er durch den Wasserdruck am Schiff gehalten wird. Leckstopper kann man in unterschiedlichen Größen herstellen - sie müssen aber in jedem Fall gut über die beschädigte Stelle hinausreichen.

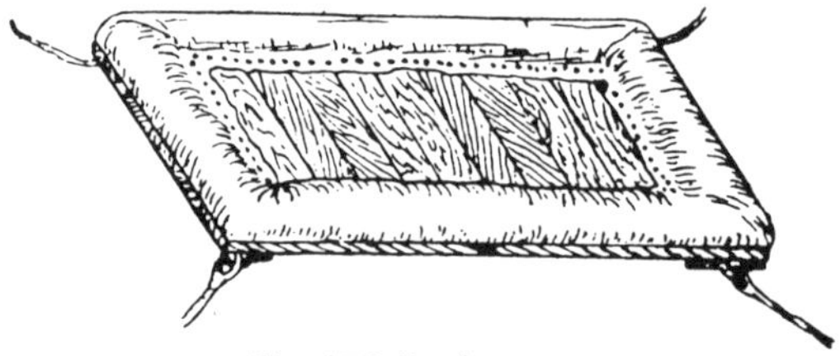

Fig. 476. Leckstopper

Sobald der Leckstopper an der richtigen Stelle sitzt, legt man mit einer guten Trosse einige Törns um das ganze Schiff, um den Stopper am Platz zu halten.

Angeregt durch die "Dansk Søfartstidende", soll jetzt über ein Gerät (siehe Fig. 477) gesprochen werden, mit dessen Hilfe man in vielen Situationen draußen auf See Arbeiten außenbords unter der Wasseroberfläche ausführen kann. Das Gerät besteht aus einem Zylinder aus präpariertem Segeltuch und ist mit einem Holzboden von ca. 2 Fuß Durchmesser versehen; der Zylinder muß so lang sein, daß man den Kiel damit erreichen kann. Ungefähr in Mannshöhe sind 2 Arme und eine Glasscheibe in den Zylinder gesetzt, damit der Taucher frei arbeiten und gut sehen kann. Der Zylinder wird über die Seiten gefiert und mit Hilfe eines Endes, das unter dem Kiel und durch den Zylindertop geleitet wird, dicht an das Schiff geholt. Dadurch, daß der Top über das Wasser ragt, hat derjenige, der im Zylinder arbeitet, immer genügend Atemluft.

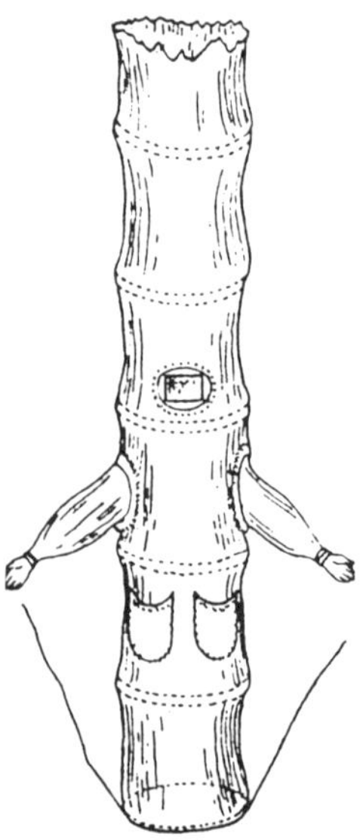

Fig. 477.

Der Erfinder, Kapitän **Livingstone**, machte seine ersten Versuche mit diesem Gerät am 5. Dezember 1904 auf einer Reise von Bunbury, West Australien, nach London, als die Bark "Birnamwood" ca. 12 Fuß unter der Wasserlinie leckschlug. Das Schiff konnte nur durch unablässigen Einsatz aller Pumpen am Schwimmen gehalten werden. Der Kapitän ließ daraufhin einen Segeltuchzylinder fertigen, der in regelmäßigen Abständen mit Faßbändern versehen wurde, um nicht durch das Wasser zusammengedrückt zu werden. Mit Hilfe dieses Zylinders gelang es ihm, einen Teil der Kupferverkleidung zu entfernen, das Leck zu stopfen, an anderen Stellen verschiedene Nähte zu kalfaten und die Kupferplatten wieder anzubringen. Für die Arbeit unter Wasser vergingen ungefähr 7 Stunden. Das Schiff war danach noch 147 Tage auf See, und obgleich sie nicht wenig schlechtes Wetter hatten, kamen sie doch in vollständig dichtem

Zustand in London an, ohne nach der Reparatur noch einmal an die Pumpen zu müssen.

Auch Eisenschiffe können leckschlagen, wenn zum Beispiel eine Niete bricht oder herausfällt oder wenn Löcher in die Platten geschnitten werden, besonders dort, wo das Metall mit Außenplatten (Rohre, Ventile) in Berührung steht. Wenn man an ein solches Leck herankommt, treibt man einen dafür angefertigten Propfen in das Loch - noch besser ist es, wenn man einen Bolzen mit Spannschrauben zu jeder Seite hindurchstecken kann.

Wenn das Schiff durch einen im Wasser treibenden Gegenstand leckgesprungen ist und das große Loch nicht zu tief unterhalb der Wasserlinie sitzt, sollte man sofort versuchen es mit Werg, Segeln, Matratzen und ähnlichem zu stopfen. Dann ziehe man von außen ein Segel darüber, bis man das Schiff so weit geleert oder gekrängt hat, daß das Loch über die Wasserlinie kommt und der Schaden ausgebessert werden kann. Auf Eisenschiffen muß man Stützen in den Kollisionsschotts anbringen, damit sie dem Wasserdruck von dem Raum, der mit der See in Verbindung steht, nicht nachgeben. Wenn das Leck nicht gestoppt werden kann und alle Schiffspumpen *) nicht in der Lage sind, das Wasser zu beseitigen, um das Schiff am Schwimmen zu halten, müssen Rettungsboote, die mit Wasser, Proviant, etc. ausgerüstet sind, zu Wasser gelassen werden, um die Mannschaft noch vor dem Sinken des Schiffes aufzunehmen. Auch wenn das Schiff sich in Landnähe befindet oder ohne Gefahr auf Grund (am besten sandigem Grund, vor See und Wind geschützt) gesetzt werden kann, muß das Fertigmachen der Boote veranlaßt werden. Es ergibt sich später eventuell die Möglichkeit, das Schiff abzudichten und zu bergen.

Selbst dann, wenn sich das Schiff nicht leerpumpen läßt und verlassen werden muß, ist es unerläßlich, soviele wasserdichte Abteilungen wie möglich zu verschließen, bevor das Wasser eindringen kann, weil diese leeren Räume spätere Bergungsarbeiten um einiges erleichtern können. Zu nennen wären hier die Bodentanks, Hochtanks, Piektanks, Tunnel und vielleicht der ganze Laderaum; besonders wichtig ist auch der Maschinenraum, den man wenn möglich vor Wassereinbruch schützen sollte. Wenn möglich sollte man auch in der Nähe des Schiffes bleiben, bis es gesunken ist, um bei späteren Rettungsversuchen genauere Ortsangeben machen zu können und außerdem, um zu beweisen, daß man das Schiff nicht ohne Grund verlassen hat.

Schiffsrat. Wenn man gezwungen wird, das Rigg zu kappen, das Schiff auf Land zu setzen, damit es nicht sinkt, Anker und Kette fahren zu lassen, um so schnell wie möglich einer Gefahr zu entgehen, das Deck aufzuschlagen, um ein darunter ausgebrochenes Feuer zu löschen, einen Nothafen aufzusuchen, um das Schiff ausbessern zu lassen, oder Ladung über Bord zu werfen, um das Schiff nach einer Grundberührung wieder flott zu bekommen - kurz gesagt, wenn man freiwillig etwas von Fracht oder Ladung opfert, um das Schiff zu retten, fällt das unter den Begriff der Großhavarie, wobei folgende Regel gilt: **Der Schaden wird vom Schiff bezahlt, Fracht und Ladung vom Versicherungsverein**, jedes nach seinem Wert. In jedem Fall gilt, daß ein Schiffsrat abgehalten werden muß, wenn ein Schiff sich in Gefahr befindet und irgend etwas geopfert werden muß.

Das heißt, daß die Mannschaft zusammengerufen wird, um zu beratschlagen, wie man der drohenden Gefahr am besten begegnet und was zu tun ist. Selbst wenn sich nicht alle einig sind, muß doch die Meinung jedes einzelnen nebst einiger Erklärungen darüber, warum es nötig wurde, etwas zu opfern, sorgfältig niedergeschrieben werden. Aber selbst wenn die Beschlüsse im Schiffsrat getroffen werden - die Verantwortung für Mannschaft, Schiff und

*) Auf Dampfschiffen können neben Ladepumpen, Pulsometer und Donkey auch die Cirkulationspumpen das Wasser aus den Laderäumen saugen.

Ladung trägt doch immer der Kapitän. Es reicht auch nicht aus, etwas freiwillig zu opfern, die vorsätzliche Opferung muß auf den ausdrücklichen Befehl des Kapitäns geschehen. Wenn also beispielsweise ein Schiff während einer Bö zu kentern droht, und einer der Mannschaft kappt ein Rundholz, ohne daß der Kapitän oder sein Stellvertreter die Order dazu gegeben hätten - in so einem Fall ist nicht sicher, ob es als Großhavarie anerkannt würde. Nur in den Situationen, in denen sofort und ohne Umschweife gehandelt werden muß, mag es angehen, daß vorher kein Schiffsrat abgehalten wird. Der § 195 des Seerechts behandelt das Thema Schiffsrat.

Grundberührung. Wenn das Schiff Grundberührung hat, sei es, daß es aus Unachtsamkeit geschieht oder freiwillig hervorgerufen wird, um ein Sinken zu verhindern, so birgt man auf einem Segelschiff alle Segel und stoppt auf einem Dampfschiff die Maschinen, damit sie nicht von Sand und Modder verunreinigt und unbrauchbar werden, wenn es heißt, das Schiff wieder flott zu machen. Das Schiff sollte ruhig liegengelassen werden, bis die Verhältnisse untersucht sind, es kann nämlich sein, daß das Schiff leckgeschlagen ist und sinkt, sobald es wieder in tiefere Gewässer kommt.

Möglicherweise bringt man das Schiff, in seinem Eifer loszukommen, in eine noch schlimmere Position, als es schon ist. Wenn die Verhältnisse es zulassen, sollte man sofort ein Boot zu Wasser lassen, von dort aus kann man überprüfen, wieviel Wasser um das Schiff herum ist, die Beschaffenheit des Bodens erkunden, auf welchem Weg das Schiff am besten mit Hilfe des Stromes freikommt, ob man steigenden oder fallenden Wasserstand hat, außerdem untersucht man den Rumpf so sorgfältig wie möglich auf eventuelle Lecks, macht sich ein Bild von deren Größe, Position, ob sie abzudichten sind und ob die Pumpen in der Lage sind, das eindringende Wasser zu lenzen. Wenn die Gefahr besteht, daß das Schiff sinkt, werden die Boote klargemacht und wenn möglich die Wertsachen und Papiere von Schiff und Mannschaft an Land gebracht und unter Aufsicht gestellt.

Sitzt das Schiff auf ebenem Sand-, Lehm- oder Schlammboden, kann es einen Schaden davongetragen haben, ohne deswegen leck zu sein. Ist es auf unebenem, hartem Grund gestrandet (im folgenden geht es dabei hauptsächlich um maschinengetriebene Schiffe), kann man das Leck leicht vergrößern, wenn man unachtsamerweise die Maschine laufen läßt und das Ruder bewegt. Wenn man sich darüber klar ist, auf welchem Wege das Schiff am besten wieder flottzubekommen ist und außerdem festgestellt hat, daß es dicht ist, sollte man so schnell wie möglich an die Arbeit gehen und - falls diese zu bekommen ist - nötigenfalls Hilfe anfordern.

Eine kräftige Warptrosse wird ausgebracht, man hievt daran und läßt gleichzeitig die Maschine mitarbeiten. Wenn es nicht gelingt, auf diese Weise wieder flottzukommen, bringt man den mit einer Ankerboje versehenen Buganker mit Kette an der tiefsten Stelle aus - am besten kommt man immer auf dem Weg hinaus, auf dem man hineingekommen ist. Wenn beide Anker ausgebracht werden, legt man sie in einem kleineren Abstand voneinander, jeden zu seiner Seite.

Sollten die Anker von achtern ausgebracht worden sein, müssen Gien, auf die Ketten und Taljen, mit Läufern zum Dampfspill auf die Trossen gesetzt werden (bei einem scharfgebauten Schiff kann es helfen, es zu krängen, da der Kiel tiefer drinnensteckt als die Kimmung, flache Schiffe haben den geringsten Tiefgang allerdings eher in der Nähe des rechten Kiels). Es wird an beiden Ankern gleichzeitig gehievt, während die Maschine mitarbeitet. Gelingt es noch nicht freizukommen, gibt man abwechselnd Lose auf eine der Ankerketten und hievt an der anderen. Wenn ein Schlepper zu Hilfe kommt, sollte man sich von ihm assistieren lassen, aber unter allen Umständen vermeiden, einen Arbeitslohn für geleistete Hilfe auszumachen, daß muß der Schlichtungsstelle, dem Gericht oder der Reederei überlassen werden, diese Stellen können am besten entscheiden, was die Hilfe wert war, die der Kapitän in einer Notlage anfordern mußte. Mit den Ergänzungen im Journal über die Gefahr, in der sich das Schiff seiner Meinung nach befunden hat, sollte man recht vorsichtig sein, da diese Verhältnisse jederzeit durch eine Verhandlung aufgeklärt werden können, und eine Ueberbewertung der Gefahr kann von der Gegenpartei zum Stellen unverschämter Forderungen ausgenutzt werden.

Wenn das Unglück passiert ist, werden sowohl Reederei als auch Versicherer oder deren Agenten auf der Stelle unterrichtet, und man berät sich mit ihnen, was am besten zu tun ist; aber selbst wenn ein Havarieagent geschickt wird oder Befehle gegeben werden, darf der Kapitän nicht vergessen, daß er es ist, der die Verantwortung trägt, selbst wenn er nach Befehlen Dritter handelt, weil der Reeder die Situation unmöglich so klar einschätzen kann wie jemand, der zur Stelle ist. Man sollte auch nicht allen und jedem Erklärungen abgeben, sondern nur den Personen, die berechtigt sind, solche zu fordern. Der Kapitän ist nur dann von seiner Verantwortung befreit, wenn die Reederei einen Mann sendet, der mit allen Vollmachten ausgestattet ist und das Schiff übernehmen soll, bis dahin muß der Kapitän aber alles in seiner Macht Stehende tun, um Mannschaft, Schiff und Ladung zu retten.

Wenn alle Versuche, das Schiff wieder flottzubekommen, sich als fruchtlos erweisen sollten, gibt es keine andere Möglichkeit mehr, als die Ladung in Leichter zu löschen, wenn sich rechtzeitig welche auftreiben lassen, ansonsten muß so lange Ladung über Bord geworfen werden, bis das Schiff loskommt - wenn das Schiff Ballast an Bord hat, wird dieser so schnell wie möglich entfernt. Ein Schiff leidet nicht so sehr darunter, vom Grund gelöscht als geschleppt zu werden; wenn allerdings schwere Seen auf dem Schiff stehen oder das Wetter bedrohlich aussieht, muß man zusehen, daß man so schnell wie möglich loskommt, weil das Schiff durch einen Sturm zu einem Wrack werden kann. Wenn man genötigt wird, den Arbeitslohn für eine Bergung selbst auszuhandeln, fährt man man am besten, wenn man den Bergelohn auf der Grundlage der folgenden Klausel abmacht:" No cure no pay", was in diesem Fall heißt: "Wenn das Schiff nicht loskommt, gibts kein Geld". Läßt sich das nicht machen, muß der Kapitän schon vorher mit dem Einverständnis der Versicherer einen Kontrakt über den Bergelohn ausgearbeitet haben, sonst riskiert er in dem Fall, daß das Schiff doch zum Wrack werden sollte und die anfallenden Bergungskosten nicht mehr wert ist, daß die Reederei einen Verlust erleidet, weil nur die Versicherungssumme ausgezahlt wird und die Bergungskosten auf Rechnung der Reederei gehen. Wenn also genügend Zeit zur Verfügung steht und ein Einverständnis eingeholt werden kann, sollte der Kapitän nicht auf eigene Faust handeln.

Wenn das Schiff wieder flott ist, werden die Anker gehievt, und man vergewissert sich noch einmal, daß das Schiff nicht leckgeschlagen ist. Wenn das der Fall ist, sucht man sofort den nächsten Hafen auf, wo das Schiff auf eine Helling oder ins Trockendock kommen kann oder von einem Taucher untersucht werden kann, bevor man die Reise fortsetzt. Selbst wenn dem Schiff nichts fehlt, muß ein Seetüchtigkeitszeugnis ausgestellt werden, in englischen Häfen wird ein Rapport an den Receiver of Wrecks (auf dem Zollamt) gegeben. Proteste und Seeverhandlungen werden dort im Beisein des dänischen Konsuls notiert. Eine Abschrift des Logbuches wird an die Reederei gesandt und eine gleiche Abschrift ans Gericht, mit dem Begehren um Seeverhandlung - wenn kein Logbuch geführt wird, ist ein schriftlicher Bericht einzureichen.

Wenn der Schaden taxiert werden soll, müssen vom Gericht Sachverständige bestimmt werden, die das Schiff in havariertem Zustand besichtigen und den Schaden schätzen. Sollte das

Schiff klassifiziert worden sein, muß der LLoyds surveyor (Veritas surveyor) benachrichtigt werden, jedoch nur wegen der Klassifizierung und nach einer eventuellen Reparatur muß das Zertifikat beglaubigt werden. Beim Besichtigen des Schadens muß man auf alles achten und damit rechnen, daß es vielleicht genausoviel Arbeit kostet, die beschädigten Teile auszubauen, wie neue einzusetzen. Man kommt also auf den doppelten Arbeitslohn, was dazu führt, daß Havariereparaturen meist teurer kommen, als man vorrausgesehen hat.

Das folgende Kapitel gehört zu den großen Rettungsaktionen und wird außer Leuten, die viel Erfahrung damit haben und denen die richtigen Mittel und kräftiges Werkzeug zur Verfügung stehen, kaum von jemandem auszuführen sein. Selbst wenn es gelingt, das Schiff zu heben, wird es mit all dem Wasser an Bord zu rank sein und leicht kentern. Ohne vorherige Erfahrungen sollte man in jedem Fall nur versuchen, kleinere Schiffe zu heben.

Grundberührung, bei der das Schiff stark leckgeschlagen ist. Der Schiffsraum ist mit Wasser gefüllt und es findet sich keine Bergungsgesellschaft in der Nähe. Selbst unter solchen Umständen darf man sich nicht so ohne weiteres an die Bergung des Schiffes begeben.

Zuerst muß die Reederei über die Situation des Schiffes unterrichtet werden, und der Kapitän muß anfragen, ob die Bergungskosten übernommen werden - in so einem Fall muß der Versuch unternommen werden, das Schiff zu bergen. Zuerst werden die Anker ausgebracht, um zu verhindern, daß das Schiff sich noch weiter in den Grund bohrt, ein zusätzlicher Anker wird ausgebracht, um zu verhindern, daß es in tieferes Wasser gleitet, bevor noch die Vorbereitungen abgeschlossen sind. Dann muß soviel Ladung wie möglich aus den mit Wasser gefüllten Räumen geborgen (aber nur, wenn sie schwerer ist als Wasser) und durch leere Tonnen ersetzt werden, die man in den Laderaum staut. Die Tonnen müssen gut verspundet sein; sobald der Laderaum voll ist, werden die Luken solide geschalkt, um dem Druck der Tonnen standzuhalten. In Tidengewässern müssen die Tonnen bei Niedrigwasser verstaut werden. Die Tonnen allein sind allerdings kaum in der Lage, das Schiff zu heben und am Schwimmen zu halten, man muß daher für Präme und Leichter sorgen, die gleichmäßig an den Schiffsseiten verteilt und vorn und achtern verankert werden, um klar voneinander und vom Schiff zu liegen.

Dann nimmt man eine kräftige Kette unter das Vorderende des Schiffes, wobei man gut aufpassen muß, daß sie reichlich achteraus der Stevenrundung sitzt. Einen anderen Tampen gibt man jedem der vorderen Leichter an Bord. Auf die gleiche Weise wird eine Kette unter das Achterschiff gebracht, mit einem Tampen zu den beiden achteren Leichtern. Man hält einen starken Schleppdampfer klar, installiert Pumpen in dem beschädigten Laderaum und hält Leckstopper parat. Wenn alles klar ist, holt man die Ketten bei Niedrigwasser an Bord der Leichter dicht und befestigt sie gut an Masten oder einer anderen sicheren Stelle. Die Klüsen werden gut abgestützt, und die Achterenden der Leichter werden mit Gewichten beschwert, um sie irgendwie auf dem rechten Kiel zu halten. Wenn das Wasser steigt, zeigt es sich recht schnell, ob Leichter und leere Fässer das Schiff zu heben vermögen.

Verläuft alles nach Wunsch, und das Schiff kommt wieder flott, muß man sofort versuchen, das Leck zu stopfen und das Wasser aus dem Schiff zu pumpen. Wenn man sicher sein kann, das Schiff am Schwimmen zu halten, und wenn außerdem das Wetter einigermaßen ruhig ist, kann man versuchen, einen nahgelegenen Hafen zu erreichen. Im entgegengesetzten Fall schleppt man das Schiff zu einer gleichmäßig ansteigenden Sandbank und legt es bei Hochwasser so hoch wie möglich längsseits, indem man die Leichter fest am Schiff läßt und die Gewichte zur Außenseite trimmt, damit das Schiff bei Niedrigwasser auf die Seite fallen kann. Wenn es beim ersten Mal nicht gelingt, das Leck über die Wasserlinie zu bekommen, werden die

Ketten an Bord der Leichter bei Niedrigwasser dichtgeholt und das Schiff beim nächsten Hochwasser höher auf die Sandbank gebracht. Wenn nötig wird das so lange wiederholt, bis das Leck über Wasser ist, man muß jedoch darauf achten, daß Schiff bei Springzeit nicht so hoch auf Land zu bringen, das es nicht wieder herunterkommen kann.

Bei einem Holzschiff nagelt man einfach Planken - mit Filz oder Segeltuch dazwischen - von außen auf das Loch. Bei einem Eisenschiff müssen die Nieten rund um das Leck herausgetrieben und die Planken mit Bolzen festgeschraubt werden. Das Ganze wird kalfatet, die Nähte werden mit gut durchgeschmolzenem Talg eingeschmiert, und von innen wird es mit Zement bestrichen, nachdem das Salz entfernt wurde. Wenn die eine Seite nachgesehen und abgedichtet ist, wird das Schiff aufgerichtet, herumgedreht und auf der anderen Seite abgedichtet, danach wird das Wasser ausgepumpt, um das Schiff für die abschließenden Raparaturen in eine Werft zu bringen.

Anstelle von Tonnen verwendet man auch luftdichte Säcke, die mit einem Stoff gefüllt sind, der zu gewünschter Zeit eine Gasart entwickeln kann, die die Säcke spannt, sobald alle Vorbereitungen getroffen worden sind. Die Säcke reißen allerdings leicht auseinander, wenn sie an spitzen oder scharfen Gegenständen anliegen.

Auf Lehm- oder Modderboden saugen die Schiffe sich leicht fest, so daß zum Beispiel beladene Schiffe Wasser über Deck nehmen, bevor sie loskommen. Außer der Saugkraft spielt hier der luftleere Raum unter dem Schiff eine Rolle. Die Wirkung kann aufgehoben werden, wenn es gelingt, ein Rohr unter das Schiff zu stecken und einen kräftigen Wasser- oder Dampfstrahl unter das Schiff zu bringen.

Gleichzeitig hilft es, wenn man eine dünne Kette unter das Schiff bringt und sie hin- und herzieht, oder eine Trosse an die Masten setzt und den Schleppdampfer die Trosse holen und Lose geben läßt, damit Bewegung ins Schiff kommt.

Mit Hilfe von Tauchern versuchen Bergungsdampfer alle Oeffnungen an Bord abzudichten, wenn das Schiff unter die Wasseroberfläche gesunken ist. Anschließend bringen sie ein Luftrohr und das Saugrohr einer kräftigen Zentrifugalpumpe an Bord des Wracks und lenzen es, noch während es auf Grund liegt. Es wird dann von selbst nach oben kommen.

Kollisionen treffen meist ohne große Vorwarnung ein. Man sollte möglichst vorher alle Mann an Deck rufen, wenn das Unglück aber passiert ist, sollte man keine Zeit verlieren, sondern auf dem eigenen Schiff retten, was zu retten ist und der Gegenseite so weit wie möglich helfen. Man tauscht Schiffsnamen, Reederei und Heimathafen aus, schreibt die Einzelheiten der Kollision auf, solange sie noch frisch sind, und äußert sich bis zur Seeverhandlung möglichst nicht mündlich zu dem Vorgang.

Wir wollen annehmen, daß das eine Schiff mit dem Steven im anderen Schiff sitzt. Das Schiff, welches den Steven des anderen gerammt hat, tut gut daran - nur wenn keine hohe See ist - langsam weiterzufahren, während die Besatzung des anderen Schiffes sich in Sicherheit bringt oder sich ein genaues Bild über den Schaden macht. Die Schiffe werden durch ihre unterschiedliche Bewegungsrichtung jedoch schnell voneinander loskommen, und falls der Schaden sich bis unter die Wasseroberfläche erstreckt, wird schnell Wasser eindringen. Alle Schleusen und wasserdichten Türen müssen sofort geschlossen werden, die Rettungsboote auf beiden Schiffen müssen klargemacht werden, und man sollte die Größe des Schadens untersuchen.

Das Schiff, welches das andere gerammt hat, trägt möglicherweise nur einen geringen oder gar keinen Schaden davon, oder aber der Schaden liegt vor einem Kollisionssschott, das

das Eindringen des Wassers begrenzen hilft. In so einem Fall muß das Schott sofort mit Stützen gegen die gegenüberliegende Seite abgestützt werden. Auch muß man versuchen, daß Loch mit Werg, Segeln, Zeug, Matratzen oder ähnlichem zu verstopfen oder, wenn man kann, mit Holz zu verkeilen. Die Oeffnungen werden gut mit geschmolzenem Talg abgedichtet. Wenn das eine Schiff Holz oder ähnlich leichtes Gut geladen hat, kann es vielleicht am Schwimmen gehalten werden und möglicherweise zu einer sicheren Stelle bugsiert werden, selbst wenn es voll Wasser gelaufen ist. Wenn sich das nicht machen läßt, muß man die Mannschaft bergen und die Art von Hilfe leisten, die geleistet werden kann, und die Gegenseite nicht eher verlassen, als bis diese erklärt, keine Hilfe mehr zu benötigen, und auch dann erst, wenn man den Namen des eigenen Schiffes, den Heimathafen, Ausgangs- und Bestimmungshafen und den Namen des Kapitäns gesagt hat. Die gleichen Daten sollte man von dem anderen Schiff anfordern.

Feuer an Bord. Auf offener See, wo es außer den eigenen, auf dem Schiff befindlichen Hilfsmitteln keine weiteren gibt, muß die Fahrt sofort aufgestoppt werden, sobald man Feuer an Bord entdeckt. Auf einem Segelschiff werden sofort alle Untersegel geborgen, damit der Wind, der von den Segeln aufs Deck geworfen wird, die Zugluft nicht verstärkt - die beste Lage des Schiffes hängt von den Verhältnissen und vom Wetter ab. Gleichzeitig wird die Mannschaft ausgesandt, um möglicherweise den Brandherd ausfindig zu machen, die Luken müssen dabei geschlossen bleiben, um Zugluft zu vermeiden. Außer den Raketen, die man behalten sollte, werden Pulver, Sprengstoffe, Benzin oder ähnliches über Bord geworfen. Wenn man die Stelle gefunden hat, wo das Feuer ausgebrochen ist, muß es mit aller Kraft gelöscht werden; läßt sich der Brandherd nicht finden, müssen alle Luken geschlossen werden, um den Brand zu ersticken, dann stellt man an verschiedenen Stellen des Schiffes kleine Rahmen oder Kisten von ca. 6 Zoll Höhe auf und bohrt ein Loch ins Deck innerhalb des Rahmens. Für jedes Loch fertigt man einen Pfropfen an, dann werden die Rahmen mit Wasser gefüllt. Der Pfropfen wird herausgenommen, und das Wasser kann nach unten laufen, der Rahmen muß allerdings immer mit Wasser gefüllt sein, oder der Pfropfen muß in das Loch gestopft werden, damit keine Luft durch das Loch nach unten dringen kann. Das wird so lange durchgehalten, bis das Feuer gelöscht ist oder man feststellen muß, daß man es nicht unter Kontrolle bringen kann.

Wieweit das Feuer zu- oder abnimmt, läßt sich mit Hilfe eines Thermometers feststellen, das an eine Schnur gebunden und durch ein Loch in den Laderaum, so dicht an den Brandherd wie möglich, hinabgefiert wird, während man die Oeffnung über dem Thermometer abgedeckt hält. Wenn die Temperatur fällt, kann man annehmen, daß das Feuer gelöscht wurde oder in jedem Fall unter Kontrolle ist, wenn das Feuer aber trotz aller Löschversuche zunimmt, müssen die Boote klargemacht und verproviantiert werden. Bevor das Schiff jedoch verlassen wird, muß man noch einen letzten Versuch unternehmen, daß Feuer zu löschen. Wenn es tief im Innern des Schiffes sein sollte, indem man Wasser in einen Teil des Schiffes laufen läßt. Bei einem Holzschiff hackt man ein Loch durch die Garnierung in Vor- oder Achterpiek und fertigt einen soliden konischen Pfropfen an, der zu dem benutzten Bohrer passt. Wenn alles klar ist, bohrt man ein Loch und läßt so lange Wasser einströmen, wie man es unter den gegebenen Umständen verantworten kann. Bevor die Gefahr besteht zu kentern oder zu sinken, wird der Pfropfen in das Loch getrieben; ein Schiff mit sehr viel Wasser an Bord verliert nämlich sehr schnell an Stabilität.

Wenn auch das nichts hilft und man keinen Ankerplatz anlaufen kann, kann man nichts anderes tun, als in die Boote zu gehen, jedoch sollte man sich in der Nähe des Schiffes halten, um entdeckt zu werden, falls andere Schiffe auf das brennende Schiff aufmerksam werden und herbeikommen. Die Unglücksstelle sollte erst verlassen werden, wenn das Schiff total untergegangen ist.

Bei Schiffen, die mit Dampfkraft ausgerüstet sind, wird es am leichtesten sein, ein Rohr in den brennenden Raum zu leiten und den Raum mit Dampf zu füllen. Wenn man weiß, wo das Feuer herkommt, bohrt man ein Loch, das groß genug ist, um ein Rohr nach unten zu lassen, durch das ein kräftiger Wasserstrahl auf das Feuer gerichtet wird. Bei allen Löscharbeiten muß man unbedingt daran denken, die Luftzufuhr zu unterbinden, um dem Feuer keine Nahrung zu geben.

Bei der **Explosion von Lampen, Laternen, Pechkesseln** und ähnlichem muß sofort ein Pullover oder ein Wollteppich darübergeworfen werden, um das Feuer zu ersticken. Wollzeug verkohlt, brennt aber ohne Flammen, im Gegensatz zu Leinen, Segeltuch oder einer geteerten Persenning.

Journalführung und Mitteilungen an die Reederei im Havariefalle

(Nach "Nationaltidende" des 27. März 1903. Wiedergegeben mit der freundlichen Genehmigung des Verfassers.)

"Beides wird doch heutzutage auf den Navigationsschulen gelehrt, was sollen wir uns also an dieser Stelle darum kümmern!" So oder ähnlich werden bestimmt viele denken. Dennoch wird es sicher nicht ganz unwillkommen sein, einiges zu der Arbeit mit der Feder zu sagen, zumal es nicht allen Schiffsführern und Steuermännern so leicht von der Hand geht. Es ist nämlich nicht unwichtig, die auf einer Reise über das Tägliche hinausgehenden Begebenheiten so genau und wohlüberlegt wie möglich ins Journal zu übertragen und - wenn nötig - der Reederei davon Mitteilung zu machen.

Um nun mit dem **Journal** zu beginnen, so kann man darin alles über sehr stürmisches Reisewetter, Kollisionen, Grundberührungen, die Inanspruchnahme von Bergungshilfe etc. nachlesen, meistens jedoch versucht der Schiffsführer, bei Reederei, Versicherern und anderen Interessierten den Eindruck zu erwecken, daß die im Journal beschriebenen Situationen wirklich dramatisch oder eben ganz harmlos waren - je nachdem, was er erreichen möchte, damit seine Entscheidungen nicht im Nachhinein kritisiert werden. Eben um dieser Kritik von vornherein aus dem Weg zu gehen, befleißigen die Schiffsführer sich nicht selten einer sehr ausdrucksvollen Sprache, wenn sie die überstandenen Gefahren beschreiben. Natürlich ist das alles mehr oder minder Ermessenssache, wie groß und dringend die Gefahren auf See sind, aber ich wage zu behaupten, daß Reederei oder Versicherer selten etwas kritisieren, was in gutem Glauben und mit Aufopferung unternommen wurde, um Schiff und Ladung zu bergen, und es scheint mir daher unnötig, wenn Kapitäne glauben, sich in diesem Punkt absichern zu müssen.

Wenn man in einem Journal die folgende Eintragung über eine stürmische Reise liest: "Das Schiff arbeitete schwer in hohen Seen und nahm viel Wasser über", ferner Anmerkungen über den Verlust von Geräten, Schaden an den Booten etc, sofern vorgekommen, so ist hierin alles enthalten, was als Grundlage für eine Protestanmeldung bei der Versicherung gegen Forderungen wegen Ladungsbeschädigung, hervorgerufen durch Leck etc., gelten kann, außerdem reicht es auch aus für eventuelle Forderungen gegenüber den Kaskoversicherern für Seeschäden. Malt man hingegen die Situation in zu starken Farben aus, und später passiert ein Unglück, durch das der Schiffsführer gezwungen wird, fremde Hilfe in Anspruch zu nehmen, werden die Forderungen so gut wie immer im Verhältnis zu der mehr oder minder drastischen Beschreibung im Journal stehen. Das gleiche gilt für Grundberührungen, wenn Bergungshilfe in Anspruch genommen werden muß.

Die Berger werden das Risiko, in dem Schiff und Ladung sich befanden, so groß wie möglich einschätzen, und wenn der Kapitän das für bare Münze nimmt und es so im Journal vermerkt, werden Reederei und Versicherer große Summen für die Bergung auf den Tisch legen müssen.

Wie ein jeder Schiffsführer weiß oder wissen sollte, kann gegen eine bei einer Bergung abgemachte Übereinkunft oder einen Kontrakt, der eingegangen wurde, während Gefahr im Verzuge war, innerhalb einer gewissen Frist Protest eingelegt werden. Man muß sich aber vergegenwärtigen, daß es schwierig ist und unbehaglich für einen Mann von Ehre, nach überstandener Gefahr und in der Sicherheit des ruhigen Hafens zu erklären: "Also, was ich damals ins Journal geschrieben habe, das stimmt nicht so ganz, das ist übertrieben, so schlimm ist es gar nicht gewesen." Derartige Zwischenfälle sollten also so nüchtern wie möglich beschrieben werden, es lassen sich dadurch viel Geld und Ärger sparen. Ich habe mehrere Fälle gesehen, bei denen die Berger ungerechtfertigte Forderungen für leicht zu leistende Hilfe gefordert haben, indem sie nur auf das dem Gericht vorliegende Journal hinwiesen, in dem ach so glaubwürdig die über dem Schiff schwebende, große Gefahr und die überaus schwierigen Bergungsarbeiten beschrieben wurden. Manchmal ist die Beschreibung derart übertrieben, daß das Gericht und andere Interessierte die Unmäßigkeit der Darstellung erkennen, was dann leicht zu der Annahme führen kann, daß der Schiffsführer entweder mit den Bergern gemeinsame Sache macht und hinterher die Hälfte des Bergelohnes einstreicht, oder aber daß er nicht in der Lage ist, eine Gefahr richtig und nüchtern einzuschätzen. In beiden Fällen wirft sein Verhalten kein besonders gutes Licht auf ihn.

Den erstgenannten Fall kann ich mir nur schwerlich auf einem dänischen Schiff vorstellen und schon gar nicht, daß es vor einem Gericht an den Tag kommt, welches den Bergungslohn festsetzen soll. Den zuletzt genannten Fall habe ich hingegen bewußt ausgesucht und benutzte ihn als Argument gegen eine unangemessene Forderung, so daß das Seegericht die Übertreibung einsah und den verlangten Bergungslohn auf weniger als 1/7 der ursprünglich geforderten Summe herabsetzte. Der Kapitän, der diese Begebenheit für das Journal diktiert hatte, stand nun allein "auf weiter Flur", obgleich er noch so sehr beteuerte, daß nur er allein die Verhältnisse richtig habe einschätzen können.

Gegenüber den richtigen Bergungsgesellschaften ist es manchmal schon recht beschwerlich, Bedenken bezüglich der Entlohnung anzumelden, vor allem, wenn die Gefahr, in der sich das Schiff befand, im Journal übertrieben dargestellt wurde, aber die Männer, die solcherart Gesellschaften leiten, sind in der Regel so sachkundig, daß sie den Wert einer ausgeführten Arbeit sehr wohl einzuschätzen wissen. Mit ihnen wird es meist auch eine Einigung ohne den Umweg über die Gerichte geben, selbst wenn die Sache auf dem Papier einigermaßen merkwürdig dargestellt wurde.

Bei zufälligen Bergern aber, wie Fischdampfern, Fischern, Lotsen, Küstenbewohnern und sogenannten privaten Bergungszünften, die ihre Hilfe anbieten, kann man davon ausgehen, daß sie ihre Arbeit fast immer in hohem Grade überschätzen und mit oder wider besseres Wissen die lokalen Behörden einschalten, als seien es wahre Wunder gewesen, die sie vollbracht hätten. Wenn solche Darstellungen dann zudem durch die Eintragungen im Journal, die der Richter durch die Besatzung beeidigen lassen kann, bekräftigt werden, kann man sich nicht wundern, daß Richter, die über nur geringe Kenntnisse in der Seefahrt verfügen, es schwer haben, eine auch nur einigermaßen gerechtfertigte Einigung zu erzielen. Außerdem scheint es, daß solche Richter glatt vergessen, wie gering die Mittel sind, die diesen zufälligen Bergern zur Verfügung stehen, im Vergleich zu den Geräten der wirklichen Bergungsgesellschaften.

Ein Fahrzeug, das auf Grund gelaufen ist oder dem in ihrem Fahrwasser irgendein anderes Unglück widerfahren ist, wird von diesen Bergern als gute Prise willkommengeheißen, eine Art Fundsache, aus der es soviel Lösegeld wie möglich herauszuschlagen gilt. Es ist überhaupt eine Tatsache, daß diese Art Berger fast immer einen unangemessen hohen Bergungslohn für ihre Hilfe verlangen, ganz im Gegensatz zu dem, was professionelle Bergungsgesellschaften im gleichen Fall geltend machen.

Auf der anderen Seite muß man sich natürlich davor hüten, eine überstandene Gefahr oder gewährte Hilfeleistungen auf ein Mindestmaß herunterzuspielen. Es wäre sowohl unklug als auch unehrenhaft, so etwas zu tun, und wird den Richter und dessen Entscheidung nicht gerade freundlich gegenüber denen stimmen, die noch vor kurzem dankbar für die geleistete Hilfe waren. Nein, es gilt so besonnen wie möglich zu sein und zusammen mit dem Steuermann zu überlegen, wie die wichtigsten Begebenheiten für das Journal am besten in Worte zu fassen sind, auch darf man nicht vergessen, daß das Niedergeschriebene zur Grundlage weitreichender Entscheidungen werden kann. Es wird von vielen Menschen gelesen, von denen einige sehr wohl in der Lage sind, die Spreu vom Weizen zu trennen. Die meisten Schiffsführer wollen jedoch lieber als vernünftige, vertrauenswürdige Männer angesehen werden, denn als "Pfiffikus" zu gelten.

Was jetzt die **Mitteilung an die Reederei** über das Unglück angeht, so sollte man nur die trockenen Tatsachen ohne Hinzufügung allzu vieler Bemerkungen telegrafieren oder schreiben, und auf jeden Fall bis entschieden ist, ob die Sache vor den Richterstuhl kommt oder nicht. Es gibt nämlich in vielen Ländern ein Gesetz, welches besagt, daß alle Briefe und Telegramme, die zwischen Schiffsführer und Reederei betreffs eines Unglückes gewechselt wurden, vom Gericht eingesehen werden dürfen und daß die Unterschlagung einer solchen Nachricht strafbar ist. Folglich kann ein scheinbares und sei es auch noch so unbedeutendes Geständnis in der Hand eines tüchtigen Anwaltes zur gefährlichen Waffe der Gegenseite werden.

Dieselbe Vorsicht sollte auch bei mündlichen Aussagen gelten. Ich hatte beispielsweise einmal mit einer Sache zu tun, in die zwei Segelschiffe verwickelt waren, die in einer dunklen Nacht im Kattegat kollidiert waren. Das Fahrzeug, dessen Interessen ich repräsentierte, hatte vor Backbord-Halsen gelegen, während die Mannschaft mit Reffen beschäftigt war, und wurde von einer auf Steuerbord -Bug segelnden Bark übersegelt. Der Führer des erstgenannten Schiffes erklärte geradeheraus, Schuld an der Kollision gewesen zu sein. Ich nahm in der Zwischenzeit Abstand davon, bis die Sache bei einem Seeverhör näher beleuchtet werden würde. Während des Verhörs kam heraus, daß an Bord der Bark nicht ordentlich Ausguck gehalten wurde. Diese Enthüllung führte dazu, daß man sich in aller Güte auf angemessenere Bedingungen einigte, als es zuerst für möglich gehalten wurde.

Das Obenstehende soll beweisen, daß selbst die Auffassung eines sonst sehr vernünftigen Schiffsführers in bestimmten Situationen befangen oder vorschnell sein kann, und sollte diese nun von der Besatzung bezeugt werden oder gar schriftlich vorliegen, könnte das vom Anwalt der Gegenseite leicht ausgenutzt werden und einer eigentlich guten Sache schaden.

J. F.

Ruder, Treibanker und Notruder

Im vorangegangenen Abschnitt wurden die allgemeinen Verhaltensregeln bei Havarie von Rigg und Schiff behandelt. Jetzt soll über ein spezielleres Thema gesprochen werden, nämlich über die Havarie des Ruders und was damit in Verbindung steht, samt der Ruderanlage und der Ruderkommandos.

Ein Ruder ist ein allgemein bekannter Apparat; an dieser Stelle sollen also nur seine Hauptbestandteile und deren Funktionen genannt werden.

Roret,	Rudder,	Ruder,	besteht aus:
Rorstammen,	Main piece of rudder,	Ruderschaft,	wird mit dem Achtersteven des Schiffes verbunden
Rorbladet,		Ruderherz,	
Rorhager,	Rudder-pintles,	Ruderhaken,	die an den Achtersteven gehakt werden in.
Rorløkker,	Rudder-braces,	Ruderrosen	die am Ruderstamm fest ist
Rorpinden eller Rorkvadranter	Tiller or Rudder-quadrant	Ruderpine Ruder quadrant	das Ruder wird damit bewegt
Styreledningen	Steering-chain, rod	Ruderkette	verbindet die Ruderpinne mit der Radachse.
Rattet, Haandrat	Helm, Wheel, Steering-wheel	Steuerrad,	ist das Gerät, mit dem das Ruder auf großen Schiffen bewegt und in einer bestimmten Stellung gehalten wird.
Ratakselen	Shaft of the wheel,	Radaxe,	
Lederulle	Guide pulley	Leitungsscheiben,	leiten die Steuerung und dämpfen die Ruderschläge.
Staalbuffer	Spring buffer	Spiralfeder, Zugfeder,	

Kleinere Schiffe haben nicht immer ein Rad, stattdessen sitzt die Ruderpinne fest am Kopf des Ruderblattes und bewegt sich seitwärts. Das vordere Ende ist zum Handgriff ausgebildet. Der Rudergänger steht in Lee der Ruderpinne. Bei Starkwind kann ein Mann allein das Ruder nicht halten, geschweige denn in die gewünschte Position bringen. Aus diesem Grund versieht man das Ruder mit einem Paar einfacher Blöcke und setzt gleiche Blöcke an die Bordwand, auf die Höhe der Stelle, wo die Ruderpinne an die Schiffswand stößt, wenn sie ganz übergelegt wird.

Zwischen den Blöcken wird ein solides Ende geschoren; der Rudergänger kann nun, wenn er mit seiner Körperseite gegen die Pinne drückt, das Ruder hochlegen, wenn er gleichzeitig den Läufer (Steuerleine) holt, auch wenn das Schiff hart im Ruder liegt. Bei harten Ruderstößen legt man mit dem Läufer Törns um die Ruderpinne.

Es versteht sich von selbst, daß das Ruder sich in die der Pinne entgegengesetzte Richtung bewegt. Legt man die Pinne zur Backbordseite, dreht sich der Bug während der Fahrt nach steuerbord.

Das Kommando "**Backbord-Ruder**" bedeutet also, daß die Ruderpinne nach backbord gelegt werden soll, damit der Bug des Schiffes sich nach steuerbord dreht. Wenn das Kommando "**Steuerbord**" oder "Steuerbord-Ruder" ertönt, muß das Ruder zur Steuerbordseite gelegt werden, und der Bug dreht sich nach backbord. Diese Kommandos stammen noch aus einer Zeit, als fast alle Schiffe mit Ruderpinnen ausgerüstet waren. Nach und nach aber, als die Schiffe größer wurden, brauchte es eine andere Methode, damit ein einziger Mann in der Lage wäre, es zu jeder Zeit zu bedienen. Wie Erfahrungen gezeigt haben, kann ein Mann allein meist besser steuern als zwei, selbst wenn beide gute Steuerer sind; die Sache ist nämlich die, daß sozusagen jeder Seemann seine eigene Methode hat, um ein Schiff auf dem rechten Kurs zu halten. Als Folge davon wurde die Steuerleine um einen Baum gelegt, der wiederum auf einer Achse saß, und sowohl Achse als auch Baum konnten mit einem Rad gedreht werden, auf dem in gewissen Abständen Handgriffe saßen. Anfangs waren Achse und Rad mit zwei Ständern auf der Ruderpinne selbst fest, und sowohl Rad als auch Ruderpinne bewegten sich von einer Schiffsseite zur anderen. Das hatte unter anderem den Nachteil, daß der Rudergänger die meiste Zeit den Kompaß nicht richtig sehen konnte, der in der Regel mittschiffs steht.

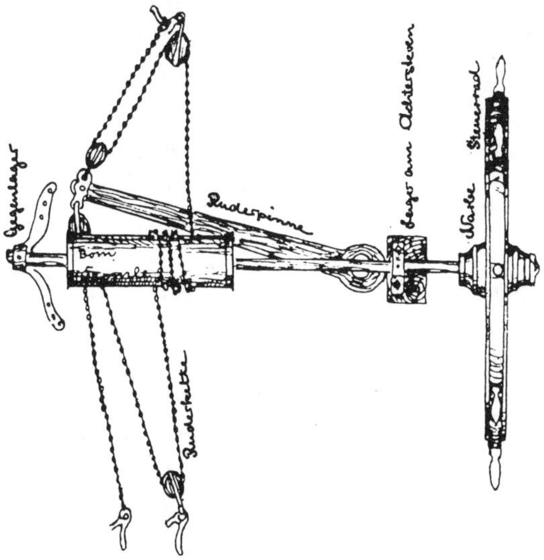

Fig. 478. Gewöhliche Rudermechanik

Es wurde bald eine Verbesserung eingeführt, die die gegenwärtigen Ruderkommandos für die jüngeren Seeleute sinnlos erscheinen lassen. Die Ruderpinne wurde kürzer gemacht und kam nach hinten (Fig. 478). Die Radachse wurde in ein Lager auf dem Oberende des Achterstevens gelegt und mit dem achteren Ende in ein Stativ direkt am Heck des Schiffes, so achterlich, daß die Ruderpinne daran vorbeikommen konnte. Dann wurde ein Block zu jeder Seite auf das Ende der Ruderpinne gesetzt und ein gleicher Block zu jeder Seite außenbords, zwischen diesen beiden Blöcken wurde die Steuerleine mit drei Törns von unten um den Baum herum geschoren.

Dadurch kann das Rad zu der Seite gedreht werden, zu der der Steven sich drehen soll. Wenn man den obersten Handgriff des Steuerrades nach steuerbord dreht, wird der Bug des Schiffes auch zur Steuerbordseite drehen und umgekehrt. Die Ruderpinne zeigt also die Ruderstellung im Wasser. Manchmal setzt man vorn auf den Ruderstamm einen kleinen Anzeiger, der die Stellung des Ruders im Wasser angibt, weil Radachse und Ruderpinne meist von einer Ruderkiste oder einem Ruderhaus verdeckt werden.

Bei der **Patent-Rudermechanik** (Patent Rorgrejer; auxiliary steering gear) (Fig. 479) ist die Radachse zwischen den Lagern schrägverzahnt. Die vordere Hälfte der Achse ist rechtsdrehend, die achtere linksdrehend. Auf jeder Hälfte sitzt eine Art Schraubenmutter, die derart gesteuert wird, daß sie auf einer Steuerstange wandert, die mit dem

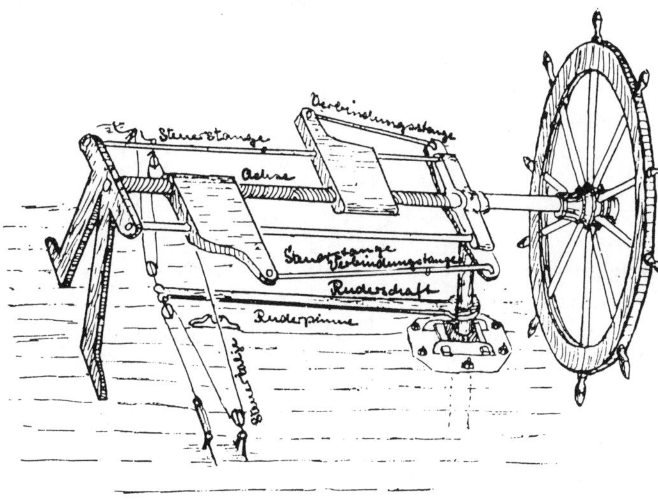

Fig. 479. Patent - Rudermechanik

Achterende an demselben Stativ befestigt ist wie die Ruderachse, nach vorn aber an einem Klotz, der als Lager für die Radachse dient; sie wird mit einem Zapfen im Ruderschaft am Platz gehalten. Außer der gewöhnlichen Ruderpinne achtern, sitzt oben auf dem Ruderschaft eine schwere Coulisse (Yoke), quer über Ruderherz und Ruderpinne, von den beiden Enden der Coulisse gehen Verbindungsstangen zu den beiden (Schrauben-) Muttern. Sobald das Rad gedreht wird, verschieben sich die beiden Muttern in entgegengesetzter Richtung und drehen dadurch Coulisse und Ruder. Das Rad wird in die Richtung gedreht, in die man den Bug des Schiffes lenken möchte. Wenn die Hilfs-Steueranlage abgenutzt ist, fängt das Ruder schon bei leichter See an zu schlagen.

Dadurch nützt es noch mehr ab, außerdem ist die dabei entstehende Unruhe sehr unbehaglich. Man hat daher viele Mittel ausprobiert, um das Ruder zu stützen, ohne die Drehmöglichkeiten einzuschränken. Um den Ruderschaft liegen an Deck gern zwei Lager, die festgekeilt werden können. Diese Keile vermögen jedoch nicht, das Ruder zu halten. Es ist daher besser, zwei Blöcke auf die Ruderpinne zu setzen und zwei an die Bordwände und dazwischen eine Steuerleine aus Hanf zu scheren. Den einen Tampen setzt man an der Bordwand fest, den anderen versieht man mit einer Kausch und einem Taljereep, das ständig steifgeholt bleibt, außerdem kann man die Steuerleine durch eine Klampe an Deck oder ein Klotje, das auf der Pinne fest ist, gehen lassen.

Im folgenden sollen die wichtigsten Ruderkommandos genannt werden. **Steuerbord** (Styrbord; Starboard) ist die Seite des Schiffes, die man zu seiner rechten Hand hat, wenn man achtern steht und nach vorn schaut.

Backbord (Bagbord; Larboard, Port, Port-side) ist die Seite, die man zu seiner linken Hand hat, wenn man achtern steht und nach vorn schaut.

Luvseite, Luv, Wetterseite (Luvart, Luv, Luvside; Windward, Wheatherside, Wheather) ist die dem Wind zugewandte Seite des Schiffes.

Lee, Leeseite (Lae, Laeside; Leeward, Lee) ist die dem Wind abgewandte Seite.

Kommandos:

Dänisch	Englisch	Deutsch	Man dreht das Rad nach:	Man legt die Ruderpinne nach:	Vorderteil des Schiffes dreht sich:
Styrbord	Starboard	Backbord	Backbord	Steuerbord	Zur Backbord-Seite
Haardt Stb.	Hard Starboard	Hart Backbord	Ganz nach backbord, soweit wie möglich	Ganz hinüber zur Steuerbord-Seite	Schnell zur Backbord-Seite
Bagbord	Port	Steuerbord	Steuerbord	Backbord	Zur Steuerbord-Seite
Haardt Bb.	Hard Port	Hart Steuerbord	Ganz nach steuerbord, so weit wie möglich	Ganz hinüber zur Backbord-Seite.	Schnell zur Steuerbord-Seite
Støt det Ret saa	Steady Steady so	Stütz Recht so	Bedeutet nicht, daß das Ruder nicht bewegt werden darf, sondern daß das Schiff in der Richtung gehalten werden soll, die es innehatte, als das Kommando ausgesprochen wurde.		

Dänisch	Englisch	Deutsch	Man dreht das Rad nach	Die Ruderpinne wird gelegt:	Das Vorderteil des Schiffes dreht sich:
Luf	Come to	Luf	nach Luv	Nach Lee	Höher an die Windrichtung
Lidt højere	A little higher	Etwas höher	nach Luv	Ein wenig nach Lee	Höher an die Windrichtung
Lad falde	Keep of	Halt ab, abhalten	Nach Lee.	Hoch nach Luv.	Weg vom Wind
Hold længere	Bear of	Abfallen	Nach Lee	Hoch nach Luv	Weg vom Wind.
Bidevind	Full and by	Voll und bei	Das Schiff geht so hoch an den Wind, daß alle Segel vollstehen.		
Kurs	Course	Kurs	Das Schiff wird dazu gebracht, eine bestimmte Richtung nach Kompaß zu segeln.		

Neuere Kommandos:

Højre	Right	Rechts	Nach steuerbord	Nach backbord	Nach rechts oder steuerbord
Venstre	Left	Links	Nach backbord.	Nach steuerbord.	Nach links oder backbord.

Wenn das Schiff über Stag geht, backliegt oder halst, sind die Kommandos die gleichen, die Wirkung aber entgegengesetzt - bei Backbord-Ruder wird sich der Bug des Schiffes nach backbord drehen.

Steuern bedeutet, das Schiff mit Hilfe des Ruders in einer bestimmten Richtung zu halten. Bei gutem Wetter und nicht zu großer Fahrt ist das auch gar nicht so schwierig, bei schlechtem Wetter jedoch und großer Fahrt, wenn das Schiff schlecht getrimmt (steuerlastig) ist oder bei verkehrter Segelführung, kann es selbst für einen erfahrenen Rudergänger sehr schwierig werden, das Schiff auf dem rechten Kurs zu halten. Auch lassen sich nicht alle Schiffe gleich gut steuern - ein tiefbeladenes Schiff steuert in der Regel nicht so gut wie ein leichtbeladenes. Zwischen den Steuereigenschaften von Schiffen kann ein Unterschied bestehen wie zwischen Tag und Nacht, deshalb ist es unmöglich, Regeln für das Steuern aufzustellen; man kann es nur durch Ueben erlernen.

Nur eines scheint überall zu gelten: "Leg' nicht mehr Ruder als notwendig, und leg' es rechtzeitig." Wenn man zuviel Ruder legt, wird das Schiff "wild" und giert von einer Seite zur anderen; außerdem stoppt es die Fahrt beträchtlich, wenn das Ruder immer quer liegt. Gutes Steuern trägt nicht nur zu schneller Fahrt bei, auch die Navigation wird zuverlässiger.

"Was kann man dagegen tun, **wenn das Schiff das Ruder verliert?**" "Das Schiff wird in den Wind gedreht, und das Signal Manövrierunfähigkeit wird gesetzt!" Alles weitere wird von den Verhältnissen bestimmt, in denen sich das Schiff befindet.

Passiert es im Fahrwasser, wo man ankern kann, läßt man den Anker fallen.

Passiert es auf offener See, und das Schiff macht Fahrt, läßt es sich vielleicht allein mit den Segeln steuern, indem man - je nach Umstand - Vor- und Achtersegel setzt oder birgt.

Achtersegel bringen das Schiff zum Anluven, Vorsegel zum Abfallen, die stärkste Wirkung erzielen Segel, die back stehen. Die Fahrt muß ein wenig herabgesetzt werden.

Wenn das Schiff bei Sturm beigedreht liegt, muß man zusehen, es mit Achtersegeln am Wind zu halten. Wenn das nicht geling, und die Position des Schiffes gefährdet ist, muß man es mit einem **Treibanker** versuchen.

Ein Baum oder eine Spiere von ungefähr der Länge einer Schiffsbreite wird quer über das Deck gelegt. Ein Segel wird am Baum entlang befestigt. Stag-oder Vorliek werden doppelt gelegt. Eine kräftige Trosse wird an jeder Seite des Baumes befestigt, und zwar so, daß die Bucht einen Hahnepoot von der Länge des Baumes bildet (Fig. 480). An der unteren Ecke des Segels befestigt man Ballasteisen, Draggen oder Ankerstöcke. Das Kabeltau wird durch die vordere Klüse gegeben, klar wieder eingeholt und mitten auf dem Hahnepoot festgesetzt. Auf eine der Nocken setzt man eine starke Trosse und fängt sie entlang des Kabeltaus mit Garn ein, um damit später den Anker wieder einhieven zu können. Der Treibanker wird mit der Ankergien oder einer Nocktalje von der Fockrah außenbords gefiert (Fig. 481).

Der Treibanker kann als eine Art große Flunder angesehen werden, die, wenn beide Parten des Hahnepoots gleich lang sind,

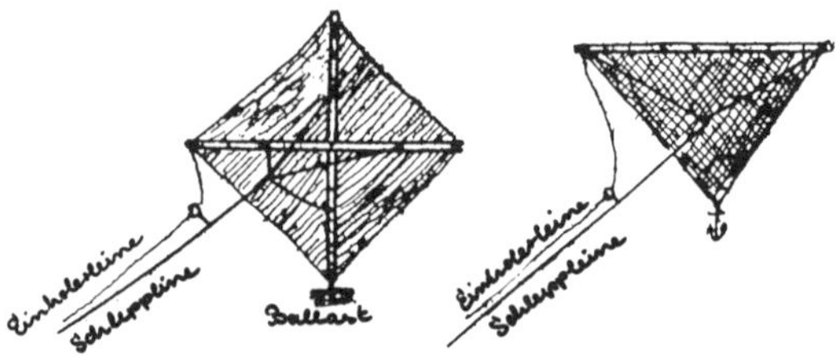

Fig. 480. Treibanker

Fig. 481. Treibanker und Treibsack in der Anwendung

sich im Wasser quer zum Kabeltau stellt und dadurch großen Widerstand ausübt. Es werden ca. 60 Faden Trosse gesteckt, bevor man sie festsetzt. Der Treibanker hält den Steven nicht allein gegen die Seen auf, er bricht sie auch zum Teil.

Um **den Treibanker wieder einzuholen** wird an der Trosse, die an der Baumnock sitzt, gehievt, dadurch reißt das Garn am Kabeltau, und der Baum stellt sich mit dem Ende in Richtung Schiff und übt keinen so starken Wasserwiderstand mehr aus.

Fig. 480 zeigt weiterhin, wie aus einem Holzkreuz mit Segel darüber ein Treibanker werden kann. Auf dem Kreuz sitzt ein vieradriger Hahnepoot, an dem das Kabeltau fest ist. An einer der Ecken ist ein Gewicht befestigt, um den Treibanker ins Wasser zu drücken.

Ein **Treibsack für Boote** (Fig. 482) wird aus schwerem Segeltuch genäht, ist ca. 2 Fuß breit und 4 Fuß lang und ähnelt einem Trichter. Am breiten Ende befindet sich ein Hahnepoot, der mit einer starken Leine am Boot fest ist. Am spitzen Ende ist ebenfalls eine Leine fest. Damit der Sack nicht vom Wasser zerrissen wird, befindet sich eine Oeffnung am spitzen Ende, durch welche der Wasserdruck entweichen kann, wenn er zu groß wird.

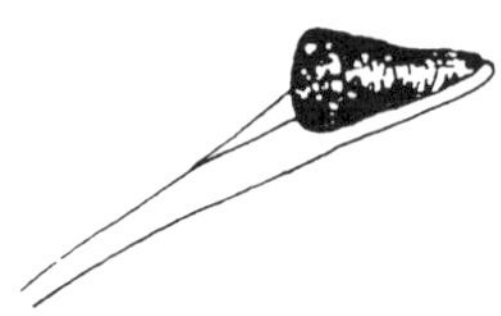

Fig. 482. Treibsack

Das Wetter ist besser geworden, und mit Ausnahme des fehlenden Ruders ist das Schiff in seetüchtigem Zustand. Man wird versuchen, die Reise mit Hilfe eines **Notruders** fortzusetzen. Von allen Methoden, die empfohlen werden können, soll hier nur über diejenigen gesprochen werden, die sich am besten ausführen lassen, weil sich das Material dazu in der Regel auf jedem Schiff finden läßt.

Am einfachsten ist es, einen großen Knoten an das Ende des Kabeltaus zu machen, es mit einem Ende oder einer Talje zu jeder Seite über das Achterende auszubringen. Wenn die

Trosse einige Faden hinter dem Schiff herschleppt, wird es achtern auf der Mitte mit einer Zurring festgesetzt. Die Taljen werden, eine zu jeder Seite des Schiffes, festgesetzt. Wenn das Schiff abfallen soll, holt man an der Lee-Talje und fiert die in Luv, wenn man anluven möchte, holt man die Bucht der Trosse nach Luv.

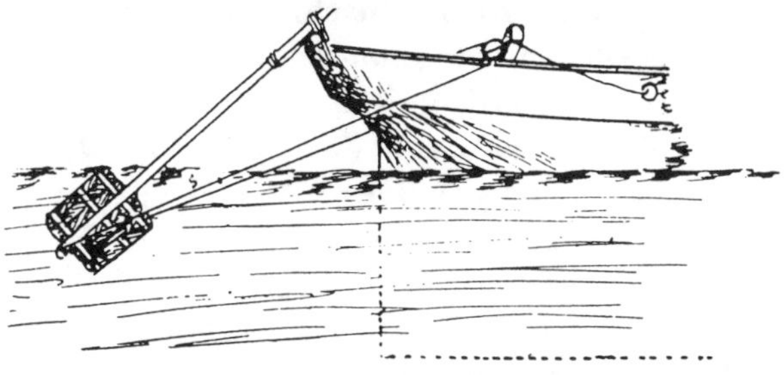

Fig. 483. Notruder

Man kann eine lange Spiere über das Achterende ausbringen und sie zu jeder Seite mit einer Talje versehen (Fig. 483). Das Ende der Spiere wird am Achterende festgezurrt, so daß das Ende, welches im Wasser ist, zu den Seiten ausgeholt werden kann. Kleinere Schiffe lassen sich ohne weiteres mit einer Spiere oder einem Kabeltau steuern, für einen Dampfer aber oder ein größeres Segelschiff müssen andere Vorkehrungen getroffen werden, um das Ruder zu ersetzen.

Fig. 484 zeigt eine andere Art Notruder.

Notruder für Holzschiffe (Fig. 485). Ein Baum oder eine Spiere, ungefähr so lang, wie der Achtersteven breit ist, wird ganz unten mit einer ca. 5 Zoll dicken Klampe und einer Kerbe versehen, die auf den Achtersteven paßt. Dann setzt man die Bucht eines kräftigen Endes oder einer Kette mit einem halben Stek unten um den Baum, so daß es nach oben rutschen kann. Aus Planken und Brettern wird ein Ruderblatt gefertigt. In die Vorderkante werden Löcher gebohrt, womit es an den Baum gezurrt werden kann. Die Zurrings müssen wie eine liegende 8 gemacht werden, damit die Ruderfläche sich seitwärts bewegen läßt, denn der Baum läßt sich nicht bewegen. Am besten nimmt man Kette zum Zurren, es müssen mindestens drei Zurrings an der Vorderkante des Ruderblattes sitzen.

In die Achterkante macht man oben ein Loch für eine Kette, die zu jeder Seite einen Ausleger hat, wohinein die Steuertalje

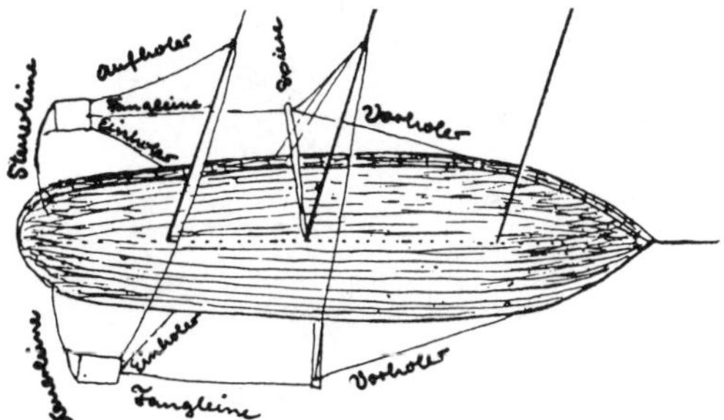

Fig. 484. Notruder

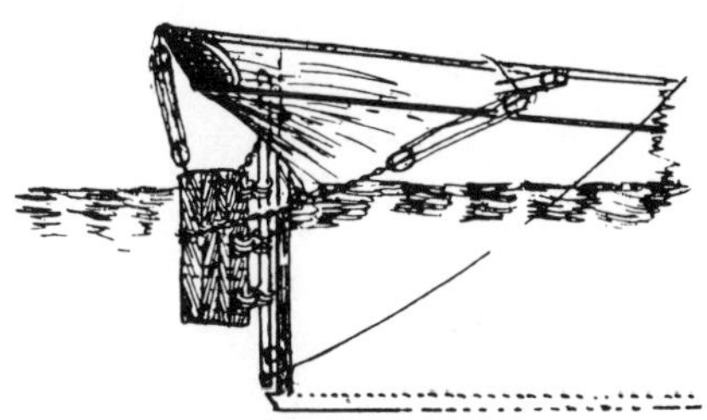

Fig. 485. Notruder

gehakt wird. Außerdem setzt man eine Talje an, damit das Ruder nicht nach unten rutscht. Auch kann es nötig werden, die Unterkante des Ruders mit Eisen zu beschweren, damit es unten bleibt. Ca. 2 Fuß vom oberen Ende des Baumes entfernt werden vier Enden gesetzt. Das ganze wird außenbords gefiert, und das oberste Ende des Baumes wird mit den vier Enden durch den Ruderkasten nach oben gewiesen, wo es festgezurrt oder verkeilt wird. Die beiden unteren Enden werden - eines zu jeder Seite - nach vorn gewiesen und steifgeholt, sobald die Klampe um den Steven greift. Eine Talje vom Achterende hält das Ruder in der richtigen Höhe. Durch die achteren Seitenklüsen wird zu jeder Seite ein Baum zu den Steuertaljen ausgebracht. Die Taljenläufer können quer über Deck gewiesen und zusammengeknotet werden, so daß beim Holen des einen Lose auf den anderen kommt.

Für die Breite des Ruderblattes muß man pro Fuß Schiffsbreite mit 1 1/2 Zoll rechnen.

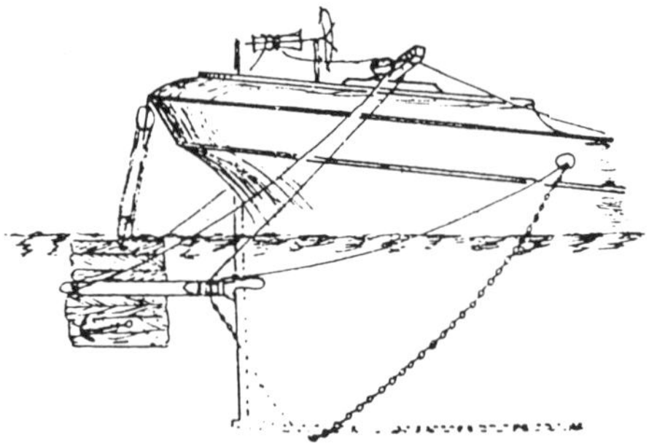

Fig. 486. Notruder

Ein **Notruder für Eisenschiffe** ist leichter herzustellen (Fig. 486). Einen Baum oder eine Gaffel versieht man mit einer kräftigen Klau, die um den Achtersteven greifen kann. Der Baum darf nicht über 12 Fuß lang sein, und ca. 3 Fuß von der Klau entfernt wird das Ruderblatt aus Planken und Brettern angesetzt. Die untere Kante des Blattes wird mit Eisen beschwert. Auf der Oberkante des Blattes wird eine Talje festgesetzt und auf dem achteren Ende des Baumes zwei schwere Jollen oder Ketten für Steuerjollen. Innen bei den Klauen werden zwei weitere Jollen befestigt, um sie fest am Steven zu halten. Das Ruder kann mittschiffs außenbords gefiert und nach achtern an seinen Platz gebracht werden.

Je tiefer das Ruder im Wasser ist, desto stärker ist seine Wirkung auf das Schiff.

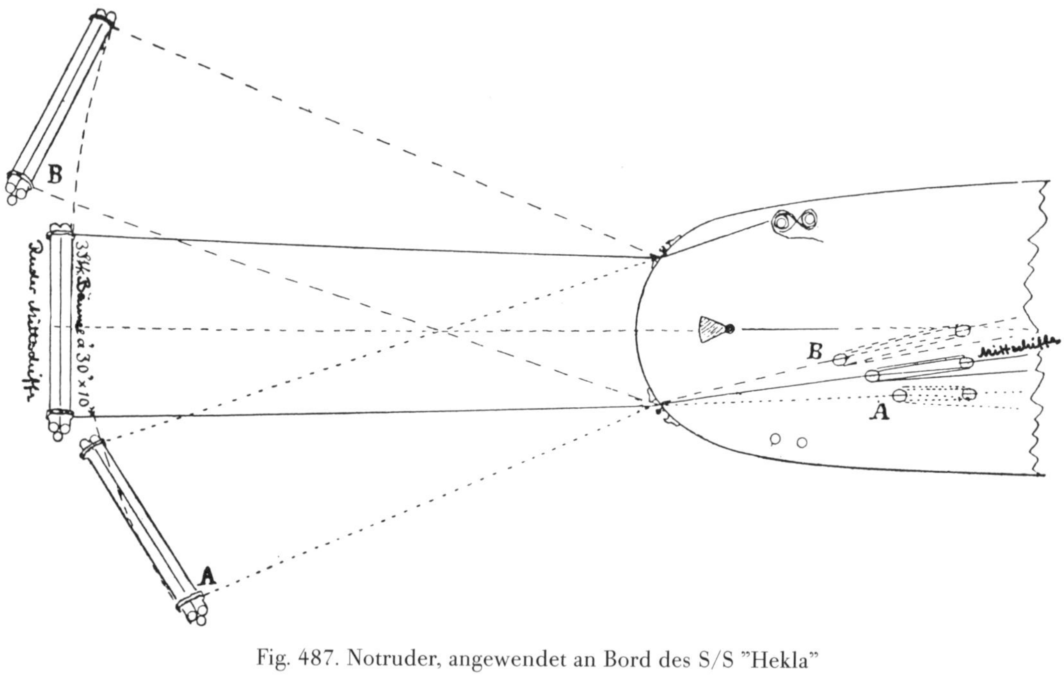

Fig. 487. Notruder, angewendet an Bord des S/S "Hekla"

Die folgende kurze Darstellung über eine praktische Erfahrung mit einem Notruder wird sicher von Interesse sein. Dem Kapitän O. Egense gelang es, mit Hilfe eines Notruders das Dampfschiff "Hekla" zu bergen und am 22. März 1905 sicher in den Hafen von Horta auf den Azoren zu bringen.

"Hekla" ist ein Dreimast-Schraubendampfer von 3258 Bruttoregistertonnen, 330 Fuß lang, 42 Fuß breit und mit einem mittleren Tiefgang bei voller Ladung von 23 Fuß. Das Schiff war auf der Reise von Kopenhagen über Kristiania und Kristianssand nach New York, es hatte

Passagiere und Ladung an Bord. Im Atlantik hatte es mehrere Tage gegen orkanartigen Sturm aus NNW zu kämpfen. Das Wetter legte sich am 11. März ein wenig, und man versuchte, den Kurs anzuliegen und mehr Fahrt zu machen, als der Ruderschaft im Ruderkoker brach. Das Schiff, dessen Tiefgang 19 Fuß betrug, legte sich mit der Steuerbordseite quer zum Wind, und die Schraube mußte ständig am Laufen gehalten werden, um das Ruder am Schlagen zu hindern, weil es sonst den Achtersteven hätte beschädigen können.

"Hekla" war gut mit Segeln versehen, und man brachte so viele wie möglich davon mit den Schoten nach Luv, um das Schiff zum Abfallen zu bringen und es südlicher auf die Route nach New York zu bringen, um auf Hilfe zu stoßen.

Inzwischen wurde ein Notruder ausgebracht. Es bestand aus einer 80 Faden langen, 8 Zoll dicken Manilahanftrosse, an deren Ende ein 1000 Pfund Anker samt einem 200 Pfund schweren Bolzen angebracht war. Das vordere Ende wurde zu jeder Seite mit den Ruderketten verbunden, so daß die Trosse von Bordseite zu Bordseite geholt werden konnte. Es zeigte sich jedoch, daß der Widerstand, den Trosse und Anker ausübten, zu gering war, um das Schiff zu einer Seite zu drehen. Die Windstärke betrug 7 bis 8, und die Seen waren hoch.

Man riggte also ein Notruder, wie es auf Fig. 486 gezeigt wird, nur daß das vordere Ende des Baumes, statt mit einer Klaue um den Achtersteven zu greifen, sich um einen Bolzen am Achterspiegel des Schiffes drehte. Aber selbst dieses Notruder war kaum in der Lage, daß Schiff zu bewegen. Als der Baum wegen des stürmischen Wetters zuletzt brach, wurden drei Löschbäume (Fig. 487) von ca. 30 Fuß Länge und 10 Zoll im Durchmesser mit einem Kettenzurring zusammengelascht und an jedem Ende mit einer 4-zölligen Stahltrosse versehen. Das Ganze wurde über Bord gefiert, und an jeder Trosse wurden ca. 24 Faden gesteckt, so daß der Baum quer zum Achterende des Schiffes geschleppt wurde. Die eine Trosse wurde ordentlich an Pollern belegt, auf das andere Ende setzte man eine kräftige, vierfache Talje, mit dem Läufer zum Ankerspill.

Durch Fieren oder Holen der Talje wird der Baum seitlich zum Ausscheren gebracht, wodurch das Achterende des Schiffes zur selben Seite gezwungen wird. Das Schiff wurde dadurch so gut auf Kurs gehalten, daß es nach Horta gebracht werden konnte. In den elf Tagen nach der Havarie legte das Schiff ca. 1000 km zurück, davon allein 132 und 152 km in den letzten beiden Tagen mit dem beschriebenen Notruder bei stürmischem Wetter und hoher See, nachdem die Segel weggeblasen worden waren.

Um das Schiff über den Backbordbug zu bringen, wendete man folgendes Hilfsmittel an: Man brachte eine Eisenplatte von 22 Quadratfuß an einem doppelten Hahnepoot an, der an einem Draht am Backbordbug befestigt und mit Auf- und Einholer versehen war.

Kapitän O. Egense bemerkte unter anderem folgendes: "Wenn wir längere Bäume gehabt hätten, bin ich davon überzeugt, daß wir bessere Resultate erreicht hätten..."

"Notruder müssen unter den gegebenen Umständen an so langen Trossen geschleppt werden, daß das Ruder nicht aus dem Wasser springen kann und dadurch die Trossen zu schwer belastet... "Als die Bäume niedergefiert wurden, konnten sie gerade schwimmen." Erst der dritte Versuch gelang.

Zuerst wurden die Bäume so stark von den Kettenzurrings belastet, daß sie sich senkrecht ins Wasser stellten und sich überschlugen. In dieser Stellung nützten sie nichts und mußten jedesmal wieder eingeholt und aufgeklart werden. Jede der Trossen an einen Hahnepoot zu setzen erwies sich ebenfalls als unpraktisch; je näher sie aber ans Ende der Bäume gesetzt wurden, desto besser ging es.

Oel als Wellenberuhiger

Wellen im offenen Meer erreichen vom tiefsten Punkt des Wellentales bis zur Spitze selbst bei Sturm selten eine Höhe von 40 Fuß. Wenn die Wellen hingegen in niedrigeres Wasser kommen, können sie sich zu Turmgröße entwickeln. Aber selbst bei geringerer Höhe ist die Macht der Wellen fürchterlich. Große Schiffe werden genauso hin- und hergeworfen wie kleine, und nichts vermag ihnen standzuhalten, wenn die See einmal so richtig aufgewühlt ist.

Es liegt also nahe, sich zu fragen: "Wie vermag der Wind die Wassermassen derart aufzutürmen?" Wenn das Wasser ruhig ist, streicht der Wind darüber hinweg; die Luft hat aber ein bestimmtes Gewicht, dadurch entsteht Reibung zwischen Luft und Wasser, wodurch die oberste Wasserschicht mit dem Wind in Bewegung gesetzt wird.

Fig. 488.

Auf der Windseite der See rollen ständig neue Wassermassen heran, während die Rückseite oder Leeseite der See weniger mit dem Wind in Berührung kommt, dadurch ständig langsamer wird, bis sie so rechtwinklig wird, daß die obersten Wassermassen niederstürzen, um sofort von der nächsten See wieder aufgerollt zu werden. Solange der Wind nicht zu stark weht, bildet sich keine Schaumkrone auf der Welle, weil die Wassermassen genauso schnell nach unten sinken, wie der Wind sie wieder auftürmt. Wenn der Wind in Sturm übergeht, werden die Wellen nach und nach immer höher aufgetürmt, und die Schaumkronen stürzen mit gewaltiger Kraft in die Täler, diese besonders gefährlichen Seen nennt man Brecher. Wenn eine solche See über ein Schiff hereinbricht, geschieht eigentlich immer ein Unglück, denn diese gewaltigen Wassermassen haben so viel Kraft, daß sie alles zertrümmern und mitreißen können, was nur immer genügend Angriffsfläche bietet (Fig. 488).

Durch Oel kann verhindert werden, daß der Wind zu viele Wasserteile in Bewegung setzt und sich Brecher bilden; das Oel breitet sich schnell auf dem Wasser aus und überzieht es mit einer dünnen Haut. Die Wellen werden nicht so hoch, und der gefährliche Kamm bleibt entsprechend niedrig. Je weiter man das Oel an den Wind heranbringt, desto besser wirkt es, man muß also bestrebt sein, es so weit wie möglich nach Luv zu bringen, wo das Schiff den Wellen am meisten ausgesetzt ist.

Nicht alle Sorten Oel erzielen die gleiche Wirkung. Am besten wirken Tran und andere tierische Oele. Leinoel und Firnis breiten sich nur langsam auf dem Wasser aus, außerdem wird der Oelfilm so dick, daß man ein beträchtliches Quantum braucht. Petroleum breitet sich sehr schnell aus, ist aber nicht von großer Wirkung, weil der Film zu dünn ist. Es heißt aber, daß ungereinigtes Petroleum sehr gut geeignet sein soll.

Auf Fig. 489 wird ein Oelbeutel gezeigt, der für unseren Zweck bestens geeignet ist. Oben ist die Leine an einem Hahnepoot befestigt, auf dem Einfülloch befindet sich ein Messingdeckel, der abgeschraubt werden kann, wenn der Beutel gefüllt wird. Unten befindet sich eine Apparatur aus Messing mit einigen Löchern darin, wo das Oel herausläuft. Mittels einer Schraube c können die Löcher, je nach Einsatz größer oder kleiner gestellt werden. Der Beutel selbst ist aus Segeltuch gefertigt. An Bord werden oft Segeltuchbeutel benutzt. Zuerst wird der Beutel mit Werg gefüllt, dann läßt

Fig. 489. Oelbeutel

man das Oel hineinlaufen und befestigt den Beutel an einem Ende, so daß er außenbords in Luv geschleppt werden kann. Nach einer halben Stunde ist der Beutel meist vollständig dicht, und man muß einen Teil der Löcher mit einem Pfriem durchstechen, damit das Oel wieder laufen kann; dieser Vorgang muß sehr häufig wiederholt werden. Einige Seeleute ziehen daher eine mit Werg und Oel gefüllte Socke oder einen sackleinenen Beutel vor. Wenn sich auf der Luvseite ein Klosettrohr befindet, kann man in den Trakt ein wenig Werg stopfen und Oel einfüllen, welches dann langsam durch das Rohr nach außen sickert. Das ist eigentlich die beste Methode, und viele Schiffsführer sind, nachdem sie verschiedene Methoden ausprobiert haben, der einhelligen Meinung, daß ein Schiff zu jeder Seite mit 2 oder 3 dünnen Rohren und einem Oelbehälter oben ausgerüstet sein sollte, weil das von größtem Nutzen sei. Die Anzahl der benötigten Oelbeutel hängt von der Schiffsgröße und dem Kurs ab, den es gegen die See hält.

Fig. 488 zeigt ein Schiff, das lenzt. Auf Fig. 490 sieht man unten links einen Havaristen, der als letzte Maßnahme vor einer Bucht Kabeltau in den Wind gedreht ist. Damit das Tau besseren Widerstand leisten kann und um die Seen zum Teil zu brechen, hat man hier und dort Hölzer und ähnliches angesteckt, außerdem treiben drei Oelsäcke an der Luvseite des Schiffes. In der Hoffnung darauf, mit einem anderen Schiff Verbindung aufnehmen zu können, hat man eine leere Tonne an die Lotleine gesteckt, die durch den Wind in Lee gehalten wird. Auf die gleiche Weise kann man bei Strandungsgefahr versuchen, eine Leine an Land zu bringen.

Rettungswesen, Rettungsgeräte, Boote.

Wenn eine Strandung unumgänglich wird, heißt man ein Notsignal, sobald es von Land oder von einem anderen Schiff gesehen und Hilfe erwartet werden kann. Man sollte mit dem Auflaufen nicht bis zur Dunkelheit warten oder bis das Schiff von selbst auf Grund gerät. Es ist nämlich oft ein großer Unterschied, ob ein Schiff von selbst strandet oder an einer ausgesuchten Stelle auf Grund läuft. Was diese Wahlmöglichkeit angeht, so sollte man natürlich möglichst an einer Stelle landen, an der sich eine Rettungsstation befindet, weil von dort die schnellste und beste Hilfe erwartet werden kann. Auf den dänischen Karten sind die Rettungsstationen mit R. S. oder in den englischen mit L. B. (Life Boat), bzw. L. S. S. (Life Saving Station) bezeichnet. Aber ob es nun glückt, in der Nähe einer Rettungsstation zu landen oder nicht, in jedem Fall ist es gut, auf die Signale der Menschen an Land zu achten, die das Schiff zu einer sicheren Stelle dirigieren können, von der aus sich alle an Bord befindenden Personen retten können.

Wenn das Schiff mit Rahsegeln ausgerüstet ist, setzt man das Vor-Topsegel und von den Vorsegeln mindestens Stagsegel und Klüver und holt zu jeder Seite eines dicht, um das Schiff recht zur See zu halten. Wenn das Schiff keine Rahsegel hat, muß möglichst das Schonersegel geführt werden. Hängt die Jolle am Heck, wird sie von den Davits gekappt; wenn sich dort eine Hütte befindet, die sich losgerissen hat, sollte man versuchen, sie über Bord zu werfen. Sobald nämlich ein Brecher Jolle oder Hütte zerstört, können Steuermann oder Ruderanlage zu Schaden kommen. Dann sollte man einen erfahrenen Mann das Schiff mit den Seen auf Land zusteuern lassen. Wenn noch Oel an Bord ist, lasse man es ständig ausfließen. Bevor das Schiff die Grundseen erreicht, lasse man jeden Mann einen Rettungsring/gürtel anlegen - der Teil der Manschaft, der nicht unmittelbar gebraucht wird, geht unter Deck, die anderen zurren sich an ihren Posten fest. Je dichter das Schiff unter Land gebracht werden kann, desto größer ist die Hoffnung auf Rettung.

Davon hängt oft sogar ab, ob man überhaupt gerettet wird, denn an einigen Stellen können die Rettungsboote gar nicht ausgebracht werden, und man muß versuchen, das Land mit Rettungsraketen zu erreichen. Wenn das Schiff endlich Grund berührt, ist es den Brechern unbarmherzig ausgeliefert: was immer aber passiert, die Segel müssen stehen bleiben, weil sie das Schiff auf Land zu drücken und es daran hindern, sich in tieferes Wasser zurückzuarbeiten. Ein Schiff, welches nach Lee hin krängt, ist den Brechern nicht so ausgesetzt.

Man soll nicht versuchen, aus eigener Hilfe zu landen, sondern Hilfe von Land abzuwarten, wenn von dort welche angeboten wird, wenn nicht, muß man den Umständen angemessen handeln. Die Bergung läßt sich oft vereinfachen, wenn man vom Schiff aus eine Leine an Land bringen kann (z. B. mit Hilfe einer leeren Tonne, Raketen, Rettungsring). Wenn es gelingt, läßt sich damit eine Trosse an Bord holen, die dort gut festgemacht wird und mit deren Hilfe es eventuell möglich wird, Rettungsboote (Fig. 491) zum Schiff zu holen.

Rettung mit Hilfe von Raketenapparaten. Wenn der Abstand zwischen dem gestrandeten Schiff und dem Land nicht mehr als ca. 800 Fuß beträgt, kann der Raketenapparat eingesetzt werden. Zum erfolgreichen Bedienen der Raketen müssen unbedingt die Anweisungen befolgt und besonnen und ruhig gehandelt werden. Nachstehend sind die für Schiffbrüchige wichtigen Verhaltensregeln, in Übereinstimmung mit den vom Ministerium für Handel und Seefahrt am 22. Juni 1910 herausgegebenen Anweisungen, fettgedruckt.

Anweisung für Schiffbrüchige zum Gebrauch von Rettungsapparaten

Strandet ein Schiff unter gefährlichen Umständen in der Nähe einer Rettungsstation, wird die Rettung von Land entweder mit Rettungsboot oder Raketenapparat betrieben. Nachts meldet man der Rettungsstation seine Ankunft durch Abschießen von Knallraketen. Der Raketenapparat wird folgendermaßen gehandhabt:

1. Eine dünne Leine wird über das Schiff geschossen. **Man greife nach der Leine. Gebe dann ein Signal an Land - am Tage entfernt sich ein Mann von der beieinanderstehenden Mannschaft und winkt mit den Armen oder einem Tuch, bei Nacht durch wechselweises Auf- und Abdecken einer Laterne oder eines Lichtes** *).

2. Wenn daraufhin von Land Signal gegeben wird - am Tage entfernt sich ein Mann von den übrigen und schwingt eine rote Fahne, bei Nacht durch wechselweises Auf- und Abdecken einer roten Laterne **) - **hole man die Leine ein, bis ein Steertblock mit beiden Läufern kommt.**

3. **Der Steert des Blockes wird so hoch wie möglich über Deck am Mast oder an einer anderen sicheren Stelle befestigt. Wenn der Steert fest ist und die Raketenleine vom selben losgemacht wurde, vergewissert man sich, daß Aus-und Einholer frei vom Block scheren; daraufhin wird Signal gegeben wie vorher.**

4. An Land steckt man eine Trosse an den Ausholer und holt sie zum Schiff hinüber.

5. **Der Tampen dieser Trosse wird 1/2 Meter über dem Steertblock befestigt.**

6. **Der Ausholer wird von der Trosse losgemacht und wieder wird Signal gegeben wie vorher.**

7. Von Land wird ein an der Trosse wandernder Rettungsstuhl zum Schiff

*) The Board of Trade hat folgende Veränderung verfügt: anstelle des wechselweisen Auf- und Abdeckens einer Laterne schwinge man eine Laterne hin und her.

**) The Board of Trade hat folgende Veränderung verfügt: anstelle des wechselweisen Auf- und Abdeckens einer roten Laterne schwinge man eine rote Laterne hin und her.

geholt; **ein Mann nimmt darin Platz, und es wird Signal gegeben wie vorher; die Männer an Land holen den Rettungsstuhl hin- und her, bis alle auf dem Schiff befindlichen Personen gerettet sind.**

8. Wenn keine Trosse benutzt werden kann, wird der Rettungsstuhl allein mit Hilfe des Ausholers hin- und hergeholt. **Frauen, Kinder und hilflose Personen werden als erste an Land geholt. Es muß davon abgesehen werden, das Schiff mit eigenen Booten zu verlassen.**

9. **Das Schiff muß während der Rettungsaktion so weit wie möglich beleuchtet gehalten werden.**

Fig. 492 zeigt einen gewöhnlichen **Rettungsring** aus Kork oder Kapokholz. Wenn ein Mann über Bord fällt, steckt man eine Lotleine, Loggleine oder was immer man zur Hand *) hat an den Ring, hievt diesen so nah an den Überbordgefallenen wie möglich, gleichzeitig läuft das Schiff gegen den Wind auf und alle Mann werden an Deck gerufen.

Sobald der Überbordgefallene den Rettungsring ergreift drückt er einmal kräftig darauf, woraufhin der Ring über seinen Kopf fällt und der Überbordgefallene beide Arme über den Ring legt. Wenn er den Ring nicht erreicht, kappt man die Leine von Bord aus, um den Ring nicht immer weiter von dem Mann wegzuschleppen.

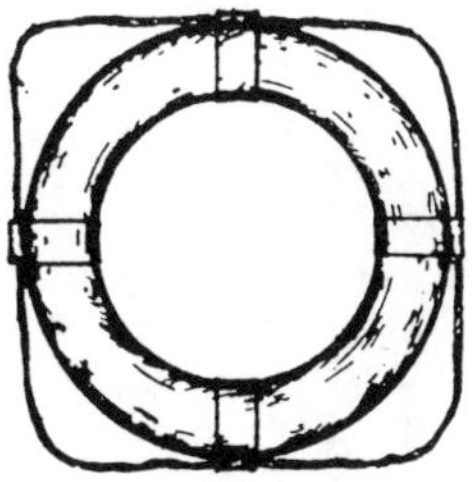

Fig. 492.
Rettungsring

Rettungswesten (Fig. 493) sind mit jeweils 4 Korkstücken an Rücken und Brust ausgestattet, die in kräftige Leinwand eingenäht sind. Statt Kork kann auch Kapokholz verwendet werden. Jedermann in den Rettungsbooten ist mit so einer Rettungsweste ausgerüstet. Auch Fischer benutzen diese Westen, und jedes Kauffahrteischiff muß mit einer Rettungsweste für jede sich an Bord befindliche Person ausgerüstet sein. Entweder werden sie in leicht zugänglichen Kisten an Deck aufbewahrt, oder jedermann hat seine Weste am Kopfende seiner Koje. Es gibt auch Rettungswesten aus Gummi, die unter oder über der Kleidung getragen und im Notfall durch eine kleine Gummischlange aufgeblasen werden. Die vom Gesetzgeber befohlenen Rettungswesten müssen jedoch immer einsatzbereit sein, ohne vorher erst aufgeblasen werden zu müssen, auch müssen sie im Notfall leicht zugänglich aufbewahrt werden.

Fig. 493.
Rettungsweste

Wenn das Schiff auf offener See verlassen werden muß, und die Boote sind entweder fortgerissen oder kaputtgeschlagen, lassen sich eventuell **Flöße aus Reservespieren** oder anderen Hölzern bauen. Die Tragfähigkeit dieser Flöße läßt sich erhöhen, wenn man einige leere Tonnen, Fässer, Kanister oder ähnliches darunterbaut. Auf Fig. 490 werden unten rechts einige Schwimmkörper gezeigt.

Der amerikanische Drachen (Fig. 490 links oben und 494) ist ursprünglich sicher als Spielzeug konstruiert worden, teilweise wurde er auch für wissenschaftliche Zwecke eingesetzt. Unter gewissen Umständen kann er auch für die Seefahrt nützlich werden, um nämlich eine Verbindung zwischen zwei Schiffen oder Schiff und Land herzustellen. Die Idee, einen Drachen zu benutzen, um mit einem gestrandeten Schiff in Verbindung zu treten, ist nicht neu und wurde vor einigen Jahren von der Rettungsgesellschaft in Aberdeen entdeckt. Da aber die gefährlichsten Strandungen immer bei auflandigem Wind passieren, hat es keinen Sinn, von Land einen

*) Die dänischen Aufsichtsbehörden verordnen für Schiffe, die außerhalb der eingeschränkten Fahrt unterwegs sind, daß mindestens zwei Rettungsringe mit einer mindestens 20 m langen Leine zu versehen sind.

Fig. 490. Rettungsmittel

Fig. 491. Anwendung des Raketenapparates

Drachen aufsteigen zu lassen; wenn man einen vom Schiff aus aufsteigen läßt, gelangt der zwar an Land, kann aber nicht zum Niedergehen gebracht werden. Diese Aufgabe wurde mit **H. Fog's Rettungsdrachen** (Fig. 495) gelöst, der, wie auf der Abb. zu sehen ist, eine altbekannte Form aufweist, nur daß sich neben der Flugleine unten eine zweite dünne Leine befindet. Solange der Drachen schweben soll, bleibt die Niederholerleine locker; wenn man sie einholt, schwebt der Drachen herunter.

Leider kommt die Leine an Bord leicht unklar. H. Fog forderte daher zu weiteren Experimenten mit dem amerikanischen Drachen zu Lande und zu See auf. Bei frischen Winden vermag der Drachen jetzt - mit einer Fischerleine als Flugleine und Segelgarn als Niederholerleine - eine beträchtliche Höhe zu erreichen. Das Segelgarn muß ganz unten in der äußersten Ecke angebracht werden, sonst riskiert man, daß der Drachen, statt herunterzukommen, Purzelbäume schlägt und an der Niederholerleine weiterfliegt. Je stärker der Wind bläst, desto schwerer kann die Leine sein, die der Drachen zu schleppen vermag. Er hat keinen Schwanz, kostet ohne Leine nur einige Kronen und nimmt in zusammengerolltem Zustand (siehe Fig. 494 B) nicht mehr Platz ein als ein Schirm.

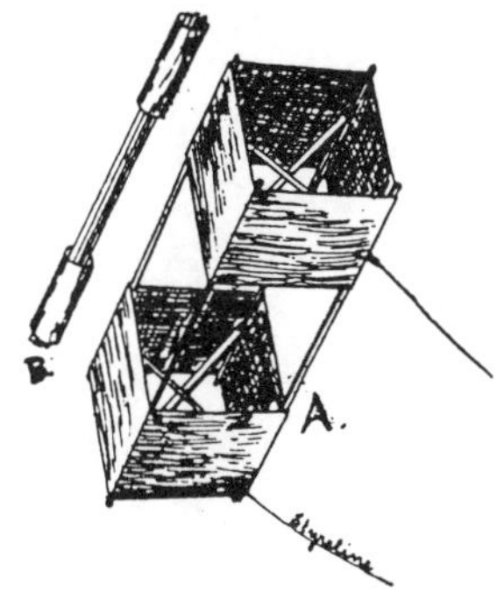

Fig. 494.
Amerikanischer Drachen

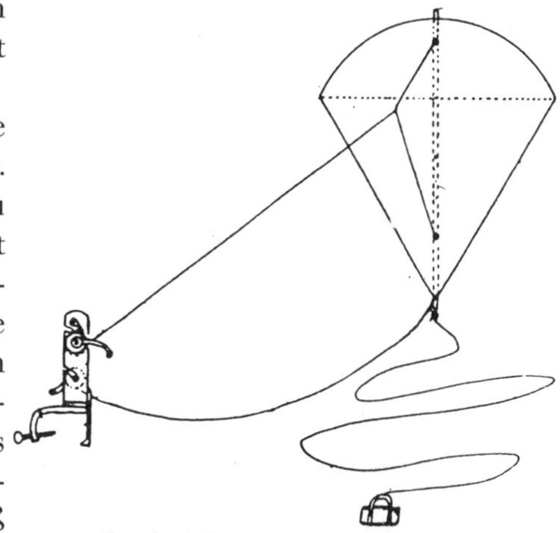
Fig. 495. Fog's Rettungsdrachen

So ein Drachen läßt sich auch selbst herstellen; man nimmt vier dünne Stöcke, 2 1/2 Fuß lang, 1/2 Zoll breit und 1/4 Zoll dick. Der obere und untere Teil der Stöcke wird mit leichtem Stoff bespannt; es reichen 2 Stücke, je 4 mal 14 Zoll lang und 10 Zoll breit. Die vier dünnen Stöcke werden einer an jeder Ecke befestigt, und der Stoff wird über ein Holzkreuz gespannt. Jeder der beiden Stöcke, aus denen das Kreuz besteht, ist 19 1/2 Zoll lang mit einer 1/4 Zoll tiefen Kerbe an den Enden, die um die Eckhölzer greifen. Je zäher das Holz ist, desto dünner können die einzelnen Stöcke sein. Die Flugleine wird ca. 7 Zoll unter einer der oberen Ecken angebracht.

Dønvigs Rettungsboje (Fig. 496 A und B) kann im wesentlichen durch einen Blick auf die Abbildungen verstanden werden. Der Apparat ist kugelförmig, hat einen Durchmesser von ca. 8 Fuß, besteht aus dünnen, zusammengenieteten Stahlplatten und ist an der nach unten gewandten Seite abgeflacht. Damit diese Seite bei Gebrauch auch immer nach unten weist, hat sie einen doppelten Boden, der mit Tanks für Wasserballast ausgerüstet ist. Die vier Tanks können bis 1000 Liter Wasser fassen, welches nicht nur als Ballast, sondern auch als Trinkwasser dienen soll. Wenn einer der Tanks leer ist, wird er einfach mit Seewasser aufgefüllt. Oben ist die Boje mit einem aufrecht stehenden Luftrohr versehen, das ein- und ausgefahren werden kann. Außerdem hat sie Bulleyes und Mannlöcher.

Dønvigs Boje, die 16 bis 20 Mann Platz bietet, hat unter besonderen Verhältnissen, zum Beispiel bei Strandung an einer flachen Küste, gewisse unbestreitbare Vorteile. Ein wesentlicher Nachteil, der sie wohl nie zur ganz gewöhnlichen Schiffsausrüstung werden läßt, sind die teuren Herstellungskosten.

Brudes Rettungsboot besteht aus einem elipsenförmigen Boot aus Stahlblech, welches sich besonders bei aufgerührter See bewährt hat.

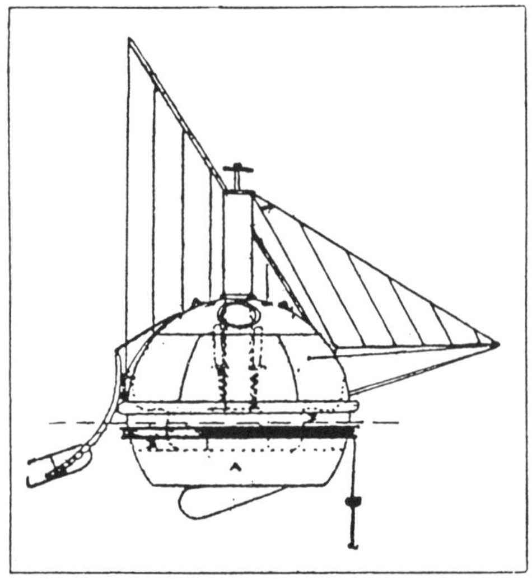

Fig. 496 A und B. Dønvigs Rettungsboje

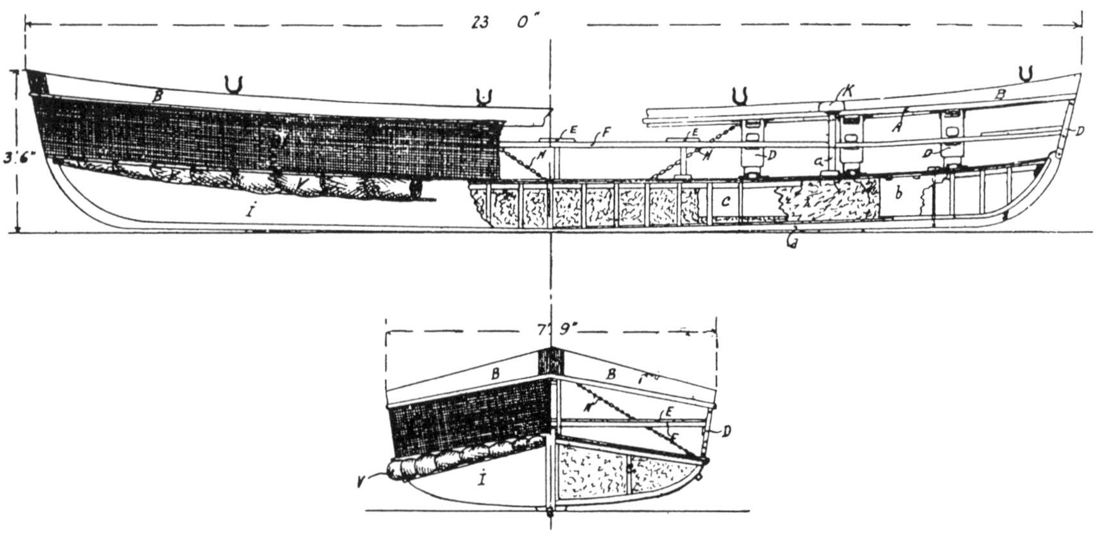

Fig. 497. The Engelhardt collapsible Lifeboat

The Engelhardt collapsible Lifeboat (Fig. 497) ist trotz seines englischen Namens eine dänische Erfindung, die anscheinend eine große Zukunft vor sich hat.

Das Unterteil des Engelhardtschen Rettungsbootes gleicht dem gewöhnlicher Boote, wenn man sich dessen Oberteil in ca. 1 Fuß Höhe über dem Kiel abgeschnitten denkt. Inwendig ist dessen niedriges Unterteil durch drei längsschiffs verlaufende Kielschweine verstärkt, eines mittschiffs b, das auf dem Kiel d steht, und eines zu jeder Seite von diesem c. Dadurch wird das Unterteil in vier Längsschiffsräume aufgeteilt, die ganz mit präpariertem Kork oder anderem Auftriebsmaterial gefüllt werden. Weiterhin finden sich Spanten und Decksbalken mit 12 Zoll Abstand voneinander und ein doppeltes Deck im Unterteil. Dieses Deck ruht teilweise auf den Decksbalken, den Kielschweinen und außerdem auf einem Stringer an den Bordseiten, der der Oberkante der Innenkante des obersten Ranges folgt, wo Decksbalken und Spanten sich treffen. Der Kubikinhalt des Unterteiles gibt dem Boot einen Auftrieb, der dem Gewicht der Passagiere entspricht, die auf ihm Platz finden. Ein Fender V, ebenfalls mit präpariertem Kork gefüllt, dient außerdem der Steigerung der Auftriebskapazität und schützt das Boot beim Zuwasserlassen. An diesem Unterteil I ist die Essing (der oberste Seitenbalken eines offenen Bootes) A, B an einem Kniegelenk aus Eisen D festgemacht.

Wenn das Boot zusammengelegt ist, sind die Kniegelenke innen; die Unterkante des Essing befindet sich dann auf der Höhe mit dem Deck, und eine Ringducht F, versehen mit Duchten E, liegt dann auf gleicher Ebene.

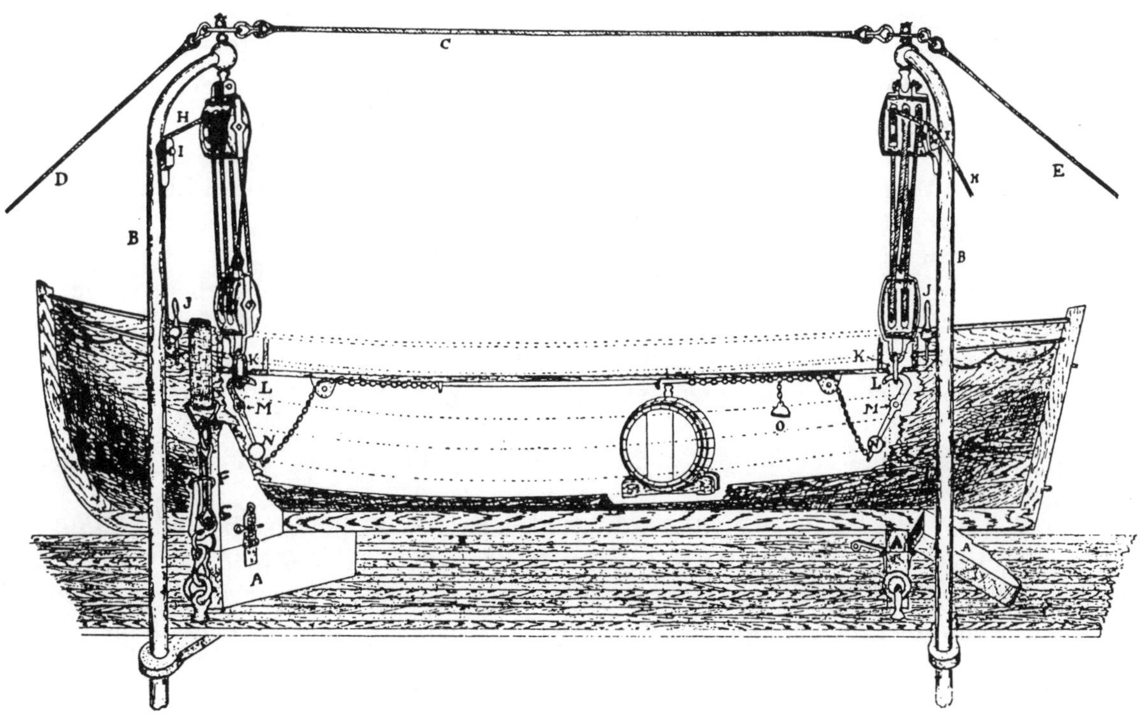

Fig. 498. Rettungsboot - mit Slipapparat unter den Davits

Das Boot kann innerhalb von Sekunden aufgeschlagen werden - im Wasser ebensogut wie an Land - indem man zwei auf der Essing angebrachte Bäume K hochhebt, die mit zwei Stützen K versehen sind. Die Ringducht gleitet nieder, bis sie auf Klampen ruht, die derart auf den Kniegelenken angebracht sind, daß die Duchten in die richtige Höhe von Deck und Essing kommen, außerdem hindern sie die Kniegelenke am Zusammenklappen; die Stützen unter den Bäumen hindern das Boot daran, sich wieder zusammenzulegen. Zum Aufschlagen des Bootes braucht es höchstens zwei Mann. Zum Zusammenlegen hebt man die Ringduchten an, die von vier Haken unter den Bäumen festgehalten werden können, bis die Kniegelenke sich wieder schließen - dann fallen die Haken und geben die Ringduchten frei, wenn die Essing wieder auf gleiche Höhe mit dem Deck kommt.

Zwischen Essing und dem Unterteil ist das präparierte Seitentuch H befestigt (es steht also in keinem Zusammenhang mit dem Auftrieb des Bootes). Die Kettenstage N dienen der weiteren Versteifung des Bootoberteiles.

Zwei oder drei dieser Boote übereinandergestapelt nehmen nur so viel Platz weg wie ein normales Rettungsboot, und ein anderer wesentlicher Vorteil ist der, daß das Boot auch dann noch seine Schwimmfähigkeit behält, wenn es beschädigt ist.

Ein Rettungsboot, wie es die Aufsichtsbehörden vorschreiben, ist ein aus Holz, Eisen oder einem anderen Metall gebautes Boot, dessen Schwimmeigenschaften auf eine der folgenden Weisen garantiert ist:

a) Durch festsitzende, wasserdichte Luftkästen (aus Kupfer o.ä.), deren Rauminhalt mindestens 10% des Bootes ausmachen.

b) Durch festsitzende, wasserdichte Luftkästen oder festsitzende Auftriebskörper mit den gleichen Auftriebseigenschaften wie unter a. Im Boot müssen Luftkästen oder Auftriebskörper unter den Duchten angebracht sein, die ungefähr der Hälfte des Auftriebs entsprechen, die die unter a genannten Luftkästen leisten. Außen am Boot werden Auftriebskörper angebracht, die dem Rest der verlangten Auftriebskraft entsprechen.

Die Auftriebskörper sollen aus massivem Kork oder Kapok - oder einem anderen wohlbekannten Material derselben Auftriebskraft - bestehen und mit wasserdichtem, gemaltem Segeltuch überzogen sein. Der Rauminhalt der Auftriebskörper aus massivem Kork muß 25% größer sein als der Rauminhalt der Luftkästen, die sie ersetzen.

Wenn das Rettungsboot aus Eisen oder einem anderen Metall gebaut ist, müssen Luftkästen oder Auftriebskörper einen solchen Überschuß an Auftriebskraft haben, daß die Schwimmfähigkeit des Bootes die gleiche ist wie die eines Holzbootes.

Die Boote müssen in einem seetüchtigen Zustand sein, die Ausrüstung immer einsatzbereit.

Auf Auswandererschiffen müssen die Rettungsboote Walfischform haben (spitzgattig sein).

Was die Ausrüstung eines Bootes und speziell die eines Rettungsbootes in Bezug auf Ruder und Segel, Wasser, Proviant und anderes angeht, wird auf den Abschnitt " Wriggen und Rudern, Landen mit einem Boot uvm. ", samt den Vorschriften über Bootgröße und Ausrüstung der dänischen Aufsichtsbehörden, hingewiesen. Die von dieser Aufsichtsbehörde geforderte Ausrüstung muß, solange das Schiff auf See ist, immer in den Booten sein. Die Ausrüstung eines Rettungsbootes nimmt natürlich Platz weg, auch wird das Boot schwerer dadurch, man benutzt es daher hauptsächlich in Notfällen.

Die Korkfender außen um das Rettungsboot herum zeigten sich beim Unterwasserkrieg als sehr nützlich, weil sie beim Aussetzen die Bootseiten gegen Stöße schützen, außerdem das Kentern verhindern und die Gischt ein wenig abhalten, auch nehmen sie von dem von vornherein beschränkten Platz im Boot nichts fort.

Die allgemeine Sicherheit eines Bootes läßt sich wesentlich durch das Anbringen von Rettungswesten, leeren Kanistern u. ä. verbessern.

Das Unterbringen des Bootes an Bord.

Während der Reise werden die Boote auf passenden Holzböcken, den **Bootsklampen** A angebracht, wovon es mindestens zwei unter jedem Boot gibt (Fig. 498). Die Außenseite der Klampe ist oft mit Scharnieren versehen, so daß sie heruntergeklappt werden kann, ab und zu läßt sie sich auch zur Seite schieben. Das Boot muß auf diese Weise beim Einsetzen nicht über die Klampen gehoben werden; beim Aussetzen müssen nur die Taljen gut dichtgeholt und festgesetzt werden, um das Boot klar von den Klampen abstoßen zu können.

Auf Dampfschiffen und einigen Segelschiffen sind zwei **Davits** B für jedes Boot angebracht. Unter den oberen Enden der Davits sind die obersten Bootstaljeblöcke so befestigt, daß sie gedreht werden können, die unteren Blöcke sind ins Boot gehakt. Die Davits, die ganz herumgeschwungen werden können, sind zwei und zwei mit einer **Verbindung** C verbunden. Weiterhin sitzt auf dem vorderen ein **Vorholer** D und auf dem achteren ein **Achterholer** E, womit die Davits in die gewünschte Stellung gebracht oder darin gehalten werden können.

Auf größeren Schiffen werden die Boote oft oben auf dem Deckshaus angebracht oder an Galgen, manchmal auch an beidem, es ist aber immer zu beachten, daß alle Boote so angebracht werden, daß sie leicht und schnell ins Wasser gesetzt werden können. Auf den mittelgroßen Schiffen, die alle mit einem Rettungsboot und einer Jolle ausgerüstet sind, wird das Boot in der Regel mittschiffs auf einer der Luken angebracht und die Jolle an Davits an der Seite oder am Achterende.

Früher war es üblich, daß die Schiffe dieser Größe die Jolle in das Boot setzten, das in solchen Fällen lose Duchten hatte; davon ist man aber glücklicherweise immer mehr abgekommen, da die See oft beide Boote auf einmal fortgerissen hat. Kleinere Schiffe, die über nur ein Boot verfügen, bringen es - je nach Umständen - entweder auf Deck oder unter den Davits an.

Um die Boote dem Sonnenlicht nicht zu stark auszusetzen, weil sie davon leck werden, und um sie trocken und sauber zu halten, werden sie mit einer Persenning oder mit passenden Brettern abgedeckt, dem **Bootsüberzug**. Selbst wenn die Boote in entsprechenden Klampen sitzen und in Taljen gehakt sind, die durchgesetzt sind, müssen sie mit Zurrings versehen werden, um nicht aus den Klampen gerissen und zerstört zu werden. Am Ende jeder Bootsklampe sind an Deck kräftige Augbolzen angebracht, in denen die Zurrings befestigt werden, die quer über das Boot gelegt mit einem Gurt festgezurrt werden und innen mit einem **Slipapparat** befestigt sind.

Hiervon gibt es verschiedene Ausführungen, eine der einfachsten ist auf Fig. 498 zu sehen. Wenn man den Ring F über den Haken G nach oben zieht, ist die Zurring los, im Notfall kann man den Gurt auch von außen kappen. Wenn das Boot mittschiffs auf Deck angebracht wird, zurrt man es meist mit Balken, die quer über das Boot direkt über die Klampen gelegt werden. In die Augbolzen auf Deck hakt man eine solide Eisenstange, deren oberes Ende durch den Balken geht und mit Schraubengängen versehen ist. Der Balken wird mit einer Schraubenmutter, die mit einem Handgriff ausgerüstet ist, festgeschraubt.

Das Aussetzen der Boote

Bevor die Boote auf See ausgesetzt werden, sei es mit Hilfe von Davits oder auf andere Weise, wird die Fahrt soweit wie möglich aufgestoppt. Bei Seegang darf jedoch nicht alle Fahrt aus dem Schiff genommen werden, weil es sich sonst quer zur See legt und schwer ins Rollen kommt, auch ist das Boot, wenn es ins Wasser kommt, besser von der Bordwand klarzuhalten. Das Schiff wird 4 Strich an Wind und See gelegt - mit der Seite, an der das Boot ausgesetzt werden soll, nach Lee.

Man muß kontrollieren, ob die Lenzpfropfen eingesetzt sind und das übrige Inventar an Bord ist. Die Fangleine wird um alles herumgelegt und soweit außen wie möglich festgesetzt.

Wenn das Boot mit Davits zu Wasser gelassen wird, holt man Vor- und Achterholer dicht, so daß die Davits über die unteren Taljenblöcke weisen. Die Taljenläufer H werden über die Wegweiserscheiben I gelegt. Jetzt wird das Boot so weit angehoben, daß es ausgeschwungen werden kann, die Taljenläufer werden an den Klampen J festgesetzt und klar auf Deck gelegt. Vor- und Achterholer werden gefiert, dann wird erst das eine, dann das andere Ende vor die Davits geschoben, die Davits werden ausgeschwenkt, und Vor- und Achterholer werden wieder dichtgeholt. Zum Fieren gehen zwei Mann ins Boot, um es klar von der Bordwand zu halten.

Wenn die Höhe über Wasser nicht allzu groß ist, muß man einen günstigen Augenblick abwarten und fieren, wenn das Schiff sich nach Luv neigt, damit das Boot das erste Stück an der Schiffsseite entlanggleiten kann. Wenn das Schiff sich wieder nach Lee neigt, muß willig gefiert werden, damit das Boot ins Wasser und frei von den Taljen kommt, bevor das Schiff wieder nach Luv rollt, man riskiert sonst, daß das Boot gewaltsam an die Bordwand schlägt und vielleicht Schaden nimmt.

Kann man die Taljenblöcke nicht rechtzeitig aushaken, muß man die Läufer loswerfen und sie ausrauschen lassen.

Unter Zuhilfenahme von Oel wird man das Boot in den meisten Fällen sicher ins Wasser bringen können. In dem hier behandelten Fall hat das Oel die größte Wirkung, wenn es nach Lee fließt, kurz vor das Boot.

Um das Boot so schnell wie möglich von den Taljen freizubekommen, ist ein Teil der Boote mit Slipapparaten ausgerüstet. Auf Fig. 498 ist so ein Apparat (Mills Patent) abgebildet. Der untere Block ist mit einem Ring K versehen, der durch eine Ducht nach unten geht und in einen Haken L greift, der auf dem oberen Ende eines Waagehebels sitzt. Er läßt sich um einen Bolzen M drehen, wird aber durch eine Kugel N daran gehindert, sich zum falschen Zeitpunkt zu drehen.

An der anderen Talje findet sich eine ähnliche Vorrichtung; die beiden Waagehebel sind mit einer Zugstange mit Kette verbunden und mit einem Handgriff O versehen. Wenn man an diesem holt, werden beide Haken gleichzeitig aus den Ringen an den Taljeblöcken gezogen; um diese Installation jederzeit in einsatzfähigem Zustand zu halten, muß sie von Zeit zu Zeit mit Vaseline oder Talg eingeschmiert werden.

Das Aussetzen eines Bootes mit einem Rahtakel (Fig. 499). Wenn das Schiff bark- oder briggeriggt ist, setzt man auf jede der Unterrahen einen Rahtakel, dann brasst man die Foccrah ein wenig nach Lee und die Großrah ein wenig nach Luv, so daß die Nocken in Lee soweit wie möglich von den Bootsenden weg kommen, dann hakt man die Taljen vorn und achtern in Ringe in den Booten. Um das Boot klarzuhalten, während es gehoben wird, benutzt man einige kurze Enden, die an den Ringen des Bootes befestigt werden. Wenn es gut über der Reling ist, kann man es durch das Brassen der Rahen noch besser von der Bordwand klarhalten. In diesem Fall, wenn das Boot von zwei Rahen getragen wird, ist es nicht nötig, Stütztaljen anzubringen.

Wenn das Schiff nur eine Unterrah, also die Fockrah hat, kann man ein Rahtakel daran festmachen, aber es versteht sich von selbst, daß es weit schwieriger ist, das Boot an einer Rah zu Wasser zu lassen als an zweien. Wenn man sich auf Rack und Topnant nicht verlassen mag, setzt man eine Toptalje auf die Stengesaling und eine Nocktalje von der entgegengesetzten Nock bis zum Mast; beide Taljen werden gut dichtgeholt. Dann schlägt man ein solides Ende über Kreuz um die Bootsmitte und setzt die Tampen in die Ringe an den Bootsenden. Es entsteht ein vierfacher Hahnepoot, wie ein Kreuz, in das der untere Taljenblock gehakt wird. Um sowohl Boot als auch Bordwände des Schiffes zu schützen, hängt man am besten Grasfender oder Buchten aus Grastau außenbords, die Fangleine gibt man außen um das Rigg, so weit vorn wie möglich, wo sie von einem Mann bedient wird, sobald das Boot im Wasser ist.

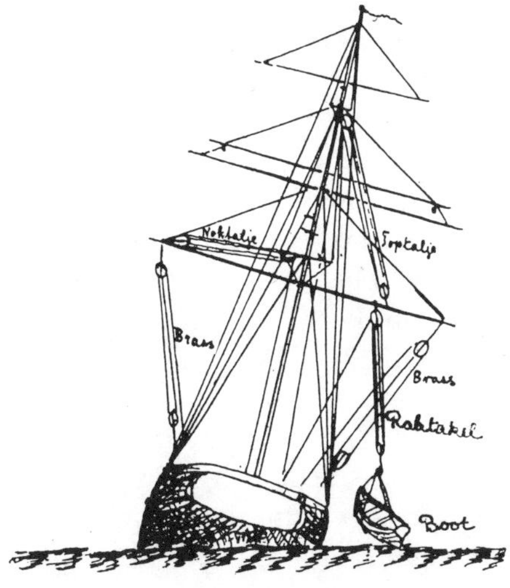

Fig. 499. Aussetzen eines Boots mit Rahtakel

Wenn das Boot klar ist, heißt man es auf, bis es außen vor der Reling hängt; sobald das geschehen ist, springen sofort zwei Mann in das Boot, um es klar zu halten. Sie sollten scharfe Messer bereithalten, wie es überhaupt Regel für jeden Seemann sein sollte, immer ein scharfes Messer bei sich zu tragen.

Jetzt wartet man den Augenblick ab, in dem das Schiff nach Lee überholt, um das Boot zu fieren, was sehr willig geschehen muß, und sobald das Boot sich dem Wasser nähert, werden Taljen und die beiden Enden, die zum Stützen benutzt wurden, losgeworfen, und die Männer im Boot haken die Talje aus oder kappen den Hahnepoot so schnell wie möglich, damit die Talje das Boot nicht an die Schiffsseiten schleppt, wenn es wieder nach Luv überholt. Auf die Fangleine wird gut geachtet, sie wird geholt oder gefiert, je nach Bedarf, und das Boot wird in Sicherheit sein, wenn man es achteraus fieren kann.

Schiffe, die keine Rahen haben, müssen zum Ausbringen und Einholen der Boote Taljen auf die Masten oder Lee-Wanten setzen; im übrigen gilt aber das gleiche wie oben.

Mann über Bord

Segelschiff. Meistens fallen die Leute von Rahen oder vom Klüverbaum über Bord, es kann daher nicht oft genug wiederholt werden:"Fiere nie eine Rah oder mach' die Brassen los, solange sich noch jemand auf den Rahen aufhält!". Wenn es sich aber absolut nicht verhindern läßt, müssen die Männer gebeten werden, sich solange gut festzuhalten. Wenn man annehmen muß, daß das Schiff den Klüverbaum unter Wasser setzt, während sich jemand darauf aufhält, so sollte man so lange wie nötig abfallen. Unfälle passieren auch dann noch viel zu häufig, ohne daß man selbst durch Unachtsamkeit oder Gleichgültigkeit dazu beigetragen hat. Kein Schiff ist davor sicher, daß nicht doch ein Mann über Bord gehen kann, daher sollten die Rettungsringe immer klar zum Werfen sein und dürfen nie festgebändselt werden, höchstens mit einem Knebel versehen sein. Außerdem muß immer ein Boot in kürzester Zeit klar zum Aussetzen sein. Ein

Heckboot darf also nie mit Taljenläufern festgezurrt werden, sondern muß mit eigenen Zurrings versehen sein.

Wenn ein Mann über Bord fällt, **wirft man sofort einen Rettungsring über Bord**, so dicht wie möglich an den Mann heran, legt Ruder und ruft alle Mann an Deck.

1. Wenn kein Rettungsring zur Verfügung steht, wirft man eine Planke, eine Bank, eine Luke, ein Faß, eine Hobelbank oder irgend einen anderen schwimmfähigen Gegenstand. Nachts wirft man am besten ein Patentlicht, tagsüber ist es ratsam, Oel auszugießen, um den Mann leichter wiederzufinden und ihm zu helfen, den Kopf über Wasser halten zu können.

2. **Man sendet sofort einen Mann in die Takelage**, der die Stelle, an der der Mann über Bord ging und gesucht werden muß, im Auge behält. Der Mann in der Takelage kann mit einer Flagge Signale geben und den Männern im Boot die Richtung weisen, weil man von einem Boot aus nicht besonders weit sehen kann, besonders wenn zusätzlich leichter Seegang herrscht. Nachts muß der Rudergänger genau aufpassen, welche Richtung wie lange gesteuert wurde, um einen Anhaltspunkt zu haben, in welcher Richtung nach dem Ueberbordgefallenen gesucht werden muß.

3. **Es wird beigedreht, um die Fahrt aufzustoppen**, während ein Boot zu Wasser gelassen wird. Später kann es nötig werden, zu der Stelle, an der der Mann über Bord gefallen ist, zurückzukreuzen, um auf das Boot zu achten. Das Boot wird in Lee ausgesetzt. Die Manöver, die mit den Segeln ausgeführt werden müssen, können hier unmöglich angegeben werden, da es immer auf die Wetterlage, die Schiffsart und die Umgebung (nahe an Land oder auf offener See) ankommt. Aber selbst wenn der Ueberbordgefallene nicht zu sehen ist, darf die Hoffnung nicht aufgegeben werden, ihn doch noch zu bergen, zuerst muß jedoch die Strecke abgesucht werden, wo er über Bord gefallen ist. Nur wenn die Wetterverhältnisse so schlecht sind, daß für die Mannschaft des Bootes Lebensgefahr bei den Rettungsversuchen besteht, kann es verantwortet werden, das Schiff zu der Stelle zurückzubringen, wo der Mann über Bord gefallen ist, und dort zu entscheiden, ob man ihn vom Schiff aus bergen kann oder ob er schon ertrunken ist.

Es kann sogar die Pflicht des Kapitäns sein, die Mannschaft daran zu hindern, ein Boot auszusetzen (in der Regel gibt es nämlich immer Freiwillige genug, die ihr Leben wagen, um das eines Kameraden zu retten, selbst bei großer Gefahr), es kann aber nicht immer verantwortet werden, das Schiff und die Mannschaft der Gefahr auszusetzen, den Rest der Reise ohne Boot fortsetzen und überdies auf den tüchtigsten Teil der Mannschaft - die es sich in den Kopf gesetzt hat, den Vermißten zu bergen - verzichten zu müssen.

Mit einem **Dampfschiff ist es verhältnismäßig einfacher**, einen Ueberbordgefallenen zu bergen.

"Mann über Bord!" - **Man wirft sofort einen Rettungsring** - entweder direkt auf den Mann zu oder so dicht wie möglich an ihn heran - **Maschine stop, und wenn es sich machen läßt**, dreht man bei und fährt zurück zu der Stelle, wo der Ueberbordgefallene gesucht werden muß. **Ein Mann wird als Ausguck in die Takelage geschickt.** Die Fahrt wird gestoppt, **während ein Boot in Lee zu Wasser gelassen wird**. Sobald das Boot im Wasser ist, müssen beide Sliptaljen auf einmal ausgehakt werden, es sei denn, das Boot ist mit Slipapparat ausgerüstet und kann direkt ins Wasser fallen. Bei starkem Wind ist es am besten, das Boot an die Luvseite der Stelle zu bugsieren, wo der Mann gesucht werden muß, und das Dampfschiff quer in die Seen zu legen, während der Mann vom Boot aus gesucht wird. Geht die See so hoch, daß man es nicht wagen kann, das Schiff quer dazu zu legen, dreht man mit dem Steven gegen den Wind und läßt das Schiff nach dem Mann treiben; man muß aber gut aufpassen, daß es weder über den Mann noch über das Boot treibt.

Nachts muß jedes Boot, das von einem Schiff ausgesetzt wird, mit einer brennenden Laterne ausgerüstet sein. Sie kann zugedeckt im Boot stehen, um nicht hinderlich zu sein oder in den Augen zu blenden. Die Laterne wird gezeigt, um das Uebersegeln zu verhindern und sobald das Boot wieder an Bord genommen zu werden wünscht, weil es für die Mannschaft an Bord sonst unmöglich wäre zu wissen, wo das Boot sich gerade befindet.

Einen Ertrinkenden holt man am besten ins Boot, wenn man ihm von achtern unter die Achseln greift.

Anweisungen zur Wiederbelebung eines Ertrunkenen

Zusammengestellt vom "Roten Kreuz".

1. **Man schickt nach einem Arzt und wollenen Decken!**
2. **Man löse die Kleidung des Verunglückten**, damit nichts an Hals, Brust oder Bauch strammt. Sein Mund wird von **Schleim, Schlamm etc. gereinigt.**
3. **Er wird auf den Bauch gelegt.**
4. **Jemand stellt sich mit gegrätschten Beinen über den Verunglückten**, legt seine Arme unter dessen Bauch, hebt ihn langsam hoch, zählt 1 - 2 - 3 - 4 - 5 und schüttelt ihn schnell einige Male in dieser Stellung! Dann dreht man ihn auf den Rücken.
5. **Künstliche Beatmung**. Man rollt einen Pullover oder eine Jacke zusammen, legt sie dem Verunglückten unter Rücken oder Nacken, greift mit den Händen um seine Ellenbogen, hebt sie langsam über seinen Kopf, zählt 1 - 2, senkt sie und drückt sie langsam auf seine Brust.
6. **Diese Bewegungen werden in gleichmäßigem, ruhigem Takt 15mal in der Minute wiederholt**, so lange, bis der Arzt eintrifft oder bis der Patient wieder von selbst atmet.
7. **Erst wenn der Verunglückte wieder von selbst atmet**, entkleidet man ihn, reibt ihn mit wollenem Zeug trocken, bringt ihn ins Bett, legt wollene Decken unter und über ihn, gibt eine Wärmflasche zwischen die Laken und verabreicht teelöffelweise warmen Wein oder Grog.

Navigation

Lot, Logge und Kompaß

Das Lot wird benutzt, um die Tiefe des jeweiligen Fahrwassers zu bemessen. Die Bedeutung des Lotes für die Navigation selbst gehört in das Kapitel Navigation und deren Anwendung, diese einfachen Apparate sind aber von solcher Bedeutung, daß ein jeder Seefahrer damit umzugehen in der Lage sein muß.

Das Lot (Fig. 500) besteht aus Blei; ein gewöhnliches Handlot wiegt ungefähr 10 Pfund. Oben ist ein Loch mit einem eingespleißten Stropp zum Anstecken der Lotleine. Unten im Lot befindet sich eine Aushöhlung, in die gut durchgeschmolzener Talg gefüllt wird *), damit Bodenproben daran haften bleiben können, sobald das Lot auf Grund stößt. Dadurch bekommt man nicht nur den Beweis, daß das Lot den Grund berührt hat, sondern man erfährt außerdem etwas über die Bodenbeschaffenheit und die Tiefe; beide Größen zusammen erleichtern das Bestimmen der derzeitigen Position nach der Karte. Die Handlotleine ist ca. 25 Faden lang, meist kabelgeschlagen und ab dem Lot - das nicht mitrechnet - markiert. Wenn die Leine kabelgeschlagen ist, wird sie gegen die Sonne aufgeschossen.

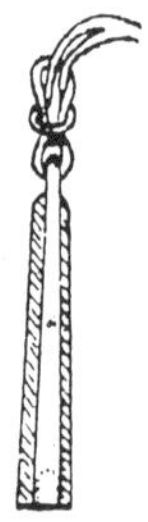

Fig. 500.
Lot

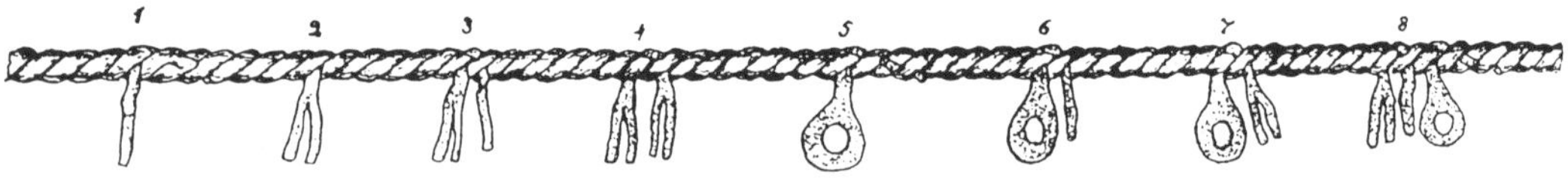

Fig. 501.

Da es auf den dänischen Schiffen keine feststehende Regel für die Markierung der Lotleinen gibt, werden sie auf verschiedene Weisen gekennzeichnet. Die nachfolgende Markierung wird für **Handlotleinen** empfohlen.

Für 1	Faden steht	1 Lederstreifen**)	
2	Faden	2 Lederstreifen	
3	Faden	3 Lederstreifen	
4	Faden	4 Lederstreifen	
5	Faden		1 Lederlappen mit 1 Loch
6	Faden	1 Lederstreifen und	1 Lederlappen mit 1 Loch
7	Faden	2 Lederstreifen und	1 Lederlappen mit 1 Loch
8	Faden	3 Lederstreifen und	1 Lederlappen mit 1 Loch
9	Faden	4 Lederstreifen und	1 Lederlappen mit 1 Loch
10	Faden		1 Lederlappen mit 2 Löchern
15	Faden		1 Lederlappen mit 3 Löchern
20	Faden		1 Leinenband.

Da viele Länder - unter anderem auch Dänemark - zum metrischen System übergegangen sind, werden die Tiefenangaben auf den Seekarten künftig in Metern ausgedrückt. Es kann daher oft vorkommen, daß ein Schiffsführer bald nach Faden und bald nach Meterangaben navigieren muß, was seine ganze Aufmerksamkeit beim Uebergang von der einen zur

*) Am besten läßt sich Talg kneten, wenn man ihn in ein Stück dickes Segeltuch oder einen Segeltuchsack legt und ihn kräftig mit einer Keule durchschlägt, bis er weich und klebrig wird.

**)Anstelle von Leder lassen sich auch Hüsingknoten verwenden.

anderen Karte fordert; es scheint in diesem Fall am besten zu sein, die Lotleine in Faden zu markieren, weil eine Reduktion von Faden zu Meter recht einfach ist; man rechnet 1 Faden ist gleich 2 Meter.

Die Markierung der Handlotleine geht nach dem gleichen Prinzip vor sich wie die Einteilung nach Faden:.

Für 2 Meter sitzen	2 Knoten (Hüsing)	
4 Meter	4 Knoten	
6 Meter	6 Knoten	
8 Meter	8 Knoten	
10 Meter		1 Lederlappen mit 1 Loch
12 Meter		2 Lederstreifen und 1 Lederlappen mit 1 Loch
14 Meter		4 Lederstreifen und 1 Lederlappen mit 1 Loch
16 Meter		6 Lederstreifen und 1 Lederlappen mit 1 Loch
18 Meter		8 Lederstreifen und 1 Lederlappen mit 1 Loch
20 Meter		1 Lederlappen mit 2 Löchern
30 Meter		1 Lederlappen mit 3 Löchern
40 Meter		ein Segeltuchstreifen.

Derjenige, der zum Loten abgeordert ist, stellt sich so nach Luv, daß er das Lot frei nach vorn außenbords werfen kann. Der Tampen der Lotleine wird festgesetzt. Wenn auf der Steuerbordseite gearbeitet wird, nimmt man so viele Buchten der Lotleine in die linke Hand, daß das Lot ungefähr Grund erreicht. Mit der rechten Hand greift man die Lotleine kurz über dem Lot *), schwingt es einige Male senkrecht und wirft es frei vom Schiff nach vorn. Während es sinkt, läßt man die Buchten der Lotleine eine nach der anderen fallen und gibt acht, daß das Lot wenn möglich Grund bekommt und die Leine dichtgeholt ist, bevor das Lot querab kommt.

Mit Hilfe der Markierungen liest man die Höhe bis zur Wasseroberfläche ab, zum Beispiel 12 Faden, woraufhin der Lotergast dem wachhabenden Offizier die Tiefe aussingt: "Zwölf.... Faden!" Wenn die Acht-Faden-Marke kurz über dem Wasser erscheint, ruft man: "Siebeneinhalb!" usw. Wenn kein Grund erreicht wird, wird die Fadenzahl der ausgeworfenen Leine ausgerufen, zum Beispiel: "Vierzehn Faden - kein Grund!". Es ist wichtig, immer die Fadenzahl der ausgeworfenen Leine anzugeben.

Das Handlot wird hauptsächlich beim Segeln unter der Küste und in Binnenfahrwassern benutzt. Wenn man nur die Tiefenangabe wissen möchte, braucht man nicht jedesmal neuen Talg ins Lot zu füllen. An Backbord wird das Lot mit der linken Hand geschwungen, während die Leine in der rechten Hand gehalten wird. Nachdem die Leine eingeholt ist, schießt man sie zum nochmaligen Loten sofort wieder in Buchten auf.

Bei niedrigem Wasser und auf Schiffen, die nicht allzu hoch über Wasser liegen, benutzt man oft eine Stange (Peilstange), die in Fuß markiert ist.

Uebersteigt die Wassertiefe ein halbes Dutzend Faden bei recht schneller Fahrt durchs Wasser, gelingt es selbst einem tüchtigen Lotergast nicht, Grund zu bekommen, bevor das Lot weit achteraus weist; in diesem Fall muß ein **Tiefenlot** benutzt werden. Dieses Lot gibt es in verschiedenen Größen, es hängt sowohl von der Tiefe als auch von der Fahrtgeschwindigkeit und der Stärke der Leine ab, wie groß das benötigte Lot sein muß. Unter normalen Verhältnissen sind ungefähr 30 Pfund angemessen.

---

*) Um die Leine besser festhalten zu können, näht man manchmal einen kleinen Pint auf.

Das Tiefenlot sieht genauso aus wie das Handlot, es ist aus Blei und hat eine Ausbohrung im unteren Ende, in die gut durchgekneteter Talg kommt.

Die Tieflotleine ist in der Regel kabelgeschlagen und 130 bis 200 Faden lang. In das Ende, in das das Lot gesetzt wird, spleißt man ein 8 bis 10 Zoll langes Auge. Die Leine wird alle 5 Faden folgendermaßen markiert:

5 Faden vom Lot wird mit einer Bucht markiert		
10 Faden	1 Knoten oder ein Stück Leder mit	1 Loch
15 Faden		
20 Faden	2 Knoten	2 Löchern
25 Faden		
30 Faden	3 Knoten	3 Löchern
35 Faden	usw.	

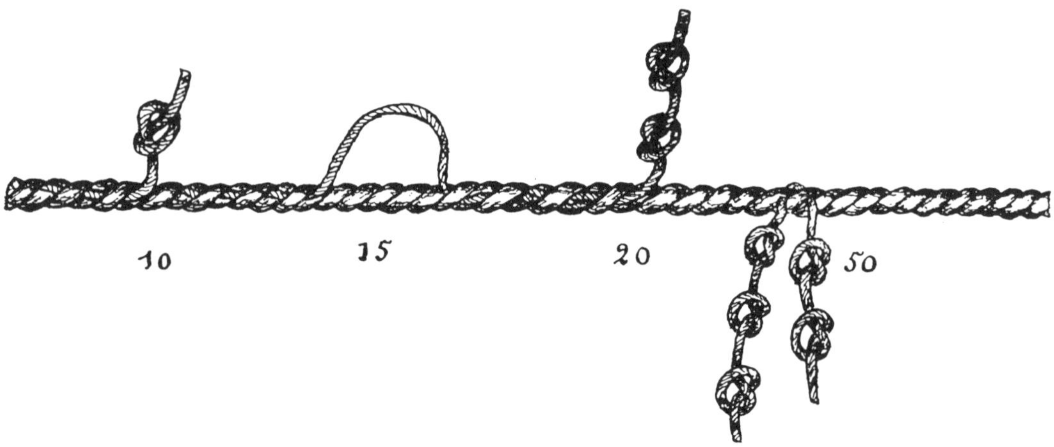

Fig. 502.

Man setzt also für jede 10 Faden einen Knoten und alle 5 Faden eine Bucht. Die ersten 20 Faden der Lotleine können genauso markiert werden wie die der Handlotleine. Beim Loten setzt man den Tampen der Leine fest, schießt sie gegen die Sonne zu klaren Buchten auf und legt diese in Luv auf das Achterdeck, mit dem Auge zuoberst. Diese wird dann von achtern in Luv, außen an der Takelung vorbei, ganz nach vorn zum Bug gegeben, wo sie an das Lot gesteckt wird. Einige Buchten der Leine werden nach vorn geholt, ein Mann steht klar bei Lot und ein zweiter achtern an der Leine (in der Regel ist das der Steuermann). Der Rest der Mannschaft verteilt sich an der Luvreling und hält die Leine klar an der Schiffsseite. Bei großer Tiefe holt jeder Mann einige Buchten der Leine und fiert sie bei Bedarf, wenn das Lot sinkt. Wenn das Schiff so große Fahrt macht, daß das Lot erst Grund berührt, wenn es querab ist, birgt man einige Segel, um die Fahrt zu vermindern. Es wird backgebrasst, angeluvt, oder die Maschine wird gestoppt. Je weniger Fahrt das Schiff während des Lotens macht, desto mehr Zeit hat man, ein genaues Ergebnis zu erzielen.

Im passenden Augenblick warschaut der Mann achtern : "Lot". Das Lot wird nach vorn geworfen und während es sinkt, werden die Buchten eine nach der anderen geworfen. Sobald das Lot geworfen wird, ruft der Mann: "Lot, warschau achtern", und nachdem die Männer ihre Buchten einer nach dem anderen geworfen haben, laufen sie nach achtern, um die Leine wieder einzuholen. Der Mann achtern muß darauf achten, daß die Leine klar ausläuft, bis das Lot Grund hat, um dann die Leine schnell dichtzuholen und nachzusehen, welche Marke auf der Leine sich in Wassernähe befindet, wenn die Leine querab steht. Wenn noch Zeit bleibt, holt man das Lot einen Faden vom Grund auf und läßt es wieder fallen, es ist nämlich nicht ganz sicher, ob das Lot beim ersten Mal auf den Grund kommt und eine ordentliche Bodenprobe bekommt. Die Leine wird achtern in einen Fußblock, der ca. 4 Fuß hoch auf der achteren Pardune in Luv befestigt ist, gelegt, eingeholt und aufgeschossen, klar zum nächsten Gebrauch.

Bevor das Lot ganz aufgeholt wird, muß man darauf achten, daß es nicht an die Bordwand schlägt und die Bodenprobe verliert. Ein einziger Lotversuch ist in der Regel zuwenig, um das Besteck zu kontrollieren. Es muß regelmäßig gelotet werden, vor allem bei schlechter Sicht in Landnähe, und ein jeder, der schon einmal zur See gefahren ist, wird mit Sicherheit sagen, daß der Satz: "Brauche das Lot und brauche es zeitig!" besonders umsichtig zu befolgen ist.

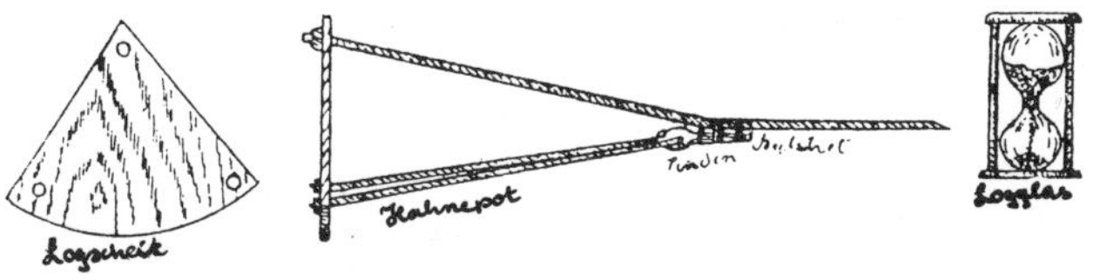

Fig. 503. Handlog

Das Log (Fig. 503) ist ein Apparat, der zur Ermittlung der Fahrtgeschwindigkeit dient. Die Idee ist ganz einfach: Die Logleine ist so eingeteilt, daß jeder Teil 46 Fuß = den 128sten Teil einer Viertelmeile (=5900 Fuß) beträgt. Eine solche Einteilung der Logleine nennt man einen Knoten. Das Logglas ist so eingeteilt, daß der Sand in einem 128sten Teil einer Stunde, nämlich in 28 Sekunden, nach unten läuft. Ein Knoten ist also der gleiche Teil einer Viertelmeile, wie 28 Sekunden einer Stunde. Wenn in 28 Sekunden 4 Markierungen auslaufen, läuft das Schiff 4 Viertelmeilen in einer Stunde, vorausgesetzt, daß es gleichmäßige Fahrt macht.

Um das Ende der Leine im Wasser zu halten, während geloggt wird, befestigt man es an einem Logscheit, das aus Holz gefertigt wurde und ca. 8 Zoll lang ist, entlang der runden Kante ist es mit Blei beschlagen, um sich waagerecht, mit der Spitze ins Wasser stellen zu können. In jede Ecke wurde ein Loch gebohrt, an der Spitze ist die Logleine befestigt. In den anderen Löchern sitzt ein Hahnepoot, in dessen Bucht ein Pint sitzt, der in eine Hülse paßt, die so an die Logleine genäht wurde, daß das Logscheit im rechten Winkel zur Leine steht, wenn der Pint in der Hülse ist. (Der Pint kann auch auf der Leine sitzen und die Hülse auf dem Hahnepoot). Um das Logscheit aus dem Kielwasser des Schiffes zu bringen, befinden sich 10 Faden Leine zwischen dem Logscheit und der Stelle, an der die Markierungen beginnen. Diesen Teil der Leine nennt man Vorläufer und setzt einen weißen Stofflappen an sein Ende. Dann teilt man die Leine in Knoten ein. Da man aber damit rechnet, daß das Logscheit beim Loggen ein kleines Stück mitgeschleppt wird, macht man jeden Knoten 4 Fuß kürzer als berechnet. Es bleiben also nur 42 Fuß = 7 Faden zwischen den Markierungen.

Für jeden Knoten setzt man eine Markierung; 1 Knoten für die ersten 7 Faden, 2 Knoten für die nächsten usw. Mitten zwischen diese Markierungen setzt man eine Bucht als Halbknotenmarkierung. Die Logleine wird nach der höchsten Fahrtgeschwindigkeit des jeweiligen Schiffes bemessen. Wenn die Leine nicht benutzt wird, bewahrt man sie entweder auf einer Logrolle oder in einer Balje auf, auf jeden Fall aber setzt man den Tampen fest.

Beim Loggen stellt man sich nach achtern. Ein Mann nimmt die Logrolle in beide Hände und hält sie über seinen Kopf, ein zweiter Mann nimmt das Logglas und prüft nach, ob aller Sand sich im unteren Ende befindet, setzt dann den Pint ein und sammelt einige Buchten der

Leine in seiner Hand. Das Logscheit wird über Bord geworfen, und mit der rechten Hand hält man die Lose der Leine, während sie ausläuft; sobald der Lappen durch die Hände läuft, dreht man das Glas um.

Die Leine darf so lange auslaufen, bis der letzte Sand im Glas nach unten gelaufen ist. Sobald das geschehen ist, wird die Leine mit einem Ruck gestoppt, dadurch wird der Pint aus der Hülse gerissen, und das Logscheit kommt an die Wasseroberfläche, mit der Spitze zum Schiff. Man sieht nach, welche Markierung sich der Hand am nächsten befindet. Ist sie zwischen 5 und 6 Knoten, läuft das Schiff 5 1/2 Viertelmeilen in der Stunde bei gleichmäßiger Fahrt. Die Leine

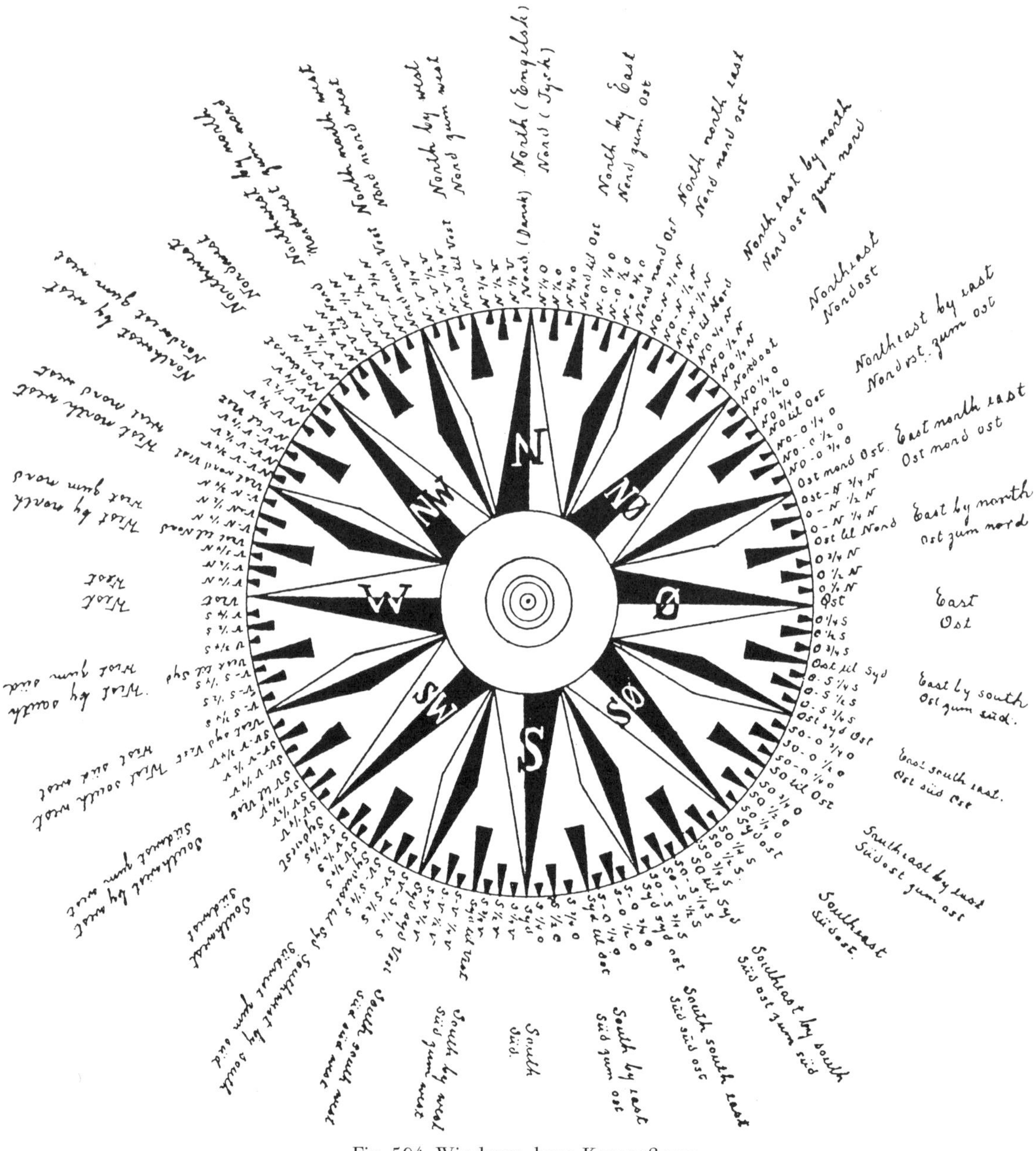

Fig. 504. Windrose, bzw. Kompaßrose

wird eingeholt und bis zum nächsten Mal aufgerollt. Bei größerer Fahrt läuft mehr Leine aus, so daß man Schwierigkeiten mit dem Einholen bekommen kann.

Um dem aus dem Wege zu gehen, benutzt man in solchen Fällen ein 14 Sekunden Glas zum Loggen. Da die Leine dann aber nur in der Hälfte der Zeit auslaufen darf, müssen alle Markierungen doppelt gerechnet werden. Hat man also wie vorher die Markierung zwischen 5 und 6 Knoten in der Hand, bedeutet das 11, statt wie vorher 5,5 Knoten. Mit anderen Worten, wenn man ein 14 Sekunden Glas hat, rechnet man jeden halben Knoten als einen ganzen.

Von vielen wird die Leine so markiert, daß sie einem 14 Sekunden Glas entspricht. Der Abstand zwischen den Knoten darf dann nur der halbe sein, 21 Fuß. Weniger als ein Knoten wird nun normal in Zehntelteilen gerechnet und nicht wie vorher in Faden. Sowohl Logglas als auch Logleine können leicht ungenau werden, weil sie abwechselnd naß und trocken sind; sie müssen daher regelmäßig nachgemessen werden.

Die Engländer sagen: Achtet auf Eure "L's" - nämlich Look - out, Latitude, Longitude, Lights, Log and Lead - Ausguck, Breite, Länge, Laternen, Logge und Lot, oder mit anderen Worten: Achte beim Navigieren gut sowohl auf das eigene als auch auf die anderen Schiffe.

Fig. 504 zeigt eine sogenannte Kompaßrose oder Windrose, auf welcher sich die Namen für alle Einteilungen befinden. Auf Einrichtung und Anwendung des Kompaß werden wir hier jedoch nicht eingehen, sondern verweisen auf die Darstellungen in den Lehrbüchern zur Navigation.

Die neue Einteilung der Kompaßrose. Sowohl Dänemark als auch die meisten anderen seefahrenden Länder sind nunmehr dazu übergegangen, in den nautischen Büchern und Seekarten - auf den dänischen Seekarten werden die Kompasse gleich mit Mißweisungen versehen - die rechtweisende Gradeinteilung, gerechnet von Nord über Ost nach Süd und West bis 360 Grad, anzuwenden. Gleichzeitig wird die Kompaßrose mehr und mehr nach dem gleichen System eingerichtet, zum Beispiel ist NO 45 Grad, Ost 90 Grad, SO 135 Grad usw.

Die Benutzung von Fahrwasserbeschreibungen, Befeuerungsbüchern, Wetter - und Gefahrensignalen.

Für das Seewesen sowie für viele andere Gebiete gilt das gleiche, nämlich daß jeder Tag etwas Neues bringt und daß diejenigen, die sich am Kampf um das Dasein beteiligen wollen, durch die Konkurrenz dazu gezwungen werden, sich der besten Mittel zu bedienen, die angeboten werden. Man kann das übrigens um so ruhiger tun, als jede Neuerung in der Regel eine Steigerung der Sicherheit für Leben und Gut und eine größere Ausbeute bedeutet. Damit soll nun nicht gesagt werden, daß alles Alte vergessen oder verachtet werden soll; nichts wäre dümmer, als das zu verachten, was durch jahrelange Erprobung auf See gereift ist, aber auch diejenigen, die jahrein jahraus nach den gleichen Methoden arbeiten, ohne sich um neue Fortschritte zu kümmern, werden nicht mithalten können, weil die anderen an ihnen vorbeiziehen, während sie stehenbleiben. Mit vollem Recht heißt es "Wissen ist Macht" - versuche soviel wie möglich über das Seewesen zu erfahren und nutze dieses Wissen gepaart mit praktischem Können - das ist der einzige Weg, der auf Dauer vorwärts führt.

Man spart weder Arbeit noch Mühe, um gute **Seekarten** und andere Hilfsmittel zum Navigieren zu erstellen, aber nur durch deren Anwendung in der Praxis können sie ihren vollen Nutzen entfalten. Selbst die beste Seekarte kann nicht alle zum Navigieren notwenigen Informationen enthalten, und selbst wenn die Karten ständig korrigiert werden, können sie nicht zu jeder Zeit über alle Veränderungen Auskunft geben. In der Zwischenzeit kann hier eine Sandbank entstanden, dort ein Teil des Grundes fortgespült worden sein; Flüsse bilden neue Läufe, es entstehen Tanganhäufungen, Häfen werden umgebaut, Fahrrinnen werden ausgehoben, Seezeichen werden vom Sturm fortgetrieben, Fahrwassermarkierungen verändert und vieles andere, worüber die Seekarten informieren, kann Veränderungen unterworfen sein. Es ist also unmöglich, einen vollständigen Ueberblick über die jeweils herrschenden Verhältnisse zu geben, selbst wenn die Seekarten ständig korrigiert werden, man gibt daher neben den Seekarten Bücher heraus, die die lokalen Verhältnisse beschreiben, vor Gefahren warnen, Ankerplätze und Gefahrenmarken beschreiben, über das Verhalten bei Nebel in den bestimmten Gewässern Auskunft geben, die ausgelegten Seezeichen beschreiben, über Stromverhältnisse, Hoch - und Niedrigwasser, Wasserstände in den Häfen, die Lotsenplätze und die notwendigen Zollerklärungen usw. informieren.

Als Beispiel einer guten und vollständigen **Fahrwasserbeschreibung** sollen hier "Den danske Lods" (Der dänische Lotse) und "Den danske Havnelods" (Der dänische Hafenlotse) genannt werden. Diese Bücher informieren über alles, was für das Segeln in dänischen und an diese angrenzenden Fahrwassern wichtig ist. Um diese Seehandbücher richtig ausnutzen zu können, muß die Seekarte des jeweiligen Gebietes aufgeschlagen daneben liegen und ständig mit den neuesten Informationen versehen werden.

In Schweden gibt ein ähnliches Buch: "Svenske Lods". In Norwegen gibt es mehrere Bücher, die unter dem Titel "Den norske Lods" herausgegeben werden und von denen jedes einen Teil der norwegischen Fahrwasser beschreibt. Ueber die Ostsee gibt es das dänische Nachschlagewerk "Østersøen", inzwischen haben aber auch die Deutschen und die Engländer neuere Werke über das gleiche Thema veröffentlicht. Es gibt kaum ein Fahrwasser, über das nicht inzwischen ein Seehandbuch herausgegeben wurde - früher waren es meist englische Bücher, an die man sich halten mußte, heutzutage aber gibt es ausgezeichnete Fahrwasserbeschreibungen fast aller Welthäfen in deutscher Sprache, die die "Deutsche Seewarte" herausgibt.

Außer daß man sich anhand der Fahrwasserbeschreibungen ein Bild über die Verhältnisse in und um einen bestimmten Hafen machen kann, kann man sich vor langen Reisen über die herrschenden Wind- und Stromverhältnisse informieren und seine Reiseroute dementsprechend festlegen.

Unter einem Uebersegler (Oversejlingskort) versteht man eine Karte, auf der ein verhältnismäßig großer Teil der Erdoberfläche zu sehen ist. Sowhl auf diesen Karten als auch in den Seehandbüchern findet man in der Regel Karten über Wind - und Stromverhältnisse, Windvorkommen zu den verschiedenen Jahreszeiten (Pilot Charts), über die Lufttemperaturen und oft auch über die Wassertemperatur, sofern sich daraus irgend etwas ableiten läßt, ferner über Eis und Eisdrift, das Vorkommen von Seegras (Sargassotang), außerdem Spezialkarten über einzelne Häfen, die sich als Nothafen eignen, mit Angaben über Trockendocks, Aufholungsbetings und Reparaturwerkstätten, wo die Versorgung mit Wasser, Proviant und anderen für ein Schiff in Frage kommenden Dingen gewährleistet werden kann.

Darüber hinaus finden sich darin Verzeichnisse über Feuer, Feuerschiffe, Leuchtbojen und andere Seemarken samt Nebelsignale. Besonders was die heutzutage häufig wechselnde Befeuerung angeht, sollte man sich am besten an die **Befeuerungsbücher** halten, die auf deutsch, englisch und französisch herauskommen und Auskunft geben über alle existierenden Feuer und wo diese sich zur Zeit der Herausgabe des Buches befinden. Unter den **Anmerkun-**

gen sind außerdem die für die Zukunft geplanten Veränderungen aufgeführt.

Anhand des Seehandbuches läßt sich kontrollieren, wieweit die auf der Seekarte und den Fahrwasserbeschreibungen gemachten Angaben richtig sind; das kann von großer Bedeutung sein, denn es kommt häufig vor, daß ein Feuer, welches bei der Abreise noch der auf der Seekarte gegebenen Information entsprach, bei der Heimkehr verändert wurde; vielleicht ein anderes in der Nähe des alten eingerichtet wurde und einen irreführt, besonders wenn es die erste Landkennung ist, der man begegnet. Die Befeuerungsbücher sind immer nur ein Jahr gültig, für die meisten gibt es aber Jahr für Jahr Nachträge, insgesamt jedoch meist nicht mehr als 3- bis 4mal. Man sollte sich also lieber ein neues Befeuerungsbuch anschaffen, wenn es keine Nachträge mehr gibt.

Befeuerungsbücher und Fahrwasserbeschreibungen allein sind jedoch nicht ausreichend, wenn beispielsweise ein Feuer zerstört wird oder man Seezeichen verändert, es werden daher wöchentlich **Nachrichten für Seefahrer** in fast allen Sprachen herausgegeben.

In England kommen die **Notice to Mariners** heraus, die alle wichtigen Nachrichten für Seeleute enthalten und bei Bedarf gratis an die Schiffsführer verteilt werden. Auch in anderen Ländern werden ähnliche Nachrichten herausgegeben. Es ist allerdings unmöglich, sich alle aktuellen Veränderungen zu merken und gleichzeitig mit dem zu vergleichen, was in den Fahrwasserbeschreibungen steht, selbst wenn man die Zeit findet, alles zu lesen. Man wird daher in der Regel sofort die Zeilen markieren, die für die eigene Route wichtig sind, oder die Stellen notieren, die man vielleicht später noch einmal gebrauchen kann und dann nicht die Zeit hat, erst danach zu suchen.

Die vom dänischen Seefahrts-Archiv herausgegebenen **Efterretninger for søfarende** werden jede Woche in die **Dansk Søfartstidene** aufgenommen und so ins Blatt geheftet, daß sie herausgenommen und gesammelt werden können. Auf diese Weise ist es verhältnismäßig einfach, die für das zutreffende Fahwasser herausgegebenen Informationen in Karte, Befeuerungsbücher und Fahrwasserbeschreibungen einzutragen. Man sollte keine ungültigen Karten und Bücher verwenden, da Ergänzungen und Berichtigungen sich ausschließlich auf deren letzte Ausgabe beziehen.

Die Dampfschiffaufsichtsbestimmungen ordnen an, daß die Nachrichten für Seefahrer an Bord aller seegehenden Dampf- und Motorschiffe sein müssen und daß die in der Dansk Søfartstidende aufgenommenen Nachrichten vom Ministerium für diesen Zweck gutgeheißen wurden. Diese Bestimmung, daß die Nachrichten für Seefahrer sich an Bord befinden müssen, sagt deutlicher als jede lange Erklärung, wie wichtig es für einen Schiffsführer ist, seine Karten auf dem letzten Stand zu halten.

Selbst unter Berücksichtigung aller Hilfsmittel muß von Zeit zu Zeit die Hilfe eines **Lotsen** in Anspruch genommen werden, weil niemand so gut wie er die lokalen Verhältnisse kennt.

Außer den Standorten der Feuer findet man in den Befeuerungsbüchern auch oft Informationen über das Aussehen von Feuertürmen und Feuerschiffen, um sie auch bei Tageslicht zu erkennen, außerdem enthalten sie ein Verzeichnis über die **Nebelsignale**. Diese Signale sind nicht immer gleich gut zu hören, denn sowohl Wind als auch unterschiedliche Temperaturen der Luftschichten verändern Richtung und Stärke der Schallwellen. Nimmt die Temperatur nach oben hin zu, werden die Schallwellen nach unten geworfen, und man kann sie kurz über der Wasseroberfläche am besten hören; nimmt die Temperatur nach oben ab, wird der Laut nach oben getragen, und man hört um so besser, je höher man steht. An Bord eines Schiffe ist es jedoch nicht möglich festzustellen, inwieweit die Temperatur sich nach oben hin verändert, man kann es nur durch Ausprobieren herauszufinden.

Gleichfalls muß man in Betracht ziehen, daß unter gewissen atmosphärischen Bedingungen das Luftecho der Nebelsignale nicht wie das Nebelsignal klingt, sondern länger und schwächer zu sein scheint und sich anhört, als käme es aus der entgegengesetzten Richtung. Dadurch können Mißverständnisse über die Kennung des Nebelsignals entstehen, wenn nämlich ein Luftecho auf ein Eintonsignal folgt, kann das leicht als Zweitonsignal mißdeutet werden.

Beim Segeln in der Nähe von hoch emporragendem Land kann man am Echo der zurückgeworfenen Schallwellen erkennen, in welcher Richtung sich das Land befindet, allerdings muß man für diese Methode gute Ortskenntnisse haben, um sich auf die Ergebnisse verlassen zu können, die Töne können nämlich auch von anderen Schiffen zurückgeworfen werden.

Endlich soll noch die **Unterwasserglocke** genannt werden, die man auf Feuerschiffen, besonders vorspringenden Landspitzen und Einfahrten findet. Um dieses Nebelsignal nutzen zu können, müssen die Schiffe mit Empfangsapparaten ausgestattet sein, die außenbords unter Wasser beidseitig an der Außenverkleidung angebracht sind. Das Empfangsgerät ist durch Leitungen mit der Kommandobrücke verbunden.

Man hat herausgefunden, daß man ohne besondere Geräte, nur mit einem Mann in der Vorpiek, der das Ohr an der Bordwand hat, die Unterwasserglocke noch vor dem normalen Nebelsignal hören kann.

Hoch- und Niedrigwasser spielen beim Navigieren an Küsten, die davon betroffen sind, eine große Rolle. Die Hochwasserzeiten bei Voll- und Neumond findet man in Fahrwasserbeschreibungen und oft auch in Befeuerungsbüchern und Almanachs, außerdem Angaben über das Ansteigen des Wassers bei Nippzeit und Springzeit (Springflut). Um die Hochwasserzeiten ausrechnen zu können, benötigt man einen **Almanach** für das laufende Jahr, meist sind die Hochwasserzeiten für besonders besuchte Häfen in Tagen angegeben ("Nautisk Almanak" von J. A. D. Bildsøe und "Dansk Nautisk Almanak" von Iver C. Weilbach & Co.), aber selbst wenn man weiß, wann an einem bestimmten Ort Hochwasser ist, weiß man damit immer noch nicht, in welche Richtung der Strom steht; man gibt daher heute einen schmalen Band (Tidal Streams) mit Karte für einige Schillinge heraus, der über die Stromrichtungen zu jeder Stunde im Zeitraum von Hochwasser zu Hochwasser an den Küsten Großbritanniens, Irlands, Frankreichs, der Nordseeküste, der Nordsee usw. Auskunft gibt.

Die Berechnungen in diesem Band beruhen auf den Hochwasserzeiten von Dover. Selbst wenn die Stromverhältnisse nicht immer übereinstimmen, weil sie sich Wind und Wetterverhältnissen anpassen, enthält dieses Büchlein doch wichtige Informationen zum Navigieren.

Sturmwarnsignale basieren auf telegrafischen Mitteilungen vieler Beobachtungsstellen der Meteorologischen Institute, die jeden Tag **Wettermeldungen** herausgeben, die in allen Häfen und vielen Tageszeitungen veröffentlicht werden. Damit auch Schiffe auf See möglichst viele Wetterinformationen erhalten, gibt man an Stellen, die von vielen Schiffen passiert werden, Wettersignale. Bei Helsingør beispielsweise wird angezeigt, wie der Wind auf Anholt ist. Bei Skagen zeigt ein hoher Mast Windrichtung und Windstärke bei Anholt und Hanstholm an. Hauptsächlich aber werden sowohl im In- als auch im Ausland größere atmosphärische Störungen angezeigt, die für die Schiffe zur Gefahr werden könnten, die sogenannten **Sturmsignale**. Unter anderem gibt es solche Signale in folgenden dänischen Städten: Aalborg, Aarhus, Esbjerg, Frederikshavn, Helsingør, København, Odense, Skagen, bei Blaavands-Huk Feuer; außerdem die Feuerschiffe Horns-Rev, Vyl und Graadyb.

Die Signale werden unter einer Rah am vordersten Mast geheißt, bei Nacht am achtersten Mast. Jede Station verfügt über einen Signalmast mit Rah, über einen Kasten, in dem die Wetterberichte nachgeschlagen werden können und über einen Barografen, ein selbstschreibendes Barometer. Bei Sturmwarnung können folgende Signale unter der einen Rahnock erscheinen.

1 Ballon bedeutet "Unruhiges Wetter, mit Sturm muß gerechnet werden", siehe Telegramme.
1 Kegel mit der Spitze nach oben bedeutet Sturm aus NW.
1 Kegel mit der Spitze nach unten bedeutet Sturm aus SW.
2 Kegel mit den Spitzen nach oben bedeuten Sturm aus NO.
2 Kegel mit den Spitzen nach unten bedeuten Sturm aus SO.

Ballon und Kegel sind schwarz. Gleichzeitig können unter der zweiten Rahnock folgende Signale geheißt werden:

1 rote Flagge, die bedeutet, daß der Wind nach rechts dreht (mit der Sonne).
2 rote Flaggen, die bedeuten, daß der Wind nach links dreht (gegen die Sonne).

Nachts werden alle Zeichen durch eine **rote Laterne** ersetzt.

Windsignale werden in Aalborg, Esbjerg, Frederikshavn, Helsingør, København, Odense und Skagen-Havn gesetzt; bei Starkwind oder stürmischen Winden bei einer oder mehreren der folgenden Stellen: Blaavands-Huk, Hanstholm, Skagen, Fornæs, Gedser und Hammeren. Die Signale werden mit Flaggen gegeben.

Gefahrensignalstationen für Fischer an der jütländischen Westküste. Die dänische Fischereivereinigung hat an vielen Stellen Signalstationen eingerichtet, die über den Seegang berichten und die besten Landestellen nennen. Die Signale werden mit Ballons, Laternen, Schüssen, Raketen und Nebelhorn gegeben. (Siehe auch "Den danske Lods" und "Efterretninger for søfarende"; nähere Informationen bekommt man in der Regel auch bei Zollämtern und Hafenkontoren.)

In England werden in vielen Häfen und Fangplätzen Signale gegeben. Man benutzt dafür einen Kegel, der 3 Fuß hoch und 3 Fuß breit von der Grundlinie ist und wie ein Dreieck aussieht, wenn er geheißt ist. Das Signal bleibt 48 Stunden lang nach der aus London eingetroffenden Nachricht, Signal zu setzen, geheißt, es sei denn, daß die Nachricht widerrufen wird. Tagsüber heißt man den Kegel und nachts drei gleichfarbene Laternen (bevorzugt rote), die in einen dreieckigen Rahmen mit mindestens drei Fuß Abstand voneinander aufgehängt werden. Der Rahmen wird mit der Spitze nach oben für den Nord-Kegel und mit der Spitze nach unten für den Süd-Kegel geheißt.

1 Kegel (oder Laterne) mit der Spitze nach oben bedeutet, daß ein Sturm oder Starkwind zuerst aus **nördlicher Richtung** erwartet werden kann; also von NW über N nach SO.

1 Kegel (oder Laterne) mit der Spitze nach unten bedeuten, daß Sturm oder Starkwind zuerst aus **südlicher Richtung** erwartet wird; also aus SO über S nach NW.

Sturm aus westlicher Richtung. Bei Wahrscheinlichkeit, daß der Sturm zwischen W und NW beginnt und nach N oder NO dreht, wird der Nord-Kegel geheißt.

Sturm aus östlicher Richtung. Nimmt man an, daß der Wind zwischen O und SO beginnt und nach S oder SW dreht, wird der Süd-Kegel geheißt.

Schnelles Umschlagen des Windes. Südliche Winde drehen eher auf Nord über West als nördliche Winde nach Süd über Ost, ein Sturm aus Ost dreht eher nördlich als südlich.

Das Signal gilt für einen Umkreis von ca. 50 km und bedeutet: "Warschau, mit atmosphärischen Störungen muß gerechnet werden". In den letzten Jahren sind die Voraussagen in 9 von 10 Fällen eingetreten.

In fast allen anderen Ländern gibt es jetzt ebenfalls Sturmsignale.

Eissignale teilen den Schiffen mit, ob es in einem bestimmten Fahrwasser Eis gibt und ob die Feuerschiffe aus diesem Grund nicht länger an den üblichen Stellen liegen können; außerdem telegrafiert man den ausländischen Behörden vom Eisgang und dem Einziehen der Seezeichen. Ein jedes Schiff kann sich bei den Signalstationen umsonst über die Eisverhältnisse in den dänischen Gewässern informieren lassen. Wenn die Feuerschiffe nicht mehr auf Station sind, kann man an folgenden Stellen Signale erwarten: Hirtshals, Skagen, Anholt, Kronborg, Helsingør, Fornæs, Sejrø, Kjels-Nor und Hammeren.

Signal- und Telegrafenstationen, die von Sonnenaufgang bis Sonnenuntergang Signale an Schiffe geben und von ihnen empfangen, sind an folgenden Stellen eingerichtet: bei Hanstholm, Hirtshals, Skagen, Fornæs, Kronborg und Hammerens Feuer. Es wird nur mit Flaggen und Abstandssignalen nach dem internationalen Signalsystem signalisiert. Skagens Signalstation ist zusätzlich zum Nachtsignalisieren mit Morselaternen ausgestattet. Die Signale müssen gegeben werden, wenn die Schiffe sich in einem Winkel von NO - NW vor Skagen-Feuer befinden.

Radio- Telegrafenstationen sind eingerichtet in København (Marinewerft), bei Blaavandshuk-Feuer und bei Gedser-Havn, Gedser-Havn Feuerschiff sowie den Graadyb-, Vyl-, Horns-Rev- und Drogdens Feuerschiffen. Die Radiotelegrafenstationen in Kopenhagen und Blaavandshuk-Feuer sind den ganzen Tag über für den Telegrammdienst geöffnet, während die übrigen nur Telegramme (Signale) von Schiffen in Seenot entgegennehmen.

Im Ausland sind ähnliche Stationen eingerichtet worden. Radiotelegramme können in der gewöhnlichen Umgangssprache oder in Signalen nach dem "Internationalen Signalbuch" abgefaßt werden.

Das Signalisieren nach dem Morsesystem *)

Licht - und Lautsignale. Anweisungen zum Signalisieren.

1) Bei Lichtsignalen muß der Absender der Signale darauf achten, daß die Laternen dem Empfänger zugewendet werden.
2) Um die Aufmerksamkeit auf sich zu lenken, wenn man signalisieren möchte, sendet man eine Reihe kurzer Blinkzeichen aus, bis der Empfänger auf die gleiche Weise antwortet. Wenn man annehmen muß, daß der Empfänger noch kein Mittel zum Antworten bei der Hand hat, wiederholt man das Signal nach kurzer Wartezeit. Unter besonderen Umständen signalisiert man auch ohne vorheriges Aufmerksamkeitssignal.
3) Nachdem man auf obenstehende Weise mit einigen kurzen Blinkzeichen geantwortet hat, muß der Empfänger gut aufpassen, bis der Absender mit seiner Mitteilung abgeschlossen hat, woraufhin das Signal mit einer Reihe abwechselnd langer und kurzer Blinkzeichen beantwortet wird.
4) Falls der Empfänger das Signal nicht verstanden hat, beantwortet er es nicht und war-

*) In England ist der Titel ("Warnsignale für Schiffe bei gegenseitiger Sicht" gebräuchlich. Der Grund, warum sie nach dem "Internationalen Signalbuch" mit angeführt werden, ist der, daß sie weiterhin auf allen Schiffen angewendet werden, die überhaupt keine Navigatoren an Bord haben.

tet aufmerksam ab, daß es wiederholt wird.

5) Kurzes Blinken oder Lautsignal wird mit • bezeichnet und hat die Dauer einer Sekunde.
Langes Blinken oder Lautsignal kennzeichnet man mit — und der Dauer von 3 Sekunden.

Das Signal, um Aufmerksamkeit zu erregen, ist eine Reihe kurzer Blinkzeichen oder Lautsignale •••••• usw.

Das "Antworte" oder "Ich habe verstanden" - Signal ist eine Reihe abwechselnd langer und kurzer Blinkzeichen oder Lautsignale • — • — • — • — • usw.

Zwischen jedem Blink oder Lautsignal muß 1 Sekunde Abstand sein.

Nachfolgende wichtige Signale können - wenn die Umstände es erfordern - auf die oben erklärte Weise mit Hilfe von langen und kurzen Blinkzeichen mit einer Laterne oder mit langen und kurzen Stößen der Dampfpfeife, Sirene oder des Nebelhorns erfolgen:

Sie steuern auf eine Gefahr zu	(U)	•• —
Ich benötige Hilfe, verlassen Sie mich nicht	(V)	••• —
Habe Eis gesichtet	(W)	• — —
Ihre Laternen brennen nicht (oder müssen nachgesehen werden)	(P)	• — — •
Mein Fahrzeug liegt still, fahren Sie vorsichtig an mir vorbei	(R)	• — •
Stop oder beidrehen - ich habe wichtige Mitteilungen	(L)	• — ••
Bin havariert - setzen Sie sich mit mir in Verbindung	(F)	•• — •

Folgende Signale dürfen ausschließlich von schleppenden und geschleppten Fahrzeugen benutzt werden und dann auch nur als Lichtsignale:

steuere mehr nach steuerbord	•
steuere mehr nach backbord	••
wirf die Schlepptrosse los	•••

Anmerkung: Da übertriebener Gebrauch von Licht- und besonders Lautsignalen ernst-hafte Störungen und Mißverständnisse hervorrufen kann, sind alle Schiffsführer angehalten, diese Signale mit äußerster Umsicht zu benutzen, insbesondere auf stark befahrenen Wasserverkerswegen.

Gleichzeitig wird daran erinnert, daß nachts alle erleuchteten Bulleyes, Steuerhausfenster, Skylights usw. zugehängt werden müssen, aber auf keinen Fall mit roten und grünen Vorhängen.

Die gebräuchlichsten Systeme zur Fahrwassermarkierung

Die Fahrwasser werden im wesentlichen nach zwei verschiedenen Systemen markiert. Nach dem Kompaßsystem wird jedes Fahrwasser so markiert, daß die vier Richtungen Nord, Süd, Ost und West unterschiedliche Kennungen tragen und man bei Sicht einer Fahrwassermarkierung sofort erkennen kann, zu welcher Seite des Grundes, der Untertiefe oder des Fahrwassers man sich befindet; immer unter der Voraussetzung, daß man Farbe und Form des Seezeichens erkennen kann.

Nach einem anderen System markiert man beide Fahrwasserseiten unterschiedlich und macht sie durch Form, Farbe und Topzeichen leicht erkennbar. Zur Markierung der Fahrwassermitte und als Ansteuerungstonne benutzt man eine Kombination der Markierungen, die für Fahrwasserseiten eingesetzt werden.

An dieser Stelle soll nur kurz eine recht komprimierte Beschreibung von einigen der wichtigsten einheimischen Seezeichen gegeben werden. Für genauere Angaben und die auftretenden Veränderungen weisen wir auf die offiziellen Verzeichnisse hin.

In **Dänemark** gilt ein Schiff als einlaufend in Skagerrak, Kattegat, Sund, Großen Belt und Kleinen Belt, wenn es aus der Nordsee kommt und in die dänischen Gewässer oder in die Ostsee möchte.

In geschlossenen Fjorden, Hafeneinfahrten oder Reeden gilt ein Schiff als einlaufend, wenn es von See kommt. Der Limfjord, das Smalands-Fahrwasser und das Fahrwasser südlich von Fünen werden, was die Markierung betrifft, als geschlossene, aneinanderstoßende, beziehungsweise bei Løgstør (Frederik VII Kanal), Masnedø und Svendborg - Marstal mündende Fjorde betrachtet.

Die **Steuerbordseite** eines Fahrwassers ist die Seite, die ein einlaufendes Schiff auf der Steuerbordseite hat.

Die **Backbordseite** eines Fahrwassers ist die Seite, die ein einlaufendes Schiff an Backbord hat. *)

Die **Steuerbordseite** des Fahrwassers wird mit **spitzen, roten Seezeichen** markiert. Wenn Topstakenzeichen benutzt werden, sind es 1, 2 oder 3 nach oben zeigende Besen an **roter Stake**.

Die Backbordseite des Fahrwassers wird mit **stumpfen, weißen Seezeichen** markiert. Wenn man Topstakenzeichen benutzt, sind es 1, 2 oder 3 nach unten zeigende Besen an **weißen Stangen.**

Die Tonnen der Fahrwassermitte und die Scheidepunkte zwischen zwei Fahrwassern werden mit **spitzen, rot- und weißgestreiften Seezeichen** markiert. Wenn es Topzeichen gibt, ist es ein rot- und weißgestreifter Ballon an einer rot-weißgestreiften Stange.

Die Ansteuerungsmarken sehen genauso aus wie die letztgenannten.

In schmalen Fahrwassern wird die **Steuerbordseite mit roten Stangen**, die in der Regel mit 1 oder 2 Besen versehen sind, markiert, die **Backbordseite mit weißen Stangen**, die in der Regel 1 oder 2 Strohbüschel haben. Die Poller der Fahrwassermitte und die Scheidepunkte werden mit rot-weißgestreiften Stangen mit einem Besen über einem Strohbüschel markiert.

Wracks markiert man mit grünen Seezeichen, die aus einer grünen Stange mit grüner Flagge bestehen können. Leuchttonnen bei Wracks haben ein grünes Licht und sind grün gestrichen. Markierungsschiffe, die bei Wracks ausgelegt werden, führen 3 grüne Ballons auf einer Rah 20 Fuß über dem Wasser; 2 senkrecht übereinander auf der einen Rahnock, einen auf der anderen Rahnrock. Das Markierungsschiff wird auf der Seite mit den übereinander angebrachten Ballons passiert. Nachts werden drei Laternen mit grünem, festem Licht genauso wie die Ballons angebracht.

England. Die Steuerbordseite des Fahrwassers markiert man mit **spitzen, (koni-**

*) Die Ausdrücke "Steuerbordseite" und "Backbordseite" eines Fahrwassers bedeuten fast überall das gleiche, die Ausdrücke werden aber leicht unterschiedlich interpretiert. Nach **englischen** und **holländischen** Regeln ist die Steuerbordseite die Seite, die das Schiff auf der linken Seite hat, wenn es mit der Flutrichtung segelt (im Gegensatz zur Richtung bei Ebbe). Nach den Regeln in **Frankreich** und **Nord-Amerika** ist es die Seite des Fahrwassers, die ein von See kommendes Schiff an Steuerbord hat, mit dem Zusatz, daß, wenn zwei Hafenteile oder zwei im Grunde getrennte Fahrwasser durch ein Fahrwasser verbunden sind, die Seite des Fahrwassers als Steuerbordseite gilt, die von Westen kommende Schiffe auf ihrer Steuerbordseite haben, d.h. aus einer Richtung zwischen rechtweisend Nord über West nach rechtweisend Süd.

schen) roten oder schwarzen Seezeichen, die immer ganz mit derselben Farbe bemalt werden. Als Topzeichen dienen nur Stange und Kugel. **Die Backbordseite** des Fahrwassers markiert man mit Tonnen, die in irgendeiner charakteristischen Farbe gestrichen werden (gestreift, gewürfelt usw.). Als Topzeichen dienen Stange und Viereck. Die Tonnen auf derselben Fahrwasserseite können auch mit Nummern bezeichnet werden; in demselben Fahrwasser haben die Steuerbordtonnen immer eine andere Farbe als die Backbordtonnen.

Die Markierung von **Mittelgründen** und die **Aufteilung von Fahrwassern** haben ein gewölbtes Top und werden entweder mit waagerechten roten und weißen Streifen oder mit schwarzen und weißen Streifen bemalt. Falls es Topzeichen gibt, sind sie diamantförmig bei Seezeichen, die am äußersten Ende von Mittelgründen stehen, und dreieckig bei Markierung der inneren Kante.

Schottland und Irland. Die Steuerbordseite des Fahrwassers wird mit spitzen, roten Seezeichen markiert.

Die Backbordseite des Fahrwassers mit stumpfen, schwarzen Seezeichen.

Die Fahrwassermitte wird genauso gekennzeichnet wie in England.

In England, Schottland, samt Isle of Man, benutzt man zum Markieren eines Wracks grüne Farbe.

Wrackbojen werden grün gestrichen und mit dem Wort **Wreck** markiert.

Markierungsschiffe bei Wracks führen 3 schwarze Ballons auf einer Rah, nämlich 2 senkrecht übereinander auf der einen Rahnock und einen auf der anderen Rahnock.

Die Markierungsschiffe müssen auf der Seite passiert werden, auf der die zwei Ballons in der Rahnock hängen. Nachts werden 3 Laternen mit weißem, festem Licht geführt, die genauso angebracht werden wie die Ballons. Bei Nebel wird abwechselnd jede Minute ein Signal mit Glocke und Gong gegeben.

Wenn die normalen englischen **Feuerschiffe nicht** auf ihrer Station sind, wird nachts ein festes, rotes Licht an beiden Schiffsenden geführt und alle Viertelstunde ein rotes Fackelfeuer gegeben.

Frankreich. Die Steuerbordseite wird mit spitzen, **roten** Seezeichen, die ein Dreieck als Topzeichen haben, markiert. Wenn die Zeichen numeriert sind, haben sie gerade Nummern, die von außen nach innen verlaufen.

Backbordseiten werden mit spitzen, **schwarzen** Zeichen mit viereckigem Topzeichen markiert. Wenn sie numeriert sind, haben sie von außen nach innen ungerade Nummern.

Einzelne Unterwasserklippen werden mit spitzen, waagerecht schwarz- und rotgestreiften Seezeichen mit einer Kugel als Topzeichen markiert.

Mittelgründe oder **Fahrwasseraufteilungen** werden mit spitzen, waagerecht schwarzweißgestreiften Seezeichen mit einem Diamanten als Topzeichen markiert.

Mittelgründe oder **zwei sich treffende Wasserläufe** werden mit spitzen Seezeichen, die waagerecht rot und weißgestreift sind und eine Sanduhr als Topzeichen haben, markiert.

Die Vereinigten Staaten von Amerika. Die Steuerbordseite wird mit **roten**, spitzen Seezeichen mit geraden Nummern markiert.

Die Backbordseite hat schwarze, oft zylindrische Seezeichen mit ungeraden Nummern.

Die Markierungen für **Mittelfahrwassergründe** haben **waagerechte, rote und schwarze Streifen**. Die Markierung der Fahrwassermitte hat **waagerechte, schwarze und weiße Streifen**, wenn sie dicht passiert werden müssen. Die Stangen der Topzeichen mit Ballon, Viereck oder ähnlichem - werden dann angebracht, wenn ein Lauf seine Richtung verändert.

Holland und Belgien. Die Steuerbordseite wird mit spitzen, roten Seezeichen mit kugelförmigen Topzeichen markiert.

Die Backbordseite markiert man mit stumpfen, schwarzen Seezeichen mit abgestumpftem Kegel als Topzeichen.

Die Seezeichen für **Mittelfahrwassergründe** und **Fahrwasserteilung** sind kugelförmig und schwarz- und rotgestreift mit einem stehenden oder liegenden Kreuz als Topzeichen, wenn man sie an beiden Seiten passieren kann. Ansteuerungstonnen beim Einlaufen ins Fahrwasser sind senkrecht schwarz- und rotgestreift und tragen die Anfangsbuchstaben des Fahrwassernamens in weiß. Außerdem haben sie oft laufende Nummern von außen nach innen.

Wrackbojen sind grün und haben die Form der Fahrwasserseite, auf der sie liegen.

Deutschland. Steuerbordseite, rote Seezeichen.

Backbordseite, schwarze, spitze Seezeichen.

Die Markierung der Fahrwassermitte ist kugelförmig, schwarz-weißgestreift. Mittelgründe oder Fahrwasserteilung werden mit spitzen, schwarz-rotgestreiften Tonnen mit einem stehenden Kreuz als Topzeichen markiert.

Markierung der vor dem begrenzten Fahrwasser liegenden Untiefen:

Nord: vor dem Grund spitze, weiße Seezeichen mit 2 nach oben weisenden Kegeln als Topzeichen.

Süd: vor dem Grund spitze, weiße Seezeichen mit 2 nach unten weisenden Kegeln als Topzeichen.

Ost: vor dem Grund spitze, weiße Seezeichen mit 2 Kegeln, die mit den Grundflächen gegeneinander weisen.

West: vor dem Grund spitze, weiße Seezeichen mit 2 Kegeln, die mit den Spitzen aufeinander weisen.

Untiefen außerhalb des Fahrwassers werden mit senkrecht schwarz-weißgestreiften Tonnen mit viereckigem Topzeichen markiert.

Wrackbojen sind grün und haben die Form der anderen, auf derselben Seite befindlichen Bojen.

Schweden. Rote Seezeichen mit Besen als Topzeichen auf der **Ostseite des Laufes**, der in Richtung Nord-Süd geht, und auf der **Südseite des Laufes**, der in Richtung Ost-West verläuft.

Die Markierung der Fahrwassermitte, die zu beiden Seiten passiert werden kann, besteht aus waagerecht schwarz-rot gestreiften Stangen mit Kreuz aus schwarz-rotem Arm.

Auf offener See befinden sich N. vor einer Untiefe schwarze Seezeichen.

Auf offener See befinden sich S. vor einer Untiefe rote Seezeichen mit nach oben weisenden Besen.

Auf offener See befinden sich O. vor einer Untiefe schwarz-weißgestreifte Seezeichen.

Auf offener See befinden sich W. vor einer Untiefe rote Seezeichen mit nach unten weisenden Besen.

Alle roten Seezeichen müssen mit Besen versehen sein.

Norwegen. Nördlich oder östlich der Untiefe rote Seezeichen mit schwarzer Stange, nach unten weisende Besen.

Südlich und westlich der Untiefe rote Seezeichen mit weißer Stange, nach oben weisende Besen.

Markierung der Fahrwassermitte: schwarz-weiße Querstreifen mit Strohbüscheln. Im

Sommer 1914 wurde von der **schwedischen Grenze** bis zum **Jaeder** ein neues Betonnungssystem eingeführt. Man hat eine Fahrwasserbeschreibung herausgegeben, in der die Hauptrichtung jedes Fahrwassers, welches mit schwimmenden Seezeichen markiert ist, angegeben wird.

Die angegebene Hauptrichtung ist also maßgebend für die Farbe der schwimmenden Seezeichen zu beiden Seiten des Fahrwassers, ohne Rücksicht auf die Fahrwasserrichtung der einzelnen kürzeren Strecken. Auf diese Weise hat man ausschließlich **schwarze** Seezeichen an Steuerbord und **rote** an Backbord oder umgekehrt.

Rußland (Ostsee). Nördlich der Untiefe: Seezeichen mit weißen Stangen mit schwarzen, nach unten weisenden Besen.

Südlich der Untiefe: Seezeichen mit roten Stangen mit schwarzen, nach oben weisenden Besen.

Oestlich der Untiefe: Seezeichen unten rot- und oben weißgestreifte Stangen und zwei voneinander wegweisende Besen.

Westlich der Untiefe: Seezeichen unten schwarz- nach oben weißgestreifte Stangen und zwei Besen, die einander zugewandt sind.

Zeichen, an denen man an jeder Seite vorbeisegeln darf, sind rot-weißgestreift und haben ein Kreuz als Topzeichen. Außerdem können sie alle eine Kugel unter dem Topzeichen haben.

Ueber Laternen und deren Anwendung beim Navigieren.

Im **Nautischen Almanach**, herausgegeben von Herrn Kommandeur J.A.D. Bildsøe, sind die gegenwärtig geltenden Bestimmungen für Lichterführung, Steuern, Segeln und vieles mehr verzeichnet. Da dieses Buch für nur 75 Øre verkauft wird, besteht kein Anlaß, die Regeln an dieser Stelle zu wiederholen, es könnte die Leser allerdings interessieren, ein wenig mehr über die Lichterführung zu erfahren.

Weißes Licht besteht aus vielen verschiedenfarbigen Strahlen, wovon besonders folgende wichtig sind: rot, orange, gelb, grün, blau und violett, denn wenn man das Licht der Farben im richtigen Verhältnis vereint, bekommt man weißes Licht. Um reines, weißes Licht zu erhalten, braucht man Strahlen verschiedener Farben und ein bestimmtes Verhältnis. Wenn man einen weißen Lichtstrahl in seine verschiedenen farbigen Strahlen spaltet, indem man ihn durch ein Prisma scheinen läßt und die unterschiedlichen Farben auf einem weißen Schirm auffängt, kann man sehen, aus welchen Farben sich das weiße Licht zusammensetzt.

Wenn man den Schirm wegnimmt und an dessen Stelle ein Prisma setzt, kann man die verschiedenfarbigen Strahlen wieder vereinen zu einem weißen Licht oder aber die Strahlen nach der Prismenstellung streuen. **Schließt man dabei Strahlen** einer bestimmten Farbe **aus**, zum Beispiel die **roten Strahlen**, indem man einen Schirm davor setzt, und vereint die übrigen Strahlen, **bekommt man nicht weißes, sondern grünes Licht**. Wenn man umgekehrt einen Schirm für die grünen Strahlen einsetzt und die übrigen Farben vereint, bekommt man rotes Licht. **Farben, die sich zueinander verhalten wie rot und grün in dem genannten Beispiel, nennt man Komplementärfarben**; außer rot und grün lassen sich noch orange und blau, gelb und violett nennen.

Bei den oben angeführten Beispielen wurde an Sonnenlicht als Lichtquelle gedacht. Wenn man andere **Lichtquellen** benutzt, wird man sehen, daß, jede für sich, sich aus unterschiedlich intensiven, farbigen Strahlen zusammensetzt; die Lichtquelle kann sogar die eine oder andere Farbe ganz ausschließen. Man hat herausgefunden, daß es keine zwei Lichtquellen gibt, bei denen die Farben im gleichen Verhältnis verteilt sind.

Petroleumlicht hat einen gelblichen Schein, weil es nur **wenige blaue und violette Strahlen hat**, während **elektrisches Licht** einen blauen Schein hat, weil es **besonders reich an blauen und violetten Strahlen ist**. Die Farbe, die ein nicht selbstleuchtender Körper für unser Auge hat, hängt sowohl von der Farbe des Körpers als auch von der Farbe der Lichtquelle ab, die ihn beleuchtet. Es ist schwer, Grün von Blau zu unterscheiden, wenn sie von Petroleumlicht beleuchtet werden; bei elektrischer Beleuchtung hingegen treten gerade diese Farben besonders stark hervor. Wenn ein Körper weiß ist, bedeutet dies, daß das weiße Licht von ihm reflekiert wird, ohne daß er einen einzigen Strahl behält - Weiß ist also der Inbegriff allen Lichts; Schwarz hingegen zeichnet sich mit seinem vollständigen Mangel an Licht aus.

Ein schwarzer Körper wird also alles auf ihn scheinende Licht verschlucken. Daß wir einen schwarzen Körper trotzdem sehen können beruht darauf, daß das verschluckte Licht Glanz hervorrufen kann (schwarzes Wachstuch). Je weniger Glanz ein Körper hat, desto dunkler sieht er aus. Macht man einen Gegenstand grün, wird er die **roten Strahlen** verschlucken und die übrigen reflektieren; ein grünes Glas wird die roten Strahlen ebenfalls verschlucken, die das Licht enthält, und die übrigen hindurchscheinen lassen. Ein roter Gegenstand wird die grünen Strahlen verschlucken und die roten reflektieren; gleichzeitig wird ein rotes Glas die grünen Strahlen verschlucken und die übrigen hindurchlassen, was auf unser Auge den Eindruck von rotem Licht macht. Licht kann also nicht dadurch gefärbt werden, daß es durch farbiges Glas gesendet wird, sondern dadurch, daß das farbige Glas seine Komplementärfarben verdeckt. Das rote Glas verdeckt die grüne Farbe, und das grüne Glas verdeckt die rote Farbe. Es beruht also auf Lichtverlust und darauf, daß weißes Licht durch farbiges Glas geschickt wird. Aber selbst wenn das Licht durch weißes Glas scheint (Toplaternen), findet ein Lichtverlust statt; dieser Verlust ist aber für alle Strahlen gleich groß, und je dicker und dunkler das Glas ist, desto größer ist der Verlust. Man könnte fragen: "Wo bleiben die grünen Strahlen, die von einem roten Glas verschluckt werden; müssen sie letztlich in einer derartigen Menge im Glas stecken, daß das Glas gesättigt ist?" Nein! Sie werden in Wärme umgesetzt und gehen auf diese Weise genauso schnell verloren, wie sie verschluckt werden.

Nehmen wir an, daß drei Laternenlampen entzündet werden, deren Licht so reguliert wird, daß alle drei Lichter genau gleich stark sind. Stellt man danach eine der Lampen in eine weiße Laterne, die andere in eine rote und die dritte in eine grüne, stellt dann diese Laternen wiederum in so einem Abstand auf, daß die Schatten eines dunklen Gegenstandes, die auf einem weißen Schirm aufgefangen werden, gleich stark von allen drei Laternen sind, muß das Licht, welches von dem dunklen Gegenstand zurückgehalten wird, gleich stark sein. Mißt man den Abstand von dem dunklen Gegenstand zu jeder der Laternen und setzt den Abstand der weißen Laterne gleich 1, kann die rote Laterne ca. 7/10 und die grüne Laterne nur ca. 4/10 so weit gesehen werden wie die weiße, oder mit anderen Worten: scheint die klare Laterne 100 Fuß weit, dann scheint die rote ca. 70 Fuß und die grüne ca. 41 Fuß weit. Eine grüne Laterne kann also nicht halb so weit gesehen werden wie eine klare, selbst wenn deren Lampen gleich stark sind. Setzt man die **Lichtmenge**, die die weiße Laterne aussendet gleich 1, sendet die rote nur 1/2 und die grüne nur 1/6 so viel Licht aus. Dieser große Lichtverlust ist sehr beklagenswert; besonders bei der grünen Farbe, wo der Verlust 5/6 ausmacht. Durch diesen Versuch lassen sich jedoch nur ungefähre Werte ermitteln, da das Resultat von der Farbe und der Dicke des Glases beeinflußt wird - außerdem kommt es darauf an, ob man Petroleumlicht, Oel oder elektrisches Licht benutzt. Unter den derzeitigen Verhältnissen scheint es keine andere Möglichkeit, als die der farbigen Laternen zu geben, um die Stellung eines Schiffes bei Nacht zu kennzeichnen, obgleich sie nicht nur den Nachteil des großen Lichtverlustes haben, sondern Rot und Grün auch die einzigen Farben sind, die von Farbblinden nicht unterschieden werden können. **Farbblindheit** erstreckt sich nämlich selten auf mehr Farben als auf Rot und Grün. Um dieser Verwechslungsgefahr zumindest ein wenig entgegenzuwirken, wird empfohlen, das Glas der roten Laterne "kupferfarben" zu machen, weil sie dann einen Teil violette Strahlen aussendet, die Farbblinde gut von Weiß und Grün unterscheiden können. Gleichfalls wird empfohlen, das Glas der grünen Laterne "Blaugrün" zu machen, weil der Teil blaue Strahlen von Farbblinden gut von Weiß und Rot unterschieden werden kann.

Sie befinden sich an Bord eines Dampfschiffes und sehen eine rote und eine grüne Laterne voraus. "Was tun Sie?" Antwort: "Ich weiche aus." (Siehe Art. 20 der Seewegeordnung). Wenn Sie sich an Bord eines Dampfschiffes befinden und diese Laternen querab an Steuerbord sehen, "Was tun Sie?" - "Kurs halten!" - "Warum können Sie Kurs halten?" - Weil wir dabei sind, die Kurslinie des Seglers zu passieren". (Siehe Art. 18)

Sie befinden sich an Bord eines Segelschiffes und sehen obengenannte Laternen achterlich als querab, "Was tun Sie?" - "Ich halte Kurs und zeige eine klare Laterne über dem Heck". (Siehe Art. 18)

Es ist nicht immer so ganz leicht zu wissen, welche Manöver ein Schiff machen wird, um vom anderen Schiff klarzukommen. Der Art. 28 empfiehlt daher Schiffen, die einander sichten, sich mittels der untengenannten Lautsignale zu verständigen.

Wenn Schiffe sich **in Sicht** voneinander befinden, **sollte ein Dampfschiff**, für das es leichter ist, Bewegungen schnell auszuführen, diese Bewegungsänderungen mit folgenden Signalen seiner Dampfpfeife oder der Sirene **zu erkennen geben:**

1 **kurzer** Ton bedeutet: "Ich drehe nach steuerbord".

2 **kurze** Töne bedeuten:" Ich drehe nach backbord".

3 **kurze** Töne bedeuten: "Meine Maschine läuft volle Kraft rückwärts".

Die Worte "kurzer Ton" bedeuten in diesem Zusammenhang: ein Ton von ungefähr einer Sekunde Dauer.

Wenn Sie einen Lotsen benötigen, welches **Signal** geben Sie?

Am Tage - Lotsenflagge im Vortop, Signal P.T. oder S. oder Abstandssignal.

Nachts - Abbrennen eines blaues Lichtes in einem Abstand von 15 Minuten oder Blinken mit einem klaren, weißen Licht oder Zeigen eines solchen Lichtes über der Reling in kurzen oder häufigen Abständen, jeweils in einem Zeitraum von einer Minute.

Wenn Sie brennbare Ladung an Bord haben. Was können Sie unternehmen, um andere Schiffe, die in Ihre Nähe kommen, zum Einhalten entsprechender Vorsichtsmaßnahmen zu veranlassen? Antwort: Eine rote Flagge ins Top heißen und so lange dort wehen lassen, wie auf zusätzliche Vorsicht geachtet werden muß.

Notsignale für Schiffe (Art. 31)

Wenn ein Schiff in Not ist und von einem anderen Schiff oder von Land Hilfe braucht, **muß** es folgende Signale benutzen oder zeigen, entweder gleichzeitig oder nacheinander:

Am Tage:

1. Kanonenschuß oder anderes Knallsignal, abgefeuert in einminütigem Abstand.
2. Das mit N.C. im internationalen Signal-System bezeichnete Notsignal.
3. Das Abstandssignal, das aus einer viereckigen Flagge und einer Kugel oder etwas Kugelähnlichem unter oder über einer Flagge besteht. (oder:

(Anordn. 17. Dez. 1900: Das Abstandssignal, welches aus einem Kegel mit der Spitze

nach oben und einer Kugel oder etwas Kugelähnlichem unter oder über dem Kegel besteht.)
4. Unablässiger Gebrauch irgend eines Nebelsignalapparates.

Nachts:
1. Kanonenschuß oder ein anderes Knallsignal, abgefeuert in einminütigem Abstand.
2. Flammen an Bord des Schiffes (zum Beispiel von einer brennenden Teertonne, Oeltonne usw.).
3. Raketen oder Bomben, die, wenn sie abgefeuert werden, (eine zur Zeit, im kurzen Abstand) Sterne am Himmel entwickeln, gleich welcher Art und Farbe.
4. Unablässiger Gebrauch von irgendwelchen Nebelsignalen.
Tag und Nacht (nicht empfohlen in Art. 31):
Radiotelegrafisches Notsignal S.O.S. (save our souls).

Wenn Sie in die Nähe eines Hafens, einer Reede oder Zollstation kommen, die Sie anlaufen wollen, was tun Sie dann? Antwort: Die Nationalflagge an den achtersten Mast oder achtern setzen. Warum? **Die Nationalflagge** unterrichtet sowohl die Hafenbehörden als auch das Zollamt über die Nationalität des Schiffes, außerdem gebietet es die Höflichkeit.

Passieren Sie ein Kriegsschiff, entweder der eigenen oder einer fremden Nationalität, oder ein Kriegsschiff passiert Sie, gebietet es die Höflichkeit, mit der Flagge zu grüßen. Wenn sie achtern an einer Stange geheißt ist, holt man sie bis kurz über die Reling nieder und hält sie dort, während die Schiffe einander passieren; Wenn sie im Top des Achtermastes geheißt ist, holt man sie so weit nieder wie sonst zum Dippen der Flagge und hält sie dort, während die beiden Schiffe einander passieren. Handelsschiffe grüßen einander durch dreimaliges Dippen der Flagge.

Kommt ein Schiff aus Ländern, in denen es Seuchen oder gefährliche ansteckende Krankheiten gibt, müssen Schiffe und Mannschaft einer Quarantänezeit unterworfen werden. Man setzt dann eine gelbe Flagge (Quaratäneflagge) im Vortop, bis die Quarantäne aufgehoben wird.

Verschiedene Stellungen und Sitten an Bord eines Schiffes

Schiffsjunge wird derjenige genannt, der zum erstenmal zur See fährt, wie alt er auch immer sein mag, auch jeder andere, der für die Arbeit eines Leichtmatrosen nicht kräftig genug ist, selbst wenn er schon eine ganze Zeit gesegelt ist. Derjenige, der als Schiffsjunge anheuert, gibt nicht vor, irgend etwas von der Seefahrt zu verstehen, man kann also von ihm nicht erwarten, daß er die an Bord gebräuchlichen Ausdrücke kennt, oder den Unterschied zwischen Backbord und Steuerbord weiß; man setzt höchstens voraus, daß er guten Willens ist, seine Pflichten erfüllt und so schnell, wie es ihm möglich ist, lernt, was er an Bord zu tun hat.

Der Schiffsjunge wird an Bord zum Aufklaren der Enden am Deck eingesetzt, zum Wassertragen, wenn das Deck gespült wird, zum Deckfegen, zum Herumtragen des Knäuels, wenn Enden gekleidet werden müssen, zum Einfetten der Takelage, Überholen der Gordings, zum Halten der Logrolle, Rostklopfen, Messingputzen, Plattinglegen, zum Schlagen von Fuchs und ähnlichem. Wenn geholt werden muß, steht der Schiffsjunge immer in der Hinterhand und muß abstoppen, wenn etwas fallen soll oder ein Ende gehievt werden muß. Bei gutem Wetter darf er dann vielleicht mit einem Matrosen zusammen am Ruder stehen und lernt dabei den

Kompaß kennen; wenn er soweit ist und steuern kann, darf er allein steuern, vorausgesetzt, daß er kräftig genug ist, gut aufpaßt und recht flink ist. Außerdem lernt er etwas über die verschiedenen Pflichten, die ein Ausguck hat.

Der Schiffsjunge geht auch seine Wache mit und arbeitet zusammen mit der übrigen Mannschaft; meist ist aber die Arbeit, die der Schiffsjunge erledigt, von der Beschaffenheit, daß sie wenig Übung und Kenntnisse voraussetzt. Durch das ständige Holen und Losmachen der Segel lernt er schnell die verschiedenen Benennungen der Enden, Segel, Rundhölzer usw. .

Wenn in der Takelage gerefft werden muß, geht der Schiffsjunge mit, bleibt aber innen, auf der Mitte der Rah; wenn ein Baumsegel gerefft werden muß, hilft er ebenfalls an der Mitte des Segels mit. Muß ein Rahsegel befestigt werden, geht der Schiffsjunge nach außen, auf die Rahnocken, wo die Segel zur Mitte aufgegeit werden; er bleibt aber auf der Mitte, wenn die Segel zu den Nocken aufgegeit werden (Oberbramsegel, Obermarssegel).

Man wird den Schiffsjungen bald erlauben herauszufinden, ob sie die Royals (bei kleineren Schiffen das Bramsegel) allein festmachen können, oder den Jager, das Gaffeltopsegel oder das Royalstagsegel, und jeder Schiffsjunge sollte seine Ehre daransetzen, ein Segel ganz allein ordentlich festmachen zu können. Wenn der Schiffsjunge erst die kleineren Segel allein festmachen kann, ist er immer dran, wenn es heißt: "Royal fest", "Überhol Großgordings", "Geh' und fette den Jagerleiter ein" usw., auch dann, wenn keine bestimmte Person genannt wird. Wenn der Koch Wasser oder Kohlen haben muß und diese Dinge nicht selbst besorgen kann, ist es Aufgabe des Schiffsjungen, ihm dabei behilflich zu sein. Das Fegen des Lodis, Essenholen und Tischabdecken bleiben in der Regel dem Schiffsjungen überlassen; das Spülen des Logis ist dann aber die Arbeit aller, die dort wohnen. Obgleich der Schiffsjunge eine Art Aufwartungsdienst für alle machen muß, steht er doch nicht unter dem Kommando der Matrosen.

Durch ständiges Üben lernt er nach und nach vieles über die Seefahrt kennen. Er wird daher nach mehr Heuer trachten und mustert nach einiger Zeit (etwa nach einem Jahr) als **Jungmann** an. Es ist auf See nämlich so, wie in vielen anderen Berufssparten, daß ein Junge eine gewisse Zeit in die Lehre geht und nach dem Ende der Lehrzeit als Geselle arbeitet. **Auf See gibt es für die untergeordnete Mannschaft keine bestimmte Lehrzeit**, um den einen oder anderen Grad zu erreichen. Jeder, der sich befähigt fühlt und meint, er habe ausreichende Kenntnisse, um als Jungmann, Leichtmatrose, Matrose, Bootsmann usw. fahren zu können, sucht sich eine Heuer als solcher. Aber wehe dem, der seine eigenen Kenntnisse überbewertet und sich für mehr ausgibt, als er wirklich ist und kann; er kann sicher sein, daß er das mit "Schweinearbeit", Gehänsel, Ärger und jeder Form von Unbehaglichkeit wird bezahlen müssen, denn die anderen fühlen sich betrogen und müssen einen Teil seiner Arbeit mitmachen. Derjenige, der sich für mehr ausgibt, als er ist, kann von Glück sagen, wenn er nur in der Heuer heruntergesetzt wird, das ist nämlich nicht so hart, wie immer schief angesehen zu werden. Derjenige, der als Jungmann anmustert, ist schon eine Zeitlang zur See gefahren und kann rudern und wriggen, kleinere Segel allein festmachen, kennt alle Enden auf der Art von Schiff auf dem er gesegelt ist, kann unter normalen Umständen ein Schiff steuern, kennt den Kompas und kann sich einen Begriff davon machen, wie die Segel bei den einzelnen Manövern zu handhaben sind (wenden, halsen, reffen usw.). Er rechnet als Schiffsjunge und muß im wesentlichen die Arbeiten eines Schiffsjungen ausführen; jedoch muß er außerdem Pflegearbeiten verrichten: Blöcke nachsehen, sie abnehmen und wieder einsetzen, Stengen und Masten abkratzen, Lägel festnähen, Taklings auflegen, vielleicht sogar ein Auge einspleißen oder einen Kurzspleiß machen. Eigentliche Seemannsarbeiten kann man von einem Jungmann jedoch nicht verlangen, und es ist eine

Auszeichnung, wenn man ihn mit diesen betraut; er muß jedoch noch mehr Arbeiten dieser Art ausführen können, bevor er als **Leichtmatrose** anmustern darf. Derjenige, dessen Kenntnisse oder Kraft noch nicht ausreichen, um als Matrose zu arbeiten, der mustert erst einmal als Leichtmatrose an; auf größeren Schiffen gilt dieser Posten noch als Schiffsjunge. Ein Leichtmatrose muß ein Boot rudern und wriggen können, Trossen beim Verholen führen können, einen Anker ins Boot führen können, alle Arten von Segeln los- und festmachen können, das Schiff unter nicht allzu schwierigen Umständen steuern können, eine kleinere Rah aufbringen und niederholen können und selbstverständlich alle Namen des ganzen laufenden und stehenden Gutes, samt aller an Bord gebräuchlichen Apparate und Werkzeuge und deren Handhabung kennen. Er muß in der Lage sein, sämtliche dicken und dünnen Enden belegen zu können, ein Ende kleiden zu können, ein Auge anzufertigen und Lang- und Kurzspleiße machen zu können, eine Aufzeisung machen zu können, ein Bändsel zu setzen, gewöhnliche Platting zu legen, einen Schauermannknoten machen zu können, wissen, wie Reffschenkel und Nockbändsel geschoren und festgesetzt werden, ein Stagsegel ohne Hilfe unterschlagen können und gut mit den Segeln umgehen können, wenn manövriert wird.

Wenn Matrosen an Bord sind, wird ein Leichtmatrose eher selten damit betraut werden, Nockbändsel zu legen oder den Bauch aufzuholen, wenn ein großes Segel festgemacht werden soll; er muß aber **in der Lage sein**, diese Arbeiten auszuführen.

Wieweit man von einem Leichtmatrosen Seemannsarbeiten verlangen kann, ist die Frage, denn das sind die Kenntnisse, die er sich gerade in dieser Stellung aneignen soll, außerdem darf man nicht vergessen, daß "noch kein Meister vom Himmel gefallen ist"; bevor man nicht die Gelegenheit dazu hatte, sich selbst damit auseinanderzusetzen und zu üben, kann niemand von einem erwarten, daß man Uebung im Ausführen einer bestimmten Arbeit hat. Es ist daher für einen Leichtmatrosen keine Schande, wenn man für eine bestimmte Arbeit einen Matrosen an seiner Statt vorzieht. Es ist für einen Leichtmatrosen ebenfalls keine Schande, wenn er beim Aufklaren, Deckfegen usw. zur Hand gehen muß.

Matrose. Es braucht nicht gerade wenig, um ein tüchtiger Matrose zu werden. Zuallererst muß er ein gestandener Seemann sein, er muß vor allem das können, worüber schon beim Schiffsjungen, Jungmann und Leichtmatrosen gesprochen wurde: ein Boot manövrieren können, vollständig mit Bergen, Setzen, Reffen und Festmachen der Segel vertraut sein, mit dem Manövrieren unter Segeln, mit dem Verholen im Hafen, mit dem Warpen und dem Führen und Ankerlichten vom Boot aus. Er muß ein guter Rudergänger sein, alles laufende und stehende Gut scheren können, alle Segel abschlagen und alle Segel unterbinden können, vertraut sein im Umgang mit Lot und Logge, gewöhnliche Arbeiten mit Hanftau, Gras, Manila und Draht ausführen können (Spleiße, Steke, Knoten, Bändsel, Kleidung, Platting, Matten, Stropps usw.) sowie feinere Arbeiten machen können (Katning, Schweinerücken, Türkischen Knoten, Kreuzkatning usw.); er muß also, kurz gesagt, das laufende Gut eines Schiffes bestellen und pflegen können und das stehende Rigg reparieren können. Von den schwierigen Arbeiten, die man von einem Matrosen verlangen kann, sollen folgende genannt werden: das Spleißen von Kabeltau, Warpleinen, Gras-, Manila- und Drahttrossen, das Aufbringen und Niederholen von Rahen und Stengen und das Aus- und Einbringen des Klüverbaumes. Man kann nicht verlangen, daß ein Matrose allein das stehende Gut eines Schiffes anfertigt, es wird aber als selbstverständlich angesehen, daß ein Matrose ein Wantbändsel auflegen, eine Jungfer einbändseln oder ein Want knoten kann, einen Stopper auf das Liek eines Segels setzen oder - wenn nötig - einen Lappen irgendwo aufnähen kann. Segelmacherarbeiten gehören nicht zu dem, was ein Matrose können muß, es **kann nur** verlangt werden, wenn es ausdrücklich im Heuervertrag abgesprochen wurde. Ein Matrose darf sich aber nicht weigern, in seiner Arbeitszeit beim Segelnähen zu helfen, soweit er dazu in der Lage ist, und es wird als Vorzug angesehen, wenn ein Matrose mit dieser Art Arbeit betraut wird.

Ein Matrose, der früher auf Dampfern gefahren ist, muß mit einem Dampfspill umgehen können. Oben wurde angeführt, daß er ein guter Rudergänger sein muß; man darf aber nicht vergessen, daß es Umstände gibt, unter denen selbst der Tüchtigste das Schiff nicht auf einem bestimmten Kurs halten kann; nicht alle Schiffe lassen sich gleich gut steuern, und nicht alle Seemänner können es lernen, gut zu steuern.

Im Hinblick auf Seemannsarbeiten soll noch bemerkt werden, daß es auf kleiner Fahrt unbillig wäre, von einem Matrosen zu verlangen, daß er viel über feinere Arbeiten weiß, die auf so einer Fahrt fast nie gemacht werden, weil man sie so gut wie nie braucht; die Zeit vergeht meist mit Löschen, Laden und Segeln von einem Hafen zum nächsten, so daß kaum noch Zeit bleibt, um das Schiff sauberzuhalten und die notwendigsten Instandhaltungsarbeiten auszuführen, als da wären Malen, Oelen, Teeren usw. .

Es ist selbstverständlich, daß jeder die Arbeit bekommt, die seiner Tauglichkeit entspricht, die ältesten und tüchtigsten Matrosen werden mit der Arbeit betraut, die die größte Übung oder die sorgfältigste Ausführung verlangt. Wenn ein älterer Matrose ein Fallreeptau zu machen hat, während ein jüngerer in die Takelage gesandt wird, um Bramwanten zu setzen oder Royalpferde zu reparieren, wird niemand etwas dagegen sagen können; wenn aber ein Schiffsjunge malt, während ein Matrose Rost klopft, ist das mit Sicherheit ein Bruch mit Ordnung und Sitte an Bord. Wenn alle Mann dieselbe Arbeit ausführen, muß auch ein Matrose Rost klopfen, labsalen, scheuern, Masten oelen, Rahen malen, Rundhölzer schrappen usw.; man schickt allerdings die Schiffsjungen, die Jungmänner und die Leichtmatrosen in der Regel in die Bram- und Royalstengen hinauf, während die Matrosen die Marsstengel und Untermasten schrappen.

Nur unter schwierigen Verhältnissen und wenn kein Schiffsjunge zur Verfügung steht, schickt man einen Matrosen hinauf, um kleinere Segel zu lösen oder festzumachen. Es entspricht Sitte und Brauch, daß Matrosen nicht mit minderen Aufgaben belästigt werden, wenn es sich vermeiden läßt, wenn es allerdings kneift, müssen sie die ersten sein, die einzuspringen haben. Der Matrose, der sich zurückhält, kann damit rechnen, daß er genausoviel wird springen müssen wie der Schiffsjunge.

Bootsmann. Auf den Schiffen, auf denen die Steuermänner ständig abwechselnd auf der Kommandobrücke stehen müssen und die tägliche Arbeit wie Spülen, Malen, Schrappen, Schiffmannsarbeiten usw. nicht beaufsichtigen können, hält man sich meist einen Bootsmann.

In der Regel ist es ein tüchtiger Matrose, der diesen Platz einnimmt. Er bekommt vom Steuermann die Order, welche Arbeiten auszuführen sind, und setzt die verschieden Arbeiten in Gang, liefert die Materialien aus, gibt Anweisungen, wie die Arbeit auszuführen ist, achtet darauf, daß sie gut ausgeführt wird und hilft selbst mit. Er ist also die rechte Hand des Steuermannes.

Ein Bootsmann muß außer der Matrosenarbeit ein Rigg in- und auswendig kennen, schwere Ladegeschirre riggen können und sich mit dem Stauen von Ladung auskennen.

Unter der Aufsicht des Bootsmannes stehen das Deck, das Rigg, Segel, Ladung, Oel und Malerutensilien, Tauwerk und Spills.

In der Regel geht der Bootsmann keine Wache, es sei denn, es gibt einen **Bootsmannsmaat** an Bord, dann geht jeder seine Wache, der Bootsmann auf Backbordwache, der Bootsmannsmaat auf Steuerbordwache.

Segelmacher. Auf größeren Schiffen gibt es Segelmacher an Bord, um die Segel während der Reise reparieren zu können. Die Arbeit eines Segelmachers besteht daher in der Hauptsache aus Reparaturen der Segel, die an Bord sind, es herrscht aber kein Zweifel darüber, daß ein Segelmacher sämtliche gewünschten Segel zuschneiden und nähen können muß, außerdem Persenninge, Mastkragen, Bootskleider, Kohlesegel usw.. Zum täglichen Gebrauch arbeitet er, wie es seiner Profession zukommt, darüberhinaus oder wenn es für ihn als Segelmacher nichts zu tun gibt, arbeitet er mit der übrigen Mannschaft gemeinsam. Wenn er keine Wache geht, übernimmt er das Ruder oder den Ausguck von 7 bis 8 Uhr am Abend auf See, sonst geht er Ruder und Ausguck im normalen Törn mit der übrigen Mannschaft.

Hat er als "Matrose oder Segelmacher" angemustert, muß er, außer dem, was zur Segelmacherarbeit zählt, die wesentlichen Matrosenarbeiten ausführen können, aber egal, ob er als Matrose oder als Segelmacher und Matrose angeheuert hat, wenn es heißt: "Alle Mann auf Deck!", muß er alle anfallenden Arbeiten übernehmen, ob es sich dabei um Ein- oder Auslaufen in oder aus einem Hafen handelt, um das Beladen, Löschen, das Setzen oder Bergen von Segeln, oder um das Reffen, Wenden, Halsen usw.. Seine besondere Pflicht ist es, auf die Segel in der Segelkoje zu achten, daß sie nicht feucht werden, ordentlich zusammengelegt und gestaut werden usw. Außerdem muß er sich in Abständen von dem Zustand aller an Bord befindlichen Segel ein Bild machen.

Zimmermann. Er ist ein Handwerker und arbeitet als solcher an Bord eines Schiffes. Er muß in der Lage sein, die Rundhölzer eines Schiffes zu fertigen, ein Boot zu reparieren, Planken an Deck zu legen, außenbords Planken einzusetzen, zu kalfaten und überhaupt alle an Bord eines Schiffes anfallenden Holzarbeiten zu erledigen.

- Zu seinen besonderen Aufgaben zählen die Aufsicht über die Persenninge, Schalkleisten und Keile für die Luken, Ruder und Pumpengeschirr samt Ankergeschirr und die Verantwortung für das benötigte Werkzeug; es muß in Ordnung und zusammengehalten werden. Der Zimmermann peilt die Pumpen in den verschiedenen Abteilungen nicht nur täglich, sondern auch jeweils vor dem Be-und Entladen, worüber er dann dem Steuermann genauen Bericht gibt oder seine Beobachtungen in eine Tafel einträgt. Ferner hat er darauf zu achten, daß die verschiedenen Ventile und Schlösser an Bord immer in Ordnung und gebrauchsfertig sind und daß die Schlüssel zur Hand sind.

Was seine Order angeht, so bekommt er die vom Kapitän oder vom 1. Steuermann. Wenn keine Zimmermannsarbeiten auszuführen sind, übernimmt er, wie der Rest der Mannschaft, alle anfallenden Arbeiten.

Auf See geht er Wache, übernimmt das Ruder und geht Ausguck wie der Rest der Mannschaft. Wenn er keine Wache geht und den ganzen Tag Zimmermannsarbeit ausführt, übernimmt er am Abend für eine Stunde das Ruder oder geht Ausguck.

Wenn es heißt: "Alle Mann an Deck", zum Segelsetzen oder -bergen, Wenden, Halsen, Ankern, Ankerlichten, Ein- oder Auslaufen in oder aus einem Hafen, beim Löschen oder Laden etc., muß auch der Zimmermann seinen Törn übernehmen wie jeder der Männer an Bord. Selbst wenn es heißt, in die Takelage aufzuentern, entweder zum Reffen, zum Festmachen der Segel oder um ein Reff auszuschütten, muß der Zimmermann mittun, und wenn nur wenig Seemann in ihm steckt, ist er der erste, wenn es irgendwo kneift.

Schmied. Auf den neueren Eisenschiffen sind oft Schmiede an Bord, die auf den Reisen die Reparaturen an den Eisengegenständen ausführen, da es in den kleineren oder sehr abgelegenen Häfen, die die Schiffe besuchen, oft schwer und meist recht teuer ist, auch nur die kleinsten Reparaturen ausführen zu lassen. Wenn es etwas an Bord gibt, was in sein Fach fällt, arbeitet er als Schmied, sonst nimmt er an allen Arbeiten teil, die ein jeder Mann an Bord zu tun hat, als da wären Reffen, Segelsetzen, Halsen, Anker lichten usw., er entert auch mit auf in die Takelage, zum Festmachen der Segel oder zum Reffen. Er geht auch Wache, ist aber kein fester Rudergänger oder Ausguck auf den Schiffen.

In seinem Fach muß er gewöhnliche Gesellenarbeit ausführen können. Zu seinen besonderen Pflichten gehören die Pflege des Rudergeschirrs, der Spills und des Schmiedewerkzeugs.

NB. Wenn es an Bord keinen Schmied gibt, werden Rudergeschirr, Spill und Schmiedewerkzeug vom Zimmermann beaufsichtigt.

Der Koch. Auf großen Dampfschiffen hat der Koch in der Kombüse genug zu tun, und an seine Kochkunst werden nicht selten recht große Anforderungen gestellt.

Auf größeren Segelschiffen muß der Koch das Essen für alle Mann an Bord machen, außerdem muß er oft einen Teil des Brotes auf der Reise backen. Er wäscht in der Kombüse ab, wobei er mit dem Essensgeschirr von Kajüte und Logis meist nichts zu tun hat, allerdings kann er durchaus auch für Decksarbeiten, zum Beispiel zum Wenden, Halsen, Reffen herangezogen werden. Im großen und ganzen muß er bei jedem Manöver zur Stelle sein, wenn alle Mann an Deck gerufen werden; sein Platz ist dann für gewöhnlich an der Fockschot.

Auf kleineren Schiffen hat der Koch nicht soviel in der Kombüse zu tun, er muß dann meist die Kajüte noch sauberhalten, den Tisch decken, den in der Kajüte ebenfalls und für alle Mann abwaschen; außerdem kann er an Deck mithelfen, soweit seine Zeit das zuläßt.

Steward. Auf großen Schiffen hat ein Koch meist genug in der Kombüse zu tun, so daß man einen Stewart braucht, der die Kajüte in Ordnung hält, den Tisch deckt, aufträgt, wieder abträgt, abwäscht und dem Koch den benötigten Proviant aushändigt (der Proviant steht meist unter der Aufsicht des 2. Steuermannes). Wenn Passagiere an Bord sind, besorgt der Steward meist die Aufwartungsdienste.

Auf Segelschiffen muß der Steward genauso wie der Koch bei Manövern helfen, sein Platz ist meist an der Großschot, wenn gewendet wird. Der Stewart hält sich achtern auf und ißt auch dort.

Der Kajütenjunge ist eine kleinere Ausgabe eines Stewards und hat die gleichen Pflichten wie dieser, mit Ausnahme der Proviantausteilung, die auf einem Schiff kaum einem Jungen überlassen wird.

Koch und Stewart. Derjenige, der als solcher anmustert, muß sowohl die Pflichten eines Kochs als auch die eines Stewards übernehmen.

Dritter Steuermann. Es gibt meist nur auf Dampfschiffen einen dritten Steuermann. Er ist oft Rechenführer über Ladung und Proviant (das letzte wird jedoch auch oft einem Hofmeister überlassen). Beim Löschen und Laden übernimmt er gern die Achterlast und ist verantwortlich für an Bord genommene und ausgelieferten Waren, außerdem für das richtige Stauen der Ladung. Wenn das Schiff auf Reede liegt oder Bootsdienste in anderen Situationen gefordert werden, geht der dritte Steuermann in der Regel mit.

Beim Ein- und Aussegeln aus schmalen Gewässern oder Häfen befindet er sich meist mit dem Kapitän zusammen auf der Kommandobrücke und bedient den Telegrafen, außerdem achtet er darauf, daß der Rudergänger die Befehle des Kapitäns genau und pünktlich ausführt; wenn es beim Rudergehen kneift, legt er auch schon mal mit Hand an. Auch hat er gern die Aufsicht über Lampen und Laternen.

Wenn es an Bord keinen Bootsmann gibt, muß der dritte Steuermann auf der Brücke sein, wenn der erste Steuermann mit der Mannschaft arbeitet. Wenn der erste Steuermann auf der Brücke sein muß, gibt er seine Order an den dritten Steuermann, der dann dafür sorgen muß, daß sie ausgeführt werden. Er ist auf der Wache des ersten Steuermannes und löst ihn zum Beispiel zur Essenszeit ab. Im übrigen hängen die Pflichten des dritten Steuermannes sowohl von der Schiffsgröße als auch von der Fahrt und der Anzahl der anderen Mannschaftsgrade an Bord ab (vierter Steuermann, Bootsmann, Hofmeister usw.). Es versteht sich von selbst, daß die Steuermänner sowohl Matrosen als auch Navigatoren sein müssen.

Zweiter Steuermann. Er paßt achtern auf, wenn das Schiff in einen Hafen ein- und aus einem ausläuft; er gibt die Achterleine über und hievt sie wieder ein, wenn es verlangt wird, er hat besonders darauf zu achten, daß sie nicht in die Schraube gelangt; überhaupt muß er achtern aufpassen, wenn die Schraube benutzt wird und den Kapitän über alles unterrichten, was beim Ein- und Auslaufen aus Häfen oder Dock von Interesse sein könnte.

In der Regel hat er auf die Achterladung beim Laden und Löschen zu achten, er nimmt die Waren an und liefert sie wieder ab und ist verantwortlich für das Stauen. (Auf den Schiffen, auf denen drei Steuermänner fahren, gibt es in der Regel auch zwei Achterlasten; der zweite Steuermann hat auf die vordere zu achten).

Der Proviant ist meist dem zweiten Steuermann überlassen, auch ist er meist Observationsoffizier, nimmt die Höhe durch das Messen von Breiten- und Längengraden, bestimmt den Azimut, liest das Lot usw. . Er geht die Steuerbordwache und beaufsichtigt sie unter normalen Verhältnissen und wenn der Kapitän nicht auf Deck ist.

Auf Segelschiffen achtet der zweite Steuermann auf den Proviant und die Steuerbordwache. Wenn alle Mann an Deck gerufen werden und der Kapitän die Manöver leitet, beaufsichtigt der zweite Steuermann die Groß- und Besantoppen (Kreuztoppen). Während seiner Wache hat er auf alles zu achten und birgt oder setzt die kleinen Segel, ganz nach den Verhältnissen; Wenden, Halsen, den Kurs verändern oder Veränderungen an der Segelführung nimmt er nicht ohne vorherige Rücksprache mit dem Kapitän vor, den er auch sofort über jede Veränderung und Handlungsnotwendigkeit unterrichtet.

Er geht nicht Ruder, muß aber darauf achten, daß Ruder und Ausguck auf jeder Wache besetzt sind. Er überzeugt sich regelmäßig davon, daß die Laternen angezündet sind und klar brennen und daß die Segel richtig stehen; er hat ein Auge auf Segel, Wind und Wetter. Am Tage hat er außerdem die Aufsicht über die Arbeiten und überzeugt sich davon, daß sie richtig ausgeführt werden. Der zweite Steuermann entert in die Takelage, wenn gerefft werden muß, Segel befestigt oder gewechselt werden müssen oder wenn andere, wichtige Arbeiten auszuführen sind. Beim Bootsdienst ist er in der Regel der achterste Mann im Boot.

Beim Laden und Löschen ist er im Laderaum und hat die Verantwortung für die Arbeit.

Der zweite Steuermann führt nicht allein Kommando, sondern hilft mit, wenn es verlangt wird. Er führt das Journal (Logbuch) auf seiner Wache und muß während der Zeit auf die Navigation achten (Höhen, Azimut, Peilungen, Loggen, Loten usw.).

Der erste Steuermann ist der Nächstkommandierende, wenn sie beide an Bord sind, und der Stellvertreter des Kapitäns, wenn dieser sich an Land befindet. Außer auf kleineren Schiffen arbeitet der Steuermann nicht mit; auf ihm ruht nämlich die tägliche Arbeit an Bord eines Schiffes. Er gibt jedermann die Order und führt Aufsicht, daß die Befehle pünktlich ausgeführt werden.

Proviant, Kajütsinventar, Koch, Steward, Hofmeister und Maschinenpersonal stehen nicht unter dem besonderen Kommando oder der Aufsicht des Steuermannes, ansonsten aber alles, was das Schiff angeht, dessen Pflege, die Aufsicht über das Rigg usw., außerdem fallen ihm die Aufsicht über die Ladung und ein Teil der Navigation zu. Es ist daher verständlich, daß er auf größeren Schiffen mehr als genug zu tun hat, um alles nachzusehen, und selbst wenn es einen zweiten Steuermann und einen Bootsmann gibt, die ihm einen Teil der Arbeit abnehmen, ist es doch der Steuermann, der auch diese beiden kontrollieren muß.

Wenn das Schiff in einen Hafen ein- oder ausläuft, ist der Steuermann auf der Back und nimmt alles wahr, was sich vor der Kommandobrücke ereignet. Ein tüchtiger Steuermann kann sowohl die Arbeit eines Lotsen als auch die eines Kapitäns in großem Maße erleichtern - besonders wenn sich das Schiff im Hafen oder in engen Gewässern befindet - indem er sie ständig über alles unterrichtet, was sich voraus tut, da er eine halbe Schiffslänge vor ihnen steht und die Verhältnisse in der unmittelbaren Umgebung des Schiffes am besten überblicken kann.

Gute Disziplin an Bord beruht unter anderem darauf, daß das Verhältnis zwischen Kapitän und Steuermann gut ist. Wenn sie sich über etwas nicht einig sind, müssen sie das unter sich ausmachen; ein solcher Auftritt unter den Augen der Mannschaft schwächt die Disziplin in hohem Grad und wirkt sich verheerend auf die Stimmung an Bord aus. Wenn der Steuermann etwas getan hat, womit der Kapitän nicht einverstanden ist, so muß dieser ihn zur Seite nehmen, um ihn zu korrigieren und ihn in keinem Fall vor der Mannschaft maßregeln. Umgekehrt verhält es sich genauso; wenn der Kapitän den Steuermann ins Unrecht gesetzt hat oder irgend etwas anderes nicht in Ordnung ist, muß der Steuermann so lange warten, bis er mit dem Kapitän unter vier Augen reden kann. An Bord eines Schiffes gibt es in der Regel genügend Scherereien für Kapitän und Steuermann, es ist daher am besten, wenn diese beiden sich einig sind und allen gegenüber ein festes und bestimmtes Auftreten haben.

Der Steuermann übernimmt die Aufsicht über die Wache und, wie schon vorher gesagt, er ist derjenige, auf dem die Verantwortung und die Leitung der täglichen Arbeit an Bord, sowohl auf See als auch an Land, liegt. Und obgleich der Steuermann Besteck und Obversationen ausrechnet, wird er doch nie den Kurs ohne die Einwilligung des Kapitäns ändern, es sei denn, es muß sofort gehandelt werden, um einer augenblicklichen Gefahr auszuweichen.

Es wurde schon vorher gesagt, daß Koch, Steward, Hofmeister und Maschinenpersonal nicht unter der besonderen Aufsicht oder dem Kommando des Steuermannes stehen, das ist jedoch nur zum Teil richtig, weil nämlich jede vom Steuermann gegebene, vernünftige Order im Hinblick auf Ordnung an Bord, Reinheit oder das verantwortliche Stauen des Proviants von Koch, Steward oder Hofmeister ausgeübt werden sollten, ebenso wenn diese gehalten sind, Decksarbeiten zu leisten oder wenn der Steuermann befiehlt, die Niedergänge zu schließen, die Bulleyes und Türen, auch wenn es um den Verbrauch von Frischwasser geht, sollten sie seine Order befolgen; im Falle daß sie es nicht tun, ist es ein Versäumnis ihrer Pflichten. Was das Maschinenpersonal angeht, so müßen sie auf den Steuermann hören, was die Kohlenbunker, den Gebrauch von Kohle im einen oder anderen Bunkerraum sowie die Vorsichtsregeln mit Feuer und Licht in den Bunkern betrifft, oder dort, wo die Gefahr besteht, daß Wasser hineinläuft, oder was das Reinigen von Aschenschmutz betrifft, samt jeder Order, die die Bedienung von Spill und Pumpen angeht.

Der Kapitän hat nach den Seerechten eines jeden Landes große Befugnis an Bord seines Schiffes, andererseits hat er aber auch eine große Verantwortung zu tragen; der Reederei gegenüber, dem Ladungseigentümer, dem Versicherer und seiner Mannschaft gegenüber. Gerade weil alles, was das Schiff angeht, in seine Hände gelegt ist und dazu noch große Machtbefugnis, kann er mit dem Schiff zum Teil machen, was er will, und wenn es eine Stelle gibt, auf die der alte Satz "wie der Herr, so seine Gesellen" zutrifft, so ist das an Bord eines Schiffes. Unwillkürlich wird etwas von Charakter und Auftreten des Kapitäns von allen übernommen werden, die sich an Bord des Schiffes befinden.

Auf fast allen Schiffen wird der Kapitän unter der Mannschaft als "der Alte" angeredet; er muß erfahren sein, klug, listig, derjenige, an den man sich wenden kann, wenn etwas nicht stimmt, und genauso ist es auch in den meisten Fällen. Wird ein Mann krank, geht er zum "Alten", um sich guten Rat und Medizin zu holen, kommt eine Bö, heißt es: "Sag' mal dem Alten Bescheid". Wenn man Land sichtet: "Warschau den Alten". Wenn ein Segel oder irgend etwas anderes bricht: "Geh' runter zum Alten". Das gleiche ist der Fall, wenn es Nebel gibt, Schneetreiben, Sturm oder man Gefahr läuft aufzulaufen usw. Sobald sich etwas Unvorhergesehenes ereignet, muß der Kapitän davon unterrichtet werden und wird selbst die notwendigen Verhaltensregeln erlassen. Sobald der Kapitän an Deck ist, hat er das Kommando, und der wachhabende Steuermann begibt sich sofort nach Lee. Wenn der Kapitän das Kommando führt, sei es nur beim Ein- oder Auslaufen in oder aus einem Hafen, beim Wenden, Halsen, Ankerlichten, Ankern, Reffen, Segelbergen, Lotsen an Bord nehmen, Loten, Signalisieren uvm., gibt **er** die Anordnungen, und der Steuermann sorgt dafür, daß sie richtig ausgeführt werden.

Was das Austeilen von Proviant, das Einteilen der Wachen, der Freiwachen, der Freizeit, der Arbeitszeit usw. betrifft, so trifft der Kapitän hier die Entscheidungen. Was die Schiffspflege angeht, so setzt er sich darüber meist mit dem Steuermann auseinander und teilt ihm seine Anordnungen oder Wünsche mit; wenn der Steuermann seiner Aufgabe gewachsen ist, bleibt das Verteilen und Überwachen der Arbeiten ihm Überlassen. Wenn der Steuermann vertrauenswürdig und zuverlässig ist, wird der Kapitän sich nicht in die tägliche Arbeit einmischen. Er hat in der Regel auch genug mit den Schiffsgeschäften, der Kontrolle des Bestecks, den verschiedenen Pflichten der Reederei, den Ladungseigentümern, dem Zoll, den Lotsen, den Passagieren usw. zu tun, und da er darüber hinaus die Kontrolle und Verantwortung für das ganze Schiff mit allem, was sich darauf befindet, hat, ist es nicht verwunderlich, daß er mit den täglich anfallenden Routinearbeiten an Deck verschont wird.

Wenn zwei Steuermänner an Bord sind, geht der Kapitän keine Wache, sondern kommt und geht, wie er es für richtig hält. Unter besonderen Umständen, Nebel, in schmalen Fahrwassern oder wenn es heißt "Alle Mann an Deck", ist der Kapitän selbst ständig an Deck und führt das Kommando, sei es während der Steuerbord- oder der Backbordwache.

Wenn sich nur ein Steuermann an Bord befindet, übernimmt der Kapitän die Steuerbordwache.

Der Kapitän muß einen Teil der für ihn wichtigen Gesetze und Anordnungen kennen oder zumindest wissen, wo er sie nachschlagen kann. An dieser Stelle sollen folgende Gesetzestextsammlungen genannt werden: das Seegesetz, das Aufsichts-Überwachungsgesetz, bzw. Dampfschiffs- und Segelschiffsüberwachungsgesetz mit Bekanntmachungen je nachdem, ob es sich um ein Dampf-, Motor-oder Segelschiff handelt - das Lademarkengesetz, das Gesetz für Ersatz-Seerecht außerhalb von Kopenhagen, samt der Seeverklarung und der Seeverhöre, die Richtlinien zur Verpflegung und zur Verfügungstellung angemessener Aufenthaltsräume für die Mannschaft, die Vorschriften und Regeln für die Versorgung mit Medikamenten, die Anordnung über die Anwendung internationaler Seewegeregeln und der Notsignale auf dänischen Schiffen, die Anweisung für Schiffbrüchige über den Gebrauch von Rettungsapparaten, das Gesetz für Maßnahmen gegen das Einführen ansteckender Krankheiten in das Reich, die Bekanntmachung über die Beschaffenheit und das Anbringen von Laternen samt Laut-Signalapparaten, die auf dänischen Dampf- und Segelschiffen mitgeführt werden müssen, die Anordnungen samt Vorschriften für das Beladen, Entgegennehmen und Löschen von Sprengstoffen uvm., in dänischen Häfen, das Gesetz über die Versicherung der Seemänner gegen Unglücksfolgen in der Seefahrt.

Diese Gesetze und Bestimmungen und so gut wie alle übrigen Seefahrtsgesetze finden sich in dem von Kommandeur J.A.D. Bildsøe herausgegebenen Buch: "Dänische Seefahrtsgesetze" und in der zum Buch gehörenden Beilage, auf welche im übrigen ebenfalls hingewiesen werden soll. Weitere Handbücher, in denen der Schiffsführer wertvolle Erläuterungen finden kann, sind: "Befrachtungsklauseln und Havarien" und "Charterverträge und Konnossemente" von Direktor J.Jantzen (Nordische Schiffsreedervereinigung) und das vorliegende Buch. Alle diese Bücher sollten unbedingt an Bord eines Schiffes zu finden sein.

Wachen. Die ganze Schiffsmannschaft wird in 2 gleich große Wachen eingeteilt; die Steuerbordwache ist die des Kapitäns, zu der auch der zweite Steuermann und der Zimmermann gehören.

Die Backbordwache übernimmt der Steuermann; dazu kommt der dritte Steuermann, der Bootsmann und der Segelmacher. Die Aufteilung der Mannschaft auf diese beiden Wachen bleibt den Verantwortlichen selbst überlassen, es ist nur darauf zu achten, daß **gleich viele** Männer in jeder Wache sind und daß die Anzahl der **erfahrenen** Männer in beiden Wachen gleich ist.

Die Wache, die an Deck ist, muß rudergehen und den Ausguck besorgen. Als Antwort auf die Frage, wer denn Wache habe, bekommt man daher meist die Frage, wer denn rudergehe? Peter! Na, dann ist die Steuerbordwache dran. Das erste, was eine Wache macht, sobald sie an Deck kommt, ist die Ablösung an Ruder und Ausguck, es sei denn, daß die Wache purrt und ersteinmal beim Wenden, Halsen, Reffen, Segelfestmachen usw. helfen muß und es erst nach dieser Beendigung dieser Arbeit heißt "Klart überall auf, löst ab an Ruder und Ausguck" - " Freiwache".

In solchen Situationen dürfen Rudergänger und Ausguck noch bis in die folgende Wache an Deck bleiben, weil diejenigen, die gerade aus der Koje kommen, sich mit den veränderten Verhältnissen noch nicht so sicher fühlen wie diejenigen, die Wache gegangen sind und die Situation besser überblicken können.

Eine Wache ist also einerseits ein Teil einer Mannschaft, andererseits aber auch ein bestimmtes **Zeitmaß**. Seit 1925 rechnet ein Tag (Etmal) an Bord von Mitternacht bis Mitternacht; die Wachen werden genauso gerechnet. Ein Etmal wird in sechs Wachen zu je 4 Stunden eingeteilt; damit die verschiedenen Wachen aber nicht immer die gleichen Wachzeiten haben, wurden die beiden ersten Wachen zu einer Wache zusammengelegt, die dann also von 12 Uhr mittags bis 8 Uhr abends geht und "Plattfuß" heißt. Diese 8 Stunden Wache sind ein langer Törn, besonders bei schlechtem Wetter oder in der kalten Jahreszeit, es ist daher auf vielen Schiffen Sitte, daß erst um 1 Uhr abgelöst und schon um 7 Uhr wieder abgelöst wird. Die Vormittags- und die erste Wache werden dabei um eine Stunde länger, nämlich 5 Stunden lang, während sich die Abendwache auf 6 Stunden verkürzt. Auf englischen Schiffen ist das Etmal in 7 Wachen aufgeteilt; 5 davon dauern jeweils 4 Stunden, und die Wache von 4 Uhr bis 8 Uhr abends ist in zwei Wachen aufgeteilt, von 4 Uhr bis 6 Uhr und von 6 Uhr bis 8 Uhr.

Da Seeleute in der Regel nicht mit einer Uhr in der Tasche herumlaufen, wird die Zeit durch Glockenschläge bekanntgegeben. Auf See besorgt das Schlagen der Glocke, was man auch Glasen nennt, meist der Rudergänger. Für jede Stunde der Wache wird die Glocke zweimal geschlagen, immer zwei auf zwei. Außerdem gibt es für jede halbe Stunde einen einzelnen Schlag, der immer zum Schluß kommt. Bei 8 Glasen ist die Wache zu Ende.

Man schlägt	Abendwache		Erste Wache	Hundewache	Morgenwache	Vormittagswache
1 Glas	12½	4½	8½	12½	4½	8½
2	1	5	9	1	5	9
2-1	1½	5½	9½	1½	5½	9½
2-2	2	6	10	2	6	10
2-2-1	2½	6½	10½	2½	6½	10½
2-2-2	3	7	11	3	7	11
2-2-2-1	3½	7½	11½	3½	7½	11½
2-2-2-2	4	8	12	4	8	12

Wache um Wache. Die 24 Stunden eines Tages werden in 5 Wachen aufgeteilt.

	T. M.	T. M.	T. M.	T. M.	T. M.	I alt
Freiwache purrt	11 50 Em.	3 40 Fm.	7 20 Fm.	12 20 Md.	6 20 Em.	
Essenszeit		10	30	30	30	
An Deck kommen	12 Md.	4 —	8 —	1 Em.	7 Em.	
Freiwache ab	4 Fm.	8 —	1 Em.	7 —	12 Mn.	
Arbeitszeit		2	5	5		12 T.
An Deck sein	4	4	5	6	5	24 T.

Bei Wachwechsel muß die Freiwache an Deck purren und die nächste übernehmen. Auf größeren Schiffen wird jede Wache auf ihrer Decksseite beim Wachwechsel gemustert, dadurch werden die Langsameren der Mannschaft gezwungen, mit den Schnelleren mitzuhalten, damit diese nicht immer den Törn der anderen übernehmen müssen.

Während der Freiwache haben die Seeleute fast uneingeschränkte Verfügung über ihre Zeit und können machen, was sie wollen, wenn sie nur Sitte und Ordnung an Bord wahren; ohne Auftrag kommt die Freiwache aber nicht achterlicher als mittschiffs und die Wachmannschaft ebenfalls nicht, es sei denn, daß sie achtern Arbeit zu verrichten haben.

Ruder und Ausguck. Die Mannschaft verteilt die Rudertörns und Ausgucktörns selbst unter sich, und der Steuermann mischt sich so lange nicht ein, wie beide Teile zusammenpassen und rechtzeitig abgelöst wird. Bei schlechtem Wetter oder unter schwierigen Bedingungen, wo es mehr als gewöhnlicher Erfahrung bedarf, seinen Posten zu erfüllen, ordnet der Steuermann die Verteilung der Arbeit an. Derjenige, der ans Ruder soll, geht an Lee über das Deck und stellt sich hinter den Mann, den er ablösen soll. Dieser verläßt das Ruder nicht eher, als bis das Schiff auf Kurs ist, gleichzeitig sagt er laut und deutlich den Kurs an, zum Beispiel: "Südost zu

Ost", und der andere Mann wiederholt laut und deutlich: "Südost zu Ost", oder wenn der Kurs lautet: "Beim Winde, voll und bei", wird wiederholt: "Beim Winde, voll und bei". Es ist gute Sitte und Ordnung, "Jawohl" zu antworten, statt den Kurs zu wiederholten.

Beim Wachablösen muß der wachhabende Steuermann so weit wie möglich in der Nähe des Ruders sein und sich in jedem Fall davon überzeugen, daß der Kurs richtig weitergegeben wird. Derjenige, der abgelöst wird, geht in Lee nach vorn. Der Rudergänger redet, während er am Ruder steht, mit niemanden und singt und pfeift nicht, wenn er das Ruder einmal verlassen hat, sagt er dem Steuermann Bescheid und bittet ihn, abgelöst zu werden, was für gewöhnlich, und sei es nur für wenige Minuten, wie eine richtige Wachablösung gehandhabt wird.

Derjenige, der am Ausguck abgelöst wird, bekommt: "Laß gehen" zu hören; bevor er aber geht, sagt er seinem Nachfolger Bescheid, zum Beispiel: "Die Laternen brennen gut, in Lee haben wir eine rote Laterne - auf dieser Wache waren viele Fischerboote unterwegs" usw., oder: "Paß' auf die Lee-Laterne! Die Flamme flackert. Halte gut Ausschau nach Feuer und Land in Lee". Der Mann am Ausguck muß darauf achten, daß die Laternen klar und sauber brennen und im entgegengesetzten Fall sofort warschauen, ohne jedoch seinen Posten zu verlassen; er hat ein Auge auf alles zu halten, was auf und um das Schiff herum ist: die Laternen, die Segel, die Boote, die Bojen, die Küste, das Land, Feuer und Feuerschiffe, Leuchtbojen usw., und sobald er etwas sieht, singt er zum wachhabenden Offizier aus, zum Beispiel: "Rote Laterne zwei Strich an Steuerbord!" - "Land voraus in Lee!" - "Boot an Lee-Bug!" - "Zwei Laternen an Steuerbord!" usw. Der wachhabende Offizier antwortet: "Ist gut!", wenn er den gewarschauten Gegenstand im Blick hat, wenn nicht, fragt er: "Wo ist die Laterne?"

Der Ausguck darf zwar seine Pfeife anzünden, aber seinen Posten nicht verlassen, bis er abgelöst wird. Bei Nebel muß er auf das Nebelhorn achten und sich nach den Nebelsignalen der anderen Schiffe umhören. Sobald er etwas hört, muß er warschauen, zum Beispiel: "Zwei Töne an Steuerbord!" - "Dampfpfeife voraus!" - usw.

Während der Ankerwache muß darauf geachtet werden, daß die Ankerlaterne gut brennt, daß andere Schiffe nicht zu nahe kommen, daß das Schiff nicht zur falschen Seite treibt oder ausschert, wenn es im Strom liegt, oder, daß wenn Wind und Seegang zunehmen, mehr Kette gesteckt wird oder noch ein Anker fallengelassen wird, ob Boote sich dem Schiff nähern oder ob bei Nebel mit der Glocke geläutet werden muß. Im großen und ganzen muß die Wache sofort den Steuermann benachrichtigen, wenn sich etwas Wichtiges ereignet. Dessen Platz ist selbstverständlich auf Deck, welches er nicht verlassen darf, bevor er abgelöst und seine Wache übernommen wurde.

Gehorsam und Ordnung sind notwendig an Bord, und da es von großer Wichtigkeit ist, daß eine Order **richtig** verstanden und ausgeführt wird, ist es nicht nur Sitte, sondern **gesetzlich verordnet**, daß die Mannschaft durch entsprechende, deutliche Antwort kundgibt, daß sie die Order verstanden hat. Ein Grunzen reicht da nicht aus, und es wird mit Recht als guter Seemannsbrauch bezeichnet, wenn jemand laut und deutlich antwortet. Beim Ablösen am Ruder sowie bei anderen gewissen Manövern besteht die Antwort im Wiederholen der Order; wenn "Ree" gerufen wird, als Zeichen zum Wenden, wird das von jedermann wiederholt, der auf Posten ist. Wenn es heißt: "Rund vorn", wiederholen das diejenigen, die die Brassen loswerfen sollen.

Anhang 1:

Kurzgefaßte Anleitung für Segelmacherarbeiten

Die folgende, kurzgefaßte Anleitung wurde weder für den gelernten Segelmacher geschrieben, noch um Seeleute in die Lage zu versetzen, in Zukunft die an Bord benötigten Segel selbst nähen zu können. Um ein Segel nähen zu können, das gut steht und die ganze Kraft des Windes ausnutzen kann, um das Schiff voranzubringen, braucht man sowohl Einsicht als auch eine gründliche technische Ausbildung, die nur schwer von ungelernten Leuten erreicht werden kann. Auch wenn man unter den Seeleuten nicht selten recht eingehende Kenntnisse über Segelmacherarbeiten findet, so fehlt es doch häufig an Zeit und Material, um die Segelmacherarbeiten an Bord in größerem Umfang ausüben zu können - im übrigen ist es auch vorteilhafter und angebrachter, die Segel von einem tüchtigen Fachmann nähen zu lassen. Die vorliegende kleine Anleitung könnte daher als überflüssig angesehen werden, und ich hätte es auch nie gewagt, sie zu schreiben, wenn es in dieser Richtung schon irgend etwas auf dänisch gegeben hätte. Mein Wunsch ist, den Seeleuten das Verständnis für Segelmacherarbeiten ein wenig zu erleichtern, wenn sie sich während ihrer Reisen damit befassen, außerdem kommt ein wenig Anleitung in dieser Richtung dem Schiff zugute; es wird so wenig Material wie möglich verbraucht, und die Segel werden eine brauchbare Form bekommen. Gleichfalls dürfte eine Beschreibung der besten und richtigen Arbeitsausführung auch außerhalb des Kreises der Anfänger auf Interesse stoßen. Da diese Anleitung ausschließlich für Seeleute bestimmt ist, habe ich eine Darstellungsweise gewählt, die für diese am verständlichsten sein dürfte, auch habe ich von jeder Segelart nur ein Beispiel gewählt, wodurch diese Anleitung beträchtlich von den englischen und deutschen Büchern über Segelmacherarbeiten abweicht. Weiterhin wurden alle Tabellen ausgelassen, weil eine Zeichnung ein leichter verständliches Bild eines Segels abgibt als eine Berechnung.

Die Arbeit an der folgenden Anleitung wurde mir dank der tatkräftigen Unterstützung tüchtiger und praktischer Seeleute in hohem Maße erleichtert.

Arbeitsanleitungen

Die **Segelmacherstopfung** (Sejlmagerstopning; Sailmakers darning) wird häufig an Bord gebraucht, wenn ein Segel, eine Persenning oder ähnliches einen kleineren Riß oder ein kleineres Loch bekommen hat; trotzdem gibt es viele erfahrene Seeleute, die nicht die rechte Hand haben, um eine ordentliche Stopfung zu machen, was man spätestens dann erkennen kann, wenn Kraft aufs Segel kommt und die Stopfung sich öffnet.

Daß sie sich öffnet, liegt daran, daß die Nadel nicht links unter dem Faden hindurchgesteckt wurde, der von unten durch die linke Kante des Tuches nach oben geht.

Eine gewöhnliche Segelmacherstopfung (Fig.505 A) beginnt mit einigen Stichen durch das ganze Tuch; man näht von sich weg, danach sticht man von unten durch die linke Kante des Tuches; dann von oben durch die rechte Kante, so daß die Nadel hinter dem Faden, der von links nach rechts läuft, nach oben geht und gleichzeitig links von der Part nach oben geht, die durch die linke Kante geführt wurde. Auf diese Weise fährt man fort und zieht außerdem ständig die Kanten des Tuches dicht zusammen. Wenn die Stopfung fertig ist, beschließt man sie wie am Anfang mit einigen Stichen durch das ganze Tuch. Wenn der Riß oder das Loch sehr klein ist, näht man nur mit einem einfachen Faden.

Ein kleineres, rundes Loch (Fig.505 B) stopft man am besten mit einer Halbstopfung. Nachdem die Kanten des Loches mit überwendlichen Stichen gesäumt wurden, sticht man von oben durch die Kante des Tuches und nimmt die Nadel hinter dem nach unten gehenden Faden nach oben; dadurch entsteht ein halber Stek - man näht gegen die Sonne von sich weg. Auf diese Weise näht man einmal um die innere Kante herum. Dann steckt man die Nadel durch die Buchten, bis das Loch in der Mitte geschlossen ist, und man vernäht den Faden.

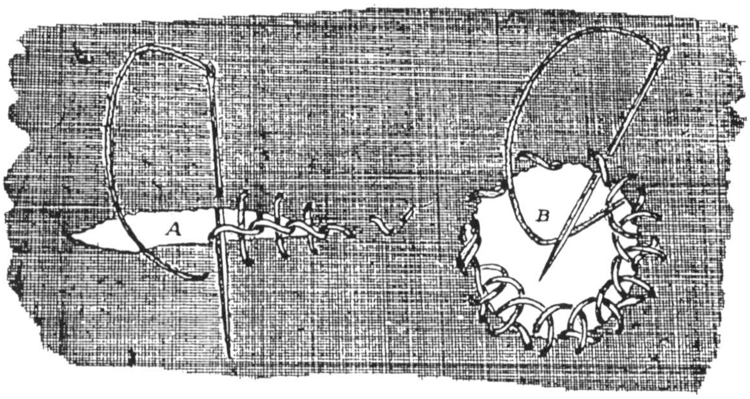

Fig. 505. Segel stopfen

Nähen (Syning;Sewing). Derjenige, der nie mit einem Segelmacherhandschuh genäht hat, wird kaum von selbst mit irgendeiner Art Segelmacherarbeit etwas anzufangen wissen, aber selbst diejenigen, die seit längerem nähen, wissen kaum, wie sie die Nadel halten sollen (Fig.506). Das äußere Ende der Nadel wird zwischen dem Daumen, dem Zeigefinger und dem Mittelfinger gehalten, während man mit der Spitze des Ringfingers das andere Ende (Oehr) der Nadel auf die Platte des Segelmacherhandschuhs führt, hineinsteckt und dort festhält. Viele haben sich schon in die Hand gestochen, weil sie die Nadel nicht richtig auf der Platte gehalten haben, bevor sie zustachen.

Zum Zusammennähen von Tuch benutzt man geteertes Segelgarn; wenn die fertige Arbeit angemalt werden soll, z.B. bei einer Steuerradkappe, benutzt man ungeteertes Segelgarn, das in der Regel eingewachst wird.

Es ist daran zu denken, daß geteertes Segelgarn schnell verbrennt, wenn es in der Sonne liegt.

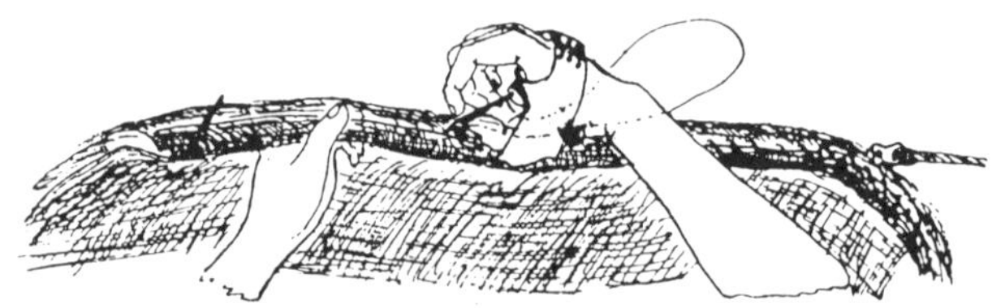
Fig. 506. Nähen

Für leichte Segel, wie zum Beispiel Royals, Sonnensegel etc., benutzt man weiches 3-kardeeliges Segelgarn, für die übrigen Segel braucht man festgesponnenes 3-kardeeliges Segelgarn. Zum Festnähen des Lieks benutzt man 4-kardeeliges geteertes Garn, welches man für sehr dünne Lieken (1" bis 1 1/4") doppelt, vierfach für Lieken bis zu 2 1/2 ", sechsfach für Lieken bis 4" und achtfach für schwere Lieken nimmt.

Fig. 507 zeigt eine **einfache Naht** (enkelt Søm; single seam), die meist für Verdoppelungen genommen wird.

Die **doppelte Naht** (Dobbelt Søm; double seam) braucht man für alle Segel und Persenninge. Beide Tücher werden übereinander gelegt, dann näht man an beiden Kanten entlang; wie weit die Tücher übereinander gelegt werden müssen, kommt auf Größe und Schwere des Segeltuches an. Das schwerste Tuch wird meist in einer Breite von 1 1/2" bis 2" übereinandergelegt, das nennt man dann Naht. Segeltuch Nr. 3, 4 und 5 legt man nicht mehr als 3/4" bis 1 1/4" übereinander. Normalerweise macht man die Nähte 1 1/4" bis 1 3/4" breit.

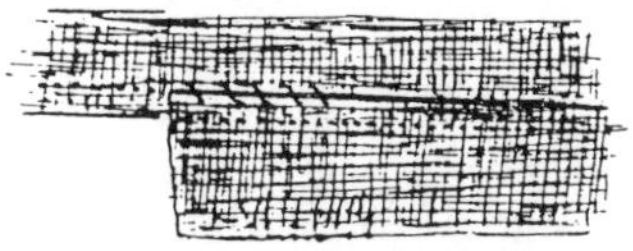

Fig. 507. Einfacher Saum

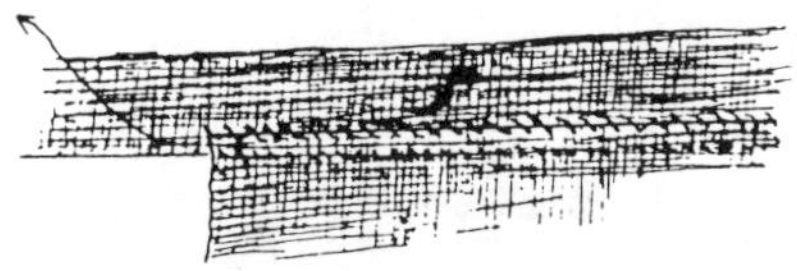

Fig. 508. Doppelter Saum

Nachdem die Nahtbreite bestimmt wurde, wird die Naht "gebügelt". Der Segelmacherhaken wird in das untere Tuch gehakt, welches entsprechend der Nahtbreite umgebogen wird. Die umgebogene Kante wird mit dem Rücken eines Messers "gebügelt", so daß sie einen scharfen Kniff bekommt, der durch Kreide oder Bleistift mit einer feinen, aber deutlichen Linie markiert wird, auf der man entlangnäht; um die Arbeit zu erleichtern, reibt man diese Linie mit Wachs ein.

Bevor man mit dem Nähen beginnt, werden die Segelmacherhaken durch beide Tücher in der Naht festgehakt, dann zieht man die Tücher glatt und befestigt sie mit Nadeln in einem Abstand von 3 bis 5 Fuß von den Haken. Wenn das obere Tuch locker sitzen soll, muß man darauf achten, daß die abgesetzten Markierungen übereinanderkommen und daß die Lose gleichmäßig mit eingenäht wird. Das läßt sich vereinfachen, wenn man das untere Tuch gleichmäßig mit den Händen streckt.

Man beginnt mit dem Nähen, indem man die Nadel von unten durch das obere Tuch sticht und das Ende des Fadens, ca. 1 1/2", nach hinten zwischen das Tuch legt. Man macht also keinen Knoten, sondern nimmt das Ende des Fadens lieber mit zwischen die ersten Stiche. Bei dieser Methode ist der Faden leicht unter den ersten Stichen zu sehen, was vermieden werden kann und soll, wenn man die ersten Stiche mit Daumen und Zeigefinger der linken Hand gut festhält, während man den Faden dichtholt.

Im übrigen fährt man folgendermaßen fort: Die Nadel wird durch das obere und das untere Tuch geführt, und man muß genau darauf achten, daß sowohl Ober- als auch Unterfaden eine angemessene Länge haben und gleichmäßig voneinander entfernt sind. Für einen Anfänger ist es empfehlenswert nachzumessen, wie viele Stiche auf eine Nadellänge passen; 7 bis 9 Stiche auf einer normalen Segelnadel markieren einen angemessenen Abstand zwischen den Stichen.

Wenn der Faden aufgebraucht ist, wird er am Nadelöhr gekappt; mit Hilfe der Nadel zieht man das Fadenende aus dem oberen Tuch und legt es zwischen das Segeltuch, während man es gleichmäßig gut dichtholt. Zum erneuten Einfädeln sucht man möglichst die dünnste Stelle des Segelgarnes für das Nadelöhr, außerdem taucht man die Nadelspitze ab und zu in Fett, um das Nähen zu erleichtern. Den neuen Faden zieht man durch das obere Tuch, dort, wo der vorherige Faden herausgezogen wurde. Das Fadenende wird wiederum zwischen die Tücher gelegt, man macht keinen Knoten und rollt ebensowenig das alte Ende mit dem neuem zusammen, weil die Unebenheit, die dadurch entsteht, besonders wenn sie später an einer Baumdirk o.ä. anliegt, sich früher oder später durch das Tuch arbeiten wird.

Bevor der Segelmacherhaken an eine andere Stelle kommt, reibt man die Naht mit einem extra dafür eingerichteten Stück harten Holzes glatt; das Ende der Naht wird mit einem Kreuzstich befestigt (Fig. 517). Wenn die Naht an eine andere, schon fertige Naht stößt, näht man noch einige Stiche über die alte Naht.

Rundsaum (Rund søm; round sem). Eine Rundnaht (Fig. 509) wird von links nach rechts genäht, man sticht dabei durch beide Kanten; es wird also auf den Segelmacherhaken, der immer rechts angebracht wird, zugenäht. Man benutzt den Rundsaum, um die Enden von Verdoppelungen, Reffbändseln etc. zu vereinen; die fertige Naht wird flachgerieben, aber nicht so stark, daß das Segelgarn beschädigt wird.

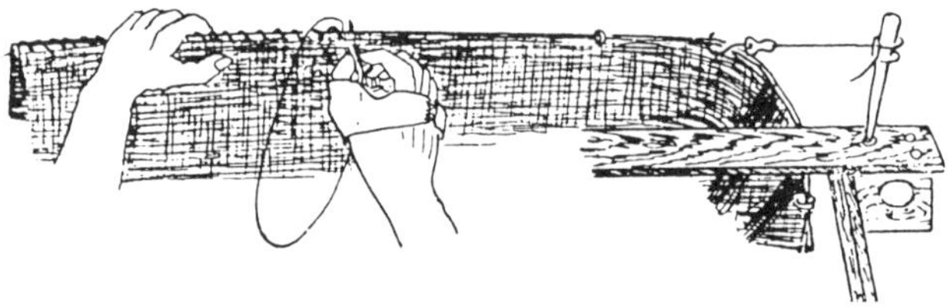

Fig. 509. Rundsaum

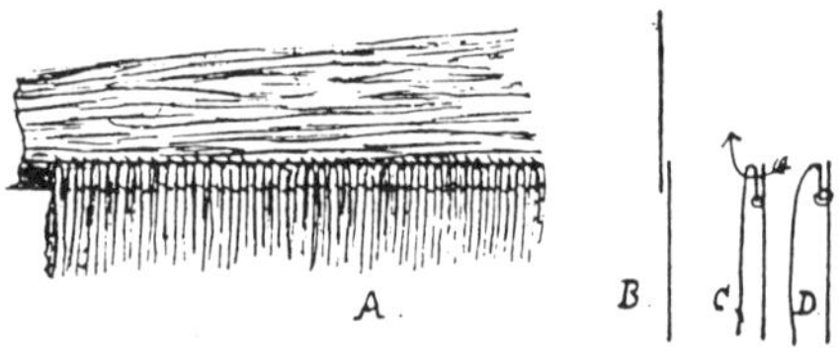

Fig. 510. Doppelter Rundsaum

Doppelter Rundsaum (Fig. 510) wird in England meistens für schwere Segel genutzt. Dieser Saum ist stärker als die Naht mit zwei flachen Säumen, weil die Stiche dichter anliegen; die Nadel wird quer durch das Segeltuch gesteckt, es leidet dadurch weniger, als wenn man die Nadel wie bei gewöhnlichem Nähen einer flachen Naht hindurchsteckt. Um eine doppelte Naht rundnähen zu können, muß das Segeltuch, so wie in C gezeigt, herumgebogen werden. D zeigt die einmal genähte Naht. Wenn der Saum fertig genäht ist, wird er wieder geglättet.

Wenn man eine **Langnaht** näht, muß bei Reparaturen **immer altes auf neues Tuch genäht** werden, weil das alte Tuch sich im Gegensatz zum neuen schon gestreckt hat, ansonsten näht man das längere Tuch auf das kürzere. Das längere Tuch muß immer oben liegen; während man den ersten Saum näht, ist es nämlich leichter, Lose von obenliegendem Tuch einzunähen. Bei **Stoßnähten näht man neues auf altes Tuch**, weil gebrauchtes Segeltuch schmaler ist als neues, selbst wenn beides von derselben Rolle stammt. Stoßnähte müssen so genäht werden, daß die Kanten des Segeltuches wieder irgendwie in einer Linie liegen, selbst wenn es so aussieht, als sei das neue Tuch einige Zoll breiter. Wenn der Unterschied zwischen dem alten und dem neuem Tuch so groß ist, daß man nicht maßhalten kann, biegt man die Ecken des neuen Tuches um, aber nur die Ecken, wenn man eine Langnaht näht. Wenn man die Ecken aus dem alten Tuch umlegt, reißt es in Stücke.

Segeltuch streckt sich nämlich so gut wie nicht in der Breite, weil die Schußfäden nicht in Buchten liegen (Fig. 511 A); wohingegen es sich aber mit der Zeit um ca. 1" pro Fuß in die Länge streckt, weil die Kettfäden im Zickzack liegen (Fig. 511 B). Wenn das Segeltuch sich abnutzt, werden die einzelnen Garne dünner und liegen gerader, dadurch streckt sich das Tuch. Daß Segel fast nie ihre ursprüngliche Breite behalten, liegt daran, daß sie selten querüber, mit dem Faden unten, angeschlagen werden, und bei der kleinsten Schräghaltung läßt sich jedes Tuch strecken.

Fig. 511. Segeltuch
A Querschnitt, B Längsschnitt

Reparaturen. Wenn ein neues Tuch in ein altes gesetzt werden muß, wird zuerst die obere Quernaht genäht und dann das neue Segeltuch nach den Seiten des alten bemessen. Es wird alle 2 bis 3 Fuß markiert, außerdem gibt man bei altem Tuch bis zu 1" Lose für jeden Fuß neuen Tuches; sollte das Tuch nicht so sehr abgenutzt sein, gibt man weniger Lose. Für die untere Quernaht berechnet man 2", sie wird als Langnaht genäht. Für den weniger Geübten ist es nicht ratsam, mehrere Stücke auf einmal zuzuschneiden, es wird empfohlen, die verschiedenen

Stücke einige Stiche mit einem Zwischenraum von ca. 3 Fuß dort anzuheften, wo sie hingehören. Auf diese Weise läßt sich viel Zeit sparen, die sonst mit ständigem Nachmessen vertan wird, außerdem findet man jedes Stück auf seinem richtigen Platz wieder, wenn man die Arbeit einmal unterbrechen muß.

Wenn einige der zu erneuernden Tücher schräg verlaufen, kann man nicht einfach das alte auf das neue Tuch legen und nachschneiden: das alte Tuch ist nämlich meist verzogen. Man muß auf dem alten Tuch einen Faden - ausgehend von der Naht, wo es schräg wird - verfolgen bis zur nächsten Naht und dort markieren. Dann mißt man von dieser Markierung an die Naht entlang, wieviel schräges Tuch man hat, und trägt diesen Wert am neuen Tuch ab.

Segeltuch mißt normalerweise 24 englische Zoll in der Breite. Es wird aus Hanf von 6 bis 8 Breiten (Nummern) gefertigt. Das schwerste wird mit 0 oder 1, die restlichen bis 10 beziffert, im übrigen haben aber nicht alle Fabrikate die gleiche Bezeichnung für ein und dasselbe Tuch. Die drei ersten Nummern werden aus doppeltem Garn (gezwirntes Garn) gewebt, die übrigen aus einfachem. Alles Tuch muß aus langem, wohlgereinigtem Hanf bestehen, der frei ist von Werg und anderen minderwertigen Stoffen, er muß gleichmäßig gesponnen und dicht verwebt werden. Lose gewebtes Segeltuch streckt sich in der Regel am meisten. Segeltuch kann mit einer Maschine untersucht werden, wenn eine solche aber nicht zur Hand ist, kann man einen Marlspieker hineinstecken, um festzustellen, ob die Fäden mehr oder weniger leicht brechen. Außerdem kann man einige Fäden herausziehen und nachsehen, ob sie spröde oder verrottet sind. Wenn man die Fäden aufdreht, kann man feststellen, ob sie aus reinem, langem Hanf gesponnen sind.

Baumwolltuch wird auf vielen Schiffen ebenfalls für Segel benutzt. Es ist steifer, wenn es feucht wird und läßt sich nicht so gut reparieren, außerdem bekommt es in feuchtem Klima leicht Stockflecken.

Grummet für Löcher (Fig. 512) (Krans til Huller; Grummet for holes). Um das Ausreißen der Gatts in den Segeln zu verhindern und um die Form der Gatts zu wahren, näht man einen Grummet darauf. Für leichtere Segel fertigt man einen Grummet aus ein bis zwei Kabelgarnen, für größere Segel macht man einen Taukranz aus Bändselleine. Für den Kranz aus Kabelgarn rollt man dieses so lange über dem Knie, bis das Garn vollständig aufgeschlagen ist, dann rollt man so lange weiter, bis es sich verkehrt herum wieder vollständig zusammengeschlagen hat. Man fährt dann fort wie bei einem Kardelstropp (Fig.189), die Tampen werden dort, wo sie aufeinandertreffen, mit einem halben Stek miteinander verbunden. Der fertige Kranz wird über ein Holzpint getrieben, und die Tampen werden gekappt. Anstelle von Taukränzen, die ihre Form schlecht bewahren können, benutzt man auch galvanisierte Eisenringe oder Metallringe, oder man setzt Kauschen in die Löcher, nachdem sie genäht sind. Einige begnügen sich damit, eine Metallkausch ins Segeltuch zu setzen, das hält aber nur bei Jollensegeln.

Fig. 512.
Grummetstropp

An der Stelle, wo der Kranz festgenäht werden soll, macht man ein Gatt in das Segel (Fig. 513 A), aber nicht größer als ca. 1/4" rundherum innerhalb des Kranzes. Der Abstand der Gatts von der Kante des Segels richtet sich nach der Dicke des Lieken und muß so groß sein, daß die Liekstiche nicht bis dicht an den Kranz heranreichen (Fig. 517). Mit dem Nähen fängt man dicht an der Kante an, die ersten Stiche macht man an der Stelle des Kranzes, wo er zusammengeknotet ist. Nach jedem dritten Stich sticht man das Gatt von oben mit einem Fid wieder gut auf, damit es rund und fest wird. Wenn es fertiggenäht ist, belegt man den Faden mit einem Stich durch das Tuch nach außen zur Kante.

Die Gatts werden eingenäht, bevor an das Segel die Reffbändsel und an besondere Stellen die Matten angenäht werden. In eine Matte kommen meist zwei Löcher, die wiederum

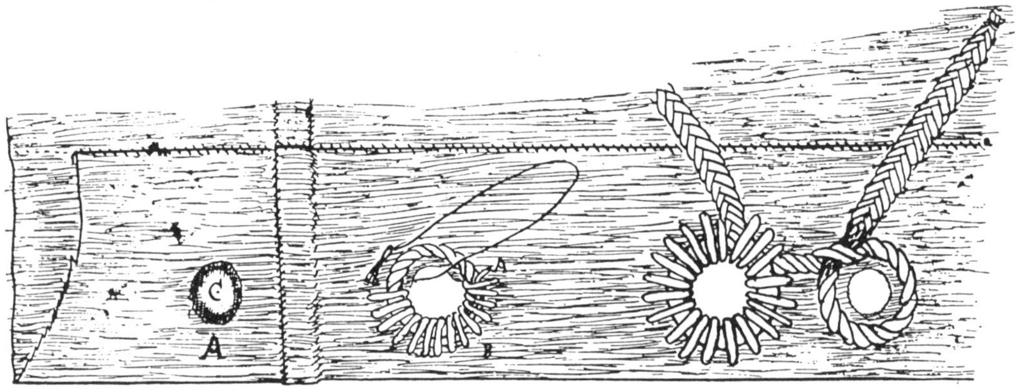

Fig. 513. Gatt

Fig. 514. Gatts mit Brille

mit einigen Stichen vereint werden. Dessen ungeachtet kann das Segeltuch doch oft in den Gatts reißen, man näht daher besonders in ältere Segel Brillen (Fig. 514), die aus einem passenden Stück Tauwerk bestehen, bei dem jeder Tampen zwischendurch durch einen eigenen Part gesteckt und zu einer Platting ausgelegt wurde. Diese näht man - nachdem die Gatts fertig sind - an beide Kanten des Segels. Die Gatts werden fertiggestellt, bevor man das Liek annäht. Die Reffbändsel (Fig. 515) müssen ganz solide und fest angenäht werden, da die Mannschaft sich oft willentlich oder unwillentlich daran festhält und hinunterstürzen würde, wenn die Reffbändsel herausreißen. Man sorge dafür, daß jedesmal zwei Kardeele der Reffbändsel beim Nähen vom Segelgarn mit erfaßt werden.

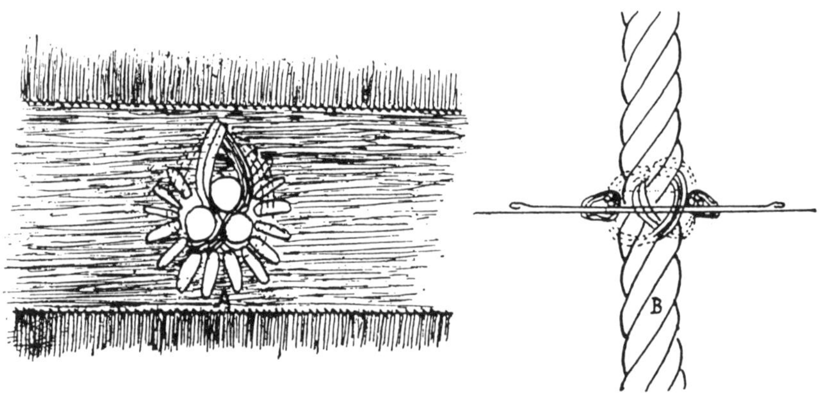

Fig. 515. Befestigen der Reffbändsel

Liektauwerk (Ligtovværk; Bolt rope) muß aus bestem Hanf, der zu einem Garn versponnen wird, gemacht werden, dann ist es sorgfältig zu teeren. Es darf nicht zu hart geschlagen werden, damit das Liek nicht steif wird, sobald der Zug darauf kommt. Die meisten Lieken brechen eher, als daß sie in Stücke reißen. Das steife Liek ist schwer zu verarbeiten und hält nicht so lange wie ein weichgeschlagenes.

Anlieken (Ligning; Roping). (Segelmacherspleiß siehe Fig. 153 und 158). Wir erinnern uns daran, daß man vor einem Segelmacheraugspleiß einen Törn aus dem Liek drehen muß, weil es sich um so viel während des Spleißens zurückdreht, und daß es sich ungefähr einmal um seinen eigenen Durchmesser verkürzt. Bei einem Langspleiß behält es seine Länge am ehesten; bei einem Kurzspleiß wird es ein weniger kürzer. Auf Fig. 164 wird gezeigt, wie man ein Liek verkürzen oder verlängern kann, das wird immer dann wichtig, wenn ein Segel verändert werden muß.

Fig. 516. Aufspannen des Lieks

Auf dänischen Schiffen wird das Liek auf die Backbordseite des Vorsegels, des Stagsegels, des Baumsegels und des Gaffeltopsegels gelegt, bei allen Rahsegeln auf die Achterkante; nicht alle Nationen folgen diesem Beispiel. Meist liegt das Liek bei Vorsegel, Stagsegel, Baumsegel und Gaffeltopsegel an Steuerbord. Die Ursache dafür ist die, daß sich das Achterliek leichter annähen läßt, besonders an den Schothörnern. Das Achterliek hat großen Einfluß auf den guten Sitz eines Segels und ist in der Regel an den Schothörnern am dicksten. Wenn das Liek auf der Steuerbordseite liegen soll, fängt man mit dem Anlieken beim Schothorn an, nimmt das schwerste Liek zuerst und arbeitet sich von dort an der Achterkante des Segels nach oben. Ob man das Liek nun auf die Backbord- oder auf die Steuerbordseite legt, für Anfänger ist es wichtig, das Liek erst einmal aufzuspannen (Fig. 516), nachdem man eine passende Anzahl Törns herausgedreht und einen Kreidestrich entlang der Oberkante gezogen hat. Dadurch kann man später mit wenig Mühe verhindern, daß Törns ins Liek kommen und es sich dreht, wenn das Segel gesetzt wird.

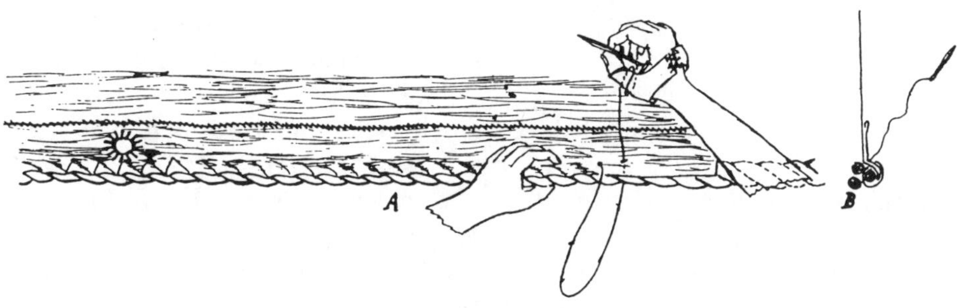

Fig. 517. Annähen des Lieks

Beim Annähen des Lieks (Fig. 517) werden bei allen Löchern, über den Spleißen, bei den Schothörnern, Hälsen, Nocken, kurz gesagt, bei allen Ecken Kontratörns gemacht. Wenn das Liek sehr locker angenäht werden soll, legt man es während der Arbeit in eine leichte Bucht (Fig. 518). Das Tuch liegt an der inwendigen Bucht und wird dadurch kürzer als das Liek. Lieken werden jedoch nur ausnahmsweise so locker angenäht. Wenn man sehr lockeres Tuch einnähen möchte, legt man das Liek in eine kleine Bucht (Fig. 519), wodurch das Tuch einen größeren Bogen machen muß. Bevor mit dem Anlieken begonnen werden kann (nachdem man das Liek mit einem Kreidestrich markiert hat), wird das Tuch mit einigen Stichen in kurzen Zwischenräumen (Fig. 520) angeheftet, um zu kontrollieren, ob Tuch und Liek gleichmäßig verlaufen. Ich werde später noch erklären, wieviel Tuch an den verschiedenen Seiten des Segels angehalten werden muß.

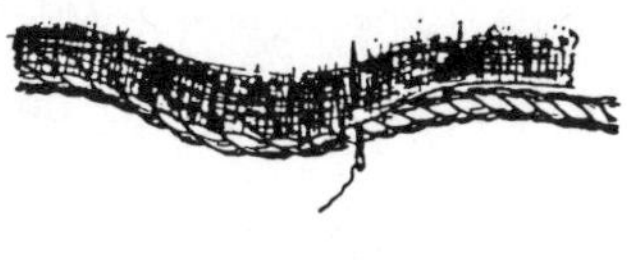

Fig. 518.

Fig. 519.

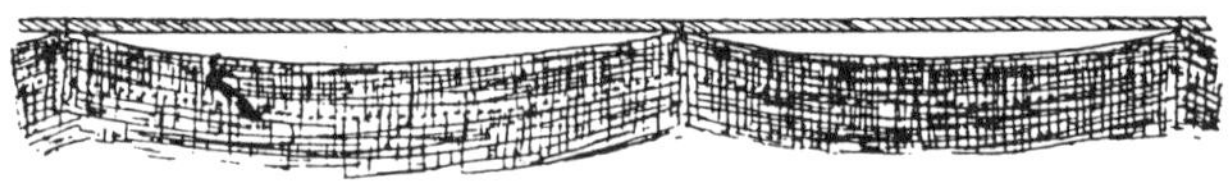

Fig. 520. Anheften des Segels ans Liek

Wenn man **Drahttauwerk als Liek** (Fig. 521) benutzt, kann man es nicht einfach zwischen den Kardeelen einnähen. Das Liek wird mit einem Ende um die Kausch in der Brille gespleißt und an der Segelnaht entlang markiert. Wenn beide Teile neu sind, werden beide gleich dicht verarbeitet, bei alten gibt man bis zu 1/2" pro Fuß Lose auf das Tuch. Wenn die Länge abgemessen ist, spleißt man das andere Ende des Lieks, dann spannt man es auf, schmartet es und kleidet es locker mit Schiemannsgarn.

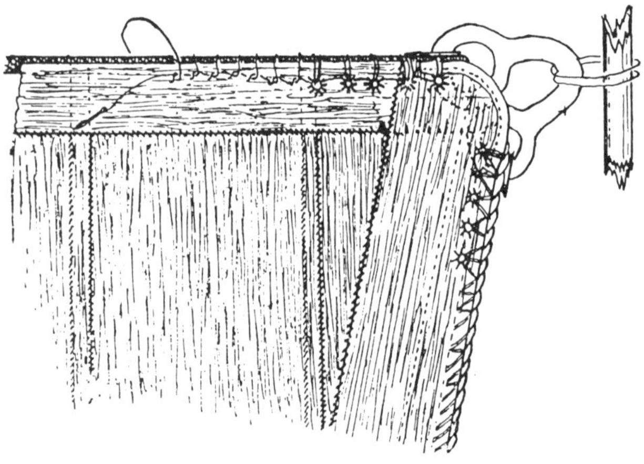

Fig. 521. Drahtliek

Das Segel wird in kurzen Abständen an das Liek geheftet und festgemarlt; jeder Schlag muß gut auf die Kleidung gepresst werden. Meist benutzt man Draht für das Unterliek von Rahsegeln; wenn man es für ein Seitenliek benutzt, darf neues Segeltuch nicht loser sein als das Liek, sonst beult es aus wenn es älter wird - weil Segeltuch sich mehr streckt als Draht. Nicht jeder Draht reckt sich jedoch gleich stark, was zum Teil darauf beruht, daß die Hanfkälber in den verschiedenen Drahtarten nicht gleich dick sind im Verhältnis zu den Stahlgarnen. Diese pressen sich tiefer in dicke Kälber als in dünne, folglich recken sie sich dann auch mehr, wenn Zug daraufkommt.

Die Schoten von Rahsegeln und Baumsegeln werden, wie in Fig. 521 gezeigt, mit kleinen Gattchen für die vielen Kontratörns und Doppeltörns versehen, damit man das Segeltuch nicht mit der dicken Lieknadel durchlöchert. Um die runde Kante der Ecke selbst macht man das Leder so lang, daß es zu jeder Seite unter die ersten Stiche kommt. Wenn die Schoten größerer Stagsegel und Vorsegel mit Brillen versehen werden, macht man diese genauso.

Auf vielen Schiffen wird der Bauch der Rahsegel in losen Bugzeisingen aufgefangen, diese Zeisinge bestehen aus einem kräftigen Segeltuchlappen mit einem Liek rundherum. Mit der einen Seite wird er an das Jackstag genäht, und am anderen Ende hat er eine Kausch. In die Kauschen ist ein kräftiges Tau gespleißt, das lang genug ist, um über den Bauch des Segels und um den Hanger auf den Unterrahen oder bis zum Drehreep auf der Mars- oder Bramrah und zurück zum anderen Ende zu reichen. Wenn sich keine Bugzeisinge finden, verdoppelt man die Mitte des Rahsegels auf einem entsprechenden Stück und macht ein Gatt ins Segel, wohinein ein kräftiger Stropp mit Kausch und Steert kommt.

Mastkragen (Fig. 522, 523 und 524) **für einen Holzmast**. Mastkragen haben die Aufgabe, eine wasserdichte Verbindung zwischen Mast und Deck herzustellen, selbst wenn der Mast nicht unverrückbar an den Mastfischungen festgekeilt ist. Die meisten Masten holen ein wenig nach achtern aus, der Winkel zwischen Mast und Deck ist nur ausnahmsweise einmal rechtwinklig, besonders bei Holzschiffen - darauf ist zu achten. Man mißt den Mastumfang an der Stelle, wo der Kragen sitzen soll, 53 1/2" plus 5" zum Nähen, dann schneidet man quer über die volle

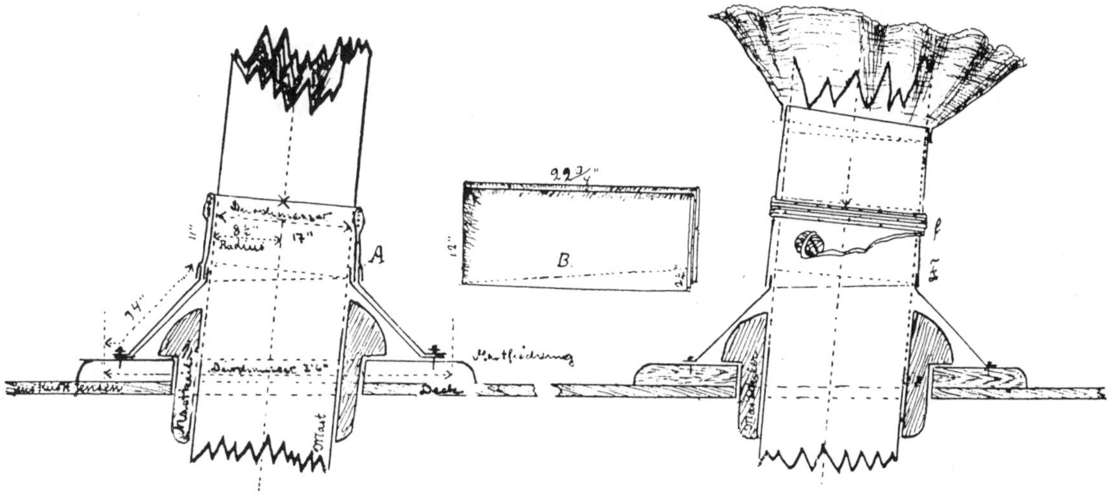

Fig. 522. Mastkragen für Holzmasten Fig. 523.

Breite des Segeltuches. Das Tuch wird doppelt längs gelegt, dann wieder querüber geknickt, um die Mitte zu bekommen, die an der Vorderkante des Mastes sitzen soll (Fig. 522 B).

Für den Fall des Mastes mißt man an den Enden 2 1/2" und schneidet sie schräg ab, für den Saum bleibt unten also 1/2" übrig. Dividiert man den Umfang von 53 1/2" durch 3,14 ergibt das den Durchmesser von 17" und den Radius von 8 1/2". Dann mißt man von den Mastfischungen schräg zum Mast bis zu der Stelle, wo der Kragen befestigt werden soll (14"). Der Radius des Mastes 8 1/2" plus 14" ergibt 22 1/2" oder insgesamt einen Durchmesser von 45" - man braucht das Segeltuch also nur zusammenzunähen, bis man zwei Stücke hat, jedes mit einem Mindestmaß von 45" an jedem Ende, dann schlägt man mit dem Zirkel einen Radius von 8 1/2" und einen von 22 1/2" für die Außenkante, schneidet 1" innerhalb des inneren Kreises ein Loch für den Mast, um noch etwas für die Naht übrigzubehalten, und näht das erste Stück mit einer doppelten Naht an die beiden letzten.

Beide Stücke müssen an der einen Seite offen sein, damit sie um den Mast gelegt werden können, außerdem müssen einige Falten eingenäht werden, sonst wird die äußere Kante zu lang. Es ist jedoch sparsamer, die Maße auf ein Stück Papier oder auf das Deck zu übertragen und danach das Segeltuch für den Mastkragen in mehreren Stücken zu nähen. Zuerst schlägt man einen Kreis von 8 1/2" Radius für den unteren Saum, dann einen um dasselbe Zentrum von 7 1/4" Radius für den oberen Saum. Alles, was sich innerhalb dieses Kreises befindet, schneidet man weg, dann schlägt man um dasselbe Zentrum einen Kreis von 22 1/2" Radius für die Außenkante; drumherum wird alles Tuch abgeschnitten. 22 1/2" Radius mal 2 mal 3,14 gibt 141" als Umfang; zwischen den beiden äußersten Punkten der Mastfischung, wo der Kragen festsitzen soll, sind nur 3'6" im Durchmesser, also 131,8" im Umfang. Die Außenkante wird also 141" minus 132" oder 9" zu lang. Diese 9" werden an drei oder mehr Stellen mit einer keil-

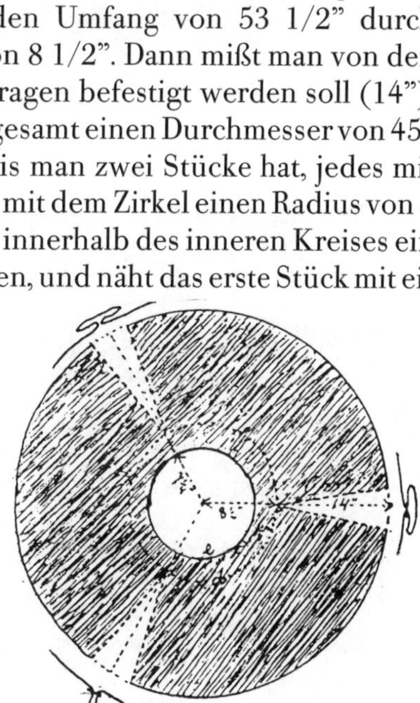

Fig. 524.

förmigen Falte (Fig. 524) eingenäht. Der untere Saum d wird zuerst genäht, danach e und zum Schluß die Falten; die oberen Kanten müssen über die unteren ragen, wie Schindeln auf einem Hausdach. Wenn der Kragen bis auf die achterste Naht fertig ist, wird er um den Mast gelegt, mit der einen Hälfte nach oben, während die achtere Naht genäht wird, dann legt man ein Bändsel aus Hüsing oder Marlleine von der Mitte nach unten (Fig. 522 f). Man legt 7 Törns und schlägt hier und da kleine Kupfernägel ein, damit das Ganze nicht herunterrutscht. Dann näht man den unteren Teil fertig, füllt den Raum zwischen Kragen und Mastkeilen mit Werg aus, setzt die Kanten hier und da mit kleinen Nägeln auf dem Mastkragen fest, näht den oberen Teil fertig, legt ihn über das Bändsel nach unten und spiekert die beiden Lagen entlang der unteren Kante fest, zuerst sollte man aber einen Lederstreifen oder Blei auf die Kante des Mastkragens unter die Nagelköpfe legen und dafür sorgen, daß der Kragen überall gleichmäßig festsitzt, ohne zu strammen, weil er sonst schrumpft, sobald er feucht wird oder man ihn teert.

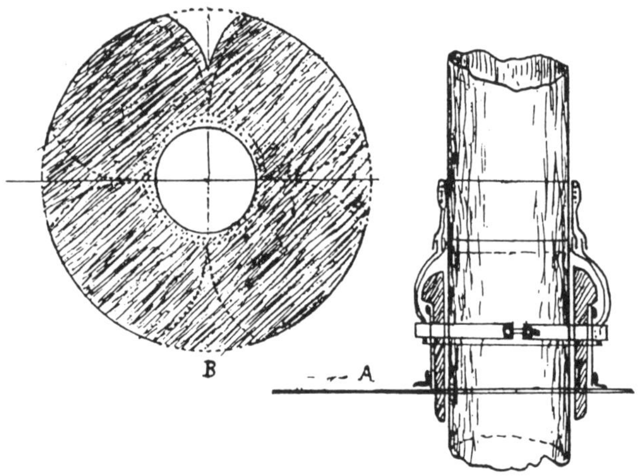

Fig. 525. Kragen für einen Eisenmast

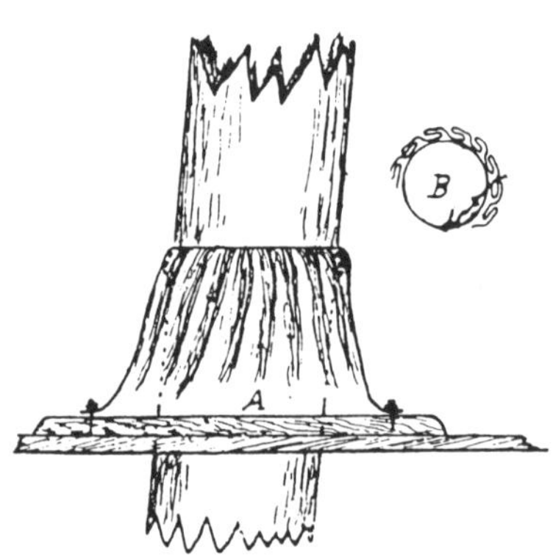

Fig. 526. Faltenkragen

Fig. 525 A und B zeigen einen **Kragen für einen Eisenmast**. Der Kragen wird so ausgeschnitten, wie in B gezeigt wird, damit er glatt um den Mastkoker abschließt. Unten wird er mit einem Ring festgeschraubt.

Auf Fig. 526 A ist ein sog. **Faltenkragen** zu sehen, der für Masten genutzt wird, die nicht irgendwie im Deck fest sind. Um die Länge des Segeltuches zu bekommen, mißt man dreimal in voller Breite um den Mast herum; soll der Kragen doppelt liegen, näht man zwei volle Breiten zusammen. Bevor die Enden zusammengenäht werden, legt man sie einmal um den Mast, und zwar in Falten, wie in B gezeigt wird. Man muß dafür

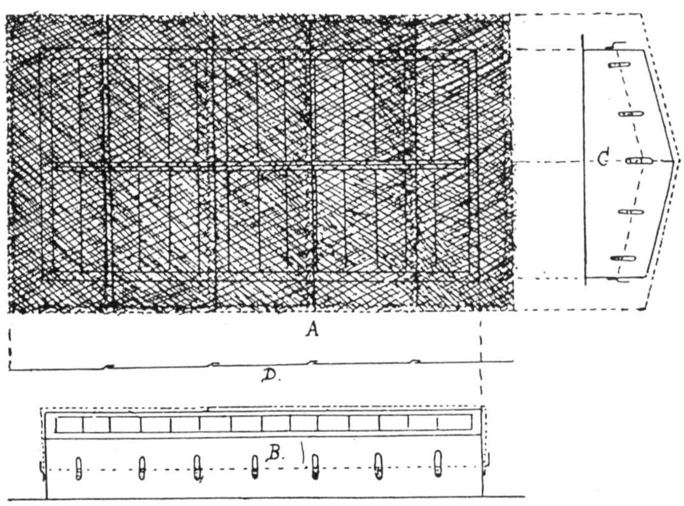

Fig. 527. Luke mit Persenning

sorgen, daß die Falten aneinander anschließen und daß das Bändsel fest umgelegt wird, nachdem das Segeltuch gut an den Mast geklopft wurde, ansonsten entsteht leicht eine Leckage am Mast; unten wird der Kragen festgenagelt. Beim doppelten Kragen legt man das Bändsel zwischen die beiden Lagen.

Mastkragen für Masten, die in der Mastfischung feststehen und deren Mastkeile glatt mit der Fischung gekappt wurden, sind noch leichter zu nähen als der vorangegangene. Im wesentlichen werden die Maße genauso genommen, eine genauere Beschreibung ist daher nicht nötig.

Persenninge für Luken (Fig. 527) sind leicht zu nähen; sie müssen nur die richtige Größe erhalten. Die Länge mißt man über die Mitte der Luke, vom Verschalkungshaken der einen Seite bis zu dem der anderen Seite, 21"; addiert 1" pro Fuß, weil die Persenning schrumpft, wenn sie geteert wird, und 3" für einen Saum an jedem Ende, insgesamt 23'3". Für die Breite mißt man quer über die Luke, von einem Verschalkungshaken zum anderen, 19'6" plus 3" für Säume plus 1" pro Fuß; insgesamt 21'5". Alle Nähte werden zur gleichen Seite gewendet, und die Persenning wird so gelegt, daß die Nähte nach achtern weisen (Siehe D). In jede Ekke wird ein Gatt genäht. Die Gatts werden so genäht, wie vorher schon beschrieben, mit der Ausnahme, daß die Kränze aus dem Ende des Segelgarns gemacht werden, mit dem man näht.

Persenninge für Segel (Fig. 528). Man mißt den Umfang des Mastes oberhalb der Gaffel, wenn diese gefiert ist. Man nimmt eine halbe Breite Segeltuch für den Kragen um den Mast. Dann mißt man weiter von der Mitte der Vorderkante des Mastes bis 6" nach außen, wo das Segel am Baum fest ist: 46', außerdem mißt man den Umfang an der Klau der Gaffel, Segel und Baum, 6'6" und an der Nock 3'. Für die Breite des Persenningtuches rechnet man in diesem Fall 3'6".

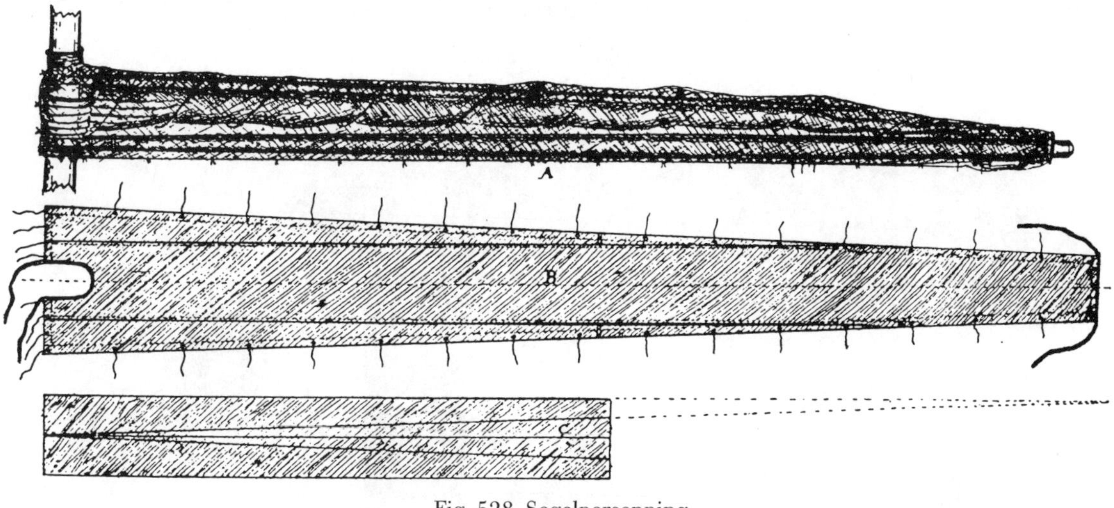

Fig. 528. Segelpersenning

Länge von der Vorderkante des Mastes bis 6" nach außen,
wo das Segel am Baum fest ist .... 46 Fuß - Zoll
Saum am achteren Ende .... 3 Zoll
Die Persenning wird nach vorn zum Einschnitt gezogen (Radius des Mastes) 8 1/2 Zoll
Einlaufen 1" pro Fuß (46') .... 3 Fuß 10 Zoll
Länge der Persenning (geschnitten) .... 50 Fuß 9 1/2 Zoll

Zuerst schneidet man 50' 9 1/2" langes Tuch, nimmt den Mastumfang von 53 1/2" und setzt den Durchmesser von 17" vom Ende des Tuches an der Mitte entlang ab. Das ergibt das **Zentrum**, um das man einen Kreis von 8 1/2" Radius schlägt. Den Ausschnitt macht man wie in Fig. 528 B gezeigt wird. Danach schneidet man ein Tuch zu, das halb so lang ist wie das erste, plus 1 1/2" für die Rundsäume, also 50'9 1/2" durch 2= 25'4 3/4" plus 1 1/2", insgesamt 26'6 1/4". Dieses Tuch wird entlang der Mitte durchgeschnitten, die dabei entstehenden beiden Hälften werden wiederum durchgeschnitten, von der Mitte des einen Endes zu einer der Ecken auf der anderen Seite (Siehe Fig.C). Die spitzen Stücke werden nun mit einem Rundsaum an die anderen genäht, so daß die eine Seite gerade wird, auf dieser Seite muß man allerdings die spitz zulaufenden Teile ein wenig vorstehen lassen, um etwas zum Umbiegen zu haben. Man hat jetzt also zwei halbe Tücher, die zu einer Spitze auslaufen. Man näht sie mit der ebenen Seite an das Mitteltuch, mit den Spitzen nach hinten. Sowohl schräge Seiten als auch Enden werden (nach innen) in einer Breite von 3" umgebogen und festgenäht. Danach wird der Kragen mit einem Rundsaum an dem Ausschnitt für den Mast festgenäht. Entlang der Seiten näht man alle drei Fuß Löcher; in das vordere Ende näht man ein Gatt pro Fuß; in alle Gatts werden ca. 18" lange Bändsel gespleißt. An das achtere Ende setzt man ein Stück Webeleinengut als Liek mit 3 Fuß Tampen zu jeder Seite.

An die obere Kante des Kragens, der um den Mast gelegt werden soll, näht man ebenfalls ein Liek mit Tampen, welches 1 1/4mal den Umfang des Mastes hat.

Persenninge für Spills (Fig. 529). Sie werden meist aus zwei Endstücken genäht, in die Einschnitte für die Achsen gemacht werden, wenn man die Endstücke nicht über die Spillköpfe gehen lassen möchte. Man näht für das Spill von vorn nach achtern zwei oder mehrere Tücher zusammen, bis sie so breit sind, daß sie mit den Endstücken zusammentreffen. Die Persenning

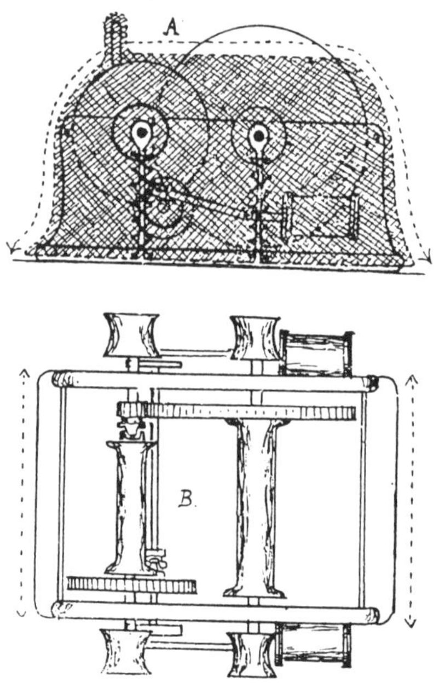

Fig. 529. Spill mit Persenning

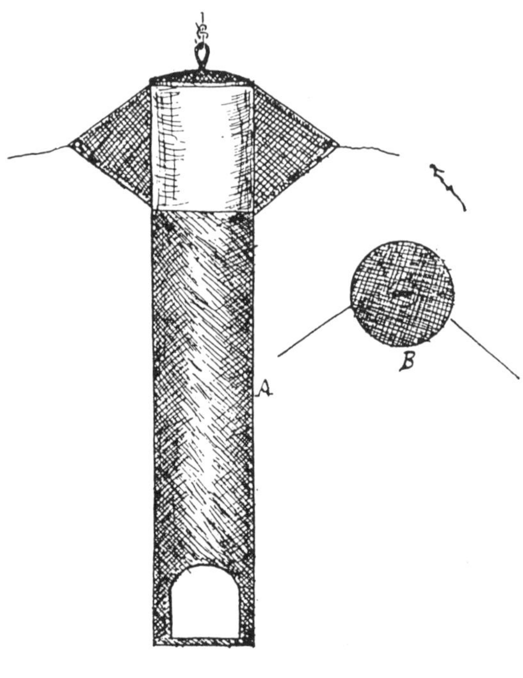

Fig. 530. Luftsegel

muß bis hinunter auf das Deck reichen. Wenn das Spill herausragende dünne Teile hat, schneidet man dafür Gatts und setzt eine Kappe auf die Persenning, um das Eindringen von Schmutz und Wasser zu verhindern.

Luftsegel, Kohlesegel (Fig. 529) (Windhutzen aus Segeltuch) sind besonders dann von Nutzen, wenn es darum geht, Frischluftzufuhr für tiefergelegene Teile des Schiffes zu schaffen. Meist haben diese Segel einen Holzboden von dem Durchmesser, den das Segel haben soll, an Ober- und Unterkante des Luftloches bringt man Holzbänder vom gleichen Durchmesser an, zu jeder Seite befindet sich ein Segeltuchwindfang. Abgeschlossen wird das ganze durch ein rundes Top, dessen Mitte man verdoppelt, um zwei Gatts für einen Stropp einzunähen, an dem das Kohlesegel vorgeheißt werden kann (Fig. 530 B). Unten näht man einige große Löcher hinein, damit die Luft entweichen kann. Für ein gewöhnliches Luftsegel reichen die Segeltuchstärken Nr. 4 oder 5 aus.

Segel

Auf den meisten Schiffen gibt es eine Segelzeichnung, anhand der man die Segel nachmessen kann, man muß jedoch bedenken, die angegebenen Maße um das angenommene Reck zu vermindern. Viele ziehen es vor, ein anderes Segel der Art des zu nähenden nachzumessen, und das Reck nach Ermessen von den Maßen abzuziehen, es ist jedoch nicht sehr empfehlenswert, ein neues Segel nach einem alten zu messen; am besten ist es, die Maße an der Stelle zu nehmen, wo das Segel stehen soll.

Rahsegel gehören sicher zu den ältesten Segeltypen; es gibt sehr alte Abbildungen von Schiffen mit einem Mast, einer Rah und einem darüber gespannten Rahsegel. Das Segel war viereckig, und die beiden unteren Ecken wurden mit Schoten gehalten, mit deren Hilfe das Segel gestellt werden konnte. Unsere Vorväter benutzten die gleiche Art Segel für ihre Wikingerschiffe; heutzutage begnügt man sich nicht mehr mit nur einem Segel pro Mast, an jedem Mast sitzen bis zu 7 Stück übereinander. Nach einem älteren System werden sie am Großmast von unten an benannt: Großsegel, Marssegel, Bramsegel, Royal, Scheisegel, Mondsegel und Sternengucker; seit der Einführung von Schiffen, die im Verhältnis zur Breite länger geworden sind, macht man die Masten nicht mehr so hoch, dafür die Rahen breiter, und Mars- und Bramsegel werden unterteilt, die unteren heißen Untermars- und Unterbramsegel und sind in einer bestimmten Höhe befestigt, während Obermars- und Oberbramsegel geheißt werden können. Die Benennung der Segel hat sich daraufhin ebenfalls verändert: Großsegel, Untermarssegel, Obermarssegel, Unterbramsegel, Oberbramsegel, Royal und Scheisegel, letzteres sieht man nur noch selten.

Die Segeloberkante ist an einem Jackstag entlang der Rah befestigt, die beiden unteren Ecken werden mit Schoten auseinandergezogen, während die Rahen mit Hilfe von Brassen nach dem Winde gestellt werden. Früher wurden die Segel bauchig zugeschnitten, um mehr Wind zu fangen und zu halten, heutzutage werden sie so flach wie möglich geschnitten, um die größtmögliche Wirkung am Wind zu erzielen, und mit Hilfe von Winden, die in die Segel genäht wurden, machte man Versuche, die Segel so flach wie ein Brett stehen zu lassen. Ein Italiener namens **Vassale** schlug vor, an bestimmte Stellen im Segel Gatts zu nähen, damit der sogenannte tote Wind entweichen und frischer Wind ins Segel wehen kann. Rahsegel sollten ein Gatt an jeder Nock haben, in einigem Abstand vom Seitenliek und ein wenig tiefer als die halbe Höhe des Seitenlieks, Baumsegel ein bis zwei Löcher, 2 bis 3 Tücher vom Achterliek in halber Höhe, und das Vorsegel ebenfalls ein Gatt kurz vor dem Achterliek über der Schot. Die Gatts sollten einen Durchmesser von 8 bis 9 Zoll haben und das Segeltuch, in dem sie sitzen, verdoppelt werden. Es ist zweifelhaft, ob solche Gatts von großem Nutzen sein können, wenn die Segel wohlkonstruiert sind und von vornherein flach stehen; auf jeden Fall bilden sie eine Schwachstelle im Segel, die leicht einreißen kann.

Man darf nicht vergessen, daß ein Segel, das schlecht angeliekt wurde, auch schlecht steht, selbst wenn es richtig zugeschnitten und genäht wurde. Wenn das Liek zu locker sitzt, killt das Segel.

Untermarssegel oder Untertopsegel (Fig. 531). Das untere Maß nimmt man vom Bolzen im Scheibengatt auf der einen Nock der Fockrah bis zum Bolzen des Scheibengatts auf der anderen Nock. 40'4" minus 1" pro Fuß für das Reck (3'4"). Das Segel wird also **von Schothorn zu Schothorn** gemessen: 37'. Das obere Maß nimmt man zwischen den Ringen auf den Nocken der Untermarsrah, 35'10", was nach einem Abzug von 36" 32'10" für die **Breite des Segels am Rahliek** ergibt. Was die **Höhe** angeht, so mißt man von der Oberkante der Fockrah mitschiffs bis zum Jackstag auf der Untermarsrah 14'3", was nach einem Abzug von 14" 13'1" ergibt.

Zum Umlegen braucht man nochmal ca. 5", also braucht man 13'6" für die senkrechte Höhe. Bei größeren Segeln wird meist gar nicht beachtet, daß das Segel nach dem Umlegen kleiner wird, als berechnet. Man zieht eine gerade Linie und trägt darauf 37 Fuß an einer gleichmäßigen Skala ab; der Maßstab sollte nicht zu klein gewählt werden, 1/2" pro 1' oder lieber 1" pro 1'. Im Metermaß ergäbe 1 zu 10 oder 1 zu 25 eine gute Zeichnung. Man errichtet eine senkrechte Linie mitten auf der ersten, setzt auf dieser Höhe 13'10" ab und zieht eine Linie parallel zur ersten - auf dieser trägt man die 32'10" (eine Hälfte zu jeder Seite) ab.

Normalerweise sucht man sich eine bestimmte Anzahl Tuche zusammen, die oben in der Breite passen. Das englische Segeltuch ist meistens 24" breit (hier und im folgenden werde ich immer vom englischen Maß reden, wenn nichts anderes angegeben wird), wenn die Nahtbreite mit 1 1/4" festgesetzt wird, bleiben 22 3/4" als Rest. Jedes Tuch bedeckt also nur eine Breite von 22 3/4". Wird jetzt 32'10" durch diese Zahl dividiert, kommt 17 und ein Rest von 7 3/4" oder 1/3 des Tuches heraus. Man legt diese 7 3/4" oder 8" beiseite, legt die 32'2" mit der Hälfte zu jeder Seite aus und zieht für das Seitenliek rechte Linien zwischen der oberen und der unteren Linie.

Früher schnitt man Rundungen in die Seitenlieken der Rahsegel, weil die Segel damals sehr hoch waren und sonst beim Winde nicht richtig gestanden hätten und beim Reffen zu weit an die Rahnock gekommen wären. Man rundet heute nur noch selten ab, auch wenn der Bauch im Segel mit einer kleinen Rundung nach innen besser herauszuholen wäre.

Das Unterliek geht über das Fockstag und damit es dort nicht schamfilt, macht man das Segel in der Mitte nicht so tief wie an den Nocken. Auf Fig. 531 ist die Rundung 2'6" hoch; bei Obermarssegel und Oberbramsegel wird die Rundung nicht so groß gemacht (höchstens 1 bis 2 Fuß), damit das Unterliek mit den Schoten nach unten geholt werden kann. Das Oberliek war 17 Tuch breit; man setzt jetzt 22 3/4" auf unterer und oberer Linie zur Hälfte auf jeder Seite der Mittellinie ab, teilt den Rest der beiden Linien in Teile zu je 22 3/4" und zieht parallel zur Mittellinie Linien für jedes Tuch. Dann setzt man von der Grundlinie 2'6" nach oben ab, macht die beiden ersten Tuche zu jeder Seite der Mittellinie unten gerade (gleiche Länge wie das Mitteltuch) und zieht eine gleichmäßige Kurve bis hin zur Schot. Anschließend zieht man unten auf jedem Tuch Linien parallel zur Grundlinie, um herauszufinden, wieviel Schräge in jedem Tuch ist; **gleichzeitig muß die Schräge** am Seitenliek herausgefunden werden, am besten mißt man sie **entlang der lotrechten Seite des Tuches an der Naht entlang**, nicht an der schrägen

Seite. Endlich mißt man die Länge eines jeden Tuches an der Naht, die der Mittelnaht am nächsten ist. Ob man richtig gemessen hat, läßt sich leicht kontrollieren, da das Mitteltuch 11’ + alle Schräge des Unterlieks auf der halben Segelbreite gleich der lotrechten Höhe (13’6”) sein muß, gleichzeitig muß die Schräge an jedem Seitenliek gleich der lotrechten Höhe sein.

Tuch	Nr. 0	Mitteltuch	11’		
Steuerbord	1	Backbord Tuch A	11’		
Steuerbord	2	Backbord Tuch B	11’		
Steuerbord	3	Backbord Tuch C	11’	Schräge 1”	
Steuerbord	4	Backbord Tuch D	11’ 1”	Schräge 1 1/2”	
Steuerbord	5	Backbord Tuch E	11’ 2 1/2”	Schräge 2 1/2”	
Steuerbord	6	Backbord Tuch F	11’ 5”	Schräge 3 1/2”	
Steuerbord	7	Backbord Tuch G	11’ 8 1/2”	Schräge 4 1/2”	
Steuerbord	8	Backbord Tuch H	12’ 1”	Schräge 6”	Schräge für das Seitenliek 10’ 10”
Steuerbord	9	Backbord Tuch J	12’ 7”	Schräge 8”	Schräge für das Seitenliek 2’ 5”
Steuerbord	10	Backbord Tuch K	2’ 5”	Schräge 3”	Schräge für das Seitenliek 3”
Summe				**13’ 6”**	**13’ 6”**

Es gibt keine Regel, die besagt, daß ein Rahsegel ein Mitteltuch haben muß. Wenn die Breite entlang des Rahlieks über 33’ wäre, wäre es besser, das Segel unter der Rah ein Tuch breiter zu machen, die Mitte des Segels wäre in diesem Fall eine Naht. Um das anschaulicher zu machen, folgen einige Beispiele.

Das Segel ist am Oberliek 25 Tuche breit, am Unterliek 28 Tuch. Der Unterschied beträgt also 3 Tuche oder 1 1/2 Tuch Schräge auf jeder Seite. Wenn die Segelhöhe 18’ ist, wird die Schräge 12’ bei einem ganzen Tuch oder 6’ bei einem halben Tuch betragen.

Das Segel ist am Oberliek 34 Tuch, am Unterliek 37 1/2 Tuch breit. Der Unterschied beträgt also 3 1/2 Tuch oder 1 3/4 an jeder Nock. Wenn die Höhe 18’1” beträgt, teilt man diesen Betrag durch 7/4, das ergibt 2’7” pro 1/4 Tuch oder 10’4” bei einem ganzen Tuch.

Wenn man das Oberliek in eine gewisse Anzahl Tuche geteilt hat, kann man leicht mit großer Genauigkeit die Schräge jeden Tuches berechnen, um die das Unterliek länger ist als das Oberliek, und die Berechnung gibt genauere Resultate als eine Konstruktion oder Zeichnung. Geübte Segelmacher berechnen die Schräge auch am Unterliek, aber man darf nicht vergessen, daß sie ihre Berechnungen auf Erfahrungen stützen.

Wie schneidet man ein Rahsegel zu? Die Vorgehensweise ist zwar jedesmal die gleiche, um sie aber so genau wie möglich zu beschreiben, bleiben Wiederholungen leider nicht aus. Bei Rahsegeln verschenkt man so gut wie kein Segeltuch, weil das Segel aus jeweils einer Hälfte besteht; die Schräge der einen Seite muß zur Schräge der anderen Seite passen, aus diesem Grund muß auch nur die eine Hälfte des Segels gezeichnet werden. Das Werkzeug besteht aus einem langen und einem kurzen Stock, die als Lineal dienen, einem Zollstock mit der Maßeinheit, mit der man arbeiten möchte, einem Bleistift oder roter Kreide, einer Segelnadel und einem scharfen Messer. Das Tuch Nr. 10 wird 11 Fuß lang gekappt, an beiden Enden gleich lang, und oben an der Achterkante markiert: Nr. 0; man schneidet noch 4 Tuche à 11 Fuß Länge, an beiden Enden gleich, und markiert sie mit Nr. 1, Nr. 2, A und B. Jedes Tuch wird mit der Nummer nach außen zusammengerollt. Dann mißt man 11’ bei Nr. 3 an der einen Kante entlang nach unten und markiert es dort (Fig. 532 A). Mit der Segelnadel folgt man einem Faden von der Kante querüber **bis zur Bahnbreite** (Nahtkante) (1 1/2”) und markiert die Stelle mit b. Von dort aus mißt man 1” nach unten und markiert mit c.

Man zieht eine Linie von a nach c, kappt die Bahn entlang dieser Linie und markiert sie oben an der Achterkante mit Nr. 3. Dann dreht man das Segeltuch so herum, daß die Schräge zu C paßt, mißt 11' an der kurzen Seite, schneidet gerade herüber und markiert C oben an der Achterseite. Dann trägt man 11'1" an der einen Kante ab und markiert mit a. Man folgt dem Fadenlauf mit der Segelnadel von der Kante bis zur Nahtbreite, markiert mit b und trägt für die Schräge 1 1/2" ab, was mit c markiert wird. Dann zieht man eine Linie von a nach c, schneidet

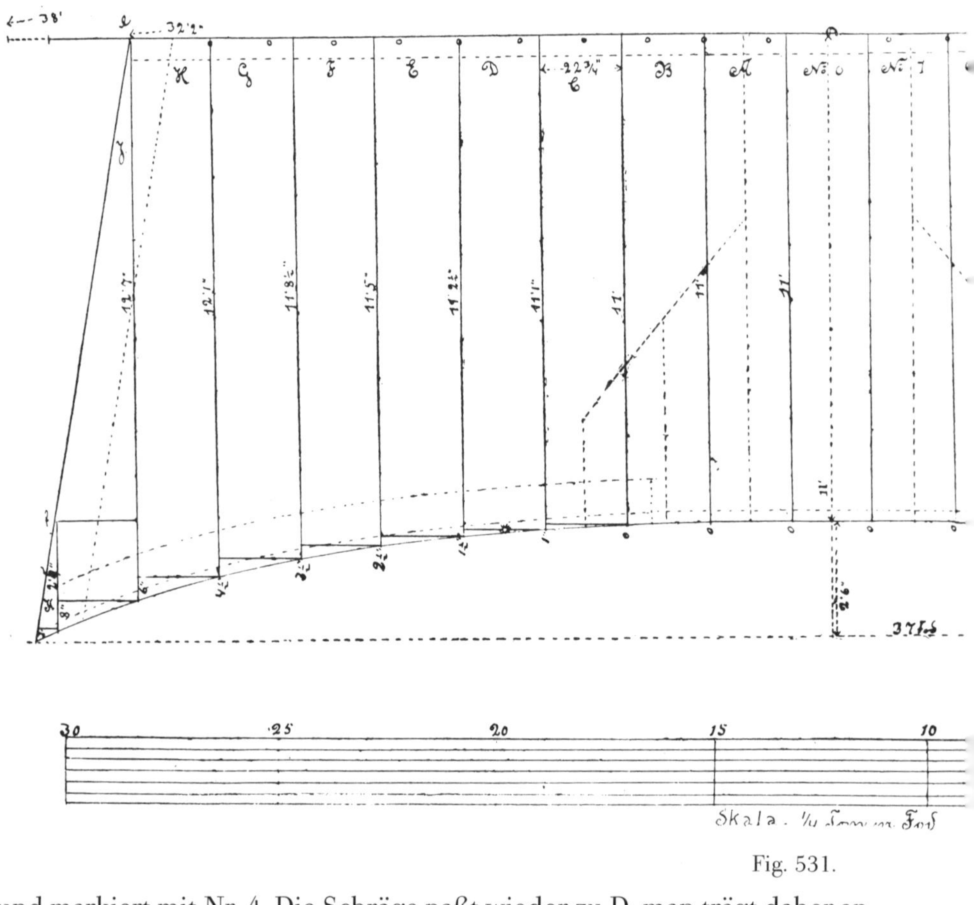

Fig. 531.

auf der Linie entlang und markiert mit Nr. 4. Die Schräge paßt wieder zu D; man trägt daher an der kürzeren Seite 11'1" ab, kappt das Tuch gerade herüber und markiert oben an der Achterseite mit D. An der einen Kante werden 11'2 1/2" abgetragen und bei a markiert. Von b aus folgt man mit der Segelnadel dem Fadenlauf bis zur Nahtbreite und setzt von dort aus 2 1/2" nach unten zu c ab. Anschließend zieht man eine Linie von a nach c, schneidet an ihr entlang und markiert die Achterseite mit Nr. 5. Die Schräge paßt zu E; entlang der kurzen Kante werden 11'2 1/2" abgetragen, man kappt quer herüber und markiert mit E. Als nächstes werden 11'5" entlang der einen Kante abgemessen und mit a markiert. Man folgt dem Fadenlauf querüber zu b und setzt von dort aus 3 1/2" zu c hinunter ab, kappt den Teil und markiert ihn an der Achterseite mit Nr. 6.

Die Schräge paßt wiederum zu F; an der kurzen Seite werden 11'5" abgetragen und querüber gekappt. Von der einen Seite werden 11'8 1/2" abgemessen, am Ende der Abmessung a wird eine Markierung gemacht, und man folgt dem Fadenlauf querüber zu b. (Eine Nahtbreite muß von allen Segeln abgezogen werden, wenn man die Schräge absetzt). Von dort aus setzt man für die Schräge c 4 1/2" ab, schneidet von a nach b und markiert die Achterseite oben mit Nr. 7. Das Segeltuch wird so herumgedreht, daß die Schräge unten zu G paßt, die kürzere Kante wird auf

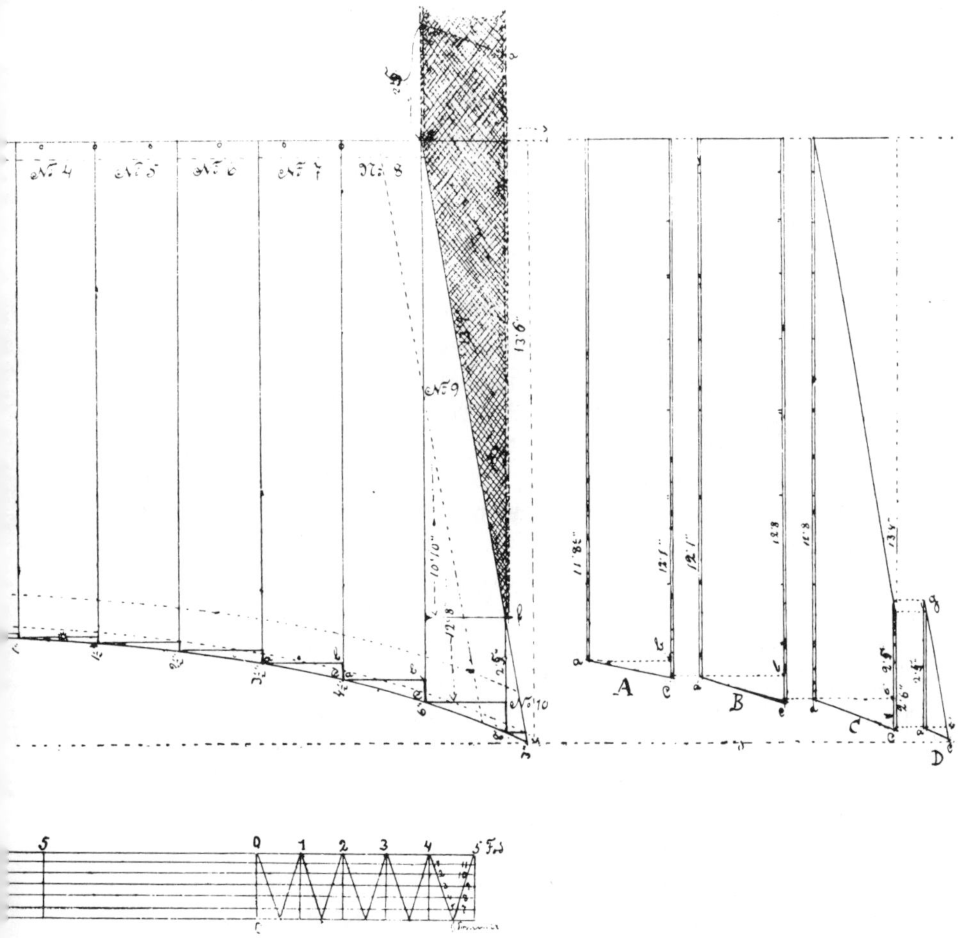

Fig. 532.

11' 8 1/2" Länge gekappt. Dann mißt man 12'1" zu a hinaus, folgt dem Fadenlauf querüber bis zu b, setzt von dort aus für die Schräge 6" nach unten ab, kappt die abgemessene Länge und markiert die Achterseite mit Nr. 8; H wird genauso lang zugeschnitten. Zuerst werden für die Schräge 8" gekappt, dann werden für Nr. 9 12'7" an der kürzeren Seite abgesetzt und mit e markiert. Dann mißt man von e 10'10" zurück, folgt dem Fadenlauf hinüber nach f, zieht eine rechte Linie von e nach f, schneidet auf dieser Linie entlang (wenn man kein Maß zur Verfügung hat, das auf einmal von e nach f reicht, nimmt man ein kleineres Stück; wenn die Schräge bei 10'10" 22 3/4" beträgt, dann müssen die 5' 5" bei e 11 3/8" betragen) und markiert die Achterseite mit Nr. 9. Das Segeltuch wird herumgedreht, und **die Spitze wird in Nahtbreite abgeschnitten**, 1 1/4";

von dort werden für J 12'7" an der langen Seite bis a abgetragen, man folgt dem Fadenlauf querüber zu b, setzt von dort nach unten zu c 8" für die Schräge ab, kappt von a zu c und markiert die Achterseite oben mit.

Nr. 10 ist nur 6" breit, man markiert daher zuerst einen Streifen Segeltuch in der Breite von 6", kappt für die Schräge 3" und mißt an der kürzeren Seite 2'5" nach und probiert, ob es zur kurzen Seite von Nr. 10 paßt. Dann schneidet man schräg von g nach c, markiert mit Nr. 10 und schneidet danach K zu. Jetzt ist das Segel zugeschnitten, bevor man jedoch mit dem Zusammennähen der Bahnen beginnt, legt man sie flach aus, am besten mit den Nummern Seite an Seite, so daß die Kanten in Nahtbreite übereinanderliegen.

Die Seiten werden paarweise markiert wie bei A und B, B und C; dadurch läßt sich kontrollieren, ob die Segel richtig zugeschnitten wurden und die Bahnen dicht zusammengenäht werden können, denn die Markierungen müssen immer zusammenpassen. 1/2 kg Segelgarn sollte ausreichen, um 4 Rollen Segeltuch zusammenzunähen. Alle Nähte werden von oben an genäht, damit sie alle zur gleichen Seite weisen. Danach breitet man das Segel mit der Achterseite nach unten flach aus, biegt die Kanten an der Vorderseite von Unterliek und Seitenliek in einer Breite von 3" und am Oberliek in einer Breite von 4" um. Dieser Saum (Tabling) kann mit langen Stichen an Seitenliek und Unterliek festgenäht werden (am besten mit langen und kurzen Stichen im Wechsel), weil Verdopplungsbänder (Linig) darüberkommen, entlang des Oberlieks näht man den Umschlag jedoch mit **engen** Stichen fest.

Bei flauen Winden und Windstille wird die Mitte des Segels leicht abscheuern, wenn sie gegen Mars und Rigg schlägt, man versieht die Mitte eines Segels daher mit einem Buglappen an der Achterseite, wo es der Abnutzung am meisten ausgesetzt ist. Auf die Mitte setzt man zwei Tuche von oben nach unten, an die Seiten setzt man gern zwei kleinere Stücke, wie auf Fig. 531 abgebildet. Die einzelnen Stücke des Buglappens werden mit doppelter Naht zusammengenäht und zum Schluß mit doppelter Naht an den Kanten entlang auf das Segel gesetzt. Entlang dem Unterliek setzt man ein Verdopplungsband von 1/2 Bahnbreite von den Schothörnern bis zu einem Fuß unter den Buglappen. Wenn diese Verdopplung aber auf die Achterseite des Segels genäht wird, muß der Saum unten ebenfalls nach achtern umgelegt werden. Das beste ist jedoch, ihn zur Vorderseite zu legen, da alle Verdopplungen in der Regel aus einem ein oder zwei Nummern dünneren Segeltuch gefertigt werden als das Segel selbst, das schwere Tuch sollte also am Liek am engsten liegen, weil dieses den größten Belastungen ausgesetzt ist. Auf die Vorderkante näht man an beide Seitenlieken Verdopplungen von einer halben Bahnbreite, die unteren Ecken werden abgerundet und mit Leder versehen, wie Fig. 521 zeigt. Bevor die Verdopplungsbänder angenäht werden, heftet man sie nicht zu fest an der Kante des Segels entlang an, und zwar so, daß die langen Stiche auf die Seite kommen, wo das Liek liegen soll und von diesem versteckt werden. Dann breitet man das Segel glatt aus, heftet die anderen Kanten der Verdopplungsbänder mit passendem Zwischenraum an das Segel, so daß die Verdopplung locker sitzt. Das Heften läßt sich am besten machen, wenn man - nachdem man einen Knoten in den Heftfaden gemacht hat - einen einzigen Stich durch Verdopplungsband und Segel macht. Dieser Stich wird dichtgeholt, und ein zweiter Knoten wird so dicht wie möglich über dem Tuch gemacht. Wenn die Verdopplung angenäht ist, werden die beiden Knoten wieder entfernt. Für das Rahliek näht man Gatts auf 2/3 Bahnbreite von der Mitte, auf jede Nock werden zwei Gatts genäht und auf jede Nock am Unterliek zwei Gatts für eine Gording; damit ist das Segel so weit fertig, daß es ans Liek genäht werden kann. Ungefähr 2" loses Tuch pro Fuß werden über den Spleißen an Seitenliek und Unterliek eingenäht und 1/2" loses Tuch pro Fuß an Seiten- und Unterliek. Am Rahliek näht man kein loses Tuch ein, Rahliek und Liek werden **gleichmäßig aneinandergenäht**. Über die Spleiße an der Schot wird Leder genäht, ans Unterliek ebenfalls, und zwar so weit zu jeder Seite der Mitte, daß es vor dem Schamfilen durch die Stage geschützt wird. An die Gordinggatts wird Leder genäht, und auf größere Segel näht man auf die Vorderseite eine Verdopplung, die eine Bahn breit und vier bis fünf Fuß lang ist, für jede Gording. Mitten auf das Rahliek legt man eine Matte. Auf jede Nock legt man eine Matte, die mit 2-läufigem Schiemannsgarn gekleidet und mit einem Fid ausgebohrt wird. (Die Herstellung der verschiedenen Matten und das Einsetzen von Kauschen wird ab Seite 49 beschrieben).

Obermarssegel. Zuerst wird die Länge der Untermarsrahen zwischen den Ringen um die Nocken gemessen, gleichfalls die Länge der Obermarsrahen zwischen den Ringen auf den Nocken, wo Brassen und Topnanten befestigt sind, außerdem die Höhe von der Oberkante der Untermarsrah bis zu der Stelle, wo die Obermarsrah aufgeheißt wird. Von jedem dieser Maße wird 1" pro Fuß für das Reck abgezogen, man muß jedoch darauf achten, daß die Schothörner außen vor die Nockbändsel auf das Untermarssegel kommen und daß das Nockbändsel für das Obermarssegel nicht zuerst auf die Rah hinauskommt, so daß für den Steckbolzen der Bramschot zwischen Nockbändsel und Scheibengatt noch Platz ist. Am Unterliek gibt es nur eine Rundung von 1 bis 2 Fuß. Auf die Mitte der Achterseite des Segels näht man eine Verdopplung auf zwei Bahnen, die das Segel vor dem Schamfilen durch die Stenge und das Lee-Stengewant schützt. Auf größeren Schiffen gibt es fast immer ein Reff im Segel, das - von oben gerechnet - 1/3 der Höhe des Segels einnimmt, man näht daher quer über die Vorderseite ein Reffband, 1/4 Bahn breit, mit Löchern und Bändseln jede 2/3 Bahn. Die Reffbändsel können 1 1/2 mal so lang sein wie der Rahumfang in der Mitte; sie werden so angenäht, daß sich 2/5 der Länge vorn und 3/5 der Länge an der Achterseite befinden. Jeder Tampen wird mit zwei genähten Taklingen versehen. In das Reffband beim Seitenliek werden zwei Gatts für eine Matte und eine Kausch für die Bulins genäht, wenn eine Refftalje gebraucht wird, setzt man 3 bis 4 Fuß unter die Reffmatte noch eine Matte mit Kausch. In diese setzt man eine zweite offene Kausch, hierum macht man einen Stropp für den unteren Refftaljenblock. Auf große Segel werden außerdem oft Lappen über 2 bis 3 Bahnen quer hinunter von Reffmatte und Refftaljenmatte genäht. Zusätzlich näht man oft auf 1/4 der Bahnbreite eine Verdopplung quer über die Vorderseite des Segels, mitten zwischen das Reffband und das Unterliek. Diese Verdopplung hindert das Segel oft daran, durch und durch mürbe zu werden, da eine spröde Stelle nur bis zur Verdopplung reicht.

Obermarssegel werden genauso genäht und geliekt wie Untermarssegel. Die langen Reffbändsel, die gebraucht werden, um um die dicken Rahen herumzureichen, hängen, wenn sie nicht benutzt werden, und scheuern an einem Teil des Segels. Um das zu verhindern, kann man sie quer über das Segel aneinanderschnüren und die Tampen mit ein paar Törns Segelgarn stoppen; anstelle von einfachen Reffbändseln kann ein Reffbändsel (Fig. 443) mit Knebeln auf den Rahen angewendet werden.

Bramsegel. Man mißt von Bolzen zu Bolzen zwischen den Scheibengatts der Obermarsrah, das ergibt das Maß von Schothorn zu Schothorn. Der Abstand zwischen den Ringen auf den Nocken der Bramrah ergibt das Oberliek. Die Höhe mißt man von der aufgeheißten Obermarsrah bis zur aufgeheißten Bramrah - oder man mißt den Abstand zwischen den Scheibengatts in Marsstenge und Bramstenge. Von diesem Maß zieht man mindestens 1" pro Fuß ab, dann hat man die Dimensionen des Bramsegels. Das Vorbramsegel wird um 2 bis 2 1/2 Fuß gerundet, damit das Unterliek klarkommt von Klüverleiter und Stengestag. Das Groß-Bramsegel wird noch weiter gerundet, damit das Unterliek klar von Groß-Stengestag und Vor-Brambrassen geht. Wegen Saling und Stenge näht man auf die Achterseiten des Segels Verdopplungen wie beim Untermarssegel, an die Lieken ebenfalls. In Unter- und Seitenliek näht man Gatts für Gordings. Manchmal findet sich im Bramsegel ein Reff, es ist aber eher bei doppeltem Bramsegel üblich; sie werden genauso abgemessen und genäht wie Unter- und Obermarssegel.

Royal und **Skysegel** werden genauso genäht wie Bramsegel.

Fock. Die Länge der Fockrah mißt man zwischen den Ringen der Topnanten und zieht 1" Reck pro Fuß ab, um die Länge des Oberlieks zu erhalten. Für die Höhe mißt man den Abstand der Rahmitte bis hinunter zum Deck mittschiffs; davon zieht man die Höhe der Back über Deck ab, zusätzlich ca. 3 Fuß für den Halsblock etc. und schließlich 1" pro Fuß für das Reck. Wenn die Fock klarlaufen soll von Aufbauten oder Booten, muß man dem Rechnung tragen, indem man das Segel am Unterliek nicht zu tief macht. Die Stelle, in die der Halsblock kommt, sollte der Mitte der Fockrah entsprechen. Dieses ergibt die halbe Länge des Unterlieks, nachdem das Maß für das Reck abgezogen wurde. Wenn die Längen für Oberliek und Unterliek gleich sind, bleibt für das Seitenliek keine Schräge. Wenn das Oberliek kürzer ist, ergibt sich eine Schräge wie beim Marssegel. Bei kurzen Schiffen oder solchen, deren Fockmast weit vorn steht, kann es vorkommen, daß das Unterliek das kürzere ist. Das führt mit sich, daß die Anzahl der Bahnen am Unterliek geringer ist als am Oberliek. Selbstverständlich muß man das berücksichtigen, bevor die Tücher zugeschnitten werden.

Die Fock wird mit einem Reff versehen, welches sich in der Tiefe nach der Segelhöhe richtet. Hierfür näht man quer über die Vorderseite ein Reffband von 1/4 Tuchbreite. Um das Schamfilen an Mast und Marsschoten zu verhindern, näht man auf die Achterseite des Segels 2 Tuche, die von Oberliek zu Unterliek reichen, entlang des Seitenlieks näht man auf die Vorderseite 1 und entlang des Unterlieks 1/2 Tuch. Für jede Gording näht man ein Tuch auf die Vorderseite, das 4 bis 5 Fuß über die Gordinggatts hinausreicht. Bei älteren Segeln reicht diese Verdopplung meist bis zur Rah hinauf. Manchmal näht man ein Tuch schräg von oben nach unten auf die Achterseite des Segels, um dem Schamfilen am Fockwant entgegenzuwirken. Nicht alle lassen die Gordings den ganzen Weg an der Vorderseite des Segels hinauflaufen, weil die weniger schamfilen können, wenn man die Gordings durch Pockholzklotjes kurz unter dem Reff auf die Achterseite des Segels leitet. Bei dieser Anordnung ist es allerdings nicht so leicht, den Wind aus dem Segel zu bekommen, besonders auf Raumschotkursen. In jedes Seitenliek werden drei Matten für Bulins gesetzt.

Großsegel werden genauso vermessen und genäht wie die Fock. In der Regel sind sie am Unterliek leicht abgerundet, sowohl wegen der Sicht als auch, um das Segel von Booten und möglicherweise der Kommandobrücke klarzuhalten. Die übrigen Rahsegel werden genauso vermessen und genäht wie die vorher beschriebenen.

Stagsegel unterscheiden sich wesentlich von Rahsegeln, deren natürliche Stellung quer zur Längsachse des Schiffes ist, Stagsegel stehen längs und werden mit Hilfe von Lägeln gezwungen, Stag oder Leiter, an denen sie befestigt sind, zu folgen.

Der Winkel, den das Segel mit dem Schiff bildet, wird mittels Schoten geregelt. Diese lassen sich ganz flach anholen, so daß die Stagsegel vollstehen können, obgleich das Schiff sehr dicht am Wind segelt. Das gleiche gilt für Baumsegel und Gaffeltopsegel und spricht für deren zunehmende Ausbreitung auf Schiffen, deren Kurs hauptsächlich beim Winde ist. In neuerer Zeit gibt es viele große Schiffe, die ausnahmslos mit Hilfe von Baumsegel, Stagsegel und Gaffeltopsegel angetrieben werden, der Hauptteil jedoch, die Langstreckensegler, bekommen ihre größte Antriebskraft aus den Rahsegeln; für sie dienen die Stagsegel mehr als Windfang, da der

Wind sonst ungenutzt zwischen den Rahsegeln entweichen würde. Weiterhin werden Stagsegel auch als Sturmsegel eingesetzt. Unter den Namen Stag- und Schratsegel werden hier Segel zusammengefaßt, die auf Bugspriet und Klüverbaum angebracht sind, und auch die dreieckigen Segel, die zwischen den Masten stehen und eigentlich Zwischenstagsegel heißen, weil die Art des Zuschneidens und Nähens im wesentlichen gleich ist.

Für das Zuschneiden der Stagsegel gibt es viele unterschiedliche Methoden, im Grunde jedoch haben nur die beiden hier näher erläuterten Arten größere Ausbreitung gefunden. Man unterscheidet zwischen einem **gewöhnlichen geschnitten** Stagsegel, wo die Bahnen in der gesamten Segelhöhe parallel zum Achterliek verlaufen, und einem **sternenförmig geschnittenen** Stagsegel, welches aus zwei Hälften besteht, wo die Kleider des oberen Teiles parallel zum Achterliek laufen und die des unteren Teiles parallel zum Unterliek. Diese beiden Hälften werden in einer Naht vereint, die sich von der Schot zum Vorliek hinzieht. - Ferner hat man versucht, Stagsegel **strahlenförmig** zuzuschneiden, wobei alle Kleider - keilförmig geschnitten - mit den Spitzen in der Schot zusammenlaufen. So ein Segel ist schwer reparierbar, nimmt sehr viel Nähzeit in Anspruch und braucht sehr viel Material; es steht allerdings besser und braucht nur wenig Rundung entlang des Vorlieks, weil die Bahnen sich alle in Längsrichtung strecken, wenn die Schot in der richtigen Höhe sitzt.

Vor-Stagsegel (Fig. 533) für einen Schoner. Die Länge des Vorlieks wird am Leiter entlang von der Vorderkante der Saling (Mars) hinunter zum Bugspriet gemessen: 47'8". Für den Hals zieht man 2'6" ab, für das Fall 6'; der Rest von 39'2" ergibt die Länge des Vorlieks. Um den Platz des Vorlieks zu bestimmen, nimmt man zwei Stücke Schiemannsgarn und macht in das Stück, welches als Schot bestimmt ist, einen Palstek. Dort hindurch steckt man das andere Stück und befestigt es an der Stelle des Stagsegelleiters, wo das Fallhorn stehen wird, während man den anderen Tampen holt - nachdem die Schot (das Garn) so weit geholt wurde, daß es ca. 5 Fuß achter dem Fockstag ist - und anstelle des Halses, ca. 2 1/2 Fuß über dem Bugspriet, festsetzt. Das Garn, welches als Schot dient, muß dort festgesetzt werden, wo die Schot ihren Platz hat. Die Garne werden als Fallhorn, Schot und Hals markiert und gemessen: vom Fall zur Schot 28'1", von der Schot zum Hals 16'2". Auf diese Weise läßt sich am besten der Platz der Schot bestimmen.

Man zieht eine rechte Linie von a nach b (Fig. 533) und setzt darauf 39'2", in einer gleichmäßigen Skala von am besten 1/2" pro Fuß, ab. Dann stellt man einen Zirkel im selben Maßstab mit 28'1" ein und trägt den Betrag von b aus ab, während man mit einem anderen Zirkel mit der Weite von 16'2" einen Bogen um a als Zentrum schlägt. Die beiden Bogen werden einander bei c schneiden, der Stelle, an der die Schot sitzen soll. Man zieht eine rechte Linie von a nach c, eine zweite von c nach b und eine dritte von der Schot c hinüber zum Vorliek d, soweit möglich in die Richtung, in die die Schot ziehen wird (auf einer Segelzeichnung läßt sich das durch Konstruktion finden). An früherer Stelle wurde schon einmal darauf hingewiesen, daß Segeltuch sich in der Länge um annähernd 1" pro Fuß reckt, demhingegen aber nur sehr wenig in der Breite, also wird das Segel sich oberhalb und unterhalb von d strecken, während es auf der Linie cd fast unverändert bleiben wird; als Folge davon wird die Schot das Segel querüber stark spannen, so daß es in zwei Hälften geteilt wird, während sowohl Unter- als auch Achterliek killen. Um das zu vermeiden, **werden die Segel am Anfang um so vieles breiter gemacht, wie sie sich voraussichtlich in der Länge recken** (entlang des Vorlieks). Wenn man die Rundung zu stark macht, wird das Segel bauchig, rundet man zu wenig, killt es; über das richtige Maß gibt es geteilte Meinungen, und die meisten Segelmacher werden sich da ganz auf ihre eigenen Erfahrungen verlassen.

Eine Regel lautet, daß man die Längen von Unterliek und Seitenliek - ausgedrückt in Fuß - addieren soll und 1/2" Rundung pro Fuß hinzufügen soll - hier also ca. 22", das ergibt: 28'1" + 16'2" = 44'3". Das ist eine recht große Rundung. Alle Stagsegel, bei denen der Winkel bei der Schot ungefähr 90 Grad beträgt, als da wären Stagfock, Groß-Stengestagsegel, Besan-Stengestagsegel und Zwischenstagsegel auf Schonern, benötigen keine Rundung am Vorliek, mit Ausnahme einer leichten Rundung vom unteren Lägel hinunter zum Hals, damit der Zug auf das ganze Segel verteilt werden kann und nicht allein auf das Vorliek einwirkt.

Robert Kipping schreibt in seinem Buch "Sail and Sailmaking", daß 3" Rundung für jede Bahn, die das Segel breit ist, ausreichend sind für den Zug, der von der Schot ausgeht. Da von c nach d 5 Bahnen sind, würde die Rundung bei Kipping 15" betragen.

Albrecht Mühleisen gibt in seinem Buch "Handbuch der Seemannschaft" eine Rundung von 1/8" der Segelbreite quer hinüber zur Schot an; die Strecke von c nach d beträgt 9'10", also wird die Rundung nach dieser Regel 14 1/2" betragen.

Auf Fig. 533 sind von d nach e 18" Rundung abgesetzt oder ca. 3/4 dessen, was die erste Regel durch Addition der Länge von Achter-und Unterliek angibt. Das ist in jedem Fall ausreichend. Man zieht eine rechte Linie von e zum Fallhorn, dann zieht man eine Kurve von e zum Hals, die ihre größte Rundung nahe am Hals hat.

Auf Fig. 533 bis 540 ist die Linie vom Fallhorn nach e als Kurve gezeichnet. Damit sich das Unterliek nicht hochzieht, gibt man wenig Rundung, von 6" bis 24", je nach Größe des Segels. Hier entspricht die Rundung der rechten Linie bis zu f 7". Man zieht eine Linie winkelrecht auf das Achterliek, von b nach h ebenfalls, die Nähte erhalten eine Breite von 1 1/2", wir nehmen an, daß das Segeltuch 24" breit ist; jede Bahn kleidet also nur 22 1/2". Man teilt daher die Linie von g und b in gleich große Stücke, entsprechend den 22 1/2", und zieht für jede Bahn Linien parallel zum Achterliek. Dann zieht man Linien parallel zu a - g, um die Schräge für Unterliek und Vorliek zu ermitteln. Diese Größen werden gemessen und samt der vollen Länge der Achterkante jedes Kleides notiert. Es läßt sich prüfen, ob die Schräge richtig ausgemessen wurde, wenn diese am Unterliek, 1'7" + 1'5" + 1'4" + 1'3" + 1'1" + 11" + 8" + 3" = 8'6", zu 28'1" addiert, 36'7" ergibt.

Das muß gleich der gesammelten Länge der Schrägen am Vorliek sein: 4'0" + 4'1" + 4'4" + 4'4" + 4'6" + 5'4" + 7'7" + 2'2" + 3" = 36'7". Auf die gleiche Weise läßt sich kontrollieren, ob die einzelnen Bahnen richtig vermessen wurden; zum Beispiel 4'0" Schräge oben minus 1'7" unten + 25'8" ergibt 28'1", oder 4'1" minus 1'5" + 23'0" = 25'8".

Man beginnt mit der achteren Bahn, schneidet für die Schräge 1'7" zu, mißt entlang der kurzen Kante 28'1", mißt 4'0" wieder zurück, folgt dem Fadenlauf querüber zur Nahtbreite (1 1/2") von der Kante i, zieht eine rechte Linie von i nach b und schneidet auf dieser Linie entlang. Die Bahn wird auf der Backbordseite oben mit Nr. 1 markiert (Auf der Abb. wurde die Nummer der Deutlichkeit halber unten angebracht) markiert, die Schräge wird so verändert, daß sie oben zu Nr. 2 (4'1") paßt; danach mißt man 25'6" an der längsten Seite hinunter und kappt 1'5" Schräge an der kürzeren Seite. Man muß darauf achten, daß die Schräge der Bahnen an der Vorderkante oben und entlang der unteren Vorderkante am kürzesten ist. Sobald alle Kleider zugeschnitten sind, werden sie flach Seite an Seite ausgelegt, mit der Nahtbreite übereinander, um sie für das Nähen zu markieren und um festzustellen, ob beim Zuschneiden alles richtig gemacht wurde (Fig. 534).

Mit dem Nähen wird oben begonnen, das oberste Stück der Naht allerdings, soweit es in den Saum kommt, läuft in einer Spitze aus, wodurch die Vorderkante des Segels länger wird, als

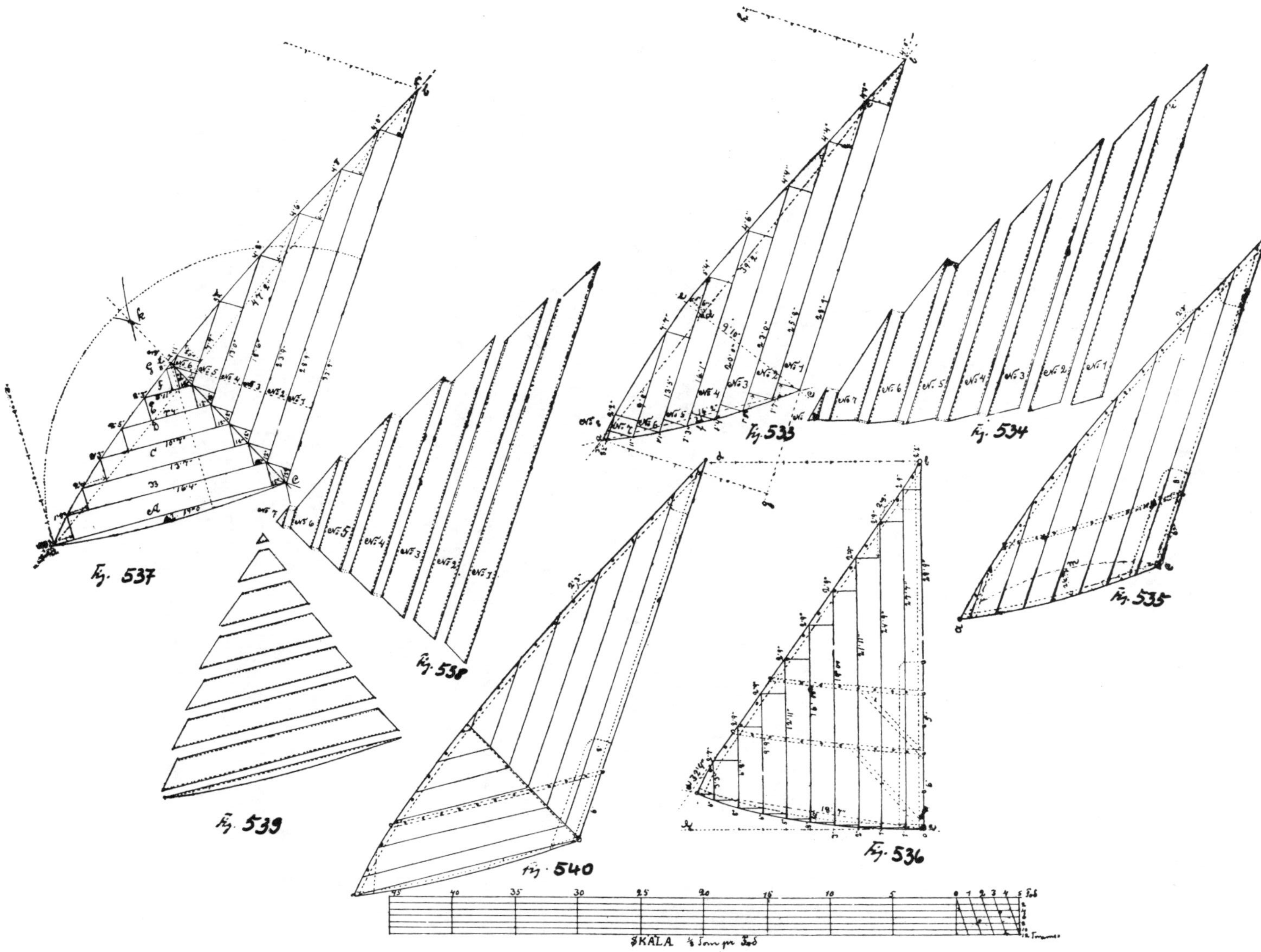

Fig. 533, 534, 535. Vorsegel Fig. 536. Stagfock Fig. 537, 538, 539, 540. Sternenförmiges Vorsegel

sie normalerweise werden würde, und sich leichter ans Liek nähen läßt. Die Nahtbreite sollte bis ungefähr zu der kurvigen Linie a m c 1 1/2" betragen, von dort ab hinunter macht man die Naht breiter (Fig. 535) (keilförmig), bis sie unten 2 1/2" beträgt. Warum verbreitert man die Naht nach unten hin? Weil die untere Rundung des Segels nach Lee geblasen würde, und die schräggeschnittenen Bahnen sich stark recken würden; mit den breiten Nähten jedoch wird die Rundung des Segels gegen den Wind gefestigt. Das gleiche ist der Fall bei allen Baumsegeln, die mit einer Kappe genäht werden. Die breiten Nähte dürfen allerdings nicht so hoch angesetzt werden, daß sie in den Zug von Hals und Schot kommen, in so einem Fall wird das Tuch nämlich leicht gesprengt. Am Vorliek entlang wird die Kante in einer Breite von 4" nach steuerbord umgebogen, das Achterliek wird in einer Breite von ebenfalls 4" und das Unterliek von 3" umgebogen. Man muß darauf achten, daß der Umschlag gleichmäßig ist, bevor man näht. Beim Fallhorn setzt man 4 bis 6 Fuß nach unten Verdopplungsband an, beim Hals auf der Breite eine Bahn und bei der Schot auf der Breite eine ganze Bahn vom Unterliek an, am Achterliek entlang, bis 2 Fuß oberhalb des Reffs, wenn sich ein solches findet, sonst 5 bis 6 Fuß oberhalb der Schot. Das Reff kann 6 Fuß hoch gemacht werden, parallel zum Unterliek, auf die Steuerbordseite kann man einen 1/4 bahnbreiten Segeltuchstreifen als Reffband setzen.

Alle Verdopplungen und Umschläge werden nach steuerbord gelegt, als Verdopplung nimmt man leichteres Segeltuch, als man es für das Segel selbst gewählt hat. Man muß darauf achten, daß man die Verdopplungen nicht zu stramm setzt. Alle 2'3" werden Gatts ins Vorliek genäht, außerdem zwei Löcher ins Fallhorn für eine Matte. Wenn die Schot mit einer Matte gemacht werden soll, näht man auch dort zwei Gatts hinein, gleichzeitig an Vorder- und Achterliek für die Matten der Reffkauschen. Für die Reffbändsel werden alle 18" Gatts genäht, wenn das Segel mit einem Reffband versehen ist, sonst werden nur in die Nähte Reffbändsel gesetzt. Mit dem Lieken wird am Hals begonnen, indem man ein Auge für die Halskausch auf das Liek spleißt, das vorher gestreckt und entlang der einen Seite markiert wurde. Liek und Bahn werden entlang des Vorlieks gleichmäßig eingehalten, und nur auf den letzten paar Fuß auf jeder Seite, und um das Fallhorn herum, wird loses Tuch einbehalten (1" pro Fuß). Beim Achterliek ist man nach und nach wieder dazu übergegangen, Bahn und Liek einige Fuß tief gleichmäßig aneinanderzunähen, auf dem mittleren Drittel des Achterlieks jedoch wird mehr Liek gegeben (das Liek wird lockerer vernäht als die Bahn); 10 bis 12 Fuß über der Schot wird das schwere Liek angespleißt, über den Spleiß näht man ca. 2" lockeres Tuch pro Fuß ein. Sonst näht man ca. 1/2" lockeres Tuch pro Fuß ein, und auf dem letzten Faden nach der Schot näht man 1" pro Fuß und über dem Spleiß sogar noch mehr ein, wenn eine Brille in die Schot kommt; soll nur eine Matte darauf, kann 1 1/2" lockeres Tuch auf dem letzten Fuß zu jeder Seite eingenäht werden. 2 bis 3 1/2 Fuß von der Schot entfernt endet das schwere Liek gleichmäßig in dünnerem Unterliek, nachdem die Kardeele des schweren Lieks gleichmäßig durch Herausschneiden von Garn (Seite 32-34) ausgedünnt wurden. Das dünne Unterliek darf nicht fester als gleichmäßig mitgeführt werden und wird an die Unterkante des Auges im Vorliek gespleißt, dort, wo die Halskausch hineinkommt. Matten, Reffbändsel und Kauschen werden eingesetzt, und das Segel ist fertig (Fig. 535).

Eine Stagfock sollte so breit wie möglich sein, und wenn sie einen Fuß vom Fockmast frei ist, so ist das ausreichend, sie sollte auf Rahseglern aber nicht über die Fockrah gehen, weil die Rah das Segel schamfilen wird. Wir nehmen an, daß die Dimensionen des Segels folgendermaßen vermessen sind: Achterliek 29'9", Vorliek 32'4", Abstand vom Hals zur Schot 18'7". Zuerst zieht man eine Linie a b, markiert darauf die Länge des Vorlieks 32'4", nimmt 29' 9" in den Zirkel und schlägt diesen Wert um b als Zentrum, das gleiche macht man mit dem Wert 18'7" um a. Diese beiden Bogen schneiden sich bei c und geben damit den Platz der Schot an. Man zieht eine Linie winkelrecht von c zur selben Seite, wo der Hals sitzt, von b ebenfalls, auf jeder dieser beiden Linien wird die Breite jeder Bahn abgetragen, minus einer Naht. Wenn das Segeltuch 24" breit ist, gehen ca. 1 1/2" in die Naht, für jede einzelne Bahn bleibt also nur eine Breite von 22 1/2", das ergibt insgesamt 10 Bahnen. Die Schräge findet man, wenn man Linien winkelrecht auf das Achterliek zieht. Die Maße können kontrolliert werden, wenn die Schrägen am Unterliek (0 + 1" + 1" + 2" + 3" + 4" + 5" + 6" + 8" + 6" = 3'0"), addiert zu den Schrägen vor dem Vorliek (2'7" + 2'9" + 2'9" + 2'9" + 2'9" + 2'9" + 2'9" + 2'9" + 2'9" + 2'2" = 26'9"), dem Achterliek entsprechen: 29'9". Jede Bahn wird einzeln vermessen, und mit dem Zuschneiden beginnt man an der achtersten. Das Segel wird mit ein oder zwei Reffs versehen - auf der Abb. sind zwei zu sehen, das untere 6' hoch, das obere 5'. Das Vorliek hat keine Rundung, auf den unteren 3 bis 4 Fuß wird der Hals allerdings ca. 6" gerundet, damit der Zug von der Halstalje sich auf Segel und Vorliek verteilen kann. Die Verdopplung für die Schot geht bis einige Fuß über das obere Reff, die übrigen Verdopplungen sind genauso wie beim Stagsegel. Zwischen Schot und erstem Reff und zwischen den Reffs sowie ca. 2" über das zweite Reff werden an jede Stelle zwei Gatts für Matten genäht. In die oberste Matte kommt eine Kausch, in die beiden anderen Pockholzklotjes für die Ohrfeigen, außerdem wird das Segel mit den notwendigen Matten mit Kauschen für die Reffs versehen. In der Regel werden nur ins erste Reff Bändsel genäht, für das andere Reff hält man welche bereit. Die Reffgatts des zweiten Reffs sind mit Messingkauschen versehen, damit sie sich nicht zusammenziehen. Liek und Anlieken sind so wie beim Stagsegel.

Sternförmige Segel (Fig. 537) werden meist zu Klüver, Jager, Zwischenstagsegel, Bramstagsegel und Royalstagsegel verarbeitet. Sie sind so genäht, daß die Kleider in der oberen Hälfte des Segels parallel zum Achterliek verlaufen (mit den Nähten rauf und runter), während diejenigen der unteren Hälfte parallel zu einer rechten Linie von der Schot zum Hals verlaufen. Die beiden Hälften sind mit einem doppelten Saum von der Schot zum Vorliek verbunden. Segel, deren Schot hoch steht (das Unterliek ist im Verhältnis zum Achterliek länger), behalten ihre Form besser, wenn sie sternförmig zugeschnitten sind, als wenn die Kleider durchgängig von oben nach unten verlaufen. Das Segel streckt sich nämlich gleichmäßiger über die ganze Fläche, außerdem braucht man nicht soviel Rundung am Vorliek, denn die Kleider sind an der Halbierungsnaht schräg zugeschnitten und recken sich daher mit. Am Unterliek ist in der Regel etwas Rundung, auf Fig. 537 beträgt sie 8". Bei größeren Segeln beträgt sie bis zu einigen Fuß und wird folgendermaßen zugeschnitten: Man nimmt ein Stück Segeltuch von der halben Länge der Schot zum Hals, schneidet es von Ecke zu Ecke durch, verbindet die breiten Enden mit einem doppelten Saum und näht das Ganze mit der geraden Seite an das unterste Kleid a. Wenn das Segel genäht ist, muß man darauf achten, daß der Umschlag entlang des Unterlieks eine gleichmäßige Rundung ergibt.

Wenn man nach dem Vermessen die Dimensionen des Segels herausgefunden hat, zieht man eine rechte Linie a b, auf der man die Länge des Vorlieks 47'2" absetzt. Anschließend nimmt man die Länge des Achterlieks 33'9" in den Zirkel und schlägt mit diesem Maß als Radius und b als Zentrum einen Bogen bei c. Den geraden Abstand zwischen Hals und Schot 19' nimmt man in den Zirkel und schlägt bei c einen Bogen mit a als Zentrum. Dort, wo diese beiden Bögen sich schneiden, ist der Platz für die Schot. Man halbiert den Winkel zwischen Achterliek und Unterliek und zieht eine Halbierungslinie c k. Auf Fig. 537 beträgt die Rundung am Vorliek 20";

das wird auf der Linie e d abgetragen, dann errichtet man eine Gerade von e hinauf zum Fallhorn und zieht eine gleichmäßige Kurve von e zum Hals hinunter mit der größten Rundung in Halsnähe. Dann zeichnet man zwei Geraden, eine von e winkelrecht auf das Achterliek, eine zweite bei b ebenfalls winkelrecht auf das Achterliek, auf diesen Linien werden die Breiten einer jeden Bahn abgetragen und Linien für jede Bahn bis hinunter zur Halbierungsnaht gezogen. Noch einmal zeichnet man zwei Geraden, eine winkelrecht von e auf die Linie zwischen Schot und Hals, eine zweite von a ebenfalls winkelrecht auf dieselbe Linie. Sie werden in die Bahnbreiten aufgeteilt, und dann zieht man Linien zur Halbierungsnaht (die Linien der Nähte beider Seiten müssen sich an der Halbierungsnaht treffen, wenn die Zeichnung richtig sein soll). Anschließend ermittelt man die Schräge für jede Bahn an Vorliek und Halbierungsnaht. Bei der Letztgenannten ist die Schräge für alle Bahnen auf beiden Seiten gleich. Die achterste Bahn wird zuerst zugeschnitten, denn wenn man die längsten Bahnen zugeschnitten hat, kann man die kleineren Stücke, die von jeder Rolle Segeltuch übrigbleiben, entweder für die kürzeren Bahnen oder für die Verdoppelungen verwenden. Es muß immer daran gedacht werden, daß man die Schräge nicht für die ganze Bahnbreite berechnet, sondern immer genügend für einen Saum übrigläßt (Fig. 528 und 529). Wenn man das nicht macht, werden alle Bahnen zu kurz, wenn man sie zusammennäht. Die obere Hälfte der Bahnen kennzeichnet man meist mit Zahlen, die untere Hälfte mit Buchstaben. Nähen und Anlieken gehen genauso vonstatten, wie schon beim Stagsegel erklärt wurde, jedoch ohne breiter werdende Nähte, und beim Umlegen am Vorliek läßt man die Nähte spitz auslaufen. Den Klüver versieht man mit einem Reff in 6 Fuß Höhe (Fig. 540).

Baumsegel (Fig. 541, 542 und 543) sind mit dem Vorliek am Mast mittels Mastbändern befestigt; seltener findet man Jackstage am Mast, da die Gaffel in den meisten Fällen niedergefiert werden kann. Oberliek oder Gaffelliek sind an der Gaffel mit Stagreitern oder Reihleine befestigt. Das Unterliek ist mit der Schot in der Nähe der Nock auf dem Baum befestigt, und hauptsächlich auf Gaffelschonern ist nicht selten das ganze Unterliek am Baum befestigt. Selbstverständlich muß das Segel in so einem Fall am Unterliek bis hin zum Hals ganz gerade geschnitten sein und mit Gatts versehen werden, genauso wie an Gaffel- und Vorliek.

Unterliek: Die Länge des Baumes wird vom Mast bis zum äußersten Punkt auf dem Baum gemessen, wo das Segel befestigt werden kann; 29'10". **Vorliek**: Man mißt von Deck aus bis zu der Stelle am Mast, wo die Klau stehen soll, wenn das Segel ganz durchgesetzt ist, 38'9", davon wird die Höhe des Baumes über Deck abgezogen und außerdem 4 bis 5 Fuß für die Höhe des Halses über dem Baum, hier: 4'11"; für das Vorliek bleiben also 27'7". **Gaffelliek**: Die Länge der Gaffel wird bis zu der Stelle gemessen, wo die Nock des Segels stehen soll, und bis zu der Stelle auf dem Baum, wo die Schot fest sein soll, 41'9", nachdem der Baum so weit angedirkt ist, wie man annimmt, daß das Achterliek sich strecken wird. In diesem Fall soll der Baum 2'7" + 8" (Umschlag für Säume an Ober-und Unterliek) angehoben werden, das gibt 3'33" für das Reck. Wir nehmen an, daß das Vorliek sich um 2'4" recken wird, dadurch wird der Hals 2'4" minus 8" (Umschlag für Säume), also 1'8" tiefer kommen, als auf der Zeichnung angegeben ist. Das heißt in der Praxis, daß das Segel 3'3" tiefer mit der Nock und 2'4" mit der Klau stehen wird, wenn es ganz gereckt ist. Wenn die Gaffel nicht an ihrem Platz ist, kann man das Maß des Achterlieks bekommen, wenn man davon ausgeht, daß die meisten Gaffeln sich mit der Nock ca. 35 Grad über der waagerechten Linie erheben, um aber das Segel konstruieren zu können, muß man zuerst den Neigungswinkel des Mastes von der Lotrechten wissen.

Diagonal. Ungeachtet dessen, daß die vier Seiten des Segels vermessen sind, ist dessen

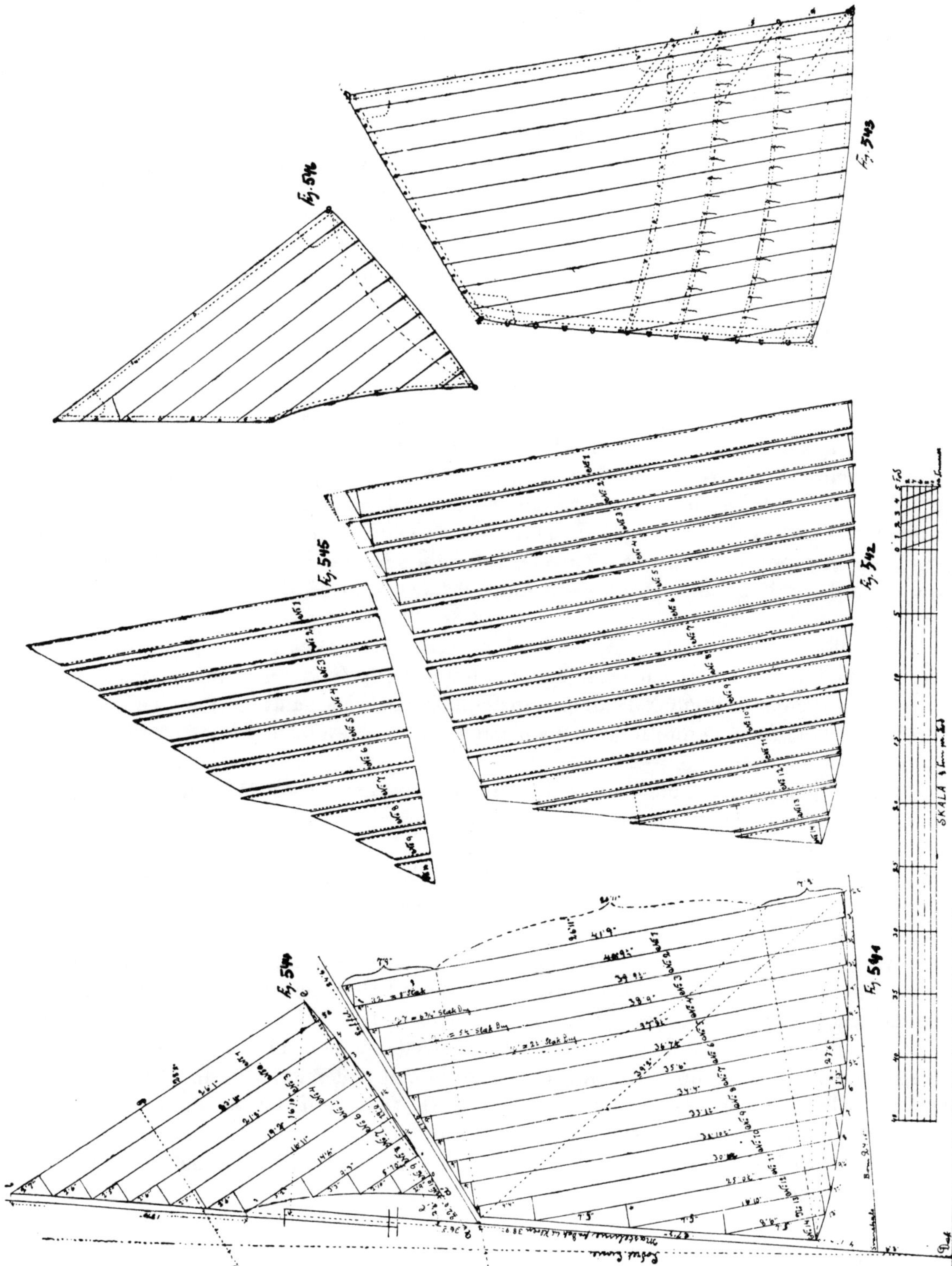

Fig. 541, 542, 543. Baumsegel   Fig. 544, 545, 546. Gaffeltopsegel
Fig. 333. Stehendes Gut und Brassen einer Bark

Form doch erst bestimmt, wenn man den Abstand von der Klau zur Schot kennt, es sei denn, daß man einen der Winkel kennt. Das naheliegendste ist aber, die Diagonale zu vermessen, 39'2".

Man zieht eine Grundlinie für das Deck und fällt darauf das Lot (Fig. 541). Wenn man annimmt, daß die Neigung des Mastes 1/2" pro Fuß beträgt, hat man in 40 Fuß Höhe eine Neigung von 20". Man zieht eine Linie vom Schnittpunkt der lotrechten Linie mit der Deckslinie nach oben durch diesen Neigungswert, diese Linie steht für den Mast. Dann setzt man für den Schwanenhals von Deck 6'3" nach oben ab, für die Höhe der Klau über Deck 38'9" und von der Klau an abwärts die Länge des Vorlieks, 27'7", dadurch bekommt man den Platz des Halses. - Man schlägt einen Bogen mit dem Radius des Abstandes von Hals zu Schot, 27'6", um den Hals als Zentrum, danach einen mit dem Radius 39'2", der Länge der Diagonale, um die Klau als Zentrum. Am Schnittpunkt dieser beiden Bögen ist der Platz für die Schot. Anschließend beschreibt man einen Bogen mit dem Radius des Achterlieks um die Schot als Zentrum und einen zweiten mit der Länge des Gaffellieks, 21'6", als Radius mit der Klau als Zentrum. An der Schnittstelle dieser beiden Bögen ist der Platz für die Nock.

Die Form des Segels ist jetzt bestimmt, es bleibt noch das Absetzen der Rundung am Unterliek; hier wurden 1'3" abgesetzt. Die Zeichnung des angeführten Beispiels ist so angefertigt, daß Platz für Reck gelassen wurde; **es ist nämlich die Sache des Segelmachers, die Zeichnung in Höhe und Breite so zu vermindern, daß das Segel genügend Platz zum Recken bekommt**. Man muß nämlich die vollen Maße nehmen und das Segel so groß machen, wie Platz vorhanden ist, und die gefundenden Maße aussetzen, bis man die Abzüge macht. **Bei Rahsegeln und Stagsegeln kann man sofort ca. 1" pro Fuß abziehen für das Reck, das geht bei Baumsegeln nicht, weil die Diagonale nicht im gleichen Verhältnis vermindert werden kann wie die Seiten**.

Schließlich fällt man eine winkelrechte Linie vom Hals auf das Achterliek und eine zweite winkelrechte Linie von der Klau; diese beiden Linien werden von der Achterkante an auf die Bahnbreiten aufgeteilt und mit Nahtlinien versehen. Die Schräge samt der Länge einer jeden Bahn werden an der Achterkante ausgemessen, danach werden die Bahnen zugeschnitten. Man beginne mit der längsten (Fig. 542).

Gaffelsegel, die unter die Gaffel geholt werden können, erfordern ein wenig Aufmerksamkeit, denn wenn das Segel unter die Gaffel geholt ist, werden das Achterliek und das lose Segel schlagen, wenn das Achterliek zu lang ist, - wenn es zu kurz ist, kann es nicht eingeholt werden, ohne daß die Schot gelockert werden muß. Diesem Mißstand ist abzuhelfen, wenn Achterliek und Diagonale gleich lang gemacht werden; eventuell muß man das Achterliek 1/2 bis 1 Fuß länger machen, um das Segel leichter einholen zu können.

Anmerkung: Baumsegel sind oftmals recht breit und recken sich von der Schot zur Klau und vom Hals zur Nock, dadurch liegt der größte Teil des Segels achter den beiden Linien, an denen das Segel sich reckt. Das Segel wird aus diesem Grund leicht bauchig. Das suchen einige Segelmacher zu verhindern, indem sie auf die achteren Kleider mehr Lose geben, wenn das Segel genäht wird. Ca. 1/4" pro Fuß (nicht mehr) können angemessen sein, man darf aber nur auf einen Teil der Nähte Lose geben. Ich habe versucht, das auf der Zeichnung durch eine kurvige Linie deutlich zu machen, sie beginnt kurz unter der Nock, geht nach innen zur fünften Bahn des Segels und beim ersten Reff wieder hinaus. Die achtere Naht ist innerhalb der Linie 32' lang. 32' bis 1/4" ergibt 8" Lose, die nächstachtere Naht hat 27', also 6 3/4" Lose, die dritte Naht hat 21', also 5 1/4" Lose, die innerste 10', also 2 1/2" Lose. Um Lose einnähen zu können, müssen die Kleider länger zugeschnitten werden als sonst: Nr. 4 2 1/2" länger, Nr. 3 (2 1/2" + 5 1/4")

7 3/4" länger, Nr. 2 (2 1/2" + 5 1/4" + 6 3/4") 14 1/2" länger und Nr. 1 (2 1/2" + 5 1/4" + 6 3/4" + 8") 22 1/2" länger.

Diese Lose wird nach und nach ausrecken, und das Segel wird größer werden als sonst, dem muß Rechnung getragen werden, indem man das Segel entsprechend höher in der Schot und niedriger an der Nock macht. Gaffelsegel werden immer von oben genäht, und zwar so, daß man **zuerst die achterste Bahn auf die nächstachtere näht**, die nächstachtere auf die folgende usw.. Es ist leichter, Tuch auf diese Art einzunähen, als wenn man zuerst das nächstachtere auf das achtere (Steuerbord-Saum) näht usw., weil man die Lose leichter einnähen kann, wenn sie obenauf liegt.

Das letzte Tuch muß an der Nock ein wenig nach unten abgerundet werden, um zu verhindern, daß das Achterliek nach Lee geblasen wird und sich vielleicht bei starken Winden kaputtschlägt. Auf Fig. 543 sind für die Rundung 6" angegeben. Selbst wenn an der Achterkante des Segels keine lockeren Nähte sind, muß die Nock doch ein wenig gerundet werden. Auch die Klau wird ein wenig gerundet, ca. 6", für den Beschlag unter der Gaffel und für die Mattenlänge. Man beginnt damit 2 bis 3 Fuß unten am Vorliek bis einige Fuß auf das Gaffelliek. Beim Hals rundet man das Vorliek auf den letzten 2 bis 3 Fuß 6 bis 8", sonst holt die Halstalje das Vorliek nieder, ohne daß die Lose aus Segel oder Unterliek herausgeholt werden würde.

Achterliek und Oberliek bekommen einen 4" breiten Saum, der festgenäht wird; an Unterliek und Vorliek entlang werden 3" umgeschlagen.

Von der Schot bis 2' über das zweite Reff wird eine bahnbreite Verdopplung an der Achterkante entlanggelegt, von dort aus nach oben bis ca. 3' von der Nock näht man eine halbe Bahnbreite und auf das letzte Stück wieder eine ganze Bahnbreite. Am Vorliek entlang näht man eine halbe Bahnbreite als Verdopplung mit Ausnahme der letzten 3' vom Hals, wo man eine ganze Bahnbreite aufnäht. Wenn man für die Reffs Verdopplungen wünscht, ist 1/4 Breite genug, sollen Lappen für Schot und Reffkauschen auf das Segel genäht werden, so laufen sie schräg über die Bahnen und werden meist keilförmig zugeschnitten (Fig. 543). Für alle Verdopplungen und Bänder gilt, daß sie nicht zu stramm aufgenäht werden dürfen, außerdem müssen die Enden bis ganz hinaus zum Liek unter die Verdopplung gehen. Es wird das Segel verstärken, wenn man ein- oder mehrmals durch alle Lagen hindurchnäht, zum Beispiel in Halbkreisen bei Reff- und Halskauschen.

Lappen werden nicht von der Segeltuchkante aus zugeschnitten, sondern querüber, so daß sie dem Fadenlauf des übrigen Segels entsprechen, wenn sie aufgenäht sind.

Verdopplungen werden auf das Segel genäht, um es an den Stellen zu verstärken, auf denen meiste Kraft steht.

Alle Säume, Reffbänder und Verdopplungen werden auf die Steuerbordseite des Segels gelegt.

Für jede Reffmatte und für jedes Mastband werden je zwei Gatts genäht (der Abstand zwischen den Mastbändern beträgt 2'3"). In das Oberliek werden auf jede 2/3 Bahnbreite Gatts genäht, für die Reffbändsel werden Gatts im gleichen Abstand genäht (wenn es ein Reffband gibt) sonst nur in jede Naht. Bevor das Segel eingeliekt wird, schlägt man Kauschen in die Löcher an Vor- und Oberliek.

Das Liek um das Segel hat verschiedene Stärken. Von der Schot hinauf über das letzte Reff ist das Liek am schwersten, von dort aus ist es bis ca. 4' unter die Nock dünner, danach ist es bis zur Brille wieder schwerer. Das Oberliek ist genauso dünn wie das dünne Achterliek, bis ca. 3' vom Klauhorn, darum herum und am Vorliek hinunter, am Hals vorbei, bis ca. 3' auf das

Unterliek nimmt man wieder schweres Liektau, am Unterliek entlang ist das Liek wieder dünner, bis ca. 4' von der Schot entfernt, wo es mit dem schweren Liek zusammengespleißt wird, das bis zur Brille in der Schot verläuft.

Das Anlieken beginnt an der Nock: Man spleißt das Liek um die Kausch in der Brille, über den Spleißen legt man pro Fuß 2" loses Tuch ein, auf den nächsten 3 bis 4 Fuß am Achterliek entlang näht man 1/2" pro Fuß ein, auf den folgenden 3 bis 4 Fuß werden Liek und Tuch gleichmäßig miteinander vernäht, und auf ca. einem Drittel des Achterlieks näht man ein klein wenig loses Liek mit ein. Ca. 5' über dem oberen Reff beginnt man damit, das Liek gleichmäßig mit einzunähen, ca. 2' über dem Reff näht man ca. 1/4" Tuch pro Fuß mit ein, derart fährt man fort bis ca. 3' über dem Schothorn. Von dort aus und weiter nach unten legt man mehr Tuch ein, ca. 1/2" pro Fuß und gut 2" pro Fuß über dem Spleiß. Man muß dafür sorgen, daß die Schot des Segels sich gut über der Brille streckt, so daß das Segel an der Schot nicht zwischen den zwei Lieken bricht. Am Unterliek beginnt man mit dem Einnähen von wenig Tuch auf den ersten Fuß, auf dem Rest wird kein Tuch mehr eingenäht, einige Fuß vor und um den Hals herum näht man wieder ein wenig Tuch mit ein. An Vorliek und Oberliek werden Tuch und Liek gleichmäßig miteinander vernäht, nur an Klauhorn und Nock wird wieder ein wenig eingenäht.

Baumsegel können auch sternenförmig zugeschnitten werden. Die Halbierungsnaht geht dann von der Schot bis zum Klauhorn. In der oberen Hälfte verlaufen die Kleider wie gewöhnlich parallel zum Achterliek, während sie in der unteren Hälfte parallel zu einer Linie zwischen Schot und Hals verlaufen.

Gaffeltopsegel werden sowohl dreikantig als auch vierkantig genäht. Feste Gaffeltopsegel, die mit Mastbändern an der Stenge befestigt sind, sind fast immer dreieckig (spitz).

Die **Höhe des Vorlieks** mißt man vom unteren Ende der Kinnbacken bis zum Bolzen im Scheibengatt des Falls oben auf der Stenge (Fig. 544). Die Länge des **Unterlieks** ist gleich der Länge der Gaffel vom Mast aus bis zum Scheibengatt oder Block der Schot auf der Gaffel.

Das **Achterliek** mißt man mit einem Garn vom Scheibengatt der Gaffel aus nach oben zum Scheibengatt in der Stenge, wenn man aber keine Möglichkeit hat, die Gaffel aufzuheißen, muß man den Winkel wissen, den sie mit der Horizontale bildet, außerdem den Neigungswinkel des Mastes oder den Winkel der Gaffel mit dem Mast. Außerdem mißt man vom Scheibengatt der Stenge hinunter zum Eselshaupt.

Zuerst setzt man eine Linie ab, die die Stenge vorstellen soll, und von dort aus 36'5" als Vorliek. Bei diesem Beispiel wurde für das Reck 1" pro Fuß von allen Maßen bereits abgezogen, und das ist nicht zuviel, da sich das dünne Tuch stark reckt, auch muß damit gerechnet werden, daß die Gaffel höher kommt, wenn das Großsegel trocken und stark gestreckt ist. Das Segel sollte aber lieber zu klein als zu groß sein. Dann schlägt man von dem untersten Punkt a auf der Linie einen Bogen mit dem Radius 22' für das Unterliek und von dem oberen Endpunkt b einen Bogen mit dem Radius der Länge des Achterlieks, 28'2". Am Schnittpunkt dieser beiden Bögen befindet sich der Platz für die Schot. Die Form des Segels ist damit bestimmt, und es kann zugeschnitten werden. Um das Schamfilen des Segels am Eselshaupt, an den Piekfallblöcken und der Saling zu vermeiden, rundet man es vom unteren Mastband bis hinunter zum Hals oft an der Vorderkante ein. Aus diesem Grund setzt man 18'10" von b, Fall und am Vorliek hinunter ab, und von der Linie a b setzt man nach hinten kurz über dem Hals 2'6" ab, von dort zieht man eine gleichmäßige Kurve (Fig. 544, 545 und 546).

Dem Unterliek bleiben von a nach b nur 19'. Dann errichtet man eine winkelrechte Linie auf dem Achterliek bei der Schot s, eine zweite, höhere, auf dem Achterliek g h, teilt diese zwei Linien in Bahnen mit 1 1/4" Naht ein und errechnet die Schräge. Man beginnt an der Achterkante mit dem Zuschneiden des Segels; die einzelnen Bahnen werden nach dem Zuschneiden so aussehen, wie auf Fig. 545 gezeigt wird. An Achter- und Unterliek wird das Segel 3" breit umgeschlagen, am Vorliek 4". Für Schothorn, Fallhorn und Halshorn näht man Verdopplungen auf (Fig. 546), entlang dem Vorliek, über der Stelle, wo das Segel eingerundet ist, näht man alle 2'3" Gatts, um die Mastbänder einzunähen. Mitten auf die Achterkante näht man ein Gatt, in welches man ein Klote bändselt, durch das der Niederholer geschoren wird.

Das Liek wird lose an die Achterkante genäht, an Vorder- und Unterkante aber gleichmäßig. Über Spleißen, an Schot, Hals und Fallhorn wird Tuch mit eingenäht, damit das Liek die größte Belastung tragen kann und das Tuch nicht reißt. Die Halskausch wird in das Liek gespleißt, in Fallen und Schot werden Matten angebracht. Vorliek und Achterliek sind oft gleich dick, gehen um die Schot herum und werden mit dem dünnen Unterliek zusammengespleißt.

Das **Ändern von Segeln** sollte eigentlich nie nötig sein, außerdem gelingt es einem nicht immer, dem fertigen Segel durch Ändern eine Form zu geben, durch die es in der Lage sein wird, die Windkraft voll auszunutzen. Zu breite **Rahsegel** können schmaler gemacht werden, wenn man eine Bahn aus der Mitte herausnimmt; Unter- und Oberliek werden mit Langspleißen wieder verbunden. Rahsegel, die zu hoch sind, können niedriger gemacht werden, wenn man die Kanten des Saumes am Oberliek löst, einen Streifen querüber abschneidet und die Kanten mit einer Rundnaht zusammennäht, die von dem Saum bedeckt werden muß, wenn diese wieder festgenäht wird. Seitenlieken können verkürzt werden, Oberliek und Unterliek sollte man aber nicht anrühren.

Bei einem **Baumsegel**, das zu breit ist, nimmt man die vorletzte oder die vorvorletzte Bahn heraus. Das Oberliek wird oben gespleißt, nachdem man von der achteren Bahn ein wenig abgeschnitten hat, so daß sie der Höhe der anderen Bahnen entspricht. Unterliek, Oberliek und Achterliek werden verkürzt.

Wenn das Segel zu hoch ist, muß oben etwas abgenommen werden. Dadurch wird das Segel unter der Gaffel breiter, als es vorher war, es sei denn, daß man ein keilförmiges Stück herausnehmen kann, das ungefähr an der Nock 1 1/2 mal so breit ist wie am Klauhorn.

Vorsegel leiden meist darunter, daß sie entweder zu bauchig oder zu stramm über der Schot stehen, oder daß das Achterliek killt. Wenn das Segel zu bauchig ist, muß man das Vorliek entfernen, den Saum auftrennen und breiter einlegen, am meisten an den Stellen, wo das Segel am bauchigsten ist. Man muß neue Gatts nähen und das Vorliek wieder annähen. Wenn das Segel über der Schot stramm sitzt, muß es am Vorliek beim Hals und beim Fall stärker gerundet werden; es hilft auch, wenn eines der Lieken killt, es sei denn, daß das Liek zu lose angenäht wurde - dann muß es abgetrennt und verkürzt werden.

Gaffeltopsegel, die zu groß sind, werden am leichtesten geändert, indem man eine Bahn - am besten die vorletzte - herausnimmt.

Bootsegel kommen in vielen verschiedenen Formen vor; an dieser Stelle sollen Sprietsegel (Fig. 446 A und C), Luggersegel (Fig. 446 B) und Lateinersegel (Fig. 446 D) besprochen werden. Die erste Form ist hauptsächlich im Norden verbreitet, die zweite in England und die letzte im Mittelmeer; jede für sich hat ihre Vorteile, was hauptsächlich mit den Verhältnissen zu tun hat, unter denen sie benutzt werden.

Großsegel (Fig. 446 A) werden aus dünnem Baumwolltuch oder Leinen genäht. Die einzelnen Bahnen werden mit einem doppelten Saum verbunden, die Naht ist 3/4" breit, rund um das Segel wird ein Saum von 1 1/2" Breite gelegt. Auf die vier Ecken kommt eine kleine Verdopplung, um den Zug der Matten auf das ganze Segel zu verteilen, an jedes Reff wird eine kleine Matte mit Kausch gesetzt. Entlang dem Mastliek setzt man schmale Matten für die Reihleine um den Mast.

Das Anlieken beginnt damit, daß das Liek ganz ausgedünnt wird und ca. 1' vom Hals an die Unterkante der Backbordseite genäht wird. Es setzt sich um den Hals, am Vorliek entlang **gleichmäßig** fort. Um das Klauhorn wird wenig Tuch genommen, am Oberliek entlang werden Liek und Tuch gleichmäßig zusammengenäht, ein wenig dichter das Liek um die Nock. Von dort aus steckt man das Liek nach innen zu den Reffs hinunter, davon gibt es in der Regel 2 oder 3 Stück, von dort aus gleichmäßig hinuter zur Schot, wo auf dem letzten Fuß Tuch eingenäht wird. An der Unterkante läuft das Liek dünn aus und endet ca. 1' von der Schot entfernt; an der Unterkante gibt es also kaum Liek, mit Ausnahme des letzten Fußes an Hals und Schot. Die Nähte werden unten an den Bootssegeln ein wenig breiter gemacht, ca. 1 1/2mal die Breite.

Die Stagfock (keine Rundung am Vorliek) wird genauso genäht und geliekt wie das Großsegel, sie wird mit zwei Reffs versehen. Der Klüver (Fig. 446 C) bekommt ein wenig Rundung am Vorliek, man näht ein wenig Tuch ein, damit das Vorliek dicht stehen kann, wenn das Segel gesetzt ist.

Bei **Luggersegel** verlaufen die Bahnen parallel zum Achterliek, die Schräge ist auf die anderen drei Lieken verteilt. Die Nähte werden unten ein wenig breiter gemacht, laufen aber zum Vorliek hin spitz aus. Das Segel hat in der Regel 3 bis 4 Reffs, größere Segel 8 bis 10. Um das Segel an die Rah zu setzen, werden oben Gatts hineingenäht. Am Vorliek wird Tuch eingenäht. Das Oberliek wird **gleichmäßig** angenäht, das Achterliek (bis auf die Schot) lose; unten gibt es kein Liek.

Das **Lateinersegel** hat seine Rundung am Oberliek, wird aber sonst genauso genäht und geliekt wie das Luggersegel.

Anstelle der genähten Gatts mit Grummets verwendet man auch gern Messingringe.

Sollte das Vorangegangene den Nicht-Fachleuten die Segelmacherarbeiten ein wenig nähergebracht haben, so daß auch die Ungelernten kleinere anfallende Arbeiten möglicherweise selbst auszuführen imstande sind, dann hat sich die kurzgefaßte Anleitung gelohnt.

Wenn man doch einmal bei einer der Arbeiten im Zweifel sein sollte, so ist es am besten, ein vorhandenes Segel der gleichen Art genau auszumessen oder es sogar auszubreiten und die Umrisse abzuzeichenen, d.h. das Segel in Orginalgröße zu übertragen. Danach schneidet man die Bahnen von der Achterkante an zu, bis sie die angegebene Fläche bedecken, dann befestigt man die Bahnen mit kleinen Stichen hier und da aneinander. Die folgende Bahn liegt eine Nahtbreit über der ersten und wird nach den vorgegebenen Umrissen zurechtgeschnitten usw. Man darf nur nicht vergessen, die Bahnen zu befestigen und zu markieren, außerdem muß man daran denken, daß das Muster, also das alte Segel, gereckt ist. Das neue Segel muß also ein wenig kleiner zugeschnitten werden, abgesehen von dem, was in die Säume geht. Es gilt auch zu bedenken, daß die Schoten alter Baumsegel in der Regel zu tief liegen, weil die Kleider sich schräg zur Schot hin strecken. Das gleiche gilt für die Schoten von Rahsegeln.

Anhang 2

Umrechnungstabellen

Alte dänische Fuß und Zoll zu englischen Fuß und Meter

Dänisch		Englisch		Meter	Dänisch	Englisch	Meter
Fuß	Zoll	Fuß	Zoll	Meter	Fuß	Fuß	Meter
	1		1,03	0,026	**11**	11,327	3,452
	2		2,06	0,052	**12**	12,357	3,766
	3		3,09	0,078	**13**	13,386	4,080
	4		4,12	0,104	**14**	14,416	4,394
	5		5,15	0,131	**15**	15,446	4,708
	6		6,18	0,157	**16**	16,471	5,022
	7		7,21	0,183	**17**	17,505	5,336
	8		8,24	0,209	**18**	18,535	5,649
	9		9,27	0,235	**19**	19,565	5,963
	10		10,30	0,261	**20**	20,594	6,277
	11		11,33	0,288	**30**	30,891	9,416
1		1,030		0,314	**40**	41,189	12,554
2		2,057		0,628	**50**	51,486	15,693
3		3,089		0,942	**60**	61,783	18,831
4		4,119		1,255	**70**	72,080	21,970
5		5,149		1,569	**80**	82,377	25,108
6		6,178		1,883	**90**	92,674	28,247
7		7,208		2,197	**100**	102,971	31,385
8		8,238		2,511	**200**	205,943	62,771
9		9,267		2,825	**300**	308,914	94,156
10		10,297		3,139	**400**	411,885	125,541

Dänische Faden zu Meter (m)

Faden	**0**	**1**	**2**	**3**	**4**	**5**	**6**	**7**	**8**	**9**
0	0,00	1,88	3,77	5,65	7,53	9,42	11,30	13,18	15,06	16,95
10	18,83	20,71	22,60	24,48	26,36	28,25	30,13	32,01	33,90	35,78
20	37,66	39,55	41,43	43,31	45,19	47,08	48,96	50,84	52,73	54,61
30	56,49	58,38	60,26	62,14	64,03	65,91	67,79	69,68	71,56	73,44
40	75,32	77,21	79,09	80,97	82,86	84,74	86,62	88,51	90,39	92,27
50	94,16	96,04	97,92	99,81	101,69	103,57	105,45	107,34	109,22	111,10
60	112,99	114,87	116.75	118,64	120,52	122,40	124,29	126,17	128,05	129,94
70	131,82	133,70	135,58	137,47	139,35	141,23	143,12	145,00	146,88	148,77
80	150,65	152,53	154,42	156,30	158,18	160,07	161,95	163,83	165,71	167,60
90	169,48	171,36	173,25	175,13	177,01	178,90	180,78	182,66	184,54	186,43

1 dänischer Faden = 3 alte dänische Ellen = 6 alte dänische Fuß

Alte dänische Quadratzoll zu Quadratzentimeter

Quadratzoll	1	2	3	4	5	6	7	8	9	10	11	12
Quadrat-zentimeter	6,84	13,68	20,52	27,36	34,20	41,04	47,88	54,72	61,57	68,41	75,25	82,09

Alte dänische Quadratfuß zu Quadratmeter

Quadratfuß	1	2	3	4	5	6	7	8	9	10
Quadrat-meter	0,099	0,197	0,296	0,394	0,493	0,591	0,690	0,788	0,887	0,985

Alte dänische Kubikzoll zu Kubikzentimeter

Kubikzoll	1	2	3	4	5	6	7	8	9	10	11	12
Kubikzen-timeter	17,89	35,78	53,67	71,56	89,46	107,35	125,24	143,13	161,02	178,91	196,80	214,69

Alte dänische Kubikfuß zu Kubikmeter

Kubikfuß	1	2	3	4	5	6	7	8	9	10
Kubikmeter	0,0309	0,0618	0,0928	0,1237	0,1546	0,1855	0,2164	0,2473	0,2782	0,3091

Alte dänische Pfund zu Kilogramm, dänischen, englischen und französischen Tonnen

1 Pfund = 0,5 Kilogramm (kg).
1 Zentner = 100 Pfund = 50 kg
1 englische Tonne = 2240 englische Pfund = 2032 dänische Pfund oder 1016 kg.
1 französiche Tonne = 1000 kg.

Anhang 3

Stichwortregister

Abdrift 231
Abfallen, Bark 271
Ablösung (Wache) 393
Achterdeck 76
Achterholer 160
Achterlast 79
Achterpiek 79
Achterschott 79
Achtersteven 73
Achtknoten 11
Ahle 62
Altweiberknoten 18
Anker 239
Anker ausbringen 250
Anker lichten 273
Anker verloren 253
Ankerkette 87
Ankerklüse gesprungen 330
Ankermanöver 242, 254
Ankern 272
Ankern mit 2 Ankern 248
Ankerspill 243
Ankertalje 177
Ankerwache 393
Anker, Katten des 240
Anluven 229
Arbeitstalje 19
Aufgeien 262
Aufholungsbeting 285
Auflanger 74
Aufriggen eines Schiffes 200
Aufschießen von Tauwerk 9
Augspleiß 35
Augspleiß, Drahttauwerk 40
Ausguck 392
Außenhaut 95
Außenklüverfall 178
Außenklüverniederholer 178
Außensteven 73

Back 76
Backliegen 270
Bänder 76
Bändsel 56
Bändsel ohne Kreuztörn 57
Bändsel, Achttörn- 56
Bändsel, Kreuz- 58
Bändsel, Tausendbein- 56
Bändsel, gekreuztes - 56
Bändselleine 3
Bändselschraube 63
Bändsel, Draht- 60
Bändsel, Want- 57
Balken 306
Balkenstek 16
Balkweger 76
Ballast 291
Ballastpforten 78
Ballasttanks 79
Ballen 304
Bark, Fünfmast- 119
Bark, Schoner- 123
Bark, Viermast- 120
Bark, laufendes Gut 136, 170
Bark, stehendes Gut 130
Bauchgordingstek 15
Baum gebrochen 327
Baumdirk 175
Baumsegel, Anfertigung 420
Baumwegerung 76
Baumwolle 5, 312, 315
Befeuerungsbücher 370
Bemalen von Knoten 27
Beplankung binnenbords 75
Berger 340
Besangeitau 181
Besanstütztalje 175
Besanwant 162
Besan-Brampardunen 163
Besan-Oberbramstagsegelfall 180
Besan-Stagsegelfall 180
Besan-Stengepardunen 162
Besteckkammer 80
Binnenklüver 178
Binnensteven 74
Bleimennige 279
Bleiweiß 66
Blindspleiß, Drahttauwerk 43
Block, Einzelteile 63
Block, Fuß- 64
Block, Gien- 64
Block, Katt- 64
Block, Kinnbacken- 64
Block, Klump- 64
Block, Patentscheiben 66
Block, Puppen- 64
Block, Reinigung 65
Block, Steert- 67
Block, Violin- 64
Block, einscheibiger 64
Block, eisenbeschlagener 64
Bock 61
Bodenfarbe 280
Bodenwrangen 74, 92
Bojereepstek 20
Boote 282, 358
Boote, Aussetzen 360
Bootsknoten 15
Bootsmann 385
Bootsmannsstuhl 55
Bootssegel 425
Brambrasse, Schoner 197
Bramfallspill 243
Bramschot, Schoner 196
Bramsegel, Anfertigung 413
Bramstagsegel, Reiter an 169
Bramstenge 211
Brandung 277
Brasse gebrochen 326
Brassenschenkel 170
Brasspill 173
Brasswinde 174
Bretter 306
Brigantine 123
Brigg 122
Brudes Rettungsboot 356
Brunnen 79
Bruttoregistertonnage 110
Buchenholz 84
Bucht mit Knebel 14
Buchtspleiß 38
Bug 78
Buggording 183
Bugsieren 274
Bugspriet einsetzen 204
Bulins 182
Bullaugen 99
Bullentalje 175

Dampfspill 318
Davits 80
Deck 76
Decksbalken 76, 94
Deckshaus 80
Decksladung 307
Decksplanken 76
Decksstringer 95
Decksstützen 76
Deutsche Regel 110
Diamantknoten 27
Diametralriß 83
Dirk 175
Dönvigs Rettungsboje 355
Dogshank 17
Donau Regel 110
Doppelter Palstek 13
Drachen 353
Draggen 240
Draht 5
Drahtliek 402
Drahtstopper 243
Drahttrossen 282
Drehknüppel 62
Drehreep 70, 184
Dritthand 19
Dwars 230
Dynamit 316

Eichenholz 84
Eichenstäbe 306
Einfacher Laufknoten 14
Eisen und Stahl 85
Eisenbahnschienen 314
Eisendeck, Schutz 281
Eissignale 374
Eis, Ladung 313
Engelhardt Collapsible Lifeboat 356
Englische Regel 110
Englischer Knoten 18
Eschenholz 84
Etmal 231
Explosion 339
Explosionsgefahr 314

Fässer 310
Fahrt vermindern 271
Fahrwasserbeschreibungen 369
Fahrwassermarkierungen 375
Fallreep 77
Fallreepsknoten 26
Falscher Knoten 18
Faltenkragen 404
Farbblindheit 381
Festmachen an Pollern 14
Festmachen eines Endes 12
Festspant 74
Feuchtigkeit 317
Feuer an Bord 338
Fichtenholz 84
Fid 62
Finknetzreling 77
Fischerstek 15
Fischtalje 177
Fischung 77
Flachs 5
Flämisches Auge 36
Flaggenleine 187
Flaggleinenstek 18
Flurweger 76
Fockbrassen 170
Fockgeitau 181
Fockgordings 182
Fockmast, Toppardunen 152
Fockpferde 165
Fockschoten 182
Fockstag 191
Fockstag, Länge 150
Fockwanten 188
Fockwant, Länge 152
Fock-Refftaljen 182
Fock, Anfertigung 414
Foksen 33
Freibord 108
Freihandknoten 18
Früchte 310
Fuchsjes 33
Füllstücke 75
Fußpferde 165

Gänge, Strake 75
Gaffel gebrochen 327
Gaffelgerden 175
Gaffelliek 420
Gaffelschoner 128
Gaffelschoner, Dreimast- 124
Gaffelschoner, Viermast- 124
Gaffeltopsegel 199
Gaffeltopsegelhals 181
Gaffeltopsegel, Anfertigung 420
Galeasse 128
Galerie 78
Galion 78
Galionsschegg 73
Garn 1
Garnierung, Korn 308
Garnstropp 49
Geerden, Gaffel- 175
Gefahrensignale 373
Gehorsam 393
Gei auf! 264
Geitau 181
Geitau gebrochen 326
Gekreuzter Laufknoten 14
Getreide 304
Gien 68
Gien, sechsscheibige 69
Gillung 78
Glas 391
Gordings 186
Gordingstek 16
Granit 312
Grastauwerk 5
Großbrassen 172
Großlast 79
Großsegel, Schoner 189
Großstag 194
Großwant 161
Großwanten 189
Groß-Brampferde 168
Groß-Bramstag 161
Groß-Bramstagsegelfall 179
Groß-Bram-Topnanten 165
Groß-Mars-Niederholer 164
Groß-Oberbramstag 161
Groß-Oberbramstagsegelfall 179
Groß-Obermarsbrassen 172
Groß-Obermars-Topnanten 164
Groß-Pferde 166
Groß-Stengestag 161
Groß-Stengestagsegelfall 179
Groß-Topnanten 163
Groß-Toppardunen 161
Groß-Untermarsbrassen 172
Grubenhölzer 306
Grummet (Taukranz) 48, 399
Grundberührung 334
Gußeisen 85

Hängeknie 76
Häute 313
Hakenschlag 19
Halbstek mit Rundtörn 16
Halse, Schoner 270
Hals, Gaffeltopsegel- 181
Handkurbel, Ankerspill 246
Handpferde 167
Handspake 63
Hanf 1
Haut 78
Havarie 326
Heck 78
Heckbalken 74, 96
Heckmittelspant 75
Heckreling 75
Heckspanten 75
Hinterhandknoten 14
Hochwasser 372
Holzdeck 99
Holzladung 304
Holz, Anstrich 280
Hufeisenspleiß 36
Hundewache 392
Hundspünt 31
Hygrometer 108

In den Wind schießen 271

Jagerfall 177
Jagerfall, Schoner 194
Jagergei 193
Jagerhals, Schoner 194
Jagerpferde 169
Jagerschenkel 177
Jagerschot, Schoner 194
Jagerstag 192
Jagerstampfstag 193
Jager-Niederholer 177
Jagt 129
Jolle mit Klappläufer 68
Jolltau, Jolle 68
Journal 339
Journalführung 339
Judasohren 74
Jungfern einsetzen 148
Jungfern, eisenbeschlagene 149
Jungmann 384

Kabelgarnknoten 30
Kabelgat 79
Kabeltau 4
Kajüte 80
Kajütenjunge 387
Kalfaten 90
Kannenschlinge 23
Kantspant 74
Kantsteine 312
Kapitän 389
Kappen 77
Karbit 315
Kardeel 2
Kardeelstropp 20
Kattning 32
Katzenpfote 21
Kettenkasten 79
Kettenknoten, Doppelter 17
Kettenspleiß 40
Kettenstek 12
Kettenstopper 243
Kettenzurring 61
Kiefernholz 84
Kiel 73
Kielgang 75
Kielholen 283
Kielplatten 94
Kielschwein 75, 94
Kiel, flacher 92
Kimm 78
Kimmkiel 78, 290
Kimmkiele 114
Klampen 12
Klassifikationsgesellschaften 91
Kleidkeule 47
Kleidung 44
Klote (Klotje) 67
Klüsen 78
Klüverbaum 143, 219
Klüverbaum gebrochen 328
Klüverbaum, Reiter an 69
Klüverfall, Schoner 194
Klüvergei 193
Klüverhals, Schoner 194
Klüverpardunen 160
Klüverpferde 169
Klüverstag 159, 192
Klüverstampfstag 193
Knittels 33
Knoten 11, 232
Knoten auf einer Bucht 17

Koch 387
Kohle 305, 314
Kohlebunker 79
Kohlesegel 407
Kohle, Schmiede- 304
Kokostauwerk 5
Kollision 337
Kollisionsschott 79
Kombüse 80
Kommandos, Segelsetzen 259
Kompaß 99, 368
Konstruktionsbreite 83
Kontratörn 12
Kopfschlag 12
Korkfender 55
Korn, Loses 308
Krängung 113, 237
Kran 61
Kranbalken 80
Kreuzholz 12
Kreuzknoten (Reffknoten) 18
Kreuzmast 120
Krone 25
Krüppelwinde 242
Kuff 129
Kupfer 86
Kupferüberzug 288
Kurzspleiß 36
Kurzspleiß mit Auge 33
Kurzspleiß, Drahttauwerk 43
Kutterstagbindung 149

Lademarken 109
Laden und Löschen 317
Ladepforten 77
Ladeplan 303
Laderaum 79
Ladetakel, spanischer 69
Ladewasserlinie 83
Ladung 292
Ladung, Decks- 307
Ladung, Getreide- 308
Ladung, Stauen 300
Lägel (Legel) 23
Länge zwischen den Loten 83
Längsschiffrichtung, Laden 313
Längsschott 291
Längsschotten 79
Lampen 339
Landen mit Boot 277
Langspleiß 38
Laschung 62
Lastschwerpunkt 256
Lateinersegel 426
Laternen 379
Laufknoten 15
Laufknoten mit Knebel 12
Leck 330
Leckstopper 331
Leesegelstek 15
Legel (Lägel) 23
Lehrzeit 383
Leibholz 76
Leiter gebrochen 326
Lerchenkopf 16
Licht 379
Liebesknoten 17
Liek 400
Liektauwerk 400
Livingstone 332
Löschen und Laden 317
Löschen, Feuer 338
Löschen, schwere Lasten 322
Löschspill 317
Log 367
Logis 80
Loskiel 73
Lot 364
Lotse 371
Lot, vorderes und hinteres 83
Luftsegel 407
Luftventile 80, 305
Lugger 130
Luggersegel 426
Luken 77, 281
Lukenbalken 98
Lukensüll 98
Luv-Ruder 230

Mahagoniholz 84
Malen 279
Malerschapp 79
Manilahanf 5
Mann über Bord 361
Mannschaft 383
Manöver mit Boot 276
Markierung, Ladung 314
Marlleine 4
Marlleinenschlag 20
Marlpfriem 62
Marlspieker 61
Mars 208
Marsbrassen 171
Marsstenge 209
Mast über Bord 329
Masten, Einsetzen von 202
Masten, Schutz 282
Mastkragen 402
Mastkran 200
Mast, Notmast 330
Material 1
Materialprüfung 87
Matrose 384
Matte, Schwert- 53
Matte, englische 51
Matte, französische 53
Matte, genähte 55
Matte, gespickte aus Segeltuch 54
Matte, spanische 53
Metazentrum 112
Mitteilungen an die Reederei 339
Mittelspantriß 83
Mooring 249
Morsen 374

Nachrichten für Seefahrer 371
Nachthaus 80
Nagelbank 77
Naht 75
Nationalflagge 382
Navigation 364
Nebelsignale 371
Nettoregistertonnage 110
Netzleine 4
Niedergänge 99
Niederholer 180
Niederholer gebrochen 326
Niedrigwasser 372
Nieten 88
Nockbändsel 224
Nockgording 183
Notmast 330
Notruder 342
Notsignale 381
Nüstergatt 76
Nullspant 74

Oberbram-, s. auch Royal 184
Oberlast 79
Oberlichter 80, 99
Obermars-Nockpferde 167
Oel 348
Ohrholz 74
Ordnung 393
Ornamente 78

Palstek (Pfahlstek) 13
Pardune gebrochen 327
Pardunen, Reiter an 169
Pardunen, Spriet- 160
Pardunen, Stenge- 152
Patentanker 239
Patentfarbe 280
Patentreff 219
Patenttaljen 72
Pentertakel 70
Persenning 404
Petroleumlicht 380
Pfähle 306
Pfahlstek (Palstek) 13
Pferde 165
Pferde, Hand- 167
Pferde, Jager- 193
Pferde, Nock- 166
Piekfall 69, 174
Pitchpine 85
Pitprops 306
Planken 306
Platting 49
Platting, gespickte 51
Platting, halbrunde 51
Platting, runde 51
Platting, viereckige 51
Platting, Fünf-Garn- 50
Platting, Kronen- 50
Platting, Sieben-Garn- 50
Platting, französische 50
Platting, vierkantige 50
Plimsoll, Samuel 108
Pockholz 85
Poller 80
Poop 76
Pricker 62
Püttings 78
Püttingseisen 157
Pullen 275
Pumpen 80

Rack 217
Rack gebrochen 327
Radiotelegraf 374
Rah gebrochen 327
Rahen, Aufbringen 213
Rahsegel 177

Rahsegel, Anfertigung 407
Rah, Bram- 215
Rah, Royal- 215
Rah, Untermars- 214
Rah, Unter- 216
Raketenapparat 352
rank 111
Ransomhölzer 75
Ratten 282
Rechtgeschlagenes Tau 2
Reck (Segel) 422
Reederei, Mitteilungen an die 339
Reepschläger 1
Reffknoten (Kreuzknoten) 18
Refftaljen 182
Reiter 169
Relingsstützen 74
Reparatur von Kleidung 48
Rettungsapparat 352
Rettungsboot 357
Rettungsgeräte 353
Rettungswesen 351
Richtspant 74
Rigg, Kappen des 147
Rigg, Vermessen 145
Roof 80
Rosenknoten 27
Rosetten für Matten 51
Rost 278
Rostkuchen 281
Royalsegel, Anfertigung 414
Royalstenge 211
Royal-, s. auch Oberbram 184
Ruder 96, 342
Ruderfingerlinge 96
Ruderkette gebrochen 330
Ruderkoker 96
Rudermechanik 343
Ruderwirkung 256
Ruder-Kommandos 344
Rüsten 78
Rumpf 73
Rundtörn 12

Säure 316
Salpeter 311
Salz 313
Schaber oder Schrapper 289
Schaden 333
Schamfilkontrolle 282
Schandeck 74
Schandecksleiste 78
Schanzkleid 99
Schauermannsknoten 25
Schauermannsknoten, Auge mit - 28
Schegg 73
Schergang 75
Scherleinenknoten 18
Schiefer 313
Schiemannsgarn 4
Schiemannsgarnmühle 45
Schiffbruch 352
Schiffsboden 77
Schiffsjunge 382
Schiffspflege 278
Schiffsrat 333
Schiffszeichnung 83
Schladding 49
Schleppen 274
Schlepptau 2
Schlepptrosse auf Ankerkette 252
Schlinge, gewöhnliche 21
Schlingen 77
Schlingerkiele 78
Schlingerplatten 95
Schlup (Slup) 130
Schmarting 44
Schmied 386
Schmiedeeisen 85
Schmierreep 219
Schnürboden 83
Schoner, laufendes Gut 143
Schonerschot 197
Schonersegel, lfd. Gut 198
Schoner, Klüverbaum 143
Schoner, laufendes Gut 194
Schoner, stehendes Gut 143, 187
Schot gebrochen 326
Schoten 184
Schotstek 18
Schotten, wasserdichte 97
Schot, Besan- 175
Schrapper oder Schaber 289
Schraubenwirkung 255
Schrottau 22
Schuhmacherspleiß 36
Schute 130
Schwanenhals 175
Schweinebinden 254
Schweinerücken 33
Schwert 129
Schwimmdock 287
Schwitzwasser 317
Seele, Hanf- 6
Seemannsarbeiten 11
Seemannsknoten 14
Segel reffen 260
Segel säumen 397
Segelgarn 3
Segelkoje 80
Segelmacherarbeiten 395
Segelmacheraugspleiß 35
Segelmacherspleiß 36
Segelschwerpunkt 235
Segelstellung 233
Segeltuch 398
Segelzeichnung 83
Segel, Anschlagen 222
Segel, Baum- 224, 258
Segel, Gaffeltop- 258
Segel, Gaffel- 223
Segel, Lee- 227
Segel, Mars- 225
Segel, Rah- 224
Segel, Schrat- 258
Segel, Unter- 224
Segel, Vor- 222
Segel, Zusammenlegen 229
Segel, ändern 425
Segel, flache 233
Segel, sternförmige 419
Selbstentzündung 315
Sicherheitslampe 315
Signalisieren 375
Skysegel, Anfertigung 414
Slemphölzer 74
Slip 283
Slipapparat 357
Slipstek 16
Spanische Winde 66
Spanten 74, 92
Speigatten 76
Spiegel 74
Spieren 200
Spill 242, 282
Spillpersenning 406
Spill, Dampf- 318
Spill, Motor- 321
Spill, doppeltes 319
Spill, elektrisches 318
Spleiß an Kabeltau 40
Spleiß - 3- mit 4kardeeligem Tau 37
Splissungen 34
Sponung 73
Spreizlatten 58
Sprengstoffe 316
Sprietpardunen 160
Spring auf Ankerkette 252
Stabilität 111
Stag gebrochen 326
Stagfockohrfeigen 196
Stagfock, Anfertigung 416
Stagsegel 177
Stagsegel, Anfertigung 414
Stahl 85
Stahldraht 5
Stampfstag 193
Stander 184
steif 111
Steine 312
Stenge gebrochen 328
Stengesaling 209
Sternenknoten 28
Steuerlastigkeit 84
Steuerlastigkeit 230
Steuermann, 1. 388
Steuermann, 2. 388
Steuermann, 3. 387
Steuerrad 80
Steward 387
Stopper 20
Stopper, gewöhnliche 56
Stopperknoten 26
Strake, Gänge 75
Strandung 335
Stringer 94
Stückgut 311
Sturmsignale 372

Taifuntrossen 8
Takelage 116
Takelgarn 4
Takelmethoden 116
Takelriß 152
Takling 31
Takling auf Schlepptau 31
Takling mit Kreuztörn 31
Takling, genähter 31
Takling, spanischer 31
Talje mit Mantel 70
Talje, Scheren einer 69
Talje, dreifach-geschorene 68
Talje, vierfach-geschorene 68
Taljereepsknoten 25

Taljereepsknoten, doppelter 26
Tankdeckel 79
Tankdeck, Schutz 281
Taukranz (Grummet) 48, 61
Taulägel 23
Tausendbein 50
Tausendbein mit zwei Parten 58
Taustärken, Tabelle 7
Tauzurring 61
Teakholz 84
Teleskopschornstein 80
Tiefenlot 365
Tiefgang 84
Tiefgangsmarken 78
Tiefgang, Berechnung 301
Tiere, Ladung 325
Topnanten 164
Toppardunen 152
Topstek, doppelter 23
Topstek, einfacher 22
Tragfähigkeit 107
Treibanker 277, 346
Treibsack für Boote 346
Trensing 44
Trockendock 286
Trompete 21
Trompetenstek 17
Trossenstek 18
Türkischer Bund 29

Ulmenholz 84
Umfang, Tau 2
Unterlast 79
Untermarssegel, Anfertigung 408
Untermars-Pferde 166
Untermast gebrochen 328
Unterrigg aufbringen 205
Unterwanten, Vermessen 146
Unterwasserglocke 372

Verholklampen 80
Verkürzen eines Endes 17
Verkürzen eines Stropps 21
Verlängern eines Endes 37
Verschanzung 77
Völligkeit 100
Vollschiff 122
Vollschiff, Viermast- 120
Vordeck 76
Vorderstevenknie 75
Vorholer 160
Vorlast 79
Vorpiek 79
Vorschott 79
Vorsteven 73
Vorsteven geborsten 330
Vortop, Stengewant im 156
Vor-Brambrassen 172
Vor-Brampardunen 158, 190
Vor-Bramstag 159
Vor-Bramwant 157
Vor-Oberbrampardunen 158
Vor-Oberbramstag 159
Vor-Obermarsbrassen 171
Vor-Obermars-Niederholer 163
Vor-Obermars-Topnanten 164
Vor-Stagfock, Schoner 195
Vor-Stagsegelfall, Schoner 195
Vor-Stengepardunen 190
Vor-Stengestag 159
Vor-Stengestagsegelfall 178
Vor-Stengewant 190
Vor-Untermarsbrassen 171

Wache 391
Wantauge 148
Wanten gebrochen 327
Wantknoten 27
Wantpaar 148
wantweise geschlagenes Tau 2
Warp 5
Wasserknoten 18
Wasserlauf 76
Wasserstag 159, 192
Wasserverdrängung 100
Wasser, Salzgehalt 109
Webeleine 4, 58
Webeleinenstek 15
Wellenberuhiger 350
Wende 267
Wende, Schoner 269
Werg 1
Wettermeldungen 372
Wiederbelebung 363
Winden 242
Windfang 232
Windsignale 373
Wind, Wirkung 229
Wippe 70
Wrack 376
Wrack annähern 276
Wriggen 275
Wurfleinenknoten 11

Yawl 129

Zeisinge 187
Zeitmaß 391
Zementieren 280
Zementwasser 280
Zimmermann 386
Zimmermannstek 16
Zucker 311
Zwischensteven 73